ČESKO-ANGLICKÝ
PRÁVNICKÝ
SLOVNÍK
S VYSVĚTLIVKAMI

CZECH-ENGLISH
LAW DICTIONARY
WITH
EXPLANATIONS

LEDAcz

Czech-English

LAW

Dictionary

with Explanations

Česko-anglický PRÁVNICKÝ slovník s vysvětlivkami

§

PhDr. Marta Chromá

LEDA 2010

Tento slovník vydává LEDA, spol. s r.o. i v elektronické podobě
spolu s vyhledávacím programem určeným pro počítače IBM PC.
Elektronický slovník distribuuje LEDA, spol. s r.o., 263 01 Voznice 64.

This dictionary is published by LEDA in electronic form.
The electronic dictionary is distributed with a software facilitating complex
word/phrase search and a supporting program for computer translation that can
be used on any IBM-compatible PC, by LEDA, 263 01 Voznice 64.

Lektorovala: Leslie Burton, LL.M.
Recenzovali: JUDr. Zdeněk Masopust, LL.M.
            Prof. PhDr. Jaroslav Peprník, CSc.

Třetí vydání, 2010

ISBN 978-80-7335-249-3

Obsah

Honzovi, Martině a Janíkovi

Oni už budou vědět.

Úvod

Česko-anglický právnický slovník s vysvětlivkami je výsledkem pětiletého srovnávání českého práva a anglo-amerického právního systému, českých a anglických právnických textů, právních institutů a pojmů z nejrůznějších právnických odvětví. Cílem právně-lingvistické komparatistiky byla a zůstává i do budoucna snaha pomoci všem, kteří se snaží převádět české právnické texty do angličtiny tak, aby převod byl nejen jazykově, ale zejména věcně správný. Přeložený text by ovšem měl být srozumitelný i těm právníkům, pro které je angličtina jazykem mateřským, a pro něž výchozím právním systémem je anglosaské obecné právo (Common Law).

Velkou inspirací a motorem pro práci na slovníku byli a stále jsou posluchači dvousemestrálního doplňkového studia pro překladatele a tlumočníky, jehož je autorka již pátým rokem na Právnické fakultě UK garantem a vyučujícím v anglické sekci. Zásadní úlohu v autorčině chápání a poznávání práva a právnického myšlení sehrály kurzy právnické angličtiny pro právníky, které po několik let vedla na PF UK. Posluchači z řad soudců, advokátů, legislativců či notářů svými otázkami či přístupem nepřímo určovali směr zkoumání a práce na slovníku. Významným prvkem při přípravě textového korpusu byla autorčina překladatelská a tlumočnická činnost pro jednotlivé katedry právnické fakulty, při níž bylo možné se seznámit s teorií, praxí i novými trendy v jednotlivých právních odvětvích. V neposlední řadě je třeba zmínit mnohaletou součinnost s britskými a americkými právníky, kteří působili a působí na Právnické fakultě buď jako Fulbright Fellows nebo jako učitelé katedry jazyků a ochotně spolupracovali na konečné podobě překladových ekvivalentů těch právních institutů, které nemají obdobu nebo základ v anglo-americkém právu.

Předkládaná publikace je pomůcka určená pro právníky, překladatele a tlumočníky, studenty právnických fakult i oboru překladatelství a tlumočnictví a pro ty, pro něž je převádění českých právnických textů z nejrůznějších právních odvětví do angličtiny zdrojem obživy, koníčkem či jenom způsobem kultivace vlastního vidění okolního světa. Předpokládá se, že vstupní způsobilost uživatele tohoto slovníku používat angličtinu je minimálně na středně pokročilé úrovni.

Pozornost je věnována především základním právním odvětvím, jako jsou občanské právo hmotné a procesní, trestní právo hmotné a procesní, obchodní právo včetně práva společností, ústavní právo a správní právo. Další právní odvětví jsou zastoupena v menší míře.

Základním excerpčním materiálem byly české komentované zákony a výkladový slovník českého práva uvedené v bibliografii. Dalším významným pramenem bylo přibližně 3000 stran autentických českých učebních textů práva, autentických soukromoprávních instrumentů a také publikovaných vzorů, autentických soudních rozhodnutí či policejních protokolů. Kromě odborných termínů, terminologických spojení a větných celků jsou ve slovníku zastoupeny také obecně-vědní a obecně-právní výrazy, jejichž neznalost, jak se v praxi ukazuje, způsobuje často problémy v přesném porozumění.

Excerpovaný materiál je omezen kvantitativně i volbou právních odvětví a hloubkou diskutovaných témat, proto si slovník v žádném případě nečiní nárok na úplnost.

Velkého uznání si zaslouží pečlivá práce odborné konzultantky Leslie Burton LL.M., profesorky Golden Gate University v USA, jež působila na PF UK jako Fulbright Fellow. Její cenné rady a připomínky mi pomohly při vyhledávání vhodných anglických ekvivalentů českých termínů především tam, kde se věcná stránka českého práva a angloamerického práva zásadně liší. Velký dík patří též PhDr. Renatě Hrubé a Mgr. Toddu Nesbittovi, B.A., kteří obětavě přečetli celý rukopis a pomohli při řešení některých lexikografických otázek. V neposlední řadě děkuji své rodině, bez jejíž podpory a tolerance by slovník nikdy nevznikl. Konečně bych chtěla poděkovat nejlepší slovníkové redaktorce v České republice Tamaře Götzové, jejíž podíl na slovníku zásadně přesahoval povinnosti odpovědné redaktorky.

Marta Chromá
chroma@ius.prf.cuni.cz

Introduction

The Czech-English Law Dictionary with explanations is the outcome of comparison, over the past five years, of Czech law and the Anglo-American legal system, which has involved a comparative study of Czech and English legal texts, legal institutes and concepts derived from various branches of law. The main objective of the comparative study has been, and will also remain in the future, to help all those trying to translate Czech legal texts into English in order that such translations can be both linguistically and also legally correct, precise and accurate. A translated text should also be comprehensible to those lawyers who are native speakers of English and whose legal system is based on Common Law.

Participants in a two-semester course for translators and interpreters, which the Law Faculty of Charles University started five years ago and where I have been teaching in the English section, have always been an inspiration to me, and served as an engine for the work on the Dictionary. In addition, legal English courses for Czech lawyers, which I have also taught for many years, played a significant role in improving my understanding of, and resulted in me developing a certain degree of affection for, law, legal reasoning and lawyers' perception of the world. Participants in such courses, including judges, attorneys, legislators and notaries have, through their questions, reactions and enthusiasm, helped to probe and delineate the scope and depth of the comparison of the two legal systems. Legal translations and interpreting of lectures for individual departments of the Law Faculty of Charles University, where I became more familiar with the theory, practice and new trends in many branches of law, also contributed to the creation of a corpus of texts which have served as a source of excerpts. Finally, many years of cooperation with British and American lawyers who have taught, or, in some cases, are still teaching, at the Law Faculty either as lecturers in the Department of Foreign Languages or as Fulbright Professors should be mentioned. They helped to find English equivalents for some Czech legal institutions which have no clear Anglo-American equivalent, or have a different import in the Anglo-American system of law.

It is hoped that this Dictionary should serve as a reference book for students of law, translation and interpreting, for practising lawyers, translators and interpreters, and also for those who earn their living from translating Czech legal texts into English as well as those who simply enjoy such translations as a hobby or means of developing their knowledge of this field. A potential user of the Dictionary is assumed to possess at least a solid intermediate knowledge of English.

Attention has been primarily given to basic branches of Czech positive law, such as Civil Law and Civil Procedure, Criminal Law and Criminal Procedure, Business Law including Company Law and Constitutional and Administrative Law. Other branches of law are covered less thoroughly.

Czech annotated laws and codes and the Dictionary of Czech Law, as listed in the Bibliography, were the basic materials for the lexicographic database. Large passages of authentic texts from legal textbooks and materials (about 3,000 pages) were other sources for making citation files. In addition to pure technical terms, the Dictionary contains general vocabulary typically found in Czech legal texts since our teaching experience has suggested that ignorance of that part of the language may cause substantial problems in understanding the content of a text.

The initial database contained more than 26,000 examples of usage and collocations of legal terms. However, the present edition does not pretend to be a comprehensive translation legal dictionary due to the limited number of branches of law and the limited extent of some topics involved.

I would like to express my deep appreciation to Leslie Burton, LL.M., Fulbright Professor at the Law Faculty of Charles University, for her careful and conscientious work. Her valuable advice and comments have helped me to find suitable English equivalents for Czech headwords especially where the Czech and Anglo-American legal systems differ substantially. I would also like to express my great thanks to my colleagues in the Department, PhDr. Renata Hrubá and Mgr. Todd Nesbitt, for their kindly proofreading the whole manuscript and helping me to solve some lexicographical problems. My thanks also to my family: the dictionary would not exist without their tolerance and patience. Finally, my thanks to Tamara Götzová, the best dictionary editor in the Czech Republic, whose extraordinary dedication helped the dictionary to be published.

Marta Chromá
chroma@ius.prf.cuni.cz

Poděkování

JUDr. Michaele Zuklínové, CSc., za trpělivost při vysvětlování institutů občanského práva, které jsou z překladatelského hlediska problematické

JUDr. ing. Josefu Stašovi za osvětlení problematiky živnostenského práva v českém i evropském kontextu

Doc. JUDr. Janu Dvořákovi, CSc., za konzultace v oblasti občanského práva

JUDr. Rudolfu Vokounovi, CSc., za konzultace v oblasti trestního práva hmotného a procesního

JUDr. Jiřímu Hřebejkovi za konzultace v oblasti ústavního práva

Mgr. Dagmar Lanské za pomoc při ekvivalentaci policejní terminologie

Julii Fraser, LL.M., za cenné rady při vyhledávání věcných ekvivalentů v britském právu

Sarah Kucera, M.A., za nadšení a oxfordskou angličtinu

Prof. Rogeru Kleinovi (Fulbright Fellow 1998) za návrhy řešení některých obtížně přeložitelných českých právních institutů

Prof. PhDr. Jaroslavu Macháčkovi, CSc., za povzbuzení a trpělivost

Prof. PhDr. Jaroslavu Peprníkovi, CSc., za důvěru a motivaci

JUDr. PhDr. Zdeňku Masopustovi, LL.M., za obrovskou práci na poli komparatistiky amerického a českého práva

Prof. Johnu Swalesovi, Prof. Chrisi Candlinovi a Prof. Vijay Bhatiovi za inspiraci

PhDr. Janě Dvořákové za morální podporu

I would like to thank

JUDr. Michaela Zuklínová, CSc., for her patience and also for her explanations of institutes of Czech Civil Law that are problematic from the point of view of their translation into English

JUDr. ing. Josef Staša, for his explaining and clarifying issues of the Law of Trades within Czech and European contexts

Doc. JUDr. Jan Dvořák, CSc., for consultations in Czech Civil Law

JUDr. Rudolf Vokoun, CSc., for consultations in Czech Criminal Law and Criminal Procedure

JUDr. Jiří Hřebejk, for consultations in Czech Constitutional Law

Mgr. Dagmar Lanská, for her assisting in finding suitable English equivalents for Czech police terminology

Julie Fraser, LL.M., for her valuable advice and comments on British legal equivalents

Sarah Kucera, M.A., for her enthusiasm and Oxford English

Professor Roger Klein (Fulbright Fellow 1998), for proposed translation solutions for Czech legal concepts which have no clear equivalent in the Anglo-American legal system

Professor PhDr. Jaroslav Macháček, CSc., for encouragement and patience

Professor PhDr. Jaroslav Peprník, CSc., for his confidence and motivation

JUDr. PhDr. Zdeněk Masopust, LL.M., for his extensive comparison of US law and Czech law

Professor John Swales, Professor Chris Candlin and Professor Vijay Bhatia, for inspiration

PhDr. Jana Dvořáková, for moral support

Stavba hesla

Stavba hesla se řídí základními lexikografickými pravidly běžnými u překladových slovníků podobného typu.

I. Heslová záhlaví jsou tištěna půltučně a řazena abecedně. Jsou tvořena většinou jednoslovným heslovým výrazem / slovem, výjimečně dvěma slovy, pokud se jedná o reflexivum (např. podrobit se), nebo pokud jsou uvedeny obě vidové formy slovesa. Podle potřeby je za heslovým výrazem uvedena bezprostřední komplementární kolokace (např. předložková spojovatelnost).

Vysvětlivka, definice nebo výklad heslového slova jsou uvedeny pouze výjimečně, jestliže se jedná o termín v právnické češtině ne zcela běžně používaný, viz např. heslo AGNOSKACE, BONITA, nebo pokud se jedná o termín, který nemá v angloamerickém právním systému věcný ekvivalent, viz např. heslo MAGISTRÁT, ŽIVNOST.

Při exemplifikaci se heslové slovo z úsporných důvodů nahrazuje tildou (~), např. **adhézní** accessory; adhesive; collateral; ~ **řízení** … .

1. Polysémantická slova (pouze v rámci jednoho slovního druhu) a některá funkčně odlišná synonyma jsou uváděna jako samostatná záhlaví a jsou odlišena dolním indexem, viz např. hesla PRÁVO$_1$ (objektivní), PRÁVO$_2$ (subjektivní); ŘÍZENÍ$_1$, ŘÍZENÍ$_2$, ŘÍZENÍ$_3$.

2. Podstatná jména slovesná jsou uváděna jako samostatná heslová záhlaví tehdy, jestliže mají terminologickou hodnotu, viz např. heslo VYŽÁDÁNÍ, BRANÍ.

3. Odlišné vidové formy jednoho slovesa jsou uváděny jako samostatná heslová záhlaví v případech, kdy exemplifikace vyžadovala oddělení těchto dvou forem, aby se předešlo neporozumění. Srovnej např. heslo ZAKÁZAT, ZAKAZOVAT s hesly VYŽÁDAT (SI) a VYŽADOVAT.

4. Gramatický komentář heslových slov je uváděn výjimečně v případech, kdy by mohlo dojít k záměně významů, např. MOCI (v).

II. Ekvivalent heslového slova následuje po heslovém záhlaví a je tištěn obyčejným písmem. Jestliže je možné použít více ekvivalentů pro jedno heslové slovo, je synonymický řetězec seřazen podle frekvence výskytu sestupně (více frekventovaný výraz stojí na počátku řetězce). Pokud je nutné v rámci synonymického řetězce odlišit jeho jednotlivé členy nebo skupiny, je použit středník, viz např. heslo VADNÝ.

1. Existuje-li více významově a funkčně odlišných anglických ekvivalentů pro jedno české heslové slovo, jsou tyto sémanticky tříděné ekvivalenty řazeny v heslovém

sloupci zejména podle frekvence výskytu v právnickém kontextu, pokud bylo možné tuto informaci identifikovat, tj. nižší číslice obvykle označuje frekventovanější slovo, viz např. heslo ARBITRÁŽ.

2. Vzhledem k odlišnostem právních systémů se zejména v exemplifikaci v převážné míře jedná o věcné ekvivalenty, nikoliv o ekvivalenty jazykové / slovníkové, viz např. heslo VÁZANÝ. Menším typem jsou zpravidla uváděny vysvětlivky, definice nebo výklad jednoslovných nebo víceslovných anglických ekvivalentů, viz např. heslo ADHÉZNÍ.

3. U heslových slov označujících právní instituty, jež v anglo-americkém právním systému neexistují, je tento institut anglicky vysvětlen a jsou uvedeny maximálně přijatelné způsoby jeho převodu do angličtiny. Viz heslo PŘESTUPEK.

4. Exemplifikace následuje po středníku a je tištěna půltučně (tj. veškerý text v češtině). Anglické ekvivalenty příkladů jsou tištěny obyčejným písmem v základní velikosti, vysvětlivky, definice nebo výklad jsou tištěny obyčejným písmem v menší velikosti. Pokud se jedná o heslové slovo se sémanticky roztříděnými ekvivalenty, jsou příklady použití heslového slova uvedeny vždy pod příslušným významem. Viz heslo PŘEKROČENÍ.

5. Vysvětlivka, definice nebo výklad anglického ekvivalentu českého příkladu použití heslového slova není nutně doslovným překladem vysvětlivky, definice nebo výkladu, které mohou následovat za tímto českým příkladem. Pokud to věcný obsah anglického ekvivalentu dovolil, byly použity vysvětlivka, definice nebo výklad, jak je uvádějí britské nebo americké právnické výkladové slovníky.

6. Lomítko odděluje synonymní výrazy nebo vazby, jež jsou spojovatelné s předcházejícím nebo následujícím slovem, tj. naznačuje, že následující předložka či jiné synsémantikum jsou společné pro všechny lomítkem oddělené výrazy. Jestliže před synonymickou řadou předchází určitý nebo neurčitý člen nebo předložka, platí tento člen nebo předložka pro kterýkoliv člen řetězce, pokud to dovoluje jeho běžná gramatická spojovatelnost. Viz např. heslo DĚDICKÝ nebo ODEBRAT.

7. Gramatický komentář ekvivalentů je uveden pouze tehdy, jedná-li se o relevantní informaci, viz heslo DATUM.

8. Slova, která se v britské a americké angličtině pravopisně liší, jsou uvedena v obou variantách (např. offence – offense, labour – labor, centre – center apod.) s vyznačením *UK* resp. *US*.

III. Vnitřní členění hesla závisí na slovním druhu.

1. *Podstatné jméno*: vazby s přívlastkem shodným; s přívlastkem neshodným; podstatné jméno jako přívlastek nebo jiný větný člen v neslovesných vazbách; předložkové vazby; slovesné vazby; polovětné celky. Viz heslo PROTOKOL.

2. *Přídavné jméno*: ve funkci přívlastku shodného; ostatní vazby. Viz heslo PĚSTOUNSKÝ.

3. *Sloveso*: sloveso s komplementy řazenými abecedně, větší polovětné a větné celky. Viz heslo POVOLIT.

4. *Ostatní slovní druhy*: abecední pořadí jednotlivých hesel.

5. Na konci několika heslových odstavců jsou za hřebíkem (♦) přičleněna slovní spojení, která není možné zařadit k jednotlivým ekvivalentům. Sem patří i nejrůznější frazeologická či idiomatická spojení, viz např. heslo HÁJIT.

Structure of Entries

The structure of each entry is governed by lexicographical rules common to specialist bilingual dictionaries of a similar type.

I. Czech headwords (or main entries) are printed in bold type and listed alphabetically. They usually consist of one word, or of two words in the case of reflexive verbs (e.g. PODROBIT SE) or two verbal aspects of one verb (e.g. ZAKÁZAT, ZAKAZOVAT). Where necessary, a complement collocation immediately follows the headword (e.g. obligatory preposition in NUTIT **K** ČEMU).

An explanation, definition or interpretation of a headword is given exceptionally only where there is a term which is not frequently used in legal Czech, such as AGNOSKACE, BONITA, or if a Czech term does not have a legal equivalent in the Anglo-American system of law, such as MAGISTRÁT or ŽIVNOST.

The headword is represented by a swung dash (~) in examples of its use, e.g. **adhézní** accessory; adhesive; collateral; ~ **řízení** ... .

1. Polysemic, or polysemantic words (within one word category) and some functional synonyms are listed as separate headwords and distinguished by subscript numbers, e.g the entries PRÁVO$_1$ (objektivní), PRÁVO$_2$ (subjektivní); ŘÍZENÍ$_1$, ŘÍZENÍ$_2$, ŘÍZENÍ$_3$.

2. Verbal nouns are listed as separate headwords only when they are of a specific terminological value, such as the entries VYŽÁDÁNÍ, BRANÍ.

3. Verbal aspect may serve as a distinctive feature of individual entries if exemplification of the use thereof required the separation of entries in order to make the meaning of a word clearer and to prevent terminological confusion. Compare the headword ZAKÁZAT, ZAKAZOVAT with two separate entries VYŽÁDAT (SI) a VYŽADOVAT.

4. Grammatical information is given only exceptionally to avoid meanings being confused, e.g. see the entry MOCI (v).

II. An English equivalent follows the headword and is printed in regular type. Where it is possible to use more than one English equivalent for a Czech headword, synonyms are listed in an ascending order according to the frequency of their use starting with the equivalent used most frequently. Where it is important that individual synonyms should be distinguished within the chain of synonyms, a semicolon is used, e.g. see the entry VADNÝ.

1. If there are more English equivalents for one headword that are different in their meaning and function, they are listed according to their occurrence in legal usage

and context, where it was possible to identify such information, i.e. a lower Arabic number signifies a more frequent equivalent, e.g. the entry ARBITRÁŽ.

2. Considering the differences between Anglo-American and Continental systems of law, many equivalents are subject-matter (legal) rather than linguistic equivalents, e.g. see the entry VÁZANÝ. Explanations, definitions and/or the interpretation of English equivalents, if necessary, are printed in smaller type, see the entry ADHÉZNÍ.

3. Czech Legal institutes not existing in the Anglo-American system of law are explained in smaller type, and the closest in meaning and most legally adequate ways of translation are suggested, e.g. see the entry PŘESTUPEK.

4. Czech examples of the use of a headword follow after a semicolon, and are printed in bold type (i.e. everything in Czech is in bold). Their English equivalents are printed in regular type and size, whereas definitions, explanations or interpretation are printed in regular type but smaller size. Where English equivalents are semantically subdivided and designated with Arabic numerals, examples of the use thereof are listed under the respective numerals, see, for example, the entry PŘEKROČENÍ.

5. An explanation, definition or interpretation attached to an English equivalent of a Czech example need not be necessarily the literal translation of an explanation, definition or interpretation attached to a Czech term. Where the legal content of an English equivalent suggested so, explanations, definitions or interpretation were taken from British and/or American law dictionaries.

6. A slash (/) separates expressions or phrases that can be linked to the preceding or following word, i.e. it suggests that a preposition or another synsemantic word may be linked to all the preceding synonyms, or if a definite or indefinite article or a preposition precedes a synonymical chain they can be connected to any of the synonyms if such a link is permitted by regular grammatical collocation. See the entries DĚDICKÝ or ODEBRAT.

7. Grammatical information concerning English equivalents is given only where such information is relevant, see the entry DATUM.

8. Words which are spelled differently in British and American English are given in both spelling varieties (e.g. offence – offense, labour – labor, centre – center, etc.) denoting *UK* for British English or *US* for American English respectively.

III. The structure of an entry depends on the part of speech in question.

1. *Nouns.* The order of examples is as follows: phrases with an attribute in pre-modification; phrases with an attribute in post-modification; a noun serving as an attribute or any other part of speech in non-verbal collocations; prepositional phrases; verbal phrases; incomplete sentences. See the entry PROTOKOL.

2. *Adjectives.* Phrases with an adjective serving as an attribute in pre-modification are listed first; other collocations follow. See the entry PĚSTOUNSKÝ.

3. *Verbs.* The order is as follows: verbs with complements arranged alphabetically; incomplete sentences; sentences. See the entry POVOLIT.

4. *Other parts of speech.* Examples in an entry are arranged in alphabetical order.

5. *The lozenge.* A few headwords are exemplified with phrases that can be assigned to none of the preceding equivalents. They follow after the lozenge (♦) and are of an idiomatic nature. See the entry HÁJIT.

Seznam používaných zkratek
List of abbreviations

Obecně se v českém textu používají zkratky českých slov, v anglickém textu zkratky anglických slov, kromě označení slovních druhů, které se používají v obou jazycích stejně (vzhledem ke svému společnému latinskému základu).

Generally, abbreviations used within Czech texts are in Czech, those used within English texts are in English, except for abbreviations denoting parts of speech (because of their Latin origin in both languages).

Zkratky označující gramatickou charakteristiku slova:
Abbreviations denoting grammatical information:

přídavné jméno	(adj)	adjective
příslovce	(adv)	adverb
počitatelné substantivum	(count)	countable noun
podstatné jméno, substantivum	(n)	noun
(zvratné) se	o.s.	oneself
množné číslo	(pl)	plural
předložka	(prep)	preposition
(ně)kdo	s.o.	someone
(ně)co	st.	something
jednotné číslo	(sg)	singular
sloveso	(v)	verb
nepočitatelné substantivum	(uncount)	uncountable noun

Zkratky označující lexikální charakteristiku nebo tématické zařazení slova:
Abbreviations denoting lexicological information or designating a word or phrase to a specific topic:

zkratka	abbrev	abbreviation
účetní termín	(account)	accounting
hovorový výraz	(coll)	colloquial expression
počítačový termín	(comp)	computers
ekonomický termín	(econ)	economic term
přenesený význam	(fig)	figurative meaning
formální vyjadřování	(formal)	formal register
francouzsky	(fr)	French
obecný výraz (obecně právní termín)	(gen)	general meaning

výraz označující historický fakt	(hist)	historical meaning
hovorový výraz	(hov)	colloquial / informal expression
obecný jazyk	(inform)	informal register
pojišťovnictví	(insur)	insurance
latinsky	(lat)	Latin
právo, právní termín	(law)	law, legal term
lékařský termín	(med)	medicine
námořní pojištění	(nám.pojišť)	marine insurance
negativní význam	(neg)	negative meaning
obecný výraz	(obec)	general expression
zastaralý termín	(obs)	obsolete term
původně	(orig)	originally
filozofický termín	(phil)	philosophical term
pojišťovnictví	(pojišť)	insurance
přibližně	(přibl)	approximately
slangový výraz	(slang)	slang, jargon
speciální použití	(spec)	special usage
účetní termín	(účet)	accounting
vojenský termín	(voj)	military term
zastaralý termín	(zast)	obsolete term
(hřebík), odděluje idiomatické či frazeologické použití	♦	the sign suggests that an idiomatic phrase follows

Zkratky označující právní odvětví:
Abbreviations denoting a branch of law:

autorské právo	(AP)	Copyright
australská právní reálie	(AU)	Australian Law
kanadská právní reálie	(CA)	Canadian Law
česká právní reálie	(CZ)	Czech Law
právo Evropského společenství	(EC)	European Community Law
Evropský soudní dvůr	(ECJ)	European Court of Justice
právo Evropského společenství	(ES)	European Community Law
Evropský soudní dvůr	(ESD)	European Court of Justice
mezinárodní právo	(IL)	International Law
mezinárodní právo veřejné	(IPL)	International Public Law
irská právní reálie	(IR)	Irish Law

právní systém Luisiany	(LA)	Luisiana Law
pracovní právo	(LL)	Labour Law
mezinárodní právo (veřejné)	(MP)	International (Public) Law
mezinárodní právo soukromé	(MPS)	International Private Law, Conflict of Laws
obchodní právo	(OB)	Business Law
občanské právo	(OP)	(continental) Civil Law
občanské právo procesní	(OPP)	Civil Procedure
pracovní právo	(PP)	Labour Law
skotská právní reálie	(SC)	Scottish Law
správní právo	(SP)	Administrative Law
trestní právo (hmotné)	(TP)	Criminal Substantive Law
trestní právo procesní	(TPP)	Criminal Procedure
britská právní reálie, britská angličtina	(UK)	British Law, British English
americká právní reálie, americká angličtina	(US)	US Law, American English

Seznam použité literatury
Bibliography

1. Excerpovaný materiál
Excerpted materials

Bičovský, J., Holub, M.: Občanský zákoník. Poznámkové vydání s komentářem. (Linde, Praha 1995, 1997)

Červený, Z., Šlauf, V.: Přestupkové právo. Komentář k zákonu o přestupcích. (Linde, Praha 1996)

Holub, M. a kolektiv autorů: Vzory rozhodnutí a úkonů soudů (Linde, Praha 1997)

Holub, M. a kol.: Vzory smluv a podání (Linde, Praha 1996)

Jelínek, J., Sovák, Z.: Trestní zákon a trestní řád. Poznámkové vydání s judikaturou. (Linde, Praha 1997)

Madar, Z. a kol.: Slovník českého práva I, II (Linde, Praha 1995)

Matrasová, E., Příhoda, P., Šmíd, L., Šlauf, V.: Správní řád. Komentář. (Linde, Praha 1997)

Štenglová, I., Plíva, S., Tomsa, M. a kol.: Obchodní zákoník. Komentář. (C. H. Beck, Praha 1996)

Winterová, A., Pokorný, M., Rubeš, J.: Občanský soudní řád a předpisy související (Linde, Praha 1995, 1997)

ZÁKON č.148/1998 Sb. ČR, o ochraně utajovaných skutečností a o změně některých zákonů

ZÁKON č.107/1999 Sb., o jednacím řádu Senátu

ZÁKON č.283/1991 Sb. ve znění pozdějších předpisů, zákon o policii České republiky

ZÁKON č.293/1993 Sb., zákon o výkonu vazby

cca 3000 stran autentických českých právních dokumentů (např. soukromoprávní smlouvy, pasáže nepublikovaných učebních textů, části soudních rozhodnutí a policejních protokolů apod.)

2. Materiály používané při ekvivalentaci
Materials consulted in the course of searching adequate equivalents

Učebnice a komentované zákony:
Textbooks and annotated laws:

Abbott, K.R., Pendlebury, N.: Business Law (6th edition, DP Publications LTD., London 1993)

Adler, F., Mueller, G. O.W., Laufer, W.: Criminal Justice (McGraw-Hill, Inc., 1994)

Anderson, R.A., Fox, I., Twomey, D.P.: Business Law (South-Western Publishing Co., Cincinnati 1987)

Barnard, D.: The Civil Court in Action (Butterworths, London 1985)

Canadian Criminal Code 1996 (Carswell, Thomson Canada Ltd., 1995)

Cohen, M.L., Berring, R.C.: Finding the Law (West Publishing Co., Minnesota 1988) Mietus, N.J., West, B.W.: Personal Law (Science Research Associates, Inc., Chicago 1975)

Elias, S., Levinkind, S.: Legal Research. How to Find and Understand the Law. (Nolo Press, Berkeley, 1995)

Federal Criminal Code and Rules (West Publishing Co., St. Paul 1996)

Federal Sentencing Guidelines Manual (West Publishing Co., St. Paul 1995)

Federal Civil Judicial Procedure and Rules (West Publishing Co., St. Paul 1996)

Griew, E.: The Theft Act 1968 and 1978 (Sweet&Maxwell, London 1986)

Griffin, S.: Company Law (Financial Times, Pitman Publishing, 1996)

Halsbury's Laws of England, Vol 28; Limitation of Actions, Local Government (Butterworth, London 1979)

Horgan, P., Grimes, R.: Law in the Republic of Ireland (Wolfhound Press, Dublin 1991)

Chitty on Contracts. General Principles. (Sweet&Maxwell, London 1994)

Chitty on Contracts. Special Contracts. (Sweet&Maxwell, London 1994)

Lousiana Civil Code, 1996 ed. (West Publishing Co., St. Paul 1996)

Mathijsen, P.S.R.F.: A Guide to European Union Law (6th ed., Sweet & Maxwell, London 1995)

McKendrick, E.: Contract Law (Macmillan, 1997)

O'Kelley, C. R., Thompson, R. B.: Corporations and other Business Associations (Aspen Law&Business, 1998)

Roberson, C.: The Complete Book of Business Forms and Agrements (McGraw-Hill, Inc., 1994)

Samaha, J.: Criminal Law (WestPublishing, 1987)

Stockwood, D.: Civil Litigation (Carswell Co. Ltd., Toronto 1980)

U.S. Labor and Employment Laws (The Bureau of National Affairs, Washington D.C. 1991)

Slovníky:
Dictionaries:

Výkladové anglické a české slovníky:
English and Czech Monolingual Dictionaries:

Collins Cobuild English Dictionary (HarperCollins Publishers, 1995)

Hornby, A.S.: Oxford Advanced Learners Dictionary (5th ed., Oxford 1995)

Longman Dictionary of English Language and Culture (Longman, 1992)
Slovník spisovného jazyka českého I-VIII (Academia, Praha 1989)
Webster's New World Dictionary (1981)
Cambridge International Dictionary of English (CUP, 1995)

Právnické výkladové slovníky:
Law Dictionaries:

Black's Law Dictionary (6th ed., West Publishing Co., Minnesota 1990)
Bouvier's Law Dictionary & Concise Encyclopedia, Vol. I, II (8th ed. William S. Hein & Company, Inc. 1994)
Colin, P.H.: Dictionary of Law (2nd ed., P.Colin Publishing, 1993)
Garner, B.A.: A Dictionary of Modern Legal Usage (OUP, 1995)
Melinkoff's Dictionary of American Legal Usage (West Publishing Co., Minnesota 1992)
Mozley & Whiteley's Law Dictionary (11th ed., Butterworths, London 1993)
Osborn, P.G.: A Concise Law Dictionary (4th ed., Sweet & Maxwell,
Oxford Dictionary of Law (4th ed., OUP, 1997)
Stroud's Judicial Dictionary I-V (5th ed., Sweet & Maxwell, London 1986)

Překladové slovníky:
Bilingual Dictionaries:

Hais, K., Hodek, B.: Velký anglicko-český slovník (elektronická verze, Leda, Praha, 1995)
Kincl, J.: Dicta et regulae iuris (UK, Praha 1990)

3. Ostatní
Others

Čmejrková, S., Daneš, F., Kraus, J., Svobodová, I.: Čeština, jak ji neznáte (Academia, Praha 1996)
Čermák, F., Blatná, R. eds.: Manuál lexikografie (H+H, Praha 1995)
Daneš, F. a kol.: Český jazyk na přelomu tisíciletí (Academia, Praha 1997)
Filipec, J., Čermák, F.: Česká lexikologie (Academia, Praha 1986)
Filipec, J.: Konfrontace slovní zásoby dvou jazyků (Jazykové aktuality 17, s. 70-73, 1980)
Filipec, J.: O stavu současné lexikologie (Jazykové aktuality 17, s.100-104, 1980)
Filipec, J.: Problematika konfrontace v lexikální zásobě (Slovo a slovesnost 46, 201-214, 1985)
Kořenský, J., Cvrček, F., Novák, F.: Juristická a lingvistická analýza právních textů (právněinformatický přístup). (Academia, Praha 1999)

Kroupová, L., Mejstřík, V.: K otázce tzv. centrálního významu při synchronním lexikografickém popisu významové struktury polysémních slov (Slovo a slovesnost 30, s. 293-308, 1969)

Landau, S.I.: Dictionaries. The Art and Craft of Lexicography (CUP, Cambridge 1993)

Landau, S.I.: Of Matters Lexicographical: Scientific and Technical Entries in American Dictionaries (American Speech 49: 3-4, Fall-Winter 1974, pp. 241-244)

Poštolková, B.: K specifičnosti významu termínů (Slovo a slovesnost 41, s. 54-56, 1980)

Zgusta Ladislav, ed.: Theory and Method in Lexicography (Columbia, S.C., Hornbeam Press, 1980)

Zgusta Ladislav: Manual of Lexicography (Mouton, The Hague; Academia, Prague 1971)

The Constitution of the United States (Commission on the Bicentennial of the U.S. Constitution, 1987)

SLOVNÍK

A

a and; ~ **to** to wit; that is to say; namely; *(lat)* videlicet, abbrev vid., videl., viz.

abandon vzdání se práva abandonment, surrender, relinquishment, disclaimer surrender of a right, title, claim

abdikace resignation, resigning from an office; surrender; abdication; ~ **prezidenta má za následek podle ústavy volbu nového prezidenta** the resignation of the President shall lead to a new election

abdikovat resign; ~ **na úřad prezidenta** resign from the office of President

abeceda alphabet

abecední alphabetical; ~, **částkové nebo předmětové uspořádání zákonů** alphabetical, chapter or subject-matter arrangement of statutes

aberace aberration, deviation / divergence from an intended course or mode of action; ~ **je skutkový omyl, kdy čin namířený proti jednomu subjektu zasáhne jiný subjekt** aberration is a factual error whereby an act aimed against one person causes injury to another

abnormalita abnormality, irregularity; anomaly deviation from the common order; ~ **chování sexuálně deviantních pachatelů** irregularities in behaviour of sexual deviates *(UK)* / deviants

abnormální abnormal; irregular, anomalous, aberrant; ~ **riziko** abnormal risk; ~ **úbytek** abnormal exit

abolice abolition; pardon, remission, grace; ~ **je druh milosti prezidenta** příkaz, aby se trestní stíhání nezahajovalo nebo v něm nepokračovalo *(CZ)* abolition of prosecution is a type of presidential pardon an order not to commence or to withdraw from the prosecution of an offence

abrogace zrušení zákona jako celku novým zákonem abrogation; repeal / abolition by authority the annulment of the whole of a former law by the passing of new legislation

absenc|e absence; non-existence; **časté ~ na pracovišti, ve škole** absenteeism the repeated absence of employees, of the pupils; ~ **poučení** soudu absence of notice / warning / caution of court; ~ **na pracovišti bez povolení** absence without leave AWOL, unauthorized absence; **výpověď pro velký počet** neomluvených ~**í** notice of dismissal for excessive unauthorized absences

absentér absentee; malingerer evading duties due to illness; shirker; truant; skiver *(slang)*

absolutismus absolutism; absolute government / state; despotism; autocracy

absolutistick|ý absolutist, despotic; ~**é pravomoci** absolutist powers; despotic / arbitrary authority

absolutně absolutely; in an absolute position, manner, or degree; ~ **neplatný** void; absolutely null

absolutní absolute; perfect, complete, finished; independent; arbitrary, despotic; ~ **dar** absolute gift; ~ **domněnka** absolute presumption; ~ **moc** absolute power; ~ **monarchie** absolute monarchy; ~ **neplatnost** absolute nullity; ~ **obchod** závazkový vztah, který se vždy řídí obchodním zákoníkem bez ohledu na povahu stran absolute trade / sale obligatory relationship is always regulated by the Commercial Code regardless of the status of parties; ~ **odpovědnost** absolute liability without fault or negligence, strict liability *(US)*; ~ **právo** absolute law natural law; ~ **právní titul** k nemovitosti absolute / exclusive title to land; ~ **přednost** absolute privilege; ~ **smlouva** platná bez dalších podmínek absolute deed / contract / covenant valid without any restrictions or further conditions; ~ **většina** absolute majority; ~ **výsada** absolute privilege

absolvent graduate; alumnus, *(pl)* alumni *(US)* former university students or graduates; ~ **střední školy** school-leaver usually from primary or secondary school *(UK)*, graduate usually from secondary school or university; ~ **vysoké školy** university graduate; ~ **základní školy** leaver of a basic school

absolvování graduation from university, completion of a course; ~ **vysoké školy** graduation from university; completion of one's university studies

absolvovat graduate from a university, pass through / complete a course of education / training in order to qualify; finish school

abstinence abstinence the practice of abstaining from alcoholic beverages; **úplná** ~ total abstinence

abstinenční relating to abstinence; abstaining, refraining from; ~ **příznaky a bolesti** nedostatkem návykové látky withdrawal / abstinence

symptoms and pain due to an addictive drug deficiency
abstinovat abstain from st. refrain from drinking alcoholic beverages; refrain from st.
abstraktní abstract; **~ pojem, hodnota** abstract concept / notion, value
absurdní absurd; incongruous, unreasonable, illogical
absurdnost absurdity
accidentalia negotii *(lat)* nikoli podstatné náležitosti incidental elements of a contract
ad hoc *(lat)* ad hoc; for this purpose, to this end; **tlumočník** ~ ad hoc interpreter
adaptabilita adaptability to / for; capacity of being adapted / adapting oneself; potential fitness; **sociální ~ propuštěných vězňů** social adaptability of released prisoners
adaptace adaptation; modification; conversion, alteration
adaptovat adapt; alter, modify; fit a person or thing to another, to or for a purpose, suit, make suitable
adekvátní adequate; fully sufficient, suitable, fitting; **~ náprava podle práva** adequate remedy at law
adekvátnost adequacy; **namítat proti ~i předmětu sporu** object to the adequacy of the cause
adhézní accessory; adhesive; collateral; **~ řízení** collateral / adhesion proceedings where the victim of a crime may recover damages in the course of criminal proceedings; **~ smlouva** accessory contract assuring the performance of a prior contract, adhesion contract no possibility to bargain, the "take it or leave it" principle; collateral contract made prior to, or contemporaneous with, another contract on the same or similar subject
adjudikace adjudication awarding or settling by judicial decree
adjudikatorní adjudicatory, adjudicative; **~ správní projednávání** adjudicatory hearing
administrativa administration, bureaucracy; management of business; paper / clerical / office work
administrativně administratively; **~ právní metoda regulace** administrative and legal method of regulation
administrativní administrative; **~ aparát** administrative personnel; **~ hranice** administrative boundaries; **~ kontrola** administrative control / supervision; **~ náprava / opravný**

prostředek administrative remedy / remedial right; **~ pracovník** officer taking part in the administration of government, the management / direction of a public corporation / institution, civil servant, clerk employed in a subordinate position in a public or private office
adopc|e adoption; **dítě určené k ~i** adoptee, surrendered child; **řízení ve věci ~** adoption proceedings; **nezrušitelná nebo zrušitelná ~** irrevocable or revocable adoption
adoptivní adoptive; **~ dítě** adoptive child; **~ rodič** otec, matka adoptive parent mother, father
adoptovan|ý adopted; **~é dítě** adopted child
adres|a address; **kontaktní ~** contact / mailing address; **přechodná ~** temporary address; **přesná ~** full address; **trvalá ~** permanent address; **~ do bytu** home address; **~ do zaměstnání** business address; **~ pro úřední korespondenci** address for service; **seznam ~** mailing list; **na ~u koho** bytem u care of c/o
adresář directory, address book; mailing list; **sestavit ~** compile a mailing list
adresát addressee; consignee, promis(s)ee, payee, beneficiary; **~ nabídky** offeree; **~ pojistného plnění** beneficiary; **~ cizí směnky** drawee; **~ veřejného příslibu** promis(s)ee, addressee of a public promise, beneficiary; **~ vlastní směnky** payee; **vyzvat ~a** call on the addressee
adresovat address a letter, speech; direct; send, dispatch
advokacie the Bar; **přijetí do ~** admission to the Bar; **vyloučení z ~** disbarment suspending attorney's licence
advokát attorney-at-law *(US)*; solicitor, barrister *(UK)*; advocate *(SC)*, defender *(US)* of poor clients; counsel in court, counsellor *(US)*; **generální ~** *(ESD)* Advocate General; **~ zastupující koho** poškozenou, žalující, žalovanou stranu, obviněného counsel for s.o. the aggrieved / injured party, the plaintiff, defendant, accused; **škrtnutí ze seznamu ~ů** disbarment, expungement of the name of an attorney from the list of the Bar; **zapsání na seznam ~ů** admission to the Bar, entering an attorney's name in the Bar list; **škrtnout ze seznamu ~ů** disbar, expunge / delete / erase an attorney's name from the Bar list; **zapsat na seznam ~ů** admit to the Bar, enter an attorney's name in the Bar list
advokátní pertaining to the bar; **~ kancelář** law office / firm; **~ komora** the Bar, Bar Asso-

ciation *(US)*, Bar Council *(UK)*; **~ koncipient** articling attorney(-at-law) / solicitor, attorney / solicitor serving apprenticeship / articles, articled clerk to an attorney / solicitor; **~ tarif** counsel's / attorney's fee / tariff; **~ zkoušky** Bar Exam(s); **přijetí do ~ komory** Bar admission, admission to the Bar; **vyloučení z ~ komory** disbarment

advokátsk|ý pertaining to the bar; **složit ~é zkoušky** pass the bar exams, be called to the bar

afekt loss of (self-)control; affect, hot blood; **spáchat čin v ~u** commit an act offence due to sudden loss of control

affidavit přísežné prohlášení affidavit sworn statement made in writing; **~ jako důkazní prostředek používaný vůči cizině formou tzv. přímého postupu bez součinnosti orgánů dožádaného státu** *(CZ)* affidavit as a means of proof used for foreign jurisdictions by so-called direct passage, without the participation of the competent bodies of the requested state

afirmativní affirmative; positive, consenting; **~ námitka** affirmative defence

agenda business, scope of duties; responsibilities; **správní ~** obecních úřadů administrative duties of local authorities; **~ soudů a státních zastupitelství** business / agenda of courts and prosecuting attorney's offices

agent agent; representative; broker; operative; **pojišťovací ~** insurance agent / broker; **realitní ~** real-estate agent / broker; **~ provokatér** navádí jiného ke spáchání trestného činu agent provocateur employed to induce or incite a suspected person or group to commit an incriminating act; **~ služby kriminální policie** Criminal Police agent; **~ služby pro odhalování korupce** the Corruption Squad agent

agentur|a agency; **Mezinárodní ~ pro atomovou energii** International Atomic Energy agency; **mezivládní ~y** inter-governmental agencies; **reklamní ~** advertising agency; **tisková ~** press / news agency; **zasilatelská ~** shipping agency; **~y Spojených národů** United Nations agencies

agitovat agitate; stir up / excite / move by appeals; solicit, canvas(s) in election campaign; propagate, carry on a propaganda, disseminate propaganda

agnoskace identifikace osob a věcí identification; recognition identification of things or persons

agraciace pardon, act of grace; remission; forgiveness, pardon; **~ je prominutí** trest není vykonán nebo zmírnění trest se sníží nebo se změní na mírnější druh pravomocně uložených trestů pardon / pardoning means the remission imposed punishment is not served or mitigation term is reduced or changed for a less severe one of punishment granted upon a final judgment

agrární agrarian, agricultural; **~ reforma** agrarian reform; **~ zákony** agrarian laws

agrese aggression, unprovoked attack; **akt ~** act of aggression, aggressive act

agresivní aggressive, offensive; self-assertive, self-assertory, pushful, pushing; **~ chování** aggressive behaviour

agresor aggressor

akademick|ý academic; **~á obec** academic community; **~á půda** academic premises; **~ titul** university degree of a graduate, academic title of a university teacher

akademie academy; **~ věd** the Academy of Sciences

akce action, activity; operation; campaign; event; **nenásilná přímá ~** non-violent direct action

akcept acceptance; **bankovní ~** bank(er's) acceptance; **bianko ~** blank acceptance; **obchodní ~** trade acceptance

akceptace acceptance; **omezená** podmíněná **~ směnky** qualified acceptance of a draft; **podmíněná ~** conditional acceptance; **~ práva** acceptance of a right

akceptační accepting, pertaining to acceptance; **~ lhůta** period of acceptance in which offer remains open for acceptance

akceptant acceptor of a draft; offeree accepting an offer, drawee accepting a draft, promis(s)ee accepting a promise, payee accepting a promissory note

akceptovat accept; take, receive; **~ směnku vlastní nebo cizí** accept a promissory note or the bill of exchange / a draft

akcese 1 přírůstek accession addition to property by natural growth or artificial improvement adding value to another's property; accession of a thing of property **2** přistoupení accession acceptance of an international treaty in order to enter into it, subject to the consent of original parties

akcesorick|ý accessory; **~á smlouva** zajišťující plnění hlavní smlouvy accessory contract assuring the performance of a prior contract; **~ závazek ručitelský** accessory obligation incidental to another or principal obligation

akcesorita accessory nature; accessoriness; **~ ručitelského závazku** accessoriness / accessory nature of surety obligation; **~ účastenství** accessory nature of complicity

akci|e share; share of stock; stock *(uncount)*; **gratis ~** bonus stock; **kmenové ~** ordinary shares *(UK)*; equity stock *(US)*; equities; **listinná ~** *(přibl)* stock certificate, certificate of stock; **prioritní / přednostní ~** preference share *(UK)*, preferred stock *(US)*; **splatné ~** redeemable shares; **~ na jméno** registered stock; **~ na majitele / doručitele** bearer stock; **~ s omezeným hlasovacím právem** shares with limited voting rights; A shares *(UK)*; **~ splatné na požádání** shares payable on demand; **emisní hodnota ~í** issue / issuing price of stock; **kurzovní lístek ~í** share / stock list; **nominální hodnota ~í** nominal / par / face value of stock

akcionář shareholder, stockholder

akcionářsk|ý pertaining to shareholder, stockholder; **~á dohoda** shareholders' / stockholders' agreement

akciov|ý pertaining to stock, share; **~á poukázka** share warrant; **~á společnost** public limited company *(UK)*, stock corporation *(US)*, stock company, joint stock company *(CZ)*; **~ certifikát** stock / share certificate; **~ kapitál** stock / share capital; **základní ~ kapitál společnosti** corporate / capital stock

akcíz spotřební daň excise tax on certain kinds of goods

aklamac|e acclamation loud / eager expression of assent or approval; **návrh z pléna přijatý ~í** a motion from the floor voted by acclamation; **předseda zvolený ~í** the chair elected by acclamation

akomodační accommodation made as a favour, not upon a consideration; **~ konosament** accommodation bill of lading; **~ směnka** accommodation paper / bill / note; **~ strana osoba podepisující z ochoty cenné papíry propůjčující své jméno jako záruku** accommodation party acting as a surety, signing a commercial paper in any capacity for so that his name / credit can be used by another party to instrument

akontace advance payment made in anticipation of a contingent or fixed future liability or obligation

akreditac|e jako způsob výkonu státního dozoru accreditation as a mode of the state supervision execution; **rozhodnutí o ~i** letter of accreditation, accreditation decision; **získat ~i** get accredited

akreditiv letter / bill of credit granted by a banking or financial establishment, authorizing the person in whose favour it is granted to draw money to a specified amount from their correspondents in other places; **cestovní ~** travel(l)er's letter of credit; **dokumentární ~** documentary letter of credit; **neodvolatelný ~** irrevocable letter of credit; **nepotvrzený ~** unconfirmed letter of credit; **odvolatený ~** revocable letter of credit; **okružní ~** circular letter / bill of credit, circular note; **potvrzený ~** confirmed letter of credit; **převoditelný ~** transferrable letter of credit; **revolvingový ~** revolving letter of credit; **smlouva o otevření ~u** contract to establish / open a letter of credit

akreditov|at accredit; **být ~án kde** be accredited at

akrescence accretion; **~ práva přírůstek dědického podílu při dědění** accretion of a right the increase of an inheritance or legacy by the addition of the share of a failing co-heir or co-legatee

akt act; action, deed; demeanour; **Jednotný evropský ~** *(ES)* Single European Act; **nepřátelský státní ~** act of hostility; **obecně závazný normativní ~** generally binding legal normative, regulatory act / regulation / instrument; **~ státní moci** governmental act; **~ státní správy** administrative act, an act of state administration

akta *(pl)* files; records, documents

aktivita activity; **~ nebo nečinnost příslušných orgánů** activity, or its absence on the side of the competent bodies

aktivní active; positive, affirmative; **~ bilance** favourable balance of sheet; **~ legitimace** right to sue; locus standi *(lat)*, standing *(US)*; **~ převzaté zajištění** active reinsurance; **mít ~ bilanci** have an excess of assets over liabilities

aktivum: *(pl)* **aktiva** asset(s); **hmotná ~** tangible assets; **likvidní ~** quick / liquidated assets; **nehmotná ~** intangible assets; **~ v nemovitém majetku** real assets

aktuální up-to-date, timely; topical, recent, current; **~ informace o objasněnosti trestné činnosti** the latest information / data concerning the clear-up / detection rate of crime; **k ~m**

otázkám judikatury some recent issues of adjudication and judgments

akumulace accumulation; ~ **kapitálu** accumulation of capital

akumulační accumulating; ~ **fond** accumulating fund

akumulovaný accumulated; accrued; ~ **časově rozlišený odpis** accrued depreciation; ~ **rezervní fond** accumulated surplus

akumulovat accumulate; heap up in a mass, pile up; amass, collect; ~ **zdroje** accumulate resources

akvizice acquisition; a gain, acquirement; **nová** ~ new acquisition; ~ **provedená armádou určitého státu náleží tomuto státu** acquisitions made by the arms of the State belong to the State alone

akviziční acquisitive; ~ **provize** acquisition commission

aleatorní aleatory; ~ **slib jehož splnění je nejisté** aleatory promise dependent on uncertain contingencies; ~ **smlouva** aleatory contract if the equivalent consists in the risk of loss, or the chance of gain, dependent on an uncertain event

aliance alliance combination for a common object; **Občanská demokratická** ~ *(CZ)* Civil Democratic Alliance; **obranná nebo útočná** ~ **států** defensive or offensive alliance of states

alibi alibi *(law)* evidence showing that by reason of presence of the accused at a particular place at a particular time he was not, or was unlikely to have been, at the place where the offence is alleged to have been committed at the time of the alleged commission; *(gen)* excuse, pretext; **falešné** ~ faked alibi; **podrobnosti** ~ particulars of the alibi; **mít** ~ have an alibi; **předložit důkazy potvrzující** ~ give evidence in support of the alibi; **zajistit** ~ **komu** establish an alibi for s.o.

alimenty alimony supply of the means of living, maintenance and support; **platit** ~ pay alimony / maintenance

alkohol alcohol, spirits; **požitý** ~ consumed spirits / alcohol; **hladina / obsah** ~**u v krvi** concentration of alcohol in the blood; **jízda pod vlivem** ~**u** driving while intoxicated, drink-driving *(UK)*, drunk(-)driving *(US)*, drinking-and-driving; **nepovolené množství** ~**u v krvi** unlawful excess alcohol in blood; **zkouška na přítomnost** ~**u v krvi** testing for presence of alcohol in the blood; **spáchat trestný čin pod vlivem** ~**u** commit a crime while

intoxicated; **řidič, který spáchal dopravní přestupek pod vlivem** ~**u** driver having committed a traffic violation as an administrative delict / infraction under the influence of alcohol / while intoxicated, drink-driving offender, drink-and-driving offender *(UK)*; drunk-driving offender *(US)*

alkoholik habitual drunkard, a drink addict, alcoholic

alkoholism|us alcoholism, drunkenness; **propadnutí** ~**u** addiction to alcohol / intoxicating liquors / spirits, alcoholism

almužna alms fee

alokace allocation; apportionment, assignment, allotment; ~ **finančních prostředků** allocation of funds; ~ **pravomocí** allocation / assignment of powers

alternativa alternative *(n)*

alternativní alternative *(adj)*; ~ **hlas** alternative vote; ~ **hlasování** alternative vote a system of voting in which the voter places the names of the candidates in the order in which he supports them; ~ **nárok** alternative claim; ~ **petit** alternative relief; ~ **podání při uplatnění nároku předložením dvou či více vzájemně nekonzistentních podání** alternative pleading, pleading in the alternative two or more statements not necessarily consistent with each other, demanding relief in the alternative; ~ **procesní prostředek / náprava** *(TP)* alternative relief / remedy, relief / remedy in the alternative; ~ **tvrzení v trestní žalobě** disjunctive allegation in the indictment; ~ **závazek** alternative obligation

ambiguita ambiguity double or dubious signification

ambivalentní ambivalent acting on or arguing for sometimes one and sometimes the other of two opposites; equivocal

ambulantní 1 ambulatory, ambulant; door-to-door; pedlary *(UK)*, peddling *(US)*; movable, moving from place to place, having no fixed abode / seat; ~ **podnikání** peddling; door-to-door business **2** out-patient receiving treatment at a hospital without being an inmate; ~ **nebo ústavní léčení** out-patient or in-patient / in-house treatment

amfetamin amphetamine; **deriváty** ~**u** amphetamine derivates, class C drugs *(UK)*

amnestie amnesty, general pardon; **všeobecná** ~ general amnesty / pardon; ~ **se uděluje hromadně** amnesty shall be granted to all persons or a class of persons, guilty of crime; ~ **znamená zrušení a výmaz trestného činu a trestu** amnesty is the abolition and expungement of an offence and sentence conviction; **na přestupek se vztahuje** ~ the administrative delict / infraction shall be subject to amnesty; **osoba je účastna** ~ a person is eligible to be covered by / subject to the act of amnesty; **rozhodnutí o použití** ~ decision to grant amnesty

amnestovat grant / award amnesty

amortizace odpisy hmotného majetku depreciation a fall in the market value of an asset, brought about by age, wear and tear, etc.; **umoření listin** redemption; amortization; ~ **pohledávky** amortization the extinction of a debt, or of any pecuniary liability, especially by means of a sinking fund; redemption of a debt the action of clearing off a recurring liability or charge by payment of a single sum; ~ **je snížení účetní hodnoty majetku v důsledku běžného opotřebení** depreciation is a reduction in the book value of an asset due to fair wear and tear

amortizační pertaining to depreciation, redemption, amortization; ~ **fond** sinking fund a fund formed by periodically setting aside revenue to accumulate at interest, usually for the purpose of reducing the principal of a national, municipal, or company's debt

amortizovat depreciate, redeem, amortize; subject to depreciation, redemption, amortization

analogický analogous; ~ **trestný čin** cognate offence

analogie analogy; ~ **iuris** analogous application of one piece of legislation in other branches of law within the whole system of law; ~ **legis** analogous application of a statute or legislative instrument to issues not expressly regulated thereby within one branch of law; ~ **v právu** analogy in law

analytick|ý analytic of / pertaining to, or in accordance with analysis; analytical of / pertaining to analytics; ~**á funkce** analytic / analytical function; ~**á operace** analytic / analytical operation

analytik analyst; **burzovní** ~ stock exchange analyst

analýza analysis, (pl) analyses; **účetní** ~ accounting analysis; breakdown

analyzovat analyse, analyze; **účetně** ~ break down an account or a budget (US), analyse accounts

anarchie anarchy state of lawlessness due to the absence or inefficiency of the supreme power; political disorder

anarchista anarchist

anatomický anatomical belonging to, or connected with, the study or practice of anatomy or dissection; anatomic of or pertaining to anatomy

anektovat annex; ~ **nová území** annex new territories to st.

anexe annexation attaching as an additional privilege, possession, or territorial dependency

angažovanost engagement; **úvěrová** ~ **banky** exposures of a bank

anglosask|ý Anglo-Saxon; ~**é právo** Anglo-Saxon law

animus (lat) intention, design, will; ~ **fraudandi** úmysl nakládat s cizí věcí jako se svou intention to dispose of / handle a thing of another as if it were one's own; intention to defraud

anomální abnormal

anonymita anonymity; anonymousness; ~ **vkladů** anonymous deposits / savings

anonymní anonymous; nameless

anotace annotation a note added to anything written, by way of explanation or comment; abstract

antagonista antagonist

antedatovat backdate, antedate

anticipační anticipation, anticipating, anticipatory; ~ **cenný papír** anticipation note

anticipovat anticipate take into consideration before the appropriate or due time; ~ **případné následky činu** anticipate possible consequences of an act

anticipující anticipatory, anticipating; ~ **chování** anticipatory conduct

antidumpingov|ý anti-dumping; ~**é clo** anti-dumping duty

antikoncepce contraceptive(s) (n) device, drug, etc., birth control, contraception

antikoncepční contraceptive (adj); ~ **pilulka** contraceptive / birth pill

antimonopolní anti-trust opposed to monopolistic combinations; ~ **opatření** anti-trust arrangements; ~ **právo proti narušování hospodářské soutěže** anti-trust law preventing the restraints of free competition

antipatie antipathy, hostile feeling towards; aversion, dislike; **budit** ~ antagonize, antagonise

antiteze antithesis, (pl) antitheses

anton (slang)**:** **zelený** ~ Black Maria (UK)

anuita annuity **1** the grant of an annual sum of money, for a term of years **2** an investment of money, whereby the investor becomes entitled to receive a series of equal annual payments which includes the ultimate return of both principal and interest

anuitní pertaining to annuity; ~ **pojistka** annuity policy
anulování vacation, annulment, nullification; voidance; avoidance
anulovat annul an act, nullify; annihilate; quash summons, vacate court order; cancel, abrogate, abolish; ~ **nárok** annul / annihilate a right / claim; ~ **smlouvu** nullify / annul a contract; ~ **výsledky** annul / vacate results
anulovatelný voidable; subject to nullification; annullable; avoidable
anulující nullifying, annulling; diriment; **překážka** ~ **manželství** diriment impediment of marriage
apanáž apanage
aparát 1 apparatus, appliance, hardware 2 political party officials and personnel; caucus *(UK)*
apartheid apartheid *(orig)* the segregation of the inhabitants of European descent from the non-European; various forms of racial separation, social, educational, etc.; **uplatňovat** ~ apply apartheid
apel challenge; appeal
apelace druh opravného řízení na základě podaného odvolání appellate procedure; appeal type of procedure to seek redress upon an appeal lodged with court; appellation *(obs)*
apelační appellate; ~ **princip** možnost odvolacího soudu provádět důkazy appellate principle of an appeal evidence may be produced before an appellate court which considers both issues of law and facts
aplikace application; ~ **pravidel** application of rules; ~ **zásady de minimis v soutěžním právu** the application of the principle de minimis in the law of competition
aplikovan|ý applied; ~**é vědy** applied sciences; ~ **výzkum** applied research
aplikovat apply, administer; ~ **právo** apply / administer law; ~ **zákony** apply legislation
aplikovatelný applicable
apoštolský apostolic; ~ **nuncius** apostolus
aproximace approximation; ~ **českého práva s právem Evropské unie** the approximation of Czech law to that of the European Union
arbitr arbitrator
arbitráž 1 arbitration the settlement of a dispute or question at issue; ~ **řízení před rozhodcem je řešení sporů, při němž rozhoduje nezúčastněná třetí strana** arbitration hearing before an arbitrator is a mode of dispute resolution in which a neutral third party renders a decision 2 arbitrage a type of banking or trading operation; a

simultaneous purchase in one market and sale in another of a security or commodity in hope of making a profit
arbitrážní 1 pertaining to arbitration; ~ **doložka** arbitration clause; ~ **jednání** hearing in arbitration; ~ **řízení** arbitration procedure / proceedings; ~ **soud** arbitration court 2 pertaining to arbitrage; ~ **makléř** arbitrager; ~ **poplatek** arbitrage fee
argument argument a statement or fact advanced for the purpose of influencing the mind; ~ **není pro tento návrh podstatný** the argument is not material / germane to the motion
argumentace argumentation; methodical employment / presentation of arguments; logical / formal reasoning; **nedostatečná** ~ insufficient arguments; **vyčerpávající** ~ **k právní otázce** exhaustive arguments to the legal issue / issue of law; ~ **právního zástupce** argument by counsel
argumentovat argue; prove, evince; afford good ground for inferring, show weighty reasons for supposing
argumentující argumentative
arch sheet; **bilanční** ~ balance sheet; **sčítací** ~ census sheet
archiv archives
armáda army; armed forces
artikulovat articulate; **jasně** ~ **své důvody** articulate / pronounce distinctly one's reasons
arzenál arsenal
asanace renewal; sanitation; decontamination; ~ **měst** urban renewal / sanitation / clearance
asanační pertaining to sanitation; decontamination; ~ **prostředek** decontaminant
ascendent ascendant, ascendent, ancestor; a relative in the ascending line one who precedes in genealogical succession
asertorick|ý assertory; assertive, affirmative; ~**á přísaha** vztahující se k minulé nebo současné události, nikoliv do budoucna assertory oath relating to a past or present fact or state of facts and not to the future
asignace poukázka voucher a form used to disburse money to s.o., usually cash through a post office or bank
asignant poukazatel, kdo poukazuje maker person who draws a voucher or check
asignát poukázaný - plní z poukázky payor person who pays / disburses money from a voucher or check
asignatář poukázník – přijímá poukaz payee person who receives money from a voucher or check
asimilace assimilation

asimilační assimilative; assimilatory; ~ **režim** the regime of assimilation

asistence assistance; help, support; ~ **právního zástupce / obhájce** assistance of a lawyer / counsel

asistent assistant; aider, helper; **osobní** ~ personal assistant also as a type of social security services

asistovat assist; help, support; ~ **při výkonu služby** assist in the discharge of duties / service

asociace association; ~ **zaměstnavatelů** employers' association

asociální asocial; antisocial; ~ **chování nebo nepřizpůsobivost** asocial behaviour or maladjustment

aspekt aspect; **zvážit všechny** ~**y nového právního vztahu** consider / contemplate all aspects of a new legal relationship

ataše attaché; **kulturní** ~ cultural attaché; **tiskový** ~ press attaché; **vojenský** ~ military attaché

atentát assassination; taking the life of any one by treacherous violence; **spáchat** ~ **na koho** attempt on s.o.'s life, assassinate s.o.

atentátník assassin

atest certificate; approval, permission; clearance; attestation; formal confirmation by signature; **negativní** ~ *(ES)* negative clearance; **jsoucí bez** ~**u** without attestation; unattested, uncertified

atmosféra atmosphere; environment; **bouřlivá** ~ **soudního jednání** hectic atmosphere of a trial

atomov|ý atomic; **petice proti spuštění** ~**é elektrárny** the petition to prevent the commencement of operation of an atomic power station

audienční audience *(adj)*; ~ **arcibiskupský soud** audience archbishop's court

audit audit official examination of accounts with verification by reference to witnesses and vouchers; review; **daňový** ~ tax audit; **detašovaný** ~ field audit; **forenzní** ~ forensic audit; **kancelářský** ~ desk audit; **korespondenční** ~ correspondence audit; **vnitřní** ~ internal audit

auditor auditor an official whose duty it is to receive and examine accounts of money in the hands of others

aukc|e auction; public sale in which each bidder offers an increase upon the price offered by the preceding, the article put up being sold to the highest bidder;

prodej v ~**i podle položek** sale by auction according to items; auction sale by items; **přihazovat na** ~**i** bid at the auction

aukcionář auctioneer conducting sales by auction

aukční auctionary; pertaining to auction; ~ **síň** auction house / agency

auskultant judicial trainee; articling judge

autentický authentic, genuine; ~ **podpis** genuine signature; ~ **úkon před notářem** authentic act / deed before a notary public; ~ **výklad** authentic interpretation / construction

autokracie autocracy

autokratick|ý autocratic; ~**á ústava** autocratic constitution

autonomie autonomy; ~ **vůle stran** autonomous will / volition of parties

autonomní autonomous; ~ **samosprávná oblast** autonomous self-governing area

autor author; drafter, draftsman, writer; ~ **písemné podoby návrhu zákona** draftsman / drafter of a bill

autoremedura error coram nobis *(lat)* remedying one's own erroneous decision; ~ **a zastavení řízení** writ of error coram nobis and the discontinuance of proceedings

autorita authority personal, practical or intellectual influence based on power; credit personal influence based on the confidence of others and derived from character or reputation; respect; ~ **státních zástupců a soudců** the credit of prosecuting attorneys and judges

autoritativní authoritative; imperative, dictatorial, commanding; ~ **chování** commanding behaviour

autorizovaný certified *(US)*, chartered *(UK)*; authorised; licensed; ~ **odhadce / znalec v oboru stavitelství a nemovitostí** chartered surveyor; ~ **prodejce** licenced dealer; ~ **účetní se státními zkouškami** Certified Public Accountant *(US)*, Chartered Accountant *(UK)*, licensed accountant

autorizovat authorize, give formal approval to; sanction, approve, countenance; ~ **rozhovor poskytnutý médiím** approve the publication of an interview given to the media

autorskoprávní pertaining to copyright; ~ **spor** copyright litigation / suit

autorsk|ý author's, authorial; ~**é osvědčení** author's certificate; ~**é osvědčení k patentu na vynález** letter of patent a grant from a government to a person conferring for a certain definite time the exclusive privilege of making, using, or selling some new invention; **~é právo, práva příbuzná a pronájem rozmnoženin díla** copyright, neighbouring rights and the hiring of copies of a work; **~ honorář** author's fee; royalty *(UK)*; **porušení ~ého práva** infringement of copyright; **postoupení** převod práv **~ého práva** assignment of copyright; **povolení k jednorázovému využití ~ého práva** permission for one-time use of copyright; **řádná ~á doložka** respective copyright notice; **zákon o ~ém právu, ~ zákon** Copyright Act; **chránit ~ým právem** protect by copyright; **neoprávněně užít dílo ve smyslu práva ~ého** use a work in breach of copyright

aval aval an endorsement, i.e. a writing "at the bottom", on a commercial document, guaranteeing payment of it

avalát obligor / debtor under aval

avalista avalist surety under aval

avalový pertaining to aval; **~ úvěr** aval credit

avízo advice; notification; **~ o akreditivu** advice of credit

avizovat advise, notify

avizující advising; **~ banka** advising bank

azyl asylum; **diplomatický ~** diplomatic asylum; **politický ~** political asylum; **právo na ~ nebo status uprchlíka** the right of asylum or refugee status

azylov|ý pertaining to asylum; **~é právo** asylum law; **~é řízení** application for asylum procedure; **zkrácené ~é řízení** accelerated asylum procedure; **~ dům** asylum house, refuge a benevolent institution affording shelter and support to some class of the afflicted, the unfortunate, or destitute

ážio agio the excess value of one currency over another; **emisní ~** share premium the amount by which the price at which a share was issued exceeds its nominal value

ažiotáž agiotage speculation in buying and selling public stocks and shares; stock-jobbing

B

bagatelizace belittlement depreciation of the importance of st., disparagement lowering of value, honour, or estimation; ~ **právního titulu** disparagement of title
bagatelizovat belittle, disparage
bagatelní small, petty; unimportant; ~ **věc** petty case, small claim
bakalář vysokoškolský titul bachelor of Arts, Science, etc., university degree, B.A., BSc. abbrev
bakalářský relating to bachelor's degree; ~ **studijní program** bachelor's degree programme / course of study
balení packaging, packing; ~ **výrobků** packaging of products
balík parcel; package; **cenný** ~ insured parcel; **doporučený** ~ registered parcel; **křehký** ~ fragile parcel; **spěšný** ~ swift parcel; **doručování** ~**ů** parcel(s) delivery
balíkov|ý pertaining to parcel; package; ~**á bomba** parcel bomb; ~**á průvodka** bill of parcel; ~**á zásilka** dispatched parcel; ~ **přepravce** parcel carrier
balit pack, package esp for safe commercial transportation; ~ **výrobky do odpovídajících obalů** provide adequate packing of products / goods
balné packing / package fee
banda gang, band; **ozbrojená** ~ armed gang
bank|a bank; **centrální** ~ central bank; **clearingová** ~ clearing bank; **emisní / cedulová** ~ issuing bank, bank of issue; circulation bank; **eskontní** ~ bank of discount; **hypoteční** ~ mortgage bank; **investiční** ~ investment bank; **inkasní** ~ collecting bank; **komerční** ~ commercial bank; **obchodní** ~ commercial bank; **povinná** ~ paying bank; **pobočka** ~**y** branch of a bank; **zprostředkovatelská** ~ intermediary bank; **zprostředkující korespondenční** ~ correspondent bank; **zakládací listina** ~**y** bank charter
bankéř banker
bankomat automated / automatic teller machine, A.T.M. abbrev (US); cash dispenser, cash-dispensing machine
bankovk|a cirkulační cenný papír vydávaný emisní bankou bank(-)note a promissory note given by a banker payable to bearer on demand, and intended to

circulate as money, note, bill; ~**y nízkých hodnot** small denomination banknotes
bankovní banking, bank (adj); ~ **akcept** bank acceptance, banker's acceptance; ~ **akcie** bank shares; ~ **akreditiv** depository credit; ~ **pravidla** bank rules; ~ **směnka** demand draft; bank paper; ~ **trata / šek** banker's draft; ~ **úředník** bank clerk; ~ **záruka** bank guaranty; **orgány** ~**ho dohledu** Banking Supervisory Authorities; **pravidla** ~**ho dohledu** Prudential Rules; Banking Supervision Rules; **smlouva o** ~**m uložení věci** bank deposit contract / agreement; **výpis z** ~**ho účtu** bank account statement
bankovnictví banking industry / business
bankrot bankruptcy; ~ **dobrovolný návrh podaný samotným úpadcem nebo nedobrovolný návrh podán věřiteli** voluntary the petition filed by the bankrupt or involuntary the petition filed by creditors bankruptcy
báňsk|ý mining; ~**á společnost** mining company; ~**á správa souhrn orgánů činných v** ~**ém průmyslu** Mining Administration public bodies in charge of the management of mining industry; **Báňský úřad** (CZ) Mining Office
barat(e)rie porušení povinnosti kapitána lodi nebo posádky ke škodě vlastníků lodi či nákladu barratry fraud, or gross or criminal negligence, on the part of the master or mariners of a ship, to the prejudice of the owners, and without their consent; **účastník** ~ barrator, barrater
barva colour, color (US); **opticky proměnlivá** ~ **ochranný prvek bankovky** colo(u)r-shifting ink, optically variable ink as a security feature / protective element of a banknote
báz|e basis, (pl) bases; **na** ~**i důvěry** bona fide (lat), acting or done in good faith; **na bilaterální** ~**i** on bilateral basis
bdělost vigilance, alert (n)
bdělý vigilant, alert (adj); ~ **občan** vigilant person / citizen
běh running, run; passing; ~ **lhůt** running of time; ~ **promlčecí doby / lhůty** running / operation of limitation time / period under the statute of limitations; **stavění** ~**u vydržecí lhůty** suspension / stoppage of the operation of the time of prescription; **zabránit** ~**u promlče-**

cích lhůt prevent the limitation period from running; **~ lhůt se zastaví ke dni**... time ceases to run on...

během pending *(prep)*, within; **~ času** in the course of time; **~ řízení** pending suit / proceedings

beneficiát, beneficient beneficial owner, beneficiary; **náhodný ~** incidental beneficiary

beneficium cohaesionis *(lat)* změna rozhodnutí ve prospěch osoby, která odvolání nepodala, ale prospívá jí důvod, který prospívá i osobě, která podala odvolání, např. obviněný a spoluobviněný beneficium cohaesionis *(lat)* alteration of a decision for the benefit of a person who has not yet filed an appeal, however, the cause of appeal is beneficial to him as it is to the person who lodged the appeal, e.g. the defendant and co-defendant

benzin gasolene, gasoline *(US)*; petrol *(UK)*; **spotřební daň z ~u** gasoline / petrol tax

berně *(pl)* *(hist)* toll *(obs)*, duty; taxes

berní pertaining to tax, levies, revenue; **~ správa** administration of taxes, Inland Revenue *(UK)*, Internal Revenue Service *(US)*, Tax Office *(CZ)*; **~ úředník** taxman; tax collector, tax inspector

beseda discussion, meeting; debate; **krátká tisková ~** press briefing

bestialita brutality; atrocity; bestiality

bez *(prep)* without, free of / from; **~ avíza** without notice; **~ hlasovacího práva** without right to vote, unfranchised; **~ postihu** without recourse; without sanction; **~ předsudků** without prejudice; **~ upozornění** without notice; without caution / warning; **~ vztahu k čemu** unrelated, without relation / link to; **~ znečištění ovzduší** free from air pollution

bezbrannost defencelessness; vulnerability; **stav ~i oběti** state of defencelessness of a victim

bezbrann|ý defenceless; vulnerable; unguarded, unprotected; **terorizovat ~é civilní obyvatelstvo** terrorize defenceless civilians

bezcelní duty free, free of customs duty; exempt from payment of customs duty; **~ dovoz** duty free import; **~ pásmo** duty free zone; **~ vývoz** duty free export; **~ zóna** duty-free zone / area

bezcenn|ý valueless, worthless; **~é cenné papíry** worthless securities

bezcitnost emotionlessness, mercilessness, pitilessness

bezcitný emotionless, merciless, pitiless, unrelenting, without compassion

bezděčně unintentionally, unwillingly, unintendedly

bezděčný unintended, unintentional, unwilling; **~ úkon** unintended act / deed

bezdětný childless, without offspring / issue; **~ stav** childlessness, remaining childless / without children / without offspring / without issue; **zůstat ~** remain childless / without children

bezdomovec **1** homeless / displaced person **2** person deprived of state nationality, stateless person

bezdomovectví **1** homelessness having no home or permanent abode **2 apolitida** absence of / having no state nationality, statelessness

bezdůvodně without reason / justification / cause; unreasonably; **~ se zdržovat kde** stay somewhere without cause / reason, unreasonably stay somewhere; **~ odepřít přijetí písemnosti** unreasonably without cause refuse to receive / acknowledge the service of an instrument; **souhlas nesmí být ~ odmítnut** the approval shall not be unreasonably withheld

bezdůvodn|ý unreasonable, unjustified; unlawful; inadequate; causeless; groundless; **~á žaloba** frivolous suit / action groundless lawsuit with little prospect of success; **~é obohacení** unjust enrichment, unjust obtaining of money benefits at the expense of another; **~é odmítnutí vypovídat** unexcused refusal to give testimony, unreasonable refusal to testify; **~é zadržení** unreasonable seizure / detention of a person or property; **~é zatýkání** unlawful arrest of persons; **~é zbavení osobní svobody** unjustified / unlawful deprivation of s.o.'s personal liberty; unreasonable false imprisonment; **zjevně ~ návrh** apparently / prima facie unreasonable / unjustified motion; **je to považováno soudem za ~é** it is held by court to be unreasonable

bezectnost dishonesty, lack of probity / integrity; corruption moral deterioration / decay; depravity; **~ v důsledku spáchání trestného činu** adjudikovaná ztráta společenského postavení a vlastnických práv corruption of blood as a result of the commission of a crime an adjudicated deprivation / loss of all rights of rank and title

bezejmenn|ý anonymous, unknown; nameless not specified by name, left unnamed; **~í pachatelé latentní trestné činnosti** unknown perpetrators of latent crime

bezhotovostní non-cash; pertaining to credit /

debit / bank transfer; **přeshraniční ~ platební styk** cross-border bank / credit transfers
bezjadern|ý nuclear-free, free of nuclear energy; **~é pásmo** nuclear-free zone
bezmocnost impotence want of physical power; feebleness of body, as through illness or old age; physical weakness; debility; helplessness; **dávka v případě ~i** impotence allowance; nursing allowance
bezmocný helpless having no resources in o.s.; unable to help o.s., shiftless
beznadějný hopeless, unmaintainable; lost; **~ případ** nelze ho vyhrát unmaintainable action, lost suit which cannot be won
bezodkladně without delay, forthwith; immediately, instantly; **~ vykonat rozhodnutí** execute a decision without undue / unreasonable delay
bezodkladn|ý immediate occurring / taking effect / accomplished without delay or lapse of time; instant; undelayed, without delay; **~é řešení právního sporu** disposing of the case without delay; immediate settlement of a legal dispute
bezohledně recklessly without regard to consequences, rashly; unscrupulously; **~ prosazovat své zájmy** při jednání unscrupulously push one's way in negotiations; drive a hard bargain in negotiating terms
bezohledn|ý reckless, wanton; careless, heedless; unscrupulous; **~á jízda** řízení vozidla reckless driving; **~á nedbalost** wanton / reckless negligence; **~é konání či opomenutí** wanton acts or omissions in malicious and reckless disregard; **~ čin** svědčící o bezohledném nezájmu o důsledky pro život, zdraví, pověst, majetek atd. wanton act evincing / proving a reckless indifference to consequences to life, limb, reputation, property, etc.
bezpečí safety; security; shelter; **v ~ rodiny** under the shelter of one's family
bezpečnost safety exemption from hurt or injury; freedom from danger; security safeguarding of the interests of a state, organization, person, etc., against danger, esp. from espionage or theft; protection; **administrativní ~** administrative security; **jaderná ~** nuclear safety; **objektová ~** security of facilities; **personální ~** personnel security; **průmyslová ~** industrial security; **technická ~** technical security; **~ práce** occupational / industrial safety; **~ státu** national security; **~ a ochrana zdraví při práci** health and safety protection at work; **~ a plynulost silničního**

provozu road safety and highway traffic flow; **komise pro ~ a ochranu zdraví při práci** safety committee appointed to deal with safety in a place of work; **ohrožení ~i státu** endangering state security, danger to the security of the State; **ohrožení ~i vzdušného dopravního prostředku a civilního plavidla** endangering the safety of an aircraft and ship; **přiměřená opatření k zajištění ~i osob** reasonable precautions for the safety of persons; **zajištění obrany státu a veřejné ~i** securing the defence of the State and public safety
bezpečnostní securing, safeguarding; protecting; relating to safety, security; **~ opatření** safety measures; **~orgán** security body / authority; **~ pohovor** security interview; **~ prověrka** security check a verification of identity or reliability for the purposes of security; **~ riziko** security risk; **~ schránka** safe deposit, deposit box; **~ standardy** pro ochranu tajemství standards of security for the protection of secrets; **~ technik** safety officer / engineer trained in accident prevention and the organization and implementation of industrial safety measures; **Národní ~ úřad** National Security Authority; **povolení výjimek z ~ch předpisů a technických norem** permitted / sanctioned exceptions from safety regulations and technical standards; **vést ~ spis k navrhované osobě** keep security files on a candidate
bezpečn|ý safe; secured; protected; **~á vzdálenost mezi jedoucími motorovými vozidly** assured clear distance ahead; safety distance between moving vehicles
bezplatně free of charge, without cost, for free; gratuitously, without consideration, for no consideration
bezplatnost freedom / exemption from charges / fees; **~ převodu** free transfer
bezplatn|ý gratuitous; free of charge; exempt from fees / charges; **~á smlouva** gratuitous contract; **~é informace** gratuitous / free information, information provided for free; **~é stravování a ubytování** boarding and lodging rendered free of charge, hospitality; **~ dárce krve** blood donor giving his blood without payment / being paid for; **~ slib** gratuitous promise
bezpodílov|ý common, joint; undivided, not separated / parted from each other; **~é spoluvlastnictví manželů** společné jmění manželů

community property of spouses, estate by the entirety / entireties

bezpodmínečně necessarily, inevitably; unconditionally; absolutely

bezpodmínečn|ý unconditional; absolute, unlimited; **~á kapitulace** unconditional surrender; **~á smlouva** bare contract unconditional promise or surrender; **~á záruka** unconditional guarantee / guaranty (US); **~é vynětí z odpovědnosti** unconditional discharge / exemption from liability; **bezvýhradný a ~ projev vůle** unreserved and unconditional expression of one's will

bezpracný unearned; unmerited, undeserved; **~ příjem** unearned income; **~ přírůstek** věci unearned increment / accession to property

bezprecedentní unprecedented; unparallel(ed), unexampled; **~ okolnosti** unprecedented circumstances

bezprostředně immediately; directly; forthwith, without delay; **~ použitelný** directly applicable

bezprostřední immediate; direct, imminent; proximate; **~ držba nemovitého majetku** immediate / actual possession of real property; **~ nájemce** immediate tenant; a very tenant; **~ odškodnění** proximate damages; **~ okolí** neighbourhood, neighborhood (US); **nebezpečí ~ho ohrožení života a zdraví** imminent / immediate threat / danger to life and limb / to integrity

bezprostřednost directness, straightness, straightforwardness; immediateness absolute proximity in time or place; **zásada ~i** principle of directness

bezpříkladn|ý unprecedented; unparallel(ed), unexampled; **~á odvaha** unprecedented boldness / courage

bezradný helpless destitute of vigour, energy, capacity; weak

bezstarostnost carelessness; carefreedom, carefreeness

bezstarostný care(-)free, easy-going; careless; **~ život** carefree life

beztrestnost impunity; exemption / protection from punishment / penalty; immunity from prosecution

beztrestný immune from criminal liability; exempt from prosecution; non-punishable

bezúčinnost ineffectiveness, inefficacity of laws;

relativní ~ právního úkonu relative ineffectiveness of a legal act

bezúhonnost being without criminal records (CZ); probity; incorruptness, incorruption, rectitude; blamelessness, unimpeachability; moral straightness / uprightness; goodness, integrity; **morální ~** moral integrity; **relativní ~ při posouzení míry zavinění na obou rozvádějících se stranách** comparative rectitude considering the scope of fault when both parties have shown grounds for divorce; **doložení ~i výpisem z trestního rejstříku** proving one's suitability by a statement / certificate of no criminal records; **nedostatek ~i ani její ztrátu nelze žádným způsobem zhojit** lack or loss of qualification due to criminal records of an applicant may not be substituted / compromised by any means

bezúhonn|ý incorrupt, blameless, unimpeachable; **~á osoba** person without a criminal record; person with a clean slate (slang); **~é chování** good blameless behaviour / conduct

bezúplatně gratuitously, without consideration, for no consideration; free of charge, without cost, for free

bezúplatnost freedom / exemption from charges / fees, not subject to consideration; **~ převodu** free transfer

bezúplatn|ý gratuitous, not subject to consideration; free of charge; exempt from fees / charges; **~á smlouva** gratuitous contract, contract without consideration; **~ slib** gratuitous promise

bezúročně without interest, interest-free

bezúročn|ý interest-free, bearing no interest, non-interest-bearing; **~á půjčka** interest-free loan

bezúspěšně unsuccessfully, without success; **~ žádat o dotace** apply for subsidies unsuccessfully / to no effect

bezúspěšn|ý unsuccessful; **~ pokus o smír** unsuccessful attempt to conciliate, unsuccessful attempt to settle the matter out-of-court; **svévolné nebo ~é uplatňování nebo bránění práva** arbitrary or unsuccessful application or protection of law

bezvadnost correctness, faultlessness, perfectness, soundness, flawlessness; **~ látky** good condition of a substance

bezvadn|ý good; perfect, faultless, sound, free from damage / decay / defect; unimpaired, uninjured; in good condition / repair; **~é zboží /**

zboží v ~ém stavu goods free from any defect; ~ tudíž obchodovatelný **právní titul** good / clear thus marketable title; ~ **znalecký posudek** good expert opinion / expertise
bezvládí anarchy absence of government; a state of lawlessness due to the absence or inefficiency of the supreme power; interregnum a period of freedom from some authority
bezvýhradn|ý unqualified, unreserved, unconditional; **~é přijetí** unconditional acceptance; **~ a bezpodmínečný projev vůle** unreserved and unconditional expression of one's will
bezvýsledně ineffectively, fruitlessly; unproductively; in vain; **~ použít opatření** use measures ineffectively; **podat ~ návrh na obnovu řízení** file a motion for a new trial ineffectively / unsuccessfully
bezvýslednost futility; ineffectiveness, uselessness; **~ dražby** ineffective / unsuccessful auction, ineffective attempt to auction; **protokol o ~i soupisu nebo upuštění od soupisu movitých věcí** the report on the failure to produce, or decision not to make, a list / an inventory of personal chattels in probate proceedings when things cannot be found or are unknown
bezvýsledn|ý ineffective, ineffectual; inoperative; nugatory, invalid; useless, futile, of no avail; **výzva zůstane ~á** the notice / call will be futile / ineffective
bezvýznamn|ý insignificant; immaterial; trivial; unimportant; purposeless; **~é ustanovení smlouvy** immaterial provision in a contract
běžen|ec refugee; **status ~ce uprchlíka** refugee status
běž|et run; **promlčecí doba ~í** the time of limitation / limitation period is running; **lhůta ~í až do konce následujícího dne** the period runs until the end of the next day
běžn|ý common, general; current, regular, ordinary, normal; customary; **~á cena** current price; **~á nedbalost** ordinary negligence; **~á tržní cena** current market value; **~é body obžaloby** common counts of charges; **~é obchody** common transactions; **~é opotřebení** normal / regular wear and tear; **~é pojistné** current premium; **~é povinnosti** regular / normal duties; **~é reprodukční náklady** current replacement costs; **~é šekové konto** drawing account; **~é užívání a držba nemovitosti** ordinary use and enjoyment of land / property; **~é výdaje** current expenses; **~ občan** the next

man / one / person, an average man; a typical man; **~ rok** current year; **~ účet** current account; **~ výnos** regular gains / yield / proceeds; **je ~é** it is customary / regular / common
bianko, bianco blank; unfilled space for signature or other words to be inserted to complete the meaning; **~ akceptace** blank acceptance; **~ pojistka** blank policy; **~ směnka** blank bill / draft; **šek** blank cheque; **podpis in ~** blank signature made on an instrument with blanks
bigamie bigamy
bigamista bigamist
bigotnost bigotry obstinate and unenlightened attachment to a particular creed, opinion, system, or party
bilance balance the adjustment of accounts; **aktivní ~** favourable balance; **obchodní ~** balance of trade / trade balance; **pasivní ~** short balance / imbalance; **platební ~** balance of payments; **účetní ~** balance of account; **deficit platební ~** balance of payments deficit
bilanční pertaining to balance; balancing; **~ arch / výkaz** balance sheet; **~ hodnota** book value
bilaterální bilateral; two-sided; **~ smlouva** bilateral treaty / agreement
bíl|ý white; **~á kniha** White Paper; **~ límeček úředník** (slang) white-collar (slang)
biocid biocide
biodiverzita biological diversity
biotop biotope
biskup bishop; **diecézní ~** diocesan bishop
bít beat; batter
bití beating inflicting blows in punishment; battering bruising / defacement caused by successive blows; **potrestání ~m** castigation severe punishment or rebuke, chastisement
bitva battle; combat, fight
blaho welfare, well-being; **~ společnosti** well-being / welfare of society
blahobyt well-being; prosperity, affluence, wealth
blanketní blanket covering or including all, or a number of, cases, contingencies, requirements, things, etc.; all-embracing; indiscriminate; blank; empty, without contents; **norma s ~ dispozicí** rule with a blanket disposition
blankoindosament blanket indorsement
blankotradice blanket tradition transfer of possession
blízko close (adv); in proximity; juxta (lat)
blízk|ý close (adj), contiguous, near, proximate;

cognate; **osoba ~á** the next of kin nearest in relationship or kinship; the next of one's blood

blok block; pad; **~ k ukládání pokut / pokutový** ~ pad of penalty tickets / citations

blokace blockage; **~ v zákonodárném procesu** nečinnost, nepřijímání legislativních aktů blockage in the legislative process failure to act, impeding the enactment of bills

blokád|a blockade; **prolomit ~u** break / beat / run a blockade; **zrušit ~u** lift / raise a blockade

blokovan|ý blocked shut / closed off by obstructions, stopped in a course, obstructed; blockaded; **(za)~á doprava kvůli povětrnostním podmínkám nebo dopravní nehodě** blocked / blockage in traffic due to weather conditions or a road accident; **~á měna pro niž platí zákaz vývozu** blocked currency prohibition of exporting the currency; **~ cenný papír** blocked bond / security; **~ účet** frozen account can be used under no circumstances as a sanction, blocked account can be used under specifically defined circumstances

blokov|ý relating to ticket, citation an official documentary notification of a wrongful act in connection with traffic regulations, e.g. parking ticket; relating to block; **~á pokuta** (CZ) fixed penalty notice / ticket / citation; **~é řízení projednání přestupku v ~ém řízení** (CZ) administrative hearing on a ticket / citation punishable by a fine only; in the CR it applies to most administrative delicts including minor traffic violations; **rozhodnutí v ~ém řízení** (CZ) the decision made in the course of administrative hearing on a ticket / citation; **uložení pokuty v ~ém řízení** (CZ) imposition of a fixed penalty for an administrative delict / infraction

bod point, count, item; dot; **běžné ~y obžaloby / žalobní ~y** common counts of charges / indictment; **další ~ programu schůze** next item on the agenda; **záchytný ~ pro vyšetřování trestného činu** clue a piece of evidence useful in the detection of a crime

bohatství wealth; affluence, abundance, profusion

bohat|ý rich; wealthy, abundant, affluent, opulent; generous; **jeden z nej~ších klientů, které ré znám** one of the richest clients I know / of my acquaintance

bohoslužb|a service, worship; **svoboda konat ~y** freedom of worship

boj struggle, fight; battle, combat; contest in elections; **~ o existenci** struggle for existence; **~ o život** struggle for life; **nedovolené vedení ~e** unlawful ways of fighting, unlawful warfare

bojkot boycott (n), boycotting; **uvalit ~ na zboží** put goods under a boycott

bojkotovat boycott (v); **~ dodávky zbraní** boycott the supplies of weapons

bojovat combat with / against; fight against st. / with s.o.; struggle with / against; **~ u soudu** fight an action at law / a case

bojovník combatant; fighter, warrior

bojov|ý relating to fight, battle, struggle, war; operational; **~á akce** combat; a battle, a fight; **~á situace** combat / fighting situation; **~á skupina** combat / fighting group; **používání zakázaného ~ého prostředku** using prohibited weapons

bojůvk|a armed band, gang; **partyzánské ~y** guerilla bands

bolest pain, hurt; grief, distress; suffering; affliction; **způsobit ~** cause a pain

bolestné reparation money / payment damages to compensate physical injury, e.g. due to an accident at work; smart money (US) vindictive, punitive or exemplary damages in case of gross misconduct of defendant

bona fides (lat) bona fide, in / with good faith, honestly, openly, sincerely without deceit / fraud; **kupující ~** bona fide purchaser

bonifikace bonus, bonification the paying of a bonus

bonita schopnost a vůle platit solvency capability and willingness to pay

bonum et aequum (lat) the good and justice

bonus bonus **1** extra payment as a premium **2** an extra dividend paid to shareholders from surplus profits **3** a portion of the profits of an insurance company; **~ za splnění smlouvy** performance of contract bonus

bordel brothel, bawdy-house, disorderly house

branec conscript a military recruit obtained by conscription; one compulsorily enlisted for military or naval service

bránění 1 obstruction, hindrance, interference, stop; **~ práva** (safe)guarding / protecting law; **~ v užívání bytu** obstructing the use and enjoyment of a flat; **(za)~ v produkování nadměrného hluku úřední / soudní cestou** excessive noise abatement upon administrative / judicial decision **2** defence, guarding / protecting from attack

braní taking, seizure; **~ rukojmích** taking hostages; ~ **úplatků** bribery, the taking / acceptance of a bribe, bribe-taking; corruption; ~ **užitků z nájmu** receiving / taking of proceeds of lease

bránit hinder, impede, deter, obstruct, prevent; put obstacles in the way of; resist; ~ **lstí ve výkonu volebního práva** obstruct by artifice the exercise of right of suffrage; ~ **v rozvoji podnikání** impede the growth and development of the business

brann|ý conscriptive; conscription; **~á pohotovost státu** state of emergency before declaring mobilization; **~á povinnost** duty to consribe / enlist o.s. for military service

brát take, receive, get; ~ **na vědomí** take into account / consideration, to note / notice; ~ **pod přísahu** administer an oath, take an oath of a person; ~ **sociální dávky** receive / be awarded social security benefits; ~ **úplatky** take / accept bribes, practice bribery; ~ **užitky z nájmu** take the proceeds of lease

bratranec first, own, full cousin; ~ **a sestřenice prvního stupně** first cousins

brutalita atrocity; brutality, coarse incivility; violent roughness of manners; inhumanity, savage cruelty

brutální atrocious; brutal; ~ **trestný čin** atrocious / brutal crime

brutto gross opposed to net; of an amount, value, weight, number, or the like, before necessary deductions have been made; **váha** ~ gross weight

brzdit obstruct retard the passage or progress, hamper encumber with obstacles / difficulties, hinder keep back, delay, or stop in action, impede retard in progress or action by putting obstacles in the way; ~ **provoz** obstruct the operation; ~ **v činnosti** hamper in an action

břemen|o 1 onus, burden, charge; **důkazní** ~ burden of proof / proving, onus of proof, onus probandi *(lat)*; **finanční** ~ financial burden / charges; **neinkasované** ~ např. **dosud neinkasované krátkodobé dluhopisy** floating charge; **právní** ~ legal burden; legal obligation / duty; ~ **průkazu obvinění z trestného činu** burden of proving a criminal charge; ~ **spočívá na kom** the burden lies on s.o.; ~ **tvrzení** burden of allegation / pleading i.e. duty to allege a claim; **neunesení důkazního ~e** tj. **neprokázání tvrzených skutečností** failure to bear the burden of proving / onus of proof i.e. failure to prove the alleged facts

2 easement; charge; encumbrance; **afirmativní věcné** ~ affirmative easement; **skrytá věcná ~a** implied easements; **věcné ~o přístupu** easement of access / ingress; **smlouva o zřízení věcného ~e** contract to grant an easement; **zánik věcného ~e** extinguishment / termination of an easement; **zřízení věcného ~e** grant / creation / establishment of an easement, granting / creating / establishing an easement; **zřízení věcného ~e bydlení a užívání nemovitosti** creation on property of an easement of dwelling and enjoyment

břímě onus, burden, charge; **důkazní** ~ burden of proof / proving, onus of proof, onus probandi *(lat)*

budoucí incoming, future; prospective, expectant; constructive; contingent; ~ **nájemce** incoming tenant; **smlouva o ~ smlouvě pactum de contrahendo / o uzavření smlouvy** ~ preliminary contract, pre-contract agreement, comfort letter *(UK)*, letter of intent *(US)*, a contract to contract, agreement to agree; **smlouva o uzavření** ~ **kupní smlouvy** agreement to enter into / make a sales contract; sales pre-contract, letter of intent to make / enter into a sales contract

budoucnost future; time to come

budo|va building, structure, edifice; house; **administrativní** ~ office building; **část ~vy** part / portion of the structure; **výstavba kancelářských ~v** office building development; **vyžadovat, aby se nové ~vy přizpůsobily čemu** require new buildings to conform to st.; **zadržovací právo k ~vě** building lien as a security for unpaid bills of a developer

budování developing, development; building, constructing, construction; ~ **úřadů v příliš velkém měřítku** development of too much office building; **území / oblast pro** ~ **obchodní nebo průmyslové zóny** development area for commerce or industry

budovat develop; build, construct; ~ **nové obytné čtvrti** develop new residential neighbourhoods / quarters

bulvár bulvární tisk tabloid

bulvární tabloid *(adj)*; unscrupulously sensational; yellow *(obs US)*; ~ **tisk** tabloid press; ~ **média** tabloid media

burza exchange; burse *(obs)* a meeting-place of merchants for transaction of business; ~ **cenných papí-**

rů stock exchange, stock market; **plodinová** ~ produce / commodity exchange
burzovní pertaining to exchange; ~ **dohodce / senzál** stockbroker / jobber; ~ **komisař** Stock Exchange / Commodity Exchange commissioner; ~ **rozhodčí** Stock Exchange / Commodity Exchange arbitrator; ~ **komora** Stock Exchange Chamber; ~ **kurz** Stock Exchange quotation; ~ **obchody** exchange transactions / operations / business; ~ **předpisy** (Stock) Exchange regulations; ~ **pravidla** (Stock) Exchange rules; ~ **spekulace** na stoupání nebo klesání státních cenných papírů agiotage a speculation on the rise and fall of the public debt or the public funds; stock exchange speculation
bydlení housing, dwelling, habitation; ~ **přiměřené možnostem** affordable housing; **právo na** ~ **nebo obydlí** right to housing or habitation right to have a place to live; **příspěvek na** ~ housing allowance; **smlouva o zřízení věcného břemene** ~ **a užívání nemovitosti** contract to create on property an easement of dwelling and enjoyment
bydlet live; reside; dwell; have one's abode
bydliště residence, address, abode; domicile; **nynější** ~ present residence / address; **poslední** ~ **v ČR** last residence / address in the Czech Republic; **přechodné** ~ temporary residence / address; **trvalé** ~ permanent residence / address; **bez trvalého** ~ of no abode; without permanent residence; ~ **manželů** matrimonial domicile; ~ **rodičů** manžela / manželky domicile of origin
byrokracie bureaucracy; red-tape rigid or mechanical adherence to rules and regulations
byrokrat bureaucrat; red-tapist
byrokratický bureaucratic; clerical; red-taped; ~ **aparát** office / administrative personnel
byt flat *(UK)*, apartment *(US)*, residential

premises; **družstevní** ~ co(-)operative flat; **náhradní** ~ substitute housing given to s.o. evicted upon a judicial order from his flat; **obecní** ~ local council flat; **služební** ~ tied / service flat residential premises owned by an employer and let to an employee for the period of employment, tied cottage *(UK)*; ~ **v osobním vlastnictví** privately owned apartment / flat; **~em u** koho care of c/o; **nadstandardní vybavení ~u** equipment and furnishing of a flat above standard; **nájem ~u** residential lease; **nájemní smlouva k ~u, smlouva o nájmu ~u** contract of residential lease; **osobní vlastnictví k ~ům** private ownership of apartments; **plnění spojená s užíváním ~u** utilities; services related to the enjoyment / use of flat gas, electricity, phone etc.; **podnájem ~u** sublease of a flat; **podnájem části ~u** sublease of a part of a flat; **přechod nájmu ~u** passage of the residential lease to s.o. else; **příslušenství a zařízení ~u** appurtenances to and fixtures in a flat / an apartment; **výměna ~u** exchange of flats; **vyklidit** ~ clear / leave the flat; **vystěhovat z ~u** force s.o. to move out of / quit a flat, move s.o. out of flat; evict from a flat
bytost being; creature; **lidská** ~ human being
bytov|ý residential, dwelling; housing; **~á** jednotka dwelling / residential unit; **~á náhrada** substitute dwelling / housing; **~á nouze** housing shortage; **~á tíseň** insufficient housing / dwelling; **~é družstvo** housing association / cooperative; **~é právo** housing law; **~é prostory** housing / residential premises; ~ **fond** housing stock; ~ **problém** housing problem; ~ **zákon** Housing Act; ~ **zloděj** housebreaker; **pronajatý pro ~é účely** leased / rented for residential use; **stavební ~é družstvo** building cooperative to build flats

C

caducum odúmrť, tj. **dědictví, jehož nenabude žádný dědic, proto připadne státu** escheat a reversion of property to the state in consequence of a want of any individual competent to inherit, caduca lapse of a testamentary gift

cedent postupitel, převodce assignor, assigner *(obs)*; cessor, grantor, granter *(obs)*; ~ **statku** assignor of property; ~ **je osoba, která postupuje svou pohledávku na jinou osobu** an assignor is one who assigns or makes his claim upon another

cedovat assign transfer or formally make over the right, claim, property to another; transfer, convey; cede give up a portion of territory

cedovatelný assignable; transferrable

cedule 1 *(formal)* *(obs)* bill, note **2** label, ticket, sign; board

cedulov|ý pertaining to bill, note; ~**á banka řídí peněžní oběh včetně vydávání bankovek a mincí, platební styk a zúčtování** the issuing / circulation / central bank shall govern the circulation of money, the issuance of notes and coins, money transfers and bank clearing

cech guild a voluntary association of persons pursuing the same trade, art, profession or business, to protect their common vocation

cechovní guildic; pertaining to guild; ~ **řád** guild rules; ~ **právo** guild law

cejch assize the standard of quantity, measure, price; gauge an instrument for ascertaining and verifying dimensions, esp. for testing and sorting into trade sizes; seal an impressed mark serving as visible evidence of st.

cejchmistr úřední kontrolor vah a měr assizer, assizor an officer who is in charge of the Assize of Weights and Measures, or who fixed the Assize of Bread and Ale, or of other articles of consumption; gauger

cejchování gauging; sealing

cejchovat gauge to ascertain by exact measurement the dimensions, proportions, or amount of; seal

cel|a cell in a prison or police station, hold; **hygienicky nezávadná** ~ a cell in good sanitary condition; **policejní** ~ police cell; ~ **předběžného zadržení** detention cell; a cell in a house of detention, police cell; ~ **smrti** condemned cell; **základní vybavení** ~y basic cell equipment; **umístit do** ~y place in a cell

celek whole; entirety, complex; unit; aggregate, corpus; **vyšší územně samosprávný** ~ higher regional self-government administrative unit *(CZ)*; **nemovitost jako** ~ the whole of the property; **společnost jako** ~ society / community as a whole

celistvost integrity, material wholeness, completeness, entirety; **zachování ústavnosti, svrchovanosti a územní** ~i preservation of constitutionality, sovereignty and territorial integrity

celistv|ý integral, integrated; entire, whole; ~**á fyzická či duševní neschopnost nebo zjevná bezmoc** complete physical and mental incapacity or utter helplessness; ~**é území** integrated territory

celkov|ý aggregate, aggregated; collective, whole, total; final; ~**á politická linie vlády** government's broad policies; ~**á výrobní cena** cover / cost price, cost of production; ~ **přehled výdajů, nákladů** an outline / statement of expenditures, costs; ~ **příjem manželů pro společné daňové přiznání** aggregate income of husband and wife who file a joint tax return; ~ **seznam pojištěných rizik** aggregate liability index of insured risks; ~ **součet všech položek** grand total of all items; ~ **výsledek soudního sporu** final result of the dispute; ~ **záměr zákonodárce** general intent of the legislator

celní pertaining to customs; ~ **deklarace / prohlášení** customs bill / declaration / entry; ~ **deklarant** customs(-house) broker; ~ **hranice** customs frontiers; ~ **měřič hromadného nebaleného zboží** či tekutin gauger, exciseman measuring goods in bulk or liquids; ~ **odbavení** passing goods through customs; customs entry / clearance; ~ **poplatky** customs import / export duty / fees; ~ **prohlídka** customs examination; ~ **předpisy** customs laws / legislation, customs rules and regulations; ~ **ředitelství** Customs Head Office; ~ **sazba** customs tariff rate, rate of duty; ~ **sazebník** customs tariff; ~ **sklad** bonded store / stock; ~ **služba** customs service; ~ **soud** customs court; ~ **unie** customs union; ~ **úřad** customs office / house; customs authority; ~ **uzávěra** customs seal; ~ **území** customs the area at a seaport, air-

port, etc., where goods, luggage, and other items are examined and customs duties levied; ~ **zákon** Customs Act; Customs Tariff Act; **dovezené a dosud neproclené zboží v ~m skladu** entry of goods under bond; **jednotná ~ deklarace JCD** uniform customs declaration; **podání ~ho prohlášení** presenting / submitting / lodging customs bill / declaration; **přepracování pod ~m dohledem** re(-)processing under customs supervision; **návrh na zahájení ~ho řízení** application for the commencement of customs procedure; **rozhodnutí v ~m řízení** the decision of the customs clearance procedure; **svobodné ~ zóny a ~ sklady** free zones and bonded warehouses; **zboží v ~m skladišti** bonded goods goods deposited in a bonded / bonding warehouse; **uložit zboží v ~m skladišti** place the goods in bond the importer on entering the goods pledges himself by bond to redeem them by paying the duty; **vyzvednout zboží z ~ho skladiště** take the goods out of bond, release the goods from bond; **~ delikt je zvláště kvalifikované porušení celních předpisů** a customs delict is defined as a specially qualified violation of customs laws; **účelem ~ho řízení je rozhodnout, zda zboží dopravované přes státní hranici je propuštěno do navrhovaného režimu včetně vyměření cla, poplatku či daně** the object of customs procedure is to determine whether the exported or imported goods may be released for the requested / proposed purpose, including the assessment of a duty, charge or tax
celnice 1 custom(s) house / station 2 female customs officer / official
celnictví oblast výkonu státní správy zaměřená na propouštění zboží dopravovaného přes hranice customs administration a component of the execution of state administration aimed at the release of imported or exported goods
celník custom(s) officer / official
celodenní all-day, whole-day; round-the-clock; **~ služba** whole day's / round-the-clock duty
celonárodní country-wide; nation-wide; **~ požadavek** country-wide demand; **~ protest proti dostavbě jaderné elektrárny** a nation-wide protest against the completion of the construction of the nuclear power station; **vzbudit ~ zájem** arouse nation-wide interest
celoroční perennial; **~ dodávky vody, elektři-**

ny atd. perennial supplies of utilities water, electricity etc.
celostátní national; nation-wide; federal; **~ plánovací politika** national planning policy; **~ požadavky** national requirements; **~ propaganda** national propaganda; **~ volby** national election; **~ výjimečný stav** national emergency
celosvětový global, universal; worldwide; **~ mír** universal peace
celoživotní life-long, life, whole-life; **~ pojištění splatné při úmrtí** whole-life insurance / policy paid at death
cel|ý 1 complete embracing all the requisite items; whole free from damage or defect, entire; total, full, perfect; **na ~ém světě** all over the world, in the whole world; world-wide 2 finished, ended, concluded, complete running its full course, accomplished; **~ den, týden, měsíc** all day, week, month; **~ou noc** all night
cel|na 1 price; consideration, value, cost; **burzovní ~** stock-exchange value; **doporučená ~** recommended price; **nejvyšší maloobchodní ~** retail ceiling price; **obecná ~ majetku** general value of property; **odhadní ~** assessment / appraisal value; **pevná / stanovená ~** fixed price; **prodejní ~** cost price the price at which a merchant or dealer sells; **pořizovací ~** purchase value / cost; **přiměřená ~** reasonable price; adequate price, quantum valebant (lat) as much as they are worth; **skutečná ~ zaplacená v hotovosti** cash price / value, actual cash, actual market value; **smluvní ~** contractual / conventional price; **tržní ~** open market price; **účtovaná ~** billed price; **úředně stanovená ~** official price set by an authorized body, not market; **velkoobchodní ~** wholesale value; **výrobní ~** prime cost the first or original cost of production, without any charges for distribution; **zlevněná ~** bargain price; **~ podle faktury** value as per invoice; **~ zahrnující cenu zboží a dopravy** cost and freight, C.F., C.A.F. abbrev; **~ zahrnující cenu zboží, dopravy a pojištění** cost, freight, insurance C.F.I. abbrev, cost, insurance, freight, C.I.F. abbrev; **index ~n** price index showing the variation in prices of a set of goods; **index maloobchodních ~n** index of retail prices; cost-of-living index which measures periodical changes in the level of retail prices; **kontrola ~n** price control; **podpora hladiny ~n bez ohledu na poptávku** price support assistance in

maintaining price levels regardless of supply or demand; **pohyb** ~**n** price movement, a fluctuation in price; **poměrná částka utržené** ~**ny** a relative portion of the value received, a proportional amount of the received value; **regulace** ~**n** price regulation; **snižování** ~**n** price-cutting cutting down or lowering prices in or by way of competition, price reduction; **stanovení a vázání** ~**n** price fixing and tying; **tvorba cen** price-making; price-fixing; **udržování nebo zvyšování hladiny** ~**n** price maintenance or rise; **úřední stanovení** ~**ny** official pricing set / fixed prices; **věcné nebo časové usměrňování** ~**n** regulating prices with respect to certain goods or timing; **zmrazení** ~**n** price freeze; **snížit** ~**nu** cut / reduce price; **stanovit** ~**nu** fix price; **udržet** ~**nu** maintain / keep price; **zvyšovat** ~**nu** raise the price; **za jakoukoliv** ~**nu** at a / any price whatever it may cost, whatever loss or disadvantage is or may be entailed; at any cost, at all cost; ~ **je vyjádřením směnné hodnoty výrobků nebo služeb v penězích** the price represents an exchange value of goods or services in relation to money; ~ **se sjednává dohodou** the price shall be set by agreement; ~ **za náhradu** replacement cost; **požadovat po podpisu smlouvy vyšší** ~**nu** než je stanoveno smlouvou o prodeji nemovitosti ask for a higher consideration than provided for by the executed contract; gazoomph, gazump *(slang)* **2** prize, award

ceník price-list a list of prices of commodities offered for sale

ceníkový pertaining to price-list

ceni|na kolek na spotřební zboží, poštovní známka, kolek token of value i.e. excise stamp, postage stamp, duty stamp; **padělání** ~**n** counterfeiting tokens of value

cenit set value / price, rate

cennost(i) valuable(s); valuable goods or possessions

cenn|ý valuable to a person, for a purpose; being of material or monetary value; precious, priceless; ~**é dokumenty** valuable papers / documents; ~**é informace** valuable information; ~ **majetek** valuable property; ~ **papír** security a document held by a creditor as guarantee of his right to payment; any particular kind of stock, shares, or other form of investment guaranteed by such documents, i.e. stock, bonds, notes, convertible debentures; commercial paper / instrument; ~ **papír na**

doručitele security on bearer; **kotovaný** ~ **papír** quoted security; **převoditelné** ~**é papíry** transferrable / assignable / tradable / marketable / negotiable instruments; **registrovaný** ~ **papír** listed security; **státní** ~**é papíry** obchodovatelné ~é papíry vydané vládou na pokrytí státního dluhu public securities negotiable or transferrable instruments evidencing the public debt of a state or government; state commercial papers e.g. state debentures; **obchodník s** ~**ými papíry** securities broker; **Burza** ~**ých papírů** v Praze, BCPP abbrev Prague Stock Exchange; **Komise pro** ~**é papíry** *(CZ)* Czech Securities Commission

cenovka price-tag, price ticket; price-mark

cenov|ý pricing, pertaining to price; ~**á diskriminace** stanovení rozdílných cen pro Čechy a cizince za stejné služby nebo zboží price discrimination the act of charging different prices to Czech nationals than to foreigners for the same goods or services; ~**á hladina** price level; ~**á hranice** price limit; threshold price *(ES)*; ~**á kontrola** price control; ~**á politika** pricing policy; ~**á regulace** price regulation; ~ **pohyb** price movement, a fluctuation in price; ~ **předpis** price regulations legislation providing for price-setting; ~ **rozbor** price analysis; ~ **výkyv** price-wave; ~ **vývoj** price development

centrála headquarters; the centre; a centre of operations; **odborová** ~ Trade Union(s); **policejní** ~ Police Headquarters

centralismus centralism the concentration of administrative, political and economic power in the hands of a central place or authority

centrální central, centralized made central, referred to a centre; ~ **banka** central bank; ~ **řízení** centralized system of government / administration; centralized management of business

centrum, *(pl)* **centra** centre *(UK)*, center *(US)*; headquarters; **administrativní** ~ města civic centre the headquarters of a municipality; **dopravní** ~ transport / transit centre; **kulturní** ~ cultural centre; **městské** ~ city centre; **nákupní** ~ shopping centre; **průmyslové** ~ industrial centre; **vzdělávací** ~ training centre; **výpočetní** ~ computing / computer centre, IT information technology centre

cenzor censor inspector of printings before publication, to assure that they contain nothing immoral, heretical, or offensive to the government

cenzu|ra censorship; **podléhající** ~**ře** censorable, subject to censorship; **zákon, kterým**

veškerý tisk podléhá ~ře the law which has subjected the press to censorship
cenzurovan|ý censored; **~á zásilka** censored dispatch / mail
cenzur|ovat censor *(v)*; **veškeré zprávy se důkladně ~ují** all news is being rigorously censored
cenzus 1 qualification a necessary condition, imposed by law, which must be complied with before a right can be acquired or exercised; **~ majetku** property qualification; **~ pobytu na / v určitém místě** residence qualification; qualifying period of residence; **~ věku** age qualification **2** census an official enumeration of the population of a country or district, with various statistics relating to them
certifikát certificate; attested copy of a document; confirmation; **depozitní / vkladový ~** certificate of deposit, deposit certificate; **pojistný ~** certificate of insurance; **spořitelní ~** savings certificate; **vlastnický ~** certificate of title; **~ původu** certificate of origin; **~ o shodě** certificate of compliance / conformity
cese postoupení assignment legal transference of a right or property, cession the voluntary surrender by a debtor of all his effects to his creditors; **~ nároku, práva** assignment of claim, right; **~ s přivolením dlužníka** assignment of choses in action with a leave of a debtor
cesionář postupník assignee, assign, grantee; cessionary **nabyvatel práva k cizí věci, služebnosti** assignee / assign / transferee of the title; grantee of an easement or servitude
cest|a way, journey, path; road, avenue, street, lane; tour, trip; passage; **pracovní / služební ~** business trip; **soudní ~ou** per curiam *(lat)*, by the court; **soukromá ~** private way; **vodní ~** waterway; **~ po moři** voyage, passage; **právo ~y** right of way / passage; **přeprava mořskou ~ou** carriage / transport by sea; **přeprava pozemní ~ou** carriage / transport by surface carrier; **přeprava vzdušnou ~ou** carriage / transport by air; **přeprava vodní ~ou** carriage / transport by water
cestovné 1 travelling expenses / costs; journey money **2** travel allowance to cover the expenses of a business trip
cestovní travelling; pertaining to travel; **~ doklad** travelling document; **~ kancelář** travel agency / bureau; **~ pas** travelling passport; **~ šek** traveller's cheque / check; **~ zpráva** busi-

ness trip report; **~ a stěhovací výdaje** vznikající zaměstnanci při plnění pracovních povinností travelling and relocation expenses incurred to an employee in relation to the performance of his duties; **~ vkladní knížka** *(CZ)* traveller's savings bank book, traveller's bank deposit book
cestující *(n)* passenger, traveller usually on foot; wayfarer
cíl aim, object, end; target; design, intention, purpose; objective; destination; **~ cesty** destination; **~e není zcela dosaženo** the object is not completely attained; **splnit své ~e** accomplish / answer / fulfil / gain / serve one's end(s); **stanovit ~e podnikání** set out the aims / objects of business
cílevědom|ý meaningful, purposeful, purposive, designed, intentional; heedful, solicitous; studious; **~á činnost** purposeful activity
cílov|ý pertaining to target; final, ultimate; **~á skupina** target group / audience; **~á stanice** place of destination; **~é řešení** final / target solution; **~ program** target / object program *(comp)*; **~ trh** target market; **~ zákazník** final consumer
círk|ev church; Christian community, ecclesiastical organization; **anglikánská ~** the Established Church of England; **Československá ~ husitská** Czechoslovak Hussite Church; **evangelická ~** Protestant Church; **registrovaná ~** registered church; **pravoslavná ~** Russian Orthodox Church; **římskokatolická ~** Roman-Catholic Church; **ochrana ~ví a náboženských společností** protection of churches and religious organizations; **odluka ~ve od státu** the separation of Church and State
církevní religious, ecclesiastical, denominational, clerical; spiritual; **~ forma manželství** religious marriage; **~ forma sňatku** religious wedding, wedding in a church; **~ matrika** church register of births, deaths and marriages; **~ předpisy** religious regulations, church guidelines / regulations
citace quote, quoting; quotation, citation
citát quotation; citation; **začátek ~u** quote; **konec ~u** unquote
citeln|ý sensible; appreciable; **~á chyba** sensible error / mistake; **~é snížení částky** sensible reduction in the amount; **~ vliv** appreciable impact
citliv|ý sensitive; **~é informace** sensitive information

citovan|ý quoted, cited; **~é ustanovení** quoted / cited provision, quoted / cited clause
citovat quote; cite; **~ zákon** quote / cite a law, quote / cite a statute
citov|ý emotional; sensible; **~é rozrušení** emotional disturbance; **~ vliv** emotional influence
civilista 1 znalec občanského práva civilian expert in civil law **2** nevoják civilian a non-military man
civilněprávní pertaining to civil law, civil; **~ otázky** civil issues, issues / questions / problems of civil law
civilní civil, civilian; secular, temporal; lay; **~ obrana** civil defence; **~ obyvatelstvo** civilian population; **~ osoba** civilian; **~ právo** civil law; **~ proces** civil proceedings / procedure; **~ sňatek** civil marriage; temporal wedding; **~ věc** civil case / suit / dispute; **~ žaloba** civil action; **nenastoupení ~ služby** failure to commence the civil military service
cizí foreign, alien; irrelevant, dissimilar, inappropriate; being from outside; **~ jazyk** foreign language; **~ měna** foreign currency / exchange; **~ moc** stát foreign power state; **~ právní řád** foreign legal order; **~ rozsudek** foreign judgment; **~ směnka** bill of exchange, draft (US); **~ směnka splatná v cizině** foreign bill of exchange; **~ soud** foreign court / jurisdiction; **~ stát / země** foreign state / country; **~ státní příslušník** foreign national; alien; **~ státní příslušník s povolením k dlouhodobému pobytu** resident alien; **poškozování ~ch práv** harm done to / infringement of rights of another; **právo k ~ věci** interest in the property of another; **uznání a výkon ~ho rozhodnutí** recognition and execution of a foreign judgment
cizin|a foreign country; outland; **narozen v ~ě** alien born, foreign born; **jet do ~y** go / travel abroad
cizin|ec foreigner; stranger; alien; **~ bez trvalého pobytu** a občanství non-resident alien; **~ s uděleným státním občanstvím** naturalized person / foreigner; denizen an alien admitted to citizenship by an official decision; **přijímat a vyhošťovat ~ce** admit and expel aliens / foreigners
cizineck|ý foreign; **~á policie** Foreign Police; **~é právo** Immigration and Aliens Law, law governing the treatment of aliens and immigrants; **~ režim** aliens and immigration regime; **~ ruch** tourism

cizojazyčn|ý foreign, made / written in a foreign language; **~é jméno** foreign name; **~ zápis** v matrice entry / record in the register in a foreign language
cizoložnice adulteress
cizoložník adulter, adulterer
cizoložný adulterate, adulterous
cizoložství adultery the voluntary sexual intercourse of a married person with one who is not that person's husband or wife; criminal conversation; violation of the marriage bed (obs)
cizozemec foreigner, alien; foreign national; person not residing within the Czech Republic; **devizový ~** foreign exchange non-resident
cizozemsk|ý foreign, pertaining to a foreign country, foreign jurisdiction; **~é peníze** foreign currency / money; **~é právní předpisy** foreign legislation; **~é rozhodnutí** foreign judgment; **~é vyznamenání** foreign awards and distinctions; **~ matriční doklad** foreign birth, death, or marriage certificate; **~ soud** foreign court; **~ úřad** foreign authority / body
clearing clearing the adjustment of mutual claims for cheques and bills, by exchanging them and settling the balances; **dohoda o ~u** clearing agreement
clearingov|ý clearing; **~á banka** clearing bank / house; **~ depozitní certifikát** clearing-house certificate (US) negotiable only between banks
cl|o customs duties levied upon imports as a branch of the public revenue, customs duty; **antidumpingové ~** antidumping duty; **dovozní ~** import duty; **odvetné ~** retaliatory duty; **vyrovnávací ~** countervailing duty; **vývozní ~** export duty; **podléhat ~u** proclení be liable to customs duty
commixtio (lat) smísení věcí různých vlastníků commixtion mixing of things belonging to different owners, co(-)mingling
condictio (lat) žaloba personal action; **~ indebiti** (lat) žaloba z nevzniklé pohledávky action to recover anything paid by mistake; **~ sine causa specialis** (lat) žaloba z bezdůvodného obohacení action in personam for unjust enrichment
confusio (lat) sloučení věcí různých vlastníků confusion; inseparable intermixture of property belonging to different owners; merger
contra bonos mores (lat) v rozporu s dobrými mravy in breach / violation of good morals
contra legem (lat) v rozporu se zákonem contrary to / against the law
corpus (lat) nakládání s věcí corporeal act of any kind, physical ability to exercise authority over

a thing; **mít** ~ nakládat s věcí be able to dispose of a thing, exercise power over a thing

corpus delicti *(lat)* předmět doličný the body of a crime the objective proof or substantive fact that a crime was committed, corpus delicti *(lat)*

ctihodnost honour, honor *(US)*; **Vaše Ctihodnosti** Your Hono(u)r

ctihodný honourable, honorable *(US)*; ~ **soudce** Hono(u)rable Judge

culpa *(lat)* vina culpa *(lat)*; fault, neglect, negligence; ~ **in contrahendo** *(lat)* porušení smlouvy nabízejícím po přijetí nabídky liability attached to the breach of contract by the offeror after the offeree has begun the performance; ~ **in eligendo** *(lat)* chyba ve výběru příkazníka fault / mistake in the selection of agent

cynický cynic, cynical; ~ **lhář** cynical / calm liar; ~ **úsměv** cynic smile

cynismus cynicism; ~ **masového vraha** cynicism of a mass murderer

Č

čas time; period of duration / time; prescribed or allotted term; **letní** ~ day-light saving time, summer time; **středoevropský** ~ Central European time; **zimní** ~ standard time, winter time; ~ **na rozmyšlenou** při pracovních sporech cooling off time; ~ **procesních úkonů** procesní lhůty time in proceedings procedural time-limits; **počítání** ~**u** computation of time; time-reckoning; ~ lhůt **neběží** time fails to run; ~ **se zastavil** time ceased to run; **běh** ~**u** lhůty **skončil** the running of time has ceased / terminated; **promarnit** ~ při zhotovení díla waste time in producing a work

časný early; preliminary; premature

časově pertaining to time; period; ~ **podmíněný** time-conditioned; ~ **náročné povinnosti / úkoly** time-consuming duties / tasks; ~ **neomezený** open-ended having no predetermined limit or boundary as to time; ~ **omezený** time-constrained; **soudci jsou zahlceni** ~ **náročnou administrativou** judges are overwhelmed / over-freighted with time-consuming clerical work

časov|ý time; temporal; chronological, arranged in the order of time; ~**á mzda** time-wages, time(-)work rate wage; pay by time(-)work, hourly pay; ~**á nebo místní působnost zákona** time or local applicability of a law, applicability of law at a certain time or place; ~**á posloupnost** time succession; ~**é pásmo** time-zone any one of the twenty-four divisions of the surface of the globe, each bounded by two meridian lines; ~**é pořadí narození** chronological order of births; ~ **harmonogram / plán** time schedule, time programme; ~ **odhad** timing assessment; ~ **rozvrh** time(-)table; ~ **zámek pokladen** time-lock of a bank vault or cash-box

část part, portion, fraction, faction; division; component; **městská** ~ metropolitan district; borough; ~ **budovy** part / portion of the structure; ~ **obce** part of a community / municipality; ~ **roku** f(r)action of a year; ~ **zákonného předpisu** the part of a law

částečn|ý limited, part, partial; fractional; ~**á (ne)platnost právního úkonu** partial invalidity / limited validity of a legal act; ~**á dodávka** part / partial delivery; ~**á invalidita** partial disability; ~**á platba** ke snížení výše dluhu part / partial payment as a reduction of a debt or demand; ~**á právní moc** některý výrok rozhodnutí nelze napadnout partial force of judgment some statements contained in a judgment cannot be appealed; ~**á snížená pracovní schopnost** partial incapacity reduction of a worker's earning capacity; ~**á způsobilost k právním úkonům** limited legal capacity / competence; ~**á ztráta věci** partial loss of a thing, a loss of a part of a thing; ~**é omezení** partial limitation; ~**é plnění** part / partial performance; ~**é příbuzenství** přes jednoho rodiče half-blood the relation between persons having only one parent in common; ~ **invalidní důchod** partial disability pension; partial disability benefits; ~ **rozsudek** split / partial judgment; ~ **úvazek** part-time job / employment; ~ **vlastník** part owner; joint owner, co-owner having shares of ownership in the same thing / jointly owning and holding the title to property; **rozudek** ~ **a mezitímní** partial and interlocutory judgment

částka₁ pořadí, v němž je zákon publikován ve Sbírce zákonů ČR v příslušném roce chapter a serial number of the publication of an act in the Collection of Laws of the CR in a particular calendar year

část|ka₂ sum, amount; quantity; value; **celková fakturovaná** ~ total invoice value; **dlužná** ~ due / unpaid / uncovered sum of money, back / overdue payment, payment in arrear(s); **hrubá** ~ gross amount; **jmenovitá / nominální** ~ nominal / face / apparent value; **paušální** ~ lump sum, single payment; **peněžní** ~ sum / amount of money; **pevná** ~ **ceny** fixed price / amount; **pojistná** ~ the sum insured the largest amount of money the insurer will pay under an insurance policy; **poměrná** ~ **utržené ceny** relative portion of the value received, proportional amount of the received value; **požadovaná** ~ requisite / requested amount; **riziková** ~ pojištění amount at risk in an insurance policy; **rozpočtová** ~ budget allowance; **splatná** ~ sum due, mature payment; **vsazená** ~ wager, sum at stake; **základní nezdanitelná** ~ general tax free allowance; **základní** ~ pro výpočet úroku principal sum yielding interest; **zaokrouhlená** ~ round(ed) off sum; ~ **zaokrouhlená nahoru nebo dolů** rounded up or rounded down sum;

zdanitelná ~ taxable amount; ~ **nájemného** rent amount, amount of rent, rental; **souhrn všech** ~**ek** the aggregate of all sums; **úrok z této** ~**ky** interest on the amount; ~**ky, které dluží nájemce** sums due from the tenant; ~ **je splatná k prvnímu dni v měsíci** the sum falls / becomes due on the first day of a calendar month; **všechny** ~**ky vymahatelné jako dlužné nájemné** all sums to be recoverable as rent in arrear

část|ý frequent happening / occurring at short intervals; common, usual; ~**é novelizace zákonů** frequent alteration of and amendment to enacted legislation

čekací waiting; ~ **doba / lhůta** waiting period

čekající waiting, expecting, expectant, looking out; **obžalovaný** ~ **na vynesení rozsudku** the defendant awaiting the delivery / award of judgment

čekat wait for, await; expect, be in expectation of st.; ~ **na svou příležitost** wait one's time / opportunity; ~ **na výrok soudu** wait for / await the judgment

čekatel expectant, candidate; trainee; **justiční** ~ articling / trainee judge, judicial trainee; **seznam** ~**ů** waiting list a list of people waiting for appointments, selection for any purpose, or the next chance of obtaining st.

čekatelsk|ý pertaining or relating to expectant, candidate; trainee; ~**é místo** judicial trainee's vacancy

čelit counteract, face; answer, meet, oppose; ~ **lžím a pomluvám** face lies and defamation; ~ **problémům s odpadky** counteract the problem of litter; ~ **závažným trestním obviněním** answer for serious accusations

čeln|ý pertaining to head; face; forehead, brow; ~**á srážka automobilů** head-to-head crash / clash

čel|o forehead, brow; head; face; **v** ~**e čeho** at the head of st.

čern|ý black; malignant, illegal; ~**á ekonomika** underground / black economy; ~**á listina** black list a list of persons who have incurred suspicion, censure, or punishment; ~ **obchod** illegal / illicit trading; ~ **pasažér** faredodger *(UK)*, stowaway hiding in a ship or plane in order to escape payment of passage-money, dead head; ~ **trh** black market unauthorized dealing in commodities that are rationed or of which the supply is otherwise restricted; **dát koho / co na** ~**ou listinu** black(-)list s.o. /

st.; **být na** ~**é listině vlády** be black(-)listed by the government

čerpání drawing; spending; ~ **dovolené** being on / going on / taking holiday; ~ **úspor z účtu** drawing money out of an account

čerpat draw; take, enjoy; ~ **podporu odkud** draw the support from; ~ **úvěr** draw money out of loan, make use of loan

červený red; **Červený kříž** Red Cross; **Červený půlměsíc** Red Crescent

český Czech; **Česká národní banka, ČNB** abbrev the Czech National Bank, CNB; **Česká republika** the Czech Republic; ~ **pravopis** Czech spelling / orthography; **Český statistický úřad** the Czech Statistics Office

čest honesty, honour, honour *(US)*, integrity, probity, uprightness; **občanská** ~ honour / integrity of a citizen; ~ / **čestnost soudce, policisty** integrity of a judge, police officer; **urážka na cti** defamation, libel recorded, slander uttered, unrecorded; affront; **věc cti** a matter of honour

čestn|ý honest creditable, honourable entitled to honour, respect, esteem, or reverence, honorable *(US)*; honorary denoting or bringing honour; conferred or rendered in honour; ~ **doktorát** doctor honoris causa; ~**á funkce** honorary office, office of honour; ~**é prohlášení účastníka řízení u správního orgánu** affirmation made before an administrative authority; ~**é slovo** honestly; ~**é uznání** certificate / title of merit; ~**é zproštění z funkce** honourable discharge of office; **učinit** ~**é prohlášení písemnou formou nebo do protokolu** make an affirmation in writing or orally in the courtroom to be recorded in the transcript of trial

četa gang a company of workmen; crew; **havarijní** ~ breakdown gang; **údržbářská** ~ maintenance gang

čichač sniffer 1 of a person 2 of a dog detecting drugs or explosives; ~ **omamných látek** sniffer of a drug or toxic substance, glue-sniffer

čichat sniff; inhale cocaine, the fumes of glue; ~ **toluen a čistící prostředky z igelitového pytlíku** sniff from a plastic bag toluene and cleaning fluids

čin act, deed, action, acting, operation; **agresivní** ~ aggressive act, act of aggression; **majetkový trestný** ~ acquisitive offence, crime against property; **neobjasněný trestný** ~ an unsolved / undetected crime; **omisivní trestný** ~ omissive crime, offence based upon omission neglect; **pokračující trestný** ~ continuing / persistent offence; **protiprávní** ~ unlawful / illegal / wrongful act; **trestný** ~ a crime, offence; **trestné ~y hospodářské** offences in relation to business, economic crimes; **trestné ~y hrubě narušující občanské soužití** offences against social cohesion; **trestné ~y proti bezpečnosti republiky** offences against the security of the Republic; **trestné ~y proti brannosti** offences against military service; **trestné ~y proti hospodářské kázni** offences against economic discipline; **trestné ~y proti lidskosti** crimes against humanity / human dignity; **trestné ~y proti majetku** offences against property; **trestné ~y proti měně** offences against currency; **trestné ~y proti obraně vlasti** offences against the defence of the Republic; **trestné ~y proti pořádku ve věcech veřejných** offences against public order; **trestné ~y proti předpisům o nekalé soutěži, ochranných známkách, chráněných vzorech a vynálezech a proti autorskému právu** offences in relation to the regulations governing unfair competition, trade marks, designs and inventions, and against copyright; **trestné ~y proti republice** offences against the Republic; **trestné ~y proti svobodě** offences against freedom / liberty; **trestné ~y proti výkonu pravomoci státního orgánu a veřejného činitele** offences against the discharge / execution of duties of a state body / authority and public official / officer; **trestné ~y proti základům republiky** offences against the foundations of the Republic; **trestné ~y proti životu a zdraví** offences against life and limb; **trestné ~y veřejných činitelů** offences committed by public officials / officers; **místo ~u** scene of a crime; place of a crime; **chytit koho při ~u** catch s.o. during the fact, catch s.o. in the very act of committing the offence; catch s.o. red-handed *(slang)*

čini|t make; render; produce, do, act; ~ **koho odpovědným za náhradu škody** hold s.o. responsible in damages, render s.o. liable to damages; ~ **komu po právu** do justice to s.o.; ~ **nabídku** make an offer; ~ **prohlášení** make a statement; ~ **úkon** make an act / action; ~ **ústupky** make concessions; ~ **závěry** draw conclusions; ~ **si výpisy ze soudního spisu** make extracts from judicial records / pleadings; ~ **smlouvu neplatnou** invalidate / nullify the contract, render the contract invalid / void; **dluh ~l 1000 dolarů** the debt amounted to $1000

činitel 1 official one who is invested with an office of a public nature, or has duties in connexion with some public institution; actor, agent, representative; **útok na veřejného ~e** attacking / assaulting a public official; **výkon pravomoci veřejného ~e** the execution of a public official's / officer's duties; **neuposlechnout výzvy veřejného ~e** fail to obey the warning of a public official **2** factor, agent

činnost activity, operation, act, action; **cílevědomá** ~ meaningful / purposeful activity; **nezákonná / nedovolená** ~ unlawful / illegal / wrongful action; **preventivní a výchovná** ~ preventive and educational activity; **provozní** ~ operational activities relating to operation of business; **výdělečná** ~ gainful activity; ~ **porotce** jury duty / service; **zákaz ~i** judicial, compulsory prohibition to undertake professional activities as a type of punishment; **míra objasněnosti trestné ~i** clear-up / detection rate of crime; **páchání trestné ~i** commission of crime, criminal activity; **sdružení ke společné podnikatelské ~i** association for common business activity; **upuštění od výkonu zbytku trestu zákazu ~i** release s.o. from completing / serving the remainder of a term of sentence of prohibition to undertake professional activities

činn|ý active, operating, functioning; effective, effectual; **~á služba vojáků** active service of the members of the Armed Forces; **samostatně výdělečně ~á osoba** a self-employed person; **orgány ~é v trestním řízení** investigative, prosecuting and adjudicating bodies; **orgán ~ve správním řízení** a body involved in / in charge of / responsible for administrative proceedings; **být veřejně** ~ be engaged in a public office, fulfil(l) public duties, act as a public official; **být výdělečně** ~ be engaged in / pursue a gainful activity; be engaged in / pursue an employment; earn money

činžovní renting; subject to rent; ~ **byt** rented apartment *(US)* / flat *(UK)*, a tenement; ~ **daň** rental tax; ~ **dům** tenement house *(orig) (US)*, block of flats

čirý pure, sheer; mere, obvious; ~ **důkaz** mere evidence

číselník dial / roll / catalogue of numerical codes; code-list; ~ **sazeb** code list of rates
číseln|ý numerical, pertaining or relating to number; **~é pořadí** numerical order; **~é údaje** numerical data; ~ **ukazatel** index number; ~ **znak diagnózy** při úmrtí numerical code of a diagnosis in case of death
číslo number; figure; symbol; **evidenční** ~ registration number; **identifikační** ~ organizace, **IČO** abbrev company registration number; **inventární** ~ inventory number; **jednací** ~ reference number; **katastrální** ~ cadastral number a number of the lot as recorded in the Land Register / Cadastre; **orientační** ~ **domu** street number of a building; **popisné** ~ **domu** indication number of a building indicating the number of the building within the whole area / borough / city; **pořadové** ~ serial number a number assigned to a person, item, etc., indicating position in a series; **poštovní směrovací** ~ postal code, zip code *(US)*; **rodné** ~ *(CZ)* birth registration number; **výrobní** ~ serial number of a manufactured article; ~ **bankovního účtu** bank account number
číslovat number; assign / attach a number to st., mark / distinguish by a numerical symbol; ~ **spisy podle data podání** number the files according to dates of submission
čistírn|a dry-cleaning; **provozovatel ~y prádelny** dry-cleaner; dry-cleaning and washing operator
čistk|a purge removal from a political party, army, etc. of persons regarded as undesirable; **~y ve státní správě** a purge in state administration
čistopis fair / final copy
čistota cleanness; purity, pureness; ~ **ovzduší** clean air, unpolluted atmosphere
čist|ý net free from, or not subject to, any deduction; clean, clear; blank; **~á aktiva v účetní knize** net worth / assets the amount by which the assets exceed the liabilities; **~á odměna za vedlejší činnost u stejného zaměstnavatele** net remuneration for extra / additional work done for the same employer but not as the main job description; **~á provozní ztráta** net operating loss; **~á výnosnost** net yield the rate of return on an investment after deducting all costs, losses and charges for management; **~á ztráta** net loss; **~é jmění** net assets; **~é dědictví** net probate estate; **~é nájemné** net rent; **~é svědomí** good conscience; **~é zisky** net gains / profits; ~ **domácí produkt** net national product; ~ **důchod** net income / revenue; net pension;

~ **obrat** net sales gross sales minus returns, allowances, rebates and discounts; ~ **provozní kapitál** net working capital; ~ **provozní příjem** net operating income; ~ **příjem** po zdanění net / disposable profits, net / disposable revenue / income; net earnings / salary; ~ **příjem po všech srážkách** net income remaining after all necessary deductions have been made; ~ **výnos** / **výtěžek** net proceeds; ~ **zisk po zdanění** net / clear profit after tax; ~ **zůstatek** clear residue
čiteln|ý legible, readable; **~á popiska** legible inscription; ~ **rukopis** legible handwriting
člán|ek clause, article; art; ~ **ústavy** article of the Constitution; **podle ~ku 4** / **v souladu se ~kem 4** pursuant to clause 4 usually in a contract, according to / in accordance with article 4, pursuant to / under article 4 usually in a treaty; **rozčlenit předpis na ~ky** articulate an instrument, set forth an instrument in articles
člen member; **čestný** ~ honorary member; **řádný** ~ regular / ordinary member; **stálý** ~ permanent member; **zakládající** ~ founder, founding member; **zapsaný** ~ registered member; ~ **/ účastník sdružení** member of an association; ~ **představenstva** director, member of the board of directors; ~ **představenstva s omezenou pravomocí** associate director not enjoying the full powers; ~ **rodiny** family member; ~ **správní rady neziskové organizace** školy, nemocnice governor, trustee; member of the board of governors / trustees of a non-profit institution school, hospital; ~ **statutárního nebo dozorčího orgánu společnosti** member of an authorized governing body acting on behalf and in the name of a company or supervisory board of company; ~ **obecního, obvodního,** městského **zastupitelstva** community, district, municipal councillor, member of a community, district, municipal council
členění division; subdivision; segmentation; classification; ~ **majetku** assets classification; ~ **obchodní společnosti** structural subdivision of a company / corporation; **urbanistické** ~ **města** zoning the regulation of land use by particular planning restrictions in designated areas; **územní** ~ **státu** territorial subdivision of the state
členěn|ý divided, structured, subdivided; split / cut / broken into pieces; articulated; diversified; **~á odvětví práva** subdivided branches

of law; **návrh zákona** ~ **na paragrafy** articulated bill, a bill subdivided into sections
členit divide, structure, segment; articulate; diversify; **dále** ~ subdivide; ~ **na menší celky** divide into smaller units
člensk|ý pertaining to membership; **~é příspěvky** membership dues / fees; ~ **podíl** member's share / interest; ~ **průkaz** member's / membership card; ~ **vklad** member's contribution; **ustavující ~á schůze** establishing first general meeting prescribed by Czech law to establish / create a corporation
členství membership; ~ **v družstvu** membership in a cooperative; ~ **v orgánu obchodní společnosti** membership in a body / on the board of a company *(UK)* / corporation *(US)*; ~ **v představenstvu,** ~ **ve správní radě** directorship; ~ **v (politické) straně** political party affiliation; **skončení** ~ termination / cessation of membership; **vznik** ~ creation / commencement of membership; **zrušení** ~ cancellation of membership; **zánik** ~ extinguishment / termination / cessation of membership
čtecí reading; ~ **zařízení** reading device / appliance
čtení reading; ~ **obžaloby** reading of the in-

dictment to the accused; arraignment including hearing his plea
čtvrť quarter, precinct; neighbourhood, neighborhood *(US)*; ~ **s vysokou mírou kriminality** high-crime quarter; neighbourhood with a high crime rate
čtvrtina fourth, quarter; **ideální** ~ **nemovitosti** fourth share / part of the title to property
čtvrtinový pertaining to fourth, quarter; ~ **podíl** fourth share
čtvrtletní quarterly *(adj)*; ~ **inkaso za elektřinu** quarterly charge for electricity; ~ **příjem** quarterly income, quarterage; ~ **platba** quarterly payment, quarterage; ~ **soudní zasedání** Quarter Session *(UK)*; ~ **zpráva** o hospodaření quarterly report of a company
čtvrtletník quarterly *(n)*
čtyř|i four; **vypracovat smlouvu ve ~ech vyhotoveních** make / produce / write / type four copies of a contract; make a quadripartite indenture
čtyřprocentní amounting to four per cent; ~ **úrok z vkladů** four-per-cent interest on deposits
čtyřstrann|ý four-sided, quadrilateral, quadripartite; **~á dohoda** four-sided / quadrilateral agreement

D

daktylografie dactylography
daktylogram dactylogram a finger-print
daktyloskopický dactyloscopic examining finger-
-prints
daktyloskopie dactyloscopy the examination of fin-
ger-prints
dal účetní položka debit an entry in an account of a
sum of money owed; **sloupec 'dal'** debit side, the
left-hand side
dále *(adv)* further onto / at a more advanced point of
progress, next in the next place; immediately thereupon
or thereafter, forwards place, onwards time, forth;
~ jen zjednodušené označení smluvní strany, před-
pisu atd. hereinafter referred to as a simplified
name for the party to contract, the act, etc.; **jak je
uvedeno ~ v textu** as stated below / hereinafter
dalekosáhl|ý far-reaching; extensive; **~é dů-
sledky nedostatku peněz pro policii** far-
-reaching consequences of the lack of funds
for the Police
dálkov|ý distant; long-distance, long-haul; re-
mote, far-off, far-distant; **~á silniční kami-
onová doprava** long-distance road transport;
haulage; **~á železniční přeprava** long-haul rail-
way traffic; **~é ovládání** distance / remote con-
trol; **~ telefonní hovor** long-distance phone call
dálnic|e motorway, expressway *(US)*; highway;
povolená rychlost na ~i motorway / express-
way speed limit; **provoz na ~i** motorway
traffic
dálnopis teleprinter, cable
dálnopisn|ý pertaining to teleprinter, cable; tele-
printing; **~á zpráva** teleprinted news; **~ pře-
vod peněz** cable transfer
další further time, place; later, next; farther place
(obs); **~ funkční období** next term of office;
~ mateřská dovolená further / extended ma-
ternity leave for single mothers; **~ odkaz transmi-
se, tj. tuzemská kolizní norma přikazuje použít cizí
právo a podle kolizní normy tohoto státu se má po-
užít právo třetí země** *(MP)* transmission, further
reference in the case of a conflict of laws: national
law determines the law of the other country to govern,
and the relevant legislation of that country provides for
a third country's law to govern the case; **~ úkony
řízení** later stages of proceedings; **~ výlohy**
extras; further / additional expenditures

da|ň tax, duty; imposition, charge; rate, cess;
darovací ~ gift tax; **dědická ~** inheritance
tax, probate duty; **domovní ~ postihuje hrubý
výnos budov v soukromém vlastnictví** real estate
tax levied upon gross income from real estate privately
owned; **důchodová ~** income tax; **ekologická
~** ecological tax; **majetková ~** property tax;
místní ~ z nemovitosti rate *(UK)*; local prop-
erty tax; **nepřímá ~** indirect tax; **nevybrané
~ně** uncollected taxes; delinquent taxes; **ne-
zaplacené / neodvedené ~ně** back taxes, un-
paid taxes, taxes in arrears; tax deficiency, de-
linquent taxes; **obecní ~ně** community / local
taxes, community / local charges, rates *(UK)*;
přímá ~ direct tax; **silniční ~** road / highway
tax; **spotřební ~** excise duty *(UK)*, excise tax
(US); **spotřební ~ z uhlovodíkových paliv
a maziv, z lihu a destilátů, z piva a vína,
z tabáku a tabákových výrobků** excise duty
on carbol fuels and oil, on spirits and distilled
liquors, on beer and wine, on tobacco and
tobacco products; **vyměřená ~** tax assessed,
assessed tax; **vysoká ~** heavy tax; **~ k ochra-
ně životního protředí** protection of the envir-
onment tax, environmental tax; **~ z darování**
gift tax; **~ z dědictví, darování a převodu
nemovitostí** inheritance tax, gift tax, real
estate transfer tax; **~ z hlavy** capitation / poll
tax, head-money; **~ z kapitálového výnosu /
zisku** capital gains tax, CGT abbrev; **~ z moto-
rových vozidel** motor vehicle tax converted into
highway tax in the CR; **~ z movitého majetku**
personal property tax; **~ z nemovitostí** real
estate tax; **~ z obratu** sales and turnover tax; **~
z pozemků** land tax; **~ z prodeje pohonných
hmot** gasolene tax; **~ z převodu finančního
majetku** capital transfer tax, CTT abbrev; **~
z převodu nemovitostí** real estate transfer
tax; **~ z přidané hodnoty, DPH** value added
tax, VAT abbrev; **~ z příjmu** income tax; **~
z příjmů fyzických osob** personal income
tax; **~ z příjmů obyvatelstva v ČR zrušena
v r. 1993** income of citizens tax abolished in the
CR in 1993; **~ z příjmů právnických osob** cor-
porate income tax; company tax; **~ z příjmů
z literární a umělecké činnosti v ČR zrušena
1993** literary and artistic perfomance income

tax abolished in the CR in 1993; ~ **z výnosu finančního majetku** capital gains tax; ~ **ze mzdy v ČR zrušena 1993** wages tax abolished in the CR in 1993; payroll tax; ~ **ze staveb** buildings and structures tax; ~ **ze zisku** gain tax; ~ **ze zisku právnické osoby** corporate profits tax; **krácení ~ně** illegally minimizing taxes, tax fraud, tax evasion; **nepodléhající ~ni** exempt from tax(ation), tax-free, free of tax; **podléhající spotřební ~ni** excisable, subject / liable to an excise duty; **osvobození od ~ně** tax exemption; **osvobozený od ~ně** tax-exempt; **pravomoc ukládat ~ně** taxing power; power to impose taxes on s.o.; **přeplatek ~ně** overpaid tax; **sleva na ~ni** tax rebate; **sleva na ~ni z investic** investment tax credit; **snížení ~ní** abatement of taxes, tax abatement / reduction; **správce ~ní** tax administrator; **správa ~ní** administration of taxes; **úprava ~ní** tax adjustment; **vrácení ~ně** tax refund / remission; **výběr ~ní** revenue collection; **vybírání ~ně srážkou ze mzdy** pay-as-you--earn tax collection the tax payable is deducted by employers from current earning, P(.)A(.)Y(.)E abbrev; **výkon správy ~ní** administration of taxes; **výměr ~ně** tax assessment; **vynucení ~ně z moci úřední** recovery of taxes ex officio / by virtue of office; **výpočet ~ně** tax calculation / computation / assessment; **výše osvobození od ~ně** rate of tax exemption; **základ pro výpočet ~ně** tax base; **záloha na ~** advance collecting of taxes; **zkrácení ~ně** tax evasion / fraud illegal minimization of taxes; **odvádět ~ně** pay taxes; **osvobodit od ~ně** exempt / release from tax liability / from taxes; **platit ~** pay a tax; **podléhat ~ni** be liable to tax(ation); **snížit ~ně** abate / reduce taxes; **stanovit ~** determine / assess a tax; **ukládat ~ně** impose / levy taxes; **vybírat ~ně** collect taxes; **zrušit ~** lift / abolish / repeal a tax; **zvýšit ~ně** raise taxes; ~ **je splatná** tax is due **danění** taxation; **progresivní nebo regresivní ~** progressive or regressive taxation **dání** giving, donation; ~ **jména** giving a name **danit** render st. liable to tax, subject st. to tax **danitelný** taxable; subject to taxation; ~ **dar** taxable gift; ~ **příjem** taxable income **daňově** based on, relating to, with respect to tax; ~ **odečitatelná položka** ~ uznatelný výdaj tax deductible item; tax deduction **daňov|ý** pertaining or relating to tax, duty; im-

position, charge; rate, cess; **~á kontrola** tax inspection; tax search / control; **~á pobídka** zvýhodnění tax incentive; **~á povinnost** tax liability; **~á přirážka** surtax; **~á sazba** rate of assessment, tax rating / rate; **~á soustava** system of taxes, tax system; **~á úleva na co** tax relief on st., tax allowance; **~á úleva na rodinného příslušníka** dependency concession / exemption; **~á úleva při vyčerpání zdroje** depletion allowance; **~á úleva v závislosti na věku** pro důchodce age(-related) allowance; **~á zpronevěra** tax fraud; **~é pásmo** tax bracket; **~é prázdniny** tax holiday; **~é přiznání** tax return; **~é zákony** revenue statutes / laws, tax laws / statutes; **~é zásady** tax principles; ~ **delikt** tax delict; ~ **dobropis** tax credit; ~ **doklad** receipt of a tax deductible expenditure; ~ **nedoplatek** tax deficiency; delinquent taxes; ~ **podvod** tax fraud; ~ **poradce** tax advisor; ~ **přeplatek** overpaid tax; ~ **ráj** tax haven; ~ **rok** taxable year; ~ **subjekt** taxpayor, taxpayer; ~ **únik** tax fraud / evasion; tax assessment dodging; ~ **základ** tax base / basis; ~ **odpis** remission of taxes; tax writing-off; **jednotná ~á sazba** flat tax rate; **komplexní ~á reforma provedená k 1. lednu 1993** the complex tax reform commenced as on / of 1 January 1993; **nejvyšší ~á sazba** tax rate limit; **nepravdivé ~é přiznání** false tax return, false declaration of taxes; **obcházení ~ých zákonů** tax avoidance, tax loophole; **odpočitatelná ~á položka** tax deductible item; **osobní ~á úleva** personal allowance; **tiskopis / formulář ~ého přiznání** tax return form; **vyplněné ~é přiznání** completed tax return; **základní ~á sazba** basic tax rate; base quote; **obcházet ~é zákony** circumvent a tax, avoid taxes; taxdodge (coll); **podat ~é přiznání** file / submit a tax return, return taxes; **přidělit ~é identifikační číslo**, DIČ abbrev allocate the tax identification number / tax identity number / tax number / taxpayer identification number; **snížit ~ou povinnost** abate / reduce taxes; **stanovit ~ou povinnost** assess / determine tax(es) due; **vyplnit ~é přiznání** complete / fill in a tax return **dan|ý** given; determined, specified; **v ~ém případě** in the given / relevant case **dar** gift, donation; legacy under a testament; bounty; **bezplatný ~** gratuitous donation / gift; ~ **s břemenem** onerous burdened with charges imposed on donee donation / gift; **~ jako protislužba** remunerative recompensing for the services rendered donation / gift; **~ podmíněný závětí** zůstavitele conditional on will donation; **~ za života dárce** gift inter vivos **dárce** donor; donator; giver; grantor, granter; **bezplatný ~ krve** blood donor who gives his blood without being paid for it **dare, facere, negligere, pati** *(lat)*: ze závazku něco dát, vykonat, opomenout, strpět give, make, omit, suffer as a result of obligation **darovací** relating to gift, donation; donatory; **~ daň** gift tax; **~ listina** deed of donation, deed of gift; gift certificate; **~ smlouva** contract of donation; **~ smlouva o převodu vlastnictví k nemovitostem** contract for donation of real property; **poplatník ~ daně** payor of a gift tax, person returning a gift tax **darování** donation; bestowal; grant; **~ pro případ smrti** testamentary gift; **majetek nabytý ~m** property acquired by donation; **notářský poplatek z ~** notarial fee for donation **darovaný** donated; bestowed **darovat** make a gift, donate; grant, give, award **dát** give, put; submit, present, file; bring; serve; **~ do oběhu** put into circulation; **~ do podnájmu** sublease, sublet, underlet; **~ do prodeje** put up for sale; **~ do provozu** put in / come into operation; **~ do úschovy** place in the bailment; deposit of s.o.; **~ do zástavy** deliver / deposit / assign st. as a pawn / pledge / security; pledge st., pawn st.; give st. in gage; **~ hlasovat o čem** put st. to vote, take a vote on st.; **~ co jako zálohu na plnění** advance money for the performance; make deposit; place in the hands of another as a pledge for the performance of contract; **~ komu k dispozici** place at one's disposal; **~ každému, co mu patří** give every person his due; **~ milost** grant / award pardon; **~ komu co na vědomí** notify s.o. of st., intimate, give notice of; **~ odstupné** provide / give redundancy payment; **~ souhlas konkludentně** consent by implication, agree impliedly; **~ výpověď** give a notice; **~ výpověď zaměstnanci** serve a notice of dismissal on an employee; **~ výpověď zaměstnavateli** submit to one's employer a letter / notice of resignation; **~ ze závazku** give st. as a result of obligation **databanka** data(-)bank **databáze** database **datosměnka** lhůtní vistasměnka timedraft

datovat co date; fix the date to st.; furnish / mark with a date; **~ co zpětně** antedate, backdate **datum**, *(pl)* **data** 1 date, day; **~ narození** date of birth; **~ splatnosti cenného papíru** redemption date; **~ splatnosti nájemného** date of payment for money rent, due date; **~ účtování** billing date; **~ vyhotovení smlouvy** day of the execution of contract; **~ vypršení / ukončení čeho** date of expiry of st.; **~, od něhož je splatné / se počítá nájemné** rent commencement date 2 data, *(sg)* datum facts collected together for reference or information; **právní ochrana dat** legal protection of personal, confidential data **dáv|ka** 1 benefit, allowance; grant; contribution; **adresná ~** means-tested benefit; **dobrovolná ~** benefit in kind; **důchodová ~** old-age benefit; **jednorázová ~** lump-sum benefit; **nemocenská ~** temporary work incapacity benefit; **netestované ~ky** plošné non-tested benefits; **opětující se ~** např. důchod repeating / repetitive / ongoing benefit e.g. old-age pension paid in the CR on a monthly basis; **peněžitá ~** cash benefit; **plošné ~ky** non-tested benefits; **podpůrná ~** subsidiary benefit; **pozůstalostní ~** survivor benefit; **pozůstalostní ~ v případě smrtelného pracovního úrazu** death benefit insurance benefit paid to the family of s.o. who died in an accident at work; **pravidelná ~ v mateřství** regular maternity benefit; **sociální ~ky v invaliditě** permanent disability compensation; **testovaná ~** adresná means-tested benefit; **~ nemocenského pojištění** sickness benefit; **~ pěstounské péče** foster care benefit; **~ sociálního zabezpečení** social security / welfare benefit; **~ v nezaměstnanosti** unemployment benefit; **~ky při dlouhodobé sociální události** benefits for a long-term risk; **~ky v mateřství** maternity benefit 2 levy, duty, cess, due; tax; **~ z majetku** capital levy 3 dose; **~ heroinu** a dose of heroine; **~ ionizujícího záření** dose of ionizing radiation **dávkov|ý** pertaining or relating to benefit, allowance; grant; contribution; dose; **~á formule** benefit formula; **~é schéma** benefit scheme; **~ systém nemocenského pojištění** sickness benefit scheme **dbát** care, heed; take care of, guard, preserve with care; **~ na zajištění bezpečnosti silničního provozu** ensure and guard arrange for the road safety

dceřin|ý subsidiary; subordinate; ~**á společnost** ovládaná subsidiary company
de facto *(lat)* podle skutečnosti de facto, in fact, in reality, as a matter of fact
de iure *(lat)* podle práva de jure, of right, by right, according to law
de lege ferenda *(lat)* podle toho, jaká by právní úprava měla být according to intended / designed law
de lege lata *(lat)* podle platného právního stavu according to valid / existing / positive law
debat|a debate, discussion, dispute, controversy; **předmět politické** ~**y** a subject of political debate
debatovat argue with, dispute; debate in Parliament; ~ **o všech důležitých politických otázkách** debate all major policy issues
debet bank debit
debetní pertaining to debit; ~ **karta** debit card *(US)*; ~ **saldo** overdraft; ~ **účet** debit account
debitor debtor
decentralizace devolution the delegation of certain administrative functions from central government to provincial offices; decentralization the weakening of the central authority and distribution of its functions among the branches or local administrative bodies; ~ **pravomoci a činnosti** devolution of powers and decentralization of activities
dědění succession devolution of title to property under the law of descent and distribution; **právní důvod** ~ legal title to succeed; ~ **ze zákona** intestate succession; legal succession, succession at law; ~ **ze závěti** testamentary / testate succession
dědic heir, successor; inheritor; descendant, descendent; **domnělý** ~ heir apparent; **náhradní** ~ substitute heir; **náhradní** ~ **ze zákona** statutory substitute of a heir; **ne(o)pominutelný** ~ forced heir, unpretermitted heir children and spouse who can be never omitted unless disinherited; statutory heir; **nepravý** ~ false heir; **oprávněný** ~ beneficiary, eligible heir; **pravděpodobný** ~ heir presumptive; **přímí a nepřímí** ~**ové** lineal and collateral heirs / descendants; **testamentární** ~ **movité věci** legatee, beneficiary; **testamentární** ~ **nemovitosti** devisee, beneficiary; **zákonný** ~ / ~ **ze zákona** heir by intestacy / at law, legal heir, intestate successor; statutory heir; **závětní** ~ / ~ **ze závěti** testamentary heir, testate successor; beneficiary of the will, legatee

dědick|ý relating to succession, inheritance, descent, heritage, heir; ~**á daň** inheritance tax, probate duty, death tax, death / estate duty; ~**á dohoda** agreement of heirs; ~**á nezpůsobilost** incapacity to inherit, incapacity to take by descent / by inheritance; ~**á posloupnost** heirdom; line of descent; ~**á práva** subjektivní rights of inheritance, succession rights; rights to inherit; rights to take / acquire st. by descent / by inheritance; heirship; ~**á skupina** groups of heirs; ~**é právo** objektivní law of inheritance / succession; ~**é řízení** probate proceedings; ~ **nápad** descent, descent cast; hereditary succession; ~ **nárok** title by inheritance / descent; heirship, heirdom; ~ **podíl** heir's share / interest / lot / portion; ~ **statut** právní poměry dědické s mezinárodním prvkem status of heir legal status of probate matters if a foreign party is involved; **námitka** ~**é nezpůsobilosti zůstavitelova dědice** plea of incapacity to inherit on the side of the successor of the deceased; **povinný** ~ **podíl** neopominutelného dědice forced share; **skončení** ~**ého řízení** vyplacením podílů closing estates winding up of probate estates by paying legacies and inheritances, taxes, and filing necessary probate accounts; **uplatnění** ~**ého práva v řízení o dědictví** exercising one's succession rights in the probate proceedings; claiming one's title by descent during the probate proceedings; **usnesení o zastavení** ~**ého řízení pro nedostatek nebo nepatrnost majetku** resolution to discontinue probate proceedings due to the lack or small size of probate estate; **osvobodit od** ~**é daně** release from inheritance tax; **popírat** ~**é právo jiného dědice** deny the right of another to inherit / acquire by descent
dědictví inheritance property passing by law to the heir on the decease of the possessor, decedent's estate; heritage property, particularly land, devolving by right of inheritance; heirloom anything handed down from generation to generation; **čistá hodnota** ~ net value of inheritance / decedent's estate; **dohoda o přenechání předluženého** ~ **věřitelům** agreement to pass to creditors an insolvent probate estate / inheritance; **nabývání** ~ acquisition of property by descent / inheritance; **nařízení likvidace** ~ order to liquidate the probate estate due to excessive debts; **notářský poplatek z** ~ notary's fee calculated upon the size of the probate estate; **odmítnutí** ~ refusal /

renunciation of inheritance / succession; **odnětí věci pověřenému notáři v řízení o** ~ removal of a case from a designated / authorized notary in the probate proceedings; **potvrzení** ~ confirmation of inheritance; **potvrzení nabytí** ~ **jednomu dědici** the confirmation / acknowledgment of the acquisition of inheritance by one heir; **potvrzení nabytí** ~ **podle dědických podílů** the confirmation / acknowledgment of the acquisition of inheritance according to heir's lots / shares; **potvrzení, že** ~ **připadlo státu** certificate of escheat a reversion of property to the state in consequence of a want of any individual competent to inherit; **pověření notáře učiněné soudem v řízení o** ~ judicial designation / authorization of a notary in the probate proceedings; **prohlášení o odmítnutí** ~ renunciation of inheritance declaration / statement; **předlužení / předlužené** ~ insolvent decedent's estate; inheritance overburdened with debts; **předmět** ~ subject-matter of inheritance / succession; **připadnutí** ~ devolution of property by descent, acquisition of an estate by inheritance; **řízení o** ~ probate proceedings; **soupis** ~ **na místě samém** the taking / making inventory of decedent's estate on site; **správce** ~ administrator / administratrix appointed by court of property of the deceased, executor / executrix if named in the last will by the testator; **uložení** ~ **u soudu** placing / depositing the decedent's estate in the custody of court; **usnesení o rozvrhu výtěžku likvidace** ~ resolution to distribute proceeds obtained upon the liquidation of the inheritance / decedent's estate; **usnesení o zahájení řízení o** ~ resolution to commence the probate proceedings; **vykonavatel** ~ executor / executrix of the will of the testator; **vypořádání** ~ distribution and settlement of inheritance / decedent's estate; **zahájení řízení o** ~ the commencement of probate proceedings; **zajištění** ~ např. uložením u soudu safeguarding the decedent's estate e.g. by depositing a thing in judicial custody; **zapečetění** ~ **v zůstavitelově bytě** sealing of the decedent's estate in the dwelling of the deceased; **způsob nabytí** ~ mode of acquiring inheritance / decedent's estate; **být vyzván k** ~ be called to an inheritance; **provést úkony v řízení o** ~ to act / perform acts in the probate proceedings; **skončit projednání** ~ **usnesením** close / terminate / conclude the probate proceedings upon the judicial resolution; **zru-**

šit zajištění ~ po skončení dědického řízení terminate the safeguarding of the decedent's estate after closing the probate proceedings; **~, jehož nenabude žádný dědic, připadne státu** the property lapses to the State (up)on the death of the owner intestate and without heirs; **soupis** ~ **je proveden za přítomnosti zainteresovaných osob** the taking of inventory is attended by any person interested in the estate
dědička heiress
dědičně for the purposes of heritability examination; ~ **biologická zkouška** dědičnost tělesných znaků, krevní zkouška, DNA test biological test to examine heritable physical features and qualities including blood and DNA test to determine succession rights
dědičnost hereditability, heritability; ~ **nemocí** hereditability / heritability of illnesses
dědičn|ý hereditable, heritable; hereditary; ancestral; **~á funkce** hereditary office; **~á monarchie** hereditary monarchy; **~á pozůstalost** decedent's estate; hereditament; ~ **nárok** hereditable title; ~ **orgán** hereditary body
děditelnost vlastnost majetku přecházet děděním inheritability ability of property to pass by descent / inheritance / be inherited / be taken by descent
děditeln|ý inheritable that may or can descend by law to an heir, heritable; descendible, descendable; **~á záruka** heritable security; ~ **majetek** descendible estate, (in)heritable property; ~ **pouze mužskými potomky** descendible to heirs male only; ~ **úpis** heritable bond
dedukce deduction the process of deducing or drawing a conclusion from a principle already known or assumed
dedukovat deduce; ~ **metodu výkladu** práva deduce a method for the construction of law
defekt defect; fault, imperfection; deficiency
defenziva defensive (n)
defenzivní defensive (adj), serving for defence; protective
deficit deficit; shortfall, deficiency; **momentální** nezamýšlený ~ casual unintended / undesigned deficit; **příjmový** ~ deficit in public revenues, revenue deficit; **rozpočtový** ~ deficit in budget, budget deficit; ~ **platební bilance** balance of payment deficit
definice definition a precise statement of the essential nature of a thing
definitiv|a tenure guaranteed tenure of office, as a right granted to the holder of a position after a probationary

period and protecting him against dismissal under most circumstances; **jistota ~y na základě jmenování** soudcem security of tenure on appointment to judiciary
definitivní ultimate, final, definite; ~ **cíl** ultimate aim / goal / object; ~ **rozhodnutí** ultimate decision; ~ **řešení** final solution
definovat define; state exactly; ~ **podstatu reformy soudnictví** define the essence of judiciary reform
deflace snižování rozsahu peněžního oběhu deflation decreasing the amount of money in circulation by a rise in the value of money and a fall in prices, wages, and credit
deflační deflationary, pertaining / tending to deflation
deformace distortion perversion of opinions, facts, history, so as to misapply them; disfigurement, defacement; deformation; ~ **právního vědomí občanů** distortion of people's perception and knowledge of law
deform|ovat distort; disfigure, deface; ~ **občanský průkaz** deface an identity card; **média ~ují obraz společnosti** media distort the picture of society
defraudace embezzlement fraudulent appropriation of entrusted property, defalcation a monetary deficiency through breach of trust by one who has the management / charge of funds; a fraudulent deficiency in money matters, peculation of public funds
defraudant embezzler; defalcator, peculator
defraudovat misappropriate; embezzle, defalcate, peculate
degenerace deterioration; degeneration
degradace degradation, demotion (US), deposition from a rank, office, or position of honour as an act of punishment; moral debasement
degradovat degrade, demote, depose; debase
dech breath
dechov|ý relating to breath; breathable; breathing; ~**á zkouška** breath test / testing; **balónek na ~ou zkoušku** breathalyser; **množství alkoholu při ~é zkoušce** the proportion of alcohol in the breath of the person concerned; the percentage of alcohol in the blood from a breath sample; **odmítnout se podrobit ~é zkoušce** refuse to be breathalysed; **podrobit koho ~é zkoušce** breathalyse s.o., subject s.o. to a test with a breathalyser
dějinn|ý historical, historic; ~**á nutnost** historic necessity; ~ **proces** historical process

dějiny history; **právní** ~ Legal History; History of Law
dekáda decade; a period of ten years; **poslední** ~ **století / tisíciletí** the last decade of the century / millennium
děkan dean; ~ **právnické fakulty** the Dean of the Law Faculty / the Law School
děkanát Dean's office
dekapitace decapitation
deklarace declaration; public statement; **celní** ~ customs declaration / bill / entry; ~ **práv a svobod** declaration of rights and freedoms / liberties
deklaratorní declaratory declaring the rights of the parties or the opinion of the court as to what the law is; ~ **akt stvrzující neexistenci nebo existenci určitého právně relevantního sporného stavu** declaratory act affirming the absence or existence of a certain contentious legal issue; ~ **část zákona jasně určující práva, která se mohou uplatňovat, a protiprávní jednání, kterého je třeba se zdržet** declaratory part of a law clearly defining rights to be observed and wrongs to be eschewed; ~ **povaha rozhodnutí** declaratory nature of the decision; ~ **rozsudek** declaratory judgment; ~ **ustanovení** declaratory provision
deklarovan|ý declared; openly avowed, professed; ~**á cena zboží na celním prohlášení** declared value of goods entered on a customs declaration; ~**á práva a povinnosti** declared rights and duties
deklarovat declare; profess, solemnly assert, pronounce
deklarovatelný declarable, subject / liable to declaration
dekódovací decoding, deciphering (adj)
dekódování decipherment; decoding, deciphering (n)
dekódovat decode, decipher
dekolonizace decolonization
dekoncentrace deconcentration, decentralization; devolution; **horizontální a vertikální** ~ **veřejné správy** horizontal and vertical decentralization of public administration
dekontaminant decontaminant
dekret decree; ordinance, edict; certificate; letter; **jmenovací** ~ letter of appointment; **znárodňovací** ~ nationalization decree
delace nápad pozůstalosti a vyzvání dědiců, aby uplatnili své právo descent the passing of property to heirs without disposition by will / transmission by inheritance and the call on heirs to assert their rights

delát osoba, jíž byla pozůstalost nabídnuta heir called to assert his succession rights
dělat make, create, do; ~ komu **ručitele** stand a guaranty / surety for s.o., act as / be a guarantor
dělba division; partition, severance; ~ **státní moci na moc výkonnou, soudní a zákonodárnou** the division of government into the executive, judicial and legislative branches
delegace delegation; transfer of authority, reference the act / expedient of referring / submitting a matter, esp. a dispute / controversy, to some authority for consideration, decision, or settlement; ~ **nutná přikázání věci z důvodu nepříslušnosti** compulsory referral assigning a case due to the lack of jurisdiction; ~ **sňatku** proxy marriage; ~ **vhodná přikázání věci z důvodu vhodnosti** referral to a more convenient forum, forum non conveniens (lat)
delegát/delegátka male / female delegate
delegovan|ý delegated; entrusted, vested, committed to s.o.; vicarious accomplished / attained by the substitution of some other person; ~á **pravomoc** delegated power / authority
delegovat confer st. on; delegate st. to s.o.; vest in s.o. / st., vest on s.o. / st.; assign to s.o.; ~ **na koho určité pravomoci a povinnosti** confer specific powers and duties on s.o.; ~ **pravomoci centrálních úřadů na krajské úřady** delegate powers from the centre to regional authorities
dělení apportionment; division; partition, severance; ~ **splácení dluhu mezi více věřitelů** debt pooling assignment for the benefit of more creditors; ~ **majetku** division / partition of property; ~ **odpovědnosti** apportionment / division of liability; ~ **práva** division / apportionment of right
dělen|ý several, separate; ~á **odpovědnost** several liability
delibační: ~ **řízení** řízení pro zajištění podmínek pro uznání a výkon cizích rozhodnutí zejména ve věcech manželských proceedings to create conditions for the recognition and execution of foreign judgments especially in matrimonial cases
dělicí separating, boundary; dividing; ~ **zeď** mezi sousedícími majetky boundary wall between adjoining property
delikt delict, wrong; violation of law or right; **disciplinární** ~ breach of discipline; **občanskoprávní** ~ civil / private wrong; tort (US), (UK); **přestupek nebo jiný správní** ~ administrative infraction or other administrat-

ive delict; **souvislý** ~ forma trestné součinnosti continuing delict as a type of criminal complicity; **správní** ~ **spočívá v nesplnění nebo porušení právní povinnosti** an administrative delict consists in / is based on the failure to discharge, or the breach of, a legal duty
deliktní delictual; delictal; ~ **odpovědnost** delictual liability, liability in delict; ~ **žaloba** delictal action; the claim in tort (US), (UK)
delikvence delinquency; ~ **mladistvých** juvenile delinquency
delikvent offender, delinquent; wrongdoer, defaulter; ~ **ve věku blízkém věku mladistvých** young adult offender; ~ **ve věku mladistvých** mezi 17 a 20 lety young / youthful (US) offender
delikventní delinquent (adj); wrongful; ~ **chování** delinquent behaviour
delimitace hranic delimitation; determination of the frontier of a territory
delimitovat delimit frontiers
deliri|um delirium; ~ **tremens** zaviněné alkoholem delirium tremens induced by excessive indulgence in alcoholic liquors, and characterized by tremblings and various delusions of the senses, DT's, d.t.'s, d.t. abbrev; **být v posledním stádiu** ~a **tremens** be in the last stages of d.t.; **mít** ~ **tremens** have the DT's
děliteln|ý separable, divisible, severable; ~é **plnění** severable performance
délka length, duration; extent; **průměrná** ~ **lidského života** the average duration of human life; **předpokládaná** ~ **života** life expectancy; ~ **pobytu** the length of stay / residence; ~ **pracovního poměru** the term / length / duration of employment; ~ **trestu** odnětí svobody the term of imprisonment
dělník worker, labourer, workman; blue collar worker; **námezdní** ~ labourer / wage worker; **nekvalifikovaný** ~ unskilled / unqualified worker; **odborný** ~ expert / specialised worker; **pomocný** ~ common labourer
demarkační demarcative; pertaining to demarcation; ~ **čára / linie** line of demarcation
dementi démenti an official contradiction of a published statement; denial
dementovat officially deny / contradict a published statement
demilitarizace demilitarization
demilitarizovan|ý demilitarized; ~é **pásmo** demilitarized zone

demis|e vzdání se úřadu / funkce, **odstoupení** resignation resigning one's office, withdrawal from office; **podat ~i** give / hand in a letter of resignation
demobilizace demobilization; **~ vojsk** demobilization of troops
demokracie democracy; **přímá ~** direct democracy; **sociální ~** social democracy; **zastupitelská ~** representative democracy
demokrat democrat
demokratick|ý democratic; **Občanská ~á strana** (CZ) Civil Democratic Party
demokratizace democratization; **~ veřejné správy** democratization of public administration
demokratizovat democratize; render st. democratic; give a democratic character to st.; **~ vězeňství** render the penitentiary system democratic, give a democratic character to the penitentiary system
demolic|e demolition; destruction; **provést ~i čeho** unbuild, demolish, clear a site
demoliční demolishing; destructing; **~ náklady** demolition costs; **~ příkaz** clearance / demolition order
demonstrace proti čemu / za co protest march against / for st.; demonstration; mass-meeting
demonstrativní demonstrative; exhibiting, indicating; making evident; **~ důkaz** vnímatelný smysly demonstrative evidence perceptible by senses; **~ odkaz** demonstrative legacy
demonstrovat proti čemu protest against, object to, dissent, disapprove; demonstrate against
demontáž dismantlement
demontovat dismantle
den day, date; **pracovní ~** working day; **rozhodný ~** relevant / specified date; **stanovený ~** appointed / determined / specified date; **~ doručení** the date of service / delivery; **~ nástupu do práce** the date of the commencement of employment; **~ pracovního klidu** holiday; a day off a day of exemption / cessation from work; **~ pracovního volna** banking / bank holiday; **~ právní moci rozsudku** the date of final and conclusive judgment; **~ splatnosti** the date of maturity, due date; **~ splatnosti nájemného** the date of the payment of money rent; **~ veřejného zasedání** soudu the date of a public hearing / trial in an open court; **~ vzniku pracovního poměru** the date of the commencement of employment; **do 8 dnů od doručení rozsudku** within 8 days of / after

the service of judgment; **ke dni** on the date; **ode dne účinnosti zápisu** do rejstříku of / after the date of effect of an entry into the register
denaturalizace denaturalization deprivation of the status and rights of a natural subject or citizen
denegatio iustitiae (lat) odpírání soudu oprávněné osobě denial of justice preventing s.o. from seeking remedy in court
deník diary; book, journal; log, log-book; **cestovní ~** itinerary; **peněžní ~** cash book, cash receipts; **pokladní ~** cash journal; **účetní ~** day-book a daily record of commercial transactions; **výdajový ~** disbursements journal; **záznam v peněžním ~u** book entry
denně daily (adv), per day
denní daily (adj); day; **~ dávka** 1 daily allowance social security 2 daily dose of drugs; **~ dávka nemocenského pojištění** daily compensation; **~ mzda** daily wage(s) / pay; **~ obrat** daily return / sales; **~ spotřeba** daily consumption; **~ výkaz** daily statement / report
denunciace denouncement, denunciation
denuncovat koho denounce, denunciate s.o.
deponent consignor, consigner, depositor
deponování depositing; consigning, consignation depositing in the hands of a third party; **~ peněz** consignation of money
deponovat peníze consign, deposit money
deportovaný deported; **~ odsouzenec** deported convict; deportee
deportovat deport s.o., remove s.o. into exile, banish s.o.
depozice bailment; delivery, handing over
depoziční depositing; pertaining to deposition; **~ limit** deposition limit
depozitář banka, která vede běžný účet pro investiční, podílové a penzijní fondy depository a bank which keeps current accounts for investment, shares and pension funds
depozitní depository (adj), pertaining to deposit; **~ certifikát** deposit certificate; **~ účet** deposit account
depozitum úschova deposit custody
deprese depression
derelikce opuštění věci s úmyslem se jí vzdát dereliction voluntary abandonment of a thing
derivát derivative (n)
derivovaný derived; derivative (adj)
derogace abrogation; derogation; **částečná ~** derogation the partial repeal or abolishment of a law by a subsequent act; **~ je výslovné zruše-**

ní právního předpisu právním předpisem stejné nebo vyšší právní síly abrogation is an express repeal of a law by an enactment of the same or higher force

derogační derogatory, defeating; nullifying, annulling; **~ klauzule v hypotekární zástavní listině** defeasance clause in the mortgage deed

design design; **průmyslový ~** industrial design; **užitkový ~** utility / applied design

designovaný designated; designate appoint, set apart, select, nominate for duty / office; **~ předseda vlády** prime minister designate

designovat designate; appoint, nominate for duty / office

deska board; desk; **úřední ~ soudu** official notice board of the court; **úřední ~ obce** official notice board of the local council

despocie despotism

despota absolute despot

despotismus despotism

destrukce destruction; demolition

dešifrovat decipher; decode

detail detail; an item, a particular; **~y podání** particulars of a claim; **osvětlení ~ů registrace společnosti v obchodním rejstříku při podezření z podvodného podnikání** lifting *(UK)* / piercing *(US)* the corporate veil

detailní detailed, in detail; **~ popis spáchání trestného činu** detailed description of the commission of a crime

detašovan|ý detached; relocated, separate; **~é pracoviště** separate(d) / relocated office; detached premises

detektiv detective *(n)*; investigator; **soukromý ~** private investigator

detektiv|ka detective novel; **autor ~ek** detective novelist

detektivní detective *(adj)*, investigating, investigative; **~ kancelář** detective agency / bureau

detektor detector, polygraph *(US)*; **~ lži** lie detector, polygraph; **podrobit se zkoušce na ~u lži** submit o.s. to a polygraph test

detence faktické ovládání věci detention real power over a thing

detenční pertaining to detention; **~ řízení vyslovení přípustnosti převzetí nebo držení v ústavu zdravotnické péče** commitment / detention proceedings to permit the transfer / commitment of a person to, or detention in, a medical in-patient centre

detentor possessor person having full power over a thing though not owning it

detoxikace detoxication, disintoxication

dětsk|ý pertaining to child; **~á kriminalita** child crime; **~á práce** child labour; **~á prostituce** child prostitution; **~ domov** children's care home, foster care home; local community home; **~ výchovný ústav** reformatory for delinquent children an institution to which juvenile incorrigibles are sent with a view to their reformation; a reforming institution

devalvace devaluation; depreciation; **~ je snížení zákonem stanoveného zlatého obsahu peněžní jednotky nebo zvýšení devizového kurzu cizích měn** devaluation is the reduction of the statutory amount of gold in a currency unit or the rise of foreign exchange rate

devalvovat depreciate, devaluate

devastovaný devastated

devastovat devastate; lay waste, ravage, waste, render desolate

deviace deviance; deviancy

deviant deviate *(n)*, pervert; deviant *(n)*; **sexuální ~** sexual deviate / pervert

deviantní deviant *(adj)*; **~ osoba** a deviate, sexual pervert; **~ pudové založení** deviant nature of appetency

deviovan|ý deviant *(adj)*; deviate *(adj)*; **~á osoba** a deviate, deviate person

deviza foreign exchange; **směnitelná ~** convertible currency

devizov|ý pertaining to foreign exchange; **~á hodnota** foreign exchange value; **~é hospodářství** foreign exchange economy; **~é opatření** foreign exchange restriction(s); **~é povolení** foreign exchange export / import permit / permission; **~é prohlášení** foreign currency declaration; **~é zúčtování** exchange clearing; **~ cizozemec** foreign exchange non-resident; **přepočítací ~ kurz** exchange rate; **~ přestupek** foreign exchange administrative delict; **~ trh** foreign exchange market; **~ tuzemec** foreign exchange resident; **~ účet** foreign currency account; **~ výnos** foreign exchange proceeds; **specialista pro ~é arbitrážní obchody** cambist skilled in the science or practice of exchanges

devoluce o oprávněném prostředku rozhoduje vyšší orgán, než který vydal napadené rozhodnutí devolution an appeal shall be heard by a body superior to that against / from whose decision the appeal lies

dezerce desertion the wilful abandonment of the military or naval service

dezertér deserter soldier or seaman who quits the service without permission, in violation of oath or allegiance

dezertovat desert; quit without permission, run away from the service

dezinfekce disinfection

dezintegrace disintegration; breaking up; destruction of cohesion or integrity

diagnostick|ý diagnostic; **~á hodnota** diagnostic value of st.; **~ ústav** psychiatric reformatory for delinquent juvenile a short-term in-patient institution to make a psychological diagnosis of delinquent minors; **~ znak nemoci** diagnostic sign of disease

diagnóza při úmrtí diagnosis identification of a disease by careful investigation of its symptoms and history; classification; **~ a prognóza nemoci** diagnosis and prognosis of the disease

diakonie evangelické církve diacony of the Protestant Church

DIČ abbrev **daňové identifikační číslo** tax identification number, tax identity number, tax number, taxpayer identification number

diecéze diocese the sphere of jurisdiction of a bishop; the district under the pastoral care of a bishop

diecézní diocesan, diocesian (obs); pertaining to diocese; **~ biskup** diocesan bishop

diet|a diet; **cestovní ~y** travelling allowance, subsistence money, per diem

diferenciace differentiation; discrimination; distinction

dikce wording, phrasing; diction the manner in which anything is expressed in words; choice or selection of words and phrases; verbal style; **~ paragrafu** wording of the section; **~ ustanovení** wording of the provision; **~ zákona / zákonná ~** wording of the law

diktatura dictatorship; absolute authority

diktovat dictate; prescribe a course or object of action; lay down authoritatively; order / command in express terms

díl portion, share, part; **poměrný ~** quota, proportionate share; **povinný dědický ~** forced share; **splatné rovným ~em** payable in equal shares; **nabýt rovným ~em** acquire in equal shares

dílčí partial constituting a part only; incomplete; fractional; part; **~ bilance** partial balance-sheet; **~ matriční kniha** partial register of births, deaths and marriages; **~ obligace** fractional bond; **~ splátka** part / partial payment, in-

stal(l)ment; **~ škoda** partial damage; **~ ztráta** partial loss

díl|o a work; creation, performance, production, product; **kolektivní ~** collective / composite work; **literární ~** literary work; **psané ~** a writing, written work; **původní ~** original work; **umělecké ~** artistic work, artwork, a work of art; **vědecké ~** scientific work; **vodohospodářské ~** water structure; **pronájem rozmnoženin ~a** hiring a copy of a work; **rozsudek ve věci o odstranění vad ~a** judgment for the elimination / removal of the defects of a work; **rozsudek ve věci o zaplacení ceny za provedené ~** judgment for the payment of compensation / price for the work done; **smlouva o ~** contract for the work done and materials supplied; **smlouva o šíření ~a** contract for the distribution of a work; **smlouva o veřejném provozování ~a** contract for public performance of a work; **smlouva o vytvoření ~a** contract to produce a work; **zmar ~a** decay / ruin / destruction of a work; **neoprávněně užít ~ ve smyslu práva autorského** use a work in breach of copyright; **zmařit ~** destruct a work; **zničit, poškodit nebo znehodnotit geologické výzkumné ~** destroy, damage or cause the devaluation of geological research

diplom diploma a document granted by a competent authority conferring some honour, privilege, or licence; **udělení vysokoškolského ~u** the granting of a university diploma

diplomacie 1 diplomacy the management of international relations **2** diplomacy artful management in dealing with other

diplomatick|ý diplomatic; **~á ochrana** diplomatic protection; **~á služba** diplomatic service; **~é imunity a výsady** diplomatic immunities and privileges; **~é právo** diplomatic law; **~ou cestou** by / through diplomatic channels; **~ azyl** diplomatic asylum; **~ pas** diplomatic passport; **~ personál** diplomatic staff / personnel; **~ sbor** diplomatic body / corps; **~é služby** diplomatic services

diplomovan|ý chartered (UK), certified (US); **~á zdravotní sestra** certified nurse; **~ účetní se státními zkouškami** chartered accountant (UK), certified public accountant, CPA abbrev (US)

direktiv|a 1 directive (ES) binding on a Member State as to the result to be achieved but leaving the Member State with the choice of methods used to achieve the aim; **provádění ~y ve vnitrostátním právu** implementation of a directive in national law 2 *(gen)* directive a general instruction how to proceed or act

direktivní directive *(adj)*; authoritatively guiding, ruling; **~ forma vlády** directive type / method of government

disciplín|a discipline the order maintained and observed; branch of instruction or education; a department of learning or knowledge; **právní ~** legal branch, branch of law; **řádná ~** proper discipline; **vězeňská ~** prison discipline; **porušení ~y** violation of discipline

disciplinární disciplinary, pertaining to, or of the nature of discipline; **~ řízení** disciplinary procedure; **~ trest** disciplinary penalty / punishment; **~ odpovědnost nad advokáty má Česká advokátní komora** the Czech Bar Chamber shall have disciplinary responsibility over the members of the Bar

disimulovan|ý dissimulated; **~é jednání úkon zastřený jiným právním úkonem** dissimulated act concealed or disguised under another act

diskont úroková srážka z částky úvěru za dobu od poskytnutí do splatnosti discount the deduction at a defined percentage calculated as the interest on the amount of the loan for the time it has to run until maturity

diskontinuita discontinuance; intermission; **~ práva je charakterizována přetržitostí ve vývoji právního řádu** discontinuance of law is defined as an interruption temporary or permanent of the development of legal order

diskontní pertaining to / of the nature of discount; **~ hodnota** discount value; **~ sazba** discount rate, bank rate; **~ výnos** discount yield

diskontovan|ý discounted, pertaining to / of the nature of discount; **~á doba splatnosti** discounted payable period; **~á obligace** discount bond; **~é akcie** discount shares / stock

diskontovat discount *(v)*; **~ směnku prodat před splatností se srážkou úroků** discount a bill pay the value beforehand, with a deduction equivalent to the interest at a certain percentage for the time which it has still to run

diskrece discretion, discretionary / arbitrary power

diskreční discretionary, discretional; arbitrary; **~ náhrada škody** discretionary damages; **~ právo právo rozhodnout podle volného hodnocení faktů** right of discretion liberty of deciding, or of

acting according to one's own judgement; **~ pravomoc** discretionary authority / power; **~ účet** discretionary account

diskreditace discrediting; dishonour, disgrace; disrepute; injuring the credit / reputation of s.o.

diskreditovat disrepute, discredit s.o. / st.; bring s.o. / st. into disrepute; **~ výkon práva / spravedlnosti** bring the administration of justice into disrepute; **~ se** fall into disrepute

diskrepance discrepancy, discrepance, variance; conflict; **~ ve výpovědi** variance in testimony

diskrétní discrete; judicious, prudent, circumspect, cautious; **~ sledování** discreet surveillance

diskriminace koho / čeho discrimination against s.o. / st. making a prejudicial distinction or difference between people or things; **nepřímá a skrytá ~** indirect and disguised discrimination; **~ na základě příslušnosti k pohlaví** discrimination on the basis of sex; **~ na základě věku** age discrimination; **~ v pracovněprávních otázkách** job bias; employment discrimination; **~ žen** discrimination against women

diskriminační discriminatory, discriminating; discriminative; pertaining to discrimination; **~ celní tarify** discriminating / discriminative customs tariffs; **~ trest** discriminatory punishment; **~ zákon** discriminatory law

diskriminovan|ý discriminated against; underprivileged; **~é skupiny obyvatel** groups of people who are discriminated against; discriminated groups of population

diskriminovat koho discriminate against s.o.; **~ politickou stranu** discriminate against a political party

diskuse discussion; debate; deliberations, controversy

diskutabilní disputable; contested, questionable; **~ řešení** questionable / disputable solution of a matter

diskutovan|ý debated by Parliament, discussed; **~á otázka** question under debate; discussed matter

diskutovat discuss; debate; argue

diskvalifikace disqualification; legal incapacitation

diskvalifikovat disqualify; render unqualified; unfit, disable

dislokace relocation, lay-out *(US)*; displacement; removal from its proper or former place / location; ~ **pracoviště** relocation of the place of work

dispaš general average adjustment statement; adjustment ascertainment of the amount of loss and the ratable distribution of it among those liable to pay it

dispašér average adjuster

dispečer operator; controller; **letový** ~ air traffic controller

dispečink intercommunication system centre, abbrev intercom; operation centre

dispens dispensation; ~ **je prominutí nějaké důležité skutečnosti** např. **osvobození od předepsaného věku** dispensation is an exemption from an important obligation such as the suspension of age qualification

dispenzář dispensary

disponibilní distributable; disposable; ~ **příjem** disposable income / earnings; ~ **zisk** distributable profit

disponování s čím disposal / disposing of st. power / right to dispose of, make use of, or deal with

disponovat čím have at one's disposal; dispose of

dispozic|e disposition the action of disposing; bestowal or conveyance by deed or will; disposal dealing with; ~ **právní normy stanoví vlastní pravidlo chování** disposition arrangement, order of a legal rule determining own rules of conduct; ~ **s majetkem** disposal of property; **norma s blanketní** ~**í** rule with a blanket disposition; **být k** ~**i** be available

dispoziční pertaining to disposition, disposal; ~ **dokument doklad** document of title; ~ **právo** right of disposition; ~ **pravomoc** power of disposition; ~ **zásada civilního procesu sporného** disposition final settlement of a matter principle of civil proceedings dealing with contentious cases

dispozitivní directory being mere direction or instruction of no obligatory force, and involving no invalidating consequence for its disregard; ~ **nebo kogentní ustanovení** directory or mandatory / imperative / peremptory provision / rule; ~ **obsah stanov** directory content of the constitution of an association; ~ **právní norma** directory rule; non-mandatory rule

distancova|t se dissociate from st.; **vláda se** ~**la od prohlášení ministra** the Cabinet formally dissociated itself from the minister's statement

distribuce distribution; apportionment, allot-

ment; **kupónová** ~ voucher distribution; ~ **finančních prostředků** allotment of funds; ~ **majetku** distribution of property e.g. within the settlement after divorce or after the closing of the bankruptcy proceedings

distributor distributor

dítě child, (pl) children; infant; **manželské** ~ legitimate child; **nemanželské** ~ illegitimate child; **mrtvě narozené** ~ still born child; **nemanželské** ~ **uznané otcem** natural child; **osvojené** ~ adopted child; ~ **narozené po smrti otce** posthumous child; ~ **narozené v manželství** legitimate child, child born in wedlock; ~ **narozené mimo manželství** illegitimate child, child born out of wedlock; **dědický podíl** ~**te** child's part; **péče o** ~ child care; **státní přídavek na** ~ social security child benefit; **výchova nezletilého** ~**te** upbringing / raising / rearing (US) of a minor; **výživa nezletilého** ~**te** support and maintenance means of subsistence, livelihood of a minor; **vyživovací povinnost k** ~**ti po rozvodovém řízení** jako **součást majetkového vypořádání** child support after divorce as a part of the distribution of property

dividen|da podíl na zisku dividend distribution of current or accumulated earnings to the shareholders of a corporation pro rata; **majetková** ~ property / asset dividend; ~ **z kmenových akcií** common stock dividend; ~ **z preferenčních akcií** preferred dividend; **bez** ~**dy** ex dividend; **příjem z** ~**d** dividend income

dividendov|ý pertaining to dividend; ~**á poukázka** dividend warrant

divize označení vlastní organizační složky společnosti division, branch a component portion of an organization subordinate to the main or head office

divizní divisional, relating to branch; ~ **ředitelství** branch headquarters; divisional directorate

dlouhodob|ý long-term; long-run; ~**á aktiva** long-term assets; ~**á obligace** long-term bond; ~**á smlouva** long-term contract; ~**é náklady** long-run costs; ~**é zájmy** long-run interests; ~**é závazky** long-term obligations; ~ **kapitálový výnos** long-term capital gains proceeds

dluh debt; liability / obligation to pay; **donosný** ~ debt discharged / collected in the place of residence of creditor; **nedobytný** ~ bad debt; **nesplacený** ~ delinquent debt; **nevymahatelný** ~ uncollectible / bad debt; **krátkodobý pohyblivý** ~ nepředstavovaný cennými papíry

floating debt not represented by securities; **státní
~** National Debt; **výběrný ~** debt collectible
in the residence / seat of a debtor; **zákaznický ~**
consumer debt; **~ bez postihu** non(-)recourse
debt; **~ z obyčejné smlouvy** debt by simple
contract; **~ ze smlouvy ve formě veřejné
listiny** debt by specialty; **dohoda o splácení ~u** zajištěného hypotékou redemption agreement; **prokázání ~u** proof of a debt; **splnění
~** discharge / satisfaction of a debt; **uznání ~u**
recognition of a debt; **vymáhání ~u** recovery / exaction / collection of debts; **zaplacení
~u** payment / discharge of debt, quietus; **~ trvá již několik let** the debt dates back several
years; **dát komu na ~** to put the bill on the
slate (slang); **mít ~** be in debt, owe money;
splatit ~ pay off a debt; **splatit ~ i s úroky**
pay off and service a debt; **splnit ~ společně a
nerozdílně** discharge a debt jointly and severally; **vyrovnat ~** acquit / settle a debt; **zaplatit
~** settle / discharge / pay back a debt; **místo
~u je určeno místem pobytu dlužníka** debt
resides with the debtor
dluhopis bond commonly secured, debenture unsecured debt instrument; debit note; **nezajištěný ~**
unsecured debenture; **státní ~y** public / government bonds; **~ na doručitele** debenture on
bearer
dluž|it owe; be under obligation to pay / repay;
částka, kterou ~í nájemce sum due from the
tenant
dlužní pertaining to, or of the nature of debenture unsecured, bond secured, debt, security; **~**
úpis debenture bond; debt instrument; note;
memorandum of debt, IOU abbrev I owe you;
~ úpis splatný na doručitele debenture payable to bearer; **~ úpis zajištěný umořovacím
fondem** sinking fund debenture
dlužní|k debtor, borrower; **hypotekární ~**
mortgagor; **konkursní ~ bez vyrovnaných
pohledávek** undischarged bankrupt; **směnečný ~** drawee; **solidární ~ci** joint debtors; **zástavní ~** pledgor, bailor; **nepřípustnost prominutí povinnosti ~ka zaplatit zálohu na
náklady konkursu** impermissible waiver of
a debtor's duty to pay the bankruptcy costs
advance
dlužn|ý delinquent, due, in arrear(s); back; **~á
částka** debt, owed amount of money; **~á částka nájemného** rent in arrear(s), back rent; **~á
daň** taxes in arrears; delinquent taxes, tax de-

ficiency; **~é pojistné** premium due; **~ zůstatek** debit balance; **žaloba na zaplacení ~ého**
nájemného za byt action for delinquent rent
for the payment of the rent in arrears for residential
lease; **vymáhat ~é výživné** enforce delinquent
alimony / maintenance; **vymoci ~é nájemné**
o pronajímateli recover arrears of rent
do (prep) within; until, till; **~ pěti pracovních
dnů ode dne splatnosti** within five working
days of / after the due date; **~ doby nabytí
moci** rozsudku until the judgment is final and
conclusive
dob|a period, term, time; age; **pohyblivá pracovní ~** v rámci celého týdne work release program; flextime (US), flexi-time; **pracovní ~**
hours of work; **pravděpodobná ~ spáchání
trestného činu** time when an offence is alleged to have been committed; **promlčecí ~**
time of limitation, limitation period; **prekluzivní ~** time of lapse; time of foreclosure;
vydržecí ~ period of prescription, prescriptive period; **záruční ~** warranty period; **zkušební ~** (PP) probationary / trial period; **zkušební ~ při podmíněném propuštění** probationary period in the case of conditional
discharge; **zkušební ~ u podmíněného zastavení trestního stíhání** probationary period
with respect to the conditional discontinuance
of prosecution; **~ (pro)nájmu** term of lease;
~ hájení close season, off-season; **~ odpočinku, během níž nesmí docházet k plnění povinností z pracovního poměru** time of
rest when no employment duties may be discharged; **~ platnosti** period / term of validity / force, term of expiration; **~ podnikání**
period of business activity; **~ provozu** operating time; **~ smutku** po kterou se vdova po smrti
manžela nesmí vdát year of mourning; **~ trvání**
smlouvy contract duration; **~ vyměřená pro
interpelace** question time set apart in Parliament
for Deputies to question Ministers; **na ~u neurčitou**
for an indefinite / indeterminate period / term;
ad infinitum, without limit; **na ~u určitou**
for a determinate / determined period, for a
fixed term; **v ~ě prodeje** at the time of sale;
dohoda o pohyblivé pracovní ~ě flextime
(US) / flexi-time (UK) agreement; **smlouva na
~u neurčitou** indefinite-term contract; **stavění běhu vydržecí ~y** suspension of the running
of prescriptive period; **uplynutí ~y** lapse / expiration of time; **mít zkušební ~u dva měsíce**

serve the probationary period of two months; ~ **uplyne marně** the time lapses i.e. without any action taken that should have been **dobírk|a** collect / cash on delivery, C.O.D. abbrev; **na ~u** C.O.D. cost on delivery; **prodej na ~u** sale of goods on C.O.D. terms, collect / cash on delivery sale, C.O.D. sale; **zásilka na ~u** C.O.D. parcel / dispatch / consignment

dobročinnost charity generous or spontaneous goodness

dobročinn|ý charitable; benevolent; **~á společnost** benevolent association, charitable association / society; charitable trust; **~é účely** uváděny při žádosti o daňové úlevy charitable purpose(s) when applying for tax allowance; **~é zařízení** charitable institution; asylum, refuge

dobrodinec benefactor also making a bequest or endowment, patron

dobrodiní benefaction, benevolence

dobropis credit advice, credit note; **daňový ~** tax credit

dobrovolně voluntarily, on a voluntary basis; **~ udělat** to volunteer; do st. on a voluntary basis / voluntarily / as a volunteer

dobrovolník volunteer

dobrovoln|ý voluntary; willing; **~é přerušení držby** voluntary discontinuance of possession; **~ cedent** voluntary grantee

dobrozdání advisory opinion

dobr|ý good; right, satisfactory; sound, unimpaired; **~á pověst podniku** goodwill; **~á víra** good faith; **~é jméno obchodníka** credit of a merchant, business person; **~é mravy** good morals; **~ obchod** good deal, bargain; **~ úmysl** good faith, freedom from intent to deceive

dobytek cattle

dobytnost availability; recoverability, recoverableness, collectibility (US), collectableness (UK); **~ pohledávky** recoverability of claim / debt that which can be recovered

dobytn|ý available, recoverable, collectible; **~á pohledávka** enforceable / recoverable / collectible claim that which can be recovered

docent associate professor (US), senior lecturer (UK)

dočasně temporarily; for the temporary purpose

dočasnost temporariness

dočasn|ý temporary, terminable, transient, transitory; **~á nezpůsobilost** temporary disability; **~é odložení trestního stíhání** temporary adjournment / postponement / deferral

of criminal prosecution; **~é odstavení vozidla** temporary non-use / non-operation of a vehicle; **~é přerušení řízení** temporary stay / suspension of proceedings; **~é užívání** temporary use / enjoyment; **~ vklad** time deposit

dodací pertaining to delivery; service; consignment; committal; **~ lhůta** delivery time; **~ list** delivery-acceptance certificate, delivery note; **~ podmínky** delivery terms, terms of delivery

dodání delivery; service; consignment; committal; **~ odsouzeného do výkonu trestu odnětí svobody** committal of a convict to prison to serve his term of imprisonment; **~ po částech** delivery by instal(l)ments; **místo ~** place of delivery; **poplatek za ~ není započítán v ceně** delivery is not allowed for; **splatný při ~** payable on delivery

dodat 1 supply, provide; commit; **~ obviněného do vazby** commit the accused to custody 2 add, append, attach

dodatečně additionally; extraneously; **~ nabytý právní titul** after title; **vzdát se odvolání ~ před vyhotovením písemného rozsudku** additionally waive a right of appeal before a written judgment is issued, i.e. not immediately in the courtroom after the delivery of judgment but later before the judgment in writing is officially served

dodatečn|ý additional, ancillary; collateral; **~á zajišťující hypotéka** collateral mortgage; **~á lhůta** additional period; days of grace; **~á platba nájemného** additional rent; **~á záruka** additional warranty; **~á změna** oprava additional alteration correction; **~é náklady vícenáklady** ancillary expenses; additional charges / expenses; **~é podmínky** additional terms and conditions, additionales; **~é pojistné** adjustment premium; **~é projednání** additional hearing; **~é rozhodnutí soudu** jako opravný prostředek ancillary relief; **~é zajištění** collateral security; **~ důkaz** cumulative evidence; **~ rozsudek** collateral order; **~ záznam** additional record

dodatek addition, addendum, (pl) addenda; annex; adjunct, amendment, appendant, appendix, (pl) appendices, appurtenance; **~ ke smlouvě** schedule; annex, attachment; **~ k ústavě** amendment to the Constitution; **~ k závěti** codicil a supplement to a will

dodatkov|ý additional, supplementary; accumulative; **~á dovolená** additional holiday for those working under extremely difficult conditions such as in the mining industry, exposed to ionization etc.

dodavatel contractor; supplier; provider; caterer of food and meals in general; **generální** ~ general / prime contractor; **nezávislý** ~ independent contractor

dodavatelsk|ý relating to contractor, supplier; ~**á smlouva** contractor's agreement; contract to supply

dodávk|a delivery, supply; **částečná** ~ part delivery; **postupné** ~**y** delivery in instal(l)ments; **vadná** ~ defective delivery; ~**y pitné vody** supply of drinking water; ~**a náhradního zboží** delivery of substituted goods

dodržení observance, fulfil(l)ment, keeping; compliance with; ~ **lhůt** observance of the time limits; ~ **předpisů** compliance with the regulations

dodržet observe, fulfil, keep; comply with; abide by; ~ **lhůty** observe time limits; ~ **slib** adhere to / keep one's promise; ~ **slovo** keep one's word; ~ **smlouvu, závazky ujednání, zákony** comply with / observe contract terms, covenants, laws

dodržování observance, fulfil(l)ment, keeping; compliance with; ~ **ochrany utajovaných skutečností** protecting classified information; ~ **původního výkladu** adherence to the past / original interpretation; ~ **závazků / ujednání** observance of the obligations / covenants; **striktní** ~ **čeho** rigid adherence to st.

dodržovat observe, fulfil, keep; comply with; abide by; ~ **pokyny** follow the directions; ~ **smluvní podmínky** comply with / abide by the terms of the agreement

dogma doctrine, dogma a tenet or doctrine authoritatively laid down

dohadovat bargain, negotiate; ~ **cenu, podmínky** bargain about / over prices, terms

dohled supervision, control, check; management; **bankovní** ~ banking / bank supervision; ~ **nad bezpečností a plynulostí silničního provozu** traffic behaviour management of safety and continuation; **nařízení** ~**u nad nezletilým** adjudicated / ordered / compulsory supervision over a minor; **orgány bankovního** ~**u** Banking Supervisory Authorities; **pravidla bankovního** ~**u** Prudential Rules; Banking Supervision Rules; **přepracování pod celním** ~**em** re(-)processing under customs

supervision; **vykonávat** ~ **nad kým** execute / exercise the supervision over s.o.

dohlížet inspect, superintend, supervise; check; ~ **nad dodržováním zákonnosti** supervise the observance of law

dohlížitel warden; warder; supervisor; keeper

dohod|a understanding, agreement; covenant; compact; concord, deal; **dědická** ~ agreement between heirs; **gentlemanská** ~ tj. ústní dohoda uzavřená na základě vzájemné důvěry mezi obchodními partnery gentleman's agreement; **konkludentní** ~ implied agreement; **manželská** ~ matrimonial compact; **tajná** ~ **k omezování obchodu** conspiracy in restraint of trade; **upisovatelská** ~ underwriting agreement; **ústní** ~ parol / verbal agreement; **závazná** ~**a** binding agreement; ~ **o budoucí smlouvě pactum de contrahendo** letter of intent (US), pre-contract, agreement to agree; ~ **o clearingu** clearing agreement; ~ **o frančíze** franchising agreement; ~ **o hmotné odpovědnosti** agreement to indemnify employer; ~ **o jménu** agreement on a name; ~ **o koupi** agreement of sale; ~ **o koupi a prodeji** buy and sell agreement; ~ **o obchodu** agreement on trade; ~ **o odluce manželů a výživném / odstupném** separation and maintenance agreement; ~ **o pracích konaných mimo pracovní poměr** agreement to work outside the scope of employment; ~ **o pracovní činnosti** agreement to perform work; ~ **o prodeji na úvěr** credit sale agreement; ~ **o provedení práce** agreement to complete a job; ~ **o předkupním právu** pre-emption agreement, pre-emptive right agreement; ~ **o přenechání předluženého dědictví věřitelům** agreement to pass to creditors an insolvent probate estate / inheritance; ~ **o příjmení** agreement on a surname; ~ **o rozšíření nebo zúžení zákonem stanoveného rozsahu bezpodílového spoluvlastnictví manželů / společného jmění manželů** agreement to extend or reduce the statutory scope of the community property of spouses; ~ **o ručení** security agreement; ~ **o skončení nájmu s dohodou o narovnání** an agreement to terminate the lease along with an agreement to settle mutual obligations; ~ **o srážkách ze mzdy** agreement for the assignment of the portion of wages; ~ **o úplatě** agreement on payment; ~ **o vypořádání dědictví** agreement to settle the inheritance to partition the estate according to

shares / lots of individual heirs, and close the probate proceedings; **~ o zajištění plnění závazku jiné osoby** guaranty / fidelity insurance; **~ o zboží** commodity agreement; **~ o změně sjednaných pracovních podmínek** agreement to alter the agreed terms of employment; **~ o zrušení a vypořádání podílového vlastnictví k bytovým jednotkám** agreement to terminate and settle / distribute the common property with respect to residential units / flats / apartments; **~ snoubenců o příjmeních jejich dětí** agreement of fiancés on the surnames of their children; **~ stran o předložení sporu rozhodčímu soudu** arbitration agreement; **~ za účelem pojištění** agreement for insurance; **na základě / podle ~y** by convention / upon agreement; **po vzájemné ~ě** by mutual consent; **nesplnění ~y** failure to comply with / follow / observe an agreement; **porušení ~y** breach / violation of agreement; **přistoupení k ~ě o autorském právu** adhesion to a copyright convention; **splnění smlouvy ~ou** performance of contract by agreement; **účastník ~y** party to an agreement; **vypořádání bezpodílového vlastnictví ~ou** settlement and distribution of community property by agreement; **dosáhnout ~y** come to / reach settlement; **měnit ~u** alter an agreement; **uzavřít ~u** make / conclude an agreement; come to / arrive at / reach an agreement; **zrušit ~u** revoke / cancel an agreement; **cena se sjednává ~ou** the price shall be set / determined by agreement
dohodce jobber, broker, dealer; **burzovní ~** stock jobber; **~ na plodinové burze** produce broker
dohodcovství brokerage professional service of a broker; the broker's trade
dohodné provize brokerage, broker's commission
dohodnout agree, covenant; concert, bargain; **~ iniciativy a návrhy** agree initiatives and proposals; **~ se** come to an agreement, come to an understanding / agreement; **~ se s věřiteli na narovnání dluhu** reach an accommodation with creditors
dohodnut|ý agreed on, consented to; granted, admitted, accepted; stipulated; **~á cena** stipulated price; **~á hodnota** agreed value; **~ způsob jednání / chování** concerted practice(s); **tajně ~é spojení** collusive joinder
docház|ka attendance; taking part in; **nepřihlá-**

sit dítě k povinné školní ~ce fail to register a child for compulsory school attendance; **zanedbávat péči o povinnou školní ~ku žáka** neglect a pupil's compulsory school attendance
doimikál ancient demesne
dojednávat agree, covenant; concert, bargain; **~ slevu** bargain about / over the discount
dojít arrive at, come to; **~ k dohodě** arrive at an agreement
dok dock; **obchodní ~** commercial dock; **vojenský ~** naval dock
dokázat, dokazovat prove; substantiate, establish a thing as true; demonstrate the truth of st. by evidence or argument; make certain
dokazování evidence proceeding(s); discovery the fact-finding process in civil proceedings, such as interrogatories, depositions, requests for production of documents; **~ v trestním nebo správním řízení** evidence in criminal or administrative proceedings; **návrh na doplnění ~** motion for additional evidence; **průběh ~** the course of evidence; **provést ~** bring / produce / introduce st. in evidence in the proceedings; **striktně aplikovat pravidla ~** apply the rules of evidence rigorously; **určit předmět ~** establish the subject(-matter) of evidence
doklad document, proof; bill; **cestovní ~** travelling document; **důležité ~y** relevant documents; **falešné ~y k vozu** false identity, falsified documents of a car; **krycí ~** false identity card produced by police; **listinný ~** documentary material; documentary evidence / proof; **matriční ~** document of a register of births, deaths and marriages; **platební ~** voucher; receipt, acquittance; **potřebné ~y** required documents; **~ o (sociální) potřebnosti** certificate of need; **~ o platbě** voucher; receipt, acquittance; **~ o státním občanství** certificate of citizenship / state nationality; **~ o uložení peněz** certificate of deposit; **~ o vlastnictví** title deed; **~ o uzavření manželství** marriage certificate; **~ totožnosti** proof of identity, identity card; **~y o (nabytí) vlastnictví** documents of title to lands / goods
dokonání completion; accomplishment, fulfil(l)ment, perfection; **příprava, pokus a ~ trestného činu** preparation, attempt and completion / accomplishment of a crime
dokonaný completed, accomplished; perfected; finished; **~ přestupek** accomplished / com-

pleted administrative delict / infraction; ~ **trestný čin** accomplished / completed offence **dokonat** complete, accomplish; perfect; finish; ~ **přestupek** complete the commission of an administrative delict / infraction; ~ **trestný čin** complete the commission of a crime / offence **dokončení** completion; accomplishment, fulfil(l)ment, perfection; ~ **trestného činu** completion / accomplishment of the commission a crime / offence; ~ **vysokoškolského studia** completion of university studies; graduation **dokončit** complete, accomplish; finish, conclude; ~ **vylíčení případu** complete the representation of the case

doktor doctor; medical practitioner; ~ **práv, JUDr.** abbrev Juris Doctor *(lat)*, J.D. abbrev, Doctor of Jurisprudence

doktorand doctoral student, student in a doctoral programme; PhD student

doktorát doctoral degree

doktrína doctrine

dokud ne until; unless; ~ **není prokázán opak** until the contrary is proved

dokument document; bill, certificate; instrument; **platební** ~ payment document, bill of payment

dokumentac|e documentation the accumulation, classification, and dissemination of information; files, documents; ~ **staveb / projektová** ~ building project plans and documents; **zneužít lékařskou** ~**i** misuse medical documents and records

dokumentární documentary; ~ **akreditiv** documentary letter of credit; ~ **inkaso** documentary collection; ~ **směnka na zboží** commodity paper; ~ **trata / směnka** documentary bill / draft

doličn|ý proving; **předmět** ~ **/** ~**á věc** exhibit an object or document considered as a piece of evidence; corpus delicti *(lat)*

dolní lower, bottom, minimum; ~ **hranice trestu** minimum sentence; ~ **sněmovna** lower House / Chamber

doložený documentary; **písemně** ~ proved in writing

doložit substantiate, make good st., prove, establish; ~ **tvrzení** make good / prove / substantiate one's allegations; ~ **zisk** account for profit

doložka clause, notice; **akcelerační** ~ acceleration clause; **cenová** ~ price clause; **osvobozující** ~ exemption clause; **ověřovací** ~ authen-

tication clause; **osvědčující / osvědčovací** ~ certification / attestation clause; **notářská** ~ notarial clause; **příslušná autorskoprávní** ~ respective copyright notice; **rozhodčí** ~ arbitration clause; **rozšiřující** ~ add clause; **sankční** ~ penal / penalty clause; **výhradní** ~ exclusive clause; **vyvazující** ~ releasing clause; **zprošťující** ~ exemption clause; ~ **nejvyšších výhod** most favoured nation clause; ~ **o nabytí právní moci** clause of legal force in a legal instrument; order for finality of judgment; ~ **o ocenění** u pojistné smlouvy appraisal clause; ~ **o převzetí** hypotéky assumption clause; ~ **o svěřeném zboží** goods in custody clause; ~ **o valorizaci pojistných částek** adjustment clause; ~ **o vidimaci** vidimus clause; ~ **vykonatelnosti** rozsudku order for enforcement of judgment

doložkový clausal; pertaining to clause

dolus úmysl dole, intention

domácí domestic; home, house; national; ~ **autorita** rodičů domestic authority; ~ **násilí** domestic violence; ~ **sluha** domestic servant; ~ **soudy** national courts *(EC)*, domestic courts; ~ **vězení** house arrest

domácnost household, common dwelling, home; **společná** ~ common household; common / shared home; matrimonial home after marriage, cohabitation; **obstarávání společné** ~**i** keeping the common household of spouses; **odpad z** ~**i** household waste; **opuštění** ~**i** desertion / abandonment of common / shared home; **opustit společnou** ~ desert / quit / leave / abandon the common / shared home; **žít ve společné** ~**i** jako druh a družka live in a common / shared household as cohabitees; cohabit

domáh|at se seek st.; claim st., apply for; request st.; ~ **ochrany koho / čeho u příslušného orgánu** seek protection of s.o. / st. from a respective body; ~ **přezkoumání rozhodnutí** seek the review of judgment; ~ **u soudu ochrany práva** seek judicial protection of an affected right; **navrhovatel se** ~**á obnovy řízení** the petitioner seeks a new trial / the re-opening of trial

domicil domicile; a place of residence or ordinary habitation; a dwelling-place, abode; ~ **původu** natural domicile, domicile by birth, domicile of origin; ~ **existenčně závislých osob** domicile of dependent persons; ~ **zvolený** domicile of choice

dominium dominion; dominium *(lat)*
domněl|ý putative; deemed; reputed, supposed; purported; alleged; **~á akceptace** purported acceptance; **~é manželství** jactitation of marriage; **~é zavinění** alleged fault; **~ otec** putative father; **~ převodce** deemed transferor
domnění assumption, presumption; inference; **oprávněné ~** justified presumption / assumption
domněnka assumption, presumption; inference; **nevyvratitelná ~** conclusive / irrefutable / irrebuttable / compelling presumption; **právní ~** legal / artificial assumption; **vyvratitelná / vývratná ~** rebuttable presumption / assumption; **zákonná ~ svědčící manželu matky** statutory presumption of paternity of husband of mother; **~ otcovství** presumption of paternity; **vyvrátit ~u** rebut / refute / overcome presumption
domnívat se believe; assume, presume; deem
domobrana home-defence, militia
domoci se recover, get back, regain; seek; claim, apply for; **~ náhrady škody** recover damages
domov home, house; **dětský ~** children's care home, foster care home, youth home for older children, local community home; **~ mládeže pro studenty** residential hostel for students between 15 and 19; **jsoucí bez ~a** homeless
domovní pertaining to house, dwelling, residence; **~ a osobní prohlídka** search of premises and persons; **~ daň** house duty; **porušování ~ svobody** illegal entry into dwelling; **příkaz k ~ prohlídce** search warrant for residential premises
domovsk|ý pertaining to abode, habitation; **~é právo** right of abode; **~ list** certificate of abode
donáškov|ý pertaining to delivery; delivering; **~á služba** door-to-door services
donátor donor; donator; benefactor
donosn|ý brought; bringing; **~é plnění** performance of an obligation discharged at the place of residence of the obligee; **~ dluh** debt discharged / collected in the place of residence of creditor
donucení coercion, compulsion, constraint; force; distress, duress; **efektivní ~** actual force; **nezákonné ~** unlawful coercion / compulsion; **právní ~** legal compulsion; **psychické ~** mental / psychological coercion / compulsion; **soudní ~ k užívání** judicial compul-

sion to use; **~ pod pohrůžkou** compulsion by threats; **zprotivení a ~ k porušení vojenské povinnosti** resisting and obstructing a soldier on duty
donucovací coercive, constraining; compulsory; **~ metoda** method of coercion; **~ opatření** coercive measures, measures of coercion; **~ proces** compulsory process; **veřejná ~ moc** public power of coercion
donutit procure s.o. to do st., coerce, constrain, compel; **~ svědka ke křivému svědectví** procure / force the witness to commit perjury
donutitelný compellable; **~ na základě zákona** compellable upon statute, compellable by virtue of law
dopad impact; influence; impression; **~ rostoucí kriminality na společnost** the impact of rising crime on society
dopadení capture seizing forcibly; catching; seizure; **okamžité ~ pachatele** immediate catching / capture of a perpetrator / offender
dopisnice post card; **~ jako korespondenční lístek** postcard a pasteboard card of a regulation size, bearing a representation of a postage stamp or an equivalent design, officially sold to be used for correspondence
doplatek undercharge an adjustment made to correct a payment; **žaloba o ~ do minimální mzdy** action for the payment of the difference between the wages received and the statutory minimum wages
doplněk addendum, *(pl)* addenda; attachment, appendix, *(pl)* appendices, appendixes; supplement; annex; complement; **~ k závěti** codicil, a supplement to a will
doplnění supplement(ing), supplementary; recharge, recharging, replenishment; **~ výpovědi** supplemental testimony / deposition made in addition to the principal testimony; **~ zásob** replenishment of stock
doplňkov|ý complementary, additional, ancillary; **~á služebnost** additional servitude
doplňovací additional, complementary; **~ volby v případě smrti nebo rezignace zvolené osoby** by-election *(UK)*, special election *(US)* to fill a vacancy arising by death or resignation of the incumbent of the office
doplňující supplementary, additional, complementary; supplemental; explanatory; **~ rozsudek** supplementary judgment, supplemental relief; **~ ustanovení** supplementary provision

doporučení recommendation; **písemné** ~ recommendation in writing; written recommendation; ~ **Komise EU** the Recommendation of the Commission of the EU

doporučující recommending; ~ **dopis** letter of recommendation

doprav|a traffic; transport; transit; transportation; **letecká** ~ air traffic; **lodní** ~ waterage, water carriage; shipment; **pozemní** ~ land transit; **silniční** ~ road traffic; **železniční** ~ railway traffic; práce policisty **řízení** ~y v ulicích point(-)duty, regulation of the traffic; **smlouva o lodní** ~ě affreightment contract; **pověřit** koho ~ou affreight, hire a ship for the transportation of goods

dopravce carrying-agent, carrier, shipper; **veřejný** ~ common carrier

dopravit, dopravovat transport; convey; ship, carry; haul

dopravné carriage, haulage; portage, railage; ~ **hradí příjemce** freight forward; ~ **hradí zasilatel** charges are paid by the shipper; charges here

dopravní vehicular; relating to transport, traffic, transportation; ~ **nehoda** automobile / road traffic accident; ~ **policie** Traffic Police; traffic policeman / officer; motor-patrol; ~ **prostředek** transport vehicle; ~ **předpisy** traffic laws, rules of the road directions for the guidance of persons using roads, both walkers and vehicles, Highway Code (UK), Vehicle Code, Traffic Code (US); ~ **přestupek** administrative delict in violation of traffic regulations (CZ); traffic violation; highway nuisance; veřejná ~ **společnost** common carrier; ~ **zácpa** traffic jam, traffic blockade as a result of police action, traffic bottleneck / stoppage / hold-up; ~ **značka** road sign; **oddělení** ~ch **nehod** Accident Investigation Branch; **počet usrmcených osob při** ~ch **nehodách** road accident death rate

doprodej sale a special disposal of shop goods at rates lower than those usually charged in order to get rid of them rapidly; ~ **za snížené ceny** bargain sale

doprošovat se supplicate, entreat, implore a person; beseech

doprovod escort, accompaniment; companion, company, attendance; guard; **policejní** ~ police guard

dopustit allow, permit occurrence or existence, admit; ~**, aby docházelo k prodlevám v placení** allow payments to fall into arrears

dopustit se commit; make, perform, act; ~ **jednání** commit an act; ~ **pletich** make an intrigue, carry on underhand plotting / scheming; ~ **přestupku** commit an administrative infraction / delict

doručení delivery of st. to s.o., service of st. on s.o.; **neúčinné** ~ **písemnosti** ineffective service of an instrument / writ; **osobní** ~ personal service; ~ **obžaloby komu** service of an indictment on s.o.; ~ **opisu rozsudku komu** service of a copy of judgment on s.o.; ~ **poštou** service / delivery by mail; ~ **rozsudku** service of a judgment on s.o., delivery of judgment to s.o.

doručenka advice of delivery, advice of payment

doručený served, serviced, delivered; ~ **rozsudek** served judgment on parties a judgment is valid as soon as a copy of it is served on each party

doručit deliver st. to s.o., serve st. on s.o.; ~ **do vlastních rukou** deliver in one's own hands; pursue personal delivery; hand over / convey into the hands of another; ~ **komu písemnost** serve a written instrument on s.o., deliver a written instrument to s.o.; ~ **komu předvolání** serve a writ of summons on s.o.; ~ **komu vyrozumění** serve a notification / intimation on s.o.

doručitel bearer; deliverer; carrier; **akcie na** ~**e** bearer share; **cenné papíry na** ~**e** bearer securities; **listina na** ~**e** written instrument payable to bearer, bearer instrument; **pojistka na** ~**e** bearer policy premium, policy premium payable to bearer; **šek na** ~**e** bearer check / cheque; **šek je splatný na** ~**e** check / cheque is payable to bearer

doručování delivery of st. to s.o., service of st. on s.o.; ~ **zásilek** delivery of dispatches / consignments / mail

doručovatel carrier, postman; deliverer

dosáhnout achieve; attain; reach, gain; procure st.; accomplish; arrive; ~ **dohody** come to / reach settlement / agreement; ~ **kompromisu** achieve a compromise; ~ **mnoha cílů** achieve a number of objectives; ~ **opravného prostředku v souvislosti s porušením závazku** procure the remedying of the breach of the covenant; ~ **společných cílů** attain the common goals / ends; ~ **určité úrovně** attain a particular level; ~ **všeobecného a úplného odzbrojení** achieve general and complete disarmament

dosavadní current, present, recent; existing; ~

příjmení current / present surname; **neplatnost** ~ho manželství invalidity / nullity of the existing marriage

dosažení attainment, reaching, attaining, acquiring; ~ **vytčených cílů** attainment of desired goals; ~ **zisku** reaching profits; ~ **zletilosti** reaching the full / legal age, reaching majority; reaching the age

dosažitelnost attainability, availability; ~ **rozvodu** access to divorce

dosažitelný attainable, available, disposable; ~ **zisk** attainable profit; ~ **zůstatek** attainable balance

doslech earshot, hearing; **svědectví z** ~**u** hearsay evidence

doslovn|ý verbatim, literal; ~**é převzetí ustanovení** verbatim adoption of a provision; ~ **přepis soudního jednání** verbatim transcript of a trial; ~ **výklad** literal / verbal construction; ~ **výpis z matriky** literal copy of an entry in the register; ~ **záznam** verbatim record

dospělost maturity the state of becoming due for payment; the time at which a bill becomes due; ~ **pohledávky** splatnost maturity of debt / payment, debt / payment due

dospěl|ý mature, payable; fully developed / ripened; adult (n), (adj); ~**á nabídka** ripe offer; ~**á osoba** adult; ~**á směnka** mature bill / draft; **vzdělávání** ~**ých** adult education

dospě|t k čemu arrive at, come to; ~ **k rozhodnutí** arrive at / come to a decision, reach a decision; **když** ~**l k tomuto závěru** after his arrival at this conclusion; **rozhodnutí, k nimž** ~**l soudce** conclusions arrived at by the judge

dospívající juvenile, adolescent; ~ **delikvent** adolescent offender, juvenile delinquent

dospívání adolescence; puberty (UK)

dostat se get + preposition; ~ **do sporu se soudcem ohledně důležitosti dokumentů pro daný případ** get into an argument with the judge over the relevance of documents to the case; ~ **k moci** ascend / get to power; ~ **z vězení** escape from / get out of prison

dostatečně sufficiently; ~ **široké co do rozsahu / možností** sufficiently general in scope

dostatečnost sufficiency; qualification; ability, competency; **zkouška** ~**i důkazů** substantial evidence review; whole record test

dostatečn|ý sufficient; ~ **důkaz** sufficient evidence; ~ **důvod** sufficient cause; ~**é vzdělání** sufficient qualification / education

dostavení se appearance, attendance; ~ **k soudu** appearance / attendance before court; general appearance; ~ **k soudu prostřednictvím zástupce** appearance by attorney; ~ **svědka** attendance of witness

dostavit se attend, appear; come, show up; **povinnost** ~ **na předvolání** duty to appear upon the summons; ~ **k soudu** appear / attend before / in court; ~ **k soudu jako svědek** appear / attend as a witness; ~ **k soudu svědčit** attend before court to give oral evidence; ~ **k soudu v době uvedené na předvolání** attend before court at the time stated in the summons

dostupnost attainability, availability; accessability; ~ **a užívání drog** availability and use of drugs; ~ **náhrady škody** availability of damages

dostupný attainable, available; accessible

dosud still, yet; up to now; ~ **netrestaný** without criminal records; ~ **platný** still valid / in force; **věc je** ~ **v řízení** the case is pending / sub judice / undecided / not yet settled / still under consideration

dosvědčit corroborate; confirm; bear testimony to st., testify; attest; ~ **následným vyšetřováním** corroborate by subsequent investigation

dosvědčující corroborative; confirmatory; ~ **svědectví** corroborative testimony

došetření additional investigation / examination; **vrácení věci státnímu zástupci k** ~ sending the case back / remanding the case to the prosecuting attorney for additional investigation; **vrátit věc státnímu zástupci k** ~ send the case back / remand the case to the prosecuting attorney for additional investigation

dotace grant financial contribution, subsidy financial aid furnished by a state or a public corporation in furtherance of an undertaking or the upkeep of a thing; bounty (hist); **finanční** ~ (obec) grant-in-aid, financial grant(s); **vládní / státní** ~ government subsidies; ~ **na zhodnocení** nemovitosti improvement grant; ~ **podle počtu členů** capitation grant; **žádost o** ~ grant application

dotaz question; inquiry; interrogation; query; **učinit** ~ make an inquiry; ask a question; **žádné** ~**y** ukončení schůze no questions asked the meeting is closed

dotázat se interrogate, ask / put a question; request to be told, ask / make an inquiry; ~ **voličů v** referendu appeal to the country in a referendum; ~ **na osobu** zjišťovat o ní podrobnosti inquire after a person make inquiries about his conduct, welfare etc.

dotazník questionnaire; **bezpečnostní** ~ security questionnaire; **získat informace pomocí ~ů** obtain information through a questionnaire **dotazníkov|ý** relating to questionnaire; **~á metoda** questionnaire method; ~ **formulář** questionnaire blank / form

dotazování questioning, interviewing, interview; interrogation

dotčen affected, prejudiced unfavourably; touched, tackled; **aniž je ~a obecná povaha ustanovení** without prejudice to the generality of the provision; **aniž jsou ~a jiná práva** without prejudice to any other rights; **aniž jsou ~a jiná ustanovení / práva koho** without prejudice to any other provision / rights of s.o.; **být ~ úkonem** be affected / prejudiced by an act; **není ~o právo** the right is not prejudiced / affected; **není ~o právo domáhat se ochrany** the right to seek protection shall not be prejudiced; **není ~o právo na náhradu škody** the right to seek damages shall not be prejudiced / affected; **odpovědnost není ~a** liability is not prejudiced; **právní vztahy jiného nejsou ~y** legal relations of another are not prejudiced / affected; **předpisy nejsou ~y ustanovením** regulations are not prejudiced / affected by this provision; **ustanovení § 139 není ~o** the provision of section 139 is not prejudiced / affected, without prejudice to the provision of s. 139; **užívání nemovitosti nájemcem je podstatně ~o** tenant's use of the property is materially affected

dotčení emoční resentment a strong feeling of ill-will or anger against the author or authors of a wrong or affront; umbrage; displeasure, annoyance; affection

dotčen|ý objektivní okolností affected, prejudiced; injured, touched; **~á poškozená strana** aggrieved / injured party; **~é skutečnosti** affected facts; **osoba ~á rozhodnutím soudu** a person affected / prejudiced by a decision of the court

dotyčný concerned, respective, in question; said; ~ **jednotlivec** an individual concerned; ~ **podezřelý** a suspect concerned / in question; ~ **Novák se vrátil na místo činu, aby odklidil mrtvolu** the said Novák got back to the scene of the crime to remove the dead body

dotýk|at se 1 concern, refer to, relate to, be about; touch, tackle 2 (neg) affect, offend, displease s.o., umbrage; **snížení dávek se ~á zejména nižších příjmových skupin** 1 lower benefits particularly concern people with lower income / earnings 2 lower benefits particularly affect people with lower income / earnings in a negative manner

dotykov|ý tactile, touchable, tangible; contact; **~á zóna** ve válce contact zone in the war

dovednost skill practical knowledge in combination with ability; ability; **~i a znalosti** skills and knowledge

dovézt import; bring

dovodit infer, deduce, conclude; draw forth; ~ **ze smlouvy** infer from the contract; **lze ~, že** it is possible to infer / draw inferences that

dovolací relating to appellate review; **vymezit ~ důvody** define / determine reasons of appellate review; **zastavení ~ho řízení pro zpětvzetí dovolání** discontinuance / permanent suspension of the appellate review proceedings due to the withdrawal of the appellate review application

dovolání appellate review; review of an appeal; ~ **proti rozhodnutí** application for appellate review of the decision; **odmítnutí ~ proti potvrzujícímu rozsudku** refusal / rejection of appellate review of the affirmative judgment; **odstranění vad ~** removing / eliminating defects in the appellate review application; **přípustnost ~** permissibility / admissibility of the appellate review; ~ **je přípustné proti rozsudku ve věci samé** the appellate review is permissible / available / granted of the judgment on merits; **rozsudek, kterým se zamítá ~** judgment dismissing the appellate review, judgment whereby the appellate review is dismissed

dovolaný addressed with respect to appellate review; called, approached; **příslušný ~ soud** competent court dealing with appellate reviews

dovolat se call upon, rely on; seek, invoke before court; ~ **promlčení** seek reliance on the statute of limitations before court; ~ **relativní neplatnosti závěti** seek in court a declaration of a last will and testament to be voidable

dovolatel appellant

dovoláv|at se invoke before court; call upon, rely on; seek; raise a defence of st.; plead; ~ **dů-**

kazů rely on / invoke evidence; ~ **promlčení** rely on / take advantage of / invoke the statutes of limitation, rely on / take advantage of the statutory bar, rely on / take advantage of the limitation of actions; ~ **svých práv** assert / rely on / invoke one's rights; **odvolatel se ~á listin** the appellant invokes / relies on documents

dovolen|á *(n)* holiday a time or period of cessation from work, or of festivity or recreation; vacation rest from some occupation, such as teachers, judges; leave; ~ **na zotavenou** a holiday to refresh restore to a good or normal physical condition from a state of weakness or exhaustion; **náhrada mzdy za ~ou** holiday pay; **poměrná část ~é** portion / proportional part of a holiday

dovolenost permissibility; permissibleness, allowableness; ~ **podnikání** permissibility of business activity

dovolen|ý permitted, allowed; admitted, admissible; **~á svépomoc** permitted self-help; ~ **nárok** allowed claim

dovol|it allow, admit, permit; sanction; **nebyl mu ~en přístup na schůzi** he was barred from attending the meeting; **není ~eno** not allowed, not permitted

dovolit si afford having enough means; allow o.s., surrender o.s. to, permit o.s. to indulge in

dovoz import

dovozce importer

dovozné carriage charges, freight

dovozní importing; pertaining to import; ~ **poplatky** duties on imports; ~ **povolení** import licence

dovršení completion, accomplishment; ~ **nápravy odsouzeného** completion of the correction of a convict / convicted person

doznání confession, avowal unconstrained confession, admission; pleading guilty; **konkludentní** ~ implied confession; **nepřímé** ~ indirect confession; **nezákonně získané** ~ **viny** false admission of guilt, unlawfully obtained admission of guilt; **plné** ~ full-blown confession; **vynucené** ~ coerced confession; ~ **je získáno nátlakem na obviněného** confession is obtained by means of pressure exerted upon the accused; ~ **obviněného k trestnému činu** confession of the accused that he committed the alleged crime; acknowledgement by a culprit of the offence charged against him; pleading guilty by the accused; ~ **pod nátla-**

kem confession under duress; **přezkoumat a ověřit** ~ **obviněného** validate confirm or check the correctness of and verify the confession of an accused; **přinucovat k výpovědi nebo** ~ compel / force s.o. to testify or confess

doznat confess, admit; avow, plead; ~ **vinu** plead guilty, admit guilt

doznat se plead; avow, admit, confess; ~ **k trestnému činu** plead guilty to a crime, admit to the commission of crime

dozor check, control; supervision, superintendence, superintendency; oversight; surveillance; ward, guard; watch; wardship; survey; **přísný** ~ watch and ward; **soudní** ~ supervision of court, judicial supervision / control; **správní** ~ administrative supervision / superintendency; **státní** ~ state control; **stavební** ~ building construction supervisor appointed by the developer *(CZ)*; building inspector local council officer *(US)*; Clerk of Works local council officer *(UK)*; ~ **státu na výkonem samosprávy** State supervision over local government; ~ **státního zástupce** supervision pursued by the prosecutor / state attorney; **nezletilá osoba pod ~em soudu** ward of court; **výkon státního ~u** execution of State supervision; **vykonávat** ~ **nad zachováním zákonnosti** carry out / pursue the supervision over the observance of legality, execute the supervision over the compliance with the rule of law

dozorce keeper; attendant; caretaker; controller; superintendent; **vězeňský** ~ prison warden / warder *(UK)*, prison(-)guard; jailer

dozorčí supervising; supervisory; ~ **rada** board of supervisors, supervisory board

dozorovací supervisory having the function of supervising; exercising supervision; ~ **pravomoc** supervisory power / authority

dozorovat supervise; oversee, have the oversight of; superintend the execution or performance of

dozorov|ý supervisory having the function of supervising; of, pertaining to, or exercising supervision; **~á soudní pravomoc** supervisory jurisdiction

dožádání request; letter of request; ~ **cizozemských soudů o poskytnutí právní pomoci** requesting a foreign court to render legal assistance; **postoupit** ~ **jinému soudu** transfer / refer the letter of request to another court; **vykonat úkon ~m soudu** perform an act by means of a request sent to a court

dožádaný requested; ~ **soud** requested court addressed with the letter of request; **protokol o provedení důkazů před ~m soudem** the report on bringing in evidence before the requested court

dožádat request st.; ask for st., ask to do st.

dožadovat se čeho seek st.; supplicate, entreat, implore a person, beseech

dožití lifetime, duration of life; **na ~ jiné osoby** during another's life, pour autre vie [pur o:tr vi:] *(fr)*

doživotí 1 life sentence; **trest odnětí svobody na ~** life sentence, term of imprisonment for life 2 lifetime, life

doživotní lifelong, for life; ~ **držitel** tenant for life; ~ **jmenování** appointment for life; ~ **jmenování** soudce tenure of a judge guaranteed tenure of office, as a right granted to the holder of a position after a probationary period and protecting him against dismissal under most circumstances; ~ **renta** annuity for life; **výkon ~ho trestu** service of life imprisonment

DPH abbrev daň z přidané hodnoty VAT value added tax; **bez ~** exclusive of VAT; **s ~** inclusive of VAT

dráha career; course over which any person or thing passes; **profesionální ~** soudce, právníka professional career of a judge, lawyer

drahocennost valuable *(n)*, article of worth / value; valuable goods / possessions

drahý costly, expensive; precious of great price; ~ **kov** precious metal; ~ **kámen** precious stone

dražb|a auction a public sale in which each bidder offers an increase upon the price offered by the preceding, the article put up being sold to the highest bidder; **dobrovolná ~** voluntary auction; **holandská ~** Dutch auction public offer of the property at a price beyond its value, gradually lowering the price until s.o. becomes the purchaser; **nucená ~ jako prostředek výkonu rozhodnutí** compulsory auction as a part of the execution of a judgment; **opětovná ~** repeated auction / judicial sale; **soudní ~** judicial sale, compulsory auction; **položka přiklepnutá v ~ě** an item struck off / knocked down in an auction; **prodej ve veřejné ~ě** sale at public auction, vendue; **protokol o ~ě movitých věcí** report on the auction of personal chattels / movables; **prodat sepsané věci v ~ě** sell / put up listed things at an auction *(US)*, sell listed things by auction, put up listed things to auction *(UK)*

dražebné náklady dražby lot money costs of auction

dražební auctionary; pertaining to auction; ~ **položka** lot each of the items at a sale by auction; ~ **vyhláška** auction rules of order / guidelines; **oznámit ~ rok povinnému** notify the debtor of an auction year

dražitel auctioneer one who conducts sales by auction; auctor; bidder one who makes an offer for a thing at a public auction

drážní pertaining to railways; ~ **správní úřady** ministerstvo dopravy a Drážní úřad *(CZ)* railways management authorities the Ministry of Transport and the Railways Office

drobn|ý venial, petty, small; ~**á chyba** venial mistake / error; ~**é zavinění** venial fault; ~**á oprava** small repair mending, fixing, repairing st.

dro|ga addictive drug; **měkké ~gy** soft drugs, Class B drugs *(UK)* amphetamine, codeine, cannabis, LSD; **tvrdé ~gy** hard drugs, Class A drugs *(UK)* heroin, cocaine, crack; **nezákonné používání ~g** illicit use of drugs; **obchodování s ~gami** drug trafficking; **rozšiřování / šíření ~g** distribution of drugs; **užívání ~g zahrnuje kouření, šňupání, vdechování, žvýkání a injekční aplikaci** consumption of drugs includes smoking, snorting, inhaling, masticating and injecting into the human body; **závislost na ~gách** addiction to drugs, drug addiction; **zneužití ~g** misuse of drugs

drogově pertaining to addictive drug; ~ **závislá osoba** a drug addict, person addicted to drugs

drogov|ý pertaining to addictive drug; ~**á závislost** drug addiction; **Centrum léčení ~ých závislostí** Centre for the Treatment of Drug Addiction

drsn|ý harsh; severe, rigorous, cruel, rough; ~**é podmínky nájemní smlouvy** harsh terms of lease

druh₁ cohabitee, common law husband; cohabitant; helpmate; **žít s ~em** to cohabit; to live in a common law marriage

druh₂ kind, sort; brand, commodity, species; **ohrožený ~** endangered species; **různé ~y práva** different kinds / branches of law; **živočišné a rostlinné ~y** animal and plant species; ~ **pojištění** class of insurance; ~ **práce** type / kind of work

druhopis duplicate; counterpart; copy

druhořadý second-class; ~ **občan** second-class citizen a person assigned to an inferior class of citizenship; one deprived of normal civic and legal rights

druhotn|ý secondary; subsidiary, auxiliary; **~á příčina** secondary cause; **~á surovina** secondary raw material; **~ účinek** omamné látky after-effect of drugs, subsidiary effect

druhov|ý generic belonging to a genus or class; **~á značka** nikoliv registrovaná jako ochranná známka generic mark not yet registered as a trade mark; **~é označení** generic name

družka female cohabitee, common law wife; female cohabitant; helpmate

družstevní co(-)operative *(adj)*; **~ byt** co(-)operative apartment / flat; **~ obchod** co(-)operative store

družstvo co(-)operative *(n)*; co(-)operative society / association; **spotřební ~** *(CZ)* consumer co(-)operative; **stavební bytové ~** *(CZ)* loan and building cooperative association; building cooperative constructing residential houses; **výrobní ~** *(CZ)* manufacturing co(-)operative society; **zemědělské ~** agricultural cooperative

država dependency a dependent or subordinate place or territory

držb|a possession, tenancy; **absolutní ~ majetku** absolute possession of property; demesne; **klidná ~** bez rušivých zásahů quiet enjoyment without any disturbance; **nabytá právoplatná ~** acquired lawful possession, vested in possession; **neoprávněná ~** unlawful / wrongful possession; **oprávněná ~** lawful possession; **společná ~** joint tenancy upon the death of one co-owner the property is automatically assumed by the other, tenancy in common each owner can leave his share to another by inheritance; **uvolněná ~** vacant possession; **výlučná ~** exclusive possession / tenancy; **~ nájem do odvolání / na dobu neurčitou** tenancy at will; **~ po uplynutí nájmu** tenancy at sufferance; **~ přes smluvenou dobu / lhůtu** hold(-)over; **nepřetržitost ~y** continuance / permanence / uninterruptedness of possession; **ochrana ~y** protection of possession; writ of quare impedit *(lat)*, *(obs UK)*; **oprávněný nárok na budoucí ~u** entitlement to future possession; possession in futuro; vested remainder; **právo ~y** right of possession; **mít zboží v ~ě** be in possession of the goods; **předat a převzít ~u** give and take possession; **rušit ~u** disturb possession; **získat zboží do ~y** obtain possession of the goods

držení holding, keeping; detention, retention; possession; **důvodné ~ v ústavu** reasonable / justified detention of s.o. in a medical treatment institution; **~ v samovazbě** solitary detainment; **~ cenných papírů** holding of securities; **období ~ věci nad původně sjednanou dobu** period of holding over; **výroba a ~ padělatelského náčiní** illicit manufacturing and possession of instruments for counterfeiting and forgery; **vyslovení přípustnosti převzetí nebo ~ v ústavu zdravotnické péče** the grant of permission to take or detain a person in the medical / special treatment institution

držet possess, hold, keep; **~ hladovku** hunger-strike *(v)*; go / be on hunger-strike; **~ jako vězně** keep as a prisoner; **~ vězně na policejní stanici** hold prisoners in the police station; **právo ~ a užívat** right of possession and enjoyment, right to possess and enjoy

držet se abide by; **~ pravidel** abide by the rules

držitel possessor, holder; occupier, occupant, tenant; keeper; **doživotní ~** tenant for life; **oprávněný ~ povolení** holder of a licence / permit; licensee, warrantee; **~ dluhopisu** debenture holder; **~ karty** cardholder; **~ pojistky** bearer of the policy; **~ pozemku s příslušenstvím** occupier of the land with appurtenances; **~ práva k nehmotnému statku** holder of a right to intangible assets; **~ sousedící nemovitosti** abutter, the owner of adjacent / contiguous property; **~ státního dluhopisu** bondholder, holder of a government bond; **~ výsadního práva / franšízy** koncese franchisee; **~ zástavy** pledgee; bailee

dřevina wood; tree species; **~ rostoucí mimo les** wood species growing outside the forest

dříve beforehand, earlier; before, prior to; formerly, previously

dřívější former, previous; earlier, prior; **opatřit co ~m datem** backdate, affix / assign a date earlier than the actual one to a document, book, event, etc.

dualistick|ý dual, dualistic; **~á monarchie** dual monarchy

dubiózní dubious; objectively doubtful; fraught with doubt or uncertainty; uncertain, undetermined

důchod pension; annuity; revenue, income; **plný nebo částečný invalidní ~** permanent or partial disability pension; **sirotčí ~** orphan's pension; **starobní ~** old age pension; retirement pension; **vdovský a vdovecký ~** widow's and widower's pension; **~ jako plnění pojišťovny** annuity as payments upon an insurance policy; ~ **vyplácený zaměstnavatelem** occupational pension; **nárok na** ~ pension entitlement; **smlouva o** ~**u** contract of pension / annuity as a private act; not as a part of the national social security scheme; **věk pro odchod do** ~**u** retirement / pension(able) age **důchodce** pensioner recipient of a pension; annuitant recipient of annuity; beneficiary; **invalidní** ~ recipient of a disability pension; **starobní** ~ old-age pensioner **důchodov|ý** pertaining to pension; annuity; revenue, income; ~**á renta** retirement annuity; ~**é zabezpečení** social security; income security system; ~ **věk** pension(able) / retirement age; ~**é pojištění** pension insurance; annuity assurance; ~**é připojištění** contributory pension scheme / plan; **kapitálové a** ~**é rezervy** capital and revenue reserves; **individuální** ~ **účet** individual retirement account *(US)*; **zaměstnanecký** ~ **fond** pension plan fund, pension scheme fund **duchovenstvo** clergy, clerical estate / order **duchovní** *(adj)* spiritual, intellectual; ~ **spříznénost** spiritual affinity; ~ **společnost** spiritual society **duchovní** *(n)* religious minister, priest, pastor; ecclesiastic, parson; ~ **jakéhokoliv náboženského vyznání** minister of any denomination **důkaz** proof, evidence *(uncount)*; **absolutně neúčinný** ~ absolutely ineffective proof; **dostatečné** ~**y** satisfactory / sufficient evidence; **falešné** ~**y** fabricated evidence; **hlavní** ~ evidence in chief; **hmatatelný** ~ tangible evidence; **listinný** ~ / ~ **listinou** documentary evidence; **nepřímý** ~ circumstantial / indirect evidence; **nezákonně opatřený** ~ illegally obtained / acquired evidence; **nové** ~**y** newly discovered evidence; **podpůrný** ~ corroborating evidence; **právně dostatečný** ~ legally sufficient evidence; **provedený** ~ evidence brought / given / produced / adduced in court; **přesvědčivý** ~ strong / cogent evidence; **přímý** ~ direct / best evidence; **přípustné** ~**y** admissible evidence; **relativně neúčinný** ~ relatively ineffective evidence; **rozhodující** ~ conclusive evidence; **usvědčující** ~ incriminating evidence establishing guilt of the accused; affirmative proof; **vadně provedený** ~ defective production of evidence; **věcný** ~ real evidence; **vedlejší** ~**y** corroborating / outside / extrinsic evidence; **věrohodný** ~ reliable proof,

competent evidence; **znalecký** ~ expert evidence; ~ **chováním** demeanour evidence behaviour of witness on the witness stand; ~ **magnetofonovým záznamem** evidence by audio(-)recording; ~ **může přivodit pro navrhovatele příznivější rozhodnutí ve věci** the evidence may lead to meritorious judgment that is more favourable for the petitioner; ~ **nade vši pochybnost** proof beyond all reasonable doubt; ~ **opaku** evidence / proof to the contrary; ~ **písemným prohlášením** proof by a written statement; ~ **posudkem znalce** evidence by means of expert opinion; expert evidence; ~ **pravdy při trestném činu pomluvy** justification of the offence of libel; ~ **předložený při jednání soudu** evidence adduced at trial; ~ **rozlišitelnosti** ochranné známky evidence of distinctiveness of a trade mark; ~ **smrti** proof of death; ~ **trestné činnosti / trestného činu** evidence of crime; ~ **viny** evidence of guilt; ~ **výpověďmi** evidence by deposition; testimonial evidence; ~ **výslechem obžalovaného** evidence by examination of the defendant; ~ **vyvracející nárok** evidence in disproof of a claim; ~ **znaleckým posudkem / znalcem provedený v hlavním líčení** expert evidence adduced at the trial in the proceedings; **bez dalších** ~**ů** without further proof; **na** ~ **čeho** in proof of st.; **na** ~ **čehož připojuji svůj podpis** in witness whereof I sign my hand; **dostatečnost** ~**ů** sufficiency of evidence; **nadbytečnost provedení** ~**u** redundancy of the production of evidence; **neprovedení navrženého** ~**u** failure to produce / bring / adduce the moved proof of evidence; **odmítnutí** ~**u** refusal of evidence; **provádění** ~**ů** production of evidence / proofs producing and submitting proofs called for by a court of law, calling in evidence, adducing evidence; **převaha** ~**ů** preponderance of evidence; **uvedení** ~**ů, o něž se odůvodnění opírá** the disclosure of evidence upon which the reasoning is based; **volné hodnocení** ~**ů** discretionary weighing of evidence; **vyloučení** ~**ů získaných porušením čeho** exclusion of evidence obtained through a violation of st.; **zajištění** ~**u** obtaining / receiving / taking proof / evidence; proving the chain of custody securing that an item of evidence is under control from the moment of its taking until the trial; **záloha na náklady** ~**u** payment in advance of costs of evidence; **dovolávat se** ~**ů** rely on / invoke evidence; **podat** ~ **čeho** give / furnish proof of st.; **provést** ~ **svědkem** call s.o. in evidence, call s.o. as a witness; **provést** ~**y** v řízení bear / give (in) evidence, call s.o. / produce st. in evidence in the course of proceedings; **předložit** ~ introduce evidence / proof, bear / give (in) evidence; **předložit** ~**y soudu** adduce as a lawyer / give as a witness evidence to the court; **přijmout co jako** ~ admit st. in evidence; **uvést všechny** ~**y pro / proti** komu / čemu make out a case for / against s.o. / st.; **obhajoba se snaží prokázat před soudem, že dokument není usvědčující** ~ counsel for the defendant seeks to satisfy the court that the document is not material evidence; **soudce přijme** ~ the judge is satisfied by evidence

důkazní evidence *(adj)*, evidentiary; evidential; ~ **břemeno / břímě** burden of proof / proving, onus of proof, onus probandi *(lat)*; ~ **hodnota** vyšetřovacího úkonu the evidentiary value of an act of investigation; ~ **materiál** evidentiary facts / materials; ~ **moc** evidential authority, authority of evidence; ~ **nouze** failure of evidence; ~ **povinnost** duty to prove / produce st. in evidence; ~ **prostředky** means of proof / evidence; **neunesení** ~**ho břemene** tj. neprokázání tvrzených skutečností failure to bear the burden of proving / onus of proof i.e. failure to prove the alleged facts; **ohrožený** ~ **prostředek** means of evidence exposed to danger / menace, endangered means of proof

důkladně profoundly, thoroughly; completely, wholly, entirely, perfectly; closely, deeply, soundly; ~ **pročíst soudní spis** read the court file closely with close attention / thoroughly / profoundly

důkladný profound, thorough, perfect, complete; close; ~ **výslech** o čem close questioning about st.; **potvrdit** ~**m vyšetřením** confirm by thorough investigation

důležitost importance, value, prominence, relevance, seriousness, significance, urgency

důležit|ý important; serious, key, vital; ~**é skutečnosti, podstatné pro vyšetřování** key facts that are material / substantial / vital for investigation

dům house; building, structure; **bankovní** ~ bank; **činžovní** ~ apartment house, tenement house, block of flats; **veřejný** ~ brothel, bawdy / disorderly house; house of ill fame,

house of prostitution; **vloupání do domu** house(-)breaking

dumpink, dumping dumping

duplikát duplicate a second copy of an official document, having the legal force of the original; ~ **řidičského průkazu** vydaný v případě ztraceného, odcizeného, zničeného nebo poškozeného průkazu duplicate driving licence to replace a lost, stolen, destroyed or defaced licence

důraz emphasis, stress, weight; **klást** ~ **na co** place an emphasis on st.

důsled|ek consequence, result; corollary; implication; **právní** ~ legal consequence; **v** ~**ku** čeho in consequence of st., as a result of st., under authority of st.; **odstraňování škodních** ~**ků** removal / elimination of the consequences of damage, remedying the damage; **být** ~**kem** čeho arise from / out of st., result from st.

důslednost consistency constant adherence to the same principles of thought or action, consistence; **legislativní** ~ legislative consistency

důsledn|ý consistent; ~**é prosazování zákonnosti / práva** consistent enforcement of law

důstojnost dignity; ~ **a vážnost soudního jednání** dignity and seriousness of proceedings; **ponižovat lidskou** ~ humiliate s.o.'s dignity; taint / harm / diminish the dignity of an individual; **snížit** ~ **fyzické osoby** taint / harm / diminish the dignity of an individual

důstojný dignified, stately; ~ **průběh jednání** dignified / stately course of hearing

dušení asphyxia suspended animation produced by a deficiency of oxygen in the blood; suffocation, choke

duševní mental, psychological, spiritual; intellectual; ~ **porucha** unsound mind, mental disease / disorder; ~ **stav** state of mental health; ~ **újma / útrapy** mental anguish, anguish of mind; ~ **vlastnictví** intellectual property; **občan stižený** ~ **poruchou** mentally ill person, person with a mental disorder, person suffering from mental disorder; **osoba způsobilá z hlediska svého** ~**ho stavu** mentally competent person; **vyšetření** ~**ho stavu** examination of mental health of s.o.; **být stižen** ~ **poruchou** suffer a mental illness / disease

důtka jako kázeňský trest reprimand as disciplinary measure / punishment

důvěr|a confidence, trust; reliance, faith; countenance; belief; **plná** ~ unreserved / full confidence, uberrima fides *(lat)*; **odhlasování** ~y vote of confidence; **porušení** ~y breach of trust; **získat** ~u koho acquire / gain the confidence of s.o.; **zklamání** ~y breach of trust; **ztratit** ~u lose the confidence; **pojišťovací smlouva je smlouvou maximální** ~y an insurance contract is uberrimae fidei **důvěrně** in confidence; confidentially; ~ **sdělit** tell in confidence

důvěrnost confidentiality; confidence **důvěrn|ý** confidential; ~á **informace** confidential fact / information; ~ **vztah na základě profesionální etiky** confidential relation upon professional ethics; **stupeň utajení: přísně tajné, tajné,** ~é, **vyhrazené** levels of security classification: top secret, secret, confidential, restricted **důvěryhodnost** credibility, trustworthiness; trustfulness; reliability; ~ **svědka** credibility of a witness; ~ **závěrů** credibility of results **důvěryhodn|ý** credible, trustworthy; reliable; ~á **osoba** credible / trustworthy person; ~ **svědek** credible witness; ~ **zdroj** reliable source **důvěřovat** komu / čemu trust / believe s.o. / st.; ~ **justici** rely on / trust judiciary **důvod** cause, reason, ground; occasion; **exonerační** ~ reason for exoneration, exonerative reason; **nabývací** ~ u dědictví title to acquire by descent; **neodvozený nebo odvozený právní** ~ underived or derived legal title; **oprávněný** ~ **stížnosti** grounds for complaint; **právní** ~ **titul dědění** legal title to inherit; **právní** ~ **nabytí** legal title to acquire; **právní** ~ **vzniku obchodních závazků** legal cause of the creation of commercial obligations; **přiměřený** ~ **jednání** reasonable cause of acts, behaviour; **stížnostní** ~y reasons of complaint, grounds for complaint; ~ **k zastavení věci** grounds for the discontinuance of the proceedings, grounds to discontinue the proceedings; ~ **hodný zvláštního zřetele** specific cause; ~ **k žalobě pro žalobce dosud nenastal** a cause of action has not accrued to the plaintiff; ~ **pro podezření** ground for suspicion; ~ **zajištění pomine** the reason for the detention ceases to exist; ~ **žaloby** cause of action; claim; **ze závažnějšího** ~u with stronger reason still more conclusively, a fortiori *(lat)*; **ze zdravotních** ~ů for medical reasons; **neexistuje žádný** ~ **pro žalobu** no basis exists for the suit **důvodně** reasonably; with reasonable / just cause; on reasonable grounds; with cause; ~

podaný návrh petition filed on reasonable grounds; reasonably filed petition; ~ **podezírat koho** z krádeže suspect s.o. of theft with reasonable / just / justified cause; **lze mít** ~ **za to, že** have reasonable cause to believe that; **pronajímatel může** ~ **považovat za přiměřené** the landlord may reasonably consider appropriate **důvodnost** reasonableness; reasonable / justified cause; grounds; ~ **odepření výpovědi** justified refusal to testify / give testimony / make deposition; ~ **odmítnutí** reasonable / justified cause of refusal; ~ **trestního stíhání** justification of / grounds for criminal prosecution; ~ **obavy, že obviněný bude působit na svědky mimo vazbu** justifiable / reasonable cause of concerns that the accused will try to influence witnesses if not remanded into custody **důvodn|ý** justified, reasonable; groundable capable of being established or proved; ~á **a včasná omluva** reasonable / justified and timely excuse; ~á **obava** justified concerns; ~á **stížnost** justified / reasonable complaint; ~é **držení v ústavu** reasonable / justified detention of s.o. in a medical treatment institution; ~é **podezření** justified suspicion; probable cause; ~é **podezření ze spáchání trestného činu** reasonable suspicion of the commission of an offence; ~é **přesvědčení** reasonable belief; ~é **upozornění** reasonable notice; ~é **usmrcení** justified homicide; **je-li** ~é **se domnívat, že** where there are substantial grounds for believing that; **je-li to** ~é, **je poskytnuta záloha** advance money is provided if the party judge, etc. thinks fit / appropriate / reasonable; **odvolací soud odvolání zamítne, shledá-li, že není** ~é the Court of Appeal shall dismiss the appeal if it appears / proves to be unjustified; **soud může dojít k takovému závěru, jaký považuje za** ~ **při rozhodování o vině** the court may draw such inferences as appear proper in deciding whether the accused is guilty of the offence concerned **důvodov|ý** explanatory; containing reasons / grounds; ~á **zpráva** explanatory note / memorandum / report **dvojí** double, dual; ~ **cizoložství ze strany obou partnerů** double adultery; ~ **manželství** bigamy; ~ **občanství** double / dual nationality; ~ **použití** double use; ~ **provize** double

commissions; ~ **stíhání pro tutéž věc** double jeopardy; ~ **zdanění** double / duplicate taxation; **uzavření** ~**ho manželství** commit bigamy
dvojice couple; pair; a union of two
dvojit|ý double; dual; duplicate; ~**á náhrada škody** double indemnity / damages; duplicate compensation; ~**é / dvojné pojištění** double insurance; ~**é nájemné** double rent
dvojjazyčný bilingual
dvojnásobný double, duplex
dvojsmyslnost ambiguity; double / dubious signification, ambiguousness
dvojsmysln|ý ambiguous; ~**á narážka** innuendo
dvojznačnost ambiguity; **latentní** ~ ustanovení smlouvy latent ambiguity of a contractual provision
dvojznačný equivocal, ambiguous; ~ **důkaz** equivocal evidence
dvoukomorov|ý bicameral, consisting of two legislative chambers; ~**é zákonodárné shromáždění** bicameral legislative assembly; ~ **systém parlamentu** bicameral system of parliament

dvouletý biennial
dvoustrann|ý two-sided, bilateral, bipartisan, bipartite; ~**á dohoda** bipartite / bilateral agreement; ~**á smlouva** obě smluvní strany jsou povinny plnit závazky bilateral contract both parties are bound by obligations; ~ **úkon** bilateral act
dvoustupňový two-level, two-tier; ~ **výkon soudnictví v ČR** a two-tier system of administration of justice in the Czech Republic
dvůr court, courtyard; **Evropský soudní** ~ (ES) European Court of Justice in Luxemburg; **Mezinárodní soudní** ~ International Court of Justice in the Hague; **soudní** ~ court of justice; **Účetní** ~ (ES) Court of Auditors; **vězeňský** ~ prison courtyard
dýchání breathing
dýka dagger a short stout edged and pointed weapon used for thrusting and stabbing
dynamit dynamite
dynastie dynasty
dysthymie alkoholická rozlada dysthymia despondency or depression of spirits

E

edice 1 edition impression 2 series a set of literary compositions having certain features in common, published successively or intended to be read in sequence; **Beckova ~ historickoprávních studií** Beck's series of monographs / treatises in legal history

ediční editorial, editing; pertaining to series; ~ **plán** series plan; books to be published in the series

edikt veřejná úřední vyhláška *(zast)* edict a public notice, ordinance or proclamation having the force of law *(obs)*, fiat

ediktální edictal; ~ **řízení** výzva formou veřejné vyhlášky edictal procedure call by means of a public notice

editor editor

editovat edit; proofread; ~ **texty zákonů** proofread the text of laws

efekt effect; result, consequence; **právní ~** legal consequence

efektivita effectiveness the quality of being effective; efficiency fitness or power to accomplish the purpose intended; efficacy power or capacity to produce effects; not used as an attribute of personal agents; **ekonomická ~** economic efficiency; ~ **práce** effectiveness / efficiency of labour / work; ~ **výroby** manufacturing efficiency; efficiency of production

efektivní effective; efficient; actual; ~ **donucení** actual force

efektivnost effectiveness, efficiency; ~ **investic** effectiveness of investments; **hospodárnost, účinnost a ~** economy, efficiency and effectiveness

ekolog ecologist

ekologick|ý ecologic(al); environmental; ~**á daň** ecological tax; ~**á politika** environmental policy; ~**á stabilita** ecological stability; ~**á újma** harm to the environment, environmental harm; ~**é zákony** ecological / environmental laws

ekologie ecology; **rostlinná ~** plant ecology; **živočišná ~** animal ecology

ekonom economist attending to the effective use of money; a person who studies, teaches or writes about economics; **podnikový ~** company accountant

general; business manager a manager of the commercial side of an enterprise

ekonomick|ý 1 economic; ~**é mocnosti** Economic Powers; ~ **růst** economic growth; ~ **základ samosprávy obcí** economic basis of local self-government 2 economical; ~**é využití finančních prostředků** economical spending, economical use of funds

ekonomie 1 economy careful management of resources; **procesní ~** judicial / procedural economy 2 economics the science relating to the production and distribution of material wealth

ekonomik|a economy the administration and management of the resources of any establishment with a view to orderly conduct and productiveness; economics; **černá ~** underground economy; illegal economic practices; black market economy; **tržní ~** free market economy; **systém ~y** economic system

ekosystém ecosystem

ekvita equity justice, fairness

ekvitní equitable; pertaining to equity; ~ **právo** law of equity

ekvivalence equivalence equality of value, force, importance, significance

ekvivalent equivalent *(n)*; **jazykový ~** linguistic equivalent; **kontextový ~** contextual equivalent; **slovníkový ~** lexicographical equivalent; **věcný ~** subject-matter equivalent

ekvivalentní equivalent *(adj)*; ~ **náhrada škody** equivalent damages / compensation

elektrárna power-plant, power-station; **jaderná ~** nuclear power-plant; **tepelná ~** thermal power-plant; **vodní ~** hydro-electric power-plant

elektrizační electricity *(adj)*; ~ **zákon** Electricity Act

elektronick|ý electronic; ~**é hlasovací zařízení** electronic voting device / appliance; ~**é sledování** electronic surveillance; ~ **obchod** electronic commerce, e-commerce; ~ **podpis** electronic signature; ~ **převod peněz** electronic funds / money transfer

element element

elementární essential; elementary; ~ **náležitosti** essential elements

eliminace elimination; ~ **subjektivních chyb v rozhodování** elimination of individual errors in decision-making
eliminovat eliminate; expel, exclude, remove, get rid of; abolish; ~ **subjektivní hledisko / názor** eliminate individual opinions / views
eli|ta elite *(n)*; **mocenská** ~ power elite; **teorie ~t** theory of elites
elitář elitist *(n)*
elitářsk|ý elitist *(adj)*; ~**á profese** elitist profession
elitářství elitism
elitní elite *(adj)*; ~ **jednotka** elite troops
emancipace 1 emancipation setting free from restraints; ~ **žen** emancipation of women 2 emancipation the action or process of setting children free from the patria potestas *(LA)*
emancipační emancipating; pertaining to emancipation; ~ **hnutí** emancipation movement
emancipovat emancipate set free from control; to release from legal, social, or political restraint
emblém emblem; symbol
emigrace emigration
emigrant emigrant
emigrovat emigrate leave a country for the purpose of settling in another; go into exile
emis|e 1 issue, issuance; issuing; **celková částka** ~ the aggregate of issued money securities; ~ **peněz bankovek a mincí** issuing / issuance of money banknotes and coins; **nová** ~ **cenných papírů** new issue of securities; **správní poplatek za** ~**i dluhopisů** administrative fee for bonds issue 2 emission discharge of polluting substances
emisní 1 issuing; pertaining to issue; ~ **ážio** share premium the amount by which the price at which a share was issued exceeds its nominal value; ~ **cena pro úpis** issue / issuing price of stock; subscription price 2 pertaining to emission; ~ **limit** emission limit / standard
emitent subjekt vydávající cenné papíry issuer person issuing securities
empirick|ý empirical; experimental; ~**á metoda vyšetřování** empirical methods of investigation
energetick|ý pertaining to energy, power; energetic; ~**é zdroje** power supply resources
energetika power supply; energy; **jaderná** ~ nuclear power-supply
energie energy; power
enkláva enclave
entita entity

epocha epoch; **historická** ~ epoch of history, historical epoch
éra era, historical period
erb coat of arms
eskont discount *(n)*; ~ **pohledávek** discount on claims
eskontní discount *(adj)*; ~ **sazby** discount rates
eskontovan|ý discounted; ~**á směnka** discounted bill
eskontovat discount *(v)*
essentialia negotii *(lat)* podstatné složky právního úkonu essential elements of a legal act in the absence of which the act is invalid
etapa stage; a period of development, a degree of a process, a step in a process; **počáteční** ~ **reformy soudnictví** initial stage of judiciary reform
etick|ý ethical; ~**é normy chování** ethical standards of conduct
etik|a ethics; **chování neslučitelné s profesionální** ~**ou** unethical conduct, conduct incompatible with / contrary to / inconsistent with professional ethics
etnick|ý ethnic pertaining to racial or cultural origin; ethnical; ~**á menšina** ethnic minority; ~**á skupina** ethnic group; ~**é čistky** ethnic cleansing / purges
etnikum ethnic *(n)*; ethnic group / minority; **romské** ~ Romany / Gypsy ethnic group
euro *(EU)* euro, € European currency
euthanasie euthanasia putting persons suffering from incurable and distressing diseases to death as an act of mercy
eventualita contingency; possible event / occurrence; chance
eventuálně possibly; as the case may be
eventuální possible, potential; contingent; ~ **petit v případě požadavku náhradního plnění** possible / permissive relief; contingent relief if alternative performance is applied for; ~ **úmysl** pa **chatel věděl, že může způsobit těžkou újmu na zdrav** contingent / possible intention the offender knew that he might cause grievous bodily harm
evidenc|e files, records, archives, registry; **řádná spisová** ~ regular / appropriate maintenance / keeping of files; ~ **a kontrola ja derných materiálů** registration and contro of nuclear materials; ~ **nemovitostí** tj. **katas tr** Land Register i.e. Cadastre; register of rea property; ~ **obyvatel** register of citizens; pub lic records *(US)*; ~ **podnikatelů** records o

business persons / traders; ~ **vězňů** register of prisoners; ~ **závětí** register of wills; **zápis v ~i katastru nemovitostí** a record in the Land Register / Cadastre; **vést ~i** keep records / files **evidenční** pertaining to register, registration; ~ **číslo** register / registration number; ~ **číslo auta** registration plate, licence number; ~ **značka** register / registration mark

evidentně obviously, apparently; prima facie *(lat)*; ~ **nezákonný** prima facie unlawful

evidentní apparent, self-evident, plain, clear; ~ **přestupek** plain administrative infraction / delict

evidovan|ý registered; recorded; **~í pachatelé dopravních přestupků** recorded perpetrators of administrative delicts in breach of traffic laws *(CZ)*, recorded perpetrators of traffic violations

evidovat record, register; keep records of, file st.

evoluce evolution

evropský European; **Evropská banka pro obnovu a rozvoj** European Bank for Reconstruction and Development; **Evropská rada** *(ES)* European Council; **Evropská sociální charta Rady Evropy** European Social Charter Council of Europe; **Evropská úmluva o lidských právech o ochraně lidských práv a základních svobod** European Convention on Human Rights on the protection of human right and basic freedoms; **Evropské hospodářské společenství** European Economic Community; **Evropský parlament** European Parliament; ~ **patent platný v celé Evropě** European letter of patent applicable in all European countries; **Evropský soud pro lidská práva** European Court of Human Rights in Strasbourg; **Evropský soudní dvůr** European Court of Justice in Luxembourg

ex lege *(lat)* **ze zákona** by law, by force of law, by virtue of law; as a matter of law; at law, under statute

ex nunc *(lat)* ex nunc; **účinek ~ tj. od rozhodnutí** effect ex nunc from the time of decision on

ex offo *(lat)* **z moci úřední** ex officio, by operation of law

ex tunc *(lat)* ex tunc; **účinek ~ tj. od počátku** effect ex tunc from the beginning of an act

exaktní exact; precise, rigorous, accurate; ~ **vědy** exact sciences

excindační exempting; ~ **žaloba k vyloučení věci z exekuce rozhodnutí** action for exemption of a claim from the execution of judgment

exekuce execution; enforcement of the judgment of the court; distress as a result of non-judicial procedure; **daňová ~** tax execution; ~ **k vydobytí peněžitých pohledávek** execution on money judgment; ~ **na dlužníka** execution upon a judgment debtor; distraint of debtor; ~ **na nepeněžité nároky** execution upon property non-pecuniary judgment; ~ **pro nepeněžité nebo peněžité pohledávky** execution upon a non-pecuniary or money judgment

exekuční executionary; pertaining to execution; enforcement of the judgment of the court; ~ **imunita tj. soudní** executor's immunity i.e. judicial; ~ **likvidace** liquidation of estate upon execution; ~ **náklady** costs of execution; ~ **titul pro pohledávku tj. vykonatelné rozhodnutí soudu** execution title i.e. enforceable judgment, the right of claim execution; ~ **žaloba** execution action; **soudní ~ řízení** execution proceedings

exekutiva the Executive

exekvent osoba zabavující cizí věc distrainer, distrainor seizing property upon distress warrant; executioner *(obs)*

exekvovat distrain upon property, make a distress; act upon an execution judgment

exemplární exemplary serving as a deterrent; ~ **zvýšená náhrada škody** exemplary i.e. increased damages

exemplář copy; specimen; ~ **knihy** copy of a book

exequatur *(lat)* **1 povolení výkonu cizího rozhodnutí v civilních věcech** exequatur permission to execute a foreign judgment in civil cases **2 oficiální uznání konzula přijímajícím státem** exequatur official recognition of a consular officer by government to which he is accredited

exhibicionismus 1 indecent exposure **2** indulgence in extravagant behaviour

exhibicionista perpetrator of indecent exposure

exhumace exhumation; disinterment

exhumovat exhume; disinter; unbury

exil exile expatriation; **odejít do ~u** go into exile

exilov|ý pertaining to exile; **~á vláda** government-in-exile

existence being, existence; subsistence; availability

existenční pertaining to subsistence; ~ **minimum** subsistence level the economic level at which only the bare necessities of life can be provided; ~ **prostředky** means of living / subsistence, measures of livelihood

existovat exist, subsist; be; be in being; be available; **začít** ~ come into being, commence the existence of st.

existující existing; being

exkluzivit|a exclusivity; exclusiveness; **dovozní** ~ exclusive import, import exclusivity; **vývozní** ~ exclusive export, export exclusivity; **smluvní** ~ contractual exclusivity; **porušení** ~y breach / infringement of exclusivity

exkluzivní exclusive; ~ **postavení** exclusive status / position; ~ **smlouva** exclusive contract

exkulpace vyvinění u subjektivní odpovědnosti exculpation exemption from alleged fault or guilt; vindication

exkulpovat koho exculpate s.o. declare s.o. free from guilt; to clear s.o. from an accusation or blame

exonerace zproštění zavinění exoneration, release from fault / blame / reproach; disburdening

exonerační exonerating; exonerative; ~ **důvod** exonerative reason, grounds for exoneration

exonerovat exonerate

expedice dispatching and receiving; dispatch office / department

expediční dispatching; shipping, forwarding; ~ **oddělení** forwarding / dispatch / shipping department / office; ~ **poplatky** forwarding / dispatch / shipping charges

expedovat dispatch (v); ~ **zboží** dispatch goods

expert expert (n)

expertiza expert opinion / report; expertise

expertní relating to expert; ~ **činnost** vysokoškolských učitelů expert activity of university teachers

expirační pertaining to expiry; expiration; ~ **lhůta** time / period of expiry, time / period of expiration

explodovat explode, blow up

exploze blow-up, explosion

export export; exportation; **omezený** ~ limits on export, limited export

exportní exporting; pertaining to export; ~ **povolení** export licence

exportovat export (v) send out commodities of any kind from one country to another

expropriace vyvlastnění expropriation depriving a person of property

extáze droga ecstasy drug

extenzivní extensive, expansive; broad; ~ **výklad** expansive / broad interpretation / construction

externí external; outcollege; ~ **pracovník** external worker; ~ **učitel** external teacher

extradice vydání pachatele trestného činu cizímu státu k trestnímu stíhání nebo výkonu trestu extradition giving up a person to the authorities of a foreign state; the delivery of a fugitive criminal to the authorities of the state in which the crime was committed

extradiční pertaining to extradition; ~ **doložka** dvoustranné mezinárodní smlouvy extradition clause in a bilateral treaty; ~ **řízení** extradition proceedings

extrém extreme (n)

extremism|us extremism; **politický** ~ political extremism; **hrozba** ~u extremist menace

extremist|a extremist (n); **vůdce** ~ů extremist leader

extremistick|ý extremist (adj) advocating extreme measures; ~**á skupina** gang / group of extremists

extrémní extreme (adj), extremist (adj); ~ **nacionalisté** extreme / extremist nationalists; **přijmout** ~ **opatření** take an extreme action / measure

F

fakt *(n)* fact; event, circumstance; actual occurrence; **podstatný** ~ material fact; **příslušná** ~**a** respective facts, facts in issue; **popřít** ~**a** deny facts; **znalost** ~**ů** factual knowledge, knowledge of facts
fakticky actually; virtually; in fact; ~ **znemožnit provedení komunitárního předpisu** make the implementation of a community regulation virtually impossible
faktick|ý real, actual; virtual; factual based on concrete facts; ~**á vláda** government de facto; ~**á znalost** actual knowledge; ~**é zajištění věci** actual holding and keeping of a thing until all bills are paid, mechanic's lien, repairer's lien
faktor₁ *(hist)* commission agent / merchant; factor
faktor₂ factor; agent; ~**y způsobující neplatnost** vitiating factors; nullifying factors
faktu|ra invoice; **celní** ~ customs invoice; **pro(-)forma** ~ pro-forma invoice sent to a purchaser in advance of the ordered goods, so that formalities may be completed; ~ **na zboží** invoice for goods; bill of parcels; ~ **potvrzená konzulem** consular invoice; **zadní strana** ~**ry** back of the invoice; **kniha / deník přijatých** ~**r** Inward Invoice-Book; **kniha / deník vydaných / odeslaných** ~**r** Outward Invoice-Book; **vystavit** ~**ru** issue an invoice
fakturovan|ý invoiced; contained in invoice; **celková** ~**á částka** total invoice value; ~**á cena** invoice cost / price
fakulta faculty *(UK)*, school *(US)*; college; **právnická** ~ Faculty / School of Law, Law Faculty / School
fakultativní elective, optional; facultative; ~ **výdaje** optional expenditures / costs
falešn|ý false; forged, counterfeit; colourable, colorable *(US)* sham, done for appearance' sake; bogus *(inform)*; adulterine illegal or unlicensed; wrong, erroneous, incorrect; bad; ~**á stopa** false trace; ~**é alibi** false / fake alibi; ~**é důvody stížnosti** colourable grounds of complaint; ~**é padělané peníze** counterfeit / bogus currency / money; ~**é obvinění z trestného činu** calumny, a false charge or imputation, intended to damage another's reputation; ~**é zlato** counterfeit gold; ~ **padělaný dokument** forged / bogus

document, fake; ~ **pas** forged passport; ~ **poplach** ohlášený telefonicky hoax phone call; ~ **poplach kvůli umístění bomby** bomb hoax; ~ **šek** false / bogus / dry check
falšování falsification, tampering with; forgery, counterfeiting; ~ **účetních knih a dokladů** falsification of books and documents; ~ **úředních záznamů a dat** tampering with / falsifying public records and information; ~ **účtů** false accounting; ~ **volebních výsledků** falsification / manipulation of the election results
falšovaný falsified, counterfeited, forged; sham, bogus *(inform)*; ~ **pas** falsified / forged passport
falšovat counterfeit, forge; falsify; gerrymander; ~ **volební výsledky ve volebním obvodu** falsify election results in an electoral district
falšovatel counterfeiter, forger(er); adulterator
falzifikace falsification; fraudulent alteration of documents, of weights or measures, etc.; misrepresentation, perversion of facts
falzifikát feigned / forged / false / sham document; a counterfeit, forgery
falzifikátor falsifier; forger(er), counterfeiter, adulterer
falzum falsum, false / forged thing, fraudulent counterfeit, fraudulent imitation, forgery
fanatický fanatic *(adj)* excessive and mistaken enthusiasm; ~ **nacionalismus** fanatic nationalism
fanatik fanatic *(n)*; **náboženský** ~ religious fanatic
fanatismus fanaticism excessive enthusiasm; frenzy
fara pastorage(-house); vicarage; parsonage(-house) *(obs)*
farář pastor, vicar, minister; parochial clergyman; parson *(obs)*
farma farm; **rodinná** ~ family farm
farmář farmer; cultivator; agriculturist; husbandman *(obs)*
farmaření farming, husbandry cultivation of the soil for food
farní parochial; pertaining to parish; ~ **kostel** parish church; ~ **matrika** parish births, marriages and deaths register; ~ **škola** parochial / parish school
farnost parish

fašista Fascist *(n)*
fašistick|ý Fascist *(adj)*; **~á ideologie** Fascist ideology
fatální fatal; fateful; deadly, destructive, ruinous; **~ omyl** fatal error
fáze stage; degree of progress; **~ civilního řízení** stages of civil proceedings
fideikomis fidei-commissum *(lat)* the disposal of an inheritance to one, in confidence that he should convey it or dispose of the profits at the will of another
fiduciární fiduciary in trust of a person or thing; **~ převod práva** vlastnického práva dlužníka ve prospěch věřitele fiduciary transfer, transfer of title to a fiduciary transfer of a title of debtor for the benefit of creditor or benefit of donee
fikce fiction; feigned statements of fact; **právní ~** legal fiction
fiktivní fictitious, sham; **~ manželství** sham marriage; **~ osoba** fictitious person, John Doe; **~ prodej** fictitious sale; **~ pohledávka** fictitious claim
filiálka branch office, chain-store; outlet
filozofie philosophy; **právní ~** philosophy of law, legal philosophy
financ|e finance; funds; pecuniary resource; **ministerstvo ~í** Ministry of Finance; **veřejné ~** public funds / finances
financování financing; providing funds; banking; **přímé ~** direct financing; **~ obchodní transakce** banking a deal; **~ pomocí půjčky** debt financing
finanční financial, fiscal; pertaining to revenue, capital; **~ dohoda** financial agreement; **~ instituce** financing agency; financial institution; **~ kapitál** financial capital; **~ krytí** financial cover; **~ nebo jiný charakter** capital or non-recurring nature; **~ nouze** financial shortfall; **~ podpora** financial support / assistance; **~ politika** financial policy; **~ poradenství** financial counselling; **~ právo** Financial Law *(CZ)*; Law of Finances usually subdivided into Tax Law, Banking Law, Insurance Law, Public Revenues etc. in Anglo-American law schools; **~ prostředky** financial means, funds; **~ ředitelství** *(CZ)* Tax Directorate; **~ správa** Tax Administration Office; **~ trhy** financial markets; **~ úřad** Tax Office *(CZ)*, Revenue Authority, Inland Revenue *(UK)*, Internal Revenue Service *(US)*; **~ výkaz** financial statement
finančník banker; financier
fingovan|ý falsified, feigned; sham, bogus *(in-*

form); **~á koupě** sham / pretended sale; **~á transakce** sham / feigned transaction
firemní pertaining to firm, company *(UK)*, corporation *(US)*; **~ vizitka** company('s) business card
firma firm; company *(UK)*, corporation *(US)*; **makléřská ~** brokerage firm; **obchodní ~** obchodní jméno podnikatelského subjektu zapsaného v obchodním rejstříku *(CZ)* trade / corporate name of a business entity registered in the Commercial Register; firm the style or name under which the business of an incorporated commercial entity is transacted; **spediterská ~** removal agency / business; **zasilatelská ~** shipping agency
fiskální fiscal; financial; **~ rok** fiscal year
fixní fixed; **~ náklady** fixed expenses / costs; **~ rozpočet** fixed / static budget; **~ smlouva** přesně určená doba plnění fixed contract the time of performance is strictly fixed
flexibilní flexible
fond fund; stock; **bytový ~** housing stock; **lesní půdní ~** forestry, forest / wooded lands; **Mezinárodní měnový ~** International Monetary Fund; **mzdový ~** wages fund; **nadační ~** charitable educational, religious, research fund; **nedělitelný ~** indivisible fund; **otevřený ~** open-end fund; **peněžní ~** monetary fund; **penzijní ~** pension fund; **rezervní ~** reserve fund; **sociální ~** social fund; **tajný ~** secret money; **zemědělský půdní ~** agricultural lands; **~ kulturních a sociálních potřeb** *(CZ)* cultural and social needs of employees fund; **Fond národního majetku** *(CZ)* National Property Fund; **~ zřízený státem určený k vyplácení pojistných plnění u dopravních nehod v případech, kdy viník není pojištěn či solventní** unsatisfied judgment fund established by the state to reimburse persons having claims arising out of car accidents who have been unable to collect from the party responsible for the accident because such party is not insured or is not able to pay
forenzní forensic pertaining to, connected with, or used in courts of law; suitable or analogous to pleadings in court; **~ audit** forensic audit; **~ medicína** forensic medicine, medical jurisprudence; **~ psychiatrie** forensic psychiatry
forma form, type; formality; **písemná ~ smlouvy** a contract in writing, written contract; **~ majetkového vlastnictví** quality of title / estate; **~ poznámky** note form; **~ smlouvy** type of contract; **~ státu** type of state; **~ uzavře-**

ní manželství form of solemnization of marriage; ~ **vlády** form of government
formalismus formalism strict or excessive adherence to prescribed forms; **právní** ~ legal formalism
formalit|a formality; **celní ~y** customs formalities; **právní ~y** legal formalities
formální formal; procedural; colourable, colorable *(US)*; ~ **chyby** formal defects; ~ **náleži-tosti** pracovní smlouvy formal elements, formalities of employment contract; ~ **právní moc tj.** rozhodnutí je nezměnitelné formal legal force i.e. the decision cannot be altered; ~ **převod** colourable pretended transfer; ~ **příčina** formal cause; ~ **znak trestného činu** formal element / formality of a crime
formálnost formality conventional observance of forms
formulace wording, statement; **nepřesná ~ ustanovení** unclear wording of the provision
formulář form a formulary document, blank *(US)*; ~ **plné moci** power-of-attorney form; ~ **žádosti** application form; **vyplnit ~** fill in / fill up a form
formulov|at formulate, state, put in / put into words; **smlouva byla nesprávně ~ána** the contract was incorrectly worded
fórum forum; **světové ~** world forum
frakce political fraction; faction
frakční fractional; factional
franko uncharged; carriage(-)free, carriage paid; ~ **paluba** free on board, F.O.B. abbrev; **~sklad** free at warehouse
franšíz|a 1 franchise a percentage below which the underwriter incurs no responsibility in marine insurance **2** franchise the authorization granted to an individual or group by a company to sell its products or services in a particular area under its name; ~ **na klíč** turnkey franchise; **smlouva o ~e** franchising agreement
franšízant franchisee
franšízista franchisor
fraudulózní fraudulent; deceptive; cheating; deceitful, dishonest; ~ **jednání** fraudulent conduct / action

fungování operation, operating, working; functioning; ~ **působení práva** operation of law
fungovat work, operate; function; ~ **jako stá-lý výkonný orgán ES** act as the day-to-day executive of the EC
funkc|e 1 office, position; appointment; **čest-ná ~** office of honour, honorary office; **pla-cená ~** paid / salaried office; **vysoká ~** high position; ~ **člena představenstva spo-lečnosti** company directorship; ~ **ředitele** position of manager; **být ve ~i** hold an office; **ponechat si ~i** retain one's office **2** function; capacity; ~ **státní správy** governmental functions, functions of state administration; ~ **veřejné správy** functions of public administration; **zákonodárná ~ parlamentu** legislative capacity of Parliament; **ze své ~ / ve své ~i předsedy** in his capacity as chairman
funkcionář public, political official; officer
funkční functional, functionary; official; ~ **imunita státu** stát nemůže být podroben pravomoci jiného státu functional immunity of state the state may not be subordinate to powers of another state; ~ **období soudce** judicial term of office; ~ **požitky** perquisites in addition to regular salary, perks abbrev; emoluments; ~ **příslušnost sou-du** venue jurisdiction of court; ~ **příslušnost orgánů obcí** functional competence / responsibilities of community bodies; ~ **zařazení** title of office; **příjem ze závislé činnosti a ~ch požitků** income from employment and perquisites / emoluments thereof
funkčnost utility; full operation; ~ **patentu** utility of a letter of patent
fúze merger; fusion; amalgamation; pooling; **bankovní ~** bank merger; ~ **obchodních spo-lečností** corporate merger
fúzovat merge; amalgamate
fyzick|ý 1 physical, bodily, corporal; carnal; **~á újma** physical injury; corporal / bodily harm, corporal / bodily injury **2** natural; **~á osoba** natural person, an individual, human being

G

gang gang; band; **drogový** ~ drug gang; **pouliční** ~ street gang; **motorkářský** ~ motorcycle gang; **kapsářský** ~ pickpocket gang; **zlodějský** ~ stealing gang
gangster gangster
garance guaranty collateral agreement for performance of another's undertaking, guarantee one to whom a guaranty is made; the obligation of guarantor; warranty a promise that the proposition of facts is true; **platební** ~ guaranty of payment
garanční guaranteeing; pertaining or relating to guaranty, guarantee; warranty; ~ **fond** guaranty fund; ~ **lhůta** guarantee / warranty period; ~ **listina** certificate of guarantee / warranty; deed of guaranty; ~ **smlouva** contract of guarantee / guaranty, guarantee agreement
garant guarantor, warrantor; guarantee
garantovan|ý guaranteed; warranted; **~á výše mzdy i když se nevyrábí** guarantee payment even if the work is not provided during the whole working day
garantovat guarantee, secure a person or thing against or from risk, injury, etc.; warrant give warranty of e.g. title
generace generation
generační generational, pertaining to generation; ~ **rozdíl** generation / generational gap
generální general; common; ~ **advokát** (ESD) Advocate General; ~ **direktoriát** (ES) Directorate General; ~ **guvernér v dominiích** Governor General; ~ **klauzule jako legislativní metoda** general clause as a legislative method; ~ **konzul** Consul-General; ~ **konzulát** Consulate General; ~ **plná moc** general power of attorney; ~ **prokurátor** Attorney General (US), (UK), Prosecutor General; ~ **ředitel UNESCO** Director General of UNESCO; ~ **ředitel společnosti** general manager of company; ~ **stávka** general strike; ~ **tajemník** Secretary General; ~ **zastoupení** general agency; ~ **zástupce** general agent
generický generic; ~ **pojem** generic concept / notion / name
genetick|ý genetic; **~é otisky** genetic DNA fingerprinting

geneze genesis origin, mode of formation or production
genius loci (lat) genius loci, genius / spirit of a place
génius 1 genius intellectual power of an extraordinary degree 2 genius a person endowed with genius
genocida, genocidium genocide the deliberate and systematic extermination of an ethnic or national group
geologick|ý geologic as an epithet of things forming part of the subject-matter of the science, geological; **zničit, poškodit nebo znehodnotit ~é výzkumné dílo, vzorek nebo ~ou dokumentaci** destroy, damage or cause the devaluation of geological research, specimens or files
gesc|e charge(s) task / duty laid upon one; commission, responsibility; **příprava návrhu zákona pod ~í ministerstva vnitra** drafting / preparing a bill under the charges of the Ministry of the Interior
giloš fine-line printing pattern as a security feature of a banknote
globální global; ~ **pojištění** master cover
grafologick|ý graphologic, pertaining to handwriting; **~á expertiza** handwriting comparison analysis; **~á identifikace rukopisu** handwriting identification
grafologie graphology inferring a person's character, disposition, and aptitudes from the peculiarities of his handwriting; handwriting analysis
gramotnost literacy; **počítačová** ~ computer literacy
gremiální relating to panel, board; ~ **porada** panel meeting
grémium poradní sbor hlavy instituce panel, board an advisory panel of the head of an institution; ~ **ministra** Minister's Panel
guvernér governor; ~ **státu** Governor (US); chief executive; ~ **České národní banky** Governor of the Czech National Bank
gymnázium (CZ) secondary school providing general secondary education designed primarily to prepare students for entry to the universities; grammar school (hist) (UK) with an academic curriculum, particularly suited for preparing students for entry to the universities

H

habilitace *(CZ)* habilitation academic teaching quali-fication procedure for those seeking the rank of associate professor / senior lecturer
habilitační pertaining to habilitation; ~ **práce** habilitation dissertation; ~ **řízení** habilitation procedure
habilitovat se *(CZ)* qualify o.s. as an associate professor, habilitate o.s. be awarded the academic teaching rank of associate professor / senior lecturer
hádat se quarrel, argue; dispute
hádka quarrel, argument; hassle
hájení fence time / season, off-season, out of season, close season during which the killing of certain kinds of game or fish is illegal; **období ~ zvěře** fence season for game; **úmyslně lovit zvěř nebo chytat ryby v době ~** wilfully hunt wild game or fish during the off season, wilfully hunt wild game or fish out of season
hájit (se) defend in court; advocate plead or raise one's voice in favour of; defend or recommend pub-licly; vindicate justify or uphold by evidence or ar-gument; protect; ~ **právo na obhajobu** vindic-ate the right to counsel; ~ **se sám** serve as one's own counsel; ~ **svá práva** defend one's rights; ~ **své zájmy** defend one's interests
♦ ~ **barvy koho** fly the flag for s.o.
hajný gamekeeper
hanba disgrace, dishonour, ignominy, shame
hanliv|ý pejorative; defamatory; slanderous, li-bellous; **~é příjmení** pejorative form of sur-name, abusive surname; ~ **výrok** defamatory statement
hanobení defamation, seditious libel, affront, reproach; insults; ~ **mrtvoly** improper and indecent interference with a dead human body; ~ **národa, rasy a přesvědčení** defamation of nation, race, and belief political and religious opinions; ~ **republiky a jejího představitele** defamation of / seditious libel against the Re-public and its representative
hanobit defame; reproach; affront; ~ **republi-ku** defame the Republic
hantýrka jargon professional, but still standard lan-guage, slang informal substandard professional speech, cant jargon used for secrecy; **právnická** ~ legal jargon, jargon of lawyers

harmonický harmonious; concordant, congru-ous; ~ **rozvoj** harmonious development
harmonizace harmonization; ~ **českého práva s komunitárním právem** harmonization of Czech law with Community law
harmonogram schedule, time-table; timing
hasič fireman, firewarden; firefighter
hasičsk|ý fire-fighting; ~ **sbor** fire-brigade; **~á zbrojnice** fire station, fire hall *(US)*
hašiš hashish; hasheesh
havárie accident, incident; failure; wreck of a ship; crash; **jaderná** ~ nuclear accident; **prů-myslová** ~ industrial accident / disaster
havarijní pertaining to accident, incident; wreck of a ship; crash; ~ **četa** breakdown gang; ~ **do-ložka** accident clause; average clause marine in-surance; ~ **komisař** *(nám.pojišť)* average adjuster; ~ **pojištění** *(pojišť)* collision insurance a form of automobile insurance; motor hull insurance; **do-stat se do ~ho stavu** fall into disrepair bad condition for want of repairs
havarovan|ý crashed, broken; wrecked; **~á loď u pobřeží** wreck of a ship; **~é vozidlo** crashed vehicle
havarovat crash; break; wreck
hazard gamble, gambling; hazard a game at dice
hazardér adventurer engaged in risky and hazardous activities; gambler
hazardní hazardous; gambling; ~ **hra** gamble; ~ **hráč** gambler habitually betting at extravagantly high stakes
hazardovat expose o.s. to risk; run / take the risk of; take the chance / the risk of; venture upon; ~ **s vlastním životem a životy jiných** risk one's own life and the lives of others, expose one's own life and the lives of others to risk
hbitý alert, agile, expeditious, quick
hegemonie hegemony
hejtman *(CZ)* chief executive officer; **krajský** ~ chief executive officer of a Regional Authority
hereditas iacens *(lat)* **ležící pozůstalost** decedent's estate property possessed by the deceased person at the time of his death, subject to the control of the court in probate proceedings
hereditatis petitio *(lat)* **přihlášení se k dědictví** ap-plication for inheritance by a competent successor, claim to succession

herna gambling / gaming house, game room; **veřejná** ~ common gaming house
heroin heroine
heslo slogan; password; ~ **dne** slogan of the day; buzz-phrase; **přístupové** ~ password; **vojenské** ~ military password, watch word *(obs)*
hierarchie hierarchy a body of persons or things ranked in order; ~ **právních předpisů** hierarchy of legislation
historický historic, historical
historie history; **právní** ~ / ~ **práva** legal history, history of law
hladina level; surface, floor; amount, concentration; **příjmová** ~ income bracket; ~ **alkoholu v krvi** concentration of alcohol in the blood; ~ **příjmů se stejným daňovým základem** tax bracket covering amounts of income with the same tax base
hladovk|a hunger-strike refusing food in order to induce s.o. to yield to one's demands; **držet** ~**u** go / be on hunger-strike; **začít držet** ~**u na protest proti politickému násilí** begin a hunger(-)strike in protest over political violence
hladovkář hunger-striker
hlas 1 **volební** vote; **kladný** ~ affirmative vote; **platný** ~ valid vote; **rozhodující** ~ např. **předsedy při rovnosti hlasů** casting vote; ~ **pro** y(e)a, aye; affirmative vote; ~ **proti** dissenting / negative vote; non placet *(lat)*; **celkový počet** ~**ů** total number of vote(s); **celkový počet odevzdaných** ~**ů** total ballot; **dostatečný počet** ~**ů** sufficient number of votes 2 voice; **identifikace** ~**u** voice print analysis; voice identification; **vzorek** ~**u** voice print / exemplar, spectrogram
hlásit announce, declare; report; ~ **co k proclení** go through customs; declare goods for customs entry; ~ **výsledky voleb v jednotlivých okrscích a obvodech** return the election results from individual precincts and districts
hlásit se o co claim, apply for; ~ **k přijetí na vysokou školu** apply for the admission to the university; ~ **o slovo** claim the floor; ~ **o svá práva** claim one's rights
hlasovací voting, relating to ballot; **elektronické** ~ **zařízení** electronic voting appliance / device; ~ **akcie** voting shares / stock; ~ **lístek** voting paper, ballot; ballot paper; ~ **pořádek** voting procedure / order; ~ **právo** right to

vote; ~ **právo akcionáře** voting right / privilege; ~ **přístroj** voting machine; ~ **systém** system of voting; ~ **urna** ballot-box
hlasování vote, ballot, voting; **alternativní** ~ alternative vote; **blokové** ~ podle politické příslušnosti block vote according to party membership; **korespondenční** ~ postal / mail vote, postal / mail ballot; **přímým** ~**m** by direct vote; **společné** ~ **obou komor parlamentu** joint ballot; **tajné** ~ secret ballot; **veřejné** ~ public vote; acclamation; **zmanipulované** ~ the fraudulent manipulation of a ballot, ballot rigging; ~ **aklamací** zdvižením ruky voting by acclamation, voting by show of hands; ~ **o důvěře** vote of confidence; ~ **o konkursu a vyrovnání za účelem zjištění většinové vůle věřitelů** vote on the issue of bankruptcy and composition proceedings in order to ascertain the creditors' opinion; ~ **o návrhu zákona** putting a bill to the vote; division on a bill; ~ **o vyslovení nedůvěry vládě** vote of confidence, vote on a matter of confidence, vote of no confidence, non-confidence vote; ~ **v zastoupení u akcionářů** voting by proxy shareholders; ~**m odvolat** koho vote s.o. off; ~**m zamítnout** co vote st. down; **druhé kolo** ~ second ballot; **na základě kladného** ~ by an affirmative vote; **porada a** ~ **o rozsudku** deliberation and voting with respect to judgment; **protokol o poradě a** ~ the report on the deliberation and voting of judges on the panel / bench; **zdržet se** ~ abstain from voting; **jeden se zdržel** ~ with one abstainer; **Zdržel se někdo** ~? Any abstainers?
hlasovat vote *(v)*; cast a ballot / vote; take a vote; put / go to the vote; **korespondenčně** ~ vote by correspondence / mail; **nezávisle** ~ vote independently; ~ **o jednotlivých článcích** smlouvy vote article by article; ~ **o všech kandidátech najednou** vote en bloc / in a block on all candidates at the same time; ~ **podle jmen** vote by roll-call; ~ **pro** vote yea / in favour of / in the affirmative; ~ **prostřednictvím zmocněnce / v zastoupení** vote by proxy; ~ **proti** vote nay / against / in the negative; ~ **zvednutím ruky** vote by show of hands / by acclamation / by raising hands; **dát** ~ **o čem** put st. to the vote, take the vote on st.; **Kdo hlasuje pro** návrh / **proti** návrhu, **ať / nechť zvedne ruku.** Who is in favour of the motion / against the motion, please raise your hand.

hlasový pertaining to voice; **~ identifikátor** spectrograph

hlasující voting; **~ akcie** voting shares / stock

hlášení information on / about; report of; notice; **~ o narození dítěte** report of the birth of a child; **~ o pobytu cizinců na území republiky** information concerning the residence / stay of foreigners in the territory of the Czech Republic; **~ o pobytu občanů** information concerning / regarding the residence of Czech citizens, report of the residence of Czech citizens; **formulář ~ škody** claim form *(insur)*

hlav|a head; title; chapter; **~ státu** head / chief of State; **~ zákona** title / chapter; **daň z ~y** poll tax; **výdaje na ~u** per capita expenses

hlaveň barrel; **~ revolveru** gun barrel, revolver barrel

hlavička head, header, caption, cap; **~ soudního spisu** obsahující jméno, číslo spisu atd. caption of a docket containing names of parties, registration number etc.; **~ spisu** heading of a document / file

hlavní main, principal, chief; essential, ultimate; general; **~ důkaz** evidence in chief, main evidence; **~ líčení** the trial; **~ město** capital city, a capital; **~ myšlenka** gist, essential idea; **~ pokladník** chief teller; **~ sídlo** principal office; headquarters; **~ účastník** principal party; **~ účetní** chief accountant; **~ účetní kniha** general ledger; **~ zaměstnání** full-time employment, main job, daily occupation; **~ žalobce** chief prosecutor criminal; chief plaintiff civil

hledání quest, search for st.; **~ štěstí** pursuit of happiness

hledan|ý wanted, sought e.g. by the police; lacking, missing; desired, needed; **~á osoba** wanted person; **~ důkaz** evidence sought; **policejně ~** wanted by the police; **seznam ~ých osob** wanted list

hledat koho / co search / look for s.o. / st.; quest after / for s.o., seek s.o.

hledisk|o respect, standpoint, viewpoint, point of view; aspect; **rozhodná ~a pro uložení trestu** relevant factors for the imposition of punishment; **společenské ~** social point of view; **prozkoumat z ~a pojištění** view in respect of / with respect to insurance

hlídací watching, guarding; **~ služba** security man / guard

hlídač warden; warder; keeper; supervisor; attendant; watchman; **noční ~** night watchman

hlídání watch, watching, guarding; safeguarding; caretaking, attendance of disabled; minding of young children; **paní na ~ dětí** baby-sitter, baby-minder

hlídat koho / co watch, guard; look after s.o. / st.; mind s.o., usually a child

hlíd|a watch, guard, warden, warder, patrol; **dopravní ~** motor patrol; **požární ~** fire-warden, fire-spotter; **systém sousedských ~ek proti kriminalitě** neighbourhood watch, crime watch guard *(UK)*, committee of vigilance *(US)*

hlučnost noisiness, loudness

hlučný noisy, loud; **~ provoz** noisy operation of business

hluk noise; **znečištění ~em** noise pollution; **způsobovat ~** create noise

hmat hold; **~ sebeobrany** self-defence hold

hmatatelný tangible; material, externally real, objective; **~ důkaz** tangible evidence

hmotněprávní relating to substantive law; **~ norma** substantive rule; **~ prevence** substantive prevention, prevention under substantive law; **~ úkon** substantive act / action; **~ ustanovení** substantive provision

hmotnost weight; **čistá ~ / ~ netto** net(t) weight

hmotn|ý real, corporeal, material, tangible; substantive; **~á odpovědnost** liability of and employee to indemnify the employer if the damage is caused by the employee; **~á pozůstalost** corporeal hereditaments; **~á práva** substantive rights; **~á škoda** physical damage; **~á záruka** substantial deposit; **~é právo** substantive law; **~é zabezpečení** material welfare; maintenance, subsistence; **~é zabezpečení uchazečů o zaměstnání** material welfare maintenance of job seekers financial assistance for those citizens whose income is inadequate or non-existent; **~ předmět** material / tangible thing, chattel corporeal; **občanské právo ~é** Civil Substantive Law; **trestní právo ~é** Criminal Substantive Law; **dohoda o ~é odpovědnosti** agreement to indemnify the employer

hnát drive; force; move; **~ k odpovědnosti** render s.o. liable legally responsible / accountable for st.; **~ před soud** bring an action before court

hnutí movement; **politické ~** political movement

hodin|a hour; **návštěvní / úřední ~y** office

hours; hours of attendance; **placený za ~u** hourly paid, paid per hour, paid by the hour **hodinov|ý** hourly; **~á a úkolová mzda** time-wages and piece-wages, time(-)work and piece(-)work rate wage, payment by time(-)work and piece(-)work

hodl|at intend; design, purport; **prodávající ~á ukutečnit prodej** the seller purports to effect a sale

hodně a lot of, lots of; a great deal of; many, much; **~ peněz** a great deal of money

hodnocení assessment, estimate, estimation; classification, evaluation, appreciation; valuation, analysis; **biologické ~** biological assessment; **pracovní ~** employee's / job evaluation; **úřední ~** official valuation; **volné ~ důkazů** discretionary weighing of evidence; **~ výkonu zaměstnance** employee performance analysis

hodnostář dignitary, a personage holding high rank or office; **církevní ~i** clergy

hodnot|a worth, value; **čistá ~ dědictví** net value of inheritance, net decedent's estate; **důkazní ~** vyšetřovacího úkonu the evidentiary value of an act of investigation; **emisní ~ cenných papírů** issuing value of securities; **kapitálová ~** cost of capital; **likvidační ~** liquidation value; **majetkové ~y** property values; **nájemní ~** rental value; **nominální ~** face / nominal value; **obdržená ~** value received; **opravdová ~ majetku** pro účely zdanění just value for tax purposes; **proměnná ~** variable; **realizace směnné ~y věci** tj. dispozice realization of the exchange value of a thing disposition, i.e. ability of a thing to be exchanged for a certain amount of money; **reálná ~** actual / real value; **reprodukční ~** replacement value; **skutečná tržní ~** fair market value; **tržní ~** nejvyšší dosažitelná cena v souvislosti s dědickou daní clear market value the highest attainable price with respect to inheritance tax; **účetní ~** book value; **užitková ~** use value; **užitná ~** utility value; **vnitřní ~** intrinsic value; **výkupní ~** surrender value; **zůstatková ~** residual value; **~ bankovek, mincí, známek** denomination of banknotes, coins, stamps; **~ na hotovostním trhu** cash market value; **~ vrácené pojistky** policy surrender value; **~y společnosti** a society's values; **ochrana předmětů kultovní, muzejní nebo galerijní ~y** preservation of objects pieces of cultural, museum, or art gallery

value; **snížit nájemní ~u majetku** diminish the rental value of the property

hodnotit assess to determine the amount of and impose taxation, fine, etc. upon s.o., value to estimate the value of st.; **appraise** to estimate the amount, quality, or excellence of st., **evaluate** to attribute value to st.; to appreciate the worth of st.; **úředně (z)~** officially value / assess / evaluate

hodnotn|ý valuable; worthy; **~é protiplnění** valuable consideration; **~ majetek** valuable property

hodnověrnost authenticity, reliability; trustworthiness; **~ stížnosti** authenticity of the complaint / grievance; **~ svědecké výpovědi** reliability of witness testimony; **zjištění ~i** ascertaining the reliability of s.o. / st.

hodnověrný reliable, trustworthy; authentic; **~ důkaz** reliable evidence; **~ svědek** trustworthy witness

hojení náhrada škody recovery of damages; reimbursement

hojit se na kom recover compensation / damages from s.o.

hojn|ý abundant, affluent, ample, plentiful; numerous; **~é příklady majetkových trestných činů** numerous examples of property crimes

holografick|ý holographic, olographic (LA); **~á závěť** sepsaná vlastní rukou testament in holograph; holographic will wholly in the testator's handwriting

hol|ý naked; bare; plain; **~á fakta** skutečnost bare facts; **~á smlouva** naked / nude contract without any consideration; **~ slib** naked / bare promise

homologace homologation; approbation confirmation by an official body

honba hunting, chase

honební relating to game-preservation, game-hunting; **~ lístek** hunting permit; **~ pozemek** hunting field; deer forest; track of land for game-hunting; **~ sezóna** hunting season; **~ zákony** game laws

honicí hunting; **~ pes** deer-hound, deer-dog, hunting dog

honička chase, pursuit

honitba deer-forest; **~ určená k výkonu práva myslivosti** deer-forest where s.o.'s right to game-hunting may be exercised

honorární honorary; titulary; non-professional; **~ konzul** honorary / non-professional consul

honorář honorarium a fee for services rendered; fee;

pay; **autorský** ~ author's fee; royalty a payment made to an author, editor, or composer for each copy of a book, piece of music, etc. *(UK)* **honorovan|ý** paid, salaried; **~á činnost** paid activity; **~á funkce** salaried office **honorovat** koho / co pay s.o. for st., salary s.o.; compensate s.o. / st.

horlivě zealously; **advokát ~ se snažící vyhrát spor** an attorney zealous to win the case **horlivost** zeal intense ardour in the pursuit of some end; passionate eagerness in favour of a person or cause; **přílišná** ~ over-zeal **horlivý** zealous; ~ **svědek** otevřeně svědčící ve prospěch toho, kdo ho předvolal zealous witness manifesting a partiality for the side calling him **horní 1** upper, maximum, top; ~ **hranice trestu** maximum sentence; ~ **sněmovna** higher / upper chamber, upper house, Upper House Isle of Man **2** mining; ~ **knihy** *(hist)* evidence nemovitostí *(CZ)* 'Books of Land', Domesday Book *(UK)*; ~ **zákon** Mining Act **hornick|ý** pertaining to mining industry; **~é právo** Mining Law **hornictví** mining industry; **útlum** ~ the downsizing of mining activities **hořlavina** combustible *(n)*, combustible substance; inflammable *(n)*, inflammable substance **hořlavý** combustible *(adj)*, inflammable *(adj)* **hospodárnost** economy frugality, thrift, saving; **procesní** ~ judicial economy; ~ **procesu / řízení** economy of proceedings / trial; ~, **účinnost a efektivnost** economy, efficiency and effectiveness **hospodárný** economical, careful with expenditure, thrifty, provident; saving; sparing **hospodář** farmer, husbandman; manager **hospodaření** management, administration; ~ **s byty** housing management; ~ **s majetkem** property management, management of property; ~ **s přírodními zdroji** natural resources management; **výroční zpráva o** ~ annual business report; annual report on the business management **hospodářsk|ý** economic; managerial; pertaining to management, economy; **~á a sociální rada** Economic and Social Council; **~á politika** economic policy; **~á smlouva** *(hist)* *(CZ)* economic contract between state enterprises; **~á soběstačnost** economic self-sufficiency; **~á soutěž** economic competition; **~á stabilita** economic

stability; **~á výstavba** *(hist)* *(CZ)* building industry, building of state business enterprises; **~á krize** economic crisis; ~ **les** timber forest; ~ **nátlak** economic pressure / constraints; ~ **rozvoj** economic development; ~ **růst** economic growth; ~ **trestný čin** economic crime **hospodářství** economy; management; **devizové** ~ foreign exchange economy; **lesní** ~ forestry management; **odpadové** ~ waste management; **tržní** ~ market economy **hostitel** host, hosting institution **hotel** hotel; **rezidenční** ~ residential hotel; **vedení** řízení **~u** hotel keeping; hotel management **hotelnictví** hotel industry / management **hotelov|ý** pertaining to hotel; **~é služby** hotel services **hotovost** cash, ready money; liquid assets; **bankovní** ~ cash in bank; **peněžní** ~ cash, ready money; **pokladní** ~ cash-in-hand; **dividendy** vyplácené **v ~i** cash dividend; **nedostatek ~i** cash drain; **placení v ~i předem** cash in advance; **platba v ~i** payment in cash; **sleva při placení v ~i** cash discount; **výplata v ~i** cash settlement; pay / salary in cash; **záloha v ~i** a cash advance; **zásoby ~i** cash reserves **hotovostní** in cash; pertaining to cash; ~ **bilance** cash balance; ~ **platba** cash payment; ~ **platební styk** payments in cash **hotov|ý** complete, accomplished; prepared, ready; in cash; ~ **výrobek** completed / final product; **~é výdaje** cash expenses / disbursement; **cena za ~é** cash price; **náhrada ~ých výdajů** reimbursement of cash expenditure / expenses of an attorney **hovor** call; talk, discussion; **odposlouchávání telefonních ~ů** eavesdropping on a telephone conversation **hovorné** phone call charge **hra** game; gaming; gambling; play; **podvádění při hře** cheating at a game; **sázka a ~** contract of betting and gaming **hrabivý** acquisitive; rapacious; money-grubbing **hrací** intended for playing, gambling, gaming; ~ **automat** gambling / slot machine; ~ **zařízení** gaming / gambling equipment **hráč** player; gambler; **hazardní** ~ gambler **hráčství** gambling; **syndrom patologického** ~ a syndrome of pathological gambling **hradit** cover, reimburse, pay; defray; ~ **výdaje**

na trestní **stíhání** defray the costs of the prosecution; ~ **výlohy** reimburse expenses; meet the costs
hraní playing, gaming; ~ **hazardních her** gambling; ~ **o peníze** habitual playing for money; gambling; gaming
hranice boundary, border, frontier; **administrativní** ~ administrative boundaries; **celní** ~ customs frontiers; ~ **mezi pozemky** boundaries between plots; ~ **pozemků** boundaries of lots; abuttals the extremities or bounds of land; the parts in which it abuts upon neighbouring lands; **nedotknutelnost** ~ inviolability of frontiers; **ochrana státní** ~ border protection; **stanovení** ~ fixing the boundary
hraničící adjoining, bordering; contingent
hraničit s čím adjoin, abut; border on st.
hraniční bordering; relating to boundary, border, frontiers; ~ **čára** border line / marker; ~ **kontrola** border control / search; ~ **ostraha** border search; ~ **pásmo** border zone, frontier area / zone; ~ **stát při hranici v případě federace** border state; ~ **určovatelé při kolizi zákonů** *(MPS)* connecting factors; ~ **vody** boundary waters; **doprava v ~m pásmu** border traffic; **příkaz k ~ kontrole při hledání nelegálních imigrantů** border warrant to search for illegal immigrants; **odstranit** ~ **znak nebo výstražnou tabuli vyznačující státní hranici nebo** ~ **pásmo** remove a border mark or warning board designating state frontiers or the frontier zone / area
hrát play, act; game, gamble; ~ **hazardní hry** gamble, indulge in gambling; ~ **na burze** speculate / gamble on the Stock Exchange
hrdelní capital; punishable by death; ~ **případ** capital case
hrdina hero
hrdinský heroic; bold, brave, courageous, stout-hearted; vailiant; **~é činy** courageous acts
hrdinství heroism
hrdost pride; self-esteem, self-respect
hrdý proud
hrob grave, tomb; **uložení rakve do ~u** placing a coffin into a grave
hrobový relating to grave; **právo ~é** right to bury or to be buried in a grave
hromada 1 meeting; **mimořádná valná** ~ extraordinary general meeting, special meeting; **řádná valná** ~ regular / annual general meeting **2** heap, bulk, bundle, load, pile

hromadění accumulation; heaping up, amassing, collecting; ~ **majetku** accumulation of property
hromadit accumulate; heap up in a mass, pile up; amass, collect
hromadně en bloc, generally, as a whole; ~ **inkasované pojištění** group collected premium insurance; **amnestie se uděluje** ~ amnesty shall be granted to all convicted persons or a class of persons
hromadný mass, collective, multiple; en bloc; **~á kolize motorových vozidel** multiple vehicle collision; **~á pojistka** common policy; **~é zboží** tj. každá jeho součást je podobná ostatním, např. kávová zrnka, obilí fungible goods; ~ **prodej** bulk sale; **trvající a** ~ **přestupek** perpetual and multiple administrative infraction / delict
hrozba threat, threatening; menace, danger; **pohrůžka** verbal assault; ~ **nezákonného donucení** threat of illegal duress / compulsion / constraint; ~ **střelnou zbraní** gun threat; ~ **vzniku škody** menace / threat / danger of damage; ~ **zásahu** menace / danger of intervention, menace / danger of encroachment, menace / danger of intrusion; **pod vlivem ~y a nátlaku** under the threat and duress / compulsion
hrozící threatening; intimidating; ~ **škoda** menace / threat / danger of damage
hrozivý intimidatory, menacing; threatening **porušování povinnosti při ~é tísni** breach of duty under extreme duress
hrozný appalling, ghastly
hrubě roughly, coarsely, grossly, without delicacy / refinement; to a rude excess; ~ **napadat koho** abuse s.o.; ~ **ztěžovat postup řízení** grossly intrude in the course of proceedings, encroach on the course of proceedings; **učinit** ~ **urážlivé podání** bring an offensively contemptuous / impertinently insulting / extremely insolent / abusive petition
hrubost roughness, rudeness; harshness, unpleasantness, crudeness; abuse
hrubý gross, harsh, abusive; **~á mzda** wage before taxation; **~á nedbalost** gross negligence; high degree of negligence; **~á splátka pojistného** gross premium; **~á urážka soudu** criminal contempt; **~é porušení čeho** gross violation of st.; **~é příjmy** součet všech příjmů před zdaněním gross earnings an aggregate of all income

before tax; ~ **národní produkt** Gross National Product; ~ **příjem** gross revenue / income; ~ **výnos** gross yield; ~ **zisk** gross profit
hřbitov cemetery; burial-ground
hřbitovní relating to cemetery; ~ **poplatek** grave maintenance charge / fee
hůlkov|ý block, typed, capital; **~é písmeno** block / capital letter; **~é písmo** block printing
humanitární humanitarian; ~ **organizace** humanitarian organization; ~ **právo** humanitarian law; ~ **problémy** humanitarian issues / problems
humanitní pertaining to humanity; human; ~ **obory** humanities, human sciences; ~ **vzdělání** education in humanities
humanizace humanization; ~ **vězeňství** humanization of penitentiaries, humanization of the prison system
humánní humane; ~ **zacházení se zvířaty na porážce** humane slaughtering of cattle
hustota density; ~ **obyvatelstva** population density
hygiena personal hygiene; public health (UK); sanitation public (US); **osobní** ~ personal hygiene; ~ **životního prostředí** environmental health
hygienick|ý sanitary; pertaining to personal hygiene, public health, sanitation; **~á služba** sanitary service office (US), public health services (UK); **~á stanice** sanitary station (US), public health department (UK); **~é podmínky** sanitary conditions; **~é předpisy** public health regulations / legislation; health code; **~é zařízení** sanitary facilities; **základní ~é návyky** basic habits of personal hygiene
hygienik public health officer (UK), sanitarian

(US); **hlavní** ~ (CZ) Chief Public Health Officer; **okresní** ~ District Public Health Inspector (UK), Sanitary Inspector (US)
hypoteční pertaining to mortgage; ~ **dluh** mortgage debt; ~ **dlužník** mortgagor; ~ **směnka** mortgage note; ~ **úvěr** mortgage loan; ~ **věřitel** mortgagee; ~ **zástavní list** dluhopis mortgage bond
hypoték|a mortgage; **konsolidovaná** ~ consolidated mortgage; **propadlá** ~ defaulted mortgage; ~ **bez osobního závazku** dry mortgage; ~ **jako jistina za půjčku** charge on land, charge over property; ~ **na** nákladní **loď** i s nákladem bottomry, mortgage of a ship and cargo; ~ **na dům** conventional home mortgage; ~ **podřízená jiné hypotéce** junior mortgage; ~ **s proměnlivou sazbou** variable rate mortgage; ~ **prohlásit ~u za propadlou** foreclose a mortgage; **zatížit ~ou** encumber with mortgage
hypotekární pertaining to mortgage; ~ **dluhopis** mortgage debenture / bond; ~ **dlužník** mortgagor; ~ **úvěr** real-estate credit; ~ **věřitel** mortgagee; ~ **zajištění** mortgage security; ~ **žaloba** action in mortgage; hypothecary action (obs)
hypotetick|ý hypothetical; **~á otázka** hypothetical question; **~á volba práva pro závazkové vztahy s mezinárodním prvkem** hypothetical choice of law for obligations with a foreign element
hypotéz|a hypothesis, (pl) hypotheses; supposition, conjecture, assumption; **právní** ~ legal hypothesis; **vyšetřovací ~y** hypotheses of investigation / prosecution

CH

chápání comprehension, understanding; ~ předmětu sporu comprehension of the subject-matter of a case

chápat co comprehend, grasp with the mind; understand; apprehend; ~ podstatu obvinění comprehend the nature of the accusation; ~ závažnost svého chování comprehend the gravity of one's conduct

charakter nature, character; essential qualities / properties of a thing; souhrnný ~ comprehensive character; všestranný ~ vyšetřování comprehensive character / nature of investigation; ~ pachatele character of an offender; ~ případu nature of a case; svým ~em in character / nature

charakteristický characteristic, distinctive; typical; ~ znak distinctive feature; hallmark

charakteristika characteristics; ~ pachatele characteristics of an offender

charakteriz|ovat co characterize; skupinu pachatelů ~uje příslušnost k jedné politické straně the group of perpetrators are characterized by their affiliation to the same political party

charita charity; benevolence to the poor; veřejná ~ ve prospěch veřejnosti public charity

charitativní charitable; ~ organizace charitable corporation; ~ společnost charitable association / society; charitable trust; ~ využití získaných prostředků charitable use of obtained funds; pro ~ účely for charitable purposes

chart|a charter; Sociální ~ Evropského společenství Social Charter of the European Community; Charta Organizace spojených národů the United Nations Charter; ~ základních sociálních práv pracovníků Charter of Fundamental Social Rights of Workers; podle ~y under / in compliance with / according to / in accordance with / pursuant to the Charter

chemick|ý chemical (adj); ~á látka chemical substance; ~á válka chemical warfare; ~é zbraně chemical weapons; ~ rozbor chemical analysis

chemikáli|e chemical (n); sklad ~í storage of chemicals

chladnokrevn|ý cold(-)blooded, callous, deliberately cruel; ~á vražda cold-blooded murder

chladn|ý calm, cold, cool; ~á vypočítavost cool calculation

chod operation, working, functioning; ~ justice administration / functioning of justice; ~ podniku operation of business

chodit walk, go; ~ za školu play truant from school, be truant

chorob|a disease, sickness, illness; ailment, malady; duševní ~ mental illness; pohlavní ~ venereal disease; smrtelná ~ fatal illness; šíření pohlavních chorob spreading of venereal diseases; závažná ~ serious illness; nakazit se pohlavní ~ou contract a venereal disease; nakazit koho pohlavní ~ou infect s.o. with a venereal disease

choť consort; spouse

chov rearing; zvířata na ~ rearing animals

chovanec inmate; person kept in an institution with a special corrective regime; ~ diagnostického ústavu inmate in a psychiatric reformatory for delinquent juvenile a short-term in-patient institution which makes psychological diagnoses of delinquent minors; ~ nápravného zařízení inmate confined to a penitentiary / house of correction; ~ výchovného ústavu pro mladistvé inmate in a reformatory home for juveniles

chování conduct, behaviour; action, act; demeanour, manners; lidské ~ human conduct; model ~ pattern of behaviour; nepřístojné ~ disorderly conduct; protiprávní ~ unlawful / wrongful / illegal conduct; protispolečenské ~ anti-social conduct; criminal social conduct, wrong against the community; řádné ~ correct conduct; závadné ~ defective negligent, unlawful conduct / behaviour; ~ zakládající deliktní odpovědnost conduct establishing delictual liability; důkaz ~m demeanor evidence; propustit z vězení pro dobré ~ release from prison for good conduct

chovat se behave / conduct o.s.; pokud se bude správně v souladu se zákonem ~ under good conduct; unless s/he maintains good conduct

chovatel breeder, keeper, fancier; ~ nikoliv ma-

jitel **psa** keeper of a dog, dog keeper / fancier
not a dog owner
chovn|ý stud, reared; **~á zvěř** hunting game
chození going, walking; **~ za školu** truancy a
child who is absent from school without permission
chráněnec ward, person under the protection /
control of another; **~ soudu** ward of the court
chráněn|ý protected; secured; guarded, pre-
served; **~á dílna** protected workshop; **~á kra-
jinná oblast** protected landscape area; **~á ob-
last** protected area; **~á oblast přirozené aku-
mulace vod** protected area of natural water
accumulation; **~é bydlení** protected housing;
~é druhy rostlin protected plant species; **~é
druhy živočichů** protected animal species;
~é označení původu registered appellation
of origin; historicky, architektonicky **~é území**
např. **města** conservation area; protected area;
~ objekt listed building / structure, protected
building(s); **~ vzor** registered design; **právo
~ého nájmu** the right of protected / assured
lease / tenancy; **zvláště ~** specially protected
plant, species, part of nature, animal
chránit protect, preserve, guard against; secure;
~ autorským právem protect by copyright;
~ práva obětí trestné činnosti protect the
rights of victims of crime; **~ pronajímatele
před škodou** keep the landlord indemnified;
~ životní prostředí protect the environment
chudák poor / needy / indigent / destitute person
chudina the poor, pauper class
chudoba poverty, destitution, indigency, pen-
ury; **~ jako faktor způsobující kriminalitu /
vedoucí ke kriminalitě** poverty as a causative
factor in crime
chudý needy, poor, pauper, indigent

chvat hold; grasp; **~ sebeobrany** self-defence
hold
chyb|a error usually in the course of proceedings in
relation to judgment; mistake usually an unintentional
act, omission or error arising from ignorance or mis-
placed expectations; incorrectness; miscarriage,
mishap; demerit; **písařská ~ v rozsudku** cler-
ical error an error made in the writing of a judgment;
~ v rozhodnutí správního orgánu error in a
decision of an administrative body; **~ ve vo-
lebních seznamech** error / mistake in elect-
oral registers; **řízení ve věcech chyb ve stá-
lých seznamech voličů** proceedings to correct
errors in permanent registers of electors; **od-
stranit ~y** remove / correct errors, remove /
correct mistakes
chybějící missing, absent; gone; **~ údaje** miss-
ing data
chybět be missing, be absent; **~ jako svědek
v hlavním líčení** be absent as a witness from
the trial
chybně mistakenly, by mistake; erroneously;
under a misapprehension; **~ fakturovat** in-
voice wrongly; **~ vyhodnotit důkazy** weigh
evidence erroneously
chybn|ý erroneous, incorrect, defective, wrong,
mistaken, false; **~ údaj** incorrect data / entry;
~ zápis incorrect entry / record; **~ způsob ve-
dení obhajoby** defective conduct of defence;
rozhodnutí bylo ~é holding / decision / ruling
was incorrect / erroneous / in error
chycení catching; capture by force, seizure; ar-
rest; **~ pachatele na útěku** the capture of an
offender while escaping
chytit catch; capture forcibly; **~ uprchlého věz-
ně** capture a prisoner while escaping / after he
escapes

I

idea idea
idealismus idealism; **absolutní** ~ absolute idealism; **objektivní** ~ objective idealism; **subjektivní** ~ subjective idealism
ideální ideal; ~ **polovina** moiety, possession by moieties possession by two co-owners who share undivided rights in property; ~ **třetina, čtvrtina** a third, fourth of legal title to property
identick|ý identical; ~**é dvojče** identical twin; ~**é trojče** identical triplet
identifikace identification, determination of identity; ~ **recidivisty** identification of a habitual offender
identifikační identifying; registering; pertaining to identity, registration; ~ **číslo organizace** IČO company registration number; ~ **náramek** identity bracelet; ~ **průkaz** identity card; ~ **značka** identification mark; countermark; ~ **znak** identification sign
ideologick|ý ideological; ~**á válka** ideological war
ideologie ideology; **fašistická** ~ Fascist ideology; **komunistická** ~ Communist ideology
idiocie idiocy; idiotism; idiotcy; extreme mental imbecility; **vrozená** ~ congenital idiocy
idiot idiot
ignorant ignorant *(n)*; ignorant person
ignorovat ignore; neglect, disregard; ~ **hlavní důkaz** ignore principal evidence
ihned forthwith, immediately, instantly; without delay
ilace illation; ~ **je vnesení věci** illation is the bringing of a thing onto premises
ilegalit|a illegality criminal character; underground *(n)* opposition to the official political establishment; **pracovat v** ~**ě** work for the underground
ilegální illegal; bootleg; underground *(adj)*; **podezřelý z** ~ **činnosti** suspected of underground activity
ilustrace illustration; exemplification; ~ **presumpce neviny** illustration of the principle of presumption of innocence
ilustrovat illustrate; exemplify
iluzorní illusory, illusive; delusive; ~ **cena** illusory price; ~ **předpoklad** illusory presumption

imigrac|e immigration; **předpisy upravující** ~**i** immigration regulations
imigrační relating to immigration; ~ **kontrola** immigration control; ~ **kvóty** immigration quotas; ~ **úředník** immigration officer; ~ **zákony** Immigration Laws
imigrant immigrant
imis|e immission; ~ **z ovzduší** immissions / materials from the atmosphere; **právo na trpění** ~**í** right to suffer immissions; **žaloba z** ~**í** action for immisions
imisní relating to immission; ~ **limit** immission limit / standard
imitace fake, counterfeit; imitation; forgery, bogus *(inform)*
imobilizovaný immobilized; ~ **cenný papír** immobilized security / note
impérium empire
implicitní implicit, implied; constructive; argumentative; ~ **náklady** constructive expenses; ~ **platba** constructive payment; ~ **příjem** constructive receipt of income
implikace implication
implikovaný implicated; involved; included
import import *(n)*
importovan|ý imported; ~**é zboží** imported goods
importovat import *(v)*
impotence impotence, impotency; **mužská** ~ male impotency
impotentní impotent; wholly lacking in sexual power; incapable of reproduction
improvizace improvisation the production or execution of anything off-hand; any work or structure produced on the spur of the moment
imunita immunity; **diplomatická** ~ diplomatic immunity; **poslanecká** ~ legislative immunity, immunity of an MP; **soudní** ~ vyně tí cizího státu z jurisdikce domácího státu judicial immunity exemption of a foreign state from the jur isdiction of domestic courts
imunitní relating to immunity; ~ **systém člověka** immunity system of a human being
imunní vůči immune to not susceptible or responsive to st., resistant / resistent to
in bianko in blank
in dubio pro reo *(lat)* skutkové okolnosti se vy

kládají ve prospěch obviněného factual circumstances should be construed in favour of the accused
in peius *(lat)* v neprospěch against, adversely; zákaz reformace ~ zákaz změny rozhodnutí v neprospěch prohibition of the reformation in peius i.e. of the alteration of decision to the detriment of s.o.
incest incest sexual intercourse of near kindred
incidenční incidental; ~ otázky nepatří mezi obsah smluvních závazkových vztahů v mezinárodním obchodě incidental issues / matters not belonging to contractual obligations
incident incident an event of accessory or subordinate character; an occurrence or event viewed as a separate circumstance; accident
index index, *(pl)* indices, alphabetical list; jmenný ~ name index; ~ spotřebitelských cen consumer price index; ~ výrobních cen producer / manufacturing price index
indicie circumstantial evidence, indicia
indikace indication a direction as to the treatment of a disease, derived from the symptoms observed
individuální individual, personal; ~ důchodový účet individual retirement account; ~ potřeby personal needs; ~ pracovní právo individual employment law; ~ prevence trestné činnosti individual prevention of crime; ~ studijní program / plán personal curriculum, individual programme of study; ~ správní akt individual administrative act; ~ známka ochranná známka registrovaná na jednoho majitele individual trade mark registered by one owner
indosament rubopis indorsement, endorsement
indosant směnky endorser, indorser; transferor; backer of a bill
indosát, indosatář endorsee, indorsee; transferee
indosovat indorse, endorse; back; ~ směnku back a bill; ~ šek na rubu endorse the cheque on the back
infekce infection
infekční infective, infectious; contagious; communicable by contact; ~ choroba infectious / contagious disease; communicable disease
inflace inflation; mírná chronická ~ moderate chronic inflation; rychlá prudká ~ hyperinflace quick galloping, acute inflation hyperinflation; míra ~ rate of inflation, inflation rate
informac|e information *(sg)* knowledge communicated concerning some particular fact, subject, or event;

~ pro sledování skupinového pojistného group premium tracking reference; právní ochrana ~í a dat legal protection of information and data; zpracování ~í information processing
informační informational, pertaining to information; ~ kancelář inquiry agency / office; information office / bureau; ~ povinnost duty to inform; osobní údaje v ~m systému personal data in the information system
informatick|ý relating to information technology and science; ~é právo Law of Information technology
informativní informatory; informative, instructive; ~ povaha informatory nature
informátor informant; contact; informer; důvěrný ~ confidential informant / contact; důvěryhodný ~ credible / trustworthy informant; být ~em policie act as a police informant, come / turn copper *(slang)*
informovaný informed; dobře ~ well-informed; špatně ~ ill-informed
informovat o čem inform, notify of; impart the knowledge of a fact or occurrence; make known, report, relate, tell; ~ obhajobu o všech důležitých dokumentech inform the defence of any relevant documents
infrastruktura infrastructure; substructure, foundation; komunální ~ communal infrastructure of roads and other social services
ingerence intrusion; intervention; ingerence form; bearing in upon; soudní ~ judicial intervention; ~ státu do čeho the intervention / ingerence of the State in st.
inherentní inherent, intrinsic, essential
inhibitorium *(lat)* ztráta práva na vyplacení části mzdy ve výši srážek inhibition the loss of a right to be paid the portion of wages subject to an attachment order
iniciativa initiative *(n)*; zákonodárná ~ legislative initiative
iniciativní initiative *(adj)*; ~ návrh zákona private member's bill
iniciovat co initiate; begin, commence, enter upon; give rise to, originate; ~ práce na novelizaci zákona initiate amendments of / to the existing law
inkasista collector; ~ daní tax collector, collector of taxes; ~ dluhů / pohledávek debt collector, collector of debts; debt factor on commission

inkasní collecting; pertaining to collection; ~ **následná provize** collecting subsequent commission; ~ **banka** collecting bank; ~ **den** date of collection; ~ **náklady** costs of collection; collection expenses; ~ **položka** collection item; ~ **poplatek** collection charge / rate
inkas|o collection; **dokumentární** ~ documentary collection; **přijaté** ~ cash received; **sdružené** ~ *(CZ)* aggregate / joint / combined collection of charges for water, gas, electricity etc.; ~ **pohledávek** debt collection; ~ **pojistného** collection of premiums; ~ **směnek** collection of bills / drafts; ~ **splatné daně** the collection of payable taxes; **smlouva o ~u** collection agreement
inkasovat co collect, receive; ~ **platbu** collect payment
inkasovateln|ý collectible *(US)*, collectable; **~á pohledávka** collectible claim; **~á pokuta** collectible fine / penalty
inkasující collecting; ~ **banka** collecting bank
inkompatibilita incompatibility; incongruity, absolute inconsistency; ~ **českého práva s právem EU** incompatibility of Czech law with Community law
inkriminace incrimination the action of charging s.o. with a crime, or being charged
inkriminující incriminating; accusatory; incriminatory; ~ **důkazy** incriminatory evidence; ~ **faktory a okolnosti** incriminating factors and circumstances
inominátní innominate, unclassified; not named, unnamed; ~ **smlouva** innominate / unnamed contract
inovace innovation, the introduction of novelties
insolvence insolvency being unable to pay one's debts as they fall due or discharge one's liabilities
insolventní insolvent unable to pay one's debts as they fall due; ~ **dlužník** insolvent debtor; ~ **podnik** insolvent business
inspekce inspection, control; supervision; visitation; **Česká obchodní** ~ Czech Commerce Inspection; **útvar** ~ **ministerstva vnitra** *(CZ)* Supervision Department of the Ministry of the Interior
inspekční relating to inspection, control; inspecting, controlling; inspectional; ~ **kniha** inspection book
inspektor inspector; examiner, supervisor; **bankovní** ~ bank examiner / supervisor; **škol-**

ní ~ inspector of schools; **neohlášené návštěvy ~ů České obchodní inspekce** occasional unannounced visits / checks of inspectors of the Czech Commerce Inspection
instalace installation; setting up / fixing in position for service or use
instalovat instal
instance instance; **odvolací** ~ appellate instance; **soud první** ~ court of first instance court of primary jurisdiction
instanční relating to instance; **vyčerpání ~ho postupu ve správním řízení** full use / exhaustion of instances in administrative proceedings
instinkt instinct; an innate propensity; **využít ~u při objasnění trestného činu** use one's instinct to detect / clear up a crime
instinktivní instinctive
instituce institution; **veřejnoprávní** ~ public corporation, statutory undertaker
institut institute; concept; institution; **právní** ~ legal institute; **základní ~y občanského práva** basic institutes of civil law; ~ **pro výzkum veřejného mínění, IVVM** abbrev Poll Opinion Research Institute, PORI abbrev
instrukce instruction, directions, order
instruktáž briefing, brief
instruktážní instructional; ~ **povinnost** duty to instruct
instrument instrument; tool; **právní** ~ legal instrument
integrace integration; **evropská ~ je označení pro hospodářskou, měnovou a politickou unii evropských států** the term European integration denotes economic, monetary and political union of European states
integrit|a integrity; **fyzická / tělesná** ~ physical / bodily integrity; **narušit tělesnou ~u osoby** interfere with the bodily integrity of s.o.
intercese převzetí dluhu intercession, assumption of liability for the debt of another; ~ **kumulativní smlouva o převzetí dluhu s věřitelem bez souhlasu dlužníka** cumulative intercession, contract for the assumption of liability for the debt by creditor without a debtor's assent; ~ **privativní smlouva s dlužníkem o převzetí za souhlasu věřitele** privative intercession, contract for the assumption of liability for the debt supported by a debtor's assent
interdikt interdict a provisional decree in a dispute of private persons relating to possession, commanding or forbidding st. to be done

internace confinement; detention; internation
internační relating to confinement; detention, internation; ~ **tábor** detention camp
internátní boarding; ~ **škola** boarding school; ~ **škola pro mladé delikventy** boarding school for young delinquents, approved school *(hist)*, *(UK)*; ~ **škola pro mládež vyžadující zvláštní péči** boarding school for youth requiring special care
interní internal; intramural; inside; ~ **akt je zvláštní druh správních aktů normativní nebo individuální povahy** an internal act is a special type of administrative acts of regulatory or individual nature; ~ **normativní instrukce** internal regulatory instruction, internal ordinance
internovan|ý interned; detained; **~á osoba** internee, an interned / detained person
internovat intern, confine s.o. within the limits of a country, district, or place
interpelace question-time; interpellation *(rare)*; ~ **v Poslanecké sněmovně** *(CZ)* question-time in the Chamber of Deputies
interpelovat question *(v)*; interpellate *(rare)*; ~ **členy vlády** question the members of Government; address a question / interpellation to ministers
interpersonální interpersonal; ~ **vztahy** interpersonal relationships
interpretace interpretation, construction; ~ **právních norem** construction / interpretation of legal rules; **jazyková** ~ linguistic literal interpretation; **logická** ~ logical interpretation
interpretační relating to interpretation, construction; interpretative; ~ **doložka** interpretation clause; ~ **pravidla** rules of construction / interpretation
interpretovat interpret, construe; **liberálně** ~ **právní předpisy** construe the legislation in a liberal manner
interrupce umělé přerušení těhotenství abortion the procuring of premature delivery so as to destroy offspring
intertemporální temporary; interim; ~ **norma** temporary rule
interval interval; **časový** ~ interval of time
intervence intervention; ~ **centrální banky** the Central Bank's intervention; ~ **v soudním řízení** intervention in the judicial proceedings
intervenční relating to intervention; ~ **ceny** *(ES)* intervention prices; ~ **politika** interven-

tion policy; ~ **žaloba** action of intervention; action to intervene
intervenovat intervene in; ~ **ve sporu** intervene in a dispute
intervenující intervening; ~ **stát** intervening state
intoxikace intoxication
intoxikovaný intoxicated
invalid|a disabled / handicapped person; disabled *(n)*, handicapped *(n)*; ~ **s průvodcem** a handicapped person with an assistant / attendant; **asistenční služba pro ~y** assistance services for the handicapped
invalidit|a disability; disablement, handicap; invalidity *(rare)*; **částečná** ~ partial disability, disablement; **dočasná** ~ temporary disability; **tělesná** ~ physical handicap / disablement / disability; **trvalá** ~ permanent disability; **úplná** ~ total / full disability; **soukromé pojištění pro případ ~y** disability insurance; **tabulky pro určování stupně ~y** disablement tables
invalidní disabled, handicapped; ~ **důchod** disability pension annuity; **částečný** ~ **důchod** partial disability pension; **plný** ~ **důchod** permanent disability pension
invaze invasion; ~ **sovětských vojsk** invasion of Soviet troops
inventarizace stock-taking a periodical examination, inventorying, and valuation of the stock or goods in a shop, warehouse, organization
inventarizační relating to stock-taking; ~ **komise** stock-taking committee
inventarizovat inventory *(v)*, inventorize, make / take an inventory, make a descriptive list of; enter into an inventory; catalogue *(v)*; ~ **majetek** make / take an inventory of the property; ~**, zajistit a ocenit zboží** inventory, secure and appraise the goods
inventář inventory *(n)*, detailed list, catalogue; **mrtvý a živý** ~ livestock and dead stock
inventur|a stock-taking; survey; **dokladová** ~ reconciliation statement; **dělat ~u** take stock
investi|ce investment; invested capital; **dlouhodobá** ~ long-term investment; **obchodní** ~ trade investments; **veřejné** ~ community investments; **výnos z ~c** investment yield / proceeds
investiční investing; pertaining to investment, capital; ~ **banka** investment bank; ~ **fond** investment fund; ~ **kupon** investment voucher; ~ **majetek** investment property; ~ **smlouva**

investment contract; ~ **společnost** investment company; ~ **výdaje** capital expenditure; ~ **výstavba** *(CZ)* development planning and building residential premises and industries funded from the state budget *(hist)*; capital construction / development
investor investor
investovat invest, make an investment
inzerát ad, advert, advertisement; a commercial on TV or in radio
inzerent advertiser
inzerovat advertise; give public notice of, make publicly known, call attention to
inzultace insult *(n)*, affront *(n)* made to s.o.'s face; a word or act expressive of intentional disrespect; purposed indignity
inzultovat insult *(v)*, affront *(v)*, outrage
ionizující ionizing; **ochrana zdraví před ~m zářením** the protection of health against ionizing radiation
irelevantní irrelevant; disregarded; negligible, neglectable; ~ **skutečnosti** irrelevant / disreg-

arded matters; **skutečnost bude považována za ~** the fact shall be disregarded
iudicium duplex *(lat)* dvojí příslušnost double jurisdiction
iudicium rescindes *(lat)* řízení o povolení obnovy hearing to allow / grant / approve a new trial to be had
iudicium rescissorum *(lat)* řízení po povolení obnovy hearing after a new trial is adjudicated
iure crediti *(lat)* for the payment of debt; **odevzdání dědictví** ~ dědictví přenecháno k úhradě dluhů transmission / yielding of inheritance for the payment of debts
ius *(lat)* right; ~ **disponendi** *(lat)* dispoziční právo right to dispose; ~ **possidendi** *(lat)* právo držet right to possess; ~ **utendi et fruendi** *(lat)* právo užívat a požívat plody a užitky right to use and enjoy civil fruits and benefits
izolace isolation, complete separation; ~ **svědků** separation of witnesses
izolovanost disconnection, disconnexion; separation from others, solitariness
izolovat isolate; disconnect, separate

J

jadern|ý nuclear; **~á bezpečnost** nuclear safety; **~á havárie** nuclear accident; **~á válka** nuclear warfare; **~é zbraně** nuclear weapons; **~ potenciál** stockpiles of nuclear armament / weapons

jádro gist, point; nucleus; nub *(inform)*; **~ obvinění** the point of charges; the nub of accusation; **~ sporu** the gist of an action

jakost quality; **běžná ~** merchantable / fair quality; **dobrá ~** good quality; **nejlepší ~** finest quality; **smluvní ~** contract quality; **špatná ~** poor quality; **vysoká ~** high quality; **~ věci při prodeji** the quality of a thing at the moment of purchase; **pojištění odpovědnosti za ~ výrobků** product quality guarantee insurance; **značka ~i** výrobek odpovídající normám quality mark; kite(-)mark *(UK)* granted for use on goods approved by the British Standards Institution

jakostní qualitative; relating to quality; **~ kontrola** quality control the maintenance of the desired quality in a manufactured product; **~ zboží** quality goods; **~ zkoušky** quality test

jařmo yoke also *(fig)*; servitude, subjection, restraint, humiliation, oppression

jasně clearly, conspicuously; distinctly; **~ formulovat svou otázku** ask a clear question; phrase one's question clearly; **~ prokázat vinu** prove guilt beyond any / all doubt

jasný clear, conspicuous; distinct; **~ důkaz** clear evidence

jazyk language; tongue; **mateřský ~** mother tongue; native language; home language

jazykov|ý relating to or of the nature of language; **~é právo** právo používat národní jazyk při jednání s úřady right of native language the right to use one's native language when dealing with public administration bodies; **~é předpoklady** pro výkon povolání language qualification to perform an occupation / profession

jed poison; poisonous substance artificial or natural; **pomalé ~y** slow poisons indicating the accumulative effect of a deleterious drug or agent; **~y a jiné zdraví škodlivé látky** poisons and other deleterious substances injurious to health; **evidenční kniha ~ů** v laboratoři poison book, poison(s) / poison's register in a laboratory, indic-

ating the names of those to whom a poison or poisons have been made available

jedinec an individual; a single human being

jedinečn|ý unique; single, sole, solitary; **~á příležitost** unique / golden opportunity

jednací pertaining to order, agenda, action; **~ pořádek u soudu** docket *(US)*, list of cases for trial; calendar of causes set to be tried; journal of a Parliamentary Chamber; **~ řád členské schůze** the rules of order of a membership meeting; **~ řád komory parlamentu** the standing rules of a House / Chamber of Parliament; **~ řád okresního soudu** District Court rules, rules of the District Court; **pro výklad tohoto ustanovení není rozhodné, zda ~ řád soudu umožňuje nepřítomnost obžalovaného při výslechu svědků** for the purposes of the construction of this provision it is immaterial whether or not the Rules of the Court require that the defendant be present at the hearing of witnesses

jednání₁ act, action, behaviour, conduct; **komisivní ~** act of commission; **konkludentní ~** implied act / action; **konkludentním ~m** impliedly, by implication; **mimovolní ~** unconscious / spontaneous act; **nezákonné ~** wrongful / unlawful / illegal act; **omisivní ~** act of omission; **podvodné ~** fraudulent practices; **zaviněné ~** princip subjektivní odpovědnosti act / action based on fault the principle of liability as a result of fault; **zavrženíhodné ~** reprehensible / condemnable / despicable / contemptible behaviour / actions; **~ bez příkazu** acting without mandate; **~ či opomenutí** act or omission; **~ naoko** simulace pretended / dummy / sham act, simulation; **~ v dobré víře** acting in good faith; **~ ve shodě** concerted act / agreed activities; **povaha, rozsah, intenzita, trvání a následky** trestného **~** nature, scope, intensity, duration and consequences of a(n) criminal act; **povinnost nepřipustit či nestrpět takové ~** obligation not to permit or suffer such an act; **příčinné působení ~** causality / causal efficiency of action / acts; **ustálený způsob ~** convention, conventional usage; **ovládat své ~** manage / control one's behaviour / conduct; **pachatel**

nevěděl, že svým ~m může porušit nebo ohrozit zájem chráněný zákonem, ač to vědět měl a mohl the offender was ignorant of the fact that his / her conduct might violate or endanger interests protected by law, although s/he should or could have been aware of it; **pachatel věděl, že svým ~m může ohrozit zájem chráněný zákonem, a pro případ, že jej poruší nebo ohrozí, byl s tím srozuměn** the offender knew of the fact that his / her conduct might violate or endanger interests protected by law, and by doing so s/he was aware of the consequences

jednání₂ hearing, trial, proceedings; consideration; negotiation; business; **dražební ~ a** hearing to order the judicial sale / auction; **neveřejné ~ soudu** closed trial / hearing; trial / hearing held in private; **obchodní ~** business meeting; commercial dealing(s), business transaction(s); **předběžné ~** preliminary hearing, pre-trial hearing; preliminary consideration of a bill; preliminary negotiations; **přezkumné ~** review proceedings; **soudní ~** *(OPP)* civil trial before judge in a courtroom; **vyrovnací ~ o konkursu** hearing to determine the composition of creditors, bankruptcy proceedings; **zkrácené soudní ~** summary judicial proceedings; **zkrácené ~ o návrhu zákona** summary consideration of a bill; **~ kvasisoudního druhu** hearing of quasi-judicial kind; **~ na bilaterální bázi** bilateral negotiations; negotiations on a bilateral basis; **~ o kolektivní smlouvě** collective bargaining; **~ o návrhu zákona** consideration of a bill; **~ o odročení** hearing to adjourn; **~ odvolacího soudu** appellate proceedings; hearing of an appeal; **~ sněmovního výboru** business agenda / considerations discussion of a Chamber Committee; **nařízení ~ ve věci** order to hear / try the case; **pořad ~** order of business; **program ~ komory parlamentu** the business / agenda / order of a House / Chamber of Parliament; Journal an order of the day; **program ~ soudu** a list of causes for trial, docket; **protokol o ~ the** transcript of / the report on the trial; **protokol o přezkumném ~** the report on the review / appellate trial, the transcript of the review / appellate trial; **předmět ~** subject(-matter) of dealings business, hearing judicial, negotiations international; **předvolání účastníků k ~ ve věci** summons served on participants to appear

for trial on the merits; **příprava soudního ~** preparation of the trial; **být na pořadu ~** be in order of business; **nebýt na pořadu ~** be out of order of business

jednat 1 act carry out in action, work out, perform a project, command, purpose; **~ jménem koho** act on behalf of s.o.; **~ na radu koho** act on the advice of s.o.; **~ osobně** act in person; **podle rady sboru ministrů** act upon ministerial advice; **~ se stejným oprávněním** act in the same capacity; **~ v dobré víře** bona fide act in good faith; **~ v rámci svého oprávnění** act intra vires / within one's authority; **~ v řízení sám za sebe** act on one's own behalf in the trial; **~ v souladu s čím / podle čeho** act in conformity / accordance / compliance with st.; **~ ve jménu koho** act in the name of s.o.; **~ ve zlém úmyslu** mala fide act in bad faith; **~ za koho** act for s.o. in the absence of another; **povinnost ~ čestně a svědomitě** duty to act honestly and conscientiously / in an honest and conscientious manner; **protiprávně ~** perform an unlawful / wrongful / illegal act, act unlawfully / wrongfully / illegally **2** negotiate, bargain, deal with; **~ s kým / čím** deal with s.o. / st.

jednatel 1 business corporate agent *(US)*, director *(UK)*; registered agent; **~ je statutární orgán jednající jménem společnosti, zatímco prokurista je zástupce společnosti jednající za společnost** a corporate agent shall be an authorised representative acting on behalf of the corporation whereas / while a proctor shall be a representative of a corporation acting for the corporation within the scope of the corporate business **2** agent, broker; factor in goods; **~ pojišťovny** insurance broker; **obchodní ~** sales representative / agent; **provize ~e** brokerage; broker's commission; factorage

jednatelsk|ý relating to agency, brokerage; **~á smlouva** agency contract, contract of agency; brokerage agreement / contract

jednatelství agency; brokerage; factorage; **obchodní ~** business agency; **~ bez příkazu** contract of agency without mandate

jednocestn|ý one-way, single-way; **~é zrcadlo** one-way mirror

jednočinný single-acting; joining; **~ souběh ohrožování životního prostředí s trestným činem poškozování cizí věci** joinder of the crime of endangering the environment and a crime of harming a thing of another; ~ **souběh trestných činů** jeden skutek vykazuje znaky více trestných činů joinder of offences one criminal act contains elements of more offences **jednohlasně** unanimously; with one accord; nemine contradicente *(lat)*, nem con abbrev; ~ **schválit** adopt / approve st. by an unanimous vote **jednokomorový** parlamentní systém unicameral; consisting of one chamber / house; ~ **nebo dvoukomorový zákonodárný orgán** unicameral or bicameral supreme legislative body **jednomyslně** unanimously; ~ **rozhodnout ve prospěch žalovaného** decide unanimously in favour of the defendant **jednomyslnost** unanimity; ~ **vlády** the Government unanimity; **princip** ~**i** unanimity rule **jednomysln|ý** unanimous; consentaneous, consentient; ~**á dohoda** unanimous agreement; ~ **výrok** soudu unanimous statement / holding of the court **jednorázově** one-off; once-only, once-off; ~ **založená společnost** *(CZ)* once-only founded / created / incorporated company **jednorázov|ý** single, one-off, not repeated; ~**á platba** lump-sum / single payment; ~**á podpora** lump-sum grant, once-only maintenance **jednostranně** onesidedly; ~ **osiřelé dítě** half orphan **jednostrann|ý** unilateral; onesided; ~**á smlouva** pouze jedna strana je povinná unilateral contract only one party is bound by obligations; ~**é odstoupení od smlouvy** unilateral withdrawal from / of contract; ~**é odstoupení od závazku** unilateral withdrawal from an obligation; ~**é prohlášení** unilateral declaration / statement; ~ **projev vůle** unilateral expression of will; ~ **úkon** unilateral act / action; ~ **záznam** unilateral record **jednota** unity; accord, agreement, congruence; ~ **držby** unity of possession; unity of seisin real property as a freehold; ~ **právního titulu** unity of legal title; ~ **zájmů** unity of interest(s) **jednotka** unit *(n)*; division, section; **měnová** ~ unit of currency; **účetní** ~ unit of account; **základní společenská** ~ basic social unit; **zpravodajská** ~ information unit within a public body, such as a birth register; intelligence service unit within intelligence service; ~ **skutku** unit of

a criminal fact; ~ **výroby** unit of production; **město jako samostatná správní** ~ a town as an independent administrative unit; municipal borough **jednotkov|ý** based on unit; ~**á cena** unit price; ~**é náklady** unit costs; ~**é pravidlo** při oceňování cenných papírů unit rule of securities valuation; **označování** ~**ou cenou** unit pricing **jednotlivě** individually, respectively; severally; per capita **jednotliv|ý** single, separate; individual; several; ~**é pozměňovací návrhy** individual amendments, individual motions to alter / amend the bill; ~ **výtisk zákona** a single copy of the law **jednotn|ý** uniform, unitary, unified; comprehensive; ~**á cena** uniform price; ~**á daň** unitary tax; ~**á daň z převodu** majetku unified transfer tax; ~**á daňová sazba** flat tax rate; ~**é plány rozvoje** unitary development plans; ~**é právní předpisy** uniform laws / acts; ~**é zemědělské družstvo** *(hist CZ)* uniform agricultural cooperative; ~ **celní sazebník** Common Customs Tariff; ~ **obchodní zákoník** *(US)* Uniform Commercial Code **jednotvárnost** monotony tedious recurrence of the same objects, actions, flatness, want of incident or interest **jednotvárný** monotonous; lacking in variety, flat **jednoznačnost** explicitness; distinctness; freedom from ambiguity or obscurity; uniformity **jednoznačný** unambiguous, unequivocal; clear, explicit; ~ **usvědčující důkaz** jasný, přímý clear evidence / proof; **významově** ~ unambiguous in its meaning **jedovat|ý** poisonous; venomous possessing poisonous properties or qualities; pertaining to poison; ~**á dávka** poisonous dose; ~**é plyny** poison gases **jesle** creche, nursery for babies **jestliže** if; provided that, providing that, on condition that, supposing that, in case; ~ **ne** unless, save, if... not **jev** phenomenon, *(pl)* phenomena; fact, occurrence; **protispolečenské** ~**y** anti-social phenomena **jevit** show, make evident / manifest; evince; ~ **úmysl** evince a design **jev|it se** appear; **toto rozhodnutí se** ~**í jako zásah do svobody tisku** this decision appears to be interfering with the freedom of the press

jho jařmo yoke; servitude, subjection, restraint, humiliation, oppression

jinak otherwise; inconsistent with st.; alias; ~ zvaný alias; **neusnese-li se Senát** ~ unless the Senate shall in any case otherwise resolve; **pokud není sjednáno** ~ unless otherwise agreed; **pokud není stanoveno** ~ in the absence of a provision to the contrary; **pokud není uvedeno** ~ unless there is something in the subject or context inconsistent with the same; **pokud předpisy nestanoví** ~ unless legislation provides otherwise; **pokud stanovy nestanoví** ~ unless the Articles company / Charter foundation / Constitution association provide(s) to the contrary; **pokud zákon nestanoví** ~ except when otherwise provided by statute

jin|ý other, another; different, distinct; alternate; alien; **~á majetková hodnota** např. technické a obchodní znalosti other property value eg. technical or commercial knowledge; **~é než vojenské právo** non-military law; ~ **než diplomatický** non-diplomatic; ~ **než trestněprávní případ** non criminal case; ~ **příjem pro daňové účely** other income for tax purposes

jistina principal; security

jistit warrant; secure; **smluvně** ~ secure by a contract

jistot|a **1** certainty; safety; security; **právní** ~ certainty at law, legal certainty; **smluvní** ~ contractual security; **sociální** **~y** social security; social certainties; ~ **za náklady žalobce** security for costs incurred by the plaintiff; ~ **zaměstnání** employment security **2** security, pledge; assurance; **složení** **~y** depositing money as security, standing / furnishing the bail for s.o.; **složit ~u kauci** provide a security deposit to secure the payment of a rent, place a security deposit with a landlord; furnish bail surety, give a cash bail bond

jistý certain; ascertained, secured, guaranteed

jištění security for st.; pledge an object given to s.o. as security for st.; collateral security for a loan; surety security for an obligation

jízdné fare; passage money; cost of conveyance

jmění estate, assets; capital; property, worth; **čisté** ~ **společnosti** net assets / worth of business; **čisté obchodní** ~ net corporate assets; basic capital; **obchodní** ~ corporate assets and liabilities; business stock / assets, capital; **společné** ~ **manželů** community property, estate by the entirety / entireties, marital property (US); **základní** ~ akciové společnosti registered capital of a joint stock company; corporate stock; **zapsané základní** ~ authorised share capital; registered capital; nominal capital; ~ **obchodní společnosti** corporate assets of a business entity; **konto / účet čistého** ~ capital account; **zvýšení základního** ~ capital increase, increase of the registered capital

jmén|o name; **domácké** ~ domestic name; **falešné / krycí** ~ assumed name, alias; **neosobní** ~ impersonal name, alias; **obchodní** ~ trade / corporate name; **zdrobnělé** ~ diminutive pet name; **zkomolené** ~ distorted spelling of a name; „**Jménem zákona!**" "In the Name of the Law!"; „**Jménem republiky.**" "In the Name and by authority of the Republic."; **akcie na** ~ registered stock; **dání ~a** giving a name; **dohoda** snoubenců o **~u** agreement of fiances on the (sur)name; **podnikatelská činnost je provozována vlastním ~em** business activity shall be performed in one's own name; **ve ~u koho** in the name of s.o.; **hlasovat podle ~a** vote by roll-call; **jednat ~em koho** act on behalf of s.o.

jmenovací appointing, nominating; relating to appointment; nomination; designation; denomination; ~ **dekret** certificate of appointment; ~ **dopis** letter of appointment; ~ **listina správce** pozůstalosti letter of administration; ~ **petice pro určení kandidáta ve volbách nebo na funkci** designating petition

jmenování appointment; nomination; designation; denomination; **doživotní** ~ soudce tenure of a judge guaranteed tenure of office, as a right granted to the holder of a position after a probationary period and protecting him against dismissal under most circumstances; ~ **do funkce** appointment to an office; ~ **učiněná prezidentem** presidential appointments; ~ **advokátem** call to the Bar; ~ **likvidátora společnosti** appointment of a liquidator of a company; ~ **soudcem** appointment to judiciary; ~ **soudců** appointment of judges; ~ **ústavních činitelů** appointment of supreme public officials provided for in the Constitution; **návrh na** ~ nomination; motion for an appointment submitted from the floor; **pravomoc schvalovat** ~ **učiněná prezidentem** power of approving presidential appointments; **provést / učinit** ~ **na návrh** make appointment upon nomination

jmenovan|ý **1** appointed, nominated; designated; **~í arbitři / rozhodci** appointed arbitrators; **~ kandidát** nominee; **řádně ~ zástupce** duly appointed deputy / representative / agent **2** mentioned; **výše ~** aforementioned, above-mentioned; **~ obviněný se řádně dostavil** the said accused duly appeared before the court; **~ svědek popřel, že by viděl pachatele, jak střílí** the said witness denied to have seen the offender shooting

jmen|ovat nominate; designate, appoint; create; call; **~ do funkce člena představenstva** name for the directorship, appoint s.o. to serve as director; **navrhnout nebo ~ kandidáta na politickou funkci** nominate or appoint a candidate for a political office; **prezident ~uje soudce na návrh ministra spravedlnosti** the President appoints judges upon nomination by the Minister of Justice

jmenovitě named, according to names; namely; **~ uvedený** listed according to names

jmenovit|ý nominal, face; **~á částka** face / nominal amount; **~á hodnota** cenného papíru face / par / stated value of a security; **~á náhrada škody** nominal damages

jmenovka badge, name-tag

judiciální judicial, relating to judiciary; **~ zkoušky** judiciary exams

judikát judgment, judicial decision; adjudication

judikatura soudní rozhodnutí judgment(s), judicial decision(s) practice of the courts, jurisprudence; **ustálená ~** established practice of the courts, case law

jurisdikce jurisdiction; **~ v odvolacím řízení** appellate jurisdiction

jurisprudence jurisprudence

jurista jurist; lawyer

juristický jural, juristic, juridical

justice **1** bodies judiciary; justiciary **2** system justice

justiční judicial; relating to judge, judiciary; **~ čekatel** articling / trainee judge, judicial trainee; **~ omyl** judicial error; **~ palác** the Hall of Justice, the Court of Justice; **~ skladový tiskopis** dotazník pro osvobození od soudních poplatků judicial custody form a questionnaire to be exempt from court fees; **~ vražda** judicial murder; **~ zkoušky** judiciary exams

K

kabina cabin; booth; **hlasovací** ~ polling / voting booth
kabinet cabinet; **sestavit stínový** ~ establish / create a shadow cabinet
kabinetní relating to cabinet; ~ **ministr** Cabinet Minister; ~ **politika** Cabinet policy
kabotáž cabotage transport services provided in one EU member state by a carrier of another EU state
kabotážní pertaining to cabotage; ~ **loď** coaster, coasting vessel
kaduční relating to escheat, caducum; ~ **řízení v případě odúmrti** escheat proceedings in the case of a vacant estate devolved to the State
kajuta berth, cabin
kalamita calamity, disaster; **přírodní** ~ natural disaster
kalibr gauge a fixed or standard measure or scale of measurement, the measure to which a thing must conform; calibre
kalibrační calibrating; classifying; **středisko** ~ **služby** Calibration Centre
kalibrovan|ý calibrated; **přesně** ~**é provozní měřidlo** accurately calibrated operational meter
kalkulace calculation; computation, reckoning; ~ **nákladů řízení** calculation of judicial costs, computation of the costs of proceedings
kampa|ň campaign an organized course of action designed to arouse public opinion throughout the country for or against some political object; **účastnit se** ~**ně proti trestu smrti** campaign (v) against the death penalty; **účastnit se** ~**ně za znovuzavedení trestu smrti** join the campaign for the reintroduction of the death penalty; **vést** ~ run a campaign
kampelička savings and loan association; mutual insurance society
kanalizace sewerage, system of sewers; **veřejná** ~ public sewerage; **provoz veřejné** ~ operation of public sewers
kancelář office; desk-room; chamber, bureau; agency; ~ **soudce** chambers; office of a judge; **vedoucí soudní** ~**e** the Head of the Court Office
kancléř chancellor; head of office
kancléřský relating to chancellor; ~ **soud** (UK) the Court of Chancery; ~ **úřad** chancellor's office
kandidát candidate; **notářský** ~ notarial

trainee, articling notary; **soupeřící** ~**i** rival candidates; ~ **ve volbách** electoral candidate; **několik** ~**ů na funkci** several choices for the nomination; **navrhnout nebo jmenovat** ~**a na politickou funkci** nominate or appoint a candidate for political office
kandidátk|a 1 (slang) list of candidates; slate (US); **sestavit** ~**u** form / produce a list of candidates / slate (US) 2 female candidate
kandidátní candidate (adj); ~ **listina** list of candidates, slate (US)
kandidatura candidacy, candidature
kandidovat run for (US), stand for (UK); ~ **na poslance** stand as a Deputy; ~ **na úřad** run for an office; ~ **proti členovi jiné strany** stand against a member of another political party; ~ **ve volbách do Poslanecké sněmovny** stand for election to the Chamber of Deputies, run for the office of Deputy, stand to be elected Deputy; ~ **ve volebním obvodu** stand for the constituency (UK) / electoral district; ~ **za Střední Čechy** stand for Central Bohemia
kánon 1 canon a rule, law, or decree of the Church 2 canon the collection or list of books of the Bible accepted by the Christian Church as genuine and inspired
kanonick|ý canonical; relating to canon; ~**é právo** canon law
kanovník canon; ~ **augustiniánů** Augustinian canon Black Canon; ~ **premonstrátů** Premonstrant / Premonstratensian canon White Canon
kapciózní captious designed to entrap or entangle by subtlety; ~ **otázky při výslechu** captious questions asked during interrogation
kapesné pocket-money
kapesní relating to pocket; ~ **krádeže** pick(-)pocketing; ~ **zloděj** pick(-)pocket, purse snatcher, cut(-)purse
kapitál capital (n); **akciový** ~ share / stock capital; **deklarovaný** ~ stated capital; **oběžný** ~ circulating / floating capital; **provozní** ~ working capital; **vložený** ~ paid-in capital; **základní akciový** ~ **společnosti** capital stock of a corporation; **základní** ~ registered capital; **zápůjční** ~ loan capital
kapitalizace celková suma různých cenných papírů vydaných společností capitalization the aggregate of value of all securities issued by the company

kapitalizovat co capitalize st. convert into capital
kapitálov|ý capital *(adj)*; **~á aktiva** capital assets; **~á společnost** stock corporation; **~ fond** capital fund
kapitola chapter; title
kaplan chaplain; priest, minister; **vězeňský ~** prison chaplain
kapsář pick(-)pocket; purse snatcher, cut(-)purse; *(slang)* dip, dipper, diver; organizovaná **skupina ~ů** pickers and runners
kapsářství pick-pocketing; pick-pocketism
karantén|a quarantine; **izolovat v ~ě po dobu šesti měsíců** isolate in quarantine for six months
karenční doba čekací doba, během níž nelze provádět určitou činnost waiting time when no acts can be performed
kariéra career; **~ soudce** judicial career; career of a judge
kariérní relating to career; **~ růst** career promotion
kárn|ý disciplinary; **~é opatření** disciplinary punishment; **~é provinění** disciplinary transgression / violation; **~é řízení** disciplinary procedure / proceedings; **~ senát** soudcovský judicial disciplinary panel to try judges when they transgress law
kart|a card; **kreditní ~** credit card; **přístupová ~** access card; **telefonní ~** phone-card; **vstupní ~** pro orgány cizinecké policie landing card; **držitel ~y** cardholder; **~ pojištěnce** pro zdravotní pojištění health insurance card proving one's health insurance coverage
kartel trust, syndicate; cartel
kartelov|ý pertaining to trust, syndicate; monopoly; **~á dohoda** cartel / monopoly agreement; **~é právo** cartel / monopoly law
kasační based on cassation; **~ princip odvolacího řízení** tj. důkazy se zpravidla neprovádějí před odvolacím soudem cassation principle of the appellate procedure i.e. evidence is not produced before the Court of Appeal, which may usually alter, cancel, or quash decisions of the lower courts
kasař cracksman
kasko hull the body of a ship or aircraft; **~ pojištění** tj. dopravního prostředku nikoliv nákladu hull insurance insurance of a vehicle not of cargo
katastr 1 Land Registry office, Land Register records, Cadastre; **povolení vkladu do ~u** sanction / leave / permission of court to enter a record in the Land Register / Cadastre; **zá-**pis **v ~u nemovitostí** record in the Land Register / Cadastre 2 cadastral area / territory; **ležet v ~u obce** be within the cadastral area of the community
katastrální cadastral; **~ mapy** cadastral maps; **~ šetření** cadastral survey; **~ úřad** Land Registry; **~ území** cadastral territory / area; **obnova ~ho operátu** tj. souboru popisných a geodetických informací the updating of Land Register data i.e. updating the descriptive and land survey information; **parcelní číslo ~ho území** a lot number in the cadastral territory / area
katastrofa calamity; catastrophe; disaster; **přírodní ~** natural disaster
katastrofální calamitous; catastrophic(al); **~ sucho** calamitous drought
katedr|a department; **~ občanského práva** Department of Civil Law, Civil Law Department; **vedoucí ~y** Head of the Department
kategorie category; **stavební ~** categories of construction types
kauc|e peněžitá záruka bail pecuniary security; security; **nepřiměřená ~** excessive bail; **~ v civilním sporu** civil bail; **jsoucí bez možnosti propuštění na ~i** unbailable; **nepřipouštějící složení ~** non-bailable; without security; **připouštějící složení ~** bailable; bail / security admitted; **vyžadující ~i** subject to bail / security, bailable; **potvrzení o složení ~** bail bond; acknowledgment of the receipt of a security deposit; **prohlášení o poskytnutí ~** bail piece; **složení ~** depositing money as security, standing / furnishing the bail for s.o.; **nesouhlasit s propuštěním na ~i z důvodu, že** oppose bail on the grounds that; **porušit pravidla propuštění na ~i** tj. nedostavit se k hlavnímu líčení jump bail i.e. fail to appear before court in due time; **propustit na ~i** grant bail, release on bail; **složit ~i** furnish bail surety, give a cash bail bond; provide a security deposit to secure the payment of a rent, place a security deposit with a landlord; **stanovit ~i ve výši 1 milionu korun** grant the bail of CZK one million; **zaplatit za koho ~i** stand bail for s.o.; bail s.o. out, pay the security for s.o.
kautela cautel, precaution, vigilance
kauza case, cause, suit, dispute; **právní ~** legal case / cause, law suit, legal dispute
kauzalit|a causality, causation; **~ škody** causation of damage; **zákon ~y** the law of causality
kauzální causal; **~ příslušnost** soudu, když roz-

hoduje věc určitého druhu causal jurisdiction of a court, jurisdiction over the cause of action hearing cases of a specific nature; ~ **věcná příslušnost** causal subject-matter jurisdiction
kazatel preacher; chaplain
kázeň discipline; orderly conduct and action; **pracovní** ~ employment / work discipline
kázeňsk|ý disciplinary; ~**á odměna** disciplinary reward as a result of good behaviour; ~ **přestupek** breach of discipline, disciplinary delict; disciplinary transgression; ~ **trest** disciplinary punishment; reprimand; **osoba podléhající vojenské** ~**é pravomoci** person subject to the disciplinary rules of the Armed Forces
kaz|it se perish, destroy, cause to decay; **věci, které se rychle** ~**í** perishables, perishable goods naturally subject to speedy decay due to organic substances
kazov|ý defective, unsound; ~**é zboží** defective goods
každodenně everyday, day by day, daily; on a daily basis
každodenní daily, day-to-day, everyday; ~ **chod soudu** the day-to-day running of the court
kladívk|o používané u soudu, při dražbě gavel; hammer; mallet; **úder** ~**a** the fall of a gavel / hammer / mallet
kladn|ý affirmative, consenting; content; positive; ~**é a záporné hlasy** contents and not contents; votes in favour and votes against; votes in the affirmative and votes in the negative; ~ **vztah k práci** positive attitude to work
klam deceit, deception; delusion; sham, bogus
klamání deception, cheating; misleading; delusion; **zákaz** ~ **spotřebitele** prohibition of deceptive consumer transactions, prohibition of deceptive sales practices towards consumers
klamat deceit, cheat, defraud; mislead; ~ **veřejnost** practise deception on the public
klamav|ý deceitful, delusive, deceptive; colourable, colorable (US); ~**á reklama** false / deceptive advertising; ~**á známka** deceptive mark; ~**é označení zboží a služeb** deceptive designation of goods and services
klamný delusive, deceptive; colo(u)rable; ~ **vzhled** deceptive appearance / outlook
klasick|ý classical; ~**é způsoby vyšetřování** classical modes of investigation
klasifikace classification; ~ **rizika při pojištění**

proti ohni a proti nehodám classification of risks in fire and accident insurance; ~ **trestných činů podle různých hledisek** classification of crimes
klasifikovat classify
klasifikovatelný classifiable
klausule clause; **generální** ~ general clause
klávesa na klávesnici key on a keyboard
klep 1 gossip 2 knock
klesa|t drop, decline, fall; **ceny** ~**jí** prices are falling
klíč key; answer key
klíčov|ý key (adj); ~**á otázka** key question / issue
klid abeyance, peace; acquiescence; quiet; ~ **řízení** abeyance a state of suspension, temporary inactivity, stay of proceedings; estate in abeyance; **porušit noční** ~ disturb the peace and quiet at night
klidný quiet; calm; ~ **život** quiet life
klient client; customer; ~ **neznalý práva** lay client; ~ **prostitutky** a prostitute's client, a trick (US); **právo** ~**a** ve vztahu k jeho advokátovi **na nezveřejnění obsahu jednání** client's privilege right of a client not to have disclosed confidential communication; **záruční fond na ochranu** ~**ů** client security fund
klientela clientele; clientage
klima climate
klinick|ý clinical; ~**á praxe** clinical practice; ~**á smrt** brain death; clinical death
klub club; **poslanecký** ~ (CZ) Club of Deputies affiliating with one political party; **senátorský** ~ (CZ) Club of Senators
kmenov|ý relating to equity, assets; ~**é akcie** průmyslového podniku common / ordinary shares, securities, equities; ~ **kapitál akciové společnosti** equity capital of a stock corporation
kmotr godfather
kmotra godmother
kmotřenec godchild; godson
kmotřenka goddaughter
kněz priest in hierarchical Christian churches; clergyman
knih|a book; log, file; register; **dílčí matriční** ~ partial register; **ověřovací** ~ register of authenticated documents; **pokladní** ~ cash book; **pozemková** ~ Land Register; **účetní** ~**y** books of account; ~ **jízd** mileage book; ~ **tržeb** book of sales; ~ **zápisů ze schůzí** minutes book; ~ / **matrika manželství** register of

marriages; ~ / **matrika narození** register of births; ~ / **matrika úmrtí** register of deaths **knížka** book; log, file; **pracovní** ~ employment history log; **vkladní** ~ **na doručitele** savings book on bearer; **vkladní** ~ **na jméno** savings book in one's name; **vkladní** ~ **cestovní** *(CZ)* traveller's savings book; **vkladní** ~ **úrokovaná** *(CZ)* savings book yielding interest; **vkladní** ~ **výherní** *(CZ)* lottery bonus savings book

koakvizice vyhrazení vzniku bezpodílového spoluvlastnictví až ke dni zániku manželství co-acquisition stipulation that the estate by the entireties be established upon / just before the dissolution of marriage

koalice coalition; ~ **politických stran** coalition of political parties

koaliční relating to coalition; coalitional; ~ **jednání** coalition negotiations; ~ **vláda** coalition government

kobka dungeon a dark subterranean place of confinement

kód code; **volací** ~ dialling code; area code *(US)*

kodicil doplněk k závěti codicil a supplement to a will

kodifikace codification; recodification; consolidation; ~ **ve velkém měřítku** wholesale codification; ~ **a rekodifikace trestního práva** consolidation and (re)codification of criminal law

kodifikovat codify; ~ **právo** codify the law

koexistence coexistence; concomitance

kogentní mandatory, peremptory; ~ **norma** peremptory / mandatory rule; ~ **ustanovení** mandatory / peremptory provision / rule; **předpis** ~ **povahy** regulation of a mandatory / peremptory nature

kohabitace cohabitation

kohabitační relating to cohabitation; cohabitational; ~ **dohoda** cohabitation agreement

kolace započtení na dědický podíl collation property received by heir in advance of his share; the right which an heir has of throwing the whole heritable and movable estates of the deceased into one mass, and sharing it equally with others who are of the same degree of kindred

kolaps collapse, breakdown

kolaudace occupancy permit issuance procedure; approval of premises to be regularly occupied after (re)construction

kolaudační relating to occupancy permit issuance; ~ **rozhodnutí** occupancy permit decision, certificate of occupancy; ~ **řízení** application for

an occupancy permit procedure; **návrh na vydání** ~**ho rozhodnutí** motion to issue the occupancy permit

kolaudovat issue an occupancy permit, issue a permit to occupy premises

kolegi|um college; division; ~ **Nejvyššího soudu** Supreme Court Division; **zasedání** ~**a** divisional meeting, session of a court division

kolek duty stamp; stamp, fee stamp; ~ **na cigaretách** excise stamp on cigarettes; ~ **na směnce** bill stamp; ~ **na úředním podání** official stamp on a submitted petition / filing

kolekce collection

kolektiv collective *(n)*

kolektivní collective *(adj)*; joint, group; ~ **bezpečnost** collective security; ~ **dílo** collective / composite work; ~ **investování v** investičních fondech collective investing in investment funds; ~ **nemocenské pojištění** group health insurance; ~ **ochranná známka** registrovaná na více majitelů collective trade mark; ~ **odpovědnost** collective responsibility; ~ **opatření** collective measures; ~ **plná moc** collective / joint power of attorney for more than one person; ~ **pojistka** joint policy; ~ **pojistné** collective premium; ~ **pojištění** collective / group insurance; ~ **pojištění pro případ úrazu** collective / group accident insurance; ~ **prokura** *(CZ)* joint procuration; ~ **sebeobrana** collective self-defence; ~ **smlouva** collective agreement; ~ **vyjednávání** o uzavření kolektivní smlouvy collective bargaining

kolidovat collide, concur

kolidující colliding, conflicting; concurrent; ~ **rozhodnutí** conflicting decision

kolísání variation, variance, fluctuation

kolísav|ý variable, fluctuating; ~**é náklady** variable costs

kolize conflict, collision; **hromadná** ~ **motorových vozidel** multiple car / vehicle collision, multiple crash of motor vehicles; ~ **nároků** concurrence of claims; ~ **pravomocí** conflict of authority; ~ **zájmů** clash of interests

kolizní colliding, conflicting; ~ **kritéria** *(MPP)* connecting factors applied in the conflict of laws; ~ **norma** conflict rule; ~ **opatrovník** guardian ad litem; ~ **rozhodnutí** conflicting decision

kolkování stamping; ~ **cigaret** stamping cigarettes with an excise stamp

kolkovné stamp duty

kolkov|ý relating to stamp; **~á známka** official duty stamp
koloniální colonial
kolonie colony
kolování circulation
koluze utajovaná dohoda dvou osob k oklamání třetího collusion secret agreement / understanding of two persons for purposes of trickery or fraud against the third party
koluzní collusive; relating to collusion; **~ vazba** collusive remand in custody to prevent possible collusion, i.e. deceitful influencing of the co-accused or witnesses; **~ žaloba** collusive action
komanditista (CZ) limited partner in a limited partnership company
komanditní relating to limited partnership company; **~ společnost** (CZ) limited partnership company registered in the Commercial Register; **~ společnost na akcie** partnership company limited by shares
kombinace combination; connexion, conjunction; **~ kódu** code combination
kombinovan|ý combined; connected, conjunct; **~á doprava** např. železniční a říční combined traffic eg. railway and river
kombinovat co combine; **~ různé způsoby objasňování trestné činnosti** combine different modes / ways of crime detection
komentář commentary, comment; annotation; gloss; **bez ~e** no comment; **~ k zákonu** commentary on the law, annotation; **zákon s ~em** annotated law, a law with commentaries, annotated code
komentovat comment upon / on; **stručně ~** make brief comments; comment on briefly
komerční commercial; **~ právník** commercial lawyer; **~ televize** commercial television; **~ transakce** commercial transaction
komerčnost commerciality, commercial nature of st.
komfort amenity, convenience; comfort
komfortní comfortable; **~ vybavení** conveniences for the homestead
komisař commissioner; **policejní ~** police commissioner; **soudní ~** judicial commissioner; **volební ~** returning officer; **vyloučení notáře z úkonů soudního ~e** dismissal / disqualification of a notary from his acting as judicial commissioner
komis|e 1 committee, commission; board; **ad hoc ~** ad hoc committee; **Evropská ~ pro**

lidská práva European Commission for Human Rights; **mandátní ~** mandate committee; committee of credentials; **meziresortní ~** joint interdepartmental committee; **posudková ~** medical expert committee / board responsible for producing expert opinion with respect, for example, state of health of s.o.; **povodňová ~** flood committee; **smírčí ~** commission / board of conciliation; **stálá ~** standing committee; **volební ~** election committee; **vyšetřovací ~** commission of inquiry; **zkušební ~** board of examiners; **~ orgánu místní správy pro zajištění místní bezpečnosti** local council watch committee; **Komise Evropského společenství** Commission of the European Community; **~ obecní rady** committees of a local council's board; **Komise pro cenné papíry** (CZ) Securities and Exchange Commission; **Komise pro práva žen** Commission for the Status of Women **2** consignment; **prodej v ~i** consignment sale; **zboží v ~i** goods on consignment
komisionální pursued before committee, commission, board; **~ zkoušky** exams to be passed before a board
komisionář consignee; commission agent / merchant / factor / broker / dealer
komisionářsk|ý relating to consignment; **~á provize** agent's / broker's / factor's / consignee's commission; **~á smlouva** consignment contract / agreement; brokerage contract; **~ účet** consignment account
komisivní commissive, based on commission; **~ jednání** act of commission
komitent consignor, principal (n)
komodit|a commodity an article of commerce, an object of trade; **cena ~y** commodity price; **trh s ~ami** commodity market
komoditní relating to commodity; **dopravní ~ sazba na určitý druh zboží** commodity rate; **~ burza** Commodity Exchange
komora chamber; association; house; **Agrární ~ ČR** Agrarian Chamber of the Czech Republic; **Americká advokátní ~** American Bar Association; **Česká advokátní ~** Czech Bar Chamber; **Česká ~ architektů** Czech Architects Chamber; **Česká ~ autorizovaných inženýrů a techniků činných ve výstavbě** Czech Chamber of Chartered Surveyors; **Česká lékárnická ~** Czech Chamber of Pharmacists; **Česká lékařská ~** Czech Chamber of Medical Doctors; **Česká stomatologická ~**

Czech Stomatology Chamber; **horní** ~ **parlamentu** higher / upper Chamber / House; **Hospodářská** ~ **ČR** Economic Chamber of the Czech Republic; **notářská** ~ Chamber of Notaries; **obchodní** ~ Chamber of Commerce; **profesní zájmová** ~ professional chamber; **Skotská advokátní** ~ Faculty of Advocates; **Komora auditorů ČR** Chamber of Auditors of the Czech Republic; **Komora daňových poradců ČR** Chamber of Tax Advisors of the Czech Republic; **Komora patentových zástupců** Chamber of Patent Agents; **Komora veterinárních lékařů ČR** Chamber of Veterinary Doctors of the Czech Republic

komorov|ý relating to chamber; association; ~**é podnikání** (CZ) business activities regulated / governed by professional Chambers

komparatistika comparative science; **právní** ~ comparative jurisprudence

komparativní comparative; ~ **studie** comparative study

kompendium consolidated laws / statutes

kompenzace compensation; reimbursement; set-off, offset; ~ **vzájemných pohledávek** offset of claims; counterbalancing and compensating for another claim; ~ **vzniklé škody** compensation of incurred damage; ~ **za nepřijetí do zaměstnání z důvodu pracovní diskriminace** front wages prospective compensation to a victim of job discrimination

kompenzační compensatory; consisting in compensation; ~ **obchod** compensation trade

kompenzovat compensate; reimburse; counterbalance (v)

kompetence competence; responsibility; jurisdiction; competency; **časová, funkční, osobní, prostorová, věcná** ~ **státních orgánů nebo orgánů samosprávy** competence of state or local government bodies with respect to time, function, persons, territory and subject-matter

kompetenční relating to competence; ~ **konflikt pozitivní oba orgány chtějí konat** positive both bodies intend to act conflict over their competence; ~ **konflikt negativní žádný z orgánů nechce konat** negative none of them intend to act conflict over their competence

kompetentní competent, responsible; qualified; capable; ~ **osoba** competent / responsible person; person in authority / charge

kompilace compilation

komplementář (CZ) general partner in a limited partnership company

kompletní unabridged, full, complete; complex

kompletnost, komplexnost completeness, complexity; comprehensiveness

komplex complex (n); ~ **méněcennosti** inferiority complex

komplexní comprehensive, complex (adj); ~ **plánování** comprehensive planning; ~ **program** comprehensive programme

komplic accomplice

komplikovaný intricate, complicated; complex (adj)

komponent component

kompromis compromise; settlement; adjustment; **dosáhnout** ~**u** achieve a compromise; **řešit co** ~**em** compromise (v)

kompromisní compromising; relating to compromise; ~ **výrok** compromising statement of court, compromise / compromising verdict by a jury

komunální communal, municipal; pertaining to community, municipality; ~ **odpad** communal / municipal waste; ~ **politika** local / municipal policy; ~ **volby** local / municipal elections

komunikac|e 1 communication, interaction 2 highway, carriageway, road; **technické podmínky provozu na pozemních** ~**ích** technical criteria / conditions of operation on highways / roads

komunita community; commune; **místní** ~ local community

konání act, action, acting; ~ **a opomenutí** action and omission; **žaloba na** ~ coercive action; action to act

konat act; make, do; carry out, undertake; perform; hold; dispense; ~ **arbitrážní řízení** carry out arbitration; ~ **nový proces** hold a new trial; ~ **příležitostné práce** carry out occasional / incidental job; ~ **rozhodčí řízení** carry out arbitration; ~ **všeobecné volby** hold a general election; ~ **a vést vyšetřování o trestných činech** carry out and conduct investigation of crimes; **pachatel byl povinen** ~ the offender was obliged to act

kon|at se take place, be held; **soudní jednání se** ~**á v jednací síni** the trial will be held in the courtroom

koncentrace concentration; ~ **veškeré moci**

v rukou jedné osoby the concentration of all power in the hands of a single man **koncentrovat se na co** concentrate on st.; focus attention on st.

koncepce conception, concept; design, plan; ~ **spravedlnosti** concept / conception of justice

koncept draft, rough copy

koncern holding company

koncese permission, permit; licence; concession *(spec)*; **těžební** ~ mining concession; **živnostenská** ~ *(CZ)* Trade Permit as a higher degree of licensing special types of trade by the state

koncesionář holder of permit; licensee; concessionary

koncesionářsk|ý concessionary *(adj)*; **~é poplatky za radio a TV přijímače** *(CZ)* radio and TV broadcast receiver charges

koncesní relating to permit, permission; ~ **listina** *(CZ)* Trade Permit Certificate

koncesovan|ý subject to permit / permission as a higher degree of state licensing; **~á živnost** *(CZ)* trade executed upon the issuance of permit, permitted trade

koncipient articled / articling clerk; **advokátní** ~ articling attorney(-at-law), attorney serving apprenticeship / articles, articled clerk to an attorney(-at-law); **notářský** ~ notarial trainee, articling notary; **povinná praxe advokátního ~a než je připuštěn k advokátským zkouškám** compulsory articles / clerkship served before s.o. is permitted to sit for the bar exam; **pracovat jako** ~ serve articles in a law firm, with a notary public

koncizní concise

koncový final, terminal, end; ~ **uživatel** end user

kondikce žaloba z bezdůvodného obohacení condictio *(lat)*, personal action, action in personam for unjust enrichment

kondominát, kondominium condominium

konec end, termination, closing; ~ **rozpravy v Parlamentě** closing of debates in Parliament; gag *(slang)*

konečn|ý final, complete; concluding, definite, ultimate; **~é rozhodnutí** final decision; **~é vyřízení věci soudem** final disposing of / settling of a case by court; ~ **rozsudek o rozvodu** absolute decree of divorce, decree absolute; ~ **součet** the total; bottom line; ~ **trh** ultimate market

konfederace confederacy, confederation

konfederační confederate

konference conference; convention; meeting; ~ **se koná** the conference is held

konfident common informer, denunciator; informant laying information against any person; informer giving information to the police about a crime

konfiskace nucené odnětí majetku bez náhrady confiscation seizure of property under public authority without any compensation

konfiskovaný confiscated and adjudged to the state; forfeited, seized; condemned

konfiskovat co confiscate appropriate private property to the state by way of penalty; seize, forfeit; take forcible possession of st.

konfiskovatelný confiscable, liable to confiscation; seizable, forfeitable, subject to forfeiture

konflikt conflict the clashing or variance of opposed principles, statements, arguments; ~ **zájmů** conflict of interests; **řešení ~ů** conflict resolution; **závažnost ~u** seriousness of the conflict

konfliktní conflicting; conflictful; contending; clashing, contradictory; ~ **osoba** troublesome person; ~ **situace** conflictful situation

konfrontace confrontation the bringing of persons face to face esp. for examination and eliciting the truth; ~ **svědků protistrany** confrontation of opposing witnesses

konfrontovan|ý confronted; **~é osoby** confronted persons

konfrontovat confront; ~ **s důkazy** confront with evidence; ~ **svědky** confront witnesses

kongres congress; **volební obvod pro volby do ~u** *(US)* congressional district; **zápisy z jednání ~u** *(US)* congressional records

kongresov|ý congressional; relating to congress; **~é centrum** Congressional Centre

kongruence congruence

konkludence implied action

konkludentně impliedly, implicitly; **dohoda** / **smlouva sjednaná** ~ implied agreement / contract, agreement / contract made impliedly / by implication; **dát souhlas** ~ agree impliedly / by implication; **uzavřít smlouvu** ~ make an implied contract, enter into the contract impliedly

konkludentní implied, implicit; ~ **čin / projev** implied act / action; ~ **dohoda** implied agreement; ~ **slib** implied promise; **~m jednáním** impliedly, by implication

konkordance concordance; agreement, harmony

konkordát concordat in canon law a compact between the Apostolic See and the state

konkurence 1 souběh concurrence; coincidence; juncture; ~ trestných činů multiple offences 2 competition rivalry in the market; nekalá ~ unfair competition; obchodní ~ competition in trade / business; zákaz ~ competition forbidden

konkurenceschopný fit for / capable of competition

konkurenční competitive; ~ doprava competitive traffic; ~ nabídka ve veřejné soutěži competitive bid; ~ systém competitive system; system of competition

konkurent competitor

konkurs₁ bankruptcy; ~ a vyrovnání bankruptcy and composition; návrh na prohlášení ~u bankruptcy petition; návrh na ukončení ~u nuceným vyrovnáním motion to close bankruptcy proceedings by compulsory composition; oznámení o zrušení ~u notice of cancellation of bankruptcy proceedings; notice of revocation of the petition in bankruptcy; pravidla pro soudní projednávání ~u bankruptcy rules; prohlášení ~u adjudication of bankruptcy; prohlášení ~u jako důsledek trestné činnosti criminal bankruptcy; řízení o ~u na návrh konkursního dlužníka voluntary bankruptcy proceedings the petition filed by the debtor; řízení o ~u na návrh konkursního věřitele involuntary bankruptcy proceedings the petition filed by the creditors; soudní rozhodnutí o ~u adjudication / declaration of bankruptcy; upozornění na možnost podání návrhu na prohlášení ~u nebudou-li včas vyrovnány dluhy bankruptcy notice a debtor will face bankruptcy if he fails to pay his debts; usnesení o prohlášení ~u k návrhu věřitele / dlužníka resolution of involuntary filed by creditors / voluntary filed by the debtor bankruptcy petition; zápis ~u do Obchodního rejstříku (CZ) the recording of bankruptcy in the Commercial Register; být soudně prohlášen podnikem v ~u be adjudicated bankrupt; dostat se do ~u stát se insolventním go bankrupt, go insolvent; podat návrh na prohlášení ~u file a petition in bankruptcy; zrušit ~ z důvodu splnění rozvrhového usnesení cancel the bankruptcy proceedings due to the fulfil(l)ment of the resolution to distribute the bankrupt's estate; majetek úpadce nepostačuje k úhradě nákla-

dů ~u the bankrupt's estate is insufficient to cover the costs of bankruptcy proceedings

konkurs₂ competition; ~ na volné místo competitive selection procedure to fill a vacancy, competitive hiring procedure; funkce podléhající ~u classified positions

konkursní relating to bankruptcy; ~ dlužník bankrupt; ~ kontrolor účtů bankruptcy controller / comptroller; ~ podstata bankrupt's estate / assets; ~ poměrné uspokojení věřitelů bankruptcy proportional distribution of assets among creditors; ~ právo Bankruptcy Law; ~ řízení bankruptcy proceedings; ~ soud court of bankruptcy, bankruptcy court; ~ věřitel bankrupt's creditor; soupis ~ podstaty úpadce inventory of the bankrupt's estate; bankruptcy schedule, listing of the bankruptcy estate legal and equitable interests in property of a debtor; správce ~ podstaty trustee in bankruptcy usually appointed by creditors, official receiver, receiver in bankruptcy usually appointed by the court; být soudně prohlášen ~m dlužníkem be adjudicated / declared bankrupt; přihlásit se ke ~ podstatě prove / submit the claims in bankrupt's estate; vyloučit věc z ~ podstaty withdraw an item from the bankrupt's estate / assets

konopí cannabis; cannabis sativa L.

konosament námořní náložní list bill of lading an official detailed receipt given by the master of a merchant vessel to the person consigning the goods, by which he makes himself responsible for their safe delivery to the consignee; čistý ~ clean bill of lading; ~ na jméno non-negotiable / straight bill of lading; ~ ve zkrácené formě short form bill of lading; palubní ~ shipped / on board bill of lading; průběžný ~ through bill of lading; přejímací ~ received for shipment bill of lading; převoditelný ~ negotiable bill of lading; spediterský ~ forwarder bill of lading

konsensuální consensual requiring only consent of the parties to render it obligatory; consenting; ~ smlouva consensual contract; ~ závazek consensual obligation

konsensus consensus, agreement in opinion; názorový ~ consensus of opinion

konsignace consignment a list of goods or cargo consigned to an agent for sale or disposal; consignation

konsignační relating to consignment, consignation; ~ povolení celní bill of sufferance permission to land goods before any customs duty is paid; ~ **sklad** bonded warehouse where customs will be paid for individual items of consignment when released for sale in the country

konsignant consigner, consignor

konsignát consignee

konsolidace consolidation; unification, settlement; ~ **politických poměrů v zemi** consolidation / resettlement of a political situation in a country

konsolidovaný consolidated, unified; settled

konsolidovat co consolidate, unify; settle

konsorcium consortium an association of business, banking, or manufacturing organizations; partnership, association

konspekt conspectus; synopsis, digest

konstantní constant; invariable, fixed, unchanging, uniform

konstitucionalismus constitutionalism, constitutional government

konstituční constitutional; relating to constitution; ~ **monarchie** constitutional monarchy

konstitutivní constitutive; constructive; essential; ~ **akt** constitutive act; ~ **povaha rozhodnutí** constitutive nature of decision forming an essential part / element of the decision

konšel (zast) alderman, (pl) aldermen (obs); town councillor

kontakt contact (n); **přijít do ~u s kým** come into contact with s.o.; **užitečné ~y** useful contacts

kontaktní based on contact; ~ **osoba** contact man (inform)

kontaktovat koho / co contact (v) s.o. / st., get in contact / touch with s.o.

kontaminace contamination; **vysoký stupeň ~ půdy** a high degree of contamination of soil

kontaminovat contaminate; ~ **podzemní vody** contaminate underground waters

kontext context; **nesrozumitelný pro nedostatek ~u** unintelligible from want of context; **v tomto ~u** in this context

kontextový contextual; ~ **ekvivalent** contextual equivalent; ~ **význam** contextual meaning

kontinent continent; mainland

kontinentální continental; ~ **právo v kontrastu s právem na britských ostrovech** Continental Law; civil law; ~ **šelf** continental shelf

kontingent quota the number or proportion of persons or goods that may be admitted to a country or an institution; contingent

kontinuita continuation, continuous existence / operation; continuance; continuity, unbrokenness; ~ **ústavy** continuation of the Constitution

konto account; **devizové** ~ foreign currency account

kontokorent overdraft account

kontokorentní relating to an overdraft; ~ **účet** overdraft account; ~ **úvěr** overdraft credit

kontradikce contradiction a statement that contradicts or denies the truth or correctness of another; contradictory proposition

kontradiktorní contradictory; adversary, adversarial; ~ **systém** adversary / adversarial system; ~ **trestní řízení** adversary / adversarial system of criminal justice

kontrahent contractor

kontrakt contract

kontraktace contracting; contractation (obs)

kontraktační contracting; ~ **výstava** contracting exhibition where contracts can be made, in opposition to an exhibition where items are on show only

kontrarozvědka counter(-)espionage; counter--intelligence agency

kontrasignace countersignature

kontrasignovat countersign

kontrast contrast (n)

kontrastovat s čím contrast (v) with st.

kontrašpionáž counter(-)espionage

kontrol|a control; inspection; audit, check; scrutiny; watch; supervision; **daňová** ~ tax inspection; tax search / control; **soudní** ~ judicial scrutiny / control; ~ **hlučnosti** control over noise; ~ **moci** check of the power, control over the power; ~ **odpadů** control over wastes; ~ **silničního provozu** traffic behaviour check; ~ **veřejné správy** control over / of public administration; ~ **vlády** control over the government; ~ **zbrojení** arms control; ~ **znečištění ovzduší a vody** control over air and water pollution; **právo ~y** right to inspect; right to control / audit; **stanice technické ~y** test station; **Státní ústav pro ~u léčiv** (CZ) State Institute for Pharmaceutical Control; **systém vzájemné ~y a rovnováhy mezi mocí výkonnou, zákonodárnou a soudní** checks and balances system among the executive, legislative and judicial branches of government; **zákon o ~e znečišťování** Control of Pollution Act; **pro-**

vádět ~u čeho exercise control over st.; **zajišťovat důkladnou ~u vypouštění odpadů do pobřežních vod** provide full control over discharges into coastal waters **kontrolní** controlling; checking, auditing; supervisory; ~ **komise obecní rady** watch commission of a local council's board; ~ **komise družstva** control / audit committee of a cooperative; ~ **normy** auditing standards; ~ **osvědčení** certificate of control / audit; ~ **systém** control / audit system; ~ **zjištění** audit findings; ~ **zkouška** control test; **Nejvyšší ~ úřad** (CZ) Supreme Audit Office / Agency **kontrolor** controller, comptroller an erroneous spelling of controller, introduced in 1500, and formerly frequent in all senses; still retained in certain official designations; auditor; supervisor; **finanční ~** financial comptroller; **konkursní ~ účtů** bankruptcy controller / comptroller; ~ **oběživa** comptroller of currency **kontrolovat** check, control, scrutinize; supervise; **důkladně ~ činnost vlády** scrutinize the Government's activities; ~ **vypouštění znečištěné vody** control discharges of polluted water **kontroverze** contention, contestation, controversy **kontroverzní** controversial, objectionable; debatable, questionable; disputed; ~ **doporučení** controversial recommendations **kontumační** default wilfully disobedient to the summons or order of a court; contumacious (obs); ~ **rozsudek** judgment by / in default, default judgment entered against a party which has failed to defend themselves against a claim **konvalidace** convalidation, convalidating, ratifying / rendering legal, putting into legal effect; making an originally invalid act valid, re-affirmation of validity; ~ **místní nepříslušnosti** convalidating the lack of local jurisdiction **konvalidovat** convalidate; render legal, put into legal effect; ~ **právní úkony** convalidate legal acts **konvence** convention; **nejdůležitější ~** paramount convention; **platné ~** conventions in force; **ústavní ~** conventions of the constitution, constitutional conventions; ~ **se rozpadla** the Convention has collapsed **konvencionální** conventional, contractual; ~

pokuta tj. smluvní conventional penalty i.e. contractual **konvenční** conventional other than nuclear; ~ **zbraně** conventional weapons; **zbrojení ~mi zbraněmi** conventional armaments **konvertibilit|a** convertibility; **doložka o ~ě** conversion clause **konvertibilní** convertible; ~ **cenné papíry** convertible / conversion securities; ~ **dluh** convertible debt **konverzace** conversation **konverz|e** conversion the exchanging of a convertible security into another; converse (n); ~ **neplatného právního úkonu neplatný právní úkon má** náležitosti jiného právního úkonu, který je platný converting / convalidating an invalid act an invalid legal act has elements of another act that is legally valid; rendering an invalid act legally valid; putting an invalid act into legal effect; ~ **zbrojního průmyslu** conversion of arms industry; **doložka o ~i dluhu, pojistky** conversion clause with respect to debts, policy **konverzní** converse opposite or contrary in direction or action; acting in reverse manner (adj); ~ **poučení** converse instruction **konvokace** convocation the action of calling together or assembling by summons; ~ **věřitelů** convocation of creditors **konzervativec** conservative (n) **konzervativní** conservative (adj); ~ **názory** conservative opinions characterized by a tendency to preserve or keep intact or unchanged; ~ **strana** Conservative Party; **kandidát za ~ stranu** Conservative candidate **konzul** consul; **generální ~** Consul-General; **honorární ~** Honorary Consul **konzulární** consular (adj); ~ **jurisdikce / pravomoci** consular jurisdiction; ~ **oddělení** consular department / section; ~ **poplatek** consular fee; ~ **právo** consular law; ~ **sňatek** consular marriage; ~ **styky** consular connexions / connections; ~ **úmluva** consular agreement **konzulát** consulate (n); **generální ~** Consulate General **konzultace** consultation the action of consulting or taking counsel together; deliberation, conference; advice **konzultační** consultative; relating to consultation; ~ **hodiny** office / consultation hours **konzultant** consultant a person qualified to give professional advice or services; advisor

konzultovat consult *(v)*; ~ **co s kým** consult s.o. in / about st.

konzumace consummation; consumption; **faktická** ~ trestného činu actual consummation of an offence one offence is consumed by another crime

kooperace collaboration, co(-)operation

kooperační co(-)operative, collaborative

koordinace coordination, harmonization

koordinační coordinating, harmonizing; ~ **centrum** coordinating centre, centre of coordination

koordinovat coordinate, harmonize; ~ **činnost národů** harmonize the actions of nations

kop kick; ~ **sebeobrany** self(-)defence kick

kopie copy, duplicate; **neověřená** ~ **listiny** uncertified / unauthenticated copy of an instrument; **ověřená** ~ certified / authenticated copy; **úřední** ~ office copy

kopírovat co copy *(v)*; make a copy of a writing; transcribe from an original

korektní fair; correct; ~ **podnikání obchodování** fair business transactions / trading

korektnost fairness; ~ **v obchodní praxi** fairness in commercial transactions

korespondence correspondence

korespondovat s čím correspond with st.

koroner vyšetřovatel násilných a náhlých úmrtí vyvolávajících podezření z trestného činu coroner officer whose function is to hold inquest on the bodies of those supposed to have died by violence or accident

korporace corporation; **vícečlenná** ~ aggregate corporation

korporační corporate *(adj)*

korumpovat koho / co bribe s.o., corrupt s.o. / st.

koruna crown; **česká** ~ Czech crown, CZK abbrev

korupce corruption, bribery; **politická / veřejná** ~ political / public corruption; jobbery the practice of corruptly turning a public office; **být obviněn z** ~ be accused of bribery bribe taking / accepting or bribe giving / offering

korupční relating to corruption, bribery; ~ **aféra / skandál** corruption / bribery affair, corruption / bribery scandal

kořist plunder, spoil, gain; **válečná** ~ (war) booty

kostel church

kotace quotation; ~ **na burze** Stock Exchange quotation; bid quote

kotevné poplatek za kotvení anchorage

kotouč disc; **tachografický** ~ tachograph disc

kotovan|ý quoted; listed; ~**é cenné papíry** quoted / listed securities

kotovat akcie quote stock, list

kotva anchor

koup|ě purchase, sale; buy; **dobrá** ~ good buy / purchase; **špatná** ~ bad buy / purchase; ~ **na zkoušku** test purchase; **právo zpětné** ~ right to purchase back; **smlouva o** ~**i najaté věci** hire-purchase *(UK)* / lease-purchase *(US)* contract

koupen|ý purchased; bought; **převzetí věci** ~**é** the taking of a purchased thing

kov metal; **drahý** ~ precious metal

krácení shortening; reduction, minimizing; ~ **daně** tax evasion; illegal / unlawful minimizing of tax liability, tax fraud; ~ **dovolené z důvodu nepovolené absence** reduction of statutory holiday due to absence without leave

kraden|ý stolen; obtained by theft; **nelze prodávat** ~**é zboží** it is unlawful to sell stolen goods; nemo dat quod non habet, nemo dat qui non habet *(lat)*; **překupnictví** ~**ého zboží** receiving stolen goods

krádež theft as a legal term preferred in the UK, larceny as a legal term preferred in the US; stealth; heist, pilferage; robbery if force is exercised; **velká** ~ **nad určitou finanční částku** grand larceny *(US)* above a certain price limit taking the property in excess of USD 100; ~ **motorového vozidla** motor vehicle theft *(UK)*, *(US)*; ~ **s přitěžujícími okolnostmi** aggravated larceny / theft; ~ **užitku věci** theft / larceny of proceeds of a thing; ~ **zboží během přepravy** robbery of goods while in transit from trucks, hijacking; **oznámení o** ~**i kreditní karty** notice of a stolen credit card

krach come-down, crash, collapse; **finanční** ~ financial collapse

kraj region as a self-governing unit; land; canton

krajina countryside; landscape; nature; **přirozená** ~ natural landscape

krajinn|ý relating to countryside; landscape; nature; **chráněná** ~**á oblast** protected landscape area; ~ **ráz** landscape character

krajní marginal; extreme; ultimate, utmost; ~ **nouze** necessity pressure of circumstances compelling one to commit an illegal act *(UK)*, *(US)*; extreme emergency; ~ **prostředek** ultimate means; ultima ratio *(lat)* final sanction

krajsk|ý regional; ~**é státní zastupitelství** *(CZ)* Regional Prosecuting Attorney's Office,

Regional Prosecution; **~é zastupitelstvo** Regional Council as a self-government institution; **~ hejtman** *(CZ)* chief executive officer of a Regional Authority; **~ soud** Regional Court; **~ státní zástupce prokurátor** *(CZ)* Regional Prosecuting Attorney prosecutor; **~ úřad** *(CZ)* Regional Authority the executive section of regional self-government; **rada ~ého zastupitelstva** Board of the Regional Council
království kingdom; monarchy
krátkodobě on a short-term basis / bases
krátkodob|ý short-term; brief, short; **~é, preventivní zadržení** brief, preventive detention
krátký brief, short; concise
kredit credit; reputation, repute
kreditní relating to commercial credit; **~ karta** credit card; **oznámení o ztrátě nebo krádeži ~ karty** notice of a lost or stolen credit card
kremac|e cremation; **pohřeb ~í** cremation burial
krematorium crematory; crematorium *(obs)*
kreslit draw; design, shape; **~ hranice volebního obvodu** draw boundaries of electoral districts
krev blood; **vzorek ~e** blood sample
krevní of blood; **~ skupina** blood group; **~ skvrna** blood stain; **~ zkouška na přiznání otcovství** blood grouping test to prove or exclude paternity; **určení ~ skupiny** blood grouping, the determination of the blood group of a sample of blood
kriminalista investigator of crime; criminology specialist
kriminalistika criminalistics science which applies the physical sciences in the investigation of crimes
kriminalita delinquency, crime *(uncount)*; criminal social conduct; **~ mladistvých** juvenile delinquency; **~ vzrůstá** crime is on the increase
kriminální criminal; delinquent; **služba ~ policie** the Criminal Police, serious Crime Squad
kriminálník jailbird, prison bird, lagger, villain
kriminolog criminologist
kriminologický criminological; **~ výzkum** criminological research
kriminologie criminology; the science of crime
kritick|ý critical; crucial; **~é zkoumání** critical examination; **~ stav** critical state / situation
kriti|ka criticism; censure negative; review; fault-finding; critique; **být podroben ~ce** be called into question, be criticized

kritizovat koho / co criticize s.o. / st.; censure, find fault with s.o. / st.
krize crisis, *(pl)* crises; **ekonomická, politická, ústavní ~** economic, political, constitutional crisis
krizov|ý pertaining to / showing distress, crisis; distressed; **~á oblast** distressed area; **~é centrum** crisis-centre
krutost cruelty, atrocity; **válečná ~** war cruelty
krutovládce absolute despot
krut|ý cruel; harsh; cold(-)blooded; merciless, hard-hearted; **~é jednání** cruelty; cruel deed / act; **~é zacházení s dětmi** cruelty to children; **~é zacházení s rodinnými příslušníky** domestic violence; **~é zacházení se zvířaty** cruelty to animals
krycí of the nature of disguise, concealment; concealing; **~ jméno** assumed name, nickname, alias
krytí coverage an amount of money available to meet liabilities; funds; covering; **finanční ~** financial cover; **nulové ~** no funds; **pojistné ~** insurance contract coverage; **~ bankovek** backing of banknotes; **~ nákladů na výkon rozhodnutí** coverage of costs of judgment execution; **~ všech rizik** all(-)risks cover; **~ zločinu** cover-up of a crime
kryt|ý covered, backed; **~á částka pojistkou** amount covered by policy
křeslo chair; **elektrické ~** electric chair
křest baptism, christening
křestní relating to baptism, christening; **~ jméno** christian / first name; **~ list** certificate of baptism
křídlo wing; **politické ~** political wing
křivda wrong; injustice, wrongdoing; violation
křivě perjuriously, falsely; crookedly; **~ svědčit / vypovídat** give false / perjured testimony
křiv|ý false, perjured, perjurious; crooked; **~á přísaha** a breach of oath, perjury; **~á výpověď** false statement / testimony, perjury, perjured testimony, the wilful utterance of false evidence while under oath; **~é obvinění** false accusation; perjury; perjured testimony; **~é svědectví** false / perjured testimony; **svědek** deceitful witness
kříž|it se concur; conflict; **zájmy se ~í** their interests are concurring / in conflict
křižování crossing; **~ šeku** crossing of a check *(US)* / cheque *(UK)*
křižovat cross *(v)*; **~ směnku** cross a bill / note

křížov|ý cross *(adj)*; ~á otázka cross interrogatory; ~á žaloba cross action / complaint; ~ nárok protinárok cross-claim, counterclaim; ~ výslech cross-examination
kultur|a culture; cultivation; právní ~ legal culture, culture of law; neoprávněně provést změnu ~y pozemku unlawfully change / alter the cultivation of a plot of land
kulturně culturally; ~ cenný předmět an item of cultural value
kumulace cumulation; joinder; conjunction, union; subjektivní ~ žalob joinder of parties the act of uniting as parties to an action all persons who have the same rights as co-plaintiffs
kumulativní accumulative; cumulative; collective; ~ novace nahrazený závazek nezaniká accord and satisfaction *(UK)*, *(US)*; cumulative novation *(CZ)* the original obligation continues to exist; ~ obžaloba accumulative charges; ~ odkazy cumulative legacies; ~ trestní rozsudek accumulative criminal judgment; ~ trest accumulative sentence
kuplíř procurer; bawd, pander
kuplířství někdo jiného zjedná, přiměje nebo svede k provozování prostituce procuring and soliciting prostitution the action of procuring, commanding or urging s.o. to indulge in prostitution
kupní relating to purchase, sale; buying; purchasing; ~ cena nebo její část je splatná ve splátkách the purchase price or part of it is payable in / by instal(l)ments; ~ síla purchasing power; ~ smlouva contract of sale, sales contract, sales agreement, bill of sale, purchase agreement, sell and buy agreement; ~ smlouva na movitý majetek contract for the purchase of personal property; ~ smlouva o převodu vlastnictví k nemovitostem contract to sell and transfer the title to real property; obchodní ~ smlouva commercial sales contract, bill of sale; plnění ~ smlouvy performance of a sales contract
kupon coupon; voucher; obligační ~ bond coupon
kuponov|ý relating to coupon; voucher; ~á privatizace *(CZ)* coupon privatization; ~é cenné papíry coupon securities; ~é dlužní úpisy směnky coupon bills / notes; ~é obligace coupon bonds
kupovat buy; purchase; vend *(US)*
kupující *(n)* buyer, purchaser, vendee; bargainee; emptor; neplnění povinnosti ~m failure to perform duties of a buyer
kurátor probation officer social worker supervising primarily juvenile delinquents either conditionally discharged or released from prison; guardian usually appointed by court; curator usually of exhibitions in a gallery
kurz 1 rate, quote; devizový ~ exchange / conversion rate; měnový ~ exchange rate; ~ zboží ceny, za něž se komodity prodávají na burze commodity rate; zaznamenat ~ quote 2 course, programme; přípravný ~ k přijímacím zkouškám preparatory course for entrance exams
kurzovné tuition / course fee
kurzovní relating to exchange; ~ list exchange list; ~ rozdíl exchange difference
kus piece; item; majetkový ~ ve smlouvě o prodeji pozemků parcel a portion or piece of land in a contract for the sale of land
kvalifikace qualification; competence, capability; dostatečná ~ pro výkon povolání sufficient qualification to perform an occupation / profession; právní ~ trestného činu the legal qualification of a crime; ~ dosažená vzděláním educational background
kvalifikační relating to qualification; qualifying; ~ požadavky qualification requirements e.g. to get a job; eligibility criteria e.g. to get funding from public funds
kvalifikovan|ý qualified; specified; eligible, entitled; ~á skutková podstata qualified facts / body of a crime; ~á většina přesně stanovený počet qualified majority the number of required votes is expressly stated; ~é porušení qualified breach / violation; ~ důkaz nenapadnutelný competent / uncontestable / unimpeachable evidence; ~ svědecký důkaz / svědek competent / uncontestable / unimpeachable witness; ~ trestný čin notifiable offence, statutory crime
kvalifikovat co / koho qualify st. / s.o., describe; capacitate
kvalifikovatelný qualifiable
kvalit|a quality; běžná ~ merchantable / fair quality; dobrá ~ good quality; nízká ~ poor quality; průměrná ~ average quality; vysoká ~ high quality; ~ vody water quality; kontrola ~y quality control; značka ~y quality mark; kite(-)mark *(UK)* granted for use on goods approved by the British Standards Institution

kvalitativní qualitative; ~ **rozbor a ukazatelé** qualitative analysis and factors / indicators
kvantita quantity
kvantitativní quantitative; ~ **hledisko trestné činnosti** quantitative aspect of crime
kvazisoudní jednání vedené jinou osobou než soudcem quasi-judicial hearing conducted / carried out by a body other than judicial
kvitance receipt in full, voucher, acquittance; ~ **na plnění** acquittance of the full discharge of obligation; ~ **o zaplacení dluhu** acquittance given on payment of sums due, quietus *(UK)*

kvitovan|ý acquitted; ~**á poukázka** acquitted voucher
kvocient quotient
kvórum quorum; ~ **stanovené jednacím řádem Senátu** quorum defined in the Standing Rules of the Senate; **mající** ~ being quorate, attended by a quorum, having a quorum
kvóta quota, limit; ~ **z konkursní podstaty** dividend of the bankrupt's estate
kvůli komu / čemu due to, in view of; on account of s.o. / st., for the benefit of s.o.

L

labilita unstableness, instability; unsteadiness; **~ trhu s cennými papíry** the instability of the (stock-)markets
labilní unstable, instable; unsteady; **~ nervový systém** unstable / instable nervous system
lacin|ý cheap, inexpensive / unexpensive, not costly; **~é gesto** shabby gesture
laick|ý lay *(adj)*, not professional / expert; **~á veřejnost** lay public; **~ čtenář** lay reader
laik layman, *(pl)* laymen, non-expert, non-professional; **zasvěcený ~** informed layman; **~ bez znalosti věci** ignorant layman
laskavost kindness; mercy; clemency, courtesy; **projev ~i** benevolence
laskavý kind, good; gentle, benevolent; **s ~m svolením koho / čeho** by the courtesy of s.o. / st.
latentní latent; dormant; hidden, concealed; **~ dvojznačnost** latent ambiguity; **~ kriminalita** latent crime; **~ nebezpečí** latent danger; **~ vada** latent damage
lát|ka 1 substance, material; a species of matter; **jedovatá ~** poisonous substance; **návyková ~** addictive substance; **nebezpečné ~ky** hazardous substances; **omamná ~** narcotic substance; **psychotropní ~** psychotropic substance; **přidaná ~** added substance; **radioaktivní ~** radioactive substance; **znečišťující ~** pollutant; **~ škodlivá zdraví** deleterious substance, substances injurious to health; **bezvadnost ~ky** fitness / good condition of a substance; **vypuštění znečišťujících ~ek** discharge of pollutants 2 cloth
lavic|e bench; seat; **~ v parlamentu** benches in Parliament; **vězeň na ~i obžalovaných** prisoner in the dock
lázeňsk|ý relating to bath; balneological; **~á léčebna** spa house; **~á péče** spa treatment, balneotherapy; **~ poukaz** medical prescription for balneotherapy
lázně spa; bath
léčba treatment; therapy, cure; **odvykací ~** aversion therapy / treatment; **~ drogové závislosti** drug abuse treatment; **~ elektrickými šoky** shock therapy / treatment
léčebna hospital; **~ dlouhodobě nemocných** asylum hospital for patients suffering from long-lasting diseases
léčebn|ý curative, healing; remedial; **~é lázně** spa for balneotherapy; **~ program pro odsouzené** medical treatment programmes for convicts
léčení treatment; therapy, cure; **ambulantní ~** out-patient treatment; **ochranné ~** protective medical treatment; **ústavní ~** in-patient treatment
léčitel healer
léčiv|o pharmaceutical *(n)*, medicinal drug, preparation; **humánní ~a a prostředky zdravotnické a obalové techniky** human pharmaceuticals, sanitation and packing technology; **veterinární ~a** veterinary pharmaceuticals
léčivý healing; wholesome; **~ pramen** healing spring
legalita zákonnost legality observance of the rule of law
legalizace ověřování pravosti podpisu na listinách legalization, legal recognition, authentication of signatures on documents and instruments
legální legal, lawful; valid; **~ podnikání** legal business activity; **~ přistěhovalec** legal immigrant
legálnost legality
legát odkaz legacy, bequest personal property given by will, devise land given by will
legislativ|a 1 legislation enactments 2 legislature bodies; **pracovník v ~ě** legislative officer / official
legislativec 1 legislator, law-maker, law-giver members of Parliament 2 legislative officer / official e.g. in a legislative department of a ministry
legislativní legislative; law-making; law-giving; **~ funkce** legislative functions; **~ nouze** emergency legislation, legislative emergency; **~ odbor ministerstva** legislative department / section / unit of a Ministry; **~ orgán** legislative / law-making body; legislature; **~ pravidla** legislative rules; **~ pravomoci** legislative powers; **~ rada vlády** *(CZ)* Legislative Board / Council of the Government; **~ smršť** *(CZ)* legislative flurry mass legislative production by Czech Parliament since 1998; **~ úprava** legislative regulation / provision, legislation; **~ záměr** legislative intent

legisvakance období mezi dnem platnosti a dnem účinnosti zákona *(CZ)* vacantia legis *(lat)*, a period between the force and effect of a law starting on the day an act comes into force, i.e. the day of its publishing in the Collection of Laws of the Czech Republic, and terminating on the day when the act becomes effective as is determined in the law itself
legitimace 1 state of legitimacy of a child; 2 process legitimation the action of making lawful, authorization; **aktivní** ~ right / entitlement to sue, standing, locus standi *(lat)*; **pasivní** ~ capability of being sued, entitlement to be sued; **věcná** ~ justiciability real and substantial controversy appropriate for judicial determination 3 ticket, card; **členská** ~ membership ticket / card
legitimita legitimacy, legitimity *(rare)*; lawfulness; **politická** ~ political legitimacy
legitimní legitimate sanctioned or authorized by law or right; ~ **nutná obrana** legitimate self-defence; **co je ~, je společností přijímáno** what is legitimate is accepted / is sanctioned by society
legitimovat se prove one's identity, show one's identification card
lék medicine, drug, medicament; remedial medicine; **připravit a vydávat** ~y dispense medicine / drugs
lékárna pharmacy, chemist's *(UK)*, drugstore *(US)*, dispensary
lékárnick|ý relating to pharmacist, dispenser, pharmaceutical chemist, druggist; **Česká ~á komora** Czech Chamber of Pharmacists
lékárník pharmacist, dispenser making up medical prescriptions and serving out medicines, pharmaceutical chemist preparing drugs, druggist *(US)*
lékař medical doctor; physician; **soudní** ~ forensic doctor; medical examiner; coroner *(UK)*, *(US)*; **prohlížející** ~, **který konstatoval úmrtí** examining doctor certifying the death of a person; ~ **pověřený prohlídkami mrtvých** doctor in charge of inquests and autopsies; coroner *(UK)*, *(US)*
lékařsk|ý medical; relating to medical doctor; ~é **vysvědčení o duševním stavu vyšetřovaného** medical certificate of the mental state of the examined person; ~ **posudek** medical report / statement; **Česká ~á komora** Czech Chamber of Medical Doctors; **padělat** ~ **předpis** forge a medical prescription; **změnit ~ou zprávu nebo zdravotní průkaz** alter a medical report

or medical identification; **zneužít ~ou dokumentaci** misuse medical documents and records; ~á **komora je samosprávnou, nepolitickou, stavovskou organizací** the Chamber of Medical Doctors is a self-governing, apolitical and professional organization
lékařství medicine; **soudní** ~ medical jurisprudence, forensic medicine
lenní relating to feoffment; fee, feud; benefice; ~ **pán** feoffee
léno feoffment; fee, feud; benefice; ~ **přecházející rovným dílem na syny** gavelkind dividing a deceased man's property equally among his sons
les forest; woodland district; **hospodářský** ~ timber forest; **ochranný** ~ protective forest; ~ **zvláštního určení** forest with a special function; **povinnosti uživatele** ~a duties of a forest user
lesní relating to forest; woodland district; ~ **hospodářství** forestry, management of forests, forest management; ~ **pozemky** woodland plots / tracts; ~ **půdní fond** forest lands; ~ **zákon** Forest Law
lest trick; artifice; trickery, fraud; **bránit lstí ve výkonu volebního práva** obstruct by artifice the exercise of right of suffrage; **omyl vyvolaný lstí** error evoked by means of a trick
letadl|o aircraft, airplane; **únos** ~a hijacking of an aeroplane; skyjacking
leteck|ý of or pertaining to aircraft; ~á **doprava** air traffic; ~á **pošta** airmail; ~á **přeprava** air transportation; ~á **zásilka** air parcel; air consignment; ~é **pirátství** air piracy; ~é **právo** Air traffic Law; ~ **dispečer** air traffic controller; ~ **dopravce** air carrier; ~ **náklad** air cargo; ~ **nákladní list** air(-)bill
letní relating to summer; ~ **čas** daylight saving time, summer time
letopoč|et era; epoch; **našeho** ~tu anno domini *(lat)* in the year of the Christian era, A.D., abbrev; **před naším** ~tem before Christ before the Christian era, i.e. before the year 0, B.C. abbrev
letov|ý relating to flight; **řízení** ~ého **provozu** air navigation services
lex causae *(lat)* rozhodné právo *(MP)* governing law; applicable law
lex fori *(lat)* rozhodným právem je právo tuzemské *(MPS)* national law shall be governing law
lex generalis *(lat)* obecné právo general law
lex mercatoria *(lat)* transnacionální právo meziná-

rodních obchodních transakcí transnational law of international business transactions
lex scripta *(lat)* psané právo written law
lex specialis *(lat)* zvláštní právo special law
lež lie *(n)*; false statement made with intent to deceive; criminal falsehood; deceit
lhát lie *(v)*; tell a lie; utter falsehood; speak falsely
lhostejnost disregard, neglect; indifference, disconcern; inattention
lhostejný indifferent, unconcerned, unmoved; careless, apathetic, insensible; **~ k neštěstí druhého** unconcerned about the bad fortune of another
lhůt|a term, period; time(-)limit; deadline; **akceptační ~** term / period for acceptance time during which the acceptance should be made; **dodací ~** delivery time; **dodatečná ~** additional time; **expirační ~** period of expiry, expiration; **garanční ~** guarantee / warranty period; **hmotněprávní ~** substantive period / time; **nájemní ~ zaručená touto** nájemní **smlouvou** the term granted by this lease; **pořádková ~** *(CZ)* procedural time(-)limit, time(-)limit within which some procedural steps should be taken; **prekluzivní / propadná / zániková ~** lapse period a time-limit during which a right must be exercised otherwise it is extinguished; lapse time, neglected / expired time; **procesní ~** *(CZ)* procedural period / time established for proceedings; proceedings time(-)limits; **prodloužená ~** extended period; period of holding over; **promlčecí ~** limitation period, period of limitation; **přerušená ~** adjourned term; interrupted running of time; **směnečná ~** usance time or period allowed by commercial usage or law for the payment of a bill of exchange; **soudcovská ~** judicial time(-)limit set / awarded by a judge; **vazební ~** period of custody, custodial period; **výpovědní ~** period of notice; **zákonná ~** statutory period, statutory time(-)limit; **záruční ~** warranty / guarantee period; **~ k plnění** time to perform, time of performance; **~ k provedení úkonu** time to execute an act, time to perform an action; **~ k rozhodnému dni skončila** the time(-)limit) expired on the appointed day; **~ k výplatě peněžité částky** time(-)limit) for pecuniary payment; **~ k vyřízení oznámení** time to deal with / to handle information; **~ platnosti povolení** expiration / expiry of validity / permit; **~ pro dodání**

zboží time(-)limit) for the delivery of goods, delivery time / period; **~ pro obnovu řízení** time(-)limit) to order a new trial; **~ pro oznámení vad díla, zboží** time(-)limit) / period to notify defects of a work, goods; **~ pro podání námitek** time(-)limit) for objections; **~ pro uplatnění práva** time(-)limit) for exercising a right; **~ pro výpověď smlouvy** time(-)limit) to give a notice of termination of contract; **~ pro zánik práva** prekluze time(-)limit) for the extinguishment of a right lapse period; **~ prodloužená na základě volného uvážení soudu** a period extended at the court's discretion; **~ stanovená v pravidlech** a period prescribed in the rules; **~ stanovená zákonem** time provided for by statute, statutory period; **~ určená podle týdnů** time determined in weeks; **běh ~y** running of time; **marné projití ~y** lapse of time due to neglect to act within the limited time; **počátek, trvání a přetržení promlčecí ~y** commencement, duration and interruption of the limitation period; **počítání ~y** computation / calculation of time; **prodloužení ~y** extension of time / period; **stavení běhu vydržecí ~y** suspension / stoppage of the operation of the period of prescription; **zbytek** nájemní **~y** the residue of the term; **zkrácení ~y** reduction of time / period, shortening of time / period; **zmeškání ~y** time default, failure to observe the time(-)limit, the time(-)limit) lapsed; **dodržet ~y** observe time(-)limits; **doručit ve ~č 30 dnů ode dne vyhlášení rozsudku** serve within 30 days of / after the award of judgment; **odstranit závadný stav ve stanovené ~č** remove defects within a prescribed period; **prodloužit ~u** extend the time; **prodloužit ~u splatnosti / ke splacení** postpone the time of payment, defer the payment; **stanovit ~u** grant / determine / set / fix a time(-)limit; **uložit ~y** impose time(-)limits; **zmeškat ~u k podání odvolání** fail to file / lodge an appeal within the prescribed time(-)limit; **~ běží až do konce následujícího dne** the period runs until the end of the next day; **~ se počítá** the time / period is computed, the time / period is calculated; **~ stanovená k projednání přestupku je prekluzivní** a period to dispose of an administrative delict / infraction is subject to lapse; **~ uplyne** time elapses; **~ uplyne marně** time / period is neglected, time elapses without any actions taken; **~ začala**

běžet the time(-)limit has begun to run; **~ začíná dnem** the term is to commence on a date; **na zaplacení pokuty máte ~u 30 dní** you are allowed 30 days to pay the fine; **navrácení ~y k obnově řízení není přípustné** tj. nelze prominout zmeškání the recurrence renewal of a time(-)limit in order to pursue a new trial shall not be permissible i.e. no waiver of the lapsed time is allowed; **zmeškání ~y nelze prominout** lapse / neglect of time is not to / may not be waived

lhůtový relating to period, time; **~ obchod** futures trading in shares for delivery at a later date

liberace zproštění objektivní odpovědnosti liberation release from no-fault liability

liberační liberating; of liberation; **~ důvod** reason / grounds for liberation

liberální liberal favourable to constitutional changes and legal or administrative reforms tending in the direction of freedom or democracy; **~ stát** liberal state

libovolně at will; arbitrarily

libovolný arbitrary, discretionary

libovůle arbitrariness; discretion

licenc|e licence (UK), license (US); **advokátská ~** attorney's license; **nakladatelská ~** publishing licence; **nucená ~** compulsory licence; **patentová ~** patent licence; **první ~** pro určitý patent nebo autorské právo head licence; **vzorová ~** model licence; **zákonná ~** statutory licence / permit; **známková ~** stamp printing licence; **~ k provozování herny** gaming licence; **~ na obchodní jméno** franchising licence; **daň z ~** franchise tax; **nabyvatel ~** licensee; holder of a licence; **nabyvatel ~ na obchodní jméno** franchisee; **poskytovatel ~** licensor; provider / grantor of a licence; **poskytovatel ~ na obchodní jméno** franchisor; **poskytnout ~i** grant a licence; to license s.o.

licenční licencing, licensing; **~ poměr** licence relationship; **~ smlouvou se uděluje licence k užívání nehmotného statku nebo nakládání s ním** a licensing agreement is to grant a licence to use and dispose of an item of industrial property

licitátor vendue master, auctioneer

licoměrník hypocrite; dissembler, pretender

líčení hearing, trial, process; **hlavní ~** (TPP) trial; process; **nařízení hlavního ~** an order that the trial be held; **zahájení hlavního ~** commencement / opening of a trial; arraignment reading of the indictment and hearing of defendant's plea; **soudce**

nařídí hlavní ~ the judge orders that the trial should commence

lid the people; nation; **soudce z ~u** (CZ) lay judge elected by a local council, serving on a panel trying a first instance criminal case

lidskost humanity, humaneness; **trestné činy proti ~i** crimes against humanity / human dignity

lidsk|ý human, humane; **~é chování** human conduct; **~é zacházení** humane treatment; **~ plod v těle mateřském** nasciturus; **~ život** human life; **základní ~á práva a svobody** fundamental human rights and freedoms

lidstv|o mankind; **dějiny ~a** human history, history of mankind

lichv|a usury, the fact or practice of lending money at excessive interest the practice of charging, taking, or contracting to receive, excessive or illegal rates of interest for money on loan; gombeen; **zákony proti ~ě** usury laws

lichvář usurer; gombeen-man

lichvářsk|ý usurious; **~á smlouva v níž výše požadovaných úroků překračuje zákonný limit** usurious contract the interest to be paid exceeds the rate established by statute

lichvářství usury; gombeen

liknavý defaulted; slow, tardy; **pronajímatel byl ~ s provedením opravy** the landlord was in default of repairs

likvidac|e winding(-)up, liquidation; abolition; destruction; **dobrovolná ~ společnosti** rozhodnutím společnosti samotné voluntary winding up / liquidation of a company; **fyzická ~ cenných papírů** destruction of securities; **~ a zánik družstva** liquidation and termination of existence upon the expungement of the record in the Commercial Register of a cooperative; **~ celkových pojistných nároků** accumulated total claim process; **~ dědictví v případě jeho předluženosti** liquidation of probate estate due to excessive debts; **~ odpadků** refuse disposal; **~ pojistné události** settlement of / settling an insurance claim; **~ právnické osoby** liquidation of a legal entity; **náklady na ~i škody** (pojišť) adjustment costs; **odhad a ~ škody** při pojistné události insurance claim adjustment ascertainment of the damage done and of the sums to be paid in contribution by the parties or their underwriters; **odklad ~ pojistné události** insurance claim deferred; **příkaz soudu k ~i** společnosti winding(-)up order; **způsoby** pravidla **~ škod**

(pojišť) claims handling procedure; **nařídit ~i dědictví** order the liquidation of the inheritance / probate estate
likvidační relating to winding(-)up, liquidation; abolition; destruction; **~ náklady** *(pojišť)* adjustment costs; claims expenses; **~ zůstatek** liquidation balance
likvidátor liquidator; adjuster; **~ pojišťovny** claim adjuster agent or employee of an insurance company who assesses liabilities and negotiates and settles claims, arising out of loss / damage, against the insurer; **~ společnosti** liquidator of companies; **~ škod** settling agent, adjuster, adjustor; assessor; **odvolání ~a** removal / dismissal of liquidator discharge him from service
likvidní liquid readily convertible into cash; current; **~ okamžitě splatný dluh** immediately due debt; **~ aktiva převoditelná na hotovost** liquid / current assets; **~ pasiva** current liabilities; **~ prostředky majetkové prostředky, které jsou pohotově k dispozici** available means; **~ závazky** current obligations
likvidovat liquidate; settle; dispose of st.; **~ kontrolované odpady** dispose of controlled wastes; **~ nadměrné zásoby** dispose of excess stock; **~ pojistnou událost** settle an insurance claim; **~ škodu** *(pojišť)* adjust a loss
limit limit; standard; **emisní ~** emission limit / standard; **imisní ~** imission limit / standard; **horní a dolní ~** superior and inferior limit; **~y znečišťování** pollution limits
linie line; **stranická ~** party line; **~ předků** ancestry; **sledovat pravděpodobné ~ vyšetřování** pursue reasonable lines of inquiry
linka line; **telefonní ~** 1 extension line, extension, ext. abbrev 2 telephone cable / line; **úvěrová ~** credit line
list bill, note; certificate; list; report; **balicí ~** packing list; **dodací ~** delivery certificate / note, certificate of delivery, delivery-acceptance certificate, bill of delivery; **domovský ~** certificate of residency / abode; **dopravní ~** bill of carriage; **hypotekární zástavní ~** mortgage bond; **krycí ~** binder; **křestní ~** certificate of baptism; **kursovní ~** exchange list; **letecký nákladní ~** air waybill, air consignment note; **nákladní ~** bill of freight, bill of carriage, way(-)bill, consignment note; **oddací ~** certificate of marriage; **opční ~** subscription warrant; **pojišťovací krycí ~** cover note; **pověřovací ~** commercial letter of credit; **pra-**

covní ~ job-sheet; **průvodní ~** letter of protection; **rejstříkový ~** certificate of registry; **rodný ~** certificate of birth, birth certificate; **říční náložní ~** river waybill, river bill of lading; **silniční nákladní ~** truck waybill; **skladní / skladištní ~ z celního skladiště** bond warrant, dock warrant; **spěšninový ~** dispatch certificate; **úmrtní ~** death certificate, certificate of death; **vážní ~** weight certificate; **vkladní / vkladový ~** deposit certificate, certificate of deposit; **výuční ~** vocational certificate, certificate of vocational education; **záruční ~** notice of warranty / guarantee certificate; **zástavní ~** mortgage certificate; **zatímní ~ cenný papír** interim security; **železniční nákladní ~** rail(way) bill of lading, rail bill of carriage; **živnostenský ~** Trade Licence Certificate; **~ o místu určení pro přepravované zboží** destination bill; **~ o prohlídce mrtvého** autopsy report
lístek slip, receipt; ballot; **poštovní podací ~** postal receipt; **vadný hlasovací ~** mutilated ballot
listi|na instrument; bill, charter, deed; writ; certificate; list; **černá ~** black list; **kandidátní ~** list of candidates, slate *(US)*; **koncesní ~ *(CZ)*** Trade Permit Certificate; **postupní ~** quitclaim deed; **předat pověřovací ~ny** present / deliver one's credentials; **převodní ~** deed of grant; **veřejná ~** public instrument; **vlastnoručně psaná a podepsaná ~** authograph written in a person's own handwriting signature; chirograph *(rare)*; **zakládací ~ o zřízení právnické osoby** deed / charter of foundation; Memorandum of Association establishing a body corporate *(UK)*; Articles of Incorporation *(US)*; **zakládací ~** nadace Charter of the Foundation i.e. articles creating the foundation; **zakladatelská ~** Letter / Deed of Incorporation of a joint stock company founded by one person / incorporator; **záruční ~ zajišťující čistotu právního titulu** warranty deed; **dokazující vlastnictví** document of title; **~ na doručitele** written instrument payable to bearer, bearer instrument; **~ o notářském ověření** notarial authentication certificate; **~ o jednostranném právním úkonu** deed poll; **~ o právu na soudní ochranu** Charter of the Right of Judicial Protection; **~ o udělení státního občanství** certificate of naturalization; **~ o ustanovení opatrovníka** the appointment of guardian certificate; **~ o vydědění** deed of disinherit-

ance; ~ **obsahující právní důvod** title deed; ~ **upisovatelů** list of subscribers; ~ **vyvazující nemovitost z hypotéky** po splacení všech pohledávek deed of release; **Listina základních práv a svobod** Charter of Rights and Freedoms; **důkaz ~nou** documentary evidence; **opis ~ny** copy / duplicate of an instrument; **osoba zavázaná podle ~ny** obligor indebted person under the instrument; **padělání a pozměňování veřejné ~ny** forgery and fraudulent alteration of an official document / instrument; **řádné vyhotovení ~n** execution of documents; **splatnost pohledávky z ~ny** maturity of a claim substantiated / proved by an instrument; **umoření ~n** redemption of instruments; **výstavce ~ny** maker of an instrument; **dát** koho **na černou ~nu** blacklist s.o.; **vyloučit ~ny z umoření** exclude the instruments from redemption

listinn|ý documentary of the nature of or consisting in documents; **~á akcie** share warrant; **~á povaha důkazu** documentary nature of evidence; **~é doklady** documentary materials; **~é důkazy** documentary evidence

listovní relating to letter, mail; ~ **tajemství** mail secret

liš|it se differ, vary; contrast; **jestliže se ~í od výše uvedeného** if different from above

litispendence *(lat)* zahájené řízení litispendence, pending suit, pendente lite; **zastavení řízení pro překážku** ~ discontinuance of proceedings due to the pendente lite estoppel / the plea of litispendence

lítost remorse, sorrow, regret, repentance; **hluboká** ~ deep regret; **účinná** ~ effective repentance

litovat mourn, repent, regret; **hluboce** ~ čeho grieve over, regret deeply; deplore; **upřímně** ~ sincerely regret, repent affect oneself with contrition or regret for st. done

lnout k čemu adhere to st.; stick with st.

loajální loyal; faithful in allegiance to s.o.; devoted to s.o.

loděnice shipyard; dockyard

lodní pertaining to water; river; marine; shipping; ~ **deník** journal, log; ~ **doklady** ship's papers; ~ **doprava** water-carriage; conveyance or transportation of people, goods by water; ~ **náklad** shipload; ~ **stavitelství** shipbuilding

loďstvo fleet, navy; **obchodní** ~ merchant fleet; **válečné** ~ navy

lokalita locality, area; zone; **příslušná** ~ locality in question

lombardní relating to loan; **diskontní a** ~ **sazba** discount and loan rates; ~ **úvěr na dobu určitou** time loan

los draw, lot; **prodej akcií ~em** v případě převisu poptávky ballot for shares; **volba ~em** election by drawing lots / lot-drawing; **rozhodnout ~em, komu udělit příklep** decide by drawing a lot / straw to whom the property is struck off by the fall of the hammer at an auction

loterie lottery; **oprávnění k provozování** ~ lottery licence

loupež robbery felonious taking of property in the possession of another against his will accomplished by means of force or fear; heist; spoliation, depredation; **organizovaná** ~ banditry, organized robbery; **ozbrojená** ~ armed robbery; **silniční** ~ highway robbery; **společná** ~ conjoint robbery

loupežn|ý based on robbery; **~é přepadení** hold-up stopping by force and robbing, usually on the highway; bank robbery

lovecký hunting; ~ **lístek** hunting permit

lovit hunt *(v)* go in pursuit of wild animals or game; **úmyslně ~ zvěř nebo chytat ryby v době hájení** wilfully hunt wild game or fish during the close season

lože bed; **rozluka a rozvod od stolu a** ~ separation and divorce from bed and board, separation a mensa et thoro

lpění adherence; **nekompromisní** ~ **na** čem rigid adherence to st.

lpět na čem adhere to, get stuck with st.

lstivě deceitfully, by deceit; **omyl ~ vyvolaný** mistake invoked by deceit

lucidum intervalum *(lat)* jasné okamžiky u osob stižených duševní chorobou lucid interval a period of temporary sanity occurring between attacks of lunacy

lumpárna crookery, villainy; atrocity

lupič zmocní se věci násilím burglar, robber, shop-breaker, house-breaker, violent dispossessor violently dispossessing a thing

lze: ~ **mít důvodně za to, že** have reasonable cause to believe that

lživě falsely; untruly; deceitfully; ~ **obvinit z trestného činu** falsely accuse s.o. of crime

lživ|ý false, deceitful; fallacious; **~é tvrzení** false assertion / averment / allegation

M

magisterský relating to master's degree; ~ **studijní program** master's degree programme / course of study
magistr 1 Master; abbrev LL.M. Master of Laws, M.A. Master of Arts, M.Sc. Master of Science, M.Ed. Master of Education 2 pharmacist, dispenser; pharmaceutical chemist, druggist *(US)*
magistrát obecní úřad v územně členěných statutárních městech *(CZ)* metropolitan authority the executive body of a territorially subdivided, chartered town
machiavelista zastánce prosazování účelu bez ohledu na morálku, za jakoukoliv cenu Machiavel preferring expediency to morality; **politický** ~ Machiavel(l)ian politician
machiavelistick|ý Machiavel(l)ian, machiavellic; **principy ~é politiky** maxims of a Machiavelian / machiavellic policy
machinace manipulation; contrivance; manoeuvring, plotting; deceitful practice; ~ **s volebními výsledky** election manipulation, manipulation with the election results; election fraud
majet|ek property, estate; wealth; capital; assets *(account)*; **cenný zděděný** ~ property of value devolved by inheritance; heirlooms; **duševní** ~ intellectual property; **hmotný** ~ tangible / corporeal property; **investiční** ~ fixed assets; **movitý** ~ personal property; personalty; movable property; goods and chattels; **nabytý** ~ acquired estate / property, vested property; **nehmotný** ~ intangible property; chattels incorporeal; **nemovitý** ~ real property / estate; chattels real; **neodpisovaný hmotný** ~ non--depreciable tangible fixed assets; **nezcizitelný** ~ inalienable title to property; **obchodní** ~ *(CZ)* corporate assets; **odpisovaný investiční** ~ depreciable fixed assets; **vyvdaný** ~ jointure a sole estate limited to the wife; **zůstavitelův** ~ property of the deceased, probate estate; decedent's estate; ~ **bez pána** estate in abeyance; vacant estate, escheat; ~ **vyčleněný na umoření dluhu** collateral; property pledged as a security for the satisfaction of debts; ~ **zemřelé osoby připadající státu** odúmrť escheat property of a deceased person who died leaving no one entitled to inherit; caducum, caducity; ~ **získaný z trestné činnosti** illegally

obtained property resulting from crime; **bona felonum** *(lat)*; **soudní zabavení ~ku za účelem splacení dluhů** judicial attachment of property for the payment of debts; **daň z ~ku** wealth tax; **hospodaření s ~kem** management of property; **způsob nabytí ~ku** mode of acquisition of / acquiring a title to property; **neoprávněné užívání cizího movitého ~ku** conversion, unauthorized assumption and exercise of the right of ownership over chattels belonging to another; **obstavení ~ku** attachment / garnishment of property; **pojištění ~ku** insurance of property, property insurance; **postoupení ~ku** assignment of a title to property to s.o.; **práva k movitému ~ku** rights of chattels personal, personal property rights, title to personal property; **přechod ~ku** passage of a title to property onto s.o., transmission of property; **převod ~ku** transfer of a title to property to s.o.; **přírůstek a výtěžky ze zajištěného ~ku** accessions to and proceeds of the seized property; **správa ~ku** administration of property; **trest propadnutí ~ku** sentence of forfeiture of property; becoming liable to judicial deprivation of an estate in consequence of a crime / offence; **užívací právo k ~ku** enjoyment of the property, right to use the property; **zbavení se ~ku v držbě** parting with possession of property; **zpeněžení zůstavitelova ~ku** realization of the decedent's estate / property of the deceased; **nabýt** ~ acquire property; **neoprávněně užívat cizí** ~ **nebo si přisvojit cizí věc nálezem** unlawfully use the property of another, or appropriate a thing of another, as a result of finding it; **vypořádat** ~ distribute by court / settle by parties themselves the property; **zabavit** ~ confiscate / seize property; **způsobit škodu na cizím ~ku krádeží, zpronevěrou, podvodem, nebo zničením věci** cause damage to the property of another by / through theft, embezzlement, fraud or destruction of a thing; ~ **byl převeden na správce** the property was vested in the trustee; **~kem obcí jsou věci a věcná práva stanovená zvláštním zákonem** the estate of a community shall consist of property and real rights as provided for in special legislation

majetkov|ý proprietary, real; relating to property; possessive; **~á práva** proprietary rights, rights in property; possessory rights; **~á trestní sankce** penal sanction affecting possession of property; **~á účast** beneficial interest / share in an estate; contribution to property; **~á újma** property loss, damage to property; **~á záruka** pawn, pledge personal property as security for a debt; collateral property pledged as security additional to the main security for the satisfaction of a debt, e.g. assignment of an insurance policy in addition to the principal security of a mortgage; **~é hodnoty** property values; **~é poměry** property owned; **~é právo** property / proprietary right; interest in property; **~é vypořádání zrušené společnosti** property distribution of a dissolved company / corporation; **~ kus ve smlouvě o prodeji půdy** parcel in a contract for the sale of land; **~ nárok obžalovaného** defendant's possessory interest, defendant's interest in the property; **~ prospěch** property benefit / advantage / gains, beneficial interest; **~ přebytek** residuary estate remaining after debts, expenses of administration, legacies, devises have been satisfied, residue of the estate; **~ převod a přechod** transfer and passage of a title to property; **~ trestný čin** property offence; crime against property; acquisitive offence; **~ zájem** interest in estate / property; **neoprávněný ~ prospěch** unlawful profit from property, unjust enrichment; **nezcizitelné ~é právo** inalienable interest in property; **státní ~á účast na podnikání** state property interest in undertaking business; **uchování ~ých hodnot** preservation of property values
majitel owner; holder, possessor; **~ akreditivu** accreditee, holder of a letter of credit; **~ držitel cenného papíru** směnky, šeku holder of a security bill of exchange, promissory note, cheque / check; **~ domu** householder; **~ stavebního pozemku / parcely** ground landlord, owner of a plot of land; **~ účtu** account holder
majorita majority
majoritní based on majority; **~ hlasování** majority vote; **~ podíl ve společnosti** majority interest in a company; **~ společník** majority member of a limited company; majority shareholder of a stock corporation
makléř jako prostředník obchodů broker acting as a middleman in bargains; jobber, agent; factor, commission-agent; **burzovní ~ s akciemi** stockbroker, sharebroker, dealer dealing in stock;

burzovní ~ s cennými papíry securities broker dealing in securities; **devizový ~** exchange broker; **firemní ~** pracující pro velké instituce, např. fondy institutional broker serving for large institutions such as funds; **komoditní ~** bavlna, čaj, vlna apod. commodity broker cotton-broker, tea-broker, wool-broker; **pojišťovací ~** insurance broker; **realitní ~** real estate broker; **směnečný ~** bill / exchange broker
makléřsk|ý relating to broker; jobber; **~á provize** brokerage, broker's commission; **~á smlouva** brokerage contract; **~é zkoušky** broker's examination; **povolení k ~é činnosti** broker's / brokerage permit
makléřství brokerage; broker's trade
malomyslnost despondency the state or condition of being despondent; depression or dejection of spirits through loss of resolution or hope
maloobchod retail business, retail
maloobchodní retail; **~ obrat** retail sales; **~ prodej** retail sale; **nejvyšší ~ cena** retail ceiling price
maloobchodník retail dealer, retailer
mandant příkazce mandator
mandát 1 příkaz, zmocnění mandate command, commission **2** oprávnění k výkonu funkce mandate instruction or commission as to policy supposed to be given by the electors; **~ člena obecního zastupitelstva** the mandate of a member of a community council / community councillor; **~ poslance a ~ senátora vzniká zvolením ve volbách** the mandate of a Deputy or Senator shall arise upon their election in general elections
mandatář příkazník mandatary
mandátní relating to mandate; **~ smlouva** contract of mandate, agency agreement
mandátov|ý relating to mandate especially of Members of Parliament; **~á komise** credentials committee elected at a meeting of any entity where an election of its representatives is to be held; **~ a imunitní výbor** (CZ) the Mandate and Immunities Committee
manévr manoeuvre; an artfully contrived plan, an ingenious expedient / artifice
manipulace operation; handling; manipulation; fraud; **neúčinná ~** inefficient handling
manipulační relating to operation, handling, manipulation; manipulating; **~ poplatek** handling charges
manipulovat 1 (gen) handle, manage, work, treat by manual means **2** manipulate, manage

by dexterous contrivance treat unfairly or insidiously for one's own advantage; ~ **s počty při sčítání hlasů** manipulate the figures in counting the votes

manko schodek, deficit deficit usually as a result of defalcation or misappropriation; deficiency, shortfall

manžel husband; spouse, consort *(obs)*; **pozůstalý** ~ surviving spouse; **úprava poměrů ~ů k nezletilým dětem** regulation / settlement of the relationship between spouses and their minor children

manželé husband and wife, spouses; consorts *(obs)*, conjoints

manželka wife, *(pl)* wives; spouse, consort *(obs)*; ~ **krále** queen consort

manželsk|ý matrimonial, nuptial, conjugal, marital; spousal; legitimate; ~**á práva** marital / conjugal rights; ~**á smlouva** marital agreement; (pre-)nuptial / (ante-)nuptial agreement, marriage contract; ~**é dítě** legitimate child, child born in wedlock; ~**é povinnosti** marriage duties, duties arising from marriage; marital duties; ~**é právo** matrimonial law; ~**é soužití** marital / matrimonial cohabitation; ~**é věno** marriage portion, dowry; ~ **slib** marriage promise; ~ **stav** marriage; connubiality, connubial state; ~ **svazek** wedlock; conjugal union, marriage bonds

manželství marriage, wedlock; matrimony, conjugality; connubiality; **dvojí** ~ bigamy; plural marriage; **formální** ~ **za účelem získání občanství** sham marriage, marriage of convenience arranged for the purpose of acquiring the nationality of a spouse; **neplatné** ~ void marriage; **smíšené** ~ jiná rasa, náboženství mixed marriage as to race, religion; **zdánlivé** ~ non matrimonium putative marriage; **církevní forma** ~ religious marriage; **forma uzavření** ~ form of solemnization of marriage; **návrh na vyslovení neplatnosti** ~ petition / motion to declare the marriage void, petition / motion for nullity / invalidity of marriage; **neplatnost** dosavadního ~ invalidity of the existing marriage; **podmínky uzavření** ~ conditions of the solemnization of marriage; **povolení uzavření** ~ marriage licence; **právní způsobilost uzavřít** ~ legal competence for marriage, legal capacity to marry; **předstírání** ~ jactitation of marriage; **slavnost uzavření** ~ marriage ceremony; **slib** ~ marriage promise; **trvání** ~

duration of marriage; **uzavření** ~ contracting marriage, entering into marriage; **vstup do** ~ entering into marriage; **vznik** ~ formation of marriage; **zánik** ~ dissolution / termination of marriage; **vstoupit do / uzavřít** ~ enter into wedlock / marriage; ~ **se uzavírá na základě dobrovolného a svobodného prohlášení muže a ženy, že spolu vstupují do manželství** marriage shall be solemnized upon voluntary and free declaration of a woman and a man that they intend to be joined in wedlock; **určení, zda tu** ~ **je či není** determination whether or not the marriage exists

mapa chart, map; **navigační** ~ navigation chart

marihuana cannabis; weed, grass; joint; seed; gage, giggle-smoke

marně *(adv)* to no effect / purpose, ineffectually, uselessly; in vain, futilely; **výdaje vynaložené** ~ wasteful expenditures; **doba uplyne** ~ time runs out / expires without any actions taken, the time lapses to no effect

márnice mortuary; dead house

marnotratník spendthrift, waster, prodigal

marn|ý *(adj)* ineffective, inactive, nugatory, futile, ineffectual; inoperative; ~**á výzva k vydání věci** zbraně ignored police demand to render / give up a thing a weapon; ~**é uplynutí lhůty** tj. během níž se nestane, co má lapse of time due to neglect to act within the limited time, neglect of time; **je** ~**é zapírat** it is futile / ineffective to deny the commission of an offence

marže margin; **maloobchodní** ~ rozpětí retail margin; **obchodní** ~ gross margin; **zisková** ~ profit margin

maření obstruction, frustration; hinderance, impeding; ~ **úkolu veřejného činitele z nedbalosti** neglect by a public officer, negligent maladministration; ~ **uspokojení pohledávky** frustration of a claim; ~ **výkonu úředního rozhodnutí** obstructing the enforcement / execution of an official decision; ~ **způsobilosti k (vojenské) službě** impeding s.o.'s, one's capacity / fitness to serve in the army

mařit obstruct, frustrate; hamper, hinder, prevent from progress; deprive st. of effect, render st. ineffectual; neutralize, counteract an effort effect; ~ **objasňování skutečností závažných pro trestní stíhání** hinder the clarification of facts material for prosecution; ~ **plnění** frustrate / hinder the performance, make the performance impossible; ~ **přípravu a průběh**

voleb obstruct the preparation and course of elections; ~ **řádné objasnění věci, skutečností** obstruct due course of investigation; obstruct due disclosure / clarification of the facts being investigated; ~ **uspokojení nároku** obstruct / hinder the satisfaction of claim; ~ **výkon ochranné výchovy nezletilého** obstruct the execution of the protective training of a minor **masov|ý** relating to mass, big number, bundle, bulk; massive; **~á kultura** mass culture; **~á sebevražda** mass suicide; **~á vražda** mass murder; **~á výroba** mass production; **~é hnutí** mass movement; **~é sdělovací prostředky** mass media; ~ **vrah** mass murderer

materiál material; document; substance; **důkazní** ~ evidentiary facts / materials; proof of evidence; **procesní ~y** case file; pleadings in civil procedure

materiální material, physical; ~ **posuzování okolností podmiňujících vyšší trestní sazby** material assessment of circumstances substantiating higher sentences; ~ **právní moc tj. rozhodnutí je závazné** material legal force i.e. the decision is binding; ~ **škoda** physical damage damage caused to things; ~ **znak trestného činu** material element of a crime

mateřsk|ý maternal; motherly; relating to mother; **~á dovolená** maternity leave; **~á péče** mother care; **~á škola** kindergarten; ~ **jazyk** native language, mother tongue; ~ **příspěvek** maternity benefit

mateřství maternity; **peněžitá pomoc v** ~ maternity benefit

mateřština native language, mother tongue

matk|a mother; ~ **novorozeného dítěte** mother of a new-born child; **znovu provdaná** ~ remarried mother; **vražda novorozeného dítěte ~ou při porodu nebo bezprostředně po něm v důsledku rozrušení způsobeného porodem** infanticide the killing of a child by its mother in the course of delivery, or immediately afterwards, as a result of the mother's mental disturbance caused by the childbirth / parturition

matkovrah mother-murderer, mother-slayer

matkovražda matricide, mother-murdering

matriční related to registry office / register records of births, deaths and marriages; ~ **činnost** activity of a birth, deaths and marriages registry; ~ **doklad** document of a register; ~ **obvod** registry district; ~ **působnost** jurisdiction of a registry district; ~ **událost** recordable event; ~ **úřad** births, deaths and marriages registry; **dílčí** ~ **kniha** partial register **matri|ka** register records, registry office; vital statistics; **farní** ~ church register; **zvláštní** ~ **v Brně** (CZ) Special Register in Brno; ~ **narození** register of births; ~ **sňatků** register of marriages, marriage records; ~ **úmrtí** register of deaths; **nahlížení do ~k** search in a register; **obnovení ~ky** renewal / updating of a register; **výpis z ~ky** copy of an entry in the register; **zákon o ~kách** (CZ) Register of Births, Marriages and Deaths Act; **zápis v ~ce** record in the register; **oznámení orgánu pověřenému vedením ~k o určení otcovství** notice to the body in charge of births, marriages and deaths register, of the determination of paternity

matrikář, matrikářka registrar

maturita (CZ) general secondary education exam; secondary school-leaving exams; A-level exam (UK)

maturitní relating to general secondary education exams; secondary school-leaving exams; ~ **vysvědčení** general certificate of secondary education, school-leaving certificate; ~ **zkouška** (CZ) general secondary education exam

mazanost astuteness

mazaný astute

mělčin|a bank, flat; shelf; **na ~ě / ~u** aground

měn|a currency; **cizí** ~ foreign currency; foreign exchange; **pevná / stabilní** ~ stable currency; **směnitelná** ~ convertible currency; **tvrdá** ~ hard currency; **deflace ~y** deflation of currency; **inflace ~y** inflation of currency; **právní úprava ~y** laws of currency, currency legislation; legal regulation of currency; **přepočet ~y** conversion of currency; **směnitelnost ~y** convertibility of currency

měnící se variable, inconstant; fluctuating; mutable, changeable; ~ **okolnosti** variable circumstances; ~ **podmínky** fluctuating conditions

měn|it alter, change, modify, vary; reverse; ~ **právní vztah** alter / change legal relationship; ~ **skutečnost** alter the fact; ~ **smluvní podmínky** alter / vary the terms and conditions; **rozsudek, jímž se rozhodnutí soudu 1. stupně potvrzuje nebo ~í** judgment confirming or altering / reversing the first instance / the original judgment

měnitelný changeable, mutable, variable; convertible

měnov|ý monetary; relating to currency; ~á dohoda monetary agreement; ~á doložka monetary clause; ~á jednotka monetary unit; ~á opatření monetary measures; ~á politika monetary policy; ~á reforma monetary / currency reform; ~é zásoby monetary / currency reserve; ~é krytí currency backing, backing of currency; ~é omezení currency restrictions; ~é zákony currency laws / legislation; ~ kurz exchange rate; ~ otřes currency upheaval; ~ standard monetary standard; ~ systém monetary system; Mezinárodní ~ fond International Monetary Fund

menši|na minority; katolická, polská, romská, slovenská apod. ~ Catholic, Polish, Romany, Slovak etc. minority; ~ se od většiny obyvatel liší národnostně, rasově, etnicky, nábožensky nebo jazykově a minority is separated from the majority population by a difference in nationality, race, ethnicity, religion or language; práva ~n minority rights

menšinový based on minority; ~ podíl ve společnosti minority interest in the company; ~ vlastník minority holder / owner

meritorní meritorious, on merits; ~ obhajoba meritorious defence; ~ rozhodnutí meritorious decision, decision on merits; ~ rozhodnutí soudu 1. stupně first instance decision on merits; meritorious decision of the first instance court; ~ řízení meritorious trial, trial on merits; ~ vyřízení věci meritorious disposing of the case

meritum merit(s); ~ věci the merits of a case, meritorious cause

měření measuring; measurement; úřední ~ official measuring; zevní ~ těla measuring of one's body

měřicí measuring (adj); ~ zařízení measuring device / instrument

měřič measurer; úřední ~ official measurer

měřidlo meter; measure; kalibrované provozní ~ accurately calibrated operational meter; standardizované ~ gauge a fixed or standard measure or scale of measurement; nájemné za ~ vody, elektřiny, plynu apod. meter rent

měřitelný measurable; ~ kvantitativně quantifiable

měřítko criterion, standard; scale, measurement

město town, city; borough; municipality; hlav-

ní ~ capital city, a capital; statutární ~ (CZ) chartered town; územně členěné statutární ~ (CZ) territorially subdivided chartered town

městsk|ý urban, metropolitan; municipal; relating to city, town; ~á centra urban / city / town centres; ~á část (CZ) metropolitan district; borough; ~á čtvrť urban / borough / metropolitan district; ~á rada metropolitan / town / city council board; ~á služebnost urban / municipal servitude; ~á usedlost urban homestead; ~á zločinnost / kriminalita urban crime; ~é státní zastupitelství metropolitan prosecuting attorney's office; ~é zastupitelstvo municipal / town / city council; metropolitan council in a territorially subdivided chartered town; ~ obvod metropolitan district, borough; ~ státní zástupce metropolitan prosecuting attorney; ~ soud metropolitan court; ~ stát city state; ~ úřad town / municipal authority as the executive body of local government

metod|a method; administrativně právní ~ regulace administrative method of regulation; a method of regulation based on administrative law; ~ dle platby / inkasa cash method; ~ podle práva accrual method; ~y působení veřejné správy jsou zejména přesvědčování a donucování methods of operation of public administration are primarily to persuade and compel

metodický methodological; relating to method; ~ pokyn guidance notes

metodika methodology, methods

mez boundary, edge; limit, limitation; zákonné ~e statutory restraints / restrictions / limitations; ~e vlastnického práva limits of title to property, restraints of the right in property; ~e pozemků abuttals the extremities or bounds of land; držet se v ~ích zákona keep within the law

mezer|a gap; disparity, inequality, imbalance; ~ mezi příjmy a výdaji gap between income and expenditure; ~ v právu gap of / in law, loophole; ~y v právních předpisech gaps in legislation; překlenout ~u mezi společným trhem a Evropským sdružením volného obchodu bridge the gap between the Common Market and the European Free Trade Association

mezidobí between-times; interval

mezinárodní international; ~ doprava a přeprava international transportation, international traffic and carriage; ~ **konference** international conference; ~ **obchod** international trade; ~ **obchodní arbitráž** International Commercial Arbitration; ~ **obchodní komora** International Chamber of Commerce; ~ **občanské právo procesní** International Civil Procedure; ~ **ochrana lidských práv** international protection of human rights; ~ **ochrana mládeže** international protection of youth; ~ **ochrana průmyslového vlastnictví** international protection of industrial property; ~ **platební styk** international money transfer; ~ **právo veřejné a soukromé** International Public and Private Law; ~ **smlouva** treaty, international agreement, compact; **Mezinárodní soudní dvůr** International Court of Justice in the Hague; ~ **soudní pravomoc** international jurisdiction; ~ **unijní priorita** international union priority; ~ **vykládací pravidla** international rules of interpretation; **termíny ~ho obchodu** international trade terms, INTRATERMS abbrev; international commercial terms of the International Chamber of Commerce, INCOTERMS abbrev

mezitímní interlocutory not finally decisive of a case or suit; interim; **částečný a ~ rozsudek** partial and interlocutory judgment; ~ **rozsudek** interlocutory decree / judgment; ~ **výnos** interim decree / order, nisi decree

mezizasílatel intermediate forwarder, intermediate forwarding agent

mezní marginal, ultimate; ~ **limit** warning limit

mikrofon microphone; **umístit směrový ~** place a detectaphone

mikrotext microprinting as a security feature of a banknote

milost pardon, mercy; grace; reprieve; amnesty; **individuální ~ prezidenta / udělená prezidentem** individual pardon act of grace from the President / granted by the President, presidential pardon; **udělení ~i** grant / award of pardon / mercy; **žádost o udělení ~i** application for pardon / mercy; **udělit ~** grant pardon / mercy; **prezident jim udělil ~** they were granted amnesty by the President

mimo outside, outwith; out of, off; in addition to, besides; beyond; except, with the exception of; ~ **dosah** beyond control; ~ **podezření** beyond suspicion; ~ **provoz** out of operation / work / order if broken; ~ **soud** out of court; ~ **úřední hodiny** outwith the office hours; **poli-**

cista ~ službu police officer / policeman off duty

mimobilanční off-balance; ~ **obchod** off-balance trade / trading

mimoburzovní off-board, off-exchange; **organizátor ~ho trhu** (CZ) an organizer of an off-exchange / off-board stock market a Stock Exchange other than the statutory one; licence issued by the Ministry of Finance

mimomanželsk|ý extra(-)marital, extra(-)matrimonial; **~á soulož** extra(-)marital / extra(-)matrimonial sexual experience, sexual intercourse outside marriage

mimoodpovědnostní being outside the scope of liability, not subject to liability; ~ **delikt** delict not subject to liability; ~ **povinnost** duty not subject to liability

mimoodvolací being outside the scope of appellate procedure; **přezkoumání rozhodnutí v ~m řízení** a review of decision outside the scope of appellate procedure

mimořádn|ý extra, extraordinary, special; uncommon; based on emergency; **krutý a ~ trest** cruel and unusual punishment; **~á valná hromada** extraordinary general meeting, EGM abbrev; **~é snížení trestu odnětí svobody** extraordinary reduction of the term of imprisonment; **~é soudcovské zmírňovací právo** extraordinary moderating discretionary power of a judge; **~é volby** doplňovací by-election (UK), special election (US) to fill a vacancy arising by death or resignation of the incumbent of the office; **~é zasedání** emergency meeting, extraordinary meeting / session; **řádný nebo ~ opravný prostředek** regular / standard remedial measure or extraordinary relief

mimosmluvní non-contractual; outside contract; ~ **odměna advokáta** non-contractual attorney's fee; ~ **ujednání** non-contractual covenant

mimosoudní non-judicial, extra(-)judicial, alternative; out-of-court; ~ **smírné narovnání** amicable / voluntary settlement; ~ **dohoda rodičů o styku s dítětem** out-of-court settlement between spouses with respect to visitation rights to a child; ~ **rehabilitace** non-judicial rehabilitation; ~ **smír** out-of-court settlement; ~ **urovnání sporu** out-of-court settlement; alternative dispute resolution; voluntary settlement; ~ **vyřízení trestného činu** jako přestupek disposing of a crime out-of-court

the offence of minimum gravity is treated as an administrative infraction / delict; **rozhodovat spor ~ cestou** settle a dispute out-of-court; arbitrate in a dispute
mimovolní spontaneous, unconscious; **~ jednání** unconscious action
mince coin; **oběžná ~** regular coin; **pamětní ~** memorial coin; **poškozená ~** defaced coin
mínění judgement, consideration, opinion, view; **průzkum / výzkum veřejného ~** public opinion investigation / research; poll, polling; opinion poll / survey; **Institut pro výzkum veřejného ~, IVVM** abbrev Poll Opinion Research Institute, PORI abbrev
minimální minimal, minimum; basic; **~ mzda** minimum wage(s); **~ mzdové tarify odstupňované podle složitosti, odpovědnosti a namáhavosti práce** minimum wage tariffs scaled according to complexity, responsibility and laboriousness of work; **~ spravedlnost** basic fairness / justice
ministersk|ý ministerial; departmental *(US)*, *(UK)*; relating to ministry; **~é povinnosti** responsibilities of minister; departmental responsibilities; **~ předseda** Prime Minister; head of Government
ministerst|vo ministry; executive department *(US)*, *(UK)*; **~ dopravy a spojů** Ministry of Transport and Communications; **~ financí** Ministry of Finance; **~ kultury** Ministry of Culture; **~ obrany** Ministry of Defence; **~ práce a sociálních věcí** Ministry of Labour and Social Affairs; **~ pro místní rozvoj** Ministry for Regional Development; **~ pro Severní Irsko** Department of the Environment for Northern Ireland; **~ průmyslu a obchodu** Ministry of Industry and Commerce, Department of Trade and Industry *(UK)*, *(US)*; **~ spravedlnosti** Ministry of Justice; **Ministerstvo školství, mládeže a tělovýchovy ČR** Ministry of Education, Youth and Sports of the Czech Republic; **~ válečného námořnictva** Naval Department; **~ vnitra** Ministry of the Interior; **~ zahraničních věcí** Ministry of Foreign Affairs, Department of State *(US)*; **~ zdravotnictví** Ministry of Health; **~ zemědělství** Ministry of Agriculture; **~ životního prostředí** Ministry of the Environment; **mimo ~** non-ministerial; non-departmental; **šéfové ~ev** heads of ministries, ministerial heads; executive departments heads

ministr minister; head of executive department; secretary of state *(UK)*, *(US)*; **~ bez portfeje** minister without portfolio; non-departmental minister; **~ obchodu a průmyslu** Minister of Trade and Industry; Secretary of State for Trade and Industry *(UK)*, *(US)*; **~ zahraničí** Minister of Foreign Affairs; Secretary of State for Foreign Affairs *(US)*
minoritní based on minority; **~ podíl ve společnosti** minority interest in the company; **~ vlastník** minority holder / owner; **~ votum** v rozhodování soudního senátu dissenting opinion in deciding a case by the bench of judges
míra rate, scope, degree, amount; **nižší a vyšší ~ zavinění** lower and higher degree / extent of fault; **přiměřená ~ prospěchu a zisku** reasonable amount of benefit and profit; **úroková ~** interest rate, rate of interest; **~ kriminality v procentech** crime rate; **~ náhrady škody** measure / extent of damages; **~ objasněnosti trestné činnosti** clear-up / detection rate; **~ práv a povinností spoluvlastníků** scope of rights and duties of co-owners / joint owners; **~ společenské nebezpečnosti trestného činu** ′gravity of a case; **~ zavinění** degree of fault
mírn|ý moderate, modest; mild, lenient, light; peaceful, pacific; **~á cena** moderate price; **~á nedbalost** slight negligence; **~é zdržení** slight delay; **~ pokles** slight decrease; **~ tarif** moderate tariff; **~ trest** mild sentence; **~ účinek** slight effect; **~ vzestup** slight increase; **~ zákon** mild statute
mírov|ý peaceful, relating to peace; **~á konference** peace conference; **~á operace OSN** peaceful operations of the UN; **~é sbory OSN** UN peace corps
míření pointing; directing; aiming; **~ střelnou zbraní** pointing a firearm
mířit point; direct, aim; **~ střelnou zbraní** point a firearm at s.o.
místní local, regional, territorial, in the vicinity; **~ dohoda** local agreement; **~ komunikace** road / way in the vicinity, local highway; **~ poplatky** local charges; **~ pořádek** local order; **~ příslušnost v civilním a trestním řízení** local jurisdiction in civil and criminal proceedings; **~ působnost trestního zákona** local applicability of the criminal / penal code; **~ působnost zákona** local applicability of a law; **~ referendum** local referendum; **~ rozhodovací orgán** local deliberative body /

authority; ~ **samospráva** local (self-)government; ~ **úřad** local authority

místnost room, chamber; **obytná** ~ dwelling room

míst|o place; space; **hlavní** ~ **podnikání** principal place of business activity; **platební** ~ place of payment; **pracovní** ~ vacancy; post; ~ **činu** scene of a crime; ~ **dodání** place of delivery; ~ **konání** konference conference venue; ~ **ohledání** inspection / examination of site; ~ **plnění** place of performance; place of delivery; ~ **pobytu** place of residence; ~ **podání opravného prostředku** place of filing / lodging an appeal, place of filing a remedial measure; ~ **podnikání** place of running business; local business activity; ~ **procesních úkonů** place of procedural acts; ~ **přechodného bydliště** temporary residence; ~ **spáchání trestného činu** scene of a crime, locus criminis / delicti *(lat)*, place of an offence; ~ **splacení směnky** domicile of a bill, note; ~ **trvalého bydliště** permanent residence; ~ **určení** place of destination; ~ **v radě** seat on the board; ~ **výkonu práce** place of work; **na vyhrazeném** ~**ě** at a prescribed place

místo *(prep)* koho / čeho in lieu of, in the place / room / stead of s.o. / st.; instead of s.o. / st.

místopředseda vice-chairman, deputy chairman, vice-president

mistr master; ~ **odborného výcviku** trade-master

mít have, possess, own; owe; ~ **hodnotu** be of value; be good for; ~ **nevýhodu ve volbách** suffer an electoral disadvantage; ~ **povinnost podporovat** koho owe a duty to support s.o.; ~ **sklon k čemu** be disposed to st.; ~ **v čele** koho be headed by s.o.; ~ **za povinnost** be under a duty / obligation to do; ~ **zisk** gain; **má dáti v účetní** knize debit; **má-li soudce za to, že** where it appears to the judge that; **není-li dohodnuta doba, má se za to, že** . . . where it has not been agreed, it appears that . . . ; **pachatel se měl dopustit trestného činu krádeže** the offender is alleged to have committed a theft; **podle toho, jak se věci mají** as the case stands / may be; **soud musí** ~ **za prokázané, že** the court must be satisfied that; **výkonnou moc má formálně prezident** the executive power is formally vested in the President

mládež youth, juvenile; **orgán péče o** ~ care of youth agency

mladistv|ý adolescent, juvenile, teenaged; ~**á osoba** juvenile person; ~ **pachatel / delikvent** juvenile delinquent / offender; **příkaz k předání** ~**ého do ústavní péče** youth custody order; **rozumový a mravní vývoj** ~**ého** intellectual and moral development of a juvenile; **věk blízký věku** ~**ých** age of a young adult close to the age of a juvenile; **výchovný význam trestání** ~**ých** reformatory function and significance of punishing juveniles; **výkon vazby na** ~**ých** serving custody by the youth / juveniles, juveniles remanded in custody

mladší junior, younger

mlčení acquiesce, silence, tacitness

mlčenlivost silence, non-disclosure; confidentiality; secrecy; **dohoda o zachování** ~**i** confidentiality agreement; **povinnost** ~**i / zachovat** ~ duty not to disclose, duty of non-disclosure; pledge of confidentiality; **státem uznaná povinnost** ~**i** duty not to disclose imposed / recognised by the State; **zachování** ~**i** maintaining confidentiality; **zachování** ~**i o obchodním tajemství** non-disclosure of trade secrets; **zachovat** ~ refrain from any disclosure of st.; **zprostit povinnosti zachovávat** ~ release s.o. from the obligation to maintain confidentiality

mlčící *(adj)* unspoken, acquiescent, silent, quiet, tacit

mlčky *(adv)* in silence, acquiescently, tacitly; ~ **daný souhlas** acquiescence; ~ **souhlasit** acquiesce; **uznání** ~ implied / tacit / silent recognition

mnohonárodn|í(ostn)í multinational; ~ **síly** multinational forces; ~ **společnost** multinational company; ~ **stát** multinational / multiethnic nation

mnohostrann|ý multilateral, many-sided; versatile; ~**á smlouva** multilateral contract; ~**é záležitosti** many-sided affairs; ~ **úkon** multilateral act

mnohoúčelov|ý all-purpose; ~**á komunikace** all-purpose road

mnohoznačnost vagueness; ambiguity; ambiguousness; indefiniteness; **zbavit** ~**i** clear from ambiguity

mnohoznačný vague; ambiguous; ~ **výklad** ambiguous construction / interpretation

množství quantity, size, magnitude, dimension; amount; **nadměrné** ~ excessive amount /

quantity; **velké ~** čeho abundance; vast bulk of st.; **zasloužené ~** reasonable amount; quantum meruit *(lat)*; **spolehlivé stanovení ~ alkoholu při dechové zkoušce** a reliable indication of the proportion / percentage of alcohol in the blood from a breath sample; **prodávat ve velkém ~** netříděné, nebalené zboží sell in bulk unsorted, without packing, sell in large quantities

mobilizace mobilization the action or process of mobilizing an army, troops; **vyhlášení ~** declaration / announcement of mobilization

mobilní mobile; **~ konflikt** *(MPS)* mobile conflict; **~ nemocnice** mobile hospital; **~ zdroj znečištění** mobile pollution source

moc power; authority; force; virtue; rule; **cizí ~ stát** foreign power state; **důkazní ~** evidential authority, authority of evidence; **formální právní ~** tj. rozhodnutí je nezměnitelné formal legal force i.e. the decision cannot be altered; **generální plná ~** general power of attorney; **kolektivní plná ~** collective / joint power of attorney authorising more than one person; **materiální právní ~** tj. rozhodnutí je závazné material legal force i.e. the decision is binding; **nejvyšší ~** supreme authority; **neomezená plná ~** carte blanche, unlimited power of attorney; **písemná plná ~** letter of attorney; **plná ~** power of attorney; letter of attorney; **plná ~ k žalování a obhajobě** warrant to sue and defend; **plné ~i** discretionary powers; **politická ~** political power; **právní ~ rozhodnutí** legal force of a decision / judgment; **právní ~ usnesení** legal force of a judicial resolution; **procesní plná ~** power / authorization to represent in the proceedings, warrant of attorney in the proceedings; **přímá a bezprostřední ~ nad věcí** direct and immediate dominion over a thing; **soudní ~** judicial branch of government, judicial authority / power, judicature; judiciary authority of judicial bodies; **speciální plná ~** special power of attorney; **úplná právní ~ rozsudku** nelze napadnout žádnou jeho část full legal force of judgment none of its parts may be appealed; **veřejná ~** public authority; **vyšší ~** unavoidable accident / casualty, vis major *(lat)*, force majeure *(fr)*, act of God; **zákonodárná, výkonná a soudní ~** the legislative, executive and judicial branches of the government; **~ zákona** authority of the law; **den právní ~i rozsudku** date of final and conclusive judgment; **doložka o nabytí právní ~i** clause of legal force;

odvolání plné ~i revocation of the power of attorney; **průkaz plné ~i** proof of the power of attorney; **systém soudní ~i** judicial system, the system of justice; **udělení plné ~i k zastupování** the grant / award of full authority to represent s.o. under the power of attorney, the grant / award of the full power of attorney to represent; **vypovězení plné ~i zástupcem** revocation of the power of attorney by the attorney-in-fact / representative; **nabytí právní ~i** coming into force of statute; becoming final and conclusive of judgment, final and conclusive judgment; **z ~i úřední** by virtue of office, virtute officii *(lat)*, ex officio *(lat)*; in discharge of one's duty, in virtue of one's office; **nabýt právní ~** come into force, become final and conclusive; **vypovědět plnou ~** revoke / cancel / withdraw the power of attorney; **ustanovení je účinné až právní ~í rozhodnutí o schválení** the provision shall become effective upon the final decision of approval

mocensk|ý powerful; relating to power; **~á elita** power élite

moci *(v)* can, be capable of st.; **~ nabýt účinnosti** be capable of taking effect / becoming operative

mocnost great power

moč urine; **rozbor ~i na přítomnost drog nebo zakázaných látek** urine test to prove the presence of illegal drugs or any other prohibited substances

moderační moderating; **~ právo soudu snížit náhradu škody** discretionary power of a judge to reduce / mitigate damages; abridgement of damages by court

monarchick|ý monarchic rare, monarchical; **~á unie** monarchic union

monarchie monarchy; kingdom; **absolutní ~** absolute monarchy; **dualistická ~** dualistic monarchy; **konstituční ~** constitutional monarchy; **parlamentní ~** parliamentary monarchy

monogamie monogamy; monogyny a man can have only one wife, monandry a woman can have only one husband

monopol monopoly exclusive possession of trade in some article of merchandise; the condition of having no competitor in the sale of some commodity, or in the exercise of some trade or business; **státní ~** public / state monopoly; **mít ~ na prodej ropy** possess / have monopoly of petroleum sale

monopolní relating to monopoly; monopolistic; **~ postavení na trhu** monopolistic position in the market

morál|ka ethics, morals, morality; **trestné činy proti ~ce** crimes against good morals

morální moral, ethic, ethical; **~ kodex** code of conduct, moral code; **~ norma** moral standard; **~ pravidlo** moral rule; **~ příkaz** moral order / command; **~ síla** moral strength; **~ vztahy** moral relations

moratorium moratorium postponement, agreed delay, deliberate temporary suspension; **cenové ~** price moratorium; **výplatní ~** moratorium on payments

mortalita mortality

motiv motive; **~ trestného činu** criminal motive; mens rea *(lat)*

movitost personal property, personalty; chattel personal; movable property

movit|ý personal, movable; **~á věc** chattel personal, corporeal chattel; **~á zástava** chattel mortgage; **~ majetek** personal / movable property, personalty; **doklad osvědčující právo k věci ~é** chattel paper

možný possible; practicable, feasible capable of being put into practice, carried out in action, effected, accomplished, or done, conceivable; contingent; **podle názoru státního zástupce není tento postup ~ ani vhodný** in the prosecuting attorney's opinion such a procedure is neither practicable nor desirable

mravní ethical, ethic, moral; **~ norma** ethical standard / rule; **rozumový a ~ vývoj mladistvého** intellectual and moral development of a juvenile

mravnost morality, morals; **ohrožování ~i** corrupting morals

mravy morals, ethics; **dobré ~** good morals

mrhat čím waste, consume, use up, wear away, exhaust, diminish

mrtvě deadly, still-born; **~ narozené dítě** still born child

mrtvol|a corpse *(UK)*, cadaver *(US)*; dead body; **~ bez hlavy** headless corpse; **hanobení ~y** improper and indecent interference with a dead body; **prohlídka a pitva ~y** post-mortem examination and autopsy; **ukrývání ~y** concealing dead body

mrtvolný deadly; mortal, fatal; **~ pach** deadly smell / odour

mrtv|ý dead; **~é skladování** neprodejných aut,

např. **ve veřejných garážích** dead storage; **~í při dopravních nehodách** traffic casualties; **~ inventář** např. **stroje, ne zvířata** dead stock; **~ kapitál** dead capital; **~ majetek** bezcenný, nedobytný dead asset; **~ náklad** dopravné placené za objednaný, ale nepoužitý lodní prostor dead freight; **prohlášení nezvěstného za ~ého** declaration of death of a missing person; **usnesení v řízení o prohlášení za ~ého** resolution awarded in the declaration of death proceedings; **uvázlý na ~ém bodě** deadlocked, hung

msta revenge, vengeance; **krevní ~** blood feud; **krevní soukromá ~** vendetta

mstít se na kom revenge; exact / take vengeance, take revenge on / upon a person for st.

mstivost revengefulness, vindictiveness

mstivý revengeful, vengeful

mučení torture; excruciation, torment; **~ a jiné nelidské a kruté zacházení** torture and other inhuman and cruel treatment

mučiv|ý relating to torture; excruciation, torment; **~é útrapy** mental anguish

muka anguish

mutatis mutandis *(lat)* **s příslušnými změnami** mutatis mutandis *(lat)*; with the necessary changes in points of detail

myln|ý wrong, incorrect, erroneous, mistaken; astray; **~é vylíčení skutečnosti** misrepresentation / false representation of facts; **~ výklad** erroneous interpretation / construction, misinterpretation

myslitelný conceivable, imaginable, supposable

mysliveck|ý relating to game(-)keeping; **~á stráž** game(-)keeping guard; **~é právo** Hunting and Game Management Law

myslivost gamekeeping, game management; **zákon o ~i** Game Management Act; **úmyslně neoprávněně zasáhnout do práva ~i** wilfully and unlawfully interfere with game management rights

mzd|a wage(s) traditionally for manual work, pay; salary traditionally for intellectual work; quarterage paid quarterly; **časová ~** hourly pay; **hodinová a úkolová ~** time-wages and piece-wages, time(-)work and piece(-)work rate wage, pay by time(-)work and piece(-)work; **minimální ~ zákonem stanovená** legal minimum pay; **naturální ~** pay in kind; **nominální ~** nominal wages; **průměrná týdenní ~** average weekly wage, A.W.W. abbrev; **reálná ~** real wages; **náhrada ~y** reimbursement of wage;

náhrada ~y za dovolenou holiday pay; **nepobírající ~u** wageless; **nezabavitelná částka ~y** a portion of wages that may not be subject to assignment voluntary / garnishment by court; **plátce ~y** payor of wages; **příkaz srážek ze ~y** writ / order garnishing wages; **regulace mezd a cen** wage and price control; **srážka ze ~y dobrovolně odváděná zaměstnancem na úhradu dluhu** wage assignment levied by employer upon an agreement between the employee and employer to discharge the employee's debt; **srážky ze ~y soudem stanovené na splacení dluhu** garnishment of wages, attachment of a portion of wages;

výše ~y rate of wages, wage rate; **zmrazení mezd** wage freeze; **zvyšování mezd** wage increase; **zákony týkající se minimální ~y a maximální délky pracovní doby** wage and hour laws; **žaloba o náhradu ~y v důsledku neplatného rozvázání pracovního poměru** action for the compensation of wages due to unlawful dismissal; wrongful discharge action **mzdov|ý** relating to wage(s), pay, salary; **~á komise** wages board, wages council; **~á stupnice** wage scale; **~á třída** wage level; **~ fond** wages fund, wage-fund; **~ tarif** wage tariff

N

na *(prep)*: ~ **dobírku** on C.O.D. terms; ~ **neurčito** for an indefinite time / period; without limit, endlessly, forever; ad infinitum *(lat)*; ~ **požádání** on demand; ~ **rozdíl od** unlike in a manner differing from that of a specified person or thing; ~ **viděnou směnka** at / in sight; payable at / upon presentation; ~ **vrub** to s.o.'s debit; ~ **základě kladného hlasování** by an affirmative vote; ~ **základě předchozího upozornění** upon prior notice; ~ **základě zákona** by virtue of law; under the law
nabíd|ka offer to sell, proposal; bargain; bid offer of price, tender; **cenová** ~ price bid, offer to buy st. at a certain / specified price; **konkurenční** ~ **ve veřejné soutěži** competitive bid; **otevřená** ~ open bid; **tržní** ~ market price offer; **účinná** ~ effective accepted offer; **zapečetěná** ~ **zaslaná do veřejné soutěže** sealed bid submitted in competitive bidding / public tender; ~ **na koupi** bid; offer to buy; ~ **na převzetí firmy na odkoupení všech nebo většiny akcií společnosti** takeover bid, offer to buy all or a majority of shares in a company; ~ **práce** offer of a job, job offer; ~ **přijatelná pro obě strany** offer acceptable to both parties; ~ **se zárukou ve veřejné soutěži** bid bond in public bidding; ~ **v hotovosti** cash offer; ~ **veřejné omluvy pachatele trestného činu urážky na cti poškozenému** offer of amends made by a perpetrator of libel; **opominutí / opomenutí** ~**ky v rámci předkupního práva** omission to offer within the pre-emptive right; **přijetí** ~**ky** acceptance of an offer; **účinnost** ~**ky** virtue of offer; **dát / předložit nižší** ~**ku** underbid, make a lower bid; **požádat o** ~**ky na dodávky součástek** ask for bids for the supply of spare parts; **předložit** ~**ku** submit / put in / make / enter a bid; **učinit vyšší** ~**ku** make a higher bid; **vzít zpět / stáhnout** ~**ku** retract a bid in auction; withdraw an offer; **dražená věc byla prodána nejvyšší** ~**ce** the lot was sold to the highest bidder; **nabízející může vzít svou** ~**ku zpět** the bidder may retract his bid in auction; offeror may withdraw his offer contract
nabídkov|ý based on offer, bid; ~**á cena akcií** offer price at which new shares are put on sale; bid price at the stock exchange; ~**á povinnost** duty to

offer; ~**é řízení** competitive bidding procedure; ~ **katalog** catalogue of products, services
nabídnout, nabízet offer, propose; bid; ~ **cenu** make a bid, offer a price; ~ **komu práci** offer s.o. a job; ~ **koupi** čeho enter a bid for st.; offer to buy / purchase st. at a certain price; ~ **méně** underbid, bid for / offer less than expected; ~ **věc k prodeji** offer st. for sale; ~ **více při dražbě** make a higher bid
nabídnut|ý offered; bid; ~**á cena** bid price in a market; bid quote in a stock exchange
náboj bullet, cartridge projectile
nábor advertising, publicity; intake; recruitment; acquisition; ~ **do armády** army recruitment; ~ **pracovníků** recruitment of new employees
náborář recruiter; agent; business canvasser
náborov|ý relating to recruitment, publicity; recruiting; advertising; ~**á inzerce** recruitment advertising; ~ **pracovník** recruiting officer of employees; acquisition agent *(insur)*
nábožensk|ý religious, relating to church; ~**á společnost** religious association / society; ~**á svoboda** religious freedom / liberty; ~**á výchova a vzdělání** religious education; ~**é vyznání** religion; confession; ~ **účel** religious use / purpose
náboženství religion, church; **křesťanské, muslimské, hinduistické** ~ Christian, Muslim, Hindu religions
nábřežné *(n)* quayage dues levied on goods landed or shipped at a quay, or on ships using a quay
nabýt acquire, achieve, appropriate, attain, gain, get, obtain, take; **moci** ~ **účinnosti** be capable of taking effect; ~ **a zcizit akcie** acquire and dispose of shares; ~ **majetek** acquire property; ~ **platnosti** come into force, become valid; ~ **práva a povinnosti** acquire rights and duties; ~ **právní moci** come into force; become final and conclusive of judgment; ~ **účinnosti** take effect, become effective / operative, come into operation; ~ **vlastnické právo k věci** acquire title to property / to a thing; ~ **zletilosti** reach full / adult / legal age, reach majority; **rozhodnutí nabude právní moci** the decision shall become final and con-

clusive, the decision shall take full legal force, the decision shall become fully effective **nabytí, nabývání** acquisition, acquiring; obtaining, obtainment; **derivativní** odvozené ~ **vlastnického práva** na základě smlouvy derivative acquisition of title as a result of a contract; **nové** ~ new acquisition; **podvodné** ~ fraudulent obtainment; **původní** ~ **vlastnického práva** vydržením, přírůstkem, autorstvím apod. first / original acquisition of title by prescription, accession, authorship, etc.; ~ **dědictví** acquisition of inheritance / decedent's estate; ~ **dědictví smrtí zůstavitele** acquisition of property by descent / inheritance upon the death of the deceased / testator; ~ **práva kým** accrual of a right to s.o.; ~ **právní moci** coming into force; possessing legal authority / force; ~ **vlastnictví děděním** acquisition of title by descent / inheritance; ~ **vlastnictví kupní smlouvou** acquisition of title by a sales contract; ~ **vlastnictví na základě zákona** acquisition of title by virtue of law; ~ **vlastnictví rozhodnutím státního orgánu** acquisition of title upon a decision of a public body; ~ **vlastnictví přírůstkem** acquisition of title by an accession of a thing; ~ **vlastnictví vydržením** acquisition of title by prescription; ~ **vlastnictví zpracováním věci** acquisition of title by processing a thing; **doložka o** ~ **právní moci** clause of legal force; **potvrzení** ~ **dědictví jednomu dědici** the confirmation / acknowledgment of the acquisition of inheritance by one heir; **potvrzení** ~ **dědictví podle dědických podílů** the confirmation / acknowledgment of an acquisition of inheritance according to heir's lots / shares; **různé způsoby** ~ **vlastnictví k věci** different modes of acquiring a title to / an ownership of property
nabyt|ý acquired; vested; taken; **~á práva** acquired / vested rights; **~é vědomosti** acquired knowledge; ~ **po určitém datu / dodatečně** ~ after-acquired, acquired after a certain date
nabývací relating to acquisition; acquisitive; ~ **důvod** u dědictví acquisition title in the case of succession
nabývající acquiring, obtaining; ~ **účinnosti** going into effect, becoming effective / operative
nabyvatel assignee, assign; grantee; successor, legatee; **faktický** ~ assignee in fact; ~ **právního titulu ze zákona** successor in title by virtue

of law; ~ **práva v důsledku postoupení právního titulu** assignee of a right to whom a right or title is legally assigned or made over; ~ **práva k cizí věci** věcného břemene grantee of an easement; ~ **právního titulu v důsledku právního úkonu** tj. např. smlouvy assignee / assign acquiring title upon a legal act such as contract; ~ **v dobré víře** na základě kupní smlouvy purchaser in good faith upon a contract; ~ **věci z darování** grantee of a thing upon gift; ~ **vlastnictví** assignee of title to property; ~ **z kupní smlouvy** vendee, purchaser; ~ **ze zákona** assignee in law; ~ **ze závěti** testamentary successor, successor upon the will; beneficiary; **dědici a ~é jeho majetku** his heirs and assigns
nactiutrhač calumniator; slanderer
nactiutrhání calumniation, calumny; defamation; libel recorded, slander oral
nadac|e foundation, fund permanent fund established and maintained by contributions for charitable, educational, religious, research, or other benevolent purpose; **správce** ~ administrator of a foundation; **statut** ~ by-laws / constitution / statutes of a foundation; **zakládací listina** ~ Charter of the Foundation i.e. articles creating the foundation; **zánik** ~ termination of a foundation deletion / erasure / striking off from the register; **zrušení** ~ dissolution of a foundation; **zřizovat ~i** establish / create / found a foundation; **zřizovatel** ~ promoter of a foundation
nadační relating to foundation; ~ **fond** *(CZ)* benevolent / endowment fund
nadání 1 foundation **2** talent, dispositions
nadarmo to no effect, to no purpose; ineffectually, uselessly, vainly
nadat give; vest, put, place, establish; ~ **koho / co právy** vest rights in / on s.o. / st.
nadáva|t profane, insult; speak injuriously of / to, abuse; miscall, misname; **hrubě / sprostě** ~ grossly insult s.o.; abuse in the most virulent term; **hrubě ~l policistům, než byl zavřen do cely** he abused the police before being taken to the cell
nadávka name-calling; abusive language; vituperation
nadbytečnost redundancy; superabundance, superfluity; **dobrovolná** ~ v zaměstnání požadovaná pracovníkem s cílem získat finanční náhradu za propuštění voluntary redundancy in employment, pursued by the employee in order to receive additional remuneration for dismissal; ~ **provedení důka-**

zu redundancy of the production of evidence, redundant production of evidence; **odstupné v případě výpovědi pro** ~ redundancy payment *(UK)*; severance pay *(US)*; **propuštění ze zaměstnání pro** ~ dismissal / discharge due to redundancy; **rozhodnout o ~i pracovníků** make workers redundant **nadbytečn|ý** redundant; abundant; excessive; **~é množství** excessive amount; **~é ustanovení ve smlouvě** redundant clause / provision in a contract; **~é zásoby** excessive stock; ~ **počet** excessive number; ~ **personál** redundant staff; ~ **pracovník** redundant worker **nadbytek čeho** (super)abundance, superfluity; affluence; excess; ~ **pracovníků** excessive number of workers; ~ **zásob** excess of stock, excessive stock **nadčlověk** superman; **teorie ~a** theory of Übermensch / superman **naděje** hope; expectation, desire; belief; ~ **na úspěch** hope of success; ~ **na zaměstnání** hope of finding a job **nadějn|ý** hopeful; **~é vyhlídky** hopeful prospects **nádenick|ý** of or relating to journey-work, day-labour; day-work; **~á práce** day labour, day work **nádeník** dataller, day-taller, day-labourer **nadhodnocení** excessive valuation; exaggeration **nadhodnota** excess value, over-value; ~ **cenného papíru** excess value of a security **nadměrně** excessively; ~ **ztěžovat provedení komunitárního předpisu ve vnitrostátním právu** make excessively difficult the implementation of Community legislation into national law **nadměrn|ý** excessive; immoderate, inordinate, extravagant; **~é požívání alkoholu, drog** excessive consumption / use of alcohol, drugs; **~é užívání alkoholických nápojů nebo omamných prostředků** excessive use of alcoholic drinks or narcotics **nadopovat koho** hocus s.o., stupefy / stupify s.o. with drugs for a criminal purpose **nadpis** heading *(n)*, title; **~y v této nájemní smlouvě mají pouze funkci odkazů a neovlivňují výklad smlouvy** the headings in this lease are for reference only and shall not affect its construction

nadprůměrný above-standard; super(-)natural; extraordinary **nadržování** partiality; patronization, indulgence, favouritism; abetting; ~ **jedné straně procesu** favouritism for a party to a case; **spolupachatelství zahrnuje podněcování, schvalování, ~, nepřekážení nebo neoznámení trestného činu** complicity includes inciting, encouraging, abetting, failure to prevent and failure to report a crime **nadržovat** patronize; abet; ~ **pachateli trestného činu** abet an offender **nadřízenost** superiority; supremacy; **vztahy ~i a podřízenosti** relations of superiority and subordination **nadřízený** superior, higher; superordinate; **bezprostředně ~ úřad** immediate superior office; ~ **pracovník** superior officer; ~ **soud** superior / higher court **nadstandardní** above-standard; ~ **vybavení bytu** a flat equipped and furnished above standard **nadvláda** dominion, dominium *(lat)*; domination, hegemony **nahlas** aloud, loudly; **výpověď je přečtena ~ během hlavního líčení** the deposition is read aloud at the hearing **nahlédnout, nahlížet** search, inspect; examine, scrutinize; ~ **do spisů** inspect the documents / pleadings civil proceedings **nahlédnutí, nahlížení** searching; examination, scrutiny, inspection; ~ **do matrik** search in a register; ~ **do obchodního rejstříku** search in the Commercial Register; ~ **do poznámek učiněných při výpovědi** inspection of the notes taken during testimony **náhoda** chance, coincidence; incident, accident; contingency **nahodilost** contingency; incidence **nahodil|ý** contingent, incidental, accidental; casual; **~á podmíněná budoucí událostí smlouva** contingency contract conditioned upon the occurrence of a future event; **~á koupě** contingent purchase; **~á platba** contingent payment; **~á událost** contingency, fortuitous event; casualty; incident, accident; **~á zkáza věci** incidental destruction of a thing; **~é složky** accidentalia negotii incidental causes / elements; **~é výdaje** incidental expenses **náhodn|ý** incidental, accidental; casual; **~á nezaviněná smrt** accidental death; **~é nezaviněné**

zabití accidental killing; ~ **nabyvatel ze smlou-vy** incidental beneficiary upon contract; ~ **zákazník** casual client / consumer; **na základě ~é události** upon the happening of a contingency **náhrad|a** reimbursement, refunding, compensation, remuneration; substitution, replacement; alternation; **bytová** ~ substitution of dwelling / flat / apartment; **kompenzační** ~ **škody** compensatory damages; **paušální** ~ **škody** lump sum damages; **peněžitá** ~ **za vyvlastnění** reimbursement of expropriated property within eminent domain; **přiměřená** ~ reasonable / adequate compensation / damages; **přiměřená** ~ **za majetek zabraný pro veřejné účely** adequate compensation for expropriated property under eminent domain; **regresivní / regresní** ~ tj. náhrada nákladů vznikajících státu z úrazů, nemocí z povolání a jiných poškození zdraví compensation as a result of recourse incurred and claimed by the State as a result of accidents, industrial accidents, occupational diseases and other harm to health; **soudně stanovená** ~ adjudicated damages; recovery; **stanovená konkrétní částkou** ~ **škody** liquidated damages; ~ **hotových výdajů advokáta** reimbursement of cash expenditure / expenses of an attorney; ~ **mzdy za dovolenou** holiday / vacation pay; ~ **nákladů** reimbursement of costs / expenses; ~ **nákladů poškozeného** reimbursement of expenses of the injured / aggrieved party, reimbursement of expenses incurred to the injured / aggrieved party; ~ **následné škody** consequential damages; ~ **nutných výdajů** reimbursement of necessary compulsory expenses / expenditures; ~ **odmítnutého nepřijatého zboží** replacing rejected goods; ~ **skutečné škody** actual damages; ~ **škody** damages, compensation; remedy, redress; ~ **škody v případě nedodání zboží** damages for the non-delivery of goods; ~ **ušlého výdělku** reimbursement for loss of earnings; ~ **v penězích** monetary / pecuniary compensation; ~ **za prodlení zdržné, skladné, stojné** demurrage charges for delay, storage, unreasonable stoppage; ~ **za promeškaný čas advokáta** reimbursement for loss of time of an attorney; ~ **za výpověď ze zaměstnání** dismissal compensation; ~ **za ztížení společenského uplatnění** compensation for diminished social function / capability the social role / function / position of a handicapped person declines as a result of industrial injury or occupational disease; ~ **zisku ušlé-**

ho **z důvodu prodlení s provedením díla** compensation for the loss of profit due to the delayed production of work; **~ou za na úhradu čeho** in consideration of; **povinnost k ~č škody** liability to damages; **snížení ~y škody** diminution / mitigation of damages; **žaloba o ~u mzdy v důsledku neplatného rozvázání pracovního poměru** action to compensate wages due to unlawful dismissal; wrongful discharge action; **žaloba o ~u nákladů vynaložených držitelem** action for reimbursement of costs of the holder / possessor; **žaloba o ~u škody** action for damages; **žaloba o ~u škody uvedením do předešlého stavu** action for damages by full reinstatement; **žaloba o ~u škody způsobené fyzickou osobou** action to compensate damage inflicted / caused by a natural person; **domáhat se ~y škody** seek recovery of damages / remedy; claim damages; **není dotčeno právo na ~u škody** without prejudice to the right of damages, the right of damages is not prejudiced / affected; **odhadnout výši ~y škody** assess / evaluate / estimate damages; **požadovat ~u škody** claim damages / compensation; **přiznat plnou ~u nákladů řízení** adjudicate the full recovery of costs of proceedings; **zabezpečit ~u** be compensatory, provide compensation

nahrad|it replace, substitute; reimburse, refund, compensate; ~ **škodu** pay compensation / damages; ~ **ztrátu komu** make good a loss to s.o.; **odvolávka na DPH zahrnuje jakoukoliv obdobnou daň, která ~í DPH nebo která je odváděna v souvislosti s DPH navíc** reference to VAT shall include any tax of a similar nature substituted for, or levied in addition to, Value Added Tax

náhradní alternate, alternative, substitute, substitutional, substitutionary; emergency, reserve; ~ **byt** substitute flat / apartment; ~ **dědic** substitute heir; ~ **doručování** substituted service; alternative delivery; ~ **důkaz** substitutionary evidence; ~ **otec** substitute father; ~ **přísedící nebo soudce je-li líčení velmi dlouhé** substitute lay judge first instance criminal proceedings / substitute judge on a panel appellate proceedings, or substitute judge if the trial is too long; ~ **rodinná péče** substitute for family care, foster care; ~ **smlouva** alternative contract; ~ **ubytování** substitutionary accommodation; ~ **účastník řízení např. z důvodu smrti** substitute

party to proceedings due to death of the original party; **~ vykonavatel** závěti substituted executor of will; **~ závazek** alternative obligation; **dodávka ~ho zboží** delivery of substituted goods; **žádost o ~ volno** request for compensatory time-off
náhradník substitute; alternate member
nahrazení substitution, replacement; **~ souhlasu** druhého manžela, rodiče substitution of consent of the other spouse, parent; **~ vazby kaucí, zárukou nebo slibem** replacement / substitution of custody with bail, recognizance / pledge or promise
náhražka substitute, alternate; **~ peněz** money substitute
náhražkový artificial; substitute, substitutional
nahromadění accumulation, cumulation
nahromaděn|ý accumulated; **~é dědické odkazy** accumulated legacy
nahromadit amass, accumulate
nahromadit se accrue from st.
nahý naked, nude
náchylnost propensity, inclination, aptitude, disposition; **~ k trestné činnosti** disposition to commit crime
náchylný inclining, apt, disposed to; **být ~ k čemu** be disposed for / to do st.
najat|ý hired, rented, leased; **~é auto** hired / rented car; **smlouva o koupi ~é věci** hire-purchase contract (UK), lease-purchase contract (US)
náj|em lease; tenancy; rent (inform); hire; a lease contract; **chráněný ~** protected / assured lease; **opakující se ~** periodic tenancy / lease continuing tenancy subject to termination at various rental periods; **podnikatelský ~** commercial lease, business tenancy; **společný ~ bytu manžely** joint residential lease of spouses having the same rights as co-tenants; **společný ~ více osob** common lease of several persons; **~ bytu** residential lease, lease of a flat / apartment; **~ na dobu neurčitou** perpetual lease, lease for an indefinite term; **~ nebytových prostor** non-residential lease, lease of non-residential / office premises; commercial lease; **~ obytných místností** lease of residential premises; **~ pozemku** ground lease; **~ zařízení** s možností odkupu equipment lease with option to purchase; **doba trvání ~mu** term / duration of the lease; **držba po uplynutí ~mu** tenancy at sufferance; **návrh na zrušení práva spo-**

lečného ~mu bytu petition to terminate the right of a joint / common residential lease usually of spouses; **ochrana ~mu** protection of lease; **počátek ~mu** inception of lease, commencement of a lease contract; **pokračování v ~mu** continuation of tenancy / lease; **právo chráněného ~mu** the right of protected / assured lease; **přechod ~mu bytu** passage of residential lease, passage of a lease of flat / apartment; **předmět ~mu** subject-matter of lease; **skončení ~mu** termination of tenancy / lease; **smlouva o ~mu dopravního prostředku** charter agreement / contract; **smlouva o ~mu lodi** voyage charter; **trvání ~mu** duration of lease; **ukončení ~mu** termination of lease; repudiation of lease; **výpověď z ~mu** notice of termination of lease; **výpověď z ~mu** daná **nájemcem** lessee's notice of termination of lease; **výpověď z ~mu** daná **pronajímatelem** lessor's notice of termination of lease, lessor's notice to quit; **zánik ~mu** extinguishment of lease; **zrušení ~mu** reversion of lease, discharge of a lease contract; **dát nájemci / nájemníkovi výpověď z ~mu** bytu give a tenant notice to quit the flat, serve a tenant with notice to quit, serve a notice to quit on the tenant; **platit ~ zálohově** pay rent in advance; **pokračovat v ~mu** continue to occupy the rented property; **sjednat ~** form / create a tenancy / lease; **ukončit ~** terminate lease; repudiate a lease contract; quit; **nájemce má nárok na výpověď z ~mu v délce alespoň čtyři týdny nebo rok** a tenant is entitled to / must be given at least four weeks' or a year's notice to quit
nájemc|e tenant, lessee; leaseholder; hirer; **budoucí ~** incoming tenant; **společní ~i** joint tenants, co-tenants; **~ bytu** residential tenant; **odpovědnost ~ za zanedbání** stavu **nemovitosti** tenant's liability for waste / disrepair of property; **vyvinit ~** exculpate the tenant; **~ neprodleně zjedná nápravu všech škod** the tenant shall make good / rectify any damage without delay; **užívání majetku ~em je podstatně dotčeno** the tenant's use of the property is materially affected
nájemné rent, rental; **navýšené ~** increased rent; **obvyklé ~** regular rent / rental; **sjednané ~** rent reserved, stipulated rent / rental; **snížené ~** concessionary rent; reduced rental; **splatné ~** rent due, rental due; **volné tržní ~** open market rent; **~ bez DPH** rent exclusive

of VAT; ~ **z pozemku** ground rent; ~ **za byt a služby s tím spojené** rent for the apartment / flat and related services and utilities; ~ **za měřidlo** vody, elektřiny, plynu apod. meter rent; **dlužná částka** ~ho rent in arrears; **dodatečná platba** ~ho vzniklá v důsledku prodlevy v placení additional rent as a result of default; **oznámení o změně** ~ho notice of change in rent; **platba** ~ho payment of rent; **počáteční platba** ~ho initial rent; **pravidelné platby** ~ho periodic payment of rent; **prominutí** ~ho waiver of rent / rental; **regulace** ~ho rent control, rent restrictions; **roční platba** ~ho yearly payment of rent; **roční výše** ~ho yearly rate of rent; **sleva z** ~ho / **na** ~m rent abatement; **snížení** ~ho reduction in rent; **trvalé zpožďování plateb** ~ho persistent delay in paying rent; **úprava** ~ho rent / rental review; **zajištění** ~ho security of rent / rental; **vymoci dlužné** ~ o pronajímateli recover arrears of rent

nájemní relating to lease, rental, tenancy; ~ **dohoda** tenancy / lease agreement; ~ **dům** apartment house, tenement house; ~ **dům pro krátkodobý pronájem bytu** se zařízenými bytovými jednotkami lodging house containing furnished apartments which are let out by the week or by the month; ~ **hodnota** rental value; ~ **právo** Law of Lease, Rent Law; ~ **smlouva** lease / tenancy agreement, lease contract, contract of lease, occupational lease; ~ **statek** copyhold; ~ **vztah** lessor-lessee relationship, landlord-tenant relationship; **snížit** ~ **hodnotu majetku** diminish the rental value of the property; **uzavřít a skončit** ~ **smlouvu** create and terminate the lease

nájemn|ý rentable, hireable capable of being hired; obtainable for hire; ~**á vražda** veřejné osoby, politika assassination the action of assassinating; the taking of a life by treacherous violence, esp. by a hired mercenary; ~ **vrah** contract killer

najímatel hirer, lessor

najmout si co lease, rent, hire; charter a means of transportation

najmout koho / co hire s.o. / st., employ s.o. / st.

nákaz|a infection, contagion by contact; contamination; **zvíře přenášející** ~**u** contagious animal

nakazit koho čím infect s.o. with st., affect s.o. with disease; act upon by infection / contagion

nakažliv|ý infectious, contagious, communic-

able; **šíření** ~**é choroby** spreading an infectious disease

náklad load, carriage, cargo, freight; **lodní** ~ vessel / ship cargo, freight; **minimální** ~ carload the amount of freight carried within a given period for base rates; **smíšený** ~ general cargo; **přeprava** ~**u** transportation of cargo / freight, carriage of goods; **smlouva o přepravě** ~**u** contract for the carriage of goods, forwarding contract, shipping agreement; **naložit** ~ take in a cargo; **vyložit** ~ discharge a cargo

nakládání disposal, disposition, handling; treatment; **neoprávněné** ~ **s utajovanou skutečností** unauthorized use of classified information; **zlé** ~ **se svěřenou osobou** maltreatment of a person by one who has been entrusted with the person' s care; ~ **s majetkem** disposal of property; ~ **s odpady** dealing with / handling the waste; **porušování předpisů o** ~ **s kontrolovaným zbožím a technologiemi** breach of regulations providing for / governing the handling and disposing / disposal of controlled goods and technologies; **volnost** ~ **s věcí** freedom of disposition of a thing, free disposition of property

nakládat dispose of; handle; treat, manage; ~ **bez povolení nebo v rozporu s ním s povrchovou nebo podzemní vodou** manage surface or underground waters without a permit or in breach thereof; ~ **s majetkem** dispose of property; **dokumenty umožňující** ~ **se zbožím** documents substantiating the title to goods; **oprávnění spravovat a** ~ **s majetkem nezvěstné osoby** power of administration and disposition over the property of the absent person

nákladní relating to freight, cargo, goods; ~ **list** bill of freight / carriage, way bill

nákladn|ý costly, expensive; dear; ~**á opatření k zajištění pořádku** costly measures to maintain order

náklad|y cost(s), expenditure(s), expenses; outlay, charges; disbursement; **daňově uznané** ~ tax deductible expenses; **léčebné** ~ cost of treatment; **nepřímé** ~ indirect costs; **neúčelné** ~ unreasonable costs; **pořizovací** ~ prime cost; **přiměřené** opodstatněné ~ **na stěhování** reasonable removal costs; **režijní** ~ outgoings (pl), overhead charges / expenses / expenditures; **stavební** ~ building costs; **škodní** ~ burden of losses / damage i.e. costs of the restitution of damage; **účelně vynaložené** ~ purposeful / meaningful expenses; **udržovací** ~ carrying(-)costs, costs of maintenance; **všeobecné režijní** ~ general expenses; **získatelské** ~ acquisition costs; **životní** ~ cost of living; ~ **léčení** medical treatment expenses; ~ **na likvidaci / odstraňování odpadů** waste disposal costs; ~ **na plnou naturální restituci** full reinstatement cost; ~ **na splnění smlouvy** cost of completion of contract, costs of performance; ~ **pohřbu** funeral expenses; ~ **řízení** costs of proceedings, court costs; ~ **spojené s vysokou úmrtností** cost of mortality; ~ **trestního, občanského řízení** costs of criminal, civil proceedings; ~ **výkonu rozhodnutí** execution of judgment costs; **efektivnost** ~**ů** cost effectiveness; **index životních** ~**ů** cost-of-living index; **náhrada / úhrada** ~**ů** reimbursement of costs / expenses / expenditures; **zajištění na** ~ **řízení** security for costs *(US)*; **záloha na** ~ **konkursu** advance payment for costs of bankruptcy proceedings; **vynaložit** ~ disburse / cover / defray costs / expenditures; **majetek úpadce nepostačuje k úhradě** ~**ů konkursu** the bankrupt's estate is insufficient to cover costs of bankruptcy proceedings; **uvedení věci do původního stavu na své vlastní** ~ the restoration / reinstatement of a thing / property at one's own expense; **vymáhání pořádkové pokuty a** ~**ů trestního řízení** enforcement of a procedural fine and court costs

nakupit accumulate, cumulate; aggregate, amass

nalákat entice attract by the offer of pleasure or advantage; decoy by the use of cunning and deceitful attractions into a place or situation, decoy away / out / from a situation, decoy to do st.

naléhat na co beseech, compel, insist, push, urge

naléhavě urgently; in emergency; desperately; ~ **požadovat okamžitý zásah** urgently demand immediate action; ~ **žádat o co** urgently claim / seek st.

naléhavý urgent; pressing, acute; exigent requiring immediate action or aid; ~ **právní zájem na určení** exigent / urgent legal request to determine / declare st. a right / title; ~ **problém** urgent / exigent problem

nalepk|a label; sticker; **padělání a pozměňování** ~**y k označování zboží** forging and alteration of a label designating goods

nález judgment; finding, ruling, holding; discovery; **lékařský** ~ medical report; **rozhodčí** ~ arbitration award; **soudní** ~ judicial holding / ruling; ~ **Nejvyššího soudu** ruling *(US)* / judgment *(CZ)* of the Supreme Court; ~ **rozhodce** arbitrator's award; ~ **rozhodčího soudu** arbitration award; ~ **věci** discovery of a thing; **vyhlášení** ~**u Ústavního soudu** promulgation of a judgment of the Constitutional Court; ~ Ústavního soudu **se vyhlašuje ve Sbírce zákonů ČR** the judgment of the Constitutional Court shall be published / promulgated in the Collection of Laws; **soudci obecných soudů jsou vázáni** ~**em Ústavního soudu** judges of courts having general jurisdiction are bound by judgments of the Constitutional Court

nalézací leading to judgment, finding; ~ **řízení** action / trial proceedings, first instance trial

nalézání finding, ascertainment; **volné** ~ **spravedlnosti soudci** discretionary powers of judges

nálezce finder; discoverer

nalezenec foundling

nálezné reward for returned property previously lost; **žaloba na zaplacení** ~**ho** action for the payment of reward

náležitě duly; rightly, properly, fitly; ~ **formulovat obvinění** put the accusation into a proper form

náležitost element; propriety; ingredient, factor; part; **elementární** ~**i** essential elements; **formální** ~**i** pracovní smlouvy formal elements, formalities of an employment contract; **podstatné** ~**i nájemní smlouvy** requisites, essential elements of a lease; **podstatné** ~**i pracovní smlouvy** essential elements of an employment contract; ~**i podání** elements of a petition / filing; ~**i závazkových právních vztahů** elements of obligatory relationship

náležit|ý due, proper; relevant, adequate; ~**á péče** due care / diligence; **ten, kdo se mohl při** ~**é péči o doručení usnesení dovědět** one who, if diligent and careful, should have known of an attempted service of the resolution

náloživo ammunition

náložný loading, lading; ~ **list** bill of lading

náměstek deputy, vice-chair; undersecretary; ~ **guvernéra** vice-governor, deputy governor; ~ **ministra** Deputy Minister *(CZ)*; ~ **ředitele**

vice-manager, deputy manager; vice-principal of school; vice director
namíchat mix, mingle, blend; hocus stupefy with drugs; ~ **komu omamný nápoj** hocus s.o.'s drink
namítan|ý pleaded; complained against, challenged, objected to; disputed, questioned; **~á nedbalost** pleaded negligence, negligence plea, plea in negligence; **~á podjatost** pleaded bias, challenged prejudice of a judge
namítat challenge st. / s.o.; object to, make objection to st. / s.o., call st. / s.o. in question, dispute st.; take an exception to st., demur at / to st.; argue against st.; ~ **proti chování protistrany** object to the conduct of the adversary / other party; ~ **proti rozhodnutí soudu** dissent / object to the decision of the court; **~, že podmínky nebyly splněny** argue that the conditions have not been complied with
namítateln|ý challengeable, arguable, disputable; demurrable; subject / liable to objections; **~é podání** a petition / filing liable to challenge / objection; ~ **procesní úkon** challengeable act of procedure
námit|ka objection raised to st.; challenge presented, exception taken to st., demurrer put in, plea made; protest made / lodged against; contest, claim; question; motion made for / to do st.; **afirmativní** ~ affirmative defence; **kategorická** ~ bez udání důvodu peremptory challenge; **odmítající** ~ declinatory plea; **odůvodněné ~y** justified / substantiated objections; **právní** ~ objection in point of law; **procesní** ~ s cílem zpomalit řízení dilatory exception / demurrer; ~ **dědické nezpůsobilosti zůstavitelova dědice** motion against the incompetent heir of the deceased; ~ **místní nepříslušnosti** plea of / motion of / exception to the lack of local jurisdiction, plea of forum non; ~ **nepříslušnosti** plea of / motion of jurisdiction; declinatory exception; ~ **nepříslušnosti soudu** podaná obžalovaným s cílem zdržet řízení dilatory plea of jurisdiction asserted by the defendant in order to delay the procedure; ~ **nesplněné smlouvy** exceptio non adimpleti contractus exception to non-performance of contract to the effect that the plaintiff is not entitled to sue because he has not performed his part of the contract; ~ **podjatosti soudce** plea of the prejudice / bias of the judge, exception to the prejudice / bias of the judge; ~ **promlčení** alleging / pleading the limitation of time objection based on statutes

of limitation; ~ **proti předkládaným důkazům** evidence demurrer, exception / objection to evidence; ~ **proti konkrétním nedostatkům** podání protistrany special demurrer, exception to the insufficiency of pleadings on the opposite side; ~ **proti neoprávněnému využívání veřejných** finančních **prostředků** challenge to unauthorized use of public funds; ~ **proti** oprávněnosti žalobního návrhu general demurrer, motion to dismiss for failure to state a claim on which relief may be granted; ~ **proti** pohledávce motion to dismiss a claim; ~ **proti právní dostatečnosti důkazů** předložených druhou stranou demurrer to evidence produced by the opposing party; ~ **proti příslušnosti soudu** exception to the court's jurisdiction; declination; ~ **proti rozhodnutí v** průběhu řízení exception / objection to an order of the court; ~ **proti vadě důkazů** evidence demurrer, exception to evidence; ~ **proti znění protokolu** claiming an exception / objection to the wording of the report; ~ **přehnané shovívavosti** plea of excessive leniency; **bez ~ek** without question; no objections; unopposed; **lhůta pro podání ~ek** time limit for objections; **ponechaný bez ~ek** unchallenged, unalleged, without exceptions; **seznam ~ek** během řízení bill of exceptions; **mít ~y proti** čemu take an exception to st., challenge st. / s.o.; object / make objection to st. / s.o., argue against; **podat** vznést **~u proti** čemu raise an objection to st., present a challenge, take exception to st. put in demurrer, make a plea; make / lodge a protest against st., enter / put in / file a motion for st. / a motion to do st.; **uplatnit ~u** promlčení claim / seek the statutory bar, plead the statutes of limitation, claim / seek the limitation of actions; plead limitation; **vrátit ~u** zpět protistraně return the objection to the other party to a case; throw a reproach back to the adversary; **vznést ~u v** přípravné fázi file demurrer in pre-trial procedure; **vznést ~u prot** čemu / komu **u soudu** lodge an objection to st. s.o. with the court, traverse a decision by contradictory motion; challenge st. in court; ~ **proti** zjevně vadné obžalobě nebo vadnému bodu obžaloby se uplatňuje formou návrhu na zrušení obžaloby nebo bodu an objection to the indictment, or to a count therein, for a defect apparent is taken by motion to quash the indictment or the count; **~, že listina nevyja-**

dřuje skutečnou vůli toho, kdo ji zřídil objection to the execution of an instrument sued on, objection that the instrument sued on lacks the real intention of its author; non est factum **námořní** naval, marine, maritime; ~ **doprava** sea traffic / transport; shipping; ~ **pojištění** marine insurance; ~ **právo** Naval / Marine / Maritime Law **naopak** vice versa; to the contrary; the other way round; by contrast, on the contrary **nápad** 1 load, flow, incidence; **dědický** ~ descent, descent cast; ~ **řízení / věcí** flow of litigation, case load of a court; ~ **trestné činnosti** incidence of offences; **kontrola** ~**u věcí** soudního dvora docket control 2 idea, device; design, plan **napadení** 1 contestation, contesting, challenging; ~ **platnosti závěti** contesting the validity of testament; ~ **právního úkonu** contesting / contestation of a legal act; ~ **řízení** contestation of suit / proceedings; ~ **řízení vedlejší žalobou** pokus napadnout attempted collateral attack 2 attack, assault; aggression; ~ **osoby** bez přitěžujících okolností simple battery without aggravating circumstances **napaden|ý** 1 contested, challenged, moved; claimed; ~**é rozhodnutí** challenged / contested decision; ~ **rozsudek** challenged / contested judgment; ~ **výrok rozsudku** contested statement / holding in a judgment; **přezkoumání** ~**ého rozsudku** review of a contested judgment; **nařídit opravu** ~**ého rozhodnutí** order the rectification of a contested decision 2 attacked, assaulted; ~**á osoba** assaulted person **nápadně** conspicuously; remarkably, strikingly, notably; apparently; ~ **nevýhodné podmínky** conspicuously disadvantageous / inexpedient conditions **napadnout** 1 contest, challenge, dispute, oppose, resist the case made by the plaintiff; ~ **platnost opatření** contest the validity of a measure; ~ **policisty** make an attack on the police; ~ **rozhodnutí protestem státního zástupce** contest the decision by means of a protest by the prosecuting attorney; ~ **rozhodnutí soudu** challenge / contest the decision of the court; ~ **rozsudek odvoláním** contest the judgment by appeal; ~ **tvrzení** contest allegations / assertions; ~ **zákonnost rozhodnutí** contest / challenge the legality of a decision; ~ **ža-**

lobu assert a defence to an adverse claim 2 attack; assault, batter, gang; ~ **koho na ulici** assault s.o. in the street **napadnutelnost** objectionability, contestableness; challengeability; contestability; vulnerability **napadnutelný** contestable; challengeable, objectionable, actionable; vulnerable; ~ **rozsudek** contestable judgment vulnerable on appeal **náplň** fill, filling; infilling; **lidská** ~ **právnické osoby** tj. členové, akcionáři human beings as components of / constituting a legal entity i.e. members, shareholders; **zprostředkovaná lidská** ~ **právnickou osobu tvoří jiné právnické osoby** a legal entity consisting of other legal entities **naplnění** completion, perfection; accomplishment; execution, fulfil(l)ment; ~ **skutkové podstaty přestupku** accomplishment of elements of an administrative delict / infraction; ~ **znaků přečinu, trestného činu** accomplishment of elements of a delict, offence / crime **naplnit** complete, perfect; accomplish; execute, fulfil; ~ **znaky trestného činu nebo přestupku** accomplish elements of a crime / offence or an administrative delict / infraction **naplňování** execution, fulfil(l)ment; ~ **práv a svobod** execution of rights and freedoms **napodobení** imitating, copying; **otrocké** ~ **díla** exact imitation of a work **napodobenin|a** fake; counterfeit, falsification; imitation; ~**y peněz** criminal fakes, forfeited money; (gen) imitation of money; **zaměnitelná** ~ **bankovky, mince nebo šeku** interchangeable falsification of a banknote, coin or cheque (UK) / check (US) **napomáhající** conducive, contributory; ~ **páchání trestné činnosti** contributory to criminal activity; ~ **zájmům** conducive to interests **napomáhání** aiding; helping, supporting, assisting; ~ **nepříteli** aid and comfort to the enemy; ~ **při trestném činu** aiding and abetting crime, assisting in the commission of crime **napomáhat** help, support, assist; abet incite, instigate, encourage s.o. to commit an offence; aid; ~ **k vraždě** aid to commit a murder, assist in committing a murder; ~ **k získání čeho** help / assist in obtaining st.; ~ **ke spáchání trestného činu / při trestném činu** aid and abet to commit a crime **napomenutí** sankce za přestupek admonition as a type of penalty for an administrative delict / infraction; reprehension, reproof; remonstrance; censure a motion of censure is usually taken against the Opposition in the Parliament **nápomocný** helpful; useful, serviceable, profitable **náprav|a** 1 correction, reformation, rehabilitation; ~ **pachatele** correction / rehabilitation of an offender; **dovršení ~y odsouzeného** completion of the correction of a convict / convicted person; **opatření k ~ě** corrective measures; **převzít záruku za ~u odsouzeného** stand surety for / guarantee the correction and rehabilitation of an offender 2 remedy, relief, redress; **adekvátní ~ podle práva** adequate remedy at law; **administrativní ~ / opravný prostředek** administrative remedy / remedial measure; **alternativní procesní ~** alternative relief / remedy; ~ **nesprávných opatření obcí** rectification of defective measures adopted by local authorities communities; ~ **vadného pravomocného rozhodnutí** removing deficiencies from the final judgment

nápravněpracovní corrective, reformatory; ~ **tábor** corrective labour colony; ~ **zařízení** corrective labour centre / institution **nápravněvýchovný** reformatory, penitentiary; ~ **ústav pro mladistvé delikventy** house of correction for juvenile delinquents

nápravn|ý correctional, reformatory; penitentiary; correcting; ~**é opatření peněžitý trest ve splátkách** (CZ) correctional measure a type of fine payable in installments; ~**é zařízení** correctional facility, reformatory, penitentiary, reformatory prison, house of correction; ~**é zařízení pro mladistvé** house of correction (UK), detention centre (US); ~ **program pro odsouzeného** diversion program compulsory participation in a work or educational programme; ~ **trest** corrective punishment; **vojenský ~ útvar** military correctional unit for offenders of military crimes; military prison; **chovanec ~ého zařízení** inmate confined to a penitentiary / a house of correction **naprost|ý** unconditional; unlimited; unqualified, unreserved; utter; absolute; ~**á diskrece** unlimited authority / discretion; ~**á volnost** absolute freedom **napřed** in advance; prior to st.; **platit ~** pay in advance **narážka** cue, hint, guiding suggestion

narkoman drug-addict; heavy drug-user; junky; drug-taker occasional **narkomanie** drug-addiction, drug-dependence, drug-abuse; drug-taking occasionally **národ** nation **národní** national; ~ **banka** national bank; ~ **důchod** national income; ~ **garda** national guard; ~ **hospodářství** national economy; ~ **hymna** national anthem; ~ **měna** national currency; ~ **obrana** national defence; ~ **osvobození** national liberation; ~ **park** national park; ~ **přírodní památka** national natural monument; ~ **přírodní rezervace** national nature reserve; ~ **suverenita** national sovereignty; ~ **vláda** national government **národnost** nationality **národnostní** relating to nationality; ~ **menšina** national minority; ~ **původ** national origin **národovost** status etnika uznaného za národ nationhood the state of ethnics being recognized a nation **nárok** entitlement, claim to st., claim on / upon s.o.; right; interest; **dědický ~** title by inheritance / descent; **dosud neuplatněný ~** dormant claim; **důchodový ~** vested pension; **majetkový ~ obžalovaného** defendant's possessory interest; **neoprávněný ~ na co** unjustified / unauthorized claim to st.; **obligační ~** claim upon obligation, obligatory claim; **právní ~ podřízený jinému ~u** junior interest; **pravomocně přiznaný ~** claim awarded upon final judgment; judgment claim; **prekludovaný ~** lapsed claim / right; **regresní ~** right of recourse, recovery of expenses; claim of recourse; **společné ~y** joinder of claims; **uplatněný ~** asserted claim / right; ~ **a kompenzační ~** charge and discharge; ~ **na dovolenou** entitlement to holidays; ~ **na náhradu škody** claim for compensation / indemnification / damages; ~ **na náhradu nákladů** right to have costs reimbursed / compensated; ~ **na přiměřené zadostiučinění** right of reasonable satisfaction; ~ **na vydání věci proti třetí osobě** right of surrender / yielding / rendering / delivery of a thing against a third person; ~ **z autorského práva** copyright claim, claim with respect to copyright; ~ **z odpovědnosti za vady** claim resulting from liability for defects; ~ **uplatňovaný za škodu** claim for injury; ~ **žalobce** claim / right / entitlement of plaintiff; ~**y oddělených věřitelů** claims of separate / several creditors; ~**y vy-**

loučené z konkursu a vyrovnání claims excluded from bankruptcy and composition proceedings; ~y z předkupního práva právního nástupce spoluvlastníka claims resulting from the pre-emptive right of a legal successor of the co-owner; cese ~u assignment / cession of a claim; jsoucí bez ~u claimless; without claims; okolnosti ~u background of the claim; povaha ~u nature of the claim; průkaznost ~u provability of a claim; určení žalobního ~u determination of the statement of claim; uspokojení ~ů settlement / satisfaction of claims; včasné uplatnění ~u claim in due time; vyloučení ~u claim preclusion; vyrovnání ~ů věřitelů composition with creditors; compulsory settlement of creditors' claims; vzdání se ~u waiver / relinquishment of a claim; zajištění ~u poškozeného securing the claim of an injured person; mařit uspokojení ~u obstruct / hinder / frustrate the satisfaction of a claim; mít ~ na daňovou úlevu be entitled to an allowance; popřít ~ contest / deny the claim; prokázat vlastní ~ prove one's claim; uplatnit ~ u soudu claim in court, assert one's claim before court; lay / make a claim before court, prove a claim; uplatňovat ~ na daňovou úlevu claim an tax allowance; uspokojit ~ settle / satisfy a claim; uznat ~ žalovaný uzná ~ žalujícího acknowledge / admit a claim the defendant shall admit / acknowledge the claim / right of plaintiff; vyhovět ~u acquit claim; vzdát se ~u waive a claim; zjistit výši ~ů ascertain the amount of claims / scope of rights; na prominutí překážky provozování živnosti není právní ~ the waiver of an obstacle to the operation of a trade shall be discretionary

narostlý splatný k pozdějšímu datu accrued due for payment at a later date; ~ úrok accrued interest

narovnání 1 set-off; settlement; accommodation, recovery; composition; smírné ~ compromise; ~ dluhu composition of a debt; accord and satisfaction; ~ s věřiteli composition with creditors; ~ vzájemným ústupkem compromise and settlement; ~ závazků urovnání všech vzájemných vztahů substitution; transaction and occurrence of claims (US); adjustment of a claim between parties by mutual concession (UK); dosud nesplněná dvoustranná dohoda o ~ accord executory; smlouva o ~ dluhu composition deed; smlouva o ~ mezi věřitelem a dlužníkem ja-

ko fyzickou osobou deed of arrangement between a creditor and natural person; smlouva o ~ mezi věřiteli a společností / právnickou osobou scheme of arrangement between creditors and the company / legal entity 2 (TP) prohlášní obviněného, že uhradí škodu způsobenou v důsledku trestného činu settlement statement of the accused that he will compensate the loss inflicted as a result of his crime; schválení ~ jako důsledek podmíněného zastavení trestního stíhání v přípravném řízení sanctioning / approval of settlement as a result of the conditional discontinuance of criminal prosecution during the pre-trial procedure

narození birth; časové pořadí ~ chronological order of births; datum ~ date of birth; hlášení o ~ dítěte information on / report of the birth of a child; místo ~ place of birth

narozen|ý born; mrtvě ~é dítě still-born child; současně ~ connate

nárůst increase, growth; rise; accrual book-keeping; ~ nezaměstnanosti increase in unemployment rate; ~ platu pay rise, an advance in wages / salary; ~ trestné činnosti crime increase, increase in crime

narůstání increasing, increase; growing, growth; accrual; automatické ~ úroků z vloženého kapitálu accrual of interest on deposited capital

narůst|at increase, grow; rise; accrue; kriminalita ~á crime is on the increase; there is an increase in crime

narušení infringement, disruption, disturbance; corruption; abuse; dočasné ~ suverenity temporary breach of sovereignty; ~ nezávislosti abuse of independence; ~ suverenity abuse of sovereignty; stupeň a povaha ~ pachatele level and nature of impairment of the personality of an offender

narušit disturb, interfere with, obstruct, hinder; violate, infringe; morálně ~ koho deprave s.o.; ~ tělesnou integritu osoby interfere with the bodily integrity of s.o.; ~ činnost soudu disrupt the pursuit of justice; ~ platební systém disrupt the payment system; ~ režim ochrany a vstupu do vojenského objektu break the regime of the protection of, and entry into, military premises

narušitel violator, infringer, breaker, transgressor

narušitelný violable, breakable

narušování repeated disturbance, disruption; interference with, intervention in; ~ **hospodářské soutěže** obstruction of business competition; ~ **řízení, plánování a kontroly národního hospodářství** interference with the management, planning and control of the national economy **narušovat** disturb, obstruct; corrupt, disrupt; break, violate, infringe; ~ **občanské soužití** v domě disturb the peace and quiet of the occupants of a dwelling house; ~ **výchovu dítěte svěřeného do výchovy jiného občana** obstruct the upbringing of a child placed / entrusted (in)to the care of another **nařídǀit** order, command; direct, mandate; regulate, conduct, rule, govern, manage; ~ **opravu napadeného rozhodnutí** order the rectification of a contested decision; ~ **rozpuštění parlamentu** order the dissolution of Parliament; **soudce může** ~ the judge may make an order; **soudce ~í hlavní líčení** the judge orders a trial **nařízení** order to do st. / that st. be done, precept, mandate; direction, directive, rule; regulation *(ES)*; **úřední** ~ authoritative rulings; ~ **a provedení výkonu rozhodnutí** an order to execute and satisfy a judgment, an order authorizing a judgment to be executed and satisfied; ~ **hlavního líčení** trial order, an order to hold the trial, an order that the trial be held; ~ **jednání ve věci** order to hear / try the case; ~ **likvidace dědictví** order to liquidate the probate estate due to excessive debts; ~ **některých činností vlastníku stavby** order(ing) that certain activities should be pursued by the owner of a structure; ~ **odhadu nemovitosti** an order to assess / value the real property; ~ **provedení důkazu** an order to produce a thing in court; an order to exhibit an object; ~ **předvedení** osoby order to bring a person before court; ~ **vlády** government decree; ~ **výkonu ochranného léčení** a protective treatment order; ~ **výkonu rozhodnutí odepsáním z účtu u peněžního ústavu** an order to execute a judgment by garnishment of the judgment debtor's bank account, attachment execution *(US)*, garnishee proceedings order *(UK)*; ~ **výkonu rozhodnutí prodejem** movitých, nemovitých věcí an order to execute a judgment by sale of personal, real property; ~ **výkonu rozhodnutí přikázáním pohledávky** an order to execute judgment by satisfaction of a claim

in a prescribed manner / by appropriation of a claim i.e. designating debtor's money for the payment of a particular claim; ~ **výkonu rozhodnutí srážkami ze mzdy pro obyčejné pohledávky, pro výživné, pro přednostní pohledávky** an order to execute judgment by the attachment of earnings in order to satisfy regular claims, alimony due, preferential claims; ~ **výkonu trestu** imprisonment order, order to execute judgment of conviction / the prison sentence; **návrh na** ~ **předběžného opatření k zamezení jednání** motion for an emergency ruling to prevent an act; **návrh na** ~ **výkonu rozhodnutí srážkami ze mzdy** motion for an order to execute judgment by the attachment of earnings; **rozsudek o** ~ **ústavní výchovy** judgment for compulsory placement in a special medical treatment institution; **usnesení o** ~ **nebo odročení jednání** resolution to order that the trial be commenced or adjourned; **usnesení o** ~ **výkonu rozhodnutí jiným způsobem** resolution to order the execution of judgment in a different manner / mode; **obecný soud povinného je příslušný k** ~ **a provedení výkonu rozhodnutí** the general jurisdiction court of the debtor is competent to order that the judgment be executed and satisfied / fulfilled **nařizovací** ordering, directing; ~ **pravomoc** power / authority to order **nařizǀovat** order, command; direct, mandate; regulate, conduct, rule, govern, manage; **usnesení, kterým se ~uje likvidace družstva** resolution whereby the liquidation / winding up of a cooperative shall be ordered **nasaǀdit** na co koho assign; engage, expose; put, plant; **na vyšetření případu byli ~zeni tři detektivové** three detectives have been assigned to the case; **policie ~dila na byt podezřelého odposlech** the police planted a bug in(to) the suspect's flat **nasciturus** *(lat)* nasciturus that shall be born **násilí** violence; undue constraint, injurious / severe treatment; **domácí** ~ domestic violence; **rasové** ~ racial violence; **veřejné** ~ public violence; ~ **proti členům vlastní domácnosti** domestic / home violence; ~ **proti** vlastním nebo svěřeným **dětem** child abuse; ~ **proti osobě** violence against a person; ~ **proti skupině obyvatelů a proti jednotlivci** violence against a group of persons and against

an individual; ~ **vůči nadřízenému** violence against a superior; **loupež s použitím** ~ robbery with violence, violent robbery; **použití** ~ **proti osobě** battery; committing / applying violence against a person; **růst** ~ increase of violence; **odčinit** ~ rectify violence; **předvídat** ~ anticipate violence; **spáchat čin** ~**m** commit a violent crime
násilně violently, forcibly, with violence; ~ **se zmocnit věci** violently seize property
násilník mugger, ravisher, outrager; infringer, breaker, transgressor
násilnost(i) violence; outrage, forcibleness; ravishment
násiln|ý violent, forcible; ~**á smrt** violent death; ~**é vniknutí** forcible entry; ~ **trestný čin** crime / offence of violence, violent crime / offence; ~ **útok na policii** violent attack on the police
násled|ek consequence, result; corollary, effect; **dalekosáhlé** ~**ky** far-reaching consequences; **možné** ~**ky** probable consequences; **právní** ~ consequence in law; **přirozené** ~**ky** natural consequences; **škodlivý** ~ ill effect; **škodlivý** ~ **trestného činu** detrimental / harmful / injurious effect / consequence of a crime; **škodní** ~**ky** consequence(s) of damage / loss / harm; ~**kem** čeho in consequence of, as a result of; due to; ~**ky** **činu** consequences of an act; ~**ky plynoucí ze skutečnosti** consequences arising from a fact; ~**ky, jimž lze předejít** avoidable consequences; **poučení o možných** ~**cích** warning / notice of possible consequences; **mít za** ~ **neplatnost prodeje** make the sale void; **mít za** ~ **nespravedlnost** result in / work injustice; **trpět** ~**ky** čeho suffer consequences of st.
následně consequently, in consequence; as a result
následnický succeeding; ~ **stát** successor state
následník successor; **právní** ~ successor in title / interest; assignee; ~ **trůnu** successor to the throne
následn|ý consequential, successive; subsequent, consequent; ~**á náhrada škody** consequential damages; ~**á nedbalost** subsequent negligence; ~**á opatření** subsequent measures; ~**á škoda** consequential damage / loss; ~**á ustanovení** consequential provisions; ~**é změny** consequential changes; **soudní proces**

a ~ **trest odnětí svobody** trial and consequent imprisonment
následovník descendant, descendent; follower as an adherent or disciple
následující following, subsequent, subsequential, consequent, consequential; succeeding in time, next; **den** ~ **po první splátce** a date subsequent to the date of the first payment; ~ **rok** subsequent / following year
naslouchátko hearing aid
nastoupení entry, entrance; assumption; access; ~ **v právo** assumption of a right; **opětovné** ~ **v právo** návrat reversion, re-entry, re-entrance, re-entering upon / resuming the possession, repossession
nastoupit assume, accede to; ascend; ~ **do úřadu / funkce** come into office, assume office; ~ **na trůn** accede to / ascend the throne
nástrahov|ý trapping; ~**á a zabezpečovací technika** trap and alarm device; ~ **systém** trapping system
nástroj instrument; tool, means; **právní** ~ legal tool; **ústavní** ~ constitutional tool / instrument; ~ **použitý k usmrcení** killing instrument; ~, **jímž byl spáchán trestný čin** criminal instrument
nástup entrance, entry; commencement, beginning, start; access; booking making an entry of or against a convict's name; entering a name in a police register for an alleged offence, registration; ~ **na trůn** access to the throne; ~ **výkonu trestu** booking / registering s.o. in prison for the commencement of imprisonment; **den** ~**u do práce** date of the commencement of employment
nástupce assignee, assign, legatee; successor; **právní** ~ **v důsledku právního úkonu, tj. např.** smlouvy assignee, assign in consequence of a legal act such as contract, legal successor, successor at law
nástupní booking, registering; ~ **oddělení** věznice booking department of a prison
nástupnictví succession; transmission or mode of transmission of an estate; **právní** ~ legal succession; ~ **ve vztahu k** mezinárodním **smlouvám** succession in respect of treaties
nátlak compulsion, duress usually criminal, duresse, distress usually in civil law; constraint; compelling by force / arms / threat; forcible inducement to the commission of an act; coercion; **fyzický a psychický** ~ physical and mental pressure / constraint / compulsion; **právní** ~

donucení legal / judicial compulsion, legal / judicial constraint; **vnější** ~ external coercion; ~ **a donucení** duress and coercion / compulsion; ~ **neoprávněným zadržováním majetku** duress(e) of goods; ~ **neoprávněným zbavením osobní svobody** duress(e) of imprisonment; ~ **pohrůžkou násilí** duress caused by threat of violence; **pod vlivem hrozby a ~u** under threat and duress / compulsion; **doznání je získáno ~em na obviněného** confession is obtained by compulsion / pressure exerted upon the accused; **uzavření smlouvy pod ~em má za následek neplatnost smlouvy** making a contract under distress / duress renders the contract void

nátlakov|ý exercising pressure, constraint; **~á skupina** lobby; pressure group; ginger-group *(UK)*

naturalizace naturalization; granting of citizenship of a state to a foreigner

naturalizovaný naturalized; ~ **cizinec** naturalized foreigner; denizen; alien admitted to / granted citizenship

naturalizovat cizince naturalize a foreigner; denizen; admit an alien to / grant an alien residence and rights of citizenship

naturální natural; naked; ~ **mzda** wages in kind; ~ **obligace** nežalovatelná pohledávka natural / civil obligation unenforceable by action but binding on the person who makes it according to natural justice, obligatio naturalis *(lat)*; ~ **plná moc** naked authority / power; ~ **restituce** reinstatement; natural restitution

naučný instructional, educational; doctrinal

nautick|ý nautical pertaining to the art of air or marine navigation; **~é zavinění** nautical fault

navádět, navést counsel includes to procure, solicit, incite; encourage; incite; ~ **ke spáchání trestného činu** counsel / solicit s.o. to be a party to an offence

navazující relating, related; connecting, connected; **zákon o soustavě daní a na něj ~ zákony upravující jednotlivé daně** the System of Taxes Act and related statutes regulating individual types of taxes

návěští advice; signal; notice; ~ **o směnečné nouzi** notice of dishonour

navigace navigation; **námořní** ~ sea navigation; **vzdušná** ~ aerial navigation

návnada decoy; enticement; bait, trap; **dopis**

jako ~ **pro vypátrání pachatele** decoy letter to track down / to trap an offender

návod 1 direction, instruction; ~ **k jednání** instructions how to act; ~ **na užívání věci** instructions of use, instruction-book; guidelines 2 counselling, solicitation; ~ **k trestnému činu** s cílem chytit pachatele při činu entrapment a method of criminal investigation in which the police instigate, initiate, or encourage the commission of a crime by a suspected offender in order to secure his arrest; used as grounds for defence outside the UK; **organizátorství,** ~ **a pomoc** organization, abet(ting) counselling, encouraging, inciting the commission of a crime and aid(ing) help, assistance

návodce inciter, instigator; abettor; ~ **k trestnému činu** person counselling / soliciting offence; person counselling s.o. to be a party to an offence

návodn|ý instructional; directing; leading; **~é a kapciózní otázky** u výslechu leading suggesting the proper or expected answer and captious designed to entrap or entangle by subtlety questions at an interview

navrácení return, reversion; restitution; renewal; ~ **majetku původnímu vlastníku** reversion of property, return of an estate to the original owner; ~ **najaté věci** return of a leased *(US)* / hired *(UK)* thing; ~ **v předešlý stav** restitution, reversion; restoring a person or persons to previous status or position; ~ **zboží** the return of goods; **rozhodnutí o** ~ **v předešlý stav** judgment for restitution; ~ **lhůty k obnově řízení není přípustné** the recurrence renewal of a time-limit in order to pursue a new trial shall not be permissible i.e. no waiver of the lapsed time is allowed

navrátit restore, restitute, recover; reinstate; ~ **do původního stavu** reinstate the property

návratka vrácení části poplatku drawback certain amount of excise or import duty paid back or remitted when the commodities on which it has been paid on exported

návrh petition formal application in writing made to a court, motion written or oral application to court for ruling or order; bill proposed legislation; offer, suggestion; proposal, proposition; submission; design, lay-out; **opoziční** ~ **na hlasování o vyslovení napomenutí vládě** motion of censure / censure motion; **poslanecký** ~ **zákona** private member's bill; **pozměňovací** ~ motion / proposition to amend; **rozbíhající**

se ~ bifurcated motion; **spojené a vzájemné ~y** joinder / consolidation of actions and counteractions; **uplatněný ~** asserted claim / right; **veřejný ~ na převzetí** take-over bid; **veřejný ~ na uzavření smlouvy** public offer to enter into contract; **vzájemný ~ žaloba** mutual petitions / actions; counterclaim; counteroffer; **zadržovací ~ soudu, aby bylo upuštěno od neoprávněných zásahů** motion for injunction petition submitted to court to make the other party refrain from illegal / intrusive acts; **zaniklý ~** lapsed / ceased / extinguished offer; expired offer; **závazný ~** binding offer; **zjevně bezdůvodný ~** apparently / prima facie unreasonable / unjustified motion; **zlepšovací ~** proposition to improve the manner in which st. is constructed or done, made by an employee, usually rewarded by a bonus, improvement proposition / proposal; **žalobní ~** statement and particulars of claim; petition; **~ na odročení, tj. faktické ukončení rozpravy** motion for the adjournment of a debate; **~ na doplnění dokazování** motion for additional evidence; **~ na jmenování do funkce** nomination of a person for an office; **~ na jmenování soudce** nomination of a judge; **~ na nařízení předběžného opatření k zamezení jednání** motion for emergency ruling to prevent acts; **~ na nucený prodej zastavené nemovitosti** bill for foreclosure; **~ na obnovu řízení** motion for a new trial, motion for a re-opening of a case, motion for a re-trial; **~ na odročení zasedání parlamentu** motion to adjourn a session of Parliament; **~ na odvolání** address for removal; **~ na osvobození od soudních poplatků** motion to exempt from a duty to pay court fees; **~ na pojištění** application for policy insurance; **~ na pokračování v řízení** motion to proceed, motion to continue proceedings; **~ na popření otcovství manželem matky** motion to deny / disavow paternity by husband of the mother of a child; **~ na povolení vkladu do katastru** *(CZ)* application for the permission to enter a record into the Land Register; **~ na prohlášení konkursu podaný věřitelem** involuntary petition for bankruptcy order lodged by creditors; **~ na prohlášení konkursu z iniciativy úpadce** voluntary petition for bankruptcy order lodged by the debtor; **~ na prohlášení mrtvého** motion for the declaration of death; **~ na přerušení řízení** motion to suspend / temporarily stay the proceedings;

~ na přibrání tlumočníka motion to engage an interpreter; **~ na přijetí do úschovy soudu** motion to admit st. to be placed in judicial custody; **~ na přikázání věci jinému orgánu** motion to commit / refer a case to other body; **~ na přistoupení dalšího účastníka do řízení** motion for another person to intervene in the case / the proceedings; **~ na rozvod manželství a úpravu práv a povinností rodičů k nezletilým dětem** petition for divorce and determination of parental rights and duties with respect to minor children; **~ na schválení návrhu zákona** motion to pass a bill; **~ na smírčí řízení** motion for a pre-trial settlement / conciliation, motion for an out-of-court / extra-judicial settlement; **~ na soudní dohled** motion for court supervision; **~ na úpravu styku s nezletilým dítětem** motion for a visitation order with respect to a minor child; **~ na určení otcovství** motion for a paternity suit / filiation proceeding; **~ na uzavření smlouvy** offer to make a contract / enter into a contract; **~ na vrácení věci nižší instanci** motion to remand to send the case back to the trial court; **~ na vydání platebního rozkazu** motion to issue a judicial / compulsory order to pay an order for collection or demand for payment of money; **~ na vydání předběžného opatření** motion for preliminary / emergency ruling; **~ na vyklizení bytu** petition for eviction of a tenant from a dwelling, action of ejectment; **~ na výkon rozhodnutí** enforcement action, motion to commence execution proceedings; **~ na vyloučení soudce** motion to exclude a judge; **~ na vyloučení věci z výkonu rozhodnutí** motion to exclude st. from the judgment execution; **~ na vyslovení neplatnosti manželství** petition / motion to declare a marriage void, petition / motion for nullity / invalidity of marriage; **na vzetí na vědomí o návrhu v Senátu** motion to note a bill in the Senate; **~ na zahájení řízení** motion to commence proceedings; petition initiating a suit; **~ na zamítnutí žaloby** motion to dismiss an action; **~ na zápis výmazu obchodní společnosti z obchodního rejstříku** motion to record the expungement of a company from the Commercial Register; **~ na zápis zájmového sdružení do registru sdružení** motion to enter a record of a professional association into the Register of Associations; **~ na změnu soudu z důvodu nepříslušnosti**

motion to change the venue due to the lack of jurisdiction; **~ na zrušení práva společného nájmu bytu** petition to terminate the rights of a common residential lease usually of spouses; **~ na zrušení rozsudku pro zmeškání** motion to cancel a default judgment; **~ na zrušení společnosti** motion to dissolve a corporation / company; **~ na zrušení spoluvlastnictví** motion to terminate co-ownership; **~ na zrušení nebo omezení způsobilosti k** právním úkonům petition for the incapacitation or limitation of legal capacity; petition for full, limited incapacitation; **~ podaný s cílem zdržovat rozpravu ve sněmovně** dilatory motion in order to delay the debates in Parliament; **~ smlouvy** draft contract, draft of contract, contract draft; **~ ve věci samé** motion on the merits; **~ zákona v neparagrafovém znění** the narrative of a legislative intent; the simple draft of a proposed law not yet subdivided into sections; **~ zákona v paragrafovém znění** bill; bill in an articulated arrangement; **~ zákona na přidělení prostředků ze státního rozpočtu** appropriation bill *(UK)*, *(US)*; **ke dni podání ~u** on the date the petition / motion is filed; **odmítnutí ~u** rejection of an offer; **poslanec podporující přijetí ~u zákona v** parlamentu backer / seconder of the bill; **předkladatel ~u zákona** sponsor of a bill; **překročení ~u v** rozsudku excessive judgment going beyond the moved claims; **připuštění změny ~u** admitting an alteration of a motion; **připuštění zpětvzetí ~u na zahájení řízení** admission / permission that a motion to commence the proceedings may be withdrawn; **řízení se zahajuje na ~** the proceedings shall be commenced upon a notice of motion; **usnesení o nepřipuštění změny ~u** resolution whereby an alteration of the petition shall not be admitted; **usnesení o zahájení řízení bez ~u** resolution to commence proceedings without a notice of motion; **výzva, aby se účastník vyjádřil o ~u** notice to the participant to comment on the motion, call on the participant to comment on the motion; **jednat na ~** act upon a motion / petition; **~ byl přijat ve** sněmovně the motion was passed; The Ayes have it. *(UK, US)*; **~ byl výborem schválen** the motion was approved by the committee; **~ byl zamítnut ve sněmovně** the motion was dismissed; The Noes have it. *(UK, US)*; **~ se zamítá u** soudu motion denied /

dismissed in court; **odmítnout ~** nezabývat se jím reject a motion not to deal with it; **podat bezvýsledně ~ na obnovu řízení** file a motion for a new trial ineffectively / unsuccessfully; **podat ~ na prohlášení konkursu** file a petition in bankruptcy; **podepsat ~ zákona** sign a bill; **podpořit ~ přímo při jednání** second a motion at the meeting; **předložit ~ na vypsání doplňovacích voleb v** parlamentě move a writ of by-election *(UK)*; **schválit ~ zákona** pass / adopt a bill; enact a bill; **soud může na základě vlastního ~u** rozhodnutí vydat příkaz the court may of its own motion issue an order; **vyhovět ~u ve věci samé** meet / satisfy / settle a motion on the merits; **vznést / podat ~ na schůzi** make a motion at the meeting; **zamítnout ~** po projednání dismiss a motion upon the hearing thereof; **zamítnout ~ na výkon rozhodnutí** dismiss a motion for judgment execution; **zdržovat ~y zákonů** delay bills; **námitka proti zjevně vadné obžalobě nebo vadnému bodu obžaloby se uplatňuje formou ~u na zrušení obžaloby nebo bodu** an objection to an indictment, or to a count therein, for a defect apparent is taken by motion to quash the indictment or the count; **~ smlouvy může být zrušen, dojde-li projev o zrušení osobě, které je ~ určen, dříve nebo alespoň současně s ~em** an offer may be cancelled where the notice of cancellation is brought to the attention of the offeree at the same or at an earlier time than the offer did

navr|hnout propose, suggest; nominate; move; offer; draft; **~ soudu změnu výroku** move the Court for an alteration / reversal of the statement / holding in judgment; **~ nebo jmenovat kandidáta na politickou funkci** nominate or appoint a candidate for political office; **~ zastavení řízení pro vadu** move for the discontinuance of proceedings due to defects; plead in abatement; **státní zástupce ~hl, aby byl obžalovaný exemplárně potrestán** the prosecuting attorney argued that the accused should be given an exemplary sentence; **usnesení je ~ženo z pléna** nikoliv výborem the resolution is moved not by a Committee, but from the floor

navrhovatel petitioner; movant in the course of proceedings; plaintiff, claimant, claimer; offeror; proponent; **~ v řízení o vydání nemovitosti** petitioner demandant suing in a real

action; **~ veřejného zasedání soudu** movant
for an open court / a public hearing of a case;
~ zákona sponsor of a bill; **potomek ~e** descendent of a petitioner; **~, na jehož návrh
bylo zahájeno řízení o přestupku** petitioner
upon whose motion the administrative infraction procedure has commenced
navrhující proposing, suggesting, moving; offering; **~ strana** movant in a suit; offeror in
contract
navržen|ý proposed, suggested, moved;
offered; **neprovedení ~ého důkazu** failure
to produce / bring / adduce the moved proof
of evidence
návštěva visit; call upon, stay with s.o.
návštěvní visiting; relating to visit, attendance;
~ hodiny visiting / opening hours, hours of
attendance
návštěvník visitor; invitee; guest
návštěvnost attendance
navštěvovat visit, attend; see, call on; **~ školské
zařízení** attend an educational institution
navštívenka business card
navštívit visit, call upon; see; stay with; **~ koho
ve vězení** visit s.o. in prison
návyk habit; dependence, addiction; **~ na drogy** a drug habit; drug addiction
navykl|ý habitual; accustomed to; **~ způsob** habitual practice; **osoba ~á na alkohol** habitual
drunkard
návykovost addictiveness; **~ látky může být
prokázána** the addictiveness of the substance
can be proved
návykov|ý addictive causing dependence, habit-forming; **~á látka** habit forming / addictive substance; **~é látky** addictive drugs /
substances; **ohrožení pod vlivem ~é látky**
threatening under the influence of an addictive
drug
název name, title; **~ podnikatele nezapsaného
v Obchodním rejstříku** (CZ) name of a business
person not registered in the Commercial Register;
trade name; **~ společnosti** corporate name
názor opinion, belief, view, notion, expertise;
judgement; **právní ~** legal opinion; **vyslovit ~**
deliver an opinion; **být vázán právním ~em**
odvolacího soudu be bound by the legal opinion of the Appellate Court; **podle ~u státního
zástupce není tento postup možný ani
vhodný** in the prosecuting attorney's opinion

such a procedure is neither practicable nor
desirable
názvosloví terminology, nomenclature
ne bis in idem (lat) nelze dvakrát soudit pro tutéž
věc double jeopardy; no one can be tried for
the same offence twice
neakcesorick|ý non-accessory; **~á záruka** absolute guaranty
neamortizovaný unredeemable
neangažovan|ý uncommitted; non-engaged; **~é
země** uncommitted countries; **politicky ~**
non-aligned, apolitical
nebezpečí danger; risk, peril; jeopardy; threat;
hazard; **bezprostřední ~** immediate danger;
existující ~ present danger; **hrozící ~** imminent danger; **zřejmé ~ při nutné obraně** apparent
danger; **~ bezprostředního ohrožení života
a zdraví** immediate threat / danger to life and
limb, immediate danger to s.o.'s integrity; **~
přímo hrozící zájmu chráněnému zákonem**
danger directly threatening interests protected
by statute; **~ škody na věci** danger of damage to property; **~ usvědčení z trestného činu** danger of finding s.o. guilty / proving s.o.'s
commission of a crime; **~ z prodlení** danger
in delay; **~ zániku druhu** danger of the extinction of a species; **na vlastní ~** at one's own
peril / risk; **vystavit koho ~** put s.o. at risk; **vystavit ~ života** put in jeopardy of life and limb
nebezpečnost dangerousness, perilousness; **~
trestného činu** dangerousness of a crime; **snížení stupně ~i** minimizing the extent / degree
of danger / dangerousness; **trest je v nepoměru k stupni ~i činu pro společnost** the sentence is inadequate for the degree of danger
the crime presents for society
nebezpečn|ý dangerous; wicked, hazardous,
perilous, risky; jeopardous (obs); **~é látky**
hazardous substances; **~é odpady** hazardous
wastes; **~é řízení vozidla** dangerous driving;
~ stroj dangerous machine; **~ zločinec** dangerous criminal; **učinit úkon životu ~** undertake an act dangerous to life; **ukládání ~ého
odpadu** the dumping of hazardous wastes;
zvlášť ~ recidivista extremely dangerous recidivist / repeat offender / habitual criminal
nebo or, alternatively; **pokuta 100 dolarů ~
trest odnětí svobody na čtyři týdny** a fine
of $100 or alternatively four weeks' imprisonment
nebytov|ý non-residential, commercial, relating

to office, business; ~é **prostory** non-residential facilities / premises; **nájem** ~ých **prostor** non-residential lease; **nájemní smlouva k** ~ým **prostorám** non-residential lease; store lease; office lease, commercial / business lease **nebývalý** unprecedented
necitelný insensitive; so insignificant that it cannot be perceived by senses imperceivable, imperceptible; lacking positive emotions unsusceptible, insusceptible; ~ **zásah do životního prostředí** insensitive intervention in the environment
necitlivost insensitivity; ~ **k problémům jiných** insensitivity to the problems of others
necitlivý insensitive, insusceptible; ~ **zásah do životního prostředí** insensitive interference with the environment
nečestně dishonestly; unfairly; **chovat se vůči komu** ~ be unfair to s.o.
nečestn|ý crooked, deceitful, dishonest; corruptible; unfair, unjust; dishonourable; ~é **způsoby podnikání** unfair business practices
nečinnost failure to act; inactivity; passiveness, quiescence
nečinn|ý inactive; inert, indolent, sluggish; passive, quiescent; motionless; **účastníci jsou** ~í **v řízení** participants fail to act in the course of proceedings; parties fail to prosecute the case
nečist|ý dirty, unclean; immoral; unprincipled, vicious, dissolute; ~é **ruce** unclean hands
nečitelný illegible, undecipherable; ~ **údaj** illegible data / information
nedbale negligently; without due care / diligence
nedbalost negligence, neglect, carelessness; inattention; recklessness; **hrubá** ~ gross negligence; **nevědomá** ~ unwilful / unwanton negligence; **poměrná** ~ zavinění obou stran je vyjádřeno v procentech a adekvátně zvýšena či snížena škoda comparative negligence the fault of both parties is expressed in percentage and damages are decreased or increased accordingly; **vědomá** ~ conscious neglect, wilful / wanton negligence; active negligence disregard or omission of duty; **z** ~i negligently; **zavinění z** ~i negligent fault, actionable / culpable negligence; **spáchat čin z hrubé** ~i commit an act with gross negligence
nedbalostní negligent, careless; reckless; ~ **ohrožení životního prostředí** negligent endangering of the environment; ~ **porušení**

smlouvy negligent breach of contract; ~ **poškození životního prostředí** negligent damage to / impairment of the environment; ~ **trestný čin** negligent crime; ~ **zavinění** negligent fault
nedbal|ý careless, neglectful, negligent; reckless; ~é **zacházení s osobou** neglectful treatment of a person; ~é **zacházení s věcí** negligent handling of a thing
nedbat disregard; neglect; omit; ~ **nebo zneužít výstražného znamení, výstražné nebo informativní tabule nebo výstražného signálu při provádění trhacích nebo ohňostrojových prací** disregard or abuse the warning signs, warning or notice boards, or caution signs warning that explosive or fireworks operations are in progress
nedefinovaný undefined; indefinite; ~ **zákonem společensky nebezpečný čin** undefined in statute crime
nedělitelný inseparable, indivisible; ~ **fond** indivisible fund
nedíln|ý undivided; shared or held jointly / in common; ~é **právo** undivided right / title
nediplomatický non-diplomatic; ~ **personál** nepožívající diplomatických imunit non-diplomatic staff / personnel not enjoying diplomatic privileges and immunities
nedobrovoln|ý involuntary, unwilling; ~é **uzavření smlouvy** involuntary execution of contract
nedobytn|ý irrecoverable, uncollectible; bad, dead; ~á **pohledávka** bad / uncollectible debt; abandoned claim; ~á **ztráta** irrecoverable / dead loss; ~ **dluh** irrecoverable / uncollectible / bad debt; ~ **peněžitý trest** uncollectible pecuniary punishment; **bilance ztrát z** ~ých **pohledávek** bad-debt loss ratio
nedodání non-delivery; failure to deliver; ~ **zboží** non-delivery of goods, failure to deliver goods; **právo** ~ **zboží** right of withholding the delivery of goods
nedodržení non-compliance with; failure to comply with; non-observance of rules, failure to observe; non-fulfil(l)ment, failure to fulfil; ~ **článku** ústavy, smlouvy breach of the article, violation of the article, failure to comply with the article of Constitution, contract; ~ **lhůty** failure to observe time; ~ **mezinárodních dohod** non-observance of international agreements; ~ **povinností** breach of duties; ~ **povinností z autorského práva** infringement of copy-

right; ~ **prodejních kvót** failure to meet sales quotas; ~ **předpisu** breach / violation of a regulation, non-compliance with a regulation; ~ **příkazu** non-observance of an order / a command; ~ **slibu** breach / violation of promise; ~ **závazků** breach of obligations; default; **zastavení řízení pro** ~ **formálních náležitostí návrhu** discontinuance of proceedings for non-compliance with formal elements of a motion **nedodržet** fail to observe / fulfil / comply with; breach, violate, infringe; ~ **lhůtu** fail to observe a time-limit; ~ **podmínky smlouvy** fail to fulfil the terms of contract; ~ **pokyny** fail to observe guidelines; ~ **řádný postup** fail to observe the correct procedure; ~ **slib** breach / violate one's promise; ~ **zákon** be in breach of a law, breach / violate a law, fail to comply with the law; ~ **závazky** commit a breach of obligations

nedodržování non-compliance with; failure to comply with; non-observance of rules, failure to observe; non-fulfil(l)ment, failure to fulfil

nedokonalost imperfection, incompleteness; deficiency

nedokonaný incomplete; inchoate; ~ **trestný čin** incomplete crime; ~ **trestný čin vraždy** incomplete murder

nedoplat|ek outstanding liabilities / payment; money / payment in arrears, undercharge; ~ **daní** po podání daňového přiznání, rozdíl mezi výpočtem daní finančním úřadem a poplatníkem tax deficiency after taxes are returned; excess amount of tax counted by the Tax Office in comparison with the amount counted by the taxpayer; ~ **mzdy** wage deficiency; outstanding / unpaid wages, wages in arrears; ~ **na dani** *(obec)* back taxes; ~ **na nájemném** rent / rental in arrears; ~ **úroků** back interest; **oznámení** finančního úřadu o daňovém ~**ku** deficiency notice issued by the Tax Office; **správnost výpočtu** ~**ku** correct calculation / computation of an outstanding amount / amount in arrears; **vyrovnání daňových** ~**ků** settlement of tax arrears; **mít daňový** ~ be deficient in tax payments

nedoporučit, nedoporučovat dissuade, give advice against st.; represent st. as unadvisable / undesirable; ~ **podání žaloby** dissuade s.o. from bringing forth an action; ~ **svědkovi vypovídat** *(TP)* dissuade a witness from giving evidence

nedoručitelný undeliverable; ~ **dopis** undeliverable letter

nedosažitelnost unavailability, unfeasibility, unaccessibility

nedosažitelný unaccessible, unavailable, unfeasible

nedospělost immaturity; minority, nonage; ~ **obchodovatelného cenného papíru** unmatured negotiable instrument; ~ **pohledávky** unmatured claim

nedospěl|ý unmatured; untimely; immature(d), juvenile; premature; ~**á směnka** unmatured bill / draft

nedostatečn|ý insufficient; deficient, inadequate; weak; ~**á argumentace k právní otázce** insufficient arguments concerning a legal issue / an issue of law; ~**é důkazy** o vině obviněného weak evidence insufficient to prove the guilt of the accused; ~**é zastoupení** inadequate / weak representation; ~ **údaj** insufficient data / information

nedostat|ek insufficiency; deficiency; inadequacy; weakness; want, lack, absence; shortage; **formální** ~ defect of form; **věcný** ~ defect of substance; ~ **bytů** housing shortage; ~ **důkazů** want of proof; ~ **důkazů pro prokázání viny** insufficiency of evidence to prove guilt; ~ **hotovosti** cash drain; ~ **nebo nepatrnost majetku** v řízení o dědictví the lack or small size of probate estate; ~ **pohlavního styku** mezi manžely non-access; absence of opportunities for sexual intercourse between spouses; ~ **povinného zmocnění** lack of compulsory authorization; ~ **právního titulu** bad / defective title; ~ **protiplnění** want of consideration; ~ **průkazu plné moci** absence of proof of power of attorney; ~ **respektu** disrespect, want of respect; ~ **součinnosti a jednání poškozeného** lack of collaboration and actions on the part of the injured; ~ **soudní pravomoci** want of jurisdiction; ~ **věcné příslušnosti** lack of subject-matter jurisdiction; ~ **zákonného zastoupení** lack / absence / want of statutory representation; ~**ky řízení jsou porušením procesních předpisů** defects of process shall constitute a breach of the Rules of Procedure; **odstranění** ~**ku povinného zastoupení dovolatele** elimination of the lack of compulsory representation of appellant in appellate review proceedings, elimination of the defects in compulsory representation of appellant, removal of the lack of compulsory representation of appellant, removal of the defects in compulsory representation of appellant; **při ~ku jiných faktů** absent *(prep)* any other facts; **usnesení o zastavení řízení pro ~ pravomoci soudu** resolution to discontinue proceedings due to a lack of jurisdiction; **~ bezúhonnosti ani její ztrátu nelze žádným způsobem zhojit** lack or loss of qualification due to criminal records of an applicant may not be substituted / compromised by any means

nedostavení absence, default; non-appearance, non-attendance; **~ se k výslechu** non-appearance / non-attendance of the accused before the investigator; **~ se bez řádné omluvy** failure to attend / appear before the court without just excuse; **~ se k soudu po předvolání** disobedience to a witness summons, failure to comply with a witness summons

nedostavit se fail to appear / attend / show up; absent o.s. from; **~ bez omluvy k řízení** fail to appear before the court without an excuse; **~ k soudu** fail to appear / attend before the court; **~ na jednání** absent o.s. from the meeting

nedostupnost unavailability, unfeasibility, unaccessibility; **~ svědecké výpovědi** unavailability of a testimony; **~ svědka při důkazním řízení** unavailability of a witness in evidence

nedostupný unaccessible, unavailable, unfeasible

nedotčen|ý unprejudiced, free from prejudice, unharmed; unaffected; **~á práva** unprejudiced / unaffected rights; **~é ustanovení zákona** unprejudiced / unaffected provision

nedotknutelnost inviolability; inalienability; **~ subjektivního práva** inviolability / inalienability of a right; **~ hranic** inviolability of frontiers; **fyzická ~ osoby** bodily security, inviolability of a person; **~ soukromého vlastnictví** inviolability of private property / ownership; **~ vlastnického práva** inalienability of title

nedotknuteln|ý that cannot be denied inviolable, inalienable, imprescriptible; unapproachable, untouchable; **~é právo** inviolable / inalienable / imprescriptible right; **~é tajemství** inviolable secrecy; **~ majetek** inviolable / untouchable / inalienable property; **právně ~á osoba** legally inviolable person

nedovolen|ý illicit, unlawful, illegal, prohibited; unallowed; unallowable; impermissible; **~á výroba a držení omamných a psychotropních látek a jedů** illicit manufacturing and possession of narcotics, drugs and poisons; **~á výroba lihu** illicit manufacturing of spirit; **~é jednání** postižitelné sankcí prohibited acts sanctionable; **~é opuštění vězení** being at large without an excuse / leave; **~é ozbrojování** prohibited acquisition and possession of firearms; **~é překročení státní hranice** unlawful crossing of / over the border; **~é přerušení těhotenství** illegal abortion; **~é vedení boje** impermissible methods and techniques of fighting; **provádět ~é ozbrojování** carry concealed weapons

nedovoli|t prohibit, forbid, bar; **policejní komisař ~l použití střelných zbraní** the police commissioner barred the use of firearms

nedůvěr|a distrust; absence / want of trust; lack of confidence / faith / reliance; **hlasování o vyslovení ~y vládě** vote of no confidence

nedůvěryhodnost untrustworthiness, incredibility; unreliability; **~ klienta** unreliability / incredibility of a client; **~ právního zástupce** untrustworthiness of counsel; **~ svědka** untrustworthiness of witness; **~ výpovědi** unreliability of evidence / testimony

nedůvěřivý distrustful; doubtful, suspicious, incredulous; **~ k motivům jednání koho** distrustful of s.o.'s motives; **~ k možnostem soudu** distrustful as to the chance offered by the court

nedvojsmyslný unambiguous, unequivocal

neexistenc|e absence; non-existence; **~ právní jistoty** non-existence of certainty at law; **~ úplného zákoníku** absence of a complete code; **~ záruk** absence of guaranty; **~ žalobního důvodu** absence of the cause of action; **při ~i** čeho in the absence of st.

neexist|ovat absent; fail to exist; **~uje-li shoda ohledně** čeho in default of agreement on st.; **~ují-li důkazy** in default of evidence

neformální informal; casual; quiet; **~ dohoda** informal agreement; **~ setkání** informal meeting

negativní negative; denying; **~ důvody** negative causes / grounds; **~ selekce** counter selection; **~ svědectví** negative evidence / testimony; **~ tvrzení** negative averment / allegation / assertion; **~ výčet** negative list, list of prohibitions

nehledě na notwithstanding, apart from, regardless of

nehmotn|ý intangible; incorporeal, immaterial; **~á hodnota** intangible value; **~á práva** intangible rights; choses in action; **~é statky** intangible property / assets

nehod|a accident; crash; incident; casualty; **dopravní ~** automobile / road traffic accident, motor vehicle accident; **neodvratitelná ~** inevitable / unavoidable accident; **na místě dopravní ~y** at the scene of an accident; **ujetí z místa ~y** hit(-)and(-)run, failure to stop after an accident for which one is responsible; **řidič, který ujel z místa ~y** hit(-)and(-)run driver

nehospodárnost want of economy; ineconomy, unthrift; waste of resources; **~ systému** ineconomy / wastefulness of the system

nehospodárn|ý wasteful; uneconomical; **~é řízení resortu** uneconomical / wasteful management of the department; **~é využití státních příjmů** wasteful application of public revenue; **~é zacházení se státními financemi** wastefulness of public funds

nehybnost immobility, immovability; quiescence

nehybný immobile; immovable; quiescent

nechat let, leave, quit; **~ lhůtu k odvolání neúčinně proběhnout** let the time for appeal lapse / expire, allow the time limit for appeal to lapse / expire; neglect the lodging of an appeal within the time-limit; **~ půdu devastovanou** leave the land derelict; **~ zpustnout co** waste, devastate

nechráněn|ý unprotected; unsecured, unsafe; **~é nehmotné statky** unprotected by law intangible assets such as goodwill or know-how

nechtěně unwillingly; reluctantly; involuntarily; unintentionally

nechutný disgusting; distasteful, sickening, repulsive; noxious

neidentifikovaný unidentified, undisclosed

neinkasovan|ý uncollected, outstanding; **~é břemeno** uncollected charges; **dosud ~ dluh** uncollected debt; outstanding debt

nejasnost unclearness, vagueness; ambiguity **~ ustanovení ve smlouvě** vagueness of a contractual provision

nejasn|ý unclear, vague; confused; dubious; dim; **~é světlo** dim light; **~ případ** vague cause of action; non liquet *(lat)*

nejednoznačně vaguely; unclearly, ambiguously; **zásada, že zákon ~ vyložitelný je prohlášen za protiústavní** the principle that if a law cannot be construed in an unambiguous manner it is declared unconstitutional; vagueness doctrine *(US)*

nejednoznačný vague, unclear, ambiguous; indefinite; **~ výklad zákona** ambiguous interpretation / construction of a law

nejistota uncertainty; doubtfulness, vagueness; **ekonomická ~** economic uncertainty; **právní ~** uncertainty at law; uncertainty of law, legal uncertainty

nejist|ý uncertain; unreliable, unwarranted; doubtful, dubious; aleatory; **~á dohoda** aleatory / contingent agreement dependent on uncertain happening or st.; **~á záležitost** matter of uncertainty, uncertain matter; **~ odkaz** contingent devise / legacy

nejnižší lowest; bottom; **~ ceny** lowest prices; **~ nabídka** lowest bid

nejvyšší supreme; ultimate; utmost; highest; **~ orgán státní moci** supreme executive body / authority; **~ soud** Supreme Court; **~ soudní orgán** supreme judicial body / authority; **~ státní zástupce** Attorney General *(CZ)*, *(US)*, General Prosecutor *(UK)*; **~ úředník** chief officer; **~ zákonodárný orgán** supreme legislative authority / body, ultimate legislator

nekal|ý unfair, unjust; inequitable; fraudulent; **~á soutěž** unfair competition; **~é obchodní praktiky** unfair business / trade practices; **~é praktiky** fraudulent practices; **~é vynětí z databáze** unfair extraction from a database

neklid disquiet, discomfort; **duševní ~** disturbed balance of mind

nekompetentní incompetent; unprofessional; unqualified; **~ chování úředníka** unprofessional conduct of an officer; **~ nadřízený** unprofessional superior; **~ názor** unqualified / incompetent opinion; **~ orgán** incompetent body; **~ osoba** incompetent person; **~ pracovník** unprofessional worker behaving himself badly, unqualified worker having insufficient qualifications; **~ přístup** unprofessional approach / attitude; **~ rozhodování** unprofessional / incompetent decision-making; **~ zasahování do činnosti koho** unprofessional interference with s.o.'s activities

nekonání non-action, failure to act; omission

nekonečn|o infinity; **do ~a** without limit, endlessly, for ever; ad infinitum *(lat)*
nekonečný unlimited; ceaseless, endless, infinite; never-ending
nekonfiskovatelný unseizable; not liable / subject to confiscation or seizure; ~ **majetek** property not liable to confiscation, property exempt from confiscation
nekonvenční unconventional; non-conventional; ~ **názory** unconventional views; ~ **zbraně** unconventional weapons
nekotovaný unlisted, unquoted; ~ **cenný papír** unlisted security
nekrytý unsecured; bad, blank; worthless; ~ **šek** bad / dry / worthless cheque *(UK)* / check *(US)*; ~ **úvěr** blank credit
nekřižovaný uncrossed; ~ **šek** uncrossed cheque / check
nekvalifikovan|ý unqualified; ~**á pracovní síla** unqualified common labour; ~**í dělníci** unqualified manual workers
nekvalitní of bad / poor quality, poor in quality; ~ **výrobky** poor quality products
nekvantifikovateln|ý unquantifiable; ~**á výše škody** unquantifiable amount of loss
nelidskost inhumanity; brutality, barbarous cruelty
nelítostný harsh, hard; remorseless, ruthless; ~ **boj stran v rozvodovém řízení** rough battle of adversaries in divorce proceedings
nelze: ~ **potrestat** non-punishable; ~ **povolit** non-permissible; ~ **přijmout** non-acceptable; ~ **schválit** non-approvable; ~ **zabavit** non-seizable; ~ **zamítnout** non-dismissible; ~ **zatknout** non-arrestable
nemajetkov|ý other than proprietary / property; ~**á práva** other than proprietary rights; ~**á újma** other than proprietary loss / harm
nemanželsk|ý illegitimate; spurious, bastard; ~**á dcera** illegitimate daughter; bastard daughter; ~**é dítě** illegitimate child; natural child; bastard; ~**é zrození** being born out of wedlock, being born as an illegitimate child; bastardy; **narozen jako** ~ born out of wedlock; **soudně prohlásit koho za ~é dítě** adjudicate s.o. an illegitimate child / bastard; bastardize s.o.; **soudní prohlášení za ~é dítě** adjudication of an illegitimate child; **uznání ~ého dítěte za vlastní** acknowledgment of an illegitimate child
neměnn|ý unchangeable, unalterable; invariable; inflexible; constant; ~**é nařízení** inflexible decree / order; ~**é zvyklosti** unchangeable habits
nemoc illness, sickness, disease; ~ **z povolání** occupational / industrial disease; **předstírat** ~ profess falsely a sickness, feign a sickness
nemocenské *(n)* sick / sickness pay; **dávka ~ho** sickness benefit, sick(ness) pay
nemocensk|ý relating to sickness, disease, health; medical; ~**á péče** medical care; ~**é pojištění** medical / health insurance
nemocn|ý unsound, sick, ill; disordered; **léčebna dlouhodobě ~ých** asylum hospital for patients suffering from long-lasting disease; **osoba duševně ~á** person of unsound mind; person with a mental disorder / breakdown / deficiency / derangement / disease / handicap / illness / incapacity, person with temporary or permanent impairments of the mind
nemorální unethical, immoral; ~ **chování** immoral conduct; ~ **požadavky na výši kupní ceny** unethical requirements with respect to the amount of purchase price
nemovitost real estate, real property; immovables; land; **katastr ~í** Land Registry office, Land Register records, Cadastre; **převod ~i** transfer / transmission of real property; **přímý odhad ~i** direct assessment of real property; **kupní smlouva o převodu vlastnictví k ~em** contract to sell and transfer the title to real estate; **vlastnická práva k ~i** title to real property, legal rights to the possession of real property; **změny provedené na ~i** alterations made to real property; **vlastnit ideální polovinu ~i** own the moiety of the estate; **vlastnit ideální třetinu, čtvrtinu ~i** own a third, fourth of legal title to property
nemovit|ý real, immovable; ~**á věc** real estate / real property item; chattel real; ~ **majetek** real property, real estate; immovable property, immovables
nemožnost impossibility; impracticability; frustration; **přechodná** ~ **výkonu práva** temporary impossibility to administer law / exercise a right; **zaviněná** ~ **plnění dlužníkovo prohlášení před splatností smlouvy, že je nesplní** constructive breach; **zánik smlouvy z důvodu ~i plnění** discharge of contract due to frustration *(UK)* / impossibility *(US)*, discharge of contract due to commercial frustration /

impracticability *(US)*; **způsobit ~ výkonu práva** render exercise of a right impossible **nemožný** impossible, impracticable; infeasible; frustrated; **logicky ~** logically impossible; **právně ~** legally impossible; **plnění smlouvy se ukáže být ~m** the performance of contract proves to be impossible or totally impracticable **nemravnost** immorality; violation of moral laws **nemravný** unethical, immoral; **zahálčivý či ~ život** idle or immoral life **nenaběhl|ý** unaccrued; **~é úroky z úspor** unaccrued interest on savings **nenapadnutelnost** uncontestableness; uncontestable / unchallengeable nature; **doložka o ~i životní pojistky** uncontestable clause in life insurance policy; **~ práv** uncontestable rights **nenapadnutelný** uncontestable, unimpeachable; unchallengeable; **~ rozsudek** uncontestable judgment, judgment not liable to challenge / contest, judgment excluded from being contested / challenged **nenapadnut|ý** undisputed; uncontested, unchallenged; undefended; **~á skutečnost z důvodu právní nedostatečnosti** undisputed fact due to a lack of evidence to the contrary; **žádost o rozvod ~á druhou stranou** undefended divorce case the petition in divorce is not contested by the other party **nenapravitelný** irretrievable, irrecoverable; irremediable; irreclaimable; **bezprostřední a ~á škoda** immediate and irreparable damage; **~é důsledky chybného rozhodnutí** irreparable effects / consequences of an erroneous decision **nenapsaný** unwritten **nenarozený** unborn **nenásiln|ý** peaceful, non-violent; **~é pronikání ekonomicky do jiné země** peaceful economic penetration into another country; **~é prostředky urovnání mezinárodního sporu** peaceful means of settlement of an international dispute; **~ čin** non-violent direct action; **~ odpor vůči Světové bance** non-violent resistance to the World Bank; **~ protest** non-violent / peaceful protest **nenastoupení** default; failure to commence; **~ civilní služby** failure to commence civil military service; **~ služby v ozbrojených silách** failure to commence service in the armed forces **nenáviděný** hateful; hated

nenávidět hate *(v)* **nenávist** hate *(n)*, hatred; **třídní ~** class hatred; **podněcování a podpora rasové ~i** incitement and promotion of racial hatred **nenávratn|ý** non-repayable; **~á půjčka** *(CZ)* non-repayable loan; subsidy **neobhajitelný** unmaintainable, indefensible **neobhajovaný** undefended **neobchod** non-trade; **absolutní ~** *(CZ)* absolute non-trade a non-commercial transaction outside the scope of the Commercial Code, where the Commercial Code cannot be applied **neobchodovateln|ý** unmarketable, untrad(e)able; non-negotiable; **~é vlastnické právo** unmarketable title to property; **~ cenný papír** non-negotiable instrument; untradeable security **neobjasněný** undiscovered; undisclosed, unrevealed; undetected, not cleared up; **~ trestný čin** an undetected / unsolved crime **neobnoviteln|ý** unrenewable, non-renewable; **~é zdroje** non-renewable / unrenewable resources **neobsazen|ý** unappropriated, vacant; **~á funkce** vacancy of office, vacant position **neobvyklý** uncommon, unusual, rare **neobyčejný** uncommon, unusual, rare **neočekávaný** unexpected **neodborný** unqualified, non-specialist; incompetent, unprofessional; **~ zásah** incompetent intervention / intrusion in st. **neodčiniteln|ý** irretrievable, irrecoverable; irremediable; irreclaimable; **~é následky** irretrievable consequences **neoddan|ý** unmarried; not married; unwedded; **~á dvojice** unmarried couple **neodděliteln|ý** inseparable, indivisible; undetachable, non-detachable; **~é příslušenství** non-detachable facilities / appurtenances of a flat; inseparable accessions of a debt; inseparable accessory of a thing **neodhalený** undisclosed, unrevealed; not cleared up; unascertained; **~ podvod** unrevealed fraud **neodkladnost** urgency; necessity; need; exigence; **~ věci** exigence of a case / matter **neodkladn|ý** urgent; pressing, exigent; importunate; **~ a neopakovatelný úkon** exigent and unrepeatable act, sole and exclusive opportunity to act; **usnesení o ~ém opatření** resolution of an emergency measure; **učinit ~á opatření** take emergency measures

neodolateln|ý irresistible; uncontrolled; **~é nutkání** irresistible impulse

neodpovědnost irresponsibility; unaccountability; failure of responsibility

neodpovídající inadequate; irrelevant; non(-)conforming; not corresponding; **~ důkaz** irrelevant evidence; **~ množství** inadequate / nonconforming amount; **~ použití / využití** nemovitosti nonconforming use of property; **~ předpisům** being in breach of regulations

neodpykaný unserved; **~ trest** unserved sentence

neodsouzený uncondemned, unconvicted; acquitted; **~ pachatel** unconvicted criminal / offender

neodstranění irremovable, not removable; incapable of being removed / displaced; not subject to removal; **usnesení o zastavení řízení pro ~ vady podání** resolution to discontinue proceedings due to the failure to eliminate / remove defects from a petition

neodstranitelnost irremovability; irreparability; **~ vady věci** irremovable defect of a thing; a defect of a product that cannot be removed

neodstraniteln|ý irremovable; irreparable; **~á vada** irremovable defect

neodůvodněnost unreasonableness, unjustifiableness; **usnesení o odmítnutí námitek pro opožděnost a ~** resolution to refuse exceptions due to delay and lack of cause

neodůvodněn|ý groundless; unreasoned, unjustified; **~á žaloba** groundless action; **~é rozhodnutí** unjustified decision

neodůvodnitelnost inability to justify st., unjustifiableness; **~ chování koho** inexcusable behaviour of s.o.

neodůvodnitelný unjustifiable, indefensible; **~ postup** unjustifiable procedure

neodvolaný non-dismissed, undischarged, unabrogated; **~ odpovědný pracovník** undischarged worker in authority

neodvolatelnost irrevocability; immunity from being discharged / dismissed; **~ soudce** impossibility to dismiss / discharge a judge

neodvolateln|ý irrevocable; unappealable; **~á adopce** irrevocable adoption; **~ akreditiv** irrevocable letter of credit

neodvozený underived; original; **~ právní důvod** underived legal title

neodvratiteln|ý inevitable, unavoidable, indivertible; **~á nehoda** unavoidable / inevitable accident / casualty; **~á příčina** unavoidable cause; **~á událost** inevitable accident / incident / event; **~ úraz** unavoidable / inevitable casualty / injury

neoficiální unofficial, informal; **~ pozvání** informal invitation

neochotný unwilling; reluctant

neomezeně not subject / not liable to any restrictions or limits; unrestrictedly, without restraints / limits; at large

neomezen|ý unlimited, indefinite; unqualified; **~á moc** unlimited authority, absolute power; **~á odpovědnost** unlimited liability; **~á platnost dokladu** unlimited validity of a document; **~á plná moc** unrestricted power of attorney; **~ úvěr** unlimited credit; **solidární ~é ručení** joint unlimited liability; **společnost s ručením ~ým** unlimited liability company

neomylný infallible, impeccable; **~ instinkt** infallible instinct

neopakovatelný unrepeatable; non-recurring; **neodkladný a ~ úkon** exigent and unrepeatable act, sole and exclusive opportunity to act

neopodstatněn|ý unsubstantiated; groundless; immaterial; **~é tvrzení** unsubstantiated allegation / assertion / statement

neopominutelný forced one that cannot be disinherited; **~ dědic** forced heir, unpretermitted heir; statutory heir

neoprávněně unlawfully, illegally, wrongfully; **~ použít** co make unauthorized use of st.; **~ vyrobit, dovézt, uvést do oběhu nebo nesprávně použít chemický přípravek na ochranu rostlin** illegally manufacture, import, distribute, or incorrectly apply a chemical substance for plant protection; **zdržovat se ~ v cizině** stay unlawfully in a foreign country

neoprávněnost unlawfulness, wrongfulness, illegality, illegitimacy; **~ zásahu** unlawfulness of intervention; unlawful interference with st.

neoprávněn|ý unauthorized, unjustified; unlawful, wrongful; illegal, illegitimate; infringing; wildcat; **~á držba** unlawful possession; **~á držba nemovitosti** unlawful / forcible detainer; **~á prohlídka** osob, majetku unreasonable search of people, property; **~é nakládání s utajovanou skutečností** unauthorized use of classified information; **~é podnikání** unlawful business activity; **~é podnikání v obo-**

ru **živnosti** *(CZ)* unlawful business activities in a branch / discipline of trade; **~é použití** jako trestný čin unauthorized use as a crime; **~é prohlídky a konfiskace** unreasonable searches and seizures; **~é propuštění** unfair dismissal; **~é setrvání v budově s úmyslem spáchat tam trestný čin** surreptitious remaining in a structure, with the intent to commit a crime inside; **~é užívání cizí věci** unlawful enjoyment of a thing of another; conversion; **~é užívání obchodního jména** unauthorized use of a trade name; **~é zabrání čeho** unreasonable / unlawful seizure of st.; **~é zadržení cizí věci** unlawful seizure / detention of a thing personal chattel; unlawful detinue; **~ majetkový prospěch** unjust enrichment; unlawful acquisition of property; **~ proces** unjustified trial; **~ uživatel autorského oprávnění** infringing user of copyright; **~ vstup na cizí pozemek** unlawful entry upon lands of another; trespass to land *(UK)*, *(US)*; **~ zásah do práv jednotlivce** encroachment upon the right of an individual; **~ zásah do práva k domu, bytu nebo k nebytovému prostoru** unlawful interference with a title to a house, flat or non-residential premises; **činit si ~é nároky na co** claim and assume as a right to which one is not entitled; lay claim to and appropriate a privilege, advantage without just reason; arrogate

neosvobozený non-exempt, unreleased; undispensed; **~ od placení daní** non-exempt from tax liability; **~ od závazku** unreleased from an obligation

neověřen|ý uncertified, unattested, unverified, unauthenticated; **~á kopie listiny** uncertified / unauthenticated copy of an instrument; **úředně ~** officially uncertified; unauthenticated

neozbrojený unarmed, having / carrying no weapon; **~ pachatel** unarmed criminal

neoznámení failure to notify / report / disclose; non-disclosure; **~ skutečnosti** non-disclosure of the fact; **~ trestného činu** failure / failing to report an offence; misprision of felony; **spolupachatelství zahrnuje podněcování, schvalování, nadržování, nepřekážení nebo ~ trestného činu** complicity includes inciting, encouraging, abetting, failure to prevent and failure to report a crime

neoznámen|ý unreported; undisclosed; **~á krádež na základě dohody mezi pachatelem a obětí, že trestný čin nebude stíhán a že pachatel sám nahradí škodu** compound theft / larceny unreported theft as a result of an agreement between an offender and a victim not to prosecute and that the victim accepts a reward; **~é případy krádeží** unreported cases of thefts; **~ trestný čin za odměnu vyplacenou oběti pachatelem** compounding crime unreported for a reward paid by the offender to the victim

nepadělaný unadulterated, unforged

nepatrnost insignificance; subtlety; **nedostatek nebo ~ majetku v řízení o dědictví** the lack or small size of probate estate

nepatrn|ý insignificant, little, petty, mean; subtle; **~á péče** low / slight diligence; **~á většina** bare majority; **~ stupeň nebezpečnosti činu** insignificant degree of danger from an act

nepatřičný undue; inadequate, unreasonable; **~ vliv** undue influence

nepeněžit|ý non-cash, non-pecuniary, non-monetary; other than pecuniary; **~á pohledávka** non-cash claim / debt; **~é plnění** performance other than pecuniary, non-monetary performance; performance in kind; **~ vklad** non-capital / non-cash contribution to capital; **finančního nebo ~ého charakteru** of capital or non-recurring nature

neplacení failure to pay; non-payment; default; **~ dluhu** non(-)payment of debt; **práva při ~** rights on default

neplacen|ý unpaid; free of charge; **~í členové zastupitelstva čestná funkce** unpaid councillors office of honour

neplatnost invalidity, nullity, nullification; annul(l)ment; **relativní ~ úkonu** voidability / relative validity of an act / deed; **~ dosavadního manželství** invalidity / nullity of the existing marriage; **~ mezinárodní smlouvy** invalidity / caducity of a treaty; **~ skončení pracovního služebního poměru** invalid / void termination of employment service; **~ smlouvy** invalidity / nullity of a contract; void contract; **rozsudek o žalobě o ~i výpovědi z pracovního poměru** judgment in action for a void notice of termination of employment, judgment in action for unlawful dismissal from employment; **řízení o ~i dohody / smlouvy** action for nullity / invalidity of an agreement / contract; **žaloba na určení ~i kupní smlouvy** action for annulment of a sales contract; **mít za následek ~ prodeje** make the sale void, result in a nullity of a contract; **způsobit ~ čeho** cause invalidity / nullity of st., vitiate st.

neplatn|ý void, invalid, null and void; voidable; **absolutně ~** void, invalid; null and void; **od počátku ~** null and void; **relativně ~á smlouva od níž je možné odstoupit z důvodu protiprávnosti některých kroků** voidable contract; **~á daňová úleva** void tax relief; **~á dohoda** void agreement; **~é autorské právo** invalid / void copyright; **~é manželství** void marriage; **~ na první pohled** void on its face, prima facie void / invalid; **~ rozsudek** void judgment; **předvolání svědka je ~é** a witness summons is of no effect; **převod je ~** the transfer is a nullity, transfer is void / invalid; **smlouva se stane ~ou** the contract is avoided, the contract is a nullity; **učinění ~ým** avoidance, voidance, annulment; **prohlásit manželství za ~é** declare the marriage void; **prohlásit smlouvu za ~ou** annul the contract; **učinit zákon ~ým** annihilate a law; **jejich manželství bylo prohlášeno za ~é od samého počátku** their marriage has been declared void / annulled; **propadnutí majetku je prohlášeno za ~é jinak než rozhodnutím soudu** forfeiture is avoided otherwise than by relief granted by the Court
neplnění default; failure to perform; non-performance; non-fulfil(l)ment; **~ odvodní povinnosti** failure to conscribe / conscript *(US)*, failure of conscription *i.e.* to appear before a special army committee for compulsory enlistment for military service; **~ závazků hradit** failure to make payments; **případ ~ smlouvy** event of default; **úmyslné ~ vyživovací povinnosti** wil(l)ful neglect of one's duty to support and maintain
nepln|it fail to perform / fulfil / satisfy / observe; **kupující ~í závazek** the buyer makes default, the purchaser is in default, the purchaser fails to perform his part of contract
neplnoletost non(-)age, minority
nepoctiv|ý unfair, fraudulent; dishonest; dishonourable; **~é podnikání** unfair business / trade practices
nepodání failure to lodge / file / submit; **~ žaloby v zákonem stanoveném čase** failure to file a petition within a statutorily prescribed period; abandonment of an action
nepodjatost impartiality, absence of bias / prejudice; **zpochybnit ~ soudce** doubt the impartiality of the judge
nepodjatý unbiased; unprejudiced; impartial; **~ státní zástupce** unbiased / impartial prosecuting attorney

nepodléhající exempt / released from; immune from, free from; not subject to; **~ clu** duty-free; **~ dani** exempt from taxation, tax-exempt; untaxed
nepodložen|ý ill-founded, unsubstantiated; **~á obvinění** unsubstantiated accusation(s)
nepodmíněný unconditional; unstipulated, unreserved; not subject to any condition or stipulation; unlimited; **~ trest odnětí svobody** unconditional sentence of imprisonment
nepodobat se fail to resemble; **~ skutečnostem žádného předcházejícího případu** bear no resemblance to the facts of any previous case
nepodplatitelný unbribable, incorruptible; **~ úředník** unbribable officer
nepodrobit se fail to subject / admit o.s. to; **~ povinnému vyšetření nebo léčení** fail to subject o.s. to compulsory medical examination or treatment
nepodřízený non-subordinate; not subject to; unsubordinated
nepodstatn|ý immaterial, unsubstantial; insignificant, inessential; **pro výklad tohoto paragrafu je ~é, že** it is immaterial for the construction of this section that
nepohodlný troublesome; inconvenient; cumbersome; **~ svědek** troublesome witness
nepochybně admittedly, clearly; undoubtedly
nepochybn|ý unquestionable, undoubted; clear; **~é právo** undoubted right; **~ důkaz** unquestionable evidence
nepojistiteln|ý uninsurable; **~á událost** non(-)insurable risk
nepojmenovan|ý innominate, unnamed, unclassified; **~á smlouva inominátní kontrakt** innominate contract
nepokoj riot, insurrection; a violent disturbance of the peace by an assembly or body of persons; outbreak of active lawlessness, disorder among the population; commotion; **občanské ~e** civil commotion; **politické ~é** political commotion / turmoil; **podněcování ~ů** incitement to riot; **potlačení ~ů** suppression of riot; **organizovat ~e** organize / promote a riot; **účastnit se ~ů** participate in a riot
nepokryt|ý avowed, naked; straightforward, open; **~é lži** straightforward / open lies
nepoměr disproportion; inadequacy; insufficiency; **trest je v ~u k stupni nebezpečnosti činu pro společnost** the sentence is inad-

equate to the severity / gravity of a crime and its danger to society

nepominutelný forced one that cannot be disinherited; ~ **dědic** forced heir, unpretermitted heir; statutory heir

nepopiratelný undeniable; uncontradicted; incontrovertible, indisputable, uncontestable; irrefragable; ~ **důkaz** uncontradicted evidence; ~ **nárok** undeniable / uncontestable right

nepopřený uncontested, undenied

nepopsaný blank

nepořádek disorder; disarray; muddle; mess; **legislativní** ~ legislative muddle

neposkytnout fail to provide / supply / render; ~ **informace policii** withhold information from the police

neposkytnutí failure to provide / supply / render; ~ **nebo odmítnutí poskytnutí vzorků krve, moči** failure or refusal to provide samples of blood, urine; ~ **pomoci** failure to provide help / assistance; **být obviněn z** ~ **informací policii** be accused of withholding information from the police

neposlušnost disobedience; **výzva k občanské** ~**i** call for civil disobedience

nepostradatelný indispensable to / for, needful

nepostupitelný unassignable, non-transferrable; ~ **majetek** unassignable / non-transferrable property; ~ **právní titul** unassignable title

neposvěcený unblessed; ~ **vztah druha a družky** unblessed / unconsecrated common law marriage

nepoškozený undamaged, uninjured, unharmed; intact; **majetek zůstal** ~ the property was left intact

nepotvrzen|ý unconfirmed, uncertified; ~**é zprávy** unconfirmed news / reports

nepoužitelnost impracticability; unavailability, unfeasibility

nepoužiteln|ý inapplicable; impracticable; unsuitable for a certain purpose; ~**á metoda** inapplicable method

nepoužití failure to use / utilise, non-use; ~ **čeho** renunciation of the use of st.; ~ **síly** non-recourse to the use of force

nepoužívání disuse, non-usage, non-user

nepovažovat fail to consider / regard; ~ **co za závazné** fail to consider st. binding

nepovolan|ý unauthorized; not subject to conscription; ~**á osoba** unauthorized person;

~**ým vstup zakázán** authorized personnel only, no entry

nepovolen|ý unauthorized; non-permitted; unprivileged; ~**á nepřítomnost na pracovišti** unauthorized absence from work, absence without leave; ~ **vstup** unprivileged entry

nepravd|a untruth; falsehood, falsity; **tvrdit** ~**y** assert untruth; **vypovídat** ~**u** give false testimony

nepravděpodobně unlikely, improbably

nepravděpodobnost improbability; unlikelihood; implausibility

nepravděpodobný unlikely, improbable, implausible

nepravdiv|ý false, untrue; erroneous, wrong; ~**é a zavádějící informace o zboží ze strany konkurenta za účelem snížení jeho prodejnosti** untrue and misleading information on goods; disparagement of goods of competitor in order to influence the public not to buy; ~ **znalecký posudek u soudu** false expert opinion / report; false expert testimony

neprávem wrongly, erroneously, mistakenly; wrongfully, unjustly, unfairly; by mistake

nepravomocn|ý not being in force / final; pending; ~**é rozhodnutí správních orgánů** decision of administrative bodies which is not final / in force; ~ **rozsudek** pending judgment, judgment which is not final and conclusive

nepravý sham, dummy; bogus, fake, fictitious; mock, unauthentic, ungenuine; ~ **dědic** sham / dummy heir

neproclen|ý not subject to customs; uncustomed; **dosud** ~**é zboží** goods in bond, bonded goods; ~**é zboží nepodléhající clu** goods free from customs duty, duty-free goods

neprodejn|ý unmarketable, untrad(e)able; **způsobit, že zboží je** ~**é** render the goods unmerchantable / untradable

neprodleně without delay; forthwith, immediately, at once, without interval

neprofesionální unprofessional, incompetent; ~ **chování** unprofessional conduct; ~ **přístup** unprofessional approach

neprojednávaný undiscussed; undisputed; **soudně** ~ untried, unheard

neprominuteln|ý unforgiv(e)able; non-dischargeable, undischargeable; ~**é dluhy** non-dischargeable / undischargeable debts

nepromlčitelnost exemption from the statute of limitations, exclusion of limitation of actions

nepromlčitelný not subject to the statute of limitations

nepronajatý vacant, unleased, unrented, unlet

neproplacen|ý unpaid, uncovered; ~**é účty** unpaid bills; bills in abeyance

neprospěch disadvantage; detriment / loss / injury to interest; **napadnout odvolání v ~ obžalovaného** contest the appeal against the defendant / to the detriment of the defendant; **obviněný, v jehož ~ byl porušen zákon** the accused to the detriment of whom the law was violated; **zákaz změny rozhodnutí v ~ koho** prohibition to alter the decision to the detriment of s.o.

neprovdaná unmarried, single

neprovedení failure to implement / act / produce / show; ~ **navrženého důkazu** failure to produce / bring / adduce the moved proof of evidence

nepřátelsk|ý hostile, non-amicable; ~**é smýšlení** animosity, hostility of mind tending to break out into action, active hatred; ~ **akt** act of hostility

nepřátelství animosity, hostility

nepředpojatý unbiased; impartial, unprejudiced

nepředvídan|ý unforeseen, unpredicted, unexpected; ~**á událost** contingency; **rezervní fond pro** ~**é výdaje** reserve fund for contingency / contingencies

nepředvídateln|ý unforeseeable, unpredictable, unavoidable; ~**á příčina** unavoidable cause; ~**á událost** contingency, a chance occurrence; an event the occurrence of which could not have been, or was not, foreseen; casualty

nepřekážení failure to obstruct / hinder / impede / prevent; ~ **trestnému činu** failing to prevent / obstruct / impede an offence; **spolupachatelství zahrnuje podněcování, schvalování, nadržování,** ~ **nebo neoznámení trestného činu** complicity includes inciting, encouraging, abetting, failure to prevent and failure to report a crime

nepřekážet fail to obstruct / impede / hinder / prevent

nepřekonateln|ý insurmountable; ~**á překážka** insurmountable obstacle

nepřenosn|ý unassignable, non-transfer(r)able, untransfer(r)able, non-negotiable; ~**é povinnosti** non-delegable duties; **právo obydlí je** ~**é věcné právo fyzické osoby obývat cizí dům** right of habitation is a non-transfer(r)able real right of a natural person to dwell in the house of another

nepřerušovaný uninterrupted, continuing; ~ **průchod a průtok** uninterrupted passage and running

nepřesvědčiv|ý unpersuasive, unconvincing; ~**á obhajoba** insufficient / frivolous defence

nepřetržitě continuously, permanently, constantly; **fungovat** ~ function / operate / work continuously; **zasedat** ~ be in permanent session

nepřetržitost continuance; perseverance, persistence; ~ **držby** uninterrupted possession, continuation of possession

nepřetržit|ý continued, continuous, continuing; ~**é sledování po dobu maximálně 30 dní s možným prodloužením** a continuing / continuous surveillance for up to 30 days with extensions possible

nepřevoditeln|ý unassignable, non-transfer(r)able, untransfer(r)able, non-negotiable; ~**é cenné papíry** non-negotiable instruments; **licence je** ~**á** the licence shall not be transfer(r)able, the licence shall not be subject to any transfer

nepřevzetí failure to accept / take; ~ **dodaného zboží** non-taking of the delivery of goods

nepřezkoumatelnost immunity / exemption from being reviewed; nonreviewability; unappealableness; ~ **rozsudku** judgment not subject to review

nepřezkoumateln|ý unappealable; non-reviewable, not subject to judicial review; ~**é rozhodnutí správního orgánu** non-reviewable decision of an administrative body, an administrative decision not subject to judicial review

nepříčetnost insanity, unsoundness of mind as a consequence of mental illness; madness, lunacy; **osoba jednající v** ~**i** person acting insane; **z důvodu** ~**i** on the grounds of insanity

nepříčetný insane, unsound, mad, lunatic; **prohlásit koho** ~**m** adjudge a person to be insane, adjudge a person non compos mentis (lat)

nepřihlížet k čemu disregard st., neglect, pay little or no respect / attention to st.; leave unnoticed

nepříhodný unsuitable; unfit, improper; unacceptable

nepřijatelný unacceptable

nepřijetí non-acceptance, failure to accept; dis-

honour, dishonor; ~ **cizí směnky nebo šeku**
non-acceptance / dishonour of a bill of ex-
change or cheque; ~ **návrhu sněmovnou** defeat
of a motion
nepřiléhající non-contiguous, non-adjoining;
non-neighbouring; ~ **pozemky** non-adjoining
plots of land
nepřiměřeně unreasonably, inadequately; in-
sufficiently; excessively; ~ **velké nebezpečí**
impermissibly great risk
nepřiměřenost unreasonableness, inadequacy;
immoderateness; excessiveness; unconscion-
ableness, inadequateness; ~ **důvodů** inad-
equate reasons
nepřiměřen|ý inadequate, unreasonable; irrel-
evant, inappropriate, unfair, undue; uncon-
scionable; ~ **trest** inadequate punishment /
sentence; **~á nespravedlivá smlouva** uncon-
scionable contract / bargain; **~á kauce** ex-
cessive bail; **~á náhrada** unreasonable com-
pensation; **~á náhrada škody** excessive / in-
adequate damages; **~é chování** unreasonable
conduct; **~é ohodnocení** inadequate appreci-
ation / valuation; **~é použití síly** excessive
force
nepřímo indirectly; by implication
nepřím|ý indirect, constructive not directly ex-
pressed, but inferred; inferential, virtual, inferred,
circumstantial relating to, or dependent on circum-
stances; collateral accompanying; **přímý a ~
úmysl** direct and indirect intent / intention; **~á
daň** indirect tax; **~á držba** constructive pos-
session; **~á obžaloba** collateral indictment /
impeachment; **~á překážka uplatnění žalobního
nároku** collateral estoppel; **~á škoda** remote /
constructive damage; **~á ztráta** constructive
loss; **~é násilí** constructive / indirect violence;
~é odnětí constructive taking; **~é oznáme-
ní** constructive notice; **~é porušení** contrib-
utory infringement; **~é vypuzení z nájmu**
constructive eviction; ~ **důkaz** indirect / cir-
cumstantial evidence; ~ **důkaz z druhé ru-
ky** hearsay evidence; ~ **podvod** constructive
fraud; ~ **souhlas** constructive assent; ~ **úmysl**
constructive intent; jsoucí **v ~é / vedlejší li-
nii** collateral; **dědic v linii ~é** collateral heir;
předci v ~é / vedlejší linii collateral ancest-
ors; **daň z dědictví, které získal dědic v linii
~é** collateral inheritance tax
nepřipravený unprepared, unarranged, un-

ready; unprovided, unequipped; ~ **předem**
uncontemplated
nepřip|ustit, nepřip|ouštět fail to permit / ad-
mit st.; ~ **zveřejnění** bar the publication of
st.; **odvolání se ~ouští** the appeal shall be in-
admissible; **povinnost ~ či nestrpět takové
konání** obligation not to permit or suffer such
an act; **usnesení, jímž se ~ouští zastoupe-
ní** the resolution whereby the representation
shall not be admitted / permitted
nepřípustnost inadmissibility; impermissibil-
ity; ~ **opravného prostředku** inadmissibility
of a remedy / remedial measure; ~ **prominutí
povinnosti dlužníka** impermissible waiver of
a debtor's duty; ~ **trestního stíhání** the in-
admissibility of criminal prosecution; ~ **zpět-
né účinnosti zákona** the impermissibility of
retroactivity, impermissibility of retrospective
effect
nepřípustn|ý unallowable, inadmissible, imper-
missible; undue; **~é ovlivňování** undue influ-
ence; **~é svědectví** incompetent / inadmiss-
ible testimony; **~é zasahování** impermissible
interference; nuisance; ~ **důkaz** impermiss-
ible / inadmissible / incompetent / unqualified
evidence
nepřipuštění failure to admit / permit; non-ad-
mission; **usnesení o ~ změny návrhu** the res-
olution whereby an alteration of the petition /
motion shall not be admitted
nepřirozen|ý unnatural, abnormal; artificial; **~á
smrt** unnatural death; **~á závěť** opomíjející ná-
roky přirozených dědiců a ponechávající pozůstalost
cizím osobám unnatural will omitting or excluding
rights of natural heirs and disposing of an estate to
strangers
nepříslušnost lack of jurisdiction / forum / com-
petence; incompetence, legal incapacity, disab-
ility, disqualification; **funkční ~ soudu** lack
of venue jurisdiction; **místní ~ soudu** lack
of local jurisdiction; **věcná ~ soudu** lack of
subject-matter jurisdiction; ~ **soudu** lack of
jurisdiction / competence, forum non (lat), no
venue; **konvalidace místní ~i** convalidating
the lack of local jurisdiction; **námitka místní
~i** plea / motion of / exception to the lack
of local jurisdiction; **námitka ~i** declinatory
exception, pleading the lack of jurisdiction;
výjimka o ~i obce k projednání přestupků
an exception with respect to the lack of com-
petence / jurisdiction of a local authority to

hear an administrative delict / infraction; **vyslovení místní a věcné ~i** declaration of the lack of local and subject-matter jurisdiction; **zamítnutí žaloby pro ~** dismissal of action for forum non / for the lack of jurisdiction; **soud vysloví svou ~** the court declares the lack of its own jurisdiction

nepříslušn|ý having no jurisdiction, lacking jurisdiction; **zahájení věci u ~ého soudu** the commencement of an action before a court not having jurisdiction, mistake in venue

nepřístojnost common nuisance

nepřístojn|ý disorderly, obnoxious; unruly; **~é chování** disorderly conduct

nepřístupný inaccessible, unapproachable; close

nepřítel enemy; adversary, antagonist, opponent; **spolupráce s ~em** assisting the enemy; collaboration with the enemy; providing assistance to the enemy

nepřítomnost absence; **hlasování v ~i** prostřednictvím zástupce nebo korespondenčně absentee voting by proxy or mail; **~ na obvyklém místě** absence from s.o.'s usual place; **~ vzájemného vztahu** lack of correlation; **výpověď pro trvající ~ na pracovišti** notice of dismissal for extended absence; **projednat věc v ~i účastníka** hear / try a case in the absence of a participant

nepřítomn|ý absent; not present; **~á osoba** absentee; absent person; **~ na pracovišti bez povolení** absent from s.o.'s work without leave, AWOL abbrev

nepřivlastněný unappropriated; not allocated / assigned to a special person / thing / purpose; not taken in possession by s.o.

nepřiznání denial of grant / award / conferment, non-admission; **~ nebo odnětí odborné způsobilosti** denial or withdrawal of professional licence based on s.o.'s competence / qualification

nepříznivě unfavourably; adversely; **~ posoudit** adversely assess

nepřízniv|ý adverse, unfavourable, disadvantageous; **~é následky** adverse consequences; **~é podmínky** unfavourable conditions

nepřizpůsobivost inadaptability, maladjustment, maladaptation; **sociální ~** social maladjustment, unsuccessful adaptation to one's social environment

nepsan|ý unwritten; unenacted laws; **~á dohoda** unwritten agreement; **~é právo** právo precedenční a obyčejové unwritten law case law and common law

nepůvodní unoriginal, derivative; non-indigenous; **geograficky ~ druh rostliny / živočicha** geographically non-indigenous plant / animal species

neregistrovan|ý unregistered, unlisted; not entered in a register; unrecorded; unincorporated unrecorded in the register of companies; **~ v obchodním rejstříku** unrecorded in the Commercial Register (CZ); unincorporated; **občanské sdružení ~é v obchodním rejstříku** unincorporated association not recorded in the Commercial Register

neregulérní contestable, contested; unfair; **~ volby** contested election

nerovnoměrně unevenly, unequally; **~ rozdělený** unevenly distributed

nerovnoměrnost imbalance, inequality, unevenness

nerovnost inequality; **~ vyjednávacích pozic** inequality of bargaining power

nerovn|ý unequal; uneven; unfair; **~é smluvní podmínky** unfair contract terms

nerozdílně severally; **ručit za závazky společně a ~** be liable for obligations jointly and severally; **závazky splní tyto osoby společně a ~** the covenants shall be deemed to be made by such persons jointly and severally, the obligations shall be discharged by the persons jointly and severally

nerozhodnut|ý unsettled, undecided, undetermined, unresolved; pending, pendente, outstanding; **~á věc / ~ spor** pending case / suit / action

nerozlučn|ý inseparable, undivided; indispensable; **~é společenství** odpůrců, navrhovatelů indispensable / necessary parties unity of interest on the part of respondents, petitioners; **~é společenství v rozepři na straně žalovaných** united in interest on the part of defendants

nerozšiřování non-distribution; non-proliferation

nerozumný unreasonable, irrational, excessive, extreme

nerušen|ý undisturbed, unimpeded; uninterrupted, unintermittent, continuous, unhindered; **~á držba** undisturbed possession; **plný a ~ výkon práv** full and undisturbed exercise of one's rights

neřešitelnost insolvability, unsolvability, un-

solvableness; ~ **situace** insolvability of the situation
neřešiteln|ý insoluble, unsolvable, insolvable; implacable; **~á otázka** insoluble question; ~ **problém** insoluble problem
nesamosprávn|ý dependent; **~é území** non- -self-governing territory, dependent territory
neselektivní unselect; indiscriminate; ~ **skládka** čeho indiscriminate dumping of st.
neshoda disagreement
neshodnout se disagree; fail to accord / harmonize with
neshodn|ý unmatched; incongruent; **~é vzorky DNA** unmatched DNA prints
neschopnost disability, incapacity, incapability; **platební** ~ insolvency inability to pay; **pracovní** ~ temporary incapacity to work as a result of injury or sickness; **průkaz o ~i k vojenské činné službě** proof of incompetency to serve in the Army; **být v pracovní ~i** be on sick leave
neschopn|ý unable, incapable, unapt, unfit unfitted; hung, dead-locked; **vedení ~é jednat / dohodnout se** dead-locked management
neschválení disapproval; non-approval, absence / lack of approval; **usnesení o ~ smíru** resolution to disapprove pre-trial settlement / conciliation, resolution to reject pre-trial settlement / conciliation
neschválen|ý disapproved; unapproved; unadopted, uncertified; **stávka ~á odbory** wildcat strike
neschválit disapprove; ~ **jmenování učiněná prezidentem** disapprove presidential appointments
neskončen|ý pending; outstanding; unexpired; **~é řízení o rozvod** pending divorce suit; divorce suit pendente lite; ~ **nájem** unexpired lease
neslučitelnost incompatibility; inconsistency, incongruity
neslučitelný inconsistent, incompatible; discordant, incongruous, inharmonious, unsuited; ~ **s právy nájemce** incompatible with a tenant's / lessee's rights; ~ **s výkonem práva** incompatible with the exercise of a right / enforcement of law
neslušn|ý indecent, obscene; shameful; **~é chování** (obec) bad manners; **~é chování se sexuálním podtextem** indecent behaviour
nesmírný vast, enormous, profound; exceeding; massive, extreme, immense

nesmysln|ý absurd, insane, unreasonable, irrational, meaningless; **~é omezení** unreasonable restraint
nesnášenlivost intolerance; **náboženská** ~ religious intolerance, bigotry
nesnáz difficulty; distress; problem; ~ **a nebezpečí pro stanovení adekvátních záchranných prací při lodní havárii** distress and danger to assess adequate rescue operations in a marine accident
nesnesitelný intolerable; unbearable
nesouhlas disagreement; dissent; disapproval, disapprobation; ~ **lidu** popular disapproval
nesouhlasící dissenting; disagreeing; ~ **osoba** dissenter; dissentient (n)
nesouhlasit disagree with, dissent from st.
nesouhlasn|ý dissenting, dissentient; disagreeing in opinion; **~é stanovisko soudce v senátu** dissenting opinion of a judge on the bench
nesoulad inconsistency, incompatibility; contrariety, opposition, discrepancy
nesouvisející unrelated, unconnected, unlinked, disunited; **příjem z ~ho podnikání** unrelated business income
nesouzený untried, unheard; ~ **případ** untried case
nespáchaný uncommitted; ~ **trestný čin** uncommitted crime
nesplacen|ý unsettled, in arrear(s), outstanding, unpaid; **dosud ~é půjčky** outstanding loans; ~ **dluh** unsettled / outstanding / unpaid / delinquent debt
nesplatný undue; unaccrued, unmatured
nesplnění default, failure to perform, non-execution; non-fulfil(l)ment; ~ **bojového úkolu** failure to fulfil a commission / duty in a battle, war; ~ **povinnosti** neglect of duty; ~ **závazku** breach of obligation; **sankce / postih za** ~ sanctions / penalty for default in the case of contract; penalty for non-compliance with legislation
nesplněn|ý unperformed; unfulfilled; **~á smlouva** executory agreement
nespln|it fail to perform / fulfil / execute / discharge; ~ **povinnost** be in default of obligation, fail to discharge a duty; **pokud strana ~í nebo odmítne splnit smlouvu** when a party fails or refuses to perform
nespokojenost discontent, dissatisfaction; **vyjádření ~i** expressing dissatisfaction
nespolehliv|ý unsafe, unreliable; dubious; **~é důkazy** unreliable evidence; **~é výrobky** unsafe products; ~ **svědek** unreliable witness

nesporně admittedly
nesporn|ý uncontested, unimpeachable, unquestionable; non-contentious; ~ **důkaz** proof beyond a / any / all reasonable doubt; ~ **právní titul** unimpeachable title; ~ **případ** věc non-contentious case / suit / action; **sporné a ~é řízení** contentious and non-contentious proceedings
nespotřebiteln|ý unconsumable, inexhaustible, unexhaustible; ~**á** věc unconsumable thing
nespotřebovan|ý unused, unconsumed, unspent, inexhausted, unexhausted; ~**é pojistné** unearned premium; **bilance ~ého pojistného** unearned balance
nespotřebovateln|ý unconsumable, inexhaustible, unexhaustible; ~**é věci a věci pro okamžitou spotřebu** durable and current goods for immediate consumption
nespravedliv|ý unfair, unjust, unconscionable; ~**á válka** unjust war; ~**é projednávání věci** unfair hearing
nespravedlnost injustice, unfairness; unjustness; **mít za následek** ~ work injustice / unjustly
nesprávně erroneously, mistakenly, falsely, wrongly; ~ **vyhodnotit znaky trestného činu** determine the elements of crime wrongly / erroneously
nesprávnost incorrectness; inaccuracy; erroneousness; ~ **výroku rozsudku** incorrect / erroneous holding of a judgment
nesprávn|ý incorrect, improper, undue, erroneous, false, mistaken, wrong; ~**é označení subjektů v žalobním návrhu** erroneous designation of persons in the petition / statement of claim; ~**é právní posouzení věci** erroneous determination of law in a case; ~ **postoj** wrong attitude; ~ **úřední postup** maladministration; faulty / wrong administration; inefficient / improper management of official procedure / affairs; ~ **výklad** misconstruction, mistaken interpretation; misrepresentation; **řídit se ~ým poučením soudu** follow / comply with / obey an incorrect / erroneous notice of court
nesrovnalost discrepancy; inconsistency; contradiction; ~**i ve výpovědích** discrepancies in depositions
nést carry, bear, fetch; ~ **odpovědnost** bear the responsibility; ~ **riziko** bear the risk; ~ **soudní výlohy** bear legal costs; ~ **úrok** bear /

yield / generate / produce interest; ~ **výlohy za co** bear the expense of st.; ~ **zbraň** bear / carry an arm / weapon; **důkazní břemeno nese státní zástupce** the burden of proof is on the prosecuting attorney; **výdaje nese prodávající** the expenses will be borne by the seller
nestálý fluctuating, erratic; floating; non-permanent; ~ **člen** non-permanent member
nestanoven|ý undecided, undetermined, unfixed, unset; **dosud** ~**á náhrada škody** unliquidated damages; **dosud** ~**á výše dluhu** unliquidated debt; ~ **jako podmínka** unstipulated, unreserved; ~ **závazkem** uncovenanted
nestanovit fail to set / determine / fix / stipulate; **pokud tak ~í zvláštní zákon** in the absence of a special statute so providing; **pokud zákon ~í jinak** except when otherwise provided by statute
nestanoviteln|ý unquantifiable; ~**á náhrada škody** unquantifiable damages
nestranně impartially, unbiased, without prejudice / bias; **rozhodovat ~, spravedlivě a bez průtahů** decide cases impartially / without prejudice, fairly and without delay
nestrannost impartiality, freedom from prejudice / bias; **nezávislost a ~ soudu** independence and impartiality of court
nestranný unbiased, impartial, unprejudiced; not unduly or improperly influenced or inclined; ~ **rozhodce** unbiased / impartial arbitrator; ~ **pozorovatel** impartial observer; ~ **soudce** unbiased / impartial judge
nestrpět fail to suffer; fail to stand; **povinnost nepřipustit či** ~ **takové konání** obligation not to permit or suffer such acts
nesvědomit|ý unfaithful, unconscientious; conscienceless; ~**é uplatňování moci** unconscientious exercise of power
neškodný harmless free from loss; free from liability to pay for loss / damage; free from liability to punishment
neštěstí accident; casualty; disaster; misadventure, misfortune; tragedy
neteř niece
netrestateln|ý non-punishable; not liable to punishment; ~**á osoba** person immune from prosecution
netrestní non-criminal; other than criminal; ~ **věc** non-criminal case
netrvat na čem dispense with; ~ **na plnění** dispense with performance of contract

netto net(t)

netušící unsuspecting; innocent; suspicionless; **nic ~ osoba** unsuspecting person

neúcta disrespect; disesteem, irreverence

neúčeln|ý unreasonable, unsuitable, unthrifty; **~é náklady** unreasonable costs

neúčinně inefficiently, ineffectively, inefficaciously; inoperatively; to no effect; **nechat lhůtu k odvolání ~ proběhnout** let the time for appeal lapse / expire, allow the time limit for appeal to lapse / expire; neglect the lodging of an appeal within the time-limit

neúčinnost ineffectiveness, inefficiency; inefficacy, inefficaciousness; **absolutní či relativní ~ důkazu** absolute or relative ineffectiveness of evidence; **~ předpisu** ineffectiveness of a regulation; **~ smlouvy** unenforceability of contract

neúčinn|ý inefficient, ineffective, inoperative; effectless, inefficacious; **~á manipulace** inefficient handling; **~á náprava** inefficacious remedy; **~é doručení písemnosti** ineffective service of an instrument / writ; **právně ~** legally unenforceable, without legal effect; **rozhodnutí se stalo ~ým** the decision ceased to be effective

neudělení failure to issue / grant / award; **~ úředního povolení při vývozu a dovozu** failure to grant import and export licences

neudržiteln|ý unmaintainable, unsustainable; **~á tvrzení** unsustainable allegations / assertions; **~ nárůst platů** unmaintainable pay rise

neukázněn|ý undisciplined; disorderly; **~á osoba** undisciplined person; **~é chování** undisciplined / disorderly conduct

neúkladn|ý uncontemplated; unpremeditated; **~á vražda** unpremeditated manslaughter

neukončený unsettled, incomplete, unfinished, imperfect; **~ zápis** incomplete record

neúměrný disproportionate, inadequate; unfair

neumořen|ý unredeemed; **~é zajištění** unredeemed pledge; **~ cenný papír** unredeemed security

neumořitelný unredeemable, irredeemable; **~ dluhopis** irredeemable debenture unsecured; irredeemable bond that can never be redeemed at full value

neúmysln|ý unwilling, unintentional; accidental, unconscious; uncontemplated, undesigned, unpremeditated; involuntary; **~é spáchání trestného činu** unwilling commis-sion of a crime, committing a crime unwillingly

neunesení failure to bear / carry; **~ důkazního břemene tj. neprokázání tvrzených skutečností** failure to bear the burden of proving, failure to bear the onus of proof i.e. failure to prove the alleged facts

neuplatnění failure to exercise / apply; **~ nároku** non-claim, failure to assert a claim; **~ práva** prekluze failure to exercise a right, lapse of a right termination of a right / privilege through neglect to exercise it within the limited time, or through failure of some contingency

neúplatnost incorruptibility, incorruptness; incorruptibleness; **~ státních úředníků** incorruptibility of public officers

neúplatný unbribable, incorruptible; not corrupted by bribery; **~ státní zástupce** unbribable prosecuting attorney

neuplynul|ý unexpired; **dosud ~á** nájemní **lhůta** unexpired term of lease

neuposlechnout disobey, non-comply, defy, fail to obey / comply with; **~ výzvy veřejného činitele** fail to obey the warning of a public official

neuposlechnutí disobedience, failure to obey; non-compliance, defiance; **~ příkazu nebo rozkazu** disobedience of the order or command; failure to obey orders or commands; disobeying an order or command; **~ soudu** disobedience of court orders; contempt of court; **~ zákona** disobedience of a law

neúprosný compelling; rough, tough

neurčen|ý undefined, undetermined, unfixed, unliquidated; unset; unstipulated; **~á částka platby** unliquidated sum of money

neurčito without limit, endlessly, forever, ad infinitum (lat), sine die (lat); at will; **na ~** for an indefinite time; **odložit jednání na ~** adjourn the business sine die

neurčitost uncertainty, indefiniteness, vagueness; indeterminateness, indetermination

neurčit|ý indefinite time, indeterminable nature, indeterminate number; uncertain event; undefined terms; undecided opinion; unascertained value; vague statement; **nájemní smlouva na dobu ~ou** open-end / open-ended lease, lease for an indefinite term / period, perpetual lease; **pracovní poměr na dobu ~ou** employment for an indefinite period of time, indefinite term employment; **živnostenské oprávnění na do-**

bu ~ou trade licence for an indefinite period of time, open-ended trade licence, perpetual trade licence

neúřední unofficial; informal

neusnášeníschopn|ý in(-)quorate; **~á schůze** in(-)quorate meeting

neuspokojen|ý undischarged, unsatisfied, unperformed; unfulfilled; **~á pohledávka** unsatisfied claim

neuspokojivost unsatisfactory character / nature; dissatisfaction; **~ výsledků voleb** unsatisfactory results in the election

neuspokojivý unsatisfactory, dissatisfactory; **přístup se ukáže ~m** the approach proves to be unsatisfactory

neustále continuously, continually, constantly

neustálý continuous, permanent; constant

neústavní unconstitutional; being in violation of constitution; **~ rozhodnutí** decision in violation of the constitution, decision in breach of the constitution

neústavnost unconstitutionality; **soudně rozhodnout o ~i čeho** rule / hold that st. is unconstitutional

neústupn|ý insistent, persistent; peremptory; **~á obrana** peremptory defence

neutrální neutral, uncommitted; non-aligned

neuvedeno not stated; not declared; undisclosed

neuvedený unlisted; inexplicit, unnamed, unquoted; unreported; **~ ve sbírce soudních případů** unreported; not contained in the Law Reports; **~ ve Sbírce zákonů ČR** not published in the Collection of Laws of the CR; **~ na seznamu** not placed on a list

neuvědomující si unconscious of, unaware, incognizant; without cognizance / knowledge / apprehension of

neuznání disallowance, non-recognition; rejection, dismissal, removal; **soudní ~ nároku** rejection of a claim by court without hearing, dismissal of a claim after the case if heard; removal of claim from court; abjudicatio (lat)

neuzna|t disclaim, disaffirm, disallow, disown, disavow; dismiss; reject; **~ otcovství** disavow one's paternity; **~ právní odpovědnost** disclaim liability; **žalovaný ~l nárok** the plaintiff denied / rejected / traversed the claim

neužívání disuse; non-use; cessation of use; **~ zákona z důvodu zastarání** passing of a law into desuetude

neválčící abstaining from active involvement in war; **~ stát** non-belligerent state; **~ strana** non-combatant party

nevázanost devilry, wickedness; perversity; **sexuální ~** debauchery

nevědomost ignorance; want of knowledge; unawareness; **~ smluvní** při uzavírání jednostranně výhodné smlouvy si poškozená strana neuvědomuje tuto jednostrannost contractual unconscionability making a contract which is unfair due to the gross disparity of bargaining power between the parties, where the aggrieved party is not aware of the disparity

nevědom|ý unwilful, unwanton; involuntary; unintentional; undesigned; unaware; **~é uvedení v omyl** innocent misrepresentation; **nedbalost vědomá a ~á** wilful / wanton and unwilful / unwanton negligence

nevědoucí unconscious, incognizant, uninformed, unknowing, unaware

nevěnování: ~ pozornosti neglect, inattention; want of regard; disregard

nevěnovat: ~ pozornost treat without regard, pay no regard / attention to; neglect; **~ pozornost drogovým problémům** disregard drug-related issues

nevěra infidelity, adultery; faithlessness, unfaithfulness, disloyalty; **manželská ~** conjugal infidelity, adultery; **předmanželská ~** pre-marital infidelity

nevěrný disloyal, faithless; unfaithful; **být ~ v manželství** cheat on one's wife; commit conjugal infidelity

nevěrohodnost unreliability, untrustworthiness; infidelity; **~ poškozeného** unreliability / untrustworthiness of the injured / victim

neveřejně closed; in private, in camera, in chambers

neveřejnost the condition of being closed for the public; **~ jednání** hearing / trial being closed, trial being held in private / in camera

neveřejn|ý closed, being held in private, in camera; **~á argumentace právních zástupců stran** private arguing of a case by counsel for plaintiff and defendant; bolting (UK obs); **~é hlavní líčení** (TPP)/ **soudní jednání** (OPP) closed trial / hearing; trial / hearing held in private / in camera / in chambers; **~é zasedání sněmovny** closed session of the House, session held in private; **~é zasedání soudu** closed court; **projednání obžaloby v ~ém zasedání** the hearing of the indictment in a closed trial

nevěsta bride

nevěstinec brothel, bawdy-house, disorderly house

nevhodný inadequate, inappropriate, unfit unfitted, unacceptable, undesirable; **znečistit půdu ~m skladováním olejů** pollute the soil through the inappropriate storage of oils

nevin|a innocence; guiltlessness; **presumpce ~y** presumption of innocence; **výrok o ~č** verdict of not guilty

nevinný innocent, not guilty; unblamable; guiltless, unoffending

nevládní non-governmental; ~ **organizace** non-governmental organization, NGO abbrev

nevlastní half-blood, half; foster through guardianship, step through marriage to a natural parent; ~ **bratr** half brother; ~ **matka** step / foster mother; ~ **otec** step / foster father; ~ **rodič** step / foster parent; ~ **sestra** half sister; step sister; ~ **sourozenci** half siblings; step siblings; ~ **syn** step / foster son

nevlastník non-owner, person other than the owner; **nabytí vlastnictví od ~a** acquisition of property from a person other than the owner

nevlídný non-amicable; ~ **akt** non-amicable act

nevojenský non-military

nevolnictví villeinage, serfdom; servitude; slavery

nevolník villain, villein; serf; vassal

nevolnost sickness, ailment

nevšímavost disregard, neglect; inattention, heedlessness; lack of attention

nevybran|ý uncollected; unpicked, unused; **dosud ~é úroky** uncollected / outstanding interest

nevydání failure to extradite; failure to deliver; ~ **pachatele trestného činu** orgánům na území, kde byl čin spáchán non-extradition of an offender to the country where the crime was committed

nevydělan|ý unearned; ~**é peníze** unearned money

nevyhnuteln|ý unavoidable, inevitable, indispensable; ~**é odškodnění** necessary damages

nevýhodný disadvantageous; unfavourable, prejudicial; unfair, harsh; ~ **obchod** unfavourable transaction; harsh bargain

nevyhovující unsatisfactory, non(-)conforming, non-complying with; ~ **předpisům** nonconforming with regulations; **ukáže se, že přístup je ~** the approach proves unsatisfactory

nevykonan|ý unexecuted, unperformed, unsatisfied; unserved; ~**á část trestu** unserved prison term; unserved part of the term of imprisonment; ~ **rozsudek** dormant judgment; ~ **rozsudek o náhradě škody** z důvodu insolvence povinné strany unsatisfied judgment for damages due to insolvency of the judgment debtor

nevykonateln|ý unenforceable; unexercisable; ~**é** subjektivní **právo** unexercisable right; ~ **rozsudek** unenforceable judgment

nevyléčitelný incurable, unhealable; ~ notorický **alkoholik** incurable drink addict / alcoholic; confirmed drunkard

nevymahatelný unenforceable; **soudně ~** obligatio naturalis unenforceable at law, not immediately enforceable by action, unenforceable by action natural obligation

nevymezen|ý undefined, undetermined, unfixed, unset; unstipulated; unliquidated; ~**á náhrada škody** unliquidated damages; ~ **nárok** nestanovený s konečnou platností co do výše škod či odpovědnosti unliquidated claim not finally ascertained with respect to the amount of money or a scope of liability

nevymíněný unstipulated, unreserved; unspecified in the conditions of a contract / undertaking

nevynucen|ý unenforced, unforced; uncompelled, unconstrained; ~**é propuštění ze zaměstnání** s cílem získat odstupné voluntary dismissal in order to be granted severance payment

nevynutiteln|ý unenforceable; ~**á smlouva** unenforceable contract

nevypátraný uninvestigated, untraced, unascertained

nevyplaceně carriage paid by addressee; carriage(-)forward

nevyplacen|ý unredeemed, unpaid; ~**á zástava** unredeemed pledge not recovered from pawn

nevyplatiteln|ý unredeemable; ~**á zástava** unredeemable pledge

nevypovídat stand mute (US), remain silent; fail to testify / give testimony / depose; **právo ~** right to remain silent / stand mute / not to testify; **rozhodnutí obžalovaného ~** defendant's decision to stand mute / remain silent; defendant's voluntary failure to testify

nevyrovnan|ý unsatisfied, unsettled; outstanding; undischarged; **finančně ~ závazek** outstanding / unpaid debt; ~**á pohledávka** účet unsettled receivable

nevyřčený unspoken, unsaid, unuttered

nevyřešený undetected; unsettled; outstanding; pending
nevyřízen|ý unsettled; outstanding; pending; undisposed; **~á objednávka** back / outstanding order; **~á věc** spor pending suit / case; **~á záležitost** unsettled / outstanding / undisposed matter; **~á žádost** undisposed application
nevyslovený unspoken, unsaid, unuttered
nevysvětlitelnost inexplicability; unaccountability
nevyváženost imbalance, unbalance; unevenness
nevyvinutý underdeveloped; immature, undeveloped
nevyvlastněný unappropriated; not dispossessed, not deprived of property
nevyvratiteln|ý, nevývratn|ý conclusive; irrebuttable; undeniable; **~á domněnka** conclusive / irrefutable / irrebutable presumption; **~á skutečnost** a hard / conclusive fact
nevyzkoušený unexperienced, unpracticed, untested, untried; **úředně ~** officially / formally unattested
nezabavitelnost immunity from seizure / confiscation
nezabaviteln|ý unseizable, unattachable, not liable to attachment / garnishment / confiscation; unapprehensible *(obs)*; **~á částka mzdy** amount of wages not liable to garnishment by court, amount of wages exempt from garnishment
nezačleněný unassociated; unincorporated
nezadateln|ý imprescriptible, inalienable, vested, indefeasible; **~á čest** sacred honour; **~é právo** vested / indefeasible / imprescriptible / inalienable right
nezadržený undetained, unapprehended
nezahlazený unobliterated; unerased; abrogated; **~ trest** the sentence which is not expunged / erased / sealed from s.o.'s criminal records
nezachova|t fail to conserve / retain / preserve / keep / save; **~lo se** o záznamu v matrice not preserved about a record in the register of births, deaths and marriages
nezainteresovaný disinterested; not involved
nezájem absence / lack of interest, disregard; **úmyslný a bezohledný ~ o bezpečnost či životy lidí** wanton and reckless disregard for the safety or lives of persons
nezajištěn|ý unsecured, unsaved, not assured,

not safe; insecure; **~á půjčka** zástavou, zárukou unsecured loan unpledged, unpawned; **~ dluh** unsecured debt; **~ věřitel** nemající nic zástavou za svou pohledávku unsecured / general creditor not having his claim backed with pledge collateral or a security agreement; **smluvně ~** uncovenanted, not secured by contract
nezákonně unlawfully, illegally, wrongfully, contrary to law; **jednat ~** act in breach / violation of law; **~ zasáhnout do užívání přilehlého pozemku** unlawfully interfere with the enjoyment of adjoining property; commit a nuisance against adjoining property
nezákonn|ý unlawful, contrary to law; prohibited by law, illegal, illegitimate; **~á činnost** unlawful / illegal actions, unlawful / illegal activity; **~é donucení** unlawful coercion / compulsion; **~é držení půdy** unlawful possession of land; deforcement; **~é jednání** unlawful act(ion) / conduct / activities; **~é machinace** unlawful practices; **~é obchodování** illegal business; racketeering; **~é obsazení továrny** dělníky včetně bránění ve výkonu práce unlawful picketing by employees intercepting non-strikers on their way to work; **~é shromažďování** unlawful assembly; **~ dovoz narkotik** illicit drug trafficking; **~ nátlak** duress(e), unlawful constraint; **~ obchod** illegal transaction / deal; bent job *(slang)*; **~ potrat** criminal abortion; **~ sexuální styk** s osobou mladší, než je stanoveno zákonem unlawful sexual intercourse with a person below the statutory age
nezaměstnanost unemployment; **daň pro případ ~i** pro potřeby pojištění pro případ ~i unemployment tax *(US)* for the purposes of unemploymen insurance; **dávky v ~i** unemployment benefits **oblasti s ~í** areas of unemployment; **podpora v ~i** unemployment benefit / compensation **systém zabezpečení v ~i** unemployment system / scheme
nezaměstnaný unemployed; jobless
nezapečetěný unsealed, being without seal, having no seal
nezaplacen|ý unsatisfied, unpaid, uncovered outstanding; back; **~é nájemné** outstanding back rent / rental; **~ dluh** outstanding debt
nezaregistrovaný unregistered, not entered in a register; unrecorded; **~ v obchodním rejstříku** unrecorded in the Commercial Register *(CZ)*; unincorporated; unregistered
nezaručený unsecured, unwarranted

nezasahování non-interference, non-intervention

nezasloužený unearned; undeserved, unmerited

nezastavení non-discontinuance; **usnesení o ~ řízení při zpětvzetí návrhu** resolution not to discontinue proceedings if the motion is withdrawn

nezastoupený non-represented; **procesně ~ účastník** sporu litigant in person, party without counsel; party not represented by counsel

nezatčený unarrested, not subject to arrest; unapprehended

nezatknutelný non-arrestable; impossible to be arrested

nezaujatě without bias / prejudice, impartially

nezávadnost absence of defects; freedom from defects; **zdravotní ~** health and sanitation safety

nezavdat: **~ příčinu k** čemu fail to give rise to st., fail to instigate / provoke / cause / spur / urge on / stir up / stimulate / incite; **~ příčinu k podání návrhu na zahájení řízení** fail to give rise to an action; prevent the filing of a motion to commence proceedings

nezávislost independence exemption from external control or support; freedom from subjection; **~ a nestrannost soudu** independence and impartiality of court; **zasahování do ~i soudu** perverting the course of justice, infringing the impartiality of a judge

nezávisl|ý independent; **~é rozhodčí řízení** independent arbitration; **~é vyšetřování** independent investigation / inquiry; **~ poslanec** a deputy independent of any political party; cross(-)bencher; **~ pozorovatel** independent observer; **~ svědek** independent witness

nezbytně necessarily, inevitably; **~ nutný** indispensable, inevitable; necessary; essential, mandatory, obligatory; **po ~ nutnou dobu** for / in the shortest time possible, for the minimum necessary period of time

nezbytnost necessity

nezbytn|ý indispensable, requisite, essential, needful, fundamental, inevitable, necessary; **~á doba** indispensable / necessary time; **~á míra** indispensable amount / rate; **~á podmínka** prerequisite; **~ předpoklad** indispensable prerequisite; **nikoliv ~** unnecessary, avoidable

nezciziteln|ý inalienable, imprescriptible; **~á**

práva inalienable / imprescriptible rights; **~á věc** inalienable thing; **~ odkaz** inalienable legacy

nezdaněný untaxed, tax-free; **~ příjem** untaxed income

nezdaniteln|ý tax-free, nontaxable; not liable to taxation; **~ příjem** nontaxable income; **základní ~á částka** zero-bracket amount, general tax free allowance

nezdravý unsound, unhealthy

nezfalšovaný unadulterated, unforged, uncounterfeited; genuine

neziskov|ý non-profit, non-for-profit, non-profitable; charitativní eleemosynary, charitable; **~á asociace / korporace** non-profit association / corporation; **~á společnost** non-profit making / non-for-profit / non-profitable organization

nezištný gratuitous; **~ slib** gratuitous promise; **~ uschovatel** gratuitous bailee

nezjistit fail to ascertain / establish / discover

nezjištěno not ascertained / established / discovered

nezjištěn|ý unascertained, unliquidated, unknown; **~é clo** unascertained duty; **~ pachatel** unknown / unidentified delinquent

nezkorumpovatelný unbribable, incorruptible

nezkrácený unabridged, full

nezletilec minor; person under legal / full age; infant

nezletilost minority, non(-)age

nezletil|ý minor; person under legal / full age; infant; **rozsudek o povolení uzavřít manželství ~ému staršímu 16 let** judgment conferring upon a minor older than 16 the capacity right to marry; **výchova a výživa ~ého dítěte** upbringing / raising and support and maintenance means of subsistence, livelihood of a minor

nezměnitelnost irreversibility, irreversibleness; unreversableness; impossibility to change / alter / reverse; **~ pravomocného rozhodnutí** irreversible nature of final decision

nezmocněný unauthorized; **~ jednatel** unauthorized agent

neznalost ignorance, want of knowledge; **zaviněná ~** voluntary ignorance; **~ zákona neomlouvá** ignorance of the law is no excuse

nezním|ý unknown; strange, unfamiliar; undisclosed; **~á osoba** unknown person; **~ pachatel** unknown delinquent / offender

nezničený undamaged, undestroyed; undefaced

nezplnomocněný unauthorized, unempowered
nezpůsobilost incapacity, legal disqualification, incompetence; disability; inability, powerlessness; natural disqualification; incapability; **dědická** ~ incapacity to inherit; ~ **k právním úkonům** legal incapacity / incompetence; legal disability / disqualification; ~ **obžalovaného podat svědectví** disqualification of a defendant as a witness; **námitka dědické ~i zůstavitelova dědice** motion against incompetent heir of the deceased; plea of heir's incapacity to inherit
nezpůsobil|ý incapable, incompetent; unfit unfitted; unable, unapt; **deliktně ~á osoba** person immune from delictual liability; **mentálně ~ být stíhán** unfit to plead; immune from investigation due to a mental handicap; ~ **uzavírat smlouvy** incompetent to contract, lacking contractual capacity, lacking capacity to contract
nezralý unmatured, prematured
nezraněný unharmed, uninjured, unwounded
nezrušen|ý unabolished, unrevoked, unrecalled, unannulled; unabrogated, unrepealed; ~**é ustanovení** unrepealed provision / clause; ~ **zákon** unabrogated law
nezrušiteln|ý irrevocable cannot be revoked, repealed, annulled, or undone, unalterable, irreversible; ~**á pojistka** non-cancellable policy; ~**é osvojení dítěte** irrevocable adoption of a child; ~ **akreditiv** irrevocable letter of credit; **rozsudek o ~ém osvojení** judgment of irrevocable adoption
nezřetelný unclear, indistinct; dubious
nezřízený rampant, extravagant; astonishingly / flagrantly excessive / extreme; ~ **život** wild / rampant / unrestrained life as a cause for disinheritance
neztěžovat fail to obstruct / frustrate / hamper / hinder; ~ **plnění úkolů státní správy** fail to hamper the execution of duties of state administration
nezúčastněn|ý unparticipating, uninvolved, uncommitted; ~**é země** uncommitted / non--aligned countries
nezvěstn|ý missing, not present; not found; absent; gone; ~**á osoba** missing person; **prohlášení ~ého za mrtvého** declaration of death of a missing person; **šetření o ~ém** search with respect to a missing person presumably dead

nezvládnuteln|ý uncontrollable; irresistible; ~**é nutkání** uncontrollable impulse
nezvratn|ý irreversible, conclusive; unalterable, irrevocable; irrebuttable, irrefutable; ~**é následky** irreversible implications; ~ **důkaz** conclusive proof / evidence, incontrovertible evidence
nežádoucí undesirable, undesired; unwanted; unwilling; ~ **cizinec / osoba** undesirable alien, the undesirable; ~ **závislost** unwilling subjection to st. / s.o.; detrimental reliance on st. / s.o.
nežalovateln|ý unactionable, not liable to an action at law; non-indictable; unimpeachable; ~**á pohledávka** naturální obligace unenforceable by action claim / obligation natural / civil obligation
neženatý unmarried
nicota naught
nicotnost nullity being legally null and void; invalidity; ~ **právního aktu** nullity of a legal act / deed
nicotný void, null; ~ **úkon** null and void act / deed
ničení destruction, demolition; overthrow; ruin; ~ **důkazů** destruction of evidence; loss of evidence; ~ **životního prostředí** damage to the environment
ničit co vandalize, ruin, waste st.; destruct, demolish; ~ **telefonní budky** vandalize the phone-boxes (UK) / phone-booths (US)
ničitel wilful or ignorant destroyer, vandal
ničivý destructing, destructive, wasting
nivelační levelling; ~ **čára** base line
nižší inferior, junior, subordinate, subjacent; **hodností** ~ junior, subordinate, lower in office / position; **soud ~ho stupně** inferior / lower court, lower instance
nominace nomination
nominální nominal; face; par; ~ **hodnota akcií** par value of stock; ~ **náhrada** nominal damages; ~ **úroková míra** nominal interest rate
nominovat koho nominate s.o.
nor|ma rule; standard; regulation; **autonomní** ~ **místní samosprávy** by-law, bylaw, bye-law, bye law; ordinance (US); **dispozitivní** ~ directory rule; **intertemporální** ~ temporary rule; **právní** ~ legal rule, rule of law; **procesně--právní** ~ procedural rule, rule of procedure; **přímá** ~ direct rule; **technická** ~ technical standard; **trestněprávní** ~ criminal rule, rule of criminal law; **trestněprocesní** ~ criminal

procedure rule, rule of criminal procedure; **ústavní ~my** rules of the Constitution, constitutional rules; **věcná ~** upravující hmotněprávní práva a povinnosti substantive rule regulating substantive rights and duties; **výkonnostní / výkonová ~** efficiency standard; **~ s blanketní dispozicí** rule with a blanket disposition; **povolení výjimek z bezpečnostních předpisů a technických ~em** permitted / sanctioned exceptions from safety regulations and technical standards

normativní regulatory, normative, establishing up a norm / standard, setting up a norm / standard; deriving from / expressing / implying a general standard; **~ správní akt** administrative rule, rule of administrative law; **~ úprava** regulatory legislation containing primarily mandatory rules; **~ význam ustanovení** regulatory nature of a provision; **obecně závazný ~ akt** generally binding legal normative, regulatory act / regulation / instrument

normotvorný normative, creating a norm / standard, establishing a norm / standard; deriving from / expressing / implying a general standard

nositel holder; bearer; **~ práva u nehmotných statků** right holder of intangible property

nošení carrying; carriage; holding; **~ zbraní** carriage of weapons

nóta note; **diplomatická ~** diplomatic note

nota bene (lat) mark well, observe particularly; nota bene

notář notary public; **odměna ~e** notary's fee; **pověření ~e učiněné soudem v řízení o dědictví** judicial designation / authorization of a notary in the probate proceedings; **vyloučení ~e z úkonů soudního komisaře** dismissal / disqualification of a notary from his acting as judicial commissioner; **odnětí věci pověřenému ~i v řízení o dědictví** removal of a case from a designated / authorized notary in the probate proceedings; **odejmout věc pověřenému ~i** remove a case from a designated notary in the probate proceedings

notářsk|ý notarial; relating to notary; **~á osvědčovací doložka** notary's attestation clause; **~á ověřovací doložka** notary's authentication clause; **~á úschova** notarial deposit; **~é poplatky** notarial charges; **~é úkony** notarial acts / deeds; **~ čekatel kandidát, koncipient** notarial trainee, articling notary; **~ řád** notarial

rules, code of notarial practice; **~ zápis** notarial deed; **přijetí závěti do ~é úschovy** accepting a testament for notarial deposit; **sepsání ~ého zápisu o kupní smlouvě** notarial acknowledgment and certification of a sales contract; **závěť ve formě ~ého zápisu** last will and testament as a notarial deed

notářství notary's office; **uložit do úschovy ~** deposit st. with a notary, place / lodge st. as a notarial deposit

notifikace notification, notice; **~ žaloby** notice of action

notorick|ý notorious; habitual; **~é opilství** habitual drunkenness; **~é skutečnosti** notoriety; **~ pašerák** notorious smuggler; **~ zločinec** notorious offender / jailbird; **~ zloděj** notorious robber

notorieta notoriety, common knowledge

nouz|e destitution, deficiency, shortage, lack; hardship, difficulty; poverty; distress; **důkazní ~** failure of evidence; **krajní ~ jako druh obrany** necessity a condition arising out of extreme circumstances that compels a certain course of action, thus justifying unlawful acts taken in self-defence (US), (UK); extreme emergency as a type of defence; **legislativní ~** emergency legislation, legislative emergency; **stav krajní ~ materiální** destitution, want of the necessaries / necessities of life, the condition of being destitute of resources; **stav ~** emergency condition; **být v ~i** be without means of subsistence, be in desperate need

nouzov|ý emergent, distressing; **~é volání** distress call, emergency call

novace novation; **kumulativní ~ nahrazený závazek nezaniká** accord and satisfaction (UK), (US), cumulative novation (CZ) the original obligation continues to exist; **privativní ~ původní závazek se nahrazuje novým a starý zaniká** novation (UK), (US), privative novation (CZ) the original obligation shall be replaced by a new one, and the original shall extinguish

novel|a amendment; **ve znění ~y** as amended

novelizovan|ý amended; **~é ustanovení** amended provision

novelizovat amend

nov|ý new; **~é předvolání k soudu** new summons; alias subpoena under the threat of punishment

nucen|ý compulsory, forced, forcible; necessary; **~á licence** compulsory licence; **~á prá-**

ce hard labour; convict labour; ~á směna bytu compulsory exchange of apartment / flat; ~á správa banky *(CZ)* official compulsory conservatorship / trusteeship / receivership established in a problematic bank by the Czech National Bank within its supervisory powers; ~á správa majetku rozhodnutím soudu sequestration the placing of a bankrupt's estate in the hands of a trustee upon court order; compulsory administration of property; ~é skončení pracovního poměru forced termination of employment; constructive dismissal; ~é vydání svědectví compulsory production of testimony; ~é vyrovnání s věřiteli compulsory composition with creditors; ~é zastoupení v případě dovolání compulsory representation by counsel in the case of an application for appellate review; ~ odchod do důchodu compulsory retirement; ~ správce official receiver / conservator of a bank or bankrupt's estate; uvalit ~ou správu na banku impose the official compulsory conservatorship / trusteeship / receivership on a bank

nudum pactum *(lat)* holá smlouva nude / naked contract

nula zero, nought, nil

nulita nullity the fact of being legally null and void; invalidity; ~ právního aktu nullity of a legal act / deed

nulitní void, null

nulov|ý zero; ~ populační přírůstek zero population growth; ~ užitek zero utility principle; s ~ou DPH zero VAT rated

nuncius nuncio; papežský ~ pope's nuncio

nutit k čemu compel, constrain, oblige, force s.o. to do st., force s.o. to / into st.

nutnost necessity, need

nutn|ý indispensable, requisite, essential, needful, fundamental, inevitable, necessary; nikoliv ~ unnecessary; ~á obhajoba compulsory defence by a public defender or counsel ex officio; ~á obrana self-defence *(UK)*, *(US)*, defence of self and others right to defend o.s. and some other persons such as members of one's family; ~á obrana proti domnělému útoku self-defence against purported assault / attack; ~á obrana zcela zjevně nepřiměřená obviously excessive self-defence; ~é náklady indispensable expenses; náhrada ~ých výdajů reimbursement of necessary compulsory expenditures; je ~é to přičíst čemu it is due to st.

nuzn|ý poor, destitute; ~é poměry destitute circumstances

nynější present, current, contemporary; ~ bydliště present residence / address

O

obal pack, packing; coating, cover; ~ **výrobků** packing of products

obalov|ý packing; coating; ~**á technika** packing technology

obav|a concern, anxiety; fear, fright, dread; **důvodná** ~ justified / reasonable concerns, good grounds; **důvodnost** ~**y že obviněný bude působit na svědky mimo vazbu** grounds for concern that the accused will try to influence witnesses if not remanded into custody

občan citizen, national; civilian, inhabitant; denizen; **nezvěstný** ~ missing person; **řádný** ~ good citizen, honest man, the law-abiding man; **řadový** ~ ordinary citizen; next man, next one, next person, an average / typical man; ~ **s volebním právem** enfranchised citizen; ~ **se změněnou pracovní schopností** a person with a diminished capacity to work; ~ **stižený duševní poruchou** mentally ill person, person with a mental disorder; ~ **svědek** witness; citizen informant; ~**é s plnými občanskými právy** enfranchised citizens possessing full civil rights

občanskoprávní civil, civilian; relating to civil law; ~ **delikt** civil wrong; tort *(UK)*, *(US)*; ~ **kolegium Nejvyššího soudu** Civil Division of the Supreme Court; ~ **odpovědnost** civil liability; ~ **řízení** civil proceeding(s) / procedure / action / suit; litigation; ~ **vztah** civil relations / relationship; **jednání v ~ věci** civil trial, hearing / trying a civil case; **omezení** ~ **způsobilosti** civil disability; limitation of capacity to sue and be sued; **žaloba v ~ věci** civil suit / action

občansk|ý civil, civilian; civic; **Občanská demokratická aliance** Civil Democratic Alliance; **Občanská demokratická strana** Civil Democratic Party; ~**á iniciativa bojující za legalizaci homosexuality** gay-rights group; ~**á neposlušnost** civil disobedience; ~**á poslušnost** law-abiding; ~**á práva** civil rights; ~**á smrt** ztráta občanských práv v důsledku vlastizrady civil death as a result of treason; ~**á společnost** civil society; ~**á válka** civil war; ~**á výchova** civics, civic education; ~**é nepokoje** civil commotion / disorder; ~**é právo** Civil Law; ~**é právo procesní** Civil Procedure; ~**é**

sdružení unincorporated association; association of citizens; ~**é soudní řízení** civil proceeding(s) / procedure; ~**é svobody** civil liberties; ~ **a národní odpor** civic and national resistance; ~ **obřad v souvislosti s matriční událostí** civil ceremony with respect to an event recordable in the births, deaths and marriages register; ~ **pracovník vězeňské služby** prison administration / service staff, civil employee; ~ **proces** civil process / proceedings; ~ **průkaz** identity card; domestic / national passport; ~ **soudní řád** the rules of civil procedure, civil procedure code; ~ **soudní spor** civil suit / dispute, litigation; ~ **zákoník** Civil Code; **hnutí za ~á práva** civil rights movement; **občan s plnými ~ými právy** enfranchised citizen, person possessing full unrestricted civil rights; **narušovat ~é soužití v domě** disturb the peace and quiet of the occupants of a dwelling house

občanství citizenship, nationality; **doklad o státním** ~ certificate of citizenship / state nationality; **listina o udělení státního** ~ certificate of naturalization; **udělení** ~ naturalization, the granting of citizenship to a foreigner; **získat státní** ~ acquire nationality / citizenship

občas sometimes, from time to time; sporadically, occasionally

občina common *(n)*

obdarovaný *(n)* donee, grantee; beneficiary

období time, period; season, epoch, era; **čtyřleté funkční** ~ a four years' term of office; **pojistné** ~ insurance coverage, insured period; **rozhodné** ~ **pro přiznání dávky** relevant / qualifying period for benefit entitlement; **volební** ~ **Poslanecké sněmovny** a term of office of the Chamber of Deputies; ~ **zasedání soudu** the term of court; **počet funkčních** ~ number of terms

obdobně accordingly; similarly, alike; **termín je vykládán** ~ the term shall be construed accordingly

obdobn|ý analogous, similar, like; ~**á práva** like / similar rights

obdržet obtain, acquire, get; attain, reach, gain; ~ **právní pomoc v rámci Programu právní pomoci** receive assistance under the Legal

Aid scheme; ~ **povolení k prohlídce** obtain a search warrant **ob|ec** jako základní správní jednotka community; municipality *(US)* as a basic administrative unit; parish *(UK)*, commune *(ES)*; **akademická** ~ academic community; ~ **s pověřeným obecním úřadem** *(CZ)* community / municipality with the designated authority to execute specified functions; ~ **s rozšířenou pravomocí** *(CZ)* community / municipality with extended powers; **část ~ce** part of a community / municipality; quarter; borough, metropolitan district; **přenesená nebo samostatná působnost ~cí** delegated or separate powers of communities / municipalities; **rada ~ce** board of a community council, community council board as an executive body of a community; **vyhláška ~ce** bylaw, bye law, by-law *(UK)*, ordinance *(US)*; local notice; **zákon o ~cích** *(CZ)* Communities Act; **zastupitelstvo ~ce** community / municipality council; local council

obecně generally; usually, commonly; in general; ~ **aplikovat** apply in general; bring into general use; generalize; ~ **prospěšná společnost** benevolent society / association, beneficiary society / association / corporation; ~ **prospěšné práce** forma trestu community service order as a type of punishment; ~ **závazná nařízení orgánů státní správy** generally binding decrees of state administration bodies; ~ **známá věc** notoriety, common knowledge; ~ **známý** notorious; well-known; commonly / generally known; **výkon trestu ~ prospěšných prací** execution of the community service order

obecní local; relating to community; municipal; parochial; common, communal; ~ **byt** v majetku obce council flat owned by local government; ~ **dům** council house; ~ **policie** local police; ~ **pozemky** communal lands, council estate; ~ **rada** výkonný orgán obce community council board as an executive body of a community; ~ **referendum** municipal / local referendum; ~ **úřad** local / municipal authority; ~ **úřad pověřený výkonem matriční agendy** local authority in charge of the births, marriages and deaths registers; ~ **zastupitelstvo** volený orgán community / local council elective body; ~ **zřízení** obec jako veřejnoprávní korporace local government community as a public corporation

obecn|ý general, common; universal; public;

anglické ~é právo English Common Law; **~á cena majetku** general value of property; **~á část zákona** general part of a law; **~á náhrada škody** za újmu, kterou nelze přesně početně vyjádřit general damages; **~á odpovědnost** general responsibility; **~á ustanovení** general provisions; **~á výminka** general exception; **~é rodové patentově nechráněné jméno** generic name not protected by a letter patent; **~é dobro** common good; **~é mínění** common repute; **~é nebezpečí** common danger; **~é ohrožení** endangering the safety of the public; **~é pravidlo** general rule; **~é právní zásady** general principles of law; **~é zájmy** general interests; **~é závěry** general conclusions; **~ cíl** general purpose / aim / object / objective / task; **~ zákon** general law; **~ zmocněnec** private attorney; general representative representing a litigant in lieu of counsel; **aniž je dotčena ~á povaha ustanovení** without prejudice to the generality of the provision

oběh circulation; **peněžní ~** circulation of money; **uvádění padělaných peněz do ~u** uttering distributing / circulating forged money; **volný ~** jako celní režim free circulation as a type of customs regime; **volný ~ zboží** free circulation of goods

obejít avoid, escape; obviate; evade, circumvent; ~ **zákon** circumvent legislation / a law **obejít se bez čeho** dispense with; ~ **bez právnických služeb** dispense with the service of a lawyer; ~ **bez souhlasu** dispense with the need of consent

obelstít trick; defraud

obě|ť victim; sacrifice; **dobrovolná ~** willing / voluntary victim; **jsoucí bez ~ti** victimless; ~ **nehody** accident victim, casualty; **trestný čin bez ~ti** victimless crime; **být ~tí podvodu** be a victim of fraud; **útočník nechal ležet svou ~ na ulici** the mugger left his victim lying in the road

obezřetnost vigilance; watchfulness; caution **obezřetný** vigilant, circumspect, cautious, watchful, heedful

oběživo current money current coins and paper money; circulating medium

oběžník circular; **nabídkový ~** offering circular **oběžný** circulating, floating; ~ **kapitál** floating / circulating capital

obhájce counsel *(uncount)*; counsellor *(US)*; defence / defending counsel; advocate one who pleads / speaks on behalf of / for another; **pleader,** intercessor; defender *(US)* aiding poor people; **ustanovený ~** appointed counsel ex officio; **zvolený ~** chosen counsel for the defendant; **~ ex offo** counsel ex officio; court appointed counsellor; public defender *(US)* for clients who cannot afford to pay for their own counsel; **~ obžalovaného** counsel for the defendant, defence counsel; **~ žalobce** *(OPP)* counsel for the plaintiff; **jsoucí bez ~** without counsel; undefended; **názor ~** counsel's opinion; counsel's advice; **práva a povinnosti ~** rights and responsibilities of counsel; **právo na ~** right to counsel

obhájit defend; advocate; raise one's voice in favour of; defend publicly; vindicate; **~ diplomovou práci** defend one's thesis; **~ svůj názor** defend one's views

obhajob|a defence *(UK)*, defense *(US)* the proceedings undertaken by an accused party or his legal agents, to defend himself; advocacy publicly; **nutná ~** compulsory defence by counsel ex officio / a public defender, or chosen counsel; **~ jdoucí po podstatě věci** valid defence; **~ obžalovaného** defence of the defendant, counsel for the defendant; **důkazy vyvrátit ~u** rebut the defence; **právo na ~u** right to counsel; right / benefit of defence; **hájit právo na ~u** vindicate the right to counsel; **~ se snaží prokázat před soudem, že dokument není usvědčující důkaz** the counsel for the defendant seeks to satisfy the court that the document is not material evidence; **vězeň odmítl právního zástupce a vedl svou vlastní ~u** the prisoner refused counsel and conducted his own defence

obhajování defending in court; advocating, advocacy defending publicly; **zprostit ~** release counsel from defending the case / accused

obhajovat defend in court; advocate publicly; vindicate; **~ vlastní názor** defend one's own views / opinion; **~ zločince** defend criminals, serve as counsel for criminals

obcházení avoidance legal, escape; evasion illegal; circumvention; **~ branné povinnosti** evading compulsory military service; **~ daňových zákonů** tax avoidance the minimization of one's tax liability by taking advantage of legally available opportunities, tax loophole; **~ zákona in fraudem legis** circumvention of a law, circumventing a law, acting with the intent of evading the law, acting in fraudem legis strategy of finding a gap in legislation and making use of it; doing an act that is not illegal due to the legislature's failure to anticipate contingent abuse

obcházet avoid; obviate; escape; evade; circumvent; **~ daňové zákony** avoid taxes legally minimizing one; **~ právo koho na co** circumvent s.o.'s right of st., circumvent s.o.'s entitlement to st.; **~ zákon** circumvent legislation / a law

obchod trade, business; transaction, deal, bargain; sale, purchase; shop; **absolutní ~** absolute trade; **aktivní bankovní ~** active banking transaction; **bankovní ~y** banking transactions; **běžné ~y** common transactions; **lhůtový ~** futures stocks sold on an agreement for future delivery; **mezistátní ~** interstate commerce; **mimobilanční ~** off-balance transaction / trade / trading; **nevýhodný ~** harsh bargain; **pasivní bankovní ~** passive banking transaction; **relativní ~** relative trade; **směnný ~** barter trafficking by exchange; **termínový ~** futures; **vázaný ~** bound transaction; **vícestranný ~** multilateral transaction; **vnitrostátní ~** domestic commerce; **výměnný ~** barter trade; **zahraniční ~** foreign commerce / trade; **~ narkotiky** drug sale / traffic; **ministerstvo ~u** Ministry of Trade; Department of Commerce *(US)*; **zmaření ~u** commercial frustration, frustration of transaction; **počet realizovaných ~ů na burze za den** the number of deals made on the Stock Exchange during a day; bargains done *(UK)*

obchodní relating to trade, business; trading, commercial, mercantile, merchant; **~ agentura** commercial agency; **~ akreditiv** commercial credit; **~ atašé** commercial attaché; **~ banka** commercial / merchant bank; **~ cenný papír** commercial paper, negotiable instrument; **~ činnost** commercial / business activity; **~ deficit** import je vyšší než export traded deficit; **~ firma** podnikatele zapsaného v obchodním rejstříku *(CZ)* corporate name; firm of a business entity registered in the Commercial Register; the style or name under which the business of an incorporated commercial entity is transacted; **~ jmění** *(CZ)* corporate assets and liabilities; business stock / assets, capital; **~ jméno** trade / corporate / company name; **~ komora** Chamber of Commerce; **~ korupce** commercial bribery, corrupt and unfair trade practice; **~ majetek** jako souhrn veškerých aktiv *(CZ)* corporate assets; business property / estate; **~ název** *(CZ)* trade name of a self-employed person or entity not registered in the Commercial Register; ~ **plán** business plan; ~ **platební neschopnost** commercial insolvency; ~ **podíl** ve společnosti s ručením omezeným share in assets of a limited liability company; ~ **právo** Business Law general, Commercial Law primarily commerce, negotiable instruments, etc., Merchant / Mercantile Law primarily trading, Trade Law primarily international trade; ~ **rada** commercial counsellor; ~ **ráz** commercial quality / nature; commerciality; ~ **rejstřík** Commercial Register *(CZ)*; Register of Companies *(UK)*; ~ **slušnost** commercial fairness / reasonableness; ~ **soud** Commercial Court *(CZ)*, Commerce Court *(US)*; ~ **společnost** registrovaná incorporated business organization / association, trading corporation *(US)*, company *(UK)*; ~ **tajemství** commercial / business secret; ~ **transakce** commercial / business transaction, transaction of business; deal, bargain; ~ **vedení společnosti** management of a company; ~ **veřejná soutěž** public tender; competitive bidding; ~ **věstník** Commercial Journal; ~ **výhoda** commercial advantage; ~ **zákoník** Commercial Code; ~ **zastoupení** commercial agency; ~ **zástupce** commercial representative; agent; ~ **závazkové vztahy** commercial obligations; ~ **zprostředkovatel** commercial broker / agent; ~ **zvyklosti** commercial usage; **Česká** ~ **inspekce** Czech Commercial Inspection; **čisté** ~ **jmění** net corporate assets; **nedobytné** ~ **pohledávky** bad / uncollectible business debts; **veřejná** ~ **společnost** unlimited company; **likvidace** ~ **společnosti** liquidation / winding-up of a company; **neplatnost založení** ~ **společnosti** invalid creation / formation / establishment of a company *(UK)* / corporation *(US)*; **nezaměnitelnost** ~ho **jména** unexchangeable / incommutable trade name; incommutableness of a trade name; **ochrana** ~ho **jména** protection of a trade / corporate / company name; **přeměna** ~ **společnosti** reorganization of a company; **převod, přechod a změna** ~ho **jména** transfer, passage and alteration of a trade name; **rozdělení** ~ **společnosti** split-up of a company; **sloučení** ~ch **společností** jedna pojímá druhou merger of companies the absorption of one company by another, the fusion of one company with another; **splynutí** ~ch **společností** staré zanikají a vzniká nová společnost consolidation of compan-

ies old corporations terminate their existence and become parts of a new one; **zakladatel** ~ **společnosti** promoter / founder of a company; **deklaratorní zápis v** ~m **rejstříku** declaratory record in the Commercial Register primarily declaring the existing status; **konstitutivní zápis v** ~m **rejstříku** constitutive record in the Commercial Register primarily establishing new facts and/or law with respect to the company; **navazovat** ~ **styky** establish commerce, create business relations; **poskytnout** ~ **reference** supply trade references; **zneužít** ~ **tajemství** misappropriate the trade secret

obchodník trader, dealer; merchant; shopkeeper; trafficker; ~ **s cennými papíry** stockbroker, dealer in stock; ~ **s cizími směnkami** dealer in bills of exchange; cambist; ~ **s drogami** drug dealer / trafficker; drug pusher *(slang)*; ~ **smíšeným zbožím** general dealer; ~ **v malém** retail dealer / trader; ~ **ve velkém** wholesale dealer / trader

obchodování trading; dealing; trafficking; **mezinárodní** ~ international trading / trade; **mezistátní** ~ international trading / dealing, interstate business; **neoprávněné** ~ **s devizovými hodnotami** unlawful dealings with foreign exchange; **nezákonné** ~ illicit / illegal trade / trading; **podvodné** ~ fraudulent trading; **vnitrostátní** ~ intrastate commerce; **výlučné** ~ exclusive dealing; ~ **drogami** drug dealing / trafficking; dealing in drugs; ~ **s akciemi** stock trading; ~ **s cennými papíry** securities trading; ~ **s dětmi** the stealing and trading of / with children; ~ **se ženami** the trading of / with women

obchodovat čím deal in st., trade in st.

obchodovatelnost marketability, negotiability, trad(e)ability; **formulace** ~i words of negotiability

obchodovatelný marketable, negotiable, tradable; ~ **akreditiv** negotiable letter of credit; ~ **cenný papír** negotiable instrument *(UK)*, commercial paper *(US)*

obchůz|ka beat; patrol; **policie na** ~ce police on the beat *(UK)* / on patrol *(US)*

obíhající circulating

objasnění clarification, explication; explanation; ~ **věci** explication / clarification of a matter

objasněnost clear-up, detection; discovery;

procento ~i trestné činnosti clear-up rate / percentage, detection rate / percentage
objasnit clear up, solve a crime; make st. clear; **~ pochybnosti** clear up doubts
objasňování clarification, explication; explanation; clearing up, detection; **~ přestupků a trestných činů** discovery and explanation of administrative delicts / infractions and crimes
objednat book; order; reserve
objednatel client; principal, employer; orderer; sponsor; **~ díla ve smlouvě o dílo** client ordering a work to be done; **~ obstarání věci** principal, mandator to procure things; **~ ubytování** client booking accommodation, lodger a party to a contract of lodging / accommodation
objednáv|ka purchase order; booking; reservation; **hromadná ~ vstupenek, letenek** block booking of theatre tickets, air tickets; **nevyřízená ~** outstanding / back order; **telefonická ~** telephone order; **závazná ~** firm order; **kniha ~ek / zakázek** order book; **zboží pouze na ~ku** items of goods available to order only; **odmítnutí přijetí zboží neodpovídajícího ~ce** the rejection of goods nonconforming with a purchase order; **zrušení ~ky pro nedodání zboží** cancellation of purchase order due to the failure of delivery; **dát komu ~ku** give s.o. an order for st., place an order for st. with s.o.; **splnit ~ku** fill / fulfil an order
objekt object; **budovy** premises, structure; **~ ochrany** a protected physical object; **prohlídka ~ů** search / inspection of premises; **narušit režim ochrany a vstupu do vojenského ~u** break the regime of the protection of, and entry into, military premises
objektivně objectively; without prejudice, impartially; **~ soudit případ** try a case without prejudice
objektivní objective; impartial, unbiased; **~ odpovědnost** liability without fault, no-fault liability; strict liability; **~ pravda** objective truth
objem volume; bulk, mass, quantity; **~ obchodu** bulk of business; **~ přijatého pojistného** volume of premium income; **~ škod** burden of losses
objev discovery; invention
objevení discovering; discovery
objevit discover; reveal; invent; **~ pravý záměr koho** discover the true intention of s.o.

objevit se appear; arise; **~ na veřejnosti** appear in public
oblast zone, area, district, domain, province, region, territory; sphere; **chráněná ~ přirozené akumulace vod** protected area of natural water accumulation; **opravdové ~i hladomoru** genuine zones of famine; **přilehlé ~i** vicinity, neighbourhood; **spádová ~ úřadu** jurisdiction of an official institution, the territory / area over which administrative power extends; **~ zdravotnictví** a field of medical services; health field
oblastní regional, territorial; areal; provincial
oblát adresát addressee
oblib|a favour, popularity; **cena zvláštní ~y** pretium affectionis the price of special favour / popularity
obligac|e debenture unsecured debt instrument, bond secured debt instrument; obligation; **důchodová ~** income / revenue bond; **konsolidované ~** consolidated bonds; **krátkodobá státní ~** treasury bill; **kuponová ~** coupon bond; **naturální ~ nežalovatelná pohledávka** natural / civil obligation unenforceable by action but binding on the person who makes it according to natural justice, obligatio naturalis (lat); **obecní ~** municipal bonds; **prémiová ~** bond premium; **vládní ~** government bonds; **emise ~í** bond / debenture issue, issue of debentures; **hodnocení ~** bond rating; **majitel ~í** bond holder, debenture holder; **vydávání ~í** the issuance of bonds; debt financing; **výměna ~í za nové** bond refunding
obligační obligational, obligationary; relating to obligation, bond, debenture; **~ doklad** bond indenture; **~ nárok** claim upon obligation, obligatory claim; **~ právo** law of obligations; **~ statut řád, jímž se řídí závazkové vztahy v mezinárodním obchodě** statutes of obligations to govern obligations in international commerce
obligatorní obligatory, compulsory, mandatory; **~ obsah stanov** compulsory elements / content of the Articles of Association (UK) / by-laws (US) / constitution foundation; **~ rozhodčí řízení** compulsory arbitration
obmyšlení benefice, beneficium (lat); **doložka o ~** beneficiary clause
obmyšlený beneficiary
obnášet co amount, aggregate, yield
obnažování (se) na veřejnosti indecent exposure in a public place

obnažovat se exposure o.s. / one's body in a lewd / indecent manner in a public place
obnos amount; sum; kondemnační ~ condemnation money; peněžní ~ sum / amount of money
obnov|a reconstruction, renewal, renovation; regeneration; restitution, restoration; ~ řízení new trial, trial de novo; re-trial; re(-)litigation; reopening of the case, renewal of proceedings; ~ řízení v neprospěch obviněného new trial against the accused, new trial to the detriment of the accused; návrh na ~u řízení motion for a new trial / re-opening of the case / re-trial; řízení o povolení ~y řízení proceedings to sanction / permit a new trial; zamítnutí návrhu na ~u řízení dismissal of the motion for a new trial; žaloba o ~u manželských práv action for the restitution of conjugal rights; usnesení, kterým se povoluje ~ řízení resolution sanctioning a new trial, resolution whereby a new trial shall be sanctioned / permitted; usnesení, kterým se zamítá návrh na ~u řízení resolution dismissing the motion for a new trial
obnovení restoration, reconstruction, renewal; ~ společného jmění / bezpodílového spoluvlastnictví restoration of community property of spouses; ~ matriky renewal of a register of births, deaths and marriages
obnovit renew, restore, reconstruct; resume; ~ plnění povinnosti resume performance of a duty
obnovitelný renewable; rechargeable; ~ zdroj renewable resource
obohacení enrichment; bezdůvodné ~ unjust enrichment; trover and conversion the obtaining of monetary benefits at the expense of another unjustly; žaloba o vydání bezdůvodného ~ action for the recovery of property obtained as a result of unjust enrichment; žaloba pro bezdůvodné ~ v důsledku nezákonného přivlastnění movitého majetku action of unjust enrichment an action at law to recover the value of personal property illegally converted by another to his / her own use, action of trover and conversion
obohatit enrich; ~ se ke škodě cizího majetku enrich o.s. to the detriment / prejudice of property of another
obor discipline; branch, department; domain; area, field; právní ~ branch of law, legal discipline; neoprávněné podnikání v ~u živnosti (CZ) unlawful business activities in a branch / discipline of trade

obora game preserve
oboustrann|ý bilateral; bipartite, double-sided; ~é závazky bilateral obligations
obrácený converse, inverse; backward; upside-down, being the other way round
obran|a defence (UK), defense (US); nutná ~ self-defence right to defend o.s. and some other persons such as members of one's family, defence of self and others; procesní ~ procedural defence; společná ~ joint defence; common defence; ~ majetku i za použití síly defence of property also forcible / using force; ~ obydlí dwelling defence; ~ proti napadení defence from / against aggression; ~ proti nepříteli defence from / against enemy; ~ státu defence of the State; ~ vlasti country defence; přiměřenost ~y adequacy / reasonableness of defence
obrann|ý defensive; protective; ~é tvrzení defensive allegation
obranyschopnost defensibility; ~ republiky defensibility of the Republic
obrat (n) turnover; amount of sales; daň z ~u sales tax
obra|t (v) beguile, deprive by fraud, cheat out; ~l ji o všechny úspory he beguiled her out of her savings
obrátit distort, pervert, misrepresent; turn; ~ fakta distort the facts; misrepresent
obrátit se kam, na koho / co apply, address, approach; have recourse to; appeal to s.o. for st., make supplication / entreaty / earnest request; ~ na koho s naléhavou žádostí o co appeal to s.o. for st.; ~ na soud have recourse to a court of law; ~ na soud se žádostí o soudní ochranu apply to the Court for judicial protection; ~ na soudní dvůr o radu refer to a court of law for guidance
obratn|ý cunning, dextrous; apt, clever; smart, skilful; ~á diplomacie dextrous diplomacy
obraz picture; portrait; image; ~ pachatele picture of a perpetrator / offender
obrazec image, feature; graphics; skrytý ~ latent image, low-vision feature as a security feature of banknotes
obrazový pictorial; graphic; ~ záznam video recording
obrovský enormous, vast, giant, gigantic, huge, immense
obřad ceremony, solemnity; rite; svatební ~

wedding / marriage ceremony, solemnization of marriage
obřadní ceremonial; ~ **síň** ceremonial wedding hall
obsah content; ~ **obchodního závazkového vztahu** subject-matter of commercial obligation; **věcný** ~ substantive / material content
obsahovat comprise, contain
obsazení occupation; usurpation, unlawful encroachment upon / intrusion into office, the right of another; lodgment; ~ **funkce** staffing the position / office, filling the post; ~ **soudů** judicial personnel; staffing the courts; ~ **území** occupation of territory
obscénní obscene, filthy, foul, abominable, loathsome
obscénnost obscenity, lewdness, indecency
obsílka summons, writ; subpoena; ~ **k jednání soudu** writ of summons for a trial
obstarání procuring, procurement; procuration; action / process of obtaining by care or effort; acquisition, attainment, getting, gaining; ~ **prodeje věci** (CZ) procurement of a sale of thing; **doba** ~ time needed for procurement of a thing; **předmět** ~ an object physical thing / subject-matter purpose of procurement; **smlouva o** ~ **prodeje věci** (CZ) contract to procure the sale of a thing; **smlouva o** ~ **věci** (CZ) contract of procurement of a thing, contract for the procurement of a thing
obstarat co procure st., obtain, acquire, attain, get, gain
obstaratel agent; procurer; mandatary; ~ **ve smlouvě o obstarání věci** (CZ) agent in the contract for the procurement of a thing; **odměna ~e** agent's commission; **odpovědnost ~e za vady prodané věci** the agent's liability for defective goods / article sold
obstarávání providing for, supplying; arranging for; procuring; ~ **společné domácnosti** providing for / managing of common household usually of spouses, or of a supporting person and dependent
obstaravatelství business of procurement
obstavení attachment, garnishment; ~ **majetku** attachment of property; ~ **pohledávky** garnishment of payment / claim; ~ **výdělku** attachment of earnings; **příkaz rušící** ~ **majetku** an order vacating an attachment of property; **příkaz zachovávající** ~ an order sustaining an attachment

obstavený attached, garnished; ~ **účet** attached account
obstavit attach, garnish; ~ **pohledávku** garnish a claim
obstavitel garnisher, garnishor
obstavitelný attachable, garnishable
obstrukc|e obstruction, blockage; **dělat ~i proti čemu** obstruct / hinder st.
obtěžování nuisance, trespass; intrusion; molestation; harassment; **bezdůvodné** ~ **policií** police harassment; **sexuální** ~ sexual harassment; **rozsudek ukládající zdržet se** ~ **souseda** judgment to refrain from committing / maintaining a nuisance or otherwise interfering with neighbours
obtěžovat disturb, harass, annoy
obtěžující annoying, bothering, troubling, worrying; vexatious
obtížn|ý difficult, hard; harsh; **~é vyjednávání** hard bargain
obuš|ek baton, truncheon, stick; **usmrtit koho ~kem** beat s.o. to death with a baton; baton s.o. to death; **zbít koho ~kem** strike s.o. with a baton / truncheon; baton s.o.
obvinění accusation of, charge with; incrimination; **křivé** ~ false accusation; perjury, perjured testimony; **písemné** ~ accusatory instrument, written accusation; ~ **ze dvou a více trestných činů** joinder of offences, accusation of two or more offences, charge with two or more offences; **sdělení** ~ notice / notification of accusation; **sdělení podstaty a důvodu** ~ notice of the nature and cause of the accusation; **záznam o sdělení** ~ recorded notice of accusation; **sdělit komu** ~ notify s.o. of the accusation; **vznést proti komu** ~ **z čeho** charge s.o. with accusation of st.; **zprostit obžalovaného** ~ acquit a defendant, release / discharge the defendant from accusation
obviněn|ý (adj) accused; **osoba ~á z trestného činu** person accused of a crime; **pachatel** ~ **z přestupku** offender accused of having committed an administrative delict / infraction
obviněn|ý (n) accused person, the accused; **omezení ~ého ve výkonu trestu** restraint / restrictions imposed upon the accused serving a term of imprisonment; **práva ~ého** rights of an accused; **předvedení ~ého** bringing the accused before the court, police; **vydání ~ého do ciziny** extradition of the accused to a foreign country; **vyžádání ~ého z ciziny** request that the ac-

cused be surrendered by a foreign state; **předvést** ~**ého** bring the accused before the court, investigator; **předvolat** ~**ého** summon / call the accused, issue a summons against the accused; **vydat** ~**ého do ciziny** extradite the accused to a foreign country; **vyžádat** ~**ého z ciziny** request that the accused be surrendered by a foreign country; **zadržet** ~**ého** detain / apprehend / seize the accused; **cizí stát vydá** ~**ého s výhradou** a foreign country shall extradite the accused with reservation
obvinit accuse s.o. of st.; charge s.o. with st.; **formálně** ~ koho **z trestného činu** press the charges against s.o.; ~ koho **z trestného činu** accuse s.o. of a crime; ~ **z opilství a výtržnictví** charge with being drunk and disorderly; ~ **z podvádění** accuse of cheating; ~ **z pohrdání soudem** accuse of the contempt of court; ~ **z projevů neúcty vůči soudci** accuse of showing disrespect to the judge; ~ **ze zbabělosti** accuse of cowardice
obvinitelný accusable of; chargeable with
obviňující incriminating; ~ **výpověď** incriminating statement
obvod district, circuit; region; ward; **jednomandátový volební** ~ single-member constituency; **matriční** ~ births, deaths and marriages register district; registry district; **soudní** ~ šest v Anglii a Walesu, třináct v USA judicial district; judicial circuit six in the UK, thirteen in the US; **vícemandátový volební** ~ multi-member constituency; **volební** ~ election district (US), constituency (UK), riding (CA); ~ **krajského soudu** Regional Court jurisdiction; **zdržovat se v** ~**u soudu** stay within the jurisdiction of the court
obvodní relating to district, circuit; regional; ~ **soud** district court; ~ **státní zástupce / prokurátor** district prosecuting attorney (CZ), district prosecutor (UK), district attorney (US); ~ **státní zastupitelství** District Prosecuting Attorney's Office (CZ), district prosecution; ~ **úřad** (CZ) v územně členěném statutárním městě (CZ) metropolitan district authority, borough authority in a territorially subdivided chartered town
obvodov|ý relating to circuit; **vojenský** ~ **prokurátor** (CZ) (hist) circuit military prosecutor; **vojenský** ~ **soud** (CZ hist) circuit military court; ~ **soud** circuit court; **soudce** ~**ého soudu** circuit judge
obvykl|ý regular; current, ordinary, usual; common, general; conventional; ~**é nájemné** regular amount of rent; ~**é opotřebení** regular wear and tear; ~**é podmínky** usual terms, regular conditions; **je** ~**é, že** it is customary / common that
obyčej custom, habit; usage; **mezinárodní** ~ international custom / usage
obyčejov|ý customary; common; habitual; ~**é právo** customary law, custom law; common law
obydlí dwelling; residence, habitation; **právo** ~ **je nepřenosné věcné právo fyzické osoby obývat cizí dům** habitation is a non(-)transferable real right of a natural person to dwell in the house of another
obytn|ý dwelling, residential; housing; ~**á jednotka** residential unit; ~**á místnost** dwelling room; ~**é prostory** residential / housing premises; ~ **dům** dwelling / residential house; ~ **prostor** dwelling space; **nájem** ~**ých prostor** residential lease, the lease of residential premises
obyvatel dweller, inhabitant; citizen; occupier; occupant; denizen; ~**é měst** town dwellers
obyvateln|ý habitable; ~**á část budovy** habitable part of the building
obyvatelstvo population; inhabitants; populace; ~ **státu** population of the State
obžalob|a indictment, formal accusation / charge; arraignment; **běžné body** ~**y** common counts of charges; **písemná formální** ~ written formal accusation; **společná** ~ joinder of indictments; **trestní** ~ criminal charges; actio criminalis (lat); ~ **z trestného činu** criminal charge; **bod** ~**y** indictment count, count of indictment; **doručení** ~**y komu** service of an indictment on s.o.; **na základě** ~**y** on / upon indictment; **opis** ~**y** a copy of an indictment; **podání** ~**y** submission of an indictment by a prosecuting attorney; **sepsání** ~**y státním zástupcem** the writing and issuing of an indictment by the prosecuting attorney; **svědek** ~**y** witness for the prosecution; **zpětvzetí** ~**y** withdrawal removal of an indictment; **zproštění** ~**y** acquittal, release from criminal charges; **dokázat** ~**u z trestného činu** prove a criminal charge; **doručit** ~**u** serve an indictment on s.o.; **podat** ~**u** submit na indictment, raise / bring a criminal charge; **přednést** ~**u** present / read an indictment; **sepsat** ~**u** make / write an indictment; **vznést** ~**u na koho** bring a crim-

inal action against s.o., bring in an indictment, lay an indictment; **zprostit ~y z trestného činu** acquit of the crime, release from charges **obžalovací** accusatorial, accusatory; indictable; **~ proces** accusatory procedure; **~ spis** accusatory instrument / file(s); **~ zásada** accusatorial principle

obžalovan|ý *(adj)* indicted, charged; **~á osoba** a person charged with a crime

obžalovan|ý *(n)* defendant, a person charged with a crime; culprit; **~ v soudní síni** defendant / prisoner at the bar; **poslední slovo ~ého** a final word of the defendant; **výslech ~ého** examination of the defendant; **uznat ~ého vinným** adjudge the defendant guilty of a crime; **vynést osvobozující výrok nad ~ým** acquit the defendant

obžalov|at accuse of, charge with; arraign; **~ koho z trestného činu** accuse s.o. of an offence, charge s.o. with an offence / crime; **~ z trestného činu žhářství** charge with arson; **~ osobu na základě formální obžaloby** charge a person on indictment with a crime; **~ z přípravy trestného činu vraždy** charge with conspiracy to commit a murder; **více osob je (spolu)~áno** more persons are jointly charged

obžalovatelný accusable; indictable, chargeable

obživ|a means of living; livelihood, maintenance, support; **zajišťovat si ~u** earn / get / make a living; **zřejmé prostředky ~y** visible means of support

ocenění appraisal, appreciation; (e)valuation, estimation, assessment; acknowledgment; **~ akcií na konci zúčtovacího období** stock valuation; **~ nemovitostí** real estate appraisal

ocenit assess, evaluate, appraise; estimate; **~ majetek** estimate officially the value of property, assess property

ocenitelný appraisable, assessable, appreciable

oceňovací valuating; relating to valuation; **~ tabulky** valuation tables

oceňování pricing; appraisal, appreciation; (e)valuation, estimation, assessment; acknowledgment; **metoda ~** valuation method

očekávání contemplation; expectation; anticipation; **~ platební neschopnosti** contemplation of insolvency; **~ smrti na základě postupující nemoci** contemplation of death arising from a fatal stage of a sickness; **~ úpadku** contempla-

tion of bankruptcy; **zásada oprávněného ~** *(ES)* the principle of legitimate expectation

očekáván|ý expected, anticipated; contemplated; **~é změny** expected changes; **~ prodej** anticipated sale; **~ zisk** anticipated profit

očekávat expect; anticipate, contemplate

očistit clean, clear; cleanse; wash; purify; purge; **~ se od veškerého podezření** clear / purge o.s. of all suspicion

očit|ý ocular; autoptic; **~é svědectví** autoptic evidence; eye-witness account; **~ svědek** eye(-)witness

očividný apparent, evident; obvious; manifest; visible; prima facie *(lat)*; **~ důkaz** prima facie evidence; **~ nezájem o co ze strany politiků** obvious indifference to / towards st. on the part of politicians

očkování vaccination

odbavení clearance, dispatch; **obvyklé ~ zboží** customary dispatch

odbavit dispatch, clear

odběr taking; extraction, extracting; **~ krve** taking / extracting blood for a blood test; **~ moči** the taking of urine sample(s) / specimen(s)

odběratel client; consumer; grantee

odběrn|ý taking; extracting; supplying; **~é rozvodné zařízení** public supply and distribution device

odbočka byroad side-road; detour deviation from the direct road; diversion the turning aside of st. from its due course / direction; branch; **místní ~** local branch; **železniční ~** branch railroad

odbornost specialization, vocation; expertise; professionalism, professionality, professional quality / character

odborn|ý professional; specialist, expert trained by experience or practice, skilled, skilful; **~á veřejnost** the professional public; **~á zdatnost** professional proficiency; **~á způsobilost** professional / specialist competence; **~á způsobilost pro provozování živnosti** professional competence to engage in / carry out trade; **~é učiliště** vocational school; **~é vyjádření** specialist / expert opinion, statement of an expert; **~é znalosti** specialist knowledge, expertise; **nepřiznání nebo odnětí ~é způsobilosti** denial or withdrawal of professional licence based on s.o.'s competence / qualification; **postupovat s ~ou péčí** správce ohledně spravovaného dědictví act / carry on with due professional diligence applied to an administrator / executor of the decedent's estate

odborov|ý relating to trade union; **~á organizace** union organization; **~é členství** union membership; **~é příspěvky** union dues / subscription; **~ svaz** trade union

odbory trade unions; labour unions

odbytné při redukovaném pojistném reduced policy bonus paid at the termination of the reduced policy

odbytov|ý distributing; relating to distribution; **~é náklady** distribution costs

odcizení₁ theft, larceny; asportation felonious removal of property; **~ věci** asportation of property; theft, larceny

odcizení₂ alienation; **~ partnerů v manželství jako důvod k rozvodu** alienation of affection in marriage as a qualified cause of divorce

odcizen|ý stolen, obtained by theft; **~á věc** stolen thing / property

odčerpat take; seize; drain; exhaust; **~ neoprávněný majetkový prospěch** deprive s.o. of possession / property obtained through unjust enrichment by their gradual withdrawal

odčitateln|ý deductible; **~á položka** tax deductible amount; **~ z daní** tax deductible

oddací related to marriage, wedding; **~ list** certificate of marriage

oddanost allegiance; dedication; adherence; devotion; commitment

oddaný devoted, dedicated; committed; loyal; **~ stoupenec** devotee a person zealously devoted to a particular party, cause, pursuit

oddat, oddávat solemnize; conduct the marriage ceremony, wed s.o.

oddávající (n) solemnizing officer, solemnizing councillor (CZ)

oddělení 1 division, department; unit, section; policejní **~ vražd** Homicide Squad; **~ majetkové trestné činnosti** Property Crime Department; **~ správních činností** policie Department of Administrative Services of the Police; **~ stížností** Complaints Department; **~ technického zajištění** policie Department of Technical Services of the Police **2** disconnection, disconnexion; separation; severance; **~ žalobních návrhů** severance of claims

oddělen|ý severe; separated; disconnected; split; **~é odškodnění** severance damages; **~ nárok** split claim / entitlement

oddělit detach from; disconnect; divorce, split, separate, severe

oddělitelnost separability; severable nature / character; **~ neplatného ujednání** separability of an invalid clause, an invalid clause that may be severed / separated

odděliteln|ý separable; severable; capable of being split / disjoined / divided; **~á část výroku o vině** separable part of the statement / holding of court determining the guilt; **~é části smlouvy** severable parts of a contract; **~ výrok rozsudku** separable statement / holding of a judgment; **víra ~á od náboženství** beliefs severable from religion

oddělující splitting, separating, severing; disjunctive; disconnecting

oddíl division, part, title, section

oddlužnění discharge from debts; **~ konkursního dlužníka** discharge of the bankrupt; **~ podniku** discharge of an insolvent company

odebrání taking, extracting; catching, seizing; removal, withdrawal; appropriation; **~ otisků prstů** fingerprinting, the recording by the police of impressions taken from the finger-tips of criminals and suspects; **~ řidičského oprávnění průkazu** disqualification of a driver by seizing the driver's / driving licence by the Police; **~ vzorku krve nebo moči** taking blood or urine samples; **protokol o ~ věci** the report on the appropriation / seizure of a thing; **výkon rozhodnutí ~m věci** the execution of judgment by appropriation / seizure of property

odebrat seize, confiscate; take st. from, take st. away; appropriate; withdraw, withhold; **oprávnění ~ zbraň** statutory power to confiscate a weapon; **~ řidičské oprávnění** seize the driver's / driving licence; **~ věc komu** seize / appropriate s.o.'s thing, remove a thing from s.o.; **~ vzorek krve** take a blood sample

odebra|t be withdraw, leave; **soud se ~l k poradě o rozsudku** the Court withdrew to consider judgment, the Court withdrew to deliberate

odečet subtraction, abatement, reduction, withdrawal / withholding of st. due; allowance; **~ plynu, vody, elektřiny** recording and measuring the consumption of public supplies through a gas, water, electric meter

odečíst subtract; reduce, abate; **~ daň** deduct a tax

odečitateln|ý deductible; **~á položka** tax deductible amount; **~ z daní** tax deductible

odečtení deducting; subtracting, abating; **po ~ výdajů** after deducting expenses
odejít quit, leave, depart, exit; retire; **~ do důchodu** retire; **~ do exilu** go into exile; **~ z politiky** quit political life
odejmout withdraw, abstract, deduct, remove, take away st.; **~ držbu** dispossess; deprive of the possession of st.; **~ licenci** withdraw a licence; **~ oprávnění bance** poskytovat bankovní služby revoke a bank charter; recharter a bank; **~ řidičský průkaz** disqualify from driving, seize the driver's / driving licence; **~ věc a přikázat jinému soudu** remove a case from one court and refer / transfer it to another; **~ věc pověřenému notáři** remove a case from an designated / appointed notary in the probate proceedings; **~ obecní pozemek z užívání veřejnosti** discommon a public place; **nezákonně ~ a ponechat si držbu půdy** deforce; wrongfully withhold and keep possession of land
odejmutí withdrawal, taking st. away, removal; subduction; **protiprávní ~ držby** unlawful dispossession; deforcement
odepření denial, refusal; rejection; **~ autorské ochrany** denial of copyright; **~ placení** refusal to pay; **~ poslušnosti** disobedience, refusal to obey; **~ práva** removal of a case from court; abjudicatio *(lat)*; **~ přijetí písemnosti** refusal to acknowledge the service of an instrument / document; **~ spravedlnosti** denial of justice; **důvodnost ~ výpovědi** justified refusal to testify / give testimony / make deposition
odepřít deny, refuse, withhold st.; reject; **~ autorskoprávní ochranu** deny copyright; **~ bezdůvodně přijmout písemnost** unreasonably without cause refuse to receive / acknowledge the service of an instrument / writ; **~ podání vysvětlení** refuse to give / provide explanations; **~ provedení tlumočnického úkonu** refuse to act as an interpreter; **~ přijetí zásilky** refuse to accept the mail / dispatch / parcel / consignment; **~ svůj souhlas** withhold one's consent; **~ výpověď / vypovídat** refuse to give testimony / make deposition; **~ vysvětlení svého činu** refuse to explain one's act; deny one's reasons; **právo ~ výpověď** right to refuse testimony; **soudně ~ co** abjudge, take away from s.o. by judicial decision
odepsání withdrawal the removal of money from a bank account or other place of deposit; write-off the

cancellation from an account of a bad debt, worthless asset, etc.; attachment, garnishment of a bank account; **~ dluhu** write-off; **~ pohledávky z účtu do výše přisouzené pohledávky s příslušenstvím** satisfaction of the debt by garnishment of the debtor's account in the amount of adjudicated claim / judgment debt and related accessions / civil fruits; **nařízení výkonu rozhodnutí ~m z účtu u peněžního ústavu** an order to execute the judgment by garnishment of the judgment debtor's bank account; attachment execution *(US)*, garnishee proceedings order *(UK)*
odepsat amortize extinguish / wipe out a debt / liability; write off; **~ strojový park** write off the machinery
odepsateln|ý allowable; deductible; **~é daňově uplatnitelné výdaje** tax deductible / allowable expenses
odesílatel nákladu consignor, consigner, dispatcher, despatcher
odeslání consignment, dispatch; mailing / sending for delivery; **~ peněz** remittance of money / funds; **~ zboží** consigning / sending / dispatching goods, consignation
odeslat despatch, dispatch; consign; send, mail
oděv clothes, clothing, dress, suit; **služební ~** service uniform / clothing; **nošení ~u** wearing a suit; **trvanlivost ~u** wear and tear of clothing
oděvní relating to clothing, dress, suit; **~ výrobek** article of clothing
odevzdání delivery, handing over, conveyance; transfer; committal, commitment, referral; devise, disposition; **nepřímé ~** constructive delivery; **~ listin** tradice tradition / handing over / delivery of instruments; **~ písemnosti** delivery of a document / instrument / writ; **~ trestní věci do ciziny** the committal of a criminal case to a foreign jurisdiction country; **~ věci do úschovy** delivery of a thing into custody / deposit; **~ zástavy** depositing st. as a pledge; **právo ze zajištění s ~m věci** possessory interest
odhad assessment, appraisal, appreciation, (e)valuation, estimation; **přímý ~ majetku** direct assessment of property; **~ nemovitostí** assessment of real property; **nařízení ~u nemovitosti** an order to assess / value the real property, compulsory assessment of property; **~em** by estimation; **provedení ~u** estimation

of the value of property; appraisal in respect of value

odhadce reviewer, surveyor; assessor; appraiser; estimator; adjuster *(insur)*, adjustor; **daňový** ~ tax assessor; **úřední** ~ **nemovitostí znalec v oboru stavitelství a odhadu nemovitostí** review surveyor, chartered surveyor *(UK)*

odhadní relating to appraisal, appreciation, (e)valuation, estimation; ~ **cena** appraisal / estimated value, price at valuation; ~ **koeficient** assessment ratio; **určení** ~ **ceny nemovitostí** determination of appraisal / estimated value; **určit** ~ **cenu nemovitosti za účelem pojištění** assess a property for the purposes of insurance

odhadnout assess value of st., make assessment of st.; estimate, appraise, value; ~ **náhradu škody ve výši 1000 dolarů** assess damages at USD 1000; ~ **výši náhrady škody** assess the amount of damages

odhalení revelation, disclosure, discovery; detection; ~ **dokumentů** revelation / disclosure of documents; ~ **skutkového stavu** facts revelation, revelation of facts of cause civil proceedings, discovery of the body / facts of a crime criminal proceedings; ~ **tajemství** disclosure of a secret

odhalit detect, discover, disclose; declare; reveal; ~ **spiknutí** discover a plot; ~ **totožnost** declare identity

odhalování revelation, disclosure, discovery; detection; **metody** ~ **trestné činnosti** crime detection methods

odhalovat reveal, discover, detect; disclose; ~ **přestupky** detect administrative delicts / infractions; ~ **trestné činy** detect offences / crimes

odchod departure; leave; ~ **do důchodu** retirement; withdrawal from occupation due to eligible retirement age; ~ **do invalidního důchodu** disability retirement; ~ **proti vůli soudu** departure in despite of court; **zákonem stanovený věk pro** ~ **do starobního důchodu** statutory retirement age

odchýlení deviation; derogation; declination; divergence, divergency; ~ **se od článku nebo paragrafu** derogation / deviation from an article or section

odchýli|t se vary / depart / deviate / diverge from st., decline to do st. / doing st. from; ~ **od svého předcházejícího rozhodnutí** depart from

one's previous decision; ~ **od ustanovení** deviate from provisions; **svědek se ~l od své dřívější výpovědi** the witness varied from his previous / former deposition; the witness's testimony varied from his former deposition

odchylk|a deviation; derogation; declination; divergence, divergency; variance, variation; **rozpočtová** ~ **mezi předpokládanými a skutečnými výdaji** budget variance between assumed and actual expenditures; **sezónní** ~**y** seasonal variations; ~ **od obecného způsobu úpravy trestního řízení** variation from common rules of regulation of criminal procedure; ~ **od smluvních podmínek** departure from the terms and conditions of a contract; ~ **od standardních podmínek** deviation from standard terms; ~ **od tradice** departure from tradition

odchylně at variance with, in deviation from; ~ **od zákona** či **jiných požadavků** at variance with / in deviation from legislation or other requirements

odchylující se divergent; ~ **názory** divergent opinions

odjet depart, quit, leave, exit; retire

odjezd departure; quitting, leave

odkaz₁ devise usually real property, bequest usually of personal property, legacy, bestowal, presentation, gift, disposition, heritage; **dobročinný** ~ charitable bequest; **podmíněný** ~ conditional bequest; ~ **v závěti, za nějž se musí zaplatit** demonstrative bequest / legacy that must be paid for; ~ **budoucích užitků** executory bequest; ~ **jedné věci ze dvou** alternate legacy; ~ **movité věci** bequest, legacy a gift by will of personal property, disposition of personalty; ~ **nemovitosti** devise a gift of real property by last will and testament, disposition of realty; ~ **zbytku majetku** residuary bequest; ~**em obmyšlená osoba** devisee, grantee, beneficiary

odkaz₂ reference; committal, referral; **další** ~ **transmise** *(MPS)* transmission referring the case to the law of a third country in the conflict of laws; **křížový** ~ cross reference; **zpětný** ~ renvoi, remise *(MPS)* remission, renvoi referring the case back to the law of the first country in the conflict of laws; ~ **na pramen citace** reference to the quoted source / text; **s** ~**em na co** with / in reference to st.

odkázat₁ devise dispose of realty by will; bequeath dispose of personalty by will; ~ **veškerou půdu** devise the whole of the land

odká|zat₂ refer, send, transmit; **soud** ~**že po-**

škozeného na řízení v občanskoprávních věcech the court will refer the injured to seek remedy in a civil suit

odkazce benefactor, devisor

odkazovník legatee a person to whom a legacy has been bequeathed, devisee; grantee, beneficiary

odklad postponement, deferral; delay; stay, suspension, suspense; adjournment, deferment; reprieve; abeyance; **podmíněný ~ výkonu trestu** conditional suspension of sentence; ~ **a zastavení výkonu rozhodnutí** suspension and discontinuance of judgment execution; ~ **nájemného** postponement / deferral of rent; ~ **placení daní** deferral of taxes; ~ **před stornem** grace before lapsing / cancellation; ~ **splácení** deferred payment, deferral of payment; suspended payment of debts or claims; extended time payment; ~ **v plnění** deferred / suspended performance / execution; ~ **vyhlášení odsuzujícího rozsudku** deferred sentence i.e. postponing the pronouncement of sentence; ~ **vykonatelnosti rozhodnutí správního orgánu** suspension of the enforcement of an administrative decision awarded by an administrative body; ~ **výkonu práva** 1 deferred enforcement of law 2 suspension of a right; ~ **výkonu rozhodnutí** suspension of judgment execution; ~ **výkonu trestu odnětí svobody v případě ohrožení zdraví nebo života, např. u těhotné ženy** reprieve; suspension of serving the sentence; temporary relief from, or postponement of, the execution of criminal punishment if a convict's health or life is endangered, e.g. pregnant woman; stay of execution of a judgment of conviction; ~ **výkonu / nástupu vojenské služby** draft deferment postponement of service in the Armed Forces; **bez zbytečného ~u** without undue / unreasonable delay; **doba ~u respiro** period of grace; **návrh na ~ provedení výkonu rozhodnutí** motion to suspend judgment execution; **návrh na ~ vykonatelnosti rozhodnutí** motion to suspend judgment enforcement; **usnesení o ~u provedení výkonu rozhodnutí** resolution to suspend judgment execution; **služební zákrok policie nesnese ~u** the Police must immediately respond / act; **úkon nesnese ~u** the act must be performed immediately / without delay / forthwith

odkládací suspending, deferring, temporarily stopping; ~ **podmínka** condition precedent;

suspensive / suspensory condition a legal act becomes effective upon the fulfil(l)ment of a condition

odklád|at 1 postpone, defer; suspend; delay; adjourn; reprieve; **usnesení, kterým se ~á vykonatelnost rozhodnutí napadeného návrhem na obnovu řízení** resolution whereby the enforcement of judgment shall be suspended due to the motion for a new trial 2 dispose of, deposit; ~ **odpadky nebo odpady mimo vyhrazená místa** dispose of waste outside the prescribed sites

odkladn|ý suspensory, suspensive; suspending, deferring, temporarily stopping; dilatory; ~**é veto prezidenta** deferral veto of the President; ~ **účinek návrhu, rozhodnutí, stížnosti** suspensory / suspensive effect of a motion, decision, complaint; **mít ~ účinek na vykonatelnost rozhodnutí** have the effect of suspending the enforcement of judgment

odklon diversion; deviation, departure from established practice, retraction; ~ **v trestním řízení** při schválení narovnání není uloženo trest a je zastaveno trestní stíhání diversion of criminal proceedings when settlement is sanctioned the sentence is not imposed and proceedings are discontinued

odkup repurchase; surrender; ~ **cenných papírů** redemption of securities

odlehlý remote, distant

odlišit distinguish from s.o. / st.; discriminate; diversify; differentiate

odlišn|ý diverse, distinct, discriminate; abnormal; different from; ~ **od normy** deviating from the rule; contrary to a rule

odlišování differentiation; distinguishing; discrimination

odlišovat vary from, differentiate, distinguish, discriminate

odloučení separation, severance; disjunction, disconnection; divorcement; ~ **církve od státu** divorcing / separating church and state; **svémocné ~** absence without leave

odloučený divorced; separated; disconnected

odložení 1 postponement, deferral; delay; stay, suspension, suspense; adjournment, deferment; discontinuance; reprieve; **dočasné ~ trestního stíhání** temporary discontinuance of criminal prosecution; postponement / deferral of criminal prosecution; ~ **počátku běhu promlčecích lhůt** postponing the running of limitation time; ~ **vyhlášení rozsudku po dalším posouzení věci** ampliation, deferring the judgment until the cause be further examined; **důvod pro** ~ **věci** reason / cause for the decision not to proceed with a case; **usnesení o** ~ **věci** *(TP)* resolution not to proceed with the prosecution; **usnesení o** ~ **vykonatelnosti rozhodnutí** resolution to suspend the enforcement of judgment; **zavedení institutu** ~ **věci ve správním řízení** introducing a legal institute of the discontinuance of administrative procedure **2** deposit, depositing, laying down, placing in safe keeping; relinquishment, abandonment

odložen|ý 1 postponed, deferred, suspended; ~**á platba** deferred payment; ~**á pohledávka na pozdější dobu** deferred claim; ~**á renta** deferred annuity; ~**á vojenská služba** deferred service; ~**é platby** deferred payments; ~ **důchod** deferred annuity; ~ **rozsudek jeho vyhlášení** deferred sentence **2** relinquished, cast off, thrown off, rejected from use, discarded, deserted, abandoned, forsaken; ~**é dítě** abandoned / relinquished child; **náhrada škody za** ~**é věci** compensation for damaged, lost property having been in charge of s.o. e.g. in a cloak-room in a theatre

odložit postpone, defer; suspend; delay; adjourn; reprieve; discontinue; ~ **nebo přerušit výkon rozhodnutí** postpone or suspend / interrupt the execution of judgment / sentence; ~ **věc, nelze-li přestupek projednat** not to proceed with the case where the administrative delict / infraction cannot be heard / tried, discontinue administrative proceedings where the administrative delict / infraction cannot be heard / tried; ~ **vyhlášení rozsudku** set aside a judgment, defer a judgment, defer sentence; postpone the sentencing of the offender; ~ **výslech svědka** postpone / adjourn the examination of a witness; **vyšetřovatel nebo státní zástupce se rozhodne věc** ~ the investigator or prosecuting attorney shall decide not to proceed with the case

odluka separation; dissociation; ~ **církve od státu** separation of church and state; ~ **od stolu a lože** separation from bed and board, separation a mensa et thoro; **soudní** ~ **manželů** judicial separation

odměna premium; award, bonus, reward; compensation, fee; remuneration, quid pro quo *(lat)*, vail; gratuity; **časová** ~ **advokáta** attorney's fee per hour; **kázeňská** ~ **za dob-**

ré chování disciplinary reward as a result of good behaviour; **mimořádná** ~ **státu zachránci života nebo nálezci pokladu** bounty unusual compensation paid by government to a person for saving lives or founding treasure; **spravedlivá** ~ **za vykonanou práci** just remuneration, adequate pay; quantum meruit *(lat)*; **ušlá** ~ loss of earnings / fees; **zprostředkovatelská** ~ brokerage, broker's fee; ~ **k platu za zvýšení výroby** acceleration premium; ~ **jako pobídková složka mzdy** merit bonus / award as an incentive payment in the wage system; ~ **notáře** notary's fee; ~ **správce dědictví** probate estate executor's / administrator's fee; ~ **za práci** remuneration, pay; wage(s), salary; ~ **za zastupování** representation fee

odmít|at refuse, reject, withhold; decline, deny, disclaim, repudiate; deprecate; ~ **se podrobit soudnímu rozhodnutí** refuse to be subject to the judgment, refuse one's being subject to the judgment; **usnesení, jímž se odvolání** ~**á** resolution whereby the appeal shall be rejected not to be dealt with

odmítav|ý declinatory; rejecting, refusing; ~**é procesní námitky** declinatory exceptions

odmítn|out refuse, reject, withhold; decline, deny, disclaim, repudiate; ~ **dát svůj souhlas** withhold one's consent; ~ **dědictví** renounce succession / inheritance; ~ **nabídku** reject an offer; ~ **návrh nezabývat se jím** reject a motion not to deal with it; ~ **nést odpovědnost za následky čeho** refuse to be held answerable for the consequences of st.; ~ **odpovědnost** disclaim liability; disavow liability; ~ **odvolání** refuse the appeal; ~ **podporovat rodiče** refuse sustenance to a parent; ~ **tvrzení** reject contention / allegation; ~ **učinit ústupek** withhold a concession; ~ **udělit královský souhlas** refuse royal assent; ~ **uznat** refuse to recognize / acknowledge; disown, disavow; ~ **výpověď 1** refuse to give testimony in court **2** failure to accept a notice to quit employment, failure to submit a letter of resignation; ~ **zaplatit** refuse to pay; dishonour a check; **pokud strana nesplní nebo** ~**e splnit smlouvu** when a party fails or refuses to perform

odmítnutí refusal, rejection, renunciation, disclaimer; **bezdůvodné** ~ **vypovídat** unexcused refusal to give testimony, unreasonable refusal to testify; ~ **a zamítnutí žaloby re-**

fusal / non(-)suit and dismissal of an action; **~ akceptace směnky** dishonour of a bill of exchange; **~ dědictví** renunciation of a right of succession / inheritance; refusal of inheritance; **~ dovolání proti potvrzujícímu rozsudku** refusal / rejection of appellate review of an affirmative judgment; **~ důkazu** refusal / non-admission / non-acceptance of evidence; **~ návrhu** 1 rejection of an offer to contract 2 refusal of a motion by a court; **~ odporu podaného neoprávněnou osobou** refusal of a protest filed by an unauthorized person; **~ odpovědnosti za co** denial of responsibility for st.; disavowal of st.; **~ opravného prostředku** refusal of a remedy / remedial right the means by which a right is enforced or the violation of a right is prevented, redressed, compensated; **~ poskytnout informace** refusal to provide / disclose information; **~ přijetí zboží neodpovídajícího objednávce** rejection of goods nonconforming with the purchase order; **~ vydání nemovitosti po skončení oprávněného užívání** refusal to surrender property after the termination of lawful enjoyment, forcible detainer; **~ vydání osvědčení** refusal to issue a certificate; **~ výpovědi** refusal to testify; nihil dicit *(lat)*; **~ zaplatit účet za zakoupené zboží, provedené služby** refuse to pay a bill for purchase goods or rendered services; bilking; **prohlášení o ~ dědictví** declaration of renunciation of inheritance; **usnesení o ~ námitek pro opožděnost nebo neodůvodněnost** resolution to refuse exceptions due to delay or the lack of cause; **usnesení o ~ pozdě podaného odporu** resolution to refuse the delayed protest
odnětí forfeiture, deprivation; withdrawal, dispossession, taking st. away, removal; subduction; conversion; **nepřímé ~ držby** constructive conversion; **podmíněné ~ svobody** probation a system of dealing with first offenders who, instead of being sent to prison, are released on suspended sentence during good behaviour; **podmíněné ~ svobody s dohledem** probation under supervision; **~ a přikázání trestní věci** removal from one court and referral to another court of a criminal case; **~ dítěte** taking a child away from its parents due to abuse or neglect; **~ držby** dispossession; eviction evicting a tenant from the property; **~ majetku bez odpovídající náhrady** deprivation / deprival of property without adequate compensation; **~ oprávnění** withdrawal

of authorisation / licence; **~ svobody** nepodmíněné unconditional imprisonment; confinement; confining s.o. into prison; **~ svobody na doživotí** term of life imprisonment, life sentence, life term; **~ svobody na pevně stanovenou dobu** determinate sentence, determinate term of imprisonment; **~ věci** removal of a case; **~ věci důležité pro trestní řízení** dispossession / seizure of a thing material for criminal proceedings; **~ věci pověřenému notáři v řízení o dědictví** removal of a case from a designated / authorized notary in the probate proceedings; **~ vlastnického práva** vyvlastnění ejection from a possession / ownership expropriation; **nepřiznání nebo ~ odborné způsobilosti** denial or withdrawal of professional licence based on s.o.'s competence / qualification; **trest ~ svobody** sentence of imprisonment; confinement; **potrestat ~m svobody na x let** sentence s.o. to a term of imprisonment of x years, order a sentence of imprisonment for a term of x years
odnos removal, taking-away, conveying / transferring / shifting to another place; **právo ~u** ius tollendi the right to take away
odpad wastage, garbage, waste; **jaderný ~** nuclear waste; **komunální ~** municipal waste; **kontrolované ~y** controlled wastes; **nebezpečný ~** hazardous waste; **nebezpečné a těžko kontrolovatelné ~y** hazardous and difficult wastes; **průmyslový ~** industrial waste; **~ z domácnosti** household waste; **činnost spojená s likvidací ~ů** waste disposal operations; **kontrola ~ů** control over waste; **likvidace** odvoz **~ů** waste(-)disposal; **nakládání s ~y** dealing with waste; **negativní vliv ~ů na půdu** the negative impact of waste on land; **odvoz ~u** waste disposal; **původce ~ů** waste producer; **skládka ~u** waste dump; **spalování ~ů** incineration of waste; **uložení ~ů** deposition of waste; **úprava ~ů** treatment of waste; **zařízení pro likvidaci ~ů** waste disposal facilities; **zneškodňování ~ů** waste disposal
odpad|y garbage, litter; refuse, rubbish; junk, waste; filth; **drtič ~ů** waste disposer, garbage disposal unit; **ponechávat ~y ve volné přírodě** leave litter in the open air
odpadní as a result of waste; **~ voda** waste water, effluent
odpadnutí lapse; apostasy, defection, desertion; renegation; **~ překážky, pro kterou odvo-**

lací soud stíhání přerušil např. **těžká choroba** disappearance / vanishing of obstacle which made the Appellate Court suspend the criminal prosecution e.g. serious illness
odpadov|ý dealing with waste; **~é hospodářství** waste disposal management; **~é materiály** waste materials
odpečetit unseal, remove a seal from st.
odpírání refusal; failure to supply; denial, rejection; **~ stravy nebo ošacení** jako týrání svěřené osoby refusal to supply food or clothing as an example of the crime of the battering / cruel treatment of a person entrusted for care; **~ nástupu základní vojenské služby** refusal to commence compulsory military service
odpírat deny, refuse, withhold st.; reject; **~ konat civilní službu** refuse to join the civil military service
odpis depreciation usually of tangibles, amortization usually of intangible assets, depletion of natural resources; write-off not redeemable debt or asset; **akumulovaný ~** accumulated depreciation; **daňový ~** tax deduction; **zrychlený ~ hodnoty zařízení, stroje atd.** accelerated depreciation
odpisov|ý relating to depreciation, amortization, depletion, write-off; depreciable; **~á hodnota** depreciation value; **~á rezerva** depreciation reserve; **~á životnost** depreciable life
odplata retribution, pay-off; revenge, vengeance
odplavení removing, pulling off, plucking out by water; **~ ornice na cizí pozemek** avulsion the sudden removal of land, by change in a river's course or by the action of flood, to another person's estate
odpočet abatement, deduction; **~ odečet, snížení daní** abatement of taxes diminution or decrease in the amount of tax
odpočitateln|ý deductible, deductable, allowable; **~á položka** deductible item
odpojení disconnection, disconnexion; split; severance
odpomoc opravný prostředek remedy, remedial measure; redress, relief; **~ proti nepřijetí do zápisu** objection to the non-inclusion of the statement into the records of trial, motion to supplement the records / transcript
odpor 1 protest a remedial measure against a judicial order to pay or a criminal order *(CZ)*; dissent, disapproval; remonstrance a formal protest usually against the government or officials drawn up by aggrieved citizens; **~ proti platebnímu rozka-**

zu *(CZ)* a protest against the judicial compuls ory order to pay; **~ věřitele** *(CZ)* protest of creditor; **odmítnutí ~u podaného neopráv něnou osobou** *(CZ)* refusal of a protest file by an unauthorized person; **podání ~u prot trestnímu příkazu** *(CZ)* filing a protest agains the criminal order; **podat ~ proti trestní mu příkazu** *(CZ)* file a protest against th criminal order; **podat ~ u soudu** *(CZ)* file protest with the court; **příkaz, proti které mu nebyl podán ~, má účinky pravomoc ného rozhodnutí** *(CZ)* an order that failed t have been protested against shall have th effect of a final judgment; **usnesení o od mítnutí pozdě podaného ~u** *(CZ)* resolutio to refuse the acceptance of the delayed protes **2** resistance, opposition; **překonání kladené ho ~u** breaking / overrunning / suppressing the resistance
odpornost fyzická repulsiveness
odpor|ovat čemu **1** object against, challenge st., take exception to st., call st. in question dispute st.; **~ právním úkonům** tj. podat ža lobu challenge legal acts bring a suit / actio **2** discord, dissent, disagree; contradict; t **~uje svobodě projevu** this does not accorc with freedom of speech
odporovatelnost objectionability, objection ableness; challengability; actionability; prot estability; **~ právním úkonům** možnost podár žaloby the possibility to challenge legal acts b bringing an action against
odporovatelný actionable; objectionable, chal lengeable, protestable; **~ úkon** actionable objectionable / challengable / protestable act
odporov|ý relating to protest; **rozsudek o ~é ža lobě** *(CZ)* judgment in an action for protest judgment in the protest action against the judi cial / compulsory order to pay
odporující si conflicting; contradictory; con current; **~ důkazy** conflicting evidence
odposlech eavesdropping, wiretapping, inter ception; bugging, tapping; **~ telefonních ho vorů** eavesdropping on telephone-calls; **elek tromagnetické, akustické, mechanické či ji né zařízení pro ~** electro-magnetic, acoustic mechanical or other device for interception **příkaz k ~u** an interception order; **soudn povolení ~u** judicial approval / leave of inter ception; **souhlas s ~em** consent to intercep ception; **zničení záznamů a přepisů ~u** destructio

of recording and transcripts of interception; **žádost o povolení ~u** application for an authorization of interception; **souhlasit s ~em** consent to interception

odposlouchávací based on interception; **~ zařízení** eavesdropping / bugging device

odposlouchávání eavesdropping, wiretapping, interception; bugging, tapping; **~ telefonních hovorů** eavesdropping on telephone-calls, tapping phone-calls

odposlouchávat intercept; wiretap, monitor; **~ soukromé hovory** intercept private communication

odpověď response, answer, reply; reaction; **žalobní ~** statement for the defence

odpovědět answer, reply; respond; **~ na obvinění doznáním viny nebo prohlášením o nevině** answer charges by pleading guilty or not guilty

odpovědnost liability, responsibility; accountability; answerability; **absolutní ~** nemožnost liberace absolute liability where no exemption from liability, or liberation, may apply; **dělená ~** several liability; **hmotná ~** liability of and employee to indemnify the employer if the damage is caused by the employee; **kolektivní ~** collective responsibility; **morální ~** answerability / responsibility under moral obligation; **obecná ~** general liability; **objektivní ~** liability without fault, no-fault liability; strict liability; **smluvní ~** contractual / conventional liability; **solidární ~** joint liability; **společná a nerozdílná ~** joint and several liability; **správní ~** administrative responsibility; **subjektivní ~** personal liability based on fault; **trestní ~** criminal liability / capacity; **zvláštní ~** special liability; **~ k náhradě škody** liability to damages; **~ státu** government liability; **~ z prodlení** liability due to default; **~ za delikty** delictual responsibility, liability for delicts / wrongs; **~ za schodek ve svěřených hodnotách** liability for the deficit in entrusted values; **~ za škodu** liability for damage; **~ za škodu na věcech vnesených nebo odložených** liability for damage caused to things brought or deposited; **~ za škodu na životním prostředí** environmental impairment liability; **~ za škodu způsobenou rozhodnutím orgánu státu** liability for damage incurred due to the decision by a State authority; **~ za škodu způsobenou vadným výrobkem** liability for damage

caused by a defective product; **~ za škody na zdraví** liability for personal injuries; **~ za vady** liability for defects of products, product liability; **dohoda o hmotné ~i** agreement to indemnify the employer by employee; **pojištění ~i** liability insurance; **pojištění ~i za škody** liability for damage insurance; **pojištění zákonné ~i** statutory / public liability insurance; **vyloučení ~i za škodu** exclusion of liability for damage; **zákonné pojištění ~i za škody způsobené provozem motorových vozidel** compulsory motor vehicle liability insurance; **zánik ~i za přestupek** termination of liability for an administrative delict / infraction; podnikat **na svou vlastní ~** undertake business upon one's own responsibility; **nést ~ za co** be held liable / accountable / responsible for st.; **odmítnout ~** disclaim / reject liability; **zakládat** trestní **~** create / constitute criminal liability, give rise to criminal liability; **disciplinární ~ nad advokáty má Česká advokátní komora** the Czech Bar Chamber shall have disciplinary responsibility over the members of the Bar

odpovědn|ý responsible; legally liable; accountable, answerable; **~á osoba** person in authority, person acting under authority; **~ pracovník** an employee / worker in charge; **~ za své činy** liable for one's acts; **~ zástupce v živnostenském podnikání** agent in trade acting under authority, agent in charge of the trade; **být celkově ~ za co** be generally responsible for st.; **činit koho ~ým za náhradu škody** hold s.o. liable to damages

odpovídající appropriate, compatible; corresponding; **~ platy ve srovnání s EU** compatible salaries compared with the EU

odpřisáhn|out zavázat se přísahou swear, take an oath; promise / undertake solemnly by an oath, promise / undertake (up)on oath, affirm / assert / declare st. by / (up)on an oath bind o.s. by a vow; **pravdivost prohlášení / výpovědi** make oath to the truth of a statement; **~ul** jurat

odpůrce respondent, defendant; contestant; caveator; **~** vojenské služby **z důvodu svědomí** conscientious objector, CO abbrev; **~ odvolatele** appellee, respondent; **obecný soud ~** general court having local jurisdiction of the respondent

odpůrčí relating to respondent, defendant; **~ žaloba o neúčinnost kupní smlouvy** respondent's

action to nullify the sales contract, respondent's action to declare the sales contract void
odpustitelný venial, forgiv(e)able, pardonable, excusable
odpuštění condonation, pardon, remission; forgiveness; commutation; ~ **zbytku trestu pro dobré chování** remission of the rest of sentence for good conduct; ~ **zůstavitele v souvislosti s vyděděním** forgiveness of a testator in relation to disinheritance i.e. reviving the original will
odpykat serve, go through; ~ **si trest ve vězení** serve one's sentence of imprisonment
odročení adjournment, putting-off; postponement; suspension; deferral; ~ **hlavního líčení** *(TPP)* adjournment of a trial; ~ **soudního jednání** *(OPP)* adjournment of a trial; ~ **zasedání na neurčito** adjournment sine die; **den** ~ **zasedání parlamentu** adjournment day of parliament; **usnesení o nařízení nebo** ~ **jednání** resolution to order the commencement or adjournment of a trial; **vyrozumění o** ~ **nebo odvolání jednání** notice of adjournment or suspension of a trial
odročen|ý adjourned, postponed; deferred; ~**é předvolání** adjourned summons
odročit adjourn, put off; postpone, suspend; ~ **hlavní líčení** adjourn the trial; ~ **jednání na neurčito** adjourn a trial sine die / without day
odsedět serve, go through; ~ **si trest do / serve one's term
odsoudit condemn, convict; adjudge, adjudicate; sentence, punish; **podmíněně** ~ place / put on probation, place / put under probation; ~ **k smrti oběšením** condemn to the gallows; ~ **k trestu odnětí svobody** commit s.o. to prison; ~ **pro trestný čin** condemn / convict of a crime; ~ **koho pro trestný čin vraždy** condemn / convict s.o. of murder; ~ **pro velezradu** condemn / convict of high treason
odsouhlasený agreed, approved; concerted
odsouhlasit approve, agree; ~ **smluvní podmínky** approve the terms of the contract
odsouzenec a convict, condemned / convicted person
odsouzení conviction, condemnation; judgment; **podmíněné** ~ conditional conviction, suspension of sentence / punishment; probation first offenders are released on suspended sentence during good behaviour, and placed under the supervision of a probation officer; **předchozí** ~ previous conviction(s); ~ **obžalovaného bez řízení**

disposition without trial; ~ **v nepřítomnosti** judgment by default; ~ **ve zkráceném řízení** summary conviction; **zahlazení** ~ expungement / erasure / deletion of a conviction from s.o.'s criminal records; **zahladit** ~ / **trest** expunge / strike out / erase a conviction / sentence from criminal records of s.o.; **zrušit** ~ reverse / quash the judgment of conviction
odsouzeníhodný damnable, condemnable
odsouzen|ý *(adj)* convicted, condemned; ~**í pachatelé** convicted offenders; **osoby** ~**é pro trestný čin** persons convicted / condemned of crimes; **podmíněně** ~ convicted upon a sentence of probation; probationer; **pravomocně** ~ a person convicted upon a final and conclusive judgment
odsouzen|ý *(n)* a convict; convicted person; prisoner; ~**í ve věznici se zvýšenou ostrahou** prisoners in a top security prison; **méně narušený** ~ mentally less impaired convict; ~ **se změněnou pracovní schopností** a convict with diminished capability to work; **dovršení nápravy** ~**ého** completion of the correction of a convict / convicted person; **podmíněné propuštění** ~**ého** a prisoner released on parole; **převýchova** ~**ého** social rehabilitation / retraining of a convict; **rehabilitace** ~**ých** rehabilitation of convicts; **srážky z pracovní odměny** ~**ého** attachment ordered by court / assignment made by the convict of earnings of the convict; **dát záruku / být zárukou za nápravu** ~**ého** stand surety for the rehabilitation of the convict; ~ **se osvědčil ve zkušební době** the convict made good during the trial / probationary period
odstavec paragraph; clause
odstavení laying / putting aside out of use, non-usage; **dočasné** ~ **vozidla** temporary non-usage of a vehicle
odstoupení 1 withdrawal from st. *(CZ)*; repudiation a contracting party's words or actions indicating an intention not to perform the contract in the future; repudiation is a common-law term *(UK)*, *(US)*; rescission a party's unilateral unmaking of a contract for a legally sufficient reason, such as the other party's material breach; rescission is an equitable term *(UK)*, *(US)*; retraction; recall, revocation, abrogation; **jednostranné** ~ **od závazku** unilateral withdrawal from an obligation; ~ **od kupní smlouvy** withdrawal from a sales contract; ~ **od právního úkonu** withdrawal from

a legal act; ~ **od smlouvy** withdrawal from contract, repudiation / rescission of contract; ~ **od trestné činnosti** withdrawal from criminal activity; ~ **od žaloby** abandonment of an action; **možnost ~ od smluvního závazku** a chance / possibility to withdraw from an obligation, repudiability of obligation 2 resignation; ~ **z funkce** resignation from office *(US)*, resignation of office
odstoupit 1 withdraw from; rescind, abrogate; resign; ~ **od smlouvy** withdraw from a contract *(CZ)*, rescind / repudiate a contract *(UK)*, *(US)* 2 ~ **z čeho** resign from st.; ~ **z funkce** resign from one's office
odstranění removal, clearance; dismantlement, disposal, elimination, liquidation; abolition; settlement; ~ **fluktuace pracovníků** minimizing the turnover of workers; decasualization the abolition of casual labour; ~ **následků výkonu práva** removing / eliminating consequences of law enforcement; ~ **nedostatku povinného zastoupení dovolatele** elimination / removal of the lack of compulsory representation of an appellant in appellate review proceedings; ~ **příčin rozvratu** elimination of causes / reasons of breakdown; ~ **příslušenství nemovitosti pevných součástí** removal of appurtenances to real property fixtures; ~ **stavby** removal of a structure / building; ~ **tvrdosti zákona** např. **žádost o úlevu na dani** amelioration of harshness of legislation e.g. by an application for tax relief; ~ **vad odvolání nebo dovolání** elimination of defects / deficiencies in an appeal or appellate review; **opatření k ~ závad** measures to eliminate mistakes; **povolení k ~ stavby na žádost stavebníka** permit to remove the structure issued upon an application of the builder; **uplatnění práva na bezplatné ~ vady věci** exercising the right to have defects of a thing removed free of charge; **výzva k ~ vad podání** request / call / notice to eliminate defects in the petition / filing / submission; **žádost o povolení k ~ stavby** application for removal of a structure; **žaloba na ~ neoprávněné stavby** action for the removal of an illegal structure / building
odstranit remove, eliminate, clear; dispose of, liquidate; abolish; ~ **státní kontrolu v průmyslu** deregulate industry; ~ **vojenské základny** dismantle military bases; ~ **koho z trůnu** depose from a throne; dethrone; ~ **zaří-**

zení pro rozvod elektřiny, tepla nebo topných plynů remove a device for the supply and distribution of electricity, heating, or fuel gas; ~ **ze seznamu** remove / expunge / erase from a list; delist; ~ **zjevnou tvrdost** rozsudku ameliorate the apparent harshness of judgment
odstraniteln|ý removable, disposable; clearable, eliminable; **~á vada** removable defect
odstraňování removal, clearance, settlement; dismantlement, disposal, elimination, liquidation; ~ **škodních důsledků** removal / elimination / settlement of consequences of damage
odstraňovat remove, eliminate, clear; settle; dispose of, liquidate; abolish
odstrašení intimidation; deterrence; determent
odstrašit od čeho deter from st.
odstrašování intimidation; deterrence; determent
odstup 1 withdrawal, retraction, rescission, recall, revocation, abrogation; ~ **od smlouvy** withdrawal from a contract *(CZ)*, repudiation / rescission of a contract *(US)*, *(UK)* 2 interval, distance, remoteness; ~ **od doby posledního potrestání** remoteness of the last sentence
odstupné₁ *(OB)* za zrušení smlouvy cancellation fee
odstupné₂ *(OP)* při uvolnění bytu vacation bonus, bonus to vacate a flat money paid to a person who voluntarily vacates his flat owned by a local council
odstupné₃ *(PP)* při výpovědi z důvodu organizačních změn redundancy payment; severance *(US)* in a case of notice due to reorganization; **žaloba o zaplacení ~ho** action for redundancy payment *(UK)*, action for severance payment *(US)*
odstupňovan|ý discriminatory, graduated, graded; **~á progresivní daň z příjmu** graduated income tax; **~é provinění** graded offence; ~ **pronájem** graduated lease
odstupňovat grade, graduate
odsun displacement, removal; evacuation, withdrawal
odsunutí postponement, temporary delay / adjournment / deferral; ~ **počátku promlčecí doby** postponement / suspension of the commencement of the limitation period
odsuzování condemnation, deprecation; conviction
odsuzovat condemn, convict; deprecate
odsuzující convicting; relating to conviction, condemnation; ~ **rozsudek** judgment of con-

viction; ~ **výrok** statement / holding of conviction

odškodné compensation; damages; indemnification money; amends; benefit; **mající nárok na** ~ entitled to compensation; compensable; **újma, za niž přísluší** ~ compensable injury, injury liable to compensation; **vyplatit** ~ **za co** compensate, pay compensation / damages for st.

odškodnění indemnification, compensation, damages; indemnity; recovery, redress, recoupment; **spravedlivé** ~ just compensation; ~ **pro budoucnost** future damages, compensation pro futuro; ~ **pro případ smrti** compensable death; ~ **při nemoci z povolání** compensation for occupational disease; ~ **při pracovním úrazu** compensation for an accident at work; ~ **za očekávaný stav** expectancy damages; ~ **za půdu** land damages; **slib** ~ promise to indemnify; indemnity contract; **žádost o** ~ **pracovního úrazu** application for compensation due to an industrial accident / due to work injury

odškodnit indemnify, compensate; pay damages; make restitution

odštěpný split; detached; ~ **závod** branch of a business usually a factory located in a different location away from the headquarters

odtajnění declassification; disclosure

odtajněný unclassified, disclosed; ~ **spis** unclassified file

odtajnit declassify

odtrhnout od čeho detach / separate from st.

odtržení detachment, separation, split; secession; **právo na** ~ **od státu** right of secession from a state

odúmrť escheat, escheated property; vacant possession, bona vacantia (lat); caduca, caducity

odůvodnění reasoning, justification; rationale; substantiation, vindication; ~ rozsudku **nemá podklad ve zjištění skutkového stavu** the reasoning of the judgment is not substantiated by factual findings; the judgment is not supported by evidence; ~ **rozsudku** justification / reasoning of a judgment; court's rationale / opinion; ~ **úmyslu pachatele** reasoning / justification of the intent of an offender; ~ **v daňovém přiznání** reasons in the tax return; ~ **žalovaného skutku** explanation / vindication of an act subject to criminal prosecution;

oprava ~ **rozsudku** rectification of the reasoning of a judgment

odůvodněnost justness, rightfulness; fairness validity, soundness; ~ **výroků rozsudku** validity of a statement / holding of judgment; ~ **závěru** validity / justification of a conclusion

odůvodněný justified, reasoned; substantiated; ~ **rozsudek** reasoned judgment

odůvodnit substantiate, give reasons / grounds reason, justify; explain; vindicate

oduznání popření denial, refusal, disowning disavowal; renouncement, renunciation; repudiation; ~ **otcovství** denial / disavowal of paternity

odvádět levy, return; conscribe, conscript; ~ **brance** enlist conscripts for the army; ~ **daně** levy taxes; return taxes

odvážn|ý brave, courageous; aleatory; ~**á smlouva** aleatory contract; ~**á transakce** aleatory transaction; ~ **slib** aleatory promise

odvedenec conscript a military recruit obtained by conscription; one compulsorily enlisted for military service; call-up

odvést koho do základní vojenské služby conscript conscribe; draft s.o. for compulsory military service

odvětví branch, department, field, sector; **právní** ~ branch of law, legal branch; **soudní** ~ judicial branch

odvod 1 (voj) conscription the compulsory enlistment of men for military service; draft 2 levy o taxes, duties

odvodní conscriptional; conscriptive; ~ **komise** draft board; **neplnění** ~ **povinnosti** failure to conscribe / conscript (US), failure of conscription i.e. to appear before a special army committee for compulsory enlistment for military service; **osoba neplnící** ~ **povinnost** draft-dodger; **narušit průběh** ~**ho řízení** obstruct the course of conscription for compulsory enlistment for military service

odvolací appellate; pertaining to appeal; ~ **jistota** appeal bond; ~ **lhůty** time-limits for the appellate procedure; ~ **návrh** petition for appeal; ~ **rada v oblasti sociálního zabezpečení** Appeals Council in social security; ~ **řízení** appellate proceeding(s); ~ **soud** Appellate Court Court of Appeal(s); ~ **soud ve věcech celních a patentních** Court of Customs and Patent Appeals

odvolání₁ proti čemu appeal the transference of a case

from an inferior to a higher court, in the hope of reversing / modifying the decision of the former against / from st.; countermand; **písemné** ~ notice of appeal; **prozatímní** ~ interlocutory appeal; ~ **a řízení o něm** appeal and appellate procedure / proceeding(s); ~ **proti výši trestu** appeal against the sentence; ~ **proti / z rozhodnutí** appeal from a decision; ~ **se nepřipouští** the appeal shall be inadmissible; **bez možnosti** ~ unappealable, without appeal; **lhůta podání** ~ a time-limit to lodge an appeal; **místo podání** ~ the place of lodging / filing an appeal; **odkladný účinek** ~ suspensive / suspensory effect of an appeal; **podání** ~ filing / lodging / bringing an appeal against / from; **poučení o** ~ judge's warning of appeal that appeal may be lodged; **právo na** ~ right of appeal; **přípustnost** ~ admissibility / permissibility of an appeal; appealability; **rozhodnutí o** ~ appellate decision; **usnesení o zastavení řízení o** ~ resolution of the discontinuance of appellate proceedings; **usnesení, jímž se** ~ **odmítá** resolution whereby the appeal shall be rejected not to be dealt with; **vzdání se** ~ surrender / waiver of appeal; **zpětvzetí** ~ withdrawal of an appeal; **napadnout** ~ **v neprospěch obžalovaného** contest the appeal against / to the detriment of the defendant; **napadnout rozsudek** ~**m** contest the judgment by appeal; **odmítnout** ~ refuse an appeal; **podat** ~ file / lodge an appeal; **vyhovět** ~ allow an appeal; **vyhrála své** ~ she won her case on appeal; **vzít** ~ **výslovným prohlášením zpět** withdraw an appeal by / upon an express statement; **zamítnout** ~ dismiss an appeal; **zmeškat lhůtu k podání** ~ fail to file / lodge an appeal within the prescribed time-limit; **jeho** ~ **proti rozhodnutí o výši náhrady škody** hrazené **společností bylo zamítnuto** he lost his appeal for damages against the company; **krajský soud může potvrdit, zrušit nebo změnit rozhodnutí, proti němuž bylo** ~ **podáno** the Regional Court may confirm, reverse / quash or vary the decision appealed against; ~ **je opravným prostředkem proti rozsudku soudu prvního stupně** appeal is a type of remedial measure applicable against a first instance decision; ~ **se podává u soudu, proti jehož rozsudku směřuje** an appeal shall be filed with the court from the decision of which the appeal lies / is directed; ~ **se podává: proti rozhodnutí**

okresního soudu ke krajskému soudu, proti rozhodnutí krajského soudu v první instanci **k Vrchnímu soudu** appeal lies: from a District Court first instance to a Regional Court, from a Regional Court the first instance to the High Court

odvolání$_2$ dismissal, discharge; revocation, abjuration, renunciation, *(formal)* rejection, repudiation, ademption; **předčasné** ~ nabídky premature revocation of offer; ~ **dřívějšího právního úkonu** repudiation / disaffirmance of a legal act; ~ **likvidátora** removal / dismissal of liquidator discharge him from service; ~ **neoprávněného zásahu** renunciation formal rejection of unlawful interference with; ~ **plné moci** revocation of the power of attorney; ~ **prohlášení** withdrawal of a statement; ~ **z funkce** dismissal / discharge from position / office; ~ **závěti** revocation of the last will and testament; ~ **závěti sepsané vlastní rukou pořizovatele** revocation of the last will made in the form of holograph produced by testator; **držba** nájem **do** ~ tenancy at will; **návrh na** ~ **koho** address for removal of s.o. from office; **volba přísedících, jejich zproštění a** ~ **z funkce** election of lay judges acting in first instance criminal proceedings, discharge and dismissal thereof

odvolat co / koho withdraw st., revoke st., retract, countermand; recant; abandon, cast off, repudiate st. / s.o.; remove, discharge, dismiss s.o.; discard; cashier dishonourably; expel; ~ **nabídku** withdraw an offer; ~ **návrh** revoke an offer; ~ **porotce** withdraw a juror; ~ **soudce** remove a judge from office; ~ **ústavní žalobu** withdraw from the constitutional charges / impeachment; ~ **z funkce** discharge / dismiss / remove from office

odvolat se proti čemu appeal against / from st.; a-deem; ~ **k Nejvyššímu soudu** appeal to the Supreme Court; ~ **k soudu** bring an appeal before a court, lodge an appeal with a court; give notice of an appeal to the Court; ~ **proti rozhodnutí správního orgánu** appeal from the decision of an administrative body; ~ **proti rozsudku** appeal against / from the judgment

odvolatel appellant; appellor; **protistrana** ~**e** appellee

odvolateln|ý appealable; revocable; renounceable; ambulatory; ~**á závěť** ambulatory will; ~**é ustanovení** ambulatory disposition

odvolávající se: ~ strana appellant
odvolávk|a reference; ~ na zákon reference to
statute; s ~ou na paragraf in / with reference
to a section; ~ na DPH zahrnuje jakoukoliv
obdobnou daň, která nahrazuje DPH reference to VAT shall include any tax of a similar
nature substituted for Value Added Tax
odvoz disposition, disposal; ~ odpadu waste
disposal
odvozen|ý derived; constructive; derivative;
drawn / obtained / descended / deduced from
a source; ~á žaloba derivative action; ~é ručení za škodu způsobené úmyslným porušením
práva derivative damage liability due to a tort; ~
důkaz derivative evidence; ~ právní důvod
derived legal title; ~ závazek derivative liability
odvozovat derive; deduce; obtain by some process of reasoning, inference or deduction; gather; ~
platnost od čeho derive validity from st.
odvrácení hindrance, prevention, obstruction;
diversion; deviation, deflection; turning aside
of st. from its due / ordinary course / direction;
hindering or stopping of the course of st., hindering the performance of st., hindering of doing
st.; ~ pojistné události preventing the occurrence of an insurable event / claim; ~ škody
preventing the occurrence of damage / injury
odvracet debar, preclude, prevent; stop, hinder;
impede, deter, obstruct; ~ přiměřeným způsobem hrozící nebo trvající útok obstruct
a threatening or continuing attack in a reasonable manner; ~ útok nebezpečí prevent an
attack danger
odvrátit hinder, prevent, obstruct, frustrate; ~
zásah prevent interference / intervention
odzbrojení disarmament
odzbrojit disarm force a weapon from the hand of an
opponent during a conflict / fight
odznak badge; token; emblem, symbol; ~ služby kriminální policie criminal police badge;
služební ~ policisty a policeman's badge
oferta offer
ohlášení notification; notice; report of; intimation, information; ~ drobné stavby notification of a minor structure; ~ stavebních úprav
notification of building improvements; ~ škody notification of a claim; ~ udržovacích
prací notification of building maintenance; ~
ztráty občanského průkazu notice of lost
identity card / personal passport

ohlášky banns of matrimony
ohlašovací notifiable; notifying; reporting; announcing, informing; ~ povinnost duty to notify; ~ živnost (CZ) notifiable trade executed
upon fulfilling basic requirements; ~ živnost volná
(CZ) unqualified notifiable trade no special qualification is required; ~ živnost řemeslná (CZ) vocational notifiable trade upon the obtainment of
a vocational certificate, including for crafts; ~ živnost vázaná (CZ) professional notifiable trade
learned and skilled professions
ohlašovatel informant; reporter, announcer; ~
ohlašovací živnosti (CZ) applicant for a notifiable trade licence
ohlašovna registration office; policejní ~ police station; ~ matričních událostí local births,
deaths and marriages register office, registry
ohled consideration, regard, respect; bez ~u na
co irrespective of st.; s ~em nač with respect
to st., in respect of st., considering st.
ohledání examination, inspection, investigating
the nature, qualities, or condition of any object by inspection or experiment; ~ místa site inspection /
examination; ~ mrtvoly autopsy; coroner's
inquest; ~ předmětu examination of an object; ~ věci examination of a thing
ohledně with respect to, in respect of, considering, concerning
ohledupln|ý thoughtful, considerate; delicate,
discreet; understanding; ~é zacházení s oběťmi trestných činů thoughtful / considerate
treatment of crime victims
ohodnocení (e)valuation, appraisal, appreciation, estimation; acknowledgment; assessment; ~ věci cenou pricing; appraisal of a
thing
ohodnotit value, estimate the value of goods,
property, etc.; appraise in respect of value, assess; ~ penězi appraise in money
ohradit fence, hedge; enclose; ~ co plotem
hedge, surround with a hedge / fence
ohraničení delimitation; demarcation
ohrazený close; fenced, hedged
ohrozit jeopardize, endanger, imperil, expose
to danger, cause danger to; ~ příznivý vývoj dítěte endanger the favourable / positive
development of a child; ~ život či majetek
imperil / endanger life and property; ~ život
nebo zdraví put in jeopardy of life and limb,
endanger the life and health of another
ohrožení endangering, jeopardising, threaten-

ing; imperilment, peril, danger, menace; **obecné** ~ endangering the safety of the public; **úmyslné** ~ **životního prostředí způsobené kým** intentional endangering of the environment by s.o.; ~ **bezpečnosti** endangering / imperiling the safety; ~ **bezpečnosti vzdušného dopravního prostředku a civilního plavidla** endangering the safety of an aircraft and ship; ~ **devizového hospodářství** endangering foreign exchange trade; ~ **hospodářského tajemství** jeopardising / endangering business secrets; ~ **pod vlivem návykové látky** menace due to intoxication; ~ **služebního tajemství** jeopardising / endangering an official secret; ~ **státního tajemství** endangering the State Secret; ~ **veřejného zájmu** endangering public interests; public nuisance; ~ **životního prostředí** endangering the environment; **nebezpečí bezprostředního** ~ **života a zdraví** immediate threat / danger to life and limb; **stav obecného** ~ a state of general menace, a state of endangering the community, a state of endangering the safety of the public
ohrožený endangered, imperilled; ~ **druh** endangered species; ~ **důkazní prostředek** means of evidence exposed to danger, endangered means of proof
ohrožování endangering, jeopardising, threatening; imperilment, peril, danger, menace; ~ **morálního stavu jednotky** corrupting morals of troops; ~ **mravní výchovy mládeže** corrupting the morals of youth, the corruption of children; ~ **mravnosti** corrupting morals; ~ **oběhu tuzemských peněz** endangering the circulation of domestic currency; ~ **pohlavní nemocí** exposing others to venereal diseases; ~ **práv** endangering rights, rights in peril; ~ **zdraví závadnými potravinami a jinými potřebami** endangering health due to defective / decayed food and other goods; ~ **životního prostředí** endangering the environment; **poškozování a** ~ **provozu obecně prospěšného zařízení** damaging and endangering the operation of publicly expedient utilities
ohrožovat endanger; corrupt, imperil; ~ **mravnost / dobré mravy** corrupt morals
ochot|a accommodation, readiness, willingness; **směnka z** ~**y** accommodation bill / draft
ochotný willing, wishing, wishful, desirous; inclined; **být schopný a** ~ **něco udělat** be ready and willing to do st.

ochran|a protection; prevention, preservation; wardship; **autorskoprávní** ~ copyright protection; **neplatná autorskoprávní** ~ void copyright; **průmyslově-právní** ~ protection of industrial property; **soudní** ~ judicial protection; **spravedlivá** ~ **práv a oprávněných zájmů** fair protection of rights and justified interests; **zatímní autorskoprávní** ~ ad interim copyright; ~ **církví a náboženských společností** protection of churches and religious organizations; ~ **cti** fyzické osoby protection of dignity of natural person; ~ **dat** data protection; ~ **držby** protection of possession / tenancy; ~ **dřevin** protection of wood species; ~ **jakosti povrchových a podzemních vod** protection of quality of surface and underground waters; ~ **lesa** protection of forests; ~ **lidských práv** protection of human rights; ~ **osobnosti** protection of personal rights private rights other than property rights of an individual; ~ **ovzduší před znečištěním** protection of air against pollution; ~ **označení podniku** protection of the designation of business / trade name; ~ **označení původu** protection of appellation of origin; ~ **ozónové vrstvy země** protection of ozone layer; ~ **práv a zájmů účastníků řízení** protection of the rights and interests of participants in proceedings; ~ **proti početí** contraception; ~ **proti uveřejnění informací** protection against disclosure of information; ~ **před elektromagnetickým zářením** protection against electromagnetic radiation; ~ **před hlukem a vibracemi** noise and vibrations protection; ~ **před povodněmi** flood prevention; ~ **předmětů kultovní, muzejní nebo galerijní hodnoty** preservation of objects pieces of cultural, museum, or art gallery value; ~ **přírodních zdrojů** conservation of natural resources; ~ **přírody** nature conservation, conservation of nature; ~ **přírody a krajiny** protection of nature and the landscape; ~ **půdy** protection of soil; ~ **spotřebitele** consumer protection; ~ **státních hranic** border protection; ~ **subjektivních práv** protection of rights; ~ **utajovaných skutečností** protection of classified information; ~ **vkladatelů** protection of depositors; ~ **vlastnictví** protection of ownership / property; ~ **životního prostředí** environmental protection, protection / preservation / conservation of the environment; **bezpečnost a** ~ **zdraví při práci**

safety and health protection at work; **zákon o požární ~ě** Fire Protection Act; **žaloba na ~u osobnosti** action for the protection of personal rights of an individual
ochranář conservator, conservationist; protectionist
ochránc|e conservator; guardian, protector; preserver; conservationist of the environment; sponsor; ~ **pořádku** protector of peace; conservator of peace; ~ **práv** guardian of rights; ~**i životního prostředí proti stavbě jaderných elektráren** conservationists in opposition to / opposing the construction of nuclear power plants
ochrann|ý protective; defensive; preservative; ~**á lhůta** protective period; ~**á prohlídka** protective search; ~**á vazba** protective arrest, custody the apprehension of a person either allegedly or truly for his own protection; ~**á výchova** protective youthful and young offenders rehabilitation social retraining; ~**á známka** trade mark; ~**é léčení** protective in-patient medical treatment; ~**é opatření** protective treatment measure; ~**é pásmo** buffer / protective zone; ~**é prvky bankovky** security features of a banknote, protective elements; ~ **dohled / dozor** protective supervision; after-care of probationers; ~ **les** protective forest; ~ **oděv** protective clothing; **prodloužení** ~**é výchovy** extension of protective youthful and young offenders rehabilitation social retraining; **předběžné** ~**é opatření** preliminary / interim / interlocutory measures of protection; **uložení** ~**ého opatření** a judgment imposing protective measures; **výkon** ~**ého opatření** the execution of a judgment imposing protective measures; **uložit** ~**ou výchovu** award a judgment imposing protective youth and young offenders rehabilitation social retraining; **bylo mu nařízeno** ~**é léčení** he was ordered to undertake protective in-patient treatment; he was awarded the hospital order (UK); ~**ými opatřeními jsou omezující opatření a zabrání věci** the restricting / restrictive measures and seizure of property shall be types of protective measures under administrative law
ochromení paralysation; ~ **údu** paralysation of s.o.'s limb
ochromen|ý paralysed, crippled; hung; ~**á končetina** paralysed limb; ~**é vedení podniku**

paralysed / hung / deadlocked management of a business
okamžitě forthwith, instantly, immediately; ~ **a s náležitou péčí** as soon as may be
okamžit|ý instantaneous, instant, prompt, immediate; ~**á smrt při dopravní nehodě** instantaneous death; ~**é zatčení** on-the-spot arrest; ~**é zrušení pracovního poměru** on-the-spot / instant termination of employment
okénko úřadu, pošty, banky counter in an office, post-office, bank
oklamat deceive, cheat; ~ **soud** deceive the court
okolí vicinity, neighbo(u)rhood; ambit, amenity, surrounding(s)
okolnost circumstance, factor, external condition; **klamavá a nepravdivá** ~ false and incorrect fact / circumstance; **mimořádná** ~ emergency, emergent fact; **podstatná** ~ material / substantial fact, material / substantial circumstance; **polehčující** ~**i** mitigating circumstances / factors; **přitěžující** ~**i** aggravating circumstances / factors; ~ **vylučující odpovědnost** circumstance excluding liability; ~**i svědčící proti obviněnému** circumstances proving against the accused; ~**i vylučující protiprávnost** circumstances excluding the illegality of an act; ~**i vylučující uzavření manželství** circumstances impeding a marriage, diriment impediments of marriage; ~**i, které zeslabují nebo vyvracejí obvinění** circumstance mitigating or rebutting / refuting the accusation; **podle** ~**í** as the case may be; **za** ~**í** under the circumstances; **za obvyklých** ~**í** in ordinary circumstances; **za určitých** ~**í** in / under certain circumstances; **za žádných** ~**í** on no condition, in / under no circumstances; **posoudit** ~**i** consider / judge / qualify circumstances; **zjišťovat** ~**i** ascertain / establish circumstances
okraj edge, border
okres district; circuit; **soudní** ~ judicial district; judicial circuit (US), (UK)
okresní relating to district; circuit; ~ **soud** District Court; ~ **státní zástupce** district prosecuting attorney; district prosecutor (UK), district attorney (US); ~ **státní zastupitelství** (CZ) District Prosecuting Attorney's Office; district prosecution office (UK), office of district attorney (US); ~ **úřad** (CZ) District Office execution of state administration in a district; non-elective body;

přednosta ~ho úřadu *(CZ)* chief administrative officer of the District Office

okrs|ek precinct, ward; district; **volební** ~ electoral precinct, electoral ward; **velké městské části se dělí do ~ků, z nichž každý volí členy zastupitelstva samostatně** large boroughs are divided into wards, which elect their councillors severally

oloupit koho o co deprive s.o. of st.; rob, strip, dispossess; bereave

omámit koho hocus s.o., stupefy s.o. with drugs

omamn|ý narcotic, stupefying; **~á látka** narcotic substance / matter; **~ prostředek** narcotic substance

ombudsman veřejný ochránce práv ombudsman public defender of rights

omezeně in a restricted / limited / specified manner; **ustanovení platí** ~ the provision applies to a specified extent

omezení limitation, restriction; constraint; qualification; confinement; containment; abridgment; **právní** ~ legal constraints; **~ nařízená zákonem** the restrictions imposed by statute; **~ obviněného ve výkonu trestu** restraint / restrictions imposed upon an accused serving the term of imprisonment; **~ osobní svobody při předání odsouzeného do výkonu trestu** restriction of personal liberty when committing a convict to prison; **~ poskytování úvěrů** lending restrictions; **~ převodu nemovitostí** limitation on the transfer of real property; **~ přístupu k soudu** limitation on the access to court; **~ rodičovských práv** abridgements of parental rights; **~ státní regulace v podnikání** deregulation; restrictions on intervention of the state into business; **~ úvěrových aktivit** restriction on lending activities; **~ způsobilosti k právním úkonům** limitation of legal capacity / competence / qualification; **bez jakéhokoliv** ~ without any qualification / limitation / restriction; **bez** ~ free of any limitation; **období ~ převoditelnosti** nemovitého **majetku** perpetuity period of the restricted transferability of property; **rozhodnutí o** ~ **způsobilosti k právním úkonům** judgment of limitation of / limited legal capacity; **snížit** ~ relax restrictions; **stanovit** ~ **pro co** impose limitations on st.

omezen|ý limited, restricted, constrained; **časově ~á směnka** time note; **územně ~á působnost** territorially restricted authority / jurisdiction / competence / powers; **~á platnost**

dokladu limited validity of a document; **~é finanční zdroje** narrow / limited resources, limited funds; **společnost s ručením ~ým** limited liability company

omezit impose constraints on; bound, restrict; confine within limits, set bounds to; ~ **činnost** reduce activities; hamper an action; ~ **výdaje** cut expenditure; **účinně** ~ **riziko** effectively limit a risk

omezování limitation, restriction; constraint; qualification; ~ **osobní svobody** false imprisonment; unlawful restraint knowingly and without legal authority restraining another so as to interfere substantially with his liberty; restriction of personal freedom / liberty; ~ **osobnostních práv** limitation of personal rights related to the life, health, dignity and privacy of an individual; ~ **svobody vyznání** restricting / infringing the freedom of worship / religion

omezující limiting, restricting, restrictive; based on qualification; **ochrannými opatřeními jsou** ~ **opatření a zabrání věci** the restricting / restrictive measures and seizure of things shall be types of protective measures under administrative law

omilostnění pardon; amnesty

omisivní omissive characterized by omitting, neglecting to perform, or leaving out; ~ **jednání** act of omission; ~ **trestný čin** omissive crime, crime of omission

omluv|a apology, excuse; **důvodná a včasná** ~ reasonable / justified and timely excuse; **nedostavení se k soudu bez řádné ~y** failure to attend / appear before court without just excuse; **učinit ~u** make an apology; **zveřejnit ~u** publish an apology for defamation

omluvit se komu za co apologize, apologise; make an apology to s.o. for st.

omluvitelný justifiable, excusable, forgiv(e)able; venial

omluvný based on apology, excuse; ~ **dopis** letter of apology

omnis culpa *(lat)* vina v plném rozsahu complete guilt

omyl mistake usually an unintentional act, omission or error arising from ignorance or misplaced expectations, error usually in the course of proceedings in relation to judgment; fault; wrong; **justiční** ~ judicial murder an unjust though legal death sentence; miscarriage of justice; **právní** ~ error in law; legal mistake; **skutkový** ~ error in fact; **vnější**

~ **omyl v projevu** external mistake mistake in expression; ~ **jedné smluvní strany** unilateral mistake; ~ **v podstatě** substantive mistake; ~ **v pohnutce** mistake in inducement / motive; ~ **vyvolaný lstí** mistake incurred / induced by artifice / deceptive contrivance; ~ **z důvodu** místní **nepříslušnosti** mistake in local jurisdiction; **jednání v ~u a tísni** acting by mistake and under duress / distress; **nevědomé uvedení v ~** innocent misrepresentation; **útok provedený ~em** attack upon mistaken beliefs; **uvedení v ~** misrepresentation; **učinit úkon v ~u** make an act in / by mistake; **uvést v ~** misrepresent, give a false representation or account of st.

onemocnění disease, sickness; illness; **lehké ~** ailment; **vážné ~** serious illness

opačn|ý adverse, contradictory, converse, counter; **mající ~ zájem** having adverse / opposing / contrary / antagonistic interests; **~é důkazy** contradictory evidence

opak contrast, contrary, opposite, reverse; **dokud není prokázán ~** until the contrary is proved; **domněnka připouštějící důkaz ~u** např. **domněnka** otcovství presumption admitting evidence to the contrary e.g. presumption of paternity

opakovaný repeated; reiterated, repetitive; ~ **přezkum** repetitive review

opatrnost diligence, carefulness; caution, vigilance; **princip předběžné ~i** precautionary principle

opatrný diligent, careful; vigilant; conservative

opatrovanec ward

opatrování custody, wardship; ~ **zadržené věci** custody of a detained / seized thing

opatrovnick|ý relating to guardian, custodian, wardship; **~á práva a povinnosti** rights and duties of guardianship / custodianship; **~é řízení** guardianship trial / hearing / proceedings; **uplatnit pravomoc svěřit** koho do **~é péče** exercise guardianship / wardship jurisdiction

opatrovnictví guardianship, custodianship; curatorship (LA); **ustanovení ~ věci** establishment of custodianship / curatorship of a thing

opatrovník guardian; conservator; curator (LA); custodian of a thing; **kolizní ~** guardian ad litem; **obecný ~** general guardian; **soudem (u)stanovený ~** guardian appointed / established by the court; **soudem stanovený ~** zájmů **nesvéprávné osoby** guardian of a leg-

ally incompetent person; ~ **nezletilého dítěte** guardian of an infant / a minor; **listina o ustanovení ~a** the appointment of guardian certificate; **přivolení ~a k** adopci consent of a guardian to adoption; **rozsudek o ustanovení ~a** judgment to appoint a guardian, appointment of guardian judgment; **usnesení o ustanovení ~a k podání žaloby o určení** otcovství resolution to appoint a guardian to bring a paternity suit before court; **ustanovení ~a nezletilých pro úkon** appointment of a guardian of a minor to act; **zproštění ~a funkce** discharging a guardian from his duties; **ustanovit ~a věci při řízení o zabrání věci,** není-li znám vlastník appoint a custodian for / of a thing in proceedings for the confiscation of a thing, if its owner is unknown; **ustanovit ~a k výkonu práv** obviněného appoint a guardian for the execution of the rights of an accused; **ustanovit ~a soudně** appoint a guardian judicially / by court

opatření measure, plan of action, course of action; arrangements; **donucovací ~ a** measure to compel, compelling measures; **následná ~** subsequent measures; **ochranné ~** protective treatment measure; **pořádkové ~ a** measure to maintain the rules of order / procedure; procedural measure; **pořádkové ~ kázeňský trest** u osob ve vazbě measure of order i.e. disciplinary punishment imposed upon persons kept under remand / in custody; **preventivní ~** precautionary / preventive measures; **předběžné ~** emergency / preliminary ruling (CZ); temporary restraining order requested and granted very early in the process (US), preliminary injunction granted before a merits review but not as immediate as a temporary restraining order (US); **předběžné ~ před nebo po zahájení řízení** emergency ruling made before or after the commencement of proceedings; **předběžné ochranné ~** emergency measure of protection; preliminary / interim / interlocutory measure of protection; **přiměřená ~ k zajištění bezpečnosti osob** reasonable precautions for the safety of persons; **varovné a regulační ~** warning and regulation measure; **zákonná ~** Senátu statutory measures of the Senate; ~ **k nápravě** corrective measures; ~ **v soudnictví** judicial measures; measures in judiciary; **usnesení o neodkladném ~** resolution of emergency / exigent measure; **vydání předběžného ~ před zahájením řízení** order for emergency ruling before the commencement of proceedings; **cítit se zkrácen ~m předsedy senátu** *(OPP)* feel prejudiced due to the measure pursued by the chairing judge; **nesplnit ~ uložené podle obecně závazných právních předpisů** fail to fulfil the measures imposed under generally binding regulations; **přijmout ~ k odstranění závad** take / adopt / pursue measures to eliminate mistakes; **učinit neodkladná ~** take emergency measures

opatřit furnish with st.; provide, supply with; **~ co dřívějším datem** antedate affix an earlier than the true date to a document; **~ dobré zaměstnání** provide / supply with a good job

opce option; **~ na koupi / kupní ~** call option; **~ na prodej / prodejní ~** put option; **~ za odkoupení pojistky** cash value option

opční relating to option; **~ cena** call / option price; **~ list** subscription warrant; option note; **~ obchod** option business; call option; **vydání ~ho listu k uplatnění přednostního práva k úpisu** rights issue *(UK)* to exercise pre-emptive rights of the existing shareholders

operativní operational, operative; **~ technika** operational / intelligence technology

opětovně repeatedly, frequently; more than once, again and again; **~ spáchat čin** recommit an offence, commit a crime again / repeatedly

opětovn|ý repeated, repetitive, repeating, recurring; **~á dražba** repeated auction / judicial sale; **~á výzva na zaplacení** repeated notice / request / call that payment be made

opětující se repeating, recurring; **~ dávka** např. důchod repeating / repetitive / ongoing benefit e.g. old-age pension paid in the CR on a monthly basis; **~ plnění** recurring performance payment

opilec drunkard; inebriate, sot

opilost intoxication, drunkenness, ebriety; **patologická ~** pathological drunkenness; **náhrada škody způsobené v ~i** compensation for / of damage inflicted while intoxicated

opilství intoxication, drunkenness, ebriety

opilý drunken; drunk, intoxicated

opis duplicate, fair, true copy; estreat *(UK)*; **~ listiny** copy of an instrument; **~ návrhu k veřejnému zasedání** a copy of a motion for a public hearing; **~ obžaloby** a copy of an indictment; **~ protokolu** a copy of report / transcript; **~ rozhodnutí** duplicate / copy of the judgment; **~ spisu** estreat, the true extract or copy of some original writing or record entered on

the rolls of a court; **~ vyhotovuje okresní úřad** the duplicate to be issued by the District Office; **~ z evidence Rejstříku trestů** obsahující všechny tresty i zahlazené a copy of s.o.'s criminal conviction records containing all convictions including expunged / erased / deleted convictions; **~ záznamu** prvního výslechu obviněného a copy of the records of the first interrogation of the accused; **doručení ~u rozsudku komu** service of a copy of judgment on s.o.; **činit si ~ soudního spisu** make a duplicate / copy of pleadings

opium opium; poppy *(inform)*; gee, gow *(slang)*

oplocení fence, fencing; hedge

oplotit fence, hedge; **~ pozemek** fence a lot

opomenout omit; neglect, disregard; fail / forbear to use / perform; **~ ze závazku** omit the performance of an obligation or a part thereof

opomenutí omission the non-performance or neglect of an action or duty; waste; neglect, disregard; **~ platby** dluhů payment delinquency; failure to pay debts as they fall due; **~ povinného jednání** nonfeasance, omission of some act which ought to have been done; **~ povinnosti** neglect of a duty; **jednání / konání či ~** act / action or omission

opomíjený neglected, disregarded; omitted

opominutí omission; waste; neglect, disregard; pretermission; **~ dědice** pretermission of a heir; **~ důvodu** omission of cause; **~ nabídky** v rámci předkupního práva omission of offer within the pre-emption right; **~ vedlejšího účastníka sporu** non-joinder, omission to join a person as party to a suit

oponent objector, obstructor, opponent one who maintains a contrary argument in a dispute

opotřebení wear and tear; **obvyklé / běžné ~** věci normal / regular / common wear and tear; **přiměřené ~ věci** jejím užíváním fair / reasonable wear and tear

opověď complaint, a statement of injury or grievance laid before a court or judicial authority; **rozepře** third party notice / complaint

opozice opposition; **politická ~** political opposition

opoziční opposing; relating to opposition; **~ strana** opposition party; **~ žaloba** adversary action

opožděně with delay; **~ platit nájemné** be back in payment of rent

opožděnost default, delay; lateness the being behind usual or proper time; **usnesení o odmítnutí**

námitek pro ~ nebo neodůvodněnost resolution to refuse exceptions due to delay or lack of cause
opožděn|ý delayed; deferred, retarded; procrastinated; **~é plnění** delayed performance, performance in default; **~ nárok** belated claim; **usnesení o vyloučení ~é přihlášky pohledávek z uspokojení v konkursu** resolution to exclude the delayed proofs of claim to be settled / satisfied in bankruptcy
oprav|a repair; correction, mending, improvement, reconstruction, rectification; **~ opisu rozhodnutí** amended copy of decision; **~ protokolu** rectification of a transcript; **~ a úprava věcí** the repairing and improvement of things clothing; **~ odůvodnění rozsudku** rectification of the reasoning / justification of judgment; **~ věci** odstranění vad repairs of a thing removal of defects; **~ vyhotovení rozsudku** amended judgment i.e. the correction of clerical errors; **nařídit ~u napadeného rozhodnutí** order that the contested decision be rectified, order that the rectification of a contested decision be pursued; **provést ~y čeho** execute repairs to st.
opravdov|ý genuine; authentic; **~á úcta** genuine respect
opravdu absolutely, frankly, truly; ultimately
opraven|ý corrected, rectified; amended, refined; **~á pojistná smlouva** corrected policy; **~ rozsudek** amended judgment
opravit correct, rectify, amend
oprávněn eligible, entitled, qualified; **být ~ k pobírání podpory v nezaměstnanosti** qualify for unemployment pay / benefit, be eligible for / to unemployment benefit
oprávněně in a justified / eligible manner; **~ použít sílu** be justified in using force
oprávnění authorisation, power; certificate, licence, permit; capacity, entitlement, qualification; warrant; title, right, justification; **beneficiální dispoziční ~** beneficial power executed solely for the benefit of the donee of power; **podnikatelské ~ registrované společnosti** corporate franchise the right to exist and do business as a corporation; **zbrojní ~ podnikatele v oblasti zbraní** firearms business permit; **~ k dědění** qualification / competence to inherit; **~ k podnikatelské činnosti** business licence, a licence to undertake business activities; **~ k žalobě** cause of action; justification of an action, grounds for an action; **~ ke vstupu do živnostenských**

provozoven statutory power to enter business premises run under a trade licence; **~ na základě dosažení určitého věku** age qualification; **~ poškozeného** uplatnit nárok na náhradu škody the right of an injured person / aggrieved party to seek damages; **~ přezkumu** appellate review jurisdiction; **~ ustanovit nabyvatele dispozičního práva** oprávnění na základě závěti power of appointment right conferred upon s.o. by will to receive and enjoy an estate and income thereof
výkon ~ podnikat výkon podnikatelského oprávnění the execution of a licence to undertake business, execution of a business licence; **zrušení živnostenského ~** (CZ) the cancellation of a Trade Licence; **živnostenské ~ k ohlašovacím živnostem** (CZ) Trade Licence to undertake notifiable trades; **živnostenské ~ ke koncesovaným živnostem** (CZ) Trade Permit to undertake permitted trades; **dát ~ komu** 1 confer a power upon s.o., entitle s.o., make s.o. eligible for / to, empower s.o. for st. 2 issue a licence / permit; **jednat se stejným ~m** act in the same capacity; **jednat v rámci ~** act within one's authority; act intra vires; **mít ~ pro co** qualify for st., be entitled / eligible authorised / empowered for st. / to do st.; **prokázat ~ k prohlídce** show a search warrant prove that a search warrant has been issued; **překročit ~** act in excess of the licence / authorisation; act ultra vires; **udělit živnostenské ~ na dobu neurčitou** issue / grant a Trade Licence or Trade Permit for an indefinite period of time; **živnostenské ~ vzniká dnem zápisu do obchodního rejstříku** (CZ) a Trade Licence or Trade Permit becomes effective on the date of entry thereof in the Commercial Register
oprávněnost justification, reasonableness, reasonability; validity; legitimacy; **~ nároku** legitimacy / justification of a claim; **~ žádosti** legitimacy of an application
oprávněn|ý (adj) lawful, legal, legitimate, justified; valid; authorized, competent, qualified; **~á držba** lawful possession; **~á námitka** valid objection / exception; **~á obhajoba** jdoucí po podstatě věci valid defence following the cause of action; **~á osoba** beneficiary; **~é domnění** legitimate presumption; **~é použití zbraní** lawful use of arms / weapons; **~ dědic** qualified heir; **~ držitel** holder in due course; **~ důvod ke stížnosti** grounds for complaint; **~ ná**

rok valid / justified claim; ~ **občan** eligible / entitled / qualified person; ~ **orgán** authorized body; ~ **zájem** legal / legitimate interest; **osoba ~á k návrhu na povolení obnovy** a person entitled to move for a new trial; **osoba ~á napadnout rozsudek odvoláním** a person entitled to lodge an appeal from the judgment; **osoba ~á převzít plnění** beneficiary; **osoba ~á / subjekt ~ podat stížnost proti usnesení** a person entitled to submit a complaint against a resolution; **zásada ~ého očekávání** *(ES)* principle of legitimate expectation; **užívat cizí věc bez přivolení ~é osoby** use a thing of another without the consent of the entitled person, use a thing acquired by conversion
oprávněn|ý *(n)* entitled person, beneficiary; injured party; ~ **z licence** licensee; ~ **ze slibu** promisee; ~ **ze smlouvy** smluvní strana, v jejíž prospěch je smlouva uzavřena obligee; covenantee a party for the benefit of which the contract is made; beneficiary; ~ **z věcného břemene** holder of the easement; ~ **z vydržení** prescriber; ~ **ze závazku** obligee; **požadavky ~ého** při porušení smlouvy claims of the injured party where the contract was breached; **uspokojení ~ého** při výkonu rozhodnutí satisfaction of the claims of an entitled person / a beneficiary
oprávnit qualify, authorise, empower; justify, capacitate; ~ **jeho existenci** justify its existence
opravn|ý remedying, remedial; amended, corrected; **~á vyrovnávací položka** adjusting entry; **~é usnesení** amended / rectifying resolution; ~ **prostředek** remedial measure; right of remedy, redress, relief; recourse, resort; reparation; **řádný ~ prostředek** regular / standard remedy / remedial measure; **odmítnutí ~ého prostředku** refusing to apply for a remedy / remedial measure the remedial measure is not admitted; **osoba oprávněná podat ~ prostředek** a person eligible / competent to apply for a remedial measure, a person eligible / competent to file an application for a remedial measure, a person eligible / competent to seek a remedial measure; a person eligible / competent to lodge an appeal; **poučení o ~ém prostředku** notice / warning of a right of remedial measure; **předložení ~ého prostředku** application for a remedial measure; the filing of a remedial measure; seeking remedy; **zpětvzetí ~ého prostředku a zastavení řízení** the

withdrawal of an application for a remedial measure and the discontinuance of proceedings; **použít ~ého prostředku** resort to a remedial measure, have recourse to a remedial measure, seek a remedial measure; **vydat ~é usnesení** award / grant / issue an amended resolution; **~ým prostředkem proti rozsudku je odvolání** an appeal is a remedial measure to review the judgment; **~ým prostředkem proti trestnímu příkazu nebo platebnímu rozkazu je protest** *(CZ)* protest is a remedial measure against the criminal order and compulsory / judicial order to pay; **~ým prostředkem proti usnesení je stížnost** complaint is a remedial measure against the judicial resolution
opřít se rely on, rest upon; ~ **o důkazy** rely on evidence
opustit abandon, desert, quit, leave, relinquish; ~ **dítě** abandon a child; ~ **manželku** desert one's wife; ~ **společnou domácnost** quit / desert the common household; **právo lodi ~ přístav** clearance
opuštění desertion; abandonment, relinquishment; surrender; neglect; **dobrovolné ~** voluntary abandonment / desertion of / departure from a place; **svévolné ~ dítěte** malice / wilful abandonment; **svévolné ~ jednotky** the desertion from one's unit of the Armed Forces without permit; ~ **bojových prostředků** the desertion of weapons and other means of war; ~ **dítěte** the abandonment of a child; ~ **přístavu lodí** the clearing of a ship; **trvalé ~ společné domácnosti** permanent desertion of / from household, wilful abandonment of the conjugal society; ~ **věci** derelikce dereliction the action of leaving or forsaking a thing with intention not to resume; **povolení k ~ pracoviště** leave of absence
opuštěnost věci vacancy, dereliction, desolation; osoby solitariness, loneliness
opuštěn|ý deserted, abandoned, relinquished; surrendered; vacant; **~á strana** deserted party; **~á věc** waif; derelict; thing which is found ownerless / voluntarily abandoned; ~ **majetek** abandoned property, derelict; vacant possession
orgán 1 body, authority; organ; **bezpečnostní ~** security body / authority; **hlavní ~ pro rozhodování o** čem principal decision-making body; **jediný zákonodárný ~** sole legislative body; **příslušný ~** respective / competent / appropriate body / authority; **rozhodovací ~**

decision-making body; **soudní** ~**y** judicial authorities, judiciary; **správní** ~ administrative body; **statutární** ~ authorised representative a person or a group of persons authorised to act on behalf and in the name of a company, association, foundation etc.; **veřejný** ~ public authority; **volený a zastupitelský** ~ elected / elective and representative body; **vyhledávací** ~ tj. policie searching body i.e. the police; **zákonodárný** ~ law-making / legislative body, legislature; ~ **činný ve správním řízení** a body in charge of / responsible for administrative proceedings; ~ **místní správy** local authority; ~ **péče o dítě** children care authority; ~ **péče o mládež** care of youth body; ~ **pověřený péčí o mládež** social services body in charge of care of youth; ~ **pověřený vést matriky** local authority in charge of births, deaths and marriages registers; ~ **státní moci** a government body; ~ **státní správy** state administration body, administrative / governmental agency; ~ **státu** body of the State, state agency; ~ **územní samosprávy** local self-government authority / body; ~ **veřejné správy** public administration body / authority; ~ **vydávající rozhodnutí** decision-making body; ~ **zájmové samosprávy** professional self-governance body; ~**y činné v trestním řízení** investigative, prosecuting and adjudicating bodies; ~**y místní správy** local government authorities; ~**y OSN** United Nations bodies; ~**y pověřené likvidací odpadů** waste disposal authorities **2** police officer; **nadřízený služební** ~ senior officer; **podřízený služební** ~ subordinate officer; **řídící** ~ **státní tajné bezpečnosti** (hist) (CZ) secret agent member of the State Secret Police governing / in charge of an informer; **vyslýchající** ~ interrogating / interviewing / questioning officer **organizace** organisation, institution, body, agency; **charitativní** ~ charitable institution; **náboženská** ~ religious institution; **nevládní** ~ non-governmental organization / institution, NGO abbrev; **nezisková** ~ non-profit making / non-profit / not-for-profit / not profitable organization; benevolent association; **příslušná oprávněná** ~ respective competent institution; statutory undertaker; **příspěvkové** ~ (CZ) institutions receiving contributions from the State Budget; **rozpočtové** ~ (CZ) institutions fully funded from the State Budget; **vzdělávací** ~ educational institution; ~ **po-**

stavená mimo zákon outlawed organization; ~ **spojených národů** the United Nations Organization; ~ **veřejné správy** organization system and structure of public administration
organizační organizational, structural; ~ **princip** organizational principle; ~ **předpis** organizational regulation / guidelines / rules; ~ **složka právnické osoby** structural component / unit of a legal entity; **zápis** ~ **složky zahraniční osoby** the recording registration, entry into register of a branch structural component of a foreign entity in the Commercial Register
organizátor organizer; ~ **mimoburzovního trhu** (CZ) an organizer of an off-exchange / off-board stock market a Stock Exchange other than the statutory one; licence issued by the Ministry of Finance; ~ **trestného činu** principal offender organizer of the commission of crime
organizátorství organization; ~**, návod a pomoc** organization, abet(ting) counselling, encouraging, inciting the commission of a crime and aid(ing) help, assistance
organizovan|ý organized; structured; ~**á skupina** organized group; ~**á trestná činnost /** **zločinnost** organized crime
orgie debauch, debauchery
originární původní original, primary, initial, first; originary; ~ **nabytí vlastnictví** tj. vlastnictví k nově vzniklé věci, kterou ještě nikdo nevlastnil original acquisition of property ownership of a newly originating thing that had not been owned before
osada (CZ) colony a group of people living temporarily separated from the rest of a community, e.g. during holiday or weekends; settlement, township
osadnick|ý relating to colony, settlement; ~**é vztahy** relations among members of a colony
osaměl|ý single, lonely; alone; discovert; ~**á osoba** single person; ~**á žena** neprovdaná, rozvedená, ovdovělá discovert / single woman unmarried, divorced, widowed; ~ **muž** single man
osídlovat settle; colonize, populate; ~ **obsazené území** colonize an occupied territory
osivo seed; ~ **a sadba** seed and plants
oslabit weaken, lessen the physical strength or vigour, render weaker in resources, authority, political or military power
oslovit address; approach; call; ~ **soud osobně nebo prostřednictvím svého právního zástupce** address the court in person or through one's lawyer

osnov|a outline, chart; scheme; **učební** ~y curriculum, *(pl)* curricula; **účetní** ~ chart of accounts
osob|a person; individual, character, human being; **blízká** ~ kin; next of kin; **duševně nedostatečně vyvinutá** ~ person with mental insufficiencies; **fyzická** ~ natural person, an individual, human being; **jmenovaná** ~ do funkce appointee to an office; **konfrontované** ~y confronted persons; **mladistvá** ~ a juvenile, juvenile / young person; **nepovolaná** ~ unauthorized person; **nezletilá / neplnoletá** ~ person under full / legal age, person under the age of legal competence, a minor; **neznámá** ~ unknown person; **nezvěstná** ~ absent person; **nic netušící** ~ unsuspecting person; **obmyšlená** ~ beneficiary; **odsouzená** ~ a convict; convicted / condemned person; **oprávněná** ~ beneficiary person entitled to receive benefits / favours; authorized person; entitled person; donee, grantee; **osvědčující** ~ attesting person, attestor; **osvědčující** ~ svým podpisem pravost listiny, podpisu na listině attesting witness attesting authenticity of an instrument, signature; **ovládající** ~ společnost controlling company; parent / holding company; **ovládaná** ~ společnost controlled company; subsidiary company; **plnoletá** ~ a person of full / legal age, a major; **podporující** ~ supporter; backer; **pověřená** ~ authorised person; person in charge of st.; appointee; **povinná** ~ obligor under obligation, promisor under promise; obligated party upon a judgment; **právnická** ~ legal entity, artificial legal person, body corporate, corporate body, juristic / juridical person; **třetí** ~ third person; **úřední** ~ official; person in authority; **vhodná** ~ suitable / relevant / appropriate person; **zadlužená** ~ indebted person, debtor; **zadržená** ~ detainee, detained person; **zavázaná** ~ obligor, promisor; indebted person; **zúčastněná** ~ participating person; ~ **bez státní příslušnosti** stateless person having no nationality; ~ **dodávající zbraně** jiným pachatelům armourer; ~ **hlasující proti** dissenting person, dissentient; ~ **jmenující do funkce nebo ukládající povinnost** a person appointing or imposing obligations, appointor; ~ **mladší 15 let** a person younger than 15 years of age; ~ **nedostavivší se k soudu** a person failing to have appeared / attended before court, defaulter; ~ **neznámého pobytu** a person of unknown res-

idence / dwelling; ~ **nezpůsobilá k právním úkonům** legally incompetent person, a person under legal disability; ~ **oprávněná k podání opravného prostředku** a person entitled to file an application for a remedial measure; ~ **oprávněná provádět veřejnou dražbu** a person authorised to conduct a public auction, auctioneer; ~ **porušující pravidlo** a person violating / infringing / breaching / breaking a rule; ~ **porušující slib** a person in breach of promise, a person breaching / breaking one's promise; ~ **porušující svůj závazek / povinnost** a person in breach of his obligation / duty; delinquent person; ~ **porušující zákon** violator, infringer, breaker, transgressor; ~ **převádějící majetek bez protiplnění** a person to whom a voluntary conveyance is made, volunteer; person benefit(t)ing by a deed made without valuable consideration; ~ **přistižená při činu** a person caught / taken in the very act of crime, person caught red-handed *(slang)*; ~ **vydávající** přísežné **prohlášení** affiant, deponent; ~ **vypovězená ze země** deportee; ~ **vyvolávající časté soudní spory** další žalobu může podat pouze s výslovným povolením soudu vexatious litigant allowed to bring another action only upon an express leave of court; person frequently bringing law suits instituted without sufficient grounds; ~ **zaručující se za** koho / co guarantor, a person standing surety for s.o. / st.; ~ **závislá na drogách** drug addict; ~ **závislá na příjmech jiného** dependant, dependent; ~ **zbavená způsobilosti k právním úkonům** incapacitated person, a person deprived of legal capacity; ~ **zdržující se na určitém místě** dweller, resident; a person dwelling in one place; commorant; **~, jejíž totožnost nelze zjistit** a person whose identity cannot be established; **~y, které zemřely ve stejnou dobu** při havárii persons dying together at the same time in a car accident, commorientes; **na** ~u per person; per capita; **nárok na vydání věci proti třetí** ~ě right of surrender / yielding / rendering / delivery of a thing against the third person; **pojištění osob** insurance of persons; **přeprava osob** transportation of persons; **zajištění osob a věcí** detention of persons and seizure of property; **zjištění** ~y identification of a person, ascertainment of identity of a person; **zrušit právnickou** ~u dissolve a legal entity

osobní personal; bodily; relating to person, entity; ~ **movitý majetek** personalty, personal assets, personal chattels; ~ **ochrana** personal protection / safety; body guard; ~ **poměry pachatele** personal situation of offender i.e. his property, family matters; ~ **prohlídka** personal body search; ~ **spisy zaměstnanců** personnel records; ~ **statut právnické osoby podle inkorporace a sídla** status of a legal entity according to incorporation or registered office; ~ **stav rozvod, neplatnost manželství atd.** personal status divorce, nullity of marriage etc.; ~ **svoboda** personal liberty / freedom; ~ **tajemník** confidential secretary; ~ **užívání** personal use; ~ **vlastnictví k bytům** private ownership of flats / apartments; ~ **volební agitace v domácnostech** door-to-door canvassing; ~ **zmocněnec** personal representative; ~ **žaloba** actio in personam *(lat)*, personal action; **byt v ~m vlastnictví** privately owned flat; **omezování ~ svobody** false imprisonment; unlawful restraint knowingly and without legal authority restraining another so as to interfere substantially with his liberty; restriction of personal freedom / liberty; **právo ~ho stavu** persons law; **zbavení ~ svobody** deprivation of s.o.'s liberty

osobnost personality; **ochrana ~i života, zdraví, cti, důstojnosti, soukromí** *(CZ)* protection of the personal rights of an individual, i.e. personal security, life, limb, body, health, reputation, personal liberty; protection of private rights of an individual other than property rights

osobnostní relating to personality; relating to personal rights; ~ **právo právo na ochranu osobnosti** right to the protection of personal rights, the right to have personal rights protected; ~ **rysy** personal characteristics; ~ **způsobilost** personal suitability e.g to perform a job or occupation; **omezování ~ch práv** limitation of personal rights related to the life, health, dignity and privacy of an individual

ospravedlnění justification; vindication of o.s. or another; exculpation; ~ **při trestném činu pomluvy** justification as a defence in the crime of libel

ospravedlnit co justify; substantiate, purge; vindicate

ospravedlnitelný justifiable; defensible; ~ **důvod** just cause

ospravedlňující justifying, vindicating; substantiating

ostraha guarding; protection; security; ~ **ob-**jektu security guard; ~ **obviněných** guarding the accused

ostražitost vigilance, alertness

ostražitý vigilant, alert

osud destiny, fate

osvědčení attest, attestation, certificate, certification; vidimus a copy of a document bearing an attestation that it is authentic or accurate; autorské ~ **k patentu na vynález** letter of patent; **písemné** ~ written attest; ~ **o dobrém chování** certificate of good conduct; ~ **o jakosti** certificate of quality; ~ **o kolaudaci** certificate of occupancy; ~ **o kontrole zboží** control of goods certificate; ~ **o potřebnosti** certificate of need; ~ **o pravosti závěti** grant of probate; ~ **o propuštění zboží celní kontrolou** clearance certificate; ~ **o převodu** certificate of transfer / conveyance; ~ **o přidělení pozemku** allotment certificate; ~ **o původu** certificate of origin; ~ **o registraci výrobku** certificate of registration; ~ **o schválení výrobku státní zkušebnou** certificate of approval; ~ **o splnění podmínek Zákona o utajovaných skutečnostech** *(CZ)* clearance that conditions set by the Confidential Information Act have been satisfied; **o technickém stavu vozidla** road worthiness of a vehicle certificate; ~ **o vlastnictví akcií** certificate of stock; ~ **o vykoupení hypotéky** certificate of redemption; ~ **o zapsání firmy do obchodního rejstříku** certificate of incorporation of a company; ~ **o zdravotní nezávadnosti** clean certificate of health, clean bill of health; ~ **o známce** Trade Mark Certificate; ~ **o způsobilosti** certificate of competency; **o zvolení členem zastupitelstva** *(CZ)* Election of Councillor Certificate, certificate of being elected a Councillor member of a local council; ~ **o zvolení poslancem** *(CZ)* Election of Deputy Certificate; ~ **o zvolení senátorem** *(CZ)* Election of Senator Certificate; ~ **správnosti** correct attest; **jsoucí bez úředního** ~ unattested, uncertified; not guaranteed by official certification; uncertificated; **platnost** ~ validity of certificate / attestation / clearance; **vydání** ~ **o zvolení poslancem** *(CZ)* issuance of an Election of Deputy Certificate; **zánik platnosti** ~ expiry / expiration of the validity of the certificate / attestation / clearance; ~ **platí dva roky** the certificate is good / valid for two years; **vydat** ~ issue a certificate / attestation / clearance

osvědčený certified, attested; well-established

osvědčit certify to the verity of a copy, attest a copy, verify by oath or affidavit; authenticate; validate; acknowledge; bear witness to st.; ~ **pravost podpisu** attest a signature; ~ **vlastnictví** attest the ownership
osvědči|t se make good, satisfy expectations; fulfil a promise / obligation; **podmíněně propuštěný odsouzený se ~l** ve zkušební době the convict released on parole made good during the trial / probationary period
osvědčovací certifying, attesting; ~ **doložka** certification / attestation clause
osvobodit liberate; exempt, release, relieve; acquit; absolve from; affranchise; ~ **koho u soudu** acquit s.o.; ~ **od dalšího placení** discharge from further payment; ~ **od soudních poplatků** exempt / release s.o. from court fees
osvobození liberation, freedom; deliverance; exemption, release, relief; ~ **od soudních poplatků** freedom of / exemption from court fees; ~ **od správních poplatků** freedom of administrative fees; **návrh na ~ od soudních poplatků** application for the exemption from court fees; **přiznání ~ od soudních poplatků** adjudicated freedom / release from court fees; **přiznat ~ od soudních poplatků** adjudicate freedom / release from court fees
osvobozen|ý free, exempt; liberated; acquitted; **osoba ~á od daňové povinnosti** tax exempt, a person exempted from the tax liability
osvobozující liberating; acquitting; setting free, delivering from the charge of an offence; ~ **rozsudek** judgment of acquittal; **vynést ~ výrok nad obžalovaným** acquit a defendant; award a judgment of acquittal; **zrušit ~ rozsudek** quash the judgment of acquittal
osvojenec adopted / adoptive child; **společný ~** common adoptive child
osvojení adoption; **nezrušitelné ~** irrevocable adoption; **zrušitelné ~** revocable adoption; ~ **zletilé osoby** arrogation; adrogation; **rozsudek o zrušitelném ~** judgment of revocable adoption; **zrušení ~** termination / annulment / cancellation of adoption
osvojen|ý adopted; ~**é dítě** adopted child
osvojit si co acquire; obtain; ~ **si právnické znalosti a dovednosti** acquire legal knowledge and lawyer's skills
osvojitel adoptive parent
ošetřovna dispensary
otázka issue, matter, point, question; **faktická ~**

issue / question of fact; **kapciozní ~** captious question; **nejdůležitější ~** the most vital question; **politická ~** political question / issue; **právní ~** legal issue / question, issue / question / matter of law; **procedurální ~** question of procedure, procedural issue; **předběžná ~** preliminary question; **skutková ~** factual issue / question, issue / question / matter of facts; **sugestivní ~** při výslechu leading question in interrogation; ~ **důvěry** question / matter of confidence; ~ **při křížovém výslechu** cross question; ~ **viny a trestu** issue of guilt and punishment; ~ **viny či neviny** issue of guilt or innocence
OTC abbrev OTC, over the counter; **OTC obchod** over-the-counter sale / market
otcovství paternity; fatherhood; filiation; **domněnka ~** presumption of paternity; **důkaz ~** filiation proof; **návrh na popření ~** manželem matky motion to deny / disavow paternity by the husband of the mother of a child; **návrh na určení ~** motion for paternity suit / filiation proceeding; **oduznání / popření ~** denial / disavowal of paternity; **předvolání matky ve věci ~ k jejímu dítěti** summons served on mother in the case of paternity with respect to her child; **rozsudek o uznání ~** judgment of filiation / paternity; **soudní řízení o určení ~ k nemanželskému** dítěti illegitimate child paternity proceedings; bastardy process; **určení ~** determination of paternity; **určení ~ souhlasným prohlášením rodičů** determination of paternity by the common consensual declaration of parents; **určení ~ u nemanželského** dítěte party affiliation; **určování ~** affiliation proceedings; **uznání ~** recognition of paternity by court, authority; confession / acknowledgement of paternity by a father; **žaloba na určení ~** paternity suit to establish paternity; **určit ~ soudní cestou** establish paternity by court
otec father; **domnělý / údajný ~** putative / alleged / reputed father; ~ **není znám** father unknown; ~ **neuveden** father not stated
otevření opening; unclosing, unfolding, uncovering, disclosing to the view; ~ **zásilky** the opening of mail / dispatch letters and parcels
otevřen|ý open, overt; ~**é opovrhování** soudem direct contempt; ~ **odpor** defiance, open resistance; ~ **podílový fond** open-end fund
otisk impression, print; mark produced upon any surface by pressure; dactyl; ~ **palce** dactylogram;

~y prstů fingerprints, dabs; **odebrání** ~ů **prstů** fingerprinting; the recording by the police of impressions taken from the finger-tips of criminals and suspects; **snímání daktyloskopických** ~ů taking fingerprints
otrávit intoxicate, poison; ~ **se plynem** poison by a gas
otravný vexatious, bothersome, pestilent, noxious; pernicious
otřesný appalling, dismaying, shocking
ovdovělý widowed; bereaved
ověření authentication, attestation, verification; homologation; certification; **podléhající** ~ certifiable, subject to certification; **úřední** ~ official attestation; authentication of a writing, confirmation of authenticity; **úřední** ~ **podpisu** authentication of signature; **vyšší** ~ superlegalization; ~ **dokladu** authentication of a document; ~ **opisu** fotokopie authentication of a copy; ~ **pravosti podpisu a razítka** authentication of a signature and a stamp; ~ **správnosti kopie** porovnáním s originálem collation textual comparison of different copies of a document; ~ **totožnosti** identity check
ověřen|ý certified, authenticated, attested, verified; ~**á jména** verified names; ~**á kopie** certified / authenticated / verified copy; ~ **dopravce** certified carrier; ~ **opis** authenticated copy; **bankou** ~ **šek** certified cheque; **notářsky** ~**á kopie** authentic copy, a copy authenticated by a notary public; **úředně** ~ certified / authenticated
ověřit certify, authenticate, attest, verify; ~ **opis** verify a copy / duplicate; ~ **platnost** čeho verify the validity of st.; ~ **podpis** authenticate the signature; ~ **správnost tvrzení** verify the truthfulness of allegations; **přezkoumat a** ~ **doznání obviněného** validate confirm or check the correctness of and verify the confession of an accused
ověřitelnost verifiability; auditability
ověřitelný verifiable, certifiable
ověřovací authenticating, verifying, attesting, certifying; ~ **doložka** authentication clause; ~ **kniha** register of authenticated documents / signatures
ovládací controlling; managing, governing; ~ **smlouva** a contract to control the company
ovládající controlling; governing, managing; ~ **osoba** společnost controlling company; parent / holding company

ovládaní (pl) the governed
ovládan|ý governed; controlled; ~**á osoba** dceřiná společnost controlled company; subsidiary company
ovládat control, govern, rule, regulate, command; ~ **evropský trh** command the European market; ~ **své jednání** control / govern one's conduct / behaviour
ovládnutí subjection; subjugation; ~ **trhu** skoupením zboží ve velkoobchodě s cílem prodat je v maloobchodě abbrochment, abbroachment, forestalling the market
ovlivn|it influence; affect; bear on; **soudní rozhodnutí** ~**í budoucí případy** the decision of the court bears on future cases
ovlivňování influencing, influence; affection; **nepřípustné** ~ undue influence
ovzduší climate; air, atmosphere; aura; ~ **oficiálních jednání** aura of official negotiations / procedure; **ochrana čistoty** ~ air protection; **znečištění** ~ air pollution
ozbrojen|ý armed furnished with arms or armour; ~**á hlídka** armed guard; ~**á loupež** armed robbery; ~**á neutralita** armed neutrality; ~**á osoba** a person armed with a gun, gunman; ~**é síly** the Armed Forces; ~ **bojovník** armed militant; ~ **konflikt** armed conflict; ~ **sbor** armed corps (sg)
ozbrojování acquisition and possession of firearms; **nedovolené** ~ prohibited acquisition and possession of firearms
označení marking, designation, appellation; **druhové** ~ obecné generic mark / name; ~ **kuponu řidičského průkazu** endorsement of a driving licence; ~ **původu výrobků** appellation / label of origin of products; ~ **zboží** v kupní smlouvě designation of an item in a sales contract; **ochrana** ~ **původu výrobku** the protection of the appellation of origin
označit designate, describe; denote; ~ **datem** affix the date to st.; furnish / mark with a date; date
označování designation; denotation; marking
označující marking, designating, denominating; naming, importing; **slova** ~ **osoby** words importing persons
oznámení notification, notice; report of; information; intimation, communication; announcement; ticket; **písemné** ~ notice in writing, written notice; **soudní** ~ judicial notice; **trestní** ~ a report of the commission of a crime sub-

mitted to the Police; an information charge against a person lodged with, or presented to the police on the commission of the crime, a criminal information; **ústní** ~ oral notice; ~ **o daňovém nedoplatku** deficiency notice; ~ **o dostavení se k soudu** notice of appearance; ~ **o neakceptaci směnky** notice of dishono(u)r; ~ **o podání návrhu** notice of motion; ~ **o přípustném prodlení** notice of excusable delay; ~ **o uložení zásilky** notice of depositing a parcel / mail in the post office due to unsuccessful delivery; ~ **o výběru z účtu podané sedm dní předem** seven days' advance notice of withdrawals from the account; ~ **o zahájení soudního jednání** notice of the commencement of a trial; ~ **o zrušení konkursu** notice of cancellation of bankruptcy proceedings; notice of revocation of the petition in bankruptcy; ~ **o ztrátě nebo krádeži kreditní karty** notice of a lost or stolen credit card; ~ **orgánu pověřenému vedením matrik o určení otcovství** notice to the body in charge of the register of births, marriages and deaths, of the determination of paternity; ~ **rozepře** litis denunciatio notice of action; ~ **škod** notice of inflicted damage; ~ **výsledků voleb** declaration of the poll; ~ **vyvěšením na úřední desce soudu** notice by publicizing /

putting on the official board of a court; **lhůta k vyřízení** ~ time to deal with / dispose of / handle information; **podkladem pro zahájení řízení o přestupku je** ~ **státního orgánu o přestupku** the grounds for the commencement of administrative proceedings shall be the notification / information that an administrative delict / infraction has been committed; **prověření došlého** ~ **o přestupku** checking the received information of / on administrative delict / infraction committed

oznámit notify s.o. of st.; make known, publish, proclaim; report st.; intimate, give notice of, announce; ~ **svou kandidaturu na funkci prezidenta** announce for president / presidency; **úředně** ~ officially notify

oznamovací reporting, informing; notifying; ~ **povinnost** duty to inform / report / notify; **nesplnění** ~ **povinnosti** failure to inform / report / notify

oznamování notification; notifying, informing, announcing; reporting to the Police; notification, notice; information; intimation, announcement; ~ **usnesení** notification of / notifying the resolution

oznamovatel informant informing of any recordable event such as birth, death or marriage; informer

P

pacient patient; **listina práv** ~a patient's bill of rights; **sdružení na ochranu** ~ů association for the protection of patients, patient protection association; **souhlas** ~a **s léčbou** consent of a patient to treatment
páčidlo crow-bar; crow; lever; **použít** ~ **k vylomení dveří** use a crow-bar to open / break the door
páčit lever away / out / over / up; lever into; prize; press up; ~ **zámek** prize a lock; press up a lock
pád breakdown, fall; failure; collapse; ~ **banky** bank failure / collapse
padělání adulteration, forgery, counterfeiting; fake; ~ **a pozměňování nálepk k označení zboží** counterfeiting and altering labels designating the origin of goods; ~ **a pozměňování peněz** counterfeiting and altering money; ~ **a pozměňování veřejné listiny** forgery and fraudulent alteration of an official instrument / document; ~ **a pozměňování známek** counterfeiting and altering stamps; ~ **ochranné známky** forgery of a trade mark, passing-off
padělan|ý counterfeit, counterfeited; forged; spurious, bogus; ~á **značka** counterfeited mark / label; ~á **známka** counterfeited stamp; **uvádění** ~ých **peněz do oběhu** uttering forged money; **výroba** ~ých **mincí a bankovek** making / manufacturing counterfeit coins and paper money / bank notes
padělat forge documents, counterfeit money; fake art; adulterate food; ~ **lékařský předpis** forge a medical prescription
padělatel forger of documents, counterfeiter of money; adulterator of food, faker of arts; ~ **bankovek a mincí** counterfeiter of bank notes and coins; ~ **směnky** note forger
padělatelsk|ý forging, counterfeiting; used for forgery, counterfeit, fake; ~é **náčiní** forging / counterfeiting instruments; **držení** ~ého **náčiní** illicit possession of instruments for counterfeiting and forgery; **výroba** ~ého **náčiní** illicit manufacturing of instruments for counterfeiting and forgery
padělek counterfeit, fake, bogus; false / spurious imitation
padnout collapse; fall, fail

páchat commit, perpetrate, perform; ~ **násilí na kom** commit violence toward s.o., violate s.o.
pachatel offender, perpetrator of a crime, wrongdoer civil delicts, tortfeasor civil delicts; transgressor administrative delicts, infringer, violator; **zvláště nebezpečný** ~ extremely dangerous offender; ~ **člen spolčení** conspirator; ~ **trestných činů** perpetrator of crimes; ~ **vloupání** perpetrator of burglary; burglar; **náprava** ~e correction / rehabilitation of an offender; **osobní poměry** ~e personal situation of offender i.e. property, family matters; **zjištění** ~e ascertainment / detection of an offender; **zvládnout** ~e cope with / calm down perpetrators; ~ **se měl dopustit trestného činu krádeže** the offender is alleged to have committed a theft
pachatelství perpetration / commission of crime; **nepřímé** ~ **a účastenství** indirect perpetration and accessoryship
pacht lease, tenement; gale
pachtovné gale, rent
pakt pact; ~ **o neútočení** non-aggression pact
palič arsonist; incendiary; ardour
palmáre attorney's fee; counsel's fee
paluba board; **franko** ~ free on board, F.O.B. abbrev
památka monument; sight; memorial; **národní přírodní** ~ national nature monument; **přírodní** ~ nature monument
památkov|ý relating to monument, memorial; ~á **péče zaměřená zejména na architektonické památky** process preservation (UK), conservation (US) focusing particularly on listed buildings and structures; office preservation / conservation agency
památný memorial; relating to monument; ~ **strom** tree monument
panenství virginity
panství domain, dominion; ~ **nad věcí** dominion / authority over a thing, sovereign power over the property
panující regnant, ruling; ~ **královna** queen regnant, reigning queen
papír paper; instrument; sheet; **cenné** ~y securities; commercial papers; negotiable instruments; valuables; **cenné** ~y **převoditelné rubopisem** negotiable instruments (UK), commercial papers (US) transfer(r)able upon indorse-

ment; **cenný ~ přijímaný bankou místo hotovosti** bankable paper; **cenný ~ vydávaný jinou než emisní bankou nebo bankéřem** banker's note; **převoditelný cenný ~** transfer(r)able / assignable / tradable / marketable / negotiable instrument; **státní cenné ~y** state / government securities
pár couple; pair; **neoddaný ~** unmarried couple; **oddaný ~** married couple; **spojit v manželský ~** join in wedlock
parafa cipher; signature
paragraf section; **po ~ech** section by section
paragrafov(an)|ý subdivided into sections; articulated; **~é znění návrhu zákona** bill reduced to sections, bill arranged according to sections; articulated bill
paralelní parallel, concurrent; collateral; **~ příčiny** concurrent causes; **~ smlouva** collateral contract; **~ záruka** collateral warranty
parazitování sponging, parasitism; **~ na pověsti** parasitism / sponging on s.o.'s reputation / credit
parcela lot, plot, tract, portion of land assigned by the state to a particular owner; **stavební ~ pro stavbu domu** building lot, house lot
parcelní relating to a lot / plot of land; **~ číslo katastrálního území** lot number in the cadastral territory / area
parita parity; equality; **devizová ~** par of exchange
paritní relating to parity; par; **~ cena** parity price; **~ hodnota** nominal par
park park; **přírodní ~** natural park; **strojový ~** machinery
parlament parliament; **Parlament České republiky** the Parliament of the Czech Republic
parlamentář parliamentarian, parliamentary a person sent to parley with the enemy, to make or listen to proposals; **ublížení ~i** assaulting a parliamentary
parlamentní parliamentary; **~ monarchie** parliamentary monarchy; **~ republika** parliamentary republic; **~ vláda** representative government
partikulární private; **~ zákon** private / local act
partiokracie partiocracy government of / by political parties
partiov|ý relating to rummage; soiled; **~é zboží** rummage goods *(UK)*; goods out-of-date in warehouse or with a small defect officially sold with a discount

partner partner; **příležitostný sexuální ~** casual sexual partner
partnerství partnership; **registrované ~** registered partnership
paru|ka wig; **nasadit ~ku** wig, wear a wig; **soudce v ~ce** wigged judge, judge in a wig
pas passport; **cestovní ~** traveller's passport; **zdravotní ~ lodi** clean bill of health of a ship; **číslo ~u** passport number; **držitel ~u** passport holder / bearer; **fotografie na ~** passport photo(graph)
pás belt; strip
pasák pimp, procurer; whoremaster *(obs)*
pasivní passive; **~ bilance** short balance, imbalance; **~ legitimace** entitlement to be sued
pasivum *(account)* debit, liability
pásmo zone, area, strip; **bezjaderná ~a** nuclear weapon free zones; **daňová ~a** tax brackets; **lesní ~o** forest zone; **ochranné ~o** buffer / protective zone; **příjmová ~a** income brackets; **svobodné celní ~** free customs zone; **pro soukromé vystavovatele** private exhibitor's zone
pásmování zoning
pásmov|ý relating to zone, bracket; **~é sazby pojistného** banded premium rates
pasov|ý relating to passport; **~á kontrola** passport control *(gen)*; passport officer
pastevní pasturing; grazing; **~ právo** grazing law
pašerák smuggler; bootlegger; **~ drog** drug smuggler
pašovan|ý smuggled; bootlegged; **~é zboží** contraband, smuggled goods
patent patent; **nositel práva k ~u** patentee; patent holder; **porušení práva k ~u** patent infringement
patentní relating to patent; **~ listina** patent deed, letter patent
patentov|ý patenting; pertaining to patent; **~é právo** patent law; **~é řízení** application for patent procedure; **~ úřad** Patent Office; **~ zástupce** patent attorney; **v ~ém řízení** patent pending
paternitní relating to paternity; **~ spor** paternity / filiation suit
patk|a base, foot; **~y zdiva** footings *(pl)*
patologick|ý pathological grossly abnormal in properties or behaviour; pathologic of or belonging to pathology; **~á opilost** pathological drunkenness; **~é hráčství** pathological gambling

pátrací searching, tracking; **operativně ~ prostředky** intelligence means and device; operational means of searching / tracking-down of criminals

pátrání search, tracking-down, detection, quest for; **~ po hledaných zásilkách** search for misled / mis-sent mail / dispatch; wanted shipment; **vyhlašovat celostátní ~** launch a nationwide search for

pátrat search, track down, detect; **~ po pachatelích trestných činů** track down criminals / offenders / perpetrators

patrný visible; apparent, evident; traceable, recognizable; patent

patrola watch, patrol; round; **občanská ~** neighbourhood watch

patřící k relating / pertaining to; annexed, adjunct; adherent, appurtenant; **~ jako služebnost k** čemu appendant attached to a possession as an easement

patřičný due, right; apt

paušál lump-sum; single payment; **placení ~u místo jednotlivých poplatků** payment of a lump-sum in lieu of individual charges

paušální relating to lump-sum; blanket, flat, overall; global; **~ částka** lump-sum payment; **~ daňová sazba** flat / blanket tax rate; **~ dohoda** blanket agreement; **~ náhrada cestovních výdajů** lump-sum reimbursement of travel expenses; **~ náhrada škody** lump sum damages; **~ odmítnutí** blanket refusal; **~ smíšená pojistka** blanket policy covering more than one type of property; **~ zvýšení mezd** blanket wage increase; **výživné v ~ částce** lump-sum alimony

pauza pause; break, interruption, intermission, vacation

péče care, attendance, guidance, heed, nurture; charge; **náležitá ~** due care; **nepatrná ~** slight care; **pěstounská ~** foster care, fosterage; **předadopční ~** pre-adoption care; **přiměřená ~** reasonable care; **rodičovská ~** parental care; **rostlinolékařská ~** plant-curing care, phyto-sanitary care; **Státní památková ~** State Conservation Authority; State Preservation Agency; **zvláštní ~** attendance; **~ o děti** custody of children; **~ o dítě** child care; **~ o krajinu** landscape management; **~ o zaměstnance** care of employees; **~ o zdraví** health care, care for the general health of a person; **~ o životní prostředí** management of the en-

vironment; **~ po propuštění** z výkonu trestu after-care; **~ soudu o nezletilé** care of court for minors, judicial care of minors; **orgán ~ o mládež** care of youth body, committee for the care of youth; **plán ~ o zvláště chráněné území** management plan for specially protected areas; **rozsudek o svěření nezletilého do zatímní** předadopční **~** judgment of interim pre-adoption care of a minor; **řízení o svěření do ~** care proceedings, proceedings to entrust a child into the care of s.o.; **s náležitou ~í** with due diligence; **svěření nezletilého do pěstounské ~** commission of a minor into foster care, award of custody of a minor to foster parents; **v ~i soudu** under the wardship of court; **výkon ~** execution of care; **internátní škola pro mládež vyžadující zvláštní ~i** boarding school for youth requiring special care; **návrh na svěření nezletilého do zatímní ~** motion to commit a minor to the interim care of s.o.; **příkaz soudu pro mladistvé o předání dítěte do ~ místních úřadů** order of care, care order to put a child into the care of local authorities; **soudní svěření dítěte do ~ jednoho z rodičů** award / grant of the custody of a child to one parent; **mít dítě v ~i** have a child in one's care; **postupovat s odbornou ~í** správce ohledně spravovaného dědictví act / carry on with due professional diligence applied to an administrator / executor of the deceased estate; **ten, kdo se mohl při náležité ~i o doručení usnesení dovědět** one who, if they had acted diligent and careful, should have known of attempted service of process

pečeť seal; **nenesoucí ~** unsealed; **velká státní ~** great seal; **~ připojená k dokumentu** a seal appendant to a document

pečlivost carefulness, attentiveness, caution; exactness, diligence, heedfulness, vigilance; **náležitá ~** due care and diligence; caution

pečliv|ý careful, diligent, accurate; **~é šetření** careful inquiry

pečovat look after; attend, care; **~ o dítě** look after a child; **~ o pacienty** za účelem poskytnutí odborné lékařské péče attend to patients for the purpose of giving professional medical aid and treatment

pečovatelsk|ý indulged in attendance, care; **~á služba** attendance services; medicaid (US)

pedofil paedophile; paedophiliac; paedophilic person

pedofilie paedophilia; **podezřelý z ~** suspected of paedophilia

pedofilní paedophiliac, paedophilic; **~ sklony** paedophilic predilections; **~ čin** paedophilic act

penále 1 smluvní pokuta penalty, contractual penalty / fine 2 správní pokuta v procentech late payment fee determined by a certain percentage of the amount due

pendence pendency; estate in abeyance

penězokaz counterfeiter, adulterator

peněžit|ý monetary, pecuniary, cash; **~á pomoc v mateřství** maternity benefit; **~é plnění** jako rozhodnutí soudu, při povinnosti obžalovaného nahradit škodu compulsory monetary / pecuniary performance, compulsory payment as a judicial decision, or a duty of the defendant to compensate damage; **~ trest** fine; financial / pecuniary punishment; **výkon ~ého trestu** execution of pecuniary punishment

peněžní pecuniary, cash, monetary; **~ jednotka** monetary unit; **~ oběh** circulation of money; **~ obrat** monetary turnover; **~ pohledávky a závazky** monetary claims and liabilities; **~ poukázka** money order, voucher; **~ protiplnění** money consideration; **~ ústav** financial institution, depositary; **~ žalobní bod** money count

pen|íze money; monies; **zákonné ~** legal tender; **náhražka ~ěz** money substitute; **napodobeniny ~ěz** fakes, forged money; **~ v hotovosti** hard cash; **razit ~** coin money; **~ jsou uloženy u Alianční banky** the money has been deposited at Alliance Bank

penologie penology

penze old-age pension

penzijní pensionary; relating to pension; **~ fond** pension fund; **~ plán** pension plan; **~ pojištění** pension scheme; **~ připojištění** employer's pension scheme; private pension scheme

perfektní perfect; **~ návrh** tj. závazný perfect / binding offer

periodický periodical; **~ tisk** periodicals, periodical press

perpetuatio fori (lat) trvání soudní příslušnosti duration / perpetuation of the jurisdiction of the court

perzekuce persecution the action of pursuing with enmity and malignity; **~ obyvatelstva** persecution of civilians

pes dog, hound; **služební ~** police dog

pěstní fistful; **~ právo** club law

pěstoun foster parent, foster / nursing father, foster / nursing mother

pěstounsk|ý foster, nursing; **~á péče** foster care, fosterage; **dávka ~é péče** foster care benefit; **rozsudek o svěření dítěte do ~é péče** judgment of fosterage, foster care order; judgment awarding / granting the custody of a child to foster parents; **svěření nezletilého do ~é péče** commission of a minor into foster care, award of custody of a minor to foster parents; **zrušení ~é péče** cancellation / termination of fosterage, cancellation / termination of a foster care order

petice petition a written supplication from an individual or body of inferiors to a superior, or to a person or body in authority, soliciting some favour, privilege, right, or mercy, or the redress of some wrong or grievance; **~ pro volební účely** petition for election purposes

petiční relating to petition; petitioning; **~ výbor** Petition Committee of a Chamber / House

petit návrhu / žaloby, tj. konečná žalobní žádost prayer a request addressed to the court and appearing at the end of a pleading, prayer for relief, demand for relief; **alternativní ~** alternative relief; **eventuální ~** possible / permissive relief; **žaloba s alternativním ~em** complaint / petition / pleading with alternative relief

pevně firmly; **stavba ~ spojená se zemí** structure permanently affixed to land

pevn|ý fixed; firmly attached / implanted; securely established; secured against alteration / dislodgement; **~á cena** fixed price; **~á částka ceny** fixed price; **~é součásti bytu** fixtures in a flat; **~é součásti nemovitosti** fixtures in a property; **~ příjem** z investic uložených na fixní úrok fixed income

pirát pirate; sea-robber

pirátsk|ý pertaining to pirate; **mobilní ~á (radio)stanice** mobile pirate radio station; **~é nahrávky** pirate recordings; **~é vysílání** pirate broadcasting

pirátství piracy; **vzdušné ~** air piracy

pisatel writer, author

písemně in writing; **~ žádat** apply in writing; **~ souhlasit** agree in writing

písemnost paper, file, writing, written material / instrument; **doručení ~i o úkonu trestního řízení** service of an instrument notifying of an act pursued within criminal proceedings; **odevzdání ~i**

delivery of a document / instrument / writ; **účelné a bezpečné uložení** ~í purposeful and safe depositing of documents; **doručit** ~ serve a written instrument on s.o., deliver a written instrument to s.o.; **odepřít bezdůvodně přijmout** ~ unreasonably without cause refuse to receive / acknowledge the service of an instrument / writ; ~**i se doručují opatrovníku věci** documents shall be served on the custodian of a thing

písemn|ý written, in writing; documentary; scriptural; ~**á forma smlouvy** a contract in writing; ~**á zpráva** written notice; ~**á žádost** written application; ~**é oznámení** notice in writing, written notice; ~**é potvrzení dohody** written confirmation of an agreement; ~**é předvolání** summons in writing; ~**é upozornění** notice / notification in writing; ~ **protest** written protest; deed of protest; ~ **záznam o dosažení dohody** a written memorial of agreement; **v** ~**é podobě** in writing

písmeno letter; character; **hůlkové** ~ capital / block letter; **tiskací** ~ typed letter

písmo (hand)writing; font; **hůlkové** ~ block printing; ~ **svaté** the Holly Scriptures

pistolník gun(-)fighter, gunman; rodman *(slang)*

pitv|a autopsy, post-mortem examination, dissection of a dead body; **prohlídka a** ~ **mrtvoly** post-mortem examination and autopsy; **provést** ~**u** carry out / execute a post-mortem

placení payment, paying; remuneration, discharging money; ~ **přede dnem splatnosti** payment before the due date; anticipation of payment; ~ **ve splátkách** payment of / at instal(l)ments

plagiát plagiarism; purloined idea / work / design / passage

plagiátor plagiarist, plagiary *(US)*

plagiátorství plagiarism copying a work of another and passing it off as one's own

plán plan; scheme, arrangements; design; device; **studijní** ~ programme of study; curriculum; **územní** ~ structure plan a plan drawn up by a local planning authority for the development, use, conservation, etc., of a prescribed area of land, structure planning; ~ **lesního hospodaření** forest management plan; ~ **soudních případů určených k projednání** calendar of cases to be heard; ~**y jednotného rozvoje** unitary development plans

planě wildly; ~ **rostoucí rostlina** wild plant

plánování planning, zoning; **územní** ~ planning *(UK)*, zoning *(US)*

plánovat plan; calculate; design, devise; conspire

planý idle, false; blank; ~ **poplach** false alarm, hoax

plat salary; pay; wage(s); ~ **za dovolenou** holiday pay; **žádost o zvýšení** ~**u** salary review request

platb|a payment; remuneration; sum of money paid; satisfaction; **dodatečná** ~ **nájemného** additional rent; **hladká** ~ bank / banking / cable / wire transfer of money; swift payment society for worldwide interbank financial communication; **jednorázová** ~ single payment; lump-sum payment; **nahodilá** ~ contingent payment; **skutečná** ~ actual payment; ~ **na základě právního důvodu** legal payment; ~ **před lhůtou splatnosti** unmatured payment, payment before the due date; ~ **předem** advance payment, advance; ~ **převodem z účtu** bankovním příkazem payment through a bank transfer; ~ **složenkou** payment by voucher postal order; ~ **v hotovosti** payment in cash; **metoda dle** ~**y / dle inkasa** cash method; **způsob** ~**y** method of payment; **provést** ~**u** make a payment

plátce payor *(US)*, payer *(UK)*; ~ **daně** taxpayer; ~ **mzdy** payor of wages; **zaregistrovat se jako** ~ **DPH** register for VAT

platební relating to payment, solvency; ~ **dokument** payment document, bill of payment; ~ **místo** place of payment; ~ **neschopnost / nezpůsobilost** insolvency, inability to pay debts as they fall due; ~ **rozkaz proti jednomu žalovanému** compulsory payment order / judicial order to pay against one defendant; ~ **schopnost** solvency; ~ **výměr daně** tax assessment; **směnečný nebo šekový** ~ **rozkaz** compulsory payment order to pay a bill / draft or cheque / check; judicial order to pay a bill / draft or cheque / check; **stabilní** ~ **systém** stable payment system; **deficit** ~ **bilance** balance of payments deficit; **návrh na vydání** ~**ho rozkazu** motion to issue a judicial / compulsory order to pay an order for collection or demand for payment of money; **neoprávněné držení** ~ **karty** unlawful possession of a credit card; **narušit** ~ **systém** disrupt the payment system; **vydat** ~ **rozkaz** issue a compulsory payment order / judicial order to pay

platidlo tender; money; **zákonné ~** legal tender; lawful / common tender

platit$_1$ pay; remunerate, recompense, reward; give / deliver / hand over money; **~ daně** pay taxes; **~ úroky z dluhu** service a debt, pay interest on a debt

plat|it$_2$ apply; be valid, be in force; be effective, be in operation; **~ pro účely stanovení rozhodných lhůt** have effect for the purpose of determining relevant periods; **ustanovení ~í omezeně** the provision applies to a specified extent; **zákon ~í** the law / act / statute is in force / applies / is in operation

platnost force, validity; operation, effect; legal authority; **neomezená ~ dokladu** unlimited validity of a document; **omezená ~ dokladu** limited validity of a document; **právní ~** legal validity; legal force; **zpětná ~** retroactivity; retrospectiveness, retrospective effect / force; **~ mezinárodní smlouvy** validity of a treaty; **~ ke dni vydání** validity as on the date of issuance; **~ listin** validity of instruments / documents; **~ ode dne vydání** validity from the date of issuance; validity as from / of *(US)* the date of issuance; **~ osvědčení a zánik platnosti** validity of clearance and the expiry of validity; **~ pojištění** validity of insurance; **~ rozhodnutí o uznání otcovství** valid judgment based on confession of paternity; **doba ~i** term of expiration / expiry; period of force / validity, validity period; **potvrzení ~i** confirmation of validity; validation; declaration of validity of elections; **prodloužení ~i stavebního povolení** extended validity of a building permit; **skončení ~i dokladů** expiration of the validity of documents; **ukončení ~i dohody** expiration of the agreement; **uznání ~i rozhodnutí o rozvodu** recognition of the judgment of divorce; **být v ~i** be valid, be in force; be operative, be effective; **odvozovat ~ od čeho** derive validity from st.; **omezit dobu ~i** reduce the period / term of validity; **potvrdit ~ čeho** confirm the validity of st., validate, legalize; declare an election valid; **vstoupit v ~** come into force, become valid; take effect, become effective, put in force, enforce; take force, come into operation; **zůstat v ~i** remain valid / in force / effective / operative; **zákon nadále zůstává v ~i** the law still holds, the law remains effective, the law remains in operation; **od vstoupení / vstupu této nájemní**

smlouvy v ~ after the date of this lease; after the lease is duly served and executed; **se zpětnou ~í** retroactively, retrospectively operative with regard to past time; **zákon vstoupil v ~ ke dni vyhlášení ve Sbírce a nabyl účinnosti k 1. lednu následujícího roku** the law came into force on the date of its publication in the Collection of Laws of the Czech Republic and became effective on 1st January of the subsequent year

platn|ý valid, in force; effective; possessing legal authority / force; legally binding / efficacious; **~á autorskoprávní ochrana** sound copyright, valid copyright protection; **~á smlouva** valid contract, contract in operation / force; **~é manželství** valid marriage; **~é peníze** current money; **~é potvrzení o platbě** effectual receipt; valid payment receipt; **~é právo** good law; **~é rozhodnutí** valid decision; **~é zákony** law in force; **~ hlas** valid vote; **~ právní titul** valid / good legal title; **dosud ~** unexpired; in force; **v ~ém znění** as amended; **být ~ be** valid / in force; be good for; **učinit ~ým co** put st. in force / operation; validate, enforce; come into force, take force; come into operation, take effect; make st. effective

platov|ý relating to salary, wage(s); **~á třída** *(CZ)* wage / pay level; **~ stupeň** *(CZ)* salary / pay rate; **~ tarif** *(CZ)* basic salary; amount of mandatory salary / pay; **~ výměr** pay / salary sheet

plavba voyage, navigation

plavební relating to voyage, navigation; **~ předpisy** rules of navigation; **~ služebnost** navigation servitude

plebiscit plebiscite a direct vote by all the electors of a country to make a decision upon a question of public importance

plenární plenary; **~ zasedání** plenary session

plenění plundering robbing a place or person of goods or valuables by forcible means, or as an enemy; esp. as done in war or a hostile incursion; **~ v prostoru válečných operací** plundering in the war area

plent|a screen, booth; **vyplnit hlasovací lístek za ~ou** fill in the ballot / voting paper in a polling / voting booth

plén|um plenary; floor; **projednávat** návrh zákona **v ~u** debate a bill on floor / in a plenary session; **usnesení je navrženo z ~a** nikoliv výborem the resolution is moved not by Committee, but from the floor

pleti|cha intrigue the exertion of tortuous or underhanded influence to accomplish some purpose; underhanded plotting, scheming; **~chy při konkursním řízení** scheming to defraud in bankruptcy proceedings; **~chy při veřejné soutěži** scheming to defraud in public tender; **dopustit se ~ch** make an intrigue, carry out underhanded plotting / scheming

plně wholly, completely, entirely, to the full extent; altogether, totally, thoroughly; as a whole, in its entirety, in full; at large; **~ invalidní** wholly / fully disabled; substantially handicapped

plnění performance any action in discharge of a contract other than payment, payment; execution, discharge, fulfil(l)ment, accomplishment; **částečné ~ smlouvy** part(ial) performance of a contract; **dělitelné ~** severable performance; **donosné ~** performance of an obligation discharged at the place of residence of the obligee; **nedělitelné ~** non-severable performance; benefit; **nepeněžité ~** non-monetary performance; specific performance; **opětující se ~** recurring / repeating performance; **opožděné ~** delay in performance, performance in default; **peněžité ~ jako rozhodnutí soudu, též při povinnosti obžalovaného nahradit škodu** compulsory monetary performance, compulsory pecuniary performance, compulsory payment as a judicial decision, also as a duty of the defendant to compensate damage; **pojistné ~** an amount of the insurance claim, payment of the insurance claim; performance upon the insurance contract; **společné a nerozdílné ~** several and joint performance; **věcné ~** performance in rem, substantial performance; **výběrné ~** payment of an obligation collected at the residence of the obligor; **zdanitelné ~** taxable supply; **~ bez právního důvodu** gratuitous performance; **~ náhrady škody** payment of damages; **~ peněžitého závazku** payment of monetary obligation / claim; **~ pojišťovny** payment of premium / claim / damages; claim amount; **~ poštou** payment through a postal order; **~ povinností** performance / discharge of duties, performance / discharge of obligations; **~ pracovních povinností** fulfil(l)ment / discharge of duties arising in the course of employment, discharge of employee's duties; **~ právní povinnosti** discharge of a legal duty; qualified privilege as defence in a criminal action

for libel; **~ smlouvy** performance of a contract; **~ spojená s užíváním bytu** utilities; other services relating to the use of a flat; **~ smlouvy třetí stranou** performance by a third party, vicarious performance; **~ úkolů státní správy** performance / discharge / fulfilment of duties of state administration; **~ v budoucnu splatných dávek** payment of contingent benefits; **~ z neplatného právního úkonu** performance based upon an invalid legal act; **~ z nepoctivých zdrojů** performance paid from deceitful / illegal resources; **~ z pojištění** performance / claim paid upon a contract of insurance; **~ z poukázky výběr** payment by / (up)on a voucher; collection by / (up)on a voucher; **~ z ruky do ruky** payment from hand to hand; **~ závazku** performance of an obligation; **den uskutečnění zdanitelného ~** the date of taxable supply, date of supply of goods liable to VAT; **doba ~** period / term of performance; **důvody k odepření ~** reasons to refuse the performance; grounds for the refusal of performance; **hodnota dohodnutého pojistného ~** amount payable upon the settlement of claim; **lhůta k ~ lhůta pariční** time to execute an act, time to perform an action; **náklady na ~ pojišťovny** claims costs; **nárok na vedlejší ~** right of collateral performance; **nemožnost ~** frustration (UK), impossibility of performance of contract (US), commercial frustration (US), commercial impracticability (US); **odmítnutí ~ pojistitelem** refusal of payment of claim by an insurer; **rozsudek odsuzující k ~** judgment compelling specific performance; **snížení ~ pojistitelem** reduction / mitigation of payment of claim by an insurer; **škoda vzniklá v důsledku vadného ~** the damage caused due to defective / bad performance; **vymezení povinnosti na ~** defining / determining duty to perform; **zákaz ~ poddlužníka tj. dlužníka povinného / povinné osoby** order prohibiting the payment to be made by an obligated party's debtor; **zánik závazku s ~m** extinguishment / termination / discharge of obligation by performance; **započítání ~ druhových závazků** set-off against payments of monetary claims / obligations; **žaloba na ~** action for performance; **žaloba o vrácení ~ ze zrušené nebo neplatné smlouvy** action for return of consideration or performance due to a cancelled or invalid contract; **žaloba o zaplacení ~ z pojistné smlouvy** action for payment of an insurance claim; **mařit** ~ frustrate / obstruct the performance; **požádat o pojistné** ~ put in a claim; **rozsudek ukládá povinnost k** ~ the judgment imposes a duty to perform **plnit** perform, fulfil; carry out, execute; satisfy; comply with, accomplish; discharge, obey; ~ **podmínky** comply with / fulfil / satisfy / meet conditions; ~ **povinnosti** perform / discharge / fulfil duties / obligations; ~ **požadavky** comply with / fulfil / satisfy / meet requirements; ~ **závazky** perform / discharge obligations, perform / discharge liabilities

plnoletost majority, full / legal age

plnolet|ý major; ~**á osoba** person of full / legal age; **být** ~ be of legal / full age

plnorod|ý full, whole blood; ~**í sourozenci** full siblings, full brothers and sisters; ~ **bratr** whole blood brother, full brother

pln|ý full, complete, entire, perfect; ~**á invalidita** full / total disability; ~**á moc** power of attorney; letter of attorney; ~**é moci vlády** discretionary powers; ~**é znění výroku soudu** full wording of judicial statement / holding / dictum; ~ **a nerušený výkon práv** full and uninterrupted exercising of rights; **průkaz** ~**é moci** proof of power of attorney; **udělit** ~**ou moc** award the power / the letter of attorney; **zaměstnání na** ~ **úvazek** full-time job, full-time employment

plod fruit; lidský fetus; **civilní** ~**y fructus civiles** (lat) druh přírůstku věci civil fruits a kind of accession of a thing; **přirozené** ~**y fructus naturales** natural fruits a kind of accession of a thing; **úmyslné zabití životaschopného lidského** ~**u** intentional killing of a viable fetus; child destruction intentional killing of an unborn child capable of being born alive

plodina crop, plant; produce, commodity

plodinov|ý relating to crop, plant; produce, commodity; ~**á burza** produce / commodity exchange; **dohodce na** ~**é burze** produce broker

plocha field, area, land; board; **plakátovací** ~ billboard; **přechodně chráněná** ~ temporarily protected area

pluralita plurality; ~ **dlužníků** plurality of debtors; ~ **věřitelů** plurality of creditors

pluralitní pluralistic

plutokracie plutocracy a ruling or influential class of wealthy persons

plynárenský pertaining to production of gas; ~ **zákon** Gas Act

plynový based on gas; ~ **pedál** accelerator pedal, gas pedal

plynulost smooth flow; fluency, volubility; uninterruptedness; continuation; ~ **silničního provozu** highway traffic flow

plynulý uninterrupted; unintermittent, continuous; undisturbed, unhindered; ~ **průchod a průtok** uninterrupted passage and running

plýtvání wastage action of spending uselessly or using wastefully; loss incurred by wastefulness

plýtvat waste; consume / expend / bestow money, property uselessly, consume / expend / bestow with needless lavishness, consume / expend / bestow without adequate return; make prodigal / improvident use of; squander

pobočka branch office; **bankovní** ~ / ~ **banky** branch bank, bank branch

pobočn|ý collateral, indirect; **řada** ~**á nepřímá** indirect collateral line

pobožnost worship; service; mass

pobřeží coast; sea-side

pobřežní coastal; relating to coast; ~ **obchod** coasting trade; ~ **plavidlo** coaster; ~ **stráž** coast guard; ~ **vody** coastal waters; ~ **vody patřící danému státu** national waters

pobyt residence; stay; abode, dwelling; **dlouhodobý** ~ long-term residence; **přechodný** ~ temporary residence; **trvalý** ~ permanent residence; ~ **na určitém místě** dwelling at a certain place; commorancy (obs); **potvrzení o** ~**u** confirmation / proof of abode; **povolení k** ~**u** residence permit; **povolení k** ~**u pro cizince** resident alien permit; **právo na** ~ **v cizí zemi** right of abode in a foreign country; **předpis o ohlášení a evidence** ~**u občanů** regulation governing the reporting and registration of residence of persons / citizens; **zákaz** ~**u** prohibition of abode / residence as a type of punishment

poctiv|ý fair, honest; incorrupt; ~ **obchodní styk** fair business transaction; ~ **poměr k práci** honest labour; **povinnost** ~**ého prodeje výrobků a poskytování služeb** duty to honestly sell goods and render services

počáteční initial; beginning, starting, opening, commencing; ~ **platba nájemného** initial rent

počát|ek beginning, commencement; commencing, origination, inception; ~ **držby** commencement of possession / tenancy; ~ **hlavního líčení** beginning / commencement / opening of a trial; ~ **nájmu** inception / commencement of the lease; **nižší úroveň ~ku činu** nedosahující intenzity násilí lower thresholds of violence **počestnost** virtue, honesty, respectability **počet** number; **velký** ~ neomluvených **absencí** excessive unauthorized absences; ~ **obyvatel** number of the population **početí** conception **počítání** computation, calculation; counting; reckoning; ~ **času** computation / calculation of time; ~ **lhůt** computation of periods / terms **počít|at** compute, calculate, reckon, count; **lhůta se ~á** the time / period is computed; the time / period is calculated **počkání** waiting; the state / condition of waiting / of remaining expectant; **oprava na** ~ repair of st. while one is waiting in that place; **zhotovení na** ~ making while waiting **podání 1** submission, filing, pleading, petition; service; bid; **alternativní** ~ **při předložení dvou či více vzájemně nekonzistentních nároků** alternative pleading when asserting two or more inconsistent claims; **nejnižší** ~ **při dražbě** lowest bid in an auction; **nejvyšší** ~ **při dražbě** highest bid; **opravné** ~ amended petition / pleading; **soudní** ~ application to court, filing *(US)*, petition; ~ **obžaloby** submission of an indictment by a state attorney; ~ **odporu proti trestnímu příkazu** filing of a protest against the criminal order; ~ **odvolání** lodging an appeal against / from, bringing an appeal against / from; ~ **opravného prostředku** filing / lodging / bringing an application for remedy / remedial measure; ~ **s navzájem se vylučujícími návrhy** inconsistent pleading; ~ **s více návrhy** multiple pleading; ~ **soudu** application to court, filing *(US)*, petition; ~ **ve správním řízení** application for administrative action; ~ **výpovědi** service of notice on employee by employer, giving notice to employer by employee, submission of a letter of resignation by employee; **náležitosti** ~ essential elements of a petition / filing; **vada** ~ pleading defect, defective pleading; defective petition / application / filing; **vrácení** ~ **k opravě vad** return of a petition to correct errors / defects / mistakes; **výzva k odstranění vad** ~ request / call / notice to eliminate defects in the filing / petition / application;

výzva k předložení stejnopisu ~ request / call / notice to submit a counterpart of petition; **závada v doručení** ~ defective service of a petition / application / filing / pleading; **ke dni** ~ **návrhu** on the date the petition / application is filed; **učinit hrubě urážlivé** ~ bring an offensively contemptuous / impertinently insulting / extremely insolent petition **2 odepřít** ~ **vysvětlení** refuse to give / provide explanations **pod|at** submit, present, file, lodge; bring; serve, hand in; ~ **návrh do 30 dnů od doručení** file a motion within 30 days of / after the service; ~ **bezvýsledně návrh na obnovu řízení** file a lodge a motion for a new trial ineffectively / unsuccessfully; ~ **daňové přiznání** submit a file a tax return; return taxes; ~ **demisi** resign give in to / submit resignation; ~ **návrh k soudu** file / lodge a petition / motion with a court; ~ **návrh na prohlášení konkursu** file a petition in bankruptcy; ~ **obžalobu** bring a criminal action against s.o.; ~ **odpor u soudu** file the protest with court; ~ **odvolání** lodge an appeal; serve a notice of appeal; ~ **odvolání proti rozsudku do protokolu** enter in the court's record a notice of intent to appeal the decision; ~ **opravný prostředek** bring / file an application for remedial measure; ~ **písemnou zprávu o čem** give a written statement of / a report on / a notice of st.; ~ **výpověď z** zaměstnání serve a notice on an employee by employer, give notice by employee to employer; give in a resignation by employee; ~ **zprávu o čem** submit a report on st.; render an account of st.; ~ **žádost** make / file / submit / lodge an application; ~ **žalobu do dvou měsíců od doručení rozhodnutí** file an action within two months of the service of the decision; ~ **žalobu proti komu** bring an action against s.o. enter a lawsuit; **osoba oprávněná ~ stížnost proti usnesení** a person qualified / competent / entitled to lodge / submit / file a complaint against the resolution; **příkaz, proti kterému nebyl ~án odpor, má účinky pravomocného rozhodnutí** an order that failed to have been protested against shall have the effect of a final judgment **podávání** serving; submission, filing, pleading petition; service; ~ **alkoholických nápojů mládeži** serving alcoholic drinks to minors

~ anabolických látek mládeži distributing anabolic steroids among minors
podávat submit, present, file; lodge; bring; serve; **~ opravné prostředky** bring / file / submit applications for remedial measure / remedy
podceněný underestimated; undervalued; misprized; **~ cenný papír** misprized / undervalued security
podceňování under(-)estimate; undervaluation, disparagement; disregard; misprize
podceňovat under(-)estimate; undervalue, disparage; disregard
poddajný manageable; flexible; submissive
poddlužnick|ý relating to obligated party's debtor; **~á žaloba** podává oprávněná osoba proti vykonavateli srážek ze mzdy, který nesráží včas a plně action for the discharge of an obligated party's debt filed by a beneficiary against the executor of wages garnishment order who fails to perform in due course and form
poddlužník obligated party's debtor; **~ zabavené pohledávky** obligated party's debtor with respect to a garnished claim; **zákaz plnění ~a** tj. dlužníka povinného / povinné osoby order prohibiting the payment to be made by an obligated party's debtor
podepřít support, maintain; corroborate, strengthen; **~ argument** strengthen / corroborate arguments
podepsání signature; signing; undersigning; **~ smlouvy** attaching / affixing signature to a contract; undersigning a contract; completion of a contract; execution of a contract
podepsan|ý bearing signature; signed; undersigned; **níže ~í** the undersigned
podepsat sign, undersign; **~ smlouvu** sign / undersign a contract; **~ v zastoupení** sign st. per procurationem, sign st. by proxy / per proxy; to p.p. st. (slang UK)
podezírat suspect, have suspicions about, be suspicious of; **~ z trestného činu** suspect of an offence
podezíravost suspiciousness, liability to suspicion
podezřel|ý (adj) suspected; regarded with suspicion / distrust, suspicious; questionable; **~á látka** suspicious substance; **~á osoba** suspected person, a suspect; suspicious character; **~é finanční praktiky** suspicious / abusive financial practices; **~ balíček** suspicious package; **žádné ~é dokumenty** no suspicious documents whatsoever; **osoba ~á z přestupku** person suspected of committing an administrative delict / infraction
podezřel|ý (n) a suspect, suspected person; **~ byl zadržen na místě činu** the suspect was apprehended at the scene of the crime; **~ ze spáchání trestného činu** person suspected of committing a crime; **vyslýchat ~ého** question the suspect about st.; **vzít ~ého do vazby** take the suspect into custody; **zatknout ~ého z vraždy** arrest the suspect for committing murder
podezření suspicion; **důvodné ~** justified suspicion; probable cause; **důvodné ~ ze spáchání trestného činu** grounds for committing an offence, reasonable suspicion of committing an offence; **~ z trestného činu** suspicion of committing a crime; **mimo ~** above suspicion; **na základě ~** (up)on suspicion; **okolnosti vyvracející ~** circumstances confuting the suspicion; **být zatčen na základě ~ ze spáchání trestného činu** be arrested on suspicion of committing an offence; **mít ~** have a suspicion, have suspicions; **vrhnout na koho ~** bring s.o. in / into suspicion
podhodnotit undercharge, undervalue; underestimate; **~ cenu** reduce / diminish in value; to make of less value / worth
podíl share, stake; portion, part, proportion; fraction; interest; contribution; quotient; **členský ~ v obchodní společnosti** member's stake in the ownership of a company, membership / member's contribution to the assets of a company; **dědický ~** heir's share, heir's interest; heir's lot (LA); **majetkový ~** property interest; **majoritní ~** majority interest in a company; **obchodní ~** share / stake in business; **percentuální ~ z obchodní transakce** commission, a percentage on the amount involved in the transactions, a pro rata remuneration to an agent or factor; **spoluvlastnický ~ k věci** share / interest of a co-owner in common property; **~ advokáta na vyhrané sporné částce** contingent fee an amount of attorney's fee depending on the adjudicated sum; **~ na likvidačním zůstatku** contribution dividing the proceeds of property under liquidation; **~ na náhradě škody** spoluúčast contribution to damages; co-insurance; general average in marine insurance: sharing of the cost of damage by all parties in an insurance; **~ na společnosti** stake / share in the company / corporation; **~ na /**

ze zisku dividend; profit sharing; share of the profits; ~ **v podílovém spoluvlastnictví** share / interest of a co-owner in common property; **převod obchodního ~u ve společnosti s ručením omezeným** transfer of one's share in a limited liability company; **získat podstatný** rozhodující ~ **ve společnosti** acquire a substantial stake / interest in the company **podílet se** participate in, contribute to; furnish to; share st. with s.o.; ~ **na zisku** share the profits

podílnictví *(TP)* ukrytí věci získané trestným činem accessoryship; complicity; state of being accessory being not the chief actor in the offence, nor present at its performance, but in some way concerned therein, either before or after the fact committed, e.g. hiding and handling stolen goods

podílník₁ *(OP)* co-owner, co-tenant; shareholder; **přehlasovaný** ~ overriden shareholder, shareholder defeated by vote; ~ **v podílovém spoluvlastnictví** co-owner, co-tenant; joint-tenant, tenant in common

podílník₂ *(TP)* accessary before, after the fact; aider and abettor; (ac)complice

podílov|ý separate; parted, divided; common; **otevřený** ~ **fond** open-ended mutual funds; **~é fondy** mutual funds; **~é spoluvlastnictví** common property; joint tenancy / estate each owner can leave his share to another by inheritance, tenancy / estate in common on death of one co--owner the property automatically owned by the other; ~ **list** mutual funds certificate proving s.o.'s share in mutual funds; ~ **spoluvlastník** co-owner; joint tenant, tenant in common; ~ **verdikt** quotient verdict; **růstový** ~ **fond** growth mutual funds; **rozsudek o zrušení ~ého spoluvlastnictví** judgment to terminate common property, judgment for the termination of common property; **vypořádání ~ého spoluvlastnictví** distribution / settlement of common property; **vypořádat ~é spoluvlastnictví** distribute the common property

pódium stage, platform; **řečnické** ~ speaker's stand; hustings *(obs)*

podjatost bias, unfair prejudice; inclination, leaning, tendency, bent; **namítaná** ~ pleaded bias, challenged prejudice of a judge; **námitka ~i soudce** plea of the prejudice / bias of a judge; exception to the prejudice / bias of a judge

podjatý biased, prejudiced, partial

podklad source, basis, *(pl)* bases; ground(s); **dostatečný** ~ rozhodnutí sufficient grounds for the decision; **kalkulační ~y** basis of calculation; ~ **pro rozhodnutí** grounds / basis / source of decision; **~em pro zahájení řízení o přestupku je oznámení státního orgánu o přestupku** the cause for the commencement of administrative procedure shall be information that an administrative delict / infraction has been committed

podkladov|ý relating to ground, source; basic; working; **~é rozhodnutí** správního orgánu, tj. první rozhodnutí, na jehož základě se vydalo pravomocné rozhodnutí source decision of an administrative body, i.e. the first decision upon which the final and conclusive decision was awarded; ~ **materiál** source materials, working paper

podle under; in accordance with, according to; pursuant to, in pursuance of; in conformity with / to, in compliance with; by; at; ~ **článku 4** in accordance with clause / article 4; ~ **práva** according to law, under law, de jure *(lat)*; ~ **této nájemní smlouvy** under this lease; ~ **ústavy** according to the Constitution; ~ **volby vlastníka / pronajímatele** at the option of the landlord; ~ **zvyku** by custom

podléhající liable to, exposed to, subject to; ~ **proclení** declarable, subject to customs duty; ~ **soudní pravomoci** cognizable capable of being, or liable to be, judicially examined or tried, subject to / within the jurisdiction of a court of law; ~ **spotřební dani** excisable, subject to an excise duty; **zboží ~ zkáze** goods of a perishable nature, perishable goods, perishables

podléhat be liable to, be subject to; ~ **dani /** **zdanění** be liable to tax / taxation; ~ **vyloučení** be subject / liable to disqualification

podloudnictví nedovolená doprava zboží přes státní hranici smuggling; boot(-)legging

podloudník smuggler, boot(-)legger

podložit substantiate, confirm / establish the truth of st., prove st. to be true; ~ **důkazy co** substantiate by evidence; prove by good evidence / by valid testimony; testify / affirm formally, affirm upon oath, verify

podmínečn|ý conditional; contingent dependent upon a future event; provisional, provisory; **~á dohoda** conditional agreement; **~é propuštění** conditional release; **~é přijetí** nabídky conditional acceptance of an offer; **~é upuštění od potrestání** conditional discharge; **~é upuště-**

ní od **výkonu zbytku trestu** conditional parole
podmíněně, podmínečně conditionally, on condition, under conditions; ~ **propuštěný** s dohledem parolee under supervision; ~ **propustit z výkonu trestu** release on parole conditional release from imprisonment which entitles parolee to serve remainder of his term outside the confines of an institution if s/he satisfactorily complies with all terms provided in parole order
podmíněn|ý conditional, subject to a condition, depending on a condition, limited by a condition; contingent dependent on a pre-contemplated probability; provisionally liable to; ~**á akceptace** conditional acceptance; ~**á koupě** budoucí událostí contingent purchase; ~**á nabídka** conditional offer; ~**á záruka** conditional guarantee; ~**á závěť** conditional will; ~**é odsouzení** k trestu odnětí svobody release on suspended sentence of imprisonment in lieu of incarceration; probation dealing with first offenders who are placed under the supervision of a probation officer; conditional sentence; ~**é propuštění** parole / conditional release from prison; ~**é udělení milosti** conditional pardon; ~**é umístění mimo výchovný ústav** conditional release from the reformatory for juveniles *(US)* / remand home *(UK)*; ~**é upuštění od potrestání** conditional discharge release of a convict without imposing a punishment on him, e.g. due to his bad health or minority, provided he is not convicted of any other offence within a specified period of time; ~**é upuštění od výkonu zbytku trestu** conditional parole before the termination of sentence; conditional early release, remission *(UK)*; ~**é vlastnictví** conditional ownership / possession; estate / property held subject to certain legal conditions; ~**é zastavení trestního stíhání** conditional discontinuance of criminal prosecution; ~**é zproštění závazku** conditional release from obligation; ~ **budoucí událostí** contingent, dependent for its occurrence or character (up)on some future occurrence / condition; ~ **prodej** conditional sale; ~ **trest** conditional sentence; ~ **útok** conditional assault; ~ **závazek** conditional covenant / obligation; **být ~ řádnou předchozí platbou** conditional on due prior payment
podmínit condition; make st. subject to / depending on / limited by a condition; qualify; ~ **co z důvodu závady** make st. contingent / conditional (up)on a defect

podmín|ka zakládající odpovědnost z porušení condition; zakládající odpovědnost za vady warranty; term usually as a generic term covering conditions and warranties; prerequisite required beforehand; stipulation formulated condition; **další smluvní** ~**ky** sundry terms and conditions; **dodací** ~**ky** delivery terms; **dodatečné** ~**ky** additional terms and conditions, additionales; **donucovací** ~ compulsory / compelling condition; **kolaterální** ~ collateral condition; **nápadně nevýhodné** ~**ky** apparently / obviously disadvantageous terms in a contract; **neslučitelná** ~ inconsistent / repugnant condition; **nezbytná** ~ prerequisite, indispensable condition; condition sine qua non *(lat)*; **obchodní** ~**ky** commercial terms and conditions; **odkládací** ~ účinnost právního úkonu nastane splněním podmínky condition precedent; suspensive / suspensory condition a legal act becomes effective upon the fulfilment of a condition; **pojistné** ~**ky** insurance policy terms, insurance conditions; **předpokládaná** ~ implied / implicit condition; **příznivé** ~**ky pro co** favourable conditions for st.; **rozvazovací / resolutivní** ~ splněním podmínky nastane zánik účinnosti právního úkonu condition subsequent, resolutive condition by the happening of which a contract / obligation is terminated, resolutory condition *(LA)*; **smluvní** ~, **jejíž porušení neopravňuje k odstoupení od smlouvy** a term warranty the breach of which does not justify the withdrawal from a contract; **smluvní** ~**ky** terms and conditions of a contract; **smluvní** ~**ky této nájemní smlouvy** terms and conditions of this lease; **souběžná** ~ concurrent condition; **souhlasná** ~ concerting / consistent condition; **suspenzivní** ~ condition precedent; suspensive / suspensory condition a legal act becomes effective upon the fulfilment of a condition; **zákonná** ~ statutory condition; **životní** ~**ky** living conditions; ~**ky prodeje** conditions of sale; ~**ky řízení** conditions of proceedings / trial; ~**ky této** nájemní **smlouvy** the terms and conditions of this lease; ~**ky uzavření manželství** conditions of the solemnization of marriage; **pod** ~**kou, že** (up)on condition that; **porušení smluvní** ~**ky** breach of a term / condition / stipulation / covenant; **splnění** ~**ek** fulfilment / satisfaction / execution / performance of conditions; **být přijat na základě splnění** ~**ek** be accepted / approved / adopted upon the fulfilment of conditions; go unconditional;

měnit smluvní ~ky vary / alter / change the terms; **prodat zboží za ~ek** sell goods on the terms; **splnit ~ku** fulfil / meet / satisfy / execute a condition; **stanovit ~ku** determine / set condition; **osoba mladší 18 let nesplňuje ~ku provozování živnosti ani tehdy, když je zletilá** a person under 18 shall not qualify for the operation of trade even if s/he is an adjudicated adult; **strany se zavazují plnit následující** smluvní **~ky** the parties covenant with each other in the following terms **podmiň|ovat** co condition, implicate; underlie; **první hypotéka ~uje možnost vzít si druhou** the first mortgage underlies the second **podnáj|em** sublease, underletting, underlease, subtenancy; ~ **bytu** části bytu sublease / underletting / underlease of a part of an apartment / a flat; **smlouva o ~mu** sublease / underletting / underlease contract, subtenancy agreement; **dát do ~mu** sublet st., underlet st.

podnájemce sublessee, underlessee, subtenant, undertenant

podnájemní relating to sublease, underletting, underlease, subtenancy; ~ **smlouva** sublease / underletting / underlease contract, subtenancy agreement

podnapilost drunkenness, intoxication; tipsiness partial degree of intoxication

podněcování incitement, inciting to an offence; ~ **a podpora rasové nenávisti** incitement and promotion of racial hatred; **spolupachatelství zahrnuje ~, schvalování, nadržování, nepřekážení nebo neoznámení trestného činu** complicity includes inciting, encouraging, abetting, failure to prevent and failure to report a crime

podněcovat incite; instigate, persuade, move s.o.; ~ **k trestnému činu** incite s.o. to commit an offence

podnět inducement, instigation, impulse; cue; **návrhem dát ~ k veřejnému zasedání** move for the public hearing, move for the hearing in open court; **dát ~ k řízení** give rise to an action / proceedings, initiate an action / proceedings

podnik business; enterprise, firm; establishment, works, undertaking; **národní ~** national enterprise; **soukromý ~** private enterprise; **společný ~** joint venture; **státní ~** state-owned enterprise; **dobré jméno ~u** abstraktní **hodnota** goodwill positive advantage ac-

quired by a proprietor in carrying on his business including trade name, premises, reliability, customers etc.; **organizační složka ~u** branch structural unit / component of a corporate entity; **smlouva o prodeji ~u** contract for the sale of business / enterprise; **vedení ~u** board of management, management of a business; **vést ~** run / operate a business

podnikání business, trade, commercial transactions / engagements; undertaking; **ambulantní ~** peddling; door-to-door business; **komorové ~** *(CZ)* business activities regulated by professional Chambers; **místní ~** local business activity; **neoprávněné ~ v oboru živnosti** unlawful business activities in a branch / discipline of trade; **obchodní ~** commercial undertaking, trading; **podomní ~** door-to-door trading; **příležitostné ~** incidental irregular business activity; **stacionární ~** stationary business, undertaking business at a fixed place / station; **výdělečné ~** gainful business activity; **živnostenské ~** *(CZ)* running business upon a trade licence Trade Certificate or Trade Permit; self-employed person's business, sole proprietor's business; sole trader's business; ~ **v trzích a tržnicích** trading in open markets and market halls; ~ **ve velkém** wholesale dealings; big business; ~ **zahraničních osob** business carried out by foreign persons; **doba ~** period of business activity; **hlavní místo ~** principal place of business activity; **místní daň z ~** local charges on business; business rate *(UK)*; **místo ~** place of business; **postih neoprávněného ~** sanctioning / penalizing unlawful business activities; **předmět ~** objects / purpose clause of business; subject-matter of business; **zahájení ~** commenced business, commencement of business activity; **zákon o živnostenském ~** živnostenský zákon *(CZ)* Act to regulate trades, Trade Act; **provozovat ~** carry on / run / operate business; **stanovit cíle ~** set out the aims / objects of business

podnikat undertake, run / carry on / pursue the business

podnikatel business person, businessman; entrepreneur, undertaker; ~ **v oblasti skladování** warehouseman

podnikatelsk|ý relating to business, trading, commercial; enterpreneunial EU; **~á činnost** business activity; ~ **nájem věci movité** commercial lease of movables, hire purchase *(UK)*, commercial lease purchase *(US)* i.e. for business purposes; ~ **subjekt** body corporate, business person / entity; merchandising entity; ~ **záměr** object / purpose of business, business plan; **oprávnění k ~é činnosti** business licence, a licence to run business activities; **sdružení ke společné ~é činnosti** business association; **žádost o poskytnutí ~ého úvěru** commercial credit application

podnikav|ý pushing, driving; **~á povaha** go-ahead character / nature

podniknout undertake st., take steps

podnikový relating to company, corporation, business; corporate; ~ **nemocenský fond** company's sickness insurance scheme; ~ **právník** house counsel, corporate / company lawyer; ~ **rejstřík** Register of Companies

podobně similarly; accordingly

podobný similar, alike; cognate

podomní door-to-door; ~ **obchod** door-to-door trade; peddling

podpis signature; **níže uvedené ~y** underwritten signatures; **vlastnoruční ~** autograph; a person's own signature

podplácení bribery, offering a bribe; corruption; **obvinit koho z ~ úředníka** accuse s.o. of offering / giving a bribe to an official

podplacený bribed, corrupted; ~ **policista** bribed policeman; bent copper *(US) (slang)*

podplatit koho bribe s.o.; offer a bribe to s.o.; corrupt s.o.

podplatitelný bribable, corruptible; venal, capable of being bought over

podpojištění under-insurance

podpo|ra 1 *(gen)* support, assistance, maintenance; subsistence financial, sustenance; backing; **protiprávní ~ účastníka řízení neúčastníkem za účelem zisku** champerty a party not naturally concerned in a suit engages to help the plaintiff or defendant to prosecute it, on condition that, if it be brought to a successful issue, he is to receive a share of the property in dispute; ~ **a propagace fašismu a podobného hnutí** supporting and promoting fascism and similar movements **2** social security allowance, benefit; grant; ~ **při narození dítěte** birth grant; ~ **při ošetřování člena rodiny** nursing allowance nursing of a family member; ~ **v mateřství** maternity benefit / grant; ~ **v nezaměstnanosti** unemployment benefit; dole *(UK) (slang)*; **být na ~ře** be on the dole *(UK) (slang)*; **pobírat ~ru v neza-**

městnanosti be granted unemployment benefits; be / live on the dole *(UK) (slang)*

podporovat maintain, support; assist, help; uphold; back, second; **odmítnout ~ rodiče** refuse sustenance to a parent; ~ **přijetí návrhu na schůzi** second a motion at the meeting; ~ **přijetí návrhu zákona v parlamentu** back a bill

podpronajímatel underlessor

podpůrn|ý supporting, subsidiary; corroborating, corroborative; ancillary; **~é důkazy** ancillary evidence; **~é řízení** ancillary proceedings; ~ **nepřímý důkaz** corroborating / corroborative evidence, corroboration evidence confirming the accuracy of evidence; ~ **nárok** ancillary claim; ~ **správce zastavené věci** ancillary receiver

podraz artifice, stratagem, device, contrivance, trick

podrobení subjection, submission, submissiveness; state of being subject to / under the dominion of another; backdown; ~ **se pravomoci soudu** submission to jurisdiction of court

podrob|it subject to, bring into subjection to a superior; subjugate, submit to; put; ~ **koho křížovému výslechu** cross-examine s.o.; **věc nemůže být ~ena rozhodčí dohodě** the dispute cannot be subject to an arbitration agreement

podrobit se submit o.s. to, subjugate; comply with; ~ **lékařskému vyšetření** submit o.s. to a medical examination; ~ **rozhodnutí soudu** comply with the decision of the court; ~ **vůli pachatele** submit o.s. to the will of an offender, surrender at the discretion of an offender; ~ **zkoušce krve** submit o.s. to a blood test

podrobně closely, in detail; minutely; circumstantially; ~ **hovořit o vládní pomoci vysokým školám** address the question of government aid to universities

podrobnost detail; item, particular; **~i o ukradeném vozidle** particulars of a missing car; **~i případu** particulars of a case; **požadovat další ~i** request further particulars

podrobn|ý detailed, detail; minute, particular; circumstantial; **~á rozprava** clause-by-clause debate / scrutiny; **~á zpráva** detailed report; **~é předpisy** minute regulations

podřízenost subjection, subordination; state of being subject to / under the dominion of another; inferiority; **vztahy nadřízenosti a ~i** relations of superiority and subordination

podřízený junior; inferior, subordinate; subject to; inferior in authority to s.o.

podstat|a nature, substance; essential qualities / properties; inherent and innate disposition / character; estate; **konkursní** ~ bankrupt's estate / assets; **právní** ~ legal nature; **skutková** ~ merits of case; facts of crime, body of crime; **skutková** ~ **přestupku** facts / body of an administrative delict / infraction; **skutková** ~ **trestného činu** body of the crime / offence; ~ **a funkce práva** nature and function of law; ~ **obvinění** nub / substance of the accusation; ~ **žaloby** ground of action; **naplnění skutkové** ~**y přestupku** accomplishment of elements of an administrative delict / infraction; **soupis konkursní** ~**y úpadce** inventory of the bankrupt's estate; bankruptcy schedule, listing of the bankruptcy estate legal and equitable interests in property of a debtor; **správce konkursní** ~**y** trustee in bankruptcy appointed by creditors, receiver in bankruptcy appointed by court; **přihlásit se ke konkursní** ~**ě** prove / submit one's claims in the bankruptcy proceedings claims to the bankrupt's estate / assets; **vyloučit věc z konkursní** ~**y** withdraw an item from the bankrupt's estate / assets

podstatně materially, substantially, essentially; indispensably; ~ **napomoci při vyhledávání svědků** be of material assistance in finding witnesses; **užívání majetku nájemcem je** ~ **dotčeno** tenant's use of the property is materially affected

podstatn|ý essential, substantial; indispensable; material, vital; ultimate; cardinal; ~**á okolnost** material / substantial fact, material / substantial circumstance; ~**á otázka** např. zda nedbalost je příčinou škody ultimate issue e.g. whether negligence was the cause of damage, material question; ~**á újma** substantial / material prejudice; ~**á vada** material / substantial error / fault / defect / mistake; ~**é náležitosti smlouvy** essential elements of a contract; ~**é rozpory ve výpovědích svědků** material / essential discrepancies in testimony of witnesses, material / essential differences in testimony of witnesses; ~**é skutečnosti** rozhodné pro povahu žaloby nebo posouzení zavinění, viny material / ultimate facts essential to determine the nature of an action or fault or guilt; ~**é složky právního jednání** essentialia negotii, **bez nichž by jednání bylo neplatné** essential elements of a legal act

in the absence of which the act is invalid; ~**é znaky** constituent elements; ~ **důvod žaloby** essential cause of action; gist of action; **být** ~ be material / substantial / essential, be of the essence

podstoupit endure, sustain, go through, suffer; undergo, bear; ~ **trápení** endure suffering; ~ **útrapy** endure anguish

podsvětí underworld

podvádění cheating; fraud; trickery, delusion; ~ **při hře** cheating at play; ~ **ze strany makléře** broker's fraudulent practices

podvádět cheat, deceive; defraud; impose upon s.o., trick; deal fraudulently, practise deceit; ~ **manželku** cheat on one's wife; ~ **při zkoušce** cheat on an examination; ~ **v kartách** cheat at cards

podveden|ý deprived by fraud, cheated, deceived, tricked; ~**á strana** defrauded / deceived party

podvést defraud; deceive; cheat; trick

podvod fraud; deceit; criminal deception; artifice by which the right / interest of another is injured; beguilment, cheat; hoax; dishonest trick, stratagem; entrapment; **daňový** ~ tax fraud; **počítačový** ~ computer fraud / crime; **volební** ~ gerrymander; **známky** ~**u** badges of fraud; **využití pošty k** ~**u** use mail to defraud

podvodně fraudulently; in a fraudulent manner, by fraud, with intent to defraud / deceive, dishonestly, wrongfully; ~ **koho přimět k** čemu fraudulently compel s.o. to do st. / make s.o. do st.; ~ **připravit o co** defraud s.o. of st.

podvodník cheat, cheater, deceiver, swindler; trickster; ~ **použil několik falešných jmen** the deceiver used several aliases

podvodn|ý deceitful, deceptive, fraudulent; collusive; bogus; ~**á a klamavá reklama** deceptive advertising; ~**á hra** confidence game; ~**á záruka** fraudulent warranty; ~**é jednání** fraudulent practices; ~**é odstranění dokumentů** detournement, fraudulent abstraction of documents; ~**é praktiky** deceptive practice; ~**é získání majetku** založené na důvěřivosti lidí confidence game; ~ **dluh** fraudulent debt; ~ **nárok** bogus claim; **trestný čin** ~**ého** finančního **obohacování** obtaining a pecuniary advantage by deception

podvojn|ý double, binary; duplex; ~**é účetnictví** double entry book-keeping

podvolení submission, subjection; consent; ~ **se**

pravomoci consent to jurisdiction; subjection to jurisdiction
podvrh counterfeit; forged document; fake
podvržený counterfeited, forged; ~ **doklad** forged document; spurious document
podzákonný based on a law / statute; ~ **právní předpis** statutory instrument *(UK)*, legislative instrument *(AU)*; subordinate / delegated legislation; executive regulation
podzástavní relating to submortgage; ~ **právo** right of submortgage; ~ **věřitel** submortgagee
podzemní underground; ~ **voda** ground water, subterranean water *(US)*; ~ **vody** underground waters
pohlaví sex; **druhé** ~ the opposite sex; ~ **mužské** male sex; ~ **ženské** female sex; **změna** ~ sex change
pohlavní sexual; carnal; venereal; genital; ~ **choroba** venereal disease; ~ **orgány** genitals; ~ **styk** sexual intercourse with, carnal knowledge of; ~ **zneužití** sexual abuse, carnal abuse, sexual interference; **druhotné** ~ **znaky** secondary sexual characters; **ohrožování** ~ **nemocí** endangering with / exposing to a venereal disease; **přímé záběry** ~**ch orgánů v pornografických filmech** depiction of genitals / sexual organs in pornographic films; **mít** ~ **styk s kým** have sexual intercourse with / carnal knowledge of s.o.; make commerce with s.o. *(slang obs)*
pohled view, opinion; approach; regard; look
pohledáv|ka claim; right to payment, demand for money / property as of right; debt; liability, obligation; receivable accountancy; **dobytná** ~ dischargeable / recoverable / collectible claim / debt that which can be recovered; **nedobytná** ~ bad / uncollectible debt; abandoned claim; **nepeněžitá** ~ non-cash claim other than pecuniary; **nevyrovnaná** ~ unsettled claim / receivable; **nežalovatelná** ~ **naturální obligace** unenforceable by action claim / obligation natural obligation; **předcházející** ~ antecedent debt; **přiznaná** ~ **s příslušenstvím** adjudicated claim and accessions thereof, adjudicated claim and related civil fruits; **splatná** ~ mature / payable claim / debt, payment due; **účetní** ~ book debt, account receivable; **vymahatelná** ~ enforceable / recoverable / actionable claim / debt; ~ **náhrady přeplatků na dávkách nemocenského pojištění** claim to the compensation of surcharges / overpay-

ment of sickness benefits; ~ **náhrady škody** claim to damages; ~ **za konkursní podstatou** claim against the bankrupt's estate; ~ **zajištěná zástavním právem k** nemovitosti mortgage claim / debt; ~**ky v** účetnictví podnikatelského subjektu jako součást jmění *(account)* receivable(s) in accountancy of a business, debts owed to a business regarded as assets, payable(s) debts owed by a business; ~**ky v zahraničí** foreign claims / assets; **dobytnost** ~**ky** dischargeability / recoverability of a claim; **inkaso** ~**ek** debt collection; **popření pravosti** ~**ek přihlášených k rozvrhu výtěžku** denial of authenticity of claims submitted for the distribution of payment from proceeds; disallowance of claims seeking distribution of proceeds; **postoupení** ~**ky** cession / assignment of a claim / debt; **postup** ~**ky ze zákona** cessio ex lege statutory cession / assignment of a claim / debt required by statute; **přihlášení** ~**ky za zůstavitelem** proving a claim with respect to the estate of the deceased; **přihláška** vykonatelné ~**ky** proof of a collectible / executable claim; **přikázání** ~**ky** order to satisfy the claim in a prescribed manner, order of appropriation i.e. designation of funds for the payment of a particular claim; **přikázání** ~**ky z účtu** compulsory debiting a debtor's bank account; **příslušenství** ~**ky úroky nebo poplatek z prodlení** a claim and related civil fruits; accessions of a claim / debt interest or charges for default; **schéma přihlášky** ~**ek** schedule of submitted and proved claims; **splacení** ~**ky** settlement of claim; discharge / satisfaction / settlement of a debt; **splatnost** ~**ky** dospělost maturity of payment / debt; **splatnost** ~**ky z listiny** maturity of a claim substantiated / proved by an instrument; **uplatnění** ~**ek** application for the recovery of claims; **uspokojení** ~**ek** satisfaction of claims, discharge of claims / debts; **vázanost** ~**ky na osobu věřitele** a claim being bound to the creditor the claim exists only with respect to the creditor; **zajištění** ~**ky** security of a debt, security interest; **zajištění** ~**ky ručením** a debt secured by guaranty / guarantee; **započtení způsobilé** ~**ky** set-off of a mature debt / claim, set-off of a qualified claim / debt; **výpis ze seznamu přihlášených** ~**ek v konkursním řízení** a copy of item(s) on the list of submitted and proved claims in the bankruptcy proceedings; **výzva věřitelům, aby oznámili své** ~**ky** notice to / call on creditors to submit and prove their claims; **postoupit ~ku** assign a claim / debt; **uspokojit ~ku** satisfy / pay off / discharge a claim / debt / obligation fully; settle a payment; liquidate a debt; fulfil completely an obligation, comply with a demand

pohltit absorb, swallow up, include; incorporate; **~ asi dvě třetiny výdajů Společenství** absorb about two-thirds of Community spending

pohnut|ka inducement; motive; inciting cause; impulse; consideration; **zavrženíhodná ~** infamous / condemnable motive; **~ k uzavření smlouvy** consideration; inducement to contract; **omyl v ~ce** error in inducement; **trestný čin spáchaný z nízkých ~ek** infamous crime

pohodlí amenity, comfort

pohoršení discreditable circumstance / event, scandal; nuisance; **veřejné ~** common / public nuisance; **vzbudit veřejné ~** cause public disturbance / annoyance

pohostinnost hospitality

pohotovost emergency; emergency department in hospital; being on call / duty; **branná ~ státu** state of emergency before declaring mobilization; **odměna za pracovní ~** compensation for being on call / duty as a part of employment; remuneration for the on-call duty

pohotov|ý expeditious, quick; available; **~é prostředky** quick / liquid / available assets

pohraničí borderland; border, frontier

pohraniční relating to borderland, border, frontier; **~ kontrola** border search; **~ město** frontier town; **~ spory** frontier disputes; **~ vody** frontier waters

pohrdání contempt, disrespect, dishonour; misprision; **~ parlamentem** contempt of Parliament; **~ soudem** contempt of court disobedience to the rules, orders, or process of a court, disrespect or indignity toward judges in their judicial capacity within or outside the court

pohrdat defy, disrespect, dishonour; misprize; **~ zákonem** defy the law

pohrdavý contemptuous, disdainful, scornful, insolent; **~ vztah k životu** contemptuous / disregardful relation towards life of another or the self

pohrobek posthumous child

pohroma disaster; a sudden or great misfortune / mishap / misadventure; calamity; **živelní ~** natural disaster

pohrůžk|a threat a declaration of hostile determination or of loss, pain, punishment, or damage to be inflicted in retribution for or conditionally upon some course; menace; **~ bezprostředního násilí** threat of immediate infliction of violence; **~ těžké újmy** threat of serious / aggravated bodily harm; **~ tresty** threat of punishment; **~, ukládání a výkon sankcí za přestupky a ochranná opatření** threat, imposition and execution of sanctions for administrative delicts / infractions and protective measures; **donucení pod ~ou** compulsion by threats

pohřbení burial; interment; funeral; **způsob ~** type / form of burial, type / form of interment

pohř|eb funerals; burial, sepulture, interment; **náklady ~bu** funeral expenses; **postarat se o ~** arrange for the funerals

pohřebné funeral / burial allowance; death grant

pohřební burial, funeral, mortuary; **majitel ~ho ústavu** undertaker; **~ obřad** funeral ceremony / ceremonies

pohřešovan|ý missing; not present; not found; absent; **~á osoba** missing person; **~á věc** missing thing

pohyb mobility; motion, movement; **~ lodi uvnitř teritoriálních vod** cabotage navigation along the coast

pohybliv|ý floating; mobile; variable; **~á úroková míra** variable / fluctuating interest rate; **dohoda o ~é pracovní době** flexi-time agreement *(UK)*, flextime agreement *(US)*; **rozvrh ~é pracovní doby** flexi-time / flextime schedule

pocházet come from, derive; descend; be descended from

pochod march; **smuteční ~** dead / death march

pochopení understanding, comprehension; perception; mental grasping

pochopit understand, comprehend; perceive; grasp

pochopitelný understandable, comprehensible; conceivable, intelligible

pochůzka policejní beat *(UK)*, patrol *(US)*

pochůzkář person on the beat / on patrol; **policista ~** police officer on foot; beat cop *(US) (inform)*, a portable *(US) (inform)*; the constable on the beat *(UK)*, police officer on patrol *(US)*

pochůzkový relating to beat, patrol; **~ rajon** a beat

pochybení deviation, deliberate divergence from prescribed rules or standards; lapse; **odvolací soud**

napraví ~ soudu prvního stupně the Appellate Court shall rectify correct by removal of errors or mistakes deviations of the first instance court
pochybnost doubt; doubtfulness; dubiety, dubiousness; **~ o nepodjatosti soudce** doubts with respect to impartiality of judge; **prokázat vinu nade vši ~** prove s.o.'s guilt beyond all reasonable doubt; prove s.o.'s guilt beyond a *(US)* reasonable doubt; **vystavit ~em** cast doubt on st. / s.o.; **vytvářet ~ o čem** create a doubt about st.
pochybný questionable; dubious, doubtful; contingent, bad; **~ nárok** doubtful title; bad claim; **učinit pravost a obsah listiny ~mi** cast doubts on the authenticity and content of an instrument, call in question the authenticity and content of an instrument
pochybovat doubt *(v)*; be in doubt; feel doubts
pojem concept, notion; construct; **~ práva / právní ~** concept of law
pojetí conception; representation; concept; **~ spravedlnosti** conception of justice
pojistit insure, cover by policy
pojistitel insurer; assurer; underwriter; **~ vlastních rizik** zakladatele captive insurer; **odmítnutí plnění ~em** refusal of payment by insurer; **šetření ~e o rozsahu škody** insurer's investigation / search / examination with respect to the extent of damage and / or claim
pojistiteln|ý insurable; **~é riziko** insurable risk
pojistk|a 1 doklad o pojistné smlouvě policy of insurance; **celková ~** block policy; **hromadná ~** joint policy; **nenapadnutelná ~** incontestable policy; **paušální** smíšená / sdružená **~** blanket policy; **rámcová ~** floating / floater policy; **skupinová ~** master policy; **životní ~** life insurance policy; **~ na doručitele** bearer policy premium, policy premium payable to bearer; **~ na řad** policy to order; **hodnota ~y** policy value **2** a written promise to pay money or do some act if certain circumstances occur bond; **garanční ~** plnění contractual bond; **úvěrní insolvenční ~** instalment bond; **záruční ~ o náhradě škody** liability bond
pojistné insurance premium; **běžné ~** regular premium; **dodatečné ~** additional / adjustment premium; **jednorázové ~** lump-sum premium, premium as a single payment; **normální ~** natural premium; **snížené ~** decreased premium; **splatné ~** premium due; **plnění sníženého ~ho** payment of a decreased

premium; **sleva na ~m** premium discount; **sleva na ~m za bezeškodní průběh** premium discount for no claims; **storno ~ho** premium reversal; cancellation of premium; **vratka ~ho** premium refund; **výkaz ~ho** premium statement; **výpočet ~ho** calculation of premiums; **stanovit sazby ~ho** determine rates of premiums; **tabulky pro výpočet ~ho v rámci** životního pojištění actuarial tables for life insurance premiums calculation
pojistněmatematický actuarial; **~ předpoklad** actuarial expectation
pojistník policyholder
pojistn|ý insured, insurable; **~á částka** sum insured; capital assured; **~á doba** duration of cover; **~á matematika** actuarial mathematics; **~á náhrada** indemnity against; **~á rizika** insured / insurable risks; **~á smlouva** policy of insurance, certificate of insurance; **~á smlouva ve prospěch třetí osoby** contract of insurance / insurance contract for the benefit of a third person; **~á událost** risk, peril; an event insured against; insurance claim; insurable event an event covered by insurance policy; average in marine insurance; **~á záruka** insurance cover; **~é krytí rozsah pojistky** insurance coverage amount and extent of risk contractually covered; **~é krytí závislých osob** dependent coverage; **~é období** duration / term of insurance policy; policy year; **~é plnění** an amount of an insurance claim, payment of an insurance claim; performance upon an insurance contract; **~é plnění při smrtelném pracovním úraze** death benefit payment due for a fatal death accident; **~é podmínky** conditions of insurance; **~ důvod** insurable interest; **~ matematik** actuary; **~ rok** underwriting year, policy year; **likvidace celkových ~ých nároků** accumulated total claim process; **likvidace ~ých událostí** adjustment and settlement of insurance claims; **snížení ~ého plnění** reduction of insurance policy coverage reduction of the amount received out of insurance contract in the occurrence of accident – often due to a proof of some fault on the side of the insured; **týkající se všech ~ých rizik** all(-)risks; **valorizace ~é částky** adjustment of sums insured
pojištěnec the insured, assured; insurant *(obs)*
pojištění insurance *(UK)* – with reference to event which may happen, assurance *(UK)* – with reference to events which must happen, e.g. death; policy;

důchodové ~ pension insurance; **havarijní** ~ automobile insurance; collision insurance; **kauční** ~ guarantee insurance; **krupobitní** ~ hail insurance; **letecké** ~ aviation insurance; **nedostatečné** ~ under-insurance; **nemocenské** ~ sickness / medical insurance; **paušální** ~ blanket policy; **penzijní** ~ pension scheme; **podílové** ~ co(-) insurance; **povinně smluvní** zákonné ~ **odpovědnosti za škodu způsobenou provozem vozidla** compulsory motor vehicle liability insurance; compulsory contractual liability insurance against damage caused by the operation of motor vehicles; **rezervotvorné** ~ capitalizing type of insurance; capital assurance; **sdružené** ~ **domácnosti** householder's / homeowner's comprehensive insurance; **sdružené / skupinové životní** ~ sjednané např. manželý joint life insurance taken out by spouses; **skupinové životní** ~ sjednané zaměstnavatelem group life insurance; **úrazové a důchodové** ~ **pracujících** workers' accident and pension insurance; **úrazové** ~ casualty insurance; **veřejné zdravotní** ~ public / national health insurance; **všeobecné zdravotní** ~ (CZ) general health insurance, general medical insurance; **vyměřitelné** ~ assessable insurance; **vzájemné** ~ reciprocal insurance; **životní** ~ life insurance, assurance; ~ **dodatečných nákladů** additional expense insurance; ~ **domácnosti** homeowners insurance, house insurance; ~ **dopravy zboží** goods in transit insurance; ~ **k úvěrům** credit-related insurance; ~ **leteckého kaska** aircraft hull insurance; ~ **lodi** marine insurance; ~ **majetku** insurance of property; ~ **nákladů na pohřeb žehem** cremation expenses insurance; ~ **odpovědnosti** liability insurance; ~ **odpovědnosti za jakost výrobků** product liability insurance; ~ **odpovědnosti za škody** např. způsobené vadnými výrobky indemnity insurance providing indemnity against loss caused by, for example, defective goods; damage liability insurance; ~ **odpovědnosti z provozu motorových vozidel** motor vehicle third party liability insurance; ~ **organizací** corporate insurance; ~ **osob** insurance of persons; ~ **podnikové dopravy** works traffic insurance; ~ **pro případ dožití** určitého věku endowment insurance a form of life insurance providing for the payment of a fixed sum to the insured person at a specified date; ~ **pro případ invalidity / trvalé pracovní ne-**

schopnosti invalidity / disability insurance; ~ **pro případ krupobití** crop / hail insurance; ~ **pro případ nezaměstnanosti** unemployment insurance; ~ **pro případ poškození nebo zničení věci živelní událostí** natural disaster insurance, insurance against damage to or destruction of a thing due to natural disaster; ~ **pro případ poškození, zničení, ztráty, odcizení** insurance against damage, destruction, loss, theft larceny / stealth; ~ **pro případ povodně** flood insurance; ~ **pro případ požáru** fire insurance; ~ **pro případ rozdílu v částkách** difference in limits insurance; ~ **pro případ rozdílu v podmínkách** dvou pojistek difference in conditions insurance; ~ **pro případ smrti** life insurance / assurance, endowment insurance; ~ **pro případ smrti či dožití** whole life and endowment assurance; ~ **pro případ vlastní škody / škodní** ~ indemnity insurance, first-party insurance; ~ **pro případ úrazu** insurance against injury / accident; ~ **proti všem pojistným rizikům** all(-)risks cover / insurance; ~ **přepravovaného nákladu** cargo insurance; ~ **vkladů** deposit insurance, deposit guarantees; ~ **změněné hodnoty** difference in value insurance; **plnění z** ~ payments made out of policy if an insured event occurs; **povinnosti z** ~ liabilities resulting from insurance; **práva z** ~ rights under the insurance policy; **zánik** ~ discharge / termination / extinguishment of the contract of insurance

pojištěn|ý insured; assured; covered with policy of insurance; **dodatečně** ~á **osoba** additional insured; **nedostatečně** ~ under-insured; ~á **osoba** the insured, assured

pojišťovací insuring; relating to insurance; ~ **agent** insurance agent; ~ **makléř** insurance broker; ~ **trh** insurance market

pojišťovatel underwriter, insurer; ~ **lodi a nákladu** marine underwriter

pojišťovn|a insurance company; **vzájemná** ~ mutual insurance company; **jednatel** ~y insurance agent; **likvidátor** ~y likvidující pojistnou událost insurance adjuster adjusting the insurable event / claim

pojmenování name, denotation; designation; **obecné** ~ generic name

pojmenovan|ý nominate, named, called, entitled; ~é **smlouvy** nominate contracts, named contracts

pojmenovat name, designate, denominate

pokárání censure, castigation, admonition, reproof
pokárat censure, chastise, correct, condemn
pokládat consider, regard st. / s.o. to be st. / s.o.; set; ~ **za nic** set at naught
pokladní relating to cash; ~ **hotovost** cash-in--hand; ~ **uzávěrka** cash balance
pokladniční relating to teller, treasurer; **státní** ~ **poukázka** exchequer bill *(UK)*, treasurer's bill *(US)*
pokladník teller, cashier, treasurer
pokles decline, decrease; ~ **ceny** depreciation of price; ~ **hodnoty** depreciation of value
pokojn|ý peaceful; calm, undisturbed, quiet; untroubled, tranquil; ~**é řešení sporů** pacific settlement of disputes; ~**é užívání věci** peaceful enjoyment of property; ~ **stav** peaceful situation / conditions; peace time as distinguished from war
pokolení degree in descent / consanguinity; progeny; **přímé** ~ direct line of descent
pokoření humiliation, humbling, abasement
pokořit koho humiliate, lower / depress the dignity, lower / depress the self-respect of s.o.
pokořující humiliatory
pokračovací continuing; lasting; persistent, persevering; ~ **závazek** continuing covenant
pokračování continuation, continuance; perseverance, persistence; ~ **v nájmu** continuation of the tenancy / lease; ~ **v přerušeném řízení** resumption / continuation of suspended proceeding; ~ **v živnosti** continuing / continued trade; **návrh na** ~ **v řízení** motion to proceed, motion to continue the proceedings
pokračovat continue, carry on; persist; ~ **v práci** carry on with the work
pokračující continuing; abiding, lasting; persistent, persevering; ~ **trestný čin** continuing / persistent offence / crime
pokrevní blood-connected, blood-related; ~ **nejbližší příbuzní** next of kin; ~ **přirozené příbuzenství** natural cognation, proximity of blood, consanguinity; ~ **příbuzenstvo** blood relatives
pokrýt cover; clear; **finančně** ~ financially cover, cover with funds; ~ **náklady a nemít zisk** clear the expenses
pokrytec hypocrite
pokrytectví hypocrisy
pokřtění christening, baptism
pokřtít baptize, christen pour or sprinkle water upon,

as a means of ceremonial purification, or in token of initiation into a religious society
pokud unless, forasmuch as, inasmuch as; ~ **jde o** with respect to st., in respect of, respecting, regarding, concerning, with regard to; inasmuch as, in so far as; in view of the fact that; seeing that; considering that; on the ground that, for the reason that; as for; ~ **není stanoveno jinak** in the absence of a provision to the contrary; ~ **stanovy nestanoví jinak** unless the Articles company / Charter foundation / Constitution association provide to the contrary; ~ **tak nestanoví zvláštní zákon** in the absence of a special statute so providing; ~ **zákon nestanoví jinak** except when otherwise provided by statute
pokud ne unless, except, if... not; save
pokus attempt; trial, endeavour; undertaking; enterprise, effort, essay; ~ **o smír** attempt to settle / mediate / conciliate; ~ **o vraždu** attempted murder; ~ **trestného činu** attempt to commit a crime, attempted crime, criminal attempt; ~ **trestného činu loupeže** attempted robbery; ~ **trestného činu vraždy** attempted murder; **předvolání k ~u o smír před zahájením řízení** summons to attempt pre-trial settlement, summons to attempt conciliation before the commencement of trial; **příprava,** ~ **a dokonání trestného činu** preparation, attempt and completion / accomplishment of a crime; **uznat koho vinným ~em trestného činu krádeže** find s.o. guilty of attempted theft
pokusit se attempt, try; make an attempt / effort; ~ **spáchat trestný čin** attempt to commit an offence
poku|ta pecuniary fine, pecuniary punishment / penalty, mulct, forfeiture; surcharge; **konvencionální** ~ tj. smluvní stipulated / contractual penalty arising from contract; **pořádková** ~ **za maření průběhu řízení** *(CZ)* procedural fine; fine for obstructing / impeding / hindering court procedure; ~ **za překročení rychlosti** penalty for speeding; **prominutí pořádkové ~y** waiver / forgiveness / non-enforcement of a procedural fine; **uložení pořádkové ~y** imposition of a procedural fine; **vymáhání pořádkové ~y a nákladů trestního řízení** enforcement of a procedural fine and costs of criminal proceedings; **nařídit srážky ze mzdy** obstavení výdělku **k zajištění zaplacení ~y** make an attachment of earnings order to

collect the payment of the fine; **za přestupek byla uložena bloková** ~ a fixed penalty ticket has been imposed for the administrative delict / infraction **pokyn** instruction, direction, order, mandate; command; **metodický** ~ např. ministerstva guidance notes e.g. issued by a Ministry; **závazné** ~**y** binding instructions; ~**y k projednávání případů znásilnění** guidelines on dealing with rape cases; ~**y ke zvyšování mezd a cen** guidelines on increases in wages and prices **polehčující** mitigating, extenuating; alleviating, palliating; ~ **okolnost** extenuating / mitigating circumstance **policajt** *(slang)* bobby, copper *(UK)*, cop *(US)* **policejní** relating to police; ~ **cela** police cell; ~ **hlídka** police patrol; ~ **hlídka na pochůzce** foot patrol; ~ **informátor** police informant / informer; **místní** ~ **oddíl** local police squad / force; ~ **odznak** police badge; ~ **okrsek** police precinct / ward; ~ **postup** police procedure; ~ **pravomoc** police power / authority; ~ **předpisy** police regulations; ~ **rajon** beat an area covered by a police officer on patrol; ~ **ředitelství** police headquarters; ~ **služba veřejnosti** policing; ~ **služebna** police station house; ~ **výslech** police interrogation; ~ **vyšetřování** police investigation; ~ **zásah** police raid / action; ~ **záznam** police record; **cyklistická** ~ **hlídka** bicycle patrol; **motorizovaná** ~ **hlídka** car patrol; **výkon** ~ **práce** policing **polici|e** police; **cizinecká** ~ foreign police; frontier police, border guards; **jízdní** ~ mounted police; **městská** ~ metropolitan police; **obecní** ~ local / municipal / community police; **pořádková** ~ police on the beat *(UK)*, police on patrol, patrolling police *(US)*; constable / police officer on the beat *(UK)*, patrolman *(UK)*; **maření výkonu** ~ obstruction of / obstructing the police; **nepřiměřený zásah** ~ inadequate action of the police; **oddělení provozních služeb** ~ služba v terénu a technické zabezpečení service bureau of the Police field services and technical services; **oddělení správních služeb** ~ administration bureaus of the Police; **operační středisko** ~ police operations bureau; **přiměřený zásah** ~ adequate action of the police; **příslušník pořádkové** ~ constable / police officer on the beat *(UK)*, patrolman *(UK)*; **příslušnost k** ~**i** membership in the police; **služební poměr příslušníka** ~ service relation-

ship of a police officer; **útok na** ~**i** assault on police; **zadržení** ~**í** detention by the police; **zákon o** ~**i** the Police Act **policista** policeman, police officer; ~ **mimo službu** policeman off-duty **policistka** policewoman **politick|ý** political; ~**á moc** political power; ~**á práva občanů** political rights of citizens; ~**á strana** political party; ~ **systém** political system **politika** politics the science dealing with the form, organization, and administration of a state; policy a course of action adopted and pursued by a government, party, ruler, statesman; **právní** ~ law policy **politováníhodn|ý** deplorable; grievous; ~**é důsledky** deplorable consequences **polorod|ý** nevlastní half, half-blood; partial, part; ~**í sourozenci** half brothers and sisters, half siblings **polosuverénní** half sovereign **poloviční** half; ~ **mzda** half-pay; ~ **úvazek** part-time job **polovina** half, one of two equal parts; **ideální** ~ **majetku** moiety, possession by moieties; possession by two co-owners who share equal undivided rights **polovládní** quasi-(antonomous) non-governmental; ~ **instituce** quango quasi-autonomous national government(al) organization *(UK)* **položk|a** item, entry; particular; **nízkoriziková podrozvahová** ~ low off-balance-sheet item; **odpočitatelná** ~ deductible item; **středně riziková podrozvahová** ~ medium risk off-balance-sheet item; **účetní** ~ ledger entry; separate entry in an account; **vysoce riziková podrozvahová** ~ full-risk off-balance-sheet item; ~ **'dal'** credit; **rozepsané** daňově **odpočitatelné** ~**y** itemized deductions **pomáhající** assisting, supporting; maintaining; auxiliary **pomáhat** aid, assist; support, maintain **poměr 1** relation, relationship, link, connection; **pracovní** ~ employment relationship; **pracovní** ~ **na dobu určitou** fixed-term contract of employment; **právní** ~ legal relationship; **příbuzenský** ~ close / family relationship; **služební** ~ service relationship; **souběžný** vedlejší **pracovní** ~ parallel part-time employment; ~ **k obviněnému** relation to the accused; **okamžité zrušení pracovního** ~**u zaměstnancem, zaměstnavatelem** instant notice of termination of employment by employee, employer; **osoba v ~u rodinném nebo obdobném** a person related by blood or marriage; **porušení povinnosti z pracovního ~u** breach of employment obligation / duty; **rozvázání pracovního ~u dohodou** termination of employment by agreement; **úprava ~ů manželů k nezletilým dětem** regulation / settlement of the relationship between spouses and their minor children; **vznik pracovního ~u** creation / formation of employment relationship; **změna obsahu pracovního ~u** alteration of the content of employment; **zrušení pracovního ~u ve zkušební době** termination of employment during the probationary / trial period; **žádost o přijetí do pracovního ~u** application for employment; **mít ~ s kým** have an affair with s.o.; **sjednat pracovní ~ na dobu určitou nebo neurčitou** make a contract of employment / create employment for a fixed term or indefinite time **2** situation; condition state in regard to wealth, circumstances, state / mode of being; **majetkové ~y** property owned, property situation; **osobní ~y pachatele** personal situation of offender i.e. property, family matters; **právní ~y znalců** legal position / status of experts; **rodinné ~y** family circumstances; **výdělkové ~y** earning / income situation; **zjištění ~ů mladistvého** ascertainment of personal circumstances / situation of a juvenile; **zatímně upravit ~y účastníků** řízení temporarily regulate the circumstances condition or state of affairs of parties to a suit **3** ratio, proportion, rate

poměrně pro rata, in proportion to the value / extent, proportionally

poměrn|ý proportional; relative; **~á část dovolené** adequate portion of s.o.'s holiday; **~á částka utržené ceny** proportional amount of the price received; **~é uspokojení pohledávek v konkursním řízení** bankruptcy distribution of assets in proportion to proved claims; **~é zastoupení v parlamentě** proportional representation in Parliament; proportional apportionment of seats in parliament

pomezí border; frontier; **přirozené jazykové ~** natural language frontier

pomezní boundary; **~ čára** boundary line

pomin|out elapse, slip by, pass away, expire; terminate; pass over; **důvod zajištění ~e** the

grounds for the detention cease to exist; **důvody ~ou** reasons will extinguish / cease to exist

pomlouvač defamer, detractor, calumniator

pomlouvačný defamatory, slanderous, calumnious; **~ výrok** defamatory statement

pomlouvání defamation; libel, slander; calumniation, calumny; name-calling

pomlouvat defame, calumniate

pomluv|a defamation; libel in a permanent form, slander oral; unjust insinuations; calumniation, aspersions; name-calling; **trestný čin ~y** criminal libel; **zveřejnit ~u proti komu** libel against s.o., publish defamation / libel against s.o.

pomoc aid, help, assistance; support; succour; **afirmativní právní ~** affirmative relief; **peněžitá ~ v mateřství** maternity benefit; **právní ~ legal aid; ~ k trestnému činu** aiding and abetting in committing an offence; **jsoucí bez ~i** helpless; **na ~ čemu** in aid of st., in support of st.; **organizátorství, návod a ~ při spáchání trestného činu** organization, abet(ting) counselling, encouraging, inciting the commission of a crime and aid(ing) help, assistance; **účinnost ~i** the effectiveness of aid

pomoci help, assist, aid; support; **~ řešit spor** jiným osobám mediate in a dispute; assist in settling a dispute

pomocník assistant; supporter; aider; **~ při trestném činu** aider, aiding person, accessary, aider and abettor; assisting offender

pomocn|ý ancillary, auxiliary; helping, helpful, assisting, supporting, aiding; subsidiary, supplementary; **~á osoba** aider, aiding person; **~á role trestní represe** subsidiary / auxiliary role of penal / criminal sanctions; **~é bankovní služby** ancillary banking services; **~ personál** auxiliary personnel

pomsta revenge, vengeance, wrath

pomstít se komu revenge (up)on s.o. for st.; exact / take revenge / vengeance (up)on s.o. for st.

pomstychtivost revengefulness, vindictiveness

pomstychtivý revengeful, vengeful, vindictive

pomůck|a aid; tool; **akustická ~** pro sluchově postižené acoustic aid for persons deaf or hard of hearing; **elektronické ~y zesilující zvuky** electrical aids amplifying sounds; **technické ~y pro postižené** technological aids for the handicapped; **vizuální ~** pro zrakově postižené visual aid for persons with visual impairment

ponechaný left; ~ **na svobodě** left at large; unarrested; ~ **v klidu** undisturbed
ponechat si hold, keep, retain; possess; ~ **co po uplynutí lhůty** keep st. overdue
ponížení debasement, humiliation; degradation
ponížit, ponižovat humiliate, debase; diminish; degrade; ~ **lidskou důstojnost** humiliate s.o.'s dignity; diminish / lower the dignity of an individual; humiliate / diminish the self-respect of individual
ponižující degrading; humiliating; ~ **funkce** degrading office; ~ zahanbující **trest** degrading punishment
popěrn|ý denying, traversing; renouncing; negative, abnegating; ~**é právo státního zástupce** right of denial / traverse exercised by the prosecuting attorney
popírat deny, disavow, traverse; contest, contradict; renounce, abjure; abnegate; ~ **dědické právo jiného dědice** deny the right of another to inherit / acquire by descent; ~ **obvinění** deny the charges; ~ **vinu** deny one's guilt
popis description; (re)presentation; delienation, account; **klamný** ~ **obsahu** zboží false description of content of an article of goods; **stručný** ~ brief description; **technický** ~ **výrobku** specification of an article; **úplný** ~ **nehody** full accounts of the incident; ~ **podezřelé osoby** description of a criminal suspect; ~ **pohřešované osoby** description of a missing person; ~ **práce** job analysis a detailed statement of work behaviours, job description
popisn|ý descriptive; ~**á** obchodní **značka** descriptive mark
poplach alarm; **falešný** ~ false alarm; **vyvolat** ~ sound / raise the alarm
poplašn|ý alarming, warning; disturbing / exciting with the apprehension of danger; **důmyslné** ~**é zařízení** sophisticated alarm system; ~**á pistole** alarm gun; ~**é zařízení** proti vloupání do objektu burglar alarm; **šíření** ~**é zprávy** spreading false news (CZ); a crime of hoax, hoaxing mischievous deception, usually taking the form of a fabrication of st. fictitious or erroneous, told in such a manner as to impose upon the credulity of the victim; **vypnout** ~**é zařízení** shut off the alarm; **zapnout** ~**é zařízení** set on the alarm
poplat|ek imposition, charge; fee, duty; payment; cess; due; **bankovní** ~**ky** bank charges; **celní** ~**ky** customs / import duty; customs fees; **celostátní** ~**ky** parliamentary impositions; **hřbitovní** ~ grave maintenance charge / fee; **konfiskační** ~**ky** confiscatory rates; **konzulární** ~ consular fee; **licenční** ~ licence fee; royalty; **menší** ~ než je stanoveno sazbou undercharge; **místní** ~**ky** local charges, community charges; rates (UK); **nedostatečný** ~ undercharge; insufficient charge; **obecní** ~**ky** community / parochial (UK) impositions; **přístavní** ~**ky** harbour dues; **soudní** ~**ky** court / judicial fees; legal expenses; **správní** ~**ky** administrative charges / fees; **státní** ~**ky** vybrané za úkony státních orgánů state charges collected upon acts performed by the state authorities; **udržovací** ~**ky** (AP) maintenance fees; **vyhledávací** ~ search fee; ~ **z dědictví** probate tax; ~ **z prodlení** late fee, penalty for default payment; ~ **z převodu nemovitostí** conveyance duty; ~ **z ubytovací kapacity** charges on boarding-lodging facilities; ~ **za lázeňský / rekreační pobyt** spa / recreational fee / charge; ~ **za nadváhu zavazadla** excess-weight charges; ~ **za nakládku a vykládku** zboží na molu wharfage charge or dues exacted for the use of a wharf; ~ **za poskytnutí půjčky** commitment fee; ~ **za použití nábřeží** quayage dues levied on goods landed or shipped at a quay; ~ **za povolení vjezdu motorovým vozidlem** motor vehicle entrance fee; ~ **za provozovaný hrací přístroj** charges for the operation of gaming slot machines (US) / fruit machines (UK); ~ **za uložení odpadů** waste disposal charges; ~ **za uskladnění** warehouse fee, warehouseage; ~ **za užívání veřejného prostranství** charges for the use of a public place, the use of public place fee; ~ **za vedení splátkového účtu** carrying(-)charge; ~ **za vězení** carcelage; ~ **za / na jednotlivce** capitation duty; ~ **ze psů** dog charge / fee; ~ **ze vstupného** admission fee charges; ~**ky** ukládané místním orgánem local charges; ~**ky za elektřinu a plyn** charges for electricity and gas; ~**ky za použití přístavu** dock / port / harbour due; ~**ky za prodlení** delinquency charges; ~**ky za vybudování přípojky** vody, plynu apod. connection charges for building a connection-line for gas, electricity, water etc.; **jsoucí bez** ~**ku** uncharged; without fee; free of charge; **osvobození od správních** ~**ků** freedom of administrative fees; **povinnost zaplatit soudní** ~**ky** duty to pay court fees; **vrácení soudního** ~**ku** nesprávně předepsaného disbursement

of court fees erroneously assessed / determined / prescribed; **výzva, aby poplatník zaplatil soudní ~ky** notice to the payor to pay court fees, call on the payor to pay court fees; osvobodit od soudních **~ků** exempt / release s.o. from court fees
poplatkov|ý relating to charges, imposition; **daňová a ~á soustava** system of taxes and charges; tax and charge system
poplatník payor; payer; **daňový ~** taxpayer
poplést confuse; buffle; mix, mingle, co(-)mingle
popletený confused; buffled; mixed, mingled, co-mingled
poprava execution; the infliction of capital punishment
popravčí executioner
popraviště gallows; gibbet
popření denial, disavowal, disclaimer; traverse; averment; **~ lidských práv** denial of human rights; **~ obvinění** denial of charges; **~ podstatného faktu** negative averment; **~ pravosti pohledávek přihlášených k rozvrhu výtěžku** denial of authenticity of claims submitted for the distribution of payment from proceeds; disallowance of claims seeking distribution of proceeds; **~, že obžalovaný dal slib** averment that the defendant did not undertake the promise as alleged by the plaintiff; non assumpsit *(lat)*; **lhůta pro ~ otcovství** time limit for disavowal of paternity; **určení a ~ otcovství** determination and denial / disavowal of paternity
popř|ít deny, disclaim, disavow; disown; traverse; renounce; **~ obvinění** disclaim / deny an accusation; **~ právní odpovědnost** disclaim liability; **~ tvrzení** disprove / deny / traverse allegations; **obžalovaný ~el, že věděl o bombě** the defendant denied / disclaimed all knowledge of the bomb; **podezřelý ~el, že by byl v domě v době vraždy** the suspect denied being in the house at the time of the murder; **tento důkaz nelze ~** the evidence cannot be denied / gainsaid
popsání describing, description; delineating, delineation
popsat describe, represent; delienate
poptávk|a demand; **zákon nabídky a ~y** the law of supply and demand
porad|a deliberation, conference; consideration; **~ a hlasování o rozsudku** deliberation and voting with respect to judgment; **~ na**

nejvyšší úrovni a summit conference; **soud se odebere k závěrečné ~ě** the court retires for final deliberation
poradce adviser, advisor *(US)*, counsel; consultant; **daňový ~** tax advisor / consultant; **podnikový ~** vedení podniku management consultant; **politický ~** political adviser / consultant; **právní ~** legal adviser, counsel; **soukromý právní ~** chambers counsel; **~ pro volbu povolání** careers officer; **jedná ve funkci ~** he is acting in an consultative / advisory capacity
poradensk|ý counselling, guidance; consulting; **~á firma** consultancy firm; **~á služba** consultancy services
poradenství counselling, consultancy
poradit se consult; deliberate take counsel together, considering / examining the reasons for and against; **~ o rozsudku** deliberate on judgment, consider the judgment; **~ se svým právníkem** consult one's lawyer
poradní consultative, advisory, deliberative; **~ názor** advisory opinion; **~ orgán** deliberative / consultative body; **~ referendum** consultative referendum; **~ výbor / komise** consultative / advisory committee
poranit koho wound, injure, harm s.o.
pora|zit beat; defeat in a vote; win a case, conquer in battle; **být ~žen ve sporu** lose the case; be defeated in the suit
poraženeck|ý defeatist; **~á nálada** defeatist mood
porážk|a loss; defeat; **přijmout ~u** accept defeat one's losing the case
pornografie pornography; **výroba a distribuce dětské ~** making and distribution of child pornography; **zákon proti ~i** a law against pornography
porod childbirth, parturition; delivery; **zemřít při ~u** die in childbirth
porodné birth allowance / grant
porodnost birth rate
porost ground cover
porot|a jury; panel; array; obvyklá **dvanáctičlenná ~** působící v trestních a některých civilních věcech petit / petty jury empanelled in all criminal cases and some civil cases; **sestavená ~** empane(l)led / impanel(l)ed jury; **velká ~** svolávaná v některých trestních věcech grand jury empanelled in major criminal cases; **~ neschopná rozhodnutí** deadlocked / hung jury; **~ v hlavním líčení** trial jury; **člen ~y** member of the jury,

juryman, jurywoman; **lavice** ~**y** jury box; **náhradní člen** ~**y** alternate juror; **námitka proti** ~**ě** challenge to jury; **ovlivňování** ~**y** jury tampering; **poučení** ~**y** soudcem judicial instructions of jury, judge's charge to jury; **předseda** ~**y** foreman of a jury; **trestní proces s** ~**ou** criminal trial by jury, jury trial; **být povolán do** ~**y** be called for jury service *(UK)*, be called for jury duty *(US)*; **rozpustit** ~**u** discharge the jury

porotce member of the jury, juror, juryman, jurywoman

porotkyně jurywoman

porovnat confront, check, compare; ~ **s otisky nebo vzorky** check st. against fingerprints or samples

porovnatelný comparable; capable of comparison with st., commensurable

porozumění understanding; comprehension; **vzájemné** ~ mutual understanding

portfej portfolio; **ministr bez** ~**e** minister without portfolio

poručensk|ý curatorial, custodial; ward, guarding, caring, protecting; ~**á péče** wardship

poručenství, poručnictví guardianship; wardship; tutelage; tutela *(lat)*; ~ **nezletilého dítěte** wardship of a minor; ~ **soudu** wardship of the court

poručník guardian; curator; tutor *(LA)*; ~ **ze závěti** testamentary guardian

poruch|a disorder, defect; disturbance; **duševní** ~ mental disorder, temporary mental disease / illness; **přechodná duševní** ~ temporary mental disorder; **trvalá duševní** ~ permanent mental disease; ~ **zdraví** impairment of health; disease; **občan stižený duševní** ~**ou** person mentally ill, person with mental disorder; **být stižen duševní** ~**ou** suffer from mental disorder, be mentally ill; be insane

porušení breach, violation, infringement; infraction, transgression; **kvalifikované** ~ qualified breach / violation; **podstatné** ~ **smlouvy** material / fundamental breach of contract; **trvající** ~ **smlouvy** continuing breach of contract; **účelné** ~ smlouvy efficient breach; ~ **záručních podmínek** breach of warranty; ~ **autorského práva** infringement / vitiation of copyright; ~ **cizího práva** violation of a right of another; wrong; ~ **článku** breach / violation of the Article; ~ **disciplíny** breach of discipline; ~ **dopravních předpisů** traffic vi-

olation; ~ **důvěry** breach of faith; ~ **komunitárního práva** infringement of Community Law; ~ **lidských práv** infringement of human rights; ~ **mezinárodního míru** breach of international peace; ~ **mezinárodního práva** contravention / breach of International Law; ~ **mezinárodní smlouvy** violation of a treaty; ~ **ochrany utajovaných skutečností** breaching the security of classified information; ~ **platného zákona** contravention / breach of the law in force; ~ **povinnosti plnit včas** default; breach of duty to perform duly; ~ **povinnosti z pracovního poměru** breach of employment obligation / duty; ~ **povinností ze správy cizího majetku** breach of trust; ~ **práv** violation of rights; ~ **práv z patentu** infringement of patent; ~ **práva** violation / breach of law; ~ **práva společného užívání** disturbance of common enjoyment; ~ **pravidla** transgression of a rule; ~ **příměří** kým breach of truce by s.o.; ~ **slibu** zejména manželství breach of promise to marry in particular; ~ **smlouvy** breach of contract; ~ **smlouvy před její splatností** anticipatory breach; ~ **sousedských práv** disturbance of neighbour's rights; private nuisance; ~ **trestně-procesních záruk** infringement of safeguards of criminal procedure; ~ **ustanovení** breach / violation of a provision, breach / violation of a clause / covenant; ~ **veřejného pořádku** breach of the peace, breach of public order; ~ **vlastnického práva** breach of s.o.'s rights in property / property rights; ~ **vojenské disciplíny** violation / breach of military discipline; ~ **výminky** breach of stipulation; ~ **zákona** infringement / violation of the law; ~ **zákonnosti** breach of legality / lawfulness / the rule of law; ~ **závazku** breach of obligation; ~ **závazných pravidel hospodářského styku** breach of compulsory rules of business transactions / dealings; **k** ~ **smlouvy dojde, když...** a breach of contract occurs / is committed when...; **při** ~ **křižování** šeku in contravention of a crossing of the cheque; **být** ~**m článku / paragrafu** constitute a breach of an article / section; **být podstatným** ~**m** constitute a material breach; **vzdát se nároku vyplývajícího z** ~ **závazku** waive any existing breach of covenant; **zakládat podstatné** ~ constitute a material breach; **žaloba o náhradu škody v důsledku** ~ **smlouvy** action in damages for the breach of contract

porušit break, breach, violate, infringe, transgress, contravene; ~ **doktrínu** contravene the doctrine; ~ **hmotné právo** break substantive law; ~ **lidská práva** violate human rights; ~ **mír** break the peace; ~ **noční klid** disturb the peace and quiet at night; ~ **poštovní výhradu** breach the exclusivity of postal services; ~ **předpisy** contravene the regulations; ~ **přísahu** violate / break / infringe an oath; ~ dané **slovo** break one's word; ~ **směrnice** violate regulations; ~ **smlouvu** break / breach a contract; ~ **sousedská práva** infringe the rights of s.o.'s neighbour, commit a nuisance against s.o.'s neighbour; ~ **svobodu tisku** violate the freedom of the press; ~ **ustanovení** be in breach of a provision; ~ **zákon** break / breach a law; ~ **zasílací podmínky** violate mailing / dispatching conditions; ~ **závazky** commit a breach of the obligations, be in breach of obligations
porušitelný violable; breakable
porušování breach, violation, infringement; infraction, transgression; ~ **autorského práva** infringement of copyright; ~ **domovní svobody** illegal entry into dwelling; ~ **osobních a věcných povinností** breach of personal and material duties; ~ **povinnosti dozorčí služby** breach of duties of an officer of the day; ~ **povinnosti při hrozivé tísni** breach of duty under extreme duress; ~ **povinnosti při správě cizího majetku / cizí věci** breach of trust breach of confidence reposed in a person in whom the legal ownership of property is vested to be held or used for the benefit of another; ~ **povinnosti strážní služby** breach of sentry duty; ~ **práv a chráněných zájmů vojáků** violation of rights and protected interests of soldiers; ~ **práv k vynálezu a průmyslovému vzoru** infringement of invention / patent and design rights; ~ **předpisů o mezinárodních letech** breach of regulations governing international flights; ~ **předpisů o nakládání s kontrolovaným zbožím a technologiemi** breach of regulations providing for / governing the handling and disposing / disposal of controlled goods and technologies; ~ **předpisů o oběhu zboží ve styku s cizinou** breach of regulations governing imports and exports of goods; ~ **služebních povinností** breach of service duties; ~ **svobody sdružování a shromažďování** infringing the freedom of peaceful assembly and association; ~ **tajemství dopravovaných zpráv** breach of mailing secrets; ~ **závazných pravidel hospodářského styku** breach of compulsory rules of business transactions / dealings
porušovat break, breach, violate, infringe, transgress, contravene; ~ **článek** be in breach of an article; ~ **dopravní předpisy** be in breach of the traffic regulations, counteract the traffic regulations; ~ **smlouvu** be in breach of contract, break / breach a contract
pořad agenda, order; programme; ~ **jednání** order of business; denní ~ **projednávání návrhů zákonů** the journal; the order of the daily business / proceedings in one or other of the Houses / Chambers of Parliament; ~ **zasedání parlamentu** calendar of parliamentary meetings; být na ~u **jednání** be in order of business; **předložit zprávu mimo** ~ jednání submit a report out of order of business
pořád|ek order; sequence, disposition, arrangement; ústavní ~ constitutional order; veřejný ~ public order; ~ **ve věcech veřejných** order in public affairs, public affairs order; **(po)rušení veřejného** ~ku disorder, public disturbance; **strážce veřejného** ~ku peace officer; **udržování veřejného** ~ku maintenance of the public peace; **rušit veřejný** ~ **a občanské soužití** disturb public peace and the coexistence of citizens; **volat k** ~ku call to order
pořadí order; sequence; grade, rank; **časové** ~ **narození** chronological order of births; ~ **úhrady pohledávek** order of satisfaction of claims, order in which the claims will be satisfied
pořádkov|ý relating to the breach of the order of procedure / course or mode of action; ~á **lhůta** (CZ) procedural time-limit, time-limit within which some procedural steps should be taken; ~á **pokuta** za maření průběhu řízení (CZ) fine for obstructing / impeding / hindering court procedure; procedural fine; ~á **policie** police on the beat (UK), police on patrol, patrolling police (US); ~é **opatření** (CZ) a measure to maintain the rules of order / procedure; procedural measure; ~é **opatření** kázeňský trest u osob ve vazbě measure of order i.e. disciplinary punishment imposed upon persons kept under remand / in custody; ~ **delikt** delict in breach of the rules of procedure; **příslušník** ~é **policie** constable on the beat, police officer on the beat (UK), police patrolman; **rozhodnutí** ~é

povahy decision focussing on the matters of order e.g. to keep time-limits; **uložení ~é pokuty** imposition of procedural fine **pořadník** waiting list; wait-list *(US)* **pořadov|ý** serial, ordinal, numerical; **~é číslo** serial number a number assigned to a person, item, etc., indicating position in a series **pořízení** disposition; creation, making; **testamentární** ~ testamentary disposition; ~ **závěti** creation / writing of o.s.'s will **pořizovací** relating to purchase, acquisition; ~ **cena** purchase value, first cost **pořizování** making, recording; ~ **obrazových a zvukových záznamů** video and audio recording **pořizovat** make; record; ~ **na černo nahrávky** bootleg, make illegal records from live concerts **posel** messenger; envoy; emissary **poselství** message, mission; communication; ~ **o stavu Unie** *(US)* State of the Union message a yearly address delivered by the President of the U.S. to Congress, giving the Administration's view of the state of the nation and its plans for legislation **posílení** strengthening; consolidation; ~ **financí** strengthening of financial funds; ~ **vlády** strengthening of the position of government; ~ **pravomocí** consolidation of powers **posílit** strengthen, consolidate; confirm; ~ **ekonomickou moc** consolidate economic power **poskytnout** provide, supply, render; give, furnish for use, yield; grant, award; **dobrovolně** ~ **informaci** volunteer information, provide / supply information voluntarily / on a voluntary basis; ~ **náhradu škody** provide damages / compensation; make amends; ~ **politický azyl** grant political asylum; ~ **pomoc** render assistance / help; ~ **právní pomoc zcela nebo částečně na státní náklady** grant legal aid wholly or partly at the public expense; ~ **slevu** give discount; ~ **součinnost k prokázání své totožnosti** collaborate / assist in proving one's identity; ~ **součinnost k provedení opravy** exert / manifest cooperation in carrying out repairs; ~ **komu výhodu nad kým** grant s.o. advantage over s.o.; ~ **zadostiučinění** give satisfaction; ~ **zaměstnanci ochranu** render / give employee protection **poskytnutí** provision, rendition; supplying; granting, grant; disclosing, disclosure; ~ **informací** disclosure of information; ~ **soukromé nemovitosti k veřejným účelům** rendi-

tion by the owner of land for public purposes, dedication; **žádost o ~ podnikatelského nebo spotřebitelského úvěru** commercial or consumer's credit application **poskytovatel** provider, purveyor, supplier; grantor; ~ **franšízy** franchisor a person granting a franchise to a franchisee; ~ **lékařské péče** provider of medical assistance services; ~ **licence** licensor granting a licence; ~ **služeb** services provider; ~ **ubytování** provider of lodging / accommodation services **poslan|ec** Deputy *(CZ)*, Member of Parliament MP abbrev *(UK)*, *(CA)*; Member of Congress MC abbrev, Congressman *(US)*; **ctihodný ~ za východní Londýn** oslovení poslance jiné strany *(UK)* the Honourable Member for London East addressing an MP of another party; **můj ctihodný přítel ~ za Cornwall** vzájemné oslovení poslanců stejné strany Dolní sněmovny *(UK)* My Honourable friend the member for Cornwall addressing an MP of the same political affiliation; ~ **Evropského parlamentu** Member of the European Parliament, MEP abbrev; ~ **Sněmovny reprezentantů** *(US)* Congressman; ~ **za Oregon** vzájemné oslovení členů Sněmovny reprezentantů *(US)* the gentleman from Oregon addressing another Congressman; **~ci volení přímou volbou** directly selected members; **funkční období ~ce** term of office of a Deputy, Deputy's term of office **poslaneck|ý** representative, parliamentary; relating to a Deputy, Member of Parliament Congressman; **~á imunita** legislative immunity; **Poslanecká sněmovna Parlamentu ČR** Chamber of Deputies of the Parliament of the Czech Republic; **~é křeslo** seat in Parliament; ~ **iniciativní návrh zákona** private member's bill; ~ **mandát** mandate of a Deputy **poslankyně** female Deputy; female MP, Congresswoman **poslední** last, ultimate; utmost, extreme; latest most recent; ~ **slovo obžalovaného** last plea of the defendant, last words; ~ **splátka na dluh** final discharge; ~ **vůle** last will and testament; ~ **vydání knihy** the latest edition of the book **posloupnost** succession; sequence, order; consecution; **dědická ~** lineage; descent; transmission by inheritance; ~ **biskupů** apostolic succession **posluchačstvo** audience **poslušnost** obedience; submission to authority

občanská ~ civil obedience; law-abiding, adherence to law

posoudit consider; qualify; ~ **zprávy** consider reports

posouditeln|ý qualifiable, lible / subject to qualification; considerable; ~**á věc** qualifiable thing

posouzení consideration; estimation; determination, judging, attentive thought; reflection; **nesprávné právní** ~ **věci** erroneous determination of law in the case; ~ **skutkového stavu** considering the facts of the case; **poukaz na nesprávné právní** ~ **věci** reference to erroneous determination of law in the case

postarat se care, ensure; arrangefor, provide for; ~ **o pohřeb** arrange for the funerals

postavení position, state, standing; status; condition; capacity; **rovné** ~ equal status / position; ~ **dcery** daughterhood; the condition of being a daughter; ~ **tlumočníka** procedural status / position / standing of an interpreter; ~ **smluvní strany** the position of a party to a contract; ~ **uprchlíka** refugee status; **určení procesního** ~ **účastníků** determination of procedural position / status of participants; **ve svém** ~ **ředitele** in his capacity of manager; **upravovat** ~ **podnikatelů** regulate the position of business persons

postavit put, locate; ~ **mimo zákon** outlaw, put outside the law, proscribe; ~ koho **před soud** bring s.o. before court / judge

postavit se stand; ~ **čelem k** čemu head, face, front, oppose st.; ~ **na odpor** komu / čemu resist s.o. / st., challenge s.o. / st., withstand s.o. / st., oppose s.o. / st.

postih sanction; penalty, punishment; prosecution; recourse; recovery; **obecný rozvrhový** ~ general scheduled recourse; ~ **neoprávněného podnikání** sanctioning / penalizing unlawful business activities; ~ **za nesplnění** penalty for non-compliance; penalty for default; ~ **za přestupek** penalty for an administrative delict / infraction; ~ **za spáchání trestného činu** criminal sanction; ~ **za záškoláctví** prosecution for truancy; **mít proti komu** ~ have recourse against s.o.

posti|hnout affect; inflict; **řízení je** ~**ženo** jinou vadou the proceedings are / have been affected by another mistake / error

postižení 1 affection, influencing; ~ **jiných majetkových práv** affecting other proprietary

rights; **exekuční příkaz na** ~ **podílu společníka** execution order against the business share of a company member **2** handicap, disability; disablement; **zdravotní** ~ physical or mental handicap / disability

postižený injured, affected; handicapped, disabled; ~ **občan** 1 injured / aggrieved person 2 handicapped citizen / person, disabled citizen / person; **sluchově** ~ person deaf or hard of hearing; **zdravotně** ~ the handicapped, the disabled; **zrakově** ~ person with visual impairment, person with impaired vision

postoupení assignment; transfer, referral, committal (UK), commitment (US); cession; ~ **převod práv autorského práva** assignment of copyright; ~ **a prošetření stížnosti** referral / transfer and investigation of a complaint; ~ **držby** assignment / delivery of possession; ~ **dluhu** práv z dlužné částky assignment of money due; ~ **movitého majetku** assignment / grant of personal property; ~ **nájmu** assignment of lease; ~ **nemovitosti jako celku** assignment of the whole of the property; ~ **obligací** assignment / delivery of bonds; ~ **pohledávky** assignment of a debt; cession the voluntary surrender by a debtor of all his effects to his creditors, cessio bonorum (lat); **dohoda o** ~ **účetních pohledávek** assignment of accounts receivable; ~ **pozemku** land grant; assignment of land; ~ **práv k náhradě škody** assignment of claim for damages; ~ **právních prostředků** grant of remedies; ~ **pravomocí výboru** devolution / delegation of powers (up)on a committee; ~ **předmětu nájmu jako celku** assignment of the whole of the property; ~ **úřadu** office grant; ~ **ve prospěch věřitelů** assignment for the benefit of creditors; ~ **věci vyššímu soudu k projednání** committal / commitment of the case for trial; **oznámení o** ~ **věci vyššímu soudu** notice of transfer / commitment of a case to a higher court; ~ **věci vyššímu soudu k rozhodnutí o trestu** committal of the defendant for sentence; ~ **věci soudu věcně a místně příslušnému** transfer of the case to the court having subject-matter and venue / local jurisdiction; **na základě usnesení o** ~ **věci** by virtue of a resolution to transfer the case; **smlouva o** ~ **pohledávky** contract to assign debts, cession contract; **usnesení o zrušení rozhodnutí a** ~ **věci věcně příslušnému soudu** resolution to cancel the decision, and to transfer the case to the court having subject-matter jurisdiction; **zajištění ~m pohledávky** security by means of cession; **žádost o ~ žaloby jinému soudu** z důvodu nepříslušnosti application for the transfer of the case to another court due to the lack of jurisdiction **postoupen|ý** assigned, transferred; referred; committed; ceded; delegated; **~é pravomoci** delegated powers; **~ soud** transferee court **postoupit** assign, transfer; refer, commit; cede; delegate; **~ dožádání jinému soudu** transfer / refer the letter of request onto another court; **~ majetek ve prospěch věřitelů** make an assignment for benefit of creditors; **~ otázku Soudnímu dvoru k předběžnému rozhodnutí** refer the question to the Court of Justice for preliminary ruling; **~ pohledávku** assign / surrender a claim; **~ právo komu** assign / delegate a right to s.o.; **~ pravomoci na koho** delegate powers to s.o.; **~ území komu** cede territory to s.o.; **~ věc soudu příslušnému** transfer the case to a competent court **postoupivší** having transferred; **~ soud** transferor court **postrádající** lacking, missing; **listina ~ právní náležitosti** defective instrument, instrument lacking legal formalities **postradatelný** dispensable; unessential, omissible; unimportant **postup** procedure, process; course, measures, steps; technique; advance; **nesprávný úřední ~** maladministration, mismanagement; **pracovní ~** mode of operating, modus operandi *(lat)*; **správný ~** good / correct practice; **úplatný ~** práva assignment of a right for consideration; **vyšetřovací ~y** investigative techniques; **~ pohledávky ze zákona** cessio ex lege statutory cession, statutory assignment of a claim / debt; **~ v zaměstnání** professional promotion / advancement; **překážka ~u řízení** estoppel impeding the course of proceedings, bar to the course of proceedings; **přezkoumání ~u vyšetřovatele** review / revision of the course of investigation; **hrubě ztěžovat ~ řízení** grossly intrude in the course of proceedings, encroach on the course of proceedings **postupitel** cedent assignor, assigner, subrogor; cessor; grantor, granter **postupitelný** assignable; transferrable, negotiable, marketable

postupně successively, by successive stages / steps; **~ vyřadit** z činnosti phase out, remove / eliminate / take out gradually / in planned stages; **~ sukcesivně založená společnost** company created by successive steps; **~ zavést** phase in, introduce / incorporate st. gradually / in planned stages **postupní** relating to assignment, transfer, grant; **~ doložka** assignee clause; **~ listina** deed of grant **postupník cesionář** assignee, assign; subrogee; cessionary; grantee; **~ je nabyvatel** právního titulu v důsledku právního úkonu tj. např. smlouvy, závěti assignee is one who has acquired a right or title in consequence of a legal act such as contract or will; assignee is a person to whom a right or property is legally transferred / made over upon e.g. a contract or will **postupn|ý** gradual, successive; **~á přeměna** gradual reconversion **postupovat** move on, proceed, carry on; **~ co** nižším orgánům nebo pracovníkům hand down st.; **~ s odbornou péčí** správce ohledně spravovaného dědictví act / carry on with due professional diligence applied to an administrator / executor of the deceased estate **posud|ek** advisory opinion; report; testimony; expertise; **lékařský ~** medical report, medical opinion / statement; **negativní ~** adverse opinion; **nepravdivý znalecký ~** false expert opinion / expertise; false expert testimony delivered before court; **právní ~** legal opinion; legal expertise; **revizní ~** audit opinion; **společný ~** více znalců common expert opinion of more experts; **znalecký ~** expert report / opinion / testimony if adduced at trial; expertise; **~ o osobnostní způsobilosti** evaluations of a candidate's personal suitability; **~ o zdravotní způsobilosti** evaluations of a person's state of health; **důkaz znaleckým ~kem provedený v hlavním líčení** expert evidence adduced at the trial in the proceedings; **příprava ~ku** preparation drawing up of an expert report / opinion; **vady ~ku** deficiencies / defects of expert report / opinion; **vydání pracovního ~ku** issuance of employer's references **posudkov|ý** relating to expertise; advisory opinion; report; **~á komise** medical expert committee / board responsible for producing opinion with respect, for example, state of health of s.o. **posun** shift, drift; movement; **tento případ**

znamená nový ~ v trestním právu the case represents a new development in criminal law **posunut|ý** deferred; postponed; suspended; ~á **platba** deferred payment; ~é **retenční právo** deferred lien
posuzování assessment, evaluation; consideration; ~ **vlivu na životní prostředí** environmental impact assessment, EIA abbrev
posuzovat consider, view / contemplate attentively, survey, examine, inspect, scrutinize; ~ **okolnosti** consider / scrutinize circumstances
posvátný holy, consecrated, dedicated, sacred
poškodit damage, damnify, impair, harm; mutilate; wreck; ~ **dobrou pověst koho** disparage, discredit s.o., impair s.o.'s reputation; ~ **zájmy** damnify interests; **úmyslně ~ zařízení sloužící k využívání nerostného bohatství** wilfully damage the device to utilize mineral resources; **úmyslně zničit, ~ nebo neoprávněně odstranit veřejnou vyhlášku** wilfully destroy, impair or unlawfully remove a public notice; **vážně ~ budovu** materially / substantially / seriously damage a structure / building; inflict material / substantial damage to the structure / building; cause material / substantial damage to the structure / building
poškoditelný damageable, liable to be damaged / harmed / injured
poškození impairment; damage, harm, injury, loss, waste; ~ **auta** damage to a car; ~ **ochrany utajovaných skutečností** destroying the security of classified information; ~ **paměti** impairment of memory; ~ **pověsti** disparagement, impairment of reputation; ~ **věci** damage to a thing; ~ **zdraví** impairment of health; **původce** ~ author of the damage / injury; **úmyslné** ~ **životního prostředí** intentional damage to the environment
poškozen|ý *(adj)* injured, damaged, harmed; impaired; ~á **osoba** an injured person / party, the injured; an aggrieved party / person
poškozen|ý *(n)* the injured; **náhrada škody** ~**ému** compensation / damages paid to the injured; **uplatnění nároků** ~**ého** asserting claims of the injured; **zákonný zástupce** ~**ého** statutory representative of the injured
poškozování causing damage / harm / injury / loss; inflicting damage / harm / injury / loss; wasting; damaging, damnifying; **vědomé** ~ voluntary waste, wilful damage; ~ **a ohrožování provozu obecně prospěšného zařízení**

damaging and endangering the operation of generally expedient utilities; ~ **cizí věci** harm done to a thing of another; ~ **cizích práv** harm done to rights of another, infringement of rights of another; ~ **spotřebitele** harm caused to a consumer; ~ **věřitele** harm done to a creditor; ~ **z nedbalosti** causing damage due to negligence, causing negligent damage, negligently causing damage; ~ **životního prostředí** damage to the environment, environmental damage
poškozující injurious, prejudicial to the rights of another; hurtful, harmful, detrimental, deleterious
pošta post office; ~ **je zařízení státu** the Post Office is a state establishment
poštovní postal; relating to post office; **neoprávněné otevírání** ~**ch zásilek** unlawful opening of mail; ~ **směrovací číslo** zip-code, postal code
potenciální potential; contingent; ~ **nárok** contingent claim; ~ **odpovědnost** contingent liability
potlačení restraint; suppression, oppression; ~ **nepokojů** suppression of riot; ~ **ústavního práva** suppression of the constitutional right
potlačovací restraining, suppressing; suppressive; oppressing; ~ **účel trestu** suppressing purpose of punishment
potomek descendant, descendent; offspring; descent; ~ **navrhovatele** descendent of a petitioner; ~ **v linii nepřímé spojení přes společné předky** descendant / heir in collateral line related through common ancestors; ~ **v linii přímé** descendant / heir in the direct line, lineal descendant, the lineal
potomstvo offspring, issue, posterity, progeny; descent; descendants
potrat abortion; **vyvolání** ~**u** the procuring of abortion premature delivery so as to destroy offspring
potraviny food; aliment, nourishment, provisions; ~ **podléhající zkáze** perishable food, food liable to decay, the perishables
potrestání punishment, infliction of a penalty in retribution for an offence, sentencing; penalization; **upuštění od** ~ absolute discharge; the release of a convicted defendant without imposing a punishment on him; **upustit od** ~ discharge a convict; release a convict without punishment
potrestat punish to subject to judicial chastisement

as retribution or requital, or as a caution against further transgression, sentence pronounce sentence upon; condemn to a punishment; penalize, inflict a penalty on s.o.; ~ **odnětím svobody na x** let sentence s.o. to a term of imprisonment of x years, award a sentence of imprisonment for the term of x years

potře|ba requisite, essential, need, demand, exigency; necessity, want; **politická** ~ political convenience; **skutečné** ~by actual needs; ~ **jednotlivce** individual need(s); ~ **plánovat využití půdy** need to plan the use of land; ~by **související s udržováním dobrého fyzického stavu nemovitosti** wants of repair maintain the property in good condition or in a proper state of repair; **uspokojení životních** ~b satisfaction of needs of s.o.'s life; **sloužit** ~**bám** serve the needs; **zajistit životní** ~by **dítěte, manžela** provide necessaries / necessities of life for a child, to a spouse

potřebn|ý indispensable, requisite, essential, necessary, needful; indigent; ~**á většina** competent majority; ~ **počet osob k hlasování kvórum** quorum, a fixed number of members whose presence is necessary for the proper vote

potřebovat need, stand in need of, require a thing / person, want; be in need / want

potul|ka vagrancy; **zákony o** ~**ce** vagrancy laws

potupn|ý degrading, opprobrious; ~**é zacházení** degrading treatment

potvrdit acknowledge, confirm, certify; uphold; support by advocacy / assent; maintain a statement, warrant / guarantee a fact; make valid by formal authoritative assent a thing already instituted or ordained; ratify, sanction; corroborate; ~ **oprávněnost stížnosti** uphold the complaint; ~ **práva** acknowledge / uphold rights; ~ **podpisem příjem písemnosti** acknowledge the service of a document; ~ **přijetí stížnosti do dvou dní od jejího obdržení** acknowledge the receipt of complaint within two days of the receipt thereof; ~ **rozsudek** affirm the judgment; ~ **trest v odvolacím řízení** uphold the sentence in appellate proceedings; ~ **trestní stíhání** approve the prosecution; ~ **věrnost čestným prohlášením** affirm allegiance

potvrzení acknowledgment, confirmation; certificate; affirmation, recognition, validation, vindication; **písemné** ~ **dohody** written confirmation of an agreement, memorandum of agreement; ~ **dědictví** confirmation of succession / inheritance; ~ **nabytí dědictví jednomu dědici** the confirmation / acknowledgment of the acquisition of inheritance by one heir; ~ **nabytí dědictví podle dědických podílů** the confirmation / acknowledgment of the acquisition of inheritance according to heir's lots; ~ **nuceného vyrovnání** acknowledgment of compulsory composition with creditors; ~ **o bezinfekčnosti** clean bill of health; ~ **o bydlišti** confirmation of residence / abode / dwelling; ~ **o celním odbavení** clearing bill; ~ **o odeslání** certificate of dispatch; ~ **o osobních, majetkových a výdělkových poměrech** certificate / proof of personal, property and earnings circumstances; ~ **o platnosti** validation certificate; acknowledgment of validity; ~ **o pobytu** confirmation of abode; ~ **o pojistném krytí** cover note; ~ **o pravomoci jednat** o výkonu funkce certificate of incumbency; ~ **o provedené platbě** usance acknowledgment of payment, quittance, acquittance a document certifying discharge of payment; receipt; ~ **o převzetí písemnosti, zboží** acknowledgment of service of an instrument, delivery of goods; acceptance slip; ~ **o přijetí zboží** acknowledgment of receipt of goods; ~ **o původu zboží** certificate of origin; ~ **o registraci** certificate of registration; ~ **o splnění dluhu** acknowledgment of performance; certificate in evidence of discharge of a debt, acquittance; ~ **o státním občanství** certificate of nationality; ~ **o stavu** certificate of personal status; ~ **o vykonatelnosti na rozhodnutí** certificate / proof of enforcement of judgment; ~ **o zadlužení** certificate of indebtedness; ~ **o zaměstnání** working paper, proof of employment; ~ **o zaplacení celé částky** receipt for payment in full; ~ **o zapsané skutečnosti** certificate of recorded facts; ~ **o žití** certificate of living; ~ **pro použití v cizině** certificate to be used abroad; ~ **převzetí soudní obsílky** a záměru dostavit se k soudu acknowledgement of service of summons and intention to attend; ~ **správního rozhodnutí** confirmation of administrative decision; ~ **utajovaných skutečností** confirmation of classified information; ~ **záruky** voucher of warranty / guarantee; ~**, že dědictví připadlo státu** certificate of escheat con-

firming reversion of property to the state in consequence of a want of any individual competent to inherit
potvrzený acknowledged; confirmed; certificated; ~ **úvěr** confirmed credit; ~ **věřitel** certificate creditor; judgment creditor
potvrz|ovat acknowledge, confirm, certify; uphold; support by advocacy / assent; maintain a statement, warrant / guarantee a fact; make valid by formal authoritative assent a thing already instituted or ordained; ratify, sanction; **pravomoc** ~ **ve funkci** confirmative power; **rozsudek, jímž se rozhodnutí soudu 1. stupně ~uje** judgment confirming the first instance / original judgment
potvrzující acknowledging, confirming; certifying, upholding; affirmative, assertory; ratifying, sanctioning; ~ **banka v úvěrových transakcích** confirming bank / house in credit transactions; ~ **důkaz** affirmative proof; ~ **rozhodnutí odvolacího soudu** a confirming / affirmative decision of the Appellate Court / Court of Appeal; a decision of the Court of Appeal upholding the first instance judgment; ~ **smlouva** assertory covenant; ~ **svědek** affirming witness, affirmant; ~ **úmluva** affirmative covenant; **odmítnutí dovolání proti ~mu rozsudku** refusal / rejection of appellate review of an affirmative judgment
potyčka quarrel, argument, fuss; hassle
poučení notice; advice; warning, instruction; caution, caveat let him beware; guidance; **vadné** ~ defective warning / notice; ~ **o možných následcích** warning / notice of possible consequence(s); ~ **o odvolání** notice of time and permissibility of appeal, appeal instruction as a part of judgment; ~ **o opravném prostředku** notice / warning / instruction of a right to apply for remedial measure; ~ **o povinnosti svědka** notice / instruction regarding duties of witnesses; ~ **o právech obviněného** advice of rights; warning of rights of the accused; ~ **policie o právech zadrženého** caution communicated to the detained, police caution; ~ **poroty soudcem před vynesením verdiktu** charge to jury before their returning a verdict; ~ **soudu účastníkům trestního řízení** judicial notice / warning of participants in criminal proceedings; **absence** ~ absence of notice / warning / caution; **vzor** ~ pattern / sample / standard form of notice / warning; **řídit se nesprávným ~m soudu** follow an incorrect / erroneous warning / instructions of

court, comply with an incorrect / erroneous warning / instructions of court, obey an incorrect / erroneous warning / instructions of court
poučit instruct, direct; advise, warn, notify; explain; caution; ~ **o právech obviněného** advise the accused of his / her rights; ~ **obviněného o možných důsledcích** warn the accused of the possible consequences; ~ **osobu o jejích právech v souvislosti se zákrokem nebo úkonem policie** caution a person about one's rights, read s.o.'s rights, advise s.o. of his / her rights
poučovací instructing, warning, notifying; ~ **povinnost soudu** duty of the court to instruct / warn
pouhý bare, mere, naked; ~ **slib bez úmyslu jej dodržet** naked promise
poukaz$_1$ pointing up, emphasizing; reference to; ~ **na nesprávné právní posouzení věci** reference to erroneous determination of law in the case
poukaz$_2$ voucher; ~ **na odběr zboží** voucher for the receipt / acquisition of goods
poukázaný (n) asignát – plní poukaz payor one who pays / disburses money from a voucher or check
poukazatel asignant – poukazuje jako plátce maker, drawer one who draws a voucher or check
poukáz|ka asignace voucher; warrant; note; **dividendová** ~ dividend warrant; **kvitovaná** ~ acknowledged voucher; **peněžní** ~ money order, voucher; **pokladniční** ~ treasury bill; **převoditelná** ~ assignable / transferrable voucher; **státní pokladniční** ~ exchequer bill (UK), treasurer's bill (US), treasury warrant; ~ **k výplatě dividend** dividend warrant; ~ **na cenné papíry** share warrant; ~ **na řad** warrant / voucher to order; **zrušení ~ky** cancellation of a voucher; **vyhovět ~ce** satisfy a voucher, pay against a voucher
poukazník asignatář – příjemce poukázky payee one who receives money from a voucher
pouliční acting in the street; ~ **prodavač stánkový** street vendor, vender
pouta handcuffs, irons; bonds manacles, or shackles for the hands, consisting of divided metal rings which are locked round the wrists, so as secure him to the hand of the officer who has him in custody; **nasadit** ~ put / lock the handcuffs, put s.o. in irons (slang)
pouto band, bond, tie
použít use, utilise; apply, employ; take; put into practice / operation; carry into action / effect;

neoprávněně ~ co make unauthorized use of st.; **~ falšované dokumenty** utter forged documents / instruments; **~ opravného prostředku** resort to a remedy, have recourse to a remedy, seek a remedy **použitelnost** applicability; us(e)ability **použitelný** usable; applicable, disposable; practicable **použití** use, usage; utilization; application, disposition; **uřední ~** official use; **~ konvencí** conventional usages; **~ přiměřené síly k odebrání zabraného majetku zpět** fresh / hot pursuit, use of reasonable force to retake appropriated property; **~ síly** use of force; **jsoucí na jedno ~** disposable; **omezit ~ čeho** reduce / limit the use of st.

používání use, usage; utilization; application, disposition; **lehkomyslné ~ pesticidů** careless disposal of pesticides **používat** use, utilize; apply, implement; dispose; **špatně ~ co** misuse st., abuse st.

povah|a nature; character, disposition; **celková ~** general character; **deklaratorní ~ rozhodnutí** declaratory nature of the decision; **konstitutivní ~ rozhodnutí** constitutive nature of the decision; **listinná ~ důkazu** documentary evidence, documentary nature of proof; **proklamativní ~ ustanovení** proclamatory nature / character of a provision; **~ nároku** nature of the claim; **rozhodnutí pořádkové ~y** decision focussing on the matters of order e.g. to keep within time-limits; **rozhodnutí procesní ~y** decision of a procedural nature not meritorious; **rozhodnutí předběžné ~y** interlocutory / preliminary decision, decision of a preliminary nature; **svou ~ou** in character **považ|ovat** consider, think, deem, regard; **~ důkaz za spolehlivý** consider evidence reliable; **~ manžela a manželku za rodinu** consider husband and wife as constituting a family; **~ tyto pravdy za samozřejmé** hold the truths to be self-evident; **~ koho za dobrého právníka** account s.o. a good lawyer; **~ koho za nevinného** account / consider s.o. to be innocent; **~ za smlouvu, od níž se odstoupilo** treat the contract as withdrawn from, treat the contract repudiated; **~ co za žádoucí** consider st. desirable; **být ~ován za autoritu** pass for an authority; **přeprava se ~uje za skončenou** the transit is deemed to be at an end; **jak parlament ~uje za vhodné** as it thinks expedient / fit,

as it deems expedient / fit; **jak bude pronajímatel ~ za vhodné** in such a manner as the landlord shall think fit; **jak bude soudce ~ za nutné či vhodné** as appears to the judge to be necessary or expedient **povědomost** knowledge; cognizance **pověřenec** appointee, representative; commissary; commissioner **pověření** authorization the conferment of legality; formal warrant / sanction; commission; power of attorney; delegation; certification; **úřední ~** official commission / authorization; **~ k odhadu a prodeji** commission of appraisement and sale; **~ k rozdělení pozemků** commission of partition; **~ k výslechu svědků** commission to examine witnesses; **~ notáře** commission to serve as notary public; **~ notáře učiněné soudem v řízení o dědictví** judicial commissioning / authorization of a notary in the probate proceedings; **~ zkontrolovat co** authorization to inspect st.; **listina o ~ k výchově a zastupování dítěte** certificate authorizing s.o. to raise and represent a child; **udělit ~ notáři** grant judicial authorization / commission to a notary public in the probate proceedings **pověřen|ý** authorised, empowered; commissioned; in charge of; vicarious; **~é obecní úřady** designated local authorities to execute specific functions; **obecní úřad ~ výkonem matriční agendy** local authority in charge of the births, marriages and deaths register; **odnětí věci ~ému notáři v řízení o dědictví** removal of a case from a notary commissioned / authorized to act in the probate proceedings; **odejmout věc ~ému notáři** remove a case from a notary commissioned / authorized to act **pověřit** charge with; authorize s.o.; commission s.o., commit s.o.; accredit; **~ koho jednáním o čem** delegate the negotiation of st. on s.o.; **~ krajské úřady některými pravomocemi** delegate some powers to regional authorities **pověřovací** accrediting; authorizing, commissioning; **předat ~ listiny** present / deliver one's credentials **pověst** credit, reputation; **osoba s dobrou ~í** person of reputation; respectable person; person with good report; **osoba se špatnou ~** discredited person; disreputed person **povinnost** duty primarily legal or moral; obligation primarily contractual; liability to primarily statutory;

charge, responsibility, commitment; **daňová ~** tax liability; **důkazní ~** duty to prove / produce st. in evidence; **informační ~** duty to inform; **oznamovací ~** duty to report / notify; **pracovní ~i** employee's duty; **přirozená ~** zachovávat věrnost státu natural allegiance; **restituční ~** nájemník povinen odstranit vady a poškození, způsobené nájemníkem restitution duty the tenant is obliged to make repairs of defects and loss previously inflicted by him; **služební ~i** service duties; bondage; **solidární ~** joint solidary liability / obligation; **vojenská ~** liability to military service; **všeobecná branná ~** universal conscription; **vyživovací ~** duty to support and maintain; **vzájemná restituční ~** mutual duty to restore to a position or status, duty to re-instate / rehabilitate; **zákonem stanovená ~** statutory duty; **zpravodajská ~** statistika duty to provide data statistics; **~ být pojištěn pro případ odpovědnosti za škodu** duty to take out liability for damage policy insurance; **~ chránit a prosazovat oprávněné zájmy klienta** duty to protect and enforce the lawful interests of a client; **~ dodržovat klid** duty to keep / maintain the peace; **~ jednat čestně a svědomitě** duty to act honestly and conscientiously / in an honest and conscientious manner; **~ k náhradě škody** liability to damages; **~ k placení výživného** duty / liability to pay alimony maintenance allowance; **~ k vydání věci** liability to return a thing illegally obtained; order for restitution *(US)*; **~ mlčenlivosti** duty not to disclose, duty of non-disclosure; **~ nepřipustit či nestrpět takové jednání / konání** obligation not to permit or suffer such act; **~ péče** duty to care / attend; **~ péče o osobu závislou** an obligation to support and care for a dependent person; **~ pracovat** compulsory employment, duty to work; **~ skládat účty za co** accountability; duty to account for; **~ svědčit** duty to testify, duty to give testimony, duty to depose; **~ vlastníka pozemku udržovat rozhradu** např. plot se sousedním pozemkem quasi-easement, duty of a landlord to maintain the boundary line between lots e.g. maintain fencing; **~ zachovávat mlčenlivost** duty not to disclose; **~i účastníků pracovního poměru** duties of parties to a contract of employment; **~i z pojištění** policy obligations; **~i zaměstnance** employee's duties and liabilities; **~i zaměstnavatele** employer's duties

and liabilities; **práva a ~i** rights and duties; **rozsah přezkumné ~i** the scope of duty to review; **určení vyživovací ~i** determination of the duty to support and maintain; **vymezení ~i na plnění** defining / determining the duty to perform; **zproštění ~i** release from duty / obligation / liability, discharge of duty / obligation / liability; **mít vůči komu ~** be under an obligation to s.o.; **přestupky se projednávají z úřední ~i** administrative delicts / infractions shall be heard upon obligation ex officio / by virtue of office; **přijmout ~** assume an obligation; **stanovit daňovou ~** determine tax due; **vázán ~í** duty bound, bound by an obligation; **zanedbat ~ úklidu veřejného prostranství** neglect one's duty to clear the public place; **zprostit ~i** release s.o. from duty / obligation / liability, discharge s.o. of duty / obligation / liability; **zprostit ~i vypovídat** release from duty to give testimony; **žaloba na stanovení ~i** zdržet se zásahů do vlastnického práva, oplotit pozemek, umožnit vstup na sousední pozemek action to compel a duty to refrain from interference with real rights, to fence the plot / tract of land, to enter onto the neighbouring land; **žaloba o stanovení ~i** uzavřít smlouvu action to compel entering into / making a contract

povinn|ý *(adj)* obligated, obliged, liable; mandatory, compulsory; **~á banka** payor bank; **~á licence / koncese** compulsory licence; **~á osoba** obligor only upon a contractual relation, person obligated bound by law, duty; **~á péče** due diligence; **~á školní docházka** compulsory school attendance; **~é pojištění** compulsory insurance; **~é přiznání majetku** compulsory disclosure; **~é referendum** mandatory referendum; **~é rezervy** mandated / required / compulsory reserves; **~é riziko** zákonem vyžadované krytí určitých pojistných rizik assigned risk compulsory coverage of some risks required by statute; **~é školní vzdělání** compulsory education; **~ díl** při dědění forced share; **~ protinárok** compulsory counter(-)claim; **svědek ~** svědčit ze zákona compellable witness; **zanedbání ~é výživy** neglect of compulsory maintenance; failure to compulsorily support and maintain; **~á osoba svolila k vykonatelnosti rozhodnutí** the obligated party a person bound / obligated by judgment agreed to the enforcement of judgment; **inkasovat odškodnění od ~é strany** collect the indemnity from the liable party

povinn|ý *(n)* obligor; debtor; promisor, obligated person; ~ **při výkonu rozhodnutí** the obligated party in the course of judgment execution; ~ **ze slibu** promis(s)or; ~ **ze smlouvy** person obligated under contract, obligor; covenantor; ~ **z věcného břemene** servient landowner; ~ **ze zákona** legally bound person; ~ **ze závazku** obligor, person engaged to perform an obligation; **soupis majetku ~ého** making / taking an inventory of a debtor's property

povodňov|ý relating to flood, high-water; **~á komise** flood committee; **~á prevence** flood prevention; **~á značka** flood mark; **~é obligace** flood bonds

povolanec call-up, conscript, draft *(US)*, person drafted for military service

povolání occupation, profession, vocation, career; conscription; ~ **vydané na základě branného zákona orgánem vojenské správy** conscription order issued under the Conscription Act by an Army Service authority; **nemoc z** ~ occupational disease; **příprava na** ~ professional training to prepare for any occupation or profession; vocational training to prepare for mostly manual or physical work

povolat summon, call, invite; ~ **koho do vojenské služby** draft s.o. for military service; ~ **vyšetřovatele k plnění úkolů** call on / invite an investigator to perform his tasks

povolávací conscriptional, conscriptive; ~ **lístek** call-up paper; ~ **rozkaz** conscription order, draft card, call-up paper

povolení permission, permit, licence, concession; leave; clearance; **dovozní** ~ import licence / permit; **pracovní** ~ work / labour permit; working paper *(US)*; **soudní** ~ **odposlechu** judicial approval / leave of an interception; **státní** ~ **k provozování živnosti** state licence to engage in, or carry on, trade; **stavební** ~ building permit / licence; **úřední** ~ certificate of authority; **úřední** ~ **k výkonu bankovní činnosti** bank charter; bank licence; **vývozní** ~ export licence / permit; ~ **k činnosti ovlivňující škodící životnímu prostředí** environmental licence permitting activities that might be detrimental to the environment if pursued negligently or unprofessionally; ~ **k jednorázovému využití autorského práva** permission for one-time use of copyright; ~ **k odvolání** leave to appeal; ~ **k pobytu** residence / residency

permit; ~ **k pobytu a práci v USA** pro cizince green card; ~ **k použití ochranné známky** licence to use trade mark; ~ **k práci přes čas** overtime authorization; ~ **k prodeji zvěřiny** game licence; ~ **k tranzitu / průjezdu** permit of transit; ~ **k trvalému pobytu cizince** resident alien permit; ~ **ke vstupu** entry clearance / permit; ~ **ke vstupu do země** visa, entry permit; ~ **vkladu do katastru** sanction / leave / permission of court to enter a record in the Land Register / Cadastre; ~ **výjimek z bezpečnostních předpisů a technických norem** permitted / sanctioned exceptions from safety regulations and technical standards; **návrh na** ~ **vkladu do katastru** application for permission to enter a record into the Land Register / Cadastre; **nepřítomen na pracovišti bez** ~ absent without leave, AWOL abbrev; **nepřítomnost na pracovišti bez** ~ unauthorized absence, absence without leave; **prodloužení platnosti stavebního** ~ extension of a building permit / licence; **rozsudek o** ~ **uzavřít manželství nezletilému, staršímu 16 let** judgment conferring upon a minor older than 16 the capacity right to marry; **řízení o** ~ **obnovy řízení** proceedings to sanction / permit a new trial; **výtka porušení stavebního** ~ enforcement notice official notification from a local planning authority that a particular development is considered to be in breach of planning legislation, and requiring that the breach be remedied within a specified time; **žádost o stavební** ~ application for a building permit; **vydat bankovní** ~ licenci issue a bank charter / licence; **vydat** ~ **k odposlechu** grant an authority to intercept, issue an interception order; **vzniknout na základě** ~ **vlády** be created by government grant

povolen|ý permitted, licenced; allowed; allowable; **~é podnikání** licenced / permitted business; **nad / pod ~ou hranicí rychlosti vozidla** above / under the legal limit of speed of a car

povol|it permit, allow; sanction; licence s.o.; admit, give leave to s.o. to do st.; ~ **obnovu řízení** permit / sanction the new trial, sanction the retrial / rehearing; ~ **podmíněné propuštění z výkonu trestu** grant conditional parole / reprieves; **usnesení, kterým se ~uje obnova řízení** resolution sanctioning a new trial, resolution whereby a new trial shall be sanctioned / permitted

povolovací permitting, licensing; ~ **řízení** licensing procedure

povrchní perfunctory, formal, based on formality done merely for the sake of getting through the duty / as a piece of routine / for form's sake only / without interest / without zeal; mechanical; superficial, trivial; ~ **zkoumání** perfunctory search / investigation / examination, formality search / investigation / examination

povrchov|ý surface; ~**á voda** surface water

povstání puč insurgency, insurrection, commotion

povšechný general, comprehensive

povýšení promotion; advancement

pozadu arrears, behind; back, backward, to the rear, into the background; **být ~ s placením** be in arrears with payments; **být ~ se splátkami** fall behind with instalments

pozastavení detention; suspension, stay; deferral; stoppage; ~ **platu** detention of wages; **přerušení nebo ~ výkonu živnostenského oprávnění nebo provozování živnosti** interruption or suspension of the execution of a trade licence or operation of trade

pozastavit discontinue, suspend; stay; ~ **zablokovat přijetí návrhu** block the motion

pozbýt lose, be deprived of; ~ **majetek soudním rozhodnutím** be deprived of property upon judgment, have the property judicially forfeited; ~ **platnosti** expire; ~ **práva** be deprived of rights, lose rights

pozbytí loss, deprivation; dispossession, deposition; forfeit; ~ **státního občanství** loss of citizenship

pozdržení delay; protraction

pozdržen|ý deferred; suspended; ~**á exekuce** suspended / dormant execution

pozdržet delay, defer, suspend; protract; ~ **přijetí návrhů zákonů** delay the passage of bills

pozem|ek piece of land, lot, plot, parcel; site; **převáděné** ~**ky** demised land / property; **sousedící** ~**ky** adjoining property; **stavební** ~ building / construction site; **uzavřený** ~ close lot; **zemědělský** ~ agricultural land; ~ **s příslušenstvím** a lot / plot of land with appurtenance(s); ~**ky určené k plnění funkce lesa** woodland, forest land; ~**ky, jejichž držba má být převedena** land / property to be demised; **vlastnictví** ~**ku** ownership of land, title to land; **neoprávněně provést změnu kultury** ~**ku** unlawfully change / alter the cultivation

of a plot of land; **provést výkop na** ~**ku podél dělicí čáry** mezi sousedícími majetky excavate the property along the line of junction between adjoining lots

pozemkov|ý relating to land, lot, plot / tract / piece of land, site; ~**á daň** land tax; ~**á kniha** (CZ) (hist) Land Records Book; Domesday Book (UK); ~**á reforma** agrarian reform

pozice position, status; condition; **nevýhodná** ~ disadvantageous position

pozitivismus positivism; **právní** ~ legal positivism

pozitivní positive; affirmative, assertive

pozlacený gold-plated, golden

pozměnit alter, change; modify; amend; ~ **znění návrhu** modify the wording of a bill proposed legislation / motion

pozměňovací changing, altering, amending; ~ **návrh** motion to amend a bill or a provision thereof; **schválit návrh zákona bez** ~**ch návrhů** pass a bill unamended

pozměňování alteration, altering, change; modifying; amending; **padělání a** ~ **veřejné listiny** forgery and fraudulent alteration of an official document / instrument

pozměňující changing, altering, amending, undergoing alteration; varying, inconstant; **návrh** ~ **původní znění** motion modifying / amending the original wording

poznámka note, comment; annotation, remark; ~ **pod čarou** footnote

pozor attention; **dát si** ~ **na co** beware of st.

pozornost attention; **věnovat** ~ **čemu** pay attention to st.; **tomuto aspektu se věnuje značná** ~ this aspect is given serious consideration

pozorný attentive, diligent

pozorování observation, watch; paying attention, marking, noticing, taking notice; ~ **duševního stavu** observation of mental health; **umístit do nemocnice na** ~ put s.o. in an observation ward in hospital

pozorovat observe, watch; note, notice

pozorovatel observer; **stálý** ~ permanent observer

pozůstalost decedent's estate; hereditaments, inheritance; descent; **předlužená** ~ insolvent decedent's / probate estate, probate estate overburdened with debts; ~ **v nehmotných statcích** incorporeal hereditaments; ~ **v období od smrti zůstavitele do okamžiku jejího převzetí dědicem** decedent's estate; succes-

sion between the death of the deceased and the acquisition thereof by the heir; **správa ~i určená soudem** administration of decedent's estate granted by court; **správce ~i** administrator of the probate estate appointed by court; executor of estate appointed by the testator
pozůstalostní relating to decedent's estate; hereditaments, inheritance; probate; ~ **aktiva** probate assets; ~ **daň pro dědické věci** probate duty; ~ **řízení** probate proceedings; ~ **soud** probate court
pozůstal|ý survivor; surviving; bereaved; ~ **manžel** surviving spouse / husband; ~**á manželka** surviving spouse / wife; **truchlící ~í** the bereaved
požádání demand; request; call; **půjčka splatná na** ~ money at / on call; **splatné na** ~ payable on demand
požáda|t apply for, seek; claim, demand; require, request; ~ **o povolení** apply for a permit / permission; seek a warrant; ~ **právníka o radu** seek / take legal advice; ~ **soud o co** move the court in st.; **soudce ~l svědka, aby napsal jméno** the judge asked the witness to write the name
požadav|ek claim, demand; requirement, request, requisite; qualification; **naléhavý ~ pod pohrůžkou** exigent / pressing / urgent demand under threat; ~ **dosažení určitého věku** age qualification; ~ **pobytu** residence qualification; ~ **prohlédnout** request to examine; ~ **vzdělání** education qualification; ~ **zaplatit za akcie** call / request to pay for shares; ~**ky na uzavření pojištění** underwriting requirements
požadovan|ý claimed, demanded, required, requisite; ~**á částka** requisite / requested amount
požadovat claim, call, demand; request; require; ~ **jako nejvyšší priority** demand as the highest priorities
požár fire; **pojištění pro případ ~u** fire insurance
požární relating to fire; **zákon o ~ ochraně** Fire Protection Act
požehnání blessing
požit|ek profit attached to an office / position in addition to salary / wages; enjoyment; casual emolument, perquisite; fee; **služební ~ky** emoluments of public servants; ~**ky ústavních činitelů** perquisites and emoluments of government officials; **právo na ~ky z věci** right of beneficial use; **příjem ze závislé činnosti a funkčních ~ků** income from employment and perquisites / emoluments thereof
požitý consumed, used up, drunk; spent; ~ **alkohol** consumed alcohol
požívací relating to possession, usufruct; ~ **právo** usufruct, beneficial right, right of temporary possession, use, and enjoyment of the profits / advantages of property belonging to another; life interest
požívání use, enjoyment; taking, consuming, consumption; **nadměrné ~ alkoholu, drog** excessive use / consumption of spirits, drugs
požívat use, enjoy; ~ **užitky např.** úroky z vkladů use the profits / fruits e.g. interest on savings; ~ **výsad a imunit** possess privileges and immunities
poživatel user, consumer; ~ **dávek** beneficiary; ~ **záruky** osoba, za jejíž dluh se ručí guarantee
poživatiny consumables
prác|e work, labour; job, employment; ~ **přesčas** work overtime; ~ **přes noc / v noci** night work; **bezpečnost ~** safety at work; **bezpečný způsob ~** safe system of work; **den nástupu do ~** date of the commencement of employment; **dohoda o provedení ~** agreement to complete / perform a job; **druh ~** kind / type of work; **jsoucí bez ~** jobless, unemployed; **místo výkonu ~** place of work; **ochrana zdraví při ~i** protection of health at work; **odměna za ~i** remuneration for work; wage(s), salary, pay; **popis ~** job description; job analysis a detailed statement of work behaviours; **povolení k ~i přes čas** overtime authorization; **právo na ~i** right to work; **úřad ~** Employment Agency / Office / Bureau; **být v ~i** be at work; **nastoupit do ~** commence one's employment, start to work; **provést ~i** execute work; **vykonávat ~i** carry out work / job, perform work / job
práceschopný available for work; able to work
pracovat work; ~ **přesčas** work overtime; ~ **společně s OSN** work in partnership with the UN
pracoviště place of work
pracovněprávní relating to employment; working, industrial; ~ **skutečnosti** employment facts; ~ **spor** industrial / labour dispute; ~ **subjektivita** competence / qualification to enter into a contract of employment; ~ **vzta-**

hy industrial / employment relations, master-
-servant relationship, employer-employee re-
lationship
pracovní relating to employment, work, job;
working, industrial, labour; relating to business;
~ cesta business trip; **~ doba** working hours,
hours of labour / work; **~ jazyky** working
languages; **~ kategorie** job / occupational
classification; **~ kázeň** discipline at work,
employee's discipline; **~ knížka** employment
history log; **~ náplň** work load; **~ neschop-
nost** temporary incapacity from work(ing);
disablement; sick leave; **~ odměna** bonus an
addition to salary for extraordinary work; **~ plán**
work plan; **~ podmínky** working conditions;
~ pohotovost being on call; **~ poměr** em-
ployment relationship; **~ poměr na dobu ne-
určitou** contract of employment for indefinite
period of time, open-ended employment *(US)*;
~ poměr na dobu určitou fixed-term con-
tract of employment, contract of employment for
fixed term; **~ posudek** employee evaluation;
~ povinnost duty to work; **~ povolení** work /
labour permit; **~ přestávka** break; **~ řád** em-
ployment guidelines; **~ smlouva** contract of
employment, employment contract; **~ spory**
industrial / labour disputes; **~ stížnost** em-
ployee complaint; **~ úraz a nemoc z povolání**
industrial accident / work injury and occupa-
tional disease; **~ úřad** Labour Exchange / Of-
fice / Agency / Bureau; **~ verze dokumentu**
working draft of a document; **~ zařazení** job /
occupational title a general statement of the duties
and responsibilities, employment position / rank;
job assignment; **změněná ~ schopnost** dimin-
ished capacity to work; **dohoda o ~ činnosti**
agreement for the performance of work; **katego-
rizace ~ch míst** classification of occupations;
odměna za ~ pohotovost compensation for
being on call / duty as a part of employment; **po-
rušení povinnosti z ~ho poměru** breach of
employment obligation / duty; **pravidla pro
předkládání ~ch stížností** rules of submit-
ting / lodging complaints by employees; griev-
ance procedure by trade unions; **protokol o ~m
úrazu** work injury report; **výpověď pro po-
rušení ~ch předpisů** notice of dismissal for
violation of work rules; **vznik ~ho poměru**
creation / formation of employment relationship;
ztráta ~ způsobilosti loss of capacity / cap-
ability to work

pracovník worker, workman, employee; **ob-
čanský ~ vězeňské služby** prison adminis-
tration / service employee, civil employee in
prison not a member of the prison guard; **odpověd-
ný ~** an employee / worker in authority, an
employee / worker in charge; **pilný ~** hard /
industrious worker; **~ vězeňské služby** mem-
ber of the prison guard, corrections officer
pracující working; worker, workman, em-
ployee
prakticky practically; in practice; as a matter
of fact, actually; **~ znemožňovat** make im-
possible in practice
praktikant articled clerk, trainee
pramen source, resource; spring; **primární ~y
práva zákony** primary authorities / sources of
law legislation; **sekundární ~y práva meziná-
rodní smlouvy** secondary authorities / sources
of law international treaties
praní laundering; **~ špinavých peněz** money
laundering; laundering of the proceeds of
crime
prarodič grandparent
pravd|a truth, veracity, truthfulness; **objektiv-
ní ~** objective / material truth; **subjektivní ~**
subjective / individual truth; **říkat ~u** tell /
say / speak the truth
pravděpodobně presumably, probably, likely
pravděpodobnost probability, likelihood; **~
podjatého rozhodnutí ve věci** likelihood
of biased / prejudiced judgment; **~ záměny
ochranné známky** likelihood of confusion of a
trade mark
pravděpodobný likely, probable, presumable,
presumptive; **~ dědic** heir presumptive; **~ dů-
kaz** probable evidence; **~ důsledek / násle-
dek** probable consequence; **~ důvod** probable
cause
pravdivě truthfully, truly; veraciously; **~ a úpl-
ně vylíčit skutečnosti** represent facts truth-
fully and completely, make true and full rep-
resentation of facts
pravdivost veracity, truthfulness; **~ výroků**
veracity / truthfulness of statements / holdings
pravdomluvnost veracity the quality in persons of
speaking / stating the truth, truthfulness
pravidelně at regular intervals, regularly; on a
regular basis; at proper times
pravideln|ý regular, periodic, periodical; **~é
platby nájemného** periodic / regular payment

of rent; **~é složky** naturalia negotii standard / regular elements of contract **pravid|lo** rule, standard; ruling; principle, regulation, maxim; **interpretační ~la** rules of construction / interpretation; **ustálené ~** settled rule; **vykládací ~ stanovené §4** rule of construction provided for in section 4; **zákonné ~** statutory rule; **~la českého pravopisu** Czech orthography rules; **~la důkazního řízení** rules of evidence; **~la pro ukládání trestů** sentencing guidelines; **porušování závazných ~el hospodářského styku** breach of compulsory rules of business dealings / undertakings; **~ platí** the rule applies; the rule holds good; **porušit ~** break / violate / infringe a rule **právní** legal pertaining to law; lawful permitted by law; juridical connected with the administration of justice; juristic relating to the study of law; jural *(rare)*; relating to law or its administration; **~ domněnka otcovství** legal presumption of paternity; **~ donucení** legal coercion / compulsion; **~ jistota** legal certainty, certainty at law; **~ listina obsahující právní úkon** legal instrument, deed; **~ moc rozhodnutí** legal force / effect of decision, final and conclusive decision; **~ moc rozsudku** legal force / effect of judgment, final and conclusive judgment; **~ moc usnesení** legal force / effect of judicial resolution; **~ námitka** objection in point of law, legal objection; exception, challenge; demurrer; **~ nástroj** legal tool / instrument; **~ nástupce na základě právního úkonu** legal assignee; **~ nástupce na základě zákona** successor; successor and assign *(dubleta)*; **~ nátlak** legal compulsion; **~ názor** legal opinion; **~ obor** legal branch / discipline, branch of law; **~ oddělení** legal department; **~ omezení** legal constraints; **~ otázka** issue / matter / question of law; **~ podstata** legal nature, legal grounds; **~ pomoc** legal aid; legal assistance; **~ poradce** legal adviser, counsellor *(US)*, counsel *(uncount)*; **~ posloupnost** artificial succession; **~ postavení cizinců** the legal standing / status of aliens, alienage; **~ postavení národů a národností** legal position of nations and nationalities; **~ předchůdce** predecessor in title, legal predecessor; **~ řád** legal order; **~ sankce** deterrent of law, legal penalty / sanction / punishment; **~ síla** legal force; validity; **~ skutečnost** legal fact; **~ spor** legal dispute / case, litigation

civil case; **~ stát** democratic state respecting the rule of law; **~ subjekt** legal person, person at law; a legal personality; **~ subjektivita** legal personality *(uncount)*; **~ subjektivita fyzické osoby, tj. způsobilost k právům a povinnostem** legal personality of a natural person, i.e. his / her capacity to possess rights and duties; **~ terminologie** legal terminology; nomenclature of law; **~ úkon** legal act / deed / action; **~ úprava** legal regulation; legislation; **~ vada** legal mistake, legal defect; **~ věc** judicial case, suit, dispute; **~ vědy** juridical sciences, jurisprudence; **~ věta rozhodnutí** recital of law in the judgment / decision; clause of the decision stating the issue of law in the case; **~ zájem na čem** legal interest in st.; **~ zástupce obhajoby** defending counsel, counsel / counsellor for the defence; **~ zástupce v obecných věcech** general practitioner / counsellor; **~ zástupce žalované strany** counsel for the defence / defendant; **~ zástupce žalující strany** counsel for the plaintiff; **~ zástupci obou stran** counsel for both sides; **~ způsobilost k právním úkonům** legal capacity / competence / qualification to enter into legal relations; **neodvozený ~ důvod** underived legal title; **odvozený ~ důvod** derived legal title; **závazkový ~ vztah** legal relationship based on obligation; **doložka o nabytí ~ moci** clause of legal force / effect; **nedostatečná argumentace k ~ otázce** insufficient arguments to the legal issue / issue of law; **platba na základě ~ho důvodu** payment on the basis of / upon a legal cause, legal payment; **skutková nebo ~ věta výroku rozsudku** statement / recital of facts or law in the judgment, description of facts or law legal evaluation in the judgment; **ustanovení je účinné až ~ mocí rozhodnutí o schválení** the provision shall become effective upon the final decision of approval; **nabýt ~ moci** come into force, become valid **právnick|ý** legal pertaining to law; juridical connected with the administration of justice, juristic; jural; **~á fakulta** Faculty / School of Law, Law Faculty / School; **~á klička** legal prevarication / quibbling / shuffling; **~á literatura** law books, legal literature; **~á osoba** legal entity, body corporate, juristic / juridical person, artificial legal person; **~é povolání** legal profession; **~é vzdělání** legal education; **zánik ~é osoby** výmazem z rejstříku termination of the existence of a legal entity by erasing / expunging its name in the Commercial Register; **způsobilost ~é osoby k právním úkonům** corporate personality; corporate capacity; competence of a legal entity to acquire rights and duties to enter into legal relationships; **zrušení ~é osoby s likvidací nebo bez likvidace** dissolution of a legal entity / body corporate with or without liquidation; **zrušit ~ou osobu** dissolve a legal entity / body corporate **právník** lawyer; legal practitioner; jurisconsult, jurist

práv|o₁ objektivní law *(uncount)*; **církevní katolické ~** Canon Law; **daňové ~** Tax Law, Revenue Law; **dědické ~** Law of Succession, Law of Inheritance; **dějiny ~a** History of Law, Legal History; **diplomatické ~** Ambassadorial Law, Law of Diplomacy; **evropské ~** European Law; **finanční ~** Finance Law, Law of Finances; **hmotné ~** Substantive Law; **hypotekární ~** Mortgage Law; **informatické ~** Law of Information technology; Law of Informatics; **kanonické ~** Canon Law; **komunitární ~** Community Law; **konkursní ~** Bankruptcy Law; **mezinárodní ~ soukromé** Conflict of Laws, International Private Law; **mezinárodní ~ veřejné** International Public Law, Law of Nations; **myslivecké ~** Hunting Law, Law of Game Management; **námořní ~** Admiralty Law *(UK)*, Maritime Law; **obchodní ~** Business / Commercial Law, Law Merchant, Mercantile Law focused on sale; **občanské ~ hmotné** Civil Substantive Law; **občanské ~ procesní** Civil Procedure; **obecné angloamerické ~** Common Law; **obyčejové ~** Judge-made Law, Case Law; **platné ~** law in force, positive law; **pojišťovací ~** Insurance Law; **pozitivní ~** positive law; **pracovní ~** Labour / Employment Law; **procesní ~** Procedural Law, Law of Procedure; Adjective / Adjectival Law; **přirozené ~** natural justice, jus naturale *(lat)*; **rodinné ~** Family Law; **římské ~** Roman Law; **smluvní ~** Law of Contracts, Contract Law, Contracts; **soukromé ~** Private Law, jus privatum *(lat)*; **správní ~** Administrative Law, Law of Government; **trestní ~ hmotné** Criminal Substantive Law, Penal Law; **trestní ~ procesní** Criminal Procedure; **ústavní ~** Constitutional Law; **veřejné ~** Public Law, jus publicum *(lat)*; **zástavní ~** Secured Transactions Law; **závaz-kové ~** Law of Obligations; Contracts; **zvykové ~** Custom Law; **~ Evropského společenství** European Community Law; **~ obchodních společností** Company Law *(UK)*, Corporate Law *(US)*, Law of Business Organizations, Law of Corporations; **~ sociálního zabezpečení** Social Security Law; **~ životního prostředí** Environmental Law; **předmět ~a** object / purpose / subject-matter of law; **různé druhy ~a** different kinds of law; **řízení za stanného ~a** proceedings during a state of / under Martial Law; **sociologie ~a** Sociology of Law; **teorie ~a** Theory of Law, Jurisprudence

práv|o₂ subjektivní right of / to do st., interest in st., title to st.; entitlement to st. / to do st.; privilege to do st.; **dědická ~va** rights of inheritance, succession rights; rights to inherit, rights to take / acquire by descent, rights to take / acquire by inheritance, heirship; **hlasovací ~** voting right / power / privilege, right to vote; **hrobové ~** right to bury in a grave; **majetkové ~** proprietary / property right, right / interest of property, property interest; **nehmotné ~** intangible rights; chose in action; **nezadatelná ~va** inalienable / imprescriptible rights; **osobnostní ~ právo na ochranu osobnosti** right to the protection of personal rights i.e. personal security, live, limb, body, health, reputation, personal liberty, the right to have one's person protected; **podzástavní ~** submortgage junior mortgage interest; **předchozí ~va** prior rights; **předkupní ~** right of pre-emption, pre-emptive right; **předkupní ~ na koupi akcií** pre(-)emptive / first right to purchase stock; **přednostní ~ na úpis akcií** pre(-)emptive right to subscribe shares; **sousedská ~va** rights among neighbours; **společná ~va** common / joint rights; **ústavně zaručené subjektivní ~** a right guaranteed by the Constitution; **věcná ~va** real rights, rights in a thing, right in rem; property / proprietary rights, jus in rem *(lat)*; **vlastnické ~** title to property; proprietary / property right, right in property, right of ownership; **zadržovací ~ right of** lien; **zákonné zástupčí ~** statutory right of representation; **zástavní ~** security interest, a right to have transactions / dealings secured; **zástavní ~ k movitým věcem pro zajištění nájemného** to pledge chattels as a security for rental; **závazková ~va** rights in obligations; **~ pachatele trestného činu na obhájce** right to counsel; **~va a povinnosti**

(gen) rights and duties / responsibilities; rights and obligations / liabilities usually in a contract; **~ hospodaření** right of economic management, right to manage; **~ k cizí věci** right to a thing of another; **~ k movité věci** chose in possession; **~ k věci** right in a thing; right in rem; jus in rem *(lat)*; **~ na informace** right to obtain information, freedom of information; **~ na ochranu zdraví** right to protect one's health; **~ na sebeurčení** right to self-determination; **~ na volný průchod** public right of way; **~ na zaměstnání** right of / to employment; **~ nevypovídat** right to remain silent, right to stand mute; **~ obžalovaného odvolat se k příslušnému soudu** right of appeal on the part of the defendant to the appropriate court; **~ odepřít výpověď** right to refuse testimony; **~ odnosu** ius tollendi right to carry away; **~ pobytu** right to residence / abode; **~ použít sílu při obraně svého obydlí** right to defend habitation; **~ proti osobě** right against person, right in personam; jus in personam *(lat)*; **~ průchodu** right of way; **~ předcházet čemu** right to prevent st. being done; **~ přejezdu** right of passage; **~ rozhodnout podle** vlastního **uvážení** discretionary right, right of discretion; **~ silnějšího** club law; **~ spojené s pozemkem / nemovitostí** right annexed to land; **~ státu určit** dočasně nebo trvale **soukromý majetek k veřejnému užívání** eminent domain; **~ volby** right of choice; **~ z průmyslového vlastnictví** right resulting from industrial property; **~ z vkladů** right resulting from savings; **~ ze smlouvy** contractual right; **~ ze zajištění** security interest; **~ ze zajištění s odevzdáním věci** possessory interest; **~ zpětné koupě** right of back purchase; **~va z pojištění** rights resulting from insurance policy; **jakým ~vem** by which title, quo jure *(lat)*; **metoda podle ~va** accrual method right to receive rather than the actual receipt; **neuplatnění ~va** failure to exercise a right; **~va váznou na vyvlastňovaném pozemku** rights are attached to the property that is being expropriated, rights are attached to the property the expropriation of which is in progress; **s menšími ~vy** underprivileged; **společenství ~va** privity of rights; **výkon ~va k pozemku** exercise of the right over the land; **vznik ~v** creation of rights; **zánik ~v** extinguishment of rights; **změna ~v** alteration of rights; **zřízení soudcovského zástavního ~va**

na nemovitostech creation of judicial lien with respect to real property; **nabýt ~va** acquire rights; **popírat dědické ~ jiného dědice** deny the right of another to inherit / acquire by descent; **vykonávat ~va** exercise rights **pravomoc** power, authority; jurisdiction, cognizance the right of hearing and trying a cause, or of dealing with any matter judicially; responsibilities; competency, capacity; **absolutistické ~** arbitrary authority / powers; **civilní ~** civil jurisdiction of court; **dispoziční ~** power of disposition; **dozorovací ~** supervisory power **kázeňská ~ nad odsouzenými** disciplinary power / authority over the convicted persons; **kontrolní soudní ~** supervisory jurisdiction of court; **oprávněné ~i** just / legal powers; **sbíhající se ~i** concurrent jurisdiction / powers; **soudní ~** jurisdiction; **~ je převedena na oblastní shromáždění** powers are devolved to regional assemblies; **~ jednat podle vlastního uvážení** discretionary powers; **~ přiznaná smlouvou** powers conferred / assigned under contract; **~ rozhodčího** arbitration powers, powers of an arbitrator; **~ ukládat daně** taxing power, power to impose taxes; **mimo ~** beyond the powers / legal judicial authority, ultra vires *(lat)*; **na základě ~** under the authority of s.o. / st.; **podrobení se ~i** soudu submission to jurisdiction of court; **podvolení se ~i** consent to jurisdiction; **příslušnost a ~ soudu** jurisdiction and competence / powers of court; **úřady s univerzální ~í** all-purpose authorities; **v mezích ~i** within jurisdiction / cognizance; **výkon soudní ~i** administration of justice; exercise of jurisdiction / cognizance; **zneužívání ~i** veřejného činitele abuse of powers of a public official, misconduct / malconduct of a public officer; **být mimo soudní ~** be beyond the court's cognizance; **být v soudní ~i** fall under / within court's cognizance; **mít soudní ~** have / take jurisdiction over, have / take cognizance of; be under / within / beyond the jurisdiction / cognizance; exercise the judicial authority / the functions of a judge, exercise legal authority / power; **spadat do ~i soudu** fall within cognizance / jurisdiction of court; **uplatňovat soudní ~** exercise jurisdiction, administer justice; **úkon přesahoval** soudní **~** the action was ultra vires *(lat)*; **usnesení o zastavení řízení pro**

nedostatek ~i soudu resolution to discontinue proceedings due to a lack of jurisdiction **pravomocně** upon final and conclusive judgment; lawfully; ~ **přiznaný nárok** claim / entitlement / right adjudicated upon the final and conclusive judgment; final judgment claim / entitlement / right; ~ **rozhodnout** decide by final and conclusive judgment; ~ **uznat koho vinným nebo zamítnout návrh** adjudge s.o. guilty or dismiss a motion upon a final and conclusive judgment; **bylo ~ rozhodnuto** it was held / adjudged upon a final and conclusive judgment; **řízení bylo ~ skončeno** the proceeding was closed / terminated upon a final and conclusive judgment; **vykonávat ~ uložený trest** serve a sentence imposed by final and conclusive judgment

pravomocn|ý final and conclusive; valid, lawful; ~**é** soudní **rozhodnutí** final and conclusive decision; ~**é skončení likvidace** closing / completion / termination of liquidation upon a final and conclusive judgment; ~**é skončení řízení** closing / conclusion of proceedings upon a final and conclusive judgment; ~ **rozsudek** final and conclusive judgment; **rozsudek je ~ a není proti němu** přípustné **odvolání** the judgment is final and without appeal

pravopis orthography, spelling; **český ~** Czech spelling / orthography

pravopisně orthographically; ~ **nesprávně zapsané nebo zkomolené jméno nebo příjmení** orthographically incorrect or distorted name or surname

právoplatn|ý lawful, legal, valid; effectual; ~**é usnesení** valid resolution; ~ **dědic** lawful heir, heir apparent; ~ **důvod** valid / lawful reason; ~ **vlastnický titul** good / lawful / valid title; **registrace neplatného dokladu neznamená, že se doklad stává** ~**ým** registration does not make effectual a document which was inoperative and of no effect

pravoruký dextrous, right-handed

pravost authenticity, genuineness; **popření** ~**i pohledávek přihlášených k rozvrhu výtěžku** denial of authenticity of claims submitted for the distribution of payment from proceeds; disallowance of claims seeking distribution of proceeds; **potvrzení** ~**i** authentication, verification; **zjištění** ~**i rukopisu** ascertainment of authenticity of handwriting; **použít pečeť pro potvrzení** ~**i smlouvy** use of seals for the

authentication of contracts; **uznat ~ listiny** admit / recognize / confirm the authenticity of a document / instrument; admit / recognize / confirm the genuineness of a document / instrument; **stáří a ~ dokladu musí být prokázána** the age and genuineness of the document must be proved

prav|ý 1 authentic; genuine, real, actual, true; reliable, trustworthy; ~**é důvody** real / actual reasons; ~ **doklad** authentic document **2** right; ~**á strana** right-hand side

prax|e standing; length of service, professional experience; position as determined by seniority, a profession; **čekatelská ~** period of articles; judicial training; **lékařská ~** practice of medicine; **právní ~** practising law; practice of law; ~ **advokátního koncipienta** apprenticeship of an attorney(-at-law); **soudce s minimálně desetiletou** ~**í** judge of not less than ten years standing

prázdniny vacation; holiday; **soudní ~** judicial vacation

prázdn|ý vacant, not filled / held / occupied; blank, empty; unoccupied, untenanted; ~**á budova** empty building; ~**á nábojnice** blank cartridge; ~**é prostory** vacant premises to let, empty premises; ~ **formulář** blank form

preambule preamble

precedenční precedential; constituting a precedent; ~ **právo** Law of Precedent; Case Law

precedens judicial precedent; **důležitý ~** leading case; **soudní ~** judicial precedent; case authority

pregraduální undergraduate; ~ **student** an undergraduate, undergraduate student; ~ **studium** undergraduate study

prejudice újma prejudice; injury, detriment, damage; **bez ~ k jakémukoliv právu** without prejudice to any other right

prekarium výprosa; přenechání bezplatného užívání věci druhému do odvolání precarium; gratuitous loan in which the lender gives the free use of the subject in express words, revocable at pleasure

prekludovaný lapsed, extinguished; ~ **nárok** lapsed claim / right

prekluze zánik práva lapse of claim the termination of a right / privilege through neglect to exercise it within the limited time; expiration of a right upon the expiration of a period of time

prekluzivní related to the lapse; **lhůta stanovená k projednání přestupku je ~** the period to deal with the administrative delict / infraction is subject to lapse; ~ **zániková lhůta** lapse period / term a time-limit during which a right must be exercised otherwise extinguishes **prémie** bonus a gratuity paid to workmen over and above their stated salary, award; gratuity **premisa** assumption; premise(s) **prenatální** antenatal; ~ **péče** antenatal supervision **prestiž** prestige; **společenská** ~ **právnického povolání** social prestige / high social status of legal profession **prestižní** prestigious; ~ **funkce** prestige / prestigious office **presumpce** presumption assumption of the truth of anything until the contrary is proved; ~ **neviny** presumption of innocence; ~ **zavinění** presumed fault **presumptivní** presumptive; ~ **předpokládaný dědic** heir presumptive **prevence** prevention; precaution; **hmotněprávní** ~ substantive prevention prevention pursuant to substantive law; **povodňová** ~ flood prevention; **procesněprávní** ~ procedural prevention; ~ **týrání zvířat** prevention of cruelty towards animals **preventivní** preventive; precautionary; anticipatory; ~ **opatření** precautionary measures; ~ **příkaz k prohlídce** anticipatory search warrant; ~ **zadržení** preventive detention / arrest **prezenční** relating to presence; attendance; ~ **listina** attendance list; ~ **vojenská služba** compulsory, non-professional military service upon conscription **prezentace** presentation, representation; introduction; presentment; ~ **názorů** (re)presentation of opinions / views; ~ **směnky** presentment of a draft; ~ **výrobků** presentation display, exhibition of articles / products **prezident** president; **jmenování** ~**a společnosti** appointment of a president of company; **pravomoci** ~**a** presidential powers, powers of President; **současný** ~ President for the time being, incumbent President; **zvolený** ~ President Elect **prezidentsk|ý** presidential; ~**é volby** presidential election; ~ **systém vlády** presidential government **prezidium** presidium, headquarters; **policejní** ~ Police Headquarters **primární** primary; ~ **volby** primaries

princip principle; maxim, doctrine; **revizní** ~ **přezkum zákonnosti a odůvodněnosti rozsudku ve všech výrocích** principle of review review of legality and rationale of judgment in all its statements; **územní** ~ territorial basis; ~ **jednoty** doctrine of unity; ~ **personality uplatnění vnitrostátních zákonů na činy spáchané v zahraničí** personality principle national laws are applied to acts committed by their nationals abroad; ~ **prezumovaného zavinění** principle of presumed fault; ~ **předběžné opatrnosti** precautionary principle; ~ **subsidiarity** (ES) subsidiarity principle powers to deal with certain matters should remain with individual member states; ~ **teritoriality vnitrostátní zákony se uplatňují na činy spáchané na území státu bez ohledu na občanství pachatele** territoriality principle national laws apply within the territory of the state; ~ **univerzality vnitrostátní zákony se uplatňují mimo hranice státu** universality principle national laws may be applied outside the territory of the country; ~ **závazného případu** doctrine of the binding case **priorita** priority; antecedence, antecedency **prioritní** relating to priority; preferred; ~ **akcie** preferred stock **privativní** privative; ~ **novace původní závazek se nahrazuje novým a starý zaniká** novation an original obligation is replaced by a new one, the original one being extinguished **privilegium** privilege; right, immunity **privilegovat** privilege (v) s.o. / st.; charter **pro** for, in favour of; **člen hlasující** ~ member voting for, member voting in favour of, member voting in the affirmative **pro rata** (lat) pro rata, in proportion to the value / extent, proportionally; proportional **problém** question, issue, matter; problem; **právní** ~ issue of law; ~ **se zaměstnanci** staff / personnel issue / problem; **řešit** ~**y** solve problems **problematick|ý** questionable, ambiguous, disputable, doubtful; objectionable; ~**á řešení naléhavých otázek** questionable / doubtful solution of exigent issues **problémov|ý** relating to problem; ~**á oblast** problem area **proces** process, procedure, trial; **civilní** ~ civil proceeding(s) / procedure; **obžalovací** ~ accusatory / accusatorial procedure; **prvoinstanční občanský** ~ **s porotou** civil jury trial; **řádný** ~ due process; **soudní** ~ judicial trial,

trial at bar; **zmatečný** ~ mistrial a trial vitiated by some error, such as the disqualification of a judge; ~ **s porotou** jury trial
procesněprávní relating to procedural law; procedural; ~ **norma** procedural rule, rule of procedure; ~ **prevence** procedural prevention prevention pursuant to procedural law
procesní procedural, adjective, adjectival; relating to process, procedure, trial; ~ **hospodárnost / ekonomie** judicial / procedural economy; ~ **legitimace** capacity to become a party to the case, competence to participate in proceedings; ~ **plná moc** procedural power of attorney; ~ **postavení** status / position in proceedings; ~ **postavení tlumočníka** procedural status / position / standing of an interpreter; ~ **práva** procedural rights; ~ **právo** procedural / adjective / adjectival law; ~ **předpisy** procedural legislation; rules of procedure; ~ **společenství** joinder of parties; ~ **strany** parties to a case; ~ **způsobilost** capacity to sue and capability of being sued; **občanské právo** ~ Civil Procedure; **připuštění** ~**ho společenství povinného dlužníka a povinného ručitele** admission of joinder of parties of / between the debtor and his guarantor; **rozhodnutí** ~ **povahy** decision of a procedural nature not meritorious, procedural decision; **trestní právo** ~ Criminal Procedure; **určení** ~**ho postavení účastníků** determination of procedural position / status of participants
proclení customs clearance; **zboží prodané před** ~**m v celním skladu** goods sold in bond, goods sold before clearance
proclít clear; pay a customs duty for st.; ~ **zboží** clear the goods; take goods out of bond
prod(áv)at sell, vend, trade as a seller, dispose of by sale; market; ~ **autorské právo** vend / sell copyright; ~ **na černo** vstupenky sell illicitly tickets, bootleg in tickets; ~ **v cizině pod běžnou cenou** export at less than ordinary trade prices; dump
prodávající seller, vendor, vender *(US)*; bargainer
prodej sale, vendition; disposal / transfer by sale; **distanční** zásilkový ~ buying / selling goods through home(-)shopping ordering by telephone or mail; **jednotlivý** ~ sale of articles; **nucený** ~ forced sale; distressed sale; **omezený** ~ restricted sale; **soudní** ~ **movitých věcí nebo nemovitostí** judicial sale of personal

property / movables or real property / immovables; **soudní** ~ **zabavených věcí** judicial sale of the seized property / confiscated things in consequence of the execution of judgment; **úřední** ~ **v dražbě** public sale / auction; vendue *(US)*; **výhradní** ~ exclusive right to sell / market a product; ~ **bez záruky** sale of items not subject to warranty at public auction, caveat emptor *(lat)* the buyer must check and examine himself; ~ **zboží na dobírku** sale of goods on C.O.D. terms, collect / cash on delivery sale, C.O.D. sale; ~ **na objednávku** sale upon order; ~ **podle vzorku** sale by samples; ~ **v tísni** distressed sale; **instruktážní povinnost při** ~**i věci** duty to instruct a buyer; **na** ~ for sale; **obstarání** ~**e věci** procuring the sale of a thing; **smlouva na** ~ **čeho** contract for the sale of st.; **smlouva o** ~**i podniku** contract for the sale of business / enterprise
prodejce vendor, vender *(US)*; dealer, distributor; seller; **výhradní** ~ exclusive dealer
prodejní selling, vending; relating to sale; ~ **automat** vending machine; ~ **cena** selling price; ~ **doba** shopping hours; ~ **podmínky** conditions / terms of sale
prodejnost marketability; negotiability
prodejný vendible, vendable; saleable, marketable; venal; ~ **úředník** venal clerk; ~ **výrobek** vendible item
proděkan vice-dean
prodlení delay hindrance to progress; default failure to act / perform; ~ **dlužníka** debtor in default; ~ **věřitele** mora creditoris creditor in default; ~ **při nakládání zboží** delayed loading of cargo; detention of a vehicle by the freighter beyond the time agreed upon, demurrage; ~ **v placení** default in payment; payment in arrears; **bez** ~ without delay; **nebezpečí z** ~ danger in delay; **odpovědnost za** ~ liability for delay / default; **oznámení o přípustném** ~ notice of excusable delay; **poplatek z** ~ default / delinquency charge; **práva při** ~ rights on default; **při** ~ **dlužníka** upon default of the debtor; **úrok z** ~ interest on late payment / payment in default; **žaloba o zaplacení úroku z** ~ action for payment of interest on the sum in default; **být v** ~ make default, be in default of payment; to default on payments
prodleva delay, the putting off / deferring of action; default; ~ **v placení** default in payment; **vznikla** ~ **v dodávce zaviněním / z důvodu**

zavinění buď na straně prodávajícího nebo na straně kupujícího delivery has been delayed through the fault of either buyer or seller **prodloužení** extension, prolongation; protraction; continuation; **~ a zkrácení doby podnikání** extension or reduction of the period of business activity; **~ lhůty** extension of time; **~ ochranné výchovy** extension of protective youth and young offenders rehabilitation social retraining; **~ nájemní smlouvy** extension of lease; **~ platnosti stavebního povolení** extension of a building permit; **~ povolení k pobytu** extension renewal of a residency permit **prodloužen|ý** extended; prolonged; protracted; continuing; deferred; **~á lhůta** extended period; deferral period; **~ úvěr** extended credit; deferred credit; **dohoda o ~ém plnění** agreement to extend performance date **prodloužit** extend, prolong, continue, hold over; **~ lhůtu o tolik dnů, o kolik určí soud** extend the period by so many days as the court specifies; **~ lhůtu splatnosti** defer / postpone the time of payment; **~ povolení k pobytu** extend / renew a residency permit **produkce** production, output; growth **produkt** product; item, article; commodity **produktivit|a** productivity the rate of output per unit of input; **zvýšení ~y práce** increase in labour productivity **profesionál** professional **profesionální** professional; vocational; relating to career; **~ diplomat** career diplomat; **~ vrah** professional / contract killer; hatchet man *(slang)*; **chování v rozporu s ~ etikou** unprofessional conduct, conduct contrary to professional ethics **profesní** professional; relating to a certain profession; **~ sdružení** professional association **profitovat** make profit on st.; gain, benefit from / by st. **prognóza** prognosis; forecast **program** programme *(UK)*, program *(US)*; plan, agenda, arrangement; **počítačový ~** computer program; **záchranný ~** preservation programme; **~ soudních případů k jednání** court calendar; **~ pro snižování množství odpadků** litter abatement programme; **~ schůze** agenda / business of the meeting **progresivní** progressive; **~ daň** progressive tax; **~ zdanění** progressive taxation

prohibice prohibition the restrictions on the manufacture and sale of intoxicating drinks in the US in the 1920s; **zastánce ~** prohibitionist, a dry *(slang)* **prohibiční** prohibitory, prohibitive; based on prohibition; **~ opatření** measures to prohibit st.; dry measures *(US)* **prohlá|sit** declare, express, state; utter, communicate; adjudicate, adjudge; **~ soudní jednání za skončené** declare the hearing closed; **~ konkludentně** imply; express indirectly / inexplicitly / unexplicitly; declare / state by implication; **~ manželství za neplatné** declare the marriage void; **~ koho nezpůsobilým** disqualify s.o. in law, declare s.o. legally incompetent, adjudicate s.o. deprived of legal capacity; **~ opodstatněnost místní příslušnosti** assert local jurisdiction; **~ ve formě čestného prohlášení** affirm, make affirmation; **~ věc za propadlou ve prospěch státu** adjudge a thing to be foreclosed for the benefit of the state; **~ koho vinným ve všech bodech obžaloby** declare s.o. guilty in all counts of indictment; **~ koho za mrtvého** declare s.o. dead; **~ co za nepřípustné** declare st. inadmissible / impermissible; **~ co za neplatné** quash st., declare st. invalid / void and null, nullify st.; **~ zákon za absolutně neplatný** declare a law void; **být soudně ~šen konkursním dlužníkem** podnikem v konkursu be declared a bankrupt by court, be adjudicated a bankrupt **prohlášení** statement, declaration, announcement, representation; expression; memorandum, *(pl)* memoranda; utterance; disclosure; **celní ~** customs declaration / bill / entry; bill of entry; **čestné ~** affirmation a formal and solemn declaration, having the same weight and invested with the same responsibilities as an oath; verification; **čestné ~ u správního orgánu** affirmation made before an administrative authority; **přísežné ~** affidavit a statement made in writing, confirmed by the maker's oath, and intended to be used as judicial proof; the deponent swears an affidavit, the judge takes it; but in popular usage the deponent makes or takes it; deposition; **přísežné ~ o doručení, o zahájení věci, o meritu věci** affidavit of service, of notice, of merits; **souhlasné ~** consenting declaration; **souhlasné ~ rodičů o otcovství** joint consenting declaration of paternity made by child's parents; **ústní ~** utterance, spoken / oral / parole statement, spoken / oral / parole declaration, vocal expression; **výslovné**

~ express statement; ~ **konkursu** adjudication of bankruptcy; ~ **listiny za umořenou** declaring the instrument redeemed; ~ **manželství za neplatné** declaring the marriage void; nullification of marriage; ~ **nezávislosti** Declaration of Independence; ~ **nezvěstného za mrtvého** declaration of death of a missing person; ~ **o shodě splnění zákonných požadavků** declaration of compliance / conformity with all statutory requirements; ~ **o svém majetku** statement of one's own property; ~ **o uzavření manželství** declaration of the solemnization of marriage; ~ **ručitele** statement of a guarantor / surety; ~ **svrchovanosti** proclamation of sovereignty; ~ **učiněné osobou** statement made by an individual; ~ **ve věci nájemného** representations as to the rent; ~ **koho za mrtvého** declaration of the death of a person; ~ **za neplatné** nullification, declaration of nullity; ~ **zástupců** declaration by the representatives of s.o. / st.; **důkaz písemným** ~**m** proof by written statement; **návrh na** ~ **mrtvého** motion for declaration of death; **rozsudek o** ~ **za mrtvého** judgment of declaration of death; **svědek vypovídající na základě přísežného** ~ affiant *(US)*, deponent; **usnesení o** ~ **konkursu k návrhu dlužníka** resolution of voluntary filed by the debtor bankruptcy petition; **usnesení o** ~ **konkursu k návrhu věřitele** resolution of involuntary filed by creditors bankruptcy petition; **usnesení v řízení o** ~ **za mrtvého** resolution awarded in the declaration of death proceedings; **učinit písemné** ~ make a written statement; **učinit přísežné** ~ swear / make an affidavit

prohlédnout examine, inspect, check; search; ~ **oběť** examine a victim; ~ **zásilku** examine a consignment / dispatch

prohlíd|ka inspection, examination, report, test; view; **domovní** ~ search of premises; **jednoduchá** ~ plain view; **neprávněná** ~ osob, majetku unlawful / unreasonable search of people, property; **ochranná** ~ protective search; **osobní** ~ personal body search; **policejní** ~ osoby nebo domu police search of persons and premises; ~ **a pitva mrtvoly** post-mortem examination and autopsy; ~ **jiných prostor a pozemků** search / inspection of other premises and land; ~ **osob** search of persons; person / body search; ~ **se svolením** consent search; ~ **těla** examination of body; **list o** ~**ce mrtvého**

autopsy report; **příkaz k** ~**ce** search warrant; **výkon** ~**ky** execution of search

prohlížející inspecting, examining, checking; ~ **lékař, který konstatoval úmrtí** examining doctor certifying the death of a person

prohnaný cunning, astute; crafty, artful; ~ **právník** cunning lawyer

prohrát lose, fail, be defeated / unsuccessful; ~ **malým rozdílem hlasů** lose by a small number of votes; ~ **pro zmeškání jednání** suffer default, lose the case for default of trial; ~ **spor** lose the action; ~ **těsným rozdílem hlasů** lose narrowly

projednací hearing, trying; ~ **zásada** accusatorial principle of hearing / trial; principle to hear / try

projedná(vá)ní hearing; trial; proceedings; consideration; **adjudikatorní** správní ~ adjudicatory administrative hearing; **dodatečné** ~ additional hearing; **opětovné** ~ **zákona** reconsideration of a bill; **předběžné** ~ **obžaloby v zasedání senátu** preliminary hearing of indictment by the bench / panel of judges; **předběžné** ~ **věci** pre-trial / preliminary hearing of a case; **smírčí** ~ **věci** conciliation proceedings; mediation; pre-trial settlement; **soudní** ~ **je předsunuto na dřívější datum 10. květ-na** the date of the hearing has been advanced to May 10th; ~ **domácích** rodinných **sporů** hearing of domestic cases, domestic proceeding; ~ **návrhu zákona** consideration of a bill; ~ **obžaloby v neveřejném zasedání** the hearing of the indictment in a closed trial; ~ **odvolání** hearing of an appeal; ~ **přestupků** hearing of administrative delicts / infractions; ~ **věci** případu hearing of the case, trying the case; **řízení o** ~ **dědictví** probate proceedings; **skončit** ~ **dědictví usnesením** close / terminate / conclude the probate proceedings upon the judicial resolution; **zřídit komisi k** ~ **přestupků** establish a committee to hear and dispose of administrative delicts / infractions

projednávaný heard, tried; considered; ~ **návrh zákona** considered bill, bill under consideration; ~ **soudem** tried by court

projedn(áv)at hear, try; consider, debate, discuss; ~ **odvolání** hear an appeal; ~ **právní věc** hear / try a law case; ~ **přestupky** hear administrative delicts / infractions; ~ **případ / věc bez účasti veřejnosti** hear a case privately / in chambers / in private; ~ **stížnosti a rozho-**

dovat o nich hear and determine complaints; ~ **široký okruh otázek** discuss a wide range of issues; ~ **návrh zákona v plénu** debate a bill on floor / in plenary / at a plenary session; ~ **věc v nepřítomnosti účastníka** hear / try a case in the absence of participant; **začít ~ případ** open the case, commence the suit **projekt** project; design, device; plan **projev** statement, speech; utterance; demonstration, expression, manifestation, act; **bezvýhradný a bezpodmínečný ~ vůle** unreserved and unconditional declaration / expression of one's will / mind; **jednostranný ~ vůle** unilateral declaration / expression of one's will; **souhlasný ~ vůle** consenting minds; **vnější ~ vůle člověka** open declaration / expression of one's will / mind; ~ **poslední vůle** declaration of last will; ~ **vůle** declaration of will; act / exercise of the will, volition; **jako ~ svobodné vůle** as free act and deed; **ve svém ~u na schůzi** in his address to the meeting; **pronést ~ na schůzi** address the meeting, deliver a speech at the meeting; **návrh smlouvy může být zrušen, dojde-li ~ o zrušení osobě, které je návrh určen, dříve nebo alespoň současně s návrhem** an offer may be cancelled where the notice of cancellation is brought to the attention of the offeree at the same or at an earlier time than the offer did **projevit** demonstrate; manifest; express; show; ~ **city** manifest / express one's feelings **projít** undergo; go through; ~ **trápením** endure / undergo sufferings **prokázání** proving, establishing the truth; ~ **potřebnosti v sociálním zabezpečení** needs test to prove one's entitlement to a social security benefit; ~ **svých tvrzení** proving one's own allegations **prokázan|ý** proved, established; showed; **soud musí mít za ~é, že** the court must be satisfied that; **za ~é je třeba považovat skutečnosti** the facts shall be deemed to be proved **prokázat** prove, establish the genuineness / validity / truth of s.o. / st.; show; ~ **oprávnění k prohlídce** show the search warrant; prove that the search warrant has been issued; ~ **soudu, že osobě nebylo doručeno předvolání** satisfy the court that the person was not served with a summons; ~ **soudu, že osoba nemůže předložit žádný důkaz** satisfy the court that the person cannot give any evidence; ~ **svou příslušnost k policii** prove one's being a po-

lice officer prove one's membership of the Police; ~ **užívací titul k provozovně** prove the title to use and enjoy the premises; ~ **vadu** nesprávnost čeho disprove, prove an assertion, claim, etc. to be false / erroneous; ~ **vinu koho** prove guilt of s.o.; ~ **vinu obžalovaného nade vši pochybnost** prove the guilt of the accused beyond any reasonable doubt; ~ **vlastnictví** prove the ownership / title; ~ **zavinění** prove s.o.'s fault; ~ **způsobení škody** prove the damage sustained; **snažit se ~ soudu** seek to satisfy the court; **obhajoba se snaží ~ před soudem, že dokument není usvědčující důkaz** the counsel for the defendant seeks to satisfy the court that the document is not material evidence **prokazateln|ý** provable; evidentiary, evidential; capable of being established as true; ~**é skutečnosti** evidentiary / provable facts **prokazování** proving, establishing the truth; ~ **odborné způsobilosti** proving professional qualification / competence **proklamativní** proclamatory; ~ **povaha ustanovení** proclamatory nature / character of a provision **prokur|a** procuration; the authorized action of one's agent / proctor / procurator / proxy; **udělit ~u** komu constitute s.o. a proctor / procurator; **zápis ~y** recording of procuration in the Commercial Register **prokurátor** public prosecutor *(UK)*; state, district attorney *(US)*, prosecuting attorney; **federální ~** federal prosecutor, United States Attorney, US Attorney; **generální ~** Attorney General *(US)*, General Prosecutor *(UK)*; **krajský ~** regional prosecutor / prosecuting attorney; **městský ~** town / city / municipal prosecutor / prosecuting attorney; **obvodní / okresní ~** district prosecutor / prosecuting attorney; **vojenský obvodový ~** *(CZ)* (hist) circuit military prosecutor **prokurista** proctor, procurator; chief / confidential clerk; proxy, contractual agent; **jednatel je statutární orgán jednající jménem společnosti, zatímco ~ je zástupcem společnosti jednajícím za společnost** a corporate agent shall be an authorised representative acting on behalf of the corporation whereas / while a proctor shall be a representative of the corporation acting for the corporation within the scope of corporate business

promarnit waste, idle; ~ **čas** při zhotovení díla waste time in making a piece of work
proměnit co v / za co exchange st. for st., change, transform st. into st.; commute st. into / for st.
proměnliv|ý variable, changing, changeable, mutable, fluctuating; **opticky ~á barva** jako ochranný prvek bankovky colo(u)r-shifting ink, optically variable ink a security element of a banknote
proměnná (n) variable
promíchání confusion, mixing, mingling; ~ **zboží** confusion / mingling of goods
prominout remit, forgive an offence or fault, condone; waive, release; exempt, let off; ~ **platbu** waive a payment; ~ **komu splnění závazku** waive s.o.'s obligations; ~ **trest pod podmínkou** remit the punishment under condition
prominutí remission / forgiveness of an offence or fault, condonation; waiver, release; exemption; ~ **daně** remission of taxes; tax relief; ~ **dluhů** waiver of debts; discharge from debts; ~ **kázeňského trestu** letting off / remission of a disciplinary reprimand; ~ **nájemného** waiver of rent; ~ **pořádkové pokuty** waiver / non-enforcement of procedural fine; ~ **pracovního povolení** waiver of a work permit; ~ **rozvodového důvodu** condonation, forgiving of matrimonial infidelity as grounds for divorce; ~ **stanovených dokladů** exemption from the submission of required documents, waiver of required documents; ~ **trestu** remission / pardoning of punishment; ~ **zbytku trestu** release s.o. on parole, remit s.o.'s sentence; ~ **zmeškání lhůty k odvolání** judicial waiver of the lapse of time to appeal; **na ~ překážky** provozování živnosti **není právní nárok** the waiver of an obstacle to the operation of a trade shall be discretionary; **nepřípustnost ~ povinnosti dlužníka** impermissible waiver of a debtor's duty; **usnesení o ~ zmeškání lhůty** resolution to judicially waive the lapsed time to appeal; **zamítnutí návrhu na ~ zmeškání lhůty** dismissal of the motion to waive the default / lapse of time; **žádost o ~ zmeškání lhůty** application for waiver of the lapse of time; **agraciace je ~ trest není vykonán nebo** zmírnění trest se sníží nebo se změní na mírnější **druh pravomocně uložených trestů** pardon / pardoning means the remission imposed punishment is not served or mitigation term is reduced or

changed for a less severe one of punishment granted upon a final judgment
promlčecí relating to statute of limitations; ~ **doba** period / time of limitation, limitation period; **omezení ~ doby** restrictions of a limitation period; **počátek ~ lhůty** commencement of a limitation period; **prodloužení ~ doby** extension of a limitation period; **přetržení ~ lhůty** interruption of a limitation period; **stavení ~ lhůty** stoppage / suspension of a limitation period; **trvání ~ lhůty** duration of a limitation period
promlčení limitation of actions; statutory bar, bar of the statute of limitations, statutory barring of actions by time; negative prescription; ~ **trestního stíhání** limitation of criminal investigation, statutory bar on criminal investigation, barring criminal prosecution by the statute of limitations; ~ **výkonu trestu** statutory bar on the execution of punishment, statutory bar on the service of s.o.'s term; **námitka ~** pleading the limitations statute; **předmět ~** subject of statutory bar; **stavení ~** stoppage / suspension of the statute of limitation(s); **účinky ~** effects of limitation(s); **vyloučení ~** nepromlčitelnost exemption from the statute of limitations; **dovolávat se ~** invoke the statute of limitations / statutory bar / limitation of actions; rely on the statute of limitations / statutory bar / limitation of actions; take advantage of the statute of limitations / statutory bar / limitation of actions; **uplatnit námitku ~** claim / seek the statutory bar / the statute of limitations / limitation of actions; plead limitation(s)
promlčený statute-barred; subject to limitation; ~ **dluh** statute-barred debt
promlč|et be subject to the statute of limitations; **právo se ~uje** the right is subject to the statute of limitation / statutory bar; **trestní stíhání je ~eno** criminal prosecution is subject to the statute of limitations
promluvit address, deliver speech; speak; ~ **k soudu** address the court
promoce ceremonial graduation
promovaný graduated
promovat graduate from; ~ **na univerzitě** graduate from a university
promyslet plan, device, design; premeditate; ~ **přípravu trestného činu** premeditate a crime

promyšlen|ý devised, designed, planned; premeditated; **~á vražda** premeditated murder

pronajat|ý leased, let, rented; chartered; demised; **~é prostory** rented / leased / demised premises; **~ hromadný dopravní prostředek pro speciální účel** chartered transport vehicle bus / plane / ship; **~ pro bytové účely** leased for residential use; **~ pro účely podnikání** leased for commercial / business purposes

pronáj|em lease; hiring; letting, renting; **druhotný ~** underlease, sublease, underletting, subletting; **~ lodi bez posádky** dry lease; **~ na určitou dobu** nikoliv na akci time charter; **~ rozmnoženin díla** hiring copies of a work such as video-films; **převod držby ~mem lodi** demise charter; **smlouva o ~mu části bytu** agreement to underlet a part of flat

pronajímatel landlord, lessor; **~ ve smlouvě o podnájmu** sublessor, underlessor; **zadržovací právo ~e** lessor's lien

pronajmout under-lease, sub-lease st., under-let, sub-let st.; rent; **~ najaté** nikoliv od vlastníka, ale od nájemce sublet, sublease, underlease, underlet; **~ si auto** rent a car; **~ si dům** rent / let / lease a house

pronásledování pursuit, tracing, chasing; prosecution; persecution; **~ lodi v mezinárodních vodách** pursuit of a ship in international waters; **~ osob** pursuit of persons; **~ zločince přes hranice sousedního státu** hot pursuit, pursuit of a criminal across the border

pronásledovat pursue follow with intent to detain offenders, trace, track down by footprints, chase; **~ pachatele** pursue / track down / chase an offender

pronést deliver, address; **~ projev na schůzi** address the meeting; **~ zahajovací řeč** make an opening statement / speech

propadl|ý lapsed; dead, foreclosed; **~á hypotéka** defaulted mortgage; **~á lhůta** lapsed period of time; **~ odkaz** lapsed devise; **prohlásit hypotéku za ~ou** foreclose a mortgage; **prohlásit věc za ~ou ve prospěch státu** adjudge a thing to be foreclosed for the benefit of the state; **prohlásit věc za ~ou** foreclose on a thing, adjudge the thing to be foreclosed on

propadnout₁ lapse; fail; forfeit; **~ u zkoušky** fail an exam; **~ ve prospěch státu** lapse / be forfeited for the benefit of the state

propadnout₂ čemu addict, devote o.s., apply habitually to a practice; **~ drogám / pití / kouření** be addicted to drugs / drink / smoking

propadnutí₁ forfeiture, confiscation; becoming liable to deprivation of an estate, goods, life, an office, right in consequence of a crime, breach of engagement; **~ dědictví** testamentárního odkazu lapse / caducity of a devise real property / legacy personal property; **~ majetku je** prohlášeno za neplatné jinak než rozhodnutím soudu forfeiture is avoided otherwise than by relief granted by the Court; **~ majetku** confiscation / forfeiture of property; **~ věci** confiscation of a thing divestiture; **~ věci z důvodu spáchání trestného činu** criminal forfeiture; **trest ~ majetku** sentence of forfeiture of property

propadnutí₂ addiction a compulsion and need to continue taking a drug / drinking alcohol as a result of taking / drinking it in the past; **~ alkoholismu** addiction to intoxicating liquors / spirits / alcohol, alcoholism

propadn|ý prekluzivní liable / subject to lapse; lapsable, lapsible; **~á lhůta** lapse period a time limit during which a right must be exercised otherwise extinguishes

propagand|a propaganda; canvassing; **celostátní ~** national propaganda; **náklady na ~u se nezapočítávají do volebních výdajů** propaganda cannot be included in the election expenses, propaganda is not included in the election expenses

proplacení payment, reimbursement; cashing; **~ cestovních výdajů** reimbursement of travel costs; **~ poukázky** payment against / upon a voucher, cashing a voucher; **~ práce přes čas** reimbursement of work performed overtime; **~ šeku** cashing a cheque / check; **zákaz ~ šeku** cheque / check stop-payment order

proplatit cash st.; pay for st.; **~ směnku** cash a promissory note / bill of exchange; **~ šek** cash a cheque / check

propouštění release, liberation; passage through, clearance; **~ vězňů na svobodu** releasing convicts from prison, setting the prisoners at large; **rozhodovat o ~ zboží** celnicí decide about the release / clearance of goods through customs

propouštět release; clear; **~ zboží do oběhu** po proclení clear goods for distribution

propůjčit delegate st. to s.o., vest st. in s.o., confer on s.o.; bestow (up)on s.o.; **~ pravomoci** delegate / vest powers; ~ **vyznamenání** award honours and distinctions

propu|stit release, set s.o. free; liberate; dismiss, discharge; ~ **koho na svobodu** set s.o. at large / at liberty; release s.o. from prison; ~ **policistu** discharge / cast a policeman; ~ **zaměstnance** discharge / dismiss an employee; **podmíněně** ~ **z výkonu trestu** release on parole from imprisonment after actually serving a part of sentence; **být** ~**štěn ze zaměstnání** receive one's dismissal, be dismissed; get the sack, be fired (*slang*)

propustitelný dismissible, liable to be dismissed / discharged / released

propuštěnec dischargee; discharged / released person; parolee

propuštění release, liberation, setting free from restraint, confinement; discharge; dismissal, sack, firing; **podmíněné** ~ conditional release on parole; **protiprávní** ~ **ze zaměstnání** wrongful dismissal / discharge; ~ **obviněných na svobodu** release of the accused from prison / custody; ~ **osoby z cely** release of a person from a cell; ~ **z armády** military discharge; ~ **z moci otcovské rodičovské** emancipation setting children free from the patria potestas; ~ **z ochranného léčení** release from special medical treatment; ~ **z vězení** release from prison, setting s.o. at large; ~ **ze zaměstnání pro ztrátu důvěry** dishonourable discharge; **státní zástupce byl proti** ~ **na kauci** the prosecutor argued against granting bail; **zamítnout návrh na** ~ **z ústavu** dismiss a motion to release s.o. from a special medical treatment institution

propuštěn|ý (*adj*) released, discharged, free; dismissed; sacked, fired (*slang*); ~**á osoba** dischargee, released person from prison, discharged / dismissed person from work; **osoba** ~**á z výkonu trestu** released prisoner, prisoner at large

propuštěný (*n*) parolee, released person; **podmíněně** ~ parolee released conditionally / on condition prisoner placed on parole

prorektor vice-rector; pro-rector; vice-chancellor (*UK*), (*US*)

prorogace prorogation the action of lengthening in duration, or causing to last longer; extension of time; prolongation, protraction, further continuance

prosazení enforcement; ~ **práva** enforcement of law; ~ **veřejného zájmu** enforcement of public interests / policy

prosit ask, request; beg, beseech, seek, supplicate; ~ **o milost** beseech s.o. for mercy; in a battle or fight ask for quarter clemency / mercy granted to a vanquished opponent by the victor in a battle or fight; ~ **o milost prezidenta** apply for / seek Presidential pardon / clemency

proslov address, speech; (*formal*) allocution; **slavnostní formální** ~ ceremonial (*formal*) speech; ~ **díků za záslužný čin** address of thanks for honourable act

proslovit utter, communicate, express; deliver; speak

prospěch profit, benefit; advantage; worth, welfare; credit; beneficial interest; **majetkový** ~ property benefit / advantage / gains, beneficial interest; **neoprávněný majetkový** ~ unjust enrichment; unlawful acquisition of property; benefit unlawfully derived from property; ~ **zaměstnanců** welfare of the employees; **k jeho užitku a** ~**u** to / for / on his use and behoof; **v čí** ~? to whom is / was it for a benefit?, cui bono? (*lat*); **ve** ~ **koho** for the benefit of s.o.; **hlasovat ve** ~ **koho** vote in favour of s.o.; **mít** ~ **z čeho** benefit from st.; **svědčit ve** ~ **koho** testify / give testimony / be a witness in favour of s.o.; **uzavřít smlouvu ve** ~ **třetí osoby** make a contract for the benefit of a third party

prospekt hand-out, leaflet; ~ **cenného papíru** prospectus of share issue, (*pl*) prospectuses

prosperita welfare, well-being, prosperity

prospěšn|ý advantageous, beneficial, useful; salubrious, wholesome, salutary, salubrious; **obecně** ~**á společnost** benevolent society / association, beneficiary society / association / corporation; **zdraví** ~ salubrious, wholesome, salutary; **rozsudek o uložení trestu obecně** ~**ých prací** community service order / judgment; **zápis obecně** ~**é společnosti** recording / entering the name of benevolent / beneficiary society / association / corporation in the Commercial Register

prostituc|e prostitution sexual intercourse for hire; **nutit koho k** ~**i** procure / compel s.o. to engage in or carry on prostitution; **zisky z** ~ avails of prostitution

prostitut male prostitute

prostitutk|a prostitute, unchaste woman, strumpet, woman of pleasure; common harlot (*slang*) (*obs*); **klienti** ~**y** clients / tricks (*US*) of a prostitute

prostoj dead time

prostopášný wicked, debauch, disorderly; ~ **způsob života** wicked way of life
prostor, prostora space; place; area; premise; **nebytové** ~**y** non-residential premises / facilities; **obytné** ~**y** residential premises; plotem **ohrazený** ~ compound; fenced area; **provozní** ~**y** operation premises; ~**y k trvalému bydlení** premises for permanent dwelling / residence
prostranství site, area, ground; square; place; **veřejné** ~ public place / square; **vyčištění / vyklizení** ~ site clearance
prostřed|ek mean(s); medium; measure; device; **dočasně zneschopňující** ~ paralysing means, paralyser; **donucovací** ~**ky** coercive measures, measures of coercion; **dopravní** ~ vehicle, means of transportation; **důkazní** ~**ky** means of proof / evidence; **existenční** ~**ky** means of living / subsistence, measures of livelihood; **finanční** ~**ky** financial means; **hromadné sdělovací** ~**ky** mass media; **mimořádný opravný** ~ extraordinary relief, extraordinary remedial measure; **oběžné** ~**ky** medium of circulation / exchange, circulating medium; working assets; **ohrožený důkazní** ~ means of evidence exposed to danger, endangered means of proof; **operativně pátrací** ~**ky** intelligence means and device; operational means of searching / tracking-down of criminals; **opravné** ~**ky proti rozhodnutí nebo usnesení jsou odvolání, obnova řízení, dovolání a odpor** v případě platebního rozkazu nebo trestního příkazu *(CZ)* remedial measures against judgment and resolution are appeal, new trial, appellate review, and protest in the case of a judicial order to pay or a criminal order; **opravný** ~ remedial measure; remedy, redress, relief; reparation, appeal; recourse; **opravným** ~**kem proti usnesení je stížnost** complaint is a remedial measure against the judicial resolution; **peněžní** ~**ky** monies, financial means; **právní** ~ remedy, recourse; relief, redress; **řádný opravný** ~ regular / standard remedial measure; **souběžný opravný** ~ collateral remedy; **speciální úderný** ~ blowing device; **speciální vrhací** ~ throwing device; **technické** ~**ky k zabránění odjezdu vozidla** immobilizer, wheel clamps designed to be locked to one of the wheels of an illegally parked motor vehicle to immobilize it; **uklidňující** ~ alleviative substance; **veřejné** ~**ky** public funds; **výjimečný**

právní ~ excessive recourse / remedy; **základní** ~**ky společnosti** fixed capital assets; fixed capital; ~**ky právní ochrany** judicial remedy; **jsoucí bez** ~**ků** destitute, bereft of resources, resourceless; **odmítnutí opravného** ~**ku** refusal of a remedy / remedial measure; **osoba oprávněná podat opravný** ~ a person entitled to seek remedy, a person entitled to file an application for remedial measure; ~**ky na živobytí** means of living / subsistence, measures of livelihood; **podání opravného** ~**ku** lodging / submission / filing of an application for remedial measure; **poučení o opravném** ~**ku** notice / warning of a right of remedial measure / recourse; **provoz dopravních** ~**ků** operation of transport vehicles; **volba právních** ~**ků** election of a form of remedies
prostředí environment; neighbourhood; surroundings; **ochrana životního** ~ environmental protection, protection / preservation / conservation of the environment; **poškozování životního** ~ damage to the environment, environmental damage; **právo životního** ~ environmental law; **složka životního** ~ např. ovzduší, voda, půda environmental medium / component; **škoda na životním** ~ harm to the environment, environmental harm; **chránit životní** ~ protect the environment
prostřednictví mediation; intercession; intermediating; ~ **třetí osoby** mediation by a third person; ~**m čeho / koho** by means of st. / s.o., through st. / s.o.
prostředník intermediary in financial operations, intermediate agent; middleman; mediator solving disputes out-of-court; contact
prost|ý simple; bare, naked; clear; common; ~**á patentová licence** bare patent license; ~**á trata** clean draft; ~**á úmluva** nude / naked contract; ~**é prohlášení ve formě listiny** deed poll a document to which there is only one party; ~**é ničím nepoložené tvrzení** naked / bare assertion; ~ **slib** naked / bare promise
prošetření investigation, examination; search, view; ~ **slibu vzájemné záruky** check on the promise of mutual pledge; view of frank-pledge *(UK)* *(obs)*; ~ **stížnosti** disposing of a complaint, making a search upon complaint
protekce favouritism; nepotism with respect to relatives; **jmenovat koho z** ~ appoint s.o. by favouritism
protekcionář favourite; nepotist

protekcionářský favouritizing; nepotic; based on favouritism

protektor protector

protektorát protectorate

protest protest a formal statement of disapproval / dissent to / of some certain action; challenge; ~ **bez udání důvodu** challenge without stating a cause; ~ **proti neoprávněnému využití veřejných prostředků** challenge to unauthorised use of public funds; **směnka bez ~u** unprotested bill / draft; **napadnout rozhodnutí ~em prokurátora** contest the decision by the protest of the prosecutor

protestní protesting; relating to protest; ~ **poznámka** note of protest

protestovat protest; ~ **směnku** protest a bill of exchange / promissory note

protestující protesting; ~ **strana** protesting party; demurrant

protežování favouritism, nepotism with respect to relatives

proti against; versus; contrary; ~ **své vůli** unwillingly; **hlasovat** ~ vote against / in the negative; **postavit se** ~ oppose st.

protidrogov|ý opposing drugs, anti-drug; ~**á jednotka** Drug Squad; ~**é oddělení** policie Police Drug Squad

protidůkaz(y) counter-evidence

protihodnota counter value, received value, consideration

protichůdn|ý contradictory, conflicting, contending, contrary, antagonistic, opposed; ~**á rozhodnutí** contradictory decisions; ~**é nároky** contending claims; ~**é rozhodnutí** contradictory decision; **mít na věci** ~ **zájem** have conflicting interests in the property

protiklad antithesis, antitheses, contrary; contradiction, contradistinction; **dávat do ~u co s čím** contrast st. with st., set in opposition with st.

protikladn|ý adverse, contrary, opposed; contradictory; ~**é rozhodnutí** contrary determination; ~**é ustanovení** contrary provision; ~ **účinek** adverse effect

protimluv contradiction in terms

protimonopolní antitrust; ~ **újma** antitrust injury; ~ **zákony** antitrust laws

protinabídka counteroffer

protinárok counterclaim, cross / adverse claim

protiplnění consideration; price of contract; value; **bezdůvodné** ~ gratuitous considera-tion; **dřívější** ~ past consideration; **finanční** ~ pecuniary consideration; **nezasloužené** ~ gratuitous consideration; **peněžní** ~ money consideration; **poskytnuté** ~ executed consideration; **řádné** ~ good consideration; ~ **splnitelné v budoucnu** executory consideration; **nepřiměřenost** ~ inadequacy of consideration; **neschopnost** ~ failure of consideration; **údajná potřeba** ~ alleged want of consideration

protipohledávka counterclaim

protipožární relating to fire protection; ~ **předpisy** fire prevention laws

protiprávně unlawfully, wrongfully; illegally, illegitimately; contrary to law, in violation of law; ~ **jednat** perform an illegal act; ~ **odmítnout přijetí** wrongfully refuse to receive

protiprávní unlawful, wrongful; illegal, illicit; illegitimate; unjust, unfair; ~ **(po)užití** adverse use; ~ **chování** podle občanského práva unlawful conduct in violation of civil law, act in violation of civil law, civil wrong; ~ **čin** wrongful / unlawful / illegal act; ~ **odnětí držby** unlawful dispossession; disseisin, disseizin; ~ **propuštění** ze zaměstnání unfair dismissal from employment, unlawful discharge; ~ **úkon** wrongful / unlawful / illegal act

protiřečící si contradictory, of opposite character, diametrically opposed, contrary

protiřečit si contradict, affirm the contrary of; declare untrue / erroneous; deny categorically

protisměnka counterbill

protismluvní in violation of contract; ~ **zřízení podnájmu** subletting contrary to the lease contract i.e. not allowed by the lease contract

protispolečenský antisocial, asocial antagonistic to society or social order

protistran|a adversary, opposing / adverse party; ~ **odvolatele** appellee; **vrátit námitku zpět** ~**ě** rebut the argument of the adversary; return the objection to the adversary; throw a reproach back (slang)

protiúčet offset, set-off account

protiústavní unconstitutional; **být prohlášen za** ~ be held unconstitutional

protiváha counter balance

protivit se čemu resist st.; ~ **zákonu** set the law at defiance, resist the law

protivník adversary, opponent; antagonist

protivný annoying; bothering, tiresome

protizáruka counter security

protizávazek counter bond, counter obligation / duty
protižaloba cross-action; actio contraria *(lat)*
proto therefore; consequently, in consequence; accordingly; hence
protokol report on st.; record, transcript; memorandum, statement; protocol as a code of conventional or proper conduct, or as a written record of a treaty; **diplomatický** ~ diplomatic protocol; **reklamační** ~ guarantee report; record of a warranty claim usually made in a shop where the thing was bought; **soudní** ~ judicial record, transcript of trial; ~ **o bezvýslednosti soupisu nebo upuštění od soupisu movitých věcí** report on the failure to produce, or decision not to make, a list / inventory of personal chattels in probate proceedings when things cannot be found or are unknown; ~ **o dražbě movitých věcí** report on the auction of personal chattels / movables; ~ **o hlasování členů senátu** record of the voting of judges on the bench / panel; ~ **o hlavním líčení** *(TPP)* trial transcript / record(s); ~ **o jednání soudu** *(OPP)* transcript / record(s) of the trial; ~ **o lékařském vyšetření na obsah alkoholu v krvi** medical report on the amount / concentration of alcohol in s.o.'s blood; ~ **o odebrání věci** report on the appropriation / seizure of a thing; ~ **o ohledání místa nebo věci** report on the inspection / examination of a site or thing; ~ **o poradě a hlasování** report on the deliberation and voting of judges on the panel / bench; ~ **o pracovním úrazu** work injury report; ~ **o provedení důkazů před dožádaným soudem** report on the bringing of evidence before the requested court; ~ **o předběžném šetření** report on preliminary search / investigation; ~ **o přezkumném jednání** record / transcript of a review trial; ~ **o případu / věci** case report; ~ **o úkonech orgánů činných v trestním řízení** report on acts pursued by investigative, prosecuting and adjudicating bodies; ~ **o uzavření manželství** memorandum / statement of the solemnization of marriage, report on the marriage ceremony; ~ **o veřejném zasedání** report on the hearings held in open court; ~ **o výpovědi svědka** report on witness testimony; ~ **o výslechu** records of interrogation / interview; ~ **o výslechu údajného otce** report on the questioning / interviewing of the alleged / reputed / putative father; ~ **o zatčení** arrest record; ~

o zjištění stavu a obsahu závěti report on the ascertained circumstances and content of the last will and testament; **opis** ~**u** a copy of report / record(s) / transcript; **provádění důkazů přečtením** ~**ů a jiných písemností** na neveřejném zasedání adducing evidence by reading reports and other documents in closed trial; **sepsání** ~**u o úkonu trestního řízení** making / writing of a report on acts pursued in the course of criminal proceedings; **znění** ~**u** wording / prose / phrasing of the report; **podat odvolání proti rozsudku do** ~**u** enter in the trial transcript a notice of intent to appeal the judgment
protokolace recording; reporting; ~ **výpovědi** recording of interrogation / testimony
proužek stripe, thread; **okénkový** ~ jako ochranný prvek bankovky windowed thread as a security feature of a banknote
prováděcí implementing, carrying into effect, executing; ~ **pravidla** code of practice; ~ **předpis** statutory instrument *(UK)*, legislative instrument *(AU)*, executive regulation; ~ **vyhláška** regulation to apply a law, implement a law, carry out a law; ~ **zákon** implementing statute; ~ **zákonodárství** secondary / delegated legislation; subordinate laws *(AU)*
provádění performance; pursuance, implementation, following out, carrying out; administration; execution, carrying into effect; production; application; ~ **důkazů** production of evidence / proofs producing and submitting proofs called for by a court of law, calling in evidence; ~ **majetkových převodů** executing transfers of property; conveyancing; ~ **služebních úkonů** zákroků carrying out police operations; ~ **úkonů trestního řízení** performing / carrying out acts (with)in criminal proceedings; ~ **volebních manipulací** gerrymandering; vyrozumění účastníků o ~ **důkazů mimo jednání** notice of intent to supplement the record by introducing evidence which was not produced at trial; **ohrozit nebo neoprávněně ztížit** ~ **státem organizovaných geologických prací** endanger or unlawfully obstruct the execution of geological surveying organized by the State; **upustit od dalšího** ~ **výkonu rozhodnutí bez příkazu** refrain from further execution of judgment without / in the absence of order
provádě|t execute, carry out, implement; effect, apply; make, accomplish, do, perform; pro-

duce; ~ **arbitráž** carry out arbitration; ~ **odvoz** čeho carry out disposal of st.; ~ **sankce** apply sanctions; ~ **účetní zápisy** perform book-keeping operations; ~ **zákon** implement / apply a law; ~ **změny / úpravy** make alterations / modifications to st.; **vládnutí má být ~no efektivně** governing is to be carried out efficiently

provázející attendant, accompanying
provdaná žena married woman; covert
provedení performance; pursuance, implementation, accomplishment, completion; carrying out; administration; execution, carrying into effect; production; **zákonné a včasné ~ úkonů** statutory and timely completion of acts; ~ **odhadu** estimation of the value of property; appraisal in respect of value; ~ **prací a výkonů** výkon rozhodnutí compulsory performance of work and acts as judgment execution; ~ **procesních úkonů** carrying out / performing of procedural acts; ~ **soupisu věcí** production of a list / inventory a detailed list of articles, such as chattels, parcels of land; detailed statement of the property of a person of property / things; ~ **výkonu rozhodnutí** effecting the execution of judgment, executing the judgment; ~ **vyšetřovacích úkonu** performing / executing an act of investigation; ~ **závazku** performance / discharge of an obligation; ~**m napadeného rozhodnutí byl zmařen účel jeho přezkoumání** the execution of the contested decision resulted in the frustration of the purpose of the review thereof; **dohoda o ~ práce** agreement to complete a job; **nařízení a ~ výkonu rozhodnutí** an order to execute on the property to satisfy the judgment, order authorizing the judgment to be executed and satisfied; **protokol o ~ důkazů před dožádaným soudem** the report on producing evidence before the requested court; **usnesení o odkladu ~ výkonu rozhodnutí** resolution to suspend the judgment execution; **způsob ~ trestného činu** mode of committing a crime; criminal modus operandi; **obecný soud povinného je příslušný k nařízení a ~ výkonu rozhodnutí** the general jurisdiction court of the debtor is competent to order the execution of judgment and the fulfilment thereof; **odepřít ~ tlumočnického úkonu** refuse to act as interpreter
proveditelný feasible, practicable
prověrka check, test, examination; vetting;

bezpečnostní ~ organizací security checks of organisations; **bezpečnostní ~ osob navrhovaných k určení pro styk s utajovanými skutečnostmi** security checks on natural persons who have been proposed for designation to have access to classified information candidates; **kádrová ~** background check; ~ **na detektoru lži** deception test; ~ **vládních úředníků** check on government employees
prověření checking, testing, examining; vetting; ~ **došlého oznámení o přestupku** checking the received information of an administrative delict / infraction committed; ~ **spolehlivosti osob v souvislosti s výkonem jejich funkce** positive vetting including a search for weaknesses of character or anything else that could render the subject vulnerable to exploitation
prověřit check, test; vet; verify; examine; ~ **zdravotní a morální spolehlivost** osoby examine carefully and critically for deficiencies in health or morals; investigate the suitability of a person for a post that requires loyalty, trustworthiness and health fitness
prov|ést execute, carry out, implement; effect, apply; perform; make, accomplish, do, produce; ~ **čin** perform / execute / make an act; commit an act; ~ **dokazování v** řízení bring / produce / introduce st. in evidence in the proceedings; ~ **důkazy v hlavním líčení** adduce / produce evidence at the trial; ~ **hlavní líčení znovu** hold a trial again, grant a re-trial; ~ **instalaci** make installations; ~ **opravy** execute repairs; ~ **pitvu** carry out a post-mortem; ~ **platbu** make / discharge a payment; ~ **práce související s rozvody** služeb execute works in connection with the gas, water, sewage pipes; ~ **soupis věcí** make an inventory of items of property, produce a descriptive list of items of property; ~ **úpravy na** čem execute improvements / decorations to st.; ~ **ustanovení o Nejvyšším správním soudu** apply the provision for the Supreme Administrative Court; ~ **výkop na pozemku podél dělicí čáry** mezi sousedícími majetky excavate the property along the line of junction between adjoining lands; ~ **výměny** čeho **na** čem execute alterations of st. to st.; ~ **zadržení** detain s.o., place s.o. in confinement; ~ **změny** čeho make alterations to st.; **neoprávněně ~ změnu kultury pozemku** unlawfully change / alter the cultivation of a plot of land; **jestliže platba není ~edena, je to**

považováno za neplnění smlouvy příslušnou smluvní **stranou** if no payment is made, the party shall be deemed to have defaulted **provinění** wrongful act, wrongdoing, wrong; fault; **kárné** ~ disciplinary wrong, violation of discipline; **vědomé a úmyslné** ~ knowing and purposeful wrongdoing; ~ **z nedbalosti** negligent wrongdoing **proviz|e** commission; kickback; **makléřská** ~ brokerage fee; **získatelská** ~ acquisition commission; **požadování** nezákonné ~ **za zprostředkování obchodu** obvykle placená státním úředníkům demanding a kickback on the profits usually paid to government officials; **zástupce na ~i** commission agent **provokatér** decoy enticing, alluring another into some trap, deception, or evil situation **provokativní** provoking, provocative; ~ **chování** provocative behaviour; defiance **provoz** operation, business, running; traffic; **řádný** ~ **živnosti** regular operation of trade; **silniční** ~ highway / road traffic; **zvláště nebezpečný** ~ extremely hazardous operation; ~ **dopravních prostředků** operation of transport(ation) means; ~ **veřejné kanalizace** operation of public sewers; **podnikový** ~ place of business, place of operation of business; **kontrola silničního ~u** traffic behaviour check; **plynulost silničního ~u** highway traffic flow; **údržba a** ~ maintenance and operation; **příkaz k odposlechu a záznamu telekomunikačního ~u** an order to intercept and record telecommunication operations; **technické podmínky ~u na pozemních komunikacích** technical criteria / conditions of operation on highways / roads **provozní** operational, operating, working; ~ **činnost** operating activities, activities relating to operation of business; ~ **kapitál** working capital; ~ **marže** operating margin; ~ **náklady / výdaje** operating / operational expenses, operating / operational costs; ~ **porucha** business interruption; ~ **prostory** business premises; ~ **rozpočet** operating budget; ~ **účetní** cost accountant / clerk; ~ **výdaje režie** running / operation costs; ~ **zisk** operating profit; ~ **ztráta** operating loss; **výdaje prostředků na organizační a** ~ **náklady** expenditure of funds for organizational and operational expenses **provozování** operation, operating; running,

keeping; practising; ~ **dopravy** operation of transport; ~ **herny** keeping a gambling house; ~ **živnosti prostřednictvím odpovědného zástupce** practising / carrying on trade through a person in authority / acting under authority; ~ **živnosti průmyslovým způsobem** carrying on trade as an industry; **překážka** ~ **živnosti** impediment of trade, obstacles to carrying on trade; **smlouva o veřejném** ~ **díla** contract for public performance of a work; **zahájení a ukončení** ~ **živnosti** commencement and termination of practising trade; **osoba mladší 18 let nesplňuje podmínku** ~ **živnosti ani tehdy, když je zletilá** a person under 18 shall not qualify for carrying on / practising trade even if s/he is an adjudicated adult **provozov|at** operate, carry on, engage in; keep, run; practise; ~ **obchod** keep / run a shop; ~ **podnikání** carry on / engage in business; ~ **pojištění** carry out insurance; ~ **právní praxi** practise law; ~ **veřejný dům** keep a disorderly house for gambling, prostitution; ~ **živnost** engage in trade, carry on trade, practise trade; **neoprávněně** ~ **obchodní, výrobní nebo jinou výdělečnou činnost** unlawfully pursue commercial mercantile, manufacturing or other gainful activities; **podnikatelská činnost je ~ána vlastním jménem** business activity shall be performed in one's own name **provozovatel** operator; enterpreneur; keeper; ~ **celostátních drah** operator of national railways **provozov|na** business premises; **stálá nebo dočasná** ~ permanent or temporary business premises; **vedlejší** ~ ancillary business premises; **oprávnění ke vstupu do živnostenských ~en** statutory authority / power to enter business premises run under a trade licence for notifiable trades / under a permit for permitted trades **prozatímní** interlocutory, interim; temporary; provisional; transitional; ~ **náklady** interlocutory cost; ~ **odvolání** interlocutory appeal; ~ **předseda vlády** caretaker Prime Minister; ~ **rozsudek o rozvodu** interlocutory judgment of divorce; decree nisi **prozkoumat** view, examine, check; explore, investigate; scrutinize, search, inspect; ~ **místo činu** view the scene of crime; ~ **z hlediska pojištění** view in respect of insurance; ~ **zprávu** account / check a report

prozradit disclose, reveal; divulge; declare / tell openly; ~ **informaci** divulge / disclose information; ~ **jména** pachatelů name the names of perpetrators; ~ **tajemství nepříteli** reveal / divulge the secret to the enemy **prozrazení** divulgement, divulgence, disclosure **průběh** course, process; procedure; **důstojný** ~ **jednání** dignified / stately course of hearing; ~ **dokazování** the course of evidence; ~ **jednání** course of dealing; ~ **plnění smlouvy** course of performance; ~ **veřejného zasedání** course of public hearing; ~ **výkonu rozhodnutí** process / course of the execution of judgment; ~ **výslechu** course of interrogation / examination; **v** ~**u dějin lidstva** in the course of the history of mankind, in the course of human history
pruh strip; belt; **iridiscentní** ~ ochranný prvek bankovky iridiscent strip as a security feature of a banknote; **úzký** ~ **země** narrow strip of land
průchod passage; way; gangway; ~ **a průtok dodávek** vody, elektřiny, plynu, telekomunikací apod. passage and running of utilities water, electricity, gas, telecommunications supplies; ~ **světla a vzduchu** passage of light and air; **povolení k** ~**u** permit / leave to pass; right of passage, right to pass; **právo na volný** ~ public right of way; **právo** ~**u / průjezdu** right of way
průchodný clear, open; transient; acceptable; practicable; ~ **návrh** acceptable motion
průjezd passage, way; road; **volný** ~ clear road
průkaz proof, certificate, licence; document, passport; demonstration; card; **celní** ~ lodi clearance certificate; **členský** ~ membership ticket / card; **občanský** ~ identity card, home passport; **služební** ~ service / police I.D. identity card; **technický** ~ certificate of roadworthiness; **zbrojní** ~ fyzické osoby firearms permit for a natural person; firearms acquisition certificate *(CA)*; **zdravotní** ~ health certificate; ~ **o existenci** certificate of existence; ~ **o neschopnosti k vojenské činné službě** proof of incompetency to serve in the Army; ~ **plné moci** proof of power of attorney; ~ **totožnosti** proof / certificate of identity, identity card; **poškodit občanský** ~ deface proof of identity, deface passport
průkaznost provability, provableness; ~ **nároku** provability of a claim
průkazn|ý probative, demonstrative, evidential, evidentiary; provable; ~**á hodnota** důkazů

probative value of evidence; ~**é skutečnosti** probative facts; evidentiary facts
průklep carbon copy; copy; **vyhotovit protokol se dvěma** ~**y** type a report with two copies
průměr avcrage; arithmetical mean; medial estimate; **v** ~**u** at / on an average
průměrn|ý average; mean; ~**á denní rozvaha** za úrokové období average daily balance; ~**é náklady na** jednoho **zaměstnance** average cost of expenses per employee; ~**é náklady na jednu škodní událost** average cost of claims; ~**é pojistné** average premium; ~ **nárůst cen** average increase in prices; ~ **občan** reasonable person; average man; ~ **pracovník** average worker
průmysl industry; **místní** ~ local industry; **spotřební** ~ consumer goods industry; **zpracovatelský** ~ processing industry; **Ministerstvo obchodu a** ~**u ČR** Ministry of Trade and Industry of the CR
průmyslov|ý industrial; ~**á špionáž** industrial espionage; ~**á výroba** industrial production; ~**á zóna** industrial zone / park; ~**é vlastnictví** *(AP)* industrial property patents, trade marks etc.; ~ **a užitný vzor** industrial design and applied design; ~ **odpad** industrial waste; ~ **rozvoj** industrial development; **provozování živnosti** ~**ým způsobem** carrying on trade as an industry
průprava background, grounding, education, training; **odborná** ~ professional training
průtah delay, dilatoriness; prolongation, protraction; procrastination; suspension; filibustering of debates in the US Senate; **neodůvodněné** ~**y** řízení unreasonable delays in proceedings; **zaviněné** ~**y řízení** deliberate / intentional / wilful delays in the proceedings, deliberate / intentional / wilful protraction of the proceedings; ~**y ve vyšetřování** delays in investigation; **bez** ~**ů** without delay, forthwith; **předcházení** ~**ům v řízení** prevention of delay in trial; **účastník způsobující** ~**y jednání** a participant delaying the proceedings; **doručit korespondenci obviněnému bez** ~**ů** deliver the mail to the accused without delay
průvodce guide
průvodka dispatch / parcel note
průvodní surrounding; associate, accompanying; concomitant, circumstantial; concurrent; coincident; ~ **dopis** cover letter; ~ **listina** instrument of assignment; ~ **okolnosti** sur-

rounding / attendant circumstances, collateral facts; ~ **ustanovení** attendant clause / provision; ~ **závazek** collateral promise / obligation **průvoz** transit the passage or carriage of persons or goods through a third country; ~ **osoby pro účely řízení v cizině** transit of a person for trial in a foreign country
průzkum investigation, search; examination; ~ **veřejného mínění** public opinion investigation, poll, polling, opinion poll / survey; census of public opinion; **provést předvolební** ~ execute a pre-election poll; poll a sample of the population before election
pružn|ý flexible; elastic; ~**á pracovní doba** flexitime, flexi-time, flexi time *(UK)*, flextime *(US)*
prv|ek element; feature; component; **ochranné** ~**ky** bankovky security features of a banknote, protective elements; **významný krajinný** ~ significant landscape component
první first; ~ **nájemní smlouva pro určitou nemovitost** head lease for certain property
prvopis original, hard copy; ~ **vyhotovuje obec** an original shall be issued by a community / local authority
prvopojištění direct insurance
prvorozen|ý first-born; ~**é dítě** first child; ~ **syn** first-born son
prvostupňov|ý pertaining to first instance; **rozklad proti** ~**ému rozhodnutí řádný opravný prostředek** remonstrance against the first instance decision a regular remedial measure
přání desire; wish; longing; craving
přát si desire, wish; long for, covet, crave
přátelsk|ý amicable, friendly; ~**á dohoda** amicable agreement
přátelství friendship, amity; intimacy; friendliness
pře dispute, argument, quarrel
přebít overbid, outbid; overtake; trump; ~ **nabídku vyšší částkou** outbid the offer
přebytek surplus; leftover; balance; excess; **kapitálový** ~ capital surplus; **majetkový** ~ residuary estate remaining after debts, expenses of administration, legacies and devises have been satisfied, residue of the estate; **vyhrazený** ~ appropriated surplus; **získaný** ~ acquired surplus
přecenění revaluation; further valuation
přeceněný **1** overpriced; ~ **cenný papír** overpriced security **2** revalued
přečin *(hist)* delict; minor / least grave offence,

violation of law; misdemeanour; **naplnění znaků** ~**u** accomplishment of elements of a delict / misdemeanour
předadopční relating to pre-adoption; ~ **péče** pre-adoption care
předání transfer, transference; referral, reference; commitment, committal; passing / handing over; disposition; ~ **kmene** cession of portfolio; ~ **trestního stíhání do ciziny** transference of criminal proceedings to a foreign country; ~ **zboží do komise / komisního prodeje** delivering goods on consignment delivery / transmission of goods for sale
předat refer, commit; pass over; transfer; refer; ~ **co do komisního prodeje** consign goods for sale; commit the goods to a consignee for sale; ~ **co jinému orgánu** hand over st. to another body; ~ **spor k rozhodnutí v arbitrážním řízení** transfer / refer the case to arbitration procedure
předběžn|ý preliminary, pre-trial; preparatory; interlocutory, provisional; ~**á námitka** preliminary exception; speaking demurrer; ~**á otázka** preliminary question; ~**á vykonatelnost nastává ze zákona v případě plnění výživného nebo pracovní odměny za tři měsíce před vyhlášením rozsudku** pre-judgment i.e. before the judgment is final enforcement is established by virtue of law / under statute in the case of a maintenance order or reimbursement of wages for three months preceding the award of judgment; pre-judgment writ of attachment *(US)*; ~**á ochranná opatření** preliminary / interim / interlocutory measures of protection; ~**é opatření** emergency / preliminary ruling *(CZ)*; temporary restraining order requested and granted very early in the process *(US)*, preliminary injunction granted before a merits review but not as immediate as a temporary restraining order *(US)*; preliminary measures; ~**é opatření před nebo po zahájení řízení** emergency ruling made before or after the commencement of proceedings; ~**é projednání obžaloby v zasedání senátu** preliminary hearing of indictment by the bench / panel of judges; ~**é projednání věci** pre-trial hearing, preliminary hearing; ~**é řízení** preliminary / pre-trial proceeding(s); ~**é upozornění** preliminary / precautionary notice; ~**é vyšetřování** preliminary investigation; ~**é zkoumání** preliminary examination / search; ~ **výslech svědka** provisional examination of

a witness; examination de bene esse; **princip ~é opatrnosti** precautionary principle; **protokol o ~ém šetření** the report on preliminary search / investigation; **rozhodnutí ~é povahy** interlocutory / temporary decision, decision of a provisional nature; **vydání ~ého opatření před zahájením řízení** order for / awarding emergency ruling before the commencement of proceedings; **žádost o ~é rozhodnutí předložená Evropskému soudnímu dvoru** *(ESD)* reference for preliminary ruling lodged / filed with the European Court of Justice; **návrh na nařízení ~ého opatření k zamezení jednání** motion for emergency ruling to prevent an act; **návrh na vydání ~ého opatření** motion to award preliminary / emergency ruling *(CZ)*, motion to issue a temporary restraining order *(US)*

předčasn|ý untimely; premature, immature; early; **~á smrt** untimely death; **~é odvolání** nabídky premature revocation of offer; **~é rozhodnutí** early decision

předejít anticipate; prevent; preclude; **~ akci** koho anticipate the action of s.o.

předek ancestor, ascendant / ascendent; predecessor; **~ v linii přímé** ascendant

předem beforehand; in advance, a priori; **~ promyšlený** trestný **čin** premeditated crime; **~ promyšlený zlý úmysl** malice aforethought; **platební podmínky budou dohodnuty ~** the terms of the payment will be agreed beforehand

předepsan|ý required, prescribed, requested; fixed, laid down; **~á ověření** required certificate; **~ tiskopis** prescribed form; **vrácení soudního poplatku nesprávně ~ého** disbursement of court fees erroneously determined / prescribed

předešl|ý previous; last; former; **navrácení v ~ stav** restitution; the action of restoring a person / thing to a previous status / position; **uvedení do ~ého stavu** the fact of being restored / reinstated to a previous status / position

předcházející preceding, antecedent; anticipatory; **~ nárok** antecedent claim; **~ stav věci** the state of affairs previously existing, status quo ante *(lat)*; **trestný čin ~ jinému trestnému činu** např. krádež zbraně za účelem vraždy anticipatory offence such as stealing a weapon in order to commit a murder therewith

předcházení prevention; **~ korupci** prevention

of bribery / corruption; **~ škodám** prevention of damage; **~ trestné činnosti** prevention of crime

předcházet precede, antecede; prevent; debar, preclude a person from, deprive of; **~ kriminalitě** prevent crime; **~ trestným činům** prevent crimes; **právo ~ čemu** right to prevent st. being done

předchozí prior; earlier, former, anterior, antecedent; **~ práva** prior rights; **~ tresty** former / previous criminal convictions / records; antecedents; **na základě ~ho upozornění / oznámení** upon prior notice

předchůdce ancestor, progenitor; ascendant / ascendent natural person; predecessor legal entity; **právní ~** legal predecessor, predecessor in title

předjímající anticipatory

předjímání anticipation

předjímat anticipate; **~ následky** anticipate consequences

předjíždění overtaking; **zákaz ~** no overtaking

předjíždět overtake; catch up and pass; **~ zprava, zleva** overtake on / to the left hand, right hand

předkládání presentment; presentation, submission; **~ směnky** presentment of a bill

předkládat present; submit, bring; **~ právní spory soudu** submit legal disputes to the court

předkladatel zákona sponsor of a bill

předkové ancestry

předkupní pre-emptive, option; **~ právo** right to pre-emption, pre-emptive right; right of first refusal; **~ právo na koupi akcií** first right to purchase stock; **dohoda o ~m právu** pre-emption agreement; **nároky z ~ho práva právního nástupce spoluvlastníka** claims with respect to the pre-emptive rights of a successor in title of a co-owner

předložení submission, presentation; reference; filing, lodging; **~ arbitráži** reference to arbitration; **~ dokladů** submission / discovery of documents; **~ obhajovacího spisu soudu** entry of appearance

předložený submitted, presented; brought; adduced, produced; **důkaz ~ při jednání soudu** evidence adduced at trial

předložit present; submit; bring up, present for, refer to, bring before; **~ doklady** submit the documents; **~ důkaz** soudu adduce / introduce / produce evidence, adduce / introduce / produce proof in court, give the proof to the court;

~ **důkaz na svou obranu** produce / submit evidence in one's own defence; ~ **důkazy potvrzující alibi** give evidence in support of the alibi; ~ **důkazy soudu** adduce as a lawyer / give as a witness evidence to the court; ~ **nabídku** submit a bid; ~ **obvinění z trestného činu** bring a criminal charge; ~ **obžalobu** submit an indictment; bring prosecution; ~ **obžalobu příslušnému soudu** place the charges before the proper court; ~ **osvědčení** produce / present / submit a certificate; ~ **případ porotě** bring a case before a jury; ~ **rozpočet ke schválení** submit the budget for approval; ~ **soudu co** place st. before court; ~ **spor k rozhodčímu řízení** submit a dispute to arbitration; ~ **věc soudu** bring a case before a judge, refer a case to the court, submit a dispute to the court; ~ **žalobu soudu** bring / take an action to court

předlužení insolvency; extreme indebtedness; ~ **dědictví** insolvent decedent's / probate estate

předlužen|ý insolvent; overburdened with debts; ~**é dědictví** insolvent decedent's estate; inheritance overburdened with debts; **dohoda o přenechání ~ého dědictví věřitelům** agreement to pass to creditors an insolvent probate estate / inheritance; **přenechání ~ého dědictví k úhradě dluhů** surrender of insolvent decedent's estate to pay off the debts

předmanželsk|ý pre(-)nuptial, ante(-)nuptial, pre(-)marital; ~**á dohoda** antenuptial / prenuptial agreement; ~**á nevěra** pre(-)marital infidelity

předmět thing, chattel; subject(-matter) usually an abstract meaning; object usually a concrete thing; **hmotný** ~ material thing, chattel corporeal; **tupý** ~ obušek, kladivo blunt object club, hammer; ~ **dědictví** object / abstract subject of inheritance; ~ **dokazování** subject(-matter) of evidence; ~ **doličný** exhibit; corpus delicti (lat) objective proof or substantial fact of the crime; ~ **koupě** object of sale; ~ **nájemní smlouvy** subject matter of the lease; ~ **nájmu** object to be leased; the property; ~ **obstarání** object to be procured; subject of procurement; ~ **podnikání** objects clause, purpose clause of business activity; ~ **práva** subject(-matter) of law; ~ **právní úpravy** subject(-matter) of legislation; ~ **smlouvy** subject-matter of a contract; ~ **závazku** subject-matter of an obligation; ~

žaloby cause of action; **skutečnosti tvořící** ~ **služebního tajemství** facts constituting an official secret; **užívací právo k ~u nájmu** enjoyment of the property; **svědek souvisle vylíčil vše, co ví o ~u výslechu** the witness explained / described in a continuous / uninterrupted manner what he knew of the subject of interrogation / interview

předmětov|ý relating to subject; **pevné ~é uspořádání** fixed subject arrangement

přednes pleading; recital; speech; **obsah ~ů** the content of speeches

přednost antecedence, antecedency; precedence; preference; **mít ~ před čím** take precedence over st.

přednosta chief executive, presiding officer; head; ~ **okresního úřadu** (CZ) Chief Executive of the District Office (CZ); ~ **ústavu lékařské fakulty** (CZ) Head of the Institute of a medical school

přednostní preferential; pre(-)emptive; ~ **právo na úpis akcií** preemptive right to subscribe shares

předpis regulation, ordinance, by-law; legislation; decree, charter, directive; instrument, guidelines; **cenový** ~ price regulations; **církevní ~y** religious guidelines / regulations; **cizozemské právní ~y** foreign legislation / regulations; **dopravní ~y** traffic laws, rules of the road directions for the guidance of persons using roads, both walkers and vehicles, Highway Code (UK), Vehicle Code, Traffic Code (US); **hygienické ~y** public health regulations / legislation; health code; **lékařský** ~ medical prescription, recipe; **obecně závazný právní** ~ a piece of legislation, generally binding regulation / rule / order; **obecný** ~ general regulation; **podzákonný právní** ~ statutory instrument (UK), legislative instrument (AU), regulation; administrative rule / ordinance; **právní ~y** legal regulations, legislation; **procesní ~y** rules of procedure; **prováděcí** ~ regulation to implement a statute / law, statutory / legislative instrument to implement a statute, executive regulation; **správní** ~ administrative regulation; **stavební ~y** building regulations; building code; **vnitřní organizační** ~ internal organizational regulation; **vnitřní ~y společnosti** internal regulations of company; by-laws; **zvláštní** ~ special regulation / ordinance / decree; ~ **nižší právní síly** a piece of secondary / delegated legislation;

~ o držení a provozu vysílacích radiových stanic a jiných telekomunikačních zařízení regulation governing the possession and operation of broadcasting radio stations and other telecommunication devices; ~ **pojistného do-klad** billing notice; ~**y souvisící** relevant legislation; **porušování** ~**ů o nakládání s kontrolovaným zbožím a technologiemi** breach of regulations providing for / governing the handling and disposing / disposal of controlled goods and technologies; **povolení výjimek z bezpečnostních** ~**ů a technických norem** permitted / sanctioned exceptions from safety regulations and technical standards; **překročení** ~**ů** violation / breach of regulations / laws; **nesplnit opatření uložená podle obecně závazných právních** ~**ů** fail to fulfil measures imposed under generally binding regulations

předpojatost prejudice, bias; partiality
předpojatý prejudiced, biased, partial
předpoklad presumption, pre-condition, pre-requisite; assumption, assumed probability, supposition, expectation; **nezbytný** ~ indispensable prerequisite; **pojistně-matematický** ~ actuarial expectation; **právní** ~ presumption of law; **skutkový** ~ presumption of fact; ~ **smrti** presumption of death; ~ **vzniku odpovědnosti** presumption / precondition of liability; **za** ~**u, že** assuming that, on the assumption that, on condition that, on the grounds that; **za** ~**u, že se bude správně podle zákona chovat** under good behaviour
předpokládan|ý assumed, presumed; anticipated; presumptive; ~**á fakta** assumed facts; ~**á náhrada škody** presumptive damages; ~**á smrt** presumptive death
předpokládat anticipate, assume, presume, presuppose
předražení excessive pricing
předsed|a chair, chairperson, chairman; president; head, chief; ~ **Evropského soudního dvora** President of the European Court of Justice; ~ **Nejvyššího soudu** President of the Supreme Court; Chief Justice; ~ **parlamentního výboru** chairman of a parliamentary Committee; ~ **Poslanecké sněmovny Parlamentu ČR** the Speaker of the Chamber of Deputies of the Parliament of the CR; ~ **Senátu Parlamentu ČR** the President of the Senate of the Parliament of the CR; ~ **soudní-**

ho senátu presiding / chairing judge presiding over the panel / bench of judges, judge presiding over the case; ~ **soudu** the President of Court; ~ **vlády** Prime Minister; Head of Government; **být zvolen** ~**ou** be elected Chair / President, be called to the chair
předsedající chairing, presiding over; ~ **schůzi** person chairing the meeting; chairman, chairperson; **soudce** ~ **projednávání věci** judge presiding over a case, presiding judge
předsedat chair st., preside over st.; ~ **na schůzích** take the chair at meetings, chair the meetings; ~ **sněmovně** preside over the House / Chamber
předsednictví presidency, chairmanship; chair; **ujmout se** ~ **sdružení** take the chair in an association; **za** ~ **koho** having s.o. in the chair, having s.o. acting as chairman
představenstv|o board of directors; **člen** ~**a** director; ~ **akciové společnosti** board of directors of a stock corporation; ~ **družstva** board of directors of a cooperative
představený (n) superior; boss, chief
předstihov|ý done / made / pursued beforehand, in anticipation of st., in advance of, ahead of; ~**é řízení** (CZ) application for the preliminary employment records for the purposes of old-age pension entitlement
předstírání podvodné simulation, sham, jactitation, false pretence, deceitful profession, false declaration; ~ **boje** sham fight; ~ **manželství** jactitation of marriage, sham marriage
předstíran|ý sham, wash; artificial, bogus, fictitious; mocked, false, pretended; ~**á nabídka** a feigned offer; ~ **právní úkon** sham legal act / transaction; ~ **převod věci** sham transfer of a thing
předstírat simulate, feign, sham; allege, make out, pretend; profess, suggest st. falsely; fashion fictitiously / deceptively; ~ **lítost** simulate / feign regret; ~ **nemoc** simulate / feign sickness
předsud|ek prejudice, bias; prepossession, preconceived opinion; **oběť rasových** ~**ků** victim of racial prejudice; **odstranit** ~**ky vůči komu** remove prejudices raised against s.o.
předtím before, beforehand, afore, aforetime; previously
předvedení of persons presentation, bringing before court; of things demonstration, exhibition, display; **nařízené** ~ **obviněného** order to

bring the accused before court or a police investigator; ~ **obviněného k soudu** aby se vyjádřil, zda se cítí vinen arraignment calling upon one to answer for himself on a criminal charge or indictment before a court; ~ **podezřelého na policejní stanici** bringing and booking of a suspect at the police station; ~ **věci** demonstration of a thing; **nařízení** ~ order to bring a person before court, exhibit an object; **příkaz k** ~ order of presentation / bringing a person before court; bench warrant
předvést bring s.o. before, present; demonstrate, produce, exhibit; ~ **koho před soud** bring s.o. to / before court; ~ **obviněného** bring the accused before court, investigator; arraign call upon one to answer for himself on a criminal charge
předvídat anticipate; foresee; ~ **násilí** anticipate the violence
předvídavost anticipation; foresight, prevision, foreknowledge; **vyšší míra opatrnosti a ~i** a higher degree of diligence and foresight
předvolání summons an authoritative call to attend at a specified place for a specified purpose, (pl) summonses; writ, warrant; calling; notice to appear; **opětovné ~ svědka** repeated summons, sub poena a writ issued from a court of justice commanding the presence of a witness under a penalty for failure; **soudní ~ / ~ k soudu** judicial summons; writ of summons; bench warrant to bring in a person who failed to obey a summons or subpoena, citation; ~ **k hlavnímu líčení nebo veřejnému zasedání** summons for the trial or hearing in open court; ~ **k informativnímu výslechu** summons for informative questioning of a witness / interrogation of the accused; ~ **k pokusu o smír před zahájením řízení** summons to attempt pre-trial settlement / conciliation before the commencement of trial; ~ **matky ve věci otcovství k jejímu dítěti** summons served on mother in the case of paternity with respect to her child; ~ **obviněného** writ of summons; ~ **svědka je neplatné** a witness summons is of no effect; ~ **svědka k soudu** summons to witness to attend the trial; ~ **účastníka k výslechu** summons served on the participant to appear for questioning / interview; ~ **účastníků k jednání ve věci** summons served on participants to appear for trial on the merits; ~ **veřejným ohlášením** public notice in lieu of service; ~ **znalce** summons on the expert witness; **doručit** ~ serve a writ of summons on s.o.

předvolat call require the presence / attendance of s.o., summon cite by authority to attend at a place named, cite summon officially to appear in court of law, whether as principal or witness; ~ **koho jako svědka** call s.o. in evidence; call s.o. to witness; ~ **obviněného** summon / call the accused, issue a summons against the accused; ~ **osobu k veřejnému zasedání** summon / call a person to the hearing in open court; ~ **svědka** serve a summons on witness to appear in / before court; call a witness into the courtroom; ~ **účastníka řízení** summon / call the participant in the proceedings
přehlasovaný outvoted, outnumbered in voting; defeated by a majority of votes; ~ **podílník** outvoted member of company
přehlasovat override, outvote; outnumber in voting; defeat by a majority of votes; ~ **člena soudního senátu** outvote a judge sitting on the panel / bench
přehled outline, overview, list, review, summary, survey; compendium; **souhrnný** ~ aggregate table; ~ **dosavadních zaměstnání** employee cards, job sheet
přechod passage; transmission; transfer, assignment; ~ **dluhů** passage of debts; ~ **k demokratické společnosti** transition to a democratic society; ~ **nájmu bytu** passage of the lease of flat / apartment; ~ **nebezpečí** attachment of risk; ~ **práv nebo povinností** z jednoho subjektu na jiný devolution of rights or duties from one person to another; ~ **společného jmění** bezpodílového spoluvlastnictví **na pozůstalého manžela** devolution of community property on the surviving spouse; ~ **vlastnictví na vydražitele** passage of ownership / title onto the last, successful bidder; **~, převod a postoupení vlastnictví** passage, transfer and assignment of property / estate
přechodně temporarily; ~ **chráněné plocha** temporarily protected area; **volné místo bude obsazeno pouze** ~ the vacancy will be filled only temporarily
přechodn|ý provisional, intermediary, intermediate, temporary; transitional; **~á nemožnost výkonu práva** temporary impossibility of the exercise of a right; **~á opatření** temporary measures; **~á ustanovení** transitional provisions; **~é období** transitional period; **~é společenství** temporary association / community; **~é zaměstnání** temporary job; ~ **závazek** je-

hož plnění může být převedeno na zástupce smluvní strany transitive covenant the performance of duty may pass onto another

přechylování change; ~ **ženského příjmení** *(CZ)* suffixation of female surname, adding female suffixes to surname

přejezd passage; crossing; **právo ~u** right of passage / to pass

přejímat assume; take up, take into one's possession; buy up; accept / pay a bill of exchange; advance money on a mortgage; ~ **dluh** assume / take up a debt

přej|ít na koho devolve, descend; pass to, fall upon a person; transmit; transfer, assign; ~ **na dědice** descend to the heir, pass down by inheritance / legal succession / descent; ~ **z generace na generaci** descend / devolve to next generation; **majetek, pravomoci, povinnosti ~dou na koho** estate, powers, duties devolve upon s.o.

překazit frustrate, contravene; stop, preclude

překážet impede, hinder, deter, obstruct, prevent; ~ **průchodu spravedlnosti** obstruct justice / process hindering the officers of the law in the execution of their duties; ~ **v pohybu** hamper an action

překáž|ka impediment; bar, obstacle, hinderance, obstruction; estoppel; **administrativní ~ uplatnění nároku** administrative collateral estoppel; **obchodní ~y** trade barriers; **právní ~ výkonu povolání** legal impediment to the performance of occupation; **těžko překonatelná ~** almost insurmountable obstacle; **závažná ~** substantial obstacle / bar / impediment; ~ **litispendence zahájené rozepře** plea of / estoppel by litispendence of commenced proceedings, pending action; ~ **plnění smlouvy** bar to the performance of contract; ~ **pokračování hlavního líčení** obstacle to the continuation of trial; ~ **postupu řízení** estoppel impeding the course of proceedings, bar to the course of proceedings; ~ **provozování živnosti** impediment of trade, obstacles to undertaking trade; ~ **rušící platnost manželství od samého počátku** diriment impediment nullifying the marriage; ~ **silničního provozu** traffic obstacle, obstruction of highway; ~ **uplatnění nároku** estoppel; claim preclusion; ~ **uplatnění práva převodce** assigner estoppel; ~ **uplatnění žalobního nároku** estoppel, impediment of the right of action, bar to the right of action; ~

uplatnění žalobního nároku v důsledku nedbalosti estoppel by negligence; ~ **uzavření manželství** impediment of marriage; ~ **věci rozsouzené res iudicata** plea of res judicata, estoppel by judgment, issue preclusion, bar of res judicata; ~ **způsobená smlouvou** estoppel by deed; **odpadnutí ~y, pro kterou odvolací soud stíhání přerušil těžká choroba** disappearance / vanishing of the obstacle which made the Appellate Court suspend the criminal prosecution e.g. serious illness; **zastavení řízení pro ~u litispendence zahájeného řízení** discontinuance of proceedings due to the pendente lite estoppel / the plea of litispendence; **zastavení řízení pro ~u věci rozsouzené** discontinuance of proceedings due to the plea of res judicata; **tvořit ~u uplatnění práva** form a bar to the exercise of right; **na prominutí ~y provozování živnosti není právní nárok** the waiver of an obstacle to the practising of trade shall be discretionary

překonání overcoming, conquering, overpowering, overmastering; suppression, oppression; ~ **kladeného odporu** breaking / overrunning / suppressing the resistance

překonateln|ý surmountable, conquerable, superable; **těžko ~á překážka** almost insurmountable obstacle

překročení 1 transgression, violation; excess; traverse; **nedovolené ~ rychlosti vozidla** speeding; violating a speed regulation; driving a vehicle at an illegal speed; ~ **návrhu v rozsudku** excessive judgment going beyond the moved claims; ~ **pravomoci** excess of jurisdiction, ultra vires; ~ **předpisů** excess of regulations / legislation; ~ **smluvené doby při nakládce / vykládce** demurrage; ~ **úřední pravomoci** acting ultra vires, colo(u)r of office 2 crossing over, traverse; **nedovolené ~ státních hranic** illegal / unlawful crossing of the border, illegal / unlawful crossing over the border

překročit 1 transgress, go beyond the bounds / limits prescribed by a law, command, etc.; break, violate, infringe, contravene, act in excess of st.; ~ **oprávnění** act in excess of a licence / authorization, transgress a licence; ~ **svou pravomoc** act in excess of / beyond the powers or legal authority, act ultra vires; ~ **zákon** transgress / violate / infringe a law

2 cross, traverse; ~ **státní hranice** cross over the state border
překroucení distortion; perversion; ~ **skutečnosti** distortion of facts
překroutit distort; twist; garble; gerrymander; ~ **fakta** distort the facts; ~ **smysl čeho** twist / contort the meaning of st.
překupnictví receiving and handling stolen goods
překupník criminal receiver; middleman; jobber
přeložení transfer, relocation; ~ **zaměstnance do jiného místa výkonu práce** *(PP)* transfer / relocation of an employee to another place of work; ~ **živnosti** relocation / transfer of trade; **náklady spojené s ~m do jiného místa** relocation cost / expense; **příspěvek na náklady spojené s ~m do jiného pracovního místa** relocation allowance / grant; **žádost o ~** request for transfer / relocation
přeložit 1 transfer, relocate; ~ **co na dřívější dobu** advance st. 2 translate; ~ **české právní instituty do angličtiny** translate Czech legal institutes into English
přeložitelnost 1 translatability; **obtížná ~ právnických textů** difficult translatability of legal texts 2 transferability, subjection to relocation; ~ **soudců do okresů, kde je jich nedostatek** a possibility of relocating judges to districts with insufficient numbers of judiciary
přelud delusion, false impression
přeměna alteration; change; conversion; ~ **společnosti** reconstruction / reorganization of a company
přeměnit convert, alter, change; reconstruct, reorganize; restructure
přemístění relocation; displacement, dislocation; ~ **sídla zahraniční právnické osoby** relocation / new location of the registered office of a foreign legal entity
přemístit relocate; displace, dislocate; remove to
přenechání surrender, relinquishment; giving up entirely, giving over; ~ **předluženého dědictví k úhradě dluhů** surrender of insolvent decedent's estate to pay off the debts; ~ **věci do užívání** relinquishment of a thing, giving over a thing for enjoyment of another; **dohoda o ~ předluženého dědictví věřitelům** agreement to pass to creditors an insolvent probate estate / inheritance

přenechaný surrendered, relinquished; given-up; left; ~ **volnému uvážení** left discretionary / discretional
přenesení delegation; devolution; transfer, assignment; ~ **pravomocí na krajské orgány** devolution of powers on regional bodies; ~ **příslušnosti na jiný soud ve věci výkonu rozhodnutí** transfer of jurisdiction / cognizance to another court to execute the decision; ~ **příslušnosti ve věcech obchodního rejstříku** transfer of jurisdiction / cognizance over the Commercial Register cases to another court; ~ **příslušnosti ve věci péče o nezletilé** transfer of jurisdiction / cognizance over the care of minors; ~ **zákonodárné pravomoci** delegation of the power to legislate; **usnesení o ~ místní příslušnosti** resolution to confer local jurisdiction
přenesen|ý delegated; devolved; transferred, assigned; **~á působnost obcí** delegated powers of a community
přenést transfer; relocate, assign, devolve; confer; ~ **na koho určité pravomoci a povinnosti** confer specific powers and duties on s.o.; ~ **případ k jinému soudu** transfer / commit the case to another court; **účetně ~** carry over
přepadení of persons assault, battery, robbery, attack; of premises holdup; ~ **banky** bank robbery, holdup of a bank; ~ **osoby na ulici** robbery of a person in the street; ~ **vlaku** holdup of a train
přepážk|a bar; counter; desk; window; ~ **v soudní síni za níž stojí svědci, obžalovaný** bar in the court room; **trh cenných papírů přes ~u** over-the-counter market, OTC market
přepážkov|ý relating to counter, desk, bar; **~á operace** over-the-counter transaction; ~ **pracovník** desk clerk
přepínání over(-)exertion; ~ **trestní represe** over(-)exertion of criminal prosecution / sanctions either over-zealous prosecution or abuse of prosecuting powers
přeplat|ek overpayment, excessive payment; **daňový ~** overpaid tax; **vrácení ~ku soudního poplatku** disbursement of over-payment of court fees; **žaloba o vrácení ~ku mzdy** action for disbursement of wages overpayment
přepočet revaluation, second valuation; ~ **nájemného** rent valuation; ~ **pojistného** insurance valuation
přepracování rewriting, reformulating; remak-

ing; re(-)processing; ~ **návrhu zákona** rewriting of a bill; ~ **pod celním dohledem** re(-)processing under customs supervision
přeprav|a transport, transportation, transit, carriage, conveyance of merchandise; transmission; **sdružená** ~ transportation by joint / combined / aggregate carrier; ~ **nákladu** transportation of cargoes / freight, carriage of goods; ~ **osob** transportation of persons / passengers; ~ **po moři, železnici, silnici** sea, railway, road transit; ~ **věcí** haulage; **smlouva o ~ě** contract of carriage / transportation; **smlouva o ~ě osob** contract of transportation of persons; **zasílatelská smlouva o ~ě věci** consignment of goods contract; **podat co k ~ě** consign; deliver / transmit goods for transit by ship, railway, or other public carrier
přepravce carrier; transporter, shipper; **soukromý** ~ private carrier; **spojovací** ~ connecting carrier; **veřejný** ~ common carrier; **zadržovací právo** ~ carrier's lien
přepravné fare, passage; carriage charges; conveyance charges
přepravní relating to carriage, transportation, transit; ~ **řád železniční, silniční, místní, letecké, vodní dopravy** rules of railway, highway, local, air, waterway transportation; ~ **smlouva** contract of carriage / transportation; ~ **tarif** transportation / carriage tariff
přepravovat transport, carry, convey from one place or person to another
přerušení suspension, stay; disconnection, disconnexion; breaking off; interruption, cessation, intermission; abeyance; **dočasné** ~ **řízení** temporary stay / suspension of proceedings; ~ **běhu lhůt** suspension / interruption of the running of time; ~ **držby pozemku** discontinuance of the title to an estate; ~ **řízení o zápisu změn do obchodního rejstříku** stay / suspension of proceeding to record alterations in the Commercial Register; ~ **řízení pro ztrátu způsobilosti být účastníkem řízení** suspension of proceeding due to the loss of competence to be a party; ~ **spojení** disconnection, disconnexion; ~ **těhotenství** abortion; ~ **trestního stíhání** suspension / stay of criminal prosecution; ~ **výkonu trestu** interruption of the service of sentence; **látka vyvolávající** ~ **těhotenství** abortifacient; **návrh na** ~ **řízení** motion to suspend the proceedings, motion to stay temporarily the proceedings

přerušen|ý suspended, interrupted; disconnected; adjourned, postponed; put at stay / abeyance; **~á lhůta** interrupted / adjourned term; **pokračování v ~ém řízení** resumption / continuation of suspended proceeding
přerušit suspend, stay; temporarily cease / stop; disconnect, interrupt; ~ **hlavní líčení** interrupt a trial; ~ **řízení** stay / temporarily suspend the proceedings / trial; ~ **trestní stíhání** suspend the criminal prosecution; ~ **zasedání parlamentu** take a recess, put a session, meeting into recess; **odložit nebo** ~ **výkon rozhodnutí** postpone or suspend / interrupt the execution of judgment / sentence
přesahovat exceed, pass out of boundaries; transcend the limits of; proceed beyond a specified point; surpass, outdo; be superior to; ~ **obvyklý rámec** exceed the limits of a regular framework
přeshraniční cross-border; ~ **bezhotovostní platební styk** cross-border credit transfers
přesídlovat transfer, relocate, move to another place, resettle; displace; ~ **civilní obyvatelstvo** transfer / relocate civilians
přesnost accuracy, precision, nicety, exactness, correctness; ~ **stenografického zápisu** exactness / accuracy of shorthand minute
přesn|ý accurate, exact, precise; correct; **~á doba** the exact amount of time; **~é datum** exact date
přestat cease, terminate; finish, stop; close; ~ **být ve funkci / úřadu** cease to hold office; ~ **existovat** cease to exist; ~ **fungovat** cease to operate; ~ **splácet dluhy** cease to pay debts
přestávka break; intermission; adjournment, pause, recess; vacation; ~ **v jednání soudu** a break during the trial
přestoupení excess, transgression; violation, infringement; ~ **pravomocí** acting in excess of one's powers, acting ultra vires
přestoupit transgress, go beyond the bounds / limits prescribed by a law, command, etc.; break, violate, infringe, contravene, act in excess of st.; ~ **zákon** transgress / violate / breach a law
přestřelka gun(-)fight
přestupce person violating administrative laws; person committing an administrative delict / infraction; offender
přestup|ek protiprávní čin podle správního práva (CZ) administrative infraction a wrongful act governed by administrative law, administrative delict;

wrong, transgression, violation; **dopravní** ~ breach of traffic regulations as an administrative infraction; **hromadný** ~ multiple administrative infraction / delict; **kázeňský** ~ breach of discipline; disciplinary transgression; **sbíhající** ~**ky** concurrent administrative infractions / delicts; **trvající** ~ perpetual administrative infraction / delict; ~ **na úseku dopravy a na úseku silničního hospodářství** administrative infraction / delict in the field of transport and highway management; ~ **na úseku financí a měny** administrative infraction / delict in the field of finances and currency; ~ **na úseku kultury** administrative infraction / delict in the field of culture; ~ **na úseku ochrany před alkoholismem a jinými toxikomaniemi** administrative infraction / delict in the field of protection against alcoholism and other types of drug addiction; ~ **na úseku podnikání** administrative infraction / delict in the field of business activity; ~ **na úseku práce a sociálních věcí** administrative infraction / delict in the field of labour and social matters; ~ **na úseku školství a výchovy mládeže** administrative infraction / delict in the field of education and the upbringing of children; ~ **na úseku vodního hospodářství** water management administrative infraction / delict; ~ **na úseku zdravotnictví** administrative infraction / delict in the field of medical services; ~ **proti pořádku ve státní správě** administrative infraction / delict against the state administration order; ~ **proti pořádku ve věcech územní samosprávy** administrative infraction / delict against the local self-government order; ~ **přecházení silnice mimo přechod** jaywalking crossing the street off the zebra crossing; ~**ky a jiné správní delikty** administrative infractions and other administrative delicts; **objekt** ~**ku** a physical object of administrative infraction / delict; **obviněný z** ~**ku** person accused of having committed an administrative infraction / delict; **pokračování v** ~**ku** continued administrative infraction / delict; **rozhodnutí o** ~**ku nelze doručit veřejnou vyhláškou** the decision with respect to an administrative infraction / delict may not be served on the offender by a public notice; **řízení o** ~**cích** administrative hearing of administrative infractions / delicts; **subjekt a objekt** ~**ku** person committing an administrative infraction / de-

lict and a victim thereof; **podkladem pro zahájení řízení o** ~**ku je oznámení státního orgánu o** ~**ku** the grounds for the commencement of administrative procedure shall be information that an administrative infraction delict has been committed

přestupkov|ý relating to or based on administrative infraction / delict; ~**é řízení** hearing of an administrative delict / infraction; ~ **zákon** Administrative Infractions Act

přesunout move; transfer; shift; displace; postpone in the course of time; ~ **jednání na odpoledne** postpone the meeting until afternoon

přesunutí moving; transfer, shift; displacement; postponing in the course of time; ~ **vojsk** displacement of troops

přesvědčení conviction, belief, confidence, persuasion; **důvodné** ~ reasonable belief; **hanobení národa, rasy a** ~ defamation of the nation, race, and beliefs political and religious opinions

přesvědčený persuaded, confident of, convinced; ~ **o vítězství** confident of victory

přesvědčit koho o čem convince s.o. of st., persuade s.o. of st. / that; induce s.o. to believe st.

přesvědčiv|ý convincing, persuasive, compelling; ~**á řeč obhájce** persuasive speech of counsel; ~ **argument obhájce** persuasive argument / proof; ~ **důkaz** strong / cogent / convincing evidence

přetržení interruption; disconnection; break; **počátek, trvání, stavení a** ~ **vydržecí lhůty** commencement, duration, stoppage and interruption of the prescription period

přetvářka hypocrisy; dissimulation, pretence, sham

převádějící transferring, conveying; conferring; ~ **osoba** transferor, conveyor

převádět za úplatu sell, vend; transfer, convey; ~ **autorské právo** sell / vend copyright

převah|a preponderance, superiority / excess in power; ~ **důkazů** preponderance of evidence; **mít** ~**u aktiv nad pasivy** have an excess of assets over liabilities

převedení transfer, transference; transmission; conversion, transposition; carry(-)over; **notářské** ~ **právního titulu k nemovitosti** conveyancing as notarial deed, transfer of title to property as notarial deed; **preventivní** ~ **části příjmu na jinou osobu kvůli snížení daňového základu** anticipatory assignment of income to

diminish the tax base; ~ **movitého majetku** transfer / grant of personal property; ~ **právního titulu** assignment of a legal title; abalienation; ~ **půdy na základě závěti** devise land, transfer land upon the last will; ~ **zaměstnance na jinou práci** re-assignment involuntary / transfer involuntary or voluntary of an employee to another kind of work; transference of a worker from one job to another
převeden|ý transferred; assigned; conveyed; commuted; ~**á hodnota** budoucího podílu commuted value of a future share; ~**á nemovitost** transferred real property
převést transfer, convey, transmit, vest, devolve, delegate; ~ **část příjmů na manželku** pro snížení daňového základu assign a portion of income to one's wife to reduce the tax base; ~ **dluh na koho** assign a debt to s.o.; ~ **držbu čeho** demise st., give / grant / convey / transfer an estate, transfer the possession of st.; ~ **nemovitost na syna** transfer the real property to one's son; ~ **právní titul k čemu** transfer the legal title to st., abalienate; **účetně** ~ carry over
převládnout prevail, have superiority over; ~ **nad jiným právem** prevail over other law
převod transfer, assignment, conveyance; transmission; **absolutní** ~ absolute conveyance; **bankovní** ~ credit / bank transfer; **bezúplatný** ~ gratuitous transfer; **dobrovolný** ~ voluntary conveyance; **peněžní** ~ money transfer; **podmíněný** ~ conditional transfer; conditional conveyance; **účetní** ~ carryover; **zajišťovací** ~ **práva** transfer of a right as security / collateral for a debt; ~ **akcií** transfer of shares; ~ **bankovního účtu** assignment of a bank account; ~ **cenných papírů** transfer of securities; ~ **držby** transfer of possession, demise conveyance / transfer of an estate by will or lease; ~ **majetku** transfer of property; ~ **majetku bez protiplnění** voluntary disposition; ~ **nájmu** assignment of lease; ~ **nemovitosti** transfer / conveyance of real property; ~ **obchodního podílu ve společnosti s ručením omezeným** transfer of one's share in the limited liability company; ~ **obligací** transfer / delivery of bonds; ~ **pohledávky na jiný účet** assignment of a debt to another account; ~ **poštovní poukázkou** money transfer by means of a postal order / money order (UK); ~ **povinností na jiný subjekt** jedná se o hlubší proces než u decentralizace devolution of duties to other bodies

in a more extensive way than in the case of decentralization; ~ **právního titulu k nemovitosti** transfer of title to land / real estate; conveyance; ~ **vlastnických práv** assignment of title; **darovací smlouva o ~u vlastnictví k nemovitostem** contract of donation / deed of gift of conveyance of title to real property; **kupní smlouva o ~u vlastnictví k nemovitostem** contract to sell and transfer the title to real estate; **omezení práva ~u** restrictions on the right of transfer; **smlouva o ~u nemovitosti** assignment of real estate contract; **smlouva o ~u vlastnictví k bytové jednotce** contract to transfer the title to a residential unit flat / apartment; **zásady práva majetkových ~ů** principles of conveyancing law; **žaloba o stanovení povinnosti uzavřít smlouvu o ~u družstevního bytu do vlastnictví člena** action to compel the transfer of title to a cooperative flat to a member of the cooperative
převodce assigner, assignor; transferor; conveyor, conveyer
převoditelnost negotiability, transferability, marketability, alienability, convertibility; ~ **cenných papírů neobchodovatelných na burze** negotiability of commercial papers (US), marketability of negotiable instruments (UK); ~ **cenných papírů obchodovatelných na burze** transferability / marketability of securities
převoditeln|ý transfer(r)able, marketable, negotiable; alienable; assignable; convertible; ~**á měna** convertible currency; ~**á poukázka** transfer(r)able voucher; ~**é cenné papíry** rubopisem neobchodovatelné na burze negotiable instruments (UK), commercial papers (US); ~**é cenné papíry obchodovatelné na burze** transfer(r)able / marketable / convertible securities; ~**é lhůtní pojištění** convertible term insurance; ~ **dluh** convertible debt; ~ **dluhopis** transfer(r)able debenture / bond; ~ **nájem** assignable lease; ~ **úpis** negotiable note; **jediný** ~ **hlas** single transfer(r)able vote; **volně** ~ freely transfer(r)able
převodní transferring; relating to transfer, assignment; ~ **listina** deed of assignment / grant; ~ **poplatek** transfer / bank charge
převrácen|ý inverted, reversed; ~**é hodnoty** reversed values / priorities
převrat státní coup d'état; insurrections, revolution; general upheaval

převýchova retraining, rehabilitation; re-education with the object of changing political beliefs or social behaviour; ~ **odsouzeného** social rehabilitation / retraining of a convict; ~ **pachatele** social rehabilitation / retraining of an offender; ~ **prací** corrective labour

převzetí assumption; reception, adoption; taking upon o.s.; taking of office, position, acceptance; **doslovné** ~ **ustanovení** verbatim adoption of a provision; ~ **dluhu** intercese assumption / subrogation / intercession of a debt; ~ **hypotéky** assumption of mortgage; ~ **moci** assumption of power; ~ **objednávky** acceptance of an order; ~ **pachatele z ciziny** take-over of an extradited offender from a foreign country / jurisdiction; ~ **plnění** acceptance of performance; ~ **práv věřitele zaplacením jeho pohledávky** succession to the rights of the creditor by means of payment of debts of another, subrogation; ~ **rizika** assumption of the risk; ~ **trestního stíhání z ciziny** take-over of a criminal prosecution from a foreign jurisdiction; ~ **věci do úschovy** reception / receipt of a thing into custody / bailment; ~ **věci krátkou cestou** (CZ) **uživatel, který užíval věc jako cizí, ji začne se souhlasem toho, od něhož měl věc v užívání, užívat jako svou** acquisition of a thing in a 'short manner' i.e. a user having used a thing as that of another, starts using it as his own with the consent of an original user; making an unlawful act of conversion legal through the subsequent consent of an original user; ~ **veškeré odpovědnosti za měnovou stabilitu a ochranu vkladatelů** assumption of general responsibility for monetary stability and the protection of depositors; **dohoda o** ~ **závazku** agreement to assume obligation; **potvrzení** ~ **soudní obsílky a záměru dostavit se k soudu** acknowledgement of service and intention to appear in court; **smlouva o** ~ **dluhu** contract for the assumption of liability for a debt, intercession agreement; **veřejný návrh na** ~ **společnosti** public take-over bid

převzít assume, adopt, receive, take over, subrogate; ~ **odpovědnost** assume responsibility; ~ **podíl na pojistné smlouvě** underwrite; subscribe a policy of insurance thereby accepting the risks; ~ **povinnost** undertake; assume a duty; ~ **přímou odpovědnost** assume direct responsibility; ~ **věc** take a thing into possession, receive a thing; ~ **vládu** take over the government

přezdívka nickname, alias

přezkoumání review, check, scrutiny; reassessment; revision; ~ **na základě volného uvážení** soudu discretionary review; ~ **napadeného rozhodnutí** review of contested decision; ~ **postupu vyšetřovatele** reviewing actions pursued by an investigator; ~ **rozhodnutí o přestupku soudem** reviewing the decision on an administrative delict / infraction by court; ~ **rozhodnutí v mimoodvolacím řízení** reviewing the decision in non-appellate procedure; ~ **vady** checking on the defect of a product; review of the procedural defect

přezkoumat review st., check on, check out, examine carefully / in detail; scrutinize; revise; reassess; ~ **a ověřit doznání obviněného** validate confirm or check the correctness of and verify the confession of an accused; ~ **okolnosti případu** review the circumstances of a case; ~ **správnost výroků napadeného rozhodnutí** review the correctness of statements / holdings of the contested judgment / judgment appealed against; ~ **zákonnost výroků rozsudku** check on the legality of statements / holding contained in judgment; **znovu** ~ **všechny aspekty věci** re-check on every aspect of the case, re(-)examine every aspect of the case

přezkoumatelný reviewable; capable of being reviewed, subject to judicial review; **soudně** ~ reviewable in court; ~ **rozsudek** appealable / reviewable judgment; ~ **v soudním senátu** reviewable by the full bench

přezkum review, check, scrutiny, reassessment, revision; **opakovaný** ~ repetitive review; **soudní** ~ judicial review; ~ **rozhodnutí** review of a decision; appellate review; ~ **zákonnosti** review of legality

přezkumn|ý relating to review, appeal; appellate; ~**á instance** court having appellate / re-hearing / review jurisdiction; ~**é řízení** review hearing / proceedings, re-hearing; appellate procedure; **protokol o** ~**ém jednání** report / transcript of a review trial; **rozsah** ~**é povinnosti** the scope of duty to review

přibližně approximately, nearly, roughly; in an approximate manner

přibližn|ý approximate; rough; gross, broad; ~**á částka** approximate / rough amount; ~**á**

výše / **sazba** approximate rate; **~é množství** approximate amount
přibrání involving, engaging; appointment; ~ **dalšího účastníka do řízení** joining other participant in the proceeding; ~ **konzultanta znalcem** inviting a consultant by an expert; ~ **rodičů k výslechu** nezletilého inviting parents to interrogation of a minor; ~ **znalce** engaging an expert in the proceedings
přibrat involve, engage, join; invite; appoint, establish; ~ **dalšího účastníka do řízení** join other participant in the proceedings; ~ **tlumočníka** involve / engage an interpreter
příbuzenský relating to kinship / family relationship; ~ **poměr / vztah** close relationship
příbuzenství family relationship, kinship, kin; **pokrevní** ~ kindred, kinship, relationship by blood, blood relationship; proximity of blood; ~ **sňatkem** affinity, relationship in law; ~ **v přímé linii** lineal consanguinity; **stupeň** ~ degree of kin, degrees of kinship
příbuzenstvo kindred, relationship by blood or descent occasionally, but incorrectly, by marriage; kinship
příbuzná (n) female relative; kinswoman; woman of one's own kin
příbuzn|ý (n) relative, kin, kinsman, kindred; connections; **blízce** ~ whole-blood relative; germane, closely akin; **blízcí ~í, mezi nimiž je zakázáno uzavírat manželství** prohibited degrees of blood relationship; **nejbližší** ~ next of kin; ~ **sňatkem** related by marriage, affine; ~ **z matčiny strany** descent in maternal line; ~ **z otcovy strany** descent in paternal line, agnates, agnati
příbuzn|ý (adj) related; **~á práva v autorském právu** neighbouring rights in copyright; **~á problematika** related issues
přibýt o úroku accrue
příčetnost sanity, sound mind, mental health; **zmenšená** ~ diminished sanity
příči|na cause, ground, reason; antecedent; **právní** ~ legal cause / grounds, cause in law; **skutková** ~ cause in fact; **vzdálená** ~ remote cause; ~ **rozvodu** cause of divorce, grounds for divorce; ~ **smrti** cause of death; ~ **storna** cause of cancellation; ~ **trestného činu** cause of a crime; ~ **újmy** cause of injury; **jedna z ~n** contributing cause; **odstranění ~n rozvratu** elimination of causes / reasons of breakdown; **být ~nou** čeho give rise to st., cause st.;

nezavdat ~nu k podání návrhu na zahájení řízení fail to give rise to an action; prevent the filing of a motion to commence proceedings; **uvést ~ny** declare the causes / grounds
příčinnost causality, causation; ~ **škody** causation / causality of damage
příčinn|ý causal; **~á souvislost** causal relation, causality; **~é působení jednání** causality of action / acts, causal efficiency of action / acts; ~ **vztah** causal relation / nexus
přičleněn|ý associate, affiliated, joint, allied; **~á** právnická **osoba** affiliate company branch, division, subsidiary
přičlenit associate, affiliate; join; ~ **výzkumný ústav k univerzitě** affiliate the research institute to the university
přidan|ý added; appendant; **~á látka** added substance; **daň z ~é hodnoty, DPH** abbrev value added tax, VAT abbrev
přídav|ek benefit, allowance, grant; contribution; ~ **na dítě** child benefit; **rodinné ~ky** family allowances
přídavn|ý additional, supplementary; extra; accessory; additive; **~é zařízení** supplementary appliance
příděl quota, allotment; allocation, allowance
přídělenec attaché; **vojenský** ~ military attaché
přidělení allotment of a portion of land, allocation of money; assignment of land; assignation of land (formal), commitment of a case (US), committing of a case; ~ **finančních prostředků** allocation of funds; ~ právní **věci** committing a case to a particular judge
přidělen|ý assigned; allotted, allocated; ~ **obhájce** assigned counsel / attorney; ~ **pozemek** allotment; assigned plot
přidělit assign, appoint; commit, transfer; allocate, distribute, allot, apportion; ~ **DIČ** daňové identifikační **číslo** assign a taxpayer identification number; ~ **obhájce** assign an attorney; ~ **obhájce ex offo** assign counsel ex officio, assign counsel by virtue of office
přidělování allocation, allotment; distribution; ~ **financí** allocation of funds / finances / money, distribution of funds / finances / money; ~ **potravin** dispensation of food
přídělový relating to or based on allocation, allotment, distribution; ~ **systém** allotment system
přidružení affiliation; association; accession; **Smlouva o ~** (EC) Accession Treaty
přidružen|ý allied, associate; affiliate; **~á ri-**

zika allied perils; ~**á společnost** částečně ve vlastnictví jiné společnosti associate company **přihlásit se** apply for; claim, seek; ~ **o podporu v nezaměstnanosti** apply for unemployment benefit; go on the dole **přihlášení** proving for, proof of; application, submission; ~ **nároku** proof of claim; ~ **pohledávky za zůstavitelem** proving a claim with respect to the estate of the deceased **přihlášený** registered, enlisted; recorded, entered in a list; **výpis ze seznamu** ~**ch pohledávek v konkursním řízení** a copy of item(s) on the list of submitted and proved claims in the bankruptcy proceedings **přihlášk|a** application form, registration; enlistment; ~ **k registraci pro volby do Senátu** application to register as a candidate for the election to the Senate; **schéma** ~**y pohledávek** schedule of submitted and proved claims **příhodn|ý** appropriate, suitable; reasonable, adequate; **v** ~**é době** in due course **příchod** arrival; coming; entry, entrance; ingress from **přijatelnost** acceptability; admissibility, permissibility; ~ **požadavků** admissibility of requirements **přijatelný** acceptable, admissible; permissible; **právně** ~ legally admissible **přijat|ý** accepted, received; approved, adopted; passed, enacted; ~**á povinnost** commitment; accepted duty; ~**é zákony** enacted statutes, passed legislation, enactments; ~ **parlamentem** enacted / passed / adopted by parliament; ~ **závazek** accepted obligation; commitment; **podmíněně** ~ qualified; accepted on condition **příj|em** 1 income; revenue; earnings; receipt; **čistý** ~ **k rozdělení** distributable net income; **hrubý** ~ gross income; **hrubý** ~ **z dividend** dividend income; **obchodní** ~**my** gains, sums acquired by trade, trade income; **pevný** ~ **z investic uložených na fixní úrok** fixed income from capital deposited with a fixed interest rate; **podvodné** ~**my** fraudulent earnings; **pohyblivý roční** ~ podle míry inflace variable annuity; **provozní** ~ operating income; **státní** ~**my** / ~**my státu** public revenues; **upravený hrubý** ~ adjusted gross income; **zdanitelný** ~ assessable / taxable income; ~ **podle tabulkové daně** tax-table income; ~ **předem** např. z předplaceného nájemného deferred

income such as pre-paid rents; ~ **v hotovosti** cash flow; ~ **z investic** investment income; ~ **ze závislé činnosti** employment earnings; **daň z** ~**mu** income tax; **výnos pokut je** ~**mem obce** proceeds of fines shall be for community revenue; **potvrdit** ~ **částky** confirm / acknowledge the receipt of the amount **2** ~ **do nemocnice** admission **příjemce** addressee, recipient, receiver, acceptor; consignee, donee, transferee; **sekundární** ~ **dávky** contingent beneficiary; ~ **daru** donee; ~ **dávek** beneficiary; ~ **důchodových dávek** old-age beneficiary; ~ **franšízy** franchisee a person granted a franchise; ~ **nabídky** acceptor; ~ **pravomoci** donee of power; ~ **roční renty / dávky** annuitant; ~ **v systému elektronického placení** addressee; ~ **zboží do komisního prodeje** consignee **přijet** arrive; come, drive in **přijetí** acceptance; admission, reception; adoption; passage, assumption; affiliation; **kvalifikované** ~ **nabídky** qualified acceptance of offer; ~ **dědictví** acceptance of succession / inheritance; ~ **dřívějšího příjmení** acceptance of a former surname; ~ **návrhu** acceptance of offer; ~ **pojistného rizika** underwriting an insured risk; ~ **směnky** acceptance of a bill / draft; ~ **smlouvy** acceptance of contract; ~ **trestní věci z ciziny** acceptance of a criminal case from a foreign country / jurisdiction; ~ **zákona** passage of an act, passage of a bill, enactment of a law; **den** ~ **zákona** date of enactment; **podmínky pro** ~ **na vysokou školu** admission requirements; **prohlášení o** ~ **dohodnutého pojistného plnění** acceptance of lump-sum payment for insurance claim; **usnesení o** ~ **úschovy** resolution to take a thing into judicial custody / custody of court **příjezd** arrival; coming; driving in **přijímání** acceptance; adoption; reception; passage; recruitment; ~ **nových členských států** admission of new states; ~ **pracovníků na základě jejich kvalit a schopností** hiring / recruitment on merit / qualifications and skills / abilities **přijít o co** lose; be bereaved; **při nehodě přišla o bratra** the accident bereaved her of her brother **příjmení** surname, family name; **dosavadní** ~ current / present surname; **různá** ~ different surnames; ~ **společných dětí** surname of common children; **dohoda o společném ~** agreement on a surname; **přijetí dřívějšího ~** acceptance of a former surname

přijm|out accept; adopt, pass, enact; receive; assume; **jednohlasně ~** adopt st. unanimously / by an unanimous vote; **~ co jako důkaz** admit st. in evidence; **~ doporučení** accept recommendation / advice; **~ majetkovou záruku** undertake / accept a pledge personal property as a security for a debt in immediate possession of creditor, collateral property pledged as security for the satisfaction of a debt, not in immediate possession of creditor; **~ na vysokou školu** admit to a university; **~ nabídku** accept an offer; **~ návrh zákona** pass / adopt / enact a bill; **~ neznalost jako omluvu** accept ignorance as an excuse; **~ nové členy** admit new members; **~ odpovědnost** assume responsibility; **~ postavení** assume the office; **~ povinnost** assume an obligation; **~ riziko v pojistné smlouvě** underwrite an insurance policy; **~ šek** honour a customer's cheque; **~ ústavu** adopt the Constitution; **~ zákon** enact / pass / adopt legislation / a law; **soudce ~e důkaz** the judge is satisfied by evidence

příjmov|ý relating to income, revenue, earnings; **~á pásma** income brackets; **~ blok** pad of blank receipt forms

příkaz order; direction instruction how to proceed; injunction a court order commanding or preventing an action; mandate 1 a written command given by a principal to an agent 2 an order from an appellate court directing a lower court to take specified action; command oral or written; warrant directing s.o. to do an act; writ a court's written order; precept a writ or warrant issued by an authorized person demanding another's action; mandamus a writ to compel a lower court or a government officer to perform duties correctly; **exekuční ~** warrant of execution; **exekuční ~ na postižení podílu společníka** execution order against the business share of a company member; **expediční ~** shipping / dispatch order; **nevykonaný ~ k zatčení** outstanding arrest warrant; **paralelní ~y** concurrent orders; **platební ~** order to pay, payment order; **pokladní ~** cash order; **soudní ~** judicial order, court order; **soudní ~ k zadržení** detention order; **stálý bankovní ~** standing order; **trestní ~ pro mírnější druhy trestů místo rozsudku, proti němuž lze uplatnit odpor** (CZ) criminal order issued a sen-

tence for minor offences instead of judgment; it can be challenged by a protest; **úřední ~** administrative order; **~ dodat odsouzeného do vězení** order to commit a convict to prison; committal warrant; **~ k domovní prohlídce** search warrant warrant to search residential premises; **~ k exekuci** execution order; **~ k inkasu** order to collect; **~ k odposlechu a záznamu telekomunikačního provozu** an order of interception and recording of telecommunication operations; **~ k placení** order to pay; **~ k popravě** death warrant; **~ k pozitivnímu chování** affirmative order / injunction an order to do st.; **~ k prodeji / nákupu** commission order to pursue business transactions; **~ k předložení věci vyšší instanci k přezkoumání** order to refer the case to a higher court for review; writ of certiorari; **~ k předvedení** order of presentation / bringing a person before court; **~ k předvedení osoby obviněného, svědka k soudu** order to bring a person an accused, witness before court; bench warrant to detain a person who has failed to appear for a hearing or trial; **~ k úhradě** charging order, order for costs, order to pay; **~ k uvedení v držbu** order to recover the possession of land; writ of possession; **~ k vydání věci** order for delivery(-up) of property / a thing; **~ k vykonání trestu smrti** death warrant authorizing a prison official to carry out a death sentence; **~ k výkonu rozsudku** writ of execution, writ to enforce a judgment; **~ k výplatě dividend** dividend warrant; **~ k vypsání všeobecných voleb** order / writ for a general election; **~ k vzetí osoby do vazby** warrant of arrest / commitment, a written authority committing a person to custody; **~ k zabavení věci** order to seize the property; distress warrant; **~ k zadržení** warrant of apprehension, detention order; **~ k zahájení řízení** writ of summons; **~ k zastavení činnosti firmy** cease and desist order; **~ k zatčení a vzetí do vazby** arrest warrant and custody order; **~ k zúčtování** balance order; **~ o náhradě škody způsobené jednatelstvím bez příkazu** order to compensate damage caused by an agent acting without mandate; writ of deceit; **~ o splnění dluhu** order to discharge a debt; writ of debt; **~ o uvedení v držbu** order to resume the possession; writ of entry; **~ o vydání movitých věcí** order to deliver personal chattels; writ of delivery; **~ rušící obstavení majetku** order vacating an attachment of property; **~ zabavit majetek dlužníka** writ of attachment, order to seize a debtor's property so as to secure the claim of a creditor; **~ zachovávající obstavení** order sustaining an attachment; **~ vyššího soudu nižšímu zastavit řízení z důvodů jeho nepříslušnosti** order to discontinue proceedings for no venue / for the lack of jurisdiction; writ of prohibition; **~y vnitrostátního soudu** domestic court orders; **~, proti kterému nebyl podán odpor, má účinky pravomocného rozhodnutí** an order that failed to have been protested against shall have the effect of a final decision; **jednatelství bez ~u** contract of agency without mandate; **na základě ~u soudu** by order of a court of law, by a court order; **nesplnění / neuposlechnutí ~u** disobeying an order; **systém soudních ~ů** the system of court orders; writ system; **obdržet soudní ~ k zatčení** obtain an arrest warrant; **vydat ~ o uložení napomenutí nebo pokuty** issue an order that an admonition or fine be imposed; **vydat soudní ~** issue an order / a warrant / writ; **makléř realizující ~y k prodeji a nákupu** cenných papírů, komodit commission broker executing buy and sell orders at a stock or commodity exchange

přikázání referral sending or directing to another for information, service, consideration or decision; committal giving to s.o. to deal with; commitment action of referring / entrusting a bill to a committee; delegation transfer of authority; transmittal transferring from one person or place to another; compulsory settlement; directing; **~ pohledávky z účtu** compulsory debiting a debtor's bank account; **~ věci soudem** commitment / referral of a case delegation by court; **~ věci jinému soudu z důvodu vhodnosti** delegace vhodná referral of a case to a more convenient forum, forum non conveniens *(lat)*; **~ věci / kauzy jinému soudu z důvodu podjatosti** removal of a case to another court due to bias; change of venue due to bias; **nařízení výkonu rozhodnutí ~m pohledávky** an order to execute the judgment by the compulsory satisfaction of claim / by the satisfaction of claim in a prescribed manner / by assigning debtor's money for the payment of a particular claim; **vyloučení z výkonu rozhodnutí ~m pohledávky** exemption of a matter from the execution of judgment by compulsory satisfaction of claim a part of the judgment will be

executed as compulsory debt settlement; **žaloba na ~ stavby do vlastnictví vlastníka pozemku** action for compulsory transfer of the title to a structure / building to the owner of the lot **žaloba na zrušení a vypořádání podílovéhc spoluvlastnictví ~m věci na náhradu** actior to terminate and settle common property by compulsory transfer of property for compensation of a claim

přikázan|ý ordered, commanded, directed; referred, transmitted, committed; compulsory **~á platba** compulsory payment; **~é odstranění** compulsory removal; **~é zveřejnění informací** compulsory disclosure of information; **~ pobyt** compulsory residence as a criminal court order; **~ prodej vyvlastnění majetku prc veřejné účely s úhradou nebo soudní příkaz k prodeji na úhradu dluhů** compulsory purchase / sale expropriation of estate under the exercise of the powei of eminent domain, compensated by the state, or judicial sale for non-payment; **~ prodej, nákup na burze** commissioned buy or sell transactions in a stock or commodity exchange

přikázat order, direct authoritatively; command, refer, assign, transfer; **~ věc jinému soudu** refer / transfer a case to another court; **soudce může ~** the judge may make an order

příkazce principal in agency agreement, mandatoi in a contract of mandate

příkazní relating to or based on order, direction, commission, mandate; **~ řízení** *(SP)* administrative procedure to issue an administrative order; **~ smlouva** contract of mandate, contract of mandatum

příkazník mandatary in the contract of mandate; agent in agency agreement

přikazovací directing authoritatively, ordering; commanding; **~ a zakazovací režim** právni úpravy podnikání the directing or restraining prohibiting nature of business regulation

přikazovat order, command, direct; dictate

příklep fall / knock of the hammer, knock-down *(US)*, strike-off; **odvolání proti usnesení o ~u** appeal from the resolution of knock-down / fall of hammer i.e. an item sold to the highest bidder; **soud udělí ~ dražiteli** the court shall decide that the auctioned property be sold to the highest bidder; the court shall award the knock-down to the highest bidder; **rozhodnout losem, komu udělit ~** decide by drawing a lot / straw to whom the property is struck off

by the fall of the hammer; **dražitel oznámí skončení dražby předmětu ~em** the auctioneer shall announce the closing of bidding for an item by the fall of the hammer
přiklepn|out strike off *(US)*, knock down dispose of an article to a bidder at an auction sale by a knock with a hammer or mallet; **dražená věc byla ~uta nejvyšší nabídce** the property was struck off / knocked down to the highest bid
příkoří suffering; grief, distress; anguish; injury, detriment; **těžké ~** harsh sufferings serious emotional distress and / or property damage
přilákat attract, entice, allure; **~ pozornost koho** attract the attention / notice of s.o.
přiléhající adjacent; adjoining, contiguous, neighbouring; **řady těsně ~ch domů** rows of contiguous houses
přilehl|ý adjacent; neighbouring; adjoining, contiguous; **~é vody** adjacent waters; **~ pozemek** adjoining land
příležitostn|ý occasional; incidental; casual; accidental; **~á práce** occasional / casual job; **~é zaměstnání** casual employment; **~ dělník** casual labourer; **~ narkoman** non-addict; **~ prodej** casual sale; **~ sexuální partner** casual sexual partner; **~ zloděj** occasional thief
přílišn|ý excessive, undue; **~á péče** excessive care
přílo|ha schedule appendix to an Act, annex; *(gen)* appendix, *(pl)* appendices; addition to st., attachment; letter enclosure; insertion; addendum, *(pl)* addenda; **v ~ze zasílám kopii svého dopisu** enclosed / attached is a copy of my letter
přiměřeně accordingly; reasonably, adequately; **toto ustanovení platí ~** the provision applies accordingly
přiměřenost reasonableness, adequateness, adequacy, appropriateness; **~ nákladů** reasonable scope / extent of costs; **~ nutné obrany** adequacy / reasonableness of (self-)defence, adequate defence; **~ svépomoci** reasonable nature of self-help
přiměřen|ý reasonable, appropriate, adequate; **~á cena** reasonable price; **~á míra prospěchu a zisku** reasonable amount of benefit and profit; **~á náhrada** reasonable / adequate compensation; **~á náhrada za majetek zabraný pro veřejné účely** adequate compensation; **~á nutná obrana** adequate / reasonable self-defence; **~á péče** reasonable care / diligence;

~á sleva reasonable discount; **~á záloha** reasonable / adequate advance payment; **~é protiplnění** adequate consideration; **~é zadostiučinění** reasonable / appropriate satisfaction; **~ důvod** jednání reasonable cause of acts, behaviour; **~ rozsudek** appropriate sentence; **~ trest** appropriate punishment; **~ výkon práv** adequate exercise of rights; **bydlení ~é** finančním možnostem affordable housing; **považovat co za ~é** consider st. appropriate / adequate; **pronajímatel může důvodně považovat za ~é** the landlord may reasonably consider appropriate; **složit ~ou zálohu na náklady** úschovy deposit a reasonable amount of money in advance of costs of judicial custody
příměří armistice upon agreement, cease-fire, truce
přimět make, move, bind; **~ podvodem koho udělat co** beguile s.o. of st.; deprive s.o. of st. by fraud, cheat out s.o. of st.
přímo directly; straightforwardly; **~ aplikovatelný** directly applicable; **~ žalovatelný** directly actionable, actionable per se
přímost directness; **zásada ~i, kdy nelze provádět důkazy bez přítomnosti účastníků** the principle prohibiting ex parte investigation and hearing evidence can be introduced only in the presence of all participants
přím|ý direct; immediate, proximate; **~á daň** direct tax; **~á demokracie** direct democracy; **~á náhrada škody** direct damages; **~á odpovědnost** direct responsibility; **~á platba** direct payment; **~á příčina** direct cause; **~á řada dědiců** direct line of heirs; **~á vláda** direct rule; **~á žaloba** direct action; **~é hlasování** direct vote; **~é inkaso** direct collection; **~é inkaso z účtů** direct debit; **~é napadení** direct attack / assault; **~é pokolení** lineal descent, direct line of descent, descent in a direct / right line; **~é volby** direct election(s); **~é volební právo** direct suffrage; **~ dědic ze zákona** lineal heir; heir by intestacy, heir at law, legal heir, intestate successor; **~ důkaz** direct evidence / proof; **~ prodej** výroba – maloobchod, výroba – zákazník direct selling manufacturer - retailer, manufacturer - customer; **~ svědek** direct witness eye-witness, ear-witness; **~ účinek** direct effect; **~ úmysl** direct and indirect intent / intention; **~ výslech** direct examination in court; **~ým hlasováním** by direct vote

přinášet bring, carry, fetch; convey, bear; yield; produce; ~ **zisk** bring profits, yield a profit
přínos benefit, profit; contribution; **smluvní** ~ contractual benefit
přinutit compel, coerce, force; urge irresistibly; constrain; oblige; ~ koho **ke spáchání trestného činu** compel / procure s.o. to commit an offence; ~ koho, **aby se přiznal** compel s.o. to confess; ~ koho **k výpovědi nebo doznání** compel / force s.o. to testify or confess
případ case, cause / suit brought into court for decision; **civilní** ~ civil suit, litigation; **jiný než trestněprávní** ~ non-criminal case; **projednávaný soudní** ~ case at bar; **trestní** ~ criminal case; **zjištěný** ~ ascertained case; ~ **nemající precedent** case of first impression; ~ **porušení smlouvy** event of default; ~ **s výhradou** case reserved; ~ **vrácený zpět** remanded case the act of an appellate court when it sends a case back to the trial court and orders the trial court to conduct a new trial, or to take other further action; **na začátku projednávání** ~**u** at the opening of the case; **příprava** ~**u** preparation of the case; **v každém** ~**č** in any case; **v** ~**č smrti** on the death, on s.o.'s decease; **v** ~**č, že**... in case that...; **v** ~**č potřeby** in case of need; **v žádném** ~**č** in no case, under no circumstance, on no occasion; **vylíčení** ~**u** representation of the case; **přenést** ~ **k jinému soudu** transfer / commit / refer the case to another court
připad|nout čemu / komu devolve to st. / upon s.o., fall upon, cast, pass down by inheritance or legal succession to s.o., descend to s.o.; **majetková záruka** ~**ne státu** the pledge / collateral shall devolve on the state, the pledge / collateral shall escheat to the state; **potvrzení, že dědictví** ~**lo státu** certificate of escheat a reversion of property to the state in consequence of a want of any individual competent to inherit; **veškerý zisk** ~**ne společnosti** the company receives all of the profit
připadnutí devolution, cast, descend / fall upon any one; assignment; the handing of anything on to a successor; ~ **dědictví** descent cast, devolution of succession / inheritance
případný possible, contingent, expectant; prospective, potential; conceivable, apt; ~ **beneficiář** contingent beneficiary; ~ **nárok** contingent claim; ~ **zákazník** prospective customer
připisování attribution, assignment, ascription;

~ **úroků** komu setting the accrued interest to the credit of s.o.; entering the interest accrued into the account / savings book
příplatek bonus, surcharge, premium; allowance; **sociální** ~ social conditions allowance; ~ **za ztížené pracovní podmínky** compensation for extraordinary conditions of work
připojení connection; addition of a new fact; annexation of a bill of rights to the Constitution; conjunction with s.o.; attachment to st.; ~ **se ke smlouvě** accession / adhesion to the treaty *(IPL)*; adhesion to a contract
připojen|ý attached, enclosed; connected; appendant, associate; add-on; ~**é území** annexed territory
připojištění additional insurance; **důchodové** ~ contributory pension scheme / plan; **nepovinné** ~ discretionary rider in the contract of insurance
připojit annex, attach, append, add in, adjoin; connect, link, join; enclose; affiliate; ~ **podpis k dokumentu** affix / attach a signature to the document
připojitelný attachable; capable of being annexed / added / attributed as an adjunct to st.; ~ **ke smlouvě** attachable to the contract
přípoj|ka connection; extension; fixture; **poplatky za vybudování** ~**ek** vody, plynu apod. connection charges paid for building water, gas, electricity connections and pipes
připomín|ka remark, suggestion, proposition; comment, note; **projednání návrhu zákona bez** ~**ek** unopposed reading / consideration of the bill
připomínkov|ý commenting, relating to comments; ~**é řízení** circulation of a draft bill for comments from executive departments and state agencies *(CZ)*, comment procedure *(UK)*
příprav|a preparation; arrangements; making / getting ready; **tajná** ~ **trestného činu žhářství** conspiracy to commit arson; ~ **soudního jednání** preparation of the trial; ~ **k trestnému činu** preparation of a crime devising and arranging means and measure necessary for its commission, plan of the offence; ~ **na povolání** vocational training; professional training; ~ **posudku** preparation drawing up of an expert report / opinion; ~**, pokus a dokonání trestného činu** preparation, attempt and completion / accomplishment of a crime; **obžalovat z** ~**y spáchání** čeho charge with conspiring to commit st.

připravit prepare, arrange for; ~ **podvodem finanční úřad o tisíce korun** defraud the Tax Office of thousands of crowns; ~ **koho o co majetek, práva** deprive s.o. of st., dispossess s.o. of st. property, rights; ~ **obhajobu koho** prepare s.o.'s defence; ~ **tajně co proti komu** conspire with s.o. against s.o., conspire with s.o. to do st.

přípravn|ý preparatory, preliminary, pre-trial; ~**á fáze řízení** preliminary stage of criminal proceedings; ~**é řízení** pre-trial proceeding(s); ~ **kurs** preparatory course / training

připsání a process / act of entering into an account the payment received, setting st. to the credit of; ascribing to; attribution; ~ **hodnoty** write-up increase the valuation of an asset in a financial statement; **doklad o ~ platby na účet** receipt of payment; setting the payment to the credit of s.o.; ~ **úroků na účet / vkladní knížku** entering the interest accrued into the account / savings book

připsaný assigned; entered into an account; set to the credit of; ~ **úrok** interest entered into an account

připsat ascribe, attribute; enter / put into account; ~ **k tíži účtu** debit; enter st. on the debit side of an account; ~ **ve prospěch účtu** credit amount to a person / a person with an amount; enter on / carry to the credit side of an account

připsatelný attributable, ascribable

připustit admit, permit; allow, let; concede; ~ **jako důkaz** admit st. as / in evidence; ~ **námitku nebo odvolání** allow a claim or an appeal; ~ **přistoupení dalšího účastníka** admit / permit / allow other person to intervene in the proceedings; ~ **vytváření obchodních bariér** admit to imposing the trade barriers; **je nutno ~, že** it must be admitted / conceded that

připustitelný allowable; admissible, permissible

přípustnost admissibility, permissibility; excusableness, excusability; ~ **dovolání** permissibility / admissibility of appellate review; ~ **odvolání** appealability; admissibility / permissibility of an appeal; ~ **rozvodu** permissibility of divorce; ~ **vedlejšího účastenství** admissibility of collateral joinder of parties / collateral party to a case; **vyslovení ~i převzetí nebo držení v ústavu zdravotnické péče** grant of permission to accept or hold / detain

a person in the medical / special treatment institution

přípustn|ý admissible; allowable, permissible, permissive; excusable; competent; ~**é důkazy** admissible evidence; ~ **protinárok** permissive counter(-)claim; **opravný prostředek není ~ proti rozhodnutí** no remedy / appeal shall lie against the decision, no remedy / appeal shall be permitted against the decision, the decision is without appeal / remedy; **oznámení o ~ém prodlení** notice of excusable delay; **není ~é, aby se o tomto návrhu hlasovalo aklamací** it is not in order to put the motion to vote by acclamation; **prohlásit co za ~é** declare st. admissible; **proti rozhodnutí je ~á stížnost** a complaint is allowed to be lodged / filed against the judicial decision

připuštění admission, permission, permit, leave, sanction; ~ **procesního společenství povinného dlužníka a povinného ručitele** admission of joinder of parties of / between the debtor and his guarantor; ~ **změny návrhu** admitting / allowing an alteration of a motion; ~ **zpětvzetí návrhu na zahájení řízení** admission / permission that a motion to commence the proceedings may be withdrawn

přirážka overcharge, surcharge; **daňová ~** surtax

přírod|a nature; **ochrana ~y** nature conservation

přírodní natural; relating to nature; **národní ~ památka** national nature monument; **národní ~ rezervace** national nature reserve; ~ **léčebné lázně** natural spa for balneotherapy; ~ **léčivé zdroje** natural healing springs / resources; ~ **památka** nature monument; ~ **park** country park; ~ **pohroma vyšší moc** natural disaster; ~ **stanoviště** natural site; ~ **zákony** laws of nature; ~ **zdroje** natural resources

přirovnávat k čemu compare with / to st.

přirozen|ý natural; original, genuine; ~**á hranice** natural boundary; ~**á náklonnost** natural affection; ~**á práva** natural rights; ~**á smrt** natural death; ~**é právo** absolute law, natural justice / law; ~ **úbytek pracovních sil** natural wastage of workers; **chráněná oblast ~é akumulace vod** protected area of natural water accumulation

příručka directory, manual; handbook

přiřůst o daních, úrocích accrue

přírůstek accession, accretion; augmentation,

increase; gain; **nový** ~ new acquisition; ~ **do knihovny** access, acquisition; ~ **přirozenou cestou pozemku v důsledku změny koryta řeky** accretion by organic enlargement of land by the formation of alluvium; ~ **věci akcese** accession; increase / addition to a thing; accessio *(lat)* **přírůstkov|ý** accrual; ~**á doložka** clause of accrual; ~**á účetní metoda podle práva** accrual method of accounting
přísada added substance
přísah|a oath; adjuration; ~ **přiložením ruky** corporal oath; **být pod ~ou** be on / under oath; **být vzat pod ~u jako svědek vlastní obhajoby** be sworn in as a witness in one's own defence; **porušit ~u** break s.o.'s oath; **vyslovit ~u** take / make an oath, swear; **vzít koho pod ~u** administer an oath to s.o., put s.o. (up)on oath, bind s.o. by oath; swear s.o.; **zavázat ~ou** bind by oath
přísahat swear, take an oath, make an oath
přísedící *(n)* judge on the bench *(UK)*, judge sitting on / in a panel *(US)*, lay judge *(CZ)* elected by local councils, sitting only in first instance criminal courts; **náhradní ~, je-li líčení velmi dlouhé** substitute lay judge first instance criminal proceedings / judge on the panel appellate proceedings if the trial is too long; **volba ~ch, jejich zproštění a odvolání z funkce** election of lay judges acting in first instance criminal proceedings, discharge and dismissal thereof
přísežn|ý sworn that has taken or is bound by an oath; **osoba svědek vypovídající na základě ~ého prohlášení** affiant *(US)*, deponent; ~**é prohlášení** affidavit a statement made in writing, confirmed by the maker's oath, and intended to be used as judicial proof; the deponent swears an affidavit, the judge takes it; but in popular usage the deponent makes or takes it; deposition
příslib promise, pledge; **veřejný ~** public promise; ~ **manželství** affiance, agreement to marry; ~ **plnění** promise to perform; **nesplnění ~u manželství** breach of promise to marry
přislíbitel vyhlašovatel veřejného příslibu promissor a person announcing a public promise
příslušející appurtenant, appertaining, relating, pertinent; appropriate
příslušenství appurtenance usually to real property, accessory usually of personal property, accessions usually of intangibles, civil fruits; pertinents *(pl)*, fixture, appendage, adjunct; ~ **a pevné součásti bytu** appurtenance to and fixtures in a flat /

apartment; ~ **daně** accessions of a tax; ~ **nebo přípojky k zařízením pro rozvod elektřiny a tepla** appurtenance or electricity or heating fixtures and device; ~ **nemovité věci** appurtenances to real property; ~ **pohledávky úroky nebo poplatek z prodlení** a claim and related civil fruits, accessions of a claim / debt interest on or charges for default; ~ **věci** accessories to a thing; ~ **vystaveného zboží** exhibited goods and accessories; **přiznaná pohledávka s ~m** adjudicated claim and accessions thereof, adjudicated claim and related civil fruits; **sousedící pozemky s ~m** adjoining land and appurtenance thereto
příslušník member; **cizí státní ~** foreign national; alien, foreigner; **státní ~** citizen, state national; ~ **policie** policeman, policewoman, police officer, a member of the Police; ~ **vězeňské služby** prison guard / warden, a member of the Prison Guard
příslušnost₁ jurisdiction, cognizance, competence; extent / range of judicial or administrative power; power / privilege to administer justice and execute the laws; **funkční ~ orgánů obcí** functional competence / responsibilities of community / municipal authorities; **funkční ~ soudu** venue jurisdiction of court; **kauzální ~ soudu rozhoduje věc určitého druhu** causal jurisdiction of a court, jurisdiction over the cause of action hearing cases of specific nature; **místní ~ / ~ místem** local jurisdiction, forum; territorial jurisdiction; **obecná ~** general jurisdiction; **osobní ~** jurisdiction in personam, personal venue; **soudní ~** jurisdiction / competence of court; **sporná soudní ~** contesting competence; **věcná ~** jurisdiction according to the subject-matter, subject(-)matter jurisdiction, jurisdiction in rem; **výlučná ~ soudu** exclusive jurisdiction of the court; **zvláštní ~** special jurisdiction; ~ **k uzavření manželství** jurisdiction in / over marriages; ~ **obecních úřadů** competence / responsibilities of local authorities; **nedostatek ~i** lack of jurisdiction / competence; **pravomoc a ~ soudů** competence / powers and jurisdiction of courts; **přenesení ~i** delegation / transfer of jurisdiction; **přenesení ~i na jiný soud ve věci výkonu rozhodnutí** transfer of jurisdiction / cognizance to another court to execute the decision, conferring jurisdiction / cognizance to another court to execute the decision;

přenesení ~i ve věcech obchodního rejs-
tříku transfer of jurisdiction / powers / cog-
nizance over the Commercial Register cases
to another court; usnesení o přenesení místní
~i resolution to confer local jurisdiction; věc
patří do ~i jiného soudu the case falls within
the jurisdiction of another court; zamítnutí
pro nedostatek ~i dismissal for forum non,
declining jurisdiction; uplatňovat místní ~
assert local jurisdiction; vyvolat spor o ~
soudu incite a dispute concerning the court's
jurisdiction, raise a question concerning the
court's jurisdiction
příslušnost₂ nationality; membership; státní ~
citizenship, state nationality; státní ~ korpo-
race corporate citizenship, domicile; bez stát-
ní ~i absent nationality, no nationality, state-
less; osoba bez státní ~i stateless person hav-
ing no nationality; prokázat svou ~ k policii
prove one's being a police officer prove one's
membership of the Police
příslušn|ý competent, responsible; having jur-
isdiction; respective, relevant, appropriate; in
question; kterýkoliv ~ soud any competent
court, any court having jurisdiction / cogniz-
ance; místně ~ soud the court having local
jurisdiction; věcně ~ having subject-matter
jurisdiction; ~á osoba the individual con-
cerned; ~é úřady relevant authorities; ~ den
relevant date; respective date, the date in ques-
tion; ~ dovolaný soud respective / competent
appellate court having jurisdiction / cognizance over
an appellate review; ~ kontrolní den je vyklá-
dán obdobně the relevant review date shall be
construed accordingly; ~ okresní soud com-
petent district court, district court having the
jurisdiction; ~ orgán competent body / au-
thority, responsible body / authority; ~ soud
competent / appropriate / relevant court, court
having jurisdiction / cognizance; ~ soudce
competent judge; respective judge; k řízení je
~ Vrchní soud the High Court has the juris-
diction over the case, the High Court is com-
petent to conduct the proceedings; obecný
soud povinného je ~ k nařízení a provede-
ní výkonu rozhodnutí the general jurisdiction
court of the debtor is competent to order exe-
cution of judgment and the fulfilment thereof;
postoupení věci soudu věcně a místně ~ému
transfer of a case to the court having subject-
-matter and local jurisdiction; správní orgán

je ~ k rozhodnutí ve věci přestupku an ad-
ministrative body shall be competent to de-
cide and determine the administrative delict /
infraction; státní zástupce je ~ k podání ob-
žaloby the prosecuting attorney is competent
to present an indictment; postoupit věc ~ému
soudu transfer / refer the case to a competent
court; předložit obžalobu ~ému soudu place
the accusation before the proper court
přisoudit co komu attribute; adjudge, adjudic-
ate, award; ~ komu náhradu škody adjudge /
award damages to s.o.
přisouditelný attributable; subject to adjudica-
tion
přisouzení adjudication; judgment; ~ nároku
adjudication of a claim
přisouzen|ý adjudicated, adjudged, awarded,
granted, vested; soudně ~á práva adjudicated
rights; odepsání pohledávky z účtu do výše
~é pohledávky s příslušenstvím satisfaction
of the debt by garnishment of debtor's account
in the amount of adjudicated / judgment debt
and accessions
přispěvatel contributor; contributory
příspěv|ek contribution, benefit, allowance; fee,
grant; členské ~ky membership dues / fees;
dobrovolné ~ky voluntary contributions; ro-
dičovský ~ parental allowance; sociální ~
tělesně postiženému na pečovatelskou službu
attendance allowance; státní ~ na pohřeb
death grant; ~ na administrativní výdaje al-
lowance for secretarial and office expenses; ~
na bydlení housing allowance; ~ na dopravu
transport allowance; ~ na náhradu potřeb
dítěte svěřeného do pěstounské péče contri-
bution / allowance for the satisfaction of needs
of a minor commissioned into foster care; ~
na náklady pohřbu contribution to funeral
expenses; ~ na výživu dítěte contribution /
allowance for the maintenance of a child food,
clothing, shelter
příspěvkov|ý contributory; ~á hodnota con-
tributory value; ~ penzijní systém contribut-
ory pension scheme; ~á organizace (CZ) insti-
tution receiving contributions from the State
Budget
přispívající contributory, contributing; condu-
cive
přispívat contribute; conduce, be conducive to
přistát land; ground; set on shore of a ship

přístav port, harbour, dock; **svobodný ~** free port; foreign trade zone

přístaviště quay, pier, wharf, port, dock; **~ s celnicí** legal quay

přístavní relating to port, harbour, dock; **~ prodej** dock sale

přistihnout catch; find, detect; **~ podezřelého při lži** catch the suspect telling a lie

přistižen|ý caught, taken; **osoba ~á při páchání trestného činu** a person caught / taken in the very act of crime, person caught red-handed *(slang)*

přistoupení accession; assumption, reception, adoption; intervention / intervening in the proceedings; joining; joinder; **vadné ~ k věci** misjoinder improper joining together of different causes; **~ člena nebo společníka** reception admitting / admittance of a member of company; **~ dalšího účastníka do řízení** intervening in proceedings by other participant who himself is asking to come in; **~ k dohodě o autorském právu** adhesion to a copyright convention; **~ k závazku** intercession; assumption of liability for the debt of another person by negotiation or contract with his creditor; **~ ke smlouvě** accession to the treaty; **návrh na ~ dalšího účastníka do řízení** motion that other person intervenes in the case, motion for other person to intervene in the proceedings; **smlouva o ~** *(ES)* Accession Treaty; **smlouva o ~ k závazku** intercession agreement, contract for the assumption of liability for the debt of another; **připustit ~ dalšího účastníka** admit / permit other person to intervene in the proceedings; **~ je zvláštním případem procesního společenství** the intervention is a special type of joinder of parties

přistoupit accede to, adhere to; accept; **~ na podmínky** accede to terms

přístroj apparatus, instrument, appliance, device

přístřeší shelter, asylum; **poskytnutí ~ bezdomovcům** the provision of a shelter for the homeless

přístup access, entry, entrance; ingress *(formal)*; approach, attitude; intervention; **~ dalšího účastníka k řízení** intervention in the proceedings by another party; **~ k utajeným informacím** access to confidential information; **~ se ukáže nevyhovujícím** the approach proves unsatisfactory; **věcné břemeno ~u**

easement of access; **zachovat si ~ kam** retain access to a certain place

přístupnost accessibility

přístupn|ý accessible; amenable, available; affordable; **cenově ~é zdravé bydlení** affordable salubrious housing; **být ~ úplatkům** open to bribery; be capable of being bribed; be capable of being bought over; **být těžko ~** be difficult of approach

přistupující acceding, intervening; **~ strana / účastník řízení** intervening party, intervenor

přisuzování attribution, assigning; attaching; imputing; **~ viny obžalovanému** attribution of guilt to the accused

přisuzovat attribute, assign, attach; **~ důležitost jeho jednání** attach importance to his act

přisuzující adjudicatory; attributing, assigning; **~ správní žaloba** adjudicatory action

přisvědčující affirmative; **~ odpověď** affirmative response

přisvojení encroachment, assumption of the use of property, usurpation; **protiprávní ~ si věci** usurpation of a thing, unlawful assumption of the use of a thing

přisvojit si take / appropriate dishonestly anything belonging to another, whether material or immaterial, steal; **neoprávněně si ~ vyznamenání udělované státním orgánem** unlawfully appropriate awards and distinctions granted by a state authority

přít se quarrel about / for / over, argue about / over, dispute about / (up)on

přitěžující aggravating; increased in gravity / seriousness; **~ okolnost** aggravation, aggravating circumstances; **loupež s ~mi okolnostmi** aggravated robbery; **použití násilí s ~mi okolnostmi** aggravated battery

přivést bring in; fetch

přivlastnění appropriation; conversion the action of illegally converting / applying st. to one's own use; **~ si peněz** appropriation of money

přivlastnit appropriate, grab; **~ si cizí věc** appropriate / grab a hold of a thing of another

přivodit cause; contract, induce, lead to; procure, solicit; **~ trestní stíhání osobě** cause that the person will be criminally prosecuted, bring on the criminal prosecution of a person; **~ újmu** cause harm / injury / loss; **důkaz může ~ pro navrhovatele příznivější rozhodnutí ve věci** the evidence may lead to meritorious judgment that is more favourable for the petitioner

přivolení leave, sanction; assent, consent, agreement; **~ opatrovníka k adopci** consent of a guardian to adoption; **~ soudu** leave / sanction of court; **rozsudek o ~ k výpovědi z nájmu bytu** judgment sanctioning / permitting the notice of termination of residential lease by lessor; **užívat cizí věc bez ~ oprávněné osoby** use a thing of another without the consent of the authorized person; **žaloba na ~ soudu k výpovědi z nájmu bytu bez bytové náhrady, s bytovou náhradou** action for sanctioning the notice to quit / leave the flat with or without substitute housing

přivolit consent, assent; sanction, agree

přivyknout koho čemu accustom; **~ si na co** become / get accustomed to st.

příznačný indicative, peculiar; distinctive

příznak symptom, sign; **abstinenční ~ nedostatkem návykové látky** withdrawal symptom due to an addictive drug deficiency or cessation; **~ bolesti** pain symptom

přiznání₁ confession; admission of the truth of an adverse allegation, acknowledgment; **dobrovolné ~** voluntary confession; **vynucené ~** involuntary confession; **~ viny** guilty plea

přiznání₂ return; service; declaration; award, adjudication; **daňové ~** tax return, declaration of taxes; **společné daňové ~** joint tax return; **zpětné ~ mzdy** back pay award; **~ bonusu** award / allotment of bonus; **~ náhrady škody v nominální hodnotě** award of nominal damages; **~ nároku** adjudication of claim; **~ osvobození od soudních poplatků a ustanovení zástupce okresním soudem** adjudicated freedom from court fees, and appointment of a representative by the District Court; **~ výše příjmu** declaration of income; **tiskopis daňového ~** tax return form; **podat daňové ~** file / submit a tax return

přiznan|ý adjudicated, adjudged; recognized, declared; **~á pohledávka s příslušenstvím** adjudicated claim and accessions thereof, adjudicated claim and related civil fruits; **pohledávka ~á soudním rozhodnutím** judgment debt; **pravomoc ~á smlouvou** powers conferred / assigned under the contract; **pravomocně ~ nárok** claim adjudicated upon a final and conclusive judgment

přizna|t adjudicate, adjudge, award; recognize, declare; consent, agree, accord; admit, confess; **~ náhradu škody plnící penální funkci** award punitive damages; **~ nárok** admit a claim; **~ osvobození od soudních poplatků** adjudicate the freedom from court fees; **~ plnou náhradu nákladů řízení** adjudicate the full compensation of costs of proceedings; **~ právní způsobilost** accord / award / adjudicate legal capacity; **~ svou vinu** admit one's guilt; **~ komu zvýšení mzdy** award s.o. a salary increase; **~ vytváření obchodních bariér** admit to imposing the trade barriers

přiznat se confess, plead, admit, avow, concede, acknowledge; **~ ke spáchání trestného činu** confess to a crime, admit the commission of a crime

příznivec favourer; fan, backer

přízniv|ý favourable, well-disposed, propitious, advantageous; **důkaz může přivodit pro navrhovatele ~é rozhodnutí ve věci** the evidence may lead to meritorious judgment that is favourable for the petitioner

přizpůsobení adjustment; assimilation; amalgamation

přizpůsobit adapt; conform; **~ se okolnostem** adjust / conform to the circumstances

příživnictví parasitism; living on / at the expense of another

příživník parasite living at the expense of others

psát write; make in writing; produce; **~ závěť** make a last will

psovod dog handler

psychotropní psychotropic; **~ látka** psychotropic substance

puberta adolescence

půd|a soil, ground, earth; **zemědělská ~** agricultural land; **znečištění ~y** soil pollution

půdní relating to soil, ground, earth; **lesní ~ fond** forest lands; **zemědělský ~ fond** agricultural lands

půjči|t lend; **banka mu ~la 10 000 dolarů zástavou za jeho dům** the bank advanced him $10,000 against the security of his house; **~ peníze předem** advance money

půjčitel lender; lending institution

půjč|ka loan; borrowing; credit; **akomodační ~** accommodation loan; **bezúročná ~** non-interest-bearing loan, loan bearing no interest; barren money; **nenávratná ~** non-recourse loan; **překlenovací ~** bridging loan; **vypověditelná ~** call / demand / revocable loan; **zajištěná ~** secured loan; **smlouva o ~ce** contract of loan, loan contract; **poskytnout ~ku** grant a loan

půjčovatel lender, lending institution

punc hall(-)mark a distinctive mark / token of genuineness, touch-mark an official mark / stamp upon gold or silver indicating that it has been tested, and is of standard fineness

puncovní relating to hall-mark; touch-mark; **~ úřad** Hall-marking Authority; Assay Office *(CZ)*

puncovnictví a branch regulating the furnishing with hall-marks

působení operation; operating, functioning, working, acting; **~ práva** operation of law; **~ ve funkci** acting in the capacity of; **~ zákona** operation of a law

působ|it act, operate, work; impact, effect; **~ jako nestranný rozhodce** act as an impartial arbitrator / umpire; **~ proti** counteract, act against / to the contrary; **řízení ~í výchovně** the proceedings have an educational effect

působnost competence, responsibility; jurisdiction; applicability; **časová nebo místní ~ zákona** time or local applicability of a law, applicability of law at a certain time or place; **matriční ~** district register jurisdiction; **místní ~ trestního zákona** local applicability of the criminal / penal code; **přenesená nebo samostatná ~ obcí** delegated or separate powers of community; **územně omezená ~** territorially restricted jurisdiction / competence / powers; **~ ministerstva** jurisdiction / responsibilities of the Ministry; **~ obchodního zákoníku** applicability of the Commercial Code; **~ příslušných orgánů veřejné správy** jurisdiction / competence / powers of appropriate public administration bodies; **~ trestního řádu** applicability of the Criminal Procedure Act; **~ zákoníku práce** applicability of the Labour Code; **jednání právnické osoby mimo rámec její ~i** dané zakládací listinou actions of a legal entity beyond the scope

of its powers; ultra vires acts of a legal entity; **okruh ~i** scope / range of powers; **soud s obecnou ~í** a court having general jurisdiction; **vyjmout koho z ~i zákona** exempt s.o. from the operation of the law

pustit se do čeho begin, dive into, set to do, start to do; **~ do podnikání** start the business

pustošit vandalize, plunder, ravage, devastate, lay waste, despoil

pust|ý barren, clean, naked, bare; **~á směnka** clean draft

puška rifle; **odstřelovací ~** sniper rifle

původ origin; source; **osvědčení o ~u / průkaz ~u** zboží certificate of origin of goods; **označení ~u** appellation / designation of origin

původce producer, maker, creator; author; originator; initiator; **~ myšlenky** originator of a thought; **~ nehmotného statku** author of an intangible asset; **~ odpadů** waste producer; **~ škody** wrongdoer, person causing / inflicting damage / harm / loss / injury

původcovství authorship; origination; **~ k předmětům průmyslového vlastnictví** authorship of industrial property items

původní original, primary; originative; indigenous; **~ cena budovy** po jejím dostavění historic cost of a building; **~ obyvatel** autochthon, original inhabitant, aborigine; **~ stav** original conditions; **~ znění zákona** original text of the law, the wording of the law before amendments; **uvedení** věci **do ~ho stavu** restoration of a thing to the previous condition, restitution of a thing to the previous condition; **uvést co do ~ho stavu** restore st. to the previous position, reinstate st.

pytl18ck|ý poaching; **~é výpravy** poaching expeditions

pytláctví poaching

pytlačit kde poach on, take game or fish illegally

pytlák poacher taking or killing game or fish unlawfully

R

rabat discount; deduction from a catalogue price; rebate; **prodejní** ~ trade discount; ~ **při velkých** pojistných **částkách** discount for large sums

rabatov|ý pertaining to discount; rebate; **~á sazba** discount rate

rabín rabbi

rabínský rabbinical; ~ **rozvod** rabbinical divorce; ~ **sňatek** rabbinical marriage

racionální rational; ~ **přístup** rational attitude

rad|a 1 advice, guidance, recommendation; suggestion; **právní** ~ legal advice / recommendation; **dát / poskytnout ~u** give advisory opinion **2** council; board; curia; **dozorčí** ~ board of supervisors; **Evropská** ~ *(ES)* European Council; **městská** ~ municipal / town / city council board; **obecní** ~ **výkonný orgán obce** community council board as the executive body of a community; **správní** ~ board of directors business entity, board of trustees charitable / benevolent company, university, non-profit institution; **školní** ~ school board; **závodní** ~ **odborová** local trade union council; ~ **bezpečnosti** Security Council; **Rada Evropy** Council of Europe; **Rada hospodářské a sociální dohody** tripartita *(CZ)* Council of Economic and Social Agreement Tripartite; **Rada ministrů** *(ES)* Council of Ministers

rádce advisor; guide, mentor

radikál radical a member or supporter of a radical movement

radikální radical *(adj)*; ~ **náprava důchodového systému** radical cure of the pension scheme system; ~ **reforma** radical reform; ~ **změna** radical change

radioaktivní radio(-)active; **nedovolená výroba a držení ~ch materiálů** illicit production and possession of radioactive materials; ~ **spad** descent of radio-active debris from the stratosphere

radi|t advise on / against; advise s.o. to do st., counsel s.o. st. / to do st.; ~ **klientovi** counsel a client; give / offer a client counsel / advice; advise a client; ~ **ohledně programů právních reforem** advise on law reform programmes; ~ **v právních záležitostech** advise / give advice on legal matters; ~ **ve vládních záležitostech**

advise / give advice on government business; **~, aby ne** advise against; **náš právník nám ~l, abychom nežalovali svého domácího** our lawyer advised against suing the landlord

radit se deliberate; consult s.o.; ~ **na uzavřeném zasedání** deliberate in private; ~ **s právníkem** consult a lawyer

radní *(n)* member of the council board; councillor; alderman *(obs)*

radnice town(-)hall

rafinerie refinery; **ropná** ~ oil refinery

rafinovanost astuteness, insidiousness

rafinovaný astute, insidious; treacherous

ráj paradise; **daňový** ~ tax heaven

rajon ward, beat, pitch; **pochůzkový** ~ a beat of a patrolling police officer

rámcov|ý based on framework, skeleton; **~á dohoda** general agreement; framework agreement; **~á obratová pojistka** global turnover policy; **~á smlouva** master contract / agreement

rám|ec framework, scope; **nad** ~ **pravomoci** beyond powers / authority, ultra vires *(lat)*; **v ~ci pravomoci** within the jurisdiction / responsibility / authority; **překročit** ~ **pravomocí** act beyond the scope of legal authority; transgress powers / authority; **přesahovat obvyklý** ~ exceed the limits of a regular framework

rána wound, injury; blast, bounce, blow, stroke; hurt, infliction; **bodná** ~ stub wound; **smrtelná** ~ fatal / vital wound; ~ **nožem** knife wound

raněný wounded, injured; stricken

ras|a race; **lidská** ~ human race; **nadřazenost ~y** superiority of a race

rasism|us racism; racialism; **obvinit z ~u** accuse of racism

rasista racist *(n)*; racialist *(n) (UK)*

rasistick|ý racist *(adj)*; racialist *(adj)*; **~é hnutí** racist movement; **skandování ~ých hesel** racist chanting

rasov|ý racial; racialist; **~á diskriminace** racial discrimination; **~á segregace** racial segregation; **~é předsudky** racial prejudice; **vyvolávání ~é nenávisti** incitement to racial hatred

ratifikace ratification; confirmation, validation;

~ **je konečné potvrzení podepsané a schválené mezinárodní smlouvy** ratification is the final confirmation of an undersigned and approved international treaty
ratifikační relating to ratification; ~ **listina** ratification instrument / deed
ratifikovat ratify; confirm; ~ **mezinárodní smlouvu** confirm / ratify a treaty
ratihabice approbation of a contract; confirmation of agreement / consent; ratihabitio *(lat)*; ~ **je dodatečné schválení / přivolení** ratihabitio is a subsequent approbation of a contract
ráz character; **krajinný** ~ landscape character
razit mint, stamp; coin; ~ **mince** mint coins
razítko stamp, seal; rubber, postmark; **firemní** ~ corporate seal / stamp; **kulaté** ~ round stamp / seal
ražba mintage, minting, coining; ~ **mincí** minting coins
ražebn|ý minting, coining, stamping; ~**é právo** banky seigniorage, seignorage, mintage
rčení saying
rdousit choke, throttle, strangle
rdoušení strangling, strangulation
reagovat react to, act in response to st.; ~ **na pohrůžku** react to s.o.'s threat
reagující responsive, reacting, acting in response
reakce response, reaction; **rychlá** ~ quick response, speedy reaction
realit|a 1 reality; real life **2** real estate, realty; **podnikat v** ~**ách** be indulged in real estate business
realitní relating to real estate, realty; ~ **kancelář** real estate agency
realizace realisation; implementation, carrying out; ~ **majetku** tj. jeho prodej realisation of property i.e. its sale; ~ **práva** implementation of law, law implementation; ~ **směnné hodnoty věci** tj. dispozice realisation of the exchange value of a thing i.e. disposition; ~ **vlastnického práva** exercise / execution of a property right, exercise / execution of a possessory right, exercising the right of ownership
realizační pertaining to realisation; realising; ~ **cena** exercise price
realizovan|ý made, exercised; carried out, implemented; realised; ~**é obchody** realised transactions
realizovat make good, give effect to st.; realise; implement, carry out; ~ **asi třetinu světového**

obchodu account for about a third of world trade; ~ **dohodu** implement an agreement; carry on an arrangement; ~ **vládní programy** carry out government programs
reáln|ý real; actual; ~**á hodnota** actual value; ~ **příjem** real income
recepce reception; ~ **práva** prky cizího práva v právu vnitrostátním reception of law elements of foreign law to be recognised in national law
recese recession, a temporary decline / setback in economic activity / prosperity
recidiva recidivism, perpetual commission of crimes; **druhová** ~ generic recidivism; **speciální** ~ special recidivism
recidivista perpetual / persistent offender, recidivist, habitual criminal / offender, criminal repeater; **zvláště nebezpečný** ~ extremely dangerous recidivist
recidivovat relapse into crime
reciprocita reciprocity
recipročně reciprocally; in return; ~ **nabídnout nebo požadovat** reciprocate; offer or request in return
reciproční reciprocal; compensatory; ~ **obchodování** reciprocal trade; ~ **závěť** reciprocal / double will
recyklace recycling; reclamation; ~ **plastových láhví** recycling of plastic bottles
recyklovaný recycled
recyklovatelný recyclable; ~ **odpad** recyclable waste
redakce editorial board; editorship; editing
redakční editorial; ~ **rada** editorial board; draft committee in drafting bills
redaktor editor
redigovat edit; ~ **časopis** edit a journal
redukce reduction, diminution; decrease; abatement; ~ **počtu zaměstnanců** decrease in the number of employees
redukovaný reduced, decreased; lowered
reegresní recursive; relating to recourse; ~ **zákon poškození na zdraví** a recourse law relating to the damage to health; to demand pecuniary compensation from s.o.
referát agenda; department; business; ~ **vnitřních věcí** department of internal matters; internal matters agenda within one department
reference reference, referring one person to another for information or an explanation; **požádat o** ~ **ohledně údajného zastoupení** request references with respect to s.o.'s alleged

agency, request references as to s.o.'s alleged agency

referenční referential; ~ **rámec** referential framework; frame / framework of reference

referend|um referendum; **místní** ~ local referendum; **obecní** ~ municipal referendum; **poradní** ~ consultative referendum; **povinné** ~ mandatory referendum; **maření přípravy a průběhu** ~a obstruction of / obstructing the preparation and course of referendum; **mařit přípravu a průběh** ~a obstruct the preparation and course of referendum; **vypsat místní** ~ hold a local referendum

referent senior clerk; officer, senior officer; ~ **na ministerstvu** officer of at / in the ministry

referovat refer; brief *(v)*, report *(v)*

reforma reform; ~ **soudnictví** reform of the judiciary; ~ **školství** reform of education, reform of the schooling system

reformace reformation, correction, rectification; **zákaz** ~ **in peius** tj. zákaz změny rozhodnutí v neprospěch prohibition of the reformation in peius i.e. prohibition to alter the decision to the detriment of s.o.

reformátor reformer

refundace recovery of money by the original owner / creditor; reimbursement the payment of money made by a debtor to the original owner; ~ **mzdy** reimbursement of wages; ~ **nákladů** reimbursement / recovery of costs

refundovat reimburse, refund by a debtor; recover by a creditor; ~ **náklady** reimburse / recover costs

registr register a list, registry an office; **centrální** ~ **občanů** central register of citizens; ~ **obchodních společností** Commercial Register *(CZ)*; Register of Companies *(UK)*; ~ **sdružení u okresního úřadu** Register of Associations maintained by a District Office

registrac|e registration, recording; filing; listing; ~ **politické strany** registration of a political party; ~ **smlouvy notářstvím** recording of a contract by a notary public; **přihláška k** ~**i pro volby do Senátu** application for the registration of a candidate for election to the Senate

registrační registering; relating to registration; ~ **poplatek** registration fee

registratura files; archives

registrovan|ý registered; **cenné papíry** ~**é emitentem** inscriptions; ~**á církev** registered church

registrovat register, enter into a register, record in a register, make formal entry of a document, fact, name, etc. in a register

regres recourse a right to recover against a party secondarily liable

regresivní regressive; ~ **daň** regressive tax

regresní recursive, relating to recourse; ~ **komise** recourse committee to decide recourse claims; ~ **náhrada** compensation as a result of recourse claiming pecuniary compensation from s.o., e.g. an insurance company, after the payment of claim to the beneficiary, will have recourse towards a person who caused the accident; ~ **nárok** claim as a result of recourse, recourse claim; ~ **právo** right of recourse; ~ **spory** recourse disputes

regulace regulation, control; restriction; planning; ~ **cen** price regulation / control; ~ **nájemného** rent control, rent restrictions; ~ **trhu** market regulation / control

regulační regulatory; regulating; **smogový varovný a** ~ **systém** smog warning and regulation system

regulování regulation, regulating; controlling, restricting

regulovat regulate, control; impose restrictions

rehabilitace prominutí nebo zmírnění následků odsouzení rehabilitation the remission or moderating of consequences of conviction; exoneration, disburdening / relieving from blame or reproach; reinstatement of s.o. in any previous position / privilege; the action of re-establishing a person in a former standing with respect to rank and legal rights; **mimosoudní** ~ out-of-court / extra-judicial rehabilitation; ~ **odsouzených** rehabilitation of convicts; **soudní** ~ **zahlazení odsouzení** judicial rehabilitation i.e. expungement of conviction from s.o.'s criminal records

rehabilitační relating to rehabilitation; exoneration; ~ **zákony** rehabilitation legislation

rehabilitovaný rehabilitated; discharged; exonerated; ~ **úpadce** discharged bankrupt

rehabilitovat rehabilitate; discharge; ~ **úpadce** discharge a bankrupt

reivindikace action for the recovery of a thing, the action of claiming back / recovering by a formal claim; revendication, reclaiming / demanding the restoration of st.

reivindikační relating to revendication, reclaiming or demanding the restoration of st.; ~ **žaloba** action for recovery, action of claiming back / recovering by a formal claim

rejstřík record, register list, registry institution; slate; index; roll; **čistý** ~ *(slang)* a clean slate *(slang)*; **obchodní** ~ Commercial Register *(CZ)*; Register of Companies *(UK)*; **živnostenský** ~ *(CZ)* Register of Trades; **opis z ~u trestů** obsahující všechny tresty i zahlazené a copy of s.o.'s criminal conviction records containing all convictions including expunged / erased / deleted convictions; **výpis z ~u trestů obsahující pouze nezahlazené tresty** statement of criminal records containing conviction not subject to expungement / erasure / deletion; a copy of an entry in the criminal records; criminal conviction certificate *(UK)*; **mít čistý trestní** ~ have a clean record

rejstříkový relating to register / registry / records; ~ **soud** *(CZ)* the Commercial Court in charge of the Commercial Register

reklama advertising; advertisement, advert, ad; commercial; **ekologická** ~ ecological advertisement; **opěrná** ~ **parazitování na cizím jméně** leaning parasitic advertisement; **podprahová** ~ **založená na podprahovém / podvědomém vnímání** subliminal advertising based upon subconscious perceptions; **skrytá** ~ hidden advertisement; **srovnávací** ~ comparative advertising; **superlativní** ~ superlative advertising; ~ **v rozhlase nebo televizi** commercial on the radio, TV

reklamace asserting guarantee / warranty claim

reklamační relating to guarantee / warranty claim, revealed defect of goods; ~ **protokol** guarantee report, report of a defective product; ~ **řád má být vyvěšen na viditelném místě v provozovně** guarantee / warranty claim guidelines to be posted in a visible place in every shop or workshop

reklamní advertising; relating to advertisement; ~ **agent** advertisement agent; ~ **agentura** advertising agency; ~ **leták** hand-out; ~ **spot** commercial spot; ~ **tabule** billboard

rekodifikace reenactment, recodification; ~ **zákona prozatím platného** re-enactment of the statute for the time being in force

rekognice recognition, identification of a person by means of some distinctive feature, showup a one-on-one confrontation; ~ **neznámé osoby** identification of an unknown person as a method of criminology; identity / identification parade *(UK)*, lineup *(US)*; ~ **pachatele trestného činu** identification of an offender through an identification parade / identity parade / showup presentation / lineup

rekonstrukce reconstruction; ~ **trestného činu** crime reconstruction

rekonvalescence convalescence, gradual recovery of health and strength after illness

rektifikovan|ý rectified, corrected; ~**á bilanční hodnota** aktiv adjust book value

rektor rector; ~ **univerzity** rector of a university; chancellor *(UK)*, *(US)*, president *(US)*

rektorát rector's office

rekultivace restoration; re-cultivation; reclamation; ~ **půdy po ukončení nezemědělské činnosti** land reclamation, restoring to use the land left derelict

rekvalifikace re(-)qualification; **hmotné zabezpečení účastníků** ~ material welfare maintenance of participants in re(-)qualification financial assistance for those trainees whose income is inadequate or non-existent; ~ **uchazečů o zaměstnání** re(-)qualification of job-seekers

relativně relatively; ~ **neplatná smlouva** voidable contract, relatively void contract *(LA)*

relativní relative; correspondent / proportionate to; ~ **neplatnost úkonu** voidability / relative validity of an act / deed; ~ **obchod** relative trade

relevance relevance

relevantní relevant; germane; ~ **trh** relevant market

relevantnost relevance

rembursní relating to reimbursement, refunding

remedura process leading to remedy, redress, relief; **soudní** ~ remedying an error of a lower court; writ of error coram vobis

remise zpětný odkaz *(MPS)* remission, renvoi referring the case back to the law of the first country in the conflict of laws

remitent transferee, payee, drawee

renta pension, annuity; periodical payment; allowance; **doživotní** ~ annuity for life, grant of an annual sum of money for life; **důchodová** ~ retirement annuity; **soukromá** ~ private annuity; ~ **v naturáliích** rent payable in kind; gavel bread *(obs)*

rentabilita profitability; ability to be profitable, payability; return; ~ **vložených nákladů** return on investment

rentabilní profitable; paying

rentiér annuitant

reparace reparation, redress, payment for an injury; **válečné** ~ reparations, compensation for war damage owed by the aggressor

reparační reparative, reparatory; ~ **teorie** indemnity / indemnification theory; ~ **žaloba** personal action for indemnification
reportáž reporting, coverage; ~ **z hlavního líčení** trial coverage
reportér reporter
represálie reprisals; ~ **je opatření jednoho státu vůči druhému, aby ustoupil od protiprávního chování** reprisals are a measure of one state towards another to prevent them from committing an illegal act
represe prosecution, sanction, retaliation; ~ **je zabránění trestnému činu** sanctions are to prevent the committing of a crime; **pomocná role trestní** ~ subsidiary role of penal / criminal sanctions; **přepínání trestní** ~ over(-)exertion of criminal prosecution / sanctions either over-zealous prosecution or abuse of the power to prosecute
reprezentace representation; **politická** ~ political representatives
reprezentant representative; delegate, substitute; agent, proxy
reprivatizace denationalization, removing an industry from national control and returning it to private ownership
reprivatizovat denationalize, transfer an industry from national to private ownership
reprodukce 1 *(econ)* reproduction given capital is maintained for further production by the conversion of part of its product into capital **2** replication, copy, reproducing, reproduction
reprodukční relating to reproduction; **běžné** ~ **náklady** current replacement costs; ~ **pořizovací cena** reproduction purchase price
republika republic; **parlamentní** ~ parliamentary republic
republikánský republican
reputac|e reputation, character, respectability, good report, credit; slate; **vylepšit / napravit si ~i** improve one's reputation; wipe the slate clean, wipe off the slate *(coll)*
res ipsa loquitur *(lat)* **věc mluví sama za sebe, tj. některé věci se nemusí v řízení prokazovat** the thing speaks for itself and needn't be proven in no-fault liability cases
res iudicata *(lat)* **věc rozsouzená** matter adjudged, case settled by judgment
res nulius *(lat)* **věc bez pána** property of nobody, estate in abeyance
resort government department; sector

resortní departmental; sectoral
respekt respect of / to, regard, consideration; deferential regard / esteem felt or shown towards a person
respektování respecting; comity; respectful attitude towards s.o.; ~ **soudní moci** judicial comity; ~ **svrchovaných národů** comity of nations
respiro *(lat)* **odklad placení nebo plnění** days of grace, grace period a period of extra time allowed for some required action without incurring the usual penalty for being late
restituc|e restitution, reinstatement; recovery; ~ **majetku** recovery of property, restitution of the title to property; **náklady na plnou naturální ~i** full reinstatement cost
restituční relating to restitution, reinstatement, recovery; restitutive; ~ **nárok** restitution claim; ~ **normy** restitution rules / laws; ~ **povinnost** nájemník povinen odstranit vady a poškození jím způsobené duty to restore duty of a tenant to remove all the defects caused by him to the rented property; **vzájemná ~ povinnost** mutual duty to restore to a former position or status / reinstate / rehabilitate
restituovat recover, get / take back again into one's possession; regain possession of st. lost or taken away; restitute, restore to a former position / status; reinstate, rehabilitate; ~ **dům** *(CZ)* recover the possession of the house unlawfully taken under the communist regime
restitutio in integrum *(lat)* **navrácení v původní stav** restoration to the previous uninjured state placing the injured person in the position he occupied before the occurrence of the wrong which adversely affected him; restitution in integrum
restrikce restriction, limitation imposed upon s.o. / st., restraint; **mzdové** ~ pay / wage restraints; **nákladové** ~ restrictions upon expenditure
restriktivní restrictive; ~ **opatření** restrictive measures *(gen)*, restrictive practice an arrangement in industry and trade which restricts or controls competition between firms; ~ **ustanovení** restrictive covenant / clause
restrukturalizace reorganization; restructuring; ~ **dluhu** the restructuring of debt
retence detention, retention
retenční retaining; detaining; ~ **dlužník** lien debtor, lienee; ~ **právo** lien; ~ **právo na vymáhání zdržného** demurrage lien; ~ **právo prodávajícího** vendor's lien, right of a seller

to retain the unpaid goods; right to retain possession of property until the satisfaction of a debt to the person detaining it; ~ **právo soudu** judicial lien; ~ **věřitel** lien creditor, lienor
retorze retorsion, retortion; ~ **je odvetné nepříznivé opatření jednoho státu vůči druhému** retorsion is retaliating against a foreign nation by causing similar damage
retribuce retribution; recompense, repayment; ~ **je potrestání nacistů a kolaborantů po 2. světové válce na základě dekretů prezidenta** retribution is based on the punishment of Nazis and collaborators after World War II upon the Presidential Decrees
retribuční retributory, recompensing; ~ **dekret prezidenta** the retribution decree of the President
retroaktivit|a retroactivity, retrospectiveness; **zákaz ~y pozdějšího přísnějšího předpisu trestního zákona** prohibition of the retrospective effects of a subsequent stricter penal regulation
retroaktivní retroactive, retrospective; operative with regard to past time; ~ **zákony** retrospective / retroactive laws
revalvace revaluation
revidovat revise, review, re-examine; ~ **svá rozhodnutí** review one's decisions
revír ward, beat, pitch; precinct; **honební** ~ hunting ground; **pochůzkový** ~ **policie** the beat of patrolling policemen
revize audit, review, revision; control; **soudní** ~ judicial review; **účetní** ~ **odhalující nedostatky** qualified auditor's / audit report revealing defects; ~ **jako jeden z principů opravného řízení se soustředí na přezkoumání napadeného rozhodnutí po stránce právní** a review as one of the remedial principles concentrates on the revision of the issues of law in the contested decision; ~ **účetních dokladů** audit of accountancy documents
revizní reviewing, revising, auditing; re-examining; relating to review, audit, re-examination; ~ **doložka** auditor's clause; ~ **komise** audit committee; ~ **zásady** auditing principles
revizor auditor, controller, comptroller an erroneous spelling of controller, introduced in 1500; still retained in certain official designations; supervisor; **finanční** ~ financial controller / comptroller
revokace revocation; revoking, rescinding, an-

nulling; withdrawal of a grant; ~ **ustanovení** revocation of a provision
revokovat revoke; cancel, annul, rescind; ~ **mezinárodní smlouvu** revoke a treaty
revolver gun
revolvingový revolving; ~ **účet** revolving account; ~ **úvěr** revolving loan
rezerva reserve, provision, fund
rezervace reserve, preservation, preserve; **národní přírodní** ~ national nature reserve; **ptačí** ~ sanctuary; ~ **z důvodu ochrany volně žijících živočichů** game preserve
rezervní reserve (adj); ~ **fond** reserve fund, guarantee fund
rezidence residence, mansion
rezident 1 resident a person with permanent residency 2 resident, an intelligence agent in a foreign country
rezignace resignation of an office, resigning; ~ **je vzdání se funkce z vlastní vůle** resignation is the voluntary yielding / surrendering of office upon one's own decision
rezignovat resign, relinquish, surrender, give up one's office; ~ **na svou funkci** resign one's office
rezoluce resolution
rezort governmental department; sector
rezortní departmental; sectoral
režie **výdaje** overheads, overhead expenses / charges, operational / running costs; outgoings
režijní overhead; basic, initial; ~ **cena** cost / cover price; ~ **výdaje** overheads, overhead expenses / charges
režim regime; set of conditions under which a system occurs or is maintained; **politický** ~ political regime; **státní** ~ government, system of government; **totalitní** ~ totalitarian regime / system of government; **výkon vazby se zmírněným** ~**em** (CZ) serving custody with a moderate regime; **narušit** ~ **ochrany a vstupu do vojenského objektu** break the regime of the protection of, and entry into, military premises
riskantní unsafe, risky, dangerous, hazardous; ~ **čin za účelem zisku** venture, enterprise / operation / undertaking of a hazardous / risky nature for profit; ~ **obchod** risky transaction, chance bargain; ~ **věc** risky / hazardous matter
riskovat expose to hazard / risk; take a risk / gamble; risk, gamble, venture
rizi|ko risk; danger; peril; venture, hazard; gamble; **neodvratitelná** ~**ka** (nám.pojišť) un-

avoidable dangers marine insurance; **nežádoucí ~** undesirable risk; **vedlejší ~ka** allied perils; **velké ~** material / substantial / significant risk; **~ kumulace** accumulation risk; **~ nese kupující** the buyer is responsible for checking the quality of a purchased product; caveat emptor *(lat)*, let the buyer beware; **~ nese prodávající** the seller is responsible for checking the quality of a sold item; caveat venditor *(lat)*, let the seller beware; **limit pro přijetí** pojistného **~ka** underwriting limit; **nahromadění ~k** accumulation of risks; **pojištění nepřiměřeného ~ka** wager policy, insurance against excessive dangers; **převzetí ~ka** assumption of the risk; **stupeň úvěrového ~ka** degree of credit risks; **podnikat s velkým ~kem** za účelem zisku venture; undertake st. of a dangerous or difficult nature for profit without assurance of success

rizikov|ý unsafe, risky, dangerous, hazardous, venturous; **~é investice** venture capital, risky investments; **~é podnikání** venture; risky undertaking / business; **~é pojištění** hazardous insurance; **~é zaměstnání** dangerous job; hazardous employment; **~ příplatek** danger money; **středně ~á podrozvahová položka** medium risk off-balance-sheet item; **vysoce ~á podrozvahová položka** full-risk off-balance-sheet item; **vysoce ~á smlouva** hazardous contract

ročně on a yearly basis, annually, yearly, per year, per annum

roční yearly, annual, counted per year; **~ důchod** annuity; **~ hodnota** annual value; **~ obrat** annual sales; **~ osvobození od placení pojistného** year free of premium; **~ platba** yearly payment; **~ platba nájemného** yearly rent; **~ příjem** annual income, annual revenue usually of the State; **~ renta od státu** annuity from the government; **~ účetní závěrka** annual balance sheet report; **~ umořovací splátka** účet annual amortization; **~ výše nájemného** yearly rate of the rent; **~ vyúčtování** annual account; **~ zúčtování záloh** annual clearing of reserves

rodák native; **~ z Prahy** native of Prague

rodič parent; progenitor, forefather

rodičovsk|ý parental; fatherly, motherly; **~á péče** parental care; **~ příspěvek** parental allowance; **zbavení ~ých práv** deprivation of parental rights

rodičovství parenthood, parentage; mother-

hood, fatherhood; **plánované ~** planned parenthood

rodilý native *(adj)*; **~ Čech** native Czech; **~ mluvčí** native speaker

rodina family; **neúplná ~** one-parent family; **úplná ~** both-parents / full family; **člen ~y** family member

rodinn|ý relating to family; **~á knížka** family records; **~é právo** family law; **~é přídavky** family allowance / benefit; **~í příslušníci** family members; **~ stav** personal / family status

rodiště birthplace, place of birth

rodn|ý native; natal; based on birth; **~é číslo** *(CZ)* birth identification number; **~é příjmení** maiden (sur)name; **~ list** certificate of birth

rodokmen pedigree, genealogy; family tree, line

rok year; **daňový / fiskální ~** fiscal / tax year; **následující ~** subsequent / following year; **účetní ~** financial year; **část ~u** f(r)action of a year; **za ~** per year, per annum *(lat)*

rokování discussion, negotiation; deliberations

rokovat discuss, deliberate; negotiate, debate

rolnictví husbandry, business of a farmer; agriculture, farming

rolník farmer

rostlina plant; **planě rostoucí ~** wild plant

rostoucí growing, increasing; accumulative, cumulative; **stále ~ počet správních předpisů** ever-burgeoning body of administrative regulations

roubík gag

rouhání blasphemy, profane speaking of God; impious irreverence

rouhat se blaspheme, speak irreverently of, utter impiety against s.o.

rovina flatland, plain, down(-)country

rovn|at se equal st.; amount to st.; **~ vyšší položce z dvou následujících** equal the higher of the two subsequent items; **trest se ~á mučení** the punishment amounts to torture

rovnocennost equality, parity; **~ titulů** equality of titles

rovnocenný equal; matching, corresponding; **~ soupeř** matching rival / opponent

rovnost equality; evenness, regularity, uniformity in rate or degree; **~ hlasů** equality of votes; **~ občanů před zákonem** equality of citizens before law; **~ postavení** equality of status; **~ příležitostí** equality of opportunity / chances to get job, be elected etc.

rovnou directly; direct
rovnováh|a balance; ~ **sil** balance of power; **uvést co do** ~**y** balance st. by / with / against st.; counterbalance
rovnovážný balanced
rovn|ý equal; even, uniform; ~**é postavení** equal status / position; ~**é příležitosti** equal opportunities; ~**é zacházení** equal treatment; ~**é zastoupení územních jednotek** apportionment of administrative units; **splatné** ~**ým dílem** payable in equal shares
rozbor analysis, *(pl)* analyses; ~ **písma** handwriting analysis
rozbouřený rough / stormy sea; tempestuous debate; disorderly
rozdat distribute, give, part; ~ **majetek** part with one's property, distribute one's property
rozdělení division, partition, separation, split; allocation, allotment, distribution, apportionment; **dobrovolné** ~ nemovitého majetku voluntary partition of real property; **reálné** ~ **věci** fair division / partition of a thing; ~ přidělení **akcií drobným žadatelům** share allocation; ~ **likvidačního zůstatku** distribution of the remainder of liquidation; ~ **majetku společnosti** distribution of assets; ~ **obchodní společnosti na dva nebo více právních subjektů** division of a company into two or more legal entities; ~ **obcí jako forma změny v obecním území** division of a community as a type of alteration of administrative territory; ~ **odpovědnosti** distribution of responsibilities; ~ **povinností** allocation of duties; ~ **práv** distribution of rights; ~ **pravomocí** division of powers / responsibilities; ~ **společné věci** výkon rozhodnutí partition of a common thing execution of judgment; ~ **trhu** division of a market; ~ **volebních obvodů** s cílem získat více mandátů ve volbách gerrymandering; division of constituencies / electoral districts in order to get more seats in the next election; ~ **zisku** mezi dva a více podniků allocation of income; **sloučení, splynutí nebo** ~ **obchodních společností** merger, consolidation or division reorganization of a business entity / organization company, corporation
rozdělen|ý divided, split; distributed, allocated, allotted; ~**é pravomoci / kompetence** divided powers / responsibilities; ~ **na dvě části** subdivided into two parts; made bipartite; ~ **soud** jednotliví soudci nedospěli k jednomyslnému rozhod-

nutí divided court individual judges presented different opinions
rozdělit apportion; allot, allocate, distribute, divide proportionally; ~ **celý soubor práva** divide up the whole body of law; ~ **finanční prostředky** allocate funds; ~ **volební obvody s cílem získat výhodu ve volbách** gerrymander, reorganize electoral districts to get an advantage in the election
rozděli|t se break up; divide, split; **společnost se** ~**la** the company split / was broken up
rozdělitelný dividable, separable; allocable, distributable
rozdělovací based on distribution, apportionment; ~ **systém** distribution system
rozdělování division, partition, separation, split; allocation, allotment, distribution, apportionment; dispensation; ~ **veřejných zdrojů** apportionment / distribution of public resources
rozdělovat apportion; allot, allocate, distribute, divide proportionally
rozdíl 1 variance, difference; distinction, divergence; ~ **mezi trestním a občanským právem** distinction made between criminal law and civil law; **na** ~ **od** unlike; **dělat** ~ **mezi kým / čím** distinguish between s.o. / st. 2 balance; **při výpočtu platby, daní atd. je uhrazen v hotovosti** the balance as the result of calculation of payments, taxes, etc. will be paid / reimbursed in cash
rozdílnost disagreement; divergence, divergency; difference; distinctiveness; ~ **povah** disagreement / difference of characters
rozdíln|ý different, diverse, distinct; ~**é přístupy k právnímu výkladu** different approaches to legal interpretation
rozebírat analyse, analyze; examine; interpret, construe; **podrobně** ~ co examine st. minutely, analyze
rozepř|e dispute, verbal contention, controversy, debate; **společenství v** ~**i** joinder of parties
rozepsan|ý itemized; ~**á faktura** extended invoice
rozepsat break down; extend; itemize; ~ **fakturu podle položek** extend an invoice calculate and carry out the amount of each line contained in it
rozhodce arbitrator one who is chosen by the opposing parties in a dispute to solve or decide the difference between them; arbiter arbitrator is the accepted legal term, arbiter the literary word; umpire; ~ **v pracov-**

něprávních věcech industrial arbitrator, adjudicator in an industrial dispute; **řízení před nezávislým a nestranným ~m** hearing before an independent and impartial arbitrator, arbitration proceedings
rozhodčí *(adj)* relating to arbitrator, arbitration; **~ doložka** arbitration clause; **~ komise** arbitration committee; **~ nález** arbitral award; arbitration ruling; **~ řízení** arbitration, arbitral proceedings, the settlement of a dispute / question at issue by an arbitrator to whom the conflicting parties agree to refer their claims in order to obtain an equitable decision; **~ smlouva** arbitration agreement
rozhodčí *(n)* arbitrator; arbiter; referee; umpire; **nestranný ~** impartial arbitrator / umpire; **funkce ~ho** umpirage; arbitratorship, the position / function of an arbitrator
rozhod|nout decide, determine; hold, settle, resolve by court; adjudicate, adjudge, pronounce a final judgement; bring to a settlement; declare; **~ arbitrážní řízení** determine arbitration; **~ o čí nevině** ascertain / declare s.o.'s innocence; **~ o právních otázkách** determine questions / issues / matters of law; **~ o přípustnosti důkazu** decide on the admissibility of the evidence; **~ o smyslu smluv** adjudicate on the meaning of the treaties; **~ ve prospěch žalobce** decide in favour of the plaintiff; **~ ve věci** samé decide the case on its merits; **pravomocně ~** decide by the final and conclusive judgment; **bylo soudně ~nuto, že** it was held / ruled that; **soud ~l** the court held / adjudicated; **soudce ~l, že k žalobě nejsou dostatečné důvody** the judge ruled / held there was no case to answer
rozhodnutí decision of / by s.o. on / about st.; judgment, decree, resolution; ruling; award, holding; **cizozemské ~** foreign judgment; **deklaratorní ~ konstatuje existenci nebo neexistenci právního vztahu** declaratory judgment declaring the existence or non-existence of a legal relationship; **konstitutivní ~** constitutive judgment; **meritorní ~** judgment on merits, meritorious decision; **napadené ~** challenged / contested decision; **potvrzující ~ odvolacího soudu** a confirming / affirmative decision of the Appellate Court / Court of Appeal; a decision of the Court of Appeal upholding the first instance judgment; **pravomocné ~** final and conclusive decision / judgment; **protichůdná ~**

contradictory decisions; **soudní ~** judicial decision, judgment; **soudní ~ o konkursu** adjudication of bankruptcy; **soudní ~ o placení výživného na nemanželské dítě** affiliation order to pay maintenance for an illegitimate child; **souhlasné ~** concurrent decisions; **společné ~** joint / common decision; **spravedlivé ~** just / fair / equitable decision; **územní ~** planning permission / licence; **vykonatelné ~** enforceable decision; **zrušovací ~ odvolacího soudu** appellate judgment vacating / annulling the first instance decision; **židovské ~ o rozvodu** rabbinical bill of divorce, get(t); **~ soudů uveřejněná ve sbírce** reported decisions of / by the court; **~ neplatnosti manželství od samého počátku** judgment / decree of nullity of marriage; **~ o adopci** adoption order; **~ o ochranném léčení** judgment of protective in-patient treatment; **~ o otázkách výkladu** ruling on interpretation; **~ o péči** care order, decision on the child custody; **~ o předlužené pozůstalosti** decision on insolvent probate estate, decree of insolvency; **~ o přípustnosti důkazů** decision on the admissibility of evidence; **~ o vazbě a trestu** decision on custody and punishment; **~ o vině a trestu** decision on guilt and punishment; **~ o výživném** maintenance order, decision on the maintenance and support; **~ o zastavení vykonávacího řízení** decision to stay execution proceedings which ought otherwise to have proceeded; writ of supersedeas; **~ o změně jména** decision / conclusion on the change of name; **~ o zrušení společnosti** judgment to dissolve a company; **~ obžalovaného nevypovídat** defendant's failure to testify; **~ pracovního soudu** award by an industrial tribunal; **~ soudu** decision / judgment of court; adjudication, decree, award of judgment; **~ soudu o opravném prostředku** remedial measure / relief granted by the Court; **~ v daňovém řízení** judgment in tax proceedings; **~ v trestní věci** judgment in criminal case, criminal judgment; **~ ve věci odvolání** appellate decision; **~ ve věci** judgment on merits, meritorious decision; **~ voličů** decision of electors / voters / constituents; **návrh na vydání kolaudačního ~** application for issuance of an occupancy permit, motion to issue an occupancy permit; **oznamování ~** notification of decision, awarding decisions; **písemné vyhotovení ~** judgment in writing, a written / typed copy of judgment / decision; **platnost** ~ validity of a decision; **právní moc a vykonatelnost** ~ legal force and enforcement of judgment; **přezkoumání** ~ **o přestupku soudem** the review of the decision on an administrative delict / infraction by the court; **sbírka soudních** ~ **a stanovisek** law reports and opinions collection; **soudní výkon** ~ the judicial execution of a decision; **vyhlášení** ~ pronouncing a judgment / decision, awarding / issuing a judgment / decision; **výkon** ~ execution of decision / judgment, enforcement of judgment; **výrok** ~ a statement / holding of a judgment; judicial dictum contained in judgment, decision; **žádost o předběžné** ~ *(ESD)* reference for preliminary ruling; **opírat** ~ **o co** rest a decision / judgment upon st.; **zrušit či změnit** ~ discharge or vary a decision, quash / vacate or vary a judgment; **rozsudek, jímž se** ~ **soudu 1. stupně potvrzuje nebo mění** judgment to confirm or alter / reverse the first instance original judgment; **usnesení o nařízení výkonu** ~ **jiným způsobem** resolution to order the execution of judgment in a different manner

rozhodnut|ý decided, held; awarded, determined, adjudged; **překážka věci již jednou** ~**é** bar / plea of res judicata, estoppel by judgment, issue preclusion

rozhodn|ý applicable, governing; pertinent, conclusive; determined, specified; relevant; decisive; ~**á pro stanovení znaků trestného činu je výše devizové škody** the amount of foreign exchange loss is material to determine the elements in / of crime; ~**á je způsobilost látky ovlivnit psychiku** the ability of a substance to influence mental health is a material / relevant / decisive factor; ~**á skutečnost** material / conclusive fact, decisive factor; ~**é období** specified / applicable / relevant period of time; ~**é právo** *(MPS)* governing / applicable law; ~**é právo v případě smlouvy o prodeji zboží** the proper law of a contract for the sale of goods; ~**é skutečnosti pro posouzení trestného činu** material facts for the determination of a crime; ~ **den** specified date; ~ **důkaz** material evidence; critical evidence; **lhůta k** ~**ému dni skončila** the time limit expired on the appointed day; **platit pro účely stanovení** ~**ých lhůt** have effect for the purpose of determining relevant periods; **pro možnost**

prodloužit zkušební lhůtu je ~ **věk mladistvého** the age of a juvenile is material for a possible extension of the probationary period; **pro použití amnestie je** ~**á nesnížená trestní sazba** an unreduced length of term of imprisonment is relevant to the awarding of amnesty; **pro určení postavení není** ~**é, zda**... it is irrelevant for the determination of the position whether...; **pro výklad tohoto ustanovení není** ~**é, zda jednací řád soudu umožňuje nepřítomnost obžalovaného při výslechu svědků** it is immaterial for the purposes of construction of this provision whether or not the Rules of Court require the defendant to be present at the hearing of witnesses

rozhodovací deliberative, decision-making; **místní** ~ **orgán** local deliberative / decision--making body

rozhodování decision-making; deliberation; deciding, resolving; ~ **o opravných prostředcích** deciding about remedial measures; ~ **o osobním stavu** deciding personal status; ~ **soudu** deliberation of court, adjudication; ~ **sporů** resolution of disputes

rozhodovat judge, decide, determine; adjudicate, adjudge; resolve; ~ **nestranně, spravedlivě a bez průtahů** decide cases impartially / without prejudice, fairly / equitably and without delay; ~ **o dovolání proti rozhodnutí vrchního soudu v pětičlenném senátu** decide / determine the appellate review of the High Court decision by the panel consisting of five judges; ~ **o nárocích** adjudicate upon the claims; ~ **o právních otázkách** determine questions of law; ~ **otázku viny či neviny** decide the issue of guilt or innocence; ~ **spory** decide disputes; ~ **ve sporech** act on / adjudicate in disputes; ~ **ve věci** decide on the merits; ~ **ve věci odvolání** hear an appeal; **projednávat stížnosti a** ~ **o nich** hear and dispose of / determine / handle the complaints

rozhodující crucial, decisive, determined, determinative; material; ~ **důkaz** conclusive evidence; ~ **hlas** decisive vote; ~ **okamžik** crucial moment; ~ **otázka** crucial issue; ~ **skutečnost odůvodňující nařízení předběžného opatření** crucial factors justifying an emergency ruling; **pro rozsudek je** ~ **stav v době jeho vyhlášení** the terms of the judgment are determined by the facts existing when the judgment was issued / awarded; **ten-**

to případ je ~ pro řešení vzniklého problému the case is decisive of the point raised
rozhovor discussion, conversation; talk
rozchod break-up, partition, division, separation; dobrovolný ~ voluntary disuniting / disunion of spouses leading to separation and divorce; ~ od stolu a lože separation from bed and board
rozjímání contemplation, reflection
rozkaz order, authoritative direction, injunction, mandate; command oral or written; instruction; platební ~ proti jednomu žalovanému compulsory payment order against one defendant, judicial order to pay against one defendant; povolávací ~ conscription order; směnečný šekový platební ~ compulsory / judicial order to pay a bill or cheque / check; zatýkací ~ tj. mezinárodní zatykač order to arrest i.e. international arrest warrant; návrh na vydání platebního ~u motion to issue a compulsory payment order, motion to issue judicial order to pay; neuposlechnutí ~u failure to obey order / direction / command; protest proti platebnímu ~u protest against a compulsory payment order, protest against a judicial order to pay; vydávání směnečných platebních ~ů issuance / award / grant of compulsory / judicial orders to pay a bill; vydat platební ~ issue a compulsory payment order, issue a judicial order to pay
rozklad 1 remonstrance urging strong reasons against a course of action, protesting against; expostulating with a person, on or upon an action; ~ proti prvostupňovému rozhodnutí řádný opravný prostředek remonstrance against the first instance decision a regular remedial measure 2 decomposition
rozkladný destructive; disruptive; ~ účinek disruptive effect
rozkrádání theft, larceny; stealing; ~ majetku v socialistickém vlastnictví (hist CZ) theft of property in social ownership, stealing property in social ownership
rozličný various; sundry; distinctive
rozlišitelnost distinctiveness; důkaz ~i ochranné známky evidence of distinctiveness of trade mark
rozlišování differentiation; distinction, distinguishing; ~ podstatných a nepodstatných skutečností distinguishing material and irrelevant facts

rozlišovat distinguish; differentiate, discriminate between
rozlišující distinctive; discriminating; ~ název distinctive name
rozloha area, floor
rozložit destruct; disrupt; decompose
rozluka separation; ~ od stolu a lože separation from bed and board
rozmanitost diversity; biologická ~ biodiversity
rozmanitý diverse, different, various, sundry; nekonečně ~ infinitely various
rozmařilec unthrift, spendthrift, prodigal
rozmístění placement; placing, arrangement; distribution
rozmístit place; distribute, set
rozmluv|a discussion, debate; talk; consultation; žádost odsouzeného o ~u a request by a convict for a talk
rozmáška delivery; distribution
rozpad decomposition, disrepair
rozparcelovat particularize, divide into plots / lots / parcels of land
rozpětí bracket, spread, margin; range, span; upisovatelské ~ underwriting spread
rozpoč|et budget; provozní ~ operating budget; rodinný ~ family budget; schodkový ~ deficit budget; vojenský ~ military budget; vyrovnaný ~ balanced budget; ~ obce budget of a community / municipality; kontrola ~tu budgetary control; návrh státního ~tu ve formě zákona Finance Bill (UK), State Budget Bill (CZ); požadavky na ~ budgetary requirements; předložit ~ put forward a budget; sestavit ~ draw up a budget; snížit ~ cut the budget; zkrátit ~ cut the budget
rozpočtování budgeting
rozpočtov|ý budgetary, pertaining to budget; ~á kapitola chapter of a State budget; ~á politika budgetary policy; ~á položka item of a budget; ~é organizace (CZ) institutions fully funded from the State Budget; ~é provizorium provisional budget; ~ odhad budgetary estimate; ~ rok fiscal year, budget year
rozpolcen|ý ambivalent; ~é pocity ambivalent feelings
rozpor variance a difference or disparity between statements or documents that ought to agree; disagreement between persons; contradiction in terms; discrepancy between thoughts and facts; discordance between the letter and practice of Criminal Law; dis-

sension disagreement in opinion; **podstatné ~y ve výpovědích** material variances in testimony / depositions; **~ mezi důkazy a obviněním** variance / discrepancy between collected evidence and charges; **~ mezi myšlenkou a činem** divorce / discrepancy between thought and action; **~ mezi tvrzeními** variance / disagreement between allegations; **~ mezi účastníky vztahů** disagreement between parties to the relationship; **~ ve svědectví** variance in testimony; **uložený druh trestu je v zřejmém ~u s účelem trestu** the imposed sentence is at obvious variance / conflict with the purpose of sentencing; **v ~u s čím** contrary to st., in contradiction to st., in contravention of st.; **v ~u s právem** in violation of law, in contrary to law, in breach of law; **zákony, které jsou v ~u se zásadou nestrannosti soudů** laws that contravene the principle of impartiality of courts; **být v ~u s čím** be contrary to st., contradict, contrast, contravene st.; **být v ~u se zájmy dítěte** be contrary to the interests of a child; **dostat se do ~u** come into conflict / clash / competition

rozpornost ambivalence; incompatibility, inconsistency; **~ tvrzení** inconsistent allegations

rozporn|ý ambivalent, incompatible, inconsistent; conflicting; **~é cíle** conflicting objectives

rozpoznat identify; distinguish, recognize; **schopnost ~ nebezpečnost jednání** an ability to recognize / realize the dangerousness of one's acts / behaviour

rozprav|a debate, discussion; **podrobná ~** clause-by-clause debate / scrutiny; **~ v parlamentu** debates in parliament, parliamentary debates; **v ~ě o návrhu rozpočtu** in / during the debate on the Finance Bill *(UK)* / State Budget Bill *(CZ)*

rozptyl dissipation, dispersion, scattering, spreading; **princip ~u** variance principle

rozptýlit dispel, dissipate, difuse, disperse; **~ pochyby** dispel / clear up doubts

rozpustit dissolve; terminate; dismiss, discharge; **~ parlament** dissolve Parliament; **~ porotu** discharge a jury; **~ zasedání** dismiss a session

rozpuštění dissolution; disintegration, decomposition; **~ politické strany** dissolution of a political party; **~ poroty** discharge of a jury

rozrušení excitement, emotion, stress, distraction, dissension

rozrušený excited; emotionally distraught; stressed; **citově ~** emotionally distraught / distracted, mentally deranged

rozrušit disrupt, distract, stress

rozřezávání dissection, cutting into pieces

rozsah volume, ambit, amount, scope, extent, range, dimension, extension; **~ autorskoprávní ochrany** extent of copyright; **~ náhrady škody** amount of damages; **~ přezkumné povinnosti** the scope of duty to review; **škoda velkého ~u** extensive damage; extremely serious damage; **v menším ~u** to a lesser extent; **ve větším ~u** to a larger extent; **v zákonem stanoveném ~u** to the extent laid out in the Act

rozsáhlý vast, sheer, extensive, wide

rozsouzení adjudicating, adjudging, awarding judgment / judicial decree; **~ věci** adjudication of a case; **správné ~** accurate adjudication

rozsouzen|ý adjudicated, adjudged, decided by judgment; **překážka věci ~é** bar / plea of res judicata, estoppel by judgment, issue preclusion; **účinek věci ~é** res judicata effect; collateral estoppel effect

rozsud|ek judgment *(gen)* final disposition of the case; in the US the narrow disposition of the case, generally found at the end of opinion; judicial opinion reasoning and decision of the court *(US)*; judicial decision; decree *(obs)*; holding that portion of the opinion that answers the legal question raised by the facts of the controversy before it *(US)*; **částečný ~** partial / split judgment; **doplňující ~** supplementary judgment, supplemental relief; **doručený ~** served judgment on parties a judgment is valid as soon as a copy of it is served on each party; **konstitutivní ~ o osvojení s uvedením budoucího jména osvojence** constituting judgment of adoption stating the future name of an adopted child; **kontumační ~** judgment by / in default, default judgment entered against a party who have failed to defend against a claim; **kontumační ~ v řízení, kde se žalovaná strana neobhajovala** judgment by nihil dicit, judgment for want of a plea, default judgment where the defendant omits to answer the petition or complaint; **kumulativní trestní ~** accumulative judgment; **mezitímní ~** interlocutory judgment, decree nisi; **napadený ~** challenged / contested judgment; **nevykonaný ~** dormant judgment; **odchylující se** ~ aberrational / diverting judgment; **odsuzující** ~ judgment of conviction; **osvobozující** ~ judgment of acquittal; **pravomocný** ~ final and conclusive judgment; **přezkoumatelný** ~ appealable / reviewable judgment; **trestní** ~ criminal judgment, judgment in criminal case; **vadný** ~ defective / erroneous / reversible judgment; **vykonatelný** ~ enforceable judgment; **zjednodušený písemný** ~ neobsahuje odůvodnění summary judgment in writing not containing a reasoning; **zjišťovací** ~ declaratory judgment; **zprošťující** ~ judgment of acquittal; **zrušitelný** ~ voidable judgment; **~ je pravomocný a není proti němu přípustné odvolání** judgment is final and without appeal; **~ o nařízení ústavní výchovy** judgment of compulsory placement in a special medical treatment institution; **~ o odporové žalobě** judgment in an action for protest against the judicial / compulsory order to pay; **~ o povolení uzavřít manželství nezletilému, staršímu 16 let** judgment conferring upon a minor older than 16 the capacity right to marry; **~ o prohlášení za mrtvého** judgment to declare the person dead; **~ o přivolení k výpovědi z nájmu bytu** judgment sanctioning / permitting the notice of termination of residential lease by lessor; **~ o rozvodu manželství** judgment / decree of divorce; **~ o svěření dítěte do pěstounské péče** judgment of fosterage, judgment awarding / granting the custody of a child to foster parents; foster care order; **~ o svěření nezletilého do zatímní předadopční péče** judgment of the interim pre-adoption care of a minor; **~ o trestu smrti** judgment of death sentence; **~ o úpravě styku otce s nezletilou** judgment regulating visitation rights of father with respect to his minor daughter; **~ o určení otcovství** paternity judgment, judgment of paternity; **~ o určení, že nepřítomnost zaměstnance v práci není neomluvenou absencí** judgment determining that the absence of an employee at work was not the absence without leave; **~ o ustanovení opatrovníka** judgment to appoint a guardian, appointment of a guardian judgment; **~ o užívání společné věci** judgment to compel the common use and enjoyment of property; **~ o výchově a výživě nezletilého** judgment for upbringing and support / maintenance means of subsistence, livelihood of a minor;

~ o vyslovení neplatnosti rozhodnutí valné hromady akciové společnosti (CZ) judgment declaring invalid null and void the decision of the general meeting of the stock corporation; **~ o zákazu styku nezletilého s otcem** judgment depriving father of visitation rights with respect to his minor child, judgment prohibiting any contacts between father and a minor; **~ o zaplacení kupní ceny** judgment for the purchase price to be paid; **~ o zbavení způsobilosti k právním úkonům** incapacitating judgment, judgment depriving a person of legal capacity due to substantial mental or physical disability; **~ o zrušení a vypořádání podílového spoluvlastnictví** judgment to terminate and settle / distribute common property, judgment for the termination and settlement / distribution of common property; **~ o zrušení práva společného nájmu bytu** judgment terminating / for the termination of a right of a common residential lease usually of spouses; **~ o zrušení vyživovací povinnosti** judgment to cancel the duty to support and maintain, judgment in cancellation of the duty to support and maintain; **~ o zrušitelném osvojení** judgment of revocable adoption; **~ o zvýšení, snížení výživného** judgment to increase, reduce the alimony / maintenance and support allowance; **~ o žalobě o neplatnost výpovědi z pracovního poměru** judgment in the action for void notice of unlawful dismissal from employment; **~ pro uznání** judgment of recognition; **~ pro zmeškání** judgment by / in default, default judgment entered against a party who have failed to defend against a claim; decree in absence (SC); judgment by nihil dicit; **~ proti osobě** personal judgment, judgment against person, judgment in personam; **~ s úhradou soudních výloh** judgment for s.o. plaintiff or defendant with costs; **~ se vyhlašuje jménem republiky a vždy veřejně** the judgment shall be declared in the name of the Republic and in an open court; **~ soudu 1. stupně** judgment of the first instance court, first instance judgment; **~ ukládající vydání věci vlastníkovi** judgment compelling the rendition of property to the owner, judgment for rendering property to the owner; **~ ukládající zdržet se obtěžování souseda** judgment to refrain from committing / maintaining a nuisance or otherwise interfering with neighbo(u)rs; **~ ve věci** judgment on the merits; ~ **ve věci o odstranění vad díla** judgment to eliminate / remove the defects of a work; ~ **ve věci o zaplacení ceny za provedené dílo** judgment for the payment of compensation / price for the work done; ~ **ve věci vyloučení společníka ze společnosti** judgment for the exclusion of a member from the company / corporation; ~ **ve věci zrušení účasti společníka ve společnosti** judgment for the termination of membership in the company / corporation; ~**, kterým byla zamítnuta správní žaloba** judgment dismissing an administrative action; ~**, kterým se rozvádí manželství** judgment of divorce; ~**, kterým se zamítá dovolání** judgment dismissing the appellate review, judgment whereby the appellate review is dismissed; ~**, kterým se zamítá návrh na rozvod manželství** judgment dismissing the petition for divorce of spouses; ~**, kterým se zrušuje rozhodnutí orgánu státní správy** judgment cancelling / vacating the decision of a state administration body; ~**, kterým se žaloba zamítá** judgment dismissing the action, judgment of dismissal finally disposing of an action; ~**, proti němuž je přípustné odvolání** appealable judgment; **den právní moci** ~**ku** the date of a final and conclusive judgment; **doručení** ~**ku komu** service of a judgment on s.o., delivering the judgment to s.o.; **obsah** ~**ku** the content of a judgment; **odložení vyhlášení** ~**ku** zastavení trestního řízení z důvodů nepříslušnosti nebo nedostatku důkazů arrest of judgment stay of proceedings due to either the lack of jurisdiction or insufficient evidence; **odůvodnění** ~**ku** justification / reasoning of the judgment; **opis** ~**ku** duplicate / copy of a judgment; **oprava vyhotovení** ~**ku** amended judgment i.e. the correction of clerical errors; **písemné vyhotovení** ~**ku** written / typed copy of a judgment; **porada a hlasování o** ~**ku** deliberation and voting with respect to the judgment; **právní moc** ~**ku** legal force of judgment; **uveřejnění** ~**ku** publication of a judgment; **vyhlášení** ~**ku** rendition / grant / award of the judgment; declaring / announcing / pronouncing the judgment; **vyhotovení** ~**ku** making / writing / typing / producing of a judgment; **výrok** ~**ku** statement / holding of a judgment, judicial dictum contained in judgment or decision; **soud rozhoduje** ~**kem** the court shall decide by judgment; **vyhlásit** ~ enter /

award / render / grant a judgment; hold; adjudicate, adjudge; **vyhlásit** ~ **ve prospěch koho** declare / grant a judgment for s.o.

rozšíření expansion, extension, enlargement, spreading; **dohoda o** ~ **zákonem stanoveného rozsahu bezpodílového spoluvlastnictví manželů / společného jmění manželů** agreement to extend the statutory scope of the community property of spouses; ~ **rozhodnutí o vydání pachatele do ciziny na jiný trestný čin** adding one more offence into the extradition order

rozšířit extend, expand; disseminate information, spread; augment, broaden; widen; ~ **stávku na celé území** extend the strike through the whole territory; ~ **území** expand a territory; ~ **znalosti** expand one's knowledge

rozšiřování spreading of information; distribution of newspapers; uttering of counterfeited money, putting / sending into circulation

rozšiřovat spread, distribute, put / send into circulation, utter; ~ **padělanou listinu** utter a forged instrument, put / send a forged instrument into circulation

roztřídění assortment; distribution

roztřídit classify; digest, assort

rozumět understand, comprehend; apprehend

rozumový rational, intellectual; ~ **a mravní vývoj mladistvého** the intellectual and moral development of a juvenile

rozvád|ět divorce, dissolve the marriage contract between a husband and wife by process of law; separate by divorce from s.o.; **rozsudek, kterým se** ~**í manželství** judgment of divorce

rozvádět se s kým divorce s.o.

rozvaha 1 balance; **účetní** ~ bilance aktiv a pasiv balance sheet accounting for assets and liabilities 2 consideration, contemplation; decision

rozvášněný disorderly, tumultuous; ~ **dav** disorderly / tumultuous crowd

rozvázání dissolution; dismissal; resignation; termination; ~ **pracovního poměru dohodou** termination of employment by agreement; ~ **pracovního poměru výpovědí** termination of employment by notice of dismissal; ~ **pracovního poměru okamžitým zrušením** termination of employment by instant dismissal; ~ **pracovního poměru zrušením ve zkušební době** termination of employment by dismissal during the probationary period; ~ **pracovního**

poměru ze strany zaměstnance resignation, termination of employment by the employee; ~ **pracovního poměru ze strany zaměstnavatele** dismissal, termination of employment by the employer; **žádost o ~ pracovního poměru dohodou** application for the termination of employment by agreement
rozvázat dissolve; dismiss, discharge; terminate; ~ **pracovní poměr** terminate the employment
rozvazovací rezolutivní resolutive; subsequent; ~ **podmínka splněním podmínky nastane zánik účinnosti právního úkonu** condition subsequent; resolutive condition a condition by the happening of which the effect of a legal act is terminated, resolutory condition *(LA)*
rozvedený divorced
rozvést se get divorced, divorce o.s.; ~ **s manželkou** divorce one's wife
rozvíjet develop; cultivate; ~ **přátelské vztahy** develop friendly relations
rozvod₁ divorce; dissolution of marriage; **návrh na ~ manželství a úpravu práv a povinností rodičů k nezletilým dětem** petition for divorce and determination / settlement of parental rights and duties with respect to minor children; ~ **manželství** divorce; ~ **s první ženou** divorce from one's first wife; **rozsudek, kterým se zamítá návrh na ~ manželství** judgment dismissing the petition for divorce of spouses; **strana podávající žádost o ~** petitioner filing a petition for divorce, divorcee
rozvod₂ distribution, extension; pipe; **odstranit zařízení pro ~ elektřiny, tepla nebo topných plynů** remove a device for the supply and distribution of electricity, heating, or fuel gas
rozvoj development; evolution, growth; **bránit v ~i podnikání** impede the growth of business; **trvale udržitelný ~** sustainable development
rozvojov|ý developing; ~**é země** developing / underdeveloped countries
rozvracení subversion overthrow of a law, rule, system; ~ **republiky** subversive activity / subversion against the Republic
rozvrat breakdown, collapse; disruption; ~ **manželství** breakdown of marriage
rozvrátit subvert, undermine the character, loyalty, or faith of; ~ **ústavní zřízení** subvert the constitution / constitutional order

rozvratník disorganizer, subverter
rozvrh schedule, time(-)table; plan of events / operations; **usnesení o ~u výtěžku prodeje movitých věcí** resolution to distribute proceeds of the sale of movable goods
rozvrhov|ý relating to schedule, time(-)table; ~**é řízení v konkursu** distribution proceedings in bankruptcy; **zrušit konkurs z důvodu splnění ~ého usnesení** cancel the bankruptcy proceedings as a result of the compliance with the resolution to distribute the estate
rozvržení allocation; apportionment; distribution; ~ **pracovní doby** timing of work hours, scheduling of work; ~ **volebních obvodů** division / apportionment of electoral districts
rozvržitelný allocable; distributable
rub back, rear; **podepsat na ~u** back / indorse / endorse st.
rubopis indosament endorsement, indorsement
ručení liability; surety a primary obligation to pay another's debt under the same instrument; it terminates with the termination of the original obligation secured thereby; guarantee, guaranty a secondary obligation made as a special contract, the termination of which is independent of the discharge of the secured obligation; warranty; collateral, pledge, security; **omezené ~** limited liability; ~ **do výše podílu** limitation of liability to the amount of a member's share / invested capital; ~ **společníků obchodní společnosti** liability of the members of company; **solidární neomezené ~** joint unlimited liability; **společné ~** joint liability; co-surety; **společnost s ~m omezeným** limited liability company; **zajistit pohledávku ~m** secure a claim by guaranty; ~ **zajišťuje obchodní závazkový vztah tím, že se třetí osoba zaváže uspokojit pohledávku věřitele vůči dlužníkovi, pokud dlužník nesplní svůj závazek** surety shall be security for an obligation so that a third party a surety binds him / herself to satisfy the claim of a creditor against the debtor where the debtor fails to fulfil his / her obligation
ručit guarantee, undertake, vouch for; be a guarantee / warrant / surety for; secure s.o. / st. against / from risk, injury, etc.; ~ **za závazky** guarantee the obligations; ~ **za závazky společně a nerozdílně** be liable for obligations jointly and severally; ~ **za závazky společnosti** be liable for the obligations of a company

ručitel guarantor; warrantor, warranter; underwriter; surety for the rehabilitation of an offender; **směnečný** ~ avalist; **odepření plnění** ~em refusal of performance by guarantor; ~ **ze subsidiární záruky** guarantor secondarily liable for another's debt **ručitelský** relating to guarantor; ~ **závazek** guarantor's obligation **ru|ka** hand; **čisté** ~ce clean hands; **do** ~**kou** koho into the hands of; **vztáhnout** ~**ku na rodiče** raise one's hand to strike a parent **rukojemství** surety, suretyship **rukojmí 1** hostage person held in pledge against their will; **braní** ~ taking hostages **2 směnečný** guarantee; **soudní** ~ special bail **rukopis** manuscript; handwriting; **zjštění pravosti** ~**u** ascertainment of the genuineness of manuscript **rukopisně** in holograph, in handwriting **růst** growth, increase; **průměrný** ~ **cen** average increase in prices; ~ **násilí** increase of violence; ~ **platů** increase in wages; pay rise **růstov|ý** growing; relating to growth; ~**é akcie** growth stock; ~ **fond** growth fund **rušení** nuisance; disturbance; interference with, intrusion into, obstruction of; ~ **držby** disturbance of possession; ~ **veřejného pořádku** civil disturbance, disturbance of public peace; ~ **výkonu práva** disturbance of / obstruction of / interference with the execution of right **rušící** disturbing, interfering; intervening; ~ **platnost od samého počátku** annulling; making the act void from the very beginning **rušit** disturb, interfere with, intervene in; dissolve; ~ **držbu čeho** disturb the possession of st.; ~ **co od počátku** annul st., make st. void; ~ **příjem rozhlasového, televizního nebo jiného signálu** interfere with the reception of radio, television or other signals; ~ **veřejný**

pořádek a občanské soužití disturb public peace and the coexistence of citizens social cohesion **rušitel** osoba porušující právo violator, person violating law, breaker, transgressor; infringer **různorodost** diversity **různorodý** various, different, diverse **různost** diversity; ~ **občanství** diversity of citizenship **různ|ý** different, distinct, diverse, various; ~**é principy** different principles; ~**é významy** different senses **rvačka** brawl a clamorous or tumultuous quarrel in a public place; fight, scramble, affray **rvát se** fight; brawl, broil **rybářsk|ý** fishing; pertaining to fishery; **Český** ~ **svaz** Czech Fishing Union; ~ **revír** fishing ground; ~**á stráž** fishing guard; ~ **lístek** fishing ticket; **výkon** ~**ého práva** execution of a right of fishery; **úmyslně neoprávněně zasáhnout do výkonu** ~**ého práva** wilfully and unlawfully interfere with the exercise of fishing rights / rights of fishery **rybářství** fishery **rychlost** speed; celerity, swiftness, rapidity; **nad / pod povolenou hranicí** ~**i** vozidla above / under the legal limit of speed of a car; **pokuta za překročení** ~**i** penalty for speeding; **překročit povolenou** ~ drive at a speed in excess of that permitted **rychlý** quick, speedy; accelerated; ~ **odpis** accelerated depreciation **rytíř** knight **rytířstvo** knighthood **ryzost** fineness number of parts per thousand of gold or silver in an alloy; alloy the comparative purity / mixedness of gold or silver; **zákonná** ~ **drahých kovů** the statutory fineness of precious metals

Ř

řad order; **cenný papír na** ~ order security, security to order; **pojistka na** ~ insurance policy to order; **poukázka na** ~ voucher to order; **zaplaťte panu Novákovi nebo na** jeho ~ pay to Mr Novak or his order

řád order; establishment; arrangement, disposition; state, condition; rules of order, rules of procedure, guidelines; **cizí právní** ~ foreign legal order; **disciplinární** ~ Code of Discipline; **domovní** ~ housing code; **Jednací a soudní** ~ **Evropského soudního dvora** Rules of Procedure of the European Court of Justice; **jednací** ~ např. valné hormady rules of order of, for example, a general meeting; **jednací** ~ **okresního, krajského, vrchního soudu** Rules of District, Regional, High Court; **kanalizační** ~ sewage rules; **letecký přepravní** ~ rules of air transportation; **místní přepravní** ~ rules of local / regional transportation / transit (US); **notářský** ~ notarial rules / regulations to regulate actions of notaries public, Notarial Code; **občanský soudní** ~ Rules of Civil Procedure, Civil Procedure Code; **organizační** ~ rules of internal governance, organizational guidelines; charter, constitution of a non-profit entity, by-laws of a business organization; **poštovní** ~ Post Office Rules / Regulations; **pracovní** ~ employment rules / guidelines to regulate the performance at work; **právní** ~ legal order; body of laws; **přepravní** ~ rules of transportation, transportation guidelines; **přepravní** ~ **vodní dopravy** rules of waterway transportation; **silniční přepravní** ~ rules of highway transportation; **správní** ~ rules of administrative procedure; **stavební** ~ Building Guidelines, Building Code; **trestní** ~ Rules of Criminal Procedure, Criminal Procedure Act / Code; **ubytovací** ~ lodging / accommodation guidelines regulating accommodation of guests in hotels etc.; **vězeňský** ~ Penitentiary / Prison Code; **vnitřní** ~ internal governance guidelines / rules / regulations; **železniční přepravní** ~ rules of railway transportation; ~ **výkonu odnětí svobody ve věznici** Rules of Confinement in Penitentiary; ~ **výkonu vazby** Rules / Code of serving Arrest, Rules / Code of Remand

řada line; queue; rank; row; set, series; ~ **po-**

bočná / nepřímá v dědění collateral / indirect line, collateral descent in the law of succession; ~ přímá direct line, lineal descent

řádně duly; rightly, properly, fitly; adequately, sufficiently, fully; ~ **jmenovaný zástupce** duly appointed deputy; ~ **kvalifikovaný** duly qualified; ~ **podaná žaloba** a petition filed in a due form, duly filed petition; ~ **přihlášený** properly / duly registered; ~ **sepsaná / vyhotovená smlouva** due form of a contract; a contract duly served and executed; ~ **splatný** properly payable

řádn|ý proper, regular, due, sound; adequate; ~**á a přiměřená péče** due and reasonable care; ~**á autorská doložka** respective copyright notice; ~**á náhrada** due compensation; ~**á spisová evidence** regular / appropriate maintenance / keeping of files; ~**á valná hromada** regular ordinary general meeting; ~**á výchova dětí** the proper upbringing of children; ~**é bydliště** regular residence; ~**é jmenování** regular appointment / nomination; ~**é označení původu** proper appellation of origin; ~**é označování výrobků** proper labelling of products; ~**é oznámení** due notice; ~**é poskytování služeb** proper rendition / provision of services; ~ **důkaz o** pojistné události due proof of a claim; ~ **důvod** just / justifiable / good cause of; good grounds for; ~ **občan** good citizen, honest man, law-abiding man, law-abiding citizen; ~ **opravný prostředek** (CZ) regular remedial measure; regular remedy / redress; ~ **proces** due process; ~ **průběh podnikání** regular course of business; ~ **výkon práva** due process of law; **výkon státní moci** due course of government / administration; ~ **život** good / proper life of an honest man without any criminal excess; **nedostavení se bez** ~**é omluvy** failure to attend / appear before court without just excuse; **usnesení** ~**é valné hromady** resolution adopted by the regular general meeting, ordinary resolution; **konat vědomě, záměrně, z nedbalosti a bez** ~**ého důvodu** act knowingly, intentionally / willfully, negligently and without just / justifiable cause; **mařit** ~**é objasnění věci** obstruct / impede the due course of investigation

řeč speech, talk; address; conversation; **závěrečná ~ v hlavním líčení** closing speech / argument of counsel at a trial

ředitel manager, chief executive; executive director; principal, headmaster; **ekonomický ~** accounts manager, manager in charge of economic / financial matters; **generální ~** general manager; director-general; **oblastní ~** area / field manager; **personální ~** human resources manager; **provozní ~** manager in charge of operations of a business; **~ pobočky** branch manager; **~ pobočky banky** bank manager; **~ společnosti** corporate manager, executive manager / director of a company, managing director; **~ společnosti a předseda představenstva** chairing and managing director; **~ státní mincovny** Director of the Mint; **~ školy** principal *(US)*, headmaster / -mistress *(UK)*; **~ věznice** Prison Director *(CZ)*, Prison Warden *(US)*, Prison Governor *(UK)*

ředitelsk|ý relating to manager, director; managerial; **~é místo** managerial position; position of manager / executive director; **~é schopnosti** managerial skills and abilities

ředitelství directorate, head(-)quarters, head office; **celní ~** Customs Head Office; **Finanční ~** *(CZ)* Tax Directorate; **Generální ~ cel** *(CZ)* General Customs Directorate; **policejní ~** police headquarters

řeholní monastic, religious; **~ řád** monastic / religious order

řemeslník artisan, handicraftsman, craftsman; mechanic

řemesln|ý relating to handicraft; vocational; **ohlašovací živnost ~á** *(CZ)* vocational requiring a vocational certificate notifiable trade

řešení solution, decision; resolution; settlement; disposing of, handling; **konečné ~ stížnosti** final disposal of a complaint; **právní / soudní ~ sporů** judicial settlement of disputes; **skutkové ~** factual solution, solution of facts; **~ pracovních sporů** settling industrial disputes; **~ tíživé bytové situace** solving an acute housing problem

řešit resolve, solve, decide; settle; deal with; arrange for; dispose of, handle; **~ spor** resolve a dispute; **~ spor soudně** settle the dispute in a court of law; **~ stížnost** handle / dispose of / deal with a complaint; **~ žádost** dispose of an application

řešitel solver; solutionist; **~ projektu grantu** project manager / director

řešitelský relating to solving; **~ tým** project team

řezn|ý cutting; **~á rána** cutting wound

řídící governing, directing; regulating; steering; **~ orgán** 1 státní tajné bezpečnosti *(his.* *CZ)* secret agent member of the State Secret Police governing / in charge of an informer 2 governing body / authority; **~ osoba společnost** regulating person company; **~ výbor** steering committee

řidič driver of a car, rider of a motorcycle; **~ dopravního prostředku** driver of a transportation vehicle

řidičsk|ý driving, driver's; **~á zkouška** driving test; written and driving examination; **~é oprávnění průkaz** driver's license *(US)*, driving licence *(UK)*; **oznámení o odcizení nebo ztrátě ~ého průkazu** notice of a stolen or lost driving licence; **oznámit ztrátu ~ého průkazu** report the loss of one's driving licence to the Police

řídit direct, govern, conduct; guide; drive; **~ schůzi** conduct the meeting; **~ soudní jednání** conduct a trial; **~ stát** govern the state; **~ volby** conduct elections; **~ vozidlo pod vlivem alkoholu** drive while intoxicated, drive drunk; **být řízen kým** be under the control / direction of s.o.

řídit se conform to, comply with, obey, act upon / in accordance with advice, command, example, etc.; take as a rule / model, act up to; **~ anglickým zákonem** go by / follow English statute; **~ rozhodnutím vyššího soudu** follow the decision of a superior court

řízení₁ proceeding(s), procedure; process *(inform)*; **adhezní ~** collateral / adhesion proceedings where the victim of crime may recover damages in the course of criminal proceedings; **arbitrážní ~** proceedings in arbitration, arbitration proceedings; **blokové ~** *(CZ)* hearing of an administrative delict / infraction; **civilní ~** civil proceeding(s) / procedure; **detenční ~** vyslovení přípustnosti převzetí nebo držení v ústavu zdravotnické péče commitment / detention proceedings to permit the transfer / commitment of a person to, or detention in, a medical in-patient centre; **dohodovací ~** sbližování stanovisek conference procedure adjusting or compromising initial views and opinions *(US)*; **extradiční ~** vyžádání pachatele z ciziny a vydání do ciziny extradition proceedings an application for the delivery of a fugitive criminal to the authorities of the state in which the crime was committed; surrender of a prisoner by one state to another; **kolaudační** ~ application for an occupancy permit procedure; **konkursní** ~ na obsazení volného místa competitive selection / hiring procedure; **konkursní a vyrovnávací** ~ bankruptcy and composition proceedings; **meritorní** ~ meritorious trial, trial on merits; **nalézací** ~ action / trial proceedings, first instance trial; **nesporné** ~ non-contentious suit; **občanské soudní** ~ civil proceeding(s) / procedure; **opatrovnické** ~ guardianship trial / hearing / proceedings; **prvoinstanční** ~ first instance hearing / proceedings; **předběžné** ~ pre-trial proceeding(s), preliminary hearing; **předstihové** ~ *(CZ)* application for the preliminary employment records for the purposes of old-age pension entitlement; **přezkumné** ~ review hearing, re-hearing; appellate procedure; **příkazní** ~ *(SP)* administrative procedure to issue an administrative order; **připomínkové** ~ circulation of a draft bill for comments from executive departments and state agencies *(CZ)*, comment procedure *(UK)*; **skartační** ~ procedure directed to / aimed at a safe destruction / disposal of official confidential documents; **smírčí** ~ prétorské conciliation proceeding praetorian; out-of-court / extrajudicial / pre-trial settlement; **soudní** ~ judicial proceeding; **soudní** ~ **s cílem umístit duševně nezpůsobilou osobu do ústavní péče** commitment procedure in order to place a mentally incompetent person in a special treatment hospital; **společné** ~ joint action; **správní** ~ administrative proceedings / procedure; **stavební** ~ application for a building permit procedure; **trestní** ~ criminal proceedings / trial / process; **územní** ~ application for a planning *(UK)* / zoning *(US)* permission procedure; **výběrové** ~ **na poskytování služeb / zboží** competitive bidding with respect to the provision of services / goods; **výběrové** ~ **na obsazení funkčních** pracovních **míst** competitive hiring procedure; competitive examination an examination for a position or office; **vykonávací** ~ execution proceedings i.e. aimed at the judgment of execution, procedure on execution; **vyvlastňovací** ~ expropriation proceedings; ~ **bez návrhu** proceedings commenced without a petition / motion; ~ **hlavního líčení** conducting a trial; ~ **na 1. stupni**

first instance proceedings; ~ **o** projednání **dědictví** probate proceedings; ~ **o neplatnost dohody / smlouvy** action for nullity / invalidity of agreement / contract; ~ **o povolení uzavřít manželství** proceedings to qualify a minor to enter into marriage; ~ **o prohlášení za mrtvého** proceedings to declare s.o. dead; ~ **o přestupcích** *(CZ)* administrative delict / infraction proceedings, hearing of an administrative delict / infraction; ~ **o stížnosti pro porušení zákona** *(CZ)* procedure to deal with a complaint concerning the violation of law due to the malfunctioning of the court; ~ **o úschově peněz, cenných papírů** hearing to approve judicial custody of money, securities; ~ **o výkon rozhodnutí** execution of judgment trial / proceedings; ~ **o zahlazení odsouzení** proceedings to expunge / erase / delete a conviction from s.o.'s criminal records; ~ **o způsobilosti k právním úkonům** capacity proceedings; proceeding to determine legal capacity of s.o.; ~ **pro zbavení držby** dispossession proceedings; ~ **proti mladistvým** trial against a juvenile; ~ **proti uprchlému** trial against an escapee; ~ **před rozhodci** arbitráž arbitration proceedings before arbitrators, hearing before arbitrators; ~ **před samosoudcem** single judge hearing, hearing before a judge sitting alone; ~ **před soudem** hearing / trial before court, judicial proceedings; ~ **u dovolacího soudu** hearing before the court dealing with an appellate review; ~ **v daňových a poplatkových věcech** tax and charges proceedings; ~ **v nájemních věcech** lease proceedings; ~ **ve věcech sdružování v politických stranách a hnutích** proceedings concerning association of political parties and movements; ~ **ve věcech voličských seznamů** proceeding concerning electoral registers; ~ **ve věci** on the merits; ~ **ve věci zneužívání pravomoci** trial for the abuse of powers; **hospodárnost** ~ judicial economy, economy of proceedings / trial; **náklady** ~ costs of proceedings, court costs; **nápad** ~ flow of litigation, case load; **návrh na smírčí** ~ motion for pre-trial settlement / conciliation, out-of-court / extra-judicial settlement; **obnova** ~ new trial, trial de novo; re-trial; relitigation; reopening of a case, renewal of proceedings; **obnova** ~ **v neprospěch obviněného** new trial against / to the detriment of the accused; **odvolání a**

~ o něm appeal and appellate procedure / proceeding(s); **orgány činné v trestním ~** *(CZ)* investigative, prosecuting and adjudicating bodies; **pokračování v ~ po přerušení** resumption / continuation of suspended proceeding; **projednání přestupku v blokovém ~** *(CZ)* administrative hearing on a ticket / citation punishable by a fine or admonition; the procedure applies to most administrative delicts / infractions in the CR; **přípravná fáze ~** preliminary stage of criminal proceedings, pre-trial proceeding(s); **rozhodnutí v blokovém ~** *(CZ)* a decision made in the course of administrative hearing on a ticket / citation; **těžkopádnost ~** the cumbersome nature of the process; **účast na ~** participation in the trial / proceedings; **účastník ~** participant, person in / party to the proceedings; **uložení pokuty v blokovém ~** *(CZ)* imposition of a fixed penalty ticket / citation for an administrative delict / infraction; **usnesení o zahájení ~ o dědictví** resolution to commence the probate proceedings; **usnesení o zastavení dědického ~ pro nedostatek nebo nepatrnost majetku** resolution to discontinue proceedings due to the lack, or small size, of probate estate; **zahájení konkursního ~** commencement of bankruptcy proceedings; **zahájení ~** commencement / opening of proceedings; **zastavení ~ o přestupku** discontinuance of the hearing of an administrative delict / infraction; **dát podnět k ~** give rise to / initiate an action / proceedings; **je proti komu vedeno ~ pro podezření ze zpronevěry** he is on trial for embezzlement, he is standing a trial for embezzlement; **přerušit ~** suspend / stay temporarily the proceedings / trial; **zahájit soudní ~ proti komu** open /

commence the proceedings against s.o. in a court room; initiate / institute / take / start proceedings against s.o. filing a petition with a court; **zastavit ~ při vadném podání** discontinue the procedure, not to proceed with the trial due to the defective petition; **~ bude zahájeno pouze se souhlasem státního zástupce** the proceedings shall not be instituted otherwise than by, or with the consent of, the prosecutor; **~ bylo pravomocně skončeno** the proceeding was closed / terminated upon a final and conclusive judgment

řízení₂ management, administration; governance; **~ letového provozu** air navigation services; **~ ministerstva** administration / management of a ministry; **~ společnosti** corporate governance, management of a company; **~ úřadu** administration of an office; **~ lidských zdrojů** human resources management

řízení₃ driving; **nepozorné ~ motorového vozidla** careless driving; **~ vozidla pod vlivem alkoholu** driving while intoxicated, drink-driving *(UK)*, drunk(-)driving *(US)*; **~ vozidla pod vlivem omamných látek** driving while intoxicated with narcotics; **nevěnování dostatečné pozornosti ~ vozidla** driving without due care and attention; negligent / careless / reckless driving; **nevěnovat dostatečnou pozornost ~ vozidla** drive negligently / carelessly / recklessly, drive a car without due care and attention

řízen|ý directed, governed; regulated; **~á osoba** 1 directee, directed / governed person, person under direction 2 společnost regulated person; **~é činnosti** directed activities; **~é rozhodnutí** directed decision; **~é učení** directed learning

S

sabotér saboteur; perpetrator of sabotage
sabotovat impede / hinder / obstruct maliciously; commit sabotage; **~ přípravu voleb** maliciously obstruct the preparation of elections
sadba plants; planting; **osivo a ~** seed and plants
sadismus sadism cruelty that evidences a subconscious craving and is apparently satisfied, sexually or otherwise, by the infliction of pain on another by means of aggressive or destructive behaviour
sadista sadist
sadistick|ý sadistic; **~é sklony** sadistic inclination / predilection
sál hall; room; **jednací ~** conference hall
saldo balance; **debetní ~** debit balance, overdraft; **kreditní ~** credit balance, rest
samofinancování self-financing
samosoudce single judge, judge sitting alone; **řízení před ~m** single judge hearing, hearing before a single judge / judge sitting alone; **ve věci jedná a rozhoduje v řízení před okresním soudem ~** cases laid before the district court shall be heard and tried by a single judge / judge sitting alone
samospráv|a self-government, self-administration within public administration; self-governance of a legal entity; **místní ~** local (self-)government; **profesní ~** professional self-governance, self-governance of the profession; **územní ~** local / territorial (self-)government; **zájmová ~** self-governance of an interest group, self-governance of the profession; **~ odsouzených** self-governance / self-administration carried by prisoners; **orgány územní ~y** local government bodies / authorities; **orgány zájmové ~y** professional self-administration / self-governance bodies such as the Czech Chamber of Medical Doctors, the Czech Bar Chamber, etc.; **přestupek proti pořádku ve věcech územní ~y** administrative delict against the local (self-)government order, infraction of the local (self-)government order
samosprávný self-governing; **vyšší územní ~ celek** (CZ) higher territorial self-governing unit; regional self-government unit
samostatně individually, separately; independently; **~ převoditelná práva** individually transfer(r)able rights
samostatnost independence; autonomy; freedom from subjection; **~ podnikatelské činnosti** independence of business activity
samostatn|ý separate from, independent; disjoined, disconnected, detached, set / kept apart; **~é společenství** odpůrců, navrhovatelů separate joinder of parties on the side of respondents, petitioners; **~ subjekt práv a povinností** separate legal person; **vyloučení věci k ~ému řízení** severance of claims; splitting of causes of action so that each cause could be tried as a separate action / as a bifurcated trial; **vyloučit věc k ~ému projednání / řízení** split / separate claims for separate hearing / trial, split / separate a cause of action for separate hearing / trial
samotka solitary confinement; incom(m)unicado
samovazb|a incom(m)unicado detention, solitary confinement, self-confinement; segregation unit (US); **držet v ~ě** hold s.o. incomunicado; **umístit do ~y** put / place s.o. in self-confinement
samovláda autocracy; autarchy, absolute sovereignty, despotism
samovládný autocratic
samovstup individual intervention / involvement; **zákonný ~** ze zákona statutory intervention in performance; **~ komisionáře** komisionář sám poskytne plnění, které měla poskytnout třetí osoba individual performance by an agent / broker the broker himself perform what should have been performed by a third person; **~ zasílatele** individual performance of a dispatcher the dispatcher acts himself where a third person ought to have acted
samozřejm|ý common, obvious; implied; **~á** implicitní **povinnost zaměstnavatele** the implied duty of an employer
sam|ý identical; very; self; **návrh ve věci ~é** motion on the merits
sankc|e the specific penalty enacted in order to enforce obedience to a law; punishment for disobedience; sanction; **disciplinární ~** disciplinary sanction; **právní ~** sanction, penalty, deterrent of law; remuneratory, vindicatory / punitive

sanction; **trestní** ~ criminal penalty / sanction; ~ **za nesplnění** penalty for default; ~ **za spáchání trestného činu** penalty for committing an offence; ~ **za účelem** finanční **náhrady na rozdíl od trestní** ~ remuneratory sanction, as distinguished from vindicatory or punitive; **druh a výměra** ~ type and rate of penalty; **upuštění od uložení** ~ release s.o. from having sanction being imposed on them; **určení míry** ~ **a její výměry** determination of the degree of a penalty and setting the rate thereof; **zánik práva na výkon** ~ the extinguishment of a right to execute a penalty; **nelze vykonat** ~**i ani v jejím výkonu pokračovat** the execution of a sanction may not be commenced nor continued; **uvalit ekonomické** ~ **vůči** zemi impose economic sanctions on a country; **uzavřít písemně pod** ~**í neplatnosti** make a contract in writing otherwise rendered invalid; **zrušit** ~ **vůči** zemi lift sanctions with respect to a country
sankcionující sanctioning, punishing, penalizing; vindicatory, vindicative
sankční punitive, sanctioning; retributive; relating to penalty, punishment; ~ **doložka** penalty clause; ~ **náhrada škody** punitive damages
saz|ba rate; valuation; set; bracket; **celní** ~ customs tariff rate; **daňová** ~ rate of tax assessment, tax rate / bracket; **diskontní** ~ discount / bank rate; **lombardní** ~ loan rate; **nejvyšší daňová** ~ tax rate limit; **paušální** ~ flat rate; **pevná** ~ fixed rate; **snížená** ~ reduced rate; **trestní** ~ severity of sentence e.g. number of years of imprisonment, or the amount of a fine, duration of community service etc.; **základní daňová** ~ base quote; **základní pojistná** ~ key insurance rate; ~ **daně z podnikání** business tax rate; ~ **za pojištění kaska** hull rate; **návrh** ~**eb pojistného** rate quote, suggested insurance rates; **stanovení** ~**eb** fixing of rates; **stanovený v denní** ~**bě** apportioned on a daily basis; **vypočítat v denní** ~**bě** calculate on a day-to-day basis
sazebník tariff; rate schedule; a classified list / scale of charges made in any private or public business; **celní** ~ customs tariff; ~ **místních daní z nemovitostí** local real property tax rates; rate schedule *(UK)*; ~ **nákladů řízení** costs of proceeding tariff, costs of litigation tariff; ~ **poplatků** scale of fees
sázení gambling; betting

sázet bet, stake, wager an amount of money; bid, play; ~ **na koně** bet on horses
sáz|ka betting, bet, wager; stake; ~ **a hra** contract of betting and gaming; **daně ze** ~**ek** betting and gaming duty / tax; **dávat** ~**ky** place a bet
sázkař, sázející bettor
sázkov|ý relating to betting; ~**á kancelář** common betting house
sběr collection; ~ **odpadků** refuse collection
sběratel collector
sběrný collecting; ~ **náklad** combined load
sbíhající se concurrent having authority or jurisdiction on the same matters; joining; conjoint, associated; ~ **pravomoc** concurrent jurisdiction / powers; ~ **přestupky** concurrent administrative delicts / infractions
sbírání collecting, collection
sbírat collect; gather, accumulate; ~ **peníze pro charitativní účely** collect / gather money for a charitable purpose
sbírka 1 collection; code; ~ **listin** collection of documents / instruments; ~ **rozhodnutí Evropského soudního dvora** European Court Reports; ~ **soudních rozhodnutí a stanovisek** law reports and opinions collection; ~ **zákonů ČR** Collection of Laws of the Czech Republic; ~ **zákonů USA** United States Code **2** collection; gathering; set; **účelová** ~ peněz collection of money designed for a definite purpose; ~ peněz **na nemocnici** hospital appeal
sbor board; corps; brigade, force; troop; **diplomatický** ~ diplomatic corps; **hasičský / protipožární** ~ fire brigade; **ozbrojený** ~ armed force; **policejní** ~ the police; **poradní** ~ board of advisors, advisory board; ~ **kardinálů** College of cardinals
scéna scene, stage; arena; **politická** ~ political arena
sčítací adding, totalling; ~ **arch** census-paper; ~ **komisař** scrutineer, scrutator of the ballot; enumerator in taking a census
sčítání counting, totalling; adding; enumeration; ~ **lidu** census an official enumeration of the population of a country
sdělení notification formal announcement of a legally relevant fact, notice legal notification required by law or agreement; communication the expression or exchange of information by speech, writing or gesture; statement of facts; announcement formally proclaimed; intimation *(obs)*; information communic-

ated knowledge, intelligence mutual conveyance of information; **důvěrné** ~ confidential communication; **úřední** ~ official notice / information; ~ **informací** disclosure of information, disclosing information; ~ **obvinění** notice / notification of accusation; ~ **podstaty a důvodu obvinění** notification of the nature and cause of accusation; **záznam o** ~ **obvinění** recorded notice of accusation

sdělit notify, give notice; intimate, inform; communicate, state, announce; ~ **informace** disclose information; ~ **komu obvinění** notify s.o. of the accusation

sdružení association, society; corporation; commonwealth; organization; union, syndicate; pooling, aggregation; **občanské** ~ unincorporated association; **profesní** ~ professional corporation / association; **účelové** ~ **majetku** tj. nadace intentional purposeful pooling of property i.e. foundation; **zájmové** ~ **právnických osob** association of legal entities created for a common purpose; ~ **obchodních společností** trade association; ~ **vlastníků lodí** consortship; ~ **zaměstnavatelů** employers' association; **registr** ~ (CZ) Register of Associations; **rozpuštění** zrušení ~ dissolution of an association; **smlouva o** ~ deed of association, association agreement to establish the entity; **založení** ~ creation / establishment / establishing of an association; **založit** ~ create / establish / found an association

sdružený combined, compound; joint; associated; ~**á pojistka** comprehensive policy; blanket insurance policy; ~**á přeprava** transportation by joint / combined / aggregate carrier; ~**é inkaso** aggregate / joint / combined collection of fees / charges for the supply of water, gas, electricity etc.; ~**é náklady** joint costs; ~**é pojištění** comprehensive insurance; blanket insurance; ~**é pojištění budov** house(-)owners' comprehensive policy; ~**é pojištění domácnosti** householder's comprehensive insurance / policy, homeowner's comprehensive insurance / policy; ~**é pojištění mládeže** comprehensive insurance of the youth; ~**é pojištění pracujících** combined insurance of employees; ~ **stát** union state

sdružit join, associate; combine; unite

sdružování association, assembly; ~ **občanů** association of citizens; **svoboda** ~ freedom of association / assembly

sdružovat se join, associate; combine; unite

sebedůvěra self-confidence, self-reliance; self--esteem

sebejistý self-confident, self-reliant; confident

sebeobrana self-defence; ~ **v mezinárodním právu** self-defence in international law; **tvrdil, že jednal v** ~**ě** he pleaded that he had acted in self-defence, he pleaded self-defence

sebeobvinění self-incrimination, self-accusation; **vynucené** ~ compulsory self-incrimination

sebepoškozování self-wounding, self-destruction

sebepoškozovat se intentionally inflict self-injury; self-destruct, intentionally wound / damage / injure o.s.; ~ **na zdraví** damage one's own health

sebeurčení self-determination; **právo na** ~ right to self-determination; ~ **národů** self-determination of nations; free determination of statehood

sebevědomý self-conscious; self-confident, self-important

sebevražda suicide; **navádění a napomáhání** ~**ě** counselling and aiding suicide; **spáchat** ~**u** commit suicide

sebraný collected, compiled; ~**é spisy** collection of works, collected works

sečíst add up, count, enumerate; ~ **hlasy** take count of votes

segregace segregation; **rasová** ~ racial segregation; ~ **umožněná zákonem** de jure segregation

sejmout take; record; ~ **otisky prstů** take fingerprints

sejmutí taking, recording; ~ **otisků prstů** fingerprinting, taking fingerprints the recording by the police of impressions taken from the finger-tips of criminals and suspects

sekce section, department; unit

sekční departmental; ~ **šéf** chief officer of the department; head of the department

sekretářka secretary; administrative secretary; **schopná** ~ competent secretary

sekundární secondary; collateral; ~ **dlužník** obligated party's debtor; ~ **zajištění** collateral security

sekvestrace smlouva o uložení věci ke třetí osobě escrow agreement a deposit held in trust or as security by a third person

sekyrka hatchet

selhání failure; malfunction; ~ **justice** failure of justice; malfunctioning of justice

selha|t fail; collapse; break down; **systém** ~**l** the system has failed / collapsed; **zařízení** ~**lo** the appliance broke down

senát 1 senate as a law-making body; **akademický** ~ academic senate; **Senát Parlamentu České republiky** The Senate of the Parliament of the Czech Republic **2** in court bench *(UK)*, panel *(US)*; chamber *(ECJ)*; **soudní** ~ judges on the bench, panel; ~ **Evropského soudního dvora** chamber of the European Court of Justice; **předseda soudního** ~**u** chairing / presiding judge, judge presiding over the case; **rozhodnout o věci v** ~**ě** try and decide the case before the full bench

senátor senator, member of the senate

senzál broker, dealer, jobber, stockjobber, stock-broker, billbroker; **burzovní** ~ stockjobber a member of the Stock Exchange, who deals in stocks or shares on his own account; one who acts as a middleman between holders and buyers of stocks or shares

separátní separate; divided; individual; ~ **jednání** separate negotiations; ~ **votum shodné s ostatními co do závěrů, odlišné co do důvodů** concurring opinion of a number of judges agreeing with a decision of the majority of the court, but offering their own reasons

sepsání writing, making, drafting; execution and delivery; ~ **listiny o právním úkonu** execution of a deed; the writing of a legal instrument; ~ **notářského zápisu o kupní smlouvě** drafting a sales contract in the form of / as a notarial deed; ~ **obžaloby** the making / writing of an indictment; ~ **protokolu o úkonu trestního řízení** the making / writing of a report of acts pursued in the course of criminal proceedings

sepsaný written, listed, itemized; recorded, registered; **zajištění** ~**ch věcí** seizing the listed articles / items of property

sepsat write, make, draft; execute and serve / deliver; list, make a list of; catalogue, register, set down a special / formal / official list; ~ **obžalobu** draft / write an indictment; ~ **právní listinu** draw up a deed; ~ **věci** make a list / inventory of items of property

seřadit order, arrange; **abecedně** ~ arrange in alphabetical order

seřazení line-up, order; alignment, formation; ~ **osob při rekognici** line(-)up a suspect is exhibited, along with others with similar physical charac-

teristics, before the victim or witness to determine i he can be identified as having committed the offence show-up less formal than line-up

sesadit remove; dismiss, discharge; dethrone; ~ **koho z funkce** remove s.o. from office

sesazení removal; dismissal, discharge; ~ **pr neschopnost** disqualification

seskupení grouping; coalition, alignment; ~ **politických sil** alignment of political forces political alignment

seskupit group, align; aggregate

sestávat z čeho consist of; be composed of; b made up of

sestavení formation, creation; compilation; ~ **kabinetu** formation of a Cabinet; ~ **vlá dy** formation of the Government; ~ **návrhu smlouvy** the making a draft of contract, draft ing a contract

sestavit form, construct, frame; make, bring int existence, produce; compound; draft; ~ **kan didátní listinu / kandidátku** form / produce a list of candidates, make / select a slate *(US)* ~ **program schůzí / jednání** settle the agend for meetings; ~ **smlouvu** draw up a contract

sestřenice cousin

sešlý decayed; shabby, seedy, ill-looking; ~ **du ševně** mentally unstable / infirm; ~ **věken** decrepit

setrvání remaining, staying; continuance; neo **právněné** ~ **v budově, domě, s úmyslem spácha tam trestný čin** surreptitious remaining in th structure, with intent to commit a crime inside

setrvat persist, abide, remain, stay; ~ **v man želství** dwell / abide in wedlock

sexuálně sexually; ~ **zdatná osoba** sexually vigorous person; skilled performer in sexua intercourse, sexual athlete

sexuální sexual, carnal; **příležitostný** ~ **part ner** casual sexual partner; ~ **deviace** sexua deviation; ~ **perverze** sexual perversion; ~ **potřeby** sexual needs; ~ **revoluce** sexual re volution; ~ **styk** carnal knowledge, sexual in tercourse, sexual union, copulation, coition; ~ **úchylka** sexual deviation; **mít** ~ **styk s kýn** have sexual intercourse with s.o., have carna knowledge of s.o.

sezdat koho wed s.o.; conduct the marriage ce remony

seznam list, sheet, catalogue, register; **stál** ~ **voličů** regular / permanent electoral re gister, regular / permanent register of electors

ústřední ~ **ochrany přírody** central register of nature conservation; ~ **občanskoprávních sporů k projednání** civil docket (US), cause list (UK); ~ **soudních znalců** register of forensic / sworn experts; **škrtnout ze** ~**u** cross / strike out st., a name from a list, delist st. / s.o., deregister st. / s.o.

seznámení acquaintance; knowledge; disclosure; ~ **obviněného s podstatnými skutečnostmi** disclosure to the accused of material facts

seznám|it take acquaintance of / with; acquaint o.s. with; disclose st. to s.o.; ~ **koho s čím** inform s.o. of st., disclose st. to s.o., introduce s.o. to st.; make s.o. acquainted with st.; ~ **obviněného s vyšetřovacím spisem** disclose to the accused all investigation(al) materials; **být** ~**en s čím** be acquainted / familiar with st., become acquainted with st., make the acquaintance of st.

shleda|t find, discover, recognize; hold, adjudge; ~ **koho vinným** find s.o. guilty; **soud** ~**l, že zákon porušen nebyl** it was held that no violation of law had occurred

shod|a agreement, accord, accordance, concord, concordance; consent, assent; compliance with, conformity with; congruence; **kritická** ~ **okolností** conjuncture, meeting of circumstances of a critical nature; ~ **okolností** coincidence, simultaneous occurrence / existence; **doklad o** ~**ě** certificate of conformity / compliance; **prohlášení o** ~**ě** declaration of conformity / compliance; **předpoklad** ~**y** presumption of conformity; **ve** ~**ě** in accordance / compliance / conformity with; ad idem (lat); **značka** ~**y** mark of conformity / compliance; **způsob posuzování** ~**y** compliance / conformity assessment techniques; **být ve** ~**ě s čím** comply with st., be in compliance / conformity with st.; be compliant with st.; conform with st.; **není-li** ~ **v čem** in default of agreement on st.; **udržovat ve** ~**ě s čím** keep in line with st.

shodnost congruence; accordance; correspondence, harmony with

shodnout se, shod|ovat se agree; comply with, conform to / with; coincide, accord; ~ **na čem** agree to / on st., agree to do st.; **výpověď svědka se** ~**uje s výpovědí obviněného** the witness' statement conforms with that of the accused

shodn|ý agreeing, compliant, conforming, consistent; assenting, consenting; coincident, concurrent; identical, same; ~**á tvrzení účastníků** consenting allegations of participants

shodující se consenting, consistent; conforming, compliant

shora above; ~ **uvedený** above mentioned, aforementioned, afore(-)cited; hereinbefore, above

shovívavost benevolence; leniency, forbearance, tolerance; ~ **soudů při vymáhání závazků** forbearance of courts in enforcing debts; ~ **vůči pachatelům** lenity to offenders

shovívavý lenient, benevolent; tolerant; ~ **soudce** lenient judge

shození throwing over; ~ **části nákladu do moře v případě přetíženosti lodi v nebezpečí** jettison, throwing goods overboard if the ship is overloaded and endangered

shrnout summarize, make / constitute a summary of; sum up; state briefly / succinctly; give a summary of st.; **na závěr jednání mohou účastníci** ~ **své návrhy** at the conclusion of trial, the participants may summarize their respective positions / arguments / opinions; ~ **pro porotu svědecké výpovědi / důkazy** sum up the evidence for the benefit of the jury

shromáždění assembly, convention, congregation; council, conference; **ústavodárné** ~ constitutional convention / assembly; ~ **jmenující kandidáty na prezidentský úřad** nominating convention

shromáždit gather, collect; accumulate, aggregate; compile; assemble, convene, congregate; ~ **delegáty v zasedací síni** assemble the delegates in the session hall; ~ **velkou většinu hlasů** compile a great majority of votes

shromáždit se assemble, congregate, convene

shromažďovací relating to assembly; ~ **svoboda** freedom of assembly

shromažďování assembly, congregation; collection, compilation; ~ **důkazů** collection of evidence, collecting / assembling evidence; **právo na** ~ right to assemble; **svoboda** ~ freedom of assembly

shromažďovat assemble, convene, congregate; gather, collect; accumulate, aggregate; ~ **důkazy** assemble / collect evidence

scháze|t miss, come short of, fail to have / possess; **pachateli** ~**la rozpoznávací rozumo-**

vá **schopnost** the offender was not capable of rational comprehension / understanding
schéma plan, scheme, design; blueprint photocopied; ~ **provozu / provozní** ~ blueprint / plan of operations
schodek deficit, shortfall; **obchodní** ~ trade deficit; **snížit** ~ reduce the deficit
schodkový caused by or based on deficit; ~ **rozpočet** deficit budget; ~ **výdaj** deficit spending
schopen able to do / of doing, capable of doing; competent, qualified; **být** ~ **a ochoten** něco **udělat** be ready and willing to do st.
schopnost qualification, ability; capacity; competence; **rozpoznávací a ovládací** ~ ability to identify and control one's behaviour; **výdělečná** ~ earning capacity / capability; ~ **rozpoznat nebezpečnost jednání** an ability to recognize / realize the dangerousness of one's acts / behaviour; ~ **se bránit** capability of defending o.s.; **pachateli scházela rozpoznávací** rozumová ~ the offender was not capable of rational comprehension / understanding; **mít zvláštní ~i pro podnikání** have particular capacity for business; **řídící ~i** managerial skills
schopn|ý able to do / of doing, capable of doing; competent, qualified; skilful, skillful (US); **~á sekretářka** competent secretary; ~ **odborník** competent specialist
schovací relating to bailment, custody; **smlouva** ~ contract of bailment
schovat hide; conceal, refrain from disclosing / divulging, keep close / secret; **důkladně** ~ **ukradené peníze** properly conceal stolen money; ~ **revolver pod kabát** conceal the gun under one's coat
schovatel zástavní věřitel ve smlouvě o úschově bailee creditor in a bailment agreement, transfree, pledgee; custodian generally, a person having the custody of a thing
schránka box; case, deposit; safe; **bezpečnostní** ~ safe deposit; safe deposit box for rent; **mrtvá** ~ dead drop; cache
schůze meeting; convention, session, assembly; **ustavující členská** ~ establishing a membership meeting where a corporation / association / society is established
schůzk|a appointment, meeting; date; **sjednat si ~u** make appointments, arrange for a meeting
schválení approval formal sanction; ratification confirmation and acceptance of a previous act thereby

making it valid; sanction official approval or authorization; leave judicial permission to follow the non-routine procedure; assent express, implied or mutual; consent given voluntarily by a competent person; accord an amicable arrangement between parties, peoples or nations; adoption of the report at the meeting, passage passing into a law; ~ **návrhu zákona** approval / adoption / passage of a bill, enactment, enacted law / leagislation; ~ **smíru** approval of pre-trial / out-of-court / extra-judicial settlement; ~ **úkonu učiněného v zastoupení nezletilého** sanctioning / approving an act / deed made on behalf of a minor
schváleno approved, B.F. abbrev, bonum factum (lat) good / proper act / deed and therefore approved
schválený approved, sanctioned; ratified; accredited; adopted, passed; confirmed; ~ **návrh zákona** approved bill, passed / enacted proposed law, enacted legislation, enactment
schválit approve; sanction; ratify; accredit; assent, consent, accord st.; adopt, pass; ~ **předložené vzdělávací programy** accredit submitted educational programmes; ~ **smír** účastníků řízení sanction / approve the pre-trial settlement of parties to a case; ~ **výdaje** authorize expenditure(s); ~ **návrh zákona** pass / approve a bill, enact a proposed law
schválnost deliberateness, wilfulness; rancorous / envious malice; **narušit občanské soužití ~mi** disturb the peace and quiet of the occupants of a dwelling by menace
schvalování approving, sanctioning, ratifying; accreditation; assenting, consenting, according; advocating; ~ **trestného činu** advocating an offence
schvalovat approve; sanction; ratify; accredit; assent, consent, accord st.; adopt, pass; **mlčky** ~ **co** acquiesce; agree tacitly to st.
sídelní residential; relating to seat; ~ **objekt parlamentu** seat of Parliament
sídlo seat, office; domicile; **hlavní** ~ **společnosti** principal office of a corporation; ~ **územní korporace** corporate domicile; ~ **podnikatele** registered office of a business person; **právnické osoby** registered office of a legal entity; zapsané ~ **společnosti** registered office of a company
signální signalling; advance; ~ **archy** advance sheets
síl|a force; strength; vis, (pl) vires (lat); power; **bezprostřední** ~ immediate force, vis prox-

ima *(lat)*; **donucovací** ~ coercive power, vis compulsiva *(lat)*; **kupní** ~ purchasing power; **nepřiměřená** ~ excessive force, excess of force; **právní** ~ legal force, virtue; ~ **zákona** statutory force, force of a law; **oprávněně použít** ~y be justified in using force; **s použitím** ~y with force; **nová vyhláška má** ~**u zákona** the new regulation has the force of law **silnice** highway; road; **veřejná** ~ public / common highway **silniční** relating to road, highway; ~ **daň** highway tax; ~ **doprava** highway traffic / transit; ~ **loupež** highway robbery; ~ **právo** law of highways, highway laws; ~ **provoz** highway / road traffic **silný** strong; hard; heavy; ~ **kuřák** heavy smoker; ~ **piják** heavy drinker **simulovat** feign, malinger, pretend; ~ **nemoc** malinger; pretend illness **síň** hall, room, chamber; **jednací** ~ courtroom; **obřadní** ~ ceremonial wedding hall **singulární** singular; unique, solitary, single; ~ **sukcese** singular succession **sirotčí** relating to orphan; ~ **důchod** orphan's pension **sirotčinec** orphan house / asylum; orphanage **sirotek** orphan **síť** web, net; network; **záchranná sociální** ~ social net; **složitá** ~ **práv a povinností** complex web of rights and duties **situace** situation; position, condition; **bojová** ~ combat / fighting situation; **neřešitelná** ~ insolvable situation **sjednan|ý** agreed, negotiated, arranged / settled by common consent; **dohoda o změně** ~**ých pracovních podmínek** agreement to alter the agreed terms of employment; **úmluva** ~**á konkludentně** agreement by implication, implied agreement; **změna** ~**ých pracovních podmínek** alteration of agreed conditions of work **sjednat** agree, negotiate, arrange for, bargain; make, create; conclude; ~ **nájem** form / create a tenancy, form / create a lease; ~ **pracovní poměr na dobu určitou nebo neurčitou** make a contract of employment / create employment for a fixed term or indefinite period of time; ~ **schůzku** make an appointment; ~ **schůzku na dvě hodiny** fix an appointment for two o'clock; ~ **smlouvu** constitute / negotiate a contract; ~ **výhodný obchod** close /

make a bargain; **pokud není sjednáno jinak** unless otherwise agreed **sjednateln|ý** agreeable, negotiable, transfer-(r)able, assignable; ~**á cena** price to be agreed **sjednávání** negotiation, bargaining; ~ **lepších podmínek** bargaining more favourable terms **sjednávat** negotiate, bargain; ~ **mezinárodní smlouvy** negotiate international treaties; ~ **obchody** bargain transactions **sjednocení** unification; merger, consolidation; ~ politických, občanských **hnutí** iniciativ consolidation of political civil movement initiatives; ~ **politické strany** consolidation of a political party **sjednocený** unified, united; consolidated **sjednocování** unification, consolidation; ~ **národů** unification of nations; ~ **stanovisek** compromising / consolidating opinions **sjednocující** unifying; uniting, consolidating; **činnost** unifying activities **sjednotit** unify, unite; consolidate; ~ **politickou stranu** consolidate a political party; ~ **postup** consolidate / unify actions; ~ **stát** unite a country **skartace** destruction of official documents / instruments in a safe manner in order to avoid the breach of any secrets or data revelation **skartační** relating to a safe destruction of official documents / instruments; ~ **řízení** procedure directed to / aimed at a safe destruction / disposal of official confidential documents **skartovací** used for safe destruction of official documents / instruments; ~ **přístroj** shredding machine **skartovat** destroy official documents in a safe manner to avoid the undesirable disclosure of information **sklad** warehouse, storehouse, store, storage; **celní** ~ bonded warehouse / store; **svobodný celní** ~ free bonded warehouse / store; **velkokapacitní** ~ wholesale warehouse; **importované a dosud neproclené zboží v celním** ~**u** entry of goods under bond; **systém federálních celních** ~**ů** warehouse system **skládat se z** čeho comprise st., consist of st.; be composed of st.; be made up of st. **skladba** composition; combination, combining **skladiště** warehouse, storehouse; store, storage; cache; **celní** ~ bonded warehouse **skladištní** relating to warehouse, storehouse, storage; ~ **list** mající charakter cenného papíru ware-

house receipt; dock receipt / warrant as commercial paper
skládk|a waste dump, dump ground, dumping site, waste site; **černá** ~ illegal dumping site; **povolená** ~ approved dumping site; ~ **imisí z ovzduší** deposition of materials from the atmosphere; ~ **odpadků** dumping ground; ~ **radioaktivního odpadu** radioactive waste dump; **neoprávněně založit ~u** create / start / found a dumping site in violation / breach of law
skladné storage, storage fee; warehouse fee
skladování warehousing, storing, storage; ~ **hypoték u hypotečních bank** keeping mortgages at a mortgage bank; **náklady na** ~ warehousing costs; storage; **smlouva o** ~ storage agreement
skleníkový pertaining to greenhouse; ~ **efekt** greenhouse effect
sklon predilection, mental preference / partiality; favourable predisposition / prepossession; **pedofilní ~y** paedophilic predilections
skonat decease, demise; depart, pass away
skoncovat terminate, finish, stop; cease; abolish; put an end to st.; ~ **s násilím** put an end to violence
skončení cessation, termination; closing, conclusion; ceasing, discontinuance, stoppage; **pravomocné** ~ **likvidace** closing / termination of liquidation upon a final and conclusive judgment; **pravomocné** ~ **řízení** conclusion / closing of proceedings upon a final and conclusive judgment; ~ **hypotéky** cesser of a mortgage; ~ **lhůty** expiration of a period, lapse of time; ~ **manželství** cessation / termination of marriage; ~ **nájmu** termination of tenancy / lease; ~ **pracovního poměru** termination of employment; ~ **vyšetřování** termination / closing of an investigation; **dohoda o** ~ **nájmu bytu** an agreement to terminate the lease of a flat / apartment; **dohoda o** ~ **nájmu s dohodou o narovnání** an agreement to terminate the lease along with an agreement to settle mutual obligations
skončen|ý finished, terminated, closed; lapsed, expired; **přeprava se nepovažuje za ~ou** the transit is not deemed to be at an end; **prohlásit projednávání za ~é** declare the hearing closed
skonč|it terminate, close; cease, finish, stop; discontinue; ~ **smlouvu** terminate a contract;

~ **uplynutím sjednané doby** terminate upon expiration of the term; **lhůta k rozhodnému dni ~ila** the time limit expired on the appointed day; **řízení bylo pravomocně ~eno** the proceeding was terminated / closed upon a final and conclusive judgment
skoupení buy(-)out; ~ **akcií vedením společnosti** management buy(-)out, buyout of corporate stock by the management of a company
skrutátor scrutineer, scrutator
skrutinium sčítání hlasů scrutiny an official examination of votes cast at an election
skrýt disguise, conceal, hide
skryt|ý disguised, concealed; hidden; implied; **nepřímá a ~á diskriminace** indirect and disguised discrimination against s.o.; **~á diskriminace** disguised / latent discrimination; **~á dvojznačnost** ustanovení smlouvy latent ambiguity; **~á hrozba** covert threat; **~á podstata** covert nature; **~á vada** hidden / latent defect in a product; **~á věcná břemena** implied easements; **~á zločinnost** dormant / latent crime; **~é rezervy** hidden reserves; ~ **obrazec** ochranný prvek bankovky latent image, low-vision feature a security feature of a banknote
skrývající se absconding, hiding; **dlužník** ~ **před svými věřiteli** absconding debtor
skrývat (se) abscond, hide, disguise; ~ **před spravedlností** hide o.s. to elude the law, abscond
skupina group, bracket, category; division; **dědická** ~ group of heirs, line of descendants; **krevní** ~ blood group; **nápravně výchovná** ~ category of correctional / reformatory institution; **nátlaková** ~ pressure group; **obchodní** ~ trading block; **politická** ~ political group / wing; ~ **nejvlivnějších členů politické strany** caucus the most influential leaders or representatives of a political party
skupinov|ý relating to group, class; **~á žaloba** class / group action
skutečně really, truly, ultimately, very
skutečnost fact, matter, issue; **nová** ~ při řízení new matter; **právní** ~ legal fact; **prokazatelné ~i** evidentiary / provable facts; **rozhodující** ~ odůvodňující nařízení předběžného opatření crucial factors justifying an emergency ruling; **sporné ~i** contentious facts; **utajované ~i** classified information; **zásadní ~i** material / ultimate / principal / substantial facts; **~i tvořící předmět služebního tajem-**

ství facts constituting an official secret; **porušení ochrany utajovaných ~í** breaching the security of classified information; **poškození utajovaných ~í** damaging classified information; **prověření ~í** examination of / checking on the facts; **uvedení ~í** stating / declaring facts; **vyzrazení utajovaných ~í** divulging classified information; **znehodnocení utajovaných ~í** rendering classified information useless; **zneužití utajovaných ~í** abusing classified information; **zničení utajovaných ~í** destroying classified information; **pravdivě a úplně vylíčit ~i** represent facts truthfully and completely, make truthful and full representation of facts; **utajovat ~i** classify information / facts

skutečn|ý real, actual, virtual, fair, ultimate; **~á** právní **norma** genuine rule of law; **~á platba** actual payment; **~á spravedlnost** substantial justice; **~á tržní hodnota** fair market value; **~á ztráta** actual loss / damage; **~é oblasti míru** genuine zones of peace; **~é potřeby** actual needs; **~ vlastník** ultimate / real owner; **náhrada ~é škody** actual damages, compensation of actual damage

skut|ek fact, event; act, action, deed; **trestnost ~ku** punishability / criminality of a fact, punishability / criminality of an action / event

skutkově factually, as facts; **věci, které spolu ~ souvisí** cases that are interconnected / linked in issues / matters / questions of facts

skutkov|ý factual, relating to fact; **kvalifikovaná ~á podstata** qualified facts / body of a crime; **samostatný ~ základ** několika subjektivních práv separate factual basis of some rights; **shrnuté ~é okolnosti** aggregate facts; **~á nebo právní věta výroku rozsudku** recital of facts description of facts or law legal evaluation in the statement of a judgment; **~á podstata** facts of a case, body of crime; merits of case; **~é řešení** factual solution; **~é zjištění soudu** judicial fact-finding, examination of facts by a court; **~ omyl** error in fact, factual error; **~ stav** matter / issue of fact, facts; factual question, facts of a case; facts at issue; **~ základ, na němž je právní názor založen** facts upon which a legal opinion is based; **nejasnost nebo neúplnost ~ých zjištění** obscurity / unclearness and incompleteness of facts ascertained; **odhalení a posouzení ~ého stavu** factual revelation and consideration, the revelation and consid-

eration of the facts of cause civil, discovery and determination of the body / facts of a crime criminal; **odvolací soud je ~ou instancí** princip plného **odvolání** the appellate court shall be the instance considering the matter of facts the full appeal principle; **odvolací soud není vázán ~ým stavem** the appellate court is not bound by the facts of the case; **svědek vyjadřující se ke ~é podstatě** a witness responding to the facts of a case; **zjištění / zjišťování ~ého stavu věci** determining / establishing / finding the facts of the case, fact finding

slabina weakness; deficiency of strength / power / force

slabomyslný half-witted; imbecile, daft

slabost weakness

slab|ý weak; deficient; **~á stránka** weakness, weak point, circumstance of disadvantage

sladěný congruous, accordant, conformable, agreeable, suitable, in harmony; concerted; **~ postup** concerted practice

sladit harmonize; bring into harmony / agreement / accord

slavnost ceremony, solemnity; **~ uzavření manželství** wedding ceremony

slavnostní ceremonial; solemn; **~ oblečení** ceremonial dress; **~ úbor** ceremonial costume

sled chain; sequence, course, series; **~ vlastnických titulů** chain of title

sledovací tracking; surveillant; **elektronické ~ zařízení** electronic tracking device; **~ zařízení** surveillance equipment

sledování surveillance; oversight, superintendence, supervision; monitoring; **nepřetržité ~ po dobu maximálně 30 dní s možným prodloužením** continuing surveillance of up to 30 days with extensions possible; **příkaz ke ~** interception order; **~ platební schopnosti a likvidity** monitoring of solvency and liquidity

sledovat observe, watch, surveil; monitor; **~ výsledky** monitor results; **tajně ~ výslech** surreptitiously observe the interview

slev|a discount, sale, rebate, abatement; **přiměřená ~** reasonable discount; **~ na dani** tax rebate, tax abatement; **~ na dani na investice** investment tax credit; **~ na dani u exportu** bonification; **~ na nájemném** obvykle v prvním roce nájemní lhůty concession; rent rebate / abatement, reduced rent for first year as inducement to lease property; **~ na pojistném** za bezeškodní průběh bonus for no claims; **~ z ceny**

discount on the price; price rebate, deduction from the price; **uplatnění práva na přiměřenou ~u z nájemného** exercising the right to be given a reasonable rent rebate; **uplatnit právo na ~u z ceny věci** exercise the right to have the purchase discounted, claim a discount on the purchase price

slib promise; undertaking; pledge; **neformální ~ plnění** assumpsit *(lat)* a promise or contract, oral or in writing, not sealed, founded upon a consideration; **právně závazný ~** legally binding promise, pledge; **~ darování** promise of donation / to donate; **~ mlčenlivosti** pledge of confidentiality; **~ neobtěžovat navrhovatele / žalobce** undertaking not to harass the plaintiff; **~ odškodnění** promise to indemnify; **nedodržení ~u** violation / breach of one's promise; **dodržet ~** keep one's promise; adhere to one's promise; **splnit ~** fulfil / perform one's promise; **učinit ~** make a promise

slibný hopeful, promising

slibující promising, undertaking; **osoba ~** promisor; undertaker

slídičství voyeurism; **sexuální ~** pohlavní uspokojování pozorováním sexuálního styku voyeurism, scopophilia sexual stimulation / satisfaction derived principally from looking / watching

slitování compassion; **mít ~ s kým / čím** have compassion (up)on s.o. / with st.

sloučení joinder; amalgamation; merger, fusion; **~ družstev** merger of cooperatives; **~ nároků** joinder of claims; **~ obžalob** joinder of indictments; **~ opravných prostředků** joinder of remedies; **~ práva a povinnosti** consolidation of rights and duties; **~ územního řízení se stavebním řízením** consolidation of planning and building procedures; **~ žalob** joinder / consolidation of actions, joinder of claims; **~, splynutí nebo rozdělení obchodních společností** merger, consolidation or division reorganization of a business entity / organization company, corporation

sloučen|ý united, joined, amalgamated, merged; **~é žaloby** consolidated actions

slouči|t unite, reintegrate, amalgamate, join, consolidate; **dvě společnosti se ~ly v jednu** two companies merged into a single unit

sloupec column; **~ 'dal'** debit(-)side, left-hand side of an account *(UK)*; **~ 'má dáti'** credit(-)side, right-hand side *(UK)*

sloužit 1 čemu serve; gratify, furnish means for satisfying st.; **~ potřebám** serve needs, gratify / furnish means for satisfying desire; minister to / satisfy one's need; **~ věci** čeho serve the cause of st. **2** komu serve; be a servant, perform the duties of a servant

slovní verbal, oral, spoken; uttered / communicated in spoken words; **~ výtka** verbal reprimand / reproof

slov|o word; **~ od ~a** verbatim, literally; word for word; in exact words; verbatim et literatim *(lat)*; **dostat ~** obtain the floor; **držet ~** keep one's word; **hlásit se o ~** claim the floor; **mít ~ na jednání, schůzi** have the floor at a meeting; **pochybnost o tom, komu má být ~ uděleno** doubts as to who is entitled to the floor; **udělit ~** assign the floor; **vzít si ~** take the floor

složení 1 deposit, depositing; delivery, handing over, giving for a specific purpose; **~ dlužné částky do úschovy** depositing an amount due / owed to the custody of s.o. as court custody or notarial deposit; **~ jistoty / kauce jako záruky placení nájemného** placing a security deposit with a landlord to secure the payment of rents **2** composition; constitution; construction; **~ senátu** composition of the bench panel of judges; **~ soudů** composition of courts; **~ státu** composition of state

složenk|a voucher, postal order; **platba ~ou** payment by voucher postal order

složený compound; composed, composite; **~ úrok** compound interest

složit 1 deposit, deliver; place; hand over, give for a specific purpose; furnish; **~ co do úschovy soudu** place st. in the custody of the court / judicial custody; **~ jistotu** kauci provide / pay a security deposit in order to secure the payment of a rent, place a security deposit with the landlord; furnish bail surety, give a cash bail bond; **~ majetkovou záruku** deposit a pawn / pledge personal property as security for a debt; **~ odpad** dump rubbish; **~ peněžitou částku nebo věc do úschovy soudu** place the amount of money, or an item of property, into the custody of the court; **~ přiměřenou zálohu na náklady** úschovy deposit a reasonable amount of money in advance of costs of judicial custody; **~ slib, přísahu do rukou koho** make an oath, promise in the hands of s.o. **2** compose; construct, constitute; combine

složitel of money deponent, depositor; **~ věci**

do úschovy zástavní dlužník in custody, bailment bailor, pledgor; debtor
složitost complexity composite nature, intricacy; **závažnost a ~ případu / věci** seriousness and complexity of a case
složit|ý complex; complicated, intricate; **~é uspořádání** complex arrangement
složk|a component, constituent, element, part; unit; branch; **kapitálová ~** capital content; **mzdová ~** wages component base and bonus / premium; **nahodilá ~ smlouvy** accidentale negotii incidental element of a contract; **organizační ~ právnické osoby** podniku *(CZ)* structural component / unit / subdivision of a legal entity, branch structural unit / component of a corporate entity; **podstatné ~y** essentialia negotii essential elements of a contract; **pravidelné ~y** naturalia negotii ordinary elements of a contract; **soudní ~ moci** judicial branch of government; **volní ~ jednání** volitional component of conduct / acts; **výkonná ~ moci** executive branch of government; **zákonodárná ~ moci** legislative branch of government; **~ životního prostředí** např. ovzduší, voda, půda environmental medium / component e.g. air, water, soil; **~y stupně nebezpečnosti činu** degree components of the dangerousness of a crime; **zápis organizační ~y zahraniční osoby** recording registration, entry into the register of a branch / structural component of a foreign entity in the Commercial Register
slučitelnost compatibility, mutual consistency, congruity; **~ českého práva s právem Evropského společenství** compatibility of Czech law and Community law
slučitelný compatible; conformable; **tento požadavek není ~ s právem na stávku** this requirement is incompatible with the right to strike
slučování joinder; amalgamation; merger, fusion; **~ obcí** amalgamation of communities; **~ žalob** joinder of actions, joinder of claims
slučovat co unite, reintegrate, amalgamate, join, consolidate; **postupně ~ malé prodejny v jeden obchodní řetězec** gradually merge small retail shops into a large chain-store ·
sluha servant, attendant
slušný fair, decent, reasonable; **~ výdělek** decent earnings
služb|a service, duty; squad, unit; **bankovní ~y spojené s akceptací směnek** acceptance facilities; **bankovní ~y spojené s emitováním bankovek** note-issuance facilities; **Bezpečnostní informační ~** *(CZ)* Security Intelligence Service; **bezpečnostní ~** security guard; **celní ~** Customs department, customs service; **činná ~** vojáků active service of the members of the Armed Forces; **diplomatická ~** diplomatic services; **konzulární ~** consular service; **letecká ~** air support, air unit; **noční ~** night duty; **ochranná ~** protection service, security guard; **operační ~** policie operational service unit; **ubytovací ~y** lodging / accommodation services; **úklidové ~y** cleaning services; **úvěrové ~y** credit facilities; **veřejná ~** public service / duty; **veřejně prospěšné ~y** dodávky vody, elektřiny, paliv, telekomunikací apod. public utilities *(pl)* such as water, electricity, fuels, telecommunications supplies; **vězeňská ~** prison service; **záchranná ~** emergency services police, fire, ambulance; **záchranná ~ první pomoci** the ambulance; **základní vojenská ~** *(CZ)* compulsory non-professional military service; **~ cizinecké a pohraniční policie** alien / foreign and border police; **~ dopravní policie** the traffic police; **~ kriminální policie** the criminal police; serious crime squad; **~ policie pro odhalování korupce a závažné hospodářské trestné činnosti** corruption and serious economic crime unit; **~ rychlého nasazení** task force; swat; emergency team; **~ správních činností** administrative services department of the Police; Bureau of Administrative Services *(US)*; **~ technické podpory** policie technical services unit; Bureau of Technical Services *(US)*; **~ v cizím vojsku** service in a foreign army / in foreign troops; **~ v terénu** policie field service unit of the Police; **~ železniční policie** the Railroad Police; **~y spojené s užíváním / nájmem** services relating to the enjoyment / lease of property, public utilities *(pl)*; **maření způsobilosti k ~ě** impeding capacity / fitness to serve in the army; **nenastoupení civilní ~y** failure to commence civil military service; **nenastoupení ~y v ozbrojených silách** failure to commence service in the Armed Forces; **orgány hygienické ~y** the Sanitation Service bodies; **porušování povinnosti strážní ~y** breach of sentry duty; **povolání k povinné vojenské ~ě** conscription; **úkony právní ~y** legal acts, acts performed within the provision of legal services; **výkon**

vojenské ~y performance / execution of military service serving in the army; **být mimo ~u** be off duty; **být ve ~ě** be on duty
služebna station; house; **policejní ~** police station / house
služební official, relating to service; **~ byt** tied / service flat residential premises owned by an employer and let to an employee for the period of employment, tied cottage *(UK)*; **~ cesta** business trip; **~ odznak** police badge; inspector's badge; **~ poměr k policii** service in the Police; **~ požitky** perquisites and emoluments of public servants; **~ průkaz** service / police I.D. identity card; **~ stejnokroj** service dress; police uniform; **~ tajemství** official secret; **~ zákon** *(CZ)* 1 Civil Service Act 2 Professional Soldiers Act; **zánik ~ho vztahu** jako následek kázeňského trestu příslušníka ozbrojených sil termination of service contract as a result of disciplinary punishment of a member of the Armed Forces
služebnost servitude; encumbrance; easement; bondage; **doplňková ~** additional servitude; **~ cesty průjezd přes cizí pozemek k vlastní nemovitosti** accommodation road; **~ pastvy dobytka na cizím pozemku** herbage, the right of pasture on the land of another; **povinný ~í komu** owner of servient easement, servient owner; attendant on / to s.o.
slyšení audience; hearing
slzotvorn|ý lachrymatory, causing tears; **~ prostředek** tear(-)gas a lachrymatory gas used in riot control; **rozehnat dav s použitím ~ého plynu** drive away crowds with tear gas
směn|a 1 exchange, barter; change; **nucená ~ bytu** compulsory exchange of a flat 2 shift; **noční ~** night shift; **osmihodinová pracovní ~** eight-hour shift; **práce na ~y** shift-work, shift-working
směnárník money-changer, exchanger; cambist
směnečník drawee bill of exchange, payee promissory note
směnečn|ý relating to draft / bill of exchange, promissory note; **~á arbitráž** arbitration of exchange; **~á pohledávka** bill receivable; **~á suma** draft sum; **~é právo** law of drafts and notes *(US)*, law of negotiable instruments *(UK)*, law of commercial papers *(US)*; **~ dlužník** drawee bill of exchange, payee promissory note; **~ platební rozkaz** compulsory payment order in a form of bill / draft, judicial order to pay in a form of bill / draft; **~ postih** draft sanction;

~ protest draft protest; **~ rubopis** indorsement / endorsement of a bill / note / draft; **~ závazek** bill payable; **vydávání ~ých platebních rozkazů** issuance / award / grant of the compulsory payment order to pay the bill / draft, issuance / award / grant of the judicial order to pay the bill / draft
směnit exchange, change; convert; **~ koruny na dolary** exchange crowns for dollars
směnitelnost convertibility, exchangeability; negotiability
směnka bill, draft, note; paper; **akomodační ~** accommodation bill / draft / note; **cizí ~** bill of exchange, draft *(US)*; **data ~** date draft; **dokumentární ~ na zboží** commodity paper; **fixní denní ~** fixed-date draft; **lhůtní ~** time draft; **přijatá ~** acceptance slip; **splatná ~** bill due; **vista ~** sight bill / draft; **vlastní ~** promissory note; **~ podepsaná před expedicí zboží** advance bill; **~ vlastní splatná na požádání** demand note; **~ činí pět liber** the draft is good for five pounds; **~ na řad** note / bill / draft to order; **~ na viděnou** draft at sight, sight bill; **~ z ochoty** accommodation bill / draft / note
směnn|ý 1 relating to exchange, barter, change; **~á hodnota** exchange value; **~á smlouva** contract of barter goods only; contract of exchange land and goods; **~ kurz** exchange rate; **realizace ~é hodnoty věci** tj. dispozice realisation of the exchange value of a thing i.e. disposition 2 relating to shift; **~ provoz** working in shifts
směr direction, destination
směrnice directive *(ES)*; regulation, code of standards, guideline; **interní normativní ~** internal prescriptive / normative regulation; **~ o cenách potravin** *(ES)* Directive on Food Prices
směrodatný authoritative; directive, directory; **~ zdroj** authoritative source
směrový directional, localizing; **umístit ~ mikrofon** place a detectaphone
směšn|ý humorous, ridiculous; **~é příjmení** humorous surname
smír reconciliation, conciliation; bringing to agreement / concord / harmony; **mimosoudní ~** out-of-court / extra(-)judicial settlement; **soudní ~** judicial settlement / conciliation; consent decree judgment by consent of the parties; **pokus o ~** attempt to settle / mediate / conciliate; **předvolání k pokusu o ~ před za-**

hájením **řízení** summons to attempt pre-trial settlement / conciliation, summons to attempt settlement before the commencement of trial; **schválení ~u** approval of pre-trial / out-of--court / extra-judicial settlement; **usnesení o schválení ~u ve smírčím řízení** resolution to approve pre-trial settlement in the conciliation proceedings; **schválit ~** účastníků řízení sanction / approve the pre-trial settlement of parties to a case; **uzavřít ~** settle / adjust the dispute before trial; conciliate in the dispute; **v řízení o přestupku urážky na cti došlo ke ~u** *(CZ)* conciliation has been reached in the hearing of an administrative delict / infraction of slander

smírčí relating to reconciliation, conciliation; **~ komise** committee / commission of conciliation, conciliation board; **~ projednání věci** conciliation of adversaries / contending parties; **~ řízení** prétorské conciliation proceeding praetorian; out-of-court / extra-judicial / pre-trial settlement; **~ výbor** conciliation board / committee; **návrh na ~ řízení** motion for pre-trial settlement / conciliation, out-of-court / extra-judicial settlement

smíření reconciliation, conciliation; **~ manželů** reconciliation / conciliation of spouses

smířit conciliate, reconcile; heal

smísení commingling, co-mingling; **~ věcí různých vlastníků** commixtio commixtion, mixing / co-mingling of things belonging to different owners

smísit co-mingle, commingle, put / mix together; **~ různé finanční zdroje** commingle different funds

smíšen|ý mixed, compound; mingled; **~á smlouva** causa mixta mixed contract; **~é pojistné** combined premium

smlouv|a contract, agreement; deed, indenture; covenant, bargain; compact; treaty international; **adhézní ~** accessory contract assuring the performance of a prior contract; adhesion contract no possibility to bargain, the "take it or leave it" principle; collateral contract made prior to, or contemporaneous with, another contract on the same or similar subject; **akcesorická ~** accessory contract; **aleatorní ~** hazardous contract; **bez(ú)platná ~** gratuitous contract; **darovací ~** contract of donation; deed of gift; **darovací ~ o převodu vlastnictví k nemovitostem** contract of donation / deed of gift of conveyance of

real property; **fixní ~** přesně určená doba plnění fixed-term contract fixed time of performance; **formální ~** contract under seal; **inominátní ~** innominate / unnamed contract; **jednatelská ~** agency contract; **kolektivní ~** collective / union contract, collective agreement; **komisionářská ~** consignment agreement / contract; **kupní ~** contract of sale, sales contract, sales agreement, bill of sale, purchase agreement, sell and buy agreement; **kupní ~ o převodu vlastnictví k nemovitostem** contract to sell and transfer the title to real estate; deed of conveyance; **leasingová ~** hire purchase / lease purchase contract; bailment lease; **licenční ~** licensing agreement; **lichvářská ~** výše požadovaných úroků překračuje zákonný limit usurious contract; **makléřská ~** brokerage contract; **mandátní ~** contract of mandate; **manželská ~** marriage contract, nuptial agreement; **mezinárodní ~** international treaty, agreement; convention; **nájemní ~** lease contract, contract of lease, lease; **nájemní ~ k bytu** residential lease contract; **nájemní ~ k nebytovým prostorám** non-residential lease contract; store lease contract; office lease contract; **nedělitelná ~** nepřipouštějící částečné plnění indivisible contract; **neformální ~** parol contract; **neplatná ~** void contract; **nepojmenovaná ~** inominátní kontrakt unnamed / innominate contract; **nesplněná ~** executory contract; **nesvědomitá ~** unconscionable contract; **nevynutitelná ~** unenforceable contract; **nicotná ~** neplatná od samého počátku null and void contract ex tunc; **obstaravatelská ~** contract of procuration; **odvážná ~** aleatory contract; **ovládací ~** a contract to control the company; **podmíněná ~** conditional contract; **podnájemní ~** sublease / underlease contract, contract to underlet / sublet, subtenancy agreement; **pojistná / pojišťovací ~** contract / certificate of insurance, insurance contract; **pracovní ~** contract of employment, employment contract; **pracovní ~ se závazkem nevstoupit do odborů** v opačném případě vzniká důvod k výpovědi employment contract where an employee binds himself not to join a union otherwise will be discharged; yellow dog contract *(slang)*; **předjednaná ~** booking contract; memorandum; **předmanželská ~** prenuptial / premarital agreement; marriage articles; **příkazní ~** contract of mandate, contract of mandatum; **rozhodčí** ~ arbitration agreement; **schovací** ~ contract of bailment; **služební** ~ *(CZ)* service contract, contract of service usually in the Armed Forces or within Civil Service; **směnná** ~ contract of barter goods only; contract of exchange land and goods; **splněná** ~ executed / performed contract, executed agreement; **společenská** ~ Memorandum of Association *(UK)*; Articles of Incorporation *(US)*; social contract *(phil)*; **společná a nerozdílná** ~ joint and several contract; **standardizovaná forma** ~y standard form of contract, boilerplate *(US)*; **svatební** ~ nuptial agreement, marital contract, marriage settlement; **úplatná** ~ contract for consideration / value, onerous contract; **ústní** ~ verbal / oral / parol contract; **vadná** ~ defective contract; obnoxious contract; **vedlejší** ~ accessory / collateral contract; **všeobecná** ~ blanket contract; **vzorová** ~ standard form of contract, boilerplate *(US)*; **vzorové** ~y publikace book of forms, forms book; **zakladatelská** ~ Memorandum of Association *(UK)*, Articles of Incorporation *(US)*; **zasílatelská** ~ contract of despatch / dispatch, consignment contract, shipment contract; contract for the shipping / dispatch of goods; **zástavní** ~, **kterou se zastavuje nemovitost** contract / deed of mortgage charging the real estate; **zástavní** ~, **kterou se zastavuje pohledávka** deed of pledge charging the claim as a security for the payment of a debt, contract to pledge the claim, pledge agreement; **zmocňovací** ~ příkazní contract of mandate, mandate contract; **zprostředkovatelská** ~ contract of brokerage, brokerage contract; agency contract, contract of agency; **zrušitelná** ~ voidable contract; ~ **na dobu neurčitou** contract for indefinite period of time; ~ **na dobu určitou** fixed-term contract; ~ **na prodej čeho** contract for the sale of st.; ~ **na prodej podle vzorků** contract for sale by sample; ~ **o bankovním dokumentárním inkasu** documentary collection contract; ~ **o bankovním uložení věci** bank safe deposit agreement; ~ **o bezplatném převodu** gratuitous deed, contract of gratuitous transfer; ~ **o běžném účtu** contract of current account; ~ **o budoucí smlouvě** pactum de contrahendo agreement to agree, pre-contract, preliminary contract; letter of intent *(US)*; ~ **o dílo** contract for work done and materials supplied; ~ **o důchodu** pension contract, con-

tract of pension; ~ **o Evropské unii** Treaty on the European Union; ~ **o franšíze** franchising agreement; ~ **o inkasu** contract of collection; ~ **o komisním prodeji** consignment sales contract; ~ **o kontrolní činnosti** contract of control / supervision, contract to control and supervise; ~ **o koupi najaté věci** hire-purchase agreement *(UK)*, lease-purchase agreement *(US)*; ~ **o nájmu bytu** residential lease contract; ~ **o nájmu dopravního prostředku** charter agreement; ~ **o nákupu na splátky** hire purchase agreement *(UK)*, instal(l)ment plan agreement *(US)*; ~ **o nešíření jaderných zbraní** non-proliferation treaty; ~ **o nezajištěných závazcích** debenture indenture; ~ **o obchodním zastoupení** commercial agency agreement; ~ **o obstarání prodeje věci** contract to procure the sale of a thing; ~ **o obstarání věci** contract for the procurement of a thing; ~ **o odloučení / rozluce** manželů deed of separation; ~ **o opravě a úpravě věci** contract for the repair or modification of a thing; ~ **o otevření akreditivu** letter of credit contract; ~ **o podnájmu** sublease / underlease contract, contract to underlet / sublet, subtenancy agreement; ~ **o postoupení pohledávky** contract to assign debt(s), cession contract; ~ **o pracovní činnosti** agreement for the performance of work; ~ **o právní pomoci** legal aid contract / agreement; ~ **o prodeji nemovitosti** contract for the sale of land / property; ~ **o prodeji podniku** contract for the sale of business, business purchase contract; ~ **o provedení práce** agreement to complete / perform a job; ~ **o provozu dopravního prostředku** contract for the operation of a transport vehicle; ~ **o přátelství** treaty of amity; ~ **o přepravě** contract of carriage / transportation; ~ **o přepravě osob** contract for the transportation of persons; ~ **o přepravě věci / nákladu** contract for the carriage of goods; ~ **o převodu akcií** deed of transfer transferring shares; ~ **o převodu nemovitosti** grant deed, deed of conveyance; ~ **o převodu obchodního podílu** contract for the transfer of share in business; ~ **o převodu vlastnictví k bytové jednotce** contract for the transfer of title to a residential unit / a flat / an apartment; ~ **o převzetí dluhu** contract for subrogation / assumption of debt; ~ **o přistoupení k závazku** intercession agreement, contract for the assumption of liability for the debt of another; **~ o půjčce** contract of loan, loan contract; **~ o ručení** contract of suretyship / guaranty / guarantee; **~ o sázce** wagering / betting contract; **~ o sdružení** contract of association / consortium; **~ o skladování** storage contract; **~ o smlouvě budoucí** agreement to agree, pre-contract, preliminary contract; letter of intent *(US)*; **~ o správě cizí věci** deed of trust; **~ o šíření díla** contract for the distribution of a work; **~ o tichém společenství** dormant partnership contract; **~ o ubytování** contract of lodging / accommodation, accommodation contract; **~ o uložení cenných papírů** contract for the custody / deposit of commercial papers; **~ o úschově** contract of bailment, bailment contract; **~ o uzavření budoucí kupní smlouvy** agreement to make a sales contract; sales pre-contract, letter of intent to make / enter into a sales contract; **~ o vkladovém účtu** deposit account contract; **~ o vkladu** contract of deposit; **~ o výhradním prodeji** exclusive sale contract; **~ o vypořádání majetku** deed of settlement, contract for the distribution of property; **~ o výpůjčce** contract to borrow; **~ o vytvoření díla** contract to produce a work, contract for the production of a work; **~ o zamezení dvojího zdanění** double taxation avoidance treaty; **~ o zapůjčení věci** contract for the lending of a thing; **~ o zastavení cenných papírů** contract for the pledge of securities; **~ o zprostředkování** contract of brokerage, brokerage contract; agency contract, contract of agency; **~ o nezrušitelném převodu** contract for irrevocable transfer; defeasible deed; **~ o zřízení věcného břemene** contract for the grant of an easement, grant of easement deed; **~ o zřízení věcného břemene bydlení a užívání nemovitosti** contract to grant an easement on the property of dwelling and enjoyment; **~ pod pečetí** under seal contract; **~ uzavřená konkludentně** implied contract; **~ ve formě notářského zápisu** contract as a notarial deed; **~ ve prospěch třetího** contract for the benefit of a third person; **formulář ~y** form of a contract; **neplatnost ~y** invalidity / nullity of a contract; **odstoupení / odstup od ~y** withdrawal from a contract *(CZ)*, rescission / repudiation of contract *(UK)*, *(US)*; **plnění ~y** performance of a contract; **podepsání ~y podpisem vstupuje**

smlouva v platnost undersigning a contract; execution of a contract the contract becomes valid upon the signature of the parties; **podstatné náležitosti ~** essential elements of a contract; **porušení ~y** breach of a contract; **právo ze ~y** contractual right; **předmět ~y** subject-matter of a contract; **řízení o neplatnost ~y** action for the nullity / invalidity of contract; **sepsání ~y** formation of / drafting a contract; **strana ~y** party to a contract; **veřejný návrh na uzavření ~y** public offer to make a contract; **vznik ~y** formation / creation / establishment / writing of a contract; **zánik ~y dohodou** discharge of a contract by agreement; **zánik ~y jednostranným úkonem** discharge of a contract by unilateral act; **zánik ~y z důvodu nemožnosti plnění** discharge of a contract by frustration *(UK)* / impossibility *(US)*; **zmaření účelu ~y** frustration of an object / purpose of a contract; **zrušení ~y** cancellation / revocation of a contract; **jak je uvedeno ve ~ě** as stated / as provided for / as stipulated in the contract, as per contract; **k porušení ~y dojde, když** a breach of contract occurs / is committed when...; **porušit ~u** break / breach / violate / infringe a contract; **ukončit ~u** terminate the contract; **uzavřít ~u** make a contract, enter into contract; conclude a treaty / agreement; **vyvinout se ve ~u** ripen into a contract; **vyzrát ve ~u** mature into a contract

smluvce party to a contract, contractual party
smluven|ý conventional, agreed; covenanted, contracted, stipulated; **~é jednání** concerted action

smluvit contract to do st., for st.; stipulate to specify st. as an essential part of the contract; covenant agree formally or solemnly; concert to arrange by mutual agreement; agree upon

smluvní contractual, conventional; contracting *(IPL)*; **podstatná ~ náležitost** essential element of a contract; **podstatná ~ podmínka** essential term of a contract; **~ odměna advokáta** contractual fee of counsel; **~ odpovědnost** contractual liability; **~ podmínky** terms and conditions of a contract, contractual terms and conditions; **~ pojištění osob** contractual insurance of individuals; **~ pokuta** contractual / conventional penalty, fine; **~ právo** Law of Contract, Contract Law; **~ přímus smluvní přinucení** contractual compulsion compel upon contract; **~ solidarita** joint and several responsibility and liability under contract; ~ **společenství zájmů** privity of contract; ~ **stát** contracting state; ~ **strana** party to a contract, contractual party; contractor; contracting party *(IPL)*; negotiator; ~ **ujednání** contractual covenant(s) / provision(s) / stipulation(s); ~ **volnost** freedom of contract; ~ **vztahy** contractual / conventional relations; ~ **závazky** contractual / conventional obligations

smogov|ý relating to or caused by smog; **plán pro vyhlášení** ~**é situace** / **plán** ~**é pohotovosti** smog alarm plan; ~ **varovný a regulační systém** smog warning and regulation system

smrt death; decease; passing away, departure; loss / cessation of life; ~ **následkem nehody** death as a result of an accident; accidental death; ~ **obviněného, odsouzeného, obžalovaného, poškozeného** death of an accused, a convict, a defendant, an injured; ~ **při výkonu služby** death in service; death while on duty; ~ **v důsledku pracovního úrazu** death in consequence of an industrial accident / accident at work; ~ **v důsledku protiprávního činu** death by a wrongful act; **pojištění pro případ** ~**i** life insurance *(US)* / assurance *(UK)*; **příčina** ~**i** cause of death; **trest** ~**i** death sentence / penalty, capital punishment; **změnit trest** ~**i na trest odnětí svobody na mnoho let** commute the death penalty to a long prison term

smrteln|ý fatal, deadly; capital; ~**á nemoc** fatal disease; ~ **hřích** capital sin; ~ **úraz** fatal accident

smrtící killing; fatal, deadly, lethal; ~ **síla** deadly force; ~ **zbraň** deadly / lethal weapon

smysl sense; meaning; purpose, reason, purport; significance; drift, import; intent, intention; ~ **ustanovení** meaning of the provision; **v opačném** ~**u** on the other hand, in the opposite sense; a contrario sensu *(lat)*; **v přesném slova** ~**u** in the severe / strict / stringent sense; **v tom** ~**u, že** to the intent that; in a sense that; to an effect; **ve** ~**u zákona** within the intention of the law; by course of law, by virtue of law; **dávat** ~ give / have / make sense, be intelligible; **pokud neexistuje smluvní podmínka v tomto** ~**u** unless there is a term of the contract to that effect

smyslov|ý sensual, relating to senses, perception; ~**á pohnutka** sense impulse; ~**é vnímání** sense perception; **ztráta nebo podstatné**

oslabení činnosti ~**ého ústrojí** loss or material reduction in the functioning of the sense sense organ

snášet suffer; bear, carry, tolerate, bear with, put up with; **něco vykonat či** ~ make / produce or suffer st.

sňat|ek wedding ceremony; celebration of a betrothal; nuptials; marriage; **civilní** ~ civil wedding / marriage; **konzulární** ~ consular marriage; **církevní forma** ~**ku** religious wedding / marriage; **delegace** ~**ku** / ~ **v zastoupení** proxy marriage, marriage by proxy

sňatkov|ý marriage, matrimonial; ~**á kancelář** matrimonial agency / bureau, marriage bureau; ~ **podvodník** marriage-monger; marriage trickster

sněmov|na chamber, assembly, house; **Dolní** ~ *(UK)*, *(CA)*, *(AU)* House of Commons; **horní a dolní** ~ upper and lower house / chamber; **Poslanecká** ~ **Parlamentu ČR** Chamber of Deputies of the Parliament of the Czech Republic; **Sněmovna reprezentantů** *(US)* House of Representatives; ~**ny Kongresu** *(US)* Houses of Congress; **jednací sál** ~**y** conference hall of the House / Chamber; **projednávání návrhu zákona ve** ~**ně** consideration of a bill by the House / Chamber; **předseda** ~**ny** Speaker of the House / Chamber; **rozprava ve** ~**ně** debates in the House / Chamber; **systém dvou** ~**en** bicameral system

sněmovní chamber, assembly, house; ~ **výbory** Chamber Committees; House Committees

snímání taking; scanning, taking off; ~ **daktyloskopických otisků** taking fingerprints

snížení reduction, abatement; decrease, deduction; diminution, minimization; depreciation; **mimořádné** ~ **trestu odnětí svobody** extraordinary reduction of the term of imprisonment; ~ **cen** price cuts, cuts in prices; ~ **daní** remission of taxes, tax reduction; ~ **hodnoty** decrease in value, diminution in value; ~ **mezd** / **platů** salary cuts, cuts in salaries; ~ **míry poškození** zdraví **v důsledku požívání drog** harm reduction, reduction of harmful effect on health in consequence of drug consumption ~ **náhrady** škody reduction of damages / compensation, mitigation of damages; ~ **nájemného** reduction in rent, concession usually during the first year of the lease; ~ **nájemní hodnoty** diminution in rental value; ~ **nebo zánik ceny** diminution or extinction of a price;

~ pracovní způsobilosti diminution of s.o.'s capability / fitness to work as a result of injury; **~ rizika** decrease of risk; **~ stupně nebezpečnosti** diminution / reduction / minimizing of the extent / degree of danger; **~ základního jmění** reduction of share capital

snížen|ý reduced, minimized; cut; concessionary; decreased; **~á odpovědnost v důsledku duševní poruchy** diminished liability / legal responsibility due to mental illness; **~á příčetnost** diminished sanity / mental capacity; **~é nájemné** reduced / concessionary rent

snížit decrease, cut; diminish, lessen; mitigate; depreciate, abate; degrade, humiliate; **~ cenu čeho** depreciate by wear and tear; **~ ceny u všech výrobků** cut prices on all articles; **~ daňovou povinnost** abate / reduce tax liability, abate / reduce a tax; **~ důstojnost fyzické osoby** diminish the dignity of a natural person; **~ náhradu škody** mitigate damages; **~ nájemní hodnotu majetku** diminish the rental value of property; **~ náklady** reduce costs; **~ omezení** relax / reduce restrictions; **~ počet pracovních míst** reduce the number of jobs by making people redundant, cut jobs; **~ prodejní kvóty** reduce sales quota; **~ trest** abate / abridge sentence; **~ výrobu** cut the production

snouben|ec fiancé; betrothed; **dohoda ~ců o příjmeních jejich dětí** agreement of fiancés on the surnames of their children

snoubenka fiancée; betrothed

snubní nuptial; relating to wedding; **~ prsten** wedding ring

socialismus socialism; **demokratický ~** democratic socialism; **křesťanský ~** Christian socialism

socialistick|ý socialist; **rozkrádání majetku v ~ém vlastnictví** stealing property in social ownership

sociální social; societal, societary; **~ dávky** social security benefits; **~ demokracie** social democracy; **~ důchod** social pension; **~ jev** social phenomenon; **~ péče** social care; **~ politika** social policy; **~ pracovník** social worker; **~ práva** social rights; **~ příplatek** social conditions allowance; **~ služby** social services; **~ spravedlnost** social justice; **~ stát** social state; **~ vědomí** social consciousness; **~ vědy** social sciences; **~ zabezpečení** social security, social welfare; public welfare

sociologie sociology; **právní ~** sociology of law

solidarita solidarity; **občanská ~** civil solidarity; **pasivní ~ dlužníků** passive solidarity of debtors

solidární solidary continental law, joint and several common law; **~ dlužníci** joint / solidary debtors; debtors liable jointly and severally; **~ neomezené ručení** joint unlimited liability; **~ odpovědnost** joint and several liability, joint liability; **~ odpovědnost více škůdců** joint and several liability of more than one wrongdoer; **~ povinnost** joint and several duty / obligation; **~ práva a povinnosti** joint and several rights and responsibilities; **~ úpis** joint and several bond / note

solventnost solvency, ability to pay when debts fall due

sortiment assortment

souběh concurrence; multiplicity; coincidence; juncture; **jednočinný ~ ohrožování životního prostředí s trestným činem poškozování cizí věci** joinder of the crime of endangering the environment and the crime of harming a thing of another; **jednočinný ~ trestných činů jeden skutek vykazuje znaky více trestných činů** joinder of offences one criminal act contains elements of more offences; **reálný ~ trestných činů** actual concurrence of offences, cumulative offence; **vícečinný ~ trestných činů v souvislosti s oddělitelným výrokem rozsudku** multiple offences committed at the same time and place; in relation to a separable / severable statement of the judgment; **~ nájemních smluv nájemní smlouva uzavřená před vypršením předchozí** concurrent lease a lease of the premises made before the termination of the previous one; **~ nároků na důchod kumulativní princip** concurrence of pension entitlements the cumulative principle; **~ nedbalosti dvou a více osob** concurrent negligence of two or more persons; **~ přestupků** cumulative / multiple administrative delicts / infractions; **~ příslušnosti** concurrent jurisdiction

souběžn|ý concurrent, parallel; collateral; conjoint, associated; running through the same period of time; contemporary in duration; **~á činnost** collateral / concurrent activity; **~á práva k pozemku** concurrent estates; joint tenancy, tenancy in common; **~é žaloby v občanských věcech podávané společně** concomitant actions filed jointly in civil proceedings; **~é pojistky pro stejný pojistný zájem** concurrent policies for identical insurable interests; **~é**

žalobní důvody concurrent causes of action; ~ **vedlejší pracovní poměr** part-time parallel employment; ~ **opravný prostředek** collateral remedy / remedial right; ~ **výkon trestů** concurrent sentence
soubor body, set; ~ **práva** body of law; ~ **pravidel** body of rules
soucit compassion, commiseration; sympathy for / with a person; for / in / with an event or experience; ~ **s uprchlíky** compassion for refugees
současně simultaneously, at the same time; coincidently; **přihodit se** ~ coincide, happen at the same time; **vyskytnout se** ~ occur simultaneously, concur
současn|ý contemporary, current, recent, present, incumbent; **~á existence** concomitance, subsistence together, co(-)existence; **~é zaměstnání** recent / contemporaneous employment; ~ **prezident** president for the time being; incumbent president; ~ **příjem** current income; ~ **výklad** contemporaneous construction; **v ~é době** currently, at the present time; recently
součást branch, component, constituent, component part; attachment, appurtenance; **nedílná** ~ component part; **pevná ~ nemovitosti** stavby fixtures (pl); component part of a building / structure i.e. things permanently attached to a building, such as plumbing, heating, cooling, electrical and other installations; **tvořící ~ čeho** constituent; ~ **pozemku** component part of a tract of land, appurtenance to the land; ~ **věci** component part of a thing; **příslušenství a** pevné **~i bytu** appurtenance to and fixtures in a flat / an apartment
součástka particle, part, component, piece, article
součet aggregate, total; ~ **všech částek** aggregate of all sums
součinnost cooperation, collaboration, assistance; participation; interaction; joint efficiency; **trestná** ~ aiding and abetting, complicity; ~ **objednatele a zhotovitele** co-operation of a principal / client / customer one who ordered a thing to be done or service to be provided and the contractor / manufacturer one who made or rendered it; interaction between a principal / client / customer and the contractor / manufacturer; ~ **stran při dokazování** collaboration of parties in adducing / producing evidence before court; ~ **účastníků řízení** cooperation

of parties to an action / proceeding; **poskytnout ~ k prokázání své totožnosti** collaborate / assist in proving one's identity; **poskytnout ~ k provedení opravy** cooperate provide an access to the site / place where the repairs should be done and assist / render assistance in the repairs; **poskytnout ~ při plnění dluhu** render assistance in settling a debt thus discharging a duty to cooperate and not to obstruct; **vynucovat ~ účastníků řízení** compel / force / coerce participants in proceedings to cooperate
soud court; court of law, law-court, court of justice, court of judicature; judiciary; **apelační** ~ appellate court, court of appeal; **cizozemský** ~ foreign court; **dožádaný** ~ requested court addressed with a letter of request; **krajský obchodní** ~ Regional Commercial Court; **krajský** ~ Regional Court; **městský** ~ Municipal Court; **nadřízený** ~ superior / higher court; **nejvyšší** ~ Supreme Court; **obchodní** ~ Commercial Court; **obecný** ~ general court, court having general jurisdiction; **obvodní** ~ (CZ) District Court territorially subdivided chartered towns; **odvolací** ~ appellate court, Court of Appeal; **okresní** ~ District Court; **postoupený** ~ transferee court; **postoupivší** ~ transferor court; **příslušný dovolaný** ~ appropriate / competent appellate court dealing with appeal reviews; **příslušný** ~ court having jurisdiction, competent / appropriate court; **rejstříkový** ~ obchodní ~ (CZ) the Commercial Court in charge of the Commercial Register; **rozhodčí** ~ arbitration court; **smírčí** ~ court tribunal of conciliation; **správní** ~ administrative court; **Ústavní** ~ (ČR) Constitutional Court of the Czech Republic; **vojenský obvodový** ~ (CZ) Circuit Military Court; **vrchní** ~ High Court; **vyšší vojenský** ~ (CZ) High Military Court; **nejvyšší instance** court of last resort; ~ **nižšího stupně** inferior / lower court, lower instance; ~ **pro mladistvé** juvenile court; ~ **pro nápravu vadných rozhodnutí** (US) Court for the Correction of Errors; ~ **pro věci pozůstalostní** probate court, court of probate; ~ **první instance / prvního stupně** court of first instance, trial court; ~ **s omezenou pravomocí / jurisdikcí** court of limited jurisdiction; ~ **vyššího stupně** higher / superior court, higher instance; **~y obyčejového práva** courts of common law; **péče ~u o nezletilé** care of court for minors, judicial care of

minors; **právo vystupovat u ~u** right of audience; **pravomoc a příslušnost ~ů** jurisdiction and cognizance of courts; **pravomoc ~ů** jurisdiction / competence / powers of court; **při veřejném zasedání ~u** in open court, at public hearing / trial; **příslušnost ~ů** cognizance / competence / jurisdiction of courts; **přivolení ~u** leave / sanction of court; **rozsudek ~u** judgment of court; **řízení před ~em** hearing / trial before court / judge; **soustava ~ů** the judiciary; system of courts; **úřední deska ~u** official notice board of a court; **úschova ~u** custody of court; **zahájení věci u nepříslušného ~u** mistake in venue, commencement of an action before the court not having jurisdiction; **pohnat co k ~u** bring a suit / case, an action before court / judge, bring st. to justice, take an action; **~ činí jednomyslné rozhodnutí** the court holds unanimously; **~ rozhodl, že spor je bezpředmětný** the court held that there was no case to answer; **~ rozhodne na základě volného nalézání spravedlnosti** it is within the discretion of the court, the judge applies his / her discretionary powers in delivering a judgment

soudce judge, justice; arbitrator, umpire; **ctihodný ~ Smith** soudce vrchního soudu *(UK)* Mr Justice Smith High Court Judge; **jediný ~** samosoudce single judge, judge sitting alone; **mladší** služebně **~** junior judge; **náhradní ~** je-li líčení velmi dlouhé substitute judge if the trial is too long; **nižší ~** junior judge, puisne judge *(UK)*; **přísedící ~** lay judge elected by the local council to act in the first instance criminal proceedings *(CZ)*, judge on the bench *(UK)* / panel *(US)* higher courts; **smírčí ~** Justice of the Peace, J.P. abbrev; **starší** služebně **~** senior judge; **vojenský ~** Military Court Judge; **vyšetřující ~** investigating judge; **~ Nejvyššího nebo Ústavního soudu** *(CZ)* Supreme or Constitutional Court Justice; **~ Nejvyššího soudu USA** řadový Associate Justice; **~ obvodního soudu** District Court judge *(CZ)*, circuit / district judge *(US)*; **~ odvolacího soudu** appellate judge, Court of Appeal Judge; **~ okresního soudu** District Court judge; **~ z moci úřední** ex officio judge; **~ z povolání** professional full-time, paid judge; **~-zpravodaj** *(ESD)* Judge Rapporteur, Judge-Reporter; **odpovědnost ~** judicial responsibility; **být ~m** be on the bench, serve as a judge; **~ neuznal důkaz obhajoby** the

judge disallowed the defence evidence; **~ otevřeně neschválil jednání obhájce** the judge openly disapproved of the defending counsel **soudcovsk|ý** judicial, juridical, juristic; relating to judge, justice; **~á imunita** judicial immunity, immunity of judge; **~á lhůta** judicial time-limit set / awarded by a judge; **~é právo** judge-made law; **~ čekatel** judicial trainee, judge serving articles; **~ stav** judicature; **~ úřad** judgeship, justiceship; **zřízení ~ého zástavního práva na nemovitostech** creation of judicial lien with respect to real property **soudit** judge, decide, hear, try; **~ koho pro trestný čin** try s.o. for an offence; **~ obžalovaného** try the defendant; **~ právní spory** judge / hear / try legal disputes **soudně** judicially; in / before court, before judge; **~ bylo rozhodnuto, že...** it was held that..., the judge held that...; **~ neobstavitelné** non-attachable by court, non-leviable by court; **~ uplatňovat protinárok** counter(-)claim in court; **~ vynášet rozsudky** give / award / deliver judgments in courts, adjudicate **soudní** judicial; juridical; legal; forensic; **občanský ~ řízení** civil proceeding(s) / procedure; **občanský ~ řád** the Rules of Civil Procedure, Civil Procedure Code; **precedenční ~ rozhodnutí** judicial precedent; **vyšší ~ úředník** judicial officer generally, an officer of a court rendering decisions in judicial capacity, senior officer of justice; **~ analýza DNA** forensic DNA analysis; **~ dražba** judicial sale; **~ dvůr** court of justice; **~ funkce** judicial office / position; **~ ingerence** judicial ingerence / intrusion / interference; **~ instance** degree of jurisdiction; **~ jednání** *(OPP)* civil trial before judge in a courtroom; **~ komisař** judicial commissioner; **~ kontrola** judicial scrutiny; **~ lékařství** medical jurisprudence, forensic medicine; **~ moc** 1 judicial authority / power; judicature, judiciary 2 judicial branch of the government; **~ obstavení** garnishment ordered by court; **~ obvod** judicial circuit / district *(UK)*, *(US)*, judicial district *(CZ)*; **~ ochrana** judicial protection; **~ odluka manželů** judicial / legal separation; **~ okres** judicial district; **~ orgány** judicial authorities / bodies, judiciary; **~ oznámení** judicial notice, judicial cognizance; **~ pitva** forensic autopsy; **~ poplatky** court fees; legal charges / fees / expenses; **~ povole-**

ní **odposlechu** judicial approval / leave of an interception; ~ **pravomoc** jurisdiction / competence / powers of court; ~ **pravomoc nad osobou, věcí** jurisdiction in personam, in rem; ~ **prázdniny** judicial vacation, non-term; ~ **prodej zabavených věcí** judicial sale of the seized property / confiscated thing; ~ **překladatel** certified / sworn / forensic translator; ~ **přezkoumání / přezkum** judicial review; ~ **příkaz** judicial order; warrant; ~ **příkaz k vrácení dlužné částky** judicial order to pay the sum due; ~ **příkaz k zadržení majetku** order to seize property; distress warrant; ~ **psychiatrie** forensic psychiatry; ~ **rozhodnutí** judicial decision, judgment; holding; deliverance; ~ **rozsudek** judgment, decree; decision; ~ **řešení sporů** judicial settlement of disputes; ~ **řízení** judicial / legal proceeding(s); ~ **senát** judges on the bench *(UK)*, panel *(US)*; ~ **síň** courtroom; ~ **smír** judicial settlement, conciliation; consent decree judgment by consent of the parties; ~ **soustava** the judiciary; system of courts; ~ **spis** pleadings in a civil case, judicial records; judicial filings; judgment roll; docket; ~ **spisy** docket; court rolls / records; ~ **spor** legal action / suit, litigation, legal case; ~ **spor v běžné věci** general litigation; ~ **stanovisko** judicial opinion; ~ **tajemník** secretary of court, court secretary; court registrar *(UK)*; ~ **tlumočník** certified / sworn / forensic interpreter; ~ **úředník** court officer *(CZ)*; court administrator non-judicial personnel, clerk to the Justices, Justice's clerk; ~ **úschova** judicial / legal custody, custody of court; ~ **výkon rozhodnutí** judicial execution of decision; ~ **vykonavatel** judicial executor; ~ **výrok** *(CZ)* judicial statement / holding; judicial dictum; ~ **vyšetřování čeho** judicial inquiry into / examination of / investigation of st.; ~ **zajištění** judicial seizure; seizure by court; ~ **zasedání** judicial sitting / hearing, trial; ~ **zástavní právo** judicial lien to secure the payment of debt obtained by a judgment; ~ **znalec** sworn / certified / forensic expert; expert witness before court; **seznam ~ch znalců** register of sworn / certified / forensic experts; **vedoucí ~ kanceláře** the Head of the Court Office

soudnictví judiciary bodies; justice system, justiciary; **civilní ~** civil justice, civil courts; **funkce v ~** judicial office / position; **organizace ~** judicial organization, organization of

judiciary; **správní ~** administrative judiciary bodies, administrative justice; **systém a praxe trestního ~** criminal justice system and practice

souhlas consent, assent, agreement, accord, accordance; leave, sanction; **královský ~** Monarch's consent; **mlčky daný ~** acquiescence, silent / tacit assent to st.; **němý ~** jedné osoby s nezákonným chováním jiné osoby connivance, connivence tacit approval of st. illegal; **podléhající ~u** subject to consent; **presumovaný ~** vyplývající z povahy věci implied assent / consent; **společný ~** common consent; **výslovný ~** express consent; **vzájemný ~** mutual consent; ~ **rodiče s osvojením dítěte** čímž se vzdává práva na výchovu svého dítěte consent of a parent to adoption thus surrendering the custody of a child, act of surrender *(LA)*; ~ **druhého manžela** consent of the other spouse; ~ **k žalobě** consent to be sued; ~ **přijímající země se jmenováním diplomatického zástupce** agrément, agreement, approval given by the government of a country to a diplomatic representative of another country; ~ **s rizikem** voluntary assumption of risk; consent to a risk of injury; volenti non fit injuria *(lat)*; ~ **s výpovědí** consent to notice; ~ **Senátu** Senate's approval; ~ **účastníka řízení** consent of the party to a suit; ~ **učiněný konkludentně** implied consent; **dítě, k jehož osvojení byl dán ~** surrendered child *(LA)*, a child released for adoption by consent of his mother; **matka dávající ~ s osvojením svého dítěte** surrendering mother *(LA)*, mother consenting to the adoption of her child; **nahrazení ~u** druhého manžela, rodiče substitution of consent of the other spouse, parent; **oznámení o poskytnutí ~u k osvojení dítěte** notice of filing of surrender of a child; notice of consent to the adoption of a child; **pravidlo ~u** consent rule; **se ~em úřadů** with the approval of the authorities; **vyjádření ~u snoubenců s uzavřením manželství** affiance, consenting to marriage by fiances; **žádost o ~** application for consent; **dát projektu svůj ~** approve a project; place s.o.'s cachet upon the project; **dát ~ k návrhu zákona** assent to a bill; **dát ~ konkludentně** consent impliedly / by implication, agree implicitly; **odmítnout dát svůj ~** withhold s.o.'s consent unreasonably; **řízení bude zahájeno pouze se ~em státního zástupce** the proceedings shall not be insti-

tuted otherwise than by or with the consent of the prosecutor; **vyžadovat** ~ require approval; **vyžadovat** ~ **všech tří částí** require the concurrence of all three parts
souhlasící consenting, consentient; consensual
souhlasit agree, consent, assent to st.; accord; coincide, consist with, concur with; **mlčky** ~ acquiesce with, tacitly consent to st.; ~ **s komisí** concur with the commission; ~ **s osvojením dítěte** consent to the adoption of a child; ~ **s plánem** agree to a plan; ~ **s převedením právního titulu** consent to the transfer of a title
souhlasn|ý consenting, consensual, agreed, affirmative; concordant, concurrent, consentaneous, consentient; **~é prohlášení** consensual / consenting declaration / statement; **~é prohlášení rodičů o otcovství** joint consensual / consenting declaration of paternity made by a child's parents; **~é rozhodnutí** concurrent decision; **~é stanovisko** soudce v senátu concurring opinion of a judge on the panel agreeing with the decision of the majority of the court but offering own reasons for reaching a decision; ~ **projev vůle** consenting minds
souhrn body, corpus, set; complex; aggregate; ~ **právních norem** body of laws; ~ **případu** annotation, brief; ~ **všech částek** the aggregate of all sums
souhrnn|ý aggregate, collected; cumulative; overall; **~á pojistka** group policy; ~ **trest** multiple punishment, cumulative sentence
soukromě jako soukromá osoba in a private capacity
soukromí privacy, freedom from interference / intrusion; absence / avoidance of publicity / display; **zasahování do** ~ **koho** encroachment upon s.o.'s privacy, invasion of privacy of s.o.
soukrom|ý private; **~á škola** private school; **~é právo** private law; **~é vlastnictví** private ownership; private property
soulad concert, correspondence, conformity; compliance; accordance, agreement; harmony; **v ~u s názory veřejnosti** in conformity with public opinion; **v ~u s plněním závazku / povinnosti** in pursuance of an obligation; **v ~u se zákonem** in accordance with the law, pursuant to the law, according to the law, under / in compliance with the law; **být v ~u s ústavou** be constitutional, be consistent with the constitution; **konat / jednat v ~u se**

zákony conform / comply with statutes, act in accordance with laws, act in conformity with laws, act in pursuance of laws; **uvést v** ~ **co** conciliate, reconcile, make st. accordant / compatible
soulož coitus, cohabitation; sexual intercourse, carnal knowledge; **mimomanželská** ~ extra(-)marital / extra(-)matrimonial sexual experience, sexual intercourse outside marriage; ~ **mezi příbuznými** incest the crime of sexual intercourse / cohabitation between persons related within the degrees within which marriage is prohibited; sexual commerce of near kindred
souměřitelný commensurate
soupeř adversary, opponent
soupeřit compete, rival, vie
soupis list, inventory, directory, register; catalogue, docket, roll; **úplný** ~ full list; ~ **aktiv a pasiv zůstavitelova majetku** list / inventory of assets and liabilities of the decedent's estate / property of the deceased; ~ **dědictví je proveden za přítomnosti zainteresovaných osob** the taking of inventory is attended by any person interested in the estate; ~ **dědictví na místě samém** the taking / making inventory of the decedent's estate on site; ~ **konkursní podstaty úpadce** inventory of the bankrupt's estate; bankruptcy schedule, listing of the bankrupt's estate legal and equitable interests in property of a debtor; ~ **položek** itemized list; detailed statement; bordereau; ~ **případu** brief; outline of the case; **provedení ~u věcí** production / making of a list / inventory of property / things a detailed list of articles, such as chattels, parcels of land; detailed statement of the property of a person, making / taking an inventory of property / things; **provést ~ věcí** make an inventory / produce a descriptive list of items of property
sourozen|ec sib, sibling, brother and sister; **plnorodí ~ci** full / whole blood siblings, full / whole brothers and sisters; **polorodí ~ci** half siblings, half brothers and sisters
soused neighbour, neighbor (US)
sousedící neighbo(u)ring; adjoining; adjacent; contiguous, bordering; ~ **pozemky s příslušenstvím** adjoining plots of land and appurtenances thereto; adjoining / adjacent property; **vlastník** ~ **nemovitosti** adjacent owner, an owner of the adjoining property

sousedit neighbo(u)r with; adjoin st.; border up / on, be contiguous up / on

sousední neighbo(u)ring; adjoining; adjacent; ~ **vlastníci** adjoining owners

sousedsk|ý neighbo(u)ring; relating to neighbo(u)r; **~á práva** neighbo(u)r's rights; **~é právo** law of neighbo(u)rs

sousedství neighbourhood, neighborhood *(US)*, vicinity

soustava system a whole composed of parts in orderly arrangement according to some scheme / plan, structure the coexistence in a whole of distinct parts having a definite manner of arrangement; body, set; **daňová** ~ system of taxes; tax system; **poplatková** ~ system of charges; charges system; **soudní** ~ / ~ **soudů** the judiciary; system of courts; ~ **podvojného nebo jednoduchého účetnictví** the system of double or single entry accounting / book-keeping

soustavně continuously, in a continuous manner; uninterruptedly, without break; continually, constantly; systematically; ~ **měnit** vary constantly; ~ **mluvit** speak continuously

soustavnost continuousness; persistence, perseverance; ~ **podnikání** perpetual / continuing business activity; ~ **výskytu** jevu persistent occurrence of a phenomenon

soustředění se concentration; focus / concentrating on st.

soustředit se concentrate / focus on st.

soutěž competition, contest; rivalry; **nekalá** ~ unfair competition; **obchodní** ~ business / trade competition; **veřejná obchodní** ~ public tender, competitive bidding; **veřejná** ~ **obálkovou metodou** competitive bidding by sealed tenders; **volná** ~ free competition; **právní prostředky ochrany proti nekalé ~i** legal means of protection against unfair competition; **účast na hospodářské ~i** participation in a business competition; **žaloba na ochranu před jednáním nekalé ~e** action to protect against unfair competition, unfair competition action; **přihlásit se do veřejné ~e** put in / submit a tender, enter a bid; **vyhlásit veřejnou** ~ invite a tender for competitive bidding; announce a public tender

soutěžící veřejné soutěže bidder in a public tender, tenderer

soutěžit s kým compete with, enter into / be put in rivalry with, vie with s.o. in

soutěžitel competitor; rival

soutěžní competitive; relating to competition; ~ **podmínky** terms of competition; ~ **právo** law of competition, competition law; ~ **výhoda** competitive advantage, advantage in a competition

soutiskov|ý front-to-back; **~á značka** ochranný prvek bankovky front-to-back register security feature of a banknote

související relating, connecting, pertaining to; ~ **plná moc** incidental authority; ~ **předpisy** relevant legislation

souvis|et s čím relate to, be linked / interconnected with, connect with, establish a relation between / among; **věci, které spolu skutkově ~í** cases that are interconnected / linked in issues / matters / questions of facts

souvisle continuously, continually, uninterruptedly in a continual way; incessantly, constantly, perpetually; without any intermission; ~ **vylíčil vše, co ví o předmětu výslechu** he explained / described in a continuous / uninterrupted manner what he knew of the subject of the interview

souvislost relation, link, connection, connexion; **příčinná** ~ causal relation, causality the operation or relation of cause and effect

souvislý continuous; ~ **delikt** continuous delict

soužit harass; expose to harassment; trouble / vex by repeated attacks

soužití co(-)existence; cohabitation; dwelling / living together; community of life; collaboration, cohesion; **manželské** ~ cohabitation; **pokojné** ~ peaceful coexistence; ~ **bez pohlavního styku** non-consummation; ~ **dvou sexuálních partnerů** cohabitation; **trestný čin hrubě narušující občanské** ~ offences against social cohesion; **způsob** ~ manner / mode / way of co-existence; mode of cohabitation of spouses or partners; modus vivendi *(lat)*; **zrušení manželského** ~ termination / dissolution of wedlock / cohabitation of spouses; **narušit občanské** ~ **schválnostmi** disturb the peace and quiet by menace; **narušovat občanské** ~ **v** domě disturb the peace and quiet of the occupants of a dwelling house; **rušit veřejný pořádek a občanské** ~ disturb public peace and the coexistence of citizens

spada|t fall; ~ **do pravomoci soudu** fall within the cognizance / jurisdiction of a court; ~ **do působnosti občanského zákoníku** be within the applicability of the Civil Code, be covered

by the Civil Code; ~ **do působnosti obecního úřadu** fall within the competence of a community / local authority; **splnit podmínky, které ~jí do odstavce 2** zákona **výše** meet conditions falling within subsection 2 above
spáchání commission, committing; perpetration, perpetrating; ~ **přestupku** the commission / committing of an administrative delict / infraction; ~ **sebevraždy** committing suicide; ~ **trestného činu** commission of a crime, committing a crime; **pravděpodobná doba ~ trestného činu** the time when an offence is alleged to have been committed; **být nápomocen při ~ trestného činu vraždy** aid and abet in murder, assist in committing a murder
spáchat commit, perpetrate; perform; ~ **čin násilím** commit a violent crime; ~ **protiprávní čin** perform an illegal act; ~ **sebevraždu** commit suicide; ~ **trestný čin krádeže** commit a theft / larceny; ~ **trestný čin vraždy** commit a murder; ~ **trestný čin znásilnění pod vlivem alkoholu** commit a rape while intoxicated; ~ **trestný čin žhářství** commit arson; **úmyslně** ~ **trestný čin** commit a crime maliciously / intentionally
spalovací incinerating; ~ **zařízení** incinerator, an apparatus for burning substances to ashes
spalování incineration; ~ **odpadů** incineration of waste
specialista specialist; consultant
speciální special, particular; ~ **plná moc** special power of attorney, special letter of attorney
specificatio (lat) ustanovení o zpracování cizí věci specificatio a clause providing for the processing of a thing of another
specifikace designation of a person; indication, specification; ~ **náhrady škody** particulars of damages; ~ **žalobního nároku** particulars of a claim
spedice transportation / carriage of goods; dispatching; shipping, freight, forwarding
spediční forwarding, shipping, removing; ~ **firma** forwarding company; shipping agency; freight agency; removing firm; ~ **smlouva** shipping contract
speditér forwarder sending goods by a regular mode of conveyance, forwarding agent; freighter consigning goods for carriage inland; removing agent furniture-remover
speditérství freight business; shipping, forwarding; furniture removing

spekulace speculation; gambling; **finanční** ~ financial speculation buying and selling stocks and shares in order to profit by a rise or fall in market value
spekulační speculating; based on speculation; ~ **pojistka** wager / gambling policy
spekulant speculator engaged in commercial or financial speculation, gambler
spekulovat speculate in / on undertake, to take part or invest in a business, enterprise or transaction of a risky nature in the expectation of considerable gain; ~ **na burze** speculate in / on the Stock Exchange; play the market; gamble in the stock market; ~ **v cenných papírech** deal / speculate in stocks
spěšnina dispatch goods
spěšninový dispatch sending off with speed; ~ **list** dispatch bill / notice
spiklenec conspirator
spiknout se proti conspire with / against / to do st., plot, plan, devise, contrive a criminal or hostile action
spiknutí conspiracy
spis file a collection of papers placed on / in a file, document; pleadings formal allegations, written documents setting forth the cause of action or the defence; docket an endorsement on a document, briefly indicating its contents or subject; records; **obžalovací** ~ accusatory instrument, indictment; **osobní** ~ **zaměstnance** personal files on a worker; cards; personnel records; **přípravný** ~ **pro soudní řízení** trial brief; **soudní** ~ civil pleadings, criminal judicial file of a certain case; docket, judgment rolls; ~ **k navrhované osobě** (CZ) files on a candidate; ~**y jsou seřazeny abecedně** the files are arranged in alphabetical order; **nahlížení do** ~**ů** inspecting files; **žádost o zaslání** ~**u a odpověď na ni** application for pleadings to be served on and response requested; **vložit listinu ke** ~**ům** enter an instrument / document into records / files
spisov|ý relating to file, document, pleadings, docket, records; ~ **materiál** dokladující činnost soudu 1. stupně files documenting activities of the first instance court; ~**é údaje** identification of a file; caption of a file
splacení settlement, discharge; pay-off; ~ **pohledávky** settlement of claim, discharge of debt
splácení paying, settling, discharging; ~ **hypotéční pohledávky** amortization; ~ **peněžité-**

ho trestu po částkách paying the amount of pecuniary punishment in instal(l)ments

splácet pay st., pay off, pay in full, discharge the obligation, debt; clear off a debt / claim by payment; pay up, pay the full amount of what is owing; make up arrears of payment; ~ **dluh s úroky** úrok a úmor service a debt

splatit pay off, discharge, settle, satisfy; ~ **dluhy** discharge / settle / pay off / honour one's debts

splátk|a instal(l)ment the payment of different portions of a sum of money which, instead of being payable in the gross is to be paid in parts, at certain stated times; payment; ~ **peněžitého trestu** instal(l)ment of a monetary penalty; **koupě na ~y** hire purchase *(UK)*, installment sale *(US)*; **kupní cena nebo její část je splatná ve ~ách** the purchase price or part thereof is payable by instal(l)ments; **placení ve ~ách** payment by instal(l)ments; **plnit dluh ve ~ách** settle a debt in instal(l)ments; **splácet dlužné nájemné ve ~ách** set off the rent arrears in instal(l)ments

splátkový based on instal(l)ment; ~ **dluh** instal(l)ment debt; ~ **kalendář** instal(l)ment calendar / plan; ~ **obchod** hire-purchase system *(UK)*, installment sale / plan *(US)*; ~ **systém** instal(l)ment system; ~ **úpis** instal(l)ment note

splatnost maturity, being due for payment; **prodloužená** ~ deferred payment, postponed / extended time of payment; ~ **mzdy a platu** due date of payment of wage and salary; ~ **pohledávky** maturity of a debt / claim; ~ **pohledávky z listiny** maturity of a claim substantiated / proved by an instrument; **den ~i** due date; **den ~i nájemného** date of payment for money rent; **den ~i plnění** due date of performance; **platba před lhůtou ~i** unmatured payment; **věk v době ~i** pojistky age at expiry of a life insurance policy; **do pěti pracovních dní ode dne ~ ode dne, kdy byla platba splatná** within five working days of / after the date when payment was due

splatn|ý payable, due; owing; falling due; ~**á pohledávka** mature claim; ~**á směnka** due / mature bill; ~**é akcie** redeemable shares; ~**é nájemné** rent / rental due; ~**é pojistné** premium due; ~**é výživné** accrued alimony due but not yet paid; ~ **dluh** due debt, payable debt; ~ **k určitému dni / datu** payable on a day certain, payable on a certain day; ~ **na doručitele** payable to bearer; ~ **na požádání / na viděnou** payable on demand, callable;

~ **na řad** payable to order; ~ **po akceptaci** payable after sight; ~ **rovným dílem** payable in equal shares; ~ **ve splátkách** payable by instal(l)ments; **daň je ~á** the tax is due; **pohledávka je ~á najednou** the claim is payable in full i.e. as one amount; **být** ~ be due / payable

splést confuse, mix up, mingle

splnění fulfil(l)ment, satisfaction, completion; discharge, accomplishment; performance, execution, fulfilling; **vadné** ~ povinnosti defective / bad performance of duty; ~ **dluhu** settlement / payment / satisfaction of a debt; ~ **podmínek** fulfil(l)ment of conditions; ~ **požadavků** compliance with requirements, fulfil(l)ment of requirements; ~ **smlouvy** performance of contract; ~ **vzájemné povinnosti oprávněného** podmínka pro výkon rozhodnutí discharge of a mutual duty owed by a beneficiary as a prerequisite of the judgment execution; ~ **závazku** performance / discharge / fulfil(l)ment of obligation; **bonus za** ~ performance bond; **vymáhat** ~ **smlouvy** enforce the performance of a contract

splnit, splňovat fulfil, fulfill *(US)*, satisfy, accomplish, meet, perform; discharge, settle; complete, execute; comply with; ~ **dluh společně a nerozdílně** settle the debt jointly and severally by more than one debtor; ~ **normy** comply with standards; ~ **podmínku** fulfil(l) / satisfy / execute / perform a condition; ~ **podmínky, které spadají do odstavce 2** zákona **výše** meet conditions falling within subsection 2 above; ~ **slib** make good the promise, fulfil(l) one's promise; ~ **závazek** fulfil(l) / discharge / perform the obligation

splynout merge; consolidate, amalgamate

splynutí merger, amalgamation, consolidation, fusion; ~ **dluhů** confusion of debts; ~ **práv** dlužníka a věřitele confusion of rights of a debtor and his creditor; ~ **práva se závazkem** merger / consolidation of a right and obligation; ~ **právních titulů** confusion of titles; ~ **přistěhovalců s většinovou společností** amalgamation of immigrants with the majority society; ~ **různých ras v jeden národ** amalgamation of different races into one nation; **sloučení, ~ nebo rozdělení obchodních společností** merger, consolidation or division reorganization of a business entity / organization company, corporation

spočítat count, enumerate; ~ **hlasy** count votes / ballot

spočív|at vest in st. / s.o., consist in, be comprised / contained in; **správní delikt ~á v nesplnění nebo porušení právní povinnosti** an administrative delict consists in the failure to discharge a legal duty, or in the breach thereof

spoj joint, connection, connexion, link; communication; **ministerstvo dopravy a ~ů** Ministry of Transport and Communications

spojenec ally; confederate

spojeneck|ý allied; ~**é síly** allied forces

spojenectví alliance; confederation, union; **útočné nebo obranné** ~ offensive or defensive union / alliance

spojení connection, connexion as union or joining together, link a connecting part whether in material or immaterial sense, a means of connection, relation correspondence or association naturally existing between things or persons; amalgamation combining distinct elements into one uniform whole; integration adding together or combining the separate parts or elements; consolidation combination into a coherent whole, combination joining two or more separate things into a whole; joint the place or part at which two things or parts are joined; joinder joining / coupling cases, petitions together; association; ~ **dluhu** debt consolidation; ~ **trestních věcí** joinder of actions parties, joint actions; ~ **věcí soudcem, aby se snížily výdaje a zkrátila doba řízení** consolidation of actions / causes the merging of two or more legal actions by a court / judge, to avoid the expense and delay arising from the trial of a multiplicity of actions upon the same question; ~ **za účelem omezení obchodu** combination in restraint of trade; **usnesení o** ~ **věci ke společnému řízení** resolution to join cases for joint proceedings / trial; **ve** ~ **s** in connection / conjunction with; **navázat** ~ **s kým / čím** contact s.o. / st.; get into contact / touch with s.o. / st.

spojen|ý connected, conjoined, linked; related, associated; unified, united; joined, joint; allied; attached, fixed; ~**á směnka** joint note / bill; ~**é a vzájemné návrhy** joinder / consolidation of actions and counteraction; **Spojené království** the United Kingdom; **Spojené národy** the United Nations; **Spojené státy americké** the United States of America; **stavba trvale a pevně ~á se zemí** building permanently and firmly attached / affixed to the ground / land

spoj|it unite; join, link, connect, affix, combine, consolidate, merge; **být dynasticky ~en** be dynastically united; **být pevně ~en s půdou** o stavbě be firmly attached / affixed to land

spojit se ally, confederate; couple; join

spojka contact person, link person; connection, link; joint

spojující connecting, linking

spokojenost satisfaction, content; pleasure; contented condition; **ke ~i zákazníků** to the satisfaction of customers

spokojený satisfied with; contented, pleased, gratified

spokojit se s kým / čím be satisfied with, take; ~ **s nižší nabídkou** be satisfied with a lower bid, take a lower bid

spolčení conspiracy (count) an agreement between two or more persons to do st. criminal, illegal, or reprehensible; a plot; ~ **k trestnému činu vraždy** conspiracy to commit murder; **zločinné** ~ criminal conspiracy

spolčit se conspire, engage in conspiracy; confederate; associate

spolčovací assembling, associating; ~ **právo** right to associate create associations

spolčovat se associate; conspire, gang

společensk|ý social, societal, societary; ~**á funkce** social capacity; ~**á morálka** social morality; ~**á otázka** social question; ~**á povinnost** social duty; ~**á překážka** social barrier; ~**á skupina** social group; ~**á smlouva** Memorandum of Association (UK); Articles of Incorporation (US); social contract (phil); ~**é sociální zázemí** social background; ~**é klima** social climate; ~**é předsudky** social prejudice; ~**é soucítění / soucit** social sympathy; ~**é vědomí** social consciousness; ~ **důvod** social reason; ~ **jev** social phenomenon; ~ **kodex** social code; ~ **kontakt** social contact; ~ **kontext** social context; ~ **problém** social problem; ~ **zástupce** community representative a person representing the community; a person standing surety for the rehabilitation of a convict; ~ **žebříček** social hierarchy / scale

společenství community; unity, privity; joinder; association, partnership, consortium, society; **Britské** ~ **národů** British Commonwealth of Nations; **Evropské hospodářské** ~ European Economic Community; **Evropské** ~ European Community; **Evropské** ~ **pro atomovou energii** European Atomic Energy Community; **Evropské ~ uhlí a oceli** European Coal and Steel Community; **manželské ~** consortium, the right of association and fellowship between husband and wife; **mezinárodní ~** international community; **nerozlučné ~ odpůrců, navrhovatelů** indispensable / necessary parties unity of interest on the part of respondents, petitioners; **přechodné ~** transitional / temporary unity of interests; **samostatné ~ odpůrců, navrhovatelů** separate joinder of parties on the side of respondents, petitioners; **smluvní ~ zájmů** privity of contract; **zákonné povinné ~ účastníků sporu** compulsory / mandatory party joinder, compulsory / mandatory joinder of parties; **~ práv** unity of rights; **~ v držbě** unity of possession; **~ v rozepři** joinder of parties; **~ zájmů** privity / unity of interests; **připuštění procesního ~ povinného dlužníka a povinného ručitele** admission of joinder of parties of / between the obligated debtor and his obligated guarantor; **smlouva o tichém ~** dormant / silent / sleeping partnership agreement; **všechny důležité otázky týkající se Společenství** all major Community questions; **země Britského ~** the Commonwealth countries

společenstvo community; association, partnership, consortium, society; **živnostenské ~** trade community

společně jointly; unitedly; conjunctly; **~ a nerozdílně** jointly and severally; **~ postupovat** concert actions; **~ zainteresovaní v trestném činu** united in criminal interest; **obývat ~** cohabit, dwell together; **ručit za závazky ~ a nerozdílně** be liable for obligations jointly and severally; **závazky učiní a splní tyto osoby ~ a nerozdílně** the covenants shall be deemed to be made and fulfilled by such persons jointly and severally

společník member; partner; associate; companion, fellow; conjunct; confederate; **~ v akciové společnosti** shareholder, stockholder; **~ v komanditní společnosti komanditista, komplementář** (CZ) partner limited partner, general partner; **~ ve společnosti s ručením omezeným** (CZ) member of a limited liability company; **~ veřejné obchodní společnosti** (CZ) member of an unlimited company; **žaloba na vyloučení ~a ze společnosti s ručením omezeným** (CZ) action to exclude a member from a limited liability company

společnost profit-making company (UK), corporation (US); business organization / association; (gen) association, society; **akciová ~** stock corporation (US), public limited company (UK), joint stock company (CZ); **charitativní ~** charitable corporation, eleemosynary corporation; **duchovní ~** spiritual society; **kapitálová ~** stock corporation; **komanditní ~** (CZ) limited partnership company; **náboženská ~** religious society; **nesolventní ~** insolvent company; **nezisková ~** not-for-profit corporation, non-profit association / corporation, non-profit making organization; **obchodní ~** business organization, trading corporation, company; **občanská ~** civil society; **obecně prospěšná ~** (CZ) benevolent corporation / society, beneficiary / benevolent association; **osobní ~** (CZ) personal corporation; **sesterská ~** affiliate company; **řídící ~** (CZ) regulating company; **řízená ~** (CZ) regulated company; **uzavřená ~ s omezeným počtem akcionářů** close corporation; **veřejná obchodní ~** (CZ) unlimited liability company; **vícečlenná obchodní ~** aggregate corporation; **zruinovaná ~** wreck of the / ruined company; **~ neplní smlouvu** the company is in default; **~ poskytující služby veřejnosti** public-service corporation, public corporation; **~ s ručením omezeným** (CZ) limited liability company; **daň ze zisků ~i** corporate tax; **domicil státní příslušnost ~i** domicile of a company; **jednatel ~i** company secretary (UK), corporate agent (US); **jméno ~i** corporate name; **likvidace ~i** liquidation / winding-up of company / corporation; **právo ~í** corporate law, law of corporations, company law, law of business organizations; **registrace ~i** registration / incorporation of a company; **sídlo ~i** registered office of a company; **sloučení, splynutí nebo rozdělení obchodních ~í** merger, consolidation or division reorganization of a business entity / organization company, corporation; **stanovy ~i** corporate by-laws (US), Articles of Association (UK); **výkonní představitelé ~i** corporate officers president, manager etc; **výmaz ~ z obchodního rejstříku** (CZ) expungement of the corporate name from the Commercial Register; **zakladatel ~i** founder / incorporator / promoter of a company; **zákon o obchodních ~ech** Companies Act (UK), Revised Model Business Organizations Act (US); **založení ~i** creation /

foundation / establishment of company; legally incorporation of company; **zánik ~i** *(CZ)* cessation of the existence of a company by the expungement of its corporate name from the Commercial Register; **zrušení ~i** dissolution of a company; **zřizovatel ~i** promoter of a company; **likvidovat ~** v důsledku konkursu put a company into liquidation, wind up the company; **založit ~** set up / create / found / establish a company; legally incorporate a company; **zrušit ~** dissolve a company; **~ se pokusila zbavit řadové akcionáře hlasovacího práva** the company has tried to disfranchise the ordinary shareholders; **~ vzniká zápisem do obchodního rejstříku** the legal existence of a company shall commence upon the registration thereof in the Commercial Register

společn|ý common, joint; general; united; consolidate, communal, conjunct; **~á a nerozdílná odpovědnost** joint and several liability; **~á domácnost** common household; matrimonial home after marriage; cohabitation; **~á domácnost druha a družky** household of common-law marriage, common household of cohabitees; **~á držba** joint tenancy upon the death of one co--owner the property automatically owned by the other; tenancy in common each owner can leave his share to another by inheritance; **~á obchodní politika** common commercial policy; **~á obhajoba** common defense *(US)* / defence *(UK)*; **~á obrana** joint defence; **~á obžaloba** joinder of indictments; **~á politika** common policy; **~á práva** common rights; **~á smlouva o podnájmu** community lease; **~á stanoviska** common positions; **~á ustanovení** common provisions; **~á zeď** mezi sousedícími majetky party / common wall of the property; **~á zemědělská politika** *(ES)* Common Agricultural Policy; **~á žaloba více žalobců nebo proti více žalovaným** joinder of action; joint action brought by two or more plaintiffs or against two or more defendants; **~é** soudní **rozhodnutí** joint / common ruling, joint / common decision; **~é a nerozlučné závazky** joint and several obligations / covenants; **~é cíle** common ends / objectives; **~é daňové přiznání** joint tax return of spouses, consolidated tax return of several persons; **~é hlasování obou komor parlamentu** joint ballot of the two Houses / Chambers of Parliament; **~é jmění manželů** community property of spouses, estate by the entirety / entireties; **~é**

konto community account; **~é masové hnutí** v několika oblastech najednou concerted mass movement; **~é nároky** joinder of claims; **~é odvolání** consolidated appeal; **~é příjmení manželů** common surname of spouses; **~é řízení** v trestní věci joint trial of a criminal case; **~é užívací právo** common tenancy / right to enjoy; **~é užívání** common enjoyment / use; **~é vlastnictví** spoluvlastnictví joint tenancy / estate each owner can leave his share to another by inheritance, tenancy / estate in common upon the death of one co-owner the property is automatically owned by the other; common property, co-ownership; **~é závazky** joint and several obligations; **~ nekalý záměr** common design; **~ jazyk** common language; **~ majetek** joint estate upon the death of one co-owner the estate is automatically owned by the other, estate in common each owner can leave his share to another by inheritance; **~ nájem bytu** např. manžely common / joint residential lease usually of spouses, residential co-lease; **~ nájem více osob** joint lease of more than two persons; **~ osvojenec** common adopted child; **~ podnik** joint venture; **~ posudek více znalců** common expert opinion of more experts; **~ pozemek** common plot of land; **~ předek** common ancestor; **~ souhlas** common consensus; **~ trh** *(ES)* Common Market; **~ úmysl provést nezákonnou akci** common intention to carry out an unlawful purpose; **~ výbor obou komor parlamentu** joint committee of both Houses of Parliament; **~ zájem** unity of interest, common interest; **~ znak** common feature; **dohoda o ~ém příjmení** agreement on a common surname; **důvod pro vyloučení ze ~ého řízení** cause / reason for the exclusion of a matter from a joint trial; **osoba žijící ve ~é domácnosti** person living in one household; cohabitate; cohabiter; **rozsudek o vypořádání ~ého jmění manželů** judgment of settlement / division / distribution of the community property of spouses; **usnesení o spojení věci ke ~ému řízení** resolution to join the cases for joint proceedings / trial

spoléhat (se) na count (up)on, rely (up)on, rest upon

spolehlivý reliable; dependable; trustworthy; safe, sure; **~ důkaz** reliable evidence; **~ svědek** trustworthy / reliable witness

spolek club; association; guild; **profesní ~** professional association registered in the Register of Associations, professional club unregistered **spolkový** federal; ~ **stát** federal state / country **spolu s** together with, along with, in conjunction / connection with **spoluautor** co-author **spoluautorství** joint authorship, co-authorship **spolubydlení** living together; common dwelling; cohabitation **spoludědic** co(-)heir, joint heir, co(-)inheritor **spoludědička** coheiress **spoludlužník** joint debtor, co-debtor **spoludržitel** co-holder, part-holder **spolunájemce** co-tenant, joint tenant; ~ **bytu** co-tenant of a flat / an apartment **spoluobviněn|ý** co-accused; **výpověď** ~**ého** testimony / written deposition of the co-accused **spoluobžalovaný** co-defendant **spoluodpovědnost** joint liability / responsibility **spoluodpůrce** co-respondent **spolupachatel** accomplice an associate in guilt, a partner in crime; of, co-offender, joint offender, assisting offender; accessary, accessory; complice; **odpovědnost** ~**e** accomplice liability; ~ **povolaný jako svědek** accomplice witness; ~ **trestného činu vraždy** accomplice in murder; ~ **trestného činu** accomplice with the criminal, in the crime **spolupachatelství** accomplicity, complicity; accessoryship; criminal assistance; ~ **zahrnuje podněcování, schvalování, nadržování, nepřekážení nebo neoznámení trestného činu** complicity includes inciting, encouraging, abetting, failure to prevent and failure to report a crime **spolupartnerství** co(-)partnership **spolupodepsat** countersign **spolupodílnictví** co(-)partnership; joint tenancy **spolupodílník** co(-)partner; joint owner, co-owner, joint-tenant, co-tenant **spolupodpis** countersignature **spolupráce** collaboration, cooperation, joint operation; assistance, furtherance, succour; **doložka o** ~**i mezi pojištěným a pojistitelem** co(-)operation clause between the insured and insurer; ~ **při řešení problémů** co(-)operation in solving problems; ~ **s nepřítelem** assisting the enemy; collaboration with the enemy **spolupracovat** collaborate, cooperate; **tajně** ~ **s kým na něčem nezákonném** connive, cooperate secretly on st. with s.o.; conspire with s.o.

spoluúčast contribution; participation; accomplicity, complicity; coinsurance a relative division of risk between the insurer and the insured, dependent upon the relative amount of the policy and the actual value of the property insured; **pasívní** ~ connivance / tacit complicity in a crime; **pojistná** ~ co(-)insurance; ~ **na zisku** shared profit; ~ **na ztrátě** shared loss; ~ **pojistitelů** contribution of insurers if the loss is covered by more than one policy; ~ **pojišťovny** co(-)insurance of the insurance company; **doložka o** ~**i** pojišťovny coinsurance clause **spoluužívání** common enjoyment / use **spoluvězeň** cell(-)mate, co-inmate **spoluvina** complicity; shared guilt **spoluviník** accessary, accomplice; confederate **spoluvlastnick|ý** common, joint; relating to co-owner(ship), part owner(ship); ~ **podíl** share / interest in common property; **zřízení zástavního práva ke** ~**ému podílu na věci** creating a lien with respect to interest in a thing / property **spoluvlastnictví** co-ownership, common property / tenancy / estate each owner can leave his share to another by inheritance; joint tenancy / estate / property upon the death of one co-owner the property is automatically owned by the other; **bezpodílové** ~ community property of spouses, estate by the entirety / entireties; **bytové** ~ tenancy in common of a flat / an apartment, joint tenancy of a flat / an apartment; **podílové** ~ co-ownership; joint estate, estate in common; ~ **k nemovitosti** co-ownership of real property; ~ **půdy** co-ownership / joint tenancy / tenancy in common of land; ~ **společných částí domu** co-ownership of common parts of residential building; **akcie jsou ve** ~ shares are jointly held; **dohoda o zrušení a vypořádání podílového** ~ **k bytovým jednotkám** agreement to terminate and settle / distribute common property with respect to the flat / an apartment; **žaloba na zrušení a vypořádání podílového** ~ action for the termination and settlement by parties / distribution by court of common property **spoluvlastník** co-owner, part owner; **podílový** ~ joint owner, co-owner; joint tenant, tenant in common; **nároky z předkupního práva právního nástupce** ~**a** claims with respect to the pre-emptive rights of a successor in the title of a co-owner

spoluzavázanost joint and several bindingness
spoluzavinění contributory fault; common /
joint fault; ~ z nedbalosti contributory negli-
gence
spolužalovaný co-defendant, co-respondent
spolužití living together; common dwelling /
housing; cohabitation
spontánně spontaneously, unwillingly
spontánní spontaneous, voluntary, unwilling
spor litigation, action; law, suit, case, cause;
dispute, quarrel; manželské ~y matrimonial
causes; mezinárodní ~y international dis-
putes; občanskoprávní ~ civil dispute, litig-
ation; právní / soudní ~ legal dispute / case,
litigation; ~ o náhradu škody suit / action
for damages; ~ o nedoplatek mzdy wage
deficiency suit; ~ o platnost závěti contest
of will; ~ o příslušnost / pravomoc soudu
jurisdiction dispute; ~ o určení nezákonnosti
stávky dispute to determine the illegality of
a strike; ~ o vzájemném vypořádání pohle-
dávky litigation / suit / dispute to mutually
settle a claim, action for the mutual settlement
of a claim; ~ z pracovněprávního vztahu la-
bour / industrial dispute, industrial grievance;
dispute resulting from employment, employ-
ment action; delikátní otázky ~u subtleties
of litigation; apices litigandi *(lat)*; pro účely
soudního ~u for the purposes of a lawsuit / ac-
tion, ad litem *(lat)*; strany ~u parties to an ac-
tion / dispute / litigation, litigants, adversaries;
dostat se do ~u raise a complaint / protest /
objection; quarrel with a person, quarrel over /
for / about a thing; mít naději na výhru ve ~u
have a good case; rozhodovat ve ~ech act on
disputes, hear / try disputes
spornost contentiousness, disputableness
sporn|ý contentious; contending; disputable,
questionable; liable to be contested, contest-
able; controversial; ~á částka amount in con-
troversy, disputable amount; ~á domněnka
disputable presumption; ~á doporučení con-
troversial recommendations; ~á otázka con-
tentious issue; disputable / controversial mat-
ter; question at issue; ~á práva contentious
rights; ~á skutečnost contentious fact / issue;
disputable matter; question at issue; ~á soud-
ní příslušnost contesting competence; ~á věc
případ contentious action / suit; ~é a nesporné
řízení contentious and non-contentious pro-
ceedings, adversary and non-adversary pro-

ceedings; ~é skutečnosti contentious facts;
~é strany contending parties, litigants, parties
to a dispute / suit / action; adversaries, oppon-
ents; ~ bod controversy; ~ případ conten-
tious case; civilní proces ~ contentious litiga-
tion; soudnictví ve ~ých věcech contentious
jurisdiction
spořitelna savings bank; stavební ~ building
society *(UK)*, building and loan association /
society *(US)*; vzájemná ~ mutual savings
bank, savings and loan association / society
(US)
spořitelní saving; ~ knížka savings book *(UK)*,
bank deposit book, passbook *(US)*; ~ účet sav-
ings account; ~ vklad savings deposit
spotřeba consumption
spotřebič domácí appliance; apparatus
spotřebitel consumer; ochrana ~e consumer
protection; práva ~e consumer's rights; záko-
ny na ochranu ~e consumer protection laws
spotřebiteln|ý consumable; ~á věc consumable
item; ~é věci / zboží consumable goods, con-
sumables
spotřebitelsk|ý relating to consumer, consump-
tion; ~á rada consumer council; ~é prá-
vo consumer law; ~ dluh consumer debt;
~ pronájem consumer lease; ~ úvěr con-
sumer('s) credit; žádost o poskytnutí ~ého
úvěru consumer's credit application
spotřební relating to consumption; consumer; in-
dex ~ch cen consumer price index; ~ daň
excise duty; ~ daň z lihu a destilátů ex-
cise tax on spirits and distilled liquors; ~ daň
z piva a vína excise tax on beer and wine; ~
daň z tabáku a tabákových výrobků excise
tax on tobacco and tobacco products; ~ daň
z uhlovodíkových paliv a maziv excise tax
on carbol fuels and oil; ~ průmysl consumer
industry; ~ zboží consumer products / goods,
consumables
spotřebování consuming; consumption; ~ ka-
pitálu disinvestment
spotřebovat consume
správ|a administration; management; gov-
ernance; conduct of an office; government;
execution; berní ~ administration of taxes;
místní ~ local government; nucená ~ offi-
cial compulsory conservatorship / trusteeship /
receivership established in a problematic bank by
the Czech National Bank within its supervisory powers;
sequestration the placing of a bankrupt's estate in

the hands of a trustee; **státní báňská** ~ *(CZ)* State Mining Administration; **státní** ~ state administration, central government; **veřejná** ~ public administration; ~ **cizí věci / cizího majetku** trust fiduciary responsibility to manage the trust's corpus assets and income for the economic benefit of all of the beneficiaries; ~ **daní** administration of taxes; ~ **dědictví** administration of the probate estate; ~ **dopravních letišť** management / administration of airports; ~ **konkursní podstaty** trusteeship usually determined by creditors / receivership usually determined by court in bankruptcy, administration of the bankrupt's estate; ~ **majetku** property management; administration of estates of an intestate decedent, or of a testator who has no executor, performed under the supervision of a court; ~ **majetku a dědictví** administration of property and the probate estates / inheritance; ~ **majetku nezletilého** administration of a minor's property / estate; ~ **národního parku** management / administration of a national park; ~ **pozemních komunikací** highway management / administration; ~ **pozůstalosti určená soudem** administration of the decedent's estate granted by court; ~ **společného majetku** administration of common property; ~ **věznice** administration / management of a prison / penitentiary; ~ **vkladu** administration of capital; ~ **vodáren** water management authorities; ~ **vodních toků** watercourse management; **orgán veřejné ~y** public administration body / authority; **úřad státní ~y** state administration authority / body; **výkon ~y daní** administration of taxes; **porušování povinnosti při ~ě cizího majetku / cizí věci** committing the breach of trust breach of the confidence reposed in a person in whom the legal ownership of property is vested to hold or use for the benefit of another; **povolání vydané na základě branného zákona orgánem vojenské ~y** *(CZ)* conscription order issued under the Conscription Act by an Army Service authority

správce administrator / administratrix female, receiver, trustee; executor / executrix; **nucený** ~ **vládní komisař** dosazený do banky official conservator government commissioner appointed to be in charge of the management of a collapsing bank; ~ **dědictví** administrator / administratrix appointed by court of property of the deceased, executor / executrix if named in the last will by the testator; ~ **domu** caretaker, janitor; custodian; ~ **kon-**

kursní podstaty bankruptcy trustee, trustee in bankruptcy appointed in cooperation with creditors; official receiver appointed solely by court; ~ **na dobu sporu** administrator pendente-lite; ~ **nadace** administrator of a foundation

spravedliv|ý fair, just, justified, equitable; due; ~**á ochrana práv a oprávněných zájmů** fair protection of rights and justified interests; ~**á odměna** fair / just reward; just bonus / remuneration; ~**á odměna za vykonanou práci** just remuneration; quantum meruit *(lat)* a reasonable sum of money to be paid for services rendered or work done, when the amount due is not determined by any provision constituting, or forming part of, a legally enforceable contract; ~**á válka** just / justified war; ~**é odškodnění** just compensation / indemnification; ~**é rozhodnutí** just / fair / equitable decision; ~ **proces** due process; ~ **titul** just / justified title; ~ **trest** just sentence

spravedlnost justice, equity, fairness; **minimální** ~ basic fairness / justice; **ministerstvo ~i** Ministry of Justice *(CZ)*; **výkon ~i na základě hmotněprávních norem** bez ohledu na procesní vady substantial justice administered according to substantive rules notwithstanding errors of procedure

správní administrative; pertaining to / dealing with the administration, conduct, management of affairs; executive; ~ **akt** administrative act; ~ **delikt spočívá v nesplnění nebo porušení právní povinnosti** an administrative delict consists in the failure to discharge a legal duty or in the breach thereof; ~ **dozor** administrative supervision / superintendency; ~ **exekuce** administrative execution; ~ **jednotka** administrative unit; ~ **kontrola** administrative control / supervision; ~ **normotvorba** administrative rule-making; ~ **odchylka** administrative deviation; ~ **odpovědnost** administrative responsibility; ~ **orgán** administrative agency, administrative office / authority / body; ~ **poplatky** administrative charges / fees; ~ **právo** Administrative Law; ~ **právo procesní** Administrative Procedure; ~ **právo trestní** Administrative Criminal Law; ~ **rada** board of directors usually at a profit-making organization, board of trustees usually at a non-profit corporation; ~ **rozdělení** administrative division; ~ **rozhodnutí** administrative decision; ~ **rozhodovací řízení** administrative adjudication; ~ **řád** Rules of Administrative Procedure; ~ **řízení** administrative procedure / proceedings;

~ soudnictví administrative judiciary bodies, administrative justice process; **~ úřad** administrative office / authority / body, administrative agency; **~ uvážení není neomezené** administrative discretion may not be unlimited / unrestrained / unrestraint; **~ věda** administrative science; **místo ve ~ radě nadace** foundation directorship; **oddělení ~ch činností** administrative services unit; **orgán činný ve ~m řízení** a body involved in / in charge of / responsible for administrative proceedings; **osvobození od ~ch poplatků** freedom of administrative fees, release from administrative fees, exemption from administrative fees

správnost correctness, conformity to an acknowledged rule / standard, to what is considered right, or to fact; freedom from error / fault; accuracy, exactness; veracity, truthfulness, veraciousness; **~ výpočtu nedoplatku** correct calculation / computation of an outstanding amount, correct calculation / computation of amount in arrears; **potvrzení ~i smluv a písemností** authentication of contracts and writings; vindication; **ověřit ~ tvrzení** verify the truthfulness of allegations; **přezkoumat ~ výroků napadeného rozhodnutí** review the correctness of statements of the contested judgment / the judgment appealed against

správn|ý correct; proper, regular; in accordance with fact / truth / reason; free from error; exact, true, accurate; right, just; **~ postup** good practice; correct procedure; **věcně ~é, ale formálně vadné rozhodnutí** materially correct, but formally defective decision; **je ~é udělat co** it is just to do st.

spravovat administer; manage, execute; **~ majetek zastupované osoby** administer the property of a represented person; manage and dispose of the goods and estate of a deceased person, either under a will, or by official appointment under Letters of Administration; **~ penzijní fond** administer a pension fund

spropitné vail, tip, gratuity

sprostý vulgar; uncultured, ill-bred, coarse; having a common and offensively mean character; lacking in refinement / good taste

srazit subtract, deduct, withhold; **~ daň** deduct / withhold a tax

srazit se crash into, clash, collide with

sražen|ý deducted, subtracted; withheld; **~á částka** deducted amount of money; **~á daň**

z příjmů deducted income tax; **~á daň ze mzdy** zaměstnavatelem withholding tax, tax deducted at source by employer

srážka$_1$ impact, clash, crash, collision, conflict; accident, incident; **~ automobilů** car crash / collision; **~ na moři** collision at sea

sráž|ka$_2$ deduction in relation to taxes; abatement in relation to the value of property; garnishment / attachment ordered by court; discount, withholding; subtraction; **~ky ze mzdy** strhávané zaměstnavatelem na odvody daní z příjmu a povinné pojištění deductions from salary, deductions at source, deductions from wages / pay, a sum deducted from s.o.'s pay, pay-as-you-earn system, PAYE abbrev *(UK)*, pay-as-you-go system *(US)*; **~ky ze mzdy dlužníka** nařízené soudem garnishment of a portion of the debtor's wages; **~ky ze mzdy dlužníka** po dohodě mezi dlužníkem a zaměstnavatelem assignment of wages; **~ky k úhradě nákladů výkonu trestu** garnishing a portion of prisoner's income to cover imprisonment costs; **beze ~ky** no abatement; **dohoda o ~kách ze mzdy** agreement to assign the portion of wages for the benefit of s.o., wage assignment agreement; **nařízení výkonu rozhodnutí ~kami ze mzdy pro obyčejné pohledávky, pro výživné, pro přednostní pohledávky** an order to execute the judgment by attachment of earnings in order to satisfy regular claims, alimony due, preferential claims; **příkaz ~ek ze mzdy** writ / order garnishing wages; **řízení o výkon rozhodnutí ~kami ze mzdy** trial on request to execute judgment by means of attachment / garnishment of earnings order; **systém ~ek z platu** check-off system, wage assignment system; **vybírání daně ~kou ze mzdy** pay-as-you-earn / pay-as-you-go tax collection; **nařídit ~ky ze mzdy** obstavení výdělku k zajištění zaplacení pokuty order an attachment of earnings to collect the payment of the fine

srocení tumult public disturbance; disorderly or riotous proceeding; mobbing violent or threatening action taken in an effort to obtain a definite end and this distinguishes it from rioting and breach of the peace which are disorderly conduct at large; commotion, agitation, disturbance; riot a violent disturbance of the peace by an assembly or body of persons; an outbreak of active lawlessness or disorder among the populace

srovnání comparison, confrontation; **vzájemné ~** confrontation; **ve ~ s** in / by comparison

with, as compared with; considered with reference to; **snést** ~ **s čím / kým** bear / stand comparison with st. / s.o.
srovn(áv)at co / koho s čím / kým compare; confront, contrast st. / s.o. with st. / s.o.
srovnatelný comparable
srovnávací comparative; ~ **právo** comparative law; ~ **studie** comparative study
srozumitelnost comprehensibility, comprehensibleness; conceivability, conceivableness, intelligibility; ~ **práva** comprehensibility of law
srozumitelný understandable, comprehensible; conceivable, intelligible; ~ **výklad** understandable / comprehensible interpretation
stabilita stability; firmness; enduring quality; **ekologická** ~ ecological stability; **ekonomická** ~ economic stability; **politická** ~ political stability; ~ **ekonomických podmínek** stable economic conditions
stabilizovaný stabilized; ~**é ceny** stabilized prices; ~ **stav po úraze** stabilized health condition after an accident
stabilizovat stabilize; harden; ~ **podmínky podnikání** make the conditions for undertaking business stable, stabilize conditions for business activities
stabilní stable; firm, permanent; not liable to disintegration; ~ **prostředí** stable environment
stadi|um stage, phase; period; **vývojová** ~**a trestného činu** stages of a crime
stáhnout withdraw; abandon, surrender; retract, recall, revoke, rescind a decree, declaration, promise, etc.; take back / away; ~ **nabídku v aukci** retract a bid; ~ **obvinění** withdraw the charges; refrain from prosecuting; drop the charges (slang); ~ **přihlášku, žádost** abandon / withdraw / surrender the application; ~ **žalobu** withdraw a petition / claim / motion
stále constantly, continually, perpetually, incessantly, always
stál|ý permanent; lasting, enduring; persistent; standing; fixed; invariable, unchangeable, unalterable; unchanging, constant, unvarying; ~**á komise** standing committee / commission; ~**é bydliště** permanent residence / place of abode; ~ **bankovní příkaz** standing order; ~ **pozorovatel** permanent observer; ~ **výbor sněmovny** standing committee

standard standard; **měnový** ~ monetary standard
stánek booth, stand
stann|ý martial that kind of military government of a country or district, by which the ordinary law is suspended, and the military authorities are empowered to arrest all suspected persons at their discretion, and to punish offenders without formal trial; **řízení za** ~**ého práva** trial / proceedings under martial law
stanovení determination, establishment, fixing, setting; assessment; **spolehlivé** ~ **množství alkoholu při dechové zkoušce** a reliable indication of the proportion of alcohol in the blood by a breath test; **úřední** ~ **cen** official pricing set / fixed prices; ~ **ceny** ascertainment of price; ~ **výpočet daně** assessment of taxes, tax assessment; ~ **materiální, finanční hodnoty** assessment of material, financial value; ~ **hranice** delimitation, demarcation; ~ **množství** kvantitativní vyjádření quantification; ~ **nároku a částky výživného** determining the entitlement and amount of alimony; ~ **odměny** determination of compensation / reward; ~ **stupně utajení** setting the level of security classification; ~ **a vázání cen** price fixing and tying; ~ **výše ceny** quotation, fixing of a price; **platit pro účely** ~ **rozhodných lhůt** have effect for the purpose of determining relevant periods; **žaloba o** ~ **povinnosti uzavřít smlouvu o převodu družstevního bytu do vlastnictví člena** action to compel the transfer of a title to a co-operative flat to a member of the cooperative
stanoven|ý determined, fixed; prescribed; appointed, set, given; required; **pevně** ~**é datum** fixed date; **přesně** ~ clearly qualified; **úředně** ~ officially determined / set / appointed; ~**á délka** trvalého **pobytu** jako podmínka pro dosažení určitého oprávnění qualifying period of residence as a pre-requisite for obtaining a licence / certificate / permit; ~**é datum** appointed / set / determined date / day; ~**é doklady** required documents; ~ **den** the appointed day; ~ **obhájce** assigned counsel; ~ **poplatek** set / required / qualified fee; ~ **v denní sazbě** apportioned on a daily basis; **lhůta** ~**á v pravidlech** a period prescribed in the rules; **soudem** ~ **obhájce** court's appointed counsel; **prokázat věc** ~**ým způsobem** prove the case in a prescribed / required manner / way
stanovisko view, position, point of view; opinion; observation, notice; **nesouhlasné a sou-**

hlasné ~ soudce v senátu dissenting and concurring opinion of a judge on the panel; **osobní** ~ **soudce** the judge's personal view; **soudní** ~ declaratory judgment, judicial opinion; ~ **o dopadech na životní prostředí** environmental impact statement; ~ **soudce hlasujícího proti rozhodnutí** dissenting opinion; ~ **vlády k projednávané věci u soudu** (ESD) observation of government with respect to the reference for preliminary ruling; **zjistit** ~ **odpůrce** ascertain the position of the respondent / defendant
stanoviště site, position; establishment; **přírodní** ~ natural site; ~ **druhu** biotop habitat the locality in which a biotope naturally grows or lives
stanov|it set, determine, define; establish, fix, provide for / that; stipulate; specify; impose; assess, evaluate; **pevně** ~ **ceny** fix prices; ~ **cenu** ascertain a price; ~ **cíle podnikání** set out the aims of business; ~ **daň** assess a tax; ~ **hodnotu** čeho appraise / appreciate / assess the value; ~ **omezení pro co** impose a limitation on st.; ~ **opatření** determine measures; ~ **podmínky** determine conditions; ~ **postup** lay down a procedure; ~ **povinnosti pro zaměstnavatele** lay duties on the employer; ~ **pravidla** lay down rules; ~ **právními předpisy** stipulate in legislation; provide for / regulate by legislation; ~ **pravomoci a povinnosti** set out powers and duties; ~ **přiměřený trest** determine an appropriate sentence; ~ **u soudu vinu** koho determine in the court the guilt of s.o.; ~ **v denní sazbě** apportion on a daily basis; ~ **vinu či nevinu** determine guilt or innocence of s.o.; ~ **vinu obžalovaného** establish the guilt of the defendant; ~ **výživné zlomkem nebo procentem ze mzdy** determine / set up the amount of maintenance / alimony as a fraction or percentage of wages; **pokud není** ~**eno jinak** in the absence of a provision to the contrary
stanoviteln|ý determinable, assessable, ascertainable; **rozsah nového projednání a rozhodnutí věci není předem přesně** ~**é** the decision to be made at, and the scope of, a new hearing cannot be accurately determined in advance
stanovy constitution; charter; statutes (pl); ~ **ob-čanského sdružení** the constitution of an association / society; ~ **obchodní společnosti** by(-)laws (US), Articles of Association (UK); ~ **zájmového sdružení právnických osob** the

constitution of a professional association consisting of legal entities; **statut, ~ a organizační řád** charter, constitution of a non-profit entity / by-laws of a business organization and organizational guidelines
starobní relating to old(-)age, retirement; ~ **důchod** old age pension; retirement pension
starost care, charge; diligence, attendance; **mít na ~i** be responsible for st., be in charge of st.
starosta mayor; chief executive; ~ **obce** community mayor; **zástupce ~y** deputy mayor
starostlivost carefulness; care, diligence
starší older; senior; **osoba, svědek ~ 18 let** person, witness who is over the age of eighteen; **být ~ 18 let** be aged 18 or over
stát (n) state, country; government; **liberální** ~ liberal state; **složený** ~ federal / compound state; **smluvní** ~ contracting state; **spolkový** ~ federal state; **svrchovaný** ~ sovereign state; **závislý** ~ vassal / dependent state; ~ **porušující mezinárodní právo** delinquent state
stát (v) stand; cost; ~ **v čele** head st., be the head of st.; **sepsání žaloby stojí 500 Kč** the drafting of a petition costs CZK 500; the fee for drafting a petition is CZK 500
st|át se become, turn to be; ~ **poslancem** become a Deputy / Member / Congressman; enter the House; ~ **splatným** become / fall due, become mature; **rozhodnutí se ~alo neúčinným** the decision ceased to be effective; **smlouva se ~ane neplatnou** the contract will be avoided; the force of the contract will expire / terminate
stat|ek 1 homestead, farm 2 estate, assets, property; **hmotné ~ky** tangible assets / property
statistick|ý statistical; relating to statistics; **Český ~ úřad** Czech Statistics Office; ~**á ročenka** yearbook of statistics
statistika statistics; ~ **populace / obyvatelstva** narození, úmrtí vital statistics; ~ **trestných činů** crime statistics
státní state; national; civil; public; governmental; ~ **cenný papír** government note / paper / security / stock / bong; gilt (UK) (slang); ~ **dluh** national debt; ~ **dozor** government supervision; ~ **finanční rezervy** state financial reserves; **Státní fond životního prostředí** (CZ) State Fund of the Environment; ~ **hranice** national frontiers; ~ **hymna** national anthem; ~ **instituce** national / state institution; ~ **majetková účast na podnikání** state

property interest in undertaking business; ~ **moc** government; ~ **občan** získal občanství narozením natural / native born citizen nationality acquired at birth; ~ **občanství** state nationality; ~ **obligace** government bonds; ~ **orgán** government body; ~ **podnik** national enterprise; ~ **pojištění** national insurance; ~ **politika zaměstnanosti** national employment policy; ~ **poznávací značka** registration plate of a vehicle; ~ **příslušníci téhož státu** nationals of the same state; ~ **příslušnost** state nationality; ~ **půjčka** government loan; ~ **rada** state council; ~ **rozpočet** state budget; ~ **služba** civil service; service in government; ~ **správa** state administration; ~ **subvence do zemědělství** na vyrovnání cen zemědělských plodin deficiency payment; agricultural subsidies to compensate prices of commodities; ~ **svrchovanost** national sovereignty; ~ **symbol** national emblem / symbol; ~ **tajemství** state secret; ~ **úřad** civil / government office, government agency; ~ **úředník** government officer, civil servant; ~ **území** national territory; ~ **vlajka** national flag; ~ **vlastnictví** national domain; state-owned property; ~ **výkonný orgán** executive body of government; government agency; ~ **zakázka** government contract; ~ **zaměstnanec** civil servant; ~ **zástupce** prosecuting attorney; public prosecutor *(UK)*; state / district attorney *(US)*; ~ **zastupitelství** prosecuting attorney's office; public prosecution *(UK)*, state / district attorney's office *(US)*; ~ **závěrečný účet** national account; ~ **zdravotní péče** national health service; ~ **zkušebna** state testing agency; assay-office for precious metals; ~ **žalobce** prosecuting counsel, counsel for the prosecution, prosecuting attorney; **doklad o ~m občanství** certificate of citizenship / state nationality; **pracovník ve ~ službě** civil servant; **úřad ~ správy** state administration authority / body, central government body / authority

státnost statehood, nationhood

státovka government note

statut constitution; bylaws; charter; ~ **nadace** constitution / charter of a foundation; ~, **stanovy a organizační řád** charter, constitution of a non-profit entity / by-laws of a business organization and organizational guidelines

statutární authorized, certified; chartered; ~ **město** *(CZ)* chartered town; ~ **orgán** authorized representative of a body corporate; a person /

group of persons authorized to represent the company externally; **územně členěné ~ město** territorially subdivided chartered town; **jednatel je** ~ **orgán jednající jménem společnosti**, **zatímco prokurista je zástupcem společnosti jednajícím za společnost** a corporate agent shall be an authorised representative acting on behalf of the corporation whereas / while a proctor shall be a representative of corporation acting for the corporation within the scope of corporate business

stav status, position, state; condition; stage; repair; **dobrý psychický** ~ balance of mind, good mental condition; **havarijní** ~ be in / fall into disrepair; **osobní** ~ rozvod, neplatnost manželství atd. personal status divorce, nullity of marriage etc.; **pokojný** ~ quiet and undisturbed / peaceful condition; **předešlý** ~ previous / former state / condition / position; **rodinný** ~ family status; **skutkový** ~ factual question, facts of a case; facts in issue; **soudcovský** ~ judiciary, judicature; **špatný psychický** ~ disturbed balance of mind; **válečný** ~ belligerence, belligerency; **výjimečný** ~ a state of emergency; **zdravotní** ~ **vyšetřovaného** state of health of the examined / interviewed / prosecuted person; ~ **bezbrannosti oběti** condition / state of defencelessness of a victim; ~ **mentální narušenosti** mental disturbance, temporary mental impairment; ~ **nouze** state of emergency; ~ **obecného ohrožení** a state of general menace / endangering the community; ~ **osamělé ženy** discoverture *(obs)*; ~ **provdané ženy** coverture *(obs)*; ~ **věci** state and condition of a thing; **lékařské vysvědčení o duševním ~u vyšetřovaného** medical certificate of the mental health of the examined person; **navrácení v předešlý** ~ restitution; the action of restoring a person to a previous status / position; reinstatement; **osvědčení o technickém ~u vozidla** road worthiness of a vehicle certificate; **potvrzení o ~u** certificate of personal status; **udržování v obyvatelném ~u** maintaining a structure in habitable repair; **uvedení do předešlého ~u** restitution; the action of restoring a person to a previous status / position; reinstatement; **vyšetření duševního ~u** examination of the mental health of s.o.; **zjištění / zjišťování skutkového ~u věci** determining / establishing / finding the facts of the case, fact finding; **Zpráva / Poselství**

o ~u Unie *(US)* State of the Union message a yearly address delivered by the President of the U.S. to Congress, giving the Administration's view of the state of the nation and its plans for legislation; **odstranit závadný ~ ve stanovené lhůtě** remove defects within a prescribed period; **upozornit veřejnost na skutečný ~ ekonomiky** alert the public to economic realities; **pro rozsudek je rozhodující ~ v době jeho vyhlášení** the terms of the judgment are determined by the facts existing when the judgment was issued / awarded; **uvedení věci do původního ~u na své vlastní náklady** restoring a thing / restitution of a thing at one's own expenses

stav|ba structure, building, edifice; construction, erection; ~ **budov na pozemcích k tomu účelu skoupených** property development on land purchased for that purpose; ~ **na cizím pozemku** a building / structure on the land of another; ~ **na objednávku** ordered construction; ~ **silnic** road construction; ~ **spojená se zemí pevným základem** a structure firmly affixed / attached to the land; **nařízení některých činností vlastníku ~by** order(ing) that certain activities should be pursued by the owner of a structure; **povolení ~by** building permit / permission; **vydání rozhodnutí o umístění ~eb** issuance of decision with respect to the location of a structure; **změna ~by před jejím dokončením** alteration of structure compared to plans before the completion thereof; **rozptýlit ~by po krajině** scatter buildings throughout the countryside ♦ **Stavba povolena** Construction permitted

stavební relating to building, construction; ~ **bytové družstvo** cooperative established in order to build residential houses; building society; loan and building cooperative association; ~ **dohled** building supervision; ~ **náklady** building costs, construction expenses; ~ **normy** building standards; ~ **omezení** building restrictions; ~ **povolení** building permit / permission; ~ **pozemek** building / construction site; ~ **projekt** bill of quantity / quantities; ~ **řád** Building Code *(US)*; Construction / Building Guidelines; ~ **řízení** building permit procedure; ~ **smlouva** construction contract; ~ **spořitelna** building society *(UK)*, building and loan society / association *(US)*; ~ **úřad** building department / office issuing building permits; ~ **zadržovací právo** construction / building lien;

~ **zákon** Building Act; **sloučení územního řízení se ~m řízením** consolidation of planning and building procedures; **žádost o ~ povolení** building application, application for a building permit
stavení₁ building, structure; house
stavení₂, **stavění** stopping, stoppage, suspension; discontinuance, cessation, termination; **počátek, trvání, ~ a přetržení vydržecí lhůty** commencement, duration, stoppage / suspension and interruption of the prescription period; ~ **promlčecí doby / promlčení** zastavení běhu doby po dobu řízení stoppage / suspension of the limitation period of limitation time running during the proceedings
stavět **1** build, construct, develop; base (up)on **2** stop, discontinue, suspend, interrupt
stavit stop, discontinue, suspend, interrupt; ~ **lhůtu** stop / suspend the running of time
stavitel constructor, builder; developer
stávkokaz blackleg, strikebreaker
stažení withdrawal; retraction of a statement, proposal, retiring / retreating from a place / position; ~ **snížení investic / investovaného kapitálu** disinvestment, withdrawal of investments; ~ **cizích vojsk** withdrawal of foreign troops; ~ **jaderných zbraní** withdrawal of nuclear weapons; ~ **kandidatury** politickou stranou nikoliv kandidátem samotným deselection of a candidate by the political party; ~ **vlastní kandidatury** kandidátem withdrawing one's name from a list of candidates
stěhovací removing; ~ **vůz** removal van
stěhování removal; **náklady na ~** removal expenses
stejnokroj uniform; **služební ~** service dress; police / prison guard / nurse uniform
stejnopis counterpart; duplicate, exact copy; each of the indented parts of a deed of contract; ~ **notářského zápisu** counterpart of a notarial deed; **výzva k předložení ~u podání** request / call / notice to submit a counterpart of the petition
stejný identical; same, coincident
stenotypistka shorthand typist one who takes down dictation in shorthand and then types out the text, short(-)hander, stenographer
stětí cutting; ~ **hlavy** decapitation
stěžovat si complain against / about st.; lodge / file a complaint against st. / s.o.

stěžovatel complainant; claimant, claimer; plaintiff, petitioner

stíhání prosecution the continuous following up, through instrumentalities created by law, of a person accused of a public offence with a steady and fixed purpose of reaching a judicial determination of the guilt or innocence of the accused; ~ **při neexistenci důkazů nebo ve zlém úmyslu** abuse of process; prosecuting s.o. if no evidence exists, or in bad faith; **důvodnost trestního** ~ justification of criminal prosecution, grounds for criminal prosecution; **podmíněné zastavení trestního** ~ conditional discontinuance of criminal prosecution; **promlčení trestního** ~ limitation of criminal investigation, statutory bar on criminal investigation, barring criminal prosecution by the statute of limitations; **přerušení trestního** ~ suspension / stay of criminal prosecution; **usnesení o zahájení trestního** ~ resolution to prosecute, resolution to commence the prosecution; **usnesení o zastavení trestního** ~ resolution not to proceed with the prosecution, resolution to discontinue the prosecution; **včasnost trestního** ~ the timely commencement of criminal prosecution; **zahájení trestního** ~ commencement of criminal prosecution; **zastavení trestního** ~ discontinuance of criminal prosecution; **schválit trestní** ~ approve a prosecution; **vydat k trestnímu** ~ extradite the accused for criminal prosecution; **zastavit** ~ discontinue the prosecution, not to proceed with the prosecution

stíhat prosecute s.o. / st.; ~ **trestný čin** prosecute an offence

stimul inducement; impetus, incentive; impulse, stimulus

stipulovat warrant; stipulate; reserve

stít cut; ~ **hlavu** behead, decapitate

stížnost complaint a statement of injury or grievance laid before a court or judicial authority for the purpose of prosecution or of redress; **důvodná** ~ justified / reasonable complaint; ~ **na pracovní podmínky** complaint against work conditions; grievance made by union; ~ **podaná ve prospěch obviněného** complaint lodged for the benefit of the accused; ~ **pro porušení zákona** complaint against a breach of law; ~ **proti rozhodnutí o vazbě** complaint against a custody order; **kladné vyřízení** ~i affirmative disposal of complaint; redress of the

grievance; **odkladný účinek** ~i suspensory / suspensive effect of a complaint; **postoupení a prošetření** ~i referral / transfer and investigation of a complaint; **řízení o** ~i **pro porušení zákona** (CZ) procedure to deal with a complaint against a violation of law due to the malfunctioning of court; **vzdání se** ~i waiver of a complaint; **zpětvzetí** ~i withdrawal of a complaint; **podat** ~ lodge / file / submit / make a complaint; **potvrdit oprávněnost** ~i uphold a complaint; **potvrdit přijetí** ~i **do dvou dní od jejího obdržení** acknowledge the receipt of a complaint within two days of the receipt thereof; **projednávat** ~i **a rozhodovat o nich** hear and determine complaints; **předkládat** ~i bring complaints; **vyšetřovat** ~ investigate a complaint; **zamítnout** ~ **usnesením** dismiss a complaint by means of resolution; **opravným prostředkem proti usnesení je** ~ complaint is a remedial measure against a judicial resolution; **orgán, proti jehož usnesení** ~ **směřuje** the body against the resolution of whom a complaint is lodged; **osoba oprávněná podat** ~ **proti usnesení** a person entitled to submit / file a complaint against a resolution; **proti rozhodnutí je přípustná** ~ a complaint is admissible to be lodged / filed against a judicial decision

stočné sewer charge, sewage fee

stojné demurrage

stolice see; **Svatá** ~ Holy / Apostolic See

stopa footmark, footprint; trace, track; imprint, mark; **falešná** ~ false trace; **ničit** ~y blur the traces; **zajišťovat** ~y collect clues / evidence

storno countermand, cancellation; ~ **podmínky** cancellation conditions; ~ **poplatky** cancellation fees; ~ **pro neplacení** cancellation for non-payment

stornovací relating to cancellation; ~ **doložka** cancellation clause; ~ **lhůta** cancellation period; ~ **poplatek** cancellation fee

stornování cancellation, cancelling; ~ **pojistného** cancellation of premium

stornovat countermand, cancel; ~ **zásilku** cancel the consignment / dispatch

stoupen|ec backer; fan; **být věrným** ~**cem politické strany** adhere to a party

strádání hardship, sufferings

strádat suffer; want, need

strach fear; distress; **mít** ~ **z čeho** be afraid of st.

stra|na party; part, side; litigant; **dotčená** poško-

zená ~ aggrieved / injured party; **druhá** ~ adverse party; **nerozlučné ~ny** indispensable / necessary parties; **nevinná smluvní** ~ party not at fault; **smluvní** ~ **při jednání** bargainor, negotiator; **sporná** ~ litigant, party to a civil case; **sporné ~ny** contending parties, litigants, parties to a dispute / suit / action; adversaries / opponents; **zavinivší** ~ party at fault; ~ **smlouvy** party to a contract; **~, která prohrála spor** defeated party; **~ny se zavazují plnit následující podmínky** the parties covenant with each other in the following terms; **bez zavinění na ~ně prodávajícího** without any fault on the part of the seller; **systém dvou politických ~n** bi-partisanship, bipartite system; a system of two political parties; **být zúčastněnou ~nou** be a party to a case
strava food; nourishment; meals; **poskytnout ~u komu** board s.o., provide a lodger, etc. with daily meals; supply with food at a fixed rate
stravné charges for meals, boarding fee
stravování boarding; **příspěvek na** ~ subsistence grant / money
stravovat se eat; board
stráž guard, watch; **lesní** ~ forest guard; **rybářská** ~ fishing guard; **vodní** ~ water guard; ~ **přírody** nature guard
strážce warden; keeper; ~ **veřejného pořádku** peace officer
strážní relating to watch, guard; sentry; **porušování povinnosti** ~ **služby** breach of the sentry duty
strážník policeman; constable, police officer; **dopravní** ~ traffic warden
strpění sufferance, suffering
strpět suffer; go / pass through, be subjected to, undergo, experience; ~ **provedení nezbytných služebních úkonů** suffer the pursuance of necessary police actions; ~ **úkony** suffer acts; ~ **ze závazku** suffer the consequences of an obligation
stručně concisely, briefly; ~ **koho seznámit s fakty, okolnostmi** brief s.o. with facts, circumstances
stručný concise, brief; ~ **popis** brief description
strůjce deviser; designer
stržen|ý deducted, subtracted; abated; removed; **~á částka** deducted amount
střed centre, center (US); ~ **města** city / town centre
středisko centre, center (US); **operační** ~ op-

erational centre; **Středisko cenných papírů** (CZ) Securities Centre; ~ **právní pomoci** Legal Aid Centre (UK); ~ **pro mladé delikventy forma trestu** attendance centre (UK) type of punishment
střední medium; secondary; ~ **odborné učiliště** secondary vocational school; ~ **průmyslová škola** secondary industrial school; ~ **škola** secondary school; ~ **zdravotní škola** secondary medical school
středověk Middle Ages
střelba fire; shooting
střelec gunman, gunner
střelivo ammunition articles used for loading guns, such as powder, bullets, shells
střeln|ý shooting; **~á rána** gunshot; **~á zbraň** firearm; ~ **prach** gunpowder
střet collision, conflict; concurrence; ~ **forem** battle of the forms; ~ **provozů** conflict of operations; ~ **zájmů** conflict of interests
střetnout se collide, conflict; concur
střídající alternate; substituting
střídat alternate, substitute
stříkač water-engine, water pumping engine; **vodní** ~ water gun
student student; **postgraduální** ~ postgraduate; **pregraduální** ~ **vysoké školy** undergraduate; ~ **v doktorandském studiu** doctoral student
studen|ý cold; cool; chilly; **~á válka** cold war
studijní studying; relating to study; ~ **oddělení** study department (CZ), registrar's office (UK), (US); ~ **plán** course programme; curriculum; programme of study; ~ **účely** study purposes
stupeň degree; level, grade, rate; stage; instance; **mzdový / platový** ~ (CZ) wage / salary / pay rate, wage / salary / pay scale; **nepatrný** ~ **nebezpečnosti činu** insignificant degree of the dangerousness of an act / crime; ~ **invalidity** degree of disablement; ~ **nedbalosti** degree of negligence; ~ **ochrany investorů** level of investors protection; ~ **pochybnosti** degree of doubt; ~ **průkaznosti** degree of proof; ~ **příbuzenství** degrees of kin; ~ **utajení** level of security classification; **řízení v prvním ~i** first instance hearing / proceedings; **soud prvního ~ně** court of first instance
stvrdit confirm, acknowledge; undersign; underwrite; subscribe; ~ **podpisem** confirm by underwriting an instrument; ~ **podpisem závazek převzít akcie, obligace** underwrite agree to take up, in a new company or new issue, a certain number of

shares if not applied for by the public; ~ **přísahou** verify; confirm on / under oath; ~ **smlouvu podpisem** attest the contract by signature **stvrzenka** voucher; receipt; acquittance; written acknowledgement of money or goods received into possession / custody; **skladová** ~ warehouse receipt; ~ **o zaplacení cla** customs duty payment receipt; ~ **o zaplacení dluhu** quietus, acquittance releasing from a debt or obligation **styk** contact; liaison, interaction; connection, communication; visitation; **aktivní nebo pasivní zušlechťovací** ~ jako celní režim active or passive improvement of the value of goods; one kind of a customs regime; **nepřirozený sexuální** ~ unnatural sexual intercourse, buggery; **návrh na úpravu ~u s nezletilým dítětem** motion for visitation order with respect to a minor child; **rozhodnutí o ~u s dětmi** visitation order, decision regulating the contact with a child; **rozsudek o úpravě ~u otce s nezletilou** judgment regulating visitation rights of father with respect to his minor daughter; **rozsudek o zákazu ~u nezletilého s otcem** judgment depriving father of his visitation rights with respect to his minor child, judgment prohibiting any contacts between father and his minor child; **mít pohlavní ~ s kým** have sexual intercourse with s.o., have carnal knowledge of s.o.; **vyloučit ze ~u s vnějším světem** exclude from any interaction / contact with the outer world
stýkat se s associate, meet with; date with
subjekt person; entity; party; a human being natural person; body corporate / corporation artificial person having rights and duties recognized by the law; subject; **daňový** ~ taxable unit / entity, tax payer; **podnikatelský** ~ business entity, business person, corporate person; body corporate; merchandising entity; undertaker; **právní** ~ legal person; **samostatný** ~ **práv a povinností** separate legal person possessing rights and duties; **soukromoprávní** ~ private person / entity; **veřejnoprávní** ~ public person / entity; **veřejný** ~ public entity; body politic; ~ **daně** taxable unit / entity, tax payer / payor (US); ~ **držby** possessor; holder one who takes / occupies / holds st. without ownership, or as distinguished from the owner, tenant; ~ **občanskoprávních vztahů** party to civil relations; ~ **oprávněný k podání stížnosti** a person entitled to lodge / submit a complaint against the resolution; ~

práva legal person; ~ **právních vztahů** party to legal relations; ~ **trestného činu** pachatel a person committing / having committed a crime offender, perpetrator; **ochrana ~ů trhu** the protection of persons in the market; **změna ~u pracovní smlouvy** the change / alteration of a party to a contract of employment; **úprava povinností, jejichž ~em je podnikatel** the regulation of duties undertaken by a businessperson
subjektivita personality; subjectivity, subjectivism; **právní** ~ způsobilost k právům a povinostem legal personality capacity to possess rights and duties
subjektivní subjective; personal, individual; ~ **odpovědnost** liability based on fault; personal liability; ~ **právo** a right; **ústavně zaručené** ~ **právo** a right guaranteed by the Constitution, constitutional right
subsidiární subsidiary; auxiliary, tributary, supplementary; ~ **odpovědnost za škodu** subsidiary liability for damage; ~ **platnost** subsidiary force / validity; ~ **použití** subsidiary / supplementary use
substituce substitution; alternation; replacement; **fideikomisární** ~ svěřenecké náhradnictví trust resulting from fidei-commissum
substitut zástupce substitute; deputy, delegate; proxy, agent, representative
subvenc|e subsidy a grant or contribution of money; financial aid furnished by a state or a public corporation in furtherance of an undertaking or the upkeep of a thing; **poskytování ~í** grant of / granting subsidies
sugestivní suggestive; leading; implying st. that is not directly expressed; ~ **a kapciózní otázky** při výslechu leading and captious questions during examination; ~ **otázka** argumentative question
sukcese succession the process by which one person succeeds another in the occupation / possession of an estate; **právní** ~ artificial succession; **singulární** ~ singular succession; **speciální** ~ special succession; **univerzální** ~ universal succession
superdividenda dividend bonus
superlegalizace superlegalization; ~ **dokladu na velvyslanectví** the superlegalization of a document at the embassy
superprovize overriding commission
surovina raw material; **druhotná** ~ secondary raw material

surovost brutality; coarse incivility; violent roughness of manners, savage cruelty; ~ **spáchání trestného činu** atrocity / brutality of a crime
surový cold-blooded, atrocious; coarse, violent
suspenze suspension; estate in abeyance
svádět solicit, suborn, tempt; ~ **koho ke spáchání trestného činu** solicit / suborn s.o. to commit an offence
svalit throw; cast upon; ~ **vinu na ostatní** attribute blame to others, incriminate others
svatební bridal, nuptial; relating to marriage, wedding; ~ **den** wedding day; ~ **hostina** wedding reception; ~ **lože** bridal bed; ~ **obřad** marriage / wedding / nuptial ceremony; nuptials; ~ **pochod** wedding march; ~ **prsten** wedding ring; ~ **průvod** wedding / bridal procession; ~ **smlouva** marriage articles; nuptial agreement
svátek feast, holiday; **státem uznaný** ~ bank holiday, national day
svaz union; bond, unit; **Australský** ~ Commonwealth of Australia; **odborový** ~ trade union
svazek bond; alliance, union; tie; volume, copy; **manželský** ~ conjugal / marriage / matrimonial union / alliance; bonds of wedlock; ~**, strana, ročník, pořadové číslo** volume, page, year, record number
svědčící testifying, evidencing, proving; **okolnosti** ~ **proti obviněnému** circumstances weighing against the accused, circumstances proving the guilt of the accused
svědčit witness, give one's testimony, testify; bear witness to a fact / statement; testify to, attest; furnish oral or written evidence of st.; act as a witness; depose in writing; ~ **proti spoluviníkům ve prospěch obžaloby** testify against co-offenders for the benefit of prosecution; turn the King's / Queen's evidence, offer o.s. as a witness for the prosecution against the other persons implicated; ~ **ve prospěch koho** testify / give testimony / be a witness in favour of s.o.; **povinnost** ~ duty to testify / give testimony / depose; **dostavit se k soudu** ~ attend / appear before the court to give oral evidence
svědeck|ý relating to witness; ~**á lavice** místo pro svědky v soudní síni witness box / stand (US); ~**á obsílka** witness summons; subpoena writ issued from a court of justice commanding the presence of a witness under a penalty for failure; ~**á výpověď** witness testimony personal evidence in support of a

fact or statement; deposition a statement in answer to interrogatories, constituting evidence, taken down in writing to be read in court as a substitute for the production of the witness; ~ **důkaz** verbal / personal evidence
svědectví testimony, personal or documentary evidence, proof, attestation in support of a fact or statement; deposition in writing; **nepřípustné** ~ incompetent / inadmissible testimony; ~ **z doslechu** hearsay evidence; **jakožto** ~ čeho in witness whereof; **podat falešné** ~ bear false witness; **podat** ~ be / produce in evidence, give testimony, bear testimony to st.; **zajistit** ~ perpetuate testimony; **tato listina budiž** ~**m** now this deed witnesseth
svědečné náhrada hotových výdajů a ušlého výdělku svědka witness fee compensation of cash expenses and the loss of earnings of the witness
svěd|ek witness person giving or being legally qualified to give evidence upon oath or affirmation in a court of justice; **důvěryhodný** ~ credible witness; **hlavní** ~ material / principal witness; **křivý** ~ deceitful witness; **nepříznivý** ~ svědčící v neprospěch strany, která ho povolala adverse witness; **očitý** ~ eye-witness; **přímý** ~ direct witness; **přísežný** ~ deponent under oath; ~ **obhajoby** witness for the defence; ~ **pořízení závěti** witness to will; ~ **svědčící proti své straně** adverse / hostile witness; ~ **u sňatku** witness to a marriage; ~ **vyjadřující se ke skutkové podstatě** a witness speaking to the facts of the case; ~ **z doslechu** ear-witness; **důkaz** ~**kem** witness testimony personal evidence in support of a fact or statement; deposition a statement in answer to interrogatories, constituting evidence, taken down in writing to be read in court as a substitute for the production of the witness; **ovlivňování** ~**ků** witness tampering / meddling; **předvolání** ~**ka** witness summons; **výslech** ~**ka** interrogation / interview by the police / examination by court of a witness; **zastrašování** ~**ka** intimidation of a witness; **být** ~**kem** act as a witness; **být vzat pod přísahu jako** ~ be sworn as a witness; **jako** ~ **tohoto připojuji svůj podpis** in witness whereof I set my hand; **podrobit všechny** ~**ky křížovému výslechu** cross-examine all the witnesses; **podstatně napomoci při vyhledávání** ~**ků** be of material assistance in finding witnesses; **předvolat** ~**ka** serve a summons on the witness to appear in / before

court; call / summon a witness into the courtroom; **vyslechnout ~ky** examine in court / interrogate / question by the police witnesses; **zastrašovat ~ka** intimidate a witness; **~kové se odchýlili od svých dřívějších výpovědí** witnesses varied from their former depositions; **~kové se rozcházejí** ve svých výpovědích the witnesses differ

svědomí conscience; conscientiousness; **čisté ~** good conscience; **odpůrce vojenské služby z důvodu ~** conscientious objector; **podle svého nejlepšího vědomí a ~** to one's best knowledge and faith; **právo na svobodu ~** right of conscience; **svoboda ~** liberty / freedom of conscience; **vězeň ~** prisoner of conscience one who is detained / imprisoned because of his / her political or religious beliefs

svědomitě faithfully, conscientiously; **~ plnit povinnosti** conscientiously fulfil(l) one's duties

svědomitý conscientious; conscious

svémoc arbitrariness; capriciousness; despotism

svémocně arbitrarily; in an arbitrary manner, at will; **počínat si ~** act arbitrarily / with a high degree of discretion; **kdo se ~ vzdálí v úmyslu vyhnout se vojenské službě** who quits without permission / leave in order to willfully evade the military service

svémocn|ý arbitrary, unauthorised; discretionary; **~é odloučení / vzdálení** absence without leave, unauthorized absence / leave, quitting without permission; **~é zpětvzetí věci** 1 *(OPP)* arbitrary withdrawal of an action 2 *(OP)* arbitrary repossession of a thing

svépomoc self(-)help redress of one's wrongs by one's own action, without recourse to legal process; **dovolená ~** allowed / sanctioned self(-)help; **ochrana práv ~í** protection of rights by self(-)help; **přiměřenost ~i** reasonableness / adequacy of self(-)help

svéprávnost legal capacity to act

svéprávný having full legal capacity, legally competent / qualified; being of sound mind

svěřenec ward a minor / person under the control of a guardian; **~ s nařízenou ústavní nebo uloženou ochrannou výchovou** wards under hospital order or the protection of a young offender institution; **soudně stanovení ~ci** wards of court

svěřeneck|ý relating to ward, custody, trust; **~á**

péče wardship of court; custodianship, guardianship; trusteeship; **dítě ve ~é péči** child in wardship / under custodianship

svěřenectví wardship; custodianship; trusteeship

svěření award, grant; commission, transfer; entrustment; **~ do výchovy** award of custody of children; **~ omezených pravomocí** commission / delegation of limited powers; **rozsudek o ~ dítěte do pěstounského péče** judgment of fosterage, judgment awarding / granting the custody of a child to foster parents; foster care order; **rozsudek o ~ nezletilého do zatímní předadopční péče** judgment of the interim pre-adoption care of a minor

svěřensk|ý relating to wardship, custodianship, trusteeship; **~é území** MPV trusteeship territory; **~ účet** custodial account

svěřenství trusteeship; trust

svěřen|ý entrusted to s.o., committed, confided; **zlé nakládání se ~ou osobou** maltreatment / abuse of a person entrusted to one's care; **narušovat výchovu dítěte ~ého do výchovy jiného občana** obstruct the upbringing of a child placed / entrusted in(to) the care of another person

svěřit place; commit; entrust, confide; lodge; vest; **~ koho do opatrování** soudně place s.o. in the custody of s.o., entrust / confide the care and custody of s.o. to s.o.; award by court the custody of s.o. to s.o.

svést ženu decoy, debauch

svět world

světadíl continent

světl|o light; **průchod ~a a vzduchu** passage of light and air

světovláda world supremacy

světov|ý world, world-wide; **~é právní systémy** legal systems of the world; **~ obchod** world trade

světsk|ý temporal, secular; **~á hlava anglikánské církve** temporal head of the Church of England

svévol|e arbitrariness; wantonness; lawless extravagance, unrestrained license; **nedbalost hraničící se ~í** negligence amounting to wantonness

svévoln|ý wanton, arbitrary, gratuitous; vexatious; unwarranted; unprovoked and reckless of justice / compassion; malicious; **~á nedbalost** wanton negligence; **~á újma na zdraví**

malicious bodily harm; **~é nebo bezúspěšné uplatňování nebo bránění práva** arbitrary or unsuccessful application or protection of law; **~é odmítnutí platby** vexatious refusal to pay; **~é omezení** unwarranted restriction; **~é opuštění zaměstnání, lodi, vojenského útvaru apod.** desertion; unauthorized absence, absence without leave; **~é upuštění** malice abandonment; **~é zanedbání** willful neglect; **~ čin** wanton act

svobod|a freedom, liberty; immunity, privilege; **občanská ~** civil liberty; **přirozená ~** natural liberty; **~ sdružování** freedom of association; **~ shromažďování** freedom of assembly; **~ svědomí** liberty of conscience; **~ tisku** liberty of the press; **~ volby** freedom of choice; **~ vyznání** freedom of worship; **bezdůvodné zbavení osobní ~y** unjustified deprivation of s.o.'s personal liberty; unreasonable false imprisonment; **odnětí ~y** imprisonment; **omezení osobní ~y při předání odsouzeného do výkonu trestu** restriction of personal liberty when committing a convict to prison; **být na ~ě** be at liberty not in captivity or confinement; **propustit na ~u** set s.o. at large / at liberty; release s.o. from prison

svobodárna *(CZ)* housing / apartments / flats for unmarried persons

svobodně freely; **~ a vážně** as free act and deed

svobodn|ý single; free; **~é pásmo v přístavu** free zone in a harbour; **jako ~é povolání** on a freelance basis, as a freelance

svolat summon; convene; call; **~ schůzi** arrange / call a meeting; **~ valnou hromadu** convene / call / summon a general meeting; **~ zasedání** convene a session

svolení permission, permit; leave, sanction; consent; **~ poškozeného** consent of the in-

jured; **~ soudu** leave of a court; **domovní prohlídka se ~m** bez příkazu k prohlídce consent to a search without a search warrant

svolit consent; sanction st., permit; agree

svolný consenting, agreeing

svrhnout overthrow; subvert; **~ vládu** overthrow the government

svrchovanost sovereignty; supremacy; **územní ~** territorial sovereignty; **~ národa** national sovereignty; **prohlášení ~i** proclamation of sovereignty; **výkon ~i** exercise of sovereignty

svrchovaný sovereign; absolute; **~ orgán** sovereign body

symbol symbol, emblem, token; attribute, badge; **poškodit, zneužít nebo znevážit státní ~** damage, misuse or defame the state symbol

synalagmatick|ý synallagmatic imposing mutual obligations; reciprocally binding; **~á smlouva** synallagmatic / reciprocal / mutual contract

syndrom syndrome a set of concurrent symptoms; **~ patologického hráčství** a syndrome of pathological gambling; **~ týraného dítěte** a battered child syndrome

synovec nephew

systém system; scheme; set of principles; method; **dávkový ~ nemocenského pojištění** sickness insurance scheme; **právní ~** legal system, system of law; **prezidentský ~** presidential system of government; **ústavní ~** constitution, constitutional system; **~ bonusů** bonus scheme; **~ právních informací** system of legal information; **~ trestního soudnictví** criminal justice system; **~ zdravotního pojištění** health insurance scheme; **existovat v právním ~u** exist under the legal system

Š

šéf chief, boss, master
šejdíř screw with respect to prices; impostor assuming a false character; deceiver, swindler, cheat
šek cheque *(UK)*, check *(US)*; **bankovní ~ pro interní potřebu banky** cashier's cheque, banker's cheque; **cestovní ~** traveller's cheque; **křižovaný ~** crossed cheque may not be cashed; **nekrytý ~** cheque supported by insufficient funds, bounced cheque *(inform)*; **neplatný ~** bad cheque; **neproplacený ~** dishonoured cheque; **osobní ~ pro vlastní výběr z konta** personal cheque; **padělaný ~** forged cheque, bogus cheque; **platný ~** good cheque; **propadlý ~** stale cheque; cheque overdue; **protestovaný ~** dishonoured cheque; **předložený ~ k proplacení** presented cheque; **zaručený ~** guarantee(d) cheque; **~ na doručitele** bearer cheque, cheque to bearer; **zrušený ~** stopped cheque; **~ na řad** order cheque, cheque to order; **~ splatný na viděnou** sight cheque; cheque to bearer; **odvolání ~u** countermand recalling of a cheque; **převedení ~u rubopisem** transfer of cheque by indorsement / endorsement; **remitent ~u** payee to whom a cheque is made payable; **storno tiskopisu ~u** cancellation of a form of cheque; **umoření ~u** redemption of a cheque; **výstavce ~u** drawer of cheque; **výstavce odvolal svůj ~** the drawer has countermanded his cheque; **zákaz proplacení ~u** cheque stop payment; **indosovat / opatřit ~ rubopisem** indorse / endorse a cheque; **platit ~em** pay by cheque; **podepsat ~ sign** a cheque; **předložit ~ bance k proplacení** present a cheque to a bank for payment; **vystavit ~** issue a cheque, make / write out a cheque to s.o.; **zrušit ~** stop cheque; **~ je příkaz bance na předtištěném formuláři nebo jinou formou, aby vyplatila částku na ~u uvedenou doručiteli nebo na ~u uvedené osobě** a cheque is a written order on a printed form or otherwise to a banker by a person having money in the banker's hands directing him to pay, on presentation, to bearer or to a person named the sum of money stated therein
šekovník ten kdo má platit payor by whom a cheque is paid
šekov|ý pertaining to cheque, check; **~á kar-**

ta cheque guarantee card; **~á knížka** cheque book; **~á suma** cheque amount, sum state on a cheque; **~é konto** cheque account; **~é přečerpání** cheque overdraft; **~ platební rozkaz** compulsory / judicial order to pay a cheque; **~ protest** dishonour of cheque
šetrnost thriftiness; frugality
šetrný economical; frugal, thrifty, saving
šetření 1 search, examination; quest for st.; check; investigation, scrutiny; **skutkové ~** factual investigation, investigation of facts; **soudní ~** judicial inquiry into a case; **úřední ~** official search / examination; **~ na místě** examination of an issue on site; **~ o nezvěstném** search with respect to a missing person presumed dead; **~ pojistitele o rozsahu škody** insurer's investigation / search / examination with respect to the extent of damage, or even as to whether liability exists; **protokol o předběžném ~** the report of preliminary search / investigation; **učinit nezbytná ~ ke zjištění podezřelé osoby** pursue necessary investigation to identify the suspect; **vykonat ~ ochranné známky** perform / execute a trademark search; **vykonat ~ vynálezu** perform / execute an inventory search 2 saving; economizing in expenditure of time, labour, etc.; **~ palivem** the saving of fuel; **~ peněz** saving money; **sklony k ~** propensity to save
šetřit 1 investigate, examine, search, check, quest; **~ případ krádeže** investigate a theft 2 save, economize, reduce expenses; retrench, curtail one's expenses; **~ čas** save time; **~ si peníze na školné** save money for tuition fee
šetřit se save o.s., reduce the amount of one's exertions
šibenice gallows, gibbet
šibeniční relating to gallows, gibbet; **~ humor** gallows humour
šifra cipher secret or disguised manner of writing; code
šikana bullying; pestering; overbearing insolence; **~ mezi dětmi ve školách** bullying among pupils in schools
šikanování bullying; pestering; overbearing insolence; personal intimidation; petty tyranny;

~ **mezi vojáky základní služby** bullying among conscripts non-professional soldiers compulsorily enlisted for military service; ~ **ze strany zaměstnavatele** mobbing by an employer

šikanovat bully s.o., act the bully towards s.o.; haze; ~ **zaměstnance** bully / pester servants / employees

šikm|ý aslope; downward; **dostat se na ~ou plochu** backslide, fall away from attained excellence

širok|ý broad; extensive; wide; ~**á veřejnost** the general public; ~ **pojem** a term of wide comprehension, broad term / concept

šir|ý broad; expansive; wide; ~**é moře** high seas

šíření dissemination, spreading; proliferation; propagation; ~ **informací** dissemination of information; ~ **nakažlivé choroby** spreading an infectious disease; ~ **poplašné zprávy** spreading / disseminating false news *(CZ)*; a crime of hoax, hoaxing mischievous deception, usually taking the form of a fabrication of st. fictitious or erroneous, told in such a manner as to impose upon the credulity of the victim; ~ **toxikomanie** promoting addictive drugs, promoting drug abuse

šířit spread, distribute, disseminate; proliferate; ~ **nakažlivé nemoci** spread infectious diseases; ~ **nepravdivé informace** spread / disseminate false information

ško|da damage, injury, loss, harm; detriment; waste; **bezprostřední** ~ immediate damage; **hmotná** ~ physical damage; **hrozící** ~ imminent peril / danger of damage, imminent peril / danger of harm; **materiální** ~ physical / material damage; property damage; **náhodná** ~ incidental damage; **námořní** ~ average; **následná** ~ consequential damage; **nenapravitelná** ~ irreparable damage; **nikoliv malá** ~ *(CZ)* damage not small; **nikoliv nepatrná** ~ *(CZ)* damage not insignificant; **skutečná** ~ *damnum emergens* actual damage; **úmyslná** ~ intentional / malicious damage; **větší** ~ a larger scope of damage; **vyšší** ~ a higher amount of loss; **vzniklá** ~ damage incurred / inflicted / caused / occurred; **značná** ~ material / substantial / significant damage; **způsobená** ~ harm / damage / injury caused, loss incurred, damage / injury inflicted; ~ **hrozící z útoku** damage / an injury physical resulting from an attack; ~ **na lodi a nákladu se spoluúčastí** vlastníka lodi a vlastníka nákladu gross average; ~ **na lodi či nákladu k tíži vlastníka poško-**

zené věci particular average; ~ **na majetku** damage to property, property damage; ~ **na osobě** damage to person, injury inflicted on a person; personal loss / harm / injury; ~ **na věcech svěřených do péče** damage to goods entrusted in custody; ~ **na věci** damage to a thing; ~ **na zdraví** damage to health; ~ **na životním prostředí** damage to the environment; ~ **v důsledku nedbalosti** damage due to negligence, negligent damage; ~ **v důsledku přírodní katastrofy** disaster loss, damage as a result / in consequence of a natural disaster; ~ **v důsledku trestného činu** criminal damage, damage caused as a result / in consequence of the commission of a crime; ~ **velkého rozsahu** extensive damage; extremely serious damage; ~ **vznikající postupně** gradual damage; ~ **vzniklá v důsledku vadného plnění** loss / damage / harm inflicted due to defective performance; ~ **způsobená nesprávným úředním postupem** damage caused due to maladministration faulty administration; inefficient or improper management of affairs; ~ **způsobená ohněm** fire damage; ~ **způsobená provozní činností** operational damage, damage caused in consequence of defective operations; ~ **způsobená při likvidaci požáru** damage caused by extinguishing the fire; ~ **způsobená spácháním trestného činu** damage caused in consequence of a crime, criminal damage; ~ **způsobená v obraně** damage caused / inflicted in self-defence; ~**dy způsobené z nedbalosti** injuries / damage negligently inflicted; **hrozba vzniku ~dy** danger of the occurrence of damage / loss / injury / harm; liability / exposure to damage / loss / injury / harm; **ke ~dě koho** to the prejudice of s.o.; **ke ~dě spotřebitelů** to the prejudice of consumers; **likvidace ~dy** claim adjustment / settlement; **likvidátor ~d** claim adjuster; **náhrada skutečné ~dy** actual damages; **náhrada ~dy** damages; compensation of damage / loss / harm / injury; **náhrada ~dy ve výši 500 Kč** liquidated damages of CZK 500; **náhrada ~dy zahrnující pouze škodu samotnou** nikoliv např. její následky compensatory damages; **náhrada ~dy ze zákona** statutory damages; **nominální náhrada ~dy** nominal damages; **odpovědnost za ~du** liability for damage / loss / harm / injury; **odpovědnost za ~du na životním prostředí** environmental impair-

ment liability; **odvrácení** ~**dy** prevention of damage / loss / injury / harm, diverting the occurrence of loss; **paušální náhrada** ~**dy** lump sum damages; **pojištění odpovědnosti za** ~**dy** damage liability insurance; **povinnost k náhradě** ~**dy** liability to damages; **předcházení** ~**dám** prevention of damage / loss / injury; **sankční náhrada** ~**dy** exemplary / punitive damages; **stanovená výše náhrady** ~**dy** liquidated damages; **účast na** ~**dě** participation in damage; **uznání závazku k náhradě** ~**dy** acknowledgment / in court recognizance of obligation to pay damages; **výše** ~**dy při** pojistném plnění amount of loss, claim amount; **zákonná náhrada** ~**dy** statutory damages; **nahlásit** ~**du u** pojišťovny lay / assert one's claim to compensation with an insurance company; **odhadnout výši náhrady** ~**dy** assess the damages / compensation; **požadovat náhradu** ~**dy** claim compensation for damage incurred / sustained / damages; **utrpět** ~**du** suffer / sustain the damage / loss / harm; **zaplatit náhradu** ~**dy** pay / settle compensation / damages; **způsobit** ~**du na cizím majetku** krádeží, zpronevěrou, podvodem, nebo zničením věci cause damage to the property of another by / through theft, embezzlement, fraud or destruction of a thing; **není dotčeno právo na náhradu** ~**dy** the right to damages is not prejudiced / affected
škodit cause harm / injury / loss; do harm to; injure physically or otherwise; hurt, damage
škodlivina harmful substance
škodliv|ý detrimental, harmful, injurious; pernicious, wicked, vicious; wrongful; prejudicial to the rights of another; **společensky** ~ antisocial; ~**é následky** harmful consequences; ~ **následek trestného činu** detrimental / harmful / injurious effect / consequence of a crime; ~ **účinek** ill-effect, detrimental / harmful / deleterious effect
škodní relating to damage, loss, injury, harm; **odstraňování** ~**ch důsledků** removal of consequences of damage; ~ **náklady** burden of losses / damage i.e. costs of the restitution of damage; ~ **protokol** report of an insurable event, claim report; ~ **rezervy** claims reserves; ~ **účet** claim statement; ~ **výplata** claims payment
škodn|ý harmful, injurious; ~**á událost** událost, která způsobila škodu harmful event causing / inflicting the damage

škodovost burden of losses
škol|a school; **hudební** ~ school of music, music school; **internátní** ~ **pro mládež vyžadující zvláštní péči** boarding school for youth requiring special care; **odborná** učňovská ~ vocational school; **pomocná** ~ pro získání základních životních návyků assistant school for pupils with substantial mental handicaps to acquire basic living skills; **speciální** ~ **pro děti se specifickými smyslovými nebo tělesnými vadami** special school for pupils with specific physical or sensual handicaps; **střední** ~ secondary school; **vysoká** ~ higher education institution, university; **základní** ~ basic school (CZ) comprising 9 years of compulsory schooling; **zvláštní** ~ **pro děti mající zásadní problémy v běžné základní škole** special educational treatment school for children having substantial educational problems in regular basic schools; ~ **právního pozitivismu** school of legal positivism; **ředitel** ~**y** principal (US), headmaster / headmistress (UK)
školení training (n); **pracovní** ~ on-the-job / -service training; ~ **a vzdělávání** training and education
školicí training (adj); educational; ~ **středisko** training centre
školní relating to school; **povinná** ~ **docházka** compulsory school attendance, compulsory schooling
školsk|ý educational; relating to school; ~**é zařízení** educational facilities, educational institution; ~ **systém** system of education, educational system; ~ **úřad** local educational authority
škrcení choke, strangulation
škrt cut; deletion; strike-out, cross-out; cut-out; ~**y v rozpočtu** cuts in budget
škrtit choke, strangulate
škrtnout delete, cross / check out, strike out; remove from records; retrench, reduce, curtail one's expenses, etc. by the exercise of economy; ~ **jméno ze seznamu advokátů** disbar an attorney; delete an attorney's name from the Bar Register
škrtnutí deletion, erasure, striking / checking / crossing out; deregistration; write-off; ~ **dluhu** debt write-off; ~ **na kandidátní listině** deletion of s.o.'s name from the list of candidates / from the slate for elections; deselection made by the political party; ~ **ze seznamu advo-**

kátů deletion of an attorney's name from the Bar Register, disbarment

škůdc|e **1** wrongdoer person inflicting damage / injury; **žaloba na vypořádání ~ů odpovídajících za škodu společně a nerozdílně** action for settlement among wrongdoers liable for damage jointly and severally **2** parasite, pest; **~i a choroby rostlin** pests and diseases of plants

šlechta nobility; noble class; **nižší ~** peers

šlechtění stirpiculture production of pure races or stocks by careful breeding; **~ plemen hospodářských zvířat** stirpiculture of breeds of domestic animals

šlechtic nobleman; peer, aristocrat

šlechtický noble; aristocratic; **~ titul** predikát noble title predicate

šlechtitelsk|ý relating to stirpiculture; stirpicultural; **~é osvědčení** stirpicultural certificate

šmelinář black marketeer

šňupat snort; **~ kokain** snort cocaine

špatný bad; defective; false; wicked

špinav|ý unclean; dirty, filthy, foul; **~é peníze** dirty money; **praní ~ých peněz** money laundering transferring funds of dubious or illegal origin to a foreign country, and then later to recover them from what seem to be 'clean' i.e. legitimate sources

štěnice *(slang)* odposlouchávací zařízení bug interception device

švagr brother-in-law; good brother

švagrová sister-in-law; good sister

švagrovství relationship in-law, in-laws

švindl bogus, hoax; swindle, cheat, fraud, imposition

T

tabák tobacco; **kouření ~u** smoking of tobacco; **šňupání ~u** snuffing of tobacco; **žvýkání ~u** chewing of tobacco
tabákov|ý relating to tobacco; **~ průmysl** tobacco industry; **reklama na ~é výrobky** advertising tobacco products, tobacco products advertisement; **spotřební daň na ~é výrobky** excise duty imposed on tobacco products
tábor camp; compound; **internační ~** detention camp; internment camp; **koncentrační ~** concentration camp; **trestanecký ~** prison compound; **uprchlický ~** refugee camp; **vojenský ~** military compound; **zajatecký ~** prisoner(s)-of-war camp; **~ nucených prací** labour camp
táborov|ý relating to camp, compound; **~á samospráva** compound self-governance, self-governance in the camp
tabule board, desk; table flat surface; **informační ~** information board; **reklamní ~** billboard; **výstražná ~** warning board; **vývěsní ~** notice board upon which public notices and intimations are written
tabulk|a table tabulated arrangement or statement, chart; tablet; **daňové ~y** tax assessment tables; **mzdové ~y** wage tables; **~y pro výpočet pojistného** v rámci životního pojištění actuarial tables for life assurance premium calculation
tachografický tachograph; **~ kotouč** tachograph disc recording speed, mileage travelled, stopping time and the use of brake and accelerator
tachometr tachometer indicating the speed of a vehicle, odometer measuring the distance traversed by a vehicle; **ručička ~u** tachometer needle; **stav ~u** odometer reading
tajemník secretary; clerk, officer; **generální ~** general secretary; **generální ~ OSN** Secretary General of the UN; **soudní ~** secretary of the court, court secretary; court registrar (UK); **státní ~** State Secretary (CZ); Assistant Secretary of State (US), Undersecretary of State (UK); **výkonný ~** Executive Secretary
tajemství secret; secrecy; **bankovní ~** bank secret; **hospodářské ~** economic secret; **listovní ~** mailing secret, secrecy of the mail; **obchodní ~** trade secret; **služební ~** official secret; professional secret; **státní ~**

state secret; **skutečnosti tvořící předmět služebního ~** facts constituting an official secret; **zneužít obchodní ~** misappropriate the trade secret; **prozradit ~** reveal / divulge a secret
tajit keep secret; dissemble; conceal, disguise; **~ zprávu před ostatními členy** keep the report secret from the rest of the members
tajně clandestinely, in secret; secretly, privately; **jednat ~** act clandestinely; **~ se sejít** meet in secret
tajnost secret; secrecy; **udržovat co v ~i** keep st. in secret; keep a secret
tajn|ý secret; classified, closed, confidential; **~á dohoda** s odbory secret deal with the trade unions; **~á informace** classified / confidential information; **~é hlasování** voting by secret ballot, closed ballot; **~é zařízení** na ovládání hracího zařízení gimmick a contrivance for dishonestly regulating a gambling game; tricky / ingenious device, gadget; **~é zasedání** secret session; **~ agent** secret / confidential agent; **stupně utajení: přísně ~é, ~é, důvěrné, vyhrazené** levels of security classification: top secret, secret, confidential, restricted; **rozhodnout o jmenování** koho na **~ém zasedání** decide the appointment of s.o. in a secret session; **výbor se sešel na ~ém zasedání k projednání** čeho the Committee went into secret session to discuss st.
taktick|ý tactical, tactic; **~á jaderná zbraň** tactical nuclear weapon; **~é hlasování** tactical voting; **~é uspořádání** tactical arrangements; **~ krok** tactical action; gambit
taktika tactics; **~ obhájce v hlavním líčení** tactics of counsel in the trial
taktní tactful; discreet
talár gown; **soudní ~** black gown of judge; **~ akademického funkcionáře** academic gown; gown of an academic officer such as the rector and vice rectors of a university, or the dean and vice-deans of a faculty / school
tantiéma podíl na zisku z distribuce díla royalty a payment of the share of profit from the distribution of a work
tarif tariff, table / book of rates; classified list / scale of charges; **celní ~** customs tariff; **mzdový / platový ~** wage / salary / pay rate, basic wage / salary / pay; **ochranný ~**

protective tariff; **přepravní** ~ transportation / carriage tariff; ~ **soudních poplatků** rates of judicial fees, judicial tariff; **snížení ~u** the cutting of a tariff; **úprava ~u** tariff adjustment; **zvýšení ~u** the raising of a tariff **tarifní** based on tariff; ~ **hodnota** výše peněžitého plnění klienta pro stanovení odměny advokáta tariff value amount of pecuniary claim asserted by client so that an adequate attorney's fee can be assessed; ~ **předpisy** tariff regulations; ~ **sazba** tariff rates; ~ **zásady** tariff principles

taxa rate; charge; estimated value / worth; valuation; fee

taxativní exhaustive, comprehensive; ~ **výčet** exhaustive / full list; ~ **vymezení** comprehensive definition

těhotenský relating to pregnancy; ~ **průkaz** pregnancy card, pregnant woman's card; ~ **test** pregnancy test

těhotenství pregnancy; **umělé přerušení** ~ artificially induced abortion, the legal procuring of premature delivery

těhotná pregnant; ~ **žena** pregnant woman

technick|ý technical pertaining to the mechanical arts and applied sciences generally, technological pertaining to / characterized by technology; resulting from developments in technology; **~á chyba** technical error; **~á norma** technical standard, standard; **~á normalizace** technical standardization; **~á pomoc** technical assistance / aid; **~é řešení** vynálezu technological solution of a patent / invention; **povolení výjimek z bezpečnostních předpisů a ~ých norem** permitted / sanctioned exceptions from safety regulations and technical standards; **odmítnout odvolání pro ~ou chybu** reject the petition on a technicality

technika technology; a manner technique; a technical point, detail, term or expression technicality; **operativní** ~ field operation technology; intelligence technology of the Police

telefax telefacsimile, telefax; **~em učiněné podání** filing / submission made by fax

telefonní relating to (tele)phone; **odposlouchávání ~ch hovorů** eavesdropping on a telephone-call

telegraficky telegraphic; ~ **učiněné podání** filing / submission made by telegraph

telekomunikac|e telecommunications; **zákon o ~ích** Telecommunications Act

telekomunikační relating to telecommunications; ~ **poplatky** telecommunications charges; ~ **spojení** telecommunications links; **poskytovat** ~ **služby** provide telecommunications services

tělesně physically; bodily; ~ **postižený** physically handicapped / disabled

tělesn|ý physical; bodily; corporal; carnal; **~á integrita** physical integrity, soundness; **~á invalidita** physical handicap / disablement usually temporary / disability usually permanent or long-term; **~á stráž** body guard; **~é postižení** physical handicap / disability / disablement; ~ **trest vynesený soudem** judicial corporal punishment

televize television; **kabelová** ~ cable television; **průmyslová** ~ close-circuit television

těl|o body; corpus; **mrtvé** ~ dead body ♦ **držet si koho od ~a** keep s.o. at arm's length

teoretický theoretical; ~ **rozbor případu** theoretical analysis of a case

teorie theory; **normativní** ~ normative theory; **právní** ~ juristic theory a set of ideas concerning one issue; ~ **práva** Theory of Law as a branch of law

teritorialit|a territoriality; **princip ~y** territoriality principle national laws apply within the territory of the state

termín 1 date; **výplatní** ~ pay day; ~ **dodávky** time of delivery; ~ **platby** date of payment; ~ **pro podání žádosti** deadline for an application **2** term; **odborný** ~ specialist term / word

termínovan|ý limited in time; **~á nabídka** offer limited in time; **~á smlouva** fixed-time contract; **~é obchody** futures trading in securities for delivery at a later date; forward dealings; ~ **příkaz** time order; ~ **vklad** time deposit

teror terror; terrorism; intense fear, fright, dread; **dopustit se ~u** use / apply terror

terorismus terrorism, terror; **politický** ~ political terrorism

teroristick|ý based on terror; terrorist, terroristic; **~á organizace** terror / terrorist organization; **~á skupina** terrorist group; ~ **čin** terror / terrorist act; ~ **útok** terrorist attack

terorizovat terrorize; coerce / deter by terror; practise intimidation; ~ **bezbranné civilní obyvatelstvo** terrorize defenceless civilians

těsně close, closely

těsnopis shorthand writing, stenography

těsnopisný stenographic, shorthand; ~ **zápis**

shorthand minute; ~ **záznam** shorthand record / recording

test test; **krevní ~y** na prokázání **HIV** blood tests to prove the presence of the human immunodeficiency virus, HIV; **zbožový** ~ test of goods

testament testament; last will

testamentární testamentary; ~ **darování tělesného orgánu** lékařským účelům anatomical gift; ~ **dědic** testamentary heir; ~ **dispozice** testamentary disposition; ~ **odkaz** testamentary legacy, bequest with respect to personal property, devise with respect to real property; ~ **volnost** testamentary freedom disposing of one's property by will; ~ **způsobilost** testamentary capacity capacity to make a will

testátor testator

textace text; prose, wording; ~ **ustanovení zákona** prose / wording of a statutory provision

teze thesis, (pl) theses; ~ **přednášky** outline of a lecture; hand-out of a lecture to be distributed among the audience

těžb|a exploitation; mining (n); **právo ~y** right to mine

těžební mining (adj); ~ **společnost** mining company

těžkopádnost cumbersome nature / character, troublesome nature / character, clumsiness; ~ **řízení** the cumbersome nature of a process

těžkopádn|ý cumbersome; troublesome from bulk or heaviness; unwieldy, clumsy; **~é prosazování práva** the cumbersome enforcement of the law

těžkost trouble, problem; **~i poškozeného** problems of an injured / aggrieved party

těžk|ý difficult, harsh; hard, serious; aggravated; **~á újma na zdraví** aggravated bodily harm / injury; ~ **žalář** heavy jail

ticho silence; tranquil(l)ity; quiet, calmness, stillness

tich|ý silent; calm, quiet; tranquil; ~ **společník** dormant partner; **smlouva o ~ém společenství** dormant / silent / sleeping partnership agreement

tís|eň duress, constraint, compulsion; pressure; emergency; distress; **bytová ~** housing emergency; ~ **při uzavření smlouvy** distressed while making a contract; making a contract under distress; **jednání v omylu a ~ni** act under misrepresentation and duress, acting by mistake / mistaken and under duress; **porušování povinnosti při hrozivé ~ni** breach of

duty under extreme duress; **jednat v ~ni** act under duress usually criminal; **uzavřít smlouvu v ~ni** make a contract under duress

tisk print; impression; press; **cenné ~y** valuable prints; ~ **bankovek z hloubky** intaglio printing; ~ **bankovek z plochy** planographic printing; ~ **bankovek z výšky** typographic / relief printing; **informace pro** ~ press-released information, press-release; **spolupráce s ~em** collaboration with the press; **svoboda ~u** freedom / liberty of the press; **být v ~u** be in print

tiskárna printing house / plant / works; printery; printer small device; **Státní ~ cenin** State Office for Tokens of Value Printing (CZ); State Mint

tiskopis form, blank a formulary document with blanks for the insertion of particulars; **justiční skladový ~** dotazník pro osvobození od soudních poplatků judicial custody form a questionnaire to be exempt from court fees; ~ **daňového přiznání** tax return form; ~ **lékařského předpisu** a blank form of medical prescription, recipe form

tiskov|ý relating to press; printing; typographical; **~á chyba** clerical error in typing; typographical error, typo (slang), misprint; **~á konference** press conference; **~á zpráva** press release; **~é oddělení** press department; **~é středisko** press office; ~ **atašé** press attache; ~ **mluvčí úřadu** spokesperson spokesman, spokeswoman of office; ~ **tajemník** press secretary; ~ **zákon** press law

tísňov|ý emergent; based of the state of emergency, distress; **služby ~ého volání** emergency / distress call services

titul 1 title; entitlement, right; **exekuční ~ pro pohledávku** execution title with respect to a claim; **právní ~ k nemovitosti** legal title to property legal right to the possession of property; the evidence of such right; **soudní ~ zákonný podklad pro výkon rozhodnutí** judicial title as a statutory basis for the execution of judicial decisions; ~ **vydaný správním orgánem** a title issued by an administrative body; **potvrzení o vykonatelnosti ~ů pro výkon rozhodnutí** certificate of title enforcement issued for the judgment execution; **z jakého ~u** by what title, quo jure (lat) **2** degree; title; **akademický ~** academic title such as professor, senior lecturer, etc.; **vysokoškolský ~** university degree such as LL.B., LL.M., M.A., B.A., etc.

titulek heading; title; caption of a file

tíž|e gravity; weight, heaviness; **nečinnost sou-**

du nejde k ~i účastníka the failure of the court to act non-action does not affect / prejudice the party; **připsat k ~i koho** debit a person's account with an amount

tíživ|ý burdensome, onerous, cumbersome, oppressive, troublesome, wearisome; difficult, tough; **~é osobní nebo rodinné poměry** bad / difficult / tough personal or family situation / circumstances / conditions

tlak pressure; duress, distress; **uzavřít smlouvu pod ~em** make a contract under duress / distress; **vypovídat pod ~em** give testimony under pressure

tlouci beat, batter; hit

tlumočné interpreter's fee

tlumočnick|ý relating to interpreter; **~á pečeť** interpreter's seal / stamp; **~ výkon** interpreter's performance

tlumočník interpreter translating orally; **soudní ~** sworn / certified / forensic interpreter; **Komora soudních ~ů** (CZ) Chamber of Sworn Interpreters; **ustanovení ~a** appointment of an interpreter; **přibrat ~a** join / involve / engage an interpreter in the trial; **ustanovit ~a** appoint an interpreter

tok course, current; flow, run, stream; effluxion; **nezákonný ~ peněz** illegal flow of money; **vodárenský ~** watercourse used for water supply; **vodní ~** water course; **správa vodních ~ů** water course management

totalita totalitarianism; totality

totalitní totalitarian; **~ režim** totalitarian regime

totální total, overall, utter; **~ selhání politických elit** the total failure of political elites

totožnost identity; personality; **~ obviněného** identity of the accused; **doklad ~i** proof of identity, identity card / papers; **osoba, jejíž ~ nelze zjistit** a person whose identity cannot be established / ascertained / determined; **ověřit ~ podezřelého** check on the identity of a suspect; **prokázat svou ~ služebním odznakem** prove one's identity showing a police / service badge; **uvést ~ osoby** state the identity of a person; **zjistit ~ svědka** determine / establish / ascertain the identity of a witness; identify a witness

totožn|ý identical; same; coincident; **~é výpovědi** identical depositions / testimony

toulání vagrancy; idle wandering with no settled habitation

továrna factory, plant, works; manufactory, workshop

tovaryš journeyman a mechanic who has served his apprenticeship or learned a trade or handicraft, and works at it not on his own account but as the servant or employee of another

tovaryšsk|ý articling, relating to journeyman, apprenticeship; **~á smlouva** articles of apprenticeship

toxikoman addict; náruživý **~ inhalující drogy** horner; **~ čichač** sniffer

toxikomanie drug addiction; **prevence ~** prevention of drug addiction; **šíření ~** promoting addictive drugs, promoting drug abuse

tradice odevzdání a převzetí movitých věcí tradition delivery / transfer and acceptance of personal property

tradičně customarily; traditionally

tragick|ý tragic, tragical; **~é zanedbání bezpečnostních předpisů** calamitous disregard of safety regulations; **~ konec** života tragic end of life

transakce dealings, transaction; **bankovní ~** banking transaction; **obchodní ~** commercial / business transactions; **vrácení ~ bankou** charging back, charge back

transformace transformation; change; **~ justice** transformation of justice; **~ mezinárodní smlouvy** do vnitrostátního práva transformation of an international treaty into national legislation

transformovat transform, change; **~ systém dotací do zemědělství** transform the system of subsidies in agriculture; **~ školský systém** transform the system of education

transsexualita transsexuality, transsexualism

trasant směnky drawer

trasát drawee

trata draft; **bankovní ~** banker's draft

tráva (slang) marihuana grass; weed, jive, joint

trest punishment, sentence; penalty; retribution; vengeance; **kázeňský ~** disciplinary punishment; reprimand; **nepodmíněný ~** unconditional sentence; **nepřiměřený ~** inadequate sentence / punishment; **nezahlazený ~** a sentence which is not stricken / expunged / erased from s.o.'s criminal records; **peněžitý ~** pecuniary / monetary punishment; fine; **podmíněný ~** conditional sentence; **pravomocně uložený ~** a sentence imposed upon a final and conclusive judgment; **předchozí ~y** former / previous criminal convictions / records; antecedents; **souhrnný ~** multiple concurrent punishment; **spravedlivý** ~ just sentence; **úhrnný** ~ accumulative sentence; **výjimečný** ~ extraordinary / exceptional sentence; **zmírněný** ~ reduced sentence / punishment; ~ **obecně prospěšných prací** sentence of community services, community service order; ~ **propadnutí majetku** sentence of the forfeiture of property; ~ **smrti** death penalty, capital punishment; ~ **smrti oběšením** hanging sentence; gibbet; **odklad výkonu** ~u v případě ohrožení zdraví, života, např. **těhotná žena** reprieve / suspension of sentence temporary relief from or postponement of the execution of criminal punishment, if a convict's health is endangered, e.g. pregnant woman, stay / suspension of the execution of judgment of conviction; **odsouzení k** ~u **smrti** capital / death sentence, sentencing to death; **opis z rejstříku** ~ů obsahující všechny tresty i zahlazené a copy of s.o.'s criminal conviction records containing all convictions including expunged / erased / deleted convictions; **pohrůžka** ~em threat of punishment; **přerušení výkonu** ~u interruption of service of imprisonment; **účel** ~u purpose of punishment / sentencing; **ukládání** ~ů sentencing, imposing sentence; **uložený druh** ~u **je v zřejmém rozporu s účelem** ~u the imposed sentence is at obvious variance / conflict with the purpose of sentencing; **upuštění od výkonu** ~u v případě smrtelné nemoci nebo vydání do zahraničí release of s.o. from serving a sentence in the case of a fatal disease or committal to a foreign court; **upuštění od výkonu zbytku** ~u parole before the termination of sentence; early release, remission; **výkon** ~u serving one's sentence, execution of punishment; **výkon** ~u **odnětí svobody** service of / serving a term of imprisonment; **výměra** ~u terms of punishment; **výpis z rejstříku** ~ů obsahující pouze nezahlazené tresty statement of criminal records containing conviction not subject to expungement / erasure / deletion; a copy of an entry into criminal records; criminal conviction certificate *(UK)*; **výrok o** ~u statement / holding of court / in judgment specifying sentence; **zmírnění** ~u reduction of sentence / punishment, moderating a sentence; **způsob výkonu** ~u mode of execution of punishment generally, mode of serving a term of imprisonment; **odbývat si** ~ undergo sentence, serve a sentence; **uložit více** ~ů **vedle sebe** impose more sentences concurrently; **vykonat na obviněném**

~ **odnětí svobody** impose a term of imprisonment on the accused; imprison the accused in compliance with the court sentence; **změnit** ~ **smrti na trest odnětí svobody na mnoho let** commute the death penalty to a long prison term; **zmírnit** ~ moderate / reduce a sentence; **za tento trestný čin lze uložit maximálně desetiletý** ~ **odnětí svobody** this offence carries a maximum of 10 years' imprisonment
trestání sentencing, punishing, imposing sentence / punishment; ~ **mladistvých** imposing sentences upon juvenile delinquents
trestat punish, sentence; penalize; ~ **bitím** castigate; ~ **vysokými tresty** sentence to harsh punishments
trestně criminally, penally; ~ **odpovědný** criminally liable / responsible
trestněprávní criminal, penal; relating to criminal / penal law; ~ **kolegium** nejvyššího soudu criminal division of a Supreme Court; ~ **norma** criminal rule, rule of criminal law; ~ **politika** criminal policy; ~ **předpisy** penal / criminal regulations
trestní criminal, penal; punitive; ~ **důkaz** criminal evidence; ~ **kolegium nejvyššího odvolacího soudu** criminal division of the Court of Appeal; ~ **kolonie** penal colony; ~ **odpovědnost** criminal liability; ~ **odvolací soud** Court of Criminal Appeal; ~ **oznámení** an information charge against a person lodged with or presented to the police on the commission of crime, a criminal information; ~ **právo** criminal law; ~ **právo procesní** criminal procedure; ~ **proces** criminal trial; ~ **příkaz** *(CZ)* pro mírnější druhy trestů místo rozsudku, proti němuž je opravným prostředkem protest criminal order issued as a sentence for minor offences instead of full judgment; it can be challenged by a protest; ~ **případ** criminal case; ~ **rejstřík** criminal records; ~ **rozsudek** criminal judgment, judgment in a criminal case; ~ **řád** Rules of Criminal Procedure, Criminal Procedure Act / Code; ~ **řízení** criminal proceedings, criminal process / procedure; ~ **sankce** penal / criminal sanctions; ~ **sazba** terms / duration of sentence; ~ **soud** criminal / penal court; ~ **soudnictví** criminal justice; ~ **stíhání** criminal prosecution, prosecuting a crime; ~ **škoda** criminal damage; ~ **věc** criminal case / action; ~ **zákoník** Criminal Code; ~ **způsobilost** být potrestán za spáchání trestného činu criminal capacity to be criminally liable;

~ **žaloba** criminal action; indictment; actio criminalis *(lat)*; **promlčení ~ho stíhání** limitation of criminal prosecution, statutory bar on criminal prosecution; **přerušení ~ho stíhání** suspension / stay of criminal prosecution; **rozhodnutí o zastavení ~ho stíhání** decision not to proceed with criminal prosecution; **rozhodnutí v ~ věci** criminal judgment, decision in a criminal case; **stíhání v ~ věci** prosecuting a crime, criminal prosecution; **věk počátku ~ odpovědnosti** age of criminal responsibility; **podat ~ oznámení** lodge a criminal information; **vydat k ~mu stíhání** extradite the accused for criminal prosecution; **zastavit ~ stíhání** discontinue criminal prosecution

trestnost punishability, culpability; liability to punishment; punishableness; criminality; ~ **skutku / činu** punishability / criminality of a fact / action / event; **stupeň ~i** a degree of culpability; **zánik ~i** extinguishment / extinction of punishability

trestn|ý criminal; punishable, culpable; ~ **čin** offence, crime *(count)*, criminal act; **dokonaný ~ čin** completed commission of a crime, accomplished commission of an offence; **méně závažný ~ čin** less serious / grave offence; **mírnější ~** less punishable; **násilný ~ čin** violent crime; **neobjasněný ~ čin** undetected / unsolved crime; **omisivní ~ čin** omissive crime, offence based upon omission neglect; **pokračující ~ čin** continuing / persistent offence, continuous crime; **středně závažný ~ čin** offence of medium gravity; **ukončený ~ čin** completed / accomplished offence; **vojenský ~ čin** military offence; **zvlášť závažný ~ čin** extremely grave / serious offence, a crime of an extreme gravity; **~á činnost** crime *(uncount)*, criminal activity; **~á nedbalost** culpable negligence; **~á součinnost** criminal accomplicity / complicity; aiding and abetting; **~é chování** criminal behaviour; **~é jednání / konání** criminal act / activity; **~é způsobení škody** criminal damage / mischief; ~ **čin daňový** tax offence; ~ **čin hospodářský** offence in relation to business, economic offence; ~ **čin hrubě narušující občanské soužití** serious offence against social cohesion; ~ **čin proti bezpečnosti republiky** offence against the security of the Republic; ~ **čin proti brannosti** offence against military service; ~ **čin proti hospodářské kázni** offence against

economic discipline; ~ **čin proti lidskosti** crime against humanity / human dignity; ~ **čin proti majetku** offence against the right of property; ~ **čin proti měně** offence against the currency; ~ **čin proti míru a lidskosti** crime against peace and humanity; ~ **čin proti občanskému soužití** offence against co-existence of citizens; ~ **čin proti obraně vlasti** offence against the defence of the Republic; ~ **čin proti pořádku ve věcech veřejných** offence against public order; ~ **čin proti předpisům o nekalé soutěži, ochranných známkách, chráněných vzorech a vynálezech a proti autorskému právu** offence in relation to the regulations governing unfair competition, trade marks, designs and inventions, and against copyright; ~ **čin proti republice** offence against the Republic; ~ **čin proti rodině a mládeži** offence against family and youth; ~ **čin proti svobodě** offence against freedom; ~ **čin proti výkonu pravomoci státního orgánu a veřejného činitele** offence against the discharge / execution of duties of a state body and public official / officer; ~ **čin proti základům republiky** offence against the foundations of the Republic; ~ **čin proti životnímu prostředí** a crime against the environment, environmental crime; ~ **čin proti životu a zdraví** offence against life and limb; ~ **čin veřejného činitele** offence committed by a public official / officer; ~ **čin z nízkých a nečestných pohnutek** infamous crime; ~ **čin, za** jehož spáchání nelze osobu zadržet bez zatykače non-arrestable offence; ~ **čin, za který** se ukládá trest smrti capital crime / offence; ~ **skutek** criminal fact; **dokonání / dokončení ~ého činu** accomplishment / completion of the commission of a crime / offence; **organizování ~ého činu** organization of a crime; **pachatel ~ého činu** offender, perpetrator of a crime; **pokračování ~ého činu** continuation of a crime; **pokus ~ého činu** attempted crime; **pokus ~ého činu loupeže** attempted robbery; **pokus ~ého činu vraždy** attempted murder; **předcházení ~é činnosti** prevention of crime; **příprava k ~ému činu** preparation of a crime devising and arranging the means and measure necessary for its commission, plan of the offence, criminal design; **schopen ~ého činu** able to commit a crime, capable of committing a crime; doli capax *(lat)*; **schvalování ~ého** činu advocating an offence; **spáchání** ~é **činnosti** commission of a crime, indulgement in crime / criminal activity; **zisky z** ~é **činnosti** proceeds of criminal activity / crime *(uncount)*; **schvalovat** ~ **čin** advocate / solicit a crime **trestuhodnost** culpability, punishability **trestuhodn|ý** culpable; criminal, punishable; ~á **nedbalost** criminal negligence; ~é **chování** culpable conduct; ~é **zanedbání** culpable neglect

trh market; fair; trade; mart; **černý** ~ black market; **devizový** ~ exchange market; **dobytčí** ~ / ~ **s dobytkem** cattle fair; **domácí** ~ domestic market; **dostupný** ~ available market; **kapitálový** ~ capital market; **konečný** ~ ultimate market; **koňský** ~ horse fair; **společný** ~ *(ES)* Common Market; **vnitřní** ~ *(ES)* Internal Market; **volný** ~ market overt, open market; **zahraniční** finanční ~ external market; **zemědělské** ~y agricultural market; ~ **cenných papírů** securities / stock market; ~ **práce** job market; employment market; **podíl na** ~u market share; **průzkum** ~u market research

trhov|ý relating to market, mart, fair; trade; ~á **smlouva** market agreement, sales contract

trik trick; artifice; ~ **na odvedení pozornosti** gimmick

trojstranný trilateral, tripartite, three-sided; ~ **vztah** trilateral relationship

trpění sufferance; patient endurance, forbearance, long-suffering

trp|ět suffer; undergo, endure; be affected by / subjected to countenance; **řízení** ~í **zmatečností** the trial / proceeding is subject to nullification

trůnní relating to throne; ~ **řeč** King's / Queen's / throne Speech, speech from the throne

trup letadla, **lodi** hull of a plane, ship

trvající continuing, lasting; persistent; ~ **a hromadný přestupek** perpetual and multiple administrative delict / infraction; ~ **porušení** smlouvy continuing breach of contract

trvale permanently, continually; persistently, lastingly; ~ **udržitelný rozvoj** sustainable development

trval|ý permanent; lasting, enduring; persistent; standing; ~á **duševní porucha** permanent mental disorder; ~á **invalidita** permanent disability; full disability; ~á **nájemní smlouva** nájem na dobu neurčitou durable lease indefinite term lease; ~á **neutralita** permanent neut-

rality; ~á **újma** permanent damage / harm / injury; ~é **bydliště** permanent residence / address / dwelling-place habitancy; ~é **následky** **pracovního úrazu** permanent consequences of a work / industrial injury; ~é **nepřípustné rušení** permanent nuisance / disturbance; ~é **opuštění společné domácnosti** permanent desertion from household, wilful abandonment of the conjugal society; ~é **zpožďování plateb nájemného** persistent delay in paying rent; ~ **pobyt** permanent abode / residence; **prostory k** ~**ému bydlení** residential premises, premises for permanent dwelling; **zranění s** ~**ými následky** injury causing permanent handicap / disablement; continuous injury

trvání duration; continuance; existence; ~ **funkčního období parlamentu** duration of the life of a Parliament; ~ **manželství** existence of marriage; ~ **nabídky** duration of offer; ~ **odpovědnosti za vady** duration of liability for defective goods; ~ **pravomoci** perpetuatio iurisdictionis duration of jurisdiction; ~ **příslušnosti** perpetuatio fori duration of venue / competence; ~ **vazby** duration of custody / remand; **doba** ~ **nájmu** term / duration of the lease; **doba** ~ **smlouvy** contract duration

trvanliv|ý durable, lasting; persistent; ~é **zboží** durable goods, durables

trv|at continue; carry on, keep up, maintain, go on with, persist in an action, usage; **nebezpečí ovlivňování svědků** ~á the danger of influencing the witnesses continues; **pracovní poměr** ~á employment continues

trvat na čem insist on st., stand (up)on, rest (up)on, assert / maintain persistently; urge st.; ~ **na rozhodnutí** abide by the ruling, insist on the decision; ~ **na smlouvě** abide by contract, insist on the contract; ~ **na své nevině** assert / declare one's innocence

tržní relating to market; ~ **cena** open market price; ~ **ekonomika** free market economy; ~ **hodnota** market value

třaskavina explosive

třetí third; ~ **osoba** neutral party; **ve prospěch** ~ **osoby** for the benefit of a third person

třída class, kind, grade; level; bracket; **platová** ~ wage / pay level; **riziková** ~ class of risk; **společenská** ~ social class; **střední** společenská ~ middle class; **vyšší** společenská ~ upper class

třídění classification; separation; selection,

clearing; ~ **informací** classification of information; ~ **odpadů** separation of waste
třídit separate; classify, select; ~ **odpad** separate waste
tříditelný separable; ~ **odpad** separable waste
tuláctví vagrancy; **obviněn z** ~ charged with vagrancy; **zákon o** ~ Vagrant Act
tulák vagrant; wanderer
tuzemec resident, person with permanent residency in the Czech Republic; **devizový** ~ foreign exchange resident
tuzemsk|ý domestic; national; in-land; ~**á rizika** domestic risks; ~**á společnost** national company
tvar form; shape; ~**y slov odpovídající pravidlům českého pravopisu** forms of words corresponding with / to the Czech orthography rules
tvář face; **osoby postavené** ~**í v** ~ persons standing affront, persons standing face to face with each other, persons confronted face to face
tvor being; creature; **živý** ~ animate being; creature
tvorba creation, formation; making, producing, bringing into existence; **volná cenová** ~ free pricing setting / fixing prices; ~ **práva** law-making, legislation
tvoř|it form, make; constitute, create, compose; produce; ~ **rodinu** constitute a family; ~ **vládu** compose the government; **Unii** ~**í padesát států** the Union is composed of fifty states
tvrd|it allege; declare upon oath or before a tribunal, give testimony for or against; bring forward as a legal ground / plea, plead; claim; ~ **oprávněnost místní příslušnosti** assert local jurisdiction; ~**, že byla porušena záruka** allege a breach of warranty; ~**í, že akcie jsou její majetek** she claims that the shares are her property; **obžalovaní** ~**í, že** the defendants contend that; **s určitostí** ~ co aver that
tvrdost harshness; discordance, severity; unpleasant roughness; **odstranění** ~**i zákona např. žádost o úlevu na dani** amelioration of harshness of the legislation e.g. by an application for a tax relief; **odstranit zjevnou** ~ rozsudku ameliorate the apparent harshness of a judgment

tvrd|ý hard; harsh; ~**á měna** hard currency; ~**é drogy** kokain, heroin, crack hard drugs; Class A drugs (UK); ~ **obchod** harsh bargain; ~ **trest** harsh punishment
tvrzení allegation; claim; assertion, affirmation, averment; **lživé** ~ false statement; jactitation; **shodná** ~ **účastníků** consenting / consensual allegations of participants; **to je** ~ **proti** ~ it is only a counter-allegation; ~ **schopnosti** prohlášení manželky o majetku manžela za účelem přiznání jeho vyživovací povinnosti allegation of faculties wife's declaration with respect to her husband's property so that just alimony could be assessed by the court; ~ **skutečnosti** allegation of fact; **doložit** ~ prove one's allegations; make good one's allegations; **odmítnout** ~ reject contention / allegation; **ověřit správnost** ~ verify the truthfulness of allegations; **popřít** ~ disprove / deny / traverse allegations
tvrzen|ý alleged, claimed; assumed; ~**é vydržení** alleged prescription
týkající se concerning, regarding, relating to, with respect to, in respect of; ~ **mladistvých** juvenile; concerning the juvenile; ~ **přípravy na zaměstnání** vocational; concerning vocational training; ~ **vozidla** vehicular; concerning vehicles
týk|at se cover; deal with; concern; be concerned with; **pokud se** ~**á čeho / koho** concerning, regarding, relating to, with respect / regard to, in respect of
tyran tyrant, usurper; absolute despot
týrání ill-treatment, maltreatment, cruelty, battering; ~ **svěřené osoby** battering a person entrusted to one's care; ~ **zvířat** inflicting cruelty to animals
tyranie tyranny
tyranizovat tyrannize, act tyrannically, play the tyrant; exercise power / control oppressively / cruelly
týran|ý battered; maltreated, mistreated; abused; **syndrom** ~**ého dítěte** battered child syndrome; ~**é zvíře** an animal subject to cruel mistreatment
týrat batter, abuse, maltreat, mistreat; subject s.o. / st. to cruel neglect; mishandle

U

ubikac|e quarters of soldiers; lodgings; dwelling-place, quarterage; **poplatek za ~i** quarterage fee
ubít beat; ~ **k smrti** beat to death
ubití beating-up; beating black and blue *(coll)*; infliction of deadly force on s.o.
ublížení battery unlawful attack upon another by beating or wounding; asault *(US)* unlawful intentional inflicting, or attempts inflicting, of injury upon the person of another; mayhem *(US)*; wounding; injury; **těžké ~ na zdraví** actual / grievous bodily harm; serious mayhem; **úmyslné ~ na zdraví** actual bodily harm / injury; battery, wounding; aggravated battery; ~ **na zdraví s následkem smrti** deadly injury; deadly wounding; homicide; ~ **na zdraví z nedbalosti** negligent infliction of bodily injury; ~ **parlamentáři** assaulting a parliamentary; **vyhrožování újmou na zdraví nebo drobným ~m na zdraví** threatening battery or minor injury to health; **vyhrožovat usmrcením, ~m na zdraví nebo způsobením škody** threaten with killing, bodily injury, or damage
ublížit injure, harm, hurt; do hurt / harm to; inflict damage / detriment upon; ~ **na cti jinému** harm the reputation of s.o.; **jinému z nedbalosti ~ na zdraví** inflict negligent damage to the health of s.o., negligently injure s.o.
úbytek decrement, decrease, disappearance; shrinkage, shortage; wastage; ~ **pracovních sil** decrease in labour; ~ **zásob** consumption of supplies
ubytovací relating to accommodation, lodging; ~ **poplatky** lodging / accommodation charges / fees; ~ **řád** lodging / accommodation guidelines regulating the accommodation of guests in hotels etc., accommodation rules; ~ **služby** accommodation services, lodging; ~ **smlouva** lodging contract, contract of lodging; ~ **zařízení** lodging place
ubytování lodging, accommodation; quarterage, quarters; **dlouhodobé ~** long-term accommodation; **náhradní ~** substitute accommodation; **přechodné ~** temporary lodging, temporary habitation; **trvalé ~** permanent dwelling / housing / habitation; **smlouva o ~**

accommodation / lodging contract, contract of lodging / accommodation
ubytovaný lodged, having accommodation; ~ **host** lodger
ubytovat lodge, accommodate s.o.; ~ **koho u koho** quarter s.o. (up)on s.o.
ubytovatel landlord; innkeeper; master of an inn
ubytovna hostel, lodging hall *(US)*; lodging place; guest-house, dormitory *(US)*; resting-place
ubytovné accommodation / lodging fee; quarterage
úcta respect; deference, courteous regard; ~ **k právům spoluobčanů** respecting the rights of fellow citizens; respect to the rights of other persons
uctívat adore, reverence / honour very highly; regard with the utmost respect and affection
účast participation; taking part, association, sharing with others in some action / matter; **majetková ~** property interest in business; **státní majetková ~ na podnikání** state property interest in undertaking business; ~ **na řízení** participation in trial / proceedings; ~ **na sebevraždě** assisting in / with suicide; ~ **na škodě** participating in causing the damage; ~ **občanů na místní správě** participation of citizens in local government; ~ **státního zástupce v civilním řízení** participation of a prosecuting attorney in civil proceedings; ~ **více osob na páchání trestného činu** participation of several persons in the comission of a crime; ~ **zaměstnanců na správě** participation of employees in management; **návrh společníka na zrušení ~i ve společnosti** motion of a member of a company to terminate participation / membership in a company; **podnik se zahraniční ~í** joint venture with a foreign partner; joint undertaking for profit; **vyloučit z ~i na neveřejném zasedání** exclude from participation in a closed trial
účastenství participation; accomplicity, complicity; accessoryship; **vedlejší ~** další **účastník v řízení** collateral / enjoined party another participant in proceedings; ~ **na trestném činu** accomplicity, complicity; involvement in a

crime; ~ **po dokonaném trestném činu** accessory after the fact; ~ **při přípravě trestného činu** accessory before the fact; ~ **v průběhu trestného činu** accessory during the fact; **akcesorita** ~ accessory nature of complicity; **přípustnost vedlejšího** ~ admissibility of collateral joinder of parties / collateral party to a case; **platit náklady podle poměru** ~ pay costs assessed according to liability / responsibility of parties

účastní|k participant, party; member; sharer, partaker, participator; **aktivní** ~ actor; **procesně nezastoupený** ~ sporu per se party; litigant in person, party without counsel; **vedlejší** ~ sporu enjoined party to a case, intervenor *(US)*; ~ **člen sdružení** member of an association; ~ **občanskoprávních, právních vztahů** party to civil, legal relations; ~ **pracovněprávních vztahů** party to employment, party to an employment contract; ~ **řízení** participant in proceedings, party to a case; litigant civil proceedings only; ~ **řízení, jehož pobyt není znám** a party to a case the residence of whom is unknown; ~ **směnečných vztahů** party to a bill of exchange / draft or promissory note; ~ **smlouvy** contracting party, party to a contract; ~ **společenské smlouvy** subscriber of the Memorandum of Association *(UK)* / Articles of Incorporation *(US)*; ~ **trestného činu** (ac)complice, party to an offence, participant in a crime; aider and abettor, accessory; ~ **veřejné soutěže** bidder, participant in a public tender; **~ci jsou nečinní v řízení** participants fail to act in the course of proceedings; parties fail to prosecute the case; **povinnosti ~ků pracovního poměru** duties of parties to a contract of employment; **přibrání dalšího ~ka do řízení** joining another participant in the proceeding forcing another participant to come in; **přistoupení dalšího ~ka do řízení** another participant's intervention in proceedings who himself is asking to come in; **vrácení spisu za účelem vyjádření ~ků** sending back pleadings to obtain statements from participants; **zákonné povinné společenství ~ků** compulsory / mandatory party joinder, compulsory / mandatory joinder of parties; **záměna ~ka řízení** replacement / substitution / exchange of a party / participant; **zastoupení ~ka řízení** representation of a party to the proceedings; **být ~em řízení** be a party to a case

účastnit se participate in, partake, attend, visit; ~ **hlavního líčení** *(TP)* attend trial; appear / attend before court; ~ **soudního jednání** *(OP)* attend trial; ~ **soudního projednávání** attend / participate in judicial proceedings / hearing / sitting; ~ **zasedání parlamentu** attend sessions

účel purpose, meaning, import, purport; objective, object, aim, end; **studijní ~y** study purposes / reasons; **úřední** ~ **na základě zákona** official purpose by virtue of law; ~ **řízení** purpose of proceedings; ~ **smlouvy** purport / object of contract; ~ **trestního řádu** intent of the Criminal Procedure Code; ~ **trestu** purpose / aim of punishment / sentencing; **~, ke kterému je doklad vyžadován** the purpose of the requested submission of the document; **pro daňové ~y** for tax purposes, for the purpose of making a declaration to the tax authorities; **pro úřední ~y** for official use; **způsobilost pro určitý** ~ fitness of goods / competency of persons for certain purpose

účeln|ý purposeful, meaningful; efficient; designed, intentional; **~é rozdělení věci** meaningful partition of a thing; **~é uplatňování nebo bránění práva** meaningful application or protection of law; **~é vynakládání finančních prostředků** efficient spending of funds

účelov|ý being for a certain purpose / intention; **~á sbírka peněz** collection of money for a certain purpose

učeň apprentice; trainee; **mistr, tovaryš a** ~ master, journeyman and apprentice

úč|et account; bill; **bankovní** ~ bank account, banking account *(US)*; **běžný** ~ current account; **blokovaný** ~ frozen / blocked account restricted by the government or any other authorized person; **chybné ~ty** false / defective accounts; **cizozemský** ~ foreign account; **clearingový** ~ **jehož aktiva mají být převedena na jiný účet před skončením účetního období** clearing account containing amounts to be transfered to another account(s) before the end of the accounting period; **depozitní** ~ deposit account; **devizový** ~ foreign currency account; **kontokorentní** ~ overdraft account; **nostro** ~ nostro account; **otevřený** ~ open account; **podnikatelský** ~ business account; **předložený** ~ account rendered; **rozepsaný** ~ **na jednotlivé účtované položky** detailed / itemized account; **schválený** ~ **oběma stranami** account stated, approved account; **splatný**

~ payable account; **termínovaný** ~ term deposit *(account)*; **tuzemský** ~ domestic account; **úschovný** ~ escrow account; safekeeping account; **úvěrový** ~ credit account; **vázaný** ~ na splnění určitých smluvních podmínek nebo stanovenou budoucí událost tied account; blocked account; **vinkulovaný** ~ tied account the payment of which is made immediately upon the fulfilment of certain conditions; **vkladový** ~ deposit account; **vostro** ~ vostro account; **vyrovnaný** ~ account settled; **závěrečný** ~ ze správy majetku final balance sheet financial statement of the administration of property; ~ **čistého jmění** capital account; ~ **za právní služby** bill for legal services; **metody vedení** ~tů accounting methods; **smlouva o běžném** ~tu current account agreement; **smlouva o vkladovém** ~tu deposit account agreement; **výběr z** ~tu withdrawal of money from an account; **otevřít si** ~ **u koho** open an account with s.o.; **uložit na úschovný** ~ hold in escrow; **vést** ~ty keep accounts; **vybrat peníze z** ~tu withdraw money from an account; **zrušit** ~ **u banky** close an account with a bank

účetně for the purposes of accounting; ~ **zpracovat položky** insert items in the account

účetní *(adj)* accounting, relating to accountancy; **český** ~ **standard** Czech Accounting Standard, CAS abbrev; **roční** ~ **závěrka** annual balance sheet report; ~ **doklad** accountable receipt; ~ **dvůr** *(ES)* Court of Auditors; ~ **evidence** accounting, accounts recording, accounting books; ~ **hodnota** book value; ~ **osnova** chart of accounts; ~ **revize** qualified auditor's / audit report; ~ **rovnováha** mezi má dáti a dal credit balance; ~ **stvrzenka** accountable receipt; ~ **zisk** book profit; ~ **ztráta** book loss; **sestavovat** ~ **závěrku** close / balance the books of accounts for the respective year

účetní *(n)* accountant, book(-)keeper; auditor; **autorizovaný** ~ Chartered Accountant, CA abbrev *(UK)*, Certified Public Accountant, CPA abbrev *(US)*

účetnictví book-keeping, accounting, accountancy; **jednoduché** ~ single-entry book(-)-keeping, book(-)keeping by single-entry; **podvojné** ~ double-entry book(-)keeping, book(-)keeping by double-entry; **soustava podvojného nebo jednoduchého** ~ the system of double- or single-entry book-keeping / accounting; ~ **je nutné vést úplně, průkaz-**

ným způsobem a správně accounting shall be kept in an extensive, self-evident and correct manner

účinek effect; result, consequence; **narůstající** ~ čeho cumulative effect of st.; **odkladný** ~ **návrhu** the suspensive / suspensory effect of a motion; **odkladný** ~ **rozhodnutí** the suspensory effect of a decision; **přímý** ~ direct effect; **zpětný** ~ retrospective effect; **zpětný** ~ **uznání** the retroactive / retrospective effect of recognition; ~ **ex nunc** tj. od rozhodnutí the effect from the decision on ex nunc; ~ **ex tunc** tj. od počátku the effect from the beginning of an act ex tunc; ~ **odvolání** the effect of an appeal; ~ **trestného činu** consequences of a crime; ~ **věci rozsouzené** res iudicata effect, collateral estoppel effect; ~ **zahlazení** the effect of expungement / erasure s.o.'s conviction from criminal records; **mít odkladný** ~ **na vykonatelnost rozhodnutí** have the effect of suspending the enforcement of a judgment

učinit do, make, produce; take; ~ koho **neschopným** unable s.o., render s.o. unable / unfit / incompetent, incapacitate s.o.; ~ koho **nezpůsobilým** disable s.o.; incapacitate s.o.; ~ koho **způsobilým** endow s.o. with capacity for / to do st.; render s.o. capable; qualify s.o.; ~ komu **po právu** do justice to s.o.; ~ **hrubě urážlivé podání** bring an offensively contemptuous / impertinently insulting / extremely insolent petition; ~ **opatření** take measures; ~ **písemné prohlášení** make a written statement; ~ **pravost a obsah listiny pochybnými** cast doubts on the authenticity and content of an instrument, call into question the authenticity and content of an instrument; ~ **Radu bezpečnosti přímo odpovědnou** confer primary responsibility on the Security Council; ~ **rozhodnutí ve věci** make a decision about a case; ~ **úkon životu nebezpečný** undertake an act endangering life / dangerous to life

účinně effectively, efficaciously; with legal effect; ~ **omezit riziko** effectively limit a risk; **vzdát se právně** ~ **odvolání** waive an appeal in a legally effective manner

účinnost effect, effectiveness, efficacy, virtue; operation; **zpětná** ~ retrospective / retroactive effect, retroactivity, retrospectivity, retrospectiveness; ~ **nabídky** virtue of offer, effect of offer; ~ **ochrany práv** efficiency of the rights protection; ~ **smlouvy** effect of a contract;

hospodárnost, ~ a efektivnost economy, efficiency and effectiveness; **ode dne ~i zápisu do rejstříku** of the effective date of the record in the registry; **s ~í ke dni smrti zůstavitele připadne majetek státu** effective on the date of the testator's death the estate shall devolve upon the State; **ustanovení nabývající ~i k 1. lednu** the clause / provision effective as from January 1st; **moci nabýt ~i** be capable of taking effect / becoming effective; **nabý(va)t ~i** take effect, become effective, come into effect / operation; **ceny se zvyšují o 10 % s ~í od 1. ledna** prices will be increased 10 per cent with effect from January 1st; **platnost zákona nastává jeho vyhlášením ve Sbírce zákonů ČR a ~ ode dne uvedeném v zákoně** a law comes into force on the date of its publication in the Collection of Laws of the Czech Republic, and becomes effective on the date stated in the law itself

účinn|ý effective; efficient, effectual; operative, operating; **~á lítost** effective repentance; **~á nabídka** effective accepted offer; **~é zabezpečení plnění úkolů** efficient performance of tasks; **zákon není dosud ~** the law is in abeyance; **být ~ k 1. lednu** be effective as from January 1st

učňovsk|ý relating to apprenticeship, vocation; vocational; **~á smlouva** articles of apprenticeship; **~á škola** vocational school; **~é zkoušky** apprentice's exams

účtování billing (UK), charging; accounting; **postupy ~** accounting principles; **~ podle cenové hladiny** price level accounting; **~ právních služeb** the billing of legal services

účtovat charge, account, bill; **~ pod cenou** undercharge; **~ komu právní služby** bill s.o. for legal services, charge s.o. a certain sum for legal services

účtovateln|ý chargeable; **DPH ~á pronajímateli** VAT chargeable on / to the landlord

údaj data (sg), rare (pl); datum; information, fact; **biografické ~e** biographical data / background; **chybějící ~e** missing data; **chybný ~** incorrect data / entry; **nečitelný ~** illegible data; **nedostatečný ~** insufficient data; **potřebné ~e** required data; **spisové ~e** identification of a file; **~e o rodičích** data on parents; **~e o ženichovi** data on the bridegroom; **ověření ~ů** authentication of the data

údajně allegedly; supposedly; **kde se měl ~**

dopustit trestného činu where he is alleged to have committed a crime

údajn|ý alleged asserted as capable of proof; asserted but not yet proved; asserted but not admitted; reputed, putative; colo(u)rable, purported; **~é bydliště** colourable pretended residence in order to qualify for st.; **~ objev** purported discovery; **~ pachatel** alleged offender; **protokol o výslechu ~ého otce** the report on the questioning of the alleged / reputed / putative father

událost event; accident, incident, happening, occurrence; **matriční ~** recordable event; **nahodilá ~** contingency; **neodvratitelná ~** inevitable / unavoidable accident; **nepředvídatelná ~** contingency, a chance occurrence an event the occurrence of which could not have been, or was not, foreseen; casualty; **pojistná ~** insurable risk an event to be insured against, insurance claim; **předchozí ~** antecedent; **škodná ~ způsobivší škodu** incident / event causing damage

udání delation, denunciation; incrimination

udat denounce; inform against, delate (obs)

udavač common informer, denouncer

udávání 1 uttering, passing, circulating base coin, forged notes, etc. as legal tender; **~ padělaných a pozměněných peněz** uttering counterfeited and altered money **2** of persons denouncing, delating (obs), informing against

udávat 1 utter; pass into circulation; **~ do oběhu falešné peníze** utter false coin **2** denounce, inform against, delate (obs), accuse

udělení award, grant, bestowal, conferment; determination; **~ amnestie** the grant / award of amnesty; **~ milosti** the grant / award of pardon / mercy, the award of an act of grace; **~ občanství** naturalization; admitting an alien to the position and rights of citizenship, granting citizenship investing an alien with the privileges of a native-born subject; **~ patentu** the grant of patent; **~ plné moci k zastupování** the grant / award of full power of attorney to represent; **~ právních prostředků** the grant of remedies; **~ příklepu** the award of the knock-down; **~ titulu JUDr.** awarding the title of JUDr.; **~ výsady** accordance of a privilege; **listina o ~ státního občanství** certificate of naturalization

uděl|it grant; confer, award, bestow; determine; **~ amnestii** grant amnesty; **~ milost** grant pardon / mercy; **~ plnou moc** grant / award the power of attorney; **~ pověření notáři v dě-**

dickém řízení grant judicial authorization to a notary public in the probate proceedings; ~ povolení grant / accord permission; ~ právo azylu grant asylum; ~ řády a tituly confer honours and dignities; ~ státní občanství naturalize, denizen; admit s.o. to the citizenship of the state; ~ komu vysokoškolský titul magistra award s.o. a university degree of Master of Arts; soud ~í příklep dražiteli the court shall decide that the auctioned property be sold to the highest bidder; the court shall award the knock-down to the highest bidder

úder hit, blow; ~ kladívka při dražbě knock of the hammer of an auctioneer; ~ sebeobrany self-defence hit; těžký ~ do hlavy a heavy blow on the head

úděsný appalling; outrageous

údržba maintenance, keeping in effective condition / in working order / in repair; ~ a provoz maintenance and operation; žaloba o užívání a ~u společné věci action for the use and maintenance of common property / a common thing

udržení maintenance, upholding, sustentation, keeping, support; sustainment; preservation; ~ míru peace maintenance; opatření k ~ jednoty provisions for the maintenance of uniformity

udržet maintain, keep; uphold; support; retain, sustain; ~ si dobré jméno / pověst maintain one's reputation; ~ si kázeň v soudní síni maintain order in a courtroom; ~ klid a pořádek keep / maintain the peace and order; ~ si kontrolu nad čím keep st. under control, retain control of st.

udržitelný sustainable, maintainable; trvale ~ rozvoj sustainable development

udržovací maintaining, sustaining, keeping, supporting; ~ dávka léků maintenance dose of drugs; ~ poplatky (AP) maintenance fees; ~ programy sociální péče, léčebné maintenance social care, medical treatment programmes; ~ zásahy udržení v provozuschopném stavu maintaining actions to keep st. in operation

udržování maintaining, maintenance, keeping up

udržovat maintain, keep; uphold; support; conserve, preserve; povinnost ~ klid / pořádek duty to keep / maintain the peace; ~ pronajatý majetek v bezvadném stavu keep in repair; ~ vojenskou kázeň / disciplínu maintain milit-

ary discipline; ~ v tajnosti keep in secret; ~ ve shodě / v souladu s čím keep in compliance / line with st.

udušení asphyxiation, suffocation

uhájit defend; justify; uphold by evidence / argument; vindicate

úhrad|a reimbursement, refunding, compensation, coverage; remuneration; ~ dlužného nájemného recovery of arrears of rent; ~ nákladů coverage of expenses / costs; ~ za úklid společných prostor payment for cleaning common parts in a block of flats; dohoda o snížené ~č poskytnutých odborných služeb agreement for compromise of professional service fees; na ~u čeho in consideration of, for reimbursement; pořadí ~y pohledávek order of satisfaction of claims, order in which the claims will be satisfied; majetek úpadce nepostačuje k ~č nákladů konkursu the bankrupt's estate is insufficient to cover costs of bankruptcy proceedings

uhradit reimburse, cover, pay, refund, compensate; ~ čí výdaje defray s.o.'s expenses; ~ výlohy spojené s řízením defray expenses in connection with proceedings; ~ vzniklé náklady cover incurred expenses

úhrn aggregate (n), collected sum, sum total

úhrnný aggregate(d), (ac)cumulative; ~ trest accumulative sentence, cumulative punishment; ~ trest odnětí svobody aggregated term of imprisonment

uchazeč applicant; candidate; ~ o studium na vysoké škole an applicant for admission to university; ~ o zaměstnání registrovaný u úřadu práce a job seeker registered with an Employment Agency / Office / Bureau; úspěšný ~ successful candidate / applicant; hmotné zabezpečení ~ů o zaměstnání material welfare maintenance of job seekers financial assistance for those citizens whose income is inadequate or non--existent

ucházet se o co apply for; seek st.; compete; ~ o přijetí na vysokou školu apply for admission to a university; ~ o zaměstnání seek employment, apply for a job

uchování keeping; preservation, reservation; conservation; ~ majetkových hodnot preservation of property values

uchovat preserve, conserve; keep; ~ architektonický ráz města preserve the architecture of a town; ~ **původní krajinný ráz** preserve original landscape character

uchvácení ravishment forcible abduction or violation of a woman, usurpation, seizure; **násilné** ~ the action of usurping / illegally seizing / wrongfully occupying place / property belonging to a person; unlawful encroachment upon / intrusion into an office, right of another

úchylka deviation; divergence; **sexuální** ~ sexual deviation

úchyln|ý deviant; ~**é chování** deviant behaviour

ujednání covenant; agreement, stipulation; **smluvní** ~ contractual covenants; **vedlejší** ~ collateral contract; **vedlejší** ~ **při kupní smlouvě** collateral provision / covenant of a sales contract; ~ **o době** stipulation as to / about time; ~ **ohledně lhůty splacení / platby** stipulation as to time of payment; ~ **s věřiteli** arrangement with creditors

ujedn|at stipulate, agree, covenant; **není-li** ~**áno jinak** in the absence of agreement to the contrary, unless agreed upon / stipulated otherwise

ujistit assure, affirm

ujištění assurance; affirmation; averment, asseveration

újm|a harm, injury, damage, loss; prejudice, detriment; mischief wanton and reckless injury to a person or property; **bezdůvodná** ~ unreasonable harm / injury; **ekologická** ~ harm to the environment, environmental harm; **majetková** ~ harm / damage to property; **mimořádně vážná** ~ exceptionally serious damage; **nemajetková** ~ non-proprietary loss / damage; **podstatná** ~ substantial prejudice; **těžká** ~ **na zdraví** aggravated bodily harm / injury; ~ **oprávněnému ze slibu** detriment to promisee; ~ **způsobená nedbalostí koho** loss occasioned by s.o.'s neglect; ~ **žalobce** detriment to the plaintiff; **bez** ~**y k nároku** jiné osoby without detriment / prejudice to s.o.'s claim; **na** ~**u / k** ~**ě koho, čeho** to the prejudice / detriment of s.o., st.; **být na** ~**u práva** prejudice the right; **přivodit** ~**u** cause loss / damage; **způsobit** ~**u na zdraví komu** inflict bodily injury on s.o.; **způsobit** ~**u na životním prostředí** cause harm to the environment

ujmout se take, undertake; address, resume; ~ **slova** o státním zástupci v hlavním líčení po provedení důkazů address the court a prosecuting attorney at a trial after all evidence has been produced; **pro-**

sím pana obhájce, aby se ujal slova counsel for the defendant has the floor

ukázat show, demonstrate, point

ukazatel index, (pl) indices, indexes (US); indicator; **ekonomický** ~ economic indicator; **statistický** ~ statistical indicator; ~ **maloobchodních cen** index of retail prices; ~ **porodnosti** birth rate index; ~ **spotřebních cen** consumer price index; ~ **úmrtnosti** death rate index

ukázka demonstration; display, show, manifestation, exhibition, expression

ukládací depositing; saving(s); ~ **cenný papír** savings bond

ukládání 1 imposing, imposition; ~ **ochranných opatření** imposition of protective measures; ~ **a výkon trestů** sentencing and execution of punishment; **pravidla pro** ~ **trestů** sentencing guidelines 2 depositing, placing, putting; ~ **jaderného odpadu** depositing nuclear waste

úkladnost premeditation; designing / planning / contrivance to do st.; wilfulness, intentional character

úkladn|ý felonious, wilful, premeditated, contemplated beforehand; aforethought; ~**á vražda** bez polehčujících okolností premeditated murder; wilful / deliberate killing, first degree murder without mitigating circumstances

úklid cleaning; freeing from dirt or filth, purifying, cleansing; **úhrada za** ~ **společných prostor** payment for the cleaning of common parts in a tenement house

úkol task, assignment; **pracovní** ~ assignment, commission

úkolov|ý based on piece(-)work; ~**á mzda** piece-wages, piece(-)work rate wage, payment by piece(-)work

úkon act, deed, action; operation, performance; **další** ~**y řízení** later stages of proceedings; **jednoduchý soudní** ~ ordinary act of court; **kvazisoudní** ~ **provedený jinou osobou než soudcem** quasi-judicial act made by a person other than a judge; **neodkladný a neopakovatelný** ~ exigent and unrepeatable act, sole and exclusive opportunity to act; **notářský** ~ notarial deed / act; **odporovatelný** ~ protestable / objectionable / challengeable act; **právní** ~ juridical act, legal act / action / deed; **protiprávní** ~ illegal / wrongful / unlawful / illegitimate act; **soukromoprávní** ~ private act; **vadné procesní ~y** stran defective pleadings of parties; **veřejnoprávní ~** úředně ověřený public act officially authorized; **vyšetřovací ~** act of investigation, investigative act; **~ nesnese odkladu** the act must be performed immediately / without delay; **~ učiněný konkludentně** implied act; **~ učiněný výslovně** express act; **~, jehož provedení nelze odložit** an act the performance of which may not be delayed; **částečná způsobilost k právním ~ům** limited / partial legal capacity; **nezpůsobilost k právním ~ům** legal incapacity / disqualification / incompetence; **provádění služebních ~ů** carrying out police service operations; **provádění ~ů trestního řízení** performing / carrying out acts (with)in criminal proceedings; **způsobilost k právním ~ům** legal capacity / competence / qualification / competency to enter into legal relations; **být přítomen u všech ~ů soudu** be present at every stage of the trial; **činit ~** perform / execute / pursue / make an act / deed; **odporovat právním ~ům** tj. podat žalobu oppose / challenge legal acts i.e. bring an action before court; **provést ~y v dědickém / pozůstalostním řízení** pursue / perform acts in the probate proceedings; **schválení ~u učiněného v zastoupení nezletilého** sanctioning / approving an act / deed made on behalf of a minor; **strpět provedení nezbytných služebních ~ů** suffer the execution of necessary police actions / acts

ukončení termination; cessation; close, closing, conclusion; completion; expiration; **~ nájmu** termination of a lease; **~ platnosti smlouvy** the expiration of an agreement; termination of validity of a contract; **~ rozpravy v Dolní sněmovně** closure of debates in the House of Commons; **~ rozpravy v Senátu** záměrně zdržované cloture of filibustering in the Senate *(US)*; **~ řízení** the closing of proceedings / a trial; **zahájení a ~ provozování živnosti** commencement and termination of the operation of trade; **podat návrh na ~ rozpravy v parlamentu** move the closure

ukonči|t terminate; cease; finish, end; conclude; **~ diskusi** close the discussion; **~ kurs** complete a course; **~ nájem / nájemní smlouvu** terminate / repudiate a lease; **~ pracovní poměr výpovědí** terminate employment by notice; **~ rozpravu** close debates; **~ schůzi** terminate / conclude / wind down a meeting;

~ své zaměstnání close one's career; **policie ~la protestní shromáždění** the police broke up the protest meeting

ukončující terminating, closing, concluding; finishing, ending; **~ závazek** dissolving bond

úkor prejudice, detriment, injury; **na ~ jiného** in prejudice of another, to the intended or consequent detriment / injury of another; to the prejudice of another, to the resulting injury of another; **sociální demokraté získali šest křesel v zastupitelstvu na ~ občanských demokratů** the Social Democrats gained six seats on the council at the expense of the Civil Democrats

ukradený stolen; obtained / taken by theft

ukrást steal, take dishonestly / secretly; plagiarize, pass off another's work as one's own

ukrutnost atrocity, cruelty

ukrýt hide, conceal from discovery, secrete; keep close / secret; disguise altering the appearance of st.; **~ důkaz** hide up evidence

úkryt hiding place, hide(-)out; concealment, hideaway; cache; **chybně si zvolit tajný ~** make a mistake in choosing a place as one's hide-out

ukrývající se concealing, absconding, escaping; **~ dlužník** absconding debtor

ukrývání čeho concealment, concealing / keeping secret; **~ nelegálně získaného zboží** concealment of illegally obtained goods

ukrývat co conceal st. from discovery, hide st., secrete; keep st. close / secret; disguise st. altering the appearance of st.; **~ nezákonně držené zbraně** conceal illegally possessed arms / weaponry

ukrýv|at se conceal o.s. from discovery clandestinely, hide o.s. clandestinely; abscond from st.; **~á se před spravedlností** he is absconding from justice; **utekl a stále se ~á** he has absconded, and is still in concealment

ukřivděný injured, aggrieved; underprivileged; **cítit se ~** feel o.s. prejudiced

úlev|a relief; allowance; remission; alleviation; dispensation; **daňová ~ na co** tax allowance / relief on / for st.; **daňová ~ v závislosti na věku** pro důchodce age(-related) tax allowance; **daňové ~y kvůli dětem** tax allowance / concessions for children; **neplatná daňová ~ v souvislosti s místní daní z nemovitosti** void local tax allowance; void rating relief *(UK)*; **osobní daňová ~** personal tax allowance; **~ na dani**

tax allowance / relief; **mít nárok na daňovou ~u** be entitled to a tax allowance

uložení₁ deposition the action of depositing, laying down, placing in a permanent / final position, or in charge of a person; **účelné a bezpečné ~ písemností** purposeful and safe depositing of documents; **~ dědictví u soudu** placing / depositing the decedent's estate in the custody of court; **~ do úřední úschovy** placing / depositing st. in official custody / safe keeping; **~ odpadů** deposition of waste; **~ věci** placing / depositing a thing in custody / bailment / safekeeping; **smlouva o bankovním ~ věci** bank deposit / custody agreement; **smlouva o ~ věci** bailment agreement; custody agreement

uložení₂ imposition, imposing laying as a burden, duty, charge, task up / on s.o.; the action of inflicting, levying, enjoining, enforcing; **~ ochranné výchovy** judgment imposing protective youthful and young offenders rehabilitation social retraining; **~ ochranného opatření** judgment imposing protective measures; **~ pokuty** imposition / infliction of fine; **~ pořádkové pokuty pro nesplnění oznamovací povinnosti** imposition of a fine in administrative proceedings for failure to inform / give proper notice; **~ povinnosti složit zálohu na náklady důkazů** imposition of duty to pay an advance--payment for the costs of evidence; **vydat příkaz o ~ napomenutí nebo pokuty** issue an order that an admonition or fine be imposed

uložit₁ deposit; lay, put, set down; place in a more or less permanent position of rest; **~ do úschovy notářství** deposit st. with a notary, place / lodge st. as a notarial deposit; **~ v celním skladišti** bond st., place in the bonded warehouse; **~ závěť u advokáta** deposit one's will with an attorney

uložit₂ impose (up)on s.o. st., lay on, inflict st. (up)on; levy / enforce st. authoritatively / arbitrarily; **~ lhůty** impose time-limits / deadlines; **~ povinnost komu** impose a duty up / on s.o., place a duty on s.o.; **~ trest** impose / administer / award a punishment; pronounce sentence upon s.o.; condemn s.o. to a punishment; **~ více trestů současně vedle sebe** impose more sentences concurrently; **~ zaměstnavateli povinnosti** lay / impose duties on the employer; **za tento trestný čin lze ~ maximálně desetiletý trest odnětí svobody** this offence carries a maximum of 10 years' imprisonment

uložitel depositee a person with whom st. is deposited / placed in charge, bailee a depositee under a contract of bailment

ultimátum ultimatum; final condition / stipulation

umělec artist; **výkonný ~** performing artist, performer

uměleck|ý art; **~é dílo** a piece of art; an artistic work

uměl|ý artificial; **~é přerušení těhotenství** artificially induced abortion

umění art; **plagiátor ~** plagiarist / plagiatory *(US)* of artistic works

umírání dying; ceasing to live; decease, death

umírat die; lose one's life; suffer death

umírněný moderate, modest; mild; soft; **~ sociální demokrat** unexpansive / modest Social Democrat

umístění placement, placing; location; **podmíněné ~ mimo výchovný ústav** conditional release from the reformatory for juveniles *(US)* / remand home *(UK)*; **~ osoby do cely** putting / placing s.o. in a cell; **vydání rozhodnutí o ~ staveb** issuance of decision concerning the location of structures

umístit put, place; locate; **~ ve vazbě na dobu určenou soudem** place s.o. in custody for a period as the court may specify

umisťování placement, placing; location; **~ obviněných do cel** placement of accused persons in cells

umlčení silencing; squelching; putting down / suppressing thoroughly / completely

umlčený squelched; silenced; **~ svědek** squelched witness

umlčet squelch s.o.; silence, discomfit, repress s.o. in a very decisive / crushing way; **~ roubíkem** gag s.o.; silence s.o. with a gag in order to prevent speech; **~ stěžovatele** silence / squelch a complainant

úmluva agreement, covenant, stipulation; understanding; compact, convention on; **konzulární ~** consular agreement; **Úmluva o ochraně lidských práv a základních svobod** Convention on the Protection of Human Rights and Fundamental Freedoms

umoření redemption clearing off a recurring liability / charge by payment of a single sum; amortization *(account)* the extinction of a debt, or of any pecuniary liability, by means of a sinking fund; **~ cenného papíru** redemption of a commercial paper /

negotiable instrument; ~ **dluhu splácením** redemption by instal(l)ments; ~ **listin** redemption of instruments; **umoření ~u** redemption of a cheque; **vyloučit listiny z** ~ exclude instruments from redemption; **zamítnutí návrhu na** ~ **listiny** dismissal of a motion to redeem an instrument

umořen|ý redeemed; amortized *(account)*; **prohlášení listiny za ~ou** declaring the instrument redeemed

umořit redeem buy back, re-purchase; extinguish, extinct; amortize *(account)*; ~ **dluh** discharge a debt; ~ **hypotéku** discharge a mortgage; ~ **listiny** redeem instruments

umořitelný redeemable; ~ **cenný papír** redeemable security

umořovací relating to redemption; ~ **lhůta** redemption period

umořování redeeming; discharging; ~ **dluhu** discharging a debt; amortization *(account)*

úmrtí death; bereavement; decease, passing away; ~ **bez potomka** dying without issue; **pojištění pro případ** ~ **v zaměstnání** death in service insurance

úmrtní relating to death, bereavement, decease, passing away; ~ **list** certificate of death, death certificate; ~ **oznámení** death notice

úmrtnost death rate

umřít die; pass away, depart; cease to live, suffer death

úmysl intent, intention; volition, purpose, design; contemplation of st.; **eventuální** ~ **pachatel věděl, že může způsobit těžkou újmu na zdraví** contingent / possible intention the offender knew that he might cause actual bodily harm; **nepřímý** ~ indirect intent / intention; **přímý** ~ direct intent / intention; **zločinný** ~ criminal design, mens rea *(lat)*, malice aforethought; **zlý** ~ malice aforethought, malice prepense; ~ **dostat zpět** intention to recover / of recovering property, animus recuperandi *(lat)*; ~ **se musí prokázat** the intent / intention must be proved; ~ **sepsat poslední vůli** intention to make a will, animus testandi *(lat)*; ~ **spáchat trestný čin** intention to commit a crime; criminal intent; ~ **věnovat** intention of donating / dedicating property, animus dedicandi *(lat)*; ~ **zákonodárce** legislative intent, intent of the legislator; ~ **zrušit závěť** intention to revoke one's will, animus revocandi *(lat)*; **odůvodnění ~u pachatele** justification of the intent /

intention of an offender, excuse for the intent of an offender; **s ~em zrušit závěť** with the intent to revoke one's will; animo revocandi *(lat)*; **v dobrém ~u** in good faith, with sincerity; genuinely; bona fide / fides *(lat)*; **ve zlém ~u** konaný done / acted unfaithfully, maliciously, in bad faith; **byl obviněn ze zatajování důkazů s ~em zpochybnit jeho důvěryhodnost jako svědka** he was accused of concealing evidence with the intention of infirming his trustworthiness / reliability as witness; **mít v ~u** co intend, contemplate st.; **společnost má v ~u žalovat o náhradu škody** the company intends to sue for damages

úmyslně intentionally, with intent(ion), on purpose; deliberately, knowingly; wilfully, maliciously; ~ **nebo z nedbalosti** fraudulently or negligently; ~ **přehlížet** intentionally neglect / disregard; ~ **spáchat čin** commit / perpetrate a crime maliciously / intentionally; ~ **znečišťovat nebo poškozovat zařízení** intentionally spoil or damage the equipment

úmyslnost wilfulness; intentionality

úmysln|ý intentional, wilful, willful *(US)*, deliberate, designed, intended; malicious; voluntary, wanton; **~á ve zlém úmyslu způsobená škoda** wilful and malicious injury; **~á dbalost** wilful neglect / negligence; **~á škoda** malicious damage; **~é a svévolné konání** wilful and wanton act; **~é jednání proti dobrým mravům** wilful act(ion) against good morals; **~é ohrožení životního prostředí způsobené kým** intentional endangering of the environment by s.o.; **~é oklamání** wilful deceit; **~é opomenutí** wanton injury; **~é poškození životního prostředí** intentional impairment of the environment; **~é zabití** voluntary manslaughter; **~é zavinění** intentional / wilful / malicious fault, wilful neglect of duty; **~é zneužití úřední moci** wilful misconduct / maladministration

únav|a tire, tiredness, weariness, fatigue; **vada v důsledku ~y materiálu** a defect due to the weariness of material

únavov|ý relating to exhaustion, fatigue; **~á zkouška** fatigue test to determine the fatigue strength of a material; ~ **syndrom** fatigue syndrome

unesení kidnapping, abduction; hijacking

unést kidnap; abduct a woman, child; carry off a person by illegal force; hijack a plane, train, ship;

~ koho s cílem získat výkupné kidnap and hold s.o. to ransom; **~ s použitím násilí** kidnap with the use of force, forcibly kidnap s.o.

unie union; **celní ~** customs union; **federální ~** federal union; **personální ~** personal union; **reálná ~** monarchistická real monarchistic union; **výroční Zpráva o stavu ~** podávaná prezidentem *(US)* State of the Union Message delivered by the US President

unifikace unification; unifying; **~ mezinárodního práva soukromého** unification of international private law

unifikovat unify; unite, consolidate

únik escape, absconding; avoidance, evasion; leak, leakage; **daňový ~** tax evasion / fraud; tax curtailment; tax assessment dodging; **~ domácího kapitálu** flight of domestic capital; **~ informací** leak of information; unofficial passing of information to newspapers, TV stations; **~ těkavých chemických látek do ovzduší** escape of volatile substances into the air; **vyšetřování ~u tajných materiálů** investigation of the leak of classified / confidential materials; **došlo k** záměrnému **~u informací, aby se zjistila reakce veřejnosti** the information has been leaked to the press to test public reaction

uniknout escape, abscond; get away; leak; **~ z vazby** abscond from custody; **~ z vězení** escape from prison

únikov|ý escapeful; escaping; shifting, evasive, evading; **~é ustanovení** ve smlouvě vyvazující ze závazku; v zákoně umožňující jiný výklad nebo neplatnost escape clause in a contract releasing the party from obligation; joker a clause unobtrusively inserted in a legislative enactment and affecting its operation in a way not immediately apparent; **~ příjem** využívaný poplatníky ve vyšších daňových pásmech shifting income device used by taxpayers in high tax brackets to move income from themselves to others who are in lower brackets

unilaterální unilateral; one(-)sided

unitární unitary; **~ stát** unitary state

univerzální universal, all-purpose; general; **~ dárce** universal donor; **~ dědic** universal heir; **~ plná moc** general power of attorney; **~ sukcese** universal succession; **~ titul** universal title

únos kidnapping carry off a person by illegal force; abduction of wife, child, ward; hijack, hijacking of a plane, train, ship **~ letadla byl zorganizován teroristickou skupinou** the hijack was

organized by a terrorist group; **~ pro výkupné** kidnapping for ransom

únosce kidnap(p)er; abductor; hijacker

únosn|ý admissible, permissible; tolerable, bearable; **~é zatížení území** admissible employment of territory; **~é zvýšení cen** bearable / tolerable increase in prices; **~ pro veřejnost** tolerable by the public

upadat deteriorate; decline, decay

úpadce bankrupt; insolvent debtor; insolvent company / corporation; **rehabilitovaný ~** discharged bankrupt; **soupis konkursní podstaty ~** inventory of the bankrupt's estate; bankruptcy schedule, the listing of the bankrupt's estate legal and equitable interests in the property of a debtor; **majetek ~ nepostačuje k úhradě nákladů konkursu** the bankrupt's estate is insufficient to cover the costs of bankruptcy proceedings; **prohlásit koho ~m** adjudicate s.o. bankrupt

úpadek bankruptcy; come-down, decline, deterioration; **morální ~ společnosti** deterioration of morals of the society; **vyhlásit ~** declare o.s. bankrupt, go bankrupt

upevnit confirm, consolidate, harden; fix; **~ své postavení na trhu** fix one's position in the market

upevňující confirmative; confirming, fixing

úpis 1 debenture, bond, note; **dlužní ~** bill of debt, debenture unsecured; bond secured; IOU abbrev (I owe you); **zajistit dlužním ~em** co secure st. with bond / note, bond st. **2** underwriting, subscription; **přednostní ~** preferential subscription; **přijetí závazku ~em** acceptance of an obligation by underwriting; **smlouva o ~u akcií** subscription contract; **výzva k ~u akcií** call for the subscription to a share issue

upisovací subscribing; underwriting; **~ práva** subscription rights; **~ rozpětí** underwriting spread; **~ sleva** underwriting discount

upisování subscription engagement to take and pay for capital stock of a corporation; underwriting agreement to furnish the necessary amount of money for securities and to buy those which cannot be sold; **přednostní ~** preferential subscription; **~ akcií** subscription of shares, subscription to capital stock; **~ nové emise akcií** subscription to a new share issue

upisovatel osoba zaručující poskytnout určitou sumu k určitému datu, za níž budou vydány cenné papíry

subscriber one who engages to take up a certain number of company shares; **underwriter** a person guaranteeing to furnish a definite sum of money in return for an issue of bonds or stock
uplácení bribing, corrupting s.o., bribery, corruption giving or accepting money or some other payment with the object of corruptly influencing the judgement or action; the offer or acceptance of bribes; ~ **při volbách** bribery at elections
uplácet bribe, corrupt s.o., give / offer bribes to s.o.
úplat|a consideration; payment, value; remuneration, reward, recompense, repayment; ~ **za odběr vody** charges for water consumption / supply; ~ **za ústřední vytápění** charges for central heating; ~ **za vypouštění odpadních vod do vod povrchových** charges for discharging effluents into surface waters; **dohoda o ~ě** consideration agreement i.e. regulating the value of a contract; **postoupení pohledávky za ~u** assignment of a claim for consideration / payment
úplat|ek bribe a consideration voluntarily offered to corrupt a person; **graft** (coll) bribery, blackmail, or the abuse of a position of power or influence; the profits so obtained; ~ **za mlčenlivost** hush-money; **osoba dávající ~** bribe-giver, briber; **osoba přijímající ~ky** bribe; **příjemce ~ku** bribe-taker, bribed person; **přijímání ~ků** accepting bribes; **nabídnout ~** offer a bribe; **poskytnout ~** provide a bribe; **slíbit ~** promise a bribe
uplatit bribe, corrupt; give / offer bribes to s.o.; **snažit se ~ člena soudu** approach a member of the court, try to corrupt a judge
uplatitelný bribable, open to bribery; corrupt; venal; corruptible
úplatkář bribee, briber, grafter
úplatkářství bribery, corruption giving or accepting money or some other payment with the object of corruptly influencing the judgement or action; the offer or acceptance of bribes; **nepřímé ~** indirect bribery; ~ **při volbách** bribery at elections; ~ **ve státní správě** bribery in state administration; corruption of public officers; graft; **zamezit ~ a korupci** prevent bribery and corruption
uplatnění exercise, assertion; enforcement; implementation, carrying out; performance, execution; application; ~ **dědického práva v řízení o dědictví** claiming heir's rights in the probate proceedings; ~ **pohledávek** assertion

of claims proving their existence; recovery of claims receiving payment; ~ **práv subjektivních** exercising rights, assertion of rights; ~ **práva objektivního** enforcement of law; ~ **práva na bezplatné odstranění vady věci** asserting the right to have the defects of a thing removed free of charge; ~ **práva na slevu z ceny věci** asserting the right of discount (up)on the purchase price; ~ **práva na výměnu věci** asserting the right to have a thing exchanged; ~ **vad** assertion of claims resulting from defective goods; **náhrada za ztížení společenského ~** compensation for diminished social function / capability due to an industrial disease or accident; **překážka ~ nároku** estoppel; claim preclusion; **ztížení společenského ~** weakening / diminishing of s.o.'s social position i.e. social conditions including his official situation in finding an appropriate job
uplatněný asserted, claimed; applied, implemented, alleged; ~ **nárok** asserted claim, exercised right; ~ **návrh** submitted / filed / asserted motion
uplatnit claim; put forward a claim, assert and demand recognition of an alleged right, title, possession; apply for, implement, carry out; exercise, enforce; vindicate; ~ **námitku promlčení** claim / seek the statutory bar, claim / seek the statutes of limitation; plead limitation; ~ **nárok** file / put forward a claim; ~ **nárok u soudu** assert / prove a claim in / before the court; ~ **pohledávku k započtení** assert the set-off of a claim, demand that the claim be offset; ~ **právo** assert / claim s.o.'s right; ~ **právo na náhradu škody** claim the damages, assert the right to damages; ~ **věcnou příslušnost ve věci** exercise the subject-matter jurisdiction over the case
úplatnost being open to bribery, corruption; ~ **politiků** corruptibility of politicians; politicians being open to corruption / taking bribes
uplatňování implementation of measures, carrying out methods; application; exercise of a right, enforcement of law; ~ **práva** exercising / asserting a right; enforcement of law
uplatňovat claim; put forward a claim, assert and demand recognition of an alleged right, title, possession; apply, implement, carry out; exercise, enforce; ~ **místní příslušnost** assert / exercise local jurisdiction; ~ **nárok na daňovou úlevu** claim a tax allowance; ~ **nárok na**

slevu claim a discount; ~ **právní principy** apply legal principles; ~ **právo spravedlnosti** administer equity; ~ **pravomoc** exercise powers / authority

uplatňující claiming, asserting, applying for, demanding; **osoba** ~ **nárok** claimant, claimer; a person asserting his right

úplatn|ý 1 bribable, corrupt, venal, corruptible; ~ **poslanec** bribable / venal Deputy 2 valued, estimated / appraised in value; ~**á smlouva** contract for value / consideration

úplně wholly; completely, entirely, to the full extent; altogether, totally, thoroughly, quite

úplnost completeness, entirety; integrity

úpln|ý full, absolute, complete, entire; unabridged, comprehensive; utter; consolidated; ~**á platba** complete / full payment; ~**á právní moc rozsudku** nelze napadnout žádnou jeho část full legal force of judgment none of its parts may be appealed; ~**é rozhodnutí sporu** complete determination of cause; ~**é znění zákona** full text of a statute in its present form; ~ **zákaz zkoušek jaderných zbraní** comprehensive nuclear weapon test ban

uplyn|out run; elapse, expire, pass; lapse; **doba** ~**e marně** time runs out; time expires without any action taken, time lapses to no effect; **lhůta** ~**e** time elapses / expires

uplynutí lapse, passage of time; passing away, expiration; ~ **času / doby** running out of time, expiration of time; lapse of time; ~ **dne** expiration / lapse of a day; ~ **doby** expiration of a period; ~ **lhůty** expiration / lapse of time, termination of a time-limit; ~ **patnáctidenní lhůty** expiration of a fifteen day time-limit; ~ **stanovené doby** expiration of a prescribed time; **vypořádání** ~**m doby** settlement by the expiration of time; **skončit** ~**m sjednané doby** terminate upon expiration of an agreed term / period; **splatit před** ~**m stanovené lhůty** repay before the expiration of the stated period

upomínka reminder of st.; demand note, a formal request for payment; ~ **před soudní žalobou** reminder before a court action

upotřebit use; utilize, apply

upotřebitelnost applicability; practicability; fitness

upotřebitelný applicable, usable; fit for a purpose

upozornění notice an intimation by one of the parties to an agreement that it is to terminate at a specified time, esp. with reference to quitting a house / lodgings, employment, warning; caution; **důvodné** ~ reasonable notice; **přiměřené** ~ adequate notice; **sloužit jako** ~ serve as a warning / notice

upozornit notify of st., intimate st., give notice of st., announce st.

úprav|a modification, adjustment; regulation, legislation; amendment; conversion; decoration; **legislativní** ~ legislation, legislative regulation; **normativní** ~ mandatory regulation; **povrchová** ~ surface alteration; decoration; **právní** ~ legal regulation; legislation; **veřejnoprávní** ~ **cen** the public regulation of prices; **vnější** povrchové ~**y budovy** external decorations of a building; ~ **daní** tax adjustment; ~ **hodnot** value adjustment; ~ **nájemného** rent review and adjustment; ~ **občanskoprávních vztahů** the regulation of civil relations; ~ **odpadů** treatment of waste; ~ **poměrů manželů k nezletilým dětem** the regulation / settlement of the relationship between spouses and their minor children; ~ **povinností, jejichž subjektem je podnikatel** the regulation of duties of a businessperson / person undertaking business activities; ~ **věci** změna povrchu nebo vlastností the modification of a thing a change of surface, features or qualities; ~**y provedené na nemovitosti** an alteration executed to the property; **oprava a** ~ **věci** the repair improvement and modification of a thing; **předmět** zákonné ~**y** the subject(-matter) of legislation; **přikazovací a zakazovací a režim** právní ~**y** podnikání the directing or restraining prohibiting nature of business regulation; **rozsudek o** ~**ě styku otce s nezletilou** a judgment regulating visitation rights of a father and his minor daughter; **provést** povrchové ~**y na čem** execute external alterations / improvements decorations to st.

upraven|ý adjusted; modified; amended; qualified; updated; ~**á cenová základna** adjusted cost basis; ~**á kopie** conformed copy; ~ **hrubý příjem** adjusted gross income

upravit modify, adjust; improve; alter; amend, regulate, govern; ~ **problematiku v zákoně** regulate the issue in the form of a law

uprav|ovat regulate, govern; adjust, alter, modify, improve; amend; rule; ~ **práva** govern / regulate rights; ~ **závazky** govern obligations; **zákoník** ~**uje vztahy** the code regulates the relationships

uprázdnění vacating; vacancy; ~ **nemovitosti** vacating the property; vacant property **uprázdněnost** state of being vacant; **stav ~ti majetku** neexistuje vlastník estate in abeyance no owner exists, vacant possession **uprázdněn|ý** vacated; free; ~**á funkce** vacancy in office, vacant position **uprchlick|ý** relating to refugee(s); ~**á kolonie** refugee colony; ~**é právo** refugee law; ~ **tábor** refugee camp **uprchlík** refugee; escapee, fugitive; **status ~a** refugee status **uprchl|ý** fugitive, runaway, escaped, refugee; **řízení proti ~ému** proceedings / trial against a fugitive **uprchnout** escape, flee, run away; abscond; ~ **z policejní cely** escape from a police cell; ~ **z výkonu vazby** escape from custody; ~ **ze země z politických důvodů** escape from a country for political reasons; ~ **ze země z ekonomických důvodů** leave a country for economic reasons **upřesnění** specification; clarification; ~ **návrhu** specification of a motion / claim **upřesnit** clarify, specify; ~ **předmět stížnosti** specify a particular aree / subject of the complaint **upsat** subscribe engage to take up a certain number of company shares; underwrite guarantee to furnish a definite sum of money in return for an issue of bonds or stock not sold to the public; ~ **akcie** subscribe for shares **upustit od čeho** refrain from; desist; abandon, relinquish, give up an intention; surrender, waive; dispense with formality, ceremony, etiquette; ~ **od dalšího provádění výkonu rozhodnutí bez příkazu** refrain from further execution of judgment without / in the absence of order; ~ **od neoprávněných zásahů do práva** waive / avoid any unlawful interference with a right; ~ **od potrestání** discharge a convict without punishment; ~ **od výkonu trestu** release a convict from serving his term due to, for example, fatal disease or pregnancy; ~ **od výkonu zbytku trestu** release s.o. on parole, remit s.o.'s sentence **upuštění** relinquishment, refraining, abandonment; discharge; waiver, surrender; giving up; **podmíněné ~ od potrestání s dohledem** conditional discharge under supervision; ~ **od potrestání** absolute discharge the release of a convicted defendant without imposing a punish-

ment on him; ~ **od uložení sankce** releasing / discharging s.o. from having sanctions being imposed on them; ~ **od výkonu trestu v případě** smrtelné nemoci nebo vydání do zahraničí releasing s.o. from serving his term / sentence due to fatal disease or committal to a foreign court; ~ **od výkonu zbytku kázeňského trestu** early release / remission with respect to disciplinary punishment; ~ **od výkonu zbytku trestu** parole before the termination of sentence; early release, remission; ~ **od výkonu zbytku zákazu činnosti** releasing s.o. from completing the remainder of the sentence of prohibition to perform his profession / occupation **úraz** injury; accident; **pracovní ~** an accident at work, industrial accident; **předcházení ~ům** accident prevention **urazit** affront, insult, outrage; **hrubě ~ koho** grossly insult s.o.; put an affront upon s.o., offer an affront to s.o. **úrazov|ý** relating to injury; accident; ~**á pojistka** accident policy; ~**é pojištění** accident insurance; ~**é připojištění** accident rider; **sdružené ~é pojištění** accident package **uráž|ka** contempt; affront, insult, insolence; calumniation, calumny; **hrubá ~** outrage, gross insult; **nepřímá ~ soudu** consequential contempt; **veřejná ~** affront, public contempt; ~ **mezi vojáky** affront among soldiers; ~ **na cti** defamation, libel; ~ **soudu** contempt of court; **pravomoc trestat ~ku soudu** contempt power; **řízení o ~ce soudu** contempt proceeding; **omluvit se za ~ku** purge one's contempt **urážliv|ý** contemptuous, insulting, abusive, disdainful, scornful, insolent; ~ **výrok** defamatory statement; **učinit hrubě ~é podání** bring an offensively contemptuous / impertinently insulting / extremely insolent petition **urbariát** osada colony a group of people living temporarily separated from the rest of a community, e.g. during holiday or at weekends, settlement **určení** determination, ascertainment; destination; designation; assignment; declaration; ~ **a popření otcovství** determination and denial / disawoval of paternity; ~ **jména** giving a name by parents; ~ **jména nebo příjmení soudem** determination of the name or surname by court constitutive judgment; ~ **míry sankce a její výměry** determination of the degree of sanction and its rate; ~ **odhadní ceny nemovitostí** ascertainment of appraisal /

estimated value, determination of appraisal / estimated value; ~ **otcovství k ještě nenarozenému dítěti** determination of paternity of an unborn child; ~ **otcovství souhlasným prohlášením rodičů** determination of paternity by a consenting statement of parents; ~ **procesního postavení účastníků** determination of procedural position / status of participants; ~ **vlastnictví k nemovitosti** ascertainment / determination of the title to property, ascertainment / determination of the ownership of property; ~ **výše škody na věci** ascertainment of damage to a thing; ~ **vyživovací povinnosti** determination of the duty to maintain and support; ~ **závazků** ascertainment of obligations; ~**, zda tu manželství je či není** determination whether or not a marriage exists; **les zvláštního** ~ forest with a special function; **místo** ~ place of destination; **naléhavý právní zájem na** ~ exigent legal request to ascertain / determine / declare st. a right / title; **návrh na** ~ **otcovství** motion for a paternity suit, motion for filiation proceedings; **rozsudek o** ~**, že nepřítomnost zaměstnance v práci není neomluvenou absencí** judgment declaring that the absence of an employee at work was not the unauthorized absence / absence without leave; **spor o** ~ **nezákonnosti stávky** dispute to determine the illegality of a strike; **usnesení o** ~ **znalečného** resolution to determine expert's fee; **zánik** ~ **osoby v souvislosti s utajovanými skutečnostmi** expiry of designation of a person with respect to classified information; **žaloba na** ~ **existence závazku** action to determine the existence of obligation; **žaloba na** ~ **obsahu smlouvy** action to ascertain the content of a contract; **žaloba na** ~ **zániku závazku** action for the termination of obligation, action to declare the obligation discharged; **žaloba na** ~ **zůstavitelova majetku** action to ascertain / determine the decedent's estate

určen|ý assigned, determined; designated; ascertained; ~**á místa** designated places; ~**á osoba způsobilá k nakládání s utajovanými skutečnostmi** designated person authorized to deal with / handle classified information

určit determine; assign, ascertain; designate; declare; ~ **míru zavinění** determine in the court the extent of fault of s.o.; ~ **zboží a jeho cenu** ascertain the goods and the price thereof

určitelný qualifiable; determinable; ascertainable

určit|ý determinate; definite, fixed, certain; **do-ba** ~**á** determinate period, fixed time; ~**é požadavky** certain / concrete requirements; **zaměstnat / pronajmout na dobu** ~**ou** employ / let for a fixed time, for a definite period

určovací declaratory; determining, designating; ~ **rozsudek** declaratory judgment; ~ **žaloba** declaratory action to declare the rights of the parties or the opinion of the court as to what the law is

určující determining; designating; decisive; ~ **skutečnosti** operative / determining / crucial facts

úročení interest running

úrod|a crop; yield; annual produce of plants cultivated / preserved for food; harvest **pojištění** ~**y** crop insurance

úrok interest on a principal, **kumulativní** ~ cumulative interest; **narůstající** ~ accruing interest; **přidaný** ~ add interest; **složený** ~ compound interest; **vzniklý** ~ accrued interest; ~ **k určitému datu** interest accrued on the date; ~ **se připočítává k základu** interest accrues to principal; ~ **z prodlení** interest on late payment, late charges; ~ **z této částky** interest on the amount; ~ **z úroků** compound interest

úrokovan|ý yielding interest; ~**á vkladní knížka** (CZ) savings bank book (UK) / bank deposit book (US) yielding interest

úrokov|ý relating to interest on st.; ~**á míra / sazba** interest rate, rate of interest; ~**á sazba pro hypoteční úvěr** mortgage interest rate; ~ **limit pro jednotlivé klienty** lending limit for individual borrowers; **horní a spodní hranice** ~**é míry** rate floor and ceiling limits; **pevná výše** ~**é míry** fixed interest rate; **proměnlivá výše** ~**é míry** adjustable interest rate; **předpisy regulující** ~**é sazby** legislation regulating interest rates; (anti-)usury laws

úrov|eň level; tier; stage; standard; **dosažená** ~ **vzdělání základní, střední, vysokoškolské** vzdělání attained level of education basic, secondary, higher / university education; **nízká** ~ low level / standard; **tři** ~**ně veřejné správy** three tiers of public administration, three-tier system of public administration; **vysoká** ~ high level / standard; **vysoká** ~ **soudců** high competence of judges; **životní** ~ standard of living, living standard; ~ **bydlení** housing standard; ~ **vzdělávání** standard of education

urovnání settlement; accommodation; mediation; arrangement; ~ **rozporů** accommodation of difference; ~ **sporu mimosoudní cestou** out-of-court / extra-judicial / pre-trial settlement of dispute; ~ **sporu o dlužný závazek** debt adjustment; **podniknout kroky k ~ sporu** take action to settle dispute

urovnat settle, satisfy; accommodate; mediate; ~ **manželské spory** settle / heal marital quarrels; ~ **spor** settle a dispute; accommodate a quarrel; ~ **spor mimosoudní cestou** mediate a dispute; settle a dispute out of court; ~ **spory mezi dvěma stranami** settle disputes between two parties

urozenost nobility, gentlehood; dignity

urozený gentle, noble; ~ **původ** gentlehood, nobility of s.o.'s birth

urychlení, urychlování acceleration; accelerating, quickening, hastening; ~ **azylového řízení** acceleration of the application for asylum procedure; ~ **nabytí práva** accelerating the acquisition of a right

úřad office; authority, body; bureau; **bezprostředně nadřízený** ~ immediate superior office; **celní** ~ custom(s) office; **cizozemský** ~ foreign authority / office; **Český báňský** ~ Czech Mining Office; **Český statistický** ~ Czech Statistics Office; **daňový** ~ tax office; **Federální** ~ **pro vyšetřování** (US) Federal Bureau of Investigation FBI; **finanční** ~ Tax Office (CZ), revenue authority, Inland Revenue (UK), Internal Revenue Service (US); **matriční** ~ Registry of Births, Deaths and Marriages, Vital Statistics Office; **městský** ~ town / city authority; **Národní bezpečnostní** ~ (CZ) National Security Authority; **Nejvyšší kontrolní** ~ (CZ) Supreme Audit Office / Authority; **obecní** ~ community / municipal / local authority; **obecní** ~ **pověřený výkonem matriční agendy** local authority designated to be in charge of the births, marriages and deaths register; **obvodní** ~ (CZ) metropolitan district authority; **okresní** ~ (CZ) District Office; **pověřený obecní** ~ designated community / municipal / local authority; **pracovní** ~ Labour Exchange / Office / Agency / Bureau, Employment Agency / Bureau; **Puncovní** ~ (CZ) Hall-marking Authority; **správní** ~ administrative office / authority, government agency; **stavební** ~ Building Authority issuing building permits; **živnostenský** ~ (CZ) Trade Licence Office; ~ **práce** Labour Exchange / Office / Agency / Bureau, Employment Agency / Bureau; ~ **sociálního zabezpečení** (CZ) Social Security Office / Bureau; ~ **státní správy** state administration authority / body; **městský** ~ **zabral pozemek pro vybudování svých nových kanceláří** the town authority appropriated the land to build the new municipal offices; **nastoupit do** ~**u** come into office

úředně officially, by virtue of office; administratively; ~ **sdělitelný** notifiable, subject to official notification; ~ **stanovená cena** official price set by an authorized body, not market

úřední official, administrative; formal; bureaucratic; **nesprávný** ~ **postup** maladministration; faulty administration; inefficient / improper management of affairs; ~ **deska soudu** official notice board of the court; ~ **hodiny** office hours, hours of attendance; ~ **jednání** official agenda / business; ~ **kopie** office copy; ~ **listina** official document / instrument; ~ **měření** official measuring; ~ **měřič** official measurer; ~ **název** official name / title; ~ **odhadce** znalec v oboru stavitelství a oceňování nemovitostí chartered surveyor; ~ **osoba** person in authority; ~ **ověření podpisu** authentication; authenticated signature; ~ **povinnost** potřeba official duty need; ~ **povolení** official permit; licence; accreditation; ~ **překlad** official translation; ~ **spis** official file(s); ~ **stanovení cen** official pricing set / fixed prices; ~ **šetření** official search / examination; ~ **uzávěra** seal-off, official enclosure of the scene of a crime by the police; ~ **věstník** (ES) the Official Journal of the European Communities; ~ **zápis** tj. notářský official record i.e. notarial deed; ~ **záznam o předvedení osoby policií** an official record of bringing s.o. in by the Police; ~ **značka** official mark of reference; **přestupky se projednávají z** ~ **povinnosti** administrative delicts / infractions shall be heard upon obligation ex officio / by virtue of office; ~ **odhadce nepodá zprávu o svém nálezu** the surveyor fails to give notice of his determination; ~ **zpravodaj** official gazette printed, official reporter person; **z moci** ~ by virtue of office, virtute officii (lat), ex officio (lat); in discharge of one's duty, in virtue of one's office; **zveřejňování informací z moci** ~ disclosure / publication of information and data ex officio / by virtue of office

úřednick|ý clerical, official; ~**á vláda** fungující

do nastoupení vlády, která vzejde z řádných voleb caretaker Government being in the office until a new government is appointed from amongst those newly elected in regular elections; ~ **aparát** clerical staff; bureaucrats; administrative personnel; **předseda ~é vlády** caretaker Prime Minister **úředník** officer, official, clerk; civil servant; executive; commissioner; white-collar; **soudní** ~ court officer *(CZ)*; court administrator non--judicial personnel, clerk to the Justices, Justice's clerk; holder of judicial office; **vládní** ~ governmental official; **vymáhající soudní ~ u peněžitých trestů** judicial officer in charge of / charged with collecting fines in default; **vyšší soudní** ~ judicial officer generally, an officer of a court rendering decisions in judicial capacity; senior officer of justice; ~ **magistrátu** metropolitan authority official / officer; ~ **okresního soudu** district court clerk; ~ **pověřený sestavením poroty** jury commissioner; ~ **smírčího soudu** clerk of the peace; **zaměstnání ~a** clerkship; civil service

usedlost homestead; manor; farm

úschov|a deposit, custody, bailment, safekeeping; **bezpečná** ~ safe custody, safe-keeping; **notářská** ~ notarial deposit; **soudní** ~ judicial / legal custody, custody of court; **úřední** ~ **dokumentů** official custody of documents; ~ **cenností v bankovním sejfu** safe deposit; ~ **cenných papírů** custody of securities; ~ **soudu** dříve státního notářství custody of court formerly, of a notary public; ~ **u notáře** deposit with a notary; ~ **u orgánu obce** deposit with a local council; ~ **u třetí osoby** escrow, safekeeping by a third party; ~ **věci** custody of a thing; bailment for fee; ~ **za úplatu** bailment for hire; **návrh na přijetí do ~y soudu** motion to admit st. to be placed in judicial custody; **odevzdání / převzetí věci do ~y** delivery / acceptance of a thing into custody; **přijetí závěti do notářské ~y** accepting a will as a notarial deposit; **smlouva o ~ě** bailment contract, contract of bailment; **uložení do úřední ~y** placing / depositing st. in official custody / safekeeping; **usnesení o přijetí ~y** resolution of taking a thing into judicial custody / custody of court; **usnesení o vydání ~y** resolution to deliver a thing kept in the custody of court; **odevzdat věc do ~y věznice** place personal belongings in the custody of a prison officer; **složit peněžitou částku nebo věc do ~y soudu**

place the amount of money, or an item of property, into the custody of court / judicial custody; **uložit do ~y notářství** deposit st. with a notary, place / lodge st. as a notarial deposit

uschovatel bailee receiving property by way of bailment; depositary, custodier *(UK)*; depositor of money in a bank

úschovce zástavce bailor transferring property by way of bailment

úschovna depository; ~ **zavazadel** luggage office; luggage locker

úschovný safekeeping, held in escrow; relating to custody; ~ **účet** safekeeping account; escrow account

uskladnění storage, storing; **poplatek za** ~ storage fee / charge; ~ **v celním skladu** storing in a bonded warehouse

uskladnit store; keep in storage; place in warehouse

úskočn|ý captious, fallacious; tricky, sophistical; **~é otázky** captious questions

úskok scheme, contrivance, trickery; artifice; gimmick

uskutečnění implementation, carrying out; application; accomplishment, completion; realization; ~ **koupě** completion of purchase; ~ **prodeje majetku** realization of property

uskutečnit, uskutečňovat implement, carry out; carry into effect, apply; complete, accomplish; make good, give effect to st.; ~ **mezinárodní spolupráci** achieve international cooperation; ~ **proces snižování daní** implement the process of reducing taxes; ~ **restriktivní politiku** implement restrictive policies

uskutečniteln|ý feasible; practicable; **~á reforma justice** practicable reform of judiciary; **~é cíle** feasible objectives

úsluha service; **společenská** ~ accommodation

usměrnit, usměrňovat direct, guide; regulate; conduct, lead; ~ **chování koho** direct the conduct of s.o.

usměrňování directing, guiding; rectification, regulation; **věcné nebo časové** ~ **cen** regulating prices with respect to certain goods or time requirements timing

usmrcení homicide; killing; ~ **jako oprávněný čin** např. vykonání trestu smrti excusable / justifiable homicide e.g. the execution of death penalty; ~ **manželky** vlastním manželem uxoricide, wife-killing; ~ **plodu** intentional killing of a viable fetus; child destruction intentional killing

of an unborn child capable of being born alive; ~
v důsledku provozu vozidla vehicular hom-
icide, killing s.o. by the operation of a mo-
tor vehicle; ~ **z nedbalosti** při dopravní neho-
dě negligent homicide; **vyhrožovat ~m, ublí-**
žením na zdraví nebo způsobením škody
threaten with killing, bodily injury, or causing
damage
usmrcený killed, destructed; slain; **počet ~ch**
osob při dopravních nehodách road accident
death rate
usnadnění simplification; facilitation; conveni-
ence; **pro** ~ for convenience
usnadnit simplify; enable; make easy; ~ **re-**
konstrukci trestného činu simplify the re-
construction of a crime
usnášeníschopnost quorum; being quorate
usnášeníschopn|ý attended by a quorum; quor-
ate; having a quorum; **~á schůze** meeting at-
tended by a quorum, quorate meeting; **být** ~
be attended by a quorum, have a quorum, be
quorate
usnášet se decide by resolution; ~ **většinou**
hlasů decide by resolution upon a majority
vote
usnesení resolution in Czech law, one of two regular
types of judicial decision: judgment and resolution, ju-
dicial resolution, resolution of court; **opravné**
~ amended / rectifying resolution; **zjednodu-**
šené ~ summary resolution; ~ **o nařízení ne-**
bo odročení jednání resolution to order the
commencement or suspension of trial; ~ **o ne-**
odkladném opatření resolution to take an
emergency measure; ~ **o nepřipuštění změ-**
ny návrhu resolution whereby an alteration
of the petition shall not be admitted; ~ **o ne-**
zastavení řízení při zpětvzetí návrhu res-
olution not to discontinue proceedings if the
motion is withdrawn; ~ **o odkladu provede-**
ní výkonu rozhodnutí resolution to suspend
the judgment execution; ~ **o odložení věci**
(TPP) resolution not to proceed with the pro-
secution; ~ **o odmítnutí námitek pro opož-**
děnost nebo neodůvodněnost resolution to
refuse exceptions due to delay or the lack of
cause; ~ **o odmítnutí pozdě podaného od-**
poru resolution to refuse the delayed protest;
~ **o postoupení věci** jinému soudu resolution
to transfer the case to another court; ~ **o pro-**
hlášení konkursu k návrhu věřitele resolu-
tion to declare bankruptcy upon an involun-

tary petition filed by creditors; ~ **o prohlášení**
konkursu k návrhu dlužníka resolution to
declare bankruptcy upon the voluntary peti-
tion filed by the debtor; ~ **o prominutí zmeškání**
lhůty resolution to judicially waive the lapsed
time to appeal; ~ **o předběžném opatření před**
zahájením řízení resolution to render the
emergency ruling before the commencement
of proceedings; ~ **o předběžném opatření**
při výchově nezletilého dítěte resolution to
render the emergency ruling with respect to
the upbringing of a minor; ~ **o přenesení**
místní příslušnosti resolution to confer local
jurisdiction / forum; ~ **o přerušení řízení**
resolution to suspend proceedings; ~ **o pří-**
klepu resolution to award the knock-down; ~
o rozvrhu výtěžku likvidace dědictví resol-
ution to distribute proceeds obtained upon the
liquidation of inheritance / decedent's estate;
~ **o rozvrhu výtěžku prodeje movitých věcí**
resolution to distribute proceeds of the sale
of movable goods; ~ **o schválení smíru ve**
smírčím řízení resolution to approve pre-trial
settlement in the conciliation proceedings; ~
o spojení věci ke společnému řízení resolu-
tion to join cases for joint proceedings / trial; ~
o uložení pořádkové pokuty pro nesplnění
oznamovací povinnosti resolution to impose
fine in administrative proceedings for non-compli-
ance with the duty, resolution to impose fine
for failure to inform / to give proper notice; ~
o ustanovení opatrovníka k podání žalo-
by o určení otcovství resolution to appoint
a guardian to bring a paternity action before
court; ~ **o vazbě** resolution to order custody of
the accused; ~ **o vyloučení opožděné přihlášky**
pohledávek z uspokojení v konkursu resol-
ution to exclude delayed proofs of claim to be
settled / satisfied in bankruptcy; ~ **o vyloučení**
soudce resolution to exclude the judge from the
proceedings; ~ **o zahájení řízení bez návrhu**
resolution to commence proceedings without
a notice of motion; ~ **o zahájení trestního**
stíhání resolution to prosecute, resolution to
commence the prosecution; ~ **o zajištění ma-**
jetku resolution to seize the property; ~ **o za-**
jištění nároku poškozeného resolution to se-
cure the claim of the injured; ~ **o zastavení**
dědického řízení pro nedostatek nebo ne-
patrnost majetku resolution to discontinue
the probate proceedings due to the lack, or

small size, of estate; ~ **o zastavení řízení pro neodstranění vady podání** resolution to discontinue proceedings due to the failure to eliminate defects in the petition; ~ **o zastavení řízení pro neodstranitelné vady podání** resolution to discontinue proceedings due to irremovable defects in the petition; ~ **o zastavení řízení ve správním soudnictví** resolution to discontinue administrative proceedings; ~ **o zastavení soudního řízení pro nezaplacení soudního poplatku** resolution not to proceed due to the non-payment of the judicial fee; ~ **o zastavení trestního stíhání** resolution not to proceed with the prosecution, resolution to discontinue the prosecution; ~ **o zastavení výkonu rozhodnutí** resolution to discontinue the judgment execution; ~ **o zproštění a ustanovení konkursního správce** resolution to dismiss and appoint the trustee in bankruptcy; ~ **o zrušení rozhodnutí a postoupení věci věcně příslušnému soudu** resolution to cancel the decision, and to transfer the case to the court having subject-matter jurisdiction; ~ **o zrušení rozhodnutí a vrácení věci soudu 1. stupně k dalšímu řízení** resolution to cancel the decision and remand the case to the court of first instance to proceed re-hearing or a new trial; ~ **řádné valné hromady** ordinary resolution of a regular general meeting; ~ **soudu** resolution of court, judicial / court resolution; ~ **v řízení o prohlášení za mrtvého** resolution awarded in the declaration of death proceedings; ~ **vlády** Government resolution; **~, jímž se nepřipouští zastoupení** resolution whereby the representation shall not be admitted / permitted; **~, jímž se odvolání odmítá** resolution whereby the appeal shall be rejected not to be dealt with; **~, kterým se nařizuje likvidace družstva** resolution whereby the liquidation / winding up of the cooperative shall be ordered; **~, kterým se odkládá vykonatelnost rozhodnutí napadeného návrhem na obnovu řízení** resolution that the enforcement of judgment be suspended due to a motion for a new trial; **~, kterým se povoluje obnova řízení** resolution sanctioning a new trial, resolution whereby a new trial shall be sanctioned / permitted; **~, kterým se vrací věc soudu nižšího stupně** resolution whereby the case shall be remanded to a lower court; **~, kterým se zamítá návrh na obnovu ří-**

zení resolution dismissing the motion for a new trial; **~, kterým se zrušuje obchodní společnost na návrh** resolution whereby the corporation / company shall be dissolved upon a motion; **~, kterým se zrušuje** ~ resolution whereby the resolution shall be cancelled / vacated / reversed; **orgán, proti jehož** ~ **stížnost směřuje** the body against the resolution of which a complaint is lodged; **oznamování** ~ notification of resolutions; **písemné vyhotovení** ~ written copy of a resolution; **vyhlášení** ~ award / pronunciation / issuance of a resolution; **vyhotovení** ~ making / writing / drafting of a resolution; **výrok** ~ statement / holding contained in a judicial resolution; **soud rozhoduje ~m** the court shall decide by resolution; **vydat opravné** ~ award / issue an amended resolution; **zamítnout stížnost ~m** dismiss a complaint by means of resolution

usn|ést se decide by resolution; **neusnese-li se Senát jinak** unless the Senate shall in any case otherwise resolve; **parlament se ~esl** the Parliament resolved / decided by resolution

uspat stiffen s.o.; make s.o. sleep with dormitives for criminal purposes

uspávací soporific, dormitive; ~ **prostředek** dormitive substance, narcotic; ~ **účinek** soporific effect

úspěch success; achievement; **částečný ~ ve věci** partial achievement in the case; **mít ve věci plný ~** vyhrát spor be fully successful in the suit win the case; **odpůrce, který neměl ~ ve věci** unsuccessful respondent, respondent who lost his case

uspokojení satisfaction, accommodation; settlement; **konkursní poměrné ~ věřitelů** bankruptcy proportional distribution of assets among creditors; ~ **nároků** settlement / satisfaction of claims; ~ **oprávněného** satisfaction of claims of a beneficiary / entitled person; ~ **pohledávek** satisfaction / settlement of claims, discharge / settlement of claims / debts; ~ **práv na nepeněžité plnění** satisfaction of rights to non--monetary performance; ~ **ze zástavy** satisfaction on account of pledge i.e. the debt is settled out of the pledge; ~ **životních potřeb** satisfaction of the needs of / in s.o.'s life; **domáhat se** ~ claim / seek satisfaction; **mařit ~ nároku** obstruct / hinder / frustrate the satisfaction / settlement of a claim

uspokojit satisfy, accommodate; settle; ~ **po-**

hledávku settle a debt, satisfy / accommodate / settle a claim; ~ **potřeby** meet / satisfy the needs; ~ **právo** settle a claim / right
úspor|a saving; economy; **peněžní** ~y money savings; ~ **času** time-saving; ~ **energie** saving of energy
uspořádání arrangement the action of arranging or disposing in order, structure; **abecední** ~ alphabetical order; **pevné předmětové** ~ fixed subject arrangement
uspořádat arrange, assort; cast; ~ **abecedně** arrange in alphabetical order
ustálen|ý fixed, settled, stable; permanent, definite; determinate; regular; accustomed; ~**é pravidlo** settled rule, a custom
ustanovení₁ provision; clause, covenant; statement; stipulation, proviso a clause inserted in a legal document, making some condition, stipulation, exception, or limitation, upon the observance of which the operation / validity of the instrument depends; **deklaratorní** ~ **zákona** directory provisions of a statute; **kogentní** ~ **zákona** mandatory / peremptory provisions of a statute; **následná** ~ consequential provisions; **nedotčené** ~ zákona unprejudiced / unaffected provision of a statute; **obecná** ~ general provisions; **přechodná** ~ transitional / temporary provisions; **společná** ~ common / general provisions; **závěrečná** ~ final provisions; **zmocňovací** ~ delegating provision in a statute vesting powers in subordinate bodies; **zrušovací** ~ repealing clause; ~ ve stanovách obchodní společnosti **o omezeném ručení** liability clause; ~ **je účinné až právní mocí rozhodnutí o schválení** the provision shall become effective upon the final affirmative judgment; ~ **o předmětu** podnikání objects / purpose clause; ~ **o zákazu konkurence** covenants not to compete; ~ **odstavce 5** smlouvy the provisions of paragraph / clause 5 of the contract; ~ **týkající se hlučnosti** provisions relating to noise; **na základě** ~ **této nájemní smlouvy** by / in virtue of the provisions of the lease herein; **podle** ~ čeho under the provision of st.; **porušení** ~ breach / violation / infringement of a provision; **aniž je dotčena obecná povaha** ~ without prejudice to the generality of a provision; **toto** ~ **se týká pouze obchodů mimo ES** this clause applies only to deals outside the EC
ustanovení₂ appointment, designation of a person; award, establishment of an office, department;

soudní ~ **správce pozůstalosti** letter of administration to appoint the administrator of the decedent's estate; ~ **obhájce** appointment of counsel for the defendant; ~ **odpovědného zástupce** appointment of a person in authority / acting under authority; ~ **opatrovnictví osoby** establishment of guardianship; ~ **opatrovnictví věci** establishment of custodianship / curatorship (LA) of a thing; ~ **opatrovníka nezletilého pro úkon** appointment of a guardian to act on behalf of a minor; ~ **opatrovníka osoby** appointment of a guardian of a person; ~ **opatrovníka věci** appointment of a custodian / curator (LA) of a thing; ~ **tlumočníka** appointment / designation of an interpreter; ~ **znalce** appointment of an expert; **listina o** ~ **opatrovníka** the appointment of guardian certificate; **rozsudek o** ~ **opatrovníka** judgment to appoint a guardian, appointment of guardian judgment; **usnesení o** ~ **opatrovníka k podání žaloby o určení otcovství** resolution to appoint a guardian ad litem to bring a paternity suit before court
ustanovený established; nominated, appointed; installed; **opatrovník** ~ **soudem** guardian appointed by a court; ~ **kandidát** nominee; ~ **obhájce** appointed counsel ex officio; ~ **správce** appointed / installed administrator; ~ **zástupce** appointed representative / agent / deputy; ~ **znalec** appointed expert
ustanovit appoint, designate a Chair; establish an entity, install s.o. in a position; constitute relations, rights, institute an entity; create rights; ~ **novou vládu** institute new government; ~ **opatrovníka k výkonu práv obviněného** appoint a guardian for the execution of rights of an accused; ~ **tlumočníka** appoint an interpreter; ~ **zástupce** appoint an agent / representative; ~ **zástupce akcionáře pro hlasování** appoint a proxy; ~ **znalce** appoint an expert
ústav institute, institution; establishment; **dětský výchovný** ~ reformatory for delinquent children an institution to which juvenile incorrigibles are sent with a view to their reformation; a reforming institution; **diagnostický** ~ psychiatric reformatory for delinquent juvenile a short-term in-patient institution to make a psychological diagnosis of delinquent minors; **nápravněvýchovný** ~ reformatory / correctional institution, penitentiary for juvenile delinquents; **peněžní** ~ financial institution; depository, bank; **Státní** ~ **pro kon-**

trolu léčiv *(CZ)* State Institute for Pharmaceutical Control; **Ústřední kontrolní a zkušební** ~ **zemědělský** *(CZ)* Central Institute for Control and Testing in Agriculture; **Ústav pro státní kontrolu veterinárních biopreparátů a léčiv** *(CZ)* Institute for State Control over Veterinary Biopreparations and Pharmaceuticals; ~ **s výchovně léčebným režimem** a reformatory with psychiatric treatment; ~ **sociální péče** social care home / institution; ~ **zdravotní péče** medical institution, hospital

ústav|a constitution; **jsoucí v rozporu s ~ou** unconstitutional, in violation of the Constitution, contrary to the Constitution, against the Constitution; **dodržovat ~u** observe the Constitution; **přijmout ~u** adopt the Constitution

ustavení creation, formation; establishment; ~ **společnosti** creation / formation of a company

ustavičný constant; perpetual, habitual, continual

ustavit create, form, establish, institute; ~ **vládu** establish / institute the government

ústavní₁ institutional, in-patient; **rozsudek o nařízení** ~ **výchovy** judgment to detain s.o. in a special medical treatment institution; ~ **léčení** in-patient treatment; ~ **péče** hospital treatment; ~ **řád** medical institution guidelines / rules

ústavní₂ constitutional; ~ **ochrana** constitutional protection; ~ **omezení** constitutional limitations; ~ **pořádek** constitutional order; ~ **právo** constitutional law; ~ **rámec** constitutional framework; ~ **režim** constitutional government; ~ **řád** constitution; constitutional order; ~ **součást** constitutional part; ~ **soud** constitutional court; ~ **systém** constitution, constitutional system

ústavnost constitutionality, constitutional government; compliance with the Constitution

ústavodárn|ý constitutional; **~é shromáždění** Constitutional Convention

ustavující establishing, constituting; forming, creating, founding; ~ **členská schůze** establishing meeting of the membership of a company, society, association, etc., where the entity is officially and legally established and constituted

ústně orally, in speech; viva voce *(lat)*; ~ **učiněné podání** orally made filing; oral petition

ústní oral, verbal, spoken, parol; ~ **dohoda** oral / verbal agreement; ~ **důkaz** oral / verbal evidence; ~ **námitka** parol demurrer;

~ **smlouva** parol / verbal contract; ~ **varování** oral / verbal warning

ustoupení retreat, withdrawal from st.; ~ **od potrestání** retreat from sentencing

ustoupit withdraw from; retreat; ~ **od požadavků** withdraw from requirements

ústředí centre, center *(US)*; headquarters a chief / central place of residence, meeting, or business; a centre of operations; head office; **Ústředí pro mezinárodněprávní ochranu mládeže** the Centre for the International Protection of Youth

ústřední central; ~ **orgán státní správy** central state administration body, central government body; ~ **seznam ochrany přírody** central register of nature conservation; ~ **vláda** central government; ~ **zpravodajská služba** *(US)* Central Intelligence Agency CIA

ústřižek stvrzenka counterfoil, official receipt

ústupek concession; compromise

úsudek judgement, consideration; conclusion; **faktický** ~ conclusion of fact; **právní** ~ conclusion of law; **vlastní** ~ one's own judgement

usufrukt(us) usufruct right to use and enjoy

usuzovat conclude, gather, infer from st.

usvědčit prove s.o. / st. to be; ~ **koho z omylu** confute s.o., prove s.o. to be false

usvědčující incriminating; accusatory; proving; ~ **doznání** incriminating admission; ~ **důkaz** incriminating evidence; ~ **okolnosti** incriminating circumstances

uškrcení strangulation

uškrtit choke, suffocate, strangle s.o.

ušl|ý lost, ceased; **~á odměna** loss of earnings / fees; ~ **zisk lucrum cessans** loss of earnings; ceasing gain, loss of profit; **náhrada ~ého výdělku** reimbursement of the loss of earnings; **náhrada zisku ~ého z důvodu prodlení s provedením díla** compensation of the loss of profit due to the delayed completion of a work

utajení secrecy, concealment; security; non-disclosure; **stupně ~: přísně tajné, tajné, důvěrné, vyhrazené** *(CZ)* levels of security classification: top secret, secret, confidential, restricted; ~ **skutečné totožnosti osoby** concealment of s.o.'s real ID

utajen|ý undisclosed; classified, secret, confidential; ulterior; **~é jednatelství** undisclosed agency; **~é skutečnosti** classified information; ~ **zlý úmysl** ulterior motive, undisclosed motive; ~ **objednatel / zadavatel** undisclosed principal / client

utajitelný classifiable; concealable

utajování classifying of information; concealment of things, persons

utajovan|ý undisclosed; classified, secret, confidential; ulterior; **~é skutečnosti** classified information / facts / materials; **ochrana ~ých skutečností** protection of classified information; **porušení ochrany ~ých skutečností** breaching the security of classified information; **poškození ~ých skutečností** damaging classified information; **vyzrazení ~ých skutečností** divulging classified information; **znehodnocení ~ých skutečností** rendering classified information useless; **zneužití ~ých skutečností** abusing classified information; **zničení ~ých skutečností** destroying classified information

utajovat keep in secret / confidence, disguise, undisclose, classify; **~ okolnosti** keep the circumstance in secret; undisclose the circumstances; **~ skutečnosti** classify information / facts

utečenec fugitive one who flees or tries to escape from justice, runaway; refugee seeking refuge in a foreign country

útěk escape; breakout, setting at large; getaway; **~ umožněný nedbalostí** negligent escape; **~ z ústavu ochranného léčení** escape from an protective treatment institution; **~ z vězení** breaking jail, jail(-)break; escape from prison; prison-breach, prison-breaking

utilita veřejná služba public utility

útisk oppression exercise of authority / power in a burdensome, harsh, or wrongful manner; the imposition of unreasonable or unjust burdens, tyranny

útočiště refuge; asylum; **~ pro bezdomovce** a refuge / asylum for homeless people; **najít ~ kde** take refuge in / at

útočník attacker, mugger; invader, aggressor

útok attack; assault; raid; siege; **verbální ~** verbal assault; **~ na státní orgán** assaulting a member on duty of a state body; **~ na veřejného činitele** assaulting a public officer; **~ provedený omylem** attack upon mistaken beliefs; **odvracet přiměřeným způsobem hrozící nebo trvající ~** obstruct a threatening or continuing attack in a reasonable manner; **odvracet ~** prevent an attack danger

utopení drowning

utopen|ý drowned; **~á oběť** drowned victim, drowner

utopit (se) drown

útra|pa anguish, hardship, torment; **fyzické a duševní ~py** physical and mental anguish; **mučivé ~py** excruciating anguish; **působení psychických ~p** infliction of mental anguish

utrpení suffering, hardship

utrpěn|ý sustained, inflicted, incurred; suffered; **~á škoda** sustained damage

utrpět suffer, sustain; incur; **~ škodu** sustain / suffer injury / damage / loss; be injured / damaged / harmed / impaired

utřídit assort, arrange, classify; codify

útulek asylum, refuge; **~ pro mladistvé delikventy** house of refuge (US); **~ pro psy** community, private kennel for stray dogs

útvar unit, department; formation; section; **vojenský nápravný ~** military correctional unit for offenders of military crimes; military prison; **~ správních činností** administrative unit of the police; **~ technické podpory** technical support unit; **~ vyšetřování** department of investigation

utvořit create, form, establish, set; found; **~ skupinu z koho** group persons, make a group of persons

uvaděč attendant, usher; **soudní ~** usher an officer in a court of justice (UK)

uvádění introducing, representing; **úmyslné ~ koho v omyl** wilful misrepresentation; deceit

uvádět **1** introduce; institute; assert, allege, claim; quote, cite; **~ před soudem** allege / assert st. before / in court **2 ~ do oběhu** put into circulation; utter; **~ do oběhu falešné peníze** utter forged money, put counterfeited money into circulation

úvaha consideration, contemplation; calculation; deliberation; **právní ~** legal deliberation; **soudcovská ~** judicial discretion; **vzít co v ~u** take st. into consideration

uvalení imposing, inflicting; **~ vazby** remanding s.o. in custody, committing s.o. to custody; **~ vazby za urážku soudu** custody order for the contempt of court

uvalit impose on / upon a tax, price, etc., put / subject a person to a penalty, observance; apply; **~ embargo** apply an embargo; **~ nucenou správu na co** impose the official compulsory conservatorship / trusteeship / receivership established in a problematic bank by the Czech National Bank within its supervisory powers; ~ **vazbu na koho** commit s.o. to custody

uvážení consideration; discretion; reflection; **pečlivé ~ okolností případu** due balance / consideration of all the circumstances of the case; **soudní ~** judicial discretion, court's assessment; **správní ~** zákonem povolená volná úvaha správního orgánu administrative discretion discretionary powers of administrative bodies vested by virtue of law; **správní ~ není neomezené** administrative discretion may not be unlimited / unrestrained / unrestraint; **lhůta prodloužená na základě volného ~ soudu** a period extended at the court's discretion; **na vlastním ~** at the discretion of s.o.; **závisející na vlastním ~** discretionary, discretional; **čin ponechaný** vlastnímu **volnému ~** discretionary act

uvážit consider, reflect; judge, deliberate; ~ **co na základě faktů v případu** consider st. upon the facts of a case

uvážlivý prudent; responsible; thoughtful

uvažování deliberation, consideration; thinking; calculation

uvažovat contemplate; consider, reflect; judge, deliberate

uvedení introduction; initiation; beginning; commencement, origination; representation; ~ **do předešlého stavu** restitution, the fact of being restored / reinstated to a previous status / position; ~ **na trh** placing on the market; ~ **objektu / nemovitosti do původního stavu** naturální restituce reinstatement restoring or replacing of destroyed or damaged property to a former position; ~ **v omyl** misrepresentation

uvedený stated; mentioned; introduced, represented; **dále ~** stated hereinafter; **níže ~** stated / mentioned below; **výše ~** aforementioned, aforesaid, above mentioned

uvědoměl|ý conscious; aware of st.; ~**é vytváření** conscious creation

uvědomit koho / co o čem notify s.o. of st., give notice of st. to s.o., inform s.o. of / about st.

uvědomit si co be aware of st.; learn about st., realize st.

uvědomování si awareness; conscious perception of st.

uvědomovat si be aware of st.; appreciate, recollect; **při svém jednání si plně ~ následky** act in full consciousness of the consequences

úvěr credit; loan; lending money; **akceptační**

~ acceptance / accepting credit; **avalový ~** aval credit; **dlouhodobý ~** long-term credit; **eskontní ~** discount credit; **krátkodobý ~** short-term credit; **nestandardní ~** non-standard credit; **nezajištěný ~** unsecured credit; **participovaný ~** participated credit; **pochybný ~** dubious / loss-making credit; **sledovaný ~** monitored credit; **spotřebitelský ~** consumer('s) credit; **střednědobý ~** middle-term credit; **syndikovaný ~** syndicated credit; **zajištěný ~** secured credit; **ztrátový ~** loss-making credit; **hodnocení** návratnosti ~**ů** credit rating; **omezení poskytování** ~**ů** lending restrictions; **smlouva o poskytnutí** ~**u** loan contract; **žádost o poskytnutí podnikatelského** ~**u** commercial credit application; **žádost o poskytnutí spotřebitelského** ~**u** consumer's credit application

úvěrov|ý relating to credit; ~**á karta** credit card; ~**á linka** credit line; ~**á rizika** credit risks; ~**á smlouva** loan contract; ~**á společnost** credit agency; ~**é činnosti** lending activities; ~**é podmínky** credit terms; ~**é pojištění** credit insurance; ~**é služby** credit facilities

uveřejnit publicize; publish; announce; communicate publicly; bring to the notice of the public; make generally known; advertise; ~ **vyhláškou** soudní publicize information as a judicial / court notice, publicize by the way of a judicial / court notice

uveřejňování publishing, publication, publicizing; announcing; ~ soudních **vyhlášek** the publicizing of court notices and announcements

uv|ést introduce; institute; start, open, begin; quote, cite; ~ **co do normálního stavu** return st. to a regular condition; clear up st.; ~ **co do původního stavu** reinstate / restore st.; ~ **důkazy** adduce / give / bring / produce evidence; ~ **jméno** give the name; ~ **koho v držbu** let s.o. in possession; ~ **protidůkazy** rebut the defence; ~ **příklad** give an example; ~ **koho v omyl** misrepresent, give a false representation / account of st.; mislead s.o.; ~ **v soulad** harmonize; ~ **v účinnost** give effect to st.; ~ **za svědka** adhibit a witness; **jak je ~edeno výše** as stated above, as aforementioned; supra scriptum *(lat)*, s.s. abbrev

uvěznění incarceration, imprisonment, confinement

uvěznit incarcerate, imprison, confine s.o. in prison

úvod introduction; opening, beginning; start

úvodní introductory, introducing; preliminary; initial; ~ **ustanovení** introduction, preliminary / introductory provisions

uvolnění release; vacancy; vacation, making a position vacant; disengagement; ~ **konkursního dlužníka ze závazků** discharge of a bankrupt; ~ **koho z funkce** release / remove s.o. from office, dismiss s.o.

uvolněn|ý vacant, unoccupied; not filled / held / occupied; **~á držba** vacant possession available for occupation by the purchaser, not occupied by the vendor or a tenant

uvolnit vacate; leave st. vacant by death, resignation, retirement; give up, relinquish, resign the holding / possession of st.; ~ **cenu benzinu** decontrol the price of petrol, release the petrol price

uzance usage, habitual use, established custom / practice, customary mode of action; **obchodní** ~ usage of trade, trade custom

uzávěr|a enclosure, stopping, hault, close; **jsoucí pod celní ~ou** bonded; **úřední** ~ seal-off, official / police enclosure of the scene of crime by the police

uzavírající closing, final, coming to an end; concluding; ~ **devizový kurz** closing foreign exchange rate; ~ **kurz akcií na burze** closing quote of shares in the Stock Exchange

uzavírání 1 closing, finishing; concluding 2 entering into, making; ~ **soukromoprávních smluv** entering into / making private contracts; ~ **mezinárodních smluv** concluding international treaties

uzavírka closure; close, closing, shut; ~ **pozemní komunikace** closure of a highway / motorway

uzavření 1 conclusion, concluding; making, entering into, contracting; solemnization; completion; **slavnostní** ~ **manželství** solemnization of marriage, marriage ceremony; ~ **kupní smlouvy** the making of a contract of sale, entering into a sales contract; ~ **manželství civilní, církevní, zástupcem** solemnization of marriage temporal, religious, by proxy; contracting a marriage; ~ **manželství doprovázejí určité formality** certain formalities attend the solemnization of marriage; ~ **mezinárodní smlouvy** conclusion of an international treaty; ~ **smlouvy** entering into / making a contract; **forma** ~ **manželství** form of solemnization of

marriage; **okolnosti vylučující** ~ **manželství** circumstances impeding a marriage; **podmínky** ~ **manželství** conditions of the solemnization of marriage; **protokol o** ~ **manželství** memorandum of the marriage solemnization; **smlouva o** ~ **budoucí kupní smlouvy** agreement to make a sales contract; sales pre-contract, letter of intent to make a sales contract 2 closing, closure; ~ **podniku** close-down; **pojištění pro případ** ~ **provozu** business closure insurance

uzavřen|ý 1 made, entered into, concluded; **mezinárodní smlouva ~á vysokými smluvními stranami** the Treaty concluded by the High Contracting Parties; **smlouva ~á kým** a contract entered into / made by s.o. 2 closed; **~á hypotéka** closed mortgage; **~á soutěž** konkurs určený pro omezenou skupinu lidí close competition; **~é odbory** nepřijímající nové členy closed union; **~é soudní jednání** closed trial; ~ **účet** bez možnosti vkladu či výběru closed account

uzavřít 1 make, enter into, conclude; take out; ~ **dohodu** enter into an agreement, conclude an agreement; ~ **dohodu v dobré víře** enter into agreement in good faith; ~ **manželství** wed, enter into marriage, solemnize marriage; contract marriage; ~ **pojistnou smlouvu** take out an insurance policy; ~ **smír** settle / adjust the dispute before trial; conciliate; ~ **smlouvu** make a contract, enter into contract; conclude a treaty; ~ **spojeneckou smlouvu** contract alliance, enter into alliance with s.o.; **rozsudek o povolení** ~ **manželství nezletilému, staršímu 16 let** a judgment conferring upon a minor older than 16 the capacity right to marry 2 close, shut; bring to a close / end; finish, complete; terminate; ~ **bez povolení pozemní komunikaci** close a highway without permission / authorisation

území territory, locality, area, zone, land; venue; **historicky, architektonicky chráněné** ~ např. **města** conservation area an area deemed to be of special architectural, natural, or other interest, whose character and appearance are protected from undesirable changes; **chráněné přírodní** ~ protected area; **péče o zvláště chráněná** ~ management plan for specially protected areas

územní territorial; local; ~ **členění** zonation, zoning distribution in zones or regions of definite character; ~ **finanční orgány** territorial financial authorities; ~ **mapa** zoning map; ~ **plánování** planning (UK), zoning (US), town and country planning law; ~ **rozhodnutí** planning permission / permit / licence; ~ **řízení** application for a planning permission procedure; ~ **samospráva** local (self-)government; ~ **základ samosprávy obcí** territorial basis of the self--government of communities; **orgán pro** ~ **plánování** planning authority; **sloučení** ~**ho řízení se stavebním řízením** consolidation of planning and building procedures

uznání recognition; acknowledgment; **úřední** ~ official recognition; accreditation; ~ **cizích rozhodnutí** recognition of foreign judgments; ~ **de facto** de facto recognition; ~ **dluhu** acknowledgement of a debt; ~ **dluhu v řízení** acknowledgment of a debt in the proceedings; debt adjustment settlement of dispute regarding debt obligation by compromise and adjustment; ~ **mlčky** implied recognition; ~ **nemanželského dítěte za vlastní** acknowledgment of an illegitimate child; ~ **orgány ČR** recognition by Czech authorities; ~ **otcovství** recognition of paternity by court, authority; confession / acknowledgement of paternity by a father; ~ **platnosti** recognition / acknowledgment of the validity; ~ **povinnosti** acknowledgment of obligation; recognizance obligation, entered into and recorded before a court, by which a person engages himself to perform some act or observe some condition, such as to appear when called on, to pay a debt, or to keep the peace; ~ **pracovní neschopnosti** recognition of s.o.'s incapacity for work; ~ **rozhodnutí o rozvodu, o určení otcovství** recognition of a judgment of divorce, paternity; ~ **státu a vlády** recognition of a state and its government; ~ **stížností a náhrada škody** (PP) redress of grievances; ~ **závazku k náhradě škody** acknowledgment of obligation to pay damages, recognizance; **platnost rozhodnutí o** ~ **otcovství** validity / force of the acknowledgment of paternity judgment, force of the court judgment establishing paternity; **potvrzení o** ~ **dluhu** acknowledgment of debt certificate; **rozsudek pro** ~ judgment of recognition

uznan|ý recognized, acknowledged; admitted, confessed; uncontested, undefended; ~ **druhou stranou** acknowledged by the other party; **žádost o rozvod** ~**á druhou stranou** uncontested divorce, divorce petition acknowledged by the other party

uznat recognize, acknowledge; admit, confirm; ~ **koho nevinným** ascertain s.o.'s innocence; ~ **koho vinným** ascertain s.o.'s guilt; ~ **dluh** acknowledge the debt; ~ **nárok** žalovaný uzná nárok žalujícího acknowledge / admit a claim the defendant shall admit / acknowledge the claim / right of plaintiff; ~ **obžalovaného vinným těžším trestným činem** adjudge the defendant guilty of a more serious crime; ~ **otcovství k dítěti** acknowledge / confess one's paternity of the child; ~ **právní odpovědnost** admit legal liability; ~ **právo** concede a right; ~ **pravost listiny** admit / recognize / confirm the authenticity / genuineness of an instrument; ~ **svou vinu** acknowledge / admit one's guilt; **pravomocně** ~ **koho vinným** adjudge s.o. guilty upon a final and conclusive judgment; **úředně** ~ officially recognize; approbate, accredit

uznatelný recognizable; admissible; **daňově** ~ **výdaj** deductible expense

uznáván|ý distinguished, recognized; **všeobecně** ~**á studie o kriminalitě mládeže** a classical study of juvenile delinquency; **všeobecně** ~ **odborník** distinguished / recognized specialist

uznávat recognize, acknowledge; admit, confirm; ~ **potřebu práva** recognize the need for law

uzurpace usurpation illegally seizing or wrongfully occupying some place or property belonging to a person or persons; unlawful encroachment upon, or intrusion into the office, right, etc., of another or others; unjust or illegal possession

úzus usage, use

užitečnost usefulness, profitableness; advantageous nature, value, beneficial quality

užitečný useful, beneficial, profitable; wholesome; helpful

užit|ek benefit, profit; proceeds; behoof, use; utility; avail; ~**ky** věci **řádně vytěžené** proceeds of a thing regularly / lawfully / legally obtained / acquired; ~**ky z předmětu bezdůvodného obohacení** proceeds of a thing acquired as a result of unjust enrichment, proceeds of a thing acquired through trover and conversion; **braní** ~**ků z nájmu** taking of proceeds of a lease; **krádež** ~**ku** věci theft of proceeds of a thing; **užívání předmětu nájmu s** ~**ky** beneficial enjoyment of the property; **věc nesoucí** ~**ky** beneficial property; **požívat** ~**ky** např. **úroky**

z vkladů use / enjoy benefits, use / enjoy proceeds such as an interest on deposited money
užitkovost usefulness, serviceableness; utility; **znovunavrácení ~i zdevastované půdě** restoring to use land left derelict
užitn|ý useful; utility; applied; **~á funkce** utility function a mathematical function which ranks alternatives according to their utility to an individual; **~á hodnota** use value the utility of a thing makes it a use-value; **~é normy** utility rates; **~é prostory u nemovitosti** utility premises of a structure, utility area of a building; **~ prostor** utility room / area; **~ vzor** applied design, utility design
užívací relating to use simple utilization of st., enjoyment possession and use of st.; **eventuální případné ~ právo** contingent use / enjoyment; **přecházející ~ právo** shifting right to use, passing right of enjoyment; **~ právo** right to use and enjoy; beneficial use; **~ právo k nemovitosti** beneficial use of estate; **~ právo k předmětu nájmu** enjoyment of the property; **zbavit nájemce ~ho práva** deprive the tenant of the right to enjoy
užívání use act or fact of using property so as to derive revenue / profit, or other benefit from such, enjoyment possession and use of st.; usage, employment; consumption; **běžné ~ a držba nemovitosti** ordinary use and enjoyment of land / property; **dočasné ~** temporary use; **nadměrné ~ alkoholických nápojů nebo omamných prostředků** excessive use / consumption of alcoholic drinks or narcotics; **neoprávněné ~ cizí věci** unlawful enjoyment of a thing of another; conversion; **osobní ~** personal use; **pokojné ~ věci** peaceful enjoyment; **společné ~** common

enjoyment / use; **společné ~ bytu** joint / common use of a flat / of an apartment; **výlučné ~** exclusive right to use; **~ bytu** use and enjoyment of a flat / an apartment; **~ jména a příjmení** use of a name and surname; **~ majetku nájemcem je podstatně dotčeno** tenant's use of the property is materially affected; **~ nemovitosti k vlastnímu užitku** beneficial enjoyment of property; **~ šlechtických titulů predikátů** use of aristocratic titles predicates; **~ věci** use of a thing; **návratné právo ~** resulting use; **plnění spojená s ~m bytu** provision / rendition of services compulsorily required by the lease / enjoyment of residential premise supplies of utilities, dump collection, etc.; **přenechání věci do ~** leaving st. for the use / enjoyment of another; **rozsudek o ~ společné věci** judgment to compel the common use and enjoyment of property; **soudní donucení k ~** judicial compulsion / order to use; **zasahovat do ~** interfere with the use and enjoyment of st.
užívat use, enjoy; employ, utilize; **právo držet a ~** right of possession and use, right to possess and use; **právo ~ a požívat** right of use and enjoyment, right to use and enjoy; **~ k oficiálním účelům** use st. for official purposes
uživatel user; **koncový ~** end user; **neoprávněný ~ porušující autorské právo** infringing user infringing copyright; **registrovaný ~ ochranné známky** registered user of a trade mark; **náklady na straně ~e** user('s) cost(s); **~ požitků** beneficial user
uživatelsk|ý relating to user; **~á skupina** user group; **~á výhoda** user benefit; **~ poplatek** user charge / fee

V

va|da defect 1 the want / absence of a legal requisite 2 imperfection in st.; error usually in the course of proceedings in relation to judgment; mistake usually an unintentional act, omission or error arising from ignorance or misplaced expectations; deficiency; imperfection, fault; **hmotněprávní** ~ defect of substance; **neodstranitelná** ~ irreparable defect with respect to the liability for damage caused due to defective goods; **odstranitelná** ~ reparable defect; **podstatná** ~ material / substantial error / defect / mistake; **podstatné ~dy řízení** material errors in proceedings; **právní** ~ legal mistake, mistake of law; error in law; **procesní** ~ procedural error / mistake; **skrytá** ~ latent / hidden defect; **skutková** ~ factual mistake / defect caused by the neglect of a legal duty; **věcná** ~ **rozhodnutí** error in fact rendering the judgment void or voidable; **výrobní** ~ manufacturing defect; **zásadní** ~ fundamental error; **zjevná** ~ patent / apparent / obvious / visible defect; ~ **omyl vůle** mistake in intent; volitional defect; ~ **ve výpočtu** error in calculation; ~ **výrobku / věci** defective product / article / item; ~ **způsobující neplatnost smlouvy** fatal mistake / defect nullifying a contract; **~dy posudku** defects of expert report / opinion; **~dy, které jsou vytýkány rozsudku** errors alleged to be in the judgment; **odpovědnost za ~dy** liability for defects; **odstranění ~dy odvolání** removing / elimination of errors in an application for appeal; **oznámení o ~dě výrobku** notice of a defective product; **řízení je postiženo jinou ~dou** the proceedings is affected by another mistake / error; **vrácení podání k opravě ~d** return of a petition to correct errors / mistakes; **výtka ~d** objection to a defect / error; **žaloba s ~dami** cluttered action, petition with defects; **odstranit / opravit ~du obžaloby** cure the defect of an indictment

vadně erroneously, defectively, mistakenly; ~ **provedený úkon** erroneously executed act

vadnost defectiveness, defective quality / condition; the fact / state of being defective; faultiness; ~ **materiálu** defectiveness of material, defective material

vadn|ý defective; mistaken, erroneous; faulty, imperfect; wrong; **právně** ~ legally defect-

ive; **~á dodávka** defective delivery; **~á držba** defective / faulty possession; **~á smlouva** defective / obnoxious contract; **~é procesní úkony stran** erroneous procedural acts of parties; defective pleadings of parties; **~é přistoupení k věci** misjoinder improper joining together of different causes; **~é rozhodnutí** erroneous decision / judgment; **~é splnění povinnosti** bad / defective performance / discharge of a duty; **~é vyhotovení dokumentu** defective execution of an instrument; ~ **právní titul k nemovitosti** bad / defective title to property; ~ **právní názor** mistaken opinion; ~ **právní úkon** bad / defective / incorrect / imperfect legal act; ~ **rozsudek** erroneous / reversible judgment; ~ **stav** defective condition of a product; ~ **vklad do katastru nemovitosti** defective entry of a record in the Land Registry; ~ **výkon rozhodnutí** erroneous / defective execution of judgment; ~ **výpočet daně rozdíl mezi výpočtem daňového poplatníka a daňového úřadu** deficiency assessment the excess of the amount of tax computed by the tax office over the amount computed by the taxpayor; ~ **výrok poroty** defective verdict of jury; **škoda vzniklá v důsledku ~ého plnění** damage incurred due to defective performance

vágní vague; indefinite, uncertain

vágnost vagueness

váha weight; ~ **důkazů** weight of evidence

vakcinace vaccination

válčení warfare; carrying on war, engaging in war

válčící belligerent; ~ **strany** belligerent states; belligerents

válečník warrior

válečn|ý relating to war; martial; **~á krutost** war cruelty; **~á půjčka** war loan; **~á zrada** war treason; **~é dluhy** war debts; **~é právo** martial law; laws of war; **~é pravomoci** war powers; **~é škody** war damage; ~ **dopisovatel** war correspondent / reporter; ~ **soud** martial tribunal / court; ~ **stav** belligerency; hostilities; ~ **zajatec** prisoner-of-war, POW abbrev; ~ **zločin** war crime; ~ **zločinec** war criminal

validace validation a procedure which provides, by reference to independent sources, evidence that an inquiry is free from bias or otherwise conforms to its declared purpose

validita validity the quality of being well-founded on fact, or established on sound principles, and thoroughly applicable to the case or circumstances; soundness and strength of argument, proof, authority, etc.

validovat validate, render / declare legally valid; confirm the validity of an act, contract, deed, etc.; legalize; ~ **úkon** render the act legally valid

válk|a war; warfare; **biologická** ~ biological warfare; **chemická** ~ chemical warfare; **spravedlivá** ~ just war; **ministr** ~**y** War Secretary; **náhrada škod způsobených** ~**ou** war damages; **období** ~**y** wartime; **pojištění rizik v souvislosti s** ~**ou** war risk insurance; **vyhlášení** ~**y** declaration of war; **vyhlásit** ~**u** declare / levy war

valn|ý general; **mimořádná** ~**á hromada** extraordinary / special general meeting, EGM abbrev; **řádná** ~**á hromada** regular general meeting; annual general meeting, AGM abbrev; **Valné shromáždění Spojených národů** General Assembly of the United Nations

valorizac|e indexing; adjusting, tying; **doložka o** ~**i pojistných částek** adjustment clause; ~ **životních nákladů** cost-of-living adjustment, COLA abbrev

valorizovan|ý indexed, adjusted; tied; ~**á částka důchodu** adjusted amount of pension

valorizovat index; adjust, tie; ~ **položku dle úrovně cen nebo mezd** adjust an entry according to changes in price or wage level

vandal vandal, barbarian a wilful / ignorant destroyer of anything beautiful, venerable, or worthy of preservation

variabilní variable *(adj)*, mutable, changeable, fluctuating; ~ **roční důchod** variable annuity; ~ **pojistné** variable premium; ~ **riziko** variable risk

variábl variable

varování warning, caution; monition; notice; intimation

varovat koho před čím / kým warn s.o. against st. / s.o.; give timely notice to s.o. of impending danger or misfortune, caution s.o. against s.o. / st. as dangerous, give s.o. cautionary notice / advice

varovn|ý warning, precautionary; **smogový** ~ **a regulační systém** smog warning and regulation system; ~**é opatření** warning / precautionary measure

vasektomie vasectomy

vazal vassal; humble servant / subordinate

vazalský vassal; subject, subordinate; ~ **závislý stát** vassal dependent state

vazalství vassalage

vázání tying; binding; **stanovení a** ~ **cen** price fixing and tying

vázanost bindingness, bondage; tying; ~ **na osobu věřitele** compulsory connection with a creditor some rights etc. can only be exercised with respect to the creditor; ~ **právním názorem** being bound by legal opinion; ~ **soudu rozhodnutím katastrálního úřadu** the court being bound by a decision of the Land Registry / Cadastre Office; ~ **soudu shodnými tvrzeními účastníků** the court being bound by consenting allegations / assertions of the parties

vázan|ý tied, bound; bounded; ~**á hypotéka** closed mortgage; ~**é obchody** tied transactions; ~ **účet na splnění určitých smluvních podmínek nebo budoucí události** tied account the payment of which is made upon the fulfilment of certain conditions; blocked account; ~ **výrobek** tied product; **ohlašovací živnost** ~**á** *(CZ)* professional learned and skilled professions notifiable trade; **uložit na** ~ **účet** put in a tied account; hold in escrow a deposit held in trust or as security

váz|at bind; underlie, bond, tie; **být** ~**án právním názorem odvolacího soudu** be bound by the legal opinion of the Appellate Court; **druhá hypotéka je** ~**ána na první** the first mortgage underlies the second

vazb|a 1 custody, remand *(UK)*; jail *(US)*; lockup, holding cell *(US)*; **koluzní** ~ collusive remand in custody, to prevent possible collusion, i.e. deceitful influence on the co-accused or witnesses; **ochranná** ~ protective custody of a person whose safety is in jeopardy; **útěková** ~ preventive custody to prevent further criminal activity or escape; **vydávací** ~ **při vydání obviněného do ciziny** extradition custody before the extradition of the accused; **vyšetřovací** ~ investigatory custody; custodial interrogation; **důvody** ~**y** grounds for custody; **nahrazení** ~**y peněžitou zárukou** replacing s.o.'s custody by bail; **propuštění z** ~**y** release from custody / jail; **příkaz k zatčení a vzetí do** ~**y** custodial arrest order, order to remand s.o. in custody; **rozhodnutí o** ~**é** judicial decision of custody; **řád výkonu** ~**y** Rules of Serving Custody, Custody Rules; **trvání** ~**y** duration of custody / remand; **výkon**

~y service of custody; **výkon ~y na cizin-cích** serving custody by foreigners; **výkon ~y se zmírněným režimem** *(CZ)* serving custody with a moderate regime; **vzetí do ~y** taking / remanding s.o. (in)to custody; **započítání ~y do výkonu trestu** jail credit *(US)*; **dodat obviněného do ~y** commit the accused to custody; **umístit ve ~ě na dobu určenou soudem** place s.o. in custody for the period as the court may specify; **uvalit ~u na koho** commit / remand s.o. to custody; **vzít do vazby** take / remand into custody, apprehend s.o. **2** band, tie; relation, connection; **politické ~y** political bands

vazební custodial; relating to custody, remand *(UK)*; relating to jail *(US)*; **~ důvod** grounds for custody; **~ lhůta** custody time limit, term of custody; **~ věznice** house of detention, remand prison where the accused are remanded into custody *(UK)*; custodial establishment, remand centre for juvenile offenders *(UK)*, jailhouse *(US)*; **~ výslech** custodial interrogation / questioning

váznoucí bound by, tied to, adhering / attaching to, stuck to, fixed upon; **závada ~ na věci** defect attaching to a thing

vázn|out stagnate; slag, load, burden, encumber, hamper; **práva ~ou na vyvlastňovaném pozemku** rights are attached to the property that is being expropriated / the expropriation of which is in progress

vážně seriously; **svobodně a ~** as a free act and deed

vážnost seriousness; gravity, earnestness of purpose, thought, conduct; importance, weightiness; **důstojnost a ~ soudního jednání** dignity and seriousness of proceedings

vážn|ý serious; grave; important; **~é důvody** serious reasons; **~é onemocnění** serious illness

včasnost timing; seasonableness, timeliness; **~ trestního stíhání** the timely commencement of criminal prosecution

včasn|ý timely, seasonable, opportune, well-timed; **důvodná a ~á omluva** reasonable / justified and timely excuse; **zákonné a ~é provedení úkonů** statutory and timely performance / execution / completion of acts

vdaná married

vděčný grateful, thankful

vdo|va widow; **pojištění ~v** widow's insurance

vdovec widower

vdovecký relating to widower; **~ důchod** widower's pension

vdovský relating to widow; **~ důchod** widow's pension, widow's allowance, widow's annuity; **~ podíl** dower, widow's share the portion of a deceased husband's estate which the law allows to his widow for her life

vdovství widowhood; widowerhood, widowery

věc₁ thing; chose, object; chattel; property; merit; item, article, product; **hmotná ~** tangible chattel; **movitá ~** personal thing, chattel corporeal / personal; **nabytá ~ jinak než dědictvím** acquest property gained by purchase, or gift, or otherwise than by inheritance; **nemovitá ~** real thing; real estate / property; **odložená ~** abandoned / relinquished / left thing; **opuštěná ~** derelict thing / property; **posouditelná ~** a thing subject to consideration / judgement; **skrytá ~** hidden / concealed thing / property; **vnesená ~** a thing brought in; **zjistitelná ~** ascertainable thing; **ztracená ~** lost property; **~ jak stojí a leží** thing as it is and where it is, property 'as is' and 'where is'; **~ jako část osobního majetku** chose in possession; **~ nebezpečná sama o sobě** thing dangerous per se; **~ nesoucí užitky** beneficial property; **~ podléhající rychlé zkáze** perishable thing / product; **odnětí ~i** seizure / appropriation / confiscation of a thing; **oprava a úprava ~i** repair improvement and modification of a thing; **právo k cizí ~i** right in / to a thing of another; **příslušenství ~i** accessories to a thing; appurtenance to real property; **smlouva o zapůjčení ~i** contract for lending a thing; **uložení ~i** bailment delivery, handing over, or giving for a specific purpose / deposit of a thing; **vnesení ~i** ilace bringing a thing in; **vydání ~i** rendition / delivery of a thing; **zajištění osob a ~í** detention / seizure of persons and property; **zhodnocení ~i** improvement of a thing; **zhotovení ~i na počkání** making / manufacturing st. while you wait / while waiting in that place; **zhotovení ~i na zakázku** making / manufacturing of a thing upon order

věc₂ case, cause brought into court for decision, suit the state of facts juridically considered, lawsuit; dispute, litigation; pursuit; prosecution, legal process; **bagatelní ~** petty case, small claim; **civilní ~** civil suit / case, litigation; **nesporná ~** non-contentious case / suit / action; **občanskoprávní ~** civil suit / case, litigation; **práv-**

ní ~ judicial / law case; **předcházející** ~ previous case; **spojené** ~**i** joint actions, joinder of suits; **sporná** ~ contentious case / action / suit; **trestní** ~ criminal case / action / suit; ~ **projednávaná soudem první instance** case of first instance; ~**i rozhodované samosoudci** single judges hearing cases, cases heard / tried by single judges; **postoupení** ~**i** referral / transfer of a case to another / competent court; **projednání a rozhodnutí** ~**i** hearing of and judgment in the case; **rozhodnutí v civilní** ~**i** decision in a civil suit; **rozhodnutí v trestní** ~**i** judgment in a criminal case; **rozsouzení** ~**i** adjudication of a case; **rozsudek ve** ~**i** judgment on merits of case; judgment in rem; **spojení** ~**í** joinder of actions parties, joint actions, joinder of cases; **stíhání v trestní** ~**i** criminal prosecution; **ve** ~ **vlastnictví a ochrany osobnosti** in a suit for the title to property and the protection of the personal rights of an individual; **zpráva o stavu** ~**i** přednesená předsedou nebo jiným členem soudního senátu report on the status of a case delivered by the chairing judge or any other judge on the panel; **odejmout** ~ **a přikázat jinému soudu** remove a case from one court and refer / transfer it to another; **předložit** ~ **soudu** bring a case before a judge / court; **rozhodnout v občanskoprávní** ~**i** render / deliver / issue / award judgment in a civil suit / litigation; **rozhodnout v trestní** ~**i** decide a criminal case, adjudicate in a criminal case; **rozhodovat ve** ~**i** judge a case on the merits
věcně materially, factually; in relation to substance; ~ **správné rozhodnutí** materially / factually correct decision
věcn|ý material, factual; in rem; pragmatic, real; subject-matter; ~**á a osobní žaloba** action in rem and in personam, real and personal action; ~**á legitimace** justiciability, real and substantial controversy appropriate for judicial determination; ~**á práva** real rights, rights in rem, proprietary / property rights; ~**á příslušnost** subject-matter jurisdiction, jurisdiction according to subject-matter, jurisdiction in rem; ~**á vada rozhodnutí** error in fact rendering the judgment void or voidable; ~**á žaloba k nemovité věci** action in realty, real / possessory action; ~**á žaloba o vydání věci** action for recovery, action for a thing to be recovered, action for the enforcement of a right; actio in rem (lat); ~**á žaloba o získání nemovité věci**

revendication action, revendicatory / real action for the recovery of real property; ~**é břemeno a služebnost** easement and servitude; ~**é plnění** real performance, material performance; performance in rem; ~**é právo k cizí věci** easement the right / privilege of using a thing of another as if it were one's own; ~**é řešení** meritorious / factual solution; ~**é vyřízení žaloby** disposing of an action on the merits; ~ **důkaz** real evidence; ~ **obsah** substance of the content; ~ **záměr zákona** intended subject-matter of the law, the substance of a law; **smlouva o zřízení** ~**ého břemene** contract to grant an easement; **smlouva o zřízení** ~**ého břemene bydlení a užívání nemovitosti** contract to create an easement of dwelling and enjoyment on property; **vklad** ~**ých práv** do katastru recording the real rights / rights in rem in the Land Register, Cadastre; **vznik** ~**ého břemene** creation of an easement; **zánik** ~**ého břemene** extinguishment / termination of an easement
věda science; **právní** ~ jurisprudence, legal sciences
vědec scholar; researcher, scientist in natural sciences; **právní** ~ legal scholar, academic jurist
vedení 1 osoby management, administration; leadership; **obchodní** ~ **společnosti** management of a company; ~ **ministerstva** management of a ministry 2 činnost conduct, guidance, direction; administration; **nedovolené** ~ **boje** impermissible methods and techniques of fighting; ~ **účtů** administration of accounts; ~ **záležitostí** administration / gestion of affairs 3 potrubí lines, pipes
vedlejší collateral; additional, auxiliary, supplementary; parallel; accompanying, subsidiary, secondary; accessory; ~ **část** conjunct, supplementary part; appurtenance; ~ **pracovní činnost** (PP) additional job usually commissioned by the same employer; ~ **důkaz** circumstantial / extrinsic / corroborating / outside evidence indirect evidence inferred from circumstances; ~ **otázky** collateral issues; ~ **pracovní** souběžný **poměr** parallel part-time employment; ~ **účastenství** další **účastník v řízení** (OPP) intervening party another participant in the proceedings; ~ **účastník** sporu enjoined party to a case; ~ **ujednání při kupní smlouvě** collateral provisions in a sales contract; ~ **výdaje** incidentals; ancillary expenses / costs; ~ **zaměstnání** avocation; by--work; pokus **napadení řízení** ~ **žalobou** at-

tempted collateral attack; **čistá odměna za ~ činnost** u stejného zaměstnavatele net remuneration for extra / additional work done for the same employer but not as the main job description; **nárok na ~ plnění** right of collateral performance; **příbuzenství po předcích z ~ linie** collateral consanguinity / kinsmen / relatives **vědom, vědomý si** čeho aware / conscious of st.

vědomě knowingly, willingly; knowledgeably; intelligently, consciously, intentionally, deliberately; **~ zanedbat / nebrat ohled na velké nebezpečí** consciously disregard / neglect substantial risk; **~, záměrně, z nedbalosti a bez řádného důvodu** knowingly, intentionally, negligently and without justifiable cause **vědomí** consciousness the state or fact of being mentally conscious or aware of anything, conscientiousness one of the faculties producing the sentiment of obligation, duty, justice, and injustice; knowledge; awareness of st.; **podle nejlepšího ~ a svědomí** to the best of s.o.'s knowledge and faith / belief; **~ pachatele, že jedná protiprávně** awareness of an offender that he is acting unlawfully; **vzít na ~ návrh sněmovního výboru** note the motion of a Chamber / House Committee; **zpětvzetí stížnosti vezme usnesením na ~ předseda senátu** the withdrawal of a complaint will be noted by the presiding / chairing judge by means of a resolution **vědomosti** knowledge (sg)
vědom|ý conscious, knowledgeable, wilful; aware; **dobře si ~** knowingly; **~á a nevědomá nedbalost** wilful / wanton and unwilful / unwanton negligence; **~á nedbalost** conscious neglect, wilful negligence; active negligence neglect of a duty; **~é a dobrovolné vzdání se práva** knowing and voluntary waiver; **~é a úmyslné provinění** knowing and purposeful wrongdoing
vedoucí (adj) chief; leading, guiding, directing; chairing; conducting; conducive; **důkazy ~ k objasnění trestného činu** evidence leading to the solution of a crime; **~ odborný referent** chief desk officer; **~ pracovník neplnící povinnosti** chief officer in default, chief officer neglecting his duties
vedoucí (n) chief, chief officer, chief executive; head; caretaker; **~ celní správy** chief collector of customs
vějička decoy
věk age; **důchodový ~** retirement age; **vstupní**

~ age at entry; **~ jako podmínka** čeho age qualification; **sazby podle ~u** age rating; **zvýšení ~u** addition to age
věkov|ý relating to age; **~á hranice** age limit; **~é rozpětí** age spread
vekslák (slang) black exchanger
vekslování (slang) black exchange
velení command; commission, operation; **jednotné ~** uniform command
veletucet great gross
velezrada high treason
velitel commander; **vrchní ~ ozbrojených sil** Commander-in-Chief of the Armed Forces
velkoobchod wholesale; warehouse selling in large quantities, in gross
velkoobchodní wholesale; **~ cena** wholesale price / value
velkoobchodník wholesaler, wholesale representative; warehouseman
velkovévoda Grand Duke
velkovévodství Grand Duchy
velký big, large; great, gross; grand; **~ kapitál** high finance; **~ porotní soud** grand assize; **~ rozdíl v názorech** a wide gap between views
velmoc great power
velvyslanec ambassador; **český ~ v Polsku** the Czech Ambassador to Poland; **mimořádný ~** Ambassador Extraordinary; **zplnomocněný ~** Ambassador Plenipotentiary; **~ se zvláštním určením** Ambassador-at-large
velvyslanecký ambassadorial; **~ rada** Councillor of Embassy
velvyslanectví embassy
velvyslankyně ambassadress
venerick|ý venereal; **~é choroby** venereal diseases
venkov country; **na ~ě** in the country
věno dowry; tocher, dot a woman's marriage portion; **vdovské ~** jointure
věnovat give; donate; devote; **~ pozornost** čemu pay / give attention to st.
verbálně verbally, orally, viva voce (lat)
verbální verbal, oral, spoken; **~ nóta** verbal note; **~ útok** verbal assault
verdikt verdict returned by jury; statement / holding of court, decision / opinion pronounced / expressed upon some matter or subject; finding, conclusion, judgement; **jednomyslný ~** unanimous verdict; **nařízený ~** soudem porotě directed / instructed by a judge verdict; **nejednomy-**

slný ~ split verdict; **odporující si** ~ repugnant verdict
věrnost loyalty, allegiance; adherence, faithfulness; devotion; ~ **britskému panovníkovi** allegiance to the British Crown; ~ **zásadám** adherence to principles
věrnostní relating to allegiance, loyalty, devotion; fidelity; ~ **přídavek horníka peněžité plnění za věrnost hornickému povolání** fidelity allowance of a miner pecuniary bonus for long-term service; ~ **slevy** rabat fidelity rebates
věrohodnost credibility, reliability, trustworthiness; ~ **důkazů** reliability of evidence; ~ **svědka** reliability / trustworthiness / credibility of a witness
věrohodný credible, reliable, trustworthy; competent; ~ **důkaz** reliable proof, competent evidence; ~ **svědek** reliable / trustworthy witness; competent witness
versus versus; v(.), vs(.) abbrev
verze version; a special form / variant of st.
veřejně publicly, openly, in public; ~ **kritizovat koho / co** openly criticize s.o. / st., declare publicly; denounce; ~ **obchodovatelný cenný papír** publicly traded security; ~ **prospěšná práce jako trest** community service as a type of punishment; **konat hlavní líčení** ~ hold a public hearing / trial in open court; **rozsudek se vyhlašuje jménem republiky a vždy** ~ the judgment shall be declared / announced in the name of the Republic and in open court
veřejnoprávní relating to public law; public; ~ **korporace** public corporation
veřejnost 1 the public; **odhalit před** ~**í** disclose to the public 2 public nature; publicity the action or fact of making s.o. / st. publicly known; ~ **hlavního líčení** public nature of a trial
veřejn|ý public; common, national, popular; ~**á herna** common gaming house; ~**á kanalizace** public subterraneous / underground sewerage; ~**á listina** official document, official / legal instrument; ~**á moc** public authority; ~**á obchodní společnost** (CZ) unlimited liability company; ~**á potřeba** public need; ~**á sázková kancelář** common betting house; ~**á správa** public administration; ~**á obchodní soutěž** public tender; public competitive bidding; ~**á vyhláška** public notice; ~**é líčení** open hearing / trial, trial held in public; ~**é odsouzení** denunciation, condemnation of s.o. in public; ~**é právo** public law; ~**é prostranství** public

place / square; ~**é prostředky** public funds; ~**é skladiště** public warehouse; ~**é zasedání soudu** public hearing of a court; ~**é zdravotnictví** public medical / health services; ~ **činitel** public official / officer; ~ **dopravce** common carrier; ~ **dům** common bawdy-house; ~ **majetek** public domain; ~ **návrh na uzavření smlouvy** public offer to contract; ~ **projev vůle** acclamation; expression of one's will in public; ~ **příslib** public promise; ~ **svátek den pracovního klidu** public holiday; ~ **trh cenných papírů** open securities market; ~ **zájem** public interest; **orgán** ~**é správy** public administration body / authority; **při** ~**ém zasedání soudu** in open court, at a public hearing / trial; **rozhodnutí o přestupku nelze doručit** ~**ou vyhláškou** a decision with respect to an administrative delict / infraction may not be served on the offender by public notice; **soud rozhoduje ve** ~**ém zasedání** the court will hear the case in open court; **vzbudit** ~**é pohoršení** cause public disturbance / annoyance; **zabrat** ~**é prostranství** occupy a public place / square; **znečistit** ~**é prostranství** pollute a public place / square
věřit hope; credit, believe
věřitel creditor, lender; **hypotekární** ~ mortgagee; **konkursní** ~ creditor in bankruptcy; **oddělení** ~**é** several creditors; **předcházející** ~**é** antecedent creditors; **zástavní** ~ pledgee, bailee, mortgagee; ~ **s retenčním právem** lien creditor; **výzva** ~**ům, aby přihlásili své pohledávky** notice to / call on creditors to submit their claims
věřitelský relating to creditor, lender; ~ **výbor** committee of creditors
vést keep; maintain, file; conduct, manage, administer; lead; ~ **bezpečnostní spis k navrhované osobě** keep security files on candidates; ~ **diskusi o fiktivním případu** hold a moot court; ~ **evidenci** keep files / records / register; ~ **hlavní líčení veřejně** hold a criminal trial in open court; ~ **obhajobu** conduct a defence; ~ **soudní jednání** conduct a trial; ~ **trestní řízení** conduct criminal proceeding; ~ **trestní stíhání** conduct criminal prosecution; ~ **účetnictví / účty** keep accounts; ~ **výslech** conduct hearing / examination in court, conduct an interview / interrogation by the police; ~ **vyšetřování** conduct investigation; ~ **záznamy** keep records

věstník bulletin, journal a register of decisions or transactions kept by a public body; **obchodní ~** Commercial Journal / Bulletin; **Úřední ~** *(ES)* the Official Journal of the European Communities

vešker|ý whole; entire, all, every; total, full; **odkázat ~ou půdu** devise the whole of the land; **~ movitý majetek** all personal property; general intangibles, all goods and chattels,

věta sentence, phrase; citation, recital; clause; **právní ~** rozhodnutí recital of law in the statement of the decision; **skutková nebo právní ~ výroku rozsudku** *(CZ)* recital of facts or law in the statement / holding of judgment

vetchý decrepit

vet|o veto; **kapesní ~** jako výsledek nečinnosti prezidenta pocket veto as a result of inaction on the part of the President; **odkladné ~** prezidenta deferral veto of the President; **právo ~a** veto power / privilege; **zamítnout ~** overrule / override the veto

vetovat veto *(v)*; **~ kandidaturu** veto a person; **~ návrh zákona** veto a bill

vetřelec alien; undesirable alien

většina majority; the greater number or part; **dvoutřetinová ~ hlasů obou sněmoven** two--thirds vote of both Houses / Chambers; **~ hlasů** majority vote; **~ počítaná podle velikosti podílů** majority qualified according to their share / interest in the assets of company

většinov|ý pertaining to majority; **~é hlasování** majority voting; **~ princip** majority principle

vévoda duke

vévodkyně duchess

vévodství duchy

vězeň prisoner; inmate; **přísně střežený ~** close prisoner; **~ svědomí** prisoner of conscience

vězení prison; penitentiary; jail, gaol *(obs)*; **domácí ~** house arrest / confinement; **~ pro dlužníky** debtor's prison

vězeňsk|ý correctional; relating to prison, penitentiary; **~á samospráva** prisoners' self-governance; **~á služba** the prison service; **~ oděv** prisoner's uniform; **řád** Prison Code; **občanský pracovník ~é služby** prison administration / service employee, civil employee in prison not a member of the prison guard; **pracovník ~é služby** corrections officer, member of the prison guard

vězni|ce prison, jail gaol, house of correction; penitentiary; **vazební ~** house of detention,

remand prison where the accused are remanded into custody; custodial establishment, remand centre for juvenile offenders *(UK)*; **~ s dohledem** open prison, category D prison *(UK)*; **~ s dozorem** prison under supervision, category C prison *(UK)*; **~ s ostrahou** prison especially guarded, category B prison *(UK)*; **~ se zvýšenou ostrahou** top security prison, category A prison *(UK)*, close confinement; **typy ~c** types / categories of prisons

vhodnost suitability; convenience, pertinency; **přikázání věci jinému soudu z důvodu ~i** referral of a case to a more convenient forum, forum non conveniens *(lat)*

vhodn|ý fit; suitable, appropriate; practicable; desirable; **delegace ~á** change of venue to better convenience of parties, forum non conveniens *(lat)*; **~á praxe** convenient practice; **~ k prodeji** vendible, vendable; saleable, marketable; ready for sale; **jak bude pronajímatel považovat za ~é** in such a manner as the landlord shall think fit; **jak bude soudce považovat za nutné či ~é** as appears to the judge to be necessary or expedient; **jak soud považuje za ~é** as the court thinks / sees fit; **podle názoru státního zástupce není tento postup možný ani ~** in the prosecuting attorney's opinion such a procedure is neither practicable nor desirable

více more; over; **mít 18 let a ~** be aged 18 or over

vícečinný multiple; **~ souběh trestných činů** multiple offences committed at the same time and place

vícenáklady ancillary / additional expenses

viděn|á sight; **směnka na ~ou** draft at sight

vidimace vidimus, confirmation of authenticity / correctness; **~ provedená notářem** notarial vidimus clause

viditelně apparently, evidently, obviously; conspicuously

viditeln|ý visible; clearly / readily evident / perceptible; apparent, manifest, obvious; **~é násilí** conspicuous violation; **umístění vyhlášek na dobře ~ém místě** posting notices at a conspicuous place

vigilantibus iura *(lat)* ať si každý střeží svá práva everyone should be vigilant about his / her rights

vin|a guilt; fault, blame; **vlastní ~** own guilt; **~ z důvodu spoluúčasti** guilt by association;

jsoucí bez ~y not guilty; non(-)culpable; unblamable; **výrok o** ~ě statement of a court determining the guilt; verdict of guilty, guilty verdict rendered by jury; **doznat** ~u plead guilty, admit the guilt; **nést** ~u za co bear the blame for st.; **popírat** ~u deny one's guilt; **prokázat** ~u koho prove guilt of s.o.; **zprostit** ~y acquit s.o.; exempt from guilt / blame; **zrušit výrok o** ~ě reverse / cancel the statement of a court determining the guilt / verdict of guilty rendered by jury

vindikace vlastnický nárok na vydání věci, která je v držení jiného a right to recover a thing in possession of another

vindikační vindicatory; vindictive; ~ **žaloba** action in rem, action for the recovery of a thing; vindication; action for the enforcement of a right

vindikovat třetí osoba si činí nárok na přenechanou věc vindicate, claim for o.s., claim as one's rightful property third person claims his / her rights to a thing that has been passed to him / her

viník the guilty, culprit, guilty person

vinit koho z čeho blame s.o. for st., find s.o. fault with st.; censure s.o. for st.

vinkulace tying the payment of deposited money with st., such as password, name; ~ **vkladu** omezení dispozičního práva vlastníka tying the account limitation on the owner's right of disposition

vinkulovaný tied; bound; ~ **vklad** tied account

vinkulovat vázat tie; bind; ~ **výplatu vkladu** na heslo apod. tie the payment of deposited money to st., such as password, name

vinný guilty, culpable; blamable, faulty, reprehensible; **výrok rozhodnutí o přestupku, jímž je obviněný z přestupku uznán** ~m a statement in the decision whereby the accused is found guilty of an administrative delict / infraction; **pravomocně uznat koho** ~m adjudge s.o. guilty upon a final and conclusive judgment; **uznat obžalovaného** ~m **těžším trestným činem** adjudge the defendant guilty of a more serious crime; **uznat** ~m **pokusem trestného činu krádeže** adjudge s.o. guilty of attempted theft

ví|ra belief, faith; hope; **náboženská** ~ religious belief; **držitel v dobré** ~ře bona fide(s) possessor, possessor in good faith; **hypotéka v dobré** ~ře bona fide(s) mortgage; **jednání v dobré** ~ře bargaining in good faith; acting in good faith; **nabyvatel v dobré** ~ře bona

fide(s) purchaser, purchaser in good faith; **v dobré** ~ře in good faith, bona fide *(lat)*; **ve zlé** ~ře unfaithfully, mala fide *(lat)*

virtuální virtual

vistasměnka demand bill / draft, sight draft; **lhůtní** ~ datosměnka timedraft

viz vide, see

vizitka business card

vízum visa; **průjezdní / tranzitní** ~ transit visa; **turistické** ~ tourist visa; **vstupní** ~ entry visa; ~ **k opakovanému vstupu do země** multiple entry visa

vjem perception

vklad deposit; contribution; entry, record; **bankovní** ~ bank deposit; **členský** ~ membership contribution to the capital of a company; **nepeněžitý** ~ non-capital / non-cash contribution; **nesplacený** ~ **společníka** unpaid contribution of a member; **peněžní a kapitálové** ~y monetary and capital investment; **splacený** ~ **společníka** paid-up contribution of a member; **spořitelní** ~ savings deposit; **termínovaný** ~ time deposit; ~ **bez výpovědní lhůty** demand deposit; ~ **společníka** u společnosti s ručením omezeným *(CZ)* contribution of a member of a limited liability company; ~ **věcných práv** do katastru the recording of real rights / rights in rem in the Land Register / Cadastre; **povolení** ~u do katastru sanction / leave / permission of court to enter a record in the Land Register / Cadastre; **právo z** ~ů right resulting from deposits; **řízení o povolení** ~u do katastru proceedings to sanction the record to be entered in the Land Register / Cadastre; **smlouva o** ~u contract of deposit; **správa** ~u administration of capital of company, administration of a deposit; **zápis** ~u vlastnického práva k bytu entering the record of the title to a flat / an apartment into the Land Register / Cadastre; ~em se rozumí zápis ~u nebo výmaz ~u vlastnických práv do katastru nemovitostí the record shall be understood as an entry of the record of property rights in, or the expungement thereof from, the Land Register / Cadastre

vkladatel depositor; depositary; bank depositor; **ochrana** ~ů protection of depositors

vkladní depository; saving; ~ **knížka** savings bank book *(UK)*, bank deposit book *(US)*; ~ **knížka cestovní** *(CZ)* traveller's savings book; ~ **knížka na doručitele** savings book on bearer; ~ **knížka na jméno** savings book in one's name; ~ **knížka úrokovaná** *(CZ)* savings book yielding interest; ~ **knížka výherní** *(CZ)* lottery bonus savings book; ~ **list** deposit certificate

vkladový depository; relating to deposit; ~ **certifikát / list** deposit certificate, certificate of deposit; ~ **účet** bank deposit account

vlád|a government; cabinet; administration; rule, power; authority; ~ **ministerského předsedy** prime-ministerial government; ~ **podle práva** government de jure; **nařízení ~y** *(CZ)* government decree, decree of the Government

vládní governmental; administrative; relating to government, administration; ~ **instituce** agency of government, governmental agency; ~ **linie** governmental policies; ~ **moc** the government; powers of government; ~ **návrh zákona** government bill; ~ **organizace** governmental organization / institution; ~ **politika** government policy; ~ **úředník** government official / officer

vládnout govern, rule; ~ **ve jménu koho** govern in the name of s.o.

vládnutí governing, government; ruling; ~ **lidu** government / governance of the people

vlajk|a flag; **britská státní ~** Union Jack; **státní ~** national flag; **loď pod britskou ~ou** a ship flying the British flag; **vyvěsit ~u** fly a flag

vlákat decoy; beguile; lure

vlákno fibre, thread; **ochranné ~ jako ochranný prvek bankovky** protective fibre as a security feature of a banknote

vlastenec patriot; nationalist

vlastizrada high treason

vlastní own, ultimate; particular, specific; ~ **směnka** promissory note; ~ **spotřebitel skutečně užívající věc, zboží** ultimate consumer using a thing, an article; **na ~ oči** autoptic, with one's own eyes; **doručit do ~ch rukou** deliver in one's own hands; pursue personal delivery; hand over / convey into the hands of another

vlastnící owning; holding; **osoba ~ nemovitost, v níž nežije** absentee landlord

vlastnick|ý possessory, possessive; proprietary; relating to ownership, title, property; ~**á práva** rights in property, proprietary rights, possessory title; owner's rights; real rights, rights in rem; ~**á žaloba** possessive action *(UK)*, possessory action *(US)*; ~**á žaloba o vydání věci** action for the recovery of personal chattels un-

justly detained, action of detinue; ~**é právo ke zboží** possessory title to goods; ~ **nárok** possessory claim; **právo na ochranu ~ých práv** right to protect owner's / property rights; **mít vliv na ~á práva** affect the title, affect the rights in property, affect the owner's rights

vlastnictví ownership the right to possess st. and use to the exclusion of others; title; property, estate object of ownership; demesne *(obs)*; **absolutní ~ půdy** absolute ownership; absolute domain; absolute title to land; **duševní ~** intellectual property; **osobní ~ k bytům** private ownership of flats / apartments; **průmyslové ~** industrial property; **společné ~ spoluvlastnictví** common property, co-ownership; joint tenancy / estate each owner can leave his share to another by inheritance, tenancy / estate in common upon the death of one co-owner the property is automatically owned by the other; **zjištěné ~** ascertained ownership; ~ **je právo, kterým osoba získává přímou, bezprostřední a výlučnou moc nad věcí** ownership is the right that confers on a person direct, immediate and exclusive authority / domain over a thing; ~ **majetku** ownership of property / estate; **doklady o nabytí ~** documents of title to lands / goods; **kupní smlouva o převodu ~ k nemovitostem** contract to sell and transfer the title to real estate; deed of conveyance; **nabývání ~** acquisition of property; **nedotknutelnost ~** inviolability of ownership; **přechod ~** passage / transmission of title / property / estate; **přechod ~ na vydražitele** passage of ownership / title onto the last, successful bidder; **smlouva o převodu ~ k bytové jednotce** contract to transfer the title to a residential unit flat / apartment; **určení ~ k nemovitosti** determination of the title to / of the ownership of property

vlastník owner, proprietor; **částečný ~** part owner, co-owner; **faktický ~** owner in fact / de facto; **skutečný ~** true owner; ~ **budovy** house-owner; ~ **majetku, jenž se zabavuje pro veřejné účely** owner of property taken for public use; condemnee; **chránit ~a před způsobením újmy / škody čím** keep the owner indemnified against st.

vlastnoručně in one's own hand; in holograph; in the author's handwriting; ~ **napsaná listina** holograph, an instrument written wholly by the person in whose name it appears; ~ **psaná závěť** holograph will

vlastnoruční autographic, written by one's own hand; handmade; ~ **podpis** authograph, holograph signed by author; ~ **závěť** holograph, testament in holograph a will written entirely by testator with his own hand

vliv influence; impact, affect; impression, effect; **citelný** ~ substantial / appreciable impact; **posuzování ~u na životní prostředí** environmental impact assessment, EIA abbrev; **mít** ~ **na budoucí případy** have a bearing on future cases; **mít** ~ **na dodržování** čeho affect the observance of st.; **spáchat trestný čin pod ~em alkoholu** commit a crime while intoxicated; **získat** rozhodující ~ **na** co gain ascendance over st.

vloupání burglary the crime of entering a building by day or night with the intention of committing a theft or other serious offence; breaking and entering / entry; break-in, heist; **úmyslné** ~ burglary with intent; ~ **do domu** housebreaking; ~ **s použitím zbraně** armed burglary; ~ **s přitěžujícími okolnostmi** např. použití zbraně aggravated burglary; **pachatel** ~ burglar, person having committed a burglary; **pomůcky k** ~ equipment for stealing / burglary

vloupat se break in(to); burgle, burglarize; housebreak; ~ **do objektu** break and enter the property

vložení insertion; depositing, investing; ~ **kapitálových zdrojů** capital investment; the pooling of capital resources

vložen|ý deposited, invested; inserted, entered; **~é peníze** invested money in business, deposited money in a bank

vložit enclose, enter, insert; deposit; invest; ~ **do společného fondu** pool financial resources; ~ **listinu ke spisům** enter an instrument / document into records / file

vnější outer, external, exterior, outside, outward; ~ povrchové **úpravy** budovy external decoration of a building; **vyloučit ze styku s ~m světem** exclude from any interaction / contact with the outer world

vnesení bringing in, importing; ~ **věci** ilace bringing a thing in

vnesen|ý brought in, imported; **~á věc** a thing brought in

vniknout break and enter, pass into, gain entrance / access; infiltrate, penetrate; **násilím** ~ kam break and enter st.; **neoprávněně** ~ **do** **důlního díla** unlawfully enter a mine, enter a mine unauthorized

vniknutí entering, entry, entrance, access; infiltration, penetration; **násilné** ~ forcible entry; ~ **na cizí pozemek** entering the property of another; trespass to land; breach of close

vnímání perception; understanding, comprehension

vnitrostátní national; domestic; intrastate; ~ **právo** domestic / national law; ~ **soud** *(ES)* national court; ~ **zákonodárství** national / domestic legislation

vnitřní internal; domestic; ~ **záležitosti** domestic affairs; **zasahování do ~ch záležitostí** země intervention in domestic affairs

vnutit enforce, intrude, impute, imbue with; ~ **povinnost komu** impute duties upon s.o.

voajérství voyeurism

vo|da water; **pobřežní ~dy** coastal waters; **podzemní ~dy** underground waters; **povrchové ~dy** surface waters; territorial waters; **zátopové ~dy** flood waters; **kvalita ~dy** water quality; **znečištění ~d** water pollution

vodárensk|ý relating to water management or supply; **~á správa** water management authorities; ~ **tok** watercourse used for water supply

vodárna waterworks

vodítk|o guide, lead; clue; **být ~em k** čemu clue; provide with a clue

vodné water supply charges

vodní relating to water; ~ **hospodářství** water management; ~ **stráž** water guard; ~ **tok** watercourse; **práva využívat** ~ **zdroje** water rights right to use water resources; **správa ~ch toků** watercourse management

vodohospodářsk|ý pertaining to water management; **~á inspekce** water inspection; **~é dílo** water structure; ~ **orgán** water management authority

vodovod water main; **veřejný** ~ public water main

vodovodní relating to water main; **pojištění pro případ ~ch škod** water main damage insurance

vodoznak watermark

vojensk|ý military, relating to army; **obvodový** ~ **soud** *(CZ)* Circuit Military Court; **vyšší soud** *(CZ)* High Military Court; **základní ~á služba** *(CZ)* compulsory non-professional military service upon conscription; **~á policie** military police; **~á služba** army / military service; **~é**

právo military court; ~ **ataše** military attaché; ~ **prokurátor** military prosecutor; ~ **přidělenec** zastupující válečné loďstvo naval attaché; ~ **soud** v době války court martial; **průkaz o neschopnosti k ~é činné službě** *(CZ)* proof of incompetency to serve in the Army; **uplatňovat ~é právo** apply military law

vojsk|o army; troops; **služba v cizím ~u** service in foreign troops / army

volání call; ~ **o pomoc** distress call, call for help; emergency call

volat call; ~ koho **k odpovědnosti** call s.o. to account; haul s.o.

vol|ba option, choice; election(s); **doplňovací ~by** by-election *(UK)*, special election *(US)*; **mimořádné ~by** extraordinary election; **místní ~by** local / municipal elections; **neregulérní ~by** contested election; **primární ~by** primaries, primary election; **všeobecné ~by** general election(s); ~ **právních prostředků** election of a form of remedies; ~ **státního občanství** choice of citizenship; **~by do Senátu** Senate elections; **den ~eb** ballot--day, day of elections; **doložka o ~bě práva** pro řešení smluvních konfliktů choice of law clause; **podle ~by pronajímatele** at the option of the landlord; **právo ~by** right of option; **kandidovat ve ~bách do parlamentu** run / stand for Parliament; **mařit přípravu a průběh ~eb** obstruct the preparation and course of elections; **vyhrát ~by** win the election

volební electoral; voting; constituent; **aktivní ~ právo** right to vote; **pasivní ~ právo** right to be elected; ~ **agitátor** canvasser; ~ **cenzus** electoral qualification; ~ **geometrie** gerrymander; ~ **kampaň** election campaign; ~ **komisař** election commissioner; returning officer; ~ **komise** election committee; ~ **lístek** ballot / voting paper; ~ **období Poslanecké směmovny** a term office of the Chamber of Deputies; ~ **obvod** electoral district, constituency *(UK)*, riding *(CA)*; ~ **okrsek** electoral precinct / ward; ~ **průzkum** opinion poll; ~ **seznam** register of electors, electoral roll / register; ~ **urna** ballot box; ~ **výsledky** election results; **předseda ~ komise** chair of the election committee; **získávání ~ch hlasů** canvas(s)ing

volen|ý elective; elected, chosen; **~á funkce** elective position; **~á vláda** elective govern-

ment; **~é shromáždění** elected / elective assembly

volič voter, elector in the US also a member of the Electoral College chosen to elect the president and vice-president; **oprávněný ~** splňující všechny zákonné podmínky qualified elector / voter meeting all statutory requirements; **stálý seznam ~ů** regular / permanent electoral register / register of electors; **výroční seznam ~ů** annual register of electors / voters

voličský relating to voter, elector; ~ **průkaz** elector's certificate; ~ **seznam** electoral register, register of electors

voličstvo electorate, body of electors, voters at large; constituency *(UK)*

vol|it elect, vote; **být ~en podle zákona** be elected under / by law; ~ **soudce podle jejich kvalifikace** elect judges on the basis of / upon their qualification

voliteln|ý **1** elective; optional, facultative; **~á varianta** optional variant; ~ **předmět** elective subject, an elective *(US)* **2** eligible fit or proper to be elected; **být na ~ém místě na kandidátce** be listed at an eligible position on the slate

volně freely, wildly; ~ **žijící živočich** wild animal

volní volitional, volitive; designed, deliberate; ~ **složka jednání** volitional component of conduct / acts; ~ **složka odpovědnosti** volitional element of liability; ~ **vlastnosti** volitional traits / features; ~ **vyspělost** mature volition / will

voln|o holiday, day-off, leave; **dny pracovního ~a** bank holiday; **nevybírat si ~** a akumulovat ho na pozdější dobu accrue leave

volnost freedom; exemption, release; liberty, liberation; **smluvní ~** freedom of contract; **testamentární ~** tj. volnost sepsání závěti freedom of testamentary disposition freedom to make a will; ~ **jednání / rozhodování** discretion, freedom of acts; **zbavit ~i pohybu** deprive of freedom of action, deprive of freedom of movement

voln|ý free, liberated; vacant; unincorporated; **~á měna** free currency; **~á pracovní místa** situations / appointments / places vacant, vacancies; **~á příroda** open air; **~é** neobsazené **místo** vacancy, vacant position; **~é nalézání spravedlnosti soudci** discretionary powers of judges; **~é sdružení** osob unincorporated association of persons; ~ **pohyb kapitálu** free movement of capital; ~ **pohyb osob** free movement of persons; ~ **pohyb pracovníků** free movement of workers; ~ **pohyb služeb** free movement of services; ~ **pohyb zboží** free movement of goods; ~ **trh** free market; market overt, open market; ~ **vstup / přístup do krajiny** public access to nature; **ohlašovací živnost** ~á *(CZ)* unqualified no special qualification is required notifiable trade; **právo na** ~ **průchod** public right of way; **realizace zástavního práva k** nemovitosti **prodejem z** ~é **ruky** podle plné moci foreclosure by power of sale; **provést prodej z** ~é **ruky** exercise the power of sale

vozidl|o vehicle; carriage, cart, wagon, sledge; **motorové** ~ motor vehicle; **trestný** čin **použití cizího** ~a **k projížďce** joyriding, a ride taken in a stolen vehicle; **trestný čin způsobený** ~em vehicular crime

vrácení return; recover, reimbursement; remand; ~ **daně** tax refund; ~ **nepřijatého** odmítnutého **zboží** returning rejected goods; ~ **nesprávné částky peněz** při placení hype, short-changing; giving an incorrect amount of change back to customer; ~ **originálních materiálů / dokladů** return of original documents / materials; ~ **podání k opravě vad** return of a petition to correct errors / defects; ~ **soudního poplatku nesprávně předepsaného** disbursement of court fees erroneously determined / prescribed / fixed; ~ **spisu za účelem vyjádření účastníků** sending back pleadings to obtain statements from participants; ~ **věci doličné** returning the exhibit / corpus delicti; ~ **věci státnímu zástupci k došetření** remand / sending the case back to the prosecuting attorney for additional investigation / to complete investigation; ~ **způsobilosti k právním úkonům** return / re-establishment of legal capacity to a person; **návrh na** ~ **věci nižší instanci** motion to remand to send the case back to the trial court; **usnesení o zrušení rozhodnutí a** ~ **věci soudu 1. stupně k dalšímu řízení** resolution to cancel the decision and remand the case to a court of first instance for further actions re-hearing or a new trial; **žaloba o** ~ **půjčených peněz** action for the return of money lent / loan

vrácený returned, remanded; recovered, reimbursed; **případ** ~ **zpět** remanded case the act of an appellate court when it sends a case back to the trial court and orders the trial court to conduct a new trial, or to take other further action

vrac|et remand, send a thing back, command / order back to a place; reconsign; remit; return; **usnesení, kterým se** ~í **věc soudu nižšího stupně** resolution whereby the case shall be remanded to a lower court

vrah murderer, killer; assassin; **masový** ~ mass murderer; **najatý** ~ hired murderer, hit(-)man; **nájemný** ~ contract killer

vrak wreck; ~ **lodi** shipwreck

vrátit return; remand, send a thing back, command / order back to a place; reconsign; remit; ~ **přeplatek na dani** disburse an overpaid tax; ~ **případ zpět prvoinstančnímu soudu** remand / refer a case to the court of first instance; ~ **se zpět k** tématu hark back, return to an earlier point in a discussion or argument; ~ **věc státnímu zástupci k došetření** send / refer the case back to the prosecuting attorney for an additional investigation / to complete the investigation

vratka daní, cla drawback a certain amount of excise or import duty paid back or remitted, the action of drawing or getting back a sum paid as duty; refunding

vraž|da murder; unlawful killing; manslaughter; **justiční** ~ judicial murder murder wrought by process of law; an unjust though legal death sentence; **masová** ~ mass murder; **zjednaná** ~ veřejné osoby, politika assassination; ~ **bez přípravy** např. v afektu murder without premeditation e.g. under the loss of one's control; second degree murder; ~ **vlastní manželky** uxoricide; ~ vlastní **matky** matricide; ~ **na objednávku** contracted murder; ~ **novorozeného dítěte matkou** při porodu nebo bezprostředně po něm v důsledku rozrušení způsobeného porodem infanticide notifiable offence of the killing of a child by its mother in the course of delivery, or immediately afterwards, as a result of mother's mental disturbance caused by the childbirth / parturition; ~ vlastního **otce** patricide; ~ vlastní **sestry** sororicide; ~ vlastního **syna** filicide; ~ **v podsvětí** a gangland murder; **oběť** ~dy murder victim, victim of murder, murderee; **oddělení** ~d Murder Squad; **počet** ~d **za uplynulý rok klesl** the murder rate has fallen over the last year; **vyšetřování** ~dy murder investigation, murder inquiry; **byl obviněn, obžalován a shledán vinným trestným činem** ~dy he was accused of, charged with and found guilty of murder

vraždící killing, slaying, murdering; homicidal
vražedkyně murderess
vražedn|ý deadly; mortal, fatal; killing; **~á zbraň** murder weapon; deadly weapon; **~ nástroj** murder tool / instrument, killing instrument
vrchní high; chief, top; **~ komisař** chief police inspector; **~ soud** High Court; **~ státní zástupce** *(CZ)* High Prosecuting Attorney; **~ státní zastupitelství** *(CZ)* High Prosecuting Attorney's Office
vrchol culmination; climax; apex, *(pl)* apices
vrozený inborn, innate; **~ smysl pro** co inborn sense of st.
vrstva layer, stratum; **ozonová ~** ozone layer; **půdní ~** layer of soil, soil layer
vrub account; risk, expense; debit; **vyhotovení díla** ve smlouvě o dílo **jde na ~ zhotovitele** the production of a work under the contract for work done is at the risk / expense of the producer
vsad|it se bet; wager, stake; **~ím se s tebou o 25 dolarů, že obžalovaný vyvázne s pokutou** I bet you $25 the accused will get off with a fine
vsad|it (si) bet; wager, stake; **~il 100 dolarů na výsledky voleb** he bet $100 on the result of the election
vstoupení entry, entering, entrance; ingress; **den ~ nájemní smlouvy v platnost** date of the commencement of a lease; **po ~ této nájemní smlouvy v platnost** after the date of this lease; **~ zákona v platnost** coming into force of a law
vstoupit enter, make entry, join, access; come in, get in; ingress; **~ do Evropské Unie** join / access the European Union; **~ do manželství** wed; enter into marriage, solemnize marriage, contract marriage; **~ do politické strany** affiliate o.s. with a political party; **~ jako** member of a political party; **~ násilím** break and enter the property; **~ oknem** gain access through the window; **~ v platnost** come into force, become valid
vstup entry, entrance; ingress; **neoprávněný ~ na cizí pozemek** unauthorized entry onto the land of another, trespass to land; **volný ~** free of charge entrance; **~ bez upozornění** entry without notice; **~ do obydlí** entrance into dwelling, entering the dwelling; **~ na pozemek vlastníka** entrance onto the owner's land; **~ nových členských států** admission of new states; **návštěvníkům není dovolen ~**

do cel visitors are not allowed into the prisoners cells; **nepovolaným ~ zakázán** authorized personnel only; no entry; entrance forbidden; **právo ~u** right of entry, right of ingress into a building; clearance relating to the clearing of a person involving questions of national security; **zápis ~u do likvidace** entering the commencement of liquidation of a company into the Commercial Register
vstupné admission charge; entrance fee
vstupující entering; **~ se svými akciemi na veřejný trh** going public
všelidov|ý popular; nation-wide; **~é hlasování** popular vote, nation-wide vote, referendum
všemohoucí almighty; **~ Bůh** Almighty God; **při Bohu ~m** by Almighty God
všeobecně generally, commonly, universally; **~ platné předpisy** general legislation, general regulations
všeobecn|ý universal, general; common; global; **~á amnestie** amnesty, general pardon; **Všeobecná deklarace lidských práv** Universal Declaration of Human Rights; **Všeobecná dohoda o clech a obchodu** General Agreement on Tariffs and Trade, GATT abbrev; **~á námitka** general exception, demurrer; **~á ochrana** universal / general protection; **~á pozemková daň** general land tax; geld *(obs)*; **~á rozprava** v parlamentu general debate(s) in Parliament; **~á úcta** general respect; **Všeobecná zdravotní pojišťovna** *(CZ)* General Health Insurance Company; **~é smluvní podmínky** general terms and conditions; **~é krytí** global cover; **~é křižování šeku** general crossing; **~é pojistné podmínky** general policy conditions; **~é pojištění majetku** proti škodám general insurance; **~é pojištění osob** general personal insurance; **~é povolení** general licence; **~é retenční právo** až do zaplacení dluhu general lien; **~é volby** general elections; **~é volební právo dospělých** universal adult suffrage; universal franchise of adults; **~é vzdělání** general education; **~é znalosti** general knowledge; **~ odborný termín** all-embracing / general term; **~ důchodový fond** general pension fund; general revenue
všichni all, everybody, everyone; **~ lidé jsou si od narození rovni** all men are created equal
všimnout si mark, notice, observe; note
vůl|e will; volition; **dobrá ~** good will; **poslední ~** last will, testament; **vlastní ~** own will; **zlá ~** malice; **~ zákonodárných orgánů**

will / intent of the legislature; **bezvýhradný a bezpodmínečný projev** ~ unreserved and unconditional expression of one's will; **jako projev svobodné** ~ as a free act and deed; **jednostranný projev** ~ unilateral expression of will; **mise dobré** ~ good will mission; **podle vlastní** ~ at one's own will; **projev** ~ act / declaration of will; **proti své ~i** against one's own will; unwillingly; **skutek dobré** ~ act of grace, act of good will; **vada** ~ mistake in intent; volitional defect, defect of will

vulgární vulgar; uncultured, uncultivated, coarse, gross, rude; ~ **jazyk** gross / coarse language

vybavení equipment, furnishment, furnishing; **nadstandardní ~ bytu** the equipping and furnishing of a flat / an apartment above standard; **základní ~ cely** basic cell equipment

vybavenost facility, equipment; **občanská** ~ amenities extras or in/tangible items associated with property

vybavit equip; furnish, supply, provide; ~ **nezbytným zařízením** furnish with necessary equipment; ~ **právy** vest rights in s.o.

výběr 1 choice, selection, option; ~ **z možností** selection / choice of options **2** withdrawal, drawing; collection; draft; ~ **daní** revenue collection, collection of taxes; ~ **dluhů** collection of debts; ~ **peněz z účtu** withdrawal of money from an account; ~ **z účtu se sedmidenní výpovědní lhůtou** withdrawal from an account at seven days' notice

výběrčí collector; exciseman, exactor *(obs)*; ~ **daní** tax collector; ~ **daňových nedoplatků** taxt exactor

výběrní relating to withdrawal; ~ **doklad** withdrawal slip / receipt

výběrn|ý collectible, collected; **~é plnění** payment of an obligation collected / collectible at the residence of the obligor; ~ **dluh** debt collectible at the residence / seat of a debtor

výběrov|ý selective; competitive; **~é řízení na poskytování služeb / zboží** competitive bidding with respect to the provision of services / goods; **~é řízení na obsazení funkčních pracovních míst** competitive hiring procedure; competitive examination an examination for a position or office open to candidates

vybírání collection; exaction; **neoprávněné ~ poplatků** za správní služby exaction of administrative fees compelling payment of a fee by an officer

for his services where no payment is due; ~ **daní** tax collection

vybírat collect; gather; exact; ~ **daň** collect taxes

výbor committee; commission; council, board; **hospodářský a sociální** ~ Economic and Social Committee; **mandátový a imunitní** ~ obou komor Parlamentu ČR *(CZ)* Mandate and Immunities Committee of each Chamber of the Parliament of the CR; **organizační** ~ obou komor Parlamentu ČR *(CZ)* Organizational Committee of each Chamber of the Parliament of the CR; **rozpočtový** ~ Ways and Means Committee *(US)*, *(UK)*, Budget Committee; **senátní** ~ Senate Committee; **sněmovní** ~ Chamber / House Committee; **společný** ~ obou komor parlamentu joint committee of both Chambers / Houses of Parliament; **věřitelský** ~ committee of creditors; ~ **Dolní sněmovny pro vládní výdaje a účty** *(UK)* Public Accounts Committee; ~ **Senátu** Senate Committee; **pravomoci** parlamentního **~u** powers and competence of a Committee

vybrat 1 choose, select, opt; ~ **nejlepšího uchazeče** choose / select a best candidate **2** collect; withdraw; ~ **peníze z účtu** withdraw money from an account; ~ **vklad** withdraw a deposit

vybudovat build, construct; erect; raise; build up a theory, conclusion, set up a framework, establish rules

výbuch blow-up, explosion; eruption

výbuška explosive, firework; **zásahová** ~ a shock weapon / bomb

výbušnina explosive, bomb; explosive device

vyčerpání exhaustion; consuming / using up completely; depletion; ~ **nerostných zásob** depletion of natural resources; ~ **právních prostředků** exhaustion of remedies; ~ **vnitrostátních právních prostředků** exhaustion of national remedies

vyčerpanost fatigue, extreme tiredness

vyčerpat exhaust, consume / use up completely; ~ **všechny prostředky správního práva** exhaust all administrative remedies

vyčerpateln|ý exhaustible, wasting; **~é aktivum** wasting asset; ~ **svěřenský majetek** wasting trust

vyčerpávající exhaustive; complete, comprehensive; ~ **argumentace k právní otázce** exhaustive / comprehensive arguments concerning the legal issue; ~ **činnost** exhaustive activity

výčet list, enumeration; **taxativní** ~ exhaustive / comprehensive / complete list; **taxativní** ~ **výjimek** complete list of exceptions; ~ **znaků skutku** enumeration of elements of a crime **vyčíslení** numeration, numbering, reckoning, computing; specification; ~ **výše pohledávky** specification of the amount of claim **vyčistit** clean, clear; ~ **veřejné prostranství** clear a public place / square **vyčištění** clearance; cleaning; ~ **stavebního místa** site clearance **vyčlenění** assignment, detaching, zoning; ~ **pozemků k určitému účelu** zoning of land for specific purposes; ~ **pracovníků na splnění určitého úkolu** appointment of workers for the completion of a particular task, commissioning workers to do a job; putting workers on a particular assignment **vyčleněn|ý** assigned, detached, zoned; ~**á oblast územním plánem** zoned area upon zoning plans **vyčlenit** detach; assign, commission; ~ **pozemek pro průmyslové využití** zone the land for industrial use; ~ **pracovníky na splnění úkolu** commission certain workers to do the job

výdaj expense(s), cost(s), expenditure(s); **cestovní** ~**e** travel costs; **hotové** ~**e** cash expenses / disbursement; **investiční** ~**e** capital expenditure; **kapitálový** ~ capital outlay; **provozní** ~**e** režie running costs; **režijní** ~**e** např. v souvislosti s údržbou nemovitosti outgoings in relation to building maintenance; **vedlejší** ~**e** incidentals, ancillary expenses; ~**e na domácnost** household expenses; ~**e na válečné loďstvo** naval costs; ~**e ponese prodávající** the expenses will be borne by the seller; ~**e prostředků na organizační a provozní náklady** expenditure of funds for organizational and operational expenses; **náhrada hotových** ~**ů** reimbursement of cash expenditure / expenses of an attorney; **peníze na cestovní** ~**e svědka** účastnícího se procesu conduct money paid to a witness for his travelling expenses to and from the place of trial

vydání 1 issuance, issuing, granting permission, award of judgment; ~ **osvědčení o zvolení poslancem** (CZ) issuance of an Elected Deputy Certificate; ~ **předběžného opatření před zahájením řízení** issuing an order for emer-

gency ruling before the commencement of proceedings, rendering a pre-trial emergency ruling; ~ **rozhodnutí o využití území** issuance of a decision to use a territory in a prescribed manner **2** delivery, handing over, conveying into the hands of another, surrender, render; rendering, yielding; **nucené** ~ **svědectví** compulsory production of testimony; ~ **bojových prostředků nepříteli** rendering weapons to the enemy; ~ **obviněného / pachatele do ciziny** extradition of the accused / offender to a foreign country; ~ **písemného svědectví** production of deposition; ~ **věci** rendition / delivery of a thing; **marná výzva** policisty **k** ~ **zbraně** ignored police demand to render an arm / a weapon; **nárok na** ~ **věci proti třetí osobě** right to surrender / yield / render / deliver a thing executed against a third person; **příkaz k** ~ **věci** order for delivery(-up) of property / a thing; **rozsudek ukládající** ~ **věci vlastníkovi** judgment compelling the rendition of property to the owner, judgment for the rendering of property to an owner; **řízení o** ~ **do ciziny** extradition proceedings delivery of a defendant to a foreign state; **usnesení o** ~ **úschovy** resolution to deliver a thing kept in the custody of court; **žaloba na** ~ action for recovery of property; **žaloba na / o** ~ **věci** action for the delivery of a thing

vyd|at 1 issue, grant, award; publish; ~ **vládní nařízení** issue a decree of the Government; ~ **opravné usnesení** issue an amended resolution; ~ **povolení** grant a permission; ~ **prohlášení** make / publish an announcement; ~ **rozhodnutí** render / award / grant / issue a decision; ~ **soudní nález o** čem adjudicate in a dispute, give a ruling; issue an award in arbitration; ~ **vládní usnesení** issue a resolution of the Government; ~ **zákon** publish a law **2** deliver, hand over, convey into the hands of another, surrender, render; yield; extradite; ~ **k trestnímu stíhání** extradite the accused for criminal prosecution; ~ **koho v nebezpečí** smrti expose s.o. to danger of death; ~ **koho v posměch** cause s.o. to be laughed at, cause s.o. to be ridiculed; ~ **obviněného do ciziny** extradite the accused for criminal proceedings in a foreign country; ~ **zbraň** render an arm / a weapon; **cizí stát** ~**á obviněného s výhradou** a foreign country shall extradite the accused with reservation

vydatný abundant, massive, rich

vydávací extraditing, relating to extradition; ~ **vazba při vydání obviněného do ciziny** extradition custody before the extradition of the accused

vydávání 1 issuance, issuing, granting, award; ~ **dokladů** issuance of documents; ~ **potvrzení** issuance of certificates; ~ **směnečných platebních rozkazů** issuance / grant of the judicial order to pay the bill of exchange / promissory note **2** delivery of possession / property, handing over a thing to s.o., conveying into the hands of another; rendering the lands to the use of s.o.

vydávat 1 issue a permit, grant a charter, award a degree; publish books **2** deliver property, hand over st. into the possession of s.o., convey into the hands of another, render ♦ ~ **dílo koho za své** plagiarize take or copy (a passage, a piece of translation, etc.) without acknowledgement, and use as one's own, crib *(coll)*

vydávat se za koho personate, impersonate; **podvodně se ~ za jinou osobu** fraudulently impersonate another person

vydědění disinheritance; dispossession from inheritance, disinherison; **důvody ~ causes** for disinheritance; **listina o ~** disinheritance deed; **testamentární ~** testamentary disinheritance; ~ **neopominutelného dědice** disinherison made as a testamentary disposition; disinheritance of a forced / unpretermitted heir

vydědit disinherit, deprive / dispossess of inheritance; cut off from a hereditary right; prevent s.o. from coming into possession of a property / right which in the ordinary course would devolve upon him as heir

vydělat earn, gain; make money

výdělečně gainfully; profitably; advantageously; ~ **činný** gainfully employed; **spáchat trestný čin ~** commit a crime to gain profit

výdělečnost gainful nature of activities; gainfulness

výdělečn|ý gainful; profitable; advantageous; ~**á činnost** gainful activity / occupation; ~**é podnikání** gainful business activity; **neoprávněně provozovat obchodní, výrobní nebo jinou ~ou činnost** unlawfully undertake commercial mercantile, manufacturing or other gainful activities

výděl|ek earning, income, gains; **náhrada ušlého ~ku** reimbursement of the loss of earnings; **ztráta na ~ku** loss of earnings

vyděrač blackmailer; duressor

vyděračství blackmail unlawful demand of a payment extorted by threats or pressure, especially by threatening to reveal a discreditable secret; blackmailing extorting money from s.o. by intimidation; **být obžalován z ~** be charged with blackmail

vydírání blackmail, blackmailing; extortion extorting money by undue exercise of power, shakedown *(US)*; **organizované ~** extortion racketeering; ~**m získat milion korun** get one million crowns by blackmail

vydír|at blackmail, extort; **být ~án svým spolupracovníkem** be blackmailed by one's own fellow

vydíratelnost possibility of being blackmailed, exposure to being blackmailed

vydobyt|ý collected, exacted; acquired; drawn out, taken; ~**á částka peněžitého trestu** a collected / exacted amount of pecuniary punishment

vydrancovat plunder; despoil st.

vydražen|ý sold in auction, auctioned; ~**á věc** an article put up to and being sold at / by auction; an auctioned thing

vydražitel successful bidder; purchaser at an auction

vydržecí prescriptive; relating to prescription; ~ **doba** prescriptive period, time of prescription; **stavění běhu ~ doby** stoppage / suspension of the prescription period

vydržení acquisitive prescription, acquisition of a personal right by means of prescription / continuous usage; usucaptio(n), usucapio(n) *(UK)*; ~ **práva k nemovitosti** acquisition of the title to real property by prescription; adverse possession; ~ **věci** acquisition of the title to a thing through / by long-term use; **přerušení ~** interrupted prescription; usurpation; **žaloba na určení vlastnictví nabytého ~m** action to determine a title acquired by prescription

vydržen|ý prescriptive; relating to prescription; acquired by prescription; ~**é právo** title by limitation, prescriptive title; right acquired by prescription; usucaptio(n), usucapio(n); ~**é vlastnictví** ownership of / title to property acquired by prescription

vydržet acquire by prescription; ~ **vlastnické právo** acquire the right of ownership by prescription

vydržitel a person acquiring his right by prescription

výherní relating to lottery; winning; ~ **vkladní**

knížka *(CZ)* lottery bonus savings bank book, lottery bonus bank deposit book

vyhlás|it declare, announce, pronounce; promulgate; state; render; ~ **amnestii** grant amnesty; ~ **národní park** designate a national park; ~ **nesolventním** koho declare s.o. in default; adjudicate s.o. insolvent; ~ **příčiny** declare causes; ~ **rozsudek** render / award / grant / give a judgment, declare / announce / pronounce a judgment; ~ **usnesení** render / issue / give a resolution; pronounce a resolution; ~ **trest** pronounce a sentence; ~ **válku** declare war; ~ **výrok** poroty return a verdict; ~ **za přípustné** declare st. admissible; ~ **zákon** promulgate a law; publish a law in the Collection of Laws *(CZ)*; ~ **zprošťující výrok** poroty return a verdict of not guilty; **nález Ústavního soudu se ~í ve Sbírce zákonů ČR** judgment of the Constitutional Court shall be published / promulgated in the Collection of Laws of the Czech Republic

vyhlášení announcement; proclamation, statement; promulgation; ~ **dividendy** declaration of dividend; ~ **mobilizace** declaration / announcement of mobilization; ~ **nálezu** Ústavního soudu publishing in the Collection of Laws / promulgation of a judgment of the Constitutional Court; ~ **neutrality** neutrality proclamation; ~ **popisu věci doličné** publishing the description of an exhibit / corpus delicti; ~ **rozsudku** rendition / grant / award of a judgment; declaring / announcing / pronouncing a judgment; ~ **tiskem** service by publication; ~ **úřední vyhláškou** service by an official notice; ~ **války jinému státu** declaration of war on another State; ~ **výsledku voleb** publication / declaration of the election results, publishing a poll; ~ **zákona** promulgation of a law; publication of a law in the Collection of Laws *(CZ)*; **plán pro ~ smogové situace** smog alarm plan; **pro rozsudek je rozhodující stav v době jeho ~** the terms of the judgment are determined by the facts existing when the judgment was issued / awarded; **odložit ~ rozsudku** set aside / defer a judgment

vyhláš|ka regulation(s) as a type of statutory / legislative instrument; public notice; by-law, ordinance; guidelines; rules; **dražební ~** auction rules of order / guidelines; **obecně závazná ~ obce** by(-)law, bylaw *(UK)*, ordinance *(US)*; local notice; local law; **prováděcí ~** minister-

stva executive regulation to apply / implement a statute; **rozhodnutí o přestupku nelze doručit veřejnou ~kou** a decision on an administrative delict / infraction may not be served on the offender by a public notice; **uveřejňování** soudních ~ek publicizing of court / judicial notices and announcements; **úmyslně zničit, poškodit nebo neoprávněně odstranit veřejnou ~ku** wilfully destroy, impair or unlawfully remove a public notice; **zveřejnit** co ~kou soudní publicize information as a judicial notice

vyhlašovat declare, announce, pronounce; state; render; ~ **celostátní pátrání** launch a nationwide search

vyhlašovatel promulgator, announcer; notifier; ~ **veřejné soutěže** *(CZ)* announcer of a public tender, entity / person inviting for competitive bidding; ~ **veřejného slibu** příslíbitel promisor

vyhlazovací annihilative, destructive, crushing; ~ **tábor** annihilation camp

vyhledávací searching, finding; investigating, examining; ~ **orgán** policejní orgán searching body i.e. the police

vyhledávání search; finding; investigation, examination; **podstatně napomoci při ~ svědků** be of material assistance in finding witnesses

vyhnání expulsion; sequestration; displacement; ouster *(US)*

vyhnanství exile; banishment; **poslat do ~** banish s.o., exile / expatriate s.o. from

vyhnat koho oust s.o. from, eject / expel s.o. from any place, displace s.o.

vyhnout se avoid, evade, escape; eschew; ~ **placení příliš vysokých daní** avoid paying too much tax

vyhnutelný avoidable

vyhnutí se avoidance; evasion; eschewance; ~ **vojenské službě** evasion of / evading compulsory military service

výhoda advantage; benefit; **skutečná ~** real advantage; ~ **manželství** avail of marriage; ~ **postoupení** pohledávky benefit of cession

výhodn|ý advantageous, beneficial; accommodating; ~**á poloha** agreeable position; amenity; ~**á smlouva** beneficial contract; **za ~ých podmínek** on accommodating terms

vyhostit banish from / out of; exclude and expel; deport; **přijímat a ~ cizince** admit and expel aliens

vyhoštění banishment compelling a convict to leave

a country; deportation including the confiscation of property and deprivation of civil rights; exile, exilement; **trest** ~ sentence of banishment
vyhotovení making typing, writing, producing; execution; copy; **písemné** ~ **rozhodnutí** judgment in writing, a written / typed copy of judgment; **řádné** ~ **listin** due execution of documents; úplné a konečné ~ **a předání právní listiny** execution and delivery of deed; ~ **rozsudku** making / writing / producing of judgment; **oprava** ~ **rozsudku** amended judgment i.e. the correction of clerical errors, amendment of judgment; ~ **díla ve smlouvě o dílo jde na vrub zhotovitele** (CZ) producing a work under the contract for work done is at the risk / expense of the producer
vyhotovený made typed, written, produced; served, executed; ~ **rozsudek** produced / typed / written judgment
vyhovění compliance / conformity with st., satisfaction, accommodation; admission, admitting; ~ **žádosti o právní nápravu** accepting / admitting an application for remedy; ~ **žádosti o nápravu vadného stavu** nemovitosti compliance with notices of bad repair
vyhověno admitted; approved; **žádost o ochranu proti neoprávněnému užívání obchodního jména** – ~, **zamítnuto** application for the protection against unlawful use of trade name – admitted, dismissed
vyhovět meet, fulfil, satisfy, accommodate, settle; comply / conform with; correspond to, be convenient to s.o.; admit st.; ~ **nároku** accommodate a claim; acquit claim; ~ **návrhu ve věci samé** meet / satisfy / settle the motion on the merits; ~ **odvolání** allow an appeal; ~ **podmínkám** satisfy / meet / fulfil / execute the conditions; ~ **poptávce po zboží** satisfy the demand for goods; ~ **potřebám** satisfy / meet the needs; ~ **výzvě policie** obey the warning of the Police; ~ **žádosti** affirmatively dispose of the application; grant an application
vyhovující compliant, accommodating, convenient, conforming; ~ **praxe** convenient practice; ~ **využití** pozemku v souladu s územním rozhodnutím conforming use of land in compliance with the zoning permission
výhr|a prize; gains, winnings; take, win; **vymáhat ~u** exact / compel the payment of a prize if the organizer of lottery refuses to pay
výhrad|a stipulation, proviso; reservation; exception, limitation; warranty; **smluvená** ~ agreed stipulation; warranty; ~ **dispozičního práva** reservation of right of disposal; ~ **k ustanovení** smlouvy reservation / proviso to a provision; ~ **vlastnictví** v nájemní smlouvě reservation of property reserving / retaining for oneself some right / interest in property which is being conveyed to another; **s ~ami** under reservations; **porušit poštovní ~u** breach the exclusivity of postal services
vyhradit stipulate, reserve; provide for, that; appropriate; ~ **vznik společného jmění** manželů / **bezpodílového spoluvlastnictví** stipulate that community property of spouses come into existence
výhradní exclusive; privileged; ~ **zastoupení** exclusive agency; ~ **doložka** exclusive clause; ~ **zástupce** exclusive agent; **smlouva o ~m prodeji** exclusive agency agreement
vyhrát win; ~ **spor** win an action
vyhrazení restricting; limiting; assigning; ~ **pozemku k určitému účelu** appropriation of a plot of land for a specific purpose
vyhrazen|ý closed, restricted, prescribed; limited; assigned; **na ~ém místě** at a prescribed place; **stupeň utajení: přísně tajné, tajné, důvěrné, ~é** (CZ) levels of security classification: top secret, secret, confidential, restricted; **odkládat odpadky nebo odpady mimo ~á místa** dispose of waste outside the prescribed sites
vyhrožování threatening; menace, threat; ~ **újmou na zdraví nebo drobným ublížením na zdraví** threatening battery or minor injury to health
vyhrožovat threaten, menace; ~ **usmrcením, ublížením na zdraví nebo způsobením škody** threaten with killing, inflicting bodily injury, or causing damage
výhrůžka threat; menace; indirect compulsion; verbal assault; **bezprávná** ~ unlawful threat
vyhýbající se evading; avoiding; **osoba** ~ **vojenské povinnosti** person evading compulsory military service, draft dodger
vyhýbání se evasion unlawful and impermissible; avoidance permissible and done legally; eschew; elusion, eluding; ~ **odpovědnosti** avoiding / eluding one's responsibility / duty; derogation of responsibility; ~ **služebnímu úkonu** evading / eluding the service duties; ~ **výkonu civilní služby** evading civil military service;

~ výkonu vojenské služby sebepoškozením evading compulsory military service by inflicting self-injury
vyhýbat se evade unlawfully, elude, abscond; avoid legally; eschew; **~ trestnímu stíhání** evade the criminal prosecution; elude the law; abscond from the jurisdiction of court; **~ věřitelům** abscond from creditors
vycházka leave; outing, excursion, trip, journey; **~ obviněného** leave of the accused
výchov|a education, upbringing, raising; rearing, training; **nařízená ústavní ~** adjudicated treatment in a special in-patient institution, an order to keep s.o. for treatment and rehabilitation in a special treatment institution; **občanská ~ výukový předmět** civics, civic education; **odborná ~** vocational training; professional training; **řádná ~ dětí** the proper upbringing of children; **uložená ochranná ~** adjudicated protection of s.o. in a young offender institution; **~ a výživa nezletilého dítěte** the upbringing / raising and maintenance means of subsistence, livelihood of a minor; **návrh na nařízení ústavní ~y** an order to detain s.o. in a special medical treatment institution; **osoba svěřenec s nařízenou ústavní ~ou** ward under a hospital order; **prodloužení ochranné ~y** extension of protective youth and young offenders rehabilitation social retraining; **rozsudek o ~ě a výživě nezletilého** judgment for the upbringing and support / maintenance of a minor; **uložení ochranné ~y** judgment imposing the protective youth and young offenders rehabilitation social retraining; **mařit výkon ochranné ~y nezletilého** obstruct the execution of the protective training of a minor; **narušovat ~u dítěte svěřeného do péče jiného občana** obstruct the upbringing of a child placed / entrusted in(to) the care of another person
výchovné (n) raising allowance; **~ k důchodům** raising allowance paid to a certain category of pension recipients such as widows with minor children
výchovn|ý educational; corrective, reformatory; **dětský ~ ústav** reformatory for delinquent children an institution to which juvenile incorrigibles are sent with a view to their reformation; a reforming institution; **nápravně-~á činnost** reformatory / correctional activities; **~é zařízení** reformatory home / institution; **~ význam trestání**

mladistvých reformatory function of sentencing juveniles
vyjádření opinion, view; statement; expression; **odborné ~** expert opinion; specialist knowledge; **~ žalovaného k žalobě o náhradu škody** a statement of the defendant with respect to a petition for damages; defence pleading in an action for damages
vyjádřit, vyjadřovat express, represent in language; declare, state, communicate; put into words, set forth a meaning, thought, state of things; give utterance to an intention, a feeling; **~ podporu komu / čemu** give countenance to s.o., be supportive of s.o. / st., encourage s.o. in st. / to do st., encourage st.; **~ vůli** express one's will
vyjádřit se express / state / represent / communicate one's opinion; **~ k dokazování** express one's opinion / view with respect to evidence proceedings; **~ k právní stránce věci** express one's opinion on the matter / issue / question of law
vyjasnění clarification, explanation, a statement making things intelligible; **~ výpovědi** clarification of testimony / deposition, clarifying testimony / deposition
vyjasnit make st. clear, clarify, explain
vyjednávací bargaining; negotiating; **nerovnost ~ch pozic** inequality of bargaining power(s)
vyjednávač negotiator; mediator of disputes; bargaining agent
vyjednávání bargaining; negotiating, negotiation; **kolektivní ~** collective bargaining; **zastavit ~** break off negotiations; **zástupce zaměstnanců při ~** odbory uznaný bargaining agent recognized by the unions
vyjednávat negotiate; bargain; **~ smlouvu** negotiate a contract; **začít ~** enter into / start negotiations
výjimečný exceptional; excessive; rare; **~ právní prostředek** exceptional / excessive remedy / remedial measure; **~ trest** extraordinary / exceptional sentence
výjimk|a exception; exclusion; saving; **s ~ou čeho** save, except, with the exception of; **s ~ou práv na náhradu škody** with the exception of the rights to damages, save the rights to damages; **~ z požadavků** exception from requirements; derogation from requirements

vyjít come / get out, emerge; ~ **z užívání** fall into desuetude; become obsolete
vyjmout extract, exempt; abstract; ~ **koho z působnosti zákona** exempt s.o. from the operation of the law; ~ **ze seznamu** exempt from a list, delist, cross out from a list
výkaz statement; report; **příjmový** ~ consolidated income statement; **výroční** ~ annual statement; ~ **o finančních záležitostech** konkursního dlužníka statement of affairs
vykázat banish, expel; ~ **koho ze soudní síně** banish s.o. from court, compel s.o. to leave a courtroom
výklad interpretation, construction; version; **doslovný** přesný ~ literal strict construction; **extenzivní** ~ expansive interpretation / construction; **liberální** volný ~ **práva** liberal construction of law; **nesprávný / mylný** ~ misconstruction, mistaken interpretation; misrepresentation; **soudní** ~ judicial interpretation; **vědecký** ~ doctrinal interpretation; **zužující** ~ strict construction / interpretation; ~ **závěti** je-li sporná construction of will; **nadpisy v této nájemní smlouvě mají pouze funkci odkazů a neovlivňují** ~ **smlouvy** the headings in this lease are for reference only and shall not affect its construction; **vyplývající z** ~**u zákona** resulting from the interpretation / construction of a law; constructive
vykládat₁ construe, interpret; ~ **komunitární předpisy** construe / interpret Community legislation; ~ **zákon** construe / interpret a law
vykládat₂ unload take off, remove st. carried or conveyed, discharge the vessel, unlade take the cargo out of a ship
vykládka unloading; discharge
výkladov|ý interpreting; relating to construction, interpretation; ~**é pravidlo** rule of interpretation
vyklidit vacate, clear, make clear / free from encumbrance / obstruction; ~ **prostory** vacate premises; ~ **soudní síň** vacate the courtroom; ~ **veřejné prostranství** clear the public area / place / square
vyklizení clearance removal of wood, old houses, inhabitants; vacating the premises; clearing freeing a place of any things by which it is occupied; removal conveying or shifting to another place; eviction dispossessing a person of property by law, ejection expulsion from office or possession; ejectment the act or process of ejecting a person from his holding; ~ **bytu**

soudní vystěhování nájemce eviction of / evicting a tenant from a flat, eviction of a residential occupier; ~ **místa / prostoru** clearance of / clearing a site / an area; ~ **soudní síně** clearing the courtroom; ~ **veřejného prostranství** clearance of a public place / square / area; **návrh na** ~ **bytu** petition for eviction of a tenant from dwelling, action of ejectment; **výkon rozhodnutí** ~**m bytu a přestěhováním do náhradního bytu** an order to execute judgment by evicting a tenant from the flat and removing him into a substitute dwelling / flat; **žaloba na** ~ suit to evict a tenant, action of ejectment; **žaloba na** ~ **garáže** *(CZ)* action for eviction from the garage a private storage and shelter of a motor vehicle; **žaloba na** ~ **z důvodu neplacení nájemného** action to evict for nonpayment
výkon **1** performance, execution; discharge; fulfil(l)ment of an obligation, duty, function; service; enforcement, the enforcing / compelling the fulfilment of a law, demand, obligation; **nerušený** ~ **práv** undisturbed exercise of rights; **neslučitelný s** ~**em práva** incompatible / inconsistent with the exercise of a right; **přiměřený** ~ **práv** reasonable exercise of rights; **soudní** ~ **rozhodnutí** judicial execution of a decision; ~ **cizího rozsudku** enforcement of a foreign judgment; ~ **dozoru nad zachováním zákonnosti** carrying out / supervising / assuring compliance with the rule of law; ~ **funkce** discharge of one's office; ~ **funkce v dalším funkčním období** hold over, continuing to hold an office for a subsequent term after one's term has expired; ~ **justice** administration of justice; exercise of jurisdiction / cognizance; ~ **ochranné výchovy** execution of judgment imposing the protective re-training / rehabilitation; ~ **oprávnění podnikat / podnikatelského oprávnění** execution of a licence to undertake business, execution of a business licence; ~ **péče** taking / executing care of; ~ **peněžitého trestu** execution of financial / pecuniary punishment, execution of a fine; ~ **povolení k odposlechu** execution of a permit authorizing interception; ~ **práv a povinností** exercise of rights and discharge of duties / obligations; ~ **práva** 1 exercise of a right 2 enforcement of law; ~ **práva k pozemku** exercising the right over the land, execution of the title to land; ~ **práva k věci** execution of the right in a thing / in rem; ~ **práva ve**

prospěch jiného execution of a right for the benefit of another; autre droit; ~ prohlídky execution / performance of search; ~ rozhodnutí enforcement / execution of a decision / judgment; ~ rozhodnutí o výchově a styku s nezletilci execution of judgment for the upbringing / care and visitation of minors; ~ soudní pravomoci exercise of jurisdiction / cognizance; administration of justice; ~ spravedlnosti administration / dispensation of justice; ~ spravedlnosti na základě hmotněprávních norem bez ohledu na procesní vady administration of substantial justice justice administered according to substantive law notwithstanding errors of procedure; ~ správy daní administration of taxes; ~ státní správy execution of state administration; ~ státního dozoru execution of state supervision; ~ svrchovanosti exercise of sovereignty; ~ trestu service of a sentence; ~ trestu odnětí svobody service of a term of imprisonment; ~ trestu propadnutí majetku execution of the judgment of forfeiture of property; ~ trestu zákazu pobytu execution of the residence prohibition order; ~ vazby serving remand / custody; ~ vazby na cizincích serving remand / custody by foreigners; ~ vojenské služby performance / execution of military service; maření ~u úředního rozhodnutí obstructing the enforcement / execution of an official decision; nařízení ~u ochranného léčení order to execute the protective treatment; nařízení ~u rozhodnutí jiným způsobem order to execute the judgment in a different manner; nařízení ~u rozhodnutí odepsáním z účtu u peněžního ústavu order to execute the judgment by garnishment of the judgment debtor's bank account attachment execution (US), garnishee proceedings order (UK); nařízení ~u rozhodnutí prodejem movitých, nemovitých věcí order to execute the judgment by sale of real / immovable and personal / movable property; nařízení ~u rozhodnutí přikázáním pohledávky order to execute the judgment by satisfaction of claim in a prescribed manner / by appropriation of claim i.e. designating debtor's money for the payment of a particular claim; nařízení ~u rozhodnutí srážkami ze mzdy pro obyčejné pohledávky, pro výživné, pro přednostní pohledávky order to execute the judgment by attachment of earnings in order to satisfy regular claims,

alimony due, preferential claims; nařízení ~u rozhodnutí vyklizením bytu a přestěhováním do náhradního bytu order to execute judgment by evicting a tenant from a flat and moving him into a substitute dwelling / flat; nařízení ~u trestu imprisonment order, order to execute the sentence of imprisonment; nástup ~u trestu booking / registering for the commencement of sentence of imprisonment; návrh na nařízení ~u rozhodnutí srážkami ze mzdy motion for an order to execute the judgment by attachment of earnings; návrh na ~ rozhodnutí motion to execute the judicial decision, enforcement action; návrh na vyloučení věci z ~u rozhodnutí motion to exclude st. from a judgment execution; odklad ~u trestu v případě ohrožení zdraví, života – např. těhotná žena reprieve / suspension of sentence temporary relief from or postponement of execution of criminal punishment, if a convict's health is endangered, e.g. pregnant woman, stay of the execution of a judgment of conviction; právní překážka ~u povolání legal impediment to the practising of occupation; promlčení ~u trestu statutory bar on the execution of sentence, statutory bar on the service of one's term; průběh ~u rozhodnutí the process / course of the execution of judgment; přerušení ~u trestu interruption of the service of imprisonment; rozsudek na ~ rozhodnutí do nemovitosti judgment of foreclosure; řízení o ~ rozhodnutí srážkami ze mzdy trial on request to execute judgment by means of an attachment / garnishment of earnings order; ukládání a ~ trestů sentencing and execution / carrying out of punishment; úmyslně neoprávněně zasáhnout do ~u rybářského práva wilfully and unlawfully interfere with the exercise of fishing rights; upuštění od ~u trestu v případě smrtelné nemoci nebo vydání do zahraničí releasing s.o. from serving a sentence in the case of a fatal disease or committal to a foreign court; upuštění od ~u zbytku trestu zákazu činnosti releasing s.o. from completing the remainder of sentence of prohibition to practise one's profession; usnesení o zastavení ~u rozhodnutí resolution to discontinue judgment execution; vyloučení z ~u rozhodnutí přikázáním pohledávky (CZ) exemption from the execution of judgment by the compulsory satisfaction of a claim i.e. a part of the judgment will be executed as compulsory debt settlement; **zajištění ~u trestu propadnutí majetku** securing the execution of judgment of forfeiture of property; **zánik práva na ~ sankce** extinguishment of a right to execute a sanction; **zastavení ~u rozhodnutí** discontinuance of judgment execution; **způsob ~u trestu** a mode of execution of punishment generally, mode of serving a term of imprisonment; **ztěžování ~u rozhodnutí** obstruction of / obstructing / impeding the execution of judgment; **odložit ~ rozhodnutí** postpone / suspend the execution of judgment / sentence; **pokračovat ve ~u pravomocí** continue to exercise powers; **přerušit ~ rozhodnutí** suspend / interrupt the execution of judgment; **upustit od ~u trestu** release a convict from serving a term; **zajistit řádný ~ spravedlnosti** secure the proper administration of justice; **zasahovat** neoprávněně **do ~u vlastnického práva** intermeddle with the title; interfere wrongfully with a title to property; **zastavit ~ rozhodnutí na návrh nebo bez návrhu** discontinue judgment execution upon or without a motion, not to proceed with judgment execution upon or without a motion; **zmařit ~ trestu** frustrate the execution of punishment, make the execution of sentence impossible; **ztěžovat ~ služby** vojáka impede the service of a soldier in the armed forces; **ztěžovat ~ úředního rozhodnutí** obstruct / impede the execution of an official decision; **žaloba na stanovení povinnosti zdržet se zásahů do ~u práva** action to compel a duty to refrain from interference / intermeddling with the exercise of right **2** performance, appearance; **~ výkonného umělce** performance of a performing artist **vykonání** performance of duties; execution of duties; fulfillment of duties; carrying out a sentence; accomplishing the design, purpose, completing the plan; executing an order; **~ pitvy** performance of a post-mortem examination; **~ rozsudku** execution of judgment **vykonat** perform an obligation / duty; execute the order / command; discharge the order; implement a decision, carry out a command, request, promise, undertaking, etc.; carry into effect; **~ kvalifikační zkoušky pro práci** pass an exam / test to qualify for a certain job; **~ na obviněném trest odnětí svobody** imprison the accused in compliance with a court sentence; execute a term of imprisonment imposed on the accused; **~**

práci carry out / perform / execute work; **~ příkaz k zatčení** execute an arrest warrant, execute a warrant to arrest; **~ retenční právo** execute the lien; distress, distrain upon; **~ rozsudek** enforce / execute a judgment; **~ šetření ochranné známky** perform a trademark search; **~ tělesný trest** inflict corporal punishment; **~ ze závazku** perform as a result of obligation; **bezodkladně ~ rozhodnutí** execute a decision without undue / unreasonable delay; **něco ~ či snášet** perform / execute or suffer st.; **nelze ~ sankci ani v jejím výkonu pokračovat** the execution of sanction may not be commenced nor continued **vykonatelnost** enforceability; enforcement; **předběžná ~ rozsudku** enforcement of judgment before it is declared final and conclusive; **~ rozhodnutí** není-li uložená povinnost dobrovolně splněna, je vykonána donucením v exekučním řízení enforcement of judgment if an imposed duty fails to be discharged voluntarily, the obligated party will be compelled to do so through the judgment execution; **doložka ~i** rozhodnutí order for enforcement of judgment; **materiální předpoklad ~i** kdo, dokdy, kolik material pre-requisite of judgment enforcement who, what and until, how much; **odklad ~i rozhodnutí správního orgánu** suspension / stay of enforcement of an administrative decision awarded by an administrative body; **potvrzení o ~i** na rozhodnutí certificate / proof of enforcement of a judgment; **právní moc a ~ rozhodnutí** legal force and enforcement of judgment; **usnesení o odložení ~i rozhodnutí** resolution to suspend the enforcement of a judgment; **předběžná ~ nastává ze zákona** v případě plnění výživného nebo pracovní odměny za tři měsíce před vyhlášením rozsudku pre-judgment i.e. before the judgment is final enforcement is established by virtue of law / under statute in the case of a maintenance order or reimbursement of wages due for three months preceding the award of judgment; pre-judgment writ of attachment *(US)*; **usnesení, kterým se odkládá ~ rozhodnutí napadeného návrhem na obnovu řízení** resolution whereby the enforcement of judgment is suspended due to a motion for a new trial **vykonateln|ý** enforceable; executable; executory; **předběžně ~ rozsudek** judgment which is enforceable before it is declared final and conclusive; **~á** soudem uznaná **pohledávka** judgment debt a monetary obligation brought about

by successful legal action against the debtor; **~é rozhodnutí** enforceable decision; **~ odkaz** executory devise relating to land, executory legacy / bequest with respect to personal property; **~ rozsudek** enforceable judgment; **rozhodnutí se nestalo ~ým** the decision has failed to become enforceable; **uplynutím lhůty je ~é usnesení** the resolution shall be enforceable upon the expiration of a prescribed time
vykonávací executing; enforcing; **~ řízení** execution proceedings, proceedings to compel the execution of judgment
vykonávat perform; execute, fulfil, discharge; implement, carry out a command, request, promise, undertaking, etc.; practise; carry into effect; **~ dohled nad kým** have / exercise the supervision over s.o., supervise s.o.; **~ funkce** orgánu carry out / execute functions of the body; **~ povinnosti** discharge one's duties / responsibilities; **~ práva** exercise / perform rights; **~ pravomoc** execute power / authority; **~ pravomocně uložený trest** execute / serve a sentence imposed upon / by a final and conclusive judgment; **~ spravedlnost** administer / dispense justice; **~ svou pravomoc** exercise one's discretion
vykonavatel executor; conductor / manager of affairs; administrator / enforcer of a law, vengeance, etc.; agent, doer, performer, executer; **soudní ~** judicial executor; **zastupující ~** deputy executor; **~ soudního rozhodnutí** executor of judgment; **~ trestu smrti oběšením** hangman executing condemned criminals by hanging
výkonnost efficiency; performance; efficacy; achievement; **vyšší ~** pracovníka greater efficiency of a worker
výkonnostní relating to efficiency, achievement; **~ test** achievement test
výkonn|ý 1 executive having the function of executing or carrying into practical effect; efficient; **~á moc** the Executive; the Executive Branch of the Government; **~á moc v čele s prezidentem** the Executive headed by the President **2** performing; **~ umělec** performing artist, performer
vykradač burglar; plunderer, despoiler; **~ bytů** housebreaker; **~ hrobů** grave robber
vykrádat steal, burgle; rob; plunder / strip a person feloniously of st. belonging to him; **~ dílo koho** a vydávat je za své crib s.o.; take / copy a passage, a piece of translation, etc. without acknow-

ledgement and use as one's own; plagiarize, pass off another's work as one's own
výkyv variation; deviation / divergence of st. from; **~y vkladů** fluctuations in deposits
vylákat entice / alure s.o. by the use of cunning and deceitful attraction into a place or situation, entice / alure s.o. away, entice / alure s.o. out, entice / alure s.o. from a situation, to do st.; beguile s.o. into ambush, decoy s.o. away by a false alarm; **~ koho do parku** entice s.o. into the park
vylíči|t represent place a fact clearly before another; state / point out explicitly or seriously to s.o., explain; communicate; **pravdivě a úplně ~ skutečnosti** represent facts truthfully and completely, make true and full representation of facts; **souvisle ~l vše, co ví o předmětu výslechu** he explained / described in a continuous / uninterrupted manner what he knew of the subject of interrogation / interview
výlohy costs, expenditures, expenses; **~ spojené se soudním řízením** legal costs, costs of proceedings
vyloučení expelling, exclusion, ejection, dislodging by force from a position; banishment from a place; disqualification; **~ advokáta z advokátní komory** disbarment suspension of attorney's licence to practice law, excluding an attorney from the Bar, crossing out the attorney's name from the list of the Bar; **~ člena družstva** expelling / excluding / banishing a member from the membership in cooperative; **~ člena orgánu** exclusion of a member of a body; vacating of a seat; **~ důkazů získaných porušením čeho** exclusion of evidence obtained through a violation of st.; **~ notáře z úkonů soudního komisaře** dismissal / disqualification of a notary from his acting as a judicial commissioner; **~ odpovědnosti za škodu** exemption from liability for damage; **~ soudce pro podjatost** disqualification of a judge for bias, disqualification of a judge due to his bias; **~ věci k samostatnému řízení** severance of claims; splitting of causes of action so that each cause could be tried as a separate / bifurcated action / trial; **~ veřejnosti** exclusion of the public; **~ z výkonu rozhodnutí přikázáním pohledávky** (CZ) exemption from execution of judgment by means of compulsory satisfaction of a claim i.e. a part of the judgment will be executed as compulsory debt settlement; **důvod pro ~ ze společného řízení** grounds for the exclusion of a matter

from a joint trial; **návrh na ~ soudce** motion to disqualify / exclude the judge; **návrh na ~ věci z výkonu rozhodnutí** motion to exclude st. from the judgment execution; **rozsudek ve věci ~ společníka ze společnosti** judgment for the exclusion of a member from a company / corporation; **usnesení o ~ opožděné přihlášky pohledávek z uspokojení v konkursu** resolution to exclude delayed proofs of claim from being settled / satisfied in bankruptcy; **žaloba na ~ společníka ze společnosti s ručením omezeným** action to exclude a member from a limited liability company; **zastavit řízení o ~ soudce** discontinue proceedings to disqualify a judge

vyloučený expelled, excluded; disqualified; dislodged; **~ z poštovní přepravy** non-mailable; excluded from mail(ing); **~ ze studia na univerzitě** excluded / expelled from a university

vylouč|it expel, disqualify; exclude; shut off, debar, preclude; eject; **~ advokáta z advokátní komory** disbar an attorney; exclude an attorney from the Bar; **~ člena sdružení** expel a member from an association; **~ listiny z umoření** exclude instruments from redemption; **~ věc k samostatnému projednání** split / separate claims for a separate hearing; **~ věc z konkursní podstaty** withdraw an item from the bankrupt's assets / estate; **~ veřejnost z jednání** exclude the public from trial; **~ z účasti na neveřejném zasedání** exclude s.o. from attendance at a public hearing; **~ ze společného řízení** split a cause of action; **~ ze styku s vnějším světem** exclude from any interaction / contact with the outer world; **soud ~í veřejnost z hlavního líčení** the court will exclude the public from trial

vyloupení spoliation seizure of goods by violent means; robbery; **~ pokladny** the robbing of the cash-box

vyloupit burgle; despoil, rob; **~ banku** rob a bank

vyložení₁ explanation; interpretation, construction of a text

vyložení₂ unloading, discharge, discharging a cargo; taking off, removing goods carried / conveyed

vylož|ený open, apparent; obvious, naked, bare; **~á agrese** an act of naked aggression

vyložit₁ interpret, construe a law; explain the text; give the sense / meaning of st.

vyložit₂ unload take off, remove st. carried or conveyed, discharge the vessel, unlade take the cargo out of a ship; **~ náklad z nákladního auta** unload the truck, discharge the cargo from the truck

výlučn|ý exclusive, privileged; **~á příslušnost soudu** exclusive jurisdiction of the court; **~é obchodování** exclusive dealing, exclusive agency; **~é právo** exclusive right / privilege

vylučovací exempting, excluding, expelling; **~ excindační žaloba o vyloučení věci z výkonu rozhodnutí** action to exempt a claim from the execution of judgment

vylučující excluding, exclusive, exclusionary; **okolnosti ~ uzavření manželství** circumstances impeding marriage; **stav ~ svéprávnost / způsobilost** state / conditions excluding legal capacity, state / conditions impeding legal capacity

výluka lock-out by employees; shutout, lay-off by employer; re-routing trams, traffic; **~ jako částečné nebo úplné zastavení práce zaměstnavatelem** lay-off as partial of total cessation of business by an employer

vymahač exactor, extortioner; tax-collector; **~ dluhů** debt collector, loan shark; exactor of debts

vymáhající exacting, collecting; extorting; enforcing; **~ soudní úředník u peněžitých trestů** judicial officer in charge of / charged with collecting fines in default

vymáhání exaction 1 demanding, enforcing and collecting fees, money, taxes, tolls, penalties, etc. 2 a wrongful act of an officer in compelling payment for his services; extortion; enforcement; **~ nákladů trestního řízení** exacting / enforcing the payment of court costs / costs of criminal proceedings; **~ nároku** exacting a debt, seeking the satisfaction of a claim; **~ pořádkové pokuty** collecting a procedural fine, enforcing the payment of a procedural fine; **~ výživného** enforcement and collection of due / delinquent alimony

vymáhan|ý exacted enforced and collected money; extorted; enforced; **~á peněžitá pohledávka** exacted monetary claim, monetary / pecuniary claim demanded and enforced

vymáhat unlawfully exact money by an officer as a reward for his services, extort compel / coerce by any means property or as a confession, enforce compel the observance of a law; support by force a claim, demand,

obligation, recover; ~ **splnění smlouvy** enforce performance of contract; ~ **výhru** exact / compel the payment of a prize if the organizer of lottery refuses to pay
vymahateln|ý enforceable; recoverable; claimable; exactable, collectible; **soudně** ~ enforceable by law, legally enforceable / recoverable; ~**á** dobytná **pohledávka** enforceable / recoverable claim; **všechny částky** ~**é jako dlužné nájemné** all sums to be recoverable as rent in arrear
výmaz expungement; deletion, erasure, striking-off of s.o.'s name from a register; ~ **obchodní společnosti po provedené likvidaci** expungement / deletion / erasure of the record of a company from the Commercial Register after completed liquidation; ~ **obchodní společnosti zrušené bez likvidace** expungement / deletion / erasure of the record of a company dissolved without liquidation; ~ **obchodní známky** cancellation / expungement of a trade mark; ~ **z obchodního rejstříku** expungement / deletion / erasure of a company from the Commercial Register; ~ **z rejstříku trestů** expungement of s.o.'s conviction from criminal records; **návrh na zápis** ~**u obchodní společnosti z obchodního rejstříku** motion to record the expungement of a company from the Commercial Register; **zánik** ~**em** cessation of the existence of an entity by the way of expungement / erasure / deletion of its record in the Register; **zápis o** ~**u zástavního práva k nemovitosti** entry of satisfaction of mortgage
vymazat expunge; delete, erase, strike off, wipe out s.o.'s name from a register; ~ **zápis z obchodního rejstříku** expunge / delete / erase the record / entry from the Commercial Register
výměn|a exchange; interchange, change, shift; commutation; ~ **bytu** exchange of flats / apartments; ~ **matrik** exchange of registers; **uplatnění práva na** ~**u věci** exercise the right to exchange a thing
výměnný exchanging; relating to barter; ~ **obchod** barter trade
výměr assessment, determination; **platební** ~ payment assessment; payment charged; **platový** ~ pay sheet; itemized pay statement; ~ **daně** tax assessment
výměr|a rate, degree; measure; length, duration;

změna ~**y trestu** alteration of the terms of punishment
vyměřen|ý assessed, determined; ~**á daň** tax assessed
vyměřit assess, determine, set; ~ **clo** assess customs duty; ~ **daň z hodnoty majetku** assess a tax upon the value of property
vyměřitelný assessable; determinable; **kvantitativně** ~ quantifiable
vyměřovací relating to assessment; ~ **období** assessment period; ~ **základ v nemocenském pojištění** assessment basis for health insurance
vymezení determination; definition, qualification; **přibližné** ~ approximation, approximate determination; **taxativní** ~ exhaustive / complete / comprehensive definition; **určité** ~ qualification; concrete determination / definition; ~ **hranic** delimitation of boundaries
vymezen|ý determined, defined, qualified; assigned; ~**é území** determined area
vymezit determine, define, qualify; assign; ~ **dovolací důvody** define / determine reasons of the appellate review, define / determine grounds for the appellate review; ~ **hranice** delimit boundaries; ~ **působnost právní normy** qualify a rule, determine the applicability of a rule
vymezitelný qualifiable, determinable, definable; assignable
vymíněn|ý stipulated; covenanted, reserved; ~**á vlastnost** stipulated quality
vymínit stipulate, reserve; covenant; ~ **vlastnosti** stipulate the qualities
výminka warranty, stipulation, reservation, proviso; saving; ~ **učiněná konkludentně** předpokládaná implied warranty
vymoci recover; enforce; exact, extort; ~ **dlužné nájemné o pronajímateli** recover arrears of rent by landlord
vymyšlený fictitious; imaginative; designed
vynález invention; device; **právo k** ~**u** rights in invention; **spoluautor** ~**u** co-author of invention, co-inventor
vynalézavost contrivance; ability to invent
vynášet render a judgment, award a decree, give a decision; pronounce a judgment; ~ **rozsudek** rozhodnutí award / give / deliver / enter judgment, hand down / render a decision
vynesení rendition, award, grant, delivery; issuing, issuance; declaration; ~ **rozsudku** award

of judgment; **odložit** ~ **rozsudku** defer sentence; postpone the sentencing of offender
vynést render a decision, award; give a decision; pronounce a judgment; ~ **rozhodnutí** hand down / render a decision; ~ **rozsudek** give / render / award / deliver a judgment; ~ **rozsudek bez náležitého odůvodnění** deliver judgment without proper justification / reasoning; ~ **rozsudek nad kým** pass a sentence on s.o.; ~ **rozsudek o náhradě škody** award damages; ~ **výrok** return a verdict by jury; make a statement / holding in the judgment
vynětí exemption; exoneration, liberation; ~ **z objektivní odpovědnosti** liberation release from no-fault liability; ~ **z odpovědnosti** exemption from liability, immunity from liability; ~ **z povinností** exemption from obligations / duties; ~ **z pravomoci** exemption from authority / liability
vynikající distinguished, outstanding, eminent; prominent
výnos 1 proceeds; yield, gains; return on st., revenue; **běžný** ~ regular gains / yield / proceeds; **daňový** ~ tax yield; ~ **pokut je příjmem obce** proceeds of fines shall be for community revenue; ~ **z cel** customs revenue; ~ **z investic** yield upon investment; ~ **z trestné činnosti** fruits / proceeds of crime 2 as a type of secondary legislation decree; ordinance, edict
výnosn|ý lucrative; gainful, profitable; **~á funkce** lucrative office; **~é zaměstnání** gainful employment
vynucení enforcement; forcible exaction; compelling; ~ **zákonných práv v manželství** enforcement of legal conjugal rights
vynucen|ý coerced, enforced; compelled; forcibly exacted; **~é doznání** coerced confession; **~é sebeobvinění** compulsory self-incrimination; ~ **odchod** constructive discharge
vynutit compel, enforce; exact; constrain; ~ **si další vyšetřování / šetření** necessitate further examination
vynutitelný enforceable; compellable; exactable; **soudně** ~ enforceable in law, judicially enforceable
výpadek black(-)out; failure; ~ **paměti** black-out in memory, temporary loss of memory, black-out; ~ **elektrického proudu** power blackout, failure of the electric light

vypátrat track down, detect; ~ **zloděje** detect a thief
výpis copy of an entry; statement; record; abstract; **doslovný** ~ **z matriky** literal copy of an entry in the register of birth, death, marriages; ~ **z evidence rejstříku trestů** obsahující pouze nezahlazené tresty statement of criminal records containing conviction not subject to expungement; a copy of an entry in the criminal records; criminal conviction certificate (UK); ~ **z katastru nemovitostí** a copy of an entry in the Land Register / Cadastre; ~ **z matričních záznamů** a copy of an entry in the births, deaths and marriages register vital statistics; ~ **z obchodního rejstříku** a copy of an entry in the Commercial Register; certificate of incorporation (UK), (US); ~ **z pozemkových knih** osvědčující právní titul k nemovitosti abstract of title; ~ **z rejstříku** a copy of an entry in the record; ~ **z účtu** statement of account, account statement; ~ **ze seznamu přihlášených pohledávek v konkursním řízení** a copy of item(s) on the list of submitted and proved claims in the bankruptcy proceedings; ~ **ze soudního spisu** abstract of records; **činit si ~y ze soudního spisu** make extracts from judicial files / from the transcript of the trial
vyplacené free-of-charge; disbursed, defrayed; ~ **k boku lodi** free alongside ship, F.A.S. abbrev; ~ **loď** free on board, F.O.B. abbrev; ~ **vagon** free on rail, F.O.R. abbrev
vyplácení disbursement, reimbursement; defrayal, defrayment; payment of expenses / charges, discharge of pecuniary obligations; **pravidelné** ~ **mezd** regular payment of wages
vyplacen|ý paid, disbursed, reimbursed, satisfied; defrayed; **~á částka** disbursement, an amount paid out
výplat|a payment, disbursement; **lhůta k ~é peněžité částky** time-limit for pecuniary payment; ~ **provedených srážek** ze mzdy the payment upon the executed attachment of wages
vyplenění despoliation / despoilment, plundering
vyplenit plunder, despoil
vyplnění completion, filling in; ~ **formuláře** completion of a form
vyplněn|ý completed, filled; **~é daňové přiznání** completed tax return
vyplnit complete, fill in; ~ **čitelně hůlkovým písmem** complete clearly in block capitals;

~ **daňové přiznání** fill in / complete a tax return; ~ **přihlášku** fill in a registration / application form; ~ **žádost** complete / fill in an application

vyplývající resulting from, arising out of; **závazky ~ ze smlouvy** obligations arising out of the treaty

vyplýv|at result from, arise from / out of; **z ustanovení ~á** it results from the provision that, the provision suggests that

výpoč|et calculation, computation, reckoning; ~ **daně** tax calculation; ~ **nájemného** computation of rent / rental; ~ **pravděpodobnosti** calculus of probabilities; **správnost ~tu nedoplatku** correct calculation / computation of an outstanding amount / an amount in arrears

vypočítat calculate, compute; reckon; ~ **lhůtu** compute the time; ~ **odměnu za práci** calculate the remuneration; ~ **v denní sazbě** calculate on a day-to-day basis

vypočten|ý calculated, computed, reckoned; ~**á částka** calculated sum

výpomoc aid, help, assistance, support; **finanční** ~ grant-in aid, financial aid

vypořádací relating to settlement, distribution, composition; ~ **podíl** distribution share

vypořádání settlement settling property upon a person, adjustment between persons concerning their dealings and difficulties; composition agreement by which a creditor accepts a certain proportion of a debt from an insolvent debtor; distribution adjudicated by court; **vzájemné ~ spoluvlastnictví** mutual settlement and distribution of the disposition of common property; ~ **bezpodílového vlastnictví dohodou** settlement and distribution of the community property by agreement; ~ **dědictví** settlement and distribution of decedent's estate i.e. the full process of administration, distribution and closing; ~ **majetku** settlement and distribution of property; ~ **manželů po rozvodu** settlement of property of spouses after divorce; ~ **mezi společníky** settlement among members; ~ **obchodu** settlement of deal; ~ **podílového spoluvlastnictví** settlement and distribution of common property; ~ **pohledávek** settlement of claims; ~ **účastníků smlouvy po jejím zrušení** settlement between parties to a contract after the discharge thereof; ~ **uplynutím doby** settlement by passage of time; ~ **vztahu mezi účastníky řízení** settlement of relationship of parties to an action; **dohoda o zrušení**

a ~ podílového spoluvlastnictví k bytovým jednotkám agreement to terminate and settle / distribute common property with respect to residential units; **spor o vzájemném ~ pohledávky** litigation / suit / dispute to mutually settle the claim, action in mutual settlement of the claim; **zrušení a ~ podílového spoluvlastnictví** termination and settlement of common property; **žaloba na slušné ~ proti nabyvateli výtvarného díla** droit de suite action for fair settlement against the purchaser of an artistic work filed by the artist

vypořádat settle by parties, distribute by court; determine and adjust; ~ **majetek** settle and adjust the property

vypouštění discharging; ~ **znečišťující látky / imisí** discharges of polluting matters

vypouštět discharge; ~ **odpadní vodu do povrchových vod** discharge effluents / waste water into surface waters

výpověď₁ notice of dismissal, of termination of lease, to quit, etc.; letter of resignation written by an employee; renunciation; **dobrovolná ~** voluntary statement / resignation; **neplatná ~** ineffective / invalid notice; **písemná ~ nájmu** written notice of termination of a lease, written notice to quit; ~ **daná zaměstnavatelem zaměstnanci** notice of termination of employment / dismissal served by employer on the employee; ~ **plné moci** revocation of the power of attorney; ~ **podaná zaměstnancem** notice / letter of resignation submitted by an employee; ~ **pro porušení pracovních pracovněprávních předpisů** notice of dismissal for violation of work rules; ~ **pro trvající nepřítomnost na pracovišti** notice of dismissal for extended absence; ~ **pro velký počet neomluvených absencí** notice of dismissal for excessive absences; ~ **smlouvy** revocation / renunciation of an agreement / a contract; ~ **z nájmu daná nájemcem** lessee's notice of termination of lease; ~ **z nájmu daná pronajímatelem** lessor's notice of termination of lease, lessor's notice to quit; ~ **závazku** renunciation of an obligation; **podání ~di** service of a notice; **rozsudek o přivolení k ~di z nájmu bytu** judgment sanctioning / permitting the notice of termination of residential lease by lessor; **dát komu ~** serve s.o. with a notice to quit, give s.o. a notice of dismissal; hand in / submit a letter of resignation; **dát řádnou ~ z bytu** give

a proper notice of termination of a lease, to quit; **dostat** ~ receive a notice; **přijmout** ~ accept a notice; **vyhnout se doručení** ~**di** avoid the service of notice
výpově|ď₂ testimony oral, deposition a written statement in answer to interrogatories; witness statement; **křivá** ~ false statement / testimony, perjury, perjured testimony; **obviňující** ~ incriminating statement; **písemná** ~ deposition; **písemná** ~ **na základě ústně kladených otázek** oral deposition; **svědecká** ~ **založená na nepřímém poznání** hearsay testimony; **svědecká** ~ **znalce** expert testimony; **usvědčující** ~ incriminating statement; ~ **je přečtena nahlas během hlavního líčení** the deposition is read aloud at the hearing; ~ **obviněného** testimony / deposition of the accused; ~ **svědka neodpovídá výpovědi obžalovaného** the witness statement does not agree with that of the accused; **doplnění** ~**di** supplemental testimony / deposition made in addition to the principal testimony; **důkaz** ~**dí** evidence by deposition; testimonial evidence; **právo odepřít** ~ right to refuse testimony; **vyjasnění** ~**di** clarification of / clarifying testimony / deposition; **odepřít** ~ refuse to give testimony / make deposition; **přinucovat k** ~**di nebo doznání** compel / force s.o. to testify or confess; **svědek se odchýlil od své dřívější** ~**di** the witness varied from his former deposition
vypovědět₁ of rights, duties, obligations etc. repudiate refuse to perform, reject, disclaim, renounce; cancel, terminate; revoke power of attorney, will, annul; ~ **mezinárodní smlouvu** denounce a treaty; ~ **nájemní smlouvu** repudiate a lease agreement; terminate / revoke a lease before the end of an anticipated term of lease; ~ **plnou moc** revoke the power of attorney
vypovědět₂ testify, depose, give testimony; ~ **pravdu a nic nezamlčovat** tell the truth and disclose everything
vypověditeln|ý callable payable before maturity on call / demand; revocable, terminable; ~**á obligace** callable bond; ~**á půjčka** demand loan; ~**á smlouva** revocable contract; ~**á zápůjčka** call loan; ~**é obligace** callable bonds
výpovědní relating to notice, resignation; cancelling, terminating; **minimální** ~ **lhůta** minimum period of notice; **zákonem stanovená** ~ **lhůta** statutory period of notice; ~ **lhůta ze zaměstnání, z vkladu musí být dodržena** the

period of notice must be observed; ~ **lhůta pro výběr** peněz **je sedm dní** seven days' notice of withdrawal must be given; **nedodržení** ~ **lhůty** failure to observe the period of notice; **vklad bez** ~ **lhůty** demand deposit
vypovězení deportation forcible removal into exile, banishment authoritatively expelling from the country; denouncement; cancellation of a contract; revocation of a power of attorney; annulment of a contract; ~ **mezinárodní smlouvy** denouncement / denunciation of a treaty; ~ **pojistné smlouvy** cancellation of an insurance contract; ~ **plné moci zástupcem** revocation of the power of attorney by an attorney-in-fact / representative; **důvod k** ~ **války** grounds for the declaration of war; casus belli *(lat)*; **trest** ~ sentence of banishment
vypovídat testify, depose, give testimony; **svědecky** ~ testify as a witness; ~ **nepravdu** give false testimony; ~ **pod přísahou** depose on / under oath ♦ **Budu** ~ **pravdu, celou pravdu a nic než pravdu.** The evidence which I shall give shall be the truth, the whole truth, and nothing but the truth.
vypracovat make, elaborate, work out, produce; ~ **mezinárodní konvence** draw up international conventions; ~ **znalecký posudek** produce / work out / make an expert's report
vypravovatel organizer; ~ **pohřbu** person in charge of funerals
výprodej bargain sale lower prices; clearance sale to clear old stock; closing-down sale final sale before closing of a shop; winding-up sale to terminate the business
výprosa prekarium precarium; gratuitous loan; ~ **je přenechání bezplatného užívání věci druhému do odvolání** precarium is a gratuitous loan, in which the lender gives the use of a thing in express words, revocable at pleasure
vypršení expiration, expiry; cessation, termination; cesser; ~ **lhůty** expiration of the period
vypsat announce, hold; issue an order / writ; ~ **místní referendum** hold a local referendum; ~ **všeobecné volby** order that the general elections be held, issue the writ of general elections
vypudit dislodge, dispossess; eject, evict; banish, expel; ~ **koho z držby** eject s.o. from possession; dispossess s.o.
vypůjčený borrowed; ~ **zaměstnanec** borrowed employee

vypůjčit (si) borrow; hire; ~ **si co a jako zástavu dát co** borrow st. against the security of st.; ~ **si peníze v bance** borrow money from a bank

výpůjčitel borrower

výpůjč|ka borrowing(s); **smlouva o ~ce** contract of borrowing(s); **žádost o povolení ~ek v knihovně** borrower's application for library borrowing

výpůjční borrowing; ~ **lístek** borrower's ticket

vypůjčovatel borrower

vypu|stit 1 drop, leave out, omit; repeal; ~ **ze závěti odkazovanou položku z důvodu její neexistence** adeem an item from the testament due to the cessation of its existence; revoke the legacy / bequest; ~ **paragraf ze zákona** omit / repeal a section in the law; ~ **ustanovení** omit a provision from a contract or legislation; **paragraf bude z novely ~štěn** the section will be omitted in the amendment 2 discharge; ~ **odpadní vodu do povrchové nebo podzemní vody** discharge waste water into surface or ground waters

vypuštění 1 repealing; omitting, omission; ~ **několika ustanovení ze smlouvy** ommitting a few provisions in the contract 2 discharge; ~ **znečišťujících látek** discharge of pollutants

vypuzení ejection of s.o. illegally occupying property; ouster ejection of s.o. legally in occupation, eviction by judicial process; **neoprávněné ~ z držby** wrongful ouster; **bránit se ~ z držby** resist an ouster

výroba production, manufacturing; making; **nedovolená ~ a držení omamných a psychotropních látek a jedů** illicit manufacturing and possession of narcotics, drugs and poisons; **nedovolená ~ lihu** illicit manufacturing of spirit; ~ **a držení padělatelského náčiní** illicit manufacturing and possession of instruments for counterfeiting and forgery

výrobek article, product, item of goods

výrobní manufacturing; productive; relating to production, manufacture; ~ **cena / náklady** prime cost; ~ **prostředky** capital goods; ~ **tajemství** manufacturing secret; ~ **vada** manufacturing defect

výroční annual, yearly; ~ **valná hromada akcionářů** annual general meeting of stockholders; ~ **zasedání** annual session; ~ **zpráva** annual report

výrok statement, finding, holding in Czech law, where no jury exists, it combines the issues of fact and law, and is pronounced by the court; verdict delivered by the jury, considering only the facts of the case; opinion, judicial dictum; **jednomyslný ~ poroty** unanimous verdict; **oddělitelný ~ rozsudku** separable statement / holding of judgment; **odsuzující ~** statement of the court determining the guilt as a part of judgment; verdict of guilty delivered by jury; **rozhodčí ~** arbitral award, arbitration sentence; arbitrament; **soudní ~** judicial statement / holding, statement / holding of the court; **zprošťující ~** statement in the judgment determining the acquittal; ~ **jako překážka uplatnění žalobního nároku** estoppel by the statement of the court; ~ **komise** award of a committee; ~ **o náhradě škody** statement of the court / in the judgment specifying damages; ~ **o nevině** statement of the court determining the innocence of defendant; verdict of not guilty delivered by jury; ~ **o ochranném opatření** statement of the court / in the judgment specifying protective measures; ~ **o trestu** statement of the court / in the judgment specifying punishment; ~ **o vině** statement of the court determining the guilt; verdict of guilty, guilty verdict rendered by jury; ~ **poroty** verdict of the jury; ~ **rozhodčího soudu** arbitral award; arbitration sentence; ~ **rozhodnutí o přestupku, jímž je obviněný z přestupku uznán vinným** a statement in an administrative decision whereby the accused is found guilty of an administrative delict / infraction; ~ **rozsudku** statement contained in a judgment, judgment statement; ~ **soudu** judicial statement / holding, statement / holding of the court; ~ **usnesení soudu** statement contained in the resolution of the court; **oddělitelná část ~u o vině** separable part of the statement of the court determining the guilt; **plné znění ~u soudu** full wording of a judicial statement / dictum; **podmínka většinového ~u** stipulation of majority verdict of jury; **právní moc ~u není odvoláním dotčena** legal force of the statement in judgment shall not be prejudiced by appeal; **skutková nebo právní věta ~u rozsudku** recital of facts description of facts or law legal evaluation in the statement of a judgment; **shodnout se na ~u** come to a verdict, reach a verdict by jury; **vyhlásit ~ o nevině** render the statement determining innocence of the defendant; return a verdict of not guilty; **vyhlásit ~ většinou hlasů** bring in / return a majority verdict by jury; **vyslovit ~** render the statement / holding by court; give / bring in / render a verdict by jury; **zrušit ~ o vině** reverse / cancel the statement of the court determining the guilt; reverse / cancel / quash the verdict of guilty

výrokov|ý pertaining to statement / holding of court; relating to verdict; **~á část rozsudku** statements of the law contained in a judgment; judicial opinion *(US)*

vyrovnací relating to settlement, composition; **návrh na zahájení ~ho řízení** motion to commence the composition proceeding

vyrovnání settlement; payment, pay-off; composition settling the debt immediately by repaying only a part of it; redemption clearing off a recurring liability by payment of a single sum; clearance among banks; balance, compensation, adjustment; **mimosoudní ~** out-of-court / extrajudicial settlement; private arrangement; **úplné ~ dluhu** discharge of a debt in full, debt payoff; **vzájemné ~ pohledávek** off-set of claims; clearing claims; **~ daňových nedoplatků** settlement of tax arrears; **~ dluhu / závazku splacením** redemption of a debt / liability by payment; debt retirement; **~ nároků věřitelů** composition with creditors; compulsory settlement of creditors' claims; **~ rizik v kmeni** balancing of a portfolio; **~ životních nákladů** cost-of-living adjustment; COLA abbrev; **dohoda o vzájemném ~ pohledávek** settlement agreement; agreement to mutually settle the claims; **dosáhnout ~ s věřiteli** reach a settlement / accommodation with creditors

vyrovnanost balance; **duševní ~** balance of mind

vyrovnaný settled, paid off; cleared; balanced, adjusted; **~ rozpočet** balanced budget; **~ účet** settled account

vyrovnat settle; pay off, discharge; liquidate; balance, compensate; compound; countervail; **~ dluh** pay off / discharge a debt; acquit a debt; **~ účet** clear / close / settle an account; pay a bill

vyrovnávací balancing, adjusting; countervailing; counterbalancing, compensating; **~ clo** countervailing duty; **~ koeficient** adjustment coefficient; **~ příspěvek v těhotenství a mateřství** maternity benefit / pay benefits paid to mothers to counterbalance loss of earnings after the confinement up to some months / years of age of a child

vyrozumění notification, notice, intimation; **~ o odročení nebo odvolání jednání** notice of adjournment or suspension of trial; **~ o veřejném zasedání soudu** notice of public hearing; **~ o vzetí do vazby** notice of apprehension / remand, notice of remanding s.o. in custody; **~ účastníků o provádění důkazů mimo jednání** notice of intent to supplement the record by introducing evidence which was not produced at a trial; **doručit ~ komu** serve a notification / intimation on s.o.

vyrozumět notify s.o. of st., intimate, give notice of, announce; **~ osobu o podstatných skutečnostech** notify a person of material facts

vyrušit disturb; bother, stir up, trouble, disquiet

vyřídit deal with; handle, dispose of; undertake; clear; **~ celní formality při dovozu zboží** clear the goods; **~ stížnost** dispose of a complaint, handle a complaint; **~ žádost kladně nebo záporně** dispose of the application in the affirmative or in the negative

vyřízení settling; handling, disposing of, disposition; **kladné ~ stížnosti** affirmative disposing of a complaint filed with an office; redress of grievance *(LL)*; affirmative judgment; **konečné ~ věci soudem** final disposing / settling of a case by court; **věcné ~ žaloby** disposing of an action on merits

vyřizování settling; handling, disposing of, disposition; **~ stížností** disposing / handling of complaints, complaints procedure

vyřizovat deal with; handle, dispose of; undertake; **~ pracovní povolení a povolení k pobytu** arrange for a work permit and a residency permit; **~ právní záležitosti** undertake legal business, deal with legal matters

výsad|a privilege; concession; prerogative; **církevní ~ nebýt souzen světskými soudy** benefit of clergy not to be brought before secular courts; **diplomatická ~** diplomatic privilege; **udělit ~u komu** charter s.o., award privilege to s.o.

výsadní chartered, privileged; **~ obchodní společnost** chartered company

vysídlenec displaced person

vysídlení displacement; banishment

výskyt incidence; occurrence; **vysoký ~ infekčních chorob** a high incidence of infectious diseases; **zanedbatelný ~ trestné činnosti** low / marginal incidence of crimes

vyslanec envoy; agent, representative; **oficiální** ~ official envoy, minister plenipotentiary **vyslat** delegate, send; dispatch; ~ **koho jako zástupce** delegate s.o. as a representative / deputy **výsledek** result; outcome; effect; ~ **provedeného šetření** outcome / result of the search done **výsledovka výkaz ztrát a zisků** profit and loss account **výslech** examination before court, interrogation by the Police, question, questioning, interview, interviewing by investigators; **vazební** ~ custodial interrogation / questioning; ~ **hodnověrných svědků** examination of reliable witnesses; ~ **obžalovaného** examination of the defendant; ~ **podezřelého** interrogation / questioning of a suspect; ~ **svědka** examination of witness in a courtroom; interrogation / questioning of witness by the police; ~ **ve vazbě** custodial interrogation; **důkaz ~em obžalovaného** evidence by examination of the defendant; **protokol o ~u údajného otce** the report on the questioning of the alleged / reputed / putative father; the report on the interview of the alleged / reputed / putative father; **předvolání k informativnímu ~u** summons for informative questioning of a witness / interrogation of the accused; **předvolání účastníka k ~u** summons served on the participant / party to a case to appear for examination; **zákaz ~u** prohibition of interrogation / questioning; **souvisle vylíčil vše, co ví o předmětu ~u** he explained / described in a continuous / uninterrupted manner what he knows of the subject of interrogation / interview; **tajně sledovat ~** surreptitiously observe the interview; **vést ~** conduct an examination in court/ interrogation at the police station

vyslech|nout interview / interrogate by the Police; examine, hear in the courtroom; **soud ~l svědka** the court heard / examined a witness **vyslovení** statement, expression, declaration; grant, award; ~ **místní a věcné nepříslušnosti** declaration of forum-non and the lack of subject-matter jurisdiction; ~ **nedůvěry** non-confidence vote; ~ **přípustnosti převzetí nebo držení v ústavu zdravotnické péče** grant of permission to take or detain a person in a medical / special treatment institution; **rozsudek o ~ neplatnosti rozhodnutí valné hromady akciové společnosti** judgment declaring a decision adopted at a general meeting of a stock corporation invalid null and void **vyslovit** state, express, utter, declare; give, render, award; ~ **výrok** render a statement by court; give a verdict by jury; ~ **výrok o nevině** render a statement of court declaring the defendant innocent; bring in / return the verdict of not guilty **výslovně** expressly, explicitly; utterly; ~ **nebo konkludentně** expressly or impliedly, expressly or by implication; ~ **uvedeno** expressly / explicitly stated **výslovn|ý** express, explicit; uttered, communicated; ~**á akceptace** express acceptance; ~**á plná moc** express authority; ~**é prohlášení** express statement; ~ **souhlas** express assent **vyslýchající** interrogating, interviewing, questioning; examining; ~ **orgán** interrogating / interviewing / questioning police officer **vyslýchat** question, interview, interrogate; examine, hear; ~ **obžalovaného** examine the defendant, subject the defendant to examination; ~ **osobu před soudem** examine / hear a person in court **vysokoškolák** undergraduate, university student **vysokoškolsk|ý** academic; undergraduate; relating to university; ~**é studium** university study; ~ **titul** university degree; ~ **zákon** (CZ) Higher Education Act **vysok|ý** high, tall; large; heavy; ~**á daň** heavy tax; ~**á pokuta** heavy fine; ~**á škola** university, academic institution, higher education institution (CZ); ~**é smluvní strany** high contracting parties; ~ **počet trestných činů** large number of offences, high crime rate **výsost** highness; **Její / Jeho královská Výsost** Her / His Royal Highness **výstavba** building; construction; development; ~ **budov na pozemcích k tomu účelu skoupených** development of structures / buildings on lots purchased for this purpose **výstavce** issuer of a letter of credit, drawer of a draft / bill of exchange, cheque, maker of a promissory note; ~ **akomodačního cenného papíru** accommodation maker; ~ **listiny** maker of an instrument **vystavení** issuance, issuing; making; drawing **vystavět** construct, build up **vystavit 1** issue a letter of credit; draw a bill / draft, make a note; ~ **fakturu** issue an in-

voice; ~ **směnku cizí** draw a bill of exchange / draft; ~ **směnku vlastní** make a promissory note; ~ **šek na banku** draw a cheque on the bank; make out a cheque to the bank; ~ **úmrtní list** issue a death certificate **2** expose, exhibit, display **3** ~ **nebezpečí života či zranění** put in jeopardy of life or limb
vystěhovat remove; displace, evict, eject, move out; **neoprávněně** ~ **nájemce** evict a tenant wrongfully; ~ **z bytu** evict from a flat / an apartment
vystoupení 1 withdrawal from; termination / cancellation of one's membership; retirement; ~ **z družstva** termination of one's membership in a cooperative **2** performance, appearance
vystoupit 1 withdraw from, retire, terminate / cancel one's membership; **právo** ~ **z řízení** right to withdraw from proceedings cancel one's participation **2** present, introduce formally / ceremoniously; introduce to the court; **právo** ~ **u soudu / v řízení** right of audience in court, right to be heard in court
výstrah|a warning; admonition warning of consequences of improper conduct; authoritative caution; reproof; notice; **písemná** ~ written caution / warning; **soudní** ~ court's warning; **výzva s** ~**ou** police warning / caution
výstražn|ý warning; (pre)cautionary; ~ **trojúhelník** warning triangle; ~ **výstřel** warning shot; **nedbat nebo zneužít** ~**ého znamení,** ~**é nebo informativní tabule nebo** ~**ého signálu při provádění trhacích nebo ohňostrojových prací** disregard or misuse warning signs, warning or notice boards, or caution signs warning that explosive or fireworks operations are in progress
výstroj outfit; a set of garments of members of the Armed Forces
vystrojování furnishing for service in the army, of the term of imprisonment; ~ **obviněných a odsouzených** providing prisoners' uniforms / clothing to the accused and convicted persons, supplying the accused and convicted persons with prisoners' uniforms / clothing
výstřel shot, discharge, fire; **varovný** ~ alert shot
vystudovat complete studies, graduate; ~ **práva** graduate in law, graduate from a law school
výstupní relating to checkout, clearance; clear-

ing; ~ **kontrola** checkout; ~ **list při skončení pracovního poměru** clearance card of an employee
vystupovat act, perform, serve; represent; ~ **ve prospěch koho / čeho** act for the benefit of s.o. / st.; advocate s.o. / st.
vysvědčení certificate; licence; **lékařské** ~ **o duševním stavu vyšetřovaného** medical certificate of the mental health of an examined person; ~ **o maturitní zkoušce** general certificate of secondary education (UK), secondary school leaving exam certificate; ~ **o odborném vzdělání** vocational certificate; ~ **o právní způsobilosti k uzavření manželství** marriage licence; ~ **o státní zkoušce** state examination certificate
vysvětlit explain; account for; ~ **své chování** account for one's conduct
vysvětlivka note; explanation; comment; gloss
vysvětlující explaining, explanatory; declaratory; ~ **část zákona** declaratory part of a law
vysvobození deliverance, liberation; freeing; ~ **z otroctví** disenthral(l)ment, rescuing / liberating from slavery
výš|e (n) amount; rate, quantity; sum; **roční** ~ **nájemného** yearly rate of the rent; **ručení do** ~ **podílu** limitation of liability up to the amount of one's share / of the invested capital; ~ **nájemného** amount / rate of rent; ~ **poplatku** amount of a fee / charge; ~ **škody způsobené trestným činem** amount of damage caused due to / as a result of a crime; ~ **trestu** length of the term of imprisonment, terms of sentence; **ve stanovené** ~**i** at the prescribed rate; **zjistit** ~**i nároků** ascertain the amount of claims / the scope of rights
výše (adv) above, before; **jak uvedeno** ~ / **viz** ~ as mentioned before / above; supra scriptum (lat), s.s. abbrev; ~ **uvedený** above-mentioned, aforementioned
vyšetření 1 (med) examination, checkup (US), scrutiny; ~ **duševního stavu** examination of the mental health of s.o. **2** investigation, inquiry; search; fact-finding; **důkladné** ~ **události** strict investigation into the event
vyšetřovací investigative, investigating; investigatory; examining, checking; ~ **komise** investigatory board; ~ **orgán** investigative body, investigator; ~ **postupy** investigative techniques; ~ **pravomoci** investigative / investigatory powers; ~ **soud** court of inquiry;

~ **úkon** investigative act / action; ~ **vazba** detention pending trial

vyšetřování 1 investigation, inquiry; fact-finding; survey; probe; **předběžné** ~ preliminary investigation; **soudní** ~ judicial inquiry; ~ **obviněného** investigation of the accused; ~ **trestného činu** investigation of a crime, inquiring into an offence, criminal investigation; **účast obhájce při** ~ participation of counsel in investigation; **úřad** ~ Office of Investigation; **konat / vést** ~ **o trestných činech** carry out / conduct investigation of crimes; **sledovat pravděpodobné linie** ~ pursue reasonable lines of inquiry **2** *(med)* examination, checkup *(US)*; scrutiny

vyšetřovan|ý examined, interviewed, prosecuted, investigated; **zdravotní stav ~ého** state of health of the examined / interviewed / prosecuted person

vyšetřovat investigate, search, inquire into; examine a matter systematically or in detail; make an inquiry / examination into; ~ **trestný čin** inquire into an offence, investigate a crime

vyšetřovatel investigator; ~ **policie** police investigator

vyšetřující investigating; investigative; ~ **soudce** investigating judge

výška height; altitude above the sea; elevation

vyškrtnout cross out, strike out, remove, deregister, delist; ~ **ze seznamu soudních tlumočníků** cross / strike out s.o.'s name from the Court Register of Sworn / Certified / Forensic Interpreters

vyškrtnutí crossing / striking out, removing; ~ **ze seznamu advokátů** crossing / striking out an attorney's name from the Bar Register; disbarment

vyšší higher, upper; superior higher in degree, amount, quality, importance; of greater value / consideration; senior longer service or tenure of a position; superior to others in standing; ~ **moc** inevitable accident, act of god, vis major *(lat)*; ~ **odborná škola** college; ~ **ověření** higher authentication; ~ **pravomoc** superior authority; ~ **soud** superior / higher court; ~ **soudce** senior / superior judge; ~ **soudní úředník** senior officer of justice; judicial officer generally, an officer of a court rendering decisions in judicial capacity; ~ **střední třída** upper middle class; **soud ~ho stupně** higher / superior court, higher instance

výtah extract, brief, abstract, abridgment; **poří-**

dit ~ **z** čeho make an extract of files; ~ **ze soudního spisu** extract of the court files; **~y z patentových spisů** abridgements of specification

vytápění heating; **úplata za ústřední** ~ charges for central heating

vytčený determined, set; desired, planned, designed; **dosažení ~ch cílů** attainment of desired goals

výtěž|ek resulting from possession or transaction proceeds *(pl)*, yield; income, receipts; produce; outcome; ~ **z prodeje** proceeds of sale; **popření pravosti pohledávek přihlášených k rozvrhu ~ku** denial of the authenticity of claims submitted for the distribution of payment from the proceeds; disallowance of claims seeking the distribution of proceeds; **rozvrh ~ku zpeněžení majetku** schedule / scheme of the distribution of proceeds from the realization of property; **usnesení o rozvrhu ~ku likvidace dědictví** resolution to distribute the proceeds obtained upon the liquidation of inheritance / decedent's estate; **usnesení o rozvrhu ~ku prodeje movitých věcí** resolution to distribute the proceeds of sale of personal property

vytěžen|ý obtained, acquired; produced; ~ **svědek** examined / interrogated / questioned witness; **užitky věci řádně ~é** proceeds of a thing lawfully acquired

výtisk copy, print; pamphlet; hand-out

výtka censure; reproof, rebuke, reprimand, reprehension; ~ **podřízenému** reprimand to the inferior; ~ **vad** reklamace claiming a defect warranty claim

vytlačování extrusion, expulsion; crowding; ~ **koňmi** police using horses for crowd control or to keep people out of a public place

vytrhnout co z kontextu lift a word, phrase out of context; garble make selections from st. with a usually unfair or mischievous purpose

vytrvalý persistent, perseverant; arduous; constant, perpetual

výtržnický disorderly, unruly; tumultuous, riotous

výtržnictví breach of the public peace, rioting; ~ **se sexuálním podtextem** sexually motivated disorderly conduct

výtržník disorderly person, affrayer

výtržnost disturbance, disorderly conduct; commotion, perturbation; affray; **pouliční** ~

street disturbances; ~ **na veřejnosti** public disturbance / nuisance; **dělat ~i** cause disturbance

vytvoření making, producing, creating, forming; creation, formation, production; ~ **bezjaderných pásem** creation of nuclear weapon free zones; ~ **uměleckého díla** creation of a work of art

vytvořit make, produce, create, form; compose; **s cílem** ~ **zisk** with a goal of making a profit; ~ **kvórum** make a quorum; make a house; ~ **příznivé ovzduší** create a favourable climate; ~ **vládu** form the Government

vytýčení setting; delimitation, marking; ~ **cílů** setting the aims / goals; ~ **hranic** delimitation of boundaries

vyúčtování account counting, reckoning, enumeration, computation, calculation; detailed financial statement; breakdown an analysis of figures, amounts; billing; ~ **vyčíslení nákladů** bill of costs; ~ **prací** calculation of the work done; ~ **právních služeb** the billing of legal services; **žaloba na** ~ action for an account

vyúčtovat account for, bill for; make a bill; ~ **opravu domu** bill for repairs to a house; ~ **výdaje** account for expenditures; ~ **zisk** account for profit

využít make use of st., utilize, make / render useful; convert to use; ~ **sexuálních služeb prostitutky** obtain sexual services of a prostitute

využitelnost utility, utilization

využití use using property to derive revenue / profit, or other benefit from such, enjoyment possession and use of st.; usage, utilization; employment; **komerční** ~ use in commerce, commercial use; **obchodní** ~ use in commerce; **průmyslové** ~ **pozemků** industrial use; ~ **konvencí** conventional usages; ~ **půdy** use of land; **pozemek vyčleněný pro průmyslové** ~ land zoned for industrial use; **změna** ~ change of use; **kontrolovat** ~ **půdy v obecném zájmu** control the use of land in the public interest

vyvázat unbind, free from a band / bond / tie; ~ **koho z dohledu** release s.o. from control, decontrol s.o.

vyváženost balance

vyvážený balanced; **být** ~ be balanced

vyvážit countervail, balance, counterbalance

vyvinění exoneration; disburdening, exculpation; exemption from liability; vindication

vyvinit exonerate, exculpate; disburden; ~ **ná-**

jemce exonerate the tenant, exempt the tenant from liability

vyvinout se z čeho develop / devolve from st.

vyvinut|ý developed, advanced; **duševně nedostatečně ~á osoba** person with mental insufficiencies

vyvlastnění expropriation taking property out of the owner's hands by public authority *(US)*, compulsory purchase *(UK)*; dispossession; depriving a person of property; deprivation; **návrh na** ~ motion to expropriate; **peněžitá náhrada za** ~ reimbursement of expropriated property within eminent domain

vyvlastňovací relating to expropriation, dispossession; depriving; ~ **řízení** expropriation proceedings

vyvodit draw; deduce, conclude; ~ **závěry** draw conclusions

vývoj development; progress, evolution; **rozumový a mravní** ~ **mladistvého** the intellectual and moral development of a juvenile; **soudnictví** judicial development; **ohrozit příznivý** ~ **dítěte** endanger favourable / positive development of a child

vyvolání inciting, evocation, incurrence; effecting, producing; inducing; stimulating; calling s.o.'s name; ~ **potratu** inducing / stimulating abortion so as to destroy the fetus

vyvolat incite, induce, raise; give rise to st., necessitate; ~ **pozornost** command attention; ~ **spor o příslušnost soudu** incite a dispute / raise a question concerning the court's jurisdiction

vývoz export; ~ **za cenu nižší než tržní** dumping, offering for sale abroad at less than ordinary trade prices

vývozní exporting, export; ~ **povolení** export licence

vyvracející refuting, rebutting, confuting; disproving; ~ **důkaz** negative proof, rebutting evidence; **okolnosti** ~ **podezření** circumstances confuting the suspicion

vyvrácení disproof, confutation, rebuttal

vyvr|átit refute, rebut, confute; repel by counter-proof; disprove, overthrow by argument, prove to be false; ~ **argument** confute an argument; ~ **domněnku** refute / rebut / overcome presumption, destroy a presumption; ~ **nárok důkazy** disprove a claim by evidence; ~ **tvrzení** refute / rebut allegation(s), rebut assertions; **okolnosti, které ze-**

slabují nebo **~acejí obvinění** circumstances mitigating or rebutting / refuting the accusation

vyvratiteln|ý rebuttable, refutable; confutable; **~á domněnka** rebuttable / disputable presumption; **~é tvrzení** refutable allegations; **~ důkaz** rebuttable evidence

vyvrcholení culmination; climax; apex, *(pl)* apices

výzbroj equipment(s); armament, weaponry

vyzbrojení armament, weaponry

vyzbroj|it equip with arms; **jít ~en** páchat trestnou činnost go equipped committing a crime

výzkum research; **~ a vývoj** research and development

výzkumn|ý relating to research; **~é oddělení** research department

význačný eminent, outstanding, distinguished; **~ soudce** eminent / distinguished judge

význam 1 importance, significance; value; gravity, weight, consequence; worth; **mít ~** be of importance, be important, carry weight, be significant, be of great significance; **mít zásadní ~** be of cardinal importance 2 meaning, sense; **mnoho různých ~ů** number of different senses / meanings

vyznamenání award, distinction, honour; privilege; **cizozemské ~** foreign honours; foreign awards and distinctions; **ztráta čestných titulů a ~** deprivation of titles of honours and awards as a type of punishment

vyznamenat koho dignify s.o., confer dignity / honour upon s.o., award a distinction to s.o.

významn|ý significant, important; material, substantial; **~á osoba** important person; **~á skutečnost** significant / material fact; **~é údaje** substantial data; **~ krajinný prvek** significant landscape component

vyznání religion, confession; **bez ~** no church, no religion; nondenominational; secular

vyzpovídat koho shrive s.o., hear confessions of s.o.

vyzpovídat se confess, make one's confession

vyzradit reveal, divulge; disclose; **~ státní tajemství** divulge a state secret

vyzrazení revelation, divulging, divulgement; **~ státního tajemství** divulging a state secret; **~ utajovaných skutečností** the divulging of classified information

výztuž framing; stiffening, stiffener; scaffolding; timbering with wood; **stavební ~e** shoring up, reinforcing

výzv|a call, notice; appeal call for help / a favour; earnest request; entreaty; challenge; **marná ~ k vydání věci** zbraně an ignored police demand to render a thing a weapon; **opětovná ~ na zaplacení** repeated notice / request / call that payment be made; **poslední ~** ultimatum; final appeal / call; **~ k odstranění vad podání** request / call to eliminate defects in the filing / petition / submission; **~ k předložení stejnopisu podání** request / call to submit a counterpart of petition; **~ k úpisu akcií** call to subscribe for shares; **~ k zaplacení šeku** notice of dishonour; **~ odpůrci při zpětvzetí návrhu na zahájení řízení** notice to the respondent of the notice of withdrawal of the petition; **~ policie** police alert; **~ věřitelům, aby oznámili své pohledávky** notice to / call on creditors to submit their claims; **~ zůstane bezvýsledná** the notice / call will be ineffective / of no effect; **~, aby poplatník zaplatil soudní poplatek** notice to / call on the payor to pay the court fees; **~, aby se účastník vyjádřil o návrhu** notice to / call on the participant to comment on the motion; **neuposlechnout ~y veřejného činitele** fail to obey the warning of a public official; **obrátit se s ~ou na občany** appeal to the public / citizens for st.

vyzvat call on s.o. to do st., challenge, appeal; **~ adresáta** call on the addressee; **~ druhou stranu, aby předložila důkazy** challenge the other party to show / submit their evidence; **~ Radu bezpečnosti, aby stanovila opatření** call upon the Security Council to determine measures; **~ obžalovaného k obhajobě** své neviny call upon the defendant to defend himself

vyzvědačství espionage, spying

vyzvídat spy, seek to discover / ascertain by stealthy observation; **~ státní tajemství** search for secret information as a part of state secret

vyžádání request, requesting; **~ z ciziny** tj. mezinárodní zatykač requesting a suspected or accused person to be brought from a foreign country i.e. international arrest warrant

vyžádat (si) request, require; ask for; command; **~ (si) přítomnost koho na jednání** request the presence of s.o. at the trial / hearing; **~ (si) spis** request the file to be submitted

vyžadovat request, require; ask for; desire, command; **~ jiný volební systém** call for

a different electoral system; ~ **většinu** command / require a majority
výživ|a nourishment, aliment, sustenance, food; **Organizace pro ~u a zemědělství** Food and Agriculture Organization; **rozsudek o výchově a ~ě nezletilého** judgment for the upbringing and support / maintenance means of subsistence, livelihood of a minor; **výchova a ~ nezletilého dítěte** the upbringing / raising and support / maintenance means of subsistence, livelihood of a minor; **zanedbání povinné ~y** neglect of compulsory maintenance; failure to support and maintain
výživné maintenance and support, alimony; **splatné ~** accrued alimony due but not yet paid; **~ nezletilého dítěte** maintenance and support of a minor; **~ stanovené po dobu rozvodového řízení** alimony pending suit, alimony pending lite; **návrh na určení ~ho manžela** motion for the maintenance of spouse; **povinnost k placení ~ho** duty / liability to pay alimony maintenance allowance; **rozsudek o zvýšení, snížení ~ho** judgment to increase, reduce alimony / maintenance and support allowance; **vymáhání ~ho** enforcement and collection of due / delinquent alimony; **vzorec pro výpočet ~ho** child / dependent support formula; **stanovit ~ zlomkem nebo procentem ze mzdy** determine / set up the amount of maintenance / alimony as a fraction or percentage of wages; **vymáhat dlužné ~** enforce / exact delinquent alimony / maintenance
vyživovací maintaining, supporting; connected with sustenance or maintenance; providing maintenance; alimentary; **~ povinnost** duty to support and maintain; **rozsudek o zrušení ~ povinnosti** judgment to cancel / in cancellation of a duty to support and maintain; **určení ~ povinnosti** determination of a duty to maintain and support
vyživovan|ý maintained, supported; nourished; **~á osoba** dependent (n), dependent person
vzájemnost reciprocity; mutuality; **~ závazku** mutuality of obligation
vzájemn|ý mutual, reciprocal; **~á pojišťovací společnost** mutual insurance company; **~á závěť** mutual will leaving the effect of the will reciprocally to surviving testator; **~á žaloba** cross action / complaint; **~é pojištění se zatížením** assessment insurance; **~é poskytnutí licence** cross licensing; **~ návrh** counterclaim proceed-

ings; cross-action; counteroffer in contracts; **splnění ~é povinnosti oprávněného** podmínka pro výkon rozhodnutí discharge of a mutual duty owed by a beneficiary as a prerequisite of a judgment execution; **spojené a ~é návrhy** joinder / consolidation of actions and counteraction
vzbudit cause; incite, induce, promote, inspire; awake, arouse; **~ veřejné pohoršení** cause public disturbance / annoyance
vzbuzovat incite, induce, promote, inspire; **~ pozornost** command / require attention
vzdálenost distance; remoteness; **bezpečná ~ mezi jedoucími motorovými vozidly** assured clear distance ahead
vzdálený distant; remote; **~ od reality** divorced from reality
vzdání se waiver, surrender an express or implicit declining to avail oneself of a right or to assert a claim, voluntary, intentional relinquishment of a right; renunciation, repudiation, abandonment of a claim, right; quitclaim; **konkludentní ~ práva** implied / implicit waiver; **výslovné ~** express / explicit waiver; **~ majetku** surrender of property; cession of goods; **~ nároku** waiver / relinquishment of a claim; **~ odvolání** waiver of an appeal; **~ osvobození od daně** waiver of exemption from taxation; **~ práva** surrender / abandonment of a right, waiver of a right; **~ práva na směnečný protest** waiver of protest; **~ práva na žalobu** waiver of action; **~ práva nevypovídat proti sobě samému** waiver of immunity; **~ retenčního práva** lien waiver; **~ stížnosti** surrender / waiver of a complaint; **~ věci bez úmyslu přenechat ji jinému** surrender of title, dereliction; **~ vlastnického práva** abandonment / waiver of title
vzdát se waive; give up, surrender, relinquish a right, claim, contention either by express declaration or by doing some intentional act which by law is equivalent to this; decline to avail o.s. of an advantage; abandon; part with st.; **~ dávky** waive a benefit; **~ držby** part with possession, surrender possession; **~ funkce** resign one's office; **~ náhrady škody** waive an injury; **~ nároku** waive a claim, disclaim one's right; **~ nároku na náhradu** abandon / waive a claim for damages / compensation; **~ nároku vyplývajícího z porušení závazku** waive any existing breach of covenant; **~ odvolání dodatečně** před vyhotovením písemného rozsudku additionally waive a right of appeal before the judgment in writing is

issued, i.e. not immediately in the courtroom after the delivery of judgment, but later before the judgment in writing is officially issued; **~ osvobození od DPH** waive exemption from VAT; **~ platby** waive a payment; **~ práva** waive / surrender a right; **~ práva na odvolání** disclaim / surrender an appeal; **~ právně účinně odvolání** waive an appeal in a legally effective manner; **~ účasti při veřejném zasedání** waive / surrender one's participation in a public trial; **~ úřadu** vacate an office, resign one's office; **~ výsad** relinquish privileges

vzdělání education; **dosavadní ~** educational background

vzdušn|ý aerial, air; **~á zařízení** aerial devices; **~é pirátství** hijacking, air piracy

vzejít z čeho accrue, arise from st.

vzepření (se) revolt, upheaval, insurrection, uprising; **~ vězňů dozorčímu orgánu** revolt / insurrection of prisoners against the prison guard

vzestup increase; rise, raising; **kriminalita je na ~u** the crime is on the increase

vzetí remand, taking; withdrawal, retraction; **~ do vazby** taking / remanding s.o. into custody; **~ odvolání zpět** withdrawal of an appeal; **~ pachatelů do vazby** apprehension of offenders

vzhledem k in the view of, in consideration of; whereas in the beginning of a sentence; with respect to, in respect of

vzít take out; obtain, receive, use up, spend the value of st.; **~ do vazby** remand s.o. in custody; **~ na sebe práva a povinnosti** undertake rights and duties; **~ si advokáta / právního zástupce pro svou obhajobu** employ a legal adviser for one's defence; **~ si půjčku** take out a loan; **~ v úvahu právní důsledky** consider legal effects / consequences

vzít zpět withdraw, take back, retract; refrain from proceeding with a course of action, a proposal, etc.; **~ odvolání výslovným prohlášením** withdraw an appeal by / upon an express statement; **~ návrh na zahájení řízení** withdraw a petition / motion to open / commence the proceedings; **~ obžalobu** withdraw an indictment; **~ stížnost** withdraw a complaint; **~ žádost** withdraw an application

vznést bring, enter, put, lodge, take; raise; **~ námitku** v přípravném řízení file demurrer; **~ námitku pro vadu** take an objection for a de-

fect; **~ námitku proti čemu / komu u soudu** take exception to st. / s.o., lodge an objection to st. / s.o. with the court, traverse a decision by contradictory motion; challenge st. in court; **~ obvinění proti komu** charge s.o. with an accusation, accuse s.o. of st.; **~ obžalobu** read out the indictment; charge s.o. with; **~ otázku** raise / put / ask a question

vznětlivý impulsive, choleric; hot

vznik formation, creation; origin; occurrence; establishment; origination; beginning; **~ manželství** formation of marriage; **~ obchodní společnosti** incorporation of a company; **~ odpovědnosti** occurrence of liability; **~ odpovědnosti nastane** liability arises; **~ pracovního poměru** creation / formation of employment relationship; **~ smlouvy** formation / creation of a contract; **~ smluvních závazků** inception / creation of contractual obligations; **~ škody** occurrence of damage; **~ vztahů** creation of a relationship; **~ závazků** creation of obligations; **~, změna a zánik práv** creation, alteration and extinguishment of rights; **datum ~u** date of commencement; **právní důvod ~u** obchodních závazků legal grounds for the creation of commercial obligations

vznikl|ý arisen, incurred; accrued; formed, created; **~á škoda** incurred damage; **~é výdaje** incurred expenses; **~ v důsledku a během vlastního zaměstnání** arising out of and in the course of one's own employment

vznikn|out occur; come into being / existence; originate; rise, arise; **obchodní společnost ~e zápisem do obchodního rejstříku** the legal existence of a company begins upon its incorporation, i.e. registration in the Commercial Register; **~ na základě zákona** be formed / created upon statute of law, be formed / created by operation of law

vzor design; pattern; **podpisový ~** signature card; **průmyslový ~** industrial design; **užitný ~** applied / utility design

vzorec formula; **~ pro výpočet výživného** child / dependent support formula

vzor|ek pattern, specimen, sample; exemplar; **~ky rukopisu** handwriting exemplars; **prodej podle ~ku** sale by samples; **smlouva na prodej podle ~ků** contract of sale by sample; **odebrat ~ krve, moči, dechu** take specimens of blood, urine, breath; **poskytnout ~ krve,**

moči, dechu give blood, urine, breath specimens
vzorov|ý exemplary, standardized; model; **~á smlouva** standard form of contract; **~é stanovy** model constitution of an association, model by-laws of a corporation, model articles of association of a company
vzpoura mutiny, rebellion, revolt, commotion; **~ vězňů** revolt of prisoners
vztah relation, relationship; link, connection, connexion, nexus; correspondence, association which can be conceived as naturally existing between things, persons; **občanskoprávní ~y** civil relationship(s); **příbuzenský ~** close relationship, relationship among relatives; **příčinný ~** causal relation, causal nexus; connection between cause and effect; **smluvní ~** contractual relation / privity; **těsný ~** affinity, close contact; **trojstranný ~** trilateral relationship; **závazkový právní ~** legal obligation; **~ man-**

želů relationship of husband and wife; **~ ze smluv** contractual relationship, relationship upon a contract, privity of contract; **~y související** jako součást nájemní smlouvy related matters; additionals; subjections; corollary; **systém ~ů** system / network of relationships
vztáhnout raise, put; apply, touch; **~ ruku na rodiče** raise one's hand to strike a parent
vztahovat relate, connect, link; apply; raise, put; touch; **~ ochranu na** co apply the protection to st.
vztah|ovat se relate, pertain, apply to; **na přestupek se ~uje amnestie** the administrative delict / infraction shall be subject to amnesty; **~ na všechny případy / věci** apply to / cover all cases
vztažení converting, applying to; raising, touching; **~ ruky na cizí věc** trover and conversion; **~ ruky na člověka** battery; raising one's hand to strike a person

Z

zábava amusement, entertainment

zabavení seizure for violation of a law or by virtue of an execution of a judgment, confiscation usually as a consequence of conviction without any compensation; sequestration pending suit under judicial order; distress to pay debts; attachment, garnishment usually ordered by court; ~ **osobního majetku** seizure of personal chattels; ~ **majetku soudní za účelem splacení dluhů** judicial attachment of property for the payment of debts; ~ **nájemného po dobu řízení** sequestration of rents; ~ **nemovitého majetku bez odpovídající náhrady** confiscation of property; dispossession without compensation; ~ **pohledávky** garnishment of claim; ~ **věci na splacení dluhu např. dlužného nájemného** distress, the seizing of a personal chattel from a debtor so as to obtain payment for debt e.g. arrears of rent; ~ **zboží při neplnění podmínek dodání** seizure of goods due to non-compliance with delivery terms; pointing *(SC)*; **soud nařídil ~ drog** the court ordered the drugs to be confiscated

zabaven|ý seized, confiscated; put under distress; attached, garnished; ~**á věc** seized / confiscated thing as a penalty; thing under distress in order to pay debts; sequestered thing pending suit; ~ **majetek** seized / confiscated property as a type of punishment; thing under sequestration pending proceedings; distrained goods; **soudní prodej ~ých věcí** judicial sale of seized property / confiscated things; distressed sale to pay debts with the proceeds

zabavi|t seize, confiscate; arrest, distrain upon; ~ **loď** arrest a ship; ~ **majetek** seize / confiscate property; ~ **zboží k úhradě dluhu** distrain goods; levy a distress; **celní úřad ~l zásilku knih** the customs seized the shipment of books

zabavitelný seizable, confiscable; attachable, garnishable

zábavní relating to amusement, entertainment; amusing, entertaining; ~ **centrum** amusement centre; ~ **park** amusement park; ~ **průmysl** entertainment industry; ~ **zóna** amusement area / arcade

zabavovatel distrainer, distrainor; confiscator

zabezpečení security, welfare; safety, safe-guarding; **důchodové ~** national pension insurance scheme; **finanční a materiálně technické ~ zpravodajských služeb** financial and material / technical support and supplies of the Intelligence Services; **hmotné ~** material welfare; subsistence; maintenance and support; **nemocenské ~** national medical insurance scheme; **sociální ~** social security / welfare; ~ **obranyschopnosti a bezpečnosti státu** the safeguarding of capability to defend and secure the country; ~ **rodinných příslušníků vojáků** the welfare of members of a professional soldier's family

zabezpečen|ý secured, safeguarded; ensured; secure from, against; ~**é místo pro úschovu** a secure place for keeping documents; ~**é zaměstnání** secure job

zabezpečit secure; save, safeguard; ensure; ~ **státní hranice** secure the borders; ~ **řádný průběh procesu** ensure a fair trial

zabezpečovací relating to alarm, security; safeguarding; preserving; guarantee; ~ **fond** guarantee fund; ~ **opatření** security measures; **nástrahová a ~ technika** trap and alarm device

zabiják killer; hatchet-man killing for money; slayer; cosh-bandit, cosh-boy, cosh-man killing with a cosh

zabí(je)t kill, slay; put to death by means of a weapon; deprive of life by violence

zabití killing, manslaughter; homicide; ~ **člověka** killing of a man; homicide; ~ **dopravním prostředkem** vehicular homicide; ~ **nešťastnou náhodou** killing by misadventure / accident; accidental killing; ~ **v krajní nouzi** killing / homicide by necessity / in an extreme emergency; ~ **v sebeobraně** justified killing / homicide in self-defence; ~ **z nedbalosti bez vražedného úmyslu** negligent manslaughter; ~ **životaschopného plodu** child destruction

zablokování blockage; dead(-)lock; blockade; ~ **dopravy z povětrnostních důvodů nebo nehody** blockade of traffic by snow or an accident

zablokovan|ý blocked, blockaded, obstructed; hung; deadlocked; stopped in a course; ~**á doprava** blockage in traffic; ~**á měna** blocked currency; ~**á porota neschopná dojít k jednomy-**

slnému závěru hung *(UK)* / deadlocked *(US)* jury; **~é představenstvo** deadlocked board of directors unable to come to conclusions; **~ parlament v němž nemá žádná strana dostatečný počet křesel k vytvoření vlády** hung parliament *(UK)* no single party has enough votes / seats to form a government; **~ účet** blocked account no withdrawals can be made
zablokovat block, obstruct; blockade; dead(-)lock, bring to a deadlock, come to a deadlock; **svým rozhodujícím hlasem ~ jednání** block a meeting using one's casting vote; **~ návrh zákona** block a bill; **~ záměr postavit dálnici centrem města** block a plan to build a motorway through the middle of the town
zábor conquest, acquisition by war; subjugation of a country; **normanský ~** Norman Conquest
zábran|a obstruction, obstacle, bar, barrier; prevention, hinderance, constraint, restraint; preclusion; **mravní ~y** moral restraints, conscientious scruples / scruples of conscience; **~ zneužití** preclusion of any abusive act, bar to any abusive act
zabránění prevention, restraint, stop; abatement; **~ vzniku škody** prevention of damage; **technické prostředky k ~ odjezdu vozidla** immobilizer, wheel clamps; technical tool / apparatus / appliance to immobilize a vehicle
zabrání seizure, confiscation; detainer; expropriation; taking; **neoprávněné ~ čeho** unreasonable / unlawful seizure of st.; **~ věci** judicial detainer, expropriation / seizure of a thing; **ochrannými opatřeními jsou omezující opatření a ~ věci** the restricting measures and seizure of a thing shall be types of protective measures under administrative law
zabránit debar, preclude; prohibit, prevent from doing, stop; deter; **snažit se ~ komu v čem** discourage s.o. from doing st.; **~ osobám v hlasování** preclude / debar persons from voting; **~ vzniku škody** prevent the occurrence of damage
zabrat occupy, take up, use up; seize; usurp; **neoprávněně ~ veřejné prostranství** occupy a public place in violation / breach of law; **~ kancelář** occupy an office; **~ pravomoci** usurp powers unlawfully
zabývat se undertake; deal with, consider; handle, dispose of, treat st.; **vláda se musí ~ problémy** the government has to address itself to problems of st.; **~ právní záležitos-**

tí consider a legal matter; **~ spory týkající mi se čeho** act on disputes involving st., deal with disputes involving st.; **~ stížnostmi** deal with complaints, handle complaints, dispose of complaints
zácpa congestion; blockade; crowding, accumulation; **dopravní ~** traffic congestion / blockade
zadlužení indebtedness
zadlužen|ý indebted under obligation on account of money borrowed, owing money; in debt; **~á osoba** indebted person
zadní rear, back; behind; **levé ~ kolo** left rear wheel; **vyhřívané ~ sklo u auta** heated rear(-)screen; **~ sedadlo auta** rear seat of a car
zadostiučinění satisfaction the action of gratifying st. to the full, contenting a person by the complete fulfilment of a desire or supply of a want; **přiměřené ~** reasonable / adequate satisfaction; **poskytnout přiměřené ~** grant / award reasonable / relevant satisfaction; **požadovat ~** demand satisfaction
zadržení detention usually of persons; retention usually of things; holding, keeping, hold-up; lien; **bezdůvodné ~** unreasonable seizure / detention of a person; **krátkodobé ~** brief detention; **neoprávněné ~ věci nebo osoby** unlawful detainer of a thing, unlawful detention of a person; **preventivní ~** preventive detention; **~ zboží na cestě** stoppage in transit; **~ cizí věci** distraint, distress; retention of a thing of another; **~ osoby** detention of a person; **~ ve výchovném zařízení pro mladistvé** detention in a reformatory for juveniles; **~ věci** retention / seizure of a thing; **~ zaměstnanců** detention of staff in a factory, firm; **~ zásilky** detention of mail / dispatch; **~ zásilky na cestě** stoppage of goods in transit; **provést ~ koho** detain s.o., place s.o. in confinement
zadržen|ý detained; held, kept; **~á osoba** detainee, detained person; **kniha záznamů o ~ých osobách** blotter *(US)*, charge-sheet *(UK)* a record of arrests and charges in a police office
zadrže|t detain; retain, hold, keep; **~ cizí věc** distrain / seize a thing of another; **~ majetek nájemce** distrain upon the tenant's property; **~ obviněného** detain / apprehend / seize the accused; **~ věc** retain / seize / keep a thing; **podezřelí byli ~ni policií kvůli výslechu** the suspects were detained by the police for questioning

zadržiteln|ý seizable; detainable; attachable; **~é zboží** seizable merchandise
zadržovací retaining, detaining; keeping; refraining from; **~ návrh soudu, aby bylo upuštěno od neoprávněných zásahů** motion for injunction to refrain from doing unlawful intrusion; **~ právo** lien, charging lien the right to retain possession of property until a debt due in respect of it to the person detaining it is satisfied; **~ právo advokáta** attorney's lien; **~ právo na straně prodávajícího** seller's lien; **~ právo přepravce** carriers lien; **~ právo schovatele** bailee's lien; **~ právo založené rozsudkem** judgment lien
zadržování detention; retention; holding, keeping, hold-up; lien; **žaloba proti neoprávněnému ~ cizí věci** unlawful detainer action
zadržovatel kdo má zadržovací právo lienor person having the right of lien upon the property of another
zahájení opening, commencement; beginning; initiation; start; **~ a ukončení provozování živnosti** commencement and termination of the operation of trade; **~ hlavního líčení** commencement / opening of a trial; arraignment; **~ konkursního řízení** commencement of bankruptcy proceedings; **~ občanského soudního řízení** commencement / opening of civil proceedings; **~ podnikání** commencement of business; **~ řízení na návrh a bez návrhu** commencement of proceedings upon or without motion; **~ trestního stíhání** commencement of criminal prosecution; **~ věci u nepříslušného soudu** commencement of an action before court not having jurisdiction, mistake in venue; **den ~ pracovního poměru** date of the commencement of employment; **návrh na ~ řízení** petition / motion to commence proceedings; **usnesení o ~ řízení bez návrhu** resolution to commence proceedings without a notice of motion; **usnesení o ~ trestního stíhání** resolution to prosecute, resolution to commence criminal prosecution
zahájen|ý opened, commenced, begun; **~é řízení** commenced proceedings, pending suit
zahájit commence; begin, start; initiate; **~ jednání ve věci** bring an action; open the trial on the merits; **~ projednávání případu** call a case in court, commence / open the trial; **~ soudní řízení** initiate / institute / take / commence proceedings; begin an action; **~ vyšetřování podvodu** undertake an investigation of fraud

zahajovací opening, introductory; **~ řeč při zahájení zasedání parlamentu** Opening Speech to open a session of Parliament
zahálčivý idle; frivolous, trifling; ineffective, worthless, of no value, vain; **~ či nemravný život** idle or immoral life
zahálka trifling, frivolous delay and waste of time
zahladit expunge, erase, delete, strike out, wipe out from records; **~ odsouzení** expunge / erase / strike a conviction / sentence from the criminal records of s.o.
záhlaví heading; head-note; caption; header; **~ právního spisu** caption of a file
zahlazení expungement, erasure, deletion, strike-out, wiping from records / register; **~ kázeňského trestu** expungement / erasure of s.o.'s disciplinary punishment; **účinek ~ odsouzení** effect of expungement / erasure / deletion of conviction from s.o.'s criminal records
zahl|tit clog, gag; overwhelm; fill up; **soudci jsou ~ceni časově náročnou administrativou** judges are overwhelmed / over-freighted with time-consuming clerical work
zahraniční foreign, alien; being from abroad; **~ finanční trh** external financial market; **firma** foreign company / firm; **~ majetková účast** foreign property interest in business; **~ osoba** foreign entity, foreign person
zahrnovat cover, comprise; comprehend; **~ práva a povinnosti** cover / comprise rights and duties
zacházení treatment, handling; disposing; **rovné ~** equal treatment; **~ s cizinci jako s vlastními občany** national treatment
zacházet treat, deal with; **~ s odsouzenými pachateli** deal with convicted offenders
zachování maintenance; conservation, preservation from destructive influences, natural decay, waste; in being, life, health, perfection; keeping; **~ hodnot** preservation of values; **~ jednoty** maintenance of uniformity; **~ krajiny pro zemědělství** preservation of the countryside for agriculture; **~ krásného okolí** preservation of amenities; **~ mlčenlivosti** maintaining confidentiality; **~ práva a pořádku** maintenance of law and order; **~ přírodních a architektonických památek** preservation of natural and architectural monuments; **~ stavu věcí** maintenance of the state of things; **~ svrchovanos-**

ti preservation of sovereignty; ~ **ústavnosti** preservation of constitutionality; ~ **územní celistvosti** preservation of territorial integrity **zacho(vá)vat** maintain, preserve, hold, retain, conserve; ~ **dobré vztahy** maintain good relations with s.o.; ~ **mlčenlivost** remain silent; ~ **mlčenlivost o skutečnosti** hold information in confidence; ~ **právo a pořádek** maintain law and order; ~ **přirozené prostředí** preserve the natural environment; ~ **svrchovanost** preserve sovereignty; ~ **úrokovou míru** maintain an interest rate; ~ **ústavnost** preserve the constitutionality; ~ **územní celistvost** preserve territorial integrity; ~ **si přístup kam** retain access to; **povinnost** ~ **mlčenlivost** duty not to disclose, duty of non-disclosure; pledge of confidentiality

záchrana rescue; saving from danger / destruction, protecting; deliverance; preservation; salvation; ~ **společnosti před krachem** salvation of a company from bankruptcy

záchranář rescuer, member of a rescue squad; preserver; **dobrovolný** ~ volunteering rescuer

zachránce preserver; rescuer; ~ **života** rescuer; preserver of s.o.'s life

zachránit save, preserve; rescue; **pokus** ~ **koho** attempt to rescue s.o.; ~ **koho před ohněm** save s.o. from the fire; ~ **koho z nebezpečí** rescue s.o. from danger; ~ **svou kůži** save one's skin; ~ **komu život** save s.o.'s life

záchrann|ý preserving, saving, rescuing; ~**á stanice** life-saving station; ~**é zařízení** rescue-appliance; ~ **oddíl** rescue squad; ~ **program** preservation programme; ~ **tým** rescue team

zainteresovaný concerned, interested; ~ **svědek** interested witness

zajatec captive; prisoner; **válečný** ~ prisoner--of-war, POW abbrev

zajatecký related to captive, prisoner; ~ **tábor** prisoner-of-war camp

zajatý captive; captivated

záj|em interest, concern; good, benefit, profit, advantage; **majetkový** ~ property interest in st.; **naléhavý právní** ~ **na určení čeho** exigent legal request to determine / declare st. a right / title; **oprávněný** ~ justified interest; **pochopitelný velký** ~ understandable preoccupation; **právní** ~ **na věci** legal interest in a thing, valuable interest; **veřejný** ~ public interest, public policy; public domain; **životní** ~**my** vi-

tal interests; ~ **chráněný tímto zákonem** the interest protected by the Act herein; **vyvažování** ~**mů** balancing of interests; **být v** ~**mu spravedlnosti** be in the interests of justice; **mít na věci protichůdný** ~ have conflicting interests in the property; **pachatel nevěděl, že svým jednáním může porušit nebo ohrozit** ~ **chráněný zákonem, ač to vědět měl a mohl** the offender was ignorant of the fact that his / her conduct might violate or endanger interests protected by law, although s/he should or could have been aware of it; **pachatel věděl, že svým jednáním může ohrozit** ~ **chráněný zákonem, a pro případ, že jej poruší nebo ohrozí, byl s tím srozuměn** the offender knew of the fact that his / her conduct might violate or endanger interests protected by law, and doing so s/he was aware of the consequences

zájemce interested person; applicant, claimant; ~ **ve zprostředkovatelské smlouvě** client, principal in a contract of agency

zajetí captivity

zajímat se o co be interested in st.; have an interest in st.

zajistit secure; ensure, insure; underwrite; guarantee; ~ **obchodní transakci v oblasti komodit** hedge secure o.s. against loss by making transactions on the other side so as to compensate more or less for possible loss on the first; ~ **obranu státu a veřejnou bezpečnost** secure the defence of the State and public safety; ~ **odhlasováním daní prostředky na co** provide by voting taxation the means for st.; ~ **podmínky pro provedení změn** ensure that preconditions for changes exist; ~ **pohledávku ručením** secure a claim through a guaranty; ~ **půjčku** secure a loan; ~ **splnění povinnosti** secure the fulfilment of duties / obligations; ~ **svědectví** perpetuate testimony; ~ **základní životní potřeby dítěte** provide necessaries / necessities of life for a child

zajistitel *(pojišť)* reinsurer

zajistné *(pojišť)* reinsurance premium

zajištění₁ security of payment / performance of debt; collateral property pledged as a security; pledge anything handed over to or put in the possession of another, as security for the performance of a contract or the payment of a debt, or as a guarantee of good faith, etc., and liable to forfeiture in case of failure; e.g. bailment, pawn, deposit of personal property to a creditor as security, surety a formal engagement entered into, a pledge, bond, guarantee, or security given for the fulfilment of an undertaking; detention, seizure, attachment; **další** ~ **převodem majetku** collateral assignment, assignment of property as collateral security for a loan; **faktické** ~ mechanic's lien securing priority of payment of the price of work performed and materials furnished; **hypotekární** ~ land security; security by mortgage; **soudní** ~ judicial seizure; seizure by court; **věcné** ~ pledge assurance of performance by means of giving the creditor rights in a thing, collateral; **vhodné** ~ **provedené soudem** proper safeguarding / safekeeping made by court; ~ **dědictví např. uložením u soudu** safeguarding the decedent's estate e.g. by depositing property in judicial custody; ~ **důkazů** obtaining proofs / evidence, receiving proofs / evidence, taking proofs / evidence; proving the chain of custody securing that an item of evidence is under control from the moment of its taking until the trial; ~ **nájemného** security for a rent(al); ~ **nákladů řízení** security for costs of proceedings; ~ **nároku poškozeného** securing the claim of an injured person; ~ **obchodní transakce v oblasti komodit** hedging the securing of, or limiting the possible loss on, a debt; ~ **obchodních závazků** security for commercial obligations; ~ **obrany státu a veřejné bezpečnosti** securing of the defence of the State and public safety; ~ **osob a věcí** detention of persons and seizure of property; ~ **osoby policistou** detention of a person by the police / policeman; soudní ~ **peněžních prostředků na účtu u banky** judicial attachment / garnishment of a bank account; ~ **pohledávky** security for a debt; security interest; ~ **postoupením pohledávky** security by means of a debt assignment; ~ **práv a povinností** securing the performance of rights and duties; ~ **předmětů** seizure of items; ~ **sepsaných věcí** seizing the listed articles / items of property; ~ **úvěru** security for a loan; ~ **výkonu trestu propadnutí majetku** assuring that the judgment for forfeiture of property be executed; ~ **závazků** security for / securing the performance of obligations; ~ **závazku převodem práva** securing an obligation through / by the transfer of title; **právo ze** ~ security interest any interest in property acquired by contract for the purpose of securing payment or performance of an obligation; **poskytnout** ~ **komu** stand security for s.o.;

zrušit ~ **dědictví po skončení dědického řízení** terminate the safeguarding of the decedent's estate after the closing of probate proceedings
zajištění₂ *(pojišť)* reinsurance insurance of an insurer against his liability for a risk that he himself has underwritten in an earlier insurance contract; **aktivní převzaté** ~ active reinsurance; **kvótové** ~ quota share reinsurance
zajištěný *(n) (pojišť)* the reinsured
zajištěn|ý *(adj)* secured; guaranteed; assured; bonded; ~**á půjčka** secured loan; ~**á transakce** secured transaction; ~ **dluh** hypotékou apod. secured debt, funded debt; ~ **dluhopisem** bonded secured by a bond; ~ **odkaz** vested devise; ~ **smlouvou** covenanted; secured by an agreement; ~ **účastník** secured party; ~ **úvěr** secured loan; ~ **věřitel** secured creditor; ~ **závazek** secured obligation
zajišťovací securing; assuring; guaranteeing; hedging; ~ **doložka** hedge clause *(US)*; safeguarding clause in a contract; ~ **fond pro obchodní transakce v komoditách** hedge fund *(US)*; ~ **převod práva** převod práva dlužníka ve prospěch věřitele transfer of title as security of obligation transfer of a debtor's right for the benefit of a creditor; ~ **smlouva** security agreement; ~ **úschova** security bailment; security custody; ~ **vazba** custodial arrest
zajišťování securing; safeguarding; keeping; preserving; ~ **veřejného pořádku** securing public order
zajišťovat secure; assure; safeguard; preserve; provide, supply; ~ **dostatek informací pro zpracování** provide sufficient information for processing; ~ **ochranu** secure / safeguard the protection; ~ **přístup kam** provide access to st.; ~ **stopy** collect clues / evidence
zajišťovna *(pojišť)* reinsurance company
zajišťující securing, preserving, safeguarding; guaranteeing; underwriting *(insur)*
zájmov|ý ~ relating to common interest; professional; **profesní** ~**á komora** *(CZ)* professional chamber such as the Bar Chamber; ~**á samospráva** self-governance of the profession; self-governance of an interest group; ~**é sdružení občanů** *(TP)* association of citizens standing surety for s.o.'s rehabilitation; local, professional interest group; ~**é sdružení právnických osob** professional association of legal entities
zákaz prohibition, forbidding by virtue of law; debarring, interdiction by a command; ban usually

by virtue of office; banishment; restriction; **soudní ~ opuštění země, místa** judicial order to restrain a person from leaving the country; judicial order forbidding a person to leave the country; ne exeat *(lat)*; **úplný ~ zkoušek jaderných zbraní** comprehensive nuclear weapon test ban; **úřední ~** official prohibition; official ban; authoritative interdiction ex officio / by virtue of office; **~ činnosti** judicial, compulsory prohibition to undertake professional activities as a kind of punishment; **~ klamání spotřebitele** prohibition of deceptive consumer transactions / sales practices towards consumers; **~ konání pochodu** march ban; **~ konkurence** competition forbidden; **~ krutých trestů** prohibition against cruel punishments; **~ multiplikace softwarových programů** ban on the copying of computer software; **~ dvojího opakovaného stíhání pro tutéž věc** prohibition of double jeopardy no one can be tried twice for the same crime, non bis in idem *(lat)*; **~ plnění poddlužníka** order prohibiting the payment to be made by an obligated party's debtor; **~ pobytu** banishment; prohibition of abode / residence as a punishment; **~ prodeje zbraní vydaný vládou** government ban on the sale of weapons; **~ reformace in peius / ~ změny rozhodnutí v neprospěch** prohibition of the reformation in peius i.e. prohibition of the alteration of a decision to the detriment / prejudice of s.o.; **~ výslechu svědka** prohibition of interrogation / examination of a witness; **~ vývozu** export ban; **rozsudek o ~u styku nezletilého s otcem** judgment depriving the father of visitation rights with respect to his minor child, judgment prohibiting any contact between a father and his minor child; **vydat ~ kouření na úřadech** impose a ban on smoking in public premises; **zrušit ~ dovozu zbraní** lift the ban on importing weapons

zakázan|ý prohibited, forbidden usually by virtue of law; banned usually by virtue of office; interdicted, debarred usually by a command; **~é práce pro ženy a mladistvé** prohibited types of work for women or juveniles; **~é stupně pokrevního příbuzenství pro vstup do manželství** prohibited degrees of blood relations to enter into marriage; **~é zboží nesmí být dovezeno** prohibited goods not allowed to be imported; **používání ~ého bojového prostředku** using prohibited weapons and warfare

zakázat, zakazovat prohibit, forbid usually by law; ban usually by virtue of office; interdict usually by a command; restrict; impose a ban on st.; **~ nezákonné shromáždění** prohibit unlawful assembly; **~ parkování na ulicích** prohibit parking in the streets; **~ prodej alkoholu nezletilým** prohibit the sale of alcohol to minors; **~ prodej pirátských kopií nahrávek na audio- / videokazetách, CD** ban the sale of pirated recordings audio- / videocassettes, compact discs; **~ zákonem** outlaw; prohibit st. by virtue of law; **vláda zakázala prodej zbraní** the government banned the sale of weapons; **zákon zakazuje** the statute / law forbids / prohibits

zakázk|a order to execute a particular work; commission a charge or matter entrusted to any one to perform; **práce na ~u** order for a work to be done; commissioned work; bespoken work; **zboží vyrobené na ~u** bespoken / commissioned goods; **zhotovení věci na ~u** making / manufacturing of st. upon order / commission

zákaznictvo customers; goodwill

zákazník client, customer; buyer, purchaser; patron

zakazovací forbidding, prohibiting, banishing; interdicting; restricting; **přikazovací a ~ režim právní úpravy podnikání** the directing and restraining prohibiting nature of business regulation

zakazující forbidding, prohibiting; interdicting; restricting; **~ normativní právní akt** negative act; prohibitory regulation / statute

zákeřnost insidiousness; treacherousness, craftiness, subtle deceitfulness

zákeřn|ý insidious, artful, cunning, crafty, wily, treacherous; **~á nemoc** insidious disease; **~ nepřítel** insidious enemy

základ basis, foundation; base; **daňový ~** tax assessment base; **skutkový ~, na němž je právní názor založen** facts upon which a legal opinion is based; **upravený daňový ~** adjusted basis; **zvýšený daňový ~** stepped-up basis; **~ daně** tax assessment base; **~ kupní smlouvy** basis of bargain; **~ pro výpočet pojistného** basis of premium calculation; **na dvojstranném ~ě** on a bilateral basis; **na krátkodobém, střednědobém, dlouhodobém ~ě** on a short-term, middle-term, long-term basis; **na ~ě oznámení** by virtue of / upon a notice; **na ~ě práva** under the law; by virtue of law; **na**

~ě předchozího upozornění upon prior notice; **na ~ě usnesení o postoupení věci** upon a resolution to transfer a case; **na ~ě ustanovení této nájemní smlouvy** under authority / by virtue of the provisions of this lease; **na ~ě zákona a k jeho provádění** under the law and for the implementation / application thereof; **tvořit ~ práva** form the basis of the law; **vypočítat na ~ě** čeho base the calculation up / on st.; **vypočítat obrat na ~ě šestiprocentního zvýšení cen** calculate the turnover on the basis of a 6% price increase

zakládací incorporating; founding, constituting; creating; **~ listina** deed / charter of foundation; for a registered business company Memorandum of Association *(UK)*, Articles of Incorporation *(US)*; **~ listina nadace** Charter of the Foundation i.e. articles creating a foundation

zakládající creating; establishing, constituting, founding; incorporating; **~ společník** founder / incorporator of a company, founding / incorporating member of a company; **skutek ~ trestní odpovědnost** an action creating / constituting criminal liability; **~ práva a povinnosti** creating rights and duties

zakláda|t constitute, create, establish, set up; found; originate, initiate; **~ podstatné porušení** smlouvy constitute a material breach of contract; **~ právní vztah** create / establish a legal relationship; **~ trestní odpovědnost** create / constitute criminal liability; **skutečnosti, které ~jí právo na náhradu škody** facts creating / substantiating the right to recover damages

zakladatel founder; incorporator, promoter professional founder; **~ sdružení** founder of an association; **~ společnosti** founder, promoter of a company usually a professional; incorporator

zakladatelsk|ý incorporating; founding, constituting; creating; **~á listina akciové společnosti s jedním zakladatelem** *(CZ)* Letter / Deed of Incorporation of a joint stock company founded by one person / incorporator; **~á smlouva akciové společnosti s více zakladateli** *(CZ)* Memorandum of Association / Articles of Incorporation of a joint stock company founded by more persons / incorporators

základna base; **letecká ~** air base; **námořní ~** vojenská naval base; **operační ~** base of operations; **vojenská ~** military base

základní basic, fundamental, essential; unali-

enable, inalienable; **~ daň z příjmu** basic rate tax; **~ jmění / kapitál** registered capital, nominal capital; fixed assets; **~ krytí** base coverage; **~ linie** base line; **~ minimální nájemné** base rent; **~ motiv trestného činu** fundamental motive of a crime; **~ mzda** basic pay / wage; **~ plat** basic pay / salary; **~ pojistné** basic premium; **~ pojmy** basic concepts; **~ potřeba** čeho essential need for st.; **~ práva a povinnosti** zaměstnance, zaměstnavatele essential rights and duties of employers and employees; **~ práva a svobody** fundamental rights and freedoms; **~ pravidlo** cardinal rule; **~ prostředky** fixed capital assets; fixed capital; **~ skutková podstata** basic facts, body of a crime; **~ škola** *(CZ)* basic school covering compulsory schooling between 6 and 15; **~ vojenská služba** *(CZ)* compulsory non-professional military service upon conscription; **~ zásady řízení** basic rules of procedure; **~ zemědělské komodity** basic commodities, basic crops *(US)* usually subject to government price support; **~ znalosti** basic knowledge; **~ životní potřeby** necessaries / necessities of life

základy grounding, foundation; basics abstract

zaknihovat book, enter in a book; record, register

zákon law *(count)*, statute; act in the title of a law; piece of legislation; **elektrizační ~** Electrization Act; **horní ~** Mining Act; **neplatný ~** invalid law; **neúčinný ~** inoperative law; **novelizovaný ~** amended law; **obuškový ~** club law; **omezující ~** a law / statute imposing limitations; **partikulární ~** private / personal / local act; **platný ~** valid law, a law in force / operation; **prováděcí ~** implementing statute; **reegresní ~** poškození na zdraví a recourse law damage to health; regulating the demanding of pecuniary compensation from s.o., i.e. the insurance company has a right of recourse against the one who caused the damage, meanwhile the insured was paid; **silniční ~** Highway Act; **vodní ~** Waters Act; **vyhaslý ~** inoperative / obsolete law; **zmocňovací ~** enabling statute; **~ k nápravě chyb** validating statute curing past errors and omissions thus making valid what was invalid; **~ o autorském právu** Copyright Act; **~ o drahách** Railway Act; **~ o geodézii a kartografii** Land Survey(ing) and Cartography Act; **~ o kontrole znečištění** Control of Pollution Act; **~ o matrikách** Register of Births, Marriages and

Deaths Act; ~ **o myslivosti** Game Management Act, Gaming and Hunting Act; ~ **o požární ochraně** Fire Protection Act; ~ **o pracovněprávních vztazích** Industrial Relations Act; ~ **o pracovních smlouvách** Contracts of Employment Act; ~ **o rodině** Family Act; ~ **o soustavě daní a na něj navazující zákony upravující jednotlivé daně** the System of Taxes Act and relevant legislation regulating individual types of taxes, Act to regulate the tax system and relevant legislation providing for individual types of taxes; ~ **o správních poplatcích** Administrative Fees and Charges Act; ~ **o státním občanství** State Citizenship Act, Nationality Act; ~ **o telekomunikacích** Telecommunications Act; ~ **o topných plynech** Heating Gas Act; ~ **o zastoupení lidu** Representation of the People Act; ~ **o živnostenském podnikání** živnostenský zákon Act to regulate trades, Trade Act; ~ **omezující právo** subjektivní disabling statute restricting a right; ~ **s komentářem** annotated law, a law with commentary / annotations; ~ **s obecnou působností** general law / act; ~ **s omezenou působností** personal / private / local law / act; ~ **schválený parlamentem** *(UK)* Act of Parliament; **~y lynče** gibbet laws, lynch laws; **částka ~a** chapter; **dědění ze ~a** intestate succession, legal succession, succession at law; **jednotlivé / samostatné vydání ~a** slip law, a law published as a single sheet / pamphlet format; **na základě ~a** by operation / virtue of a law; on the basis of a law, at law; upon / under the law; **na základě ~a a k jeho provedení** by virtue of / under the law and for the implementation thereof; **návrh ~a v neparagrafovém znění** the narrative of a legislative intent; the simple draft of a proposed law; **návrh ~a v paragrafovaném znění** bill; bill in an articulated arrangement; **novela ~a** amended law, amendment to a law; **paragraf ~a** section of a law; **podle ~a** under the law, in accordance with the law, according to the law, pursuant to the law, in pursuance of the law, in conformity with / to the law, in compliance with / by the law; **povinnost ze ~a** statutory obligation; **požadavky ze ~a** statutory requirements; **přijetí** návrhu **~a** enactment, passage / adoption of a bill; **působení ~a** operation of a law; effect of a law; **úplné znění ~a** a full text of a statute in its present

amended form; consolidated statute consolidating the first version of a law and all amendments thereto; **ve znění ~a č.**... as amended by Act N....; **věcný záměr ~a** intended subject-matter of a law, substance of a law; **vyhlášení ~a** promulgation of a law; publication of a law in the Collection of Laws; **být povinen ze ~a** be legally bound, be bound by statute; **jednat o návrhu ~a ve výborech** consider a bill by Committees; **postavit mimo** ~ outlaw; put outside the law; proscribe; declare an outlaw; **projednat návrh ~a v plénu** consider a bill at a plenary session of a Chamber / House; **překročit** ~ transgress / violate / breach / infringe a law; **přijímat ~y** legislate, pass / enact legislation; **přijmout návrh ~a** pass / adopt / enact a bill; **uskutečnit záměr ~a** carry out / implement / apply the intent of a law; **vzniknout ze ~a** be created / established / formed / instituted by statute, be created / established / formed / instituted under the law; **zaniknout ze ~a** cease to exist / terminate by operation of law; extinguish under the law; **pokud tak nestanoví zvláštní** ~ in the absence of a special statute so providing; **pokud** ~ **nestanoví jinak** except when otherwise provided by statute; ~ **č. 58 / 1969 Sb., o odpovědnosti za škodu způsobenou rozhodnutím orgánu státu nebo jeho nesprávným úředním postupem** Act N.58 / 1969 Coll. to regulate the liability for damage caused upon / due to the decision of a state authority, or maladministration thereof; ~ **č. 65 / 1965 Sb.** ve znění se změnami a doplňky vyhlášeném pod č.126 / 1994 Sb. a ve znění zákona č. 220 / 1995 Sb., **zákoník práce** Act N.65 / 1965 Coll. as altered and amended by Act N.126 / 1994 Coll., and further amended by Act N.220 / 1995 Coll., the Labour Code; ~ **č. 71 / 1967 Sb., o správním řízení** správní řád Act N.71 / 1967 Coll. to regulate administrative proceedings Administrative Procedure Act; ~ **č. 85 / 1996 Sb., o advokacii** Act N.85 / 1996 Coll., the Bar Act

zakončení conclusion, closing, ending; termination, cessation; ~ **schůze** closing of a meeting

zakončit close; terminate, conclude; cease, end; ~ **projev slovy** conclude one's speech with words / by saying st.

zákoník code; code of law; **jednotný obchodní** ~ *(US)* Uniform Commercial Code *(US)*, U.C.C. abbrev; **napoleonský** ~ Napoleonic Code; **ob-**

čanský ~ Civil Code; **platný** ~ present code, code in force / operation; ~ **práce** Labour Code; ~ **s komentářem** annotated code; ~ **židovského práva** code of Hebrew law; **neexistence úplného** ~u absence of complete code **zákonnost** rule of law *(gen)*; legality of an act; lawfulness, legitimacy; **na základě** ~**i** under the rule of law; **porušení** ~**i** breach of legality / the rule of law; unlawful act; **záruka** ~**i** guaranty of legality, guaranty of the rule of law, guaranty of lawfulness; **napadnout** ~ **rozhodnutí** contest / challenge the legality of a decision
zákonn|ý statutory provided for / created by statute; legal, lawful; legitimate; authorized by law; ~**á fikce že se na pachatele hledí, jako by nebyl odsouzen** legal fiction, fiction of law so that an offender is treated as if he had never been convicted; ~**á lhůta** statutory period / time-limit; ~**á licence** statutory licence; ~**á měna** legal currency; ~**á měřicí jednotka** statutory measuring unit; ~**á náhrada škody** statutory damages; ~**á ochrana autorským právem** statutory copyright; ~**á opatření** Senátu statutory measures of the Senate; ~**á povinnost** statutory obligation / duty; ~**á práva** legal / statutory rights; ~**á ryzost drahých kovů** statutory fineness of precious metals; ~**á vláda** lawful government; government de jure; ~**á záruka** statutory guarantee / warranty; ~**á zkušební lhůta** statutory probationary period, statutory trial period *(LL)*; ~**é povinné společenství účastníků sporu** compulsory / mandatory party joinder, compulsory / mandatory joinder of parties; ~**é a včasné provedení úkonů** legal / statutory and timely completion of acts; ~**é odevzdání** statutory dedication, delivery of a thing under the law; ~**é platidlo** legal tender; ~**é podmínky** legal / statutory conditions; ~**é podmínky procesu** due course of law; ~**é pojištění odpovědnosti za škody způsobené provozem motorových vozidel** compulsory motor vehicle insurance of liability for damage caused due to the operation of a motor vehicle; ~**é požadavky** statutory / legal requirements; ~**é pravidlo** statutory / legal rule; ~**é zastoupení** statutory representation provided for in a statute, where a person is not legally competent due to non-age or mental incapacity; ~ **dědic** statutory heir; ~ **nárok** lawful entitlement, statutory right; ~ **nárok na dovolenou** statutory entitlement to holiday; ~ **ob-**

chod s akciemi fair dealing in shares; ~ **zástupce** statutory representative; guardian ad litem representing an incompetent defendant; next friend *(UK)* representing an incompetent plaintiff; statutory agent; ~ **zástupce obviněného** je-li nezletilý nebo nezpůsobilý k právním úkonům statutory representative of the accused in the case of a minor or incompetent person
zákonodárce legislator, law-maker, law-giver; **záměr** ~ intent of the legislator, legislative intent / intention
zákonodárn|ý legislative, law-making, law-giving; ~**á funkce** legislative function; ~**á moc** legislative branch of government; ~**á pravomoc** legislative power, power to legislate; ~ **orgán** legislature; legislative / law-making body; ~ **proces** legislative process; ~ **sbor** legislative assembly, legislative body, legislature
zákonodárství legislation; law-making, law-giving; **partikulární** ~ class legislation; **prováděcí** ~ delegated / secondary legislation, implementing legislation
zakroč|it act by virtue of authority; interfere, intervene; **policie** ~**la při pouliční rvačce** the police settled the affray in the street
zakročovací interfering, intervening, affecting an action; ~ **povinnost** duty to act under legal authority
zakročující acting; interfering; interceding; ~ **policista** police officer in action
zákrok action, operation; intercession, intervention; **provádění služebních** ~**ů** carrying out police actions; **služební** ~ **nesnese odkladu** the Police must immediately respond / act
zakrýt cover, shut; overlay, overspread with; gloss over; ~ **nezákonné obchody** gloss over / conceal the illegal transactions
zakrývání cover-up, concealment; ~ **zločinu** cover-up of a crime
zalesňování afforestation
záležet v čem consist in st., be comprised / contained in st., be constituted of st.
záležitost question, matter, issue; affair; business, job; **finanční** ~**i** financial affairs; **právní** ~ issue of law, legal issue; **stranické** ~**i** party affairs; **veřejné** ~**i** public affairs; **vládní** ~**i** government business; ~**i Severního Irska** Northern Irish affairs; **to není vaše** ~ it is none of your business; **vyřizovat právní** ~**i** under-

take legal business; **zabývat se ~mi Soudního dvora** engage in the business of the Court **záloh|a** advance money, payment beforehand / in anticipation; **přiměřená ~** reasonable advance payment; **~ na daň** advance collecting of taxes, tax pre-payments; **~ na dědický podíl** collation property received in advance of the heir's lot; advancement; **~ na nájemné u nového nájemníka při převzetí klíčů** advance rent(al); key money; **~ na náklady důkazu** payment in advance of costs of evidence; **~ na náklady řízení** security for costs of proceedings; **~ na plnění smlouvy** advance payment, payment in anticipation of the performance of a contract; **~ na pojistku** advancement on policy; **~ právnímu zástupci na honorář** advance attorney's fee; **~ složená kandidáty ve volbách** election deposit; **uložení povinnosti složit ~u na náklady důkazů** imposition of duty to pay in advance the costs of evidence; **dát komu ~u 100 dolarů** make an advance of $100 to s.o.; **složit přiměřenou ~u na náklady úschovy** deposit a reasonable amount of money in advance of costs of judicial custody

zálohovaný pre-paid, advanced in money, unearned; **~ úrok získaný před jeho splatností** unearned interest obtained before it is due

zálohově in advance; **platit nájem ~** pay the rent in advance

zálohov|ý advanced money, pre-paid, unearned; **~á platba** advance payment; **~é pojistné** deposit premium

založení creation, foundation, formation, setting-up; incorporation; **~ a vznik společnosti** creation / foundation and incorporation of a company; **~ sdružení** establishment / foundation of an association

založit create, form; found, establish, incorporate; ground, base on; **neoprávněně ~ skládku** found a dumping site in violation / breach of law; **~ argumenty na skutečnosti, že** ground s.o.'s arguments on facts that; **~ držbu** constitute possession / tenancy, create possession / tenancy; **~ majetková práva** create rights in property; **~ odpovědnost za škodu** constitute / establish liability for damage; **~ skutkovou podstatu trestného činu** constitute an offence; **~ společnost** create / found / form / set up / incorporate a company

záložna savings institution; **družstevní ~** thrift

association (US), savings and loan association (US), (UK); cooperative savings association (CZ) **záludn|ý** captious; **~é otázky** captious and leading questions

záměna interchange; swap; **~ dvou věcí** one thing in return / exchange for another, quid pro quo (lat); **~ zásilky** interchange / swap of mail / dispatch / consignment

zaměnit interchange; **~ koho / co za koho / co** mistake st. for another, suppose s.o. / st. erroneously to be s.o. / st. else; **~ pachatele trestného činu** erroneously interchange the perpetrators of a crime

zaměniteln|ý interchangeable; **~á napodobenina bankovky, mince nebo šeku** interchangeable falsification of a banknote, coin or cheque / check

záměr intent, intention; purpose, design, plan; **legislativní ~** legislative intent, intent of the legislator; **věcný ~ zákona** intended subject-matter of the law, substance of the law; **~ spáchat trestný čin** criminal design, intention to commit a crime; **~ ukrást** intention to steal, intention to feloniously deprive s.o. of property; animus furandi (lat); **~ zákonodárce** intent of the legislator, legislative intent; **~ zrušit** intention of destroying / cancelling; animus cancellandi (lat); **~ zůstat** intention of remaining, intention to establish permanent residence; animus manendi (lat); **uskutečnit ~ zákona** carry out / implement / pursue the intent of the law

záměrně knowingly, wilfully, maliciously; on purpose, intentionally, voluntarily; deliberately; **~ se vyhýbat čemu / komu** intentionally evade st. / s.o., abscond / hide o.s. from st. / s.o.; **~ se vyhýbat doručení rozsudku** deliberately / intentionally avoid the service of judgment

záměrný wil(l)ful, intentional; voluntary; intended; calculated; **~ pokus způsobit nepokoje** deliberate attempt to encourage disorder

zaměřit na aim at; concentrate on, focus on

zaměstnan|ec employee, servant; worker, labourer; **~ na plný úvazek** full-timer; employee working full time; **~ na poloviční úvazek** part-timer; employee working part time; half-timer; **hodnocení výkonu ~ce** employee performance analysis; **rozvázání pracovního poměru ~cem** letter of resignation / notice of termination submitted by an employee; **úra-**

zové pojištění ~ce worker's compensation insurance
zaměstnání employment, service; job; vocation; career; berth; ~ cizinců employment of foreigners; ~ na částečný úvazek part-time employment; ~ na plný úvazek full-time employment; potvrzení o ~ certificate / confirmation of employment
zaměstnanost employment rate; předpisy o ~i employment legislation / laws
zaměstnavatel employer, master; práva a povinnosti ~e rights and duties of an employer; rozvázání pracovního poměru ze strany ~e dismissal of an employee; termination of employment on notice served by an employer on the employee
zamezení prevention; stopping; ~ dvojího zdanění double taxation relief / avoidance; smlouva o ~ dvojího zdanění Double Taxation Avoidance Treaty
zamezit prevent, stop; ~ uplácení a korupci prevent bribery and corruption
zámink|a pretence; false profession / pretence, pretext, cloak; pod ~ou čeho under pretence of st.; ~ ke stížnosti pretext of complaint
zamít|at dismiss; refuse, reject; put away, lay aside, divest o.s. of, get rid of; rozsudek, kterým se ~á návrh na rozvod manželství judgment dismissing a petition for divorce of spouses; rozsudek, kterým se žaloba ~á judgment dismissing an action, judgment of dismissal finally disposing of an action; usnesení, kterým se ~á návrh na obnovu řízení resolution dismissing the motion for a new trial, resolution whereby the motion for a new trial shall be dismissed
zamítavý dismissing; refusing, rejecting; ~ rozsudek ve věci rozvodu judgment dismissing divorce
zamítn|out dismiss after considering the matter; refuse, reject without consideration; put away, lay aside, divest o.s. of, get rid of; pravomocně ~ návrh dismiss the motion upon a final judgment; ~ nárok disallow a claim; ~ návrh dismiss / deny a motion; ~ návrh na obnovu řízení dismiss a motion for a new trial; ~ návrh na propuštění z ústavu dismiss a motion to release s.o. from a special medical treatment institution; ~ návrh na výkon rozhodnutí dismiss a motion for judgment execution; ~ návrh po projednání dismiss a

motion upon the hearing thereof; ~ odvolání dismiss an application for appeal; ~ podání dismiss a petition / filing / submission; ~ stížnost usnesením dismiss a complaint by means / the way of resolution; ~ žádost dismiss an application; ~ žalobu dismiss a petition / action; ~ žalobu v plném rozsahu fully dismiss an action; odvolací soud odvolání ~e, shledá-li, že není důvodné the Court of Appeal shall dismiss the appeal if it appears / proves to be groundless / unjustified; rozsudek: ochrana proti neoprávněnému užívání obchodního jména – vyhověno, ~uto judgment in the protection against unlawful use of a trade name – admitted, dismissed; rozsudek, kterým byla ~uta správní žaloba judgment dismissing an administrative action
zamítnutí dismissal after the matter is considered; refusal, rejection without considering the issue; ~ nároku dismissal / disallowance of the claim; ~ návrhu na obnovu řízení dismissal of a motion for a new trial; ~ návrhu na prominutí zmeškání lhůty dismissal of a motion to waive the default / lapse of time; ~ návrhu na umoření listiny dismissal of a motion to redeem an instrument; ~ pro nedostatek pravomoci dismissal for declining jurisdiction; ~ žaloby pro nepříslušnost dismissal of an action for forum non / for lack of jurisdiction; ~ žádosti dismissal of an application, disposing of an application in the negative; ~ žaloby dismissal of the petition / case; návrh na ~ žaloby motion to dismiss an action
zamítnut|ý dismissed, refused, rejected; quashed; ~á žaloba dismissed action; nonsuit
zamlčovat conceal; render hidden / concealed
zamoření contamination; pollution; ~ ovzduší radioaktivním spadem contamination of air by radioactive fallout
zamořit contaminate, pollute; ~ vodu contaminate / pollute water
zamýšlet intend, design; contemplate; ~ spáchat sebevraždu contemplate suicide
zanedbání neglect, disregard, misconduct; negligence; ~ lékařské péče medical malpractice improper treatment or culpable neglect of a patient by a physician; ~ osobní hygieny dítěte neglect of the personal hygiene of a child; ~ povinné péče wilful neglect, culpable negligence; ~ povinné výživy neglect of compulsory maintenance; failure to support and maintain; ~

povinnosti neglect / dereliction of duty, nonfeasance; laches negligence in the performance of any legal duty; **odpovědnost nájemce za** ~ **stavu nemovitosti** tenant's liability for waste / disrepair of property; **ztráta způsobená** ~**m povinné péče** waste / loss caused due to neglect of compulsory care

zanedban|ý neglected, neglectful; disregarded, left unnoticed; ~**é dítě** neglected child; **sociálně** ~ **slabý domov** socially deprived home

zanedbat neglect, disregard; leave unnoticed; leave unattended to / uncared for; ~ **dohled** neglect the supervision; ~ **péči o své děti** neglect one's children; ~ **povinnost úklidu veřejného prostranství** neglect one's duty to clear a public place / square

zanedbateln|ý abatable, omissible; insignificant, trifling; ~**é rušení nesankcionované** abatable nuisance not subject to a penalty

zanechaný left; ~ **bez majitele** left derelict / vacant

zanechat leave; ~ **poslední vůli** leave a will; ~ **půdu komu** devise land

zánik dissolution, termination, cessation of existence; discharge, extinguishment, extinction; ~ **bezpodílového spoluvlastnictví / společného jmění manželů** termination of community property i.e. the distribution of property upon the dissolution of marriage; ~ **manželství smrtí** dissolution / termination of marriage due to death; ~ **nadace** termination of the existence of a foundation by the expungement of its name from the register of foundations; dissolution of a foundation; ~ **nájmu** termination of a lease; ~ **návrhu** termination / extinguishment of an offer; ~ **nesplněného závazku** discharge of an unsatisfied / unfulfilled obligation; ~ **obyčeje** falling of a custom into desuetude; ~ **odkazu z důvodu neexistence odkazované věci** ademption revocation of a grant or bequest because the items no longer exist; ~ **odpovědnosti za přestupek** termination of liability for an administrative delict / infraction; ~ **platnosti osvědčení** expiry / expiration of the validity of a certificate; ~ **pojištění** discharge of insurance policy; ~ **povinnosti** termination of duty, cesser, ceasing of an obligation; ~ **práva** extinguishment / extinction of a right; ~ **práva na výkon sankce** extinguishment of a right to execute a sanction; ~ **služebního vztahu jako následek kázeňského trestu příslušníka ozbrojených**

sil termination / discharge of service as a result of disciplinary punishment of a member of the Armed Forces; ~ **smlouvy dohodou** discharge of contract by agreement; ~ **smlouvy odstoupením** discharge of a contract by withdrawal (CZ) / rescission / repudiation (UK), (US); ~ **smlouvy splněním** discharge of a contract by performance; ~ **smlouvy z důvodu nemožnosti plnění** discharge of a contract by impossibility (US)/ by frustration (UK); ~ **společnosti výmazem z obchodního rejstříku** termination of the legal existence of a company by expungement / striking-off / deletion / erasure of a company's name from the Commercial Register; ~ **trestní odpovědnosti v případě nutné obrany nebo krajní nouze** extinction of criminal liability in the case of self-defence or necessity; ~ **trestnosti** extinguishment / extinction of punishability; ~ **účasti** cessation of participation in an action / interest in property; ~ **věcného břemene** extinguishment / termination of an easement; ~ **výmazem** termination / cessation of a company's existence by expungement / deletion / erasure of its record in the Commercial Register; ~ **závazků** extinction of obligations, discharge of obligations; ~ **závazku dodatečnou nemožností plnění** extinguishment of obligations due to subsequent impossibility (US) / frustration (UK); ~ **závazku odstoupením od smlouvy** extinguishment of an obligation by withdrawal from a contract; ~ **závazku splněním** discharge of an obligation by performance; ~ **závazku zaplacením odstupného** discharge of an obligation by payment of a cancellation fee; ~ **živnostenského oprávnění k ohlašovací nebo koncesované živnosti** expiry / termination of the validity a trade licence to carry out a notifiable or permitted trade; **lhůta pro** ~ **práva prekluze** time(-limit) for the extinguishment of a right lapse period; **nebezpečí** ~**u druhu** danger of extinction of a species; **snížení nebo** ~ **ceny** diminution or extinction of a price

zaniklý extinguished, discharged, terminated; ceased; lapsed, expired; ~ **nárok** extinguished / lapsed claim; ~ **návrh** terminated offer

zanik|nout extinguish; dissolve, terminate; discharge; lapse, expire; **oprávnění** ~**ne smrtí vlastníka** authority terminates upon the death of the owner; **trestnost činu** ~**la** the punishability of an act has expired / extinguished

zánikov|ý relating to lapse of time; **~á prekluzivní lhůta** lapse period a time limit during which a right must be exercised otherwise expires / extinguishes / is terminated

zaokrouhlit round; **~ částku směrem nahoru nebo dolů** round a sum / amount up or down

zaopatření provision, supply, maintenance; **~ dítěte** maintenance of a child; **~ dítěte věnováním majetku za života dárce** advancement usually paid / given by a parent to his child as a presumptive heir

zaopatřovací relating to maintenance and support; **~ příspěvek pro člena rodiny vojáka** social allowance for a soldier's family member

zapálení setting st. on fire, setting fire on st.; fire-raising on purpose, arson

zapálit fire st., set st. on fire, set fire to st.

zápaln|ý combustible, flammable; **~á bomba** fire bomb, incendiary bomb

zaparkovat park a vehicle; berth a ship

zapečetění sealing, affixing a seal / stamp to a document; **~ dědictví v zůstavitelově bytě** the sealing of the decedent's estate in the dwelling of the deceased

zapečetit seal, affix a seal / stamp to st.; **~ byt – místo činu** seal a flat – the scene of a crime

zapírání denial the asserting of st. to be untrue or untenable; contradiction of a statement / allegation as untrue; disavowal

zapír|at, zapř|ít co deny st., deny doing / having done st.; disown, disavow; negate; **i když ~al, byl shledán vinným** in spite of his denials he was found guilty; **je marné ~at** it is futile / ineffective to deny the offence; **~el, že byl v budově v době vraždy** he denied being in the house at the time of the murder

zápis entry, record, registration; report, minutes; **chybný ~** incorrect entry / record; **cizojazyčný ~** entry / record in a foreign language; **dodatečný ~** additional record; **neukončený ~** incomplete record; **notářský ~** notarial deed / record, indenture a deed / sealed agreement or contract attested by a notary public; **úřední ~** official deed; **~ do katastru formou vkladu** entry in the Land Register in the form of a record; **~ do obchodního rejstříku** recording / making an entry in the Commercial Register (CZ); **~ do registru** entry of a record into a register; **~ konkursu** the recording of bankruptcy in the Commercial Register; **~ o uzavření manželství**

record of marriage; **~ o výpovědi** the recording / records of testimony; **~ obecně prospěšné společnosti** the recording / entering the name of benevolent / beneficiary society in the Commercial Register; **~ organizační složky zahraniční osoby** the recording registration, entry into register of of a branch / structural component of a foreign entity in the Commercial Register; **~ prokury** the recording of procuration in the Commercial Register; **~ v evidenci katastru nemovitostí** a record in the Land Register / Cadastre; **~ v matrice** a record in the birth, marriages and deaths register; **~ veřejné obchodní společnosti, společnosti s ručením omezeným, akciové společnosti, komanditní společnosti, podnikatele-fyzické osoby a družstva do Obchodního rejstříku** (CZ) recording of an unlimited company, limited liability company, joint-stock company, limited partnership company, enterpreneur-natural person and a cooperative into the Commercial Register; **~ vkladu vlastnického práva k bytu** the entering of a record of title to a flat / an apartment into the Land Register / Cadastre; **~ vstupu do likvidace** the recording of the commencement of liquidation into the Commercial Register; **~ z úřední povinnosti** official record, recording ex officio, recording by virtue of office; **~ z valné hromady** minutes of the General Meeting; **návrh na ~ společnosti do obchodního rejstříku** motion to enter a company's name in the Commercial Register; **návrh na ~ zájmového sdružení do registru sdružení** motion to enter the record of a professional association into the Register of Associations; **přerušení řízení o ~u změn do obchodního rejstříku** stay / suspension of proceedings to record alterations in the Commercial Register; **sepsání notářského ~u o kupní smlouvě** forming / making the sales contract as a notarial deed; **závěť ve formě notářského ~u** last will and testament in the form of a notarial deed; **provádět účetní ~y** perform a book-keeping operation; **vymazat ~ z obchodního rejstříku** expunge / delete / erase a record / entry from the Commercial Register

zapisovat si make / take notes; keep an account of st.

zapisovatel recorder; reporter; **soudní ~** court reporter recording court proceedings and later transcribing such; **úřední** ~ vzatý do slibu official recorder; recorder under promise of office; sworn recorder

zaplacení payment, discharge; satisfaction; **na ~ čeho** for the payment of st.; in consideration of st.; **rozsudek o ~ kupní ceny** judgment for the purchase price to be paid; **žaloba na ~ smluvní pokuty** action for a contractual penalty; **žaloba o ~ ceny koupené věci** action for payment of the price of a purchased thing; **žaloba o ~ úroku z prodlení** action for payment of late charges

zaplatit pay; compensate, discharge, satisfy; defray, clear; **povinnost ~ soudní poplatek** duty to pay court fees; **~ dluh** pay back a debt; **~ hotově** pay in cash; **~ kauci** pay the bail, go bail; pay a security deposit; **~ poslední splátku hypotéky** pay off the mortgage; **~ předem** pay in advance; **~ ve splátkách** pay in / by instal(l)ments

zápočet set-off, offset; counterbalance, recompense; collation; **~ dříve vykonaného trestu odnětí svobody** giving credit for time served; inclusion in calculation of a term of imprisonment of the length of term served earlier; **~ vydržecí doby** computing time to acquire title by prescription i.e. the length of continuous usage

započíst, započítat set off, counterbalance; include in computation; **~ dobu strávenou ve vazbě do trestu** give credit for time served; include the length of custody into the length of s.o.'s term of imprisonment; **~ dodatečnou částku** allow for an additional sum; **~ peněžitou pohledávku** set off the monetary / pecuniary claim; **~ výdaje za právní službu** tj. snížit taxu make an allowance for legal expenses

započítá(vá)ní set-off, offset; counterbalance, recompense; collation; **~ vazby a trestu** inclusion into the calculation of the length of custody and sentence; **~ vazby do výkonu trestu odnětí svobody** giving credit for the time served in custody; inclusion of the term of custody served earlier in calculation of the term of imprisonment

započtení set-off, offset; counterbalance, recompense; collation; **~ darů na dědicův / dědický podíl** collation obligation of descendants to return to common inheritance gifts / property received from an ancestor in advance of their share during his lifetime; **~ kompenzace způsobilé pohledávky** recompense of a mature claim / debt; **~ do-**

by do doby zákazu činnosti inclusion of time into the term of prohibition of professional activity; **~ dohodou** set-off by agreement; **~ pohledávek z různých transakcí** set-off of claims from different transactions; **~ vazby do výkonu trestu odnětí svobody** jail credit time spent in custody is deduced from the defendant's final sentence *(US)*; **~ vzájemně souvisejících pohledávek vzniklých v rámci jedné smlouvy** recoupment reduction / rebate of / by the defendant of part of the plaintiff's claim because of the defendant's right in the same transaction, based on one contract; **uplatnit pohledávku k ~** assert the set-off of a claim

zápočtový relating to pension entitlement; **~ list zaměstnance** employee's card containing records of all employments thus proving that the holder has met statutory conditions and is entitled to receive an old-age pension from the national insurance scheme

záporně negatively; adversely; **~ odpovědět na dotaz** answer a question in the negative

záporn|ý negative, adverse; **~é vyřízení žádosti** disposing of an application in the negative, dismissing an application; **~ účinek** adverse effect

zaprotokolování recording; setting down, putting on record; **~ veškerých údajů** recording of all necessary data in a report

zaprotokolovat record, put on records; **~ jméno zadrženého na policejní stanici** bring s.o. to book, record s.o.'s name in the book at the police station

zapření denial; **~ podezřelého** the denial of a suspect being on the premises

zapřisáhlý convinced, avowed; **~ komunista** avowed communist

zapsan|ý recorded, reported; registered, incorporated; **~á skutečnost** recorded fact; **~ údaj** recorded data

zapsat record; report; register, incorporate; **~ v matrice místo rodiče osvojence** record an adoptive parent instead of a natural parent into the register

zapůjčení lending; **smlouva o ~ věci** contract for lending a thing

zapůjčit lend; loan; **~ komu peníze** lend money to s.o.

zápůjčka loan, lending; advancement; **vypověditelná ~** call loan

zardousit choke, jugulate, strangle; strangulate

zaregistrovat book, register, record; ~ **žádost** file / book the application

zaručen|ý secured, guaranteed, warranted; granted; **~á roční mzda** guaranteed annual wage; **~é vlastnosti** warranted properties of a product; ~ **šekový systém** guarantee(d) cheque system; **nájemní lhůta ~á touto** nájemní **smlouvou** the term granted by this lease

zaruč|it warrant, guarantee; secure; vouch for; **ochrana je ~ena** the protection is warranted; ~ **splacení / vyrovnání dluhů** guarantee the payment of debts

zaručit se undertake; pledge; commit o.s.; underwrite; ~ **za nápravu pachatele** stand / become surety for the rehabilitation of offender; ~ **za splnění slibu** pledge o.s. for the fulfil(l)ment of promise

záruční relating to warranty, guarantee; guaranty; ~ **doba / lhůta** guarantee term / period, warranty term / period; ~ **fond** guarantee fund; ~ **list** guarantee certificate, certificate of guarantee *(UK)*; notice of warranty, certificate of warranty *(US)*; ~ **obligace nahrazující zabavení majetku** attachment bond

záru|ka warranty *(US)*, guarantee *(UK)* of the fitness of merchandise; guaranty *(US)* written undertaking made by a person to be answerable for the payment of a debt by another person, surety; assurance; **akontační** ~ advance payment guarantee, letter of indemnity; **bankovní** ~ bank guaranty; **bezpodmínečná** ~ unconditional guaranty; **majetková** ~ **připadne státu** the pledge / collateral shall devolve on / escheat to the state; **neakcesorická** ~ absolute guaranty, suretyship; **omezená** ~ buď na práci nebo na materiál limited warranty limited to either work or material; **osobní** ~ personal warranty / guaranty; **písemná** právní ~ guaranty; bond; **plná** ~ na práci i materiál full warranty / guarantee applied to work done and material furnished; **podmínečná** ~ conditional guaranty; **podvodná** ~ fraudulent warranty; **prodloužená** ~ na služby extended service warranty; **subsidiární** ~ subsidiary warranty; **výslovně uvedená** ~ **na zboží** express warranty; **vzájemná** ~ cross guaranty; cross collateral; **zákonná** ~ na zboží statutory warranty / guarantee of goods; ~ **dluhu** např. obligace debt security; ~ **na platbu předem** advance payment guarantee; ~ **nerušeného užívání** covenant of quiet enjoyment; ~ **obyvatelnosti** warranty of habitability; ~ **pozá-**

ručního servisu extended service warranty; ~ **právního titulu** tj. implicitní slib, **že prodejce má právo zboží prodávat** warranty title i.e. implicit promise that the seller is entitled to dispose of the goods; ~ **prodejnosti** warranty of merchantability; ~ **státu** government liability; ~ **vhodnosti** warranty of fitness; ~ **vykonavatele závěti** že nezneužije své funkce v neprospěch pořizovatele n. ke škodě dědiců executor's bond; ~ **zákonnosti** guaranty / safeguarding of legality / lawfulness / the rule of law; **auto s dvouletou ~kou** a car with a two-year warranty / guarantee; **osoba, v jejíž prospěch je poskytnuta** ~ warrantee the person to whom a warranty is given; **pod ~kou** under warranty; under bond; **porušení trestně-procesních ~k** infringement of safeguards of criminal procedure; **zboží v ~ce** goods under warranty / guarantee; **být ~kou za nápravu pachatele** stand / become surety for the rehabilitation retraining of an offender; **požadovat složení ~ky** require to post a bond; **převzít ~ku za nápravu pachatele** assume the guaranty for the rehabilitation of an offender; **přijmout majetkovou ~ku** accept a pledge / pawn / collateral; **složit majetkovou ~ku** give a pledge / pawn / collateral; post the bond; **složit ~ku za řádný výkon funkce** např. u vykonavatele závěti bond, post the bond; **vykonávat svou funkci bez** složené **~ky** serve without bond; **zrušit majetkovou ~ku** cancel a pledge / pawn / collateral

zařadit class; group; range, rank, rate; ~ **koho do skupiny** group s.o., assign s.o. to a group, place s.o. in a group

zařaditelný classable; classifiable

zařazení grading, ranking; degree, position in the scale of rank; **pracovní** ~ job assignment, position; occupational title; **žádost o ~ zaměstnance na jeho původní práci** application of an employee to be assigned to his original position / job

záření radiation; **dávka ionizujícího** ~ dose of ionizing radiation

zařídit arrange for; ~ **komu ubytování** arrange for accommodation for s.o.; **~, aby kdo / co byl přijat** arrange for s.o. / st. to be admitted

zařízení 1 device, appliance; **elektronické sledovací** ~ electronic tracking device; **měřicí** ~ vodoměr, plynoměr, elektroměr measuring device / apparatus, meter water(-)meter, gas(-)meter, electricity meter; **nadzemní nebo**

podzemní ~ sdělovací nebo ovládací tech-
niky energetiky surface or underground device
of communication or operation technology of
energy management; **odběrné rozvodné** ~ dis-
tribution device for public supplies; **poplaš-
né** ~ alarm device; **sledovací** ~ surveillance
equipment; **vzdušná** ~ aerial devices; ~ **pro
veřejný rozvod elektřiny** device for pub-
lic distribution of electricity; **poškozování
a ohrožování provozu obecně prospěšné-
ho** ~ damaging and endangering the opera-
tion of generally expedient utilities; **odstra-
nit** ~ **pro rozvod elektřiny, tepla nebo top-
ných plynů** remove a device for the dis-
tribution of electricity, heating, or fuel gas
2 facility; institution; amenity; **nápravné** ~
penitentiary house, prison; **nápravné** ~ **se
zvýšenou ostrahou** top security prison, cat-
egory A prison *(UK)*, close confinement; **veřej-
ná** ~ amenities; **výchovné** ~ reformatory
home / institution for juvenile delinquents; ~ **orgá-
nu místní správy** local government facilities;
~ **pro likvidaci odpadů** waste disposal facil-
ities; **chovanec nápravného** ~ inmate con-
fined to a penitentiary, inmate confined to the
house of correction
zásad|a principle; maxim; value; canon; **da-
ňové** ~**y** principles of taxation; **dispoziční** ~
civilního procesu sporného disposition final
settlement of a matter principle of civil proceed-
ings dealing with contentious cases; **projed-
nací** ~ **civilního procesu** principle to try /
hear applied within civil proceedings; ~ **bez-
prostřednosti** principle of directness; ~ **ma-
teriální pravdy** principle of material truth;
~ **objektivní pravdy** principle of objective
truth; ~ **ústnosti a přímosti** nelze provádět dů-
kazy bez přítomnosti účastníků principle of oral-
ity and that prohibiting ex parte investigation
and hearing evidence can be introduced only in the
presence of all participants; ~ **volného hodnocení
důkazů** principle of discretion in weighing
evidence; ~ **vyhledávací** principle to search /
investigate; ~ **vylučující užití důkazu získa-
ného nezákonně** exclusionary rule inadmissib-
ility of evidence illegally obtained; ~**y dědické po-
sloupnosti** canons of descent; **v** ~**ě** in prin-
ciple; **v** ~**ě souhlasit s** čím be in essential
agreement with st.
zásadní principal; material, substantial; ~ **sku-**

tečnosti material facts; principal / substantial
facts; ~ **věc** a matter of principle
zásadovost consistency constant adherence to the
same principles of thought or action
zásadový consistent constantly adhering to the same
principles of thought or action
zásah interference with a person, in an action, en-
croachment upon, intervention in, intrusion
into, invasion; infringement, violation; **neo-
právněný** ~ **do práv jednotlivce** encroach-
ment upon the right of an individual; **vážný**
~ **do práva** serious intrusion in the right; ~ **do
pokojného stavu** breach of peace; ~ **do
práv a svobod občana** interference with the
rights and freedoms of a citizen; **hrozba** ~**u**
threat of intervention / invasion; **návrh na
zdržení se** ~**ů** motion to refrain from inter-
vention / obstruction / intrusion; **neoprávně-
nost** ~**u** unlawful nature of intervention; **od-
volání neoprávněného** ~**u** renunciation formal
rejection of unlawful interference with; **odvrá-
tit** ~ prevent / prohibit interference / interven-
tion; **upustit od neoprávněných** ~**ů do práva**
waive / avoid any unlawful interference with
a right; **zakládat neoprávněný** ~ **do cizího
majetku** constitute unlawful interference with
property; constitute trespass to land or goods;
zdržet se ~**ů do výkonu práva** refrain from
any intervention in / interference with the en-
forcement of law as a system; refrain from any
intervention in / interference with the exercise
of a right
zasáhnout invade into, infringe by intrusion; en-
croach upon the property, rights, privacy, etc.; ~ **do
vlastnických práv** encroach upon rights in
property, affect rights in property
zasahování invading into, infringing by intrusion;
encroachment upon property, rights, privacy, etc.;
neomezené ~ **vměšování se státu do práv jed-
notlivce** the unrestricted intrusion of the State
in the private rights of an individual; ~ **do nezávis-
losti soudu** perverting the course of justice,
infringing the impartiality of judge; ~ **do sou-
kromí koho** encroachment upon s.o.'s pri-
vacy, invasion of privacy of s.o.; ~ **do vnitř-
ních záležitostí** země intervention in domestic
affairs
zasahovat interfere with / in, intervene in; en-
croach upon, intrude into st. / up(on) s.o.; in-
fringe st., violate st.; ~ **do práv** encroach upon
rights, interfere with the rights of another; ~

do užívání interfere with the use and enjoyment of st.

zasedací seating; **~ pořádek** seating the manner and plan in which a hall, House, room etc. is seated

zasedání session, conference, sitting; hearing; convention, assembly; **neveřejné ~ sněmovny** closed session of the House, session held in private; **neveřejné ~ soudu** closed trial, trial / hearing held in private; **veřejné ~ soudu** trial held in public / open court; **projednání obžaloby v neveřejném ~** the hearing of the indictment in a closed trial; **při veřejném ~ soudu** in open court, at a public hearing / trial; **přerušit ~ parlamentu** take a recess, put a session, meeting into recess; **soud rozhoduje ve veřejném ~** the court will hear a case in open court

zasedat sit; meet in session; **~ nepřetržitě** be in permanent session

zasílání mailing, posting; dispatching; consigning; **~ matričních dokladů výpisů z matrik** mailing of register documents copies of entries of records

zasilatel forwarder; dispatcher, shipper; carrier; **~ a přepravce / dopravce** shipper and carrier

zasilatelsk|ý relating to forwarder; dispatcher, shipper, carrier; **~á služba** shipping / dispatch service; **~á smlouva** forwarding agency contract, contract of shipping, freight contract; **~ list / příkaz** shipping / forwarding order; shipping note

zásil|ka mail, mailing; dispatch, despatch; shipment; consignment; **adresát / příjemce ~ky** consignee; **neoprávněné otevírání poštovních ~ek** unlawful opening of mail; **otevření, zadržení a záměna ~ky** opening, seizure and swap of mail / dispatch; **oznámení o uložené ~ce** consignment note; **pátrání po hledaných ~kách** search for misled mail / dispatch, wanted shipment

zásilkový relating to mail, mailing; dispatch, despatch; consignment; **~ prodej distanční** buying / selling goods through home(-)shopping ordering by telephone or mail

zaslání mailing, sending; delivery; **~ dokladu** mailing of a document

zasloužen|ý deserved, condign; **~á odměna** deserved award; **~ trest** condign punishment

zaslouž|it si deserve, merit; **~í si zvláštní zmínky** he deserves special mention

zasnoubení betrothal, betrothment

záso|ba stock; supply, inventory, reserve; **kniha ~b** warehouse book; **~by hotovosti** cash reserves

zásobovací supplying; relating to provision / rendition of supplies / subsistence; **~ jednotka** supply / subsistence unit; **~ oddělení** supply department

zásobování supply, provision; subsistence in the army; **oddělení ~** supply department (gen), (UK); subsistence department in the Army (US); **starat se o ~** occupy o.s. in procuring / providing supplies; cater for s.o.

zásobovat supply, provide; procure st.

zásobovatel supplier; caterer in food

zastánce advocate; **~ mírového urovnání** advocate of a peaceful settlement

zastaralý outdated, obsolete; out of date; **~ zákon** dead letter; obsolete law

zastarat fall into desuetude, become obsolete

zastarávání passing / falling into desuetude

zástav|a security of the payment / performance of debt; collateral property pledged as a security; pledge anything handed over to or put in the possession of another, as security for the performance of a contract or the payment of a debt, or as a guarantee of good faith, etc., and liable to forfeiture in case of failure; e.g. bailment, pawn, deposit of personal property to a creditor as security, pawn, gage (obs); mortgage real property; **uspokojení ze ~y** satisfaction from a pledge, satisfaction on account of a pledge i.e. the debt is settled out of the pledge; **být v ~ě** be pledged, be in pledge; be at gage; **dát do ~y** lay / put in pledge, give / lay to pledge; **držet jako ~u** keep as a pledge / pawn; **vykoupit ze ~y** take out of pledge

zastávat hold; **~ funkci** hold a position / appointment; **~ úřad** hold an office

zastávat se koho / čeho advocate s.o. / st.

zástavce mortgagor, pledgor; pawnor; bailor, bailer

zastavení₁ pledge / pledging personalty; pawn; mortgage / mortgaging real estate; security; **~ nemovitosti smlouvou** mortgage contract

zastavení₂ discontinuance, cessation, termination; suspension, stay; abatement; **dočasné ~ řízení** temporary suspension of proceedings; **podmíněné ~ trestního stíhání** conditional discontinuance of criminal prosecution; **~ aktiv** cessation of business; **~ dědického řízení pro nedostatek nebo nepatrnost majetku** discontinuance of proceedings due to the lack of, or little, probate estate; ~ **dovolacího řízení pro zpětvzetí dovolání** discontinuance of the appellate review proceedings due to the withdrawal of an appellate review application; ~ **placení pojistného** cessation of payment of premiums; ~ **podnikání** cessation of business; ~ **práce** close-down; lay-off; ~ **řízení o odvolání** discontinuance of appellate proceedings; ~ **řízení o přestupku** discontinuance of administrative procedure to hear an administrative delict / infraction; ~ **řízení o žalobě proti správnímu aktu** discontinuance of an action against an administrative act; ~ **řízení pro nedodržení formálních náležitostí návrhu** discontinuance of proceedings for non-compliance with formal elements of a motion; ~ **řízení pro nedostatek pravomoci** discontinuance of an action due to lack of jurisdiction; ~ **řízení pro neodstranění vady podání** discontinuance of proceedings due to the failure to eliminate defects in a petition; ~ **řízení pro neodstranitelné vady podání** discontinuance of proceedings due to irremovable defects in a petition; ~ **řízení pro překážku litispendence** zahájeného řízení discontinuance of proceedings due to the pendente lite estoppel / due to the plea of litispendence; ~ **řízení pro překážku věci rozsouzené** discontinuance of proceedings due to the plea of res judicata; ~ **řízení pro zpětvzetí návrhu** discontinuance of proceedings due to the withdrawal of a petition / motion; ~ **řízení ve správním soudnictví** discontinuance of administrative proceedings; ~ **soudního řízení pro nezaplacení soudního poplatku** discontinuance of proceedings due to non-payment of a judicial fee; ~ **trestního řízení** jako zmatečného arrest of judgment refusing to render judgment for a matter intrinsic appearing on the face of a record, which would render the judgment, if given, erroneous or reversible; ~ **trestního stíhání** discontinuance of criminal prosecution; ~ **výkonu rozhodnutí** discontinuance of judgment execution; ~ **žaloby** abatement of an action; **důvod ~ řízení** grounds for the discontinuance of proceedings; **návrh na ~ vyšetřování** motion for the arrest of inquest, motion not to proceed with investigation; **podání návrhu na ~ soudního výkonu rozhodnutí** file / lay a motion to discontinue the execution of judgment; **usnesení o ~ trestního stíhání** resolution not to

proceed with the prosecution, resolution to discontinue the prosecution; **zpětvzetí opravného prostředku a ~ řízení** withdrawal of a remedy / remedial measure and discontinuance of proceedings; **navrhnout ~ řízení** pro vadu move for the discontinuance of proceedings; plea in abatement; **zavinit ~ řízení** cause the discontinuance of proceedings / abatement of an action

zastaven|ý$_1$ pledged; mortgaged; pawned; ~**á nemovitost** mortgaged real property; ~**á pohledávka** a claim pledged as security for st.

zastaven|ý$_2$ discontinued, stopped, terminated; suspended; ~**é řízení** discontinued proceedings

zastavit$_1$ cease, terminate, suspend, discontinue; abate; ~ **dovoz pašovaného zboží do země** check the entry of contraband into the country; ~ **platbu** stop / cease payment; ~ **prodej zbraní** put a check on the sale of firearms; ~ **řízení** při vadném podání discontinue a trial, not to proceed with a trial due to a defective petition; ~ **řízení o vyloučení soudce** discontinue proceedings to disqualify a judge; ~ **trestní stíhání** discontinue criminal prosecution, not to proceed with criminal prosecution; ~ **výkon rozhodnutí na návrh nebo bez návrhu** discontinue / not to proceed with a judgment execution upon or without a motion

zastavit$_2$ put movable property into pledge, pledge st., mortgage real property, put st. as a security

zástavní relating to mortgage real estate; pledge personalty, pawn; lien; **hypotekární ~ list** mortgage bond; **soudcovské ~ právo** judicial lien; ~ **akt** collateral act; ~ **dlužník** zástavce, složitel pledgor, pawnor; mortgagor; bailor; ~ **list** pledge certificate; mortgage certificate; security bond; ~ **právo** objektivní law of secured transactions, mortgage law; ~ **právo** subjektivní **k čemu** security interest in st.; ~ **právo banky** banker's security interest based on contract; banker's lien; ~ **právo exekuční** executor's security interest based on contract; executor's lien; ~ **právo k movitým věcem** pro zajištění nájemného the right of pledge to secure the payment of rental; ~ **právo na zajištění nájemného** landlord's lien to have the rent secured based on contract; ~ **právo smluvní** secured interest under contract; contractual security; ~ **právo vespolné** simultánní simultaneous security interest; ~ **právo zákonné**

statutory security interest; **~ smlouva** security agreement; pledge contract, mortgage contract; **~ smlouva, kterou se zastavuje nemovitost** contract / deed of mortgage charging the real estate; **~ smlouva, kterou se zastavuje pohledávka** security agreement / deed of pledge charging a claim as security for the payment of a debt; **~ věřitel** schovatel mortgagee, pledgee; pawnee, bailee; **realizace ~ho práva k** nemovitosti **soudním prodejem** foreclosure by judicial sale; **zřízení soudcovského ~ho práva na nemovitostech** creation of judicial lien with respect to real property; **zřízení ~ho práva ke spoluvlastnickému podílu na věci** the making of a security agreement for the creation of a security interest in the share of common property

zástěrka pretence; false profession / pretence, pretext, cloak; colour *(UK)*, color *(US)*

zastír|at obscure, cover, hide from view; conceal; **skutečnost je často ~ána kým** the fact is often obscured by s.o.

zastoupení agency; representation; procuration, proxy; **nedostatečné ~** inadequate / weak representation; **nepřímé ~** indirect representation; **nucené ~ v** případě dovolání compulsory representation by counsel in the case of appellate review; **přímé ~** direct representation; **zákonné ~** statutory representation, representation at law; **~ na základě plné moci** representation under the power of attorney; **~ odborovou organizací** representation by trade unions; **~ pro řízení před soudem** representation before court, ad litem representation; **hlasování v ~ u** akcionářů voting by proxy shareholders; **odpovědnost v ~** např. nadřízené osoby za podřízeného vicarious liability of an employer for actions of his employees; **odstranění nedostatku povinného ~ dovolatele** elimination / removal of the lack of compulsory representation of the appellant, elimination / removal of defects in compulsory representation of the appellant in appellate review proceedings; **schválení úkonu učiněného v ~ nezletilého** sanctioning an act / a deed made on behalf of a minor, approving an act / a deed made on behalf of a minor; **smlouva o obchodním ~** commercial agency contract; **usnesení, jímž se nepřipouští ~** resolution whereby the representation shall not be admitted / permitted; **v ~** per proxy, by proxy, by procuration, per

procurationem *(lat)*, per pro, p.p. abbrev; **jednat v ~ koho** act on behalf of s.o. as the official agent / representative of / on account of / for, instead of s.o., act in behalf of s.o. in the interest of / as a friend or defender of / for the benefit of s.o.; in recent use, "on behalf" in the sense of "in behalf" can be found, to the loss of an important distinction

zastoup|it represent, stand for s.o.; **být ~en u soudního dvora** be represented in the court

zastrašení intimidation; determent

zastrašovací deterring, intimidating; **účinný ~ prostředek** effective deterrent; **~ prostředek proti chuligánům** deterrent to hooligans; **~ účinek** deterrent effect

zastrašování intimidation threats / violence to force to or restrain from some action; determent; **~ svědků** intimidation of / intimidating witnesses

zastrašovat intimidate; terrify, deter; terrorize; **~ svědka** intimidate a witness

zastřít disguise, hide, conceal; **~ právním úkonem jiný právní úkon** disguise a legal act by means of another legal act

zástupce agent, representative; attorney; deputy; proxy; **akreditovaný ~** accredited representative; **diplomatický ~** diplomatic agent; **hlavní ~** managing agent; **krajský státní ~** regional prosecuting attorney; **městský státní ~** metropolitan / municipal prosecuting attorney; **nejvyšší státní ~** Attorney General *(CZ)*, *(US)*, General Prosecutor *(UK)*; **nepřímý ~** indirect representative; **obecný ~** zmocněnec private attorney; **obchodní ~** business agent; **okresní / obvodní státní ~** District Prosecuting Attorney; **patentový ~** patent attorney; **právní ~** legal representative, attorney-at-law; counsel for the plaintiff or the defendant, counsellor-at-law; **řádně jmenovaný ~** duly appointed deputy / agent; **společenský ~** community representative a person representing a community standing surety for the rehabilitation of a convict; **statutární ~** authorised representative a person or group of persons empowered / authorised to represent a company externally; **ustanovený ~** appointed agent, nominee; **vrchní státní ~** High Prosecuting Attorney; **zákonný ~** statutory representative; guardian ad litem representing an incompetent defendant; next friend *(UK)* representing an incompetent plaintiff; statutory agent; **zákonný ~ obviněného, poškozeného** je-li nezletilý nebo nezpůsobilý k právním úkonům statutory representative of the accused, injured if they are under legal age or legally incompetent; **zmocněný** ~ attorney-in-fact; authorised agent; an agent acting upon a power of attorney; guardian ad litem; next friend; **zplnomocněný** ~ authorised / empowered representative; ~ **jedné členské země Commonwealthu** v jiné Agent-General; ~ **členského státu v řízení u Evropského soudního dvora** Agent representing a Member State before the European Court of Justice; ~ **pojišťovny** insurance agent / broker; ~ **účastníka řízení** representative of a participant in proceedings; ~ **velitele** second-in-command; **bez právního** ~ without counsel; **prostřednictvím** ~ per procurationem *(lat)*, per procuration, by proxy / deputy, p.p. abbrev; through one's representative / agent; **provozování živnosti prostřednictvím odpovědného** ~ carrying out / practising trade through a person in authority / acting under authority; **ustanovení odpovědného** ~ appointment of a person in authority / acting under authority

zástupčí representative; relating to representation; **zákonné** ~ **právo** statutory right of representation

zastupitelsk|ý representative; **~á demokracie** representative democracy; ~ **úřad** representation abroad / in a foreign country, embassy, foreign mission

zastupitelství prosecuting attorney's office; public prosecution; agency; embassy; **krajské státní** ~ Regional Prosecuting Attorney's Office; **městské státní** ~ metropolitan Prosecuting Attorney's Office; **nejvyšší státní** ~ Attorney's General office; **okresní / obvodní státní** ~ district Prosecuting Attorney's Office; **vrchní státní** ~ high Prosecuting Attorney's Office; **pravomoc státního** ~ **v trestním řízení** powers / responsibilities / competence of a prosecuting attorney('s office) in criminal proceedings

zastupitelstvo council the elective local self-government body of a community; **městské** ~ town / city / metropolitan council; **místní** ~ local / community council; **obecní** ~ **/** ~ **v obci** community / municipality / local council

zástupn|ý alternative, substitutional, substitutionary; vicarious; **~á odpovědnost** vicarious liability

zastup|ovat represent act for s.o. by a deputed right; stand proxy for s.o.; ~ **účastníka v řízení** represent a client / participant in court / in the

proceedings; ~ **ve funkci** koho act as a deputy of s.o.; deputize for s.o.; ~ **věc u soudu** conduct a case in court; **advokát Novák ~uje obžalovaného** attorney Novák is appearing on behalf of the defendant

zastupující representing; acting; vicarious; ~ **úředník** acting officer; ~ **vykonavatel** acting executor

zasvětit devote, dedicate

zašantročit *(coll)* stash away, drop, part with, lose; ~ **vlastní věc** stash away / lose negligently one's own thing

záškodnictví sabotage any disabling damage deliberately inflicted, carried out clandestinely in order to disrupt the economic or military resources of an enemy

záštit|a auspices; **pod ~ou koho** under the auspices of s.o.

zatajení concealment; intentional suppression of truth or fact known, to the injury or prejudice of another; ~ **podstatné skutečnosti** concealment of a material fact; ~ **porodu / narození dítěte** concealment of delivery / birth of a child; ~ **věci** concealment of a thing

zatajit conceal, hide; deny

zatajitelný concealable

zatčení arrest; apprehension; **příkaz k** ~ arrest warrant, warrant of arrest; ~ **soukromou osobou** nikoliv policií citizen's arrest

zatčen|ý *(adj)* arrested, apprehended; **~á osoba** arrested / apprehended person; arrestee

zatčený *(n)* arrested / apprehended person; arrestee

zatímco whereas, while, whilst

zatímně temporarily, temporally; transiently, provisionally; ~ **upravit poměry účastníků řízení** temporarily regulate the circumstances condition or state of affairs of parties to a suit

zatímní temporary; transient; ad interim; ~ **interlocutory** not finally decisive of a case; ~ **autorskoprávní ochrana** ad interim copyright; ~ **list** potvrzující upsané ale nesplacené akcie temporary certificate confirming subscribed but not fully paid off shares; **rozsudek o svěření nezletilého do** ~ **předadopční péče** judgment of interim pre-adoption care of a minor

zatížení encumbrance; charge; onus, burden; **únosné** ~ **území** admissible employment of territory; ~ **věci** encumbrance of a thing; ~ **vlastnictví** charge or encumbrance on property

zatížen|ý charged, encumbered, burdened; **~á**

nemovitost encumbered / charged property; ~ **závazkem / povinností** onerous, charged with an obligation / duty
zatížit encumber, burden s.o. / st. with duties, obligations, responsibilities, burden with debts; charge an estate with a mortgage; weight; ~ **hypotékou** encumber with mortgage; ~ **povinností** charge with a duty; ~ **závazkem** charge with an obligation
zat|knout arrest; make an arrest, apprehend; ~ **pro trestný čin** arrest for an offence; **být ~čen** be arrested / under arrest; **být ~čen na základě podezření ze spáchání trestného činu** be arrested on suspicion of committing an offence
zatýkací arresting, apprehending; ~ **rozkaz tj. mezinárodní zatykač** order to arrest i.e. international arrest warrant
zatykač arrest warrant, warrant of arrest; **nevykonaný** ~ outstanding warrant; **soudní ~ na obžalovaného, jenž se nedostavil k soudu** bench warrant; **je na něj vydán** ~ the warrant is out for his arrest
zaúčtovat carry to account, book
zaujatost bias; prejudice
zaujmout absorb, assume; ~ **samostatné a rovnoprávné postavení** assume a separate and equal position / station
zaútočit assault, attack; ~ **na policisty** make an attack on the police
závada defect, deficiency, fault, imperfection; mistake; ~ **v doručení podání** defective service of a petition / pleadings; ~ **váznoucí na věci** defect attaching / attached to a thing
zaváděcí initiating, introducing; ~ **patent** confirmation patent
závadn|ý defective, faulty, imperfect; incorrect, improper; ~**é chování při užívání bytu** improper conduct with respect to the use of a flat / apartment; **ohrožování zdraví ~ými potravinami a jinými potřebami** endangering health due to defective / decayed food and other goods; **odstranit ~ stav ve stanovené lhůtě** remove defects / defective condition within a prescribed period
závadov|ý deprived; ~**á oblast** deprived area; ~**á osoba** deprived person
zavázan|ý bound, bonded; ~**á osoba** obligated / indebted person; **osoba ~á podle listiny** obligor indebted person under the instrument

zavázat bind; bond; **smluvně** ~ **koho k čemu** contract s.o. to do st.
zavázat se undertake; covenant with; commit o.s., pledge that; take upon o.s. to promise / affirm; venture to assert; **podpisem se** ~ **k úhradě stavebních nákladů** underwrite the development / construction costs of a building; **strany se zavazují plnit následující smluvní podmínky** the parties covenant with each other in the following terms
závaz|ek obligation, covenant resulting from a contract; undertaking as a promise; bond (obs); commitment personal engagements; duty professional; collateral; **alternativní** ~ alternative obligation; **dílčí** ~ separate obligation; **finanční ~ky** financial obligations; pecuniary commitments undertaken voluntarily; **nedílný** ~ severable obligation; **písemný** ~ obligation in writing, written obligation; bill obligatory / single; **smluvní** ~ contractual bond, covenant; **smluvní ~ nekonkurovat** contractual obligation not to compete; **solidární** ~ joint and several obligation; **souhrnný** ~ blanket bond; **společné ~ky** joint / common obligations; ~ **k převodu titulu** bond for title; ~ **neuplatnit nárok** covenant of non-claim; ~ **nežalovat** covenant not to sue; ~ **zajištěný smluvní pokutou** obligation secured with a penalty; **narovnání ~ků** settlement / compromise of obligations; **oprávněný ze ~ku** obligee; **plnění ~ku** performance of an obligation; **postoupení ~ku** assignment of an obligation; quitclaim; **povinný ze ~ku** obligor; **provedení ~ku** performance / discharge of an obligation; **předmět ~u** subject-matter of an obligation; **přistoupení k ~ku** intercession; assumption of liability for the debt of another person by negotiation or a contract with his creditor; **výpověď ~ku** renunciation of an obligation; **zajištění ~ku** security of / securing an obligation; **zánik ~ků** termination / extinguishment / discharge of obligations; **zproštění ~ku** release from an obligation; **ručit za ~ky společně a nerozdílně** guarantee the obligations jointly and severally; **splnit** ~ perform / discharge / fulfil an obligation / duty
závazkov|ý relating to obligation, covenant, commitment; **obchodní** ~ **vztah** commercial obligation; ~**é právo** Law of Obligations, Contracts; ~ **právní vztah** obligation, obligation relationship, relationship based on / resulting from an obligation

závaznost bindingness, binding effect; binding / obligatory quality; ~ **rozhodnutí soudu** binding effect of judicial decision

závazn|ý binding; obligatory, restrictive, coercive; **obecně** ~ normativní **akt** generally binding legal normative, regulatory act / regulation / instrument; **obecně** ~ **předpis** statutory / legislative instrument, generally binding regulation; ~**á objednávka** firm purchase order; definite purchase order; ~**á zvyklost** obligatory usage; ~ **návrh** binding offer; ~ **precedent** binding precedent; ~ **pro soud** binding on a court; **porušování** ~**ých pravidel hospodářského styku** breach of compulsory rules of business transactions dealings / undertakings; **teorie** ~**ého případu** doctrine of a binding case

zavazovat se undertake; covenant with; commit o.s., pledge that; take upon o.s. to promise / affirm; venture to assert

zavazující se osoba undertaker, obligor; a person undertaking to discharge his obligation

závažnost seriousness, gravity; importance, significance, weight; ~ **a složitost případu / věci** seriousness and complexity of a case; ~ **trestného činu** seriousness / serious nature / gravity of a crime; **přihlédnout k** ~**i přestupku** consider the seriousness / gravity of an administrative delict / infraction

závažn|ý serious, grave; material, substantial, significant; authoritative; **méně** ~ **trestný čin** less grave / serious offence; ~**á překážka** substantial / material obstacle; ~**é doklady** relevant documents; ~ **přečin** gross misdemeano(u)r; ~ **státní zájem** compelling state interest; **zvlášť** ~ **trestný čin** extremely grave / serious offence, a crime of an extreme gravity

závdavek advance payment

zavedení installation, imposition, establishment, introduction; ~ **institutu odložení věci ve správním řízení** introducing a legal institute of the discontinuance of administrative proceedings

zaveden|ý well-established; ~**é zvyklosti** well--established usage; ~ **obchod** well-established business

závěr conclusion; view, opinion; close, closure; stop, termination; **obecné** ~**y** general conclusions; ~ **hlavního líčení** (TPP) the closing / conclusion of a criminal trial; ~ **soudního jed-**

nání (OPP) closing litigation, conclusion of a civil trial; **dojít k** ~**u** take the view, draw conclusions; **porota na základě důkazů došla k** ~**u, že**... the jury concluded from the evidence that...; **soud došel k** ~**u, že zveřejnění materiálu není ve veřejném zájmu** the court has concluded that it is not in the public interest to disclose the material; **soud může dojít k takovému** ~**u, jaký považuje za důvodný při rozhodnování o vině** the court may draw such inferences as appear proper in deciding whether the accused is guilty of the offence concerned

závěra closure; closing; stop; seal; **celní** ~ bond

závěrečn|ý final, conclusive; ultimate, last; ~**á porada před rozhodnutím** final deliberation before awarding the judgment; ~**á řeč obhájců před soudem** closing argument; ~**á řeč obhájce v hlavním líčení a poslední slovo obžalovaného** closing speech of counsel at trial and the last word of the defendant; ~**á ustanovení** final provisions; ~ **účet ze správy majetku** final balance sheet financial statement of the administration of estates

závěrk|a final statement; **roční účetní** ~ annual financial statement; **schválení účetní** ~**y po provedení likvidace** approval of the financial statement after the completed liquidation; **sestavovat účetní** ~**u** the closing / balance / balancing of books of accounts

zavést instal, institute, introduce; impose, initiate, establish, start, set up; ~ **omezení** impose restrictions; ~ **opatření** introduce measures

závě|ť last will, testament, last will and testament; **holografická / vlastnoruční** ~ sepsaná vlastní rukou holographic will a will written entirely by a testator with his own hand; **platná** ~ valid testament; **podmíněná** ~ conditional will; **společná a reciproční / vzájemná** ~ joint and reciprocal / mutual will; ~ sepsaná ve dvou vyhotoveních jedno si ponechá pořizovatel, druhé uloží u jiné osoby duplicate will one copy is kept by the testator and the other is deposited, for example, with a notary; ~ **měnitelná po dobu života odkazce** ambulatory will changeable during the life of testator; ~ **notářsky sepsaná** notarial will; ~ **vyřčená v přítomnosti svědků za** mimořádných okolností, např. války nuncupative will e.g. made by a soldier in the time of war, or a sailor serving in the high sea; **dědění ze** ~**ti** testamentary succession; **dědic ze** ~**ti** testamentary heir, beneficiary of a will; **evidence ~tí** register of wills; **náhražka ~ti** will substitute; **obnovení ~ti** revival of a will; **odvolání ~ti** revocation of a will; **odvolání ~ti sepsané vlastní rukou pořizovatele** revocation of the last will in the form of holograph produced by a testator; **protokol o zjištění stavu a obsahu ~ti** report on the ascertained circumstances and content of the last will and testament; **svědek sepsání ~ti** witness to will; **vypuštění ze ~ti** ademption; **ustanovení nahrazující ~** will-substitute provisions; **žaloba na určení neplatnosti ~ti** action for annulment of the last will

závětní testamentary, testate; **~ dědic** testamentary / testate heir

zavinění fault; dereliction of duty; misdeed, transgression; culpability, blame; **nedbalostní ~** negligent fault, wilful neglect of duty; **úmyslné ~** intentional / wilful fault; **~ je obligatorním znakem přestupku** fault shall be an essential / obligatory element of an administrative delict / infraction; **~ poškozeného** fault on the side of / by the injured; **~ z nedbalosti** negligent fault, actionable / culpable negligence; **bez ~** without fault; free from fault / blame; **bez ~ na straně prodávajícího** without any fault on the part of a seller; **míra ~** range / scope of fault; **nižší a vyšší míra ~** lower and higher degree / extent of fault; **odpovědnost bez ~** liability without fault, no--fault liability; **prezumpce ~** presumption of fault; **vznikla prodleva v dodávce z důvodu ~ buď na straně prodávajícího nebo na straně kupujícího** delivery has been delayed through the fault of either buyer or seller

zaviněn|ý intentional, wil(l)ful, deliberate, designed, intended; malicious; voluntary, wanton; **~á nemožnost splnění** dlužníkovo prohlášení před splatností smlouvy, že ji nesplní constructive breach the debtor's notification of his non-performance before the contract is due; **~á opilost** nevylučující trestní odpovědnost voluntary drunkenness; **~é jednání** princip subjektivní odpovědnosti act / action based on fault the principle of liability as a result of fault; **~é průtahy řízení** deliberate / intentional / wilful delays in proceedings; **~ úpadek** intentional bankruptcy

zavinit be at fault; cause; be responsible for; **~ náklady** cause / be responsible for the costs of proceedings; **~ průtahy řízení** cause / be responsible for the delay of trial; **~ zastavení**

řízení cause the suspension / permanent stay of proceedings

zavinivší at fault; **~ strana** party at fault

zavírací closing; shutting; **~ hodina / doba** closing time; **~m dnem je neděle** Sunday closing

zavír|at close, shut; put to jail; **~ násilníky do vězení** put muggers into jail / prison; **budova se ~á v sedm hodin** the building closes at seven o'clock; **v sobotu ~áme brzy** we close early on Saturdays

záviset na kom / čem depend on s.o. / st.

závislost dependence; subjection, subordination; addiction; **alkoholová ~** alcohol addiction; **drogová ~** drug addiction; **vzájemná ~** interdependence, mutual dependence; **metadonová léčba těžké drogové ~i** methadone treatment for heavy users of drugs / of serious drug addiction; **mít ~ na** čem be addicted to st.

závisl|ý dependent relying on st. / s.o. for support / supply; subordinate, subject; addict; **drogově ~ pachatel** drug addicted offender; **~é území** dependency, apanage; **~ příslib** dependent promise; **povinnost péče o osobu ~ou** sociálně an obligation / duty to support and care for a dependent person; **příjem ze ~é činnosti a funkčních požitků** income from employment and emoluments thereof; **~ na alkoholu, drogách** addicted to alcohol, drugs; **být duševně a fyzicky ~ na pravidelné konzumaci drog** be mentally and physically dependent on taking drugs regularly

zavléci abduct, kidnap; hijack; **~ ženu do ciziny k prostituci** abduct a women for prostitution in a foreign country

zavlečení kidnapping carry off a person by illegal force; abduction usually of wife, child, ward; deportation, displacement; hijacking of a vehicle; **~ do ciziny** kidnapping / abduction to a foreign country; **~ vzdušného dopravního prostředku do ciziny** air piracy, hijacking seizing an aeroplane in flight and forcing the pilot to fly to a foreign destination

zavlečen|ý kidnapped, abducted; displaced, deported; hijacked; **~á osoba do ciziny** žena pro prostituci woman abducted and forcibly kept abroad usually for prostitution; person kidnapped and kept abroad

závod **1** works; factory, manufacture **2** race, competition

zavolání call; **služby na ~** services on call

zavolat call, summon; ring, phone; ~ **svědka dovnitř** do jednací síně call / invite a witness to the courtroom
zavrhnout refuse, reject; condemn; proscribe, repudiate; ~ **manžela / manželku, dědice** repudiate one's spouse, heir
zavrženíhodn|ý infamous crime, disgraceful punishment; condemnable action, contemptible thing; outrageous treatment, reprehensible act, reproachable conduct; blamable fault, damnable lies; ~**á pohnutka** infamous / condemnable motive; ~**é jednání** outrageous behaviour / actions
zavření closing; shutting; ~ **podniku z důvodu likvidace** closing down a business due to liquidation
zavřen|ý closed, shut; imprisoned, kept in jail; ~**é pojištění** nelze měnit jeho podmínky closed insurance policy no terms can be altered
zavřít close, shut; put to jail; ~ **koho do vězení** put s.o. to jail; imprison s.o., put s.o. in confinement; ~ **obchod** close the shop overnight, close down the shop forever
záznam record, entry; report, transcript; memorandum, account; recording, track; **dodatečný** ~ additional record; **doslovný** ~ hlavního líčení verbatim transcript of a trial; **hlasový** ~ voice print; **kurzovní** ~ bid quote; **písemný** ~ **o dosažení dohody** written memorial of agreement; **sekvenční** ~ o transakcích audit trail; **účetní** ~**y a doklady společnosti** company's books; **úřední** ~ official record / report; **úřední** ~ **o předvedení osoby policií** official records of bringing s.o. in by the Police; **úřední** ~ **o skutečnostech, které mohou sloužit jako podklad pro předvolání svědka** official record of facts which may serve as a basis for a witness summons; **zkrácený** ~ **soudního řízení** brief / reduced transcript / records of a trial; ~ **o sdělení obvinění** recorded notice of accusation; ~ **v peněžním deníku** book entry; ~ **věcných práv** v katastru record of real rights in the Land Register / Cadastre
zaznamenan|ý recorded, reported; archived; ~**á rozhodnutí soudů** reported decisions of the courts; ~**é výpovědi svěků** recorded testimony of witnesses
záznamov|ý recording; **odposlouchávací a** ~**é zařízení** listening and recording device; ~**á technika** recording technology
zažalovaný prosecuted criminally; sued civil; ~

skutek prosecuted act, a fact / crime for the commission of which criminal proceedings started
zažalovat koho prosecute s.o. criminally; sue s.o., bring an action against s.o., bring s.o. before court; ~ **koho pro nesplnění závazku** sue s.o. for his failure to perform an obligation
zbabělec coward
zbabělost cowardice, pusillanimity; ~ **před nepřítelem** cowardice before enemy
zbabělý cowardly, destitute of courage; faint-hearted
zbankrotovat go bankrupt
zbavení 1 deprivation, dispossession; incapacitation, disqualification; destitution; seizure, confiscation; **bezdůvodné** ~ **osobní svobody** unjustified deprivation of s.o.'s personal liberty; unreasonable false imprisonment; **protiprávní** ~ **držby** disseisin, unlawful deprivation of possession; ~ **občanských práv** disfranchisement, disenfranchisement; ~ **osobní svobody** deprivation of freedom; confinement; ~ **práva** deprivation of a right; ~ **rodičovských práv** deprivation of parental rights; ~ **státního občanství** deprivation of state nationality; denationalization; ~ **svéprávnosti** deprivation of legal capacity / competence, incapacitation; ~ **svobody** deprivation of liberty / freedom; ~ **úřadu / funkce** removal of s.o. from an office / position, discharging / dismissing s.o. from an office / position; degradation; ~ **viny** exculpation; exoneration, disburdening, excusing / clearing from fault / blame; vindication; ~ **vlastnictví** dispossession, deprivation of ownership; ~ **způsobilosti k právním úkonům** incapacitation, the rendering or being rendered incapable; legal disqualification; **rozsudek o** ~ **způsobilosti k právním úkonům** incapacitating judgment, judgment depriving a person of legal capacity due to substantial mental disability 2 ~ **se** parting with possession; ~ **se majetku** jako rozhodnutí soudu v protimonopolních sporech divestiture as a court order in anti-trust cases; ~ **se věci v držbě** parting with possession of a thing
zbavený dispossessed, deprived, disqualified, incapacitated; ~ **způsobilosti k právním úkonům** incapacitated, legally disqualified
zbavit deprive, dispossess a person of a possession, bereave; disqualify; release; rob, strip; **neprávem** ~ **držby** disseise, disseize; unlaw-

fully dispossess; ~ **břemene** disburden, release from a burden; ~ **koho možnosti domoci se náhrady** bar s.o. from recovery of damages; ~ **kontroly** release from control; decontrol; ~ **nájemce užívacího práva** deprive a tenant of a right to enjoy / of enjoyment; ~ **občanských práv** deprive s.o. of civil rights; dis(en)franchise; ~ **odpovědnosti koho** release / discharge s.o. from liability / responsibility, exempt s.o. from liability; ~ **odvahy** discourage; ~ **osobu svobody** deprive a person of his liberty / freedom; confine / imprison s.o.; ~ **panovníka trůnu** dethrone a monarch; ~ **poslaneckého mandátu** deprive a Member of Parliament / Deputy of his seat, unseat an MP / Deputy; ~ **státního občanství** deprive s.o. of nationality / citizenship; denationalize s.o.; ~ **viny** clear from blame / fault; exculpate, disculpate, exonerate; ~ **volebního práva** disfranchise, disenfranchise, deprive s.o. of suffrage; ~ **volnosti pohybu** deprive of freedom of action; ~ **závěť právních účinků** deprive the will of legal effects, nullify / avoid the will ; ~ **způsobilosti k právním úkonům** incapacitate s.o.; judicially deprive s.o. of legal capacity, disqualify s.o. by court
zběh deserter quitting without permission
zběhnutí desertion abandonment of military service
zbloudilý astray
zbořit, zbourat break down; unbuild; destruct, demolish
zboží goods; merchandise; commodities; in transit load, freight; **spotřební** ~ consumer products; ~ **dlouhodobé (s)potřeby** např. domácí přístroje durable goods; hard goods; ~ **krátkodobé spotřeby** např. ošacení soft goods; ~ **podléhající clu** goods liable / subject to customs duty; ~ **prodávané pod cenou za účelem rychlého získání prostředků na zaplacení dluhů** distress merchandise sold below the purchase price in order to get money immediately available for the discharge of debts; ~ **v celním skladu** bonded goods, goods held in bond; **dohoda o** ~ commodity agreement; **druh** ~ commodity; kind of goods; **přeprava** nákladu ~ carriage of goods; **mít** ~ **na zkoušku, aniž je zaplacena kupní cena** have goods for free trial without obligation
zbožní relating to goods, commodities; ~ **trh** commodity market

zbožový relating to goods, commodities; ~ **test** test of goods
zbra|ň weapon, arm; **bodná** ~ stabbing weapon; **broková** ~ rifle; **jaderné** ~**ně** nuclear weapons; **konvenční** ~**ně** conventional armament; **mechanická střelná** ~ gun; **nabitá** ~ loaded firearm; **nebezpečná** ~ životu dangerous weapon; **nenabitá** ~ unloaded firearm; **ruční střelná** ~ handgun; **sečná** ~ cutting weapon; **smrtící** ~ deadly / lethal weapon; **útočná** ~ offensive weapon; **zakázaná** ~ restricted weapon; ~ **s tlumičem zvuku** gun with a silencer; ~ **se zařízením na osvětlení cíle** gun with a target lighting; ~**ně hromadného ničení** weapons of mass destruction; **doklad o nabytí** ~**ně** firearms acquisition certificate; **držení** ~**ně** possession of a firearm; jsoucí **beze** ~**ně** unarmed; **manipulace střelnou** ~**ní** handling of a firearm; **marná výzva k vydání** ~**ně** ignored police demand to render an arm; **míření střelnou** ~**ní** pointing a firearm; **nepoužití jaderných** ~**ní** renunciation of the use of nuclear weapons; **nošení střelné** ~**ně** carriage of a firearm; **povolení nosit** ~ firearms acquisition certificate; **právo nosit** ~**ně** the right to carry arms; **přechovávání střelné** ~**ně** storage of a firearm; **rozmisťování** ~**ní** delivery of weapons; **s použitím** ~**ně** armed, using an arm / weapon; **stažení jaderných** ~**ní** the withdrawal of nuclear weapons; **úplný zákaz zkoušek jaderných** ~**ní** comprehensive nuclear weapon test ban; **užívání střelné** ~**ně** use of a firearm; **zadržení a zabavení** ~**ně** seizure and forfeiture of a firearm; **zakázaný druh** ~**ně** prohibited weapon; **zkouška prokazující schopnost bezpečně zacházet se** ~**ní a používat ji** test proving s.o.'s capability of the safe handling and use of firearms; **zkouška způsobilosti držet a nosit** ~ firearms competency testing; **žadatel je způsobilý držet a nosit** ~ an applicant is competent to possess and carry a firearm; **mířit střelnou** ~**ní** na koho point a firearm at / to s.o.
zbrojení provision of arms / weaponry; **závody ve** ~ arms race
zbrojní relating to arms, weapons, firearms; ~ **komisař** firearms officer; ~ **oprávnění** podnikatele v oblasti zbraní firearm business permit of a business person trading in weapons; ~ **průkaz fyzické osoby** firearms possession permit for a natural

person; firearms acquisition certificate *(CA)*; ~ **průmysl** arms industry; ~ **rejstřík** firearms register

zbytečně in vain, unduly, unnecessarily; ~ **provádět další důkazy** adduce further evidence in vain / to no effect

zbytečn|ý unreasonable; unnecessary; futile; vain; **~á ztráta** wastage, waste; **~é výdaje** wasted / inadequate expenditure; ~ **odklad** unreasonable delay; **bez ~ého odkladu** without undue / unreasonable delay

zbytek residue; remainder, rest; remnants; ~ nájemní **lhůty** the residue of the term of lease; ~ **dlužné částky** a balance of the sum due; **složit 100 dolarů a ~ zaplatit do 60 dní** pay $100 deposit and the balance within 60 days

zbytkov|ý residuary, residual, remaining; **~á klauzule** v zákoně sweep-up clause; **~é pravomoci** residual powers; ~ **majetek** residuary estate; ~ **odkaz** residuary devise

zcela wholly, totally, fully; completely, entirely, in full; ~ **a trvale zdravotně postižený** označení při nároku na plnou dávku zdravotního pojištění wholly and permanently disabled designation to be entitled to a full amount of social security benefits; ~ **neschopen** v důsledku nehody neschopnost vykonávat činnost nebo zaměstnání wholly disabled inability to do all the substantial and material acts necessary to carry on a business or occupation as a result of an accident; ~ **zaplacen** fully paid, paid in full; ~ **závislý** sociálně **na kom** wholly dependent on s.o.; ~ **zničený objekt** při pojištění proti požáru wholly destroyed building / structure fire insurance policy

zcizení alienation, transferring the ownership of st. to another; ~ **právního titulu** alienation of the title to property; ~ **věci** alienation of a thing / property

zcizen|ý alienated, transferred, conveyed; **~é právo k majetku** alienated / vested estate, alienated title to property

zcizit alienate; transfer, convey, trade / market st.; dispose of; ~ **věc** alienate property, alienate a thing

zcizitel prodávající transferor, seller, vendor, alienor

zcizitelnost alienability; negotiability, marketability, tradability; transferrability

zcizitelný alienable; negotiable, tradable, marketable; transferrable; ~ **titul** marketable title

zdanění taxation; imposition of taxes; **nepřímé**

~ indirect taxation; **přímé** ~ direct taxation; ~ **závisí na výši příjmu** taxation is based (up)on income; **příjem po** ~ after-tax income; **smlouva o zamezení dvojímu** ~ double taxation avoidance / relief treaty; **zamezení dvojímu** ~ double taxation avoidance / relief; **zisk před** ~**m** pre-tax profit, profit before tax

zdaněný taxed; charged; ~ **deseti procenty** taxed at 10%

zdání delusion; colo(u)r; ~ **pravomoci** colour of authority

zdanit tax, subject to tax; charge, excise; ~ **dvaceti procenty** tax / charge at 20%; ~ **příjem** tax an income, subject the income to tax(ation)

zdanitelnost taxability; tax liability; ~ **příjmu** income tax liability

zdaniteln|ý taxable, chargeable; excisable; **~á hodnota** assessed valuation; **~é plnění** taxable supply; **~é plnění** taxable transaction; **~é položky** taxable items; ~ **příjem** taxable income, assessable income; ~ **spotřební daní** excisable, subject to excise; ~ **zisk** taxable profit; **datum uskutečnění ~ého plnění** the day of rendering taxable supplies; the day of arising of the VAT liability, the day of pursuing taxable transaction

zdánliv|ý apparent, manifest, evident, obvious; colo(u)rable fraudulent; virtual; **~á podvodná transakce** colo(u)rable transaction; **~á plná moc** apparent authority of an agent; **~á úprava** colo(u)rable alteration; **~á výhoda** apparent advantage; **~é pravomoci** úředníka colo(u)r of powers of an officer; **~é zastoupení** apparent agency; ~ **nárok** podvodně uplatněný colo(u)rable claim fraudulently asserted; ~ **právní titul** colo(u)r of title

zdatnost proficiency, efficiency; **odborná** ~ professional proficiency / competence

zděděný ancestral; inherited, obtained by descent as a legacy / bequest; ~ **dluh** ancestral debt; ~ **majetek** property received / acquired by inheritance

zdědit inherit, succeed; receive by inheritance / descent

zdiskreditovat discredit s.o. / st., destroy confidence in s.o. / st., bring s.o. into disrepute

zdlouhavý lengthy; protracted; dilatory

zdraví health; **péče o** ~ health care, care for the general health of a person; **porucha** ~ impairment of health, dysfunction; disease; **škoda na** ~ physical injury, damage to health; **ublížení na** ~ actual bodily harm / injury; battery unlawful attack upon another by beating, wounding; **vyhrožování újmou na zdraví nebo drobným ublížením na ~** threatening battery or a minor injury to health; **ohrozit život nebo ~** put in jeopardy of life and limb, endanger life and health of another; **ublížit si na ~** sebeposkození self-inflict a wound; cause intentional bodily harm to o.s.

zdravotní medical, health; sanitary; **veřejné ~ pojištění** public / national health insurance; **~ nezávadnost** health and sanitation safety; **~ pojišťovna** health medical insurance company; **~ stav** health condition, state of health; fitness; **~ stav vyšetřovaného** state of health of the examined / prosecuted person; **ze ~ch důvodů** for medical reasons; **změnit ~ průkaz** alter medical identification cards

zdravotnick|ý relating to health care, medicine; medical; **~é služby** medical / health services; **~é zařízení** medical / health centre, medical / health center *(US)*

zdrav|ý healthy, fit; salubrious; wholesome; **cenově přístupné a ~é bydlení** affordable salubrious housing; **~ rozum** common sense

zdrobněl|ý diminutive, petty; **~é jméno** diminutive, pet name

zdroj source, resource; spring; **finanční ~e** resources, funds; **mobilní ~ znečištění** mobile pollution source; **neobnovitelné ~e** non-renewable resources; **obnovitelný ~** renewable resource; **vodní ~e** water resources; **~ příjmu** source of income; **~ základních životních potřeb civilního obyvatelstva** a source of income to cover the basic living needs of civilians; **~ znečištění** pollution source, source of pollution; **rozdělování veřejných ~ů** apportionment / allocation / distribution of public resources / funds; **přihlásit příjmy ze všech ~ů** declare income from all sources to the Tax Office

zdržení se abstention, abstaining, refraining from st.; **návrh na ~ zásahů** do čeho motion to refrain from intervention in / obstruction of / intrusion into st.; **~ hlasování** abstention from voting

zdrže|t se abstain, refrain from doing; stay; **~ hlasování** abstain from voting; **~ použití síly** abstain / refrain from force; **~ užívání** jména refrain from using a name; **~ zásahu** do čeho refrain from any intervention in st. / interference with st. / intrusion into st. / infringe-

ment of st.; **osoba, která se ~la hlasování** abstainer; **rozsudek ukládající ~ obtěžování souseda** judgment to refrain from committing a nuisance or otherwise interfering with neighbours; **žaloba na stanovení povinnosti ~ zásahů do výkonu práva** action to compel a duty to refrain from interference with the exercise of a right

zdržné demurrage, a charge for detention of railway trucks

zdržovací dilatory; protracting; **~ diskusní příspěvek v** Senátu USA filibuster; **~ námitka** dilatory exception; **~ návrh** dilatory motion; **~ postupy** dilatory techniques / tactics

zdržování protraction; dilatory *(n)*; **~ jednání Senátu** aby se nemohlo hlasovat *(US)* filibustering the Senate debates so that no vote can be taken

zdržovat delay, protract; **~ návrhy zákonů** delay bills

zdržovat se stay, live, dwell; abstain, refrain from doing; **~ neoprávněně v cizině** stay unlawfully in a foreign country; **~ v obvodu soudu** stay within the jurisdiction of court

zdržující dilatory made for the purpose of gaining time or deferring decision or action; protracting; **~ námitka** dilatory plea / exception; **~ postupy / praktiky** dilatory tactics / practices

zdůraznit emphasize, stress, urge, accentuate

zdůvodnit justify, reason; substantiate, make good st.; **~ nárok** substantiate a claim; **~ přijatá opatření** justify the measures taken; **~ rozsudek** reason / justify a judgment; **~ zatajování informací** justify the non-disclosure of information

zdůvodňující justifying, substantiating; causative

zdvojení duplicating; duplication

zdvojnásobení duplication; doubling *(obs)*; multiplying by two

zdvojnásobit double st., duplicate, multiply by two

zdvořilost politeness, polished manners, courtesy; comity

zdvořilý polite; civilized, cultivated, cultured, well-bred

zeď wall; **dělicí ~ mezi sousedícími majetky** boundary wall; **společná ~** common / party wall

zelen|ý green; **~á karta havarijního pojištění pro cestu do ciziny** green card accident insurance certificate to prove that a car is insured to travel abroad

zemědělec farmer; husbandman

zemědělsk|ý agrarian, agricultural; ~á **politika** agricultural policy, land; ~á **půda** agricultural land; ~é **právo** agrarian law; ~é **zadržovací právo** agricultural lien; ~ **půdní fond** agricultural land resources
zemědělství agriculture; **ministerstvo** ~ Ministry of Agriculture
zeměměřič surveyor
zemní relating to soil, earth; ~ **plyn** natural gas
zemřel|ý deceased; departed; dead; defunct; ~á **osoba** deceased person; ~ **manžel** deceased spouse
zemřít die; decease, depart, pass away; ~ **násilnou nebo nepřirozenou smrtí** die a violent or unnatural death
zesílit aggravate; amplify, fortify; ~ **negativní účinky** aggravate negative impact
zeslab|it weaken, lessen; reduce; mitigate, appease, mollify, alleviate; **okolnosti, které ~ují nebo vyvracejí obvinění** circumstance mitigating or rebutting / refuting the accusation
zesnulý (n) the departed, the deceased
zesnul|ý (adj) departed, deceased, passed away; defunct; decedent; ~á **osoba** decedent; deceased / departed person
zestručnit abridge, abbreviate
zešílet go insane / mad / lunatic
zevní external, extraneous; outside; ~ **měření těla** the measuring of one's body
zfalšování forgery, counterfeiting; fake; bogus; **bylo prokázáno ~ podpisu** the signature was proved to be a forgery
zfalšovan|ý counterfeited, forged; fake(d), bogus; ~é **účty** garbled accounts; ~ **podpis** forged signature; ~ **rukopis** forged handwriting; **použití ~ých dokumentů** uttering forged / fake documents; **platit ~ými bankovkami** pass counterfeit notes in shops
zfalšovat counterfeit, forge, fake; garble; fraudulently manipulate; gerrymander; ~ **důkazy** forge evidence
zhmoždění contusion, bruising
zhodnocení improvement, betterment; enhancement; appreciation; **podstatné ~ nemovitosti** material improvements put upon property; valuable additions to the property; ~ **věci** zvýšení hodnoty improvement upon a thing; **nájem za účelem ~ nemovitosti** improvement lease
zhodnotit 1 assess, evaluate; consider, estimate, account; **pečlivě ~ co** properly consider

st., balance st. 2 improve, enhance; valorize; ~ **nemovitost** make improvements upon real property
zhodnotitelný 1 assessable, subject to consideration / estimation 2 improvable; valuable
zhojit cure; put right, reform a state of things; rectify, make good; remedy; **nedostatek bezúhonnosti ani její ztrátu nelze žádným způsobem ~** the lack or loss of qualification due to criminal records of an applicant may not be substituted / compromised by any means
zhoršení deterioration; impairment, worsening; ~ **zdravotního stavu** deterioration of the health of s.o.
zhoršen|ý deteriorated, worsened; aggravated; ~é **podmínky** worsened conditions
zhoršit deteriorate, worsen; impair, vitiate
zhoršování deterioration, impairment; worsening, vitiating; ~ **stavu životního prostředí** deterioration of the environment
zhotovení making, manufacturing, producing; ~ **díla na počkání** the making of st. while waiting in that place; doing a job on the spot; ~ **věci na zakázku** the making / manufacturing of st. upon order / commission
zhotovitel contractor; producer, maker; ~ **díla** ve smlouvě o dílo producer of a work under a contract for work done
zhoubný noxious; fatal, deadly; wasting, destructive; **být ~ pro rodinnou pohodu** be destructive of family well-being
zhroucení (se) collapse; break-down, failure
zhroutit se collapse; fail, break down; crash
zhruba approximately, nearly; roughly
zhýralost debauchery; profligacy, immoderate profusion, shameless vice
zisk profit, benefit; advantage, gaining; **bilanční ~** balance sheet profit; **čistý ~** clear profit; **disponibilní** čisté ~y net(t) profits; **hrubý ~** gross profit; **provozní ~** operating profit; **ušlý ~** lucrum cessans loss of profits; **zdanitelný ~** taxable profit; ~ **po zdanění** profit after tax; ~ **před zdaněním** pre-tax profit, profit before tax; ~ **v aktivech společnosti** gains in company assets; **daň ze ~u** gain tax; **náhrada ~u ušlého z důvodu prodlení s provedením díla** compensation for a loss of profit due to the delayed performance of a work; **podíl na ~u** profit-sharing; **mít z obchodu 10 % čistého ~u** clear 10% on a deal

získání acquisition; obtaining, gaining; ~ **půdy v důsledku ústupu vody / vysušení** acquisition of land by dereliction
získaný acquired, attained, obtained, gained; ~ **přebytek** acquired surplus
získat obtain, attain, acquire, gain; ~ **důkazy** acquire evidence; ~ **důvěru** acquire / gain the confidence of s.o.; ~ **kvalifikaci pro praxi advokáta** qualify as an attorney-at-law; ~ **málo křesel** win few seats; ~ **nejvíce hlasů** obtain the most votes; ~ **co podvodně** obtain st. by deception; ~ **státní občanství** acquire nationality; be awarded citizenship / nationality; ~ **vědecké stipendium** win a scholarship; ~ **vzdělání / kvalifikaci** obtain education in / qualification as
získatelsk|ý relating to acquisition, obtaining; ~**á provize** acquisition commission; ~**é náklady** acquisition costs
ziskovost profitability; **výpočet měření ~i** measurement of profitability
ziskuchtivost acquisitiveness; prehensiveness, prehensility
ziskuchtivý acquisitive, prehensile
zištnost mercenariness; ~ **úředníků je jedinou zárukou proti byrokratickému útlaku** the mercenariness of officials is the only guarantee against bureaucratic oppression
zištný mercenary, working merely for the sake of monetary or other reward; ~ **obchod** mercenary dealing
zjednat arrange for, provide; make good st.; ~ **nápravu na základě tvrzení** make good one's allegations; ~ **nápravu všech škod** make good any damage; ~ **pořádek v soudní síni** call the audience in the courtroom to order
zjednodušen|ý simplified; summary; ~**é usnesení** summary resolution; ~ **písemný rozsudek neobsahuje odůvodnění** summary judgment not containing the reasoning
zjevně apparently, prima facie; clearly; obviously, evidently, manifestly; ~ **bezdůvodný návrh** apparently / clearly unreasonable / unjustified motion; ~ **vadný soudní nález** clearly erroneous judgment
zjevnost obviousness, apparentness; evidentness; ~ **vady** apparent nature of an error / mistake
zjevn|ý apparent, manifest, evident, obvious, visible; virtual; colo(u)rable; ~**á služebnost** apparent servitude; ~**á vada** apparent defect;

~**é riziko** apparent / obvious risk, risk prima facie; ~ **čin** overt act; ~ **zlý úmysl** express malice
zjistit, zjišťovat ascertain the facts, detect a mistake, establish the truth, determine the route; render certain, estimate the value; find out by investigation; ~ **fakta** ascertain facts; ~ **okolnosti** ascertain circumstances; ~ **pachatele** ascertain a culprit / offender / perpetrator; ~ **stanovisko odpůrce** ascertain the position of respondent / defendant; ~ **totožnost svědka** determine / establish the identity of a witness; identify a witness
zjistiteln|ý ascertainable, discoverable, detectable; ~**á věc** ascertainable thing; ~ **subjekt** ascertainable person / party
zjištění determination, ascertainment, finding, conclusion; limitation, settlement; **právní** ~ conclusion of law; **skutkové ~ soudu** conclusion of facts by court; ~ **dědiců** ascertainment / finding / identification of heirs; ~ **hodnověrnosti** ascertaining the trustworthiness / reliability of s.o. / st.; ~ **objektivní pravdy** determining the objective truth; ~ **osobních údajů** ascertainment of personal data; ~ **pachatele** ascertainment / detection of an offender; ~ **poměru mladistvého** ascertainment of personal situation of a juvenile; ~ **pravosti rukopisu** ascertainment of the authenticity of handwriting; ~ **příčin smrti** determining the cause of death; ~ **skutkového stavu věci** determining / establishing / finding the facts of a case, fact finding; ~ **sporných skutečností** ascertaining contentious facts; ~ **stavu a obsahu závěti** ascertainment of circumstances and content of the last will / testament; ~ **totožnosti** establishing identification of s.o.; ~ **výše nároku** ascertaining the amount of claim; **nejasnost nebo neúplnost skutkových ~** vagueness / uncertainty or incompleteness of facts ascertained / found; **odůvodnění rozsudku nemá podklad ve ~ skutového stavu** the reasoning of the judgment is not substantiated by factual findings; the judgment is not supported by the evidence; **protokol o ~ stavu a obsahu závěti** the report on the ascertained circumstances and content of the last will and testament; **nepodat zprávu o svém ~** fail to give notice of one's determination; ~ **zůstavitelova majetku** determination of the decedent's estate

zjištěn|ý ascertained, determined; found; **~é skutečnosti** ascertained facts; **~ případ** ascertained case

zjišťovací determining, ascertaining, finding; **~ rozsudek** declaratory judgment

zjišťování determination, ascertainment, finding; detection; **~ zvláštních tělesných znamení** detection of distinguishing physical features

zkáz|a destruction; demolition; annihilation; **nahodilá ~ věci** accidental / contingent destruction of a thing; **podléhající rychlé ~e** perishable; **zboží podléhající ~e** goods of a perishable nature, perishable goods, perishables

zkazit destruct; distort; vitiate; corrupt, debauch; deteriorate; **mravně ~ koho** debauch s.o., pervert / deprave / corrupt s.o. morally

zkažení decay; deterioration, corruption

zkaženost corruption, corruptness; depravity; **mravní ~** moral deterioration / decay; depravity

zkažený decayed; corrupt, deteriorated

zklamání disappointment; frustration of expectations

zklamat disappoint; frustrate expectations / desire

zkomolen|ý mangled; distorted, mutilated; **~é příjmení** mangled surname

zkomolit mangle; distort, contort; pervert; **~ česká slova** mangle Czech words

zkonfiskovaný forfeited, confiscate(d); **~ majetek zrádců národa** forfeited / confiscated property of the traitors of the country

zkonfiskovat confiscate, forfeit; annex; **~ movitý a nemovitý majetek** forfeit personal property / chattels and real property

zkontrolovat control, audit; supervise; vet, view; **pořádně ~** duly control; **~ účty** audit the accounts

zkorumpovaný bent, corrupt; **~ policista** bent cop (coll); corrupt policeman

zkorumpovat bribe, corrupt s.o.; **~ vládu** morally corrupt / financially bribe the Government

zkorumpovatelný bribable, venal; corruptible; **~ úředník** bribable officer / civil servant

zkoumání inquiry, investigation, examination, research, scrutiny, inspection; **~ důkazů** scrutiny of the evidence

zkoumat investigate, examine, check, inspect, scrutinize; **~ předmět** inspect an object

zkouš|ka test; examination, exam; trial; check

on st.; **dechová ~** breath test; **krevní ~** blood test; **přijímací ~ky** entrance exams; **řidičská ~** driving test; **~ jakosti** quality test; **~ kvality drahého kovu** assay trial of the fineness of metals; **koupě na ~ku** purchase on trial; **vzorek na ~ku** trial sample; **konat ~ku** sit for an exam, take an exam; **mít zboží na ~ku, aniž je zaplacena kupní cena** have goods for free trial without obligation; **opakovat ~ku** resit an exam; **propadnout u ~ky** fail an exam; **přihlásit se ke ~ce** register for an exam

zkrácení shortening, minimizing; abbreviation, abridging; acceleration of time; **prodloužení nebo ~ doby podnikání** extension or reduction of the period of business activity; **~ daně** minimizing / evading taxes; **~ lhůty** reduction / shortening of a time-limit / term; **~ výsad občana** abridgement of privileges of a citizen

zkrácen|ý accelerated in time; summary in process; **~é azylové řízení** accelerated application for asylum procedure; **~é jednání o návrhu zákona** summary consideration of a bill; **~é sumární soudní řízení** summary proceedings in a court; **~ záznam soudního řízení** brief / reduced transcript of a trial

zkrachovat go bankrupt; crash

zkrá|tit shorten, abridge; cut, limit, restrict; prejudice; **~ mzdu z důvodu špatné práce** dock s.o.'s wages; **cítit se ~cen opatřením předsedy senátu** feel prejudiced due to the measure pursued by the chairing judge; **osoba tvrdí, že byla na svých právech ~cena rozhodnutím správního orgánu** the person claims that his rights were prejudiced due to the decision of an administrative body i.e. the rights could not have been fully exercised

zkreslení information distortion; misrepresentation

zkreslit obscure; misrepresent, distort; **~ z ideologických důvodů** obscure information / data for ideological reasons

zkušebn|a testing agency; assay-office for metals; **státní ~** state testing agency; assay-office for precious metals; **osvědčení státní ~y** test certificate issued by the State Testing Agency

zkušební testing, trial, probationary; **~ doba (PP)** probationary / trial period; **~ doba při podmíněném propuštění** probationary period in the case of parole; **~ doba u podmíněného zastavení trestního stíhání**

probationary period in case of the conditional discontinuance of criminal prosecution

zlákat entice, beguile, seduce; ~ **ženu do ciziny za účelem prostituce** induce a woman to leave the country for prostitution

zlato gold; **vyměnit za** ~ exchange for gold

zlat|ý gold, golden; ~**á akcie** *(CZ)* golden share; ~**á doložka** stanovující platit zlatem gold clause; ~**é měnové rezervy** holdings of gold; gold reserves; ~**é pravidlo** logická interpretace zákona golden rule; ~ **měnový standard** gold monetary standard; ~ **padák** *(slang)* golden parachute

zlehčování depreciation, detraction; disparagement; ~ **soutěžitele v rámci nekalé soutěže** disparagement of a competitor as an unfair competition practice

zlepšení improvement, enhancement; ~ **podmínek** improvement of conditions

zlepšovací improving, inventive, innovative; enhancing; ~ **návrh** innovative improvement proposal, innovative proposition to improve made by a worker suggesting that and how the process of manufacturing can be improved

zletilec adult; person of full legal age

zletilost legal / full age, majority; **dosažení** ~**i** reaching the full / legal age, reaching majority; **věk** ~**i** age of majority, full / legal age; **nabýt** ~**i** reach legal / full age, reach majority

zletil|ý of legal / full age, major; adult; **osoba mladší 18 let nesplňuje podmínku provozování živnosti ani tehdy, když je** ~**á** a person under 18 shall not qualify for practising a trade even if s/he is an adjudicated adult

zlidštění humanization

zlikvidovat liquidate, wind up; ~ **společnost** liquidate / wind up a company

zločin crime, felony; offence

zločinec felon, criminal; offender, perpetrator; culprit

zločineck|ý criminal; felonious; ~**á organizace** criminal society

zločinn|ý criminal, felonious; ~**á nedbalost** jako příčina trestného činu criminal negligence; ~**é spolčení** criminal conspiracy

zloděj thief; **kapesní** ~ pick(-)pocket, purse snatcher, cutpurse

zlom|ek fraction; fragment; **stanovit výživné** ~**kem nebo procentem ze mzdy** determine / set up the amount of maintenance / alimony as a fraction or percentage of wages

zlomit break down

zlomysln|ý mean, malicious; vexatious; ~**á žaloba** vexatious action / litigation; ~**é řízení** vexatious proceedings

zlovolnost wantonness, malice

zlovoln|ý wanton, malicious; wicked; ~**á nedbalost** wilful negligence; ~**é jednání** konání či opomenutí s vědomím možného způsobení škody wanton misconduct / conduct

zl|ý wanton, malicious; wicked; bad; ~**á vůle** malice; ~ **úmysl** wicked design; malice aforethought, malice prepense

zmar obstruction, the action of hindering, rendering difficult the passage or progress of a thing, prevention; ~ **díla** obstruction / frustration of a work

zmaření obstruction, frustration, the action of hindering / rendering difficult the passage or progress of a thing, prevention; ~ **účelu smlouvy** obstruction of the purpose of contract; ~ **života** destruction of life

zmař|it obstruct, frustrate; prevent; circumvent overreach, outwit, cheat; ~ **dílo** obstruct and prevent a work; ~ **účel smlouvy** obstruct and prevent / frustrate the purpose of a contract; ~ **uspokojení věřitele** při správě cizího majetku obstruct / frustrate the satisfaction of a creditor in a breach of trust; ~ **výkon trestu** frustrate the execution of punishment, make the execution of sentence impossible; **provedením napadeného rozhodnutí byl** ~**en účel jeho přezkoumání** the execution of a contested decision resulted in the frustration of the purpose of the review thereof; **úmyslně** ~, **ztížit nebo ohrozit poskytnutí zdravotnické služby** wilfully obstruct, impede or endanger the rendition of medical services

zmást lead s.o. astray; confuse, confound

zmatečnost disorder, irregularity; confusion; nullity; ~ **rozhodnutí** nullity of decision; **řízení trpí** ~**í** the trial / proceeding is subject to nullification

zmatečn|ý void, legally null, invalid, ineffectual; irregular, confused; ~**é rozhodnutí** erroneous / void decision; ~ **proces / ** ~**é soudní řízení** mistrial a trial vitiated by some error, e.g. a disqualification in a judge

zmatek chaos; confusion, disarray; **uvést ve** ~ make st. chaotic

zmatení confusion; disarray; ~ **hranic** confusion of boundaries

zmatený confused person; chaotic situation

změn|a alteration, change; variation; amendment; **prostorová** ~ area variance; **redakční** ~ editorial alteration; ~ **dovolacích důvodů** alteration of grounds for appellate review; ~ **jména, příjmení, společného příjmení** change of name, surname, common surname; ~ **obsahu pracovního poměru** alteration of the terms of employment; ~ **oprávněné osoby** při pojistném plnění change of beneficiary in payment of the insurance claim; ~ **plátce mzdy** alteration of the payor of wages; ~ **pořadí** jmen change of order of names; ~ **příjmení po rozvodu** change of surname after divorce; ~ **rozsudku** amendment to judgment; ~ **sjednaných pracovních podmínek** alteration of agreed work conditions; ~ **společenské smlouvy** amended Memorandum of Association / Articles of Incorporation, amendment of / to the Memorandum of Association / Articles of Incorporation; ~ **stanov** společnosti alteration of the Articles of Association, alteration of the Bye-laws; ~ **stavby před jejím dokončením** alteration of the construction before the completion thereof; ~ **subjektu pracovní smlouvy** change / alteration of a party to a contract of employment; ~ **trestu smrti na trest odnětí svobody na doživotí** commutation of the death penalty to penal servitude for life; ~ **ustanovení smlouvy** alteration of a contractual provision, change in a provision of contract; ~ **výměry trestu** alteration of the terms of punishment; ~ **zápisu** change of entry; amended entry; ~**y provedené na nemovitosti** alterations made to property; **provést ~y čeho** make alterations to st.; **žádat o ~u v rozhodnutí o výživném** ask for a variation in a maintenance judgment

změn|it change, alter, vary; commute st. in / into / for st.; amend; ~ **trest smrti na trest odnětí svobody na doživotí** commute the death penalty to a life imprisonment / life sentence; **rozhodnutí je ~čno na základě odvolání** the decision is reversed on appeal; **krajský soud může potvrdit, zrušit nebo** ~ **rozhodnutí, proti němuž bylo odvolání podáno** the Regional Court may confirm, reverse or vary the decision appealed against; **obdrželi jsme váš dopis a ~ili podle něj znění smlouvy** we have received your letter and have altered the contract accordingly

změniteln|ý changeable, ambulatory; ~**á závěť**

ambulatory will; ~**é ustanovení** v rozhodnutí ambulatory disposition

zmenšení diminution, reduction, decrease; minimizing; abatement

zmenšit diminish, decrease, abate

zmeškání default; neglect, omission; failure to do st.; ~ **lhůty nelze prominout** default of time is not to / may not be waived; **návrh na zrušení rozsudku pro** ~ motion to cancel the default judgment; **prominutí** ~ **lhůty k odvolání** judicial waiver of the lapsed / expired time to appeal; **rozsudek pro** ~ judgment by / in default, default judgment entered against a party who have failed to defend against a claim; **zamítnutí návrhu na prominutí** ~ **lhůty** dismissal of a motion to waive the default / lapse of time; **žádost o prominutí** ~ **lhůty** application for waiver of lapsed time; **prohrát** spor **pro** ~ **jednání** suffer default, lose the case for default of trial

zmeškaný default; lapsed; neglected, omitted; delayed; ~ **úkon** lapsed act, act / action in default, neglected / omitted / missed action

zmeškat neglect, omit; fail to do st.; ~ **lhůtu k podání odvolání** fail to file / lodge an appeal within the prescribed time-limit

zmeškavší in default, defaulted; ~ **účastník** participant in default

zmíněný mentioned, said; ~ **dále** v textu undermentioned, mentioned below

zmírnění mitigation; alleviation; moderation; ~ **mezinárodního napětí** détente; **agraciace je prominutí** trest není vykonán **nebo** ~ trest se sníží nebo se změní na mírnější druh **pravomocně uložených trestů** pardon / pardoning means the remission imposed punishment is not served or mitigation the term is reduced or exchanged for a less severe one of punishment granted upon a final judgment

zmírněný moderated, mitigated, alleviated, reduced; ~ **trest** reduced sentence / punishment; **výkon vazby se** ~**m režimem** serving remand / custody with a moderate regime

zmírnit mitigate, appease, mollify, alleviate, abate; ~ **trest** reduce sentence / punishment

zmírňovací moderating; **mimořádné soudcovské** ~ **právo** extraordinary discretionary power of a judge to moderate the sentence

zmizení disappearance; absconding

zmizet disappear; abscond; ~ **bez placení daně** abscond without paying taxes

zmocněnec authorised person, agent, representative; attorney-in-fact, deputy; **obecný ~** private attorney, general representative representing a litigant in lieu of counsel; **osobní ~** personal representative; **~ poškozeného** representative of the injured

zmocnění authorisation; empowering; power, authority; formal warrant / sanction; **~ jako smluvní zastoupení** authorisation as a type of contractual representation; **~ k odkupu** authority to purchase / negotiate; **~ k proplacení** authority to pay; **~ k výslechu svědků** power to interrogate witnesses; **~ právnímu zástupci** power / warrant / letter of attorney; **na základě ~ lidu** by the authority of the people; **žaloba s alternativním ~m** alternativa facultas petition / complaint with optional relief the plaintiff declares that any relief will be accepted

zmocnění se seizure, appropriation; confiscation, forcible taking; **~ věci** seizure / forcible appropriation of a thing

zmocn|it capacitate, authorize, empower; **~ koho aby jednal tvým / vaším jménem** authorize s.o. to act on your behalf; **být ~ěn společností k podpisu smlouvy** be empowered / authorized by a company to sign a contract

zmocnit se seize, occupy; appropriate, assume, usurp; **~ dopravního prostředku** unlawfully appropriate a means of transport

zmocnitel mandator, principal the person for whom and by whose authority another acts

zmocňovací authorizing, empowering; mandating; delegating, enabling; **~ smlouva příkazní** contract of mandate; **~ ustanovení** delegating provision in a statute to delegate powers to subordinate bodies; **~ zákon** enabling statute

zmrazen|ý frozen; **~á aktiva nepřevoditelná na hotovost** frozen assets; **~ účet bankovní** frozen bank account

zmrzačení mayhem the crime of violently inflicting a bodily injury upon a person so as to make him less able to defend himself, permanent disfigurement, dismemberment and disablement

značení marking, labelling; **~ přechodu pro chodce** zebra crossing

znač|a mark; label, plate, sign; marker; brand; **hraniční ~** boundary marker; **soutisková ~** front-to-back register; **státní poznávací ~** registration plate of a vehicle; **~ zboží** brand of an article; **padělat nebo úmyslně zneužít úřední ~u** forge or wilfully misuse an official

mark; **poškodit dopravní ~u** damage a traffic sign; **přemístit nebo umístit dopravní ~u** transfer or place a traffic sign; **úmyslně zničit dopravní ~u** wilfully destroy a traffic sign; **zakrýt dopravní ~u** cover a traffic sign; **zaměnit nebo pozměnit dopravní ~u** exchange or deface a traffic sign; **znečistit nebo neoprávněně odstranit dopravní ~u** defile or unlawfully remove a traffic sign

značkov|ý branded, branch; **~é jméno** zboží brand name; **~é zboží** branded goods

značn|ý considerable, extensive, material, substantial; **~á škoda** material / substantial / significant damage; **~é zdržení** considerable delay; **~ prospěch** considerable benefit

znak sign, code; mark, badge; symbol; element; **číselný ~ diagnózy** při úmrtí numerical code of a diagnosis in case of death; **materiální a formální ~ přestupku** material and formal elements of an administrative delict / infraction; **materiální ~ trestného činu** material element of a crime; **zákonný ~ trestného činu** statutory element of a crime; **naplnit ~y trestného činu** accomplish elements of a crime / offence; **odstranit hraniční ~** remove a border mark

znakov|ý signing, relating to sign; **~á řeč** silent / sign language

znal|ec expert; specialist; **soudní ~** sworn / certified / forensic expert; expert witness before court; **~ ad hoc** ad hoc expert; **~ práva** jurist; lawyer; jurisconsult; **~ v oboru stavitelství a odhadu nemovitostí** chartered surveyor; **důkaz ~cem** expert evidence; **náhrada hotových výdajů a odměna ~ce** compensation of cash expenses and remuneration of expert; **přibrání ~ce** joining / engaging / involving an expert in the proceedings; **seznam soudních ~ců** register of sworn / certified / forensic experts; **ustanovení ~ce** appointment of an expert; **přibrat ~ce** join an expert in a hearing; **ustanovit ~ce** appoint an expert

znalecký relating to expert; specialist; **nepravdivý ~ posudek** false expert opinion / report; false expert testimony in court; **~ důkaz** expert evidence; **~ posudek** expert's opinion / report, expertise; **důkaz ~m posudkem provedený v hlavním líčení** expert evidence adduced at a trial in proceedings

znalečné expert's fee; **usnesení o určení ~ho** resolution to determine an expert's fee surveyor's fee

znalost knowledge, understanding, command; **faktická** ~ actual knowledge; **odborné** ~**i** specialist knowledge; **předpokládaná** ~ constructive knowledge; **základní** ~**i** basic knowledge
znamenan|ý listed, quoted; marked, registered; ~**é cenné papíry** listed securities
znamenat list, quote; mark, register; mean, denote; ~ **cenné papíry na burze** list securities
znamení feature; mark, sign, signal; **zjišťování zvláštních tělesných** ~ detection of distinguishing physical features
známka stamp; mark; label; **ekologická** ~ eco--label; **kolková** ~ official stamp; **ochranná** ~ registered trade(-)mark; **poštovní** ~ postage stamp
znám|ý known; ~**í dědicové** known heirs
znárodnění nationalization
znárodněn|ý nationalized; ~**á průmyslová odvětví** nationalized industries
znárodnit nationalize
znásilnění rape; **obvinit z trestného činu** ~ accuse of a rape
znečistit contaminate, pollute; debase; ~ **půdu nevhodným skladováním olejů** pollute the soil through the inappropriate storage of oils; ~ **veřejné prostranství** pollute a public place
znečištění, znečišťování contamination, pollution; ~ **hlukem** noise pollution; ~ **ovzduší** air pollution; ~ **půdy** soil pollution; ~ **vody** water pollution; ~ **životního prostředí** pollution of the environment; **kontrola** ~ **moře způsobeného loděmi** control of marine pollution from ships; **zdroj** ~ pollution source, source of pollution
znečišťovatel polluter
znečišťující polluting, contaminating; **vypuštění** ~ **ch látek** discharge of pollutants
znehodnocení devaluation; disparagement; lowering of value; ~ **potravin přidáním nebezpečných látek** adulteration; ~ **provedených změn** devaluation / disparagement of implemented changes; ~ **věci** devaluation of a thing; ~ **utajovaných skutečností** rendering classified information useless
znehodnotit devaluate; depreciate; disparage; lower the value; ~ **geologické výzkumné dílo** cause the devaluation of geological research
znemožn|it make impossible; deny; **fakticky** ~ **co** make st. virtually impossible; **prakticky** ~

~ **co** make st. impossible in practice; **mít** ~**ěn přístup kam** be denied access to st.
znění text, reading, wording; version; prose; **plné** ~ **výroku soudu** full text / prose of a judicial statement / holding; **zkrácené** ~ abridgement, abridged text; **v plném** ~ unabridged, consolidated text, full text version; **ve** ~ **pozdějších předpisů / novely** as amended; **ve** ~ **zákona č. 19 / 1997 Sb.** as amended by Act N.19 / 1997 Coll.; **ustanovení platí ve** ~**:**... the provision shall have effect as if it read:...; ~ **ustanovení je dvojznačné a vyžaduje upřesnění** the wording of the clause is ambiguous and needs clarification
zneplatnění nullification; invalidation; avoidance; vitiation
zneschopnit incapacitate; disable
znesvěcování blasphemy; defamation; evil speaking; ~ **Boha nebo církve** blasphemy, profane speaking of God or church
zneškodnění disposal; removal; liquidation; ~ **nevybuchlé bomby** bomb-disposal; ~ **pachatele** paralyzing an offender
zneškodňování disposal; removal; liquidation; ~ **odpadů** waste disposal
zneuctění disparagement; dishonour; disrepute; violation
zneuctít disparage, defame, disrepute; violate
zneužít, zneužívat misappropriate; misuse, abuse; maltreat; ~ **obchodní tajemství** misappropriate the trade secret
zneužití misappropriation of public money; misuse of drugs, abuse of a child; malpractice improper treatment or culpable neglect of a patient by a physician or of a client by a lawyer; malversion acting corruptly in a position of trust *(obs)*, maltreatment abuse; ~ **bezbrannosti** abuse of defencelessness; ~ **práva** abuse of right; misuse of law; ~ **pravomoci** abuse of authority / power; colour of law; ~ **svobody projevu** abuse of the freedom of expression; ~ **úřední moci** clerical misprision; criminal malversion; ~ **věci** misuse / abuse of a thing; **zábrana** ~ prevention of misappropriation; ~ **ochrany utajovaných skutečností** abusing / misusing classified information
zneužívání abuse; misuse of drugs, power, maltreatment; perversion as a disorder of sexual behaviour; misappropriation of money; malpractice by a physician, malversion by an officer; **pohlavní** ~ sexual abuse; sexual interference touch-

ing with a part of the body or an object; sexual exploitation by a person in authority towards a juvenile; **sexuální ~ dětí** sexual abuse of children; **~ mezinárodně uznávaných a státních znaků** misuse of internationally recognised and state / national emblems; **~ pravomoci veřejného činitele** abuse of powers of a public official, misconduct / malconduct of a public officer, malversion; **~ vlastnictví** misuse of ownership

znevážit, znevažovat disregard; defame, profane, treat with contempt / disregard; desecrate, violate; **poškodit, zneužít nebo ~ státní symbol** damage, misuse or defame the state / national symbol

znevažování disregard, defamation, disparagement; **~ právního titulu** disparagement of title

zničení destruction, demolition; overthrow; ruin; annihilation; **~ důkazů** destruction of evidence; loss of evidence; **~ věci** destruction / defacing of a thing; **~ věci vlastníkem úmyslné, svévolné** voluntary waste of property by the owner

zničit destruct, destroy; demolish, ruin; **úplně ~** fully destroy / abate, ruin; **důkazy přesunutím mimo jurisdikci soudu** withhold evidence transferring it outside the jurisdiction of a court

zničitelnost destructibility

znovunabytí repossession, recovery, renewed possession; **~ držby** resuming possession, repossession; **žaloba ke ~ držby** action of ejectment to restore possession of property to the entitled person

znovuprojednávání new trial; rehearing, retrial of a case; new consideration of a bill

zodpovědný responsible, accountable, answerable for; liable for; being in charge of; **být ~ za co** 1 be in charge of st. as a duty 2 be liable / legally responsible for st.

zodpovídat account / answer for, be responsible / accountable / answerable for; **~ za ztráty** account for a loss

zohyzdění, zohyždění defacement, disfigurement; mayhem

zón|a zone; area; **dotyková ~ ve válce** contact zone in a war; **svobodné celní ~y a celní sklady** free zones and bonded warehouses; **zadržovací ~** holding zone

zónování zoning; zonation; **~ měst** zonation,

distribution of a town in zones or regions of definite character

zorganizovat organize; arrange for st.

zostuzení gross defamation; dishonour, shame, disgrace

zoufale desperately, in despair; hopelessly

zoufalství despair

zoufalý desperate; hopeless

zpátky back; in return

zpeněžení realization the action of converting property into a more available form; **~ zůstavitelova majetku** realization of the decedent's estate / property of the deceased; **rozvrh výtěžku ~ majetku** schedule / scheme of the distribution of proceeds from the realization of property

zpeněžitelný realizable; marketable, negotiable, tradable

zpět back, backward; to the rear; **vzít návrh ~** withdraw a motion; **vzít odvolání výslovným prohlášením ~** withdraw an appeal by / upon an express statement

zpětn|ý retroactive; retrospective; reverse; **~á účinnost** retrospective / retroactive effect, retroactivity, retrospectivity, retrospectiveness; **~é datování** backdating; **~ účinek** retrospective effect; **~ účinek uznání** retroactive effect of recognition; **nepřípustnost ~é účinnosti zákona** impermissibility of retroactivity / retrospective effect of a law; **právo ~é koupě** right to purchase back; **se ~ou platností** retroactively, retrospectively operative with regard to past time

zpětvzetí withdrawal, taking back; retraction; removal; **~ návrhu** withdrawal of a motion; **~ opravného prostředku a zastavení řízení** withdrawal of a remedy / remedial measure and discontinuance of proceedings; **~ stížnosti** withdrawal of a complaint; **~ stížnosti vezme usnesením na vědomí předseda senátu** the withdrawal of a complaint will be noted by the presiding / chairing judge by the way / means of resolution; **~ žaloby** withdrawal of the petition; voluntary discontinuance of action / proceedings; **~ žaloby mimo jednání** withdrawal of an action outside the trial; **připuštění ~ návrhu na zahájení řízení** admission / permission that a motion to commence proceedings may be withdrawn; **usnesení o nezastavení řízení při ~ návrhu** resolution not to discontinue proceedings if the motion is withdrawn; **výzva odpůrci při ~ návrhu na**

zahájení řízení notice to the respondent of the notice of withdrawal of a petition; **zastavení řízení pro ~ návrhu nebo odvolání** discontinuance of proceedings due to the withdrawal of an action or appeal

zpevnění consolidation; corroboration; fortification

zpevnit consolidate; harden, confirm; fortify

zplnomocnění authorisation; power; formal warrant / sanction; power / letter / warrant of attorney; **~ k zastupování koho u soudu** power of attorney / authorization to represent s.o. in court

zplnomocněný authorised; empowered; **mimořádný a ~ velvyslanec** Ambassador Extraordinary and Plenipotentiary; **~ zástupce** empowered / authorised representative / agent

zpochybnění infirmation; challenging; contesting; doubts; **~ platnosti rozhodnutí** challenge to validity of a decision

zpochybněn|ý infirmed; contested, challenged; **~á způsobilost k právním úkonům** infirmed / contested legal competence / capacity

zpochybn|it challenge, contest; infirm, query, question; invalidate, call st. / s.o. in question; **~ nárok** dispute a claim; **~ platnost** query the validity of st.; **~ spolehlivost svědka** question the reliability / trustworthiness of the witness; **~ svědka** impeach a witness; **~ tvrzení** infirm the allegation of facts; **být ~ěn** be called in question, be challenged / contested

zpověď confession

zpracování processing; fabrication; elaboration; **~ znaleckého posudku** drafting / writing / producing an expert opinion / report

zpracovan|ý processed; elaborated; **žaloba na určení vlastnictví ke ~é cizí věci** action to determine the title to a processed thing of another

zpráv|a report on st., statement; notice; memorandum; **důvodová ~** explanatory report / memorandum; statement of an intent of legislators; **revizní ~** auditor's report; auditor's determination; **výroční ~ o hospodaření** annual business report; annual report on the management of business; **~ o úředním, znaleckém nálezu** notice of official, expert determination; **~ o stavu Unie** (US) State of the Union message a yearly address delivered by the President of the U.S. to Congress, giving the Administration's view of the state of the nation and its plans for legislation; **~ o stavu věci** přednesená předsedou nebo jiným členem

soudního senátu report on the status of a case delivered by a presiding / chairing judge or any other judge on the panel; **šíření poplašné ~y** spreading false news *(CZ)*; a crime of hoax, hoaxing mischievous deception, usually taking the form of a fabrication of st. fictitious or erroneous, told in such a manner as to impose upon the credulity of the victim; **nepodat ~u o svém zjištění** fail to give notice of one's determination

zpravodajsk|ý relating to providing information, intelligence; **~á jednotka** 1 unit providing statistical information / data 2 intelligence service unit; **~á povinnost statistika** duty to provide data statistics

zpronevěra embezzlement the fraudulent appropriation of entrusted property, defalcation a fraudulent deficiency in money matters; peculation the appropriation of public money / property by one in an official position; fraud; conversion; **~ peněz** conversion of funds; **~ veřejných finančních fondů** peculation, diversion of public funds

zpronevěřit embezzle, defalcate; peculate; divert; **~ veřejné peníze** divert public money to one's own pocket

zprostit relieve, release from; exempt from; **~ koho závazku** relieve / absolve s.o. from obligation; **~ obhajování** release counsel from defending the accused; **~ obvinění nebo obžaloby ze spáchání trestného činu** release s.o. from accusation of, charges with a crime; set s.o. free / clear from accusation or charge; acquit of an offence; **~ obžalovaného obvinění** acquit a defendant; release / discharge the defendant from accusation / charges; **~ odpovědnosti** release / exempt s.o. from liability; **~ povinnosti vypovídat** release from duty to give testimony

zprostředkovací intermediating; procuring; hiring; **~ agentura** hiring agency

zprostředkování agency; brokerage; procurement; mediation; **smlouva o ~** contract of agency; brokerage contract; **~ služeb a věcí** procuring services and things; **~ zaměstnání** finding employment / job for s.o.

zprostředkovan|ý mediate, intermediate, intermediary; **~á lidská náplň** *(CZ)* substitute human load in the case of corporations, which consist either of individuals, or of entities acting as persons

zprostředkovat procure; negotiate for s.o., serve as an agent / a broker; mediate; find; **~ obchod** procure the deal; serve as a middleman in business; ~ **uzavření smlouvy** negotiate and bargain a contract for s.o.

zprostředkovatel broker, agent; middleman; intermediary; mediator; ~ **v pracovních sporech** mediator in industrial disputes

zprostředkovatelna agency; ~ **práce** Employment Agency / Office / Bureau; hiring hall

zprostředkovatelsk|ý relating to broker, agent, middleman; **~á provize** brokerage commission; middleman's commission / fee; **~á smlouva** contract of brokerage / agency, brokerage / agency contract

zproštění release, exemption, waiver; discharge, dismissal; ~ **pojistníka od placení pojistného** waiver of premium; ~ **dlužníka** discharge in / of bankruptcy; ~ **objektivní odpovědnosti** liberation, exemption from no-fault liability; ~ **obvinění** acquittal from charges; ~ **opatrovníka funkce** discharging a guardian from his duties; ~ **povinnosti** release from obligations / duties; ~ **povinnosti zachovávat mlčenlivost** release from the obligation to maintain confidentiality; release from the duty of non-disclosure; **usnesení o ~ a ustanovení konkursního správce** resolution to dismiss and appoint a trustee in bankruptcy; **volba přísedících, jejich ~ a odvolání z funkce** *(CZ)* election of lay judges acting in first instance criminal proceedings, discharge and dismissal thereof

zprošťující acquitting; releasing / relieving from; ~ **rozsudek** judgment of acquittal; ~ **výrok** statement / holding of court determining the acquittal; verdict of not guilty returned by jury

zprotivení resisting; ~ **a donucení k porušení vojenské povinnosti** resisting and obstructing a soldier on duty

zpřísnění making severe / rigid / strict; tightening, aggravating; ~ **trestu** aggravating / increasing sentence, making the sentence harsher

zpřístupnění čeho providing access to; making st. accessible; **vzájemné ~ procesních materiálů** před začátkem procesu discovery of pleadings; ~ **tajných materiálů** declassification, disclosure of classified materials

zpřístupnit make st. accessible, provide an access to st., open st.

způsob way, method, manner; kind, mode; **libovolný ~** arbitrary way; ~ **platby** method of

payment; ~ **pohřbení** mode of burial; ~ **provedení trestného činu** mode of committing a crime; modus operandi *(lat)*; ~ **rozdělení celého souboru práva** way of dividing up the whole body of law; ~ **soužití** mode of co-existence / cohabitation; modus vivendi *(lat)*; ~ **uzavření manželství** mode of solemnization of marriage; ~ **užití** mode of use; ~ **výkonu trestu** odnětí svobody mode of service of the term of imprisonment; **~em zhruba podobným** čemu in a way broadly similar to st.

způsobení infliction; causation; ~ **škody** infliction of injury / loss, damnification, causing damage; ~ **škody z nedbalosti** causing negligent damage, inflicting damage due to negligence; **prokázat ~ škody** prove the damage sustained

způsoben|ý caused, inflicted; occasioned; **újma ~á** čí nedbalostí loss occasioned by s.o.'s neglect; **~á škoda** harm caused / done, loss incurred; damage caused, inflicted injury / damage

způsobilost capacity, competence; qualification; fitness; **částečná ~ k právním úkonům** limited legal capacity; **duševní (ne)~** mental (in)capacity; **finanční ~ plnit své závazky** ability to pay discharge one's financial obligations, solvency; **fyzická ~ k doznání** physical fitness of the accused to plead guilty; **odborná ~ pro provozování živnosti** professional competence to engage in / practise trade; **osobnostní ~** personal suitability to perform special tasks; **požadovaná ~** requisite legal capacity / physical fitness; **pracovněprávní ~** subjektivita employment capacity, capacity to enter into a contract of employment; **právní ~ uzavřít manželství** legal competence to marry; **procesní ~** capacity to sue and be sued; **smluvní ~** capacity to contract; **trestní ~** criminal capacity; **zpochybněná ~ k právním úkonům** contested legal competence; ~ **věci pro určitý účel** fitness of a thing for particular purpose; ~ **být trestně odpovědný** criminal capacity; ~ **být trestně stíhán** competence to stand trial, competence to be prosecuted; ~ **být účastníkem řízení** be competent as a party to an action, have capacity to sue and be sued participate in the proceedings; ~ **důkazů** řádně svědčit competence of evidence; ~ **k právním úkonům** legal capacity / competence / qualification to act, enter into a legal relation; ~ **k právům** capacity to have / possess rights and duties, legal personality of natural persons; ~ **pohledávky** maturity of a claim; ~ **právnické osoby k právním úkonům** corporate personality; competence of a legal entity to acquire rights and duties; ~ **svědka řádně svědčit** competence of witness; ~ **volit** electoral qualification; ~ **výrobku / zboží** fitness of a product / goods; **námitka nedostatku ~i** capacity defence; objection to the lack of capacity; **nepřiznání nebo odnětí odborné ~i** denial or withdrawal of professional licence based on s.o.'s competence / qualification; **omezení ~i k právním úkonům** limitation of legal capacity / competence / qualification; **posudek o osobnostní ~i** evaluations of a person's personal suitability; **posudek o zdravotní ~i** evaluations of s.o.'s state of health; **rozhodnutí o omezení ~i k právním úkonům** judgment of limitation of / limited legal capacity; **rozsudek o zbavení ~i k právním úkonům** incapacitating judgment, judgment depriving a person of the legal capacity due to substantial mental disability; **řízení s cílem prokázat duševní ~ osoby** competence proceedings to prove person's mental competence; **snížení pracovní ~i** diminution of s.o.'s capability / capability / fitness to work as a result of an injury; **stav vylučující ~** state / conditions excluding capacity, state / conditions impeding capacity; **vrácení ~i k právním úkonům** return / re-establishment of legal capacity to a person; **zastavení řízení pro ztrátu ~i být účastníkem řízení** discontinuance of proceedings due to disqualification of a participant in litigation; **zbavení ~i k právním úkonům** incapacitation, the rendering or being rendered incapable; disqualification; **zletilá osoba se ~í k právním úkonům** person of full age and capacity; **ztráta pracovní ~i** loss of capability / fitness to work as a result of injury **způsobil|ý** capable of; competent, qualified; fit; **právně** ~ legally competent / qualified; ~ **k použití** applicable; fit to be applied; ~ **řádně zastupovat** fully competent / qualified to represent duly; ~ **svědek** competent witness; **osoba není ~á k jízdě / řídit vozidlo** the person is unfit to drive; **osoba ~á z hlediska svého duševního stavu** mentally competent person; **osoba, která je zdravotně a osobnostně ~á a bezpečnostně spolehlivá** person who is fit in terms of health, personally suitable and

reliable from a security point of view; **být ~ým k čemu** qualify for st., be competent / qualified for st.

způsobit cause, create a harm, do; occasion an injury; afflict distress with bodily or mental suffering, inflict an injury; **úmyslně ~ pojistnou událost** cause an insured loss deliberately; ~ **nemožnost výkonu práva** render the exercise of a right impossible; ~ **nesnáze / obtíže** distress, cause distraints; ~ **škodu** cause damage / injury / harm, occasion damage / injury / harm, inflict harm / injury; ~ **škodu na cizím majetku krádeží, zpronevěrou, podvodem, nebo zničením věci** cause damage to the property of another by / through theft, embezzlement, fraud or the destruction of a thing; ~ **špatnou pověst** koho / čeho čím bring s.o. / st. into disrepute by st.; ~ **újmu na životním prostředí** cause harm to the environment; ~, **že zboží je neprodejné** render the goods unmerchantable

způsobovat cause, create, do; occasion; afflict, inflict; incur; ~ **hluk** create noise

způsobující causing, creating; inflicting; occasioning; ~ **újmu** causing damage, inflicting injury

zpustlost depravity social; dereliction of property; dissoluteness moral

zpustlý depraved; derelict, dissolute

zpustnutí waste; devastation; dereliction; desertedness; **nebezpečí ~** danger of the waste of property

zrada treason; betrayal; **válečná ~** war treason

zradit betray; ~ **svou vlast** betray one's country

zrádn|ý treacherous, deceptive, untrustworthy, unreliable; **~á paměť** treacherous / unreliable memory

zranění wound, wounding, injury; **tělesné ~** bodily injury

zranit wound, injure

zranitelnost vulnerability

zranitelný vulnerable

zrazovat koho od čeho dissuade from st., divert / draw s.o. from a course / action

zrevidovat audit accounts; revise, control, inspect documents; scrutinize results

zrovnoprávnění emancipation; equalization; ~ **vztahů** emancipation of relations

zrušení dissolution; termination of existence; cancellation; abolition; repeal; abrogation; voidance; vitiation; renunciation; annulment; **okamžité ~ pracovního poměru zaměstnan-**

cem, zaměstnavatelem instant notice of the termination of employment submitted by an employee, served by the employer; **právní** ~ legal cancellation of an act, legal dissolution of a company; abrogation of a law; ~ **autorské ochrany** vitiation of copyright; ~ **části zákona** novým zákonem nebo jeho částí derogation repeating a part of a law, substituting it with a new law or a part thereof; ~ **dluhu** debt cancellation; ~ **konkursního řízení** cancellation of bankruptcy proceedings; ~ **manželského soužití** termination / dissolution of cohabitation; ~ **manželství** od samého počátku annulment of marriage; ~ **manželství rozvodem** dissolution of marriage by divorce; ~ **nadace** dissolution of a foundation; ~ **nájemní dohody / smlouvy** cancellation of the tenancy agreement; ~ **nájmu** termination of a lease; reversion of a lease; ~ **návrhu** uzavřít smlouvu revocation of an offer to enter into a contract; ~ **nesprávného rozhodnutí o poplatkové povinnosti** cancellation of an erroneous decision with respect to s.o.'s duty to pay charges; ~ **objednávky** pro nedodání zboží cancellation of purchase order due to failure to deliver; ~ **ochranné známky** cancellation of a trade mark; ~ **omezení** rychlosti derestriction, cancellation of a speed limit; ~ **omezení způsobilosti k právním úkonům** cancellation of the limitation of legal capacity; ~ **oprávnění** revocation of a power / right / authorization; ~ **osvojení** cancellation / termination of an adoption order; ~ **pěstounské péče** cancellation / termination of foster care order / fosterage; ~ **patentu** cancellation of a patent; ~ **platebního rozkazu** cancellation of a judicial / compulsory order to pay; ~ **platnosti** annulment, nullification; avoidance; ~ **plné moci** revocation of the power of attorney; ~ **podílového spoluvlastnictví** abolition of rights in common property; ~ **podmíněčného propuštění** ve zkušební lhůtě pro porušení podmínek *(TP)* revocation of the conditional parole during the probation period due to the violation of conditions by the parolee; ~ **povolení** revocation of permission; ~ **pracovního poměru ve zkušební době** termination of employment during the probationary / trial period; ~ **rasové segregace** desegregation, abolition of segregation; ~ **registrace** emitenta cenných papírů deregistration / termination of the registration of an issuer of securities; ~ **rozhodnutí o konkursu** annul-

ment of adjudication; ~ **rozsudku** z důvodu jeho vadnosti vacation of judgment due to defect; ~ **rozsudku soudu 1. stupně** vacation / reversal of a judgment of first instance by an appellate court; ~ **smlouvy** dissolution of a contract by the parties themselves; cancellation of a contract generally or by court; ~ **společnosti bez likvidace** dissolution of a company without liquidation; ~ **společnosti soudním rozhodnutím** judicial dissolution of a company; ~ **spoluvlastnictví** termination of co-ownership; ~ **správního rozhodnutí** revocation of an administrative decision; ~ **účinnosti** termination of effect; annulment, nullification; ~ **ustanovení zákona** ustanovením nového zákona subrogation the annulment of a provision in a statute and its substitution by a new law or a provision thereof; ~ **vadného rozhodnutí** vacation of a defective / erroneous / reversible judgment; ~ **všech vojenských bloků** dissolution of all military blocs; ~ **zákona novým zákonem** abrogation; ~ **zasnoubení** disengagement; ~ **závěti** revocation of a will; ~ **živnostenského oprávnění** k ohlašovací nebo koncesované živnosti cancellation of a trade licence to engage in a notifiable or permitted trade; ~ **a vypořádání** podílového spoluvlastnictví termination and settlement of common property; **dohoda o** ~ **a vypořádání podílového spoluvlastnictví k bytovým jednotkám** agreement to terminate and settle / divide common property with respect to residential units; **námitka proti zjevně vadné obžalobě nebo vadnému bodu obžaloby se uplatňuje formou návrhu na** ~ **obžaloby nebo bodu** an objection to an indictment, or a count therein due to an apparent defect is taken by motion to quash the indictment or the count; **návrh na** ~ **způsobilosti** k právním úkonům petition for incapacitation; **rozsudek o** ~ **práva společného nájmu bytu** judgment terminating the right to common lease of a flat, judgment for termination of the right to common lease of a flat; **rozsudek o** ~ **vyživovací povinnosti** judgment in cancellation of / to cancel the duty to support and maintain; **rozsudek ve věci** ~ **účasti společníka ve společnosti** judgment for the termination of membership in a company / corporation; **usnesení o** ~ **rozhodnutí a postoupení věci věcně příslušnému soudu** resolution to cancel the decision, and transfer the case to a court having subject-

-matter jurisdiction; **usnesení o ~ rozhodnutí a vrácení věci soudu 1. stupně k dalšímu řízení** resolution to cancel the decision and remand the case to the court of first instance to proceed; **žaloba na ~ obchodní společnosti soudem** action for the judicial dissolution of a company; **žaloba o ~ účasti společníka ve společnosti s ručením omezeným** action to terminate the membership of a member in a limited liability company

zrušen|ý cancelled; revoked, terminated; vacated, reversed; **~á platnost** terminated validity / force; nullification, annulment; **~á plná moc** revoked power of attorney; **~á registrace** terminated registration; **~á smlouva** cancelled / dissolved contract; **~á společnost** dissolved company; **~á účinnost** terminated effect / operation; nullification, annulment; **~á vyživovací povinnost** cancelled duty to support and maintain; **~á závěť** revoked will; **~é povolení k pobytu** revoked residency permit; **~é spoluvlastnictví** terminated common property; **~é usnesení** cancelled resolution; **~ rozsudek** odvolacím soudem vacated / reversed judgment; **~ zákon** repealed law; abrogated law and substituted with a new one

zruš|it, zruš|ovat cancel, terminate; dissolve; revoke; reverse, quash, vacate; repeal; abolish; **~ a nahradit** novým rozhodnutím overrule by subsequent decision; **~ či změnit rozhodnutí** discharge or vary a decision / ruling; **~ daň** abolish / lift / repeal a tax; **~ embargo na dovoz čeho** lift an embargo on the import of st.; **~ kupní smlouvu** dissolve / cancel the sales contract; **~ majetkovou záruku** cancel a pledge / pawn / collateral; **~ manželství** dissolve a marriage; annul marriage; **~ napadený rozsudek** reverse / quash / vacate the challenged / contested judgment; **~ návrh na uzavření smlouvy** cancel an offer to make a contract; **~ obžalobu** cancel / quash an indictment; **~ odsouzení** reverse a conviction; **~ omezení** čeho cancel / remove restrictions; derestrict; **~ opravný prostředek** cancel / abrogate a remedial measure, cancel / abrogate a remedy; **~ osvobozující rozsudek** quash the judgment of acquittal; **~ platnost / právní sílu** čeho make a contract null and void, make a law, decision of no effect, annul a marriage, terminate the validity / legal force of st.; **~ politické svazky** dissolve political bands; **~**

právní vztah terminate legal relationship; **~ právnickou osobu** dissolve a legal entity; **~ prozatímní rozsudek** rescind / cancel the interlocutory judgment / decree nisi; **~ rasovou segregaci** abolish racial segregation, desegregate; **~ rozhodnutí** nižšího soudu reverse / vacate a judgment; **~ rozsudek** quash the judgment; **~ smlouvu** od samého počátku annul the contract; **~ smluvní závazek** discharge a contractual obligation; **~ soudní rozhodnutí** rescind / cancel a judicial decision, quash a judgment; vacate / reverse a judgment by a higher court; **~ soudní zákaz / příkaz** vacate the injunction; **~ spojení** disconnect; dissolve connections; **~ ustanovení zákona** repeal a provision of an act; **~ výrok** cancel the statement / holding of judgment; quash a verdict rendered by jury; **~ výrok o vině** reverse / cancel the statement / holding of court determining the guilt; quash the verdict of guilty rendered by jury; **~ zákaz** čeho lift a ban on st.; **~ zápis** expunge / delete / erase / strike off an entry; **propadnutí majetku je ~eno jinak než rozhodnutím soudu** forfeiture is avoided otherwise than by relief granted by the Court; **rozsudek, kterým se ~uje rozhodnutí orgánu státní správy** judgment cancelling / vacating the decision of a state administration body; **usnesení, kterým se ~uje obchodní společnost na návrh** resolution whereby the company shall be dissolved upon motion; resolution whereby the existence of a corporation / company shall be terminated upon motion; **usnesení, kterým se ~uje usnesení** resolution whereby the resolution shall be cancelled / vacated; **krajský soud může potvrdit, ~ nebo změnit rozhodnutí, proti němuž bylo odvolání podáno** the Regional Court may confirm, reverse or vary the decision appealed against

zrušitelnost revocability, defeasibility; possibility of rendering st. void / null; capability of being cancelled / revoked / dissolved / terminated

zrušiteln|ý voidable; revocable, cancellable, terminable, defeasible; dischargeable; **právně** voidable; annulable; **rozsudek o ~ém osvojení** judgment of revocable adoption; **~é manželství** voidable marriage; **~é osvojení – 1. stupeň** revocable adoption – 1st degree; **~ nárok** dischargeable claim; **~ pozemkový majetek** budoucí událostí defeasible estate liable to be defeated by a future contingency; **~ právní titul** defeasible title

zrušovací cancelling; repealing, abrogating; vacating, quashing; **~ rozhodnutí odvolacího soudu** appellate judgment vacating / reversing a first instance judgment; **~ usnesení** cancelling / vacating resolution, resolution to cancel / vacate; **~ ustanovení** repealing clause

zrychlen|ý accelerated; **~é azylové řízení** accelerated application for asylum procedure; **~ odpis** accelerated depreciation

zrychlit accelerate, quicken, add to the speed of a motion or process; **~ vývoj společnosti** accelerate the progress of society

zrychlování acceleration, speeding

zřejmě obviously, apparently; clearly; conspicuously

zřejm|ý obvious, apparent, evident, clear, conspicuous; discernible; **uložený druh trestu je v ~ém rozporu s účelem trestu** the imposed sentence is at obvious variance / conflict with the purpose of sentencing

zřeknutí se waiver, surrender, relinquishment; abjuration on oath; **~ nároku** waiver / abandonment of a claim; **~ povinnosti / odpovědnosti** disclaimer of one's duty / responsibility; **~ právního titulu** abandonment of title, relinquishment of an interest

zřetel consideration, regard; respect; **se ~em k čemu** in regard of / to st., with regard to st.; with respect to st., in respect of st., considering / regarding st.

zřetelně clearly, distinctly; conspicuously

zřeteln|ý clear, distinct; conspicuous, obvious; evident, visible; **~á podmínka** conspicuous term; **~é ustanovení** conspicuous clause so written that a reasonable person against whom it is to operate ought to have noticed it

zřícení fall, crash; collapse; **~ domu** a collapse of a house

zříci se waive, surrender; abandon, relinquish, give up; disclaim; **~ nároku na co** abandon / waive one's claim to st.; **~ práva** abandon / waive one's right; **~ práva na obhájce** waive one's right to counsel; **~ přísežně čeho** abjure st., renounce / abandon st. by / upon oath

zřídit, zřizovat establish, constitute, create, form; incorporate; **~ dočasnou vládu** constitute a provisional / temporary government; **~ komisi k projednávání přestupků** establish a committee to hear and dispose of adminis-

trative delicts / infractions; **~ nadaci** found / incorporate a foundation; **~ věcné břemeno** grant / create an easement; **~ zástavní právo k nemovitosti** create a mortgage; **~ zástavní právo k věci** create a security interest in a thing upon contract

zřízenec attendant, usher; bailiff; **soudní ~** bailiff *(UK)*, court attendant

zřízení grant, granting, creating, creation, establishing, establishment, constituting, constitution; **protismluvní ~ podnájmu** subleasing the premises in violation of the lease terms; **~ a zánik práva** creation and extinction of a right; **~ orgánů** establishment of bodies; **~ právnické osoby** formation / establishment / creation of a legal entity; incorporation of a body corporate; **~ soudcovského zástavního práva na nemovitostech** creation of a judicial lien with respect to real property; **~ věcného břemene** grant / creation of an easement; **~ věcného břemene bydlení a užívání nemovitosti** grant / creation of an easement on property of dwelling and enjoyment; **~ zástavního práva ke spoluvlastnickému podílu na věci** making of a security agreement for the creation of a security interest in the share of common property

zřizovatel incorporator, promoter; **~ nadace** incorporator / promoter of a foundation; **~em školy je ministerstvo školství** the Ministry of Education shall act as a promoter of the school

ztěžování obstruction, obstructing, hinderance, hindering, impeding; making st. difficult; **~ výkonu práva** obstructing / impeding law enforcement / the exercise of right; **~ výkonu rozhodnutí** obstructing / impeding the execution of judgment

ztěžovat impede, intrude, obstruct; make st. difficult; **hrubě ~ postup řízení** grossly intrude in the course of proceedings, encroach on the course of proceedings; **nadměrně ~** make st. excessively difficult; **~ výkon služby vojáka** impede the service of a soldier in the armed forces; **~ výkon úředního rozhodnutí** obstruct / impede the execution of an official decision

ztížení deterioration, reduction; weakening, diminution; making st. difficult; **~ společenského uplatnění** the weakening / diminishing of s.o.'s social position the social role / function / position of a handicapped person declines as a result of an industrial injury or occupational disease; **náhrada**

za ~ společenského uplatnění compensation for weakened / diminished social function / capability

ztížit deteriorate, reduce; hinder, obstruct; **~ plnění úkolů státní správy** impede the execution of the tasks of state administration; **ohrozit nebo neoprávněně ~ provádění státem organizovaných geologických prací** endanger or unlawfully obstruct the execution of geological survey organized by the State

ztrát|a loss; waste; detriment; injury; deprivation; lapse; **bolestná ~** bereavement; **skutečná ~** actual loss; **~ cti a občanských práv pro vlastizradu** attainder of treason; **~ čestných titulů a vyznamenání** deprivation of titles of honours and awards; **~ na důchodu** loss of pension; **~ na výdělku** loss of earnings; **~ pracovní způsobilosti** loss of capability / fitness to work as a result of injury; **~ státního občanství** deprivation of nationality / citizenship; denaturalization; **~ věci** loss of a thing; **~ vojenské hodnosti** deprivation of a military rank; **~ zájmu** cessation of interest; **zastavení řízení pro ~u způsobilosti být účastníkem řízení** discontinuance of proceedings due to disqualification to act as a participant in litigation; **žaloba o náhradu za ~u na výdělku po dobu pracovní neschopnosti a bolestného** action for the compensation of the loss of earnings during sick leave, and for the reparation money

ztra|tit lose, waste; **hlasy nejsou zcela ~ceny** votes are not completely wasted

ztroskotat wreck

zúčastněn|ý participating, being a party to; engaged, involved; **~á na smlouvě** party to a contract; a person having an interest in a contract; **~á osoba při trestném činu** participant in a crime; (ac)complice

zúčtovací accounting; clearing; **~ banka** clearing bank; **~ období** accounting period; **~ středisko** clearing house / centre

zúčtování clearing; accounting; billing; **devizové ~** exchange clearing

zúčtovatelný accountable

zůstat, zůstáv|at remain; stay; **~ nepotrestán** get away unpunished, go unpunished; **~ nepovšimnut / bez povšimnutí** go unnoticed; **~ají rozdíly v právu a právní praxi** differences remain in law and practice

zůstatek balance, carry-over; remainder,

residue; **čistý ~** net balance; **kompenzační ~** compensating balance; **likvidační ~** liquidation balance; surplus assets; **~ na účtu** account balance

zůstatkov|ý residual; **~á cena** net book value; residual cost

zůstavitel deceased person; testator one who has died leaving a will, decedent; **~ův majetek** estate / property of the deceased, decedent's estate

zůstavitelka testatrix

zůstavitelný devisable, capable of being bequeathed

zušlechtit improve, enhance the quality of st., cultivate, civilize

zušlechťovací improving, enhancing; cultivating, culturing; advancing, promoting; **aktivní nebo pasivní ~ styk jako celní režim** active or passive enhancement of the value of goods as a type of customs regime

zúžení tightening; narrowing; reduction; **dohoda o rozšíření nebo ~ zákonem stanoveného rozsahu společného jmění manželů** bezpodílového spoluvlastnictví manželů agreement to extend or reduce the statutory scope of the community property of spouses

zúžit tighten; narrow; reduce; **~ společné jmění manželů** reduce the community property of spouses

zuživateln|ý usable, consumable; wasting; **~é věci** wasting property

zužující reducing, narrowing; **~ výklad** strict construction / interpretation

zvažování deliberation, consideration

zvažovat deliberate, consider; advise

zvěrstvo atrocity, savage enormity, horrible / heinous wickedness

zvěř game; **divoká ~** wild game; **hájená ~** forbidden game

zveřejnění publishing, publication, publicity; disclosure; **~ akciového podílu** disclosure of s.o.'s interest in the stock of a company; **povolit ~ čeho** release st.; **soud došel k závěru, že ~ materiálu není ve veřejném zájmu** the court has concluded that it is not in the public interest to disclose the material

zveřejnit publish, publicize; disclose; **~ informace** disclose information

zveřejňování publishing, publication, publicity; disclosing; **~ informací z moci úřední** publication of information and data ex officio / by virtue of office; ~ **údajů** disclosure of data, disclosing data

zvětšení augmentation, increase

zvětšit increase; augment; accelerate; ~ **úsilí** accelerate efforts

zvítězit win; beat, defeat; ~ **ve volbách** win the election

zvládnout co make st., cope with st., handle

zvládnutí mastering; acquiring complete knowledge / understanding of a fact, a proposition; ~ **aktuální problematiky trestního práva** the mastering of the recent issues of criminal law; ~ **jazyka na výborné úrovni** mastering a foreign language at a proficiency level

zvláště especially, particularly; specially; ~ **chráněný** rostlina, druh, část přírody, živočich, nerost specially protected plant, species, part of nature, animal, mineral

zvláštní special, specific; particular; peculiar; ~ **matrika v Brně** Special Births, Deaths, and Marriages Register in Brno recording foreigners living in the CR; ~ **odpovědnost** special liability; ~ **příspěvek horníkům** special allowance for miners; ~ **ujednání ve smlouvě** special provision / clause in a contract; **les ~ho určení** forest with a special function

zvláštnost peculiarity; specific characteristics; **charakteristická** ~ distinctiveness, peculiarity

zvolení election; **vydání osvědčení o ~ poslancem** (CZ) issuance of an Elected Deputy Certificate

zvolený elected; chosen, selected; ~ **prezident nebo guvernér** ještě nenastoupivší do funkce (US) President or Governor Elect; ~ **obhájce** chosen counsel for the defendant

zvolit choose, vote, elect; ~ **kontumačně na** kandidátce byl pouze jeden kandidát elect s.o. by default

zvrácenost perverseness, perversity; refractoriness; corruption, wickedness

zvrácen|ý perverse, unnatural; ~**á mysl** depraved mind; ~ **sexuální trestný čin** unnatural offence, sexual crime against nature

zvrátit overrule; reverse; override; ~ **dřívější rozhodnutí** overrule an earlier decision

zvrhlost perverseness, perversity; refractoriness; corruption, wickedness

zvukový sound, acoustic; ~ **záznam** sound recording

zvůle arbitrariness, arbitrary behaviour

zvýhodňování favouritism, undue preference; ~ **věřitele** preferring / favouritizing a creditor

zvyk usage, custom, habit; **místní** ~ local custom; **na základě ~u** by custom

zvyklost usage; customary mode of action; custom, habit; convention; **obchodní ~i** mercantile usage, customs of trade; **politická ~** political convenience; **tradiční ~i** conventional usages; **závazná ~** obligatory usage; ~**i trestního soudnictví** criminal justice practice

zvyklý accustomed; **být ~ čemu / na co** be accustomed to st.

zvyknout si become / get accustomed to st.; habituate, familiarize, accustom to; ~ **na úplatkářství** habituate to corruption / bribery

zvykov|ý customary; ~**á povinnost** customary duty; ~**é pravidlo** customary rule; ~**é právo** custom / customary law

zvýraznit accentuate; emphasize, stress

zvýšení increase, rise; augmentation, growth, enlargement, extension, acceleration; ~ **důchodu pro bezmocnost** pension increase due to impotence; ~ **hodnoty** write-up of a value; ~ **platu** pay rise, increase in wages; salary raise (US); ~ **v ceně** increase / appreciation in value; ~ **základního jmění** increase of registered capital; ~ **základního jmění z vlastních zdrojů společnosti** capitalisation issue; ~ **základního kapitálu vydáním obligací** debt financing

zvýšen|ý increased, aggravated; augmented, advanced; ~**á náhrada škody** aggravated damages

zvýši|t 1 increase, raise; enlarge, extend; grow, advance in; ~ **ceny** raise prices; ~ **daně** raise taxes; ~ **napětí** aggravate the tension; ~ **plat** raise s.o.'s salary; ~ **počet** increase the number; ~ **výkonnost práce** increase the production / produce of labour; ~ **zásoby** increase stock; **ceny na burze se celkově ~ly** prices generally advanced on the stock market 2 erect, build; **stavebně ~ co** raise the height of st.

zvyšování increase in st. / of the amount; augmentation, growth, enlargement, extension; ~ **důchodů** increase in pensions; ~ **nákladů** increase of expenses; ~ **platů** raising wages; ~ **produktivity** increase in productivity

Ž

žádanka requisition form / note / slip; call slip *(US)*

žádat ask / apply for, request st.; demand, call; seek, move for; ~ o členství apply for / seek membership in an organization; ~ o odročení move / apply for a suspension / adjournment; ~ o propuštění na kauci ask for bail to be granted; ~ o přerušení move / apply for an interruption / suspension; ~ o radu request / seek advice, ask for advice; ~ o soudní rozhodnutí apply for a judgment; ~ Evropský soudní dvůr o předběžné rozhodnutí refer the case to the European Court of Justice for preliminary ruling; ~ soud 1. stupně o vydání předběžného opatření apply to the Court of first instance for a preliminary / emergency ruling

žadatel applicant; petitioner, claimant; claimer; ~ o koncesovanou živnost / koncesi applicant for a trade permit; ~ o majetek claimant to an estate; ~ o udělení autorského práva copyright claimant; ~ o zaměstnání applicant for a job, job applicant

žadatelsk|ý applying; relating to applicant, claimant; ~á země applicant country

žádost application, request; petition; notice; demand; písemná ~ written application; ~ na plnění application for performance; ~ o kolaudační rozhodnutí application for an occupancy permit; ~ o odklad a splácení peněžitého trestu application for the suspension and deferred payment of the fine; ~ o podmíněné propuštění application for conditional parole; ~ o pomoc jménem Červeného kříže an appeal on behalf of the Red Cross; ~ o poskytnutí sociálních dávek application for the provision social benefits; ~ o povolení k pobytu application for a residency permit; ~ o povolení stavby building application, application for a building permission; ~ o povolení výpůjček borrower's application; ~ o povolení změny jména, příjmení application for a change of name, surname; ~ o předběžné rozhodnutí *(ESD)* reference for a preliminary ruling; ~ o přezkoumání postupu vyšetřovatele application for a review of investigation; ~ o přijetí do pracovního poměru application for employment,

job application; ~ o rozhodnutí o vyživovací povinnosti application for a maintenance order; ~ o rozvod divorce petition; ~ o souhlas application for consent; ~ o udělení milosti application for pardon / mercy; ~ o uzavření manželství application for the solemnization of marriage; ~ o vydání matričního dokladu nebo potvrzení application for the issuance of a births, deaths and marriages register document or certificate; ~ o zahlazení odsouzení application for the expungement / erasure of s.o.'s conviction from the criminal records; ~ o zaměstnání job application, application for employment; ~ o zaslání spisu a odpověď na ni application for pleadings to be served on and response requested; na ~ státního zástupce (up)on an application by a prosecuting attorney; na svou vlastní ~ at one's own request, on one's own application; odmítnutí přijetí ~i refusal of an application / petition; vyhovění ~i o nápravu affirmative disposal of a application, disposal of the application in the affirmative; compliance with notices; zamítnutí ~i dismissal of an application / petition, disposal of the application in the negative; zpětvzetí ~i withdrawal of an application / petition; odmítnout se ~í zabývat refuse to deal with the application; podat ~ make / file / submit an application / a petition, lodge a petition; vzít ~ zpět withdraw an application / a petition; zamítnout ~ dismiss an application / a petition

žádoucí desirable, desired; required, requested; sought

žalář jail, gaol, dungeon

žalo|ba action; case, suit; petition, claim; complaint; bezdůvodná ~ frivolous suit / action groundless lawsuit with little prospect of success, vexatious lawsuit / litigation / proceedings; deliktní ~ *(UK)*, *(US)* the claim in tort; excindační / excisní ~ vylučovací action for exemption of a claim from the execution of judgment; impugnační ~ prohlášení výkonu rozhodnutí za nepřípustné action to declare the execution of judgment impermissible; kverulantská ~ vexatious action / litigation instituted without sufficient grounds for the purpose of causing trouble or annoyance to the defendant, frivolous suit / action; **negatorní** zápůrčí ~ action to repel a claim; actio negatoria / negativa *(lat)*, action of quare impedit disputed presentation to a benefice, requiring the defendant to state why he hinders the plaintiff from making the presentation; **odpůrčí ~ o neúčinnost kupní smlouvy** respondent's action to invalidate / nullify the sales contract, counteraction to declare the sales contract void; **opoziční ~** motion to stop the execution of judgment due to the extinction of the adjudicated claim; **osobní ~** personal action; actio in personam *(lat)*; **poddlužnická ~** podává oprávněný proti vykonavateli srážek ze mzdy, který nesráží včas a plně action for the discharge of an obligated party's debt filed by a beneficiary against the executor of wages garnishment order who fails to have performed in due course and order; **průvodní ~** collateral action; **re(i)vindikační ~** real action; action for recovery, action of claiming back, action to recover by a formal claim; **skupinová ~** class / group action; **společná ~** joinder of action; **typově stejné ~by** v občanských věcech podávané společně concomitant actions civil actions brought together for some type of remedy; **určovací ~** declaratory action to declare the rights of the parties or the opinion of the court as to what the law is; **věcná ~** action in realty, real / possessory action; action in rem; **vindikační** reivindikační, revindikační ~ action for recovery, action to claim back; real action, action in rem; **vlastnická ~** possessory action, action for ownership; action of detinue action for the recovery of personal chattels unjustly detained; **vylučovací ~** excindační / excisní action for exemption of a claim from the execution of judgment; **zápůrčí ~** negatorní action to repel a claim of the defendant to a servitude in the plaintiff's land; actio negatoria / negativa *(lat)*; **~ ke znovunabytí držby** action of ejectment, action to restore possession of property to the entitled person; **~ na bezdůvodné obohacení za vykonanou práci** action for unjust enrichment upon the work done; assumpsit on quantum meruit *(lat)*; **~ na konání** coercive action; action to compel s.o. to act; **~ na ochranu osobnosti** action for the protection of personal rights rights to have personal security, life, limb, body, health, reputation and personal liberty protected; **~ na ochranu před jednáním nekalé soutěže** action for protection against unfair competition; **~ na odstranění neoprávněné stavby** action for

the removal of an illegal structure / building; **~ na plnění** action for performance, action to compel performance to be completed; **~ na plnění pojišťovny** action for the payment of an insurance claim; **~ na prohlášení neplatnosti** annulment action, action for annulment; **~ na přikázání stavby do vlastnictví vlastníka pozemku** action for the compulsory transfer of the title to a structure / building to the owner of the lot; **~ na přivolení soudu k výpovědi z nájmu bytu** bez bytové náhrady, s bytovou náhradou action for sanctioning the leave of court with respect to the notice of termination of residential lease with or without substitute dwelling; **~ na stanovení povinnosti** zdržet se zásahů do vlastnického práva, oplotit pozemek, umožnit vstup na sousední pozemek action to compel a duty to refrain from interference with real rights, to fence the plot / tract of land, to enter onto adjoining land; **~ na určení** declaratory action to declare the rights of the parties or the opinion of the court as to what the law is; **~ na určení existence závazku** action to determine the obligation; **~ na určení neplatnosti kupní smlouvy** action for the annulment of a sales contract; **~ na určení obsahu smlouvy** action to determine the content of the contract; **~ na určení otcovství** paternity / filiation suit to establish the paternity of a child; **~ na určení vlastnictví ke zpracované cizí věci** action to determine the title to a processed thing of another; **~ na určení vlastnictví nabytého vydržením** action to determine the title acquired by prescription; **~ na určení zániku závazku** action to declare / determine the discharge of obligation; **~ na určení zůstavitelova majetku** action to determine / ascertain the decedent's estate; **~ na vydání dědictví** hereditatis petitio action to recover the inheritance; **~ na vydání neprávem odňaté věci** action for the recovery / return of unlawfully seized property; **~ na vyklizení bytu** suit to evict a tenant; **~ na vyklizení garáže** action for eviction from a garage for the private storage and shelter of a motor vehicle; **~ na vyklizení z důvodu neplacení nájemného** action to evict a tenant for nonpayment failure to pay the rent; **~ na vyloučení společníka ze společnosti s ručením omezeným** action to exclude a member from the limited liability company; **~ na vypořádání škůdců odpovídajících za škodu společně a nerozdílně** action for settlement among wrongdoers liable for damage jointly and severally; ~ **na vyúčtování** action for account / billing; ~ **na zaplacení dlužného nájemného za byt** action for delinquent rent, action for the payment of the rent in arrears for residential lease; ~ **na zaplacení kupní ceny** action for the payment of purchase price; ~ **na zaplacení nálezného** action for the payment of reward finder's fee; ~ **na zaplacení smluvní pokuty** action for contractual penalty, action to enforce the payment of fine; ~ **na zrušení a vypořádání podílového spoluvlastnictví reálným rozdělením nebo přikázáním věci na náhradu** action to terminate and settle / distribute common property by real distribution or compulsory transfer of property for compensation of a claim; ~ **na zrušení obchodní společnosti soudem** action for the judicial dissolution of a company; ~ **na / o vydání věci** action for the delivery of a thing; ~ **o doplatek do minimální mzdy** action for the payment of the balance between the wages received and the statutory minimum wages; ~ **o náhradu mzdy v důsledku neplatného rozvázání pracovního poměru** action for the compensation of wages due to unlawful dismissal; wrongful discharge action; ~ **o náhradu nákladů vynaložených držitelem** action for reimbursement of costs of the holder / possessor; ~ **o náhradu škody z důvodu nepřijetí, nedodání** action for damages for non-acceptance, for non-delivery, damage action; ~ **o náhradu škody a navrácení majetku** action for damages and recovery of property; claim and delivery action; ~ **o náhradu škody uvedením do předešlého stavu** action for damages by full reinstatement; ~ **o náhradu škody v důsledku porušení smlouvy** action in damages for the breach of contract; ~ **o náhradu škody způsobené fyzickou osobou** action for compensation for damage inflicted / caused by a natural person; ~ **o neplatnost přeložení do jiného místa výkonu práce** action for unlawful relocation to other place of work; ~ **o neplatnost převedení na jinou práci** action for unlawful transfer to other job; ~ **o obnovu manželských práv** action for the restitution of conjugal rights; ~ **o rozvod** divorce suit; ~ **o stanovení povinnosti uzavřít smlouvu** action to compel the entering into a contract / making of a contract; ~ **o stano-**

vení povinnosti uzavřít smlouvu o převodu družstevního bytu do vlastnictví člena action to compel the transfer of a title to a cooperative flat to a member of the cooperative; ~ **o užívání a údržbu společné věci** action for the use and maintenance of a thing held in common; ~ **o vrácení plnění** ze zrušené nebo neplatné smlouvy action to return the consideration / performance due to a cancelled or invalid / void contract; ~ **o vrácení přeplatku mzdy** action to disburse the overpayment of wages; ~ **o vrácení půjčených peněz** action for the return of a loan, action to recover the money lent; ~ **o vydání bezdůvodného obohacení** action for the return of property obtained as a result of unjust enrichment / of trover and conversion; ~ **o vydání likvidačního příkazu** winding(-)up petition; ~ **o zaplacení ceny koupené věci** action for payment of the price of a purchased thing; ~ **o zaplacení plnění z pojistné smlouvy** action for payment of an insurance claim; ~ **o zaplacení úroku z prodlení** action for the interest on a late payment; ~ **o zrušení účasti společníka ve společnosti s ručením omezeným** action to cancel the membership of s.o. in the limited liability company; ~ **podle obyčejového práva** action at law; ~ **podle práva ekvity / spravedlnosti** action in equity; ~ **pro bezdůvodné obohacení v důsledku protiprávního přivlastnění movitého majetku** action of trover and conversion to recover the value of personal property illegally converted by another for his own use, action of unjust enrichment; ~ **pro dluh** suit in debt, action for debt, action to recover the money owed; ~ **pro pomluvu** libel suit, defamation action; ~ **pro porušení smlouvy** action for the breach of contract; ~ **pro urážku na cti** libel action, action for libel; ~ **proti neoprávněnému zadržování cizí věci** unlawful detainer action, action against unlawful detention of the thing of another; ~ **proti rozhodnutí správního orgánu** action against the decision of an administrative body, action to avoid the decision of an administrative body; ~ **s alternativním petitem nebo zmocněním** petition with alternative or optional relief; ~ **s vadami** cluttered action, defective petition, petition with defects; ~ **ve správním řízení** administrative action; **bod trestní** ~**by** indictment count, count of indictment; **důvod**

~by cause of action; **napadení řízení vedlejší ~bou** collateral attack; **nový důvod ~by** new cause of action; **petit ~by** prayer, prayer for relief, demand for relief; **pokus napadnout řízení vedlejší ~bou** attempted collateral attack; **předmět ~by** cause of action; **rozsudek o odporové ~bě** judgment in action for protest against the judicial / compulsory order to pay; **rozsudek, kterým byla zamítnuta správní ~** judgment dismissing an administrative action; **rozsudek, kterým se ~ zamítá** judgment dismissing an action, judgment of dismissal finally disposing of an action; **subjektivní kumulace ~b** joinder of parties the act of uniting as parties to an action all persons who have the same rights as co-plaintiffs; **vyjádření žalovaného k ~bě o náhradu škody** defence pleading of a defendant with respect to a damage action; **zastavení řízení o ~bě proti správnímu aktu** discontinuance of an action against administrative act; **zpětvzetí ~by** withdrawal of a petition; voluntary discontinuance of action, proceedings; **neexistuje žádný důvod pro ~bu** no basis exists for the suit, there is no cause of action, there are no grounds for bringing the case before court; **odmítnout ~bu** odmítnout se jí zabývat refuse to deal with a petition; **odvolat ústavní ~bu** withdraw from constitutional charges / impeachment; **podat trestní ~bu proti komu** bring prosecution against s.o., bring a criminal action; **podat ~bu proti komu** bring an action / suit against s.o., lodge a petition / complaint against s.o., file a petition / complaint against s.o., sue s.o.; **řízení se zahajuje na návrh, který se nazývá ~bou** the proceedings shall be commenced upon a notice of a motion, which is called a petition; **zamítnout ~bu** dismiss an action

žalobce plaintiff, petitioner, claimant, claimer; complainant; **hlavní ~** principal plaintiff in civil proceedings; prosecuting attorney criminal proceedings; **státní ~** prosecuting attorney, prosecutor; **nárok ~** claim / right / entitlement of petitioner / plaintiff

žalobní relating to claim, action, suit, petition, complaint; **~ bod** count; **~ důvod** cause of action, grounds for action; **~ nárok** plaintiff's claim; **~ návrh** statement and particulars of claim; **~ odpověď** statement for the defence; **~ petit** prayer, prayer for relief, demand for relief; **~ právo** right in action; **~ spis** pleadings;

the file; **určení ~ho nároku** determination of the statement of claim

žalostný deplorable, lamentable, very sad, grievous, miserable; regretful, tragic; **~ stav** deplorable conditions; deplorability

žalovan|ý *(adj)* sued civil; prosecuted criminal; **~á strana** respondent, defendant; defender *(SC)*

žalovaný *(n)* defendant, respondent; defender *(SC)*

žalovat take a legal action against s.o., bring an action / suit / case; move against s.o. / st.; sue s.o. for st.; prosecute s.o.; take / bring s.o. / st. to court; **~ o náhradu škody** sue for damages; **~ o neplatnost smlouvy** sue in annulment of a contract, claim the invalidity of an agreement; **~ o odškodnění koho** claim indemnification from s.o., sue for damages; **~ osoby porušující zákon** move against violators, bring the violators before court; **~ pro dluh** sue in / for debt; **~ pro nezákonné propuštění ze zaměstnání** sue for wrongful dismissal / discharge

žalovatelnost actionability, liability to action at law; **~ poškozování** the causing of damage being liable to action; impeachment of waste

žalovateln|ý actionable; chargeable, indictable; justiciable, claimable; **~á nedbalost** actionable negligence; **~á pohledávka** recoverable claim; **~á škoda** recoverable / claimable damage; **~ je každý** action will lie against all; **~ na základě důkazů** actionable upon sufficient evidence; **~ výrok** actionable statement / words; **~ ze své podstaty** actionable per se; **není ~** *(OPP)* he is immune from suit, *(TPP)* he is immune from prosecution

žalující suing *(OPP)*, prosecuting *(TPP)*; **~ strana** plaintiff, pursuer, claimant, claimer; complainer *(SC)*

žárlící na koho jealous of s.o.

žárlivost jealousness

žárlivý na koho jealous of / toward s.o.

žebrák beggar

žebrat beg, ask bread, money, etc. in alms

žebrota begging, asking alms

želízka bonds, handcuffs

žena woman, *(pl)* women, female; **neprovdaná ~** unmarried woman; **rozvedená ~** divorced woman; **svobodná ~** single woman; **vdaná ~** married woman

ženatý married

ženich bridegroom

ženit se marry s.o.; enter into marriage with s.o., solemnize marriage with s.o.

žhář arsonist; incendiary; ardour, ardor
žhářský relating to arson; ~ útok na budovu an arson attack on a building
žhářství arson; být obžalován z trestného činu ~ be charged with arson
žijící living, alive; volně ~ živočich wild animal; ~ potomci living children / issue; ~ sourozenec living brother or sister, living sibling
žirant endorser, indorser
žíravina acid; caustic substance
žiro indorsement, endorsement; giro
žirovat endorse, indorse
žít live; ~ odděleně live apart; ~ ve společné domácnosti live together; live in a common household
živelní natural; ~ pohroma natural disaster
živnost výdělečná činnost jiná než závislá (CZ) trade any gainful activity other than employment; business; industry particular form / branch of productive labour; manufacture; koncesovaná ~ permitted trade; trade executed upon the issuance of permit; obchodní ~ trade of merchandise; ohlašovací ~ notifiable trade executed upon fulfilling basic administrative requirements; ohlašovací ~ řemeslná vocational upon the submission of a vocational certificate notifiable trade; ohlašovací ~ vázaná professional based on learned and skilled professions notifiable trade; ohlašovací ~ volná unqualified no special qualification is required notifiable trade; výrobní ~ manufacturing trade; ~ poskytující služby trade in services; pokračování v ~i continuing / continued trade, continuation of trade; pozastavení ~i suspension of trade; přeložení ~i relocation / transfer of trade; přerušení ~i interruption of trade; ukončení provozování ~i termination / closing of the operation of trade; zahájení provozování ~i commencement of the operation of trade; živnostenské oprávnění k ohlašovacím ~em Trade Licence to undertake notifiable trades; živnostenské oprávnění ke koncesovaným ~em Trade Permit to undertake permitted trades; provozovat ~ engage in / carry on / undertake / perform trade; osoba mladší 18 let nesplňuje podmínku provozování ~i ani tehdy, když je zletilá a person under 18 shall not qualify for the operation of trade even if s/he is an adjudicated adult
živnostensk|ý (CZ) relating to trade; trading; business; ~á koncese Trade Permit Certificate; ~é oprávnění k ohlašovacím živnostem Trade Licence; ~é oprávnění ke koncesovaným živnostem Trade Permit; ~é podnikání business in trade; ~é právo trade law; ~é společenstvo trade community; ~ list Trade Licence Certificate; ~ rejstřík Register of Trades; ~ úřad Trade Licence Office / Department; zákon o ~ém podnikání / ~ zákon Act to Regulate Trades, Trade Act
živnostník trader undertaking business upon a trade licence or trade permit; self-employed person; sole trader (UK), individual / sole proprietor (US); drobný ~ small trader
živobytí existence, subsistence; prostředky na ~ means of subsistence, means of support / livelihood
živočich animal; being; volně žijící ~ wild animal
život life; existence; řádný ~ good / proper life i.e. to behave as a good person without any immoral or criminal excess; zahálčivý či nemravný ~ idle or immoral life; otázka ~a a smrti a matter of life and / or death; po dobu ~a for life; průměrná očekávaná délka ~a life expectancy; ohrozit ~ nebo zdraví put in jeopardy of life and limb, endanger life and health of another
životaschopn|ý viable, vital; ~é dosud nenarozené dítě viable child
životně vitally; být ~ důležitý be of vital importance
životní vital, living; relating to life; oficiální ~ statistika o narození, úmrtí, uzavření manželství, rozvodech, nemocnosti atd. vital statistics recording births, deaths, marriages, divorces, diseases, etc.; ~ důležitost vital importance; ~ energie life-force, vital energy; ~ podmínky living conditions, conditions of life; ~ pojistka life policy; ~ pojištění life insurance, life assurance (UK); ~ pojištění dvou osob manželů joint life insurance; ~ potřeby necessities / necessaries of life; ~ prostředí environment; ~ renta splatná od určité doby deferred annuity; ~ úroveň living standard, standard of living; ~ zásady life principles; ~ zkušenost life experience; index ~ch nákladů cost-of-living index which measures periodical changes in the level of retail prices; ochrana ~ho prostředí environmental protection, protection / preservation / conservation of the environment; osoba, která uzavřela ~ pojištění the life insured, the life as-

sured; **poškozování ~ho prostředí** damage to the environment, environmental damage; **právo ~ho prostředí** environmental law; **složka ~ prostředí** např. ovzduší, voda, půda environmental medium / component e.g. air, water, soil; **škoda na ~m prostředí** harm to the environment, environmental harm; **chránit ~ prostředí** protect the environment; **zajistit základní ~ potřeby dítěte** provide the necessaries / necessities of life for a child; **zajistit základní ~ potřeby manžela** provide the necessaries / necessities of life to a spouse

životnost lifetime, life-span; use-life, service--life; **zkouška ~i** life test; **provést zkoušku ~i čeho** perform a life test on st.

živý alive, living, viable; **~ inventář** live(-)-stock; **odkaz mezi ~mi** gift inter vivos

žold pay; professional soldier's pay

žoldnéř mercenary; professional soldier serving a foreign power

žurnalistika journalism; **bulvární ~** tabloid journalism of a recklessly or unscrupulously sensational character; yellow press; yellow journalism (obs); **investigativní ~** investigative journalism

POZNÁMKY

POZNÁMKY

POZNÁMKY

POZNÁMKY

Česko-anglický
právnický slovník
s vysvětlivkami

Marta Chromá

Obálka Marek Jodas
Sazba slovníkové části AMD, v. o. s., Návrší svobody 26, 623 00 Brno
Sazba úvodních textů PAGE DTP, 294 74 Hlavenec 143
Vytiskly Tiskárny Havlíčkův Brod, a.s., Husova 1881
Odpovědná redaktorka Mgr. Tamara Kajznerová
Vydalo nakladatelství LEDA, spol. s r. o., 263 01 Voznice 64
http://www.leda.cz
Třetí vydání, 2010
488 stran

ISBN 978-80-7335-249-3